Ephorale Verfassung

Martin Will

Ephorale Verfassung

Das Parteiverbot der rechtsextremen SRP von 1952, Thomas Dehlers Rosenburg und die Konstituierung der Bundesrepublik Deutschland

Mohr Siebeck

Martin Will, Studium der Rechtswissenschaften, der Geschichts- und Kulturwissenschaften, der Philosophie sowie der Sinologie; 1997 LL.M. (Cambridge); 1999 Promotion zum Dr. iur.; 2007 Habilitation; 2008 Promotion zum Dr. phil.; 2010 Professur für Öffentliches Recht an der Universität zu Köln; 2011 Lehrstuhl für Staatsrecht, Verwaltungsrecht, Europarecht, Recht der Neuen Technologien sowie Rechtsgeschichte an der EBS Universität für Wirtschaft und Recht, Wiesbaden; 2014 Beauftragter der Unabhängigen Wissenschaftlichen Kommission beim Bundesministerium der Justiz zur Aufarbeitung der NS-Vergangenheit; 2016 Mitglied des Hessischen Verfassungskonvents.

ISBN 978-3-16-155893-1

Die Deutsche Nationalbibliothek verzeichnet diese Publikation in der Deutschen Nationalbibliographie; detaillierte bibliographische Daten sind im Internet über *http://dnb.dnb.de* abrufbar.

Das Buch wurde von Gulde Druck in Tübingen auf alterungsbeständiges Werkdruckpapier gedruckt und von der Buchbinderei Spinner in Ottersweier gebunden.

„[…] il che è comune defetto degli uomini, non fare conto, nella bonaccia, della tempesta […]“.

Dem Andenken von
Senatspräsident Karl Juris (1890–1954)
gewidmet

Vorwort

Dieses Buch entstand im Rahmen des „Rosenburg-Projekts“ zur Erforschung der Nachkriegsgeschichte des damals oft nach seinem neoromanischen Dienstgebäude als Rosenburg bezeichneten Bundesministeriums der Justiz (BMJ) unter besonderer Berücksichtigung von Kontinuitäten zur NS-Zeit.[1] Die Herausforderung, tatsächliche personale Kontinuitäten und potentielle materiale Kontinuitäten in Zusammenhang zu bringen und dennoch sorgfältig voneinander zu scheiden, manifestiert sich wohl in keinem frühen Sachthema des BMJ so stark wie im Verbotsverfahren gegen die Sozialistische Reichspartei (SRP). Da es sich bei dieser nazistischen Partei, die Anfang der 1950er Jahre vor allem in Norddeutschland Furore machte, um eine *de facto*-Nachfolgepartei der NSDAP handelte, musste sich *prima facie* im Umgang mit ihr weisen, wie die Institutionen der jungen Bundesrepublik mit dem omnipräsenten Erbe von 12 Jahren totalitären Rechtsextremismus umgehen würden. Obwohl das SRP-Verbot starke Verbindungslinien zu zentralen Politikfeldern der 50er Jahre wie der Konsolidierung des Parteiensystems, der Wiederbewaffnung, der doppelten Westintegration samt der Entstehung der Europäischen Gemeinschaften sowie der Rückgewinnung der Souveränität aufweist und daher für die innere und äußere Konstituierung der Bonner Republik von erheblicher Bedeutung war, ist es bis heute wenig erforscht. Da eine nähere Befassung mit dem einzigen erfolgreichen Parteiverbotsverfahren gegen eine rechtsextreme Partei in der bundesdeutschen Geschichte zudem angesichts des zweiten NPD-Parteiverbotsverfahrens, das mit dem Urteil des BVerfG vom 17. Januar 2017 kurz vor Drucklegung dieses Buches ohne Verbot endete, besonders lohnend erschien, war es naheliegend, dem SRP-Parteiverbotsverfahren und dessen Bedeutung für die frühe Verfassungsgeschichte der Bonner Republik eine vertiefte Studie zu widmen.

Das BMJ hat im Rahmen des Rosenburg-Projekts sämtliche relevanten Personalakten der Forschung geöffnet. Stellvertretend gedankt sei Herrn Ministerialdirigenten *Gerd Nettersheim* sowie Herrn Ministerialdirektor *Detlef Wasser* für den herzlichen Empfang und die freundliche Unterstützung bei meinen Recherchen im Ministerium. Besonderer Dank für die gute Zusammenarbeit gilt auch den Kollegen in der Unabhängigen Wissenschaftlichen

[1] Dazu der kurz vor Vollendung des vorliegenden Buches erschienene überwölbende Gesamtbericht: *M. Görtemaker/C. Safferling,* Die Akte Rosenburg, 2016.

Kommission beim BMJV zur Aufarbeitung der NS-Vergangenheit *Prof. Dr. Manfred Görtemaker, Prof. Dr. Christoph Safferling, Prof. Dr. Eva Schumann* und *Prof. Dr. Jan Thiessen* sowie allen wissenschaftlichen und nichtwissenschaftlichen Mitarbeiterinnen und Mitarbeitern.

Gedankt sei schließlich allen, die zur Entstehung dieses Buches beigetragen haben: Meine Projektmitarbeiterin *Jenny Wüstenberg, M.A., Ph.D.* hat wertvolle Recherchen u.a. in den Archiven des BMJ durchgeführt, meine Projektmitarbeiterin *Roswitha Jung* akribisch komplexe BMJ-Personalakten, darunter die in diesem Buch verwendeten Akten von *Walter Roemer, Reinhold Mercker* und *Wilhelm von Grolman* vorbereitend aufbereitet. Ohne die freundliche Unterstützung der Archivarinnen und Archivare bei meinen zahllosen Archivbesuchen, insbesondere im Bundesarchiv Koblenz, wäre diese Studie nicht möglich gewesen. Die Bilderrecherchen verschiedener Archive haben bislang unbekanntes Fotomaterial zu Tage gefördert. Herrn *Dirk Geile* danke ich für die Überlassung seiner unveröffentlichten Magisterarbeit „Der Remer-Mythos in der frühen Bundesrepublik" und unserer Bibliotheksleiterin Frau *Ass. iur. Bibliotheksassessorin Peggy Hanisch* sowie ihrem Team, namentlich den Fernleihespezialistinnen Frau *Dagmar Seuthe* und Frau *Nicole Baier,* für die umsichtige Unterstützung bei der Literaturbeschaffung. Stellvertretend für alle Mitarbeiterinnen und Mitarbeitern meines Wiesbadener Lehrstuhls, die sorgfältig Teile des Buches Korrektur gelesen haben, danke ich Herrn *Ref. iur. Philipp Kratzer, M.A., LL.B.*, Herrn *Ref. iur. Benedikt Quarch, M.A., LL.B.*, Herrn *Ref. iur. Fabio Quitadamo, M.A., LL.B.*, Frau *Ref. iur. Mallika Pohl, LL.B.*, Herrn *Ref. iur. Benjamin Ehlert, LL.B.*, Frau *Cand. iur. Johanna Gabler, LL.B.*, Frau *Stud. iur. Clara von Glasow,* Herrn *Stud. iur. Tobias Törk,* Herrn *Stud. iur. Dennis Dietrich* und Herrn *Stud. iur. Zubair Reha.* Besonders danken möchte ich auch Herrn *Dr. Franz-Peter Gillig* für das spontane Angebot, auch dieses Buch wieder bei *Mohr Siebeck* zu veröffentlichen, und Frau *Rebekka Zech* für die freundliche Begleitung der Drucklegung. Herr *Armin Schmidt* hat den Text zuverlässig und zügig formatiert. Dieses Buch war inhaltlich zum Jahreswechsel 2016/2017 vollendet. Während der Drucklegungsphase konnten noch einzelne spätere Entwicklungen, namentlich das NPD-Urteil des BVerfG vom 17. Januar 2017, zumindest am Rande berücksichtigt werden. Angegebene Internetadressen, die sich stets ändern können, wurden zuletzt im Juli 2017 überprüft.

Wiesbaden, im Juli 2017 *M. W.*

Inhaltsübersicht

Inhaltsverzeichnis

Abkürzungsverzeichnis

Dieses Abkürzungsverzeichnis konzentriert sich auf wichtigere und auf weniger bekannte Abkürzungen. Im Übrigen sei auf die gängigen Abkürzungsverzeichnisse verwiesen.

a.a.O.	am angegebenen Ort
Abb.	Abbildung
Abg.	Abgeordnete(r)
Abs.	Absatz
Abt.	Abteilung
ACDP	Archiv für Christlich-Demokratische Politik
ADL	Archiv des Liberalismus
AdsD	Archiv der sozialen Demokratie
a.E.	am Ende
a.F.	alte Fassung
AfD	Alternative für Deutschland (Partei)
AG	Aktiengesellschaft
AGWAR	Adjutant General, War Department
AHLT	Archiv des Hessischen Landtags
AJIL	American Journal of International Law
Anl.	Anlage(n)
Anm.	Anmerkung
AöR	Archiv des öffentlichen Rechts (Zeitschrift)
Art.	Artikel
AStA	Allgemeiner Studierendenausschuss
Aufl.	Auflage
Az.	Aktenzeichen
BA	Bundesarchiv
Bd.	Band
BDJ	Bund Deutscher Jugend
BDV	Bremer Demokratische Volkspartei
bearb.	bearbeitet
begr.	begründet
betr.	betreffend
BfV	Bundesamt für Verfassungsschutz
BGBl.	Bundesgesetzblatt
BGH	Bundesgerichtshof
BHE	Block der Heimatvertriebenen und Entrechteten
BL	Beratender Landesausschuss
Bl.	Blatt
BMdI	Bundesminister des Innern

BMdJ	Bundesminister der Justiz
BMI	Bundesministerium des Innern
BMJ	Bundesministerium der Justiz (heute: und für Verbraucherschutz)
BP	Bayernpartei
BR	Bundesrat
BT	Bundestag
BVerfG	Bundesverfassungsgericht
BVerfGE	Entscheidungen des Bundesverfassungsgerichts
BVerfGG	Gesetz über das Bundesverfassungsgericht (Bundesverfassungsgerichtsgesetz)
BWahlG	Bundeswahlgesetz
CAD	Civil Administration Division
CDU	Christlich Demokratische Union
CDUD	Christlich Demokratische Union Deutschlands
CSU	Christlich Soziale Union
DAP	Deutsche Aufbau-Partei
DAV	Deutsche Aufbau Vereinigung
DDP	Deutsche Demokratische Partei
DDR	Deutsche Demokratische Republik
ders.	derselbe
DG	Deutsche Gemeinschaft
d. h.	dies/das heißt
Diss.	Dissertatio(n)
DKP	Deutsche Konservative Partei
DKP-DRP	Deutsche Konservative Partei – Deutsche Rechtspartei
DM	Deutsche Mark
DNVP	Deutschnationale Volkspartei
D.O.	Deutsche Opposition (SRP-Zeitung)
DÖV	Die Öffentliche Verwaltung (Zeitschrift)
Dok.	Dokument
DP	Deutsche Partei
dpa	Deutsche Presse-Agentur
DRP	Deutsche Reichspartei
DRZ	Deutsche Rechts-Zeitschrift (Vorläuferzeitschrift der JZ)
Drs.	Drucksache
DS	Deutschsoziale Partei
DSP	Deutschsozialistische Partei
Dt.	Deutsch(e/er/es)
DVFP	Deutschvölkische Freiheitspartei
DVP	Deutsche Volkspartei
EGKS	Europäische Gemeinschaft für Kohle und Stahl
EKD	Evangelische Kirche in Deutschland
EVG	Europäische Verteidigungsgemeinschaft
f.	folgende
FAZ	Frankfurter Allgemeine Zeitung
FDJ	Freie Deutsche Jugend
fdk	Freie Demokratische Korrespondenz (FDP-Pressedienst)
FDP	Freie Demokratische Partei
Fn.	Fußnote

FR	Frankfurter Rundschau
FS	Festschrift
GB/BHE	Gesamtdeutscher Block/Bund der Heimatvertriebenen und Entrechteten
GBl.	Gesetzblatt
gem.	gemäß
Gestapo	Geheime Staatspolizei
gez.	gezeichnet
GG	Grundgesetz für die Bundesrepublik Deutschland
GmbH	Gesellschaft mit beschränkter Haftung
GMBl.	Gemeinsames Ministerialblatt des Bundesministers des Innern etc.
grds.	grundsätzlich
GuD	Gemeinschaft unabhängiger Deutscher
GVBl.	Gesetz- und Verordnungsblatt
GS	Gesetz(es)sammlung
GVG	Gerichtsverfassungsgesetz
ha	Hektar
Halbbd.	Halbband
Hdb.	Handbuch
HDStR	Handbuch des Deutschen Staatsrechts (hrsgg. von Gerhard Anschütz und Richard Thoma)
hess.	hessisch(e/er/es)
HGR	Handbuch der Grundrechte in Deutschland und Europa (hrsgg. Von Detlef Merten und Hans-Jürgen Papier)
HJ	Hitlerjugend
Hrsg.	Herausgeber
hrsgg.	herausgegeben
HHStA	Hessisches Hauptstaatsarchiv Wiesbaden
HS	Halbsatz
HStA	Hessisches Staatsarchiv (Marburg oder Darmstadt)
HStAD	Hessisches Staatsarchiv Darmstadt
HStR	Handbuch des Staatsrechts der Bundesrepublik Deutschland (hrsgg. von Josef Isensee und Paul Kirchhof)
HTO	Haupttreuhandstelle Ost
HV	Hessische Verfassung (Verfassung des Landes Hessen vom 1. Dezember 1946)
ICOGS	Interdivisional Committee on German Governmental Structures
i.d.F.	in der Fassung
i.S.d.	im Sinne des/der
i.S.v.	im Sinne von
i.V.m.	in Verbindung mit
IfZ	Institut für Zeitgeschichte
IRR	U.S. Army Investigative Records Repository
Jh.	Jahrhundert
JoJZG	Journal der Juristischen Zeitgeschichte
JöR	Jahrbuch des öffentlichen Rechtes der Gegenwart
JW	Juristische Wochenschrift
JZ	JuristenZeitung
KPD	Kommunistische Partei Deutschlands

KritV	Kritische Vierteljahresschrift für Gesetzgebung und Rechtswissenschaft
KZ	Konzentrationslager
LAV-NRW	Landesarchiv Nordrhein-Westfalen (Duisburg)
LDP	Liberal-Demokratische Partei Hessen
LDPD	Liberal-Demokratische Partei Deutschlands
Lfg.	Lieferung
LG	Landgericht
lit.	littera (Buchstabe)
Lsbl.	Loseblatt(-sammlung)
LV	(Verfassungberatende) Landesversammlung
m.	mit
Mio.	Million
m.w.N.	mit weiteren Nachweisen
NA	National Archives (Washington)
NDP	Nationaldemokratische Partei
NDR	Norddeutscher Rundfunk
nds.	niedersächsisch
N.F.	Neue Folge
NJW	Neue Juristische Wochenschrift
NL	Nachlass
NLA-HStAH	Niedersächsisches Landesarchiv – Hauptstaatsarchiv Hannover
NPD	Nationaldemokratische Partei Deutschlands
Nr.	Nummer
NRW	Nordrhein-Westfalen
NS	Nationalsozialismus / nationalsozialistisch
NSB	Nationale Sammlungsbewegung
NSDAP	Nationalsozialistische Deutsche Arbeiterpartei
NSRB	Nationalsozialistischer Rechtswahrerbund
NSV	Nationalsozialistische Volkswohlfahrt
NU	Niederdeutsche Union
Nw.	Nachweis(e/en)
o. J.	ohne Jahresangabe
OLG	Oberlandesgericht
OMGUS	Office of Military Government for Germany (US)
PA	Personalakte
Pg.	Parteigenosse (Mitglied der NSDAP)
Preuß.	Preußisch(e/es/er)
PrOVG	Preußisches Oberverwaltungsgericht
RAD	Reichsarbeitsdienst
RepSchG	Republikschutzgesetz
RepSchVO	Republikschutzverordnung
RFB	Roter Frontkämpferbund (paramilitärische Kampforganisation der KPD in der Weimarer Republik)
RG	Reichsgericht
RGBl.	Reichsgesetzblatt
RLB	Reichsluftschutzbund
RM	Reichsmark
Rn.	Randnummer

RT	Reichstag
RuPrVBl.	Reichsverwaltungsblatt und Preußisches Verwaltungsblatt
RVG	Reichsverwaltungsgericht
RVereinsG	Reichsvereinsgesetz
S.	Seite
SA	Sturmabteilung (paramilitärische Kampforganisation der NSDAP)
SD	Sicherheitsdienst des Reichsführers SS
SED	Sozialistische Einheitspartei Deutschlands
SHAEF	Supreme Headquarters, Allied Expeditionary Force
Sitz.	Sitzung
sog.	sogenannt(e/er/es)
SPD	Sozialdemokratische Partei Deutschlands
SRP	Sozialistische Reichspartei
SS	Schutzstaffel
SSW	Südschleswigscher Wählerverband
StAHB	Staatsarchiv Hansestadt Bremen
StAHH	Staatsarchiv Hansestadt Hamburg
StBKAH	Stiftung Bundeskanzler-Adenauer-Haus
StGB	Strafgesetzbuch
StGHSchRep	Staatsgerichtshof zum Schutze der Republik
SZ	Süddeutsche Zeitung
Teilbd.	Teilband
u.a.	unter anderem/anderen
UB	Universitätsbibliothek
Urt.	Urteil
US	United States
u.U.	unter Umständen
v.	von/vom
v.a.	vor allem/allen
Var.	Variante
Verf.	Verfasser/Verfassung
VereinsG	Vereinsgesetz
Verh.	Verhandlung(en)
VfZ	Vierteljahreshefte für Zeitgeschichte
Vgl.	Vergleiche
VL	Verfassungberatende Landesversammlung (Groß-Hessen)
VL-Drs.	Drucksachen der Verfassungberatenden Landesversammlung Groß-Hessen
VO	Verordnung
VVDStRL	Veröffentlichungen der Vereinigung der Deutschen Staatsrechtslehrer
WAV	Wirtschaftliche Aufbau-Vereinigung
WRV	Weimarer Reichsverfassung (Verfassung des Deutschen Reichs vom 11. August 1919)
z.H.	zu Händen
ZHG	Zeitschrift des Vereins für hessische Geschichte und Landeskunde
ZParl	Zeitschrift für Parlamentsfragen
z.T.	zum Teil

Erstes Kapitel

Einleitung: Parteiverbote und Konstituierung

I. SRP- und NPD-Verfahren: Parallelen sowie Unterschiede

1. Wesensverwandtschaft mit der NSDAP als Argument

Das Scheitern auch des zweiten Parteiverbotsantrags gegen die rechtsextreme, verfassungsfeindliche NPD mit dem Urteil des Bundesverfassungsgerichts (BVerfG) vom 17. Januar 2017[1] hat den Blick auf die weiteren fünf Parteiverbotsverfahren in der Geschichte der Bundesrepublik Deutschland gelenkt, von denen zwei erfolgreich waren: Im Oktober 1952 wurde die rechtsextreme Sozialistische Reichspartei (SRP) und im August 1956 die Kommunistische Partei Deutschlands (KPD) gem. Art. 21 Abs. 2 GG a.F. durch das BVerfG verboten.

Das auf Antrag der Bundesregierung, des Bundestages und des Bundesrates aus dem Januar bzw. März 2001 eingeleitete erste NPD-Verbotsverfahren wurde hingegen durch Beschluss des Zweiten Senats des BVerfG vom 18. März 2003 noch vor der mündlichen Verhandlung eingestellt.[2] Hintergrund dafür war, dass nach Auffassung von drei Richtern wegen der fehlenden Gegnerfreiheit der NPD aufgrund der Einschleusung von V-Leuten in die Führungsebene der Partei ein nicht behebbares Verfahrenshindernis vorlag:[3] Danach war die gem. § 15 Abs. 4 S. 1 BVerfGG für eine Ablehnung des – sinngemäß so zu interpretierenden – Antrags der NPD auf Einstellung des Verfahrens erforderliche Mehrheit von zwei Dritteln der acht Senatsmitglieder nicht gegeben.

Vor dem ersten NPD-Verfahren waren bereits zwei weniger bedeutende Parteiverbotsverfahren ohne Urteil des BVerfG zu Ende gegangen: Das vom Senat der Freien und Hansestadt Hamburg am 6. September 1993 beantragte Verbot der 1989 gegründeten rechtsextremen Nationalen Liste (NL) wies der Zweite Senat des BVerfG am 17. November 1994 mit der Begründung als unzulässig zurück, dass es sich bei der NL schon nicht um eine Partei i.S.d. Art. 21 GG gehandelt habe.[4] Mit derselben Begründung wurde gleichzeitig auch der von der Bundesregierung und dem Bundesrat ebenfalls im September 1993 eingereichte Verbotsantrag gegen die 1979 im Stuttgarter Raum gegründete rechtsextreme Frei-

---

[1] BVerfG, Urt. v. 17.01.2017, 2 BvB 1/13.

[2] BVerfGE 107, 339 (356 ff.); zu diesem Verfahren etwa *J. Ipsen,* Das Ende des NPD-Verbotsverfahrens, in: JZ 2003, 485 ff.; *H. P. Bull,* Verfehltes Verfahren, in: Möllers/van Ooyen, Parteiverbotsverfahren, 4. Aufl. 2013, S. 74 ff.; *U. Volkmann,* Anmerkung, in: DVBl. 2003, 605 ff.; *T. Gelberg,* Das Parteiverbotsverfahren, 2009, S. 54 ff.

[3] Dazu auch unten S. 362 f.

[4] BVerfGE 91, 262 (272 ff.).

heitliche Deutsche Arbeiterpartei (FAP) als unzulässig zurückgewiesen.[5] Beide Gruppierungen wurden daraufhin auf der Grundlage von Art. 9 Abs. 2 GG i.V.m. den Regelungen des Vereinsgesetzes durch den zuständigen Landesinnenminister/-senator verboten.[6]

Für die bisherigen und auch für eventuelle zukünftige Verbotsverfahren gegen die NPD oder andere rechtsextreme Parteien ist vor allem das SRP-Verfahren von Interesse, da es mit der SRP eine neonazistische Partei betraf, die in Ideologie, Organisation und Auftreten eine Art Nachfolgepartei der NSDAP war. Der am 3. Dezember 2013 nach langen Diskussionen über die politischen Vor- und Nachteile eines NPD-Verbotes[7] allein vom Bundesrat beim BVerfG eingereichte zweite NPD-Verbotsantrag stützte sich vor diesem Hintergrund nicht zuletzt auf zwei beim Münchener Institut für Zeitgeschichte (IfZ) eingeholte Gutachten, nach denen die Ideologie der NPD mit derjenigen des historischen Nationalsozialismus, namentlich der NSDAP unter *Adolf Hitler,* wesensverwandt sei.[8] Mit einer Wesensverwandtschaft zur NSDAP griffen der Verbotsantrag und das IfZ-Gutachten – nicht zufällig – den zentralen Argumentationstopos auf, auf den das BVerfG im Jahr 1952 das Verbot der SRP gestützt hat.[9] Der Zweite Senat des BVerfG hat in seinem Urteil vom 17. Januar 2017 dann tatsächlich auch der NPD eine Wesensverwandtschaft mit dem Nationalsozialismus attestiert.[10] Er hat allerdings gleichzeitig das Argument verworfen, dass es sich bei dieser Wesensverwandtschaft um ein ungeschriebenes Tatbestandsmerkmal der Parteiverbotsnorm gem. Art. 21 Abs. 2 GG handele, dessen Vorliegen bereits das Verbot einer Partei rechtfer-

---

[5] BVerfGE 91, 276 (290 ff.).

[6] Zu den Verfahren gegen NL und FAP etwa *R. C. van Ooyen,* Die Parteiverbotsverfahren, in: Möllers/van Ooyen, Parteiverbotsverfahren, 4. Aufl. 2013, S. 51 (63 ff.); *M. Thiel*, Das Verbot verfassungswidriger Parteien, in: ders., Wehrhafte Demokratie, 2003, S. 173 (178 f.).

[7] Zu den Argumenten für und gegen ein NPD-Verbot etwa die konzisen Beiträge in: Leggewie/Meier, Verbot der NPD oder Mit Rechtsradikalen leben?, 2002 sowie die Beiträge in: Meier, Verbot der NPD, 2015; *A. Hanebeck,* Wirkungen eines Parteiverbots, in: Goldbach, Mit juristischen Waffen, 2003, S. 25 ff.; *L. Flemming,* Das NPD-Verbotsverfahren, 2005, S. 97 ff.; *J. Fischer,* Das NPD Verbot, 2001, S. 56 ff.; *G. Botsch,* Die extreme Rechte, 2012, S. 123 ff.

[8] Dem Verbotsantrag des Bundesrates v. 01.12.2013, der während des NPD-Verfahrens auf den Internetseiten des Bundesrates abrufbar war, war die dort vielfach in Bezug genommene „Stellungnahme" des IfZ „zur Frage der Wesensverwandtschaft von NPD und historischem Nationalsozialismus" als Anlage 2 beigefügt. Mit Blick auf das laufende Verfahren waren weder das IfZ noch das BMI bereit, die beiden Gutachten des IfZ zur Auswertung für das vorliegende Buch zur Verfügung zu stellen. Das erste Gutachten sei vom BMI in der Phase eingeholt worden, als die Bundesregierung darüber zu entscheiden hatte, ob sie einem erneuten Verbotsantrag beitreten würde. Das zweite vom Bundesrat beim IfZ eingeholte Gutachten habe lediglich der Aktualisierung des ersten Gutachtens gedient.

[9] Dazu unten S. 355 ff.

[10] BVerfG, Urt. v. 17.01.2017, 2 BvB 1/13, Rn. 805 ff.

tige.[11] Im Ergebnis hat das BVerfG die NPD zwar als verfassungsfeindlich bezeichnet, diese aber aufgrund einer restriktiven Interpretation des Tatbestandsmerkmals des „darauf Ausgehens“ in Art. 21 Abs. 2 GG nicht für verfassungswidrig erklärt. Gegenwärtig fehle es an konkreten Anhaltspunkten von Gewicht, die es zumindest möglich erscheinen ließen, dass das gegen die Schutzgüter des Art. 21 Abs. 2 GG gerichtete Handeln der NPD erfolgreich sein könne (sog. Potentialität).[12] Obwohl der Senat die SRP nur an wenigen Stellen ausdrücklich erwähnt, schwingt das SRP-Urteil von 1952 im NPD-Urteil an zahlreichen Stellen unübersehbar mit und spielt dort implizit eine wichtige Rolle.

Im Mittelpunkt des vorliegenden Buches steht auch vor diesem aktuellen Hintergrund mit dem SRP-Verfahren das erste Parteiverbotsverfahren in der Geschichte der Bundesrepublik, das im Oktober 1952 mit einem Verbot endete. Das fast zeitgleich im November 1951 eingeleitete KPD-Verfahren, das indes erst 1956 zum Verbot führte, wird im achten Kapitel zumindest in seinen Grundzügen beleuchtet, um Gemeinsamkeiten und Unterschiede zwischen den beiden Verfahren erkennen zu können.[13]

2. Unterschiede der Parteien und der Rahmenbedingungen

Obwohl sich die Parallelen zwischen dem SRP-Verbotsverfahren und den NPD-Verfahren aufzudrängen scheinen, sei hier von Anfang an darauf hingewiesen, dass sich nicht nur die beiden Parteien voneinander unterscheiden,[14] sondern vor allem auch die verfassungsrechtlichen Rahmenbedingungen heute ganz andere sind als bei Ergehen des SRP-Verbotes. Bei Einleitung des SRP-Verbotsverfahrens im Herbst 1951 lagen Krieg und Herrschaft des Nationalsozialismus gerade einmal sechs Jahre zurück. Die mit Verkündung des Grundgesetzes am 23. Mai 1949 entstandene Bundesrepublik befand sich Anfang der 1950er Jahre noch mitten in ihrer Konstituierungsphase. Dies wird exemplarisch daran deutlich, dass ein zentrales Staatsorgan wie das allein für Parteiverbotsverfahren zuständige BVerfG überhaupt noch nicht eingerichtet war, als sich die Bundesregierung im Frühjahr 1951 entschloss, ein Verbot der SRP zu beantragen.

Nicht zuletzt war das Parteiensystem der jungen Bundesrepublik nach den ersten Bundestagswahlen im August 1949 noch unausgegoren und bedurfte der Konsolidierung, um eine erneute Entstehung der zügig sprichwörtlich

---

[11] BVerfG, Urt. v. 17.01.2017, 2 BvB 1/13, Rn. 590 ff.

[12] BVerfG, Urt. v. 17.01.2017, 2 BvB 1/13, Rn. 585 ff., 845 ff.; näher dazu auch unten S. 359 ff.

[13] Unten S. 441 ff.

[14] Zur SRP ausführlich unten S. 93 ff.; zu Organisation, Programm und Vorgehensweise der NPD etwa *R. Ackermann,* Warum die NPD keinen Erfolg haben kann, 2012; *O. Gnad,* NPD, in: Recker/Tenfelde, Handbuch, Teilbd. III, 2005, S. 591 (603 ff.).

gewordenen Weimarer Verhältnisse verhindern zu können. Eine besonders große, geradezu existenzentscheidende politische Herausforderung war dabei die Integration der prädemokratischen, häufig sogar antidemokratischen Wählerschichten, die für populistische rechts- wie linksextreme Propaganda besonders anfällig waren. Millionen junger Menschen waren im Nationalsozialismus sozialisiert worden. Mehr als zehn Millionen hatten im Bombenkrieg bzw. nach Vertreibung und Flucht alles verloren und waren daher ebenfalls nicht selten gegenüber populistischen Thesen aufgeschlossen.[15] Hinzu kamen Millionen aus dem Krieg heimgekehrter und immer noch aus der Gefangenschaft heimkehrender Soldaten, die als persönliche Verlierer eines ungerechten Krieges darum kämpfen mussten, ihren Platz in der sich schnell wandelnden Gesellschaft zu finden, zumal viele von ihnen angesichts einer zunächst entmilitarisierten Bundesrepublik ihre Berufsaussichten eingebüßt hatten. Von noch grundlegenderer Bedeutung war aber, dass die allermeisten Deutschen überhaupt erst einmal „Demokratie lernen" mussten. Die wirklich demokratische Phase der Weimarer Republik war kurz gewesen, lag mittlerweile lange zurück und war zudem in den Augen der meisten Deutschen diskreditiert. Eine im Jahr 1951 erstellte repräsentative Meinungsumfrage unter Westdeutschen, wann es am besten um ihr Land bestellt gewesen sei, illustriert das Ausmaß der Herausforderung: 45 % der Befragten nannten das inzwischen verklärte Kaiserreich, 40 % die Friedensjahre des Nationalsozialismus bis 1938, aber nur 7 % die Weimarer Republik und 2 % die Zeit seit dem Zweiten Weltkrieg.[16]

Für die erste Bundesregierung bestand eine weitere konkrete Herausforderung in der Wiedergewinnung der Außensouveränität, welche ihr die westlichen Siegermächte nach Zusammentritt des Bundestages und Bildung der ersten Bundesregierung im September 1949 noch vorenthalten hatten. Da die westlichen Alliierten auf Grundlage des Besatzungsstatuts streng über extremistische Tendenzen in der Bundesrepublik wachten, war der Umgang vor allem mit rechts-, aber auch mit linksextremen Parteien für die junge Republik aus innen- und außenpolitischen Gründen eine besonders heikle, letztlich existenzentscheidende Frage. Jedem war bewusst, dass das Scheitern der Weimarer Republik und die sich anschließende totalitäre NS-Herrschaft aufs Engste mit dem Siegeszug der NSDAP verbunden gewesen war. Daher war klar, dass eine wehrhafte Verfassung, wie sie die Mütter und Väter des Grundgesetzes ins Auge gefasst hatten, nicht erneut Parteien würde dulden können, die es letztlich auf die Beseitigung der demokratischen Verfassungsordnung abgesehen hatten. Entsprechend war politischen Parteien im Grund-

[15] Vgl. auch *R. Stöss,* Einleitung, in: ders., Parteien-Handbuch I, 1983, S. 17 (210 f.); *U. Backes/E. Jesse,* Politischer Extremismus, 1989, S. 52.

[16] *E. Noelle/E. P. Neumann,* Jahrbuch der öffentlichen Meinung 1947–1955, 1956, S. 126.

gesetz in Art. 21 Abs. 1 GG nicht nur erstmals in der deutschen Verfassungstradition eine verfassungsrechtliche Stellung eingeräumt worden. Vielmehr war im selben Atemzug in Abs. 2 von Art. 21 GG die Möglichkeit aufgenommen worden, Parteien zu verbieten, die darauf ausgehen, die freiheitliche demokratische Grundordnung zu beeinträchtigen oder zu beseitigen oder aber den Bestand der Bundesrepublik zu gefährden. Diese innovative Regelung des „verfassungsrechtlichen Immunsystems" wurde im November 1951 mit den Verbotsanträgen gegen die SRP und die KPD erstmals aktiviert, damit von der Ebene der verfassungsrechtlichen Handlungspotentiale auf diejenige der verfassungspolitischen Realitäten gehoben und durch die erfolgreiche Anwendung so zügig zu einer operablen verfassungsrechtlichen Institution verdichtet.

II. Parteiverbote und Konstituierung

1. Warum Bonn nicht Weimar wurde – Beiträge der Parteiverbote zur inneren Konstituierung

Das wiedererwachte Interesse am SRP-Parteiverbot sollte schon wegen der sehr unterschiedlichen Rahmenbedingungen nicht auf die Parallelen zu den NPD-Verfahren reduziert werden. Abgesehen davon, dass sich historische Phänomene nur aus den de- und rekonstruierten Bedingungen ihrer eigenen Zeit adäquat erfassen lassen, würde mit einer Verengung des Blickwinkels auf einen Vergleich mit dem NPD-Verfahren vor allem die Chance vertan, die bis heute kaum beleuchtete größere politische und verfassungsgeschichtliche Bedeutung des SRP-Parteiverbotsverfahrens, aber auch des fast gleichzeitig eingeleiteten, politisch ganz anders gelagerten KPD-Verfahrens für den Konstituierungsprozess der Bonner Republik vertieft zu untersuchen.

Dass Bonn nicht Weimar wurde, wie der scharfsinnige schweizerische Journalist und Publizist *Fritz René Allemann* (1910–1996) ausgerechnet im Jahr 1956, als das Parteiverbotsurteil gegen die KPD erging, im Titel eines nicht nur für die Selbstvergewisserung der jungen Republik grundlegenden Buches konstatierte,[17] lag in systemischer Perspektive nicht zuletzt daran, dass die Schöpfer des Grundgesetzes aus den Fehlern der Weimarer Reichsverfassung gelernt hatten.[18] Sie hatten daher das Grundgesetz mit verschiedenen Regelungen eines präventiven Verfassungsschutzes wie namentlich der vorliegend im Mittelpunkt stehenden Parteiverbotsregelung des Art. 21 Abs. 2 GG, der damit eng verwandten Regelung über die Grundrechtsverwir-

---

[17] *F. R. Allemann,* Bonn ist nicht Weimar, 1956.

[18] *M. Brenner,* Die wehrhafte Demokratie, in: Eichenhofer, 80 Jahre Weimarer Reichsverfassung, 1999, S. 95 (106).

kung von Einzelpersonen in Art. 18 GG und der Möglichkeit gem. Art. 9 Abs. 2 GG, Vereinigungen, die sich gegen die verfassungsmäßige Ordnung richten, zu verbieten, bewehrt.[19] Konnte bereits die bloße Existenz solcher Regelungen eine gewisse Abschreckungswirkung hervorbringen, wurde diese jedoch durch deren Anwendung intensiviert und damit die Ausstrahlungswirkung potentiell multipliziert. Das SRP-Verbotsverfahren ist daher schon aus dem Grunde von großem verfassungsgeschichtlichen Interesse, dass es sich um den ersten Fall handelt, in dem mit Art. 21 Abs. 2 GG die einschneidendste der neuen Verfassungsschutzbestimmungen des Grundgesetzes, als werteorientierter, bewehrter Verfassung, erfolgreich aktiviert wurde.

Noch weniger bekannt als das seinerseits weitgehend aus dem kollektiven Gedächtnis verdrängte SRP-Verfahren ist, dass im Umfeld des SRP-Verbotsverfahrens auch zum ersten Mal die Grundrechtsverwirkungsvorschrift des Art. 18 GG, als zweitschärfste Waffe des normativen grundgesetzlichen Verfassungsschutzes, zum Einsatz gekommen ist.[20] Adressat des ersten Grundrechtsverwirkungsverfahrens war mit *Otto Ernst Remer* eine damals sehr bekannte Person der Zeitgeschichte: *Remer* hatte als Kommandant der das Berliner Wachregiment bildenden Einheiten der Division Großdeutschland den Aufstand des 20. Juli 1944 in der Reichshauptstadt niedergeschlagen, war daraufhin zu einer Art „Star" des NS-Regimes aufgebaut worden, bevor er nach dem Krieg, ab dem Herbst 1949, als zweiter Vorsitzender und Hauptagitator der SRP erneut für Furore sorgte.[21]

Als die Bundesregierung Anfang Mai 1951 die Grundsatzentscheidung zur Einleitung eines Verbotsverfahrens gegen die SRP traf, stand – wie schon angerissen – das dafür nach dem Parteienprivileg des Art. 21 Abs. 2 GG a.F.[22] allein zuständige BVerfG noch nicht zur Verfügung. Aus dem Blickwinkel der Bedeutung des SRP-Verfahrens für die innere Konstituierung der Bundesrepublik stellt sich damit zunächst die Frage, welche Rolle das SRP-Verfahren dabei spielte, dass das BVerfG im September 1951 endlich als letztes Staatsorgan der Bundesrepublik Deutschland errichtet wurde.

In Erweiterung dieser speziellen Fragestellung steht dann aber im Mittelpunkt dieses Buches, inwiefern vor allem das SRP-, aber auch das KPD-Verbotsverfahren über solche konkreten Folgen für die Verfassungsstrukturen hinaus weitergehende, grundlegende Auswirkungen auf den Konstituierungs-

[19] Zu weiteren Schutzmechanismen siehe etwa die Beiträge in dem Sammelband *M. Thiel* (Hrsg.), Wehrhafte Demokratie, 2003.

[20] Insgesamt sind in der Bundesrepublik bis heute nur vier Grundrechtsverwirkungsverfahren gem. Art. 18 GG durchgeführt worden, die letztlich alle bereits im Zulassungsstadium scheiterten; dazu etwa *F. Wittreck,* in: Dreier, GG, Bd. I, 3. Aufl. 2013, Art. 18 Rn. 28; *H. Bethge,* Grundrechtswahrnehmung, Grundrechtsverzicht, Grundrechtsverwirkung, in: HStR IX, 3. Aufl. 2011, § 203 Rn. 161.

[21] Näher zu *Remers* Biographie unten S. 93 ff.

[22] Jetzt: Art. 21 Abs. 4 1. Alt. GG.

prozess der Bundesrepublik hatten. Der wohl entscheidende strukturelle Grund dafür, dass Bonn nicht ein zweites Weimar wurde, lag darin, dass recht zügig eine Konsolidierung des in den Anfangsjahren noch zersplitterten Parteienspektrums gelang.[23] Von den zehn Parteien, die im ersten Bundestag vertreten waren, waren 1961 mit den Unionsparteien (wenn wir einmal CDU/CSU zusammenfassen), SPD und FDP nur noch drei übrig, und dies sollte bis zum Aufkommen der Grünen in den 1980er Jahren so bleiben. Dass die Bonner Republik letztlich von einem System aus lediglich drei demokratischen Parteien, nämlich den Unionsparteien auf der rechten und der SPD auf der linken Seite, ergänzt durch die liberale FDP als sprichwörtlich flexibles machtpolitisches Zünglein an der Waage,[24] geprägt wurde, ist nach herrschender Forschungsansicht das eigentliche „Geheimnis" der bundesdeutschen Nachkriegsmetamorphose.[25] Dieses System war, obwohl sich der Parlamentarische Rat trotz der Weimarer Erfahrungen nicht für ein Mehrheitswahlsystem, sondern für ein egalitär-demokratisches Verhältniswahlsystem entschieden hatte, in der Lage, durchgängig regierungsfähige Mehrheiten bereitzustellen. Der große Erfolg, welcher die Bonner Republik – gerade im Kontrast zu der in den verfassungspolitischen Diskursen omnipräsenten gescheiterten Weimarer Republik – wurde, beruhte daher maßgeblich auf der politischen sowie institutionellen Stabilität und der Entscheidungspotenz des Dreiparteiensystems. Dass sich ein solch stabiles Dreiparteiensystem herausbilden würde, war allerdings 1949 alles andere als eine historische Selbstverständlichkeit und hätte bei Konstituierung der Bundesrepublik niemand zu prognostizieren gewagt.[26] Der Einzug von zehn Parteien in den Bundestag im September 1949 beruhte zwar auch auf den großzügigen Quorenregelungen bei den Gründungswahlen der Bundesrepublik.[27] Die Parteienfülle war aber in erster Linie Ausdruck des unausgegorenen politischen Systems.

Dass die Konsolidierung des Parteienspektrums, als strukturell bedeutendste innenpolitische Leistung der Frühphase der Bundesrepublik, nachhaltig gelang, war im politischen Spektrum rechts von der Mitte maßgeblich auf den Erfolg der politischen Abnutzungs- und Integrationsstrategie insbesondere des ersten Bundeskanzlers *Konrad Adenauer* (CDU) zurückzuführen. Sie machte andere rechte Parteien allmählich überflüssig und integrierte nach und

---

[23] *E. Wolfrum,* Die geglückte Demokratie, 2006, S. 60.

[24] Zum schwierigen Identitätsfindungsprozess der FDP in der ersten Hälfte der 1950er Jahre unten S. 397 ff. sowie aus zeitgenössischer Perspektive: *F. R. Allemann,* Bonn ist nicht Weimar, 1956 (Neudruck 2000), S. 262 ff.

[25] Vgl. nur *E. Wolfrum,* Die geglückte Demokratie, 2006, S. 60; *P. H. Merkl,* The German Response, in: Brady etc., The Postwar Transformation, 1999, S. 35 (43 f.).

[26] *P. H. Merkl,* The German Response, in: Brady etc., The Postwar Transformation, 1999, S. 35 (40 f.); *E. Wolfrum,* Die geglückte Demokratie, 2006, S. 59.

[27] Auch hier sind CDU und CSU als eine Partei gezählt; zum Wahlergebnis im Einzelnen unten S. 90 f.

nach nicht nur oft deren Spitzenpolitiker, sondern vor allem auch deren Wählerschichten in die Unionsparteien.[28] *Adenauers* Strategie alleine reicht allerdings nicht aus, um zu erklären, warum sich – anders als sich dies heute abzuzeichnen scheint – rechts von der Union keine Partei nachhaltig etablieren konnte, und erst recht bietet sie keine Erklärung dafür, dass sich – insgesamt strukturell noch wichtiger – links von der SPD keine Partei durchsetzen konnte. Eine der Arbeitshypothesen dieses Buches war daher, dass bei der Konsolidierung des rechten und linken politischen Spektrums die Verbote der SRP und der KPD eine bislang zu wenig gewürdigte Rolle gespielt haben könnten.[29] Ist es ein Zufall, dass *F. R. Allemann* gerade 1955/56 feststellen konnte, dass die politische Entwicklung in der Bundesrepublik „schon nahe an einem Dreiparteien-System" angelangt zu sein scheine?[30] Die Entwicklung eines stabilen Dreiparteiensystems könnte zumindest auch darauf zurückzuführen sein, dass das BVerfG mit seinem SRP-Verbot von 1952 und dem bei der Vollendung von *Allemanns* Buch „Bonn ist nicht Weimar" unmittelbar bevorstehenden KPD-Parteiverbot jeweils schwer überwindbare Grenzen nach rechts und links in das politische System der Bundesrepublik eingezogen hat, wie sie in der Weimarer Republik niemals existiert hatten.

2. Bedeutung des SRP-Parteiverbotes für die äußere Konstituierung

Der Beitrag insbesondere des SRP-Parteiverbotes zum Konstituierungsprozess der Bundesrepublik erschöpft sich aber nicht in dessen soeben angerissener innerer Dimension. Wie oben bereits kurz vorweggenommen wurde, war Anfang der 1950er Jahre vor allem der Prozess der äußeren Konstituierung der Bundesrepublik bei Weitem nicht abgeschlossen. Die westlichen Siegermächte hatten sich bei der Genehmigung des Grundgesetzes am 12. Mai 1949 Einschränkungen der Außensouveränität aufgrund des auf der Washingtoner Außenministerkonferenz der Westmächte vom 6.–8. April 1949 verabschiedeten Besatzungsstatuts vorbehalten. Nach der Wahl *Adenauers* zum ersten Bundeskanzler am 15. September 1949 überreichten die Alliierten Hohen Kommissare dem früheren Kölner Oberbürgermeister am 21. September 1949 in ihrem – sinnfällig *oberhalb* Bonns gelegenen – Sitz

---

[28] *E. Wolfrum,* Die geglückte Demokratie, 2006, S. 61; *H.-J. Puhle,* Konservativismus und Neo-Konservativismus, in: Eisfeld/Müller, Gegen Barbarei, 1989, S. 399 (406 f.).

[29] Exemplarisch *D. Willoweit,* Deutsche Verfassungsgeschichte, 6. Aufl. 2009, S. 363: „Die [...] Verbote von SRP und KPD [...] mögen im Sinne eines politisch-moralischen Appels gewirkt haben; eine größere Bedeutung für die Entwicklung des Parteienspektrums kommt ihnen kaum zu."; anders hingegen *E. Wolfrum,* Die geglückte Demokratie, 2006, S. 64: „Hinsichtlich der Anti-Systemparteien am rechten und linken Rand des politischen Spektrums erwiesen sich Parteiverbote der wehrhaften Demokratie als ein probates Mittel, die Republik zu konsolidieren."

[30] *F. R. Allemann,* Bonn ist nicht Weimar, 1956 (Neudruck 2000), S. 223.

auf dem Petersberg förmlich das Besatzungsstatut, um die Begrenzungen der Souveränität der Bundesrepublik auch symbolisch deutlich zu machen.[31] Diese Begrenzungen manifestierten sich etwa darin, dass die im September 1949 gebildete erste Bundesregierung zunächst keinen Außenminister und nur Rudimente eines Außenministeriums besitzen durfte.[32] Ausländische Vertretungen waren nicht bei der Bundesregierung, sondern bei der Alliierten Hohen Kommission akkreditiert.[33] Wollte die Bundesregierung Außenpolitik betreiben, war sie daher auf die Vermittlung der Hohen Kommission angewiesen, die kraft des Besatzungsstatuts als eine Art „Oberregierung" über die „international entmündigte" Bundesrepublik wachte.[34]

Nachdem das Besatzungsstatut erstmals aufgrund des Petersberger Abkommens vom 22. November 1949 etwas abgemildert und die noch andauernden Demontagen verringert worden waren,[35] erlaubte die Hohe Kommission erst mit der „kleinen Revision" des Besatzungsstatuts im März 1951 die Errichtung eines Außenministeriums.[36] Da die Außenpolitik jedoch weiterhin mit den Hohen Kommissaren abgestimmt werden musste, deren ständiger Gesprächspartner *Adenauer* war, nahm dieser ab dem 15. März 1951 die Leitung des Auswärtigen Amtes in Personalunion selbst wahr.[37] Die Chance zur beschleunigten Wiedererlangung der deutschen Außensouveränität hatte sich unterdessen überraschend infolge des Ausbruchs des Koreakrieges am 25. Juni 1950 eröffnet. Die dadurch stark gestiegene Kriegsgefahr auch in Europa und die Notwendigkeit der Verlagerung substantieller Teile der ohnehin nicht mehr besonders starken US-Truppen aus Europa nach Korea machte zwecks Sicherung der westeuropäischen Verteidigungsfähigkeit gegen die Sowjetunion aus Sicht insbesondere der US-amerikanischen, aber auch der britischen Regierung einen deutschen Verteidigungsbeitrag erforderlich. Dies löste einen komplexen politischen Prozess aus, in dessen Rahmen die auch wirtschaftlich motivierten ersten Ansätze zur Bildung der Europäischen Gemeinschaften eine entscheidende Rolle spielen sollten. Eng verwoben mit

---

[31] *H. Haftendorn,* Deutsche Außenpolitik, 2001, S. 23 ff.

[32] *A. Baring,* Außenpolitik, 1969, S. 62 ff.; *D. Geppert,* Die Ära Adenauer, 2002, S. 38.

[33] *H. Haftendorn,* Deutsche Außenpolitik, 2001, S. 25.

[34] *R. Morsey,* Die Bundesrepublik, 5. Aufl. 2007, S. 27.

[35] Die Bundesrepublik durfte nun in konsularische Beziehung mit anderen Staaten treten und internationalen Organisationen beitreten. Im Gegenzug musste sie der Internationalen Ruhrbehörde beitreten und damit die zuvor abgelehnte Ruhrkontrolle akzeptieren. *R. Morsey,* Die Bundesrepublik, 5. Aufl. 2007, S. 27 f.; zur Ruhrkontrolle: *G. Hardach,* Der Marshall-Plan, 1994, S. 85 ff.

[36] *H. A. Winkler,* Geschichte des Westens – Vom Kalten Krieg zum Mauerfall, 2014, S. 199.

[37] Vorläufige Übersicht über die Geschäftsverteilung des Auswärtigen Amts, Stand 10.10.1951, NL W. Strauß, IfZ ED 94, Bd. 151, Bl. 126 ff.; *H. Haftendorn,* Deutsche Außenpolitik, 2001, S. 30; erst am 06.06.1955 wurde mit dem hessischen CDU-Politiker *Heinrich von Brentano* ein separater Außenminister ernannt.

dem Prozess zur Einrichtung der seit der *Schuman*-Erklärung vom 9. Mai 1950 diskutierten und mit dem Vertragsschluss am 18. April 1951 auf den Weg gebrachten Europäischen Gemeinschaft für Kohle und Stahl (EGKS) und der seit dem Oktober 1950 im Rahmen des sog. *Pleven*-Plans verhandelten, später – im August 1954 – dann aber gescheiterten Europäischen Verteidigungsgemeinschaft (EVG) entwickelte sich die in Deutschland hoch umstrittene Wiederbewaffnung zum entscheidenden Faustpfand der deutschen Regierung für die Rückgewinnung der deutschen Außensouveränität.

In den Verhandlungen über die Integration der Bundesrepublik in die entstehenden europäischen Strukturen musste die Bundesregierung indes alles vermeiden, was auf ein Wiedererstarken des Nationalsozialismus in Deutschland hindeuten konnte. Vor diesem Hintergrund stellt sich daher etwa die Frage, ob die Tatsache, dass die Grundsatzentscheidung zur Einleitung des SRP-Verbotsverfahrens im Bundeskabinett Anfang Mai 1951 fiel, nur auf die gleichzeitig stattfindende Niedersachsenwahl zurückzuführen war, bei der die neonazistische SRP über 11 % der Stimmen erzielte. Eine Rolle könnte vielmehr auch gespielt haben, dass zwei Wochen zuvor der EGKS-Vertrag unterzeichnet worden war, die Bundesrepublik zeitgleich in den Europarat aufgenommen wurde und in den folgenden Monaten entscheidende Verhandlungsrunden zur Gründung der EVG und damit letztlich zur endgültigen Ablösung des Besatzungsstatuts anstanden.

III. Begriff und Konzept der Ephoralen Verfassung

Die beiden Parteiverbote des BVerfG von 1952 und 1956 sind jedoch nicht nur strukturell im Hinblick auf ihren Beitrag zur Konstituierung der Bonner Republik von großem Interesse. Sie sind – bereits auf den ersten Blick – konkrete Beispiele dafür, dass aus den Fehlern der Weimarer Republik gelernt worden war, mit der Folge, dass Bonn nicht Weimar wurde: Zwar gab es in 14 Jahren Weimarer Republik viel mehr Parteiverbote als in nunmehr fast sieben Jahrzehnten Bundesrepublik.[38] Indes litten die Rechtsgrundlagen der Weimarer Parteiverbote unter mehreren strukturellen Defiziten.[39] Genannt sei an dieser Stelle zunächst nur, dass Parteiverbote ganz überwiegend in der Kompetenz der Länder oder gar kommunaler Behörden standen, was reichsweite Verbote wesentlich erschwerte. Selbst die NSDAP war reichsweit nur vorübergehend, kaum mehr als ein viertel Jahr, auf der Grundlage präsidialen Notverordnungsrechts im Rahmen der bürgerkriegsähnlichen Verhältnisse des *annus horribilis weimariensis* 1923 verboten.[40] Vor diesem Hintergrund

---

[38] Dazu im Einzelnen unten S. 38 ff.

[39] Dazu näher unten S. 42 ff.

[40] Dazu unten S. 52 ff., 60 ff.

erschien *Hans Kelsens* im Jahr 1932 gezogenes Fazit, es scheine das tragische Schicksal der Demokratie zu sein, „daß sie auch ihren ärgsten Feind an ihrer eigenen Brust nähren muß", als wohl begründet.[41]

Die Möglichkeit von Parteiverboten gem. Art. 21 Abs. 2 GG ist ein zentrales Element eines Gesamtkonzepts, welches *Kelsens* gewissermaßen defätistisches Fazit widerlegen sollte, indem das Grundgesetz in Kontrast zur Weimarer Reichsverfassung und in Anlehnung an Vorbilder aus den Landesverfassungen – insbesondere der insoweit einmal mehr resoluten Hessischen Verfassung von 1946[42] – mit Mitteln ausgestattet wurde, um die freiheitliche demokratische Grundordnung gegen deren Feinde verteidigen zu können. Meist werden die Regelungen zu Parteiverboten, zur Grundrechtsverwirkung gem. Art. 18 GG sowie zu Vereinsverboten gem. Art. 9 Abs. 2 GG Konzepten einer „wehrhaften" oder „streitbaren" Demokratie zugeordnet,[43] die maßgeblich auf Überlegungen zweier im Exil lebender deutscher Soziologen zurückgehen: *Karl Loewenstein* hatte bereits 1937 in Auseinandersetzung mit dem Sieg des Faschismus über die Demokratie nicht nur in Deutschland einen Mangel an „Militancy" der Demokratie für den Untergang der Weimarer Republik mitverantwortlich gemacht[44] und entsprechend eine „militant democra-

---

[41] *H. Kelsen,* Verteidigung der Demokratie, in: ders., Demokratie und Sozialismus, 1967, S. 60 (68) = Wiederabdruck des ursprünglich in Blätter der Staatspartei 2. Jahrgang, Heft 3/4, April 1932, S. 90 ff. erschienenen Aufsatzes.

[42] Art. 146 ff. Verfassung des Landes Hessen (HV) über den „Schutz der Verfassung" enthalten u.a. in Art. 146 Abs. 2 HV die Möglichkeit, durch Entscheidung des Staatsgerichtshofs „Rechte aus dieser Verfassung" abzuerkennen; zu Art. 146 ff. HV etwa *J. Rückert,* 50 Jahre Hessische Verfassung, in: KritV 1996, 116 (119 f.), der von einer „ausgefeilten juristischen Sicherungstechnik" spricht und *M. Will,* Entstehung der Verfassung des Landes Hessen, 2009, S. 426 f., 524.

[43] Aus dem unübersehbaren Schrifttum – jeweils m.w.N. – instruktiv etwa *C. v. Coelln,* in: Maunz/Schmidt-Bleibtreu/Klein/Bethge, BVerfGG, Lsbl., § 43 Rn. 1; *ders.,* in: Gröpl/Windthorst/v. Coelln, GG, 2. Aufl. 2015, Art. 21 Rn. 39; *J. Ipsen,* Staatsrecht I, 28. Aufl. 2016, Rn. 185, 1063; *M. Morlok,* Parteiverbot als Verfassungsschutz, in: NJW 2001, 2931 (2932); *ders./L. Michael,* Staatsorganisationsrecht, 2013, Rn. 275; *F. Shirvani,* Das Parteienrecht, 2010, S. 280 ff.; *A. Doering-Manteuffel,* Die Bundesrepublik, 1983, S. 126; *M. Brenner,* Die wehrhafte Demokratie, in: Eichenhofer, 80 Jahre Weimarer Reichsverfassung, 1999, S. 95 (109 ff.); *J. Menzel,* Mit Versammlungsrecht gegen „Rechts"?, in: Goldbach, Mit juristischen Waffen, 2003, S. 43 (52 f.); *J. Kersten,* Parteienverbote, in: Neue Justiz 55 (2001), 1 (2); *C. Leggewie/H. Meier,* Republikschutz, 1995, S. 85; *A. Härtel,* Die Entwicklung des Instituts, in: Möllers/van Ooyen, Parteiverbotsverfahren, 3. Aufl. 2011, S. 53 (56 ff.); für den Begriff der „abwehrbereiten Demokratie" plädieren *H. Maurer,* Staatsrecht I, 6. Aufl. 2010, § 23 Rn. 4 sowie *H. H. Klein,* in: Maunz/Dürig, GG, Lsbl., Art. 21 Rn. 490; zum Ganzen auch *G. P. Boventer,* Grenzen politischer Freiheit, 1985, S. 20 ff.; zu weiteren diskutierten Attributen wie „militant" etwa *B. Höver,* Das Parteiverbot und seine rechtlichen Folgen, Diss. iur. 1975, S. 7 Fn. 4.

[44] *K. Loewenstein,* Militant Democracy and Fundamental Rights I, in: American Political Science Review 31 (1937), 417 (426 f.).

cy“ postuliert.[45] *Karl Mannheim* hatte diese Terminologie dann aufgegriffen und 1941 auf einer Konferenz in Oxford gefordert, dass die Demokratie „militant“ werden müsse, um zu überleben.[46] Dass sich dieses maßgeblich aus der Untergangserfahrung der Weimarer Demokratie geborene Konzept im Diskurs der jungen Bundesrepublik gegen andere Vorschläge durchsetzen konnte, lag maßgeblich daran, dass es schon früh, im KPD-Verbotsurteil von 1956, vom BVerfG aufgegriffen wurde,[47] welches es dann in einer Reihe von Entscheidungen zügig „in sein Repertoire verfassungsrechtlicher Leitbegriffe“ integriert hat.[48]

Allerdings sehen sich das Konzept und der Begriff der wehrhaften oder streitbaren Demokratie von jeher zahlreichen bedenkenswerten Einwendungen ausgesetzt.[49] Wichtige materiale Kritik betrifft etwa die Gefahr, dass „wenige Ausnahmebestimmungen“ zu einem – normativ wirksamen – Verfassungsgrundsatz aufgewertet würden,[50] der zudem bei Kopplung mit der Werteordnung – zu Lasten der Freiheit – ideologieanfällig sei,[51] eine „in der deutschen Staatsrechtslehre und -philosophie“ durchaus traditionsreiche Ge-

---

[45] *K. Loewenstein,* Militant Democracy and Fundamental Rights I, in: American Political Science Review 31 (1937), 417 (430 f.); *ders.,* Militant Democracy and Fundamental Rights II, a.a.O., 638 (638 ff., 656 f.); erhellend zu dem für *Loewensteins* Arbeiten grundlegenden Umbruch in der demokratietheoretischen Diskussion insbesondere in den Vereinigten Staaten, die ab den frühen 20er Jahren zunehmend die Unantastbarkeit demokratischer Grundrechte in Frage stellte: *G. P. Boventer,* Grenzen politischer Freiheit, 1985, S. 59 ff.

[46] *K. Mannheim,* Diagnosis of our Time, in: ders., Diagnosis of Our Time, 1943, S. 1 (7): „Laissez-faire Liberalism mistook neutrality for tolerance. [...] Our democracy has to become militant if it is to survive.“ = *K. Mannheim,* Diagnose unserer Zeit, in: ders., Diagnose unserer Zeit, 1951, S. 9 (17): „Laissez-faire-Liberalismus verwechselte Toleranz mit Neutralität. [...] Um zu überleben, muß unsere Demokratie eine streitbare Demokratie werden.“

[47] Von „streitbarer Demokratie“ spricht etwa BVerfGE 5, 85 (139); 25, 88 (100); 28, 36 (48 f.); 30, 1 (19); 80, 244 (253), von „wehrhafter Demokratie“ BVerfGE 39, 334 (349); zur Entwicklung der Rechtsprechung etwa *J. Lameyer,* Streitbare Demokratie, 1978, S. 28 ff.; *A. Zirn,* Das Parteienverbot nach Art. 21 Abs. 2 GG, Diss. iur. 1988, S. 265 ff.

[48] *J. Lameyer,* Streitbare Demokratie, 1978, S. 28 ff.; *E. Denninger,* Verfassungstreue, in: VVDStRL 37 (1979), S. 16 f.; *A. Härtel,* Die Entwicklung des Instituts, in: Möllers/van Ooyen, Parteiverbotsverfahren, 3. Aufl. 2011, S. 53 (56 ff.); zu Ansätzen einer streitbaren Demokratie in Verfassungen anderer westlicher Demokratien: *G. P. Boventer,* Grenzen politischer Freiheit, 1985, insbesondere S. 182 ff.

[49] Eine Übersicht findet sich bei *M. Thiel,* Zur Einführung, in: ders., Wehrhafte Demokratie, 2003, S. 1 (9 ff.); vgl. auch *F. Shirvani,* Das Parteienrecht, 2010, S. 283 f.; zur Entwicklung des Diskurses zum Konzept der wehrhaften Demokratie bspw. auch *H.-G. Jaschke,* Streitbare Demokratie und Innere Sicherheit, 1991, S. 62 ff.

[50] *E. Stein/G. Frank,* Staatsrecht, 21. Aufl. 2010, § 23 II (S. 196 f.).

[51] *P. Häberle,* Die Abhörentscheidung, in: JZ 1971, 145 (147).

fahr einer Überbetonung der Sphäre des Staates in sich trage[52] und schließlich – konsequent weitergeführt – in ein „autoritäres oder gar totalitäres Staatsverständnis einmünden" könne.[53] Setzt diese und ähnliche Kritik meist an der materialen Gefahr an, dass aus einzelnen Vorschriften des Grundgesetzes ein Prinzip abstrahiert werde, dem dann ein Mehrwert beigemessen werden könnte, welcher wiederum mit transzendenten Inhalten aufgeladen werden und so anerkannte Prinzipien der Verfassung wie bspw. das Rechtsstaatsprinzip, die Grundrechte oder die Abgeordnetenstellung gerade nachhaltig bedrohen könnte,[54] lässt sich bereits viel grundlegender fragen, ob Nomen und Attribut des Begriffs das Phänomen, um das es hier eigentlich geht, überhaupt adäquat beschreiben. So ist etwa fraglich, ob es bei insoweit zentralen Vorschriften wie Art. 21 Abs. 2, 18, 9 Abs. 2 GG wirklich spezifisch oder gar allein um die Demokratie geht. Normimmanentes Schutzgut dieser Vorschriften ist überwiegend die freiheitliche demokratische Grundordnung als Verfassungskern der grundgesetzlich verfassten Demokratie,[55] dessen Mindestelemente aber über die Demokratie als solche hinausgehen.[56] Daneben könnten Attribute wie „wehrhaft" eine Abwehrbereitschaft etwa der Demokratie indizieren, die aber viel mehr voraussetzt als die bloße Existenz der einschlägigen Vorschriften. So hat bereits *Karl Loewenstein* ganz richtig darauf hingewiesen, dass gesetzliche Regelungen alleine wertlos seien, wenn nicht weitere Faktoren wie etwa der Wille der Bevölkerung zur Verteidigung der Verfassung hinzuträten.[57] Wie im Kapitel über die Parteiverbote der Weimarer Republik noch exemplarisch gezeigt werden wird,[58] ist es gerade eine wesentliche Erkenntnis, dass Verfassungsverteidigungsnormen, die auch in Weimar prinzipiell zur Verfügung standen, alleine nicht ausreichen, um eine Demokratie wehrhaft zu machen. Fehlen in der Verfassungswirklichkeit hinreichende Rahmenbedingungen, die es erlauben, dass die zur Verfügung gestellten Normen auch aktiviert werden, bleibt die Verfassungsmechanik bloßes Potenti-

---

[52] *J. Lameyer,* Streitbare Demokratie, in: JöR n.F. 30 (1981), S. 147 (178); *ders.,* Streitbare Demokratie, 1978, S. 206.

[53] *E. Bulla,* Die Lehre von der streitbaren Demokratie, in: AöR 98 (1973), 340 (360).

[54] Vgl. etwa *A. Zirn,* Das Parteienverbot nach Art. 21 Abs. 2 GG, Diss. iur. 1988, S. 317 f.

[55] *M. Brenner,* Die wehrhafte Demokratie, in: Eichenhofer, 80 Jahre Weimarer Reichsverfassung, 1999, S. 95 (97).

[56] Vgl. etwa *U. Schliesky,* Die wehrhafte Demokratie, in: HStR XII, 3. Aufl. 2014, § 277 Rn. 3; dies gilt erst recht für die „verfassungsmäßige Ordnung" als Schutzgut von Art. 9 Abs. 2 GG; zum Begriff der freiheitlichen demokratischen Grundordnung näher unten S. 82 ff., 310 f., 348 ff.

[57] Vgl. *K. Loewenstein,* Militant Democracy and Fundamental Rights II, in: American Political Science Review 31 (1937), 638 (657); *H.-G. Jaschke,* Streitbare Demokratie und Innere Sicherheit, 1991, S. 63.

[58] Unten S. 33 ff.

al.[59] Ob eine Demokratie wehrhaft oder streitbar ist, wird daher nicht allein – und auch nicht entscheidend – auf dem Papier des Gesetzestextes, sondern maßgeblich durch die verfassungspolitischen Rahmenbedingungen entschieden, die ihrerseits nur partiell durch den Verfassungstext geprägt werden.

Vor diesem Hintergrund wäre es jedenfalls sinnvoll, begrifflich stärker zwischen dem gesetzlich, insbesondere von der Verfassung im formalen Sinne, zur Verfügung gestellten Normenmaterial zur Verfassungsverteidigung einerseits und der entsprechenden Verfassungswirklichkeit andererseits zu trennen. Der Begriff einer wehrhaften, streitbaren oder auch abwehrbereiten Demokratie erscheint eher geeignet, den tatsächlichen Zustand im Bereich der zweiten Sphäre oder aber ein überwölbendes Gesamtkonzept zu beschreiben. Nicht zuletzt die Kritik am Konzept der wehrhaften Verfassung hat dazu geführt, dass insbesondere in der rechtswissenschaftlichen Literatur inzwischen oft der Begriff des Schutzes der Verfassung – bzw. dessen Kurzform des Verfassungsschutzes – bevorzugt wird.[60] Wirkt die Neutralität dieser Termini der Gefahr einer Missbrauchsmöglichkeiten eröffnenden Begriffsaufladung entgegen, leidet diese Begrifflichkeit allerdings ihrerseits zunächst unter einem gewissen „Allerweltscharakter", der eine nur geringe Trennschärfe vermittelt.[61] So lässt sich dem Schutz der Verfassung viel subsumieren, das über das einschlägige Normenmaterial der Verfassung hinausgeht,[62] etwa auch der Bereich des strafrechtlichen Staatsschutzrechts.[63] Hinzu kommt, dass der Kurzbegriff Verfassungsschutz in erster Linie mit den Behörden und sonstigen Organisationen assoziiert wird, welche zwecks Bewahrung des Grundgesetzes und der Länderverfassungen in Bund und Ländern bestehen.[64] Gerade um der wissenschaftlichen Diskussion eine eindeutigere Begrifflichkeit an die

---

[59] Ähnlich z.B. *M. Brenner,* Die wehrhafte Demokratie, in: Eichenhofer, 80 Jahre Weimarer Reichsverfassung, 1999, S. 95 (113 ff.); *K.-H. Seifert,* Die politischen Parteien, 1975, S. 452 f.

[60] Vgl. etwa *K. Stern,* Staatsrecht I, 2. Aufl. 1984, S. 176 ff.; *J. Ipsen,* Staatsrecht I, 28. Aufl. 2016, Rn. 1020 ff., 1046 ff.; *H. Maurer,* Staatsrecht I, 6. Aufl. 2010, 5. Teil (S. 736–770 = §§ 22 f.); *B. Höver,* Das Parteiverbot und seine rechtlichen Folgen, Diss. iur. 1975, S. 124 f.

[61] Zur Begriffsentwicklung etwa *K. Stern,* Staatsrecht I, 2. Aufl. 1984, S. 180 ff.

[62] Vgl. exemplarisch die Themengebiete des 25. Teils „Schutz von Staat und Verfassung" in: HStR XII, 3. Aufl. 2014, §§ 276–282 sowie *K. Stern,* Staatsrecht I, 2. Aufl. 1984, S. 176 ff., der auf S. 197 ff. bspw. auch den strafrechtlichen Schutz der Verfassung insbesondere durch die Staatsschutzdelikte mitbehandelt.

[63] Dazu etwa *M. Deiters,* Der Schutz der freiheitlichen demokratischen Grundordnung durch das Strafrecht, in: Thiel, Wehrhafte Demokratie, 2003, S. 291 (295 ff.).

[64] Vgl. etwa *W. Cremer,* Organisationen zum Schutz von Staat und Verfassung, in: HStR XII, 3. Aufl. 2014, § 278; *H.-G. Jaschke,* Streitbare Demokratie und Innere Sicherheit, 1991, S. 118 ff.; *K. Schmalenbach,* Administrativer Verfassungsschutz, in: Thiel, Wehrhafte Demokratie, 2003, S. 415 (416) spricht von „administrativem Verfassungsschutz" oder auch von Verfassungsschutz im engeren Sinne.

Hand zu geben, wäre es daher sinnvoll, einen neuen Begriff zu prägen, der sich als Sammelbegriff ausschließlich auf die Normen der Verfassung, auf Bundesebene also des Grundgesetzes, bezieht, welche auf den Schutz der Verfassung abzielen. Zwar wird die Entstehung des Grundgesetzes mitunter geradezu als kopernikanische Wende im Hinblick auf solche Verfassungsschutznormen eingeordnet,[65] doch darf die in der deutschen Diskussion zu beobachtende Fixierung auf diesen in der Tat großen Schritt von der relativen zur werteorientierten, selbstschützenden Verfassung in Deutschland nicht davon ablenken, dass Verfassungsordnungen von jeher und allenortes von dem zugrunde liegenden Problem der eigenen Aushöhlung und Abschaffung bedroht sind. In Anknüpfung an ein frühes Beispiel aus der Epoche, in der die meisten unserer staatlichen Institutionen in ihren Grundformen erdacht und erprobt wurden, sei hier daher der neue Begriff der Ephoralen Verfassung vorgeschlagen.

Sieht man die Aufgabe einer Verfassung darin, den im Staat oder einem staatsähnlichen Gemeinwesen organisierten Menschen einen belastbaren normativen Orientierungsrahmen beim Gang durch die Zeiten zur Verfügung zu stellen, bedingt dies nicht nur ein Postulat der Durchsetzbarkeit der Verfassung, sondern auch ein solches der nachhaltigen Gewährleistung jedenfalls ihrer Kerngehalte.[66] Die Bewahrung des Verfassungskerns ist daher von jeher eine Grundherausforderung jeder Verfassungsordnung. In der Verfassungsgeschichte wurde dieser Schutz bis vor nicht allzu langer Zeit auch in unserem Kulturkreis maßgeblich durch eine Fundierung der Verfassungsordnung in einer transzendentalen Ordnung vermittelt. Ein anschauliches Beispiel aus der unser Verfassungsdenken maßgeblich prägenden klassischen griechischen Periode ist die in *Plutarchs Lykurg*-Biographie überlieferte sog. *Große Rhetra* der griechischen Polis der Lakedaimonier, die heute meist als Spartaner bezeichnet werden.

Als wohl um die Mitte des in den meisten griechischen Gemeinwesen für den Übergang von vorstaatlichen Verhältnissen zu staatlichen Strukturen entscheidenden siebten Jh. v. Chr. entstandenes Grunddokument der lakedaimonischen Verfassung war die *Große Rhetra* als an *Lykurg,* den legendären Stifter der politischen und gesellschaftlichen Ordnung Spartas, gerichteter delphischer Orakelspruch (*Rhetra* = feierlicher, allgemeinverbindlicher Spruch) direkt auf den seit dem 8. Jh. v. Chr. in Delphi verehrten Gott *Apollon* rückführbar.[67] Setzte sich in einer umfassend göttlich fundierten und durchdrungenen Gesellschaft jeder, welcher der *Großen Rhetra* zuwiderhandelte, damit in Widerspruch zur göttlichen Ordnung und ganz konkret zum Zeussohn *Apollon,* musste er daher auch die in der Mythologie anschaulich dargestellten göttlichen Strafen fürchten. Allerdings zeigte sich in der Verfassungswirklichkeit, dass angesichts der menschlichen Natur selbst die damit verbundene immanente, potentiell ewig andauernde maximale Strafandrohung nicht ausreichte, um Angriffe auf die Verfassungsordnung von innen generalpräventiv zu verhindern. Aus

---

[65] Vgl. *H. H. Klein,* Verfassungstreue, in: VVDStRL 37 (1979), S. 53 (63).

[66] Vgl. *M. Brenner,* Die wehrhafte Demokratie, in: Eichenhofer, 80 Jahre Weimarer Reichsverfassung, 1999, S. 95 (105).

[67] Zu Datierung, Überlieferung und Bedeutung der *Großen Rhetra: K.-W. Welwei,* Sparta – Aufstieg und Niedergang, 3. Aufl. 2013, S. 59 ff.; *L. Thommen,* Sparta – Verfassungs- und Sozialgeschichte, 2003, S. 34 ff.; *A. Luther,* Könige und Ephoren, 2004, S. 29 ff.

diesem Grund entwickelte sich im 6. Jh. v. Chr. die in der *Großen Rhetra* noch nicht erwähnte Institution des *Ephorats* (ἔφορος, *Ephoros/Ephor,* Aufseher/Wächter/Hüter) zu einer weiteren zentralen Institution der lakedaimonischen Verfassung, die in der Folge, namentlich auch im Zusammenhang mit den Perserkriegen des 5. Jh. v. Chr., zunehmend aufgewertet wurde.[68] Das meist aus fünf freien Spartiaten (Vollbürgern Lakedaimoniens) bestehende *Ephorat* wurde wohl auf Drängen der Volksversammlung *(Apella)* geschaffen, um der Macht des Ältestenrats *(Gerusia)* und der beiden Könige eine partizipativ konstituierte, das Volk repräsentierende Kontrollinstanz entgegenzusetzen:[69] Für das *Ephorat* wahlberechtigt und wählbar war jeder Spartiat, während die Könige aus bestimmten hochadeligen Familien stammen und Mitglieder der *Gerusia (Geronten)* u.a. ein Mindestalter von wohl über 60 Jahren aufweisen mussten.[70] Dass sich das *Ephorat* neben dem Doppelkönigtum als wesentlicher Garant für den Bestand des Staates erweisen sollte, lag maßgeblich an seiner Kernaufgabe, als „Wächter der Gesetze“[71] die Vereinbarkeit der Machtausübung insbesondere der Könige mit der Verfassung zu überwachen.[72] Die dafür notwendige partielle strukturelle Überordnung der potentiell einfachgeborenen *Ephoren* über die Könige kam symbolisch etwa darin zum Ausdruck, dass die *Ephoren* – wie *Xenophon* berichtet – die einzigen waren, die sich in Gegenwart der Könige nicht erheben mussten.[73] Nach den Quellen konnten sie die Könige herbeizitieren, anklagen und verhaften. Besonders bemerkenswert sind Fälle, in denen auf Initiative sowie unter Mitwirkung der *Ephoren* Könige abgesetzt und verbannt wurden.[74] Später Höhepunkt der kontrollierenden Machtbefugnis des *Ephorats* ist die Verurteilung Königs *Agis IV.* zum Tode im Jahr 240 v. Chr., bevor dessen als Außenpolitiker und Sozialreformer erfolgreicherer Nachfolger *Kleomenes III.* den Spieß umdrehte, vier von fünf *Ephoren* umbringen ließ, das Amt als „unlykurgisch“ beseitigte und vorerst durch dasjenige der Verfassungswächter *(Patronomoi)* ersetzte.[75] Die hohe Wertschätzung, die das Volk der primär kontrollgerichteten Institution des *Ephorats* über Jahrhunderte entgegenbrachte, kam bspw. darin zum Ausdruck, dass die Jahre in Sparta nach dem Vorsitzenden des – aus Gründen der Machtbegrenzung und Unabhängigkeitsbewahrung – jeweils nur auf ein Jahr ohne Wiederwahlmöglichkeit gewählten *Ephorats* benannt wurden.[76]

Renaissance und Aufklärung haben in der Neuzeit einen Prozess in Gang gesetzt und vorangetrieben, in dessen Rahmen – jedenfalls in unserem Kulturkreis – nicht nur die transzendentale Fundierung der staatlichen Verfassung zu einer bloßen Anrufung Gottes in der Präambel reduziert und transformiert oder sogar völlig beseitigt wurde, sondern auch

---

[68] Zu Entstehung und Entwicklung des *Ephorats* etwa *L. Thommen,* Lakedaimonion Politeia, 1996, insbesondere S. 75 ff., 105 ff.; *A. Luther,* Könige und Ephoren, 2004, S. 94 ff.; *K.-W. Welwei,* Sparta – Aufstieg und Niedergang, 3. Aufl. 2013, S. 85 ff.

[69] Zu den Quellen zum Ursprung des *Ephorats: N. Richer,* Les Éphores, 1998, S. 11 ff.

[70] *R. Schulz,* Athen und Sparta, 5. Aufl. 2015, S. 58 ff.; zum umstrittenen Mindestalter etwa *N. Richer,* Les Éphores, 1998, S. 289 ff.

[71] *E. Baltrusch,* Sparta, 5. Aufl. 2016, S. 93.

[72] *N. Richer,* Les Éphores, 1998, S. 389 ff.; zu weiteren Kompetenzen des *Ephorats,* als Institution, welche den größten Teil der politischen Rechte in der lakedaimonischen Verfassung auf sich vereinigte, etwa auch *S. Link,* Der Kosmos Sparta, 1994, S. 64 ff.

[73] *Xenophon,* Lakedaimonion Politeia, 15, 6: „Und alle erheben sich vor dem König von ihren Sitzen, nur die Ephoren nicht von ihren Amtssesseln“.

[74] Dazu etwa *S. Sommer,* Das Ephorat, 2001, S. 27 f.

[75] *E. Baltrusch,* Sparta, 5. Aufl. 2016, S. 111; *H. Michell,* Sparta, 1964, S. 132 f.

[76] *M. Dreher,* Athen und Sparta, 2. Aufl. 2012, S. 52.

die Institutionen der Verfassung entpersonalisiert, versachlicht und rationalisiert wurden. Dabei demonstriert allerdings das *Ephorat* exemplarisch, dass bereits die antiken Griechen, hier die Lakedaimonier, – bei aller Göttergebundenheit – einen wesentlichen Schritt in diese Richtung vollzogen hatten: So war das *Ephorat* eben nicht ein auf Lebenszeit oder zumindest längere Dauer angelegtes Amt. Die kurze Amtszeit und die fehlende Möglichkeit der Wiederwahl mögen von *Aristoteles* unter Effektivitätsgesichtspunkten kritisiert worden sein, weil sie der Machtentfaltung entgegenwirkten.[77] Nicht zuletzt in der dadurch geförderten Unabhängigkeit und Institutionalisierung lag aber gerade etwas bestechend Fortschrittliches. Insoweit war die Benennung der Jahre nach dem vorsitzenden *Ephoren* ambivalent: Einerseits kam hier eine persönliche Wertschätzung zum Ausdruck, gleichzeitig aber die Wertschätzung einer Einrichtung, die strukturell gerade das Institutionelle über die konkreten Amtsinhaber stellte. Mit dem rapiden Voranschreiten der Versachlichung und Rationalisierung der Institutionen der modernen Verfassungen seit den atlantischen Revolutionen des 18. Jh. haben Grundanliegen verfassungskräftiger Institutionen wie des *Ephorats* ihren Ausdruck verstärkt in Normen und Mechanismen gefunden, die auf den Schutz der Verfassung abzielen. Eine spannende Parallele zur Verfassungsentwicklung im antiken Griechenland besteht darin, dass moderne Verfassungen ihren Eigenschutz zunächst in erster Linie in einem kategorischen, immanenten Achtungsanspruch der Verfassung erblickten. Insbesondere in solchen Gemeinwesen, die konkrete Erfahrungen mit Verfassungsfeinden, die sich über diesen Achtungsanspruch hinwegsetzten, sammeln mussten, sind dann aber – ähnlich der nachträglichen Entstehung des *Ephorats* – nach und nach Mechanismen in die Verfassungen eingefügt worden, die meist auf diejenigen Gefahren zugeschnitten wurden, die sich in dem jeweiligen Gemeinwesen als subjektive historische Erfahrung manifestiert hatten.

Der Begriff der Ephoralen Verfassung bezieht sich danach zunächst auf eine Verfassung, deren Normen Mechanismen zur Verfügung stellen, die speziell auf einen Schutz der Verfassung abzielen. Im engeren Sinn meint der Begriff aber genau diese Mechanismen und damit Vorschriften.[78] Dabei lassen sich verschiedene Unterkategorien unterscheiden: Die grundlegendste Unterkategorie bilden Normen, die dem Schutz des Verfassungstextes zu dienen bestimmt sind.[79] Dies sind im Grundgesetz insbesondere die bei dessen Entstehung innovativen Normen des Gebotes der Textänderung bzw. Verbotes der Verfassungsdurchbrechung gem. Art. 79 Abs. 1 GG und der sog. „Ewigkeitsgarantie" des Art. 79 Abs. 3 GG,[80] aber auch die bereits aus der Weimarer Reichsverfassung bekannten erhöhten Mehrheitserfordernisse bei der Ab-

---

[77] Dazu auch *S. Link,* Der Kosmos Sparta, 1994, S. 68 f.

[78] Vgl. etwa die – auf den Verfassungsschutz bezogene – Übersicht bei *H. Maurer,* Staatsrecht I, 6. Aufl. 2010, § 23 Rn. 8 ff.; sowie die – auf die wehrhafte Demokratie – bezogene Übersicht bei *U. Schliesky,* Die wehrhafte Demokratie, in: HStR XII, 3. Aufl. 2014, § 277 Rn. 24 ff.

[79] Vgl. etwa *C. Gröpl,* Staatsrecht I, 7. Aufl. 2015, Rn. 886 ff.: „Schutz des Verfassungskörpers".

[80] So hat etwa bereits *U. Scheuner,* Grundfragen des modernen Staates, in: Wandersleb/Traumann, Recht, Staat, Wirtschaft, Bd. 3, 1951, S. 126 (137) Art. 79 Abs. 3 GG der „Selbstverteidigung der Demokratie" zugeordnet.

stimmung über eine Verfassungsänderung gem. Art. 79 Abs. 2 GG. Eine speziellere Unterkategorie umfasst Normen, welche wie die Präsidentenanklage gem. Art. 61 GG oder die Richteranklage gem. Art. 98 Abs. 2, 5 GG Sicherungen gegen Verletzungen der Verfassung durch Staatsorgane und andere Funktionsträger des staatlichen Binnenbereichs enthalten.[81] Die speziellste und einschneidendste Unterkategorie umfasst hingegen solche Normen, die sich gegen Bedrohungen aus dem Bereich der Gesellschaft richten und zur Verfassungsverteidigung daher sogar Eingriffe in gerade durch die Verfassung gewährleistete subjektive Rechte wie die Parteienfreiheit aus Art. 21 Abs. 1 GG, die Meinungsfreiheit aus Art. 5 Abs. 1 S. 1 1. Alt. GG oder die Vereinigungsfreiheit aus Art. 9 Abs. 1 GG ermöglichen. Dieser obersten Schicht und damit dem Begriff und dem Konzept der Ephoralen Verfassung im engsten Sinne sind danach alle diejenigen Verfassungsnormen zuzurechnen, die Eingriffe in subjektive Verfassungsrechte ermöglichen, um bestimmte, näher definierte Kerngehalte der Verfassung zu verteidigen. Dazu zählen im Grundgesetz namentlich die Parteiverbotsregelung des Art. 21 Abs. 2 GG, die Grundrechtsverwirkungsregelung in Art. 18 GG und die Vereinsverbotsregelung des Art. 9 Abs. 2 GG. Im Folgenden werden diese Vorschriften daher in jenem Sinne dem im Vergleich zu den Begriffen der wehrhaften oder streitbaren Demokratie einerseits und des Schutzes der Verfassung andererseits spezielleren, präziseren und trennschärferen Begriff der Ephoralen Verfassung zugeordnet.

IV. Forschungsstand und Quellen

1. Parteiverbot als zentrales Element der Ephoralen Verfassung

Dass die Bundesregierung bereits zwei Jahre nach der Konstituierung der Bundesrepublik das schärfste Schwert der Ephoralen Verfassung zückte und im Herbst 1951 fast zeitgleich Parteiverbotsanträge gegen SRP und KPD bei dem gerade erst eingerichteten BVerfG einreichte, war ein demonstrativer Akt mit hohem Symbolgehalt, der daher in der deutschen und internationalen Öffentlichkeit starke Beachtung fand. Die Verbotsverfahren sollten nicht zuletzt allgemein wahrnehmbar deutlich machen, dass sich die neue Demokratie nicht wie die Weimarer Republik von Parteien vor sich her treiben lassen würde, die es auf ihre Beseitigung abgesehen hatten.

Trotz ihrer potentiell hohen strukturellen Bedeutung für die innere Konstituierung der Bonner Republik und als Selbstbehauptungsakt des Staates gegen verfassungsfeindliche Parteien sind die beiden Parteiverbote, die unter dem Grundgesetz ausgesprochen wurden, im kollektiven Gedächtnis ver-

[81] Vgl. etwa *C. Gröpl,* Staatsrecht I, 7. Aufl. 2015, Rn. 902 ff.

blasst. Das aufgrund der NPD-Parteiverbotsverfahren wieder erwachte Interesse insbesondere am SRP-Verfahren könnte jedoch dazu beitragen, dass die strukturelle Bedeutung der beiden erfolgreichen Parteiverbotsverfahren für die Konstituierung der Bundesrepublik und damit für deren Verfassungsgeschichte insgesamt wieder stärker ins Bewusstsein rückt. Es ist daher zu hoffen, dass die Verbote nun mehr Aufmerksamkeit erfahren und so endlich den ihnen gebührenden Platz als Schlüsselereignisse der frühen Verfassungsgeschichte der Bonner Republik einnehmen können.

2. Forschungsstand

Mit der weitgehenden Ausblendung insbesondere des SRP-Parteiverbotes aus dem kollektiven Bewusstsein korrespondiert eine Vernachlässigung im wissenschaftlichen, insbesondere juristischen, Schrifttum. Unmittelbar nach dem SRP-Verbotsurteil des BVerfG im Oktober 1952 blieb das angesichts der historischen Bedeutung des Verfahrens eigentlich zu erwartende sprichwörtliche „Rauschen im juristischen Blätterwald" aus. Selbst *Hellmuth von Webers* im Mai 1953 erschienener JZ-Aufsatz „Zum SRP-Urteil des Bundesverfassungsgerichtes" ist weniger eine umfassende Urteilsbesprechung als ein Beitrag zur dogmatischen Einordnung des Parteiverbotes als Verbandsstrafe.[82] Bezeichnend ist, dass der Aufsatz nicht von einem Staatsrechtler, sondern von einem Strafrechtler verfasst wurde, wobei *von Weber* im zweiten Teil seines Beitrags immerhin auch verfassungsrechtlich relevante Einzelfragen des SRP-Urteils, namentlich den umstrittenen Ausspruch des Mandatsverlusts der SRP-Abgeordneten, anreißt.[83] Im diskursprägenden Archiv des öffentlichen Rechts (AöR) findet sich zwar ein Beitrag zum SRP-Verbot, der allerdings ebenfalls keine grundlegende Analyse des Urteils bietet, sondern sich auf eine verfassungsrechtliche Folgefrage konzentriert.[84] Dass die wahrscheinlich am ehesten psychologisch mit Mechanismen einer kollektiven Verdrängung des peinlichen politischen Gegenstands erklärbare Vernachlässigung des SRP-Verbotes durch die Wissenschaft aber keinesfalls auf die Rechtswissenschaft beschränkt war, illustriert etwa die Tatsache, dass das 1955 erschienene politikwissenschaftliche Grundlagenwerk „Parteien in der Bundesrepublik" mit seinen „Studien zur Entwicklung der deutschen Parteien bis zur Bundestagswahl 1953" die SRP weitgehend ausblendete, gleichsam

---

[82] *H. von Weber,* Zum SRP-Urteil des Bundesverfassungsgerichtes, in: JZ 1953, 293–298; Druckfahnen der Urteilsbesprechung, welche die Redaktion der JZ am 04.05.1953 vorab an das BVerfG übersandt hatte, finden sich in BA, B 237, Nr. 215606, Bl. 597 ff.

[83] *H. von Weber,* Zum SRP-Urteil des Bundesverfassungsgerichtes, in: JZ 1953, 293 (296 f.).

[84] *G. Rabus,* Kommunale Wählervereinigungen als Ersatzorganisationen verfassungswidriger politischer Parteien, in: AöR 1954, 203.

als hätte es sich bei dieser quasi-Nachfolgepartei der NSDAP nicht um eine wesentliche Partei in der frühen Bundesrepublik gehandelt.[85]

Eine tiefergehende rechtswissenschaftliche oder verfassungsgeschichtliche Analyse des ersten bundesdeutschen Parteiverbotes blieb auch in der Folge ein Desiderat. So erachtet *Frank Stollbergs* 1976 erschienene Monographie zu den verfassungsrechtlichen Grundlagen des Parteiverbotes sowohl SRP als auch KPD kaum einer Erwähnung für würdig.[86] Auch in der 1993 erschienenen grundlegenden rechtswissenschaftlichen Dissertation „Parteiverbote und demokratische Republik" von *Horst Meier* stehen die Interpretation und die Kritik von Art. 21 Abs. 2 GG im Mittelpunkt.[87] Zwar geht der Autor im ersten Kapitel auf die Verfahren gegen die SRP und die KPD ein.[88] Die betroffenen Parteien als solche finden dabei jedoch kaum Beachtung.[89] Symptomatisch für die Vernachlässigung im juristischen Schrifttum ist auch der geringe Raum, den selbst ausführlichere Darstellungen zur Verfassungsgeschichte der Bundesrepublik dem SRP-Verbot bis heute einräumen.[90]

Eine erste fundierte Aufbereitung des Phänomens SRP aus politikwissenschaftlicher Perspektive war unterdessen bereits im Jahr 1957 gelungen. Unter dem allerdings zu weit gefassten Titel „Rechtsradikalismus im Nachkriegsdeutschland"[91] sind zwei Studien zur SRP zusammengefasst, die das Institut für politische Wissenschaften der FU Berlin in Reaktion auf das Verbotsurteil des BVerfG bei zwei damals noch recht jungen wissenschaftlichen

---

[85] Parteien in der Bundesrepublik – Studien zur Entwicklung der deutschen Parteien bis zur Bundestagswahl 1953, 1955.

[86] Der Abschnitt über die bisherigen Anwendungsfälle des Art. 21 Abs. 2 GG bei *F. Stollberg,* Die verfassungsrechtlichen Grundlagen des Parteiverbots, 1976, S. 25 umfasst nicht einmal eine Druckseite; ähnlich auch der Befund in der Dissertation von *A. Zirn,* Das Parteienverbot nach Art. 21 Abs. 2 GG, Diss. iur. 1988, S. 71 ff.

[87] So deren Untertitel.

[88] *H. Meier,* Parteiverbote, 1993, S. 22 ff.

[89] Der im Wesentlichen auf *Schmollingers* Beitrag im Parteien-Handbuch beruhende Überblick zur Geschichte der SRP im Werk von *Meier* beschränkt sich auf ungefähr eine Druckseite (a.a.O., S. 22 f.); ähnlich auch *C. C. Voscherau,* Parteiverbote, 2009, der das SRP-Urteil auf S. 63–65 behandelt, und *K.-H. Seifert,* Die politischen Parteien, 1975, S. 517 ff., der die Verbote von SRP und KPD auf knapp eineinhalb Seiten behandelt und sich dabei im Wesentlichen auf deren Durchführung konzentriert.

[90] So befasst sich *J. Ipsen,* Der Staat der Mitte, 2009, S. 159 ff. zwar auf immerhin knapp zwei Druckseiten mit dem SRP-Verbot, widmet den größeren Teil davon aber dem – in der Tat kritikwürdigen – Ausspruch des Mandatsverlusts (a.a.O., S. 160 f.); *M. Stolleis,* Geschichte des öffentlichen Rechts in Deutschland, 4. Bd: Staats- und Verwaltungsrechtswissenschaft in West und Ost 1945–1990, 2012, spricht das SRP-Verbot auf S. 159 an; *D. Willoweit,* Deutsche Verfassungsgeschichte, 6. Aufl. 2009, S. 363 reißt es in einem Absatz an.

[91] Dies hat zu Recht bereits *K. P. Tauber,* Beyond Eagle and Swastika – German Nationalism Since 1945, Vol. I, 1967, S. 690 f. angemerkt, dessen eigenes Werk dem von *Büsch* und *Furth* gewählten Titel in viel höherem Maße gerecht wurde.

Mitarbeitern in Auftrag gegeben hatte.[92] In der ersten, 192 Druckseiten umfassenden Studie, an deren Überarbeitung im Übrigen auch *Karl Dietrich Bracher* (1922–2016) als Privatdozent beratend mitwirkte,[93] behandelt der 1928 geborene, 1952 mit einer Dissertation zur sozialen Militarisierung im Preußen des 18. Jh.[94] hervorgetretene „politische Historiker“ *Otto Büsch*[95] „Geschichte und Gestalt der SRP“. Der 1930 geborene u.a. von *Theodor W. Adorno* geprägte „Sozialphilosoph“ *Peter Furth,* der später auch als Doktorvater von *Rudi Dutschke* Bekanntheit erlangen sollte, bereitet in dem ca. 110 Druckseiten umfassenden zweiten Teil „Ideologie und Propaganda der SRP“ auf, um den „politisch-geistigen Habitus dieser Bewegung zu erschließen“.[96] Dass diese Studien bis heute Maßstäbe setzen, beruht primär auf der gründlichen Auswertung der damals beim BVerfG verwahrten „SRP-Archive“, in deren Verwendung der erste BVerfG-Präsident, *Hermann Höpker Aschoff,* in einer für die Wissenschaft glücklichen Fügung zeitnah eingewilligt hatte.[97] Mit dem missverständlichen Begriff sind die Dokumente gemeint, welche das BVerfG im Rahmen einer Durchsuchungsaktion, Ende Januar 1952, bei SRP-Funktionären hatte beschlagnahmen lassen.[98] Dieses Material, das nach Abschluss des Parteiverbotsverfahrens an das Bundesinnenministerium (BMI) abgegeben wurde,[99] bot einzigartige Einblicke in die Struktur, den Aufbau und die Strategie einer klandestin operierenden neonazistischen Partei. Die zentrale Schwäche der Studien besteht indes – wie dies in der Einleitung auch freimütig eingeräumt wird – darin, dass *Büsch* und *Furth* darauf „verzichtet“ haben, „andere als die vom Bundesverfassungsgericht ermittelten Tatbestände in irgend erheblichem Umfang heranzuziehen“.[100] Allerdings hätten auch ohne einen solchen Freiwilligkeit implizierenden „Verzicht“ die meisten zentralen Quellen überhaupt noch nicht zur Verfügung gestanden. Dies betrifft insbesondere die Akten des im Verbotsverfahren federführenden BMI sowie des dieses nachhaltig unterstützenden Bundesjustizministeriums (BMJ). Deren entscheidende Rollen bleiben schon aus diesem Grund in den

---

[92] Gemeinsam mit der Deutschen Hochschule für Politik; *E. Fischer-Baling,* Einleitung in: Büsch/Furth, Rechtsradikalismus, 1957, S. VII (VIII).

[93] *O. Büsch,* Geschichte, in: Büsch/Furth, Rechtsradikalismus, 1957, S. 1 (8).

[94] Später publiziert als *O. Büsch,* Militärsystem und Sozialleben im alten Preußen 1713–1807, 1962.

[95] Eine knappe Biographie *Büschs* findet sich in: *W. Treue,* Geschichte als Aufgabe, 1988, S. V ff.

[96] *E. Fischer-Baling,* Einleitung in: Büsch/Furth, Rechtsradikalismus, 1957, S. VII (VIII f.).

[97] Vgl. *O. Büsch,* Geschichte, in: Büsch/Furth, Rechtsradikalismus, 1957, S. 1 (7).

[98] Dazu unten S. 271 ff.

[99] Vgl. Präsident des BVerfG an Nägele v. 08.05.1970, BA, B 237, Nr. 215606, Bl. 624.

[100] *E. Fischer-Baling,* Einleitung in: Büsch/Furth, Rechtsradikalismus, 1957, S. VII (VIII).

Studien unterbelichtet, und infolgedessen erscheint auch die Bedeutung von Protagonisten des Verbotsverfahrens wie Bundesinnenminister *Robert Lehr* und Bundesjustizminister *Thomas Dehler* blass. Dies wirkt bis heute in der Forschung nach, die sich nach wie vor maßgeblich auf *Büschs* und *Furths* Erkenntnisse stützt, obwohl inzwischen viel mehr Quellen zur Verfügung stehen. Dass es sich nicht um rechtswissenschaftliche Studien handelt, mag dazu beigetragen haben, dass die Aufbereitung des eigentlichen Verbotsurteils – gerade im Vergleich mit der detailscharfen Durchdringung des beschlagnahmten SRP-Materials – eher oberflächlich geraten ist.

Es sollte lange dauern, bis die SRP und deren Verbot durch das BVerfG wieder verstärkte wissenschaftliche Aufmerksamkeit erfuhren und so dem von *Büsch* und *Furth* erreichten Forschungsstand Wesentliches hinzugefügt wurde. Der 1961 unter dem reißerischen Titel „Verschwörung von rechts?" publizierte „Bericht über den Rechtsradikalismus in Deutschland nach 1945"[101] des 1931 geborenen, gewerkschaftsnahen NDR-Journalisten *Manfred Jenke* war dazu nicht geeignet. Der darin enthaltene eingängig gefasste 40-seitige Überblick über Aufstieg und Fall der SRP ist dessen ungeachtet vor allem für die Einordnung in den Gesamtkontext des Rechtsradikalismus in der Frühphase der Bundesrepublik und für die Erfassung des damaligen gesellschaftlichen Sentiments hilfreich.[102] Angesichts der einmal mehr wohl am besten mit kollektiven Verdrängungsprozessen erklärlichen strukturellen Vernachlässigung des fast schon tabuisierten Forschungsgegenstandes in der Bundesrepublik überrascht es nicht, dass die erste grundlegende Überblicksstudie zum Wiederaufstieg des deutschen Rechtsextremismus nach dem Zweiten Weltkrieg dann im Ausland vorgelegt wurde. Mit seinem 1967 veröffentlichten zweibändigen, quellengesättigten Werk „Beyond Eagle and Swastika" hat der 1922 in Wien geborene, 1933 in die USA emigrierte Politologe und Zeithistoriker *Kurt P. Tauber* Türen geöffnet, die von der deutschen Forschung erst wesentlich später durchschritten werden sollten.[103] *Taubers* Kapitel über die SRP geht vor allem in seinem zweiten Teil, der sich mit Ausweichstrategien der SRP während und nach dem Parteiverbot befasst, über den Forschungsstand von *Büsch* und *Furth* hinaus.[104]

Eine Forschungsperspektive, welche das Interesse an der SRP in Deutschland genuin wiedererwecken konnte, war neben der langsam Fahrt aufneh-

---

[101] So der Untertitel von *M. Jenke,* Verschwörung von rechts?, 1961.

[102] Der Abschnitt über die SRP findet sich ab S. 73.

[103] *K. P. Tauber,* Beyond Eagle and Swastika – German Nationalism Since 1945, Vol. I and II, 1967; ein Jahr später erschien das eher personenbezogene Buch des früheren UPI-Deutschland-Chefkorrespondenten *Wellington Long,* The New Nazis of Germany, 1968, das auf S. 56 ff. die SRP und deren Personal behandelt.

[104] Kapitel XIII über die SRP findet sich in: *K. P. Tauber,* Beyond Eagle and Swastika I, 1967, S. 689–725.

menden Extremismusforschung[105] diejenige der niedersächsischen Landesgeschichte, war die SRP doch in erster Linie ein niedersächsisches Phänomen. Im Rahmen des ab den 70er und 80er Jahren wieder gestiegenen Interesses an der lange vernachlässigten Landesgeschichte im Allgemeinen musste sich die Wissenschaft daher früher oder später die Frage stellen, ob es für den Erfolg der SRP in Niedersachsen strukturelle Gründe gab. Diese Fragestellung brachte insbesondere die Beiträge von *Günter J. Trittel* „Die Sozialistische Reichspartei als Niedersächsische Regionalpartei" und *Heiko Buschke* „Die Sozialistische Reichspartei im Raum Lüneburg 1949–1952" in dem 1995 von *Bernd Weisbrod* herausgegebenen Sammelband „Rechtsradikalismus in der politischen Kultur der Nachkriegszeit – Die verzögerte Normalisierung in Niedersachsen" hervor.[106] *Buschkes* auf dessen unveröffentlichter Magisterarbeit basierende Lokalstudie ist nicht zuletzt aus dem Grund bedeutsam, dass sie eine erste vertiefte Partikularanalyse der Sozialstruktur der SRP-Mitglieder enthält. Auch der anhaltende Trend zur Erforschung der deutschen Parteiengeschichte musste die kurzlebige SRP früher oder später wieder in den Fokus nehmen. Wichtige Beispiele sind der 1984 veröffentlichte, im Wesentlichen auf den Arbeiten von *Büsch* und *Furth* basierende Abschnitt zur SRP von *Horst W. Schmollinger* im Parteien-Handbuch[107] und der 2005 publizierte umfangreiche Beitrag von *Otto Gnad* zur Mitgliedschaft und Sozialstruktur der SRP im Handbuch zur Statistik der Parlamente und Parteien in den westlichen Besatzungszonen und in der Bundesrepublik Deutschland.[108] *Gnads* Studie hat das von *Büsch* und *Furth* gezeichnete Bild vor allem um eine differenziertere Analyse der Sozialstruktur des SRP-Mitgliederkreises angereichert.[109] Das im Jahr 2001 eingeleitete erste NPD-Verbotsverfahren und vor allem auch dessen spektakuläres Scheitern im Jahr 2003 haben unterdessen auch wieder das Interesse an Parteiverbotsverfahren im Allgemeinen angefacht und so verschiedene, überwiegend kleinere Veröffentlichungen auch zum SRP-Verbot hervorgebracht.[110] Meist wurde hier die frühere Forschung zur SRP aufgegriffen und auf deren Grundlage ein Vergleich mit der NPD in den Mittelpunkt gestellt.[111] 2007 erschien dann mit *Henning Hansens* instruk-

[105] Vgl. etwa *U. Backes/E. Jesse,* Politischer Extremismus, 1989, S. 52 ff.

[106] *G. Trittel,* Die SRP als Niedersächsische Regionalpartei, in: Weisbrod, Rechtsradikalismus, 1995, S. 67–85; *H. Buschke,* Die SRP im Raum Lüneburg 1949–1952, in: Weisbrod, Rechtsradikalismus, 1995, S. 87–107.

[107] *H. W. Schmollinger,* SRP, in: Stöss, Parteien-Hdb. II, 1984, S. 2274–2336.

[108] *O. Gnad,* SRP, in: Recker/Tenfelde, Handbuch, Teilbd. III, 2005, S. 353–473.

[109] Vgl. *O. Gnad,* SRP, in: Recker/Tenfelde, Handbuch, Teilbd. III, 2005, S. 353 (363, 415 ff., insbesondere 427 ff.).

[110] Z.B. *F. Hanschmann,* Parteiverbotsverfahren vor dem BVerfG, in: Goldbach, Mit juristischen Waffen, 2003, S. 7 ff.; *L. Flemming,* Das NPD-Verbotsverfahren, 2005, S. 29 ff.

[111] Ein Beispiel ist der zunächst am 23.10.2002 bei NDR 4 (Forum 4) gesendete und in den Blättern für deutsche und internationale Politik Heft 4/2003 erschienene Beitrag von

tiver geschichtswissenschaftlicher Dissertation zum Aufstieg und Scheitern der SRP auch endlich eine größere, primärquellenbasierte Studie.[112] Wichtige weiterführende Erkenntnisse über die Struktur und Entwicklung der SRP sowie über deren Wahrnehmung und Beobachtung im In- und Ausland hat *Hansen* vor allem durch die gründliche Auswertung von Akten des nordrhein-westfälischen Innen- und Justizministeriums sowie US-amerikanischer und britischer Geheimdienste gewonnen.[113]

Eine Annäherung an das institutionen- und ereignisgeschichtlich ergiebige Phänomen SRP war unterdessen auch aus der lange verdrängten Perspektive des Umgangs der jungen Bundesrepublik mit dem Nationalsozialismus erfolgt. Die neonazistische Partei und deren Behandlung durch den Staat des Grundgesetzes waren idealtypische Kristallisationskerne solcher und ähnlicher Forschungsprojekte: Da die SRP schon kurz nach ihrer Gründung als eine Art von Nachfolgeorganisation der NSDAP wahrgenommen wurde, musste sich die Bonner Republik am Umgang mit diesem Phänomen messen lassen. Grundlagenarbeit über diesen Umgang hat *Norbert Frei* mit seinem 1996 erschienenen Buch „Vergangenheitspolitik" geleistet.[114] *Freis* Ziel war es, die „Anfänge der Bundesrepublik und die NS-Vergangenheit" als „ein Stück Politikgeschichte aus den Anfangsjahren der Bundesrepublik Deutschland" zu untersuchen, „das hohe Bedeutung hinsichtlich der kurzfristigen Stabilisierung einer für ihre innere Verfassung nun zunehmend wieder selbst verantwortlichen Gesellschaft hatte".[115] Aufstieg und Verbot der SRP ist ein ca. 35 Seiten umfassender Abschnitt gewidmet, der einen hervorragend verdichteten, instruktiven Überblick bietet, wenn er auch – wie fast alle Studien zur SRP – unter einer zu undifferenzierten und polarisierten Erfassung der Rollen der beiden zentralen Akteure, des Bundesinnenministers *Robert Lehr* einerseits und des Bundesjustizministers *Thomas Dehler* andererseits, leidet.[116] Umso bedeutender ist es, dass es *Udo Wengst* mit seiner 1997 veröffentlichten „politischen Biographie" *Thomas Dehlers* nahezu zeitgleich ge-

---

H. Meier, In der Nachfolge der NSDAP? – Das SRP-Verbotsurteil und das Verfahren gegen die NPD, in: ders., Verbot der NPD, 2015, S. 67 (71). Ein ähnliches Ansteigen des Forschungsinteresses am SRP-Verbot war nach Einleitung des zweiten NPD-Verbotsverfahrens im Jahr 2013 zu beobachten, wobei sich die Autoren nunmehr auch auf die 2007 erschienene Dissertation von *H. Hansen,* Die Sozialistische Reichspartei, stützen konnten. Ein substantielles Beispiel, das den Vergleich zwischen dem SRP- und dem ersten NPD-Verfahren in den Mittelpunkt stellt, ist die kurz vor Beendigung des vorliegenden Buches erschienene Monographie von *P. Maxwill,* Mit Recht gegen rechts, 2016.

112 *H. Hansen,* Die Sozialistische Reichspartei – Aufstieg und Scheitern einer rechtsextremen Partei, 2007.

113 Vgl. *H. Hansen,* Die Sozialistische Reichspartei, 2007, S. 24, 298; siehe auch *ders.,* „Radau"-Nationalismus, in: Jesse/Niedermeier, Politischer Extremismus, 2007, S. 127 ff.

114 *N. Frei,* Vergangenheitspolitik, 1996.

115 *N. Frei,* Vergangenheitspolitik, 2. Aufl. 1997, S. 13.

116 *N. Frei,* Vergangenheitspolitik, 2. Aufl. 1997, S. 326 ff.

lungen ist, einen wichtigen Impuls zur adäquaten Erfassung der vormals bestenfalls vernachlässigten, oft aber undifferenzierten oder gar unzutreffenden[117] Einordnung der Rolle des ersten Bundesjustizministers beim SRP-Verbot zu setzen.[118] Ein Desiderat der Forschung ist hingegen bis heute eine ähnlich fundierte Biographie des zweiten Bundesinnenministers *Robert Lehr* geblieben, dessen Ministerium die Federführung im SRP-Verbotsverfahren innehatte und der sich auch persönlich stark für das Verbot engagierte.[119]

Aufs Ganze gesehen lässt allerdings vor allem die Einordnung des SRP-Parteiverbotsverfahrens in die frühe Verfassungsgeschichte der Bundesrepublik nach wie vor zu wünschen übrig. Unter Vernachlässigung ihrer vielfältigen engen Bezüge zu Fundamentalentwicklungen wie der Einrichtung und Statusbildung des BVerfG, der Konsolidierung des Parteienspektrums, der Wiederbewaffnungsfrage, der damit verbundenen Wiedererlangung der Außensouveränität und der Entstehung der Europäischen Gemeinschaften werden das SRP-, aber auch das KPD-Verbot daher auch in Überblicksdarstellungen meist lediglich als – fast schon kuriose – Randereignisse wahrgenommen oder auf ihre Rolle als Ausprägungen der „wehrhaften Demokratie" reduziert.[120] Erst in jüngerer Zeit deutet sich hier – wohl auch aufgrund der NPD-Verbotsverfahren – ein Umdenken an.[121]

3. Quellen

Wichtigste archivalische Quellen zur Geschichte der SRP sind nach wie vor die bereits von *Büsch* und *Furth* ausgewerteten, heute im Bundesarchiv in Koblenz lagernden Dokumente und sonstigen Materialien, welche auf Anordnung des BVerfG Ende Januar 1952 im Umfeld der SRP beschlagnahmt wurden.[122] Wie bereits erwähnt, hat diese Durchsuchungsaktion – obwohl wahrscheinlich viel Material rechtzeitig beiseitegeschafft worden war – einzigartige Einblicke in die Struktur, die Ideologie und die Vorgehensweise einer im Wesentlichen verdeckt operierenden neonazistischen Partei ermöglicht. Die überragende Bedeutung des niedersächsischen Landesverbandes in der SRP hat sich im B 104-Bestand des Bundesarchivs darin niedergeschlagen, dass ein Großteil der beschlagnahmten Dokumente diesem Landesverband oder

---

117 Vgl. etwa *C. Jahr,* Antisemitismus vor Gericht, 2011, S. 343, der *Dehler* eine „lange, stille Destruktionspolitik" im Rahmen des SRP-Parteiverbotsverfahrens vorwirft.

118 *U. Wengst,* Thomas Dehler, 1997, insbesondere S. 165 ff.

119 Hier ist auf kürzere Studien wie namentlich *W. Först,* Robert Lehr, in: ders., Land und Bund, 1981, S. 169–193 zu verweisen.

120 Vgl. etwa *A. Doering-Manteuffel,* Die Bundesrepublik, 1983, S. 126 ff.; *R. Morsey,* Die Bundesrepublik, 5. Aufl. 2007, S. 52 f.; *H. A. Winkler,* Geschichte des Westens – Vom Kalten Krieg zum Mauerfall, 2014, S. 204.

121 Vgl. etwa *D. Geppert,* Die Ära Adenauer, 2002, S. 77 f.

122 BA, B 104 (Sozialistische Reichspartei).

dessen führenden Mitgliedern zuzurechnen ist. Quellen zu den Aktivitäten der SRP in den einzelnen – überwiegend norddeutschen – Bundesländern und speziell auch zur Bekämpfung der SRP auf Landesebene finden sich in den jeweiligen Landesarchiven, die für das vorliegende Buch zu erheblichen Teilen erstmals ausgewertet werden konnten. Aufschlussreich zu den Aktivitäten der SRP sind auch verschiedene Archivbestände in den US-amerikanischen und britischen National Archives. Die dort vorhandenen, inzwischen teilweise freigegebenen Geheimdienstberichte zur Entwicklung der SRP bedürfen allerdings wie die Berichte deutscher Verfassungsschützer einer kritischen Interpretation, verfolgen Geheimdienste doch nicht selten eine bestimmte Agenda. Abgerundet wird das Bild von der SRP und ihrer Bekämpfung durch eine Fülle unterschiedlichen Materials aus verschiedenen Spezialarchiven etwa zum Wirken der Protagonisten der Verbotsverfahren wie *Thomas Dehler, Robert Lehr* und auch *Konrad Adenauer* oder zum Verhalten bestimmter Organisationen und Parteien wie der FDP. Ergänzend zu den archivalischen Quellen spielen u.a. Schriften von Führungspersonen der SRP wie bspw. *Gerhard Krügers* Buch „Das unzerstörbare Reich“ oder auch kleinere Buchveröffentlichungen von *Wolf Graf von Westarp* insbesondere zu außenpolitischen Konzepten der SRP eine Rolle.[123] Die Wahrnehmung der SRP in der Öffentlichkeit spiegelt sich in erster Linie in unzähligen Artikeln zum Aufstieg und Fall der rechtsextremen Partei in der Presse, namentlich der FAZ, der Welt, der Frankfurter Rundschau, der Süddeutschen Zeitung, der Zeit und dem Spiegel, aber auch in zahlreichen Regionalzeitungen insbesondere aus Niedersachsen und NRW.

Wichtigste archivalische Quelle für das SRP-Parteiverbotsverfahren als solches sind die Verfahrensakten des BVerfG, die sich heute im Bundesarchiv in Koblenz befinden und nach Ablauf der letzten Schutzfristen am 23. Oktober 2012 für das vorliegende Buch erstmals vollständig ausgewertet werden konnten.[124] Unter anderem in den umfangreichen Anlagen zu den Transkriptionen der Tonbandprotokolle der mündlichen Sitzungen des BVerfG finden sich – etwas versteckt – verschiedene wichtige Originaldokumente zur Entstehung und Entwicklung der SRP, die aus dem beschlagnahmten Bestand entnommen wurden und daher weder dort noch anderweitig überliefert sind.[125] Für das SRP-Verbotsurteil ist naturgemäß das in der Urschrift in den Verfahrensakten des BVerfG, in Abschriften bspw. in den Akten der oben genannten Ministerien vorliegende, aber auch im zweiten Band der Entscheidungssammlung des BVerfG authentisch veröffentlichte Verbotsurteil

---

[123] *G. Krüger,* Das unzerstörbare Reich, 1952; *W. Graf von Westarp,* Nicht ohne Uns! Europa – Weder Ost noch West, 1950; *ders.,* Europa – Altes Spiel mit neuen Karten, 1953.

[124] BA, B 237, Nr. 215602–215650.

[125] BA, B 237, Nr. 215622 ff.

des BVerfG vom 23. Oktober 1952 die entscheidende Quelle.[126] Weitere wichtige archivalische Quellen speziell für die Vorgeschichte, die Einleitung, die Entwicklung und die Hintergründe des Verbotsverfahrens sind die ebenfalls im Bundesarchiv in Koblenz lagernden und früher vielfach geheimen, heute aber weitgehend der Wissenschaft geöffneten Aktenbestände des Bundesinnenministeriums[127] und des Bundesjustizministeriums[128] zum SRP-Verbotsverfahren. Ergänzend spielen die ebenfalls im Bundesarchiv verwahrten Akten des Bundeskanzleramtes zum SRP-Verbotsverfahren eine Rolle.[129] Abgerundet wird das archivalische Material der mit dem Verbotsverfahren befassten Ministerien durch zahlreiche Einzelquellen insbesondere aus den Nachlässen der an den Vorgängen beteiligten Akteure wie etwa der jeweiligen Bundesminister.

Veröffentlichte Quellen zur SRP und deren Verbot sind vermutlich auch wegen der Kurzlebigkeit der rechtsextremen Partei rar. Zu nennen ist hier im Wesentlichen der Abdruck einzelner Dokumente wie einer frühen Satzung der SRP in den von *Ossip Flechtheim* herausgegebenen Dokumenten zur parteipolitischen Entwicklung in Deutschland seit 1945.[130] Erkenntnisse über das Verhalten der SRP-Abgeordneten im Bundestag, im Niedersächsischen Landtag und in der Bremischen Bürgerschaft ergeben sich aus den stenographischen Protokollen der einschlägigen Bundestags- und Landtags- bzw. Bürgerschaftssitzungen.

Wichtigste archivalische Quelle für das KPD-Parteiverbotsverfahren sind neben dem Verbotsurteil die sehr umfangreichen Verfahrensakten des BVerfG, die sich heute ebenfalls im Bundesarchiv befinden und die, nachdem unlängst, am 17. August 2016, die letzten Schutzfristen abgelaufen sind, für das vorliegende Buch ausgewertet werden konnten.[131] Das KPD-Verfahren ist allerdings – anders als das SRP-Verfahren – auch u.a. in einer zeitnah erschienenen dreibändigen Quellensammlung recht umfassend und präzise dokumentiert.[132]

---

[126] BVerfGE 2, 1; die 98-seitige Urschrift des Urteils samt Korrekturen findet sich in BA, B 237, Nr. 215606, Bl. 459–556.

[127] BA, B 106 (Bundesinnenministerium).

[128] BA, B 141 (Bundesjustizministerium).

[129] BA, B 136 (Bundeskanzleramt).

[130] O. K. Flechtheim (Hrsg.), Dokumente zur parteipolitischen Entwicklung in Deutschland seit 1945, 1. Bd., Berlin 1962, S. 428; die dort abgedruckte Satzung basiert allerdings nicht auf einer Originalquelle, sondern auf einer von der SPD herausgegebenen, kleinen selbständigen Schrift zur SRP.

[131] Die Akten des BVerfG zum KPD-Verbotsverfahren (1 BvB 2/51) finden sich in BA, B 237, Nr. 215651–215787/2 sowie Nr. 262593–262596.

[132] KPD-Prozess – Dokumentarwerk, hrsgg. v. Gerd Pfeiffer und Hans-Georg Strickert, 1. Bd., 1955, 2. Bd., 1956, 3. Bd., 1956; zur KPD selbst ist zu nennen: KPD 1945–1968 – Dokumente, hrsgg. und eingeleitet v. Günter Judick, Josef Schleifstein und Kurt Steinhaus, Bd. 1: 1945–1952; Bd. 2: 1953–1968, 1989.

V. Gang der Darstellung

Die *prima facie* demokratiefeindliche, den Ausschluss unliebsamer politischer Meinungen aus dem Diskurs implizierende und auch aus diesem Grund im internationalen Verfassungsvergleich nach wie vor eher seltene Möglichkeit,[133] politische Parteien, als zentrale Mittler zwischen dem Volk als Souverän auf der einen Seite und den Parlamenten und Regierungen auf der anderen Seite, zu verbieten,[134] ist nur nachvollziehbar, wenn man die Geschichte der Parteiverbote in der Weimarer Republik kennt. Dieses Buch führt daher im zweiten Kapitel zunächst in die Parteiverbote der Weimarer Republik und deren Rechtsgrundlagen ein, bevor abschließend ein kurzer Blick auf die Abschaffung aller Parteien – bis auf die NSDAP – im Nationalsozialismus geworfen wird. Im dritten Kapitel gilt das Interesse dann zunächst dem Wiederentstehen politischer Parteien im Rahmen der nach Kriegsende von den Besatzungsmächten zügig betriebenen Redemokratisierung des deutschen Volkes. Angesichts von Millionen in der NS-Zeit geprägter Menschen muss es nicht verwundern, dass früh auch Versuche zur Gründung rechtsextremer Gruppierungen und Parteien unternommen wurden, die jedoch meist von den Besatzungsbehörden unterdrückt wurden, solange diese die Entscheidungsgewalt besaßen. Nicht zuletzt in Niedersachsen bildeten sich schließlich dessen ungeachtet verschiedene rechtsextreme Vereinigungen und Parteien, die dann auch zur Brutstätte der SRP wurden. Gegründet wurde diese allerdings erst unmittelbar nach der ersten Bundestagswahl im Herbst 1949. Abgeschlossen wird das konzise Kapitel durch einen Blick auf die grundgesetzlichen Rahmenbedingungen für Parteien und speziell auf die Entstehung der Parteiverbotsregelung in Art. 21 Abs. 2 GG.

Im vierten Kapitel geht es um die Gründung, die Entwicklung und das Wesen der SRP bis zu deren ersten kleineren Erfolgen bei Landtagswahlen im Sommer 1950. Besonderes Augenmerk gilt dabei dem Personal, der Ideologie, den Strukturen und der Propaganda der Partei. Das fünfte Kapitel behandelt im Anschluss daran nicht nur den rasanten weiteren Aufstieg der SRP, sondern vor allem den Weg zum Parteiverbotsantrag von dem auch die SRP betreffenden Unvereinbarkeitsbeschluss der Bundesregierung aus dem September 1950 bis zur Einreichung des Parteiverbotsantrags beim BVerfG im November 1951. Wichtig sind hier nicht zuletzt die im Umfeld der Nieder-

---

[133] Zur Rechtslage in den Verfassungen der EU-Mitgliedstaaten: *M. Morlok,* Parteiverbot als Verfassungsschutz, in: NJW 2001, 2931 (2935 f.); einfachgesetzliche, etwa vereinsrechtliche oder strafrechtliche, Rechtsgrundlagen zur Ausschaltung von Parteien finden sich hingegen in den allermeisten Rechtsordnungen, dazu bereits *K.-H. Seifert,* Die politischen Parteien, 1975, S. 451 f.

[134] Zu den Möglichkeiten einer Demokratie ohne Parteien *E. V. Towfigh,* Das Parteien-Paradox, 2015, insbesondere S. 187 ff.

sachsenwahl, bei der die neonazistische Partei am 6. Mai 1951 über 11 % der Stimmen erringen konnte, ergriffenen staatlichen Gegenmaßnahmen, wie namentlich der Vorstoß von Bundesinnenminister *Robert Lehr*, die SRP durch eine vereinsrechtliche ministerielle Verfügung gem. Art. 9 Abs. 2 GG zu verbieten. Das Scheitern dieses Versuches im Bundeskabinett wurde medial u.a. dadurch kaschiert, dass immerhin aktivistische Gliederungen der SRP wie die SA-ähnliche Reichsfront gem. Art. 9 Abs. 2 GG verboten wurden und das Kabinett gleichzeitig verkündete, nunmehr möglichst schnell ein verfassungsgerichtliches Verbotsverfahren gegen die SRP durchführen zu wollen. Ein wesentlicher Hinderungsgrund für ein solches Verfahren, auf das auch die Alliierten zunehmend drängten, war – wie angerissen – allerdings, dass das gem. Art. 21 Abs. 2 S. 2 GG a.F. dafür erforderliche BVerfG überhaupt noch nicht existierte. Das dringende Bedürfnis, die SRP zu verbieten, trug daher wesentlich dazu bei, dass auf Anweisung des Bundeskanzlers insbesondere das BMJ die Konstituierung des BVerfG in der Folge mit Hochdruck vorantrieb, zumal die SRP im Herbst 1951 einen weiteren Erfolg bei den Bremischen Bürgerschaftswahlen erringen konnte.

Das sechste Kapitel nimmt die Entwicklungen von der Einreichung des SRP-Verbotsantrags im November 1951 bis zur mündlichen Verhandlung vor dem BVerfG im Juli 1952 in den Blick: Bundesjustizminister *Thomas Dehler* hatte sich bereits im Juli 1951 zwecks Vorbereitung und Unterstützung des Parteiverbotsverfahrens dafür ausgesprochen, mit dem Grundrechtsverwirkungsverfahren gem. Art. 18 S. 2 GG auch das letzte noch zur Verfügung stehende zentrale Verfahren der Ephoralen Verfassung gegen Repräsentanten der SRP zum Einsatz zu bringen. Dies führte schließlich zum ersten Grundrechtsverwirkungsverfahren in der Geschichte der Bundesrepublik Deutschland, das somit ebenfalls untrennbar mit der SRP verbunden ist. Gerichtet war dieses – wie erwähnt – gegen *Otto Ernst Remer,* der maßgeblich an der Niederschlagung des Aufstandes vom 20. Juli 1944 beteiligt gewesen war. Der infolgedessen vom NS-Regime gezielt aufgebaute Mythos um *Remer* als Verhinderer des 20. Juli wirkte bis weit in die Bundesrepublik nach.[135] Seit dem Herbst 1949 war der frühere Generalmajor „Parteiheld", heimlicher Vorsitzender und Aushängeschild der SRP, die in der Öffentlichkeit oft geradezu als „Remer-Partei" wahrgenommen wurde. Ein zentraler Abschnitt des sechsten Kapitels gilt daher auch dem damals als eine Art Vorspiel zur SRP-Verhandlung wahrgenommenen, rechtsgeschichtlich höchst bedeutsamen Braunschweiger Strafprozess gegen *Remer* im März 1952. Der unlängst zu Recht u.a. mit mehreren fundierten Biographien gewürdigte Braunschweiger Generalstaatsanwalt *Fritz Bauer* nutzte diesen Strafprozess, um eine grundlegende Neubewertung des damals noch oft negativ konnotierten Aufstandes vom

---

[135] *D. Geile,* Der Remer-Mythos in der frühen Bundesrepublik, Magisterarbeit Göttingen 1993.

20. Juli 1944 herbeizuführen. Ein weiteres spektakuläres Ereignis jener Monate war im Februar 1952 die Enttarnung *Franz Richters,* eines der beiden SRP-Bundestagsabgeordneten, als der frühere NSDAP-Funktionär *Fritz Rößler.* Den Abschluss des Kapitels bildet die mündliche Verhandlung, die vom 1. bis 15. Juli 1952 vor dem Ersten Senat des BVerfG als dramatischer Zentralakt des SRP-Verbotsverfahrens stattfand. Ein vertiefter Seitenblick gilt dabei der damaligen Situation des BVerfG angesichts des ausgerechnet zu Beginn der mündlichen Verhandlung hochkochenden Statusstreits mit der Bundesregierung sowie der juristischen Auseinandersetzungen um die Ratifikation des EVG-Vertrags. Ein erster wesentlicher Schlag gegen die SRP gelang dem Senat dann unmittelbar nach dem Ende der mündlichen Verhandlung, indem er der rechtsextremen Partei mittels einstweiliger Anordnung jede weitere Propaganda bis zum Ergehen des eigentlichen Urteils verbot.

Das siebte Kapitel zum SRP-Verbotsurteil beginnt mit den Reaktionen der SRP auf die einstweilige Anordnung des BVerfG und das sich nach dem Verlauf der mündlichen Verhandlung abzeichnende Verbot. Hatte die zunehmend zerstrittene rechtsextreme Partei schon seit Längerem Ausweichstrategien für den Fall des Verbotes vorbereitet, löste der Parteivorstand die SRP im September 1952 demonstrativ auf. Die mit diesem rechtswidrigen Akt insgeheim verbundene Hoffnung, ein Verbotsurteil obsolet zu machen, erfüllte sich indes nicht: Das BVerfG sprach am 23. Oktober 1952 Verbot und Auflösung der SRP aus. Rechtlich problematisches Terrain betrat der Erste Senat dabei allerdings, indem er die Bundestags- und Landtagsmandate der Abgeordneten, die aufgrund von Wahlvorschlägen der SRP gewählt worden waren oder zur Zeit der Urteilsverkündung dieser Partei angehörten, für verfallen erklärte. Im Anschluss an eine Analyse der öffentlichen Wahrnehmung des Verbotsurteils und dessen Folgen, insbesondere der verschiedenen, letztlich gescheiterten Fortführungsstrategien der SRP-Führung, gilt ein intensiver Seitenblick der Entwicklung der nordrhein-westfälischen FDP zu einem nationalen Sammelbecken als Alternative zur verbotenen SRP. Abgeschlossen wird das Kapitel durch eine zusammenfassende Analyse des – bislang zu wenig und oft unzutreffend gewürdigten – Beitrags *Thomas Dehlers* und dessen damals nach dem neoromanischen Dienstgebäude in Bonn-Kessenich meist als „Rosenburg“ bekannten BMJ zum SRP-Verbot.

Das achte Kapitel wirft sodann – überblicksartig, unter Konzentration auf das eigentliche Verbotsurteil – einen Seitenblick auf das Verbot der KPD. Es ist ein Kuriosum der deutschen Verfassungsgeschichte, dass das KPD-Verfahren, obwohl es fast zeitgleich mit dem SRP-Verfahren eingeleitet worden war, erst nach langer Verzögerung und quasi widerwillig im August 1956 vom Ersten Senat des BVerfG zum Abschluss gebracht wurde. War es letztlich Bundeskanzler *Adenauer,* der das Ergehen des Verbotsurteils durchsetzte und zu diesem Zweck sogar zu dem Mittel griff, den Ersten Senat durch eine

Neuverteilung der Zuständigkeiten der beiden Senate des BVerfG quasi zum Erlass des Urteils zu „erpressen“, sind die strukturellen Folgen des Urteils kaum überzubewerten. Wie oben bereits angedeutet, zog dieses eine Grenze in das politische Spektrum der Bundesrepublik nach links ein, die maßgeblich dazu beigetragen haben könnte, dass sich die SPD wenige Jahre später mit dem Godesberger Programm zur Volkspartei wandeln und sich während der Bonner Republik links von der SPD keine weitere Partei nachhaltig etablieren konnte. Das abschließende neunte Kapitel dient weniger der Zusammenfassung der verschiedenen Ergebnisse als vielmehr der weiterführenden Einordnung insbesondere des SRP-Parteiverbotes in den Prozess der inneren und äußeren Konstituierung der Bundesrepublik Deutschland.

Zweites Kapitel

Hintergrund und „Kontrastfolie": Parteiverbote in der Weimarer Republik

I. Parteien in der Weimarer Reichsverfassung

Art. 21 GG räumt politischen Parteien in Abs. 1 eine verfassungsrechtliche Stellung ein und sieht gleichzeitig in Abs. 2 die Möglichkeit von Parteiverboten vor. Der Parteienartikel ist damit einer der wichtigsten Artikel, in denen sich das Grundgesetz von seinem Vorläufer, der Weimarer Reichsverfassung von 1919 (WRV), abhebt.[1] Die Weimarer Verfassung wies hier Defizite auf, die zum Scheitern der Republik im Kampf mit Parteien, die sich wie insbesondere die NSDAP ihre Beseitigung auf die Fahnen geschrieben hatten, beitrugen. Die Weimarer Erfahrungen bildeten daher den Hintergrund für die Einführung von Art. 21 Abs. 2 GG und sind auch heute noch in jedem Diskurs zu Parteiverboten zumindest als prägnante Kontrastfolie für die aktuelle Rechtslage präsent.[2] Die Weimarer Reichsverfassung enthielt allerdings nicht nur keine Parteiverbotsregelung. Von grundlegender Bedeutung war vielmehr, dass sie politische Parteien überhaupt nur an einer Stelle erwähnte und dies in spezieller und nicht eben positiver Hinsicht.[3] Der entlegene Art. 130 Abs. 1 WRV über die Beamten stellte knapp fest:

„Die Beamten sind Diener der Gesamtheit, nicht einer Partei."

In dieser negativ konnotierten Bezugnahme erkannten Zeitgenossen eine „Geste sprödester Abwehr"[4] und leiteten daraus nicht selten eine geradezu skeptische Grundhaltung der Weimarer Reichsverfassung gegenüber Parteien

---

[1] Zur Entstehung von Art. 21 Abs. 2 GG unten S. 82 ff.

[2] Übergreifend zu diesem Diskursrahmen: *S. Ullrich,* Der Weimar-Komplex, 2009, insbesondere S. 348 ff.

[3] *H. Schneider,* Die Reichsverfassung, in: HStR I, 3. Aufl. 2003, § 5 Rn. 22; *A. Rödder,* 21.0, 3. Aufl. 2015, S. 244.

[4] *L. Wittmayer,* Die Weimarer Reichsverfassung, 1922, S. 64; *G. Radbruch,* Die politischen Parteien im System des deutschen Verfassungsrechts, in: Anschütz/Thoma, HDStR, Bd. 1, 1930, S. 285 (289); ähnlich auch heute noch *P. Badura,* Staatsrecht, 5. Aufl. 2012, Abschn. D, Rn. 25: „Mit deutlicher Abwehr postulierte die Weimarer Reichsverfassung: […]".

ab.[5] Eine solche Einschätzung würde der auf Beamte bezogenen Spezialregelung des Art. 130 Abs. 1 WRV allerdings zu viel Gewicht bei der Beurteilung der Rolle der Parteien in der Weimarer Verfassungsordnung beimessen. Insofern ist viel prägender, dass die Weimarer Reichsverfassung die für das heutige, eigentlich aber auch bereits für das damalige Demokratieverständnis geradezu konstitutive Rolle der politischen Parteien – wie *Gustav Radbruch* formuliert hat – schlicht ignorierte.[6]

Die Ausblendung der Parteien im Verfassungstext war entstehungsgeschichtlich maßgeblich darauf zurückzuführen, dass die verfassungsgebende Nationalversammlung, welche die Verfassung vom 6. Februar 1919 bis zu deren Unterzeichnung am 11. August 1919 im Deutschen Nationaltheater im thüringischen Weimar ausarbeitete,[7] zwar intensiv über Fragen von Demokratie, Parlamentarismus und Wahlrecht debattierte.[8] Vor dem Hintergrund des schwierigen Übergangs von einer demokratisch angereicherten Monarchie, wie sie das Kaiserreich dargestellt hatte, zu der in der Übergangszeit nach der Proklamation der Republik im November 1918 *de facto* zunächst rätedemokratisch geprägten Volksherrschaft stand in der Verfassungsdiskussion jedoch das Bemühen um eine stärkere Berücksichtigung des Volkswillens bei der Willensbildung des Staates im Vordergrund.[9] Ging es der Mehrheit dabei eher um die Beendigung als um die Fortführung der Novemberrevolution, war unklar und umstritten, wie dieser Volkswille zu konkretisieren sei. In den Diskussionen brach sich immer wieder ein Misstrauen gegenüber volksgewählten Parlamenten und damit letztlich auch gegenüber den diese tragenden Parteien Bahn. Parlamente wurden als Foren eines „unechten", bloß numerischen Volkswillens kritisiert, während es doch gelte, dem „echten" oder „wahren" Volkswillen Geltung zu verschaffen.[10] Da zudem die meisten in der Nationalversammlung repräsentierten Parteien noch selbst in ihrer Findungs-

---

[5] Vgl. bspw. *H. Triepel,* Die Staatsverfassung und die politischen Parteien, 1927, S. 23; zum Ganzen auch *K. Stern,* Staatsrecht I, 2. Aufl. 1984, S. 436 f.

[6] *G. Radbruch,* Die politischen Parteien im System des deutschen Verfassungsrechts, in: Anschütz/Thoma, HDStR, Bd. 1, 1930, S. 285 (289); vgl. auch *S.-Y. Song,* Politische Parteien, 1996, S. 110 f.

[7] Zu den Rahmenbedingungen des Entstehungsprozesses: *G. Lingelbach,* Weimar 1919, in: Eichenhofer, 80 Jahre Weimarer Reichsverfassung, 1999, S. 23 ff.

[8] Vgl. exemplarisch die Redebeiträge etwa in der Sitz. am 20.02.1919, Stenographische Berichte über die Verh. der verfassunggebenden Nationalvers., Bd. 326, S. 218 (C) f. (http://www.reichstagsprotokolle.de/Blatt2_wv_bsb00000010_00225.html); in der Sitz. am 28.02.1919, a.a.O., S. 392 (B) (http://www.reichstagsprotokolle.de/Blatt2_wv_bsb00000010_00399.html); in der Sitz. am 04.03.1919, a.a.O., S. 485 ff. (http://www.reichstagsprotokolle.de/Blatt2_wv_bsb00000010_00492.html) und in der Sitz. am 30.07.1919, a.a.O., S. 2092 ff. (http://www.reichstagsprotokolle.de/Blatt2_wv_bsb00000012_00640.html).

[9] Instruktiv: *C. Gusy,* Die Weimarer Reichsverfassung, 1997, S. 63 f.; zum Ganzen auch *S.-Y. Song,* Politische Parteien, 1996, S. 110 ff.

[10] Vgl. *C. Gusy,* Die Weimarer Reichsverfassung, 1997, S. 64.

phase und ihre Protagonisten mit den verschiedenen auf sie einstürmenden Aufgaben oft schlicht überfordert waren, waren sie ihrerseits kaum imstande, kohärente verfassungspolitische Konzepte zu entwickeln,[11] geschweige denn für eine Verankerung der schon damals allseits kritisierten Parteien in der Verfassung zu sorgen.[12]

Von grundlegender Bedeutung für die Ausblendung der Parteien in der Verfassung war ferner, dass sich die Diskussionen in dem von Juristen dominierten Verfassungsausschuss der Nationalversammlung, in dem die Verfassungsarbeiten vom 4. März bis 18. Juni 1919 konzentriert waren, stark aus dem überkommenen Verfassungsbesitzstand, insbesondere der Paulskirchenverfassung und der Reichsverfassung von 1871, speisten.[13] Parteien spielten aber noch im staatsrechtlichen Diskurs des späten Kaiserreichs und der frühen Weimarer Republik – letztlich aus ideologischen Gründen – eine aus heutiger Sicht überraschend geringe Rolle.[14] In dem von *Heinrich Triepel* acht Jahre nach Entstehung der Weimarer Reichsverfassung konstatierten Vierschritt in der historischen Entwicklung des „Verhalten[s] des Staats gegenüber den politischen Parteien", von der Bekämpfung, über das Ignorieren und die Anerkennung sowie Legalisierung, hin zur Ära der verfassungsmäßigen Inkorporation, sollte der letzte Schritt erst im Laufe der Weimarer Republik vollzogen werden.[15] Da dieser Zustand allerdings schon längst nicht mehr mit der Verfassungswirklichkeit korrespondierte, in der Parteien – im Grunde seit der Kaiserzeit – zentrale Träger des politischen Lebens waren, war es Understatement, wenn *Gustav Radbruch* Ende der 1920er Jahre im Handbuch des Deutschen Staatsrechts konstatierte, dass sich das Staatsrecht der soziologischen Wirklichkeit des Parteienstaates noch nicht voll angepasst habe.[16] Während *Radbruch* die Ignorierung der Parteien in der Verfassung auf die in den neuen Staat übernommene Ideologie des Obrigkeitsstaates zurückführte,[17] sah der aufstrebende junge Staatsrechtslehrer *Gerhard Leibholz* die eigentliche strukturelle Ursache – nicht nur in Deutschland – im egalitär-

---

[11] Vgl. *C. Gusy,* Die Weimarer Reichsverfassung, 1997, S. 66 ff.

[12] Vgl. im Ergebnis auch *K. Stein*, Parteiverbote, 1999, S. 45.

[13] *G. Radbruch,* Die politischen Parteien im System des deutschen Verfassungsrechts, in: Anschütz/Thoma, HDStR, Bd. 1, 1930, S. 285 (289); *C. Gusy,* Die Weimarer Reichsverfassung, 1997, S. 74 f.

[14] *G. Radbruch,* Die politischen Parteien im System des deutschen Verfassungsrechts, in: Anschütz/Thoma, HDStR, Bd. 1, 1930, S. 285 (289); zum Ganzen auch *K. Stern,* Staatsrecht I, 2. Aufl. 1984, S. 436 f.; *S. Neumann,* Die Parteien der Weimarer Republik, 5. Aufl. 1986, S. 116 Fn. 2 führte die Ausblendung der Parteien inhaltlich auf „die liberale Grundposition des Schöpfers der Weimarer Verfassung" zurück.

[15] *H. Triepel,* Die Staatsverfassung und die politischen Parteien, 1927, S. 8.

[16] *G. Radbruch,* Die politischen Parteien im System des deutschen Verfassungsrechts, in: Anschütz/Thoma, HDStR, Bd. 1, 1930, S. 285 (288).

[17] *G. Radbruch,* Die politischen Parteien im System des deutschen Verfassungsrechts, in: Anschütz/Thoma, HDStR, Bd. 1, 1930, S. 285 (289).

plebiszitären Charakter der Parteien, der mit dem überkommenen liberalen parlamentarischen Repräsentativsystem des 19. Jh. inkompatibel sei.[18]

Die verfassungsrechtliche Ausblendung setzte sich konsequenterweise in einer einfachgesetzlichen Vernachlässigung der Parteien fort. Obwohl Parteien schon seit der Kaiserzeit wichtige politische Akteure und Machtfaktoren gewesen waren, war in der Weimarer Republik an eine spezialgesetzliche Regelung wie im heutigen Parteiengesetz nicht zu denken. Das Fehlen eines speziellen Parteienrechts resultierte aber natürlich nicht in einem rechtsfreien Raum: Parteien unterlagen als Vereine in organisationsrechtlicher Hinsicht dem einfachen zivilrechtlichen Vereinsrecht, waren mindestens mittelbar Adressaten von Strafrechtsnormen, welche die Bildung staats-, gesetz- und strafrechtswidriger Vereinigungen pönalisierten, und konnten sich ihrerseits – jedenfalls über ihre Mitglieder – verfassungsrechtlich auf grundrechtliche Gewährleistungen der Vereinsfreiheit berufen.[19] Was fehlte, war eine normative verfassungsrechtliche Fundierung der Parteien und eine spezielle Regelung der essentiellen Rahmenbedingungen ihrer genuin politischen Tätigkeit.

II. Nur mittelbarer verfassungsrechtlicher Schutz für Parteien

1. Die Vereinigungsfreiheit als Individualrecht

Ohne spezielle verfassungsrechtliche Verankerung genossen politische Parteien in der Weimarer Reichsverfassung auch keinen auf sie zugeschnittenen verfassungsrechtlichen Schutz gegenüber staatlichen Eingriffen, wie ihn heute Art. 21 Abs. 1 GG bietet. Ein zumindest mittelbarer individueller verfassungsrechtlicher Schutz konnte ihnen allerdings insbesondere über die Grundrechte ihrer Mitglieder, namentlich deren Vereinigungsfreiheit aus Art. 124 Abs. 1 S. 1 WRV, zukommen. Dieses Grundrecht gewährleistete in Anlehnung an die Paulskirchenverfassung von 1848/49 allen Deutschen das Recht, „zu Zwecken, die den Strafgesetzen nicht zuwiderlaufen, Vereine oder Gesellschaften zu bilden“. Politische Parteien waren nach ganz herrschender Ansicht Vereine i.S.d. Art. 124 Abs. 1 S. 1 WRV und ihre Bildung damit vom

[18] Vgl. etwa *G. Leibholz,* Das Wesen der Repräsentation unter besonderer Berücksichtigung des Repräsentativsystems, 1929, S. 117 ff.; *ders.,* Das Wesen der Repräsentation und der Gestaltwandel der Demokratie im 20. Jahrhundert, 3. Aufl. 1966, S. 214 ff.; *ders.,* Volk und Partei, in: ders., Strukturprobleme der modernen Demokratie, 3. Aufl., Neuausgabe 1974, S. 71 (73 ff.); instruktiv zu dem von *Leibholz* postulierten Gegensatz zwischen parteienstaatlicher Demokratie und der überkommenen repräsentativ-parlamentarischen Demokratie: *F. Shirvani,* Das Parteienrecht, 2010, S. 56 ff.; zu *Leibholz* unten S. 364 f.

[19] Vgl. etwa *K.-H. Seifert,* Die politischen Parteien, 1975, S. 43 f.

sachlichen Schutzbereich der Vereinigungsfreiheit umfasst.[20] Nicht zuletzt, da eine dem heutigen Art. 19 Abs. 3 GG vergleichbare Regelung in der Weimarer Reichsverfassung noch fehlte,[21] galten als Träger dieses Grundrechts jedoch nach überwiegender Ansicht nicht die Parteien selbst, sondern allein die Bürgerinnen und Bürger, die sich in einer Partei zusammenschließen wollten oder bereits zusammengeschlossen hatten.[22] Sachlich geschützt waren die Gründung, der Eintritt und die Zugehörigkeit zum Verein, nicht aber die Betätigung in diesem als solche.[23]

2. Die mittelbare Schutzwirkung der Vereinigungsfreiheit

Art. 124 WRV wurde im Gegensatz zu vielen anderen Grundrechten der Weimarer Reichsverfassung immerhin nicht als bloßer Programmsatz, sondern als unmittelbar verpflichtender Rechtssatz angesehen.[24] Daher konnte eine Beschränkung bei der Bildung oder Aufrechterhaltung einer Partei das Grundrecht der Bürgerinnen und Bürger aus Art. 124 Abs. 1 WRV verletzen. Dieser grundrechtliche Schutz der Personen, die sich in einer Partei zusammenschließen wollten oder bereits zusammengeschlossen hatten, konnte dann reflexiv eine mittelbare Schutzwirkung auch für die betroffene politische Partei entfalten.[25]

3. Mittelbarer Schutz durch das Demokratieprinzip

Parteien wurden zwar auch noch einige Jahre nach Gründung der Weimarer Republik von der Wissenschaft mitunter als geradezu extrakonstitutionelle Erscheinung[26] oder, wie *Gustav Radbruch* zugespitzt formulierte, gar als

---

[20] Vgl. *F. Giese,* Verfassung des Deutschen Reiches, 8. Aufl. 1931, Art. 124 Anm. 2; *F. Poetzsch-Heffter,* Handkommentar der Reichsverfassung, 3. Aufl. 1928, Art. 124 Anm. 2; *C. Gusy,* Parteienstaat und Parteiverbote, in: Möllers/van Ooyen, Parteiverbotsverfahren, 4. Aufl. 2013, S. 13 (17 f.).

[21] Art. 19 Abs. 3 GG: „Die Grundrechte gelten auch für inländische juristische Personen, soweit sie ihrem Wesen nach auf diese anwendbar sind."

[22] Beispielhaft *J. Waldecker,* Vereins- und Versammlungsfreiheit, in: Anschütz/Thoma, HDStR, Bd. 2, 1932, S. 637 (643 f.): „Ebenso ist in den Art. 123, 124 von keinem Grundrecht der Vereine oder Versammlungen als solcher die Rede [...] sondern nur von dem Recht der Deutschen, zu Vereinen und Versammlungen zusammenzutreten".

[23] Zum sachlichen Schutzbereich von Art. 124 WRV etwa *J. Waldecker,* Vereins- und Versammlungsfreiheit, in: Anschütz/Thoma, HDStR, Bd. 2, 1932, S. 637 (649 f.).

[24] *J. Waldecker,* Vereins- und Versammlungsfreiheit, in: Anschütz/Thoma, HDStR, Bd. 2, 1932, S. 637 (643).

[25] *T. Schmidt,* Die Freiheit verfassungswidriger Parteien, 1983, S. 37; *S.-Y. Song,* Politische Parteien, 1996, S. 118 ff.; *K. Stein*, Parteiverbote, 1999, S. 49.

[26] *H. Triepel,* Die Staatsverfassung und die politischen Parteien, 1927, S. 24.

„*partie honteuse* unseres Staatsrechts" wahrgenommen.[27] Ihre Ausblendung in der Reichsverfassung konnte allerdings nicht verhindern, dass ihnen in der – trotz der immer wieder betonten direktdemokratischen Elemente – überwiegend repräsentativdemokratisch geprägten Weimarer Verfassungswirklichkeit als notwendigen Elementen der demokratischen Willensbildung von Anfang an eine Schlüsselrolle zukam,[28] zumal sich die starke Politisierung des Volkes in hohen Mitgliederzahlen niedergeschlagen hatte.[29] Jedenfalls in den späten 1920er Jahren wurde die Weimarer Republik dann auch offen, wenn auch meist verächtlich,[30] als Parteienstaat bezeichnet,[31] bevor die Parteien dann mit dem Übergang zum *de facto*-Präsidialregime im Frühjahr 1930 zügig ihren Einfluss einbüßten und der Parteienstaat auch in der Verfassungswirklichkeit sein Ende fand.[32] Je mehr die Parteien allerdings in den 20er Jahren als konstitutive Elemente der demokratischen Verfassungsordnung wahrgenommen wurden, desto mehr ließ sich auch aus dem staatsorganisationsrechtlichen Demokratieprinzip eine mittelbare Schutzwirkung für die politischen Parteien ableiten. Dies galt in besonders hohem Maße für Parteien, die in Parlamenten vertreten waren.

III. Parteiverbote in der Weimarer Republik

1. Verfassungsrechtliche Grundlagen von Parteiverboten

Der mittelbare verfassungsrechtliche Schutz der Parteien insbesondere durch die Vereinigungsfreiheit der in ihr zusammengeschlossenen natürlichen Per-

---

[27] *G. Radbruch,* Die politischen Parteien im System des deutschen Verfassungsrechts, in: Anschütz/Thoma, HDStR, Bd. 1, 1930, S. 285 (288).

[28] *G. Radbruch,* Die politischen Parteien im System des deutschen Verfassungsrechts, in: Anschütz/Thoma, HDStR, Bd. 1, 1930, S. 285 (288 f.).

[29] *H. Fenske,* Deutsche Parteiengeschichte, 1994, S. 163.

[30] *W. Conze,* Die deutschen Parteien, in: Matthias/Morsey, Das Ende der Parteien, 1979, S. 1 (3); *D. Langewiesche,* Parlamentarismus – Parteienstaat, in: Hertfelder/Rödder, Modell Deutschland, 2007, S. 60 (71); zu dieser Entwicklung auch *C. Gusy,* Parteienstaat und Parteiverbote, in: Möllers/van Ooyen, Parteiverbotsverfahren, 4. Aufl. 2013, S. 13 (15 ff.); zur zunehmend radikaleren Parteienstaatskritik der Weimarer Staatsrechtslehre: *C. Gusy,* Die Weimarer Reichsverfassung, 1997, S. 124 ff.

[31] Nach *Hans Kelsen,* Vom Wesen und Wert der Demokratie, 2. Aufl. 1929, S. 20 konnten nur „Selbsttäuschung oder Heuchelei" vermeinen, dass „Demokratie ohne politische Parteien möglich sei. Die Demokratie ist notwendig und unvermeidlich ein *Parteienstaat*"; *Richard Thoma,* Das Reich als Demokratie, in: Anschütz/Thoma, HDStR, Bd. 1, 1930, S. 186 (190) spricht ähnlich vom (notwendigen) Parteienstaat; zur Entwicklung der Dogmatik: *S.-Y. Song,* Politische Parteien, 1996, S. 146 ff., 169 ff., 197 ff.

[32] *W. Conze,* Die deutschen Parteien, in: Matthias/Morsey, Das Ende der Parteien, 1979, S. 1 (3).

sonen gem. Art. 124 Abs. 1 WRV war allerdings verschiedenen Schranken unterworfen.

a) Vorbehalt der Strafgesetze

So enthielt bereits der Wortlaut von Art. 124 Abs. 1 S. 1 WRV eine wichtige Einschränkung: Sachlich geschützt war nur das Recht, Vereine oder Gesellschaften zu Zwecken zu bilden, „die den Strafgesetzen nicht zuwiderlaufen". Dieser sog. Vorbehalt der Strafgesetze nahm verfassungsimmanent politische Parteien vom mittelbaren Grundrechtsschutz aus, wenn ihr Zweck den Strafgesetzen zuwiderlief.[33] Strafgesetze i.S.d. Art. 124 Abs. 1 S. 1 WRV waren dabei nicht nur formellgesetzlich erlassene Strafgesetze, sondern z.B. auch Polizeiverordnungen. Damit eröffnete bereits der Wortlaut von Art. 124 Abs. 1 S. 1 WRV die Möglichkeit von Parteiverboten, die nicht einmal in den Schutzbereich des Grundrechts eingriffen.

Andererseits bekräftigte der Wortlaut von Art. 124 Abs. 1 S. 2 WRV die Schutzwirkung der Vereinigungsfreiheit durch die Anordnung, dass dieses Recht nicht durch Vorbeugungsmaßregeln beschränkt werden könne. Dies sollte betonen, dass ein präventives Einschreiten vor Gründung eines Vereins, als besonders schwerwiegender Eingriff, grds. unzulässig war.[34] Hieraus durfte auch nicht etwa – im Umkehrschluss – abgeleitet werden, dass eine Beschränkung nach Gründung zulässig sein sollte.

b) Notstandsgewalt des Reichspräsidenten (Art. 48 Abs. 2 WRV)

Die mit einem Parteiverbot verbundenen Eingriffe insbesondere in Art. 124 Abs. 1 WRV waren somit, jedenfalls wenn der Zweck der Partei nicht den Strafgesetzen zuwiderlief, nur insoweit verfassungsrechtlich zulässig, als die Verfassung anderweitig Mechanismen zur Verfügung stellte, welche die Schutzwirkung des Grundrechts etc. entfallen ließen oder überwogen. Dies war nach der Weimarer Reichsverfassung insbesondere aufgrund der Notstandsgewalt des Reichspräsidenten gem. Art. 48 Abs. 2 WRV möglich, die auch nicht an das Verbot präventiver Vorbeugungsmaßregeln gem. Art. 124 Abs. 1 S. 2 WRV gebunden war.[35] Gem. Art. 48 Abs. 2 WRV durfte der Reichspräsident, wenn im Reich die öffentliche Sicherheit und Ordnung erheblich gestört oder gefährdet wurde, die zur Wiederherstellung der öffentlichen Sicherheit und Ordnung nötigen Maßnahmen treffen. Zu diesem Zweck konnte er gem. Art. 48 Abs. 2 S. 2 WRV vorübergehend sogar verschiedene

[33] Vgl. auch *C. Gusy,* Parteienstaat und Parteiverbote, in: Möllers/van Ooyen, Parteiverbotsverfahren, 4. Aufl. 2013, S. 13 (19).

[34] *G. Anschütz,* Verfassung des Deutschen Reichs, 14. Aufl. 1932, Art. 124 Anm. 2.

[35] *C. Gusy,* Parteienstaat und Parteiverbote, in: Möllers/van Ooyen, Parteiverbotsverfahren, 4. Aufl. 2013, S. 13 (20).

Grundrechte, darunter die Vereinigungsfreiheit gem. Art. 124 WRV, ganz oder zum Teil außer Kraft setzen. Bei Gefahr im Verzuge ermächtigte Art. 48 Abs. 4 WRV daneben auch die Landesregierungen, für ihr Gebiet einstweilige Maßnahmen der in Art. 48 Abs. 2 WRV bezeichneten Art zu treffen.

Die weitreichenden Eingriffsbefugnisse des Reichspräsidenten gem. Art. 48 Abs. 2 WRV, die auch nicht von einer Genehmigung durch den Reichstag abhängig waren,[36] wurden im verfassungsrechtlichen Diskurs der Weimarer Republik bereits früh zugespitzt als Diktaturgewalt des Reichspräsidenten bezeichnet.[37] Dieser Begriff hat sich in der Folge durchgesetzt. Wird schon die Weimarer Republik als solche meist „vom Ende her gedacht" und fällt es daher regelmäßig schwer, ihr als solcher gerecht zu werden, ist dies bei den Notstandsbefugnissen des Reichspräsidenten in besonders hohem Maße der Fall: Die geschichtliche Erfahrung der Spätphase der Weimarer Republik, in welcher Art. 48 Abs. 2 WRV erheblich zur Aushöhlung und Beseitigung der Demokratie beitrug, ändert allerdings nichts daran, dass die Notstandsbefugnisse dem unmittelbar vom Volk gewählten Reichspräsidenten gerade die Mittel an die Hand geben sollten, um in einer Notstandssituation die Verfassung schützen zu können. Fällt die Beurteilung von Art. 48 Abs. 2 WRV notwendig ambivalent aus, da die auf ihm beruhenden Maßnahmen nicht im gewöhnlichen demokratischen Verfahren zustande kamen und auch zu problematischen Kompetenzverschiebungen zwischen Reich und Ländern führen konnten,[38] war er doch eigentlich ein klares Bekenntnis der Weimarer Reichsverfassung zu ihrem eigenen Schutz[39] und damit zentrales Element der damaligen Ephoralen Verfassung. Die Geburt der Weimarer Republik aus der Krise hatte sich in der Einführung eines jederzeit verfügbaren, flexiblen, weitreichenden und damit aber seinerseits gefahrenträchtigen zentralen Verfassungsschutzinstruments niedergeschlagen.[40] So ist es auch kein Zufall, dass die meisten der insgesamt 254 präsidialen Notverordnungen in den Krisenperioden der Frühphase und der Spätphase der Republik entstanden.[41] Letztlich war es die übermäßige Anwendung der Diktaturgewalt, welche das Pendel vom Schutz zur Gefahr umschlagen ließ.

Die Außerkraftsetzung des Grundrechts der Vereinigungsfreiheit gem. Art. 48 Abs. 2 oder Abs. 4 WRV durch den Reichspräsidenten oder eine Landesregierung konnte zur Folge haben, dass der Reichspräsident oder die jeweilige

---

[36] Entsprechende Vorschläge waren in der Nationalversammlung aus Effektivitätsgründen nicht übernommen worden; vgl. *C. Gusy,* Weimar – die wehrlose Republik?, 1991, S. 46 f.

[37] Eine wesentliche Rolle bei der Entstehung dieser Terminologie spielte die Monographie von *R. Grau,* Die Diktaturgewalt des Reichspräsidenten, 1922, insbesondere S. 23.

[38] *M. Brenner,* Die wehrhafte Demokratie, in: Eichenhofer, 80 Jahre Weimarer Reichsverfassung, 1999, S. 95 (102).

[39] *C. Leggewie/H. Meier,* Republikschutz, 1995, S. 183 f.; *M. Brenner,* Die wehrhafte Demokratie, in: Eichenhofer, 80 Jahre Weimarer Reichsverfassung, 1999, S. 95 (102); unter Berücksichtigung der Entstehungsgeschichte auch *C. Gusy,* Weimar – die wehrlose Republik?, 1991, S. 19 ff.

[40] Vgl. *E. R. Huber,* Zur Lehre vom Verfassungsnotstand, in: ders., Bewahrung und Wandlung, 1975, S. 193 (194); *M. Brenner,* Die wehrhafte Demokratie, in: Eichenhofer, 80 Jahre Weimarer Reichsverfassung, 1999, S. 95 (102 f.).

[41] *M. Brenner,* Die wehrhafte Demokratie, in: Eichenhofer, 80 Jahre Weimarer Reichsverfassung, 1999, S. 95 (102 f.).

Landesregierung in einem zweiten logischen Schritt politische Parteien entweder selbst verbieten oder aber in einer Verordnung andere Stellen zum Verbot politischer Parteien ermächtigen konnten.[42] Der so eröffnete grundrechts- und verfassungskonforme Weg zu Parteiverboten sollte in der Praxis erhebliche Bedeutung vor allem für reichsweite Verbote erlangen.[43]

c) Verfassungsänderung und Verfassungsdurchbrechung

Die Notstandsbefugnisse des Art. 48 Abs. 2 und Abs. 4 WRV waren für krisenhafte Zustände gedacht, wie sie in der Weimarer Republik tatsächlich etwa den Herbst 1923 prägen sollten. Im Normalzustand blieben ansonsten als Grundlage für das Verbot von Parteien, deren Zwecke nicht den Strafgesetzen zuwiderliefen, verfassungsimmanent noch zwei Möglichkeiten: Entweder konnte der Verfassungstext, namentlich Art. 124 WRV, geändert werden oder aber ein sog. verfassungsdurchbrechendes Gesetz erlassen werden. Verfassungsänderungen unterlagen nach der Weimarer Reichsverfassung keiner dem heutigen Art. 79 Abs. 3 GG vergleichbaren „Ewigkeitsgarantie“, die bestimmte Kernregeln und -prinzipien einer Verfassungsänderung entzogen hätte.[44] Art. 76 Abs. 1 WRV über die Verfassungsänderung etablierte für verfassungsändernde Gesetze vielmehr lediglich formelle Anforderungen:

> „Die Verfassung kann im Wege der Gesetzgebung geändert werden. Jedoch kommen Beschlüsse des Reichstags auf Abänderung der Verfassung nur zu Stande, wenn zwei Drittel der gesetzlichen Mitgliederzahl anwesend sind und wenigstens zwei Drittel der Anwesenden zustimmen. Auch Beschlüsse des Reichsrats auf Abänderung der Verfassung bedürfen einer Mehrheit von zwei Dritteln der abgegebenen Stimmen. Soll auf Volksbegehren durch Volksentscheid eine Verfassungsänderung beschlossen werden, so ist die Zustimmung der Mehrheit der Stimmberechtigten erforderlich.“

Die wichtigsten formellen Voraussetzungen einer Verfassungsänderung waren danach die Mehrheitserfordernisse im Reichstag und im Reichsrat. Wurden diese erreicht, war nach ganz herrschender Ansicht grds. jedwede Verfassungsänderung, also bspw. sogar die Aufhebung eines elementaren Grundrechts wie Art. 124 GG, möglich.[45]

---

[42] *C. Gusy,* Weimar – die wehrlose Republik?, 1991, S. 60 ff., 66 ff.; *K. Stein,* Parteiverbote, 1999, S. 53 ff., insbesondere 61.

[43] Dazu unten S. 61 ff.

[44] Art. 79 Abs. 3 GG: „Eine Änderung dieses Grundgesetzes, durch welche die Gliederung des Bundes in Länder, die grundsätzliche Mitwirkung der Länder bei der Gesetzgebung oder die in den Artikeln 1 und 20 niedergelegten Grundsätze berührt werden, ist unzulässig“.

[45] Vgl. etwa *W. Jellinek,* Das verfassungsändernde Reichsgesetz, in: Anschütz/Thoma, HDStR, Bd. 2, 1932, S. 182 ff.; *R. Thoma,* Grundbegriffe und Grundsätze, in: Anschütz/Thoma, HDStR, Bd. 2, 1932, S. 108 (153 ff.).

In der Praxis war allerdings von viel größerer Bedeutung, dass die Weimarer Reichsverfassung – jedenfalls nach herrschender Ansicht in Rechtsprechung[46] und Wissenschaft[47] – neben der ausdrücklichen Änderung des Verfassungstextes auch die Möglichkeit einer sog. Verfassungsdurchbrechung durch formelles Gesetz eröffnete: Ein mit verfassungsändernder Mehrheit beschlossenes formelles Gesetz konnte ohne Änderung des Verfassungstextes etwas anordnen, das eigentlich im Widerspruch zur Verfassung stand.[48] Solche verfassungsdurchbrechenden Gesetze, die in der Weimarer Republik eine wesentlich größere und zudem verhängnisvollere Rolle spielten als ausdrückliche Änderungen des Verfassungstextes,[49] boten damit grds. auch die Möglichkeit, eine gesetzliche Grundlage für Parteiverbote „an Art. 124 WRV vorbei" zu schaffen. Dies sollte in Form der Republikschutzgesetzgebung der Weimarer Republik große praktische Bedeutung für Parteiverbote erlangen.

Die schlechten Weimarer Erfahrungen mit der Möglichkeit, Nebenverfassungsrecht außerhalb des Verfassungstextes zu schaffen, haben die Mütter und Väter des Grundgesetzes später veranlasst, Art. 79 GG über die Verfassungsänderung in Abs. 1 S. 1 mit der ephoralen Regelung beginnen zu lassen, dass das Grundgesetz nur durch ein Gesetz geändert werden kann, „das den Wortlaut des Grundgesetzes ausdrücklich ändert oder ergänzt".[50]

2. Parteiverbote und deren Rechtsgrundlagen

In der Weimarer Republik wurden zahlreiche formelle Gesetze und exekutive Rechtsverordnungen erlassen, die den Vorbehalt der Strafgesetze in Art. 124 WRV ausfüllten oder aber Art. 124 WRV außer Kraft setzten bzw. umgingen und damit als verfassungskonforme Grundlage für Parteiverbote in Betracht

---

[46] Vgl. etwa RG, Urteil v. 25.03.1927, in: JW 1927, 2198 (2199): „Für die Wirksamkeit einer Verfassungsänderung ist nicht erforderlich, daß sie vom Gesetzgeber ausdrücklich als solche bezeichnet oder gar in die Verfassung selbst aufgenommen wird".

[47] Siehe etwa *G. Anschütz,* Verfassung des Deutschen Reichs, 14. Aufl. 1932, Art. 76 Anm. 2; *W. Jellinek,* Das verfassungsändernde Reichsgesetz, in: Anschütz/Thoma, HDStR, Bd. 2, 1932, S. 182 (187); kritisch demgegenüber z.B. *C. Bilfinger,* in: AöR N.F. 11 (1926), 163 ff. sowie für bestimmte Fälle auch *C. Schmitt,* Die Diktatur des Reichspräsidenten, in: VVDStRL 1 (1924), 63 (98).

[48] So die Definition von *W. Jellinek,* Das verfassungsändernde Reichsgesetz, in: Anschütz/Thoma, HDStR, Bd. 2, 1932, S. 182 (187).

[49] Sehr kritisch z.B. *O. Bühler,* Die Reichsverfassung, 3. Aufl. 1929, Art. 76; Übersichten zu verfassungsändernden Gesetzen etc. bei: *Poetzsch-Heffter,* JöR XIII (1925), S. 1 (226 ff.); *ders.,* JöR XVII (1929), S. 1 (139 ff.); *ders.,* JöR XXI (1933/34), S. 1 (201 ff.).

[50] Eine entsprechende Regelung fand sich bereits in Art. 123 Abs. 1 der am 01.12.1946 in Kraft getretenen Verfassung des Landes Hessen. Diese Regelung war dann ein wesentliches Vorbild für Art. 79 Abs. 1 S. 1 GG; vgl. *M. Will,* Entstehung der Verfassung des Landes Hessen, 2009, S. 181, 210, 521.

kamen.[51] Nur wenige dieser Grundlagen sind allerdings in der Verfassungspraxis tatsächlich für Parteiverbote verwendet worden. Insgesamt waren Parteien und deren Unterorganisationen in der Weimarer Republik in etwas mehr als 40 Fällen von Verboten betroffen.[52] In der Regel wurden dabei jedoch lediglich einzelne Landesverbände oder gar nur Unterorganisationen – wie bspw. die SA der NSDAP – verboten.[53]

a) Verbote aufgrund von § 2 Abs. 1 RVereinsG

Von Anbeginn der Weimarer Republik fand sich eine einfachgesetzliche Verbotsgrundlage in § 2 Abs. 1 Reichsvereinsgesetz (RVereinsG).[54] Danach konnte ein Verein, dessen Zweck den Strafgesetzen zuwiderlief, aufgelöst werden. Die Anwendbarkeit von § 2 Abs. 1 RVereinsG auf Parteien, die regelmäßig als Vereine organisiert waren, war zwar nicht unumstritten.[55] Allerdings wurde sie von der herrschenden Ansicht in der Wissenschaft grds. bejaht[56] und von der Rechtsprechung zumindest nicht grds. verneint.[57] Die gesetzliche Verbotsgrundlage des § 2 Abs. 1 RVereinsG hielt sich jedenfalls im Rahmen des oben angesprochenen Vorbehalts der Strafgesetze gem. Art. 124

---

[51] Zusammenstellungen der Verbotsgrundlagen z.B. bei *W. Schön,* Grundlagen der Verbote, Diss. iur. 1972, S. 30 ff.; *K. Stein*, Parteiverbote, 1999, S. 69 ff. und *M. Grünthaler,* Parteiverbote, 1995, S. 55 ff.

[52] Zur Verbotspraxis etwa *M. Grünthaler,* Parteiverbote, 1995, S. 133 ff.; *K. Stein*, Parteiverbote, 1999, S. 69 ff.; *T. Schmidt,* Die Freiheit verfassungswidriger Parteien, 1983, S. 36 ff.; *W. Schön,* Grundlagen der Verbote, Diss. iur. 1972, S. 50 ff.

[53] Zum SA-Verbot unten S. 63 f.

[54] RGBl. 1908, 151 in der Fassung v. 26.06.1916 (RGBl. 1916, 635) und v. 19.04.1917 (RGBl. 1917, 361); § 2 Abs. 1 RVereinsG galt nach ganz herrschender Auffassung gem. Art. 178 Abs. 2 WRV auch nach Konstituierung der Weimarer Republik weiter; vgl. *O. Meißner,* Das neue Staatsrecht des Reichs, 1921, S. 238 f.; *G. Anschütz,* Verfassung des Deutschen Reichs, 14. Aufl. 1932, Art. 124 Anm. 2.

[55] Differenzierend etwa *A. Brecht*, Vereins- und Versammlungsrecht, in: v. Brauchitsch/ Drews/Lassar, Verwaltungsgesetze für Preußen, Bd. II, 1. Halbbd., 22. Aufl. 1932, S. 259 (288 f.): bei der KPD jedenfalls der „Funktionärskörper", bei der NSDAP hingegen die ganze Partei.

[56] *F. Poetzsch-Heffter,* Handkommentar der Reichsverfassung, 3. Aufl. 1928, Art. 124 Anm. 2; *F. Giese,* Verfassung des Deutschen Reiches, 8. Aufl. 1931, Art. 124 Anm. 2; *G. Anschütz,* Verfassung des Deutschen Reichs, 14. Aufl. 1932, Art. 124 Anm. 2 m.w.N.; *H. v. Jan,* Vereinsgesetz für das Deutsche Reich mit Nebengesetzen, 1931, § 1 Anm. 5 lit. b.

[57] Siehe die Nachweise insbesondere aus der Rechtsprechung des Reichsgerichts sowie des Staatsgerichtshofs bei *A. Brecht*, Vereins- und Versammlungsrecht, in: v. Brauchitsch/ Drews/Lassar, Verwaltungsgesetze für Preußen, Bd. II, 1. Halbbd., 22. Aufl. 1932, S. 259 (288 f.).

Abs. 1 S. 1 WRV.[58] Zudem bot sie den Vorteil reichsweiter Geltung, stand also im gesamten Reich als Verbotsgrundlage zur Verfügung.

Da § 2 Abs. 1 RVereinsG *ratione personae* auch auf politische Parteien anwendbar war, kam er als Grundlage für deren Auflösung in Betracht, soweit ihr Zweck den Strafgesetzen zuwiderlief. Voraussetzung dafür war allerdings, dass die betroffene Partei als solche strafbare Ziele verfolgte.[59] Da solche Ziele naturgemäß nicht in den Satzungen der Parteien niedergeschrieben waren,[60] wurde es indes als ausreichend angesehen, wenn eine größere Zahl von Parteianhängern oder aber führende Mitglieder einschlägige Strafbestimmungen insbesondere des Strafgesetzbuches (StGB)[61] brachen oder brechen wollten.[62] Zu denken war hier insbesondere an staatsschutzbezogene Straftatbestände wie etwa Hochverrat (§§ 81 ff. StGB), Aufruhr (§ 115 StGB), Bildung bewaffneter Haufen (§ 127 StGB) und Landfriedensbruch (§ 125 StGB), jedoch auch an Vorschriften des Nebenstrafrechts wie etwa diejenigen des 1922 erlassenen Republikschutzgesetzes.[63]

Ein entscheidendes Manko von § 2 Abs. 1 RVereinsG war allerdings, dass die Zuständigkeit für Verbotsverfügungen bei den Ortsbehörden lag und für deren Einschreiten das Opportunitätsprinzip galt.[64] Aus Opportunitätsgründen sahen die örtlichen Polizeibehörden aber meist davon ab, gegen Parteien wie die NSDAP und die KPD vorzugehen, um deren Anhänger nicht in die Illegalität abzudrängen und zu Märtyrern zu machen oder schlicht um die Situation nicht zusätzlich eskalieren zu lassen.[65] Aus diesen Gründen kam § 2 Abs. 1 RVereinsG kaum für ein effektives Vorgehen gegen die überregionalen Strukturen von Parteien auf Landes- oder gar Reichsebene in Betracht.[66] In der Verfassungswirklichkeit der Weimarer Republik kam die Vorschrift daher tatsächlich erst spät, nämlich im Jahr 1927, erstmals gegen Parteien zur Anwendung:[67] Ein Vorfall in der nassauischen Gemeinde Nastätten, wo ein Poli-

---

[58] *G. Anschütz,* Verfassung des Deutschen Reichs, 14. Aufl. 1932, Art. 124 Anm. 2.

[59] *H. v. Jan,* Vereinsgesetz für das Deutsche Reich mit Nebengesetzen, 1931, § 1 Anm. 4 lit. a., § 2 Anm. 2; *A. Brecht*, Vereins- und Versammlungsrecht, in: v. Brauchitsch/Drews/Lassar, Verwaltungsgesetze für Preußen, Bd. II, 1. Halbbd., 22. Aufl. 1932, S. 259 (291).

[60] *A. Brecht*, Vereins- und Versammlungsrecht, in: v. Brauchitsch/Drews/Lassar, Verwaltungsgesetze für Preußen, Bd. II, 1. Halbbd., 22. Aufl. 1932, S. 259 (291).

[61] Strafgesetzbuch für das Deutsche Reich v. 15.05.1871 (RGBl. 1871, 127) i.V.m. Übergangsgesetz v. 04.03.1919 (RGBl. 1919, 285).

[62] Vgl. *H. v. Jan,* Vereinsgesetz für das Deutsche Reich mit Nebengesetzen, 1931, § 1 Anm. 4 lit. a, § 2 Anm. 2.

[63] Insbesondere §§ 1, 3, 4 Nr. 1, 5 Nr. 1 und 2, 5 Nr. 4 RepSchG; näher zum Republikschutzgesetz unten S. 50 ff.

[64] *M. Grünthaler,* Parteiverbote, 1995, S. 79.

[65] Vgl. *M. Grünthaler,* Parteiverbote, 1995, S. 79 f.

[66] *K. Stein*, Parteiverbote, 1999, S. 82.

[67] Vgl. im Einzelnen *M. Grünthaler,* Parteiverbote, 1995, S. 81, 255.

zist im Rahmen eines von NSDAP-Schergen provozierten Handgemenges einen Lehrling erschossen hatte, führte am 8. April 1927 zur Auflösung verschiedener Ortsgruppen der NSDAP u.a. in Wiesbaden, Braubach und Nassau gem. § 2 Abs. 1 RVereinsG.[68] Überregionale Bedeutung besaß dann die Auflösung der NSDAP samt ihrer Unter- und Sonderorganisationen wie der SS im Gau Berlin-Brandenburg durch den Polizeipräsidenten von Berlin am 5. Mai 1927.[69] Auch aus dem Grund, dass solche Verbotsverfügungen meist schwer durchzusetzen waren, spielte § 2 Abs. 1 RVereinsG im Kampf gegen republikgefährdende Parteien allerdings auch in der Folge keine wesentliche Rolle.[70] Als letzte nachweisbare Parteiverbote auf dieser Grundlage ergingen zwei Jahre später, am 2. Oktober 1929, Auflösungsverfügungen gegen schlesische Ortsgruppen der NSDAP in Breslau, Striegau, Schweidnitz, Waldenburg und Freiburg.[71] Das Verbot der Ortsgruppe Berlin-Brandenburg durch den Polizeipräsidenten von Berlin war unterdessen bereits am 31. März 1928 wieder aufgehoben worden.[72] Insgesamt entfaltete § 2 Abs. 1 RVereinsG in der Weimarer Republik keine wesentliche Bedeutung als Grundlage für Parteiverbote.

b) Verbote aufgrund der 3. RepSchVO vom 26. Juni 1922

aa) Die Republikschutzgesetzgebung der Weimarer Republik

Praktisch wesentlich wichtiger war die Republikschutzgesetzgebung der Weimarer Republik, die ab dem Jahr 1921 in Reaktion auf politische Morde, insbesondere an *Matthias Erzberger* (26. August 1921) und *Walther Rathenau* (24. Juni 1922), entstand und primär gegen nicht im Reichstag vertretene rechtsextreme Splitterparteien zum Einsatz kam. Bereits die erste nach dem *Erzberger*-Mord aufgrund von Art. 48 WRV erlassene Verordnung des Reichspräsidenten „zum Schutze der Republik" vom 29. August 1921[73] und die bereits am 28. September 1921 an deren Stelle getretene Zweite Republikschutzverordnung[74] enthielten Regelungen, nach denen nicht nur Versammlungen, sondern auch Vereinigungen hätten verboten werden können.[75]

---

[68] *M. Grünthaler,* Parteiverbote, 1995, S. 81 f., 255.

[69] Vgl. PrOVG, Entscheidung v. 16.01.1930, RuPrVBl. 1930, 500 f.

[70] Vgl. die Übersicht bei *M. Grünthaler,* Parteiverbote, 1995, S. 255.

[71] *M. Grünthaler,* Parteiverbote, 1995, S. 83; *K. Stein*, Parteiverbote, 1999, S. 80.

[72] Vgl. *A. Brecht*, Vereins- und Versammlungsrecht, in: v. Brauchitsch/Drews/Lassar, Verwaltungsgesetze für Preußen, Bd. II, 1. Halbbd., 22. Aufl. 1932, S. 259 (295).

[73] RGBl. 1921, 1239, abgedruckt auch bei: E. R. Huber, Dokumente, Bd. 4, 3. Aufl. 1991, Nr. 239 (S. 281 ff.); zu der in Reaktion auf den *Erzberger*-Mord v. 26.08.1921 erlassenen 1. RepSchVO v. 29.08.1921, die bereits durch § 10 der 2. RepSchVO v. 28.09.1921 aufgehoben wurde, etwa *C. Gusy,* Weimar – die wehrlose Republik?, 1991, S. 128 ff.

[74] RGBl. 1921, 1271, abgedruckt auch bei: E. R. Huber, Dokumente, Bd. 4, 3. Aufl. 1991, Nr. 241 (S. 284 f.); zur 2. RepSchVO, die nach dem Aufhebungsverlangen des

Praktische Bedeutung als Rechtsgrundlage für Parteiverbote erlangte allerdings erst die Dritte Verordnung des Reichspräsidenten „zum Schutze der Republik“ vom 26. Juni 1922 (3. RepSchVO),[76] die dann ihrerseits zügig durch das formelle Republikschutzgesetz abgelöst wurde.[77] Erlassen wurde die 3. RepSchVO in Reaktion auf eine Reihe politischer Attentate, zu denen Teile der deutschnationalen Presse mehr oder weniger unverblümt aufgerufen hatten. Unmittelbarer Auslöser für den Erlass war die Ermordung von Außenminister *Walther Rathenau* durch Angehörige der rechtsextremen Organisation Consul. Die 3. RepSchVO war allerdings von Anfang an lediglich als Provisorium gedacht, strebte die im Oktober 1921 gebildete zweite Reichsregierung unter Reichskanzler *Joseph Wirth* (Zentrum) doch nach der Ermordung ihres Mitglieds *Rathenau* an Stelle der bisherigen Notverordnungen eine nachhaltige Regelung durch ein mit verfassungsdurchbrechender Mehrheit verabschiedetes formelles Gesetz an.[78]

Nach § 1 Abs. 2 der bereits zwei Tage nach *Rathenaus* Ermordung erlassenen 3. RepSchVO konnten Vereinigungen verboten werden, die Bestrebungen der in § 1 Abs. 1 der VO genannten Art verfolgten. Zu den dort genannten Bestrebungen zählten das Aufreizen zur gesetzwidrigen Beseitigung der republikanischen Staatsform (1. Variante), zu Gewalttaten gegen Mitglieder der jetzigen oder einer früheren republikanischen Regierung des Reiches oder eines Landes bzw. die Billigung oder Verherrlichung solcher Handlungen (2. Variante) oder das Verächtlichmachen der republikanischen Einrichtungen des Staates in einer den inneren Frieden des Staates gefährdenden Weise (3. Variante). Zuständig für die Anordnung von Parteiverboten auf dieser Grundlage waren nach der Grundregel des Art. 14 WRV über die Ausführung von Reichsgesetzen die Länder.[79] Einige Länder erließen daher eigene Ausführungsbestimmungen zur Reichsverordnung, die meist auch regelten, welche Behörden für Verbotsverfügungen sachlich zuständig waren.[80] Gleichzeitig konnte der Reichsinnenminister die jeweiligen Landeszentralbehörden immerhin im Einzelfall ersuchen, ein solches Verbot anzuordnen.[81]

Bereits wenige Tage nach Erlass der 3. RepSchVO diente deren § 1 Abs. 2 als Grundlage für zwei Verbotsverfügungen gegen die völkisch-antisemiti-

---

Reichstags vom 16.12.1921 durch VO des Reichspräsidenten v. 23.12.1921 (RGBl. 1921, 1664) aufgehoben wurde, *C. Gusy,* Weimar – die wehrlose Republik?, 1991, S. 132 ff.

[75] § 4 1. RepSchVO, § 3 2. RepSchVO.

[76] RGBl. 1922 I, 521.

[77] Dazu unten S. 48 ff.

[78] *I. J. Hueck,* Der Staatsgerichtshof zum Schutze der Republik, 1996, S. 56; *C. Gusy,* Weimar – die wehrlose Republik?, 1991, S. 139 ff.

[79] Art. 14 WRV: „Die Reichsgesetze werden durch die Landesbehörden ausgeführt, soweit nicht die Reichsgesetze etwas anderes bestimmen“.

[80] Übersicht bei *K. Stein*, Parteiverbote, 1999, S. 103 f.

[81] § 2 Abs. 2 3. RepSchVO.

sche Deutschsoziale Partei (DS[82]): Am 1. Juli 1922 löste der Oberpräsident der Provinz Niederschlesien mit der ersten Parteiverbotsverfügung der Weimarer Republik die DS samt deren Ortsgruppen in Niederschlesien auf, und am 8. Juli 1922 folgte die Auflösung des braunschweigischen DS-Landesverbandes durch die Abteilung für Inneres im braunschweigischen Staatsministerium.[83] Gegen die NSDAP ergingen am 4. Juli 1922 Verbotsverfügungen in Baden und am 15. Juli 1922 in Thüringen.[84] Während die 3. RepSchVO bereits zum 23. Juli 1922 durch das Republikschutzgesetz ersetzt wurde,[85] galten die auf ihrer Grundlage getroffenen Verbotsverfügungen fort.[86]

bb) Errichtung des Staatsgerichtshofs zum Schutze der Republik

Wichtig war die kurzlebige 3. RepSchVO auch aus dem Grund, dass auf ihrer Grundlage der Staatsgerichtshof zum Schutze der Republik (StGHSchRep) in seiner vorläufigen Form errichtet wurde.[87] Der StGHSchRep war ein auf den Republikschutz durch strafrechtliche, aber auch verwaltungs- und verfassungsrechtliche Maßnahmen spezialisiertes Reichssondergericht und darf nicht mit dem ein Jahr zuvor gem. Art. 108 WRV eingerichteten Staatsgerichtshof für das Deutsche Reich verwechselt werden.[88] Ähnlich wie dieser

---

[82] Die am 23.02.1921 durch den Volksschullehrer und Publizisten *Richard Kunze* (1872–1945) gegründete Deutschsoziale Partei wurde meist als „DS“ abgekürzt. Es finden sich allerdings auch die Abkürzungen DtSP, DSoP und DsP. Wichtig ist, sie nicht mit der Ende 1918 gegründeten Deutschsozialistischen Partei (DSP) zu verwechseln, zu der die DS nach der Vorstellung von *Kunze* in Konkurrenz treten sollte. Einen kurzen Höhepunkt erreichte die DS, als es ihr bei der Reichstagswahl im Mai 1924 gelang, vier Mandate zu erlangen. Allerdings wanderten zwei der Mandatsträger schon wenig später zur Nationalsozialistischen Freiheitspartei ab. Bei der Reichstagswahl im Dezember 1924 verlor die DS dann bereits wieder mehr als die Hälfte der Stimmen und alle ihre Reichstagsmandate. Da ein Großteil ihrer Anhänger insbesondere zur NSDAP überlief, konnte die DS danach keine wesentlichen Erfolge mehr verbuchen. Zur DS etwa *M. Weißbecker,* Deutschsoziale Partei 1921–1928, in: Die bürgerlichen Parteien in Deutschland 1830–1945, Bd. 1, 1968, S. 757 f.

[83] *M. Grünthaler,* Parteiverbote, 1995, S. 94 f., 253; *K. Stein*, Parteiverbote, 1999, S. 108.

[84] *M. Grünthaler,* Parteiverbote, 1995, S. 95, 253; *K. Stein*, Parteiverbote, 1999, S. 110.

[85] Art. 1 Abs. 1 VO v. 23.07.1922 zur Aufhebung der VO zum Schutze der Republik, RGBl. 1922 I, 630.

[86] Art. 1 Abs. 2 VO v. 23.07.1922 zur Aufhebung der VO zum Schutze der Republik, RGBl. 1922 I, 630.

[87] §§ 6 f. 3. RepSchVO.

[88] Art. 108 WRV: „Nach Maßgabe eines Reichsgesetzes wird ein Staatsgerichtshof für das Deutsche Reich errichtet“. Der Staatsgerichtshof für das Deutsche Reich war als partielles Reichsverfassungsgericht durch das Reichsgesetz über den Staatsgerichtshof v. 09.07.1921 (RGBl. 1921, 905) errichtet worden. Zum Staatsgerichtshof etwa *W. Wehler,* Der Staatsgerichtshof für das Deutsche Reich, Diss. 1979.

war der StGHSchRep kein organisatorisch selbständiger Gerichtshof, wie ihn heute das BVerfG darstellt. So wurde er wie der Staatsgerichtshof organisatorisch „bei dem Reichsgerichte" in Leipzig errichtet,[89] genoss der Sache nach allerdings durchaus Selbständigkeit.[90] Er bestand aus zwei Senaten, dem Ersten Senat und dem nachträglich aufgrund eines Kompromisses mit den süddeutschen Staaten im sog. Berliner Protokoll eingerichteten „Süddeutschen Senat", der für Vorgänge in Bayern, Württemberg, Baden und Hessen zuständig war, seinen Sitz in Stuttgart hatte und auch in jeder der süddeutschen Hauptstädte zusammentreten konnte.[91]

Die Einrichtung des StGHSchRep bedeutete in mehrfacher Hinsicht einen Fortschritt: So führte die Konzentration sowohl staats- und verwaltungsrechtlicher als auch strafrechtlicher Verfahren zum Staats- und Republikschutz bei einem auf eine immerhin fünfjährige Lebensdauer angelegten Gericht zu einem Abbau der bis dahin bestehenden, rechtsstaatlich problematischen Sondergerichtsbarkeit in diesen Bereichen.[92] Damit verbunden war eine grundsätzliche Verlagerung der justiziellen Zuständigkeiten für Maßnahmen aufgrund der 3. RepSchVO und des wenig später an deren Stelle getretenen Republikschutzgesetzes in den Bereichen des Verwaltungs- und Verfassungsrechts auf die Reichsebene.[93] Während daher die Zuständigkeit für den Erlass von Parteiverboten nach der 3. RepSchVO und dem Republikschutzgesetz weiterhin bei Landesbehörden lag, wurde so immerhin eine grds. justizielle Reichszuständigkeit für Beschwerden gegen solche Verbote begründet. Damit war zumindest die Grundlage für eine reichsweit einheitliche Auslegung der einschlägigen Rechtsgrundlagen geschaffen.

Endgültig errichtet wurde der zunächst noch vorläufige StGHSchRep dann auf Grundlage des nach einem zügigen Gesetzgebungsverfahren am 21. Juli 1922 erlassenen Gesetzes zum Schutze der Republik (RepSchG),[94] das als

---

[89] § 6 Abs. 1 RepSchVO; zum Standort und zur Organisation: *I. J. Hueck,* Der Staatsgerichtshof zum Schutze der Republik, 1996, S. 59 ff.

[90] So etwa *E. R. Huber,* Verfassungsgeschichte, Bd. VI, 1981, S. 672.

[91] Dessen ungeachtet tagte auch der Süddeutsche Senat häufig in Leipzig, *E. R. Huber,* Verfassungsgeschichte, Bd. VI, 1981, S. 672.

[92] Vgl. *I. J. Hueck,* Der Staatsgerichtshof zum Schutze der Republik, 1996, S. 57 ff.

[93] *I. J. Hueck,* Der Staatsgerichtshof zum Schutze der Republik, 1996, S. 58 ff.; die verfassungsrechtlichen Zuständigkeiten erlangten indes keine Bedeutung, *I. J. Hueck,* a.a.O., S. 251: „In verfassungsgerichtlicher Funktion entschied der RepSchStGH überhaupt nicht". Die „Verreichlichung" der justiziellen Kompetenzen löste erheblichen Widerstand verschiedener Länder, insbesondere Bayerns, aus, was wiederum dazu führte, dass die Zuständigkeiten des StGHSchRep gem. §§ 12 ff. RepSchG wesentlich eingeschränkt wurden; dazu *C. Gusy,* Weimar – die wehrlose Republik?, 1991, S. 347 f.

[94] RGBl. 1922 I, 585; zum Gesetzgebungsverfahren: *W. Kiesow/E. Zweigert,* Gesetz zum Schutze der Republik, 1923, S. XV ff.; während die Geltungsdauer des gem. § 27 Abs. 2 RepSchG auf fünf Jahre befristeten RepSchG durch Gesetz v. 02.06.1927 (RGBl. 1927 I, 125) um zwei Jahre verlängert wurde, wurde der StGHSchRep gleichzeitig

formelles Gesetz an die Stelle der provisorischen 3. RepSchVO trat.[95] Am 1. September 1922 ersetzte der endgültige StGHSchRep den interimistischen Gerichtshof, der gleichzeitig erheblich umgestaltet wurde.[96] Beschwerdeverfahren gegen Verbotsverfügungen, die auf der Grundlage der 3. RepSchVO ergangen waren, richteten sich fortan nach dem RepSchG.[97] Die bereits bei dem vorläufigen StGHSchRep anhängigen, nach § 3 der 3. RepSchVO eingeleiteten Beschwerdeverfahren gegen Parteiverbote gingen auf den endgültigen Gerichtshof über.[98] Dieser verband zunächst die Beschwerdeverfahren gegen die beiden DS-Verbote zur Entscheidung in einem Verfahren. Am 20. April 1923 hob er sodann die niederschlesische Verbotsverfügung und am 9. Juli 1923 schließlich auch das braunschweigische Verbot auf.[99]

In den Beschwerdeverfahren gegen die beiden NSDAP-Verbote wies der StGHSchRep die Beschwerde gegen das thüringische Verbot am 12. Februar 1923 zurück, da sie nicht fristgemäß eingelegt worden war. Das badische Verbot bestätigte der Staatsgerichtshof am 15. März 1923, da die Begründung der badischen Behörde, die NSDAP strebe eine Entrechtung der deutschen Juden an, die Verbotsverfügung rechtfertige.[100] Beide NSDAP-Verbote wurden jedoch im Folgejahr durch die zuständigen Behörden selbst wieder aufgehoben: Das thüringische NSDAP-Verbot zum 3. März 1924 und das badische Verbot am 27. Oktober 1924.[101]

---

aufgelöst. Seine noch bestehenden Zuständigkeiten gingen gem. § 1 S. 2 des Gesetzes auf das geplante Reichsverwaltungsgericht (RVG) und bis zu dessen – in der Weimarer Republik nicht mehr gelungenen – Einrichtung auf einen Senat des RG über.

[95] Art. 1 Abs. 2 VO v. 23.07.1922 zur Aufhebung der VO zum Schutze der Republik, RGBl. 1922 I, 630; zum RepSchG erschien 1923 die Kommentierung von *Wilhelm Kiesow* und *Erich Zweigert,* die als Beamte des Reichsjustizministeriums nicht nur an allen Beratungen des Reichstages und Reichsrates teilgenommen, sondern auch Zugang zu den unveröffentlichten Protokollen des Rechtsausschusses des Reichstages hatten: *W. Kiesow/ E. Zweigert,* Gesetz zum Schutze der Republik, 1923.

[96] §§ 12 f., 27 Abs. 1 RepSchG; *E. R. Huber,* Verfassungsgeschichte, Bd. VI, 1981, S. 672; *C. Gusy,* Weimar – die wehrlose Republik?, 1991, S. 345.

[97] RGBl. 1922 I, 585.

[98] Art. 27 S. 4 RepSchG (RGBl. 1922 I, 585).

[99] *K. Stein,* Parteiverbote, 1999, S. 113 f.; nach *M. Grünthaler,* Parteiverbote, 1995, S. 170 wurde das DS-Verbot in Braunschweig bereits am 05.06.1923 wieder aufgehoben.

[100] *K. Stein,* Parteiverbote, 1999, S. 115.

[101] *K. Stein,* Parteiverbote, 1999, S. 115.

c) *Verbote aufgrund des Republikschutzgesetzes vom 21. Juli 1922*

aa) § 14 Abs. 2 RepSchG als Verbotsgrundlage

Das an die Stelle der 3. RepSchVO getretene RepSchG,[102] welches in der Literatur wegen eines nach seinem Außerkrafttreten am 23. Juli 1929[103] im Jahr 1930 erlassenen Nachfolgegesetzes[104] mitunter auch als Erstes Republikschutzgesetz bezeichnet wird, sollte sich als quantitativ wichtigste Rechtsgrundlage für Parteiverbote in der Weimarer Republik erweisen. Bereits während der Geltungsdauer der 1. RepSchVO im Jahr 1921 waren Überlegungen angestellt worden, den nicht enden wollenden Attentaten auf Repräsentanten der Republik mit einem formellen Parlamentsgesetz entgegenzutreten. Jedoch brachte erst *Walther Rathenaus* Ermordung am 24. Juni 1922 den dafür nötigen Impetus hervor. Die beiden von der Reichsregierung am 26. Juni 1922 beschlossenen Gesetzentwürfe entsprachen inhaltlich weitgehend der am selben Tag erlassenen provisorischen 3. RepSchVO. Nach einigen Änderungen im Gesetzgebungsverfahren beschloss der Reichstag das RepSchG dann am 18. Juli 1922 mit der verfassungsdurchbrechenden Mehrheit von 303 Ja- zu 102 Nein-Stimmen bei vier Enthaltungen.[105] Das RepSchG kam damit auch als Grundlage für Grundrechtseingriffe in Betracht. Ein Antrag Bayerns im Reichsrat, gegen das Gesetz Einspruch zu erheben, fand keine Unterstützung.[106] Das Gesetz trat daraufhin mit seiner Verkündung im Reichsgesetzblatt am 23. Juli 1922 in Kraft.[107]

Grundlage für Parteiverbote war § 14 Abs. 2 i.V.m. Abs. 1 RepSchG. Danach konnten Vereine und Vereinigungen, in denen Erörterungen stattfanden, die dem Tatbestand einer der in §§ 1–8 RepSchG bezeichneten strafbaren Handlungen entsprachen, oder die Bestrebungen dieser Art verfolgten oder

---

[102] Gesetz zum Schutze der Republik v. 21.07.1922, RGBl. 1922 I, 585; später geändert durch Gesetz v. 31.03.1926 (RGBl. 1926 I, 190), Gesetz v. 03.07.1926 (RGBl. 1926 I, 397) und Gesetz v. 02.06.1927 (RGBl. 1927 I, 125).

[103] Nachdem das 1. RepSchG gem. dessen § 27 Abs. 2 nach fünf Jahren, d.h. am 23.07.1927, hätte außer Kraft treten sollen, wurde am 17.05.1927 erneut mit verfassungsdurchbrechender Mehrheit das Gesetz zur Verlängerung des Gesetzes zum Schutze der Republik v. 02.06.1927 (RGBl. 1927 I, 125) beschlossen, dessen § 1 S. 1 die Geltungsdauer des RepschG um zwei Jahre, d.h. bis zum 23.07.1929, verlängerte.

[104] Gesetz zum Schutze der Republik v. 25.03.1930, RGBl. 1930 I, 91; zum 2. RepSchG, dem keine verfassungsdurchbrechende Wirkung mehr zukam, etwa *C. Gusy,* Weimar – die wehrlose Republik?, 1991, S. 171 ff.

[105] Verh. des RT, 1. Wahlperiode, Bd. 356, 254. Sitz. (18.07.1922), S. 8737 ff.; vgl. auch *W. Kiesow/E. Zweigert,* Gesetz zum Schutze der Republik, 1923, S. XVIII.

[106] Der Reichsrat beschloss daher am 20.07.1922, keinen Einspruch einzulegen; *W. Kiesow/E. Zweigert,* Gesetz zum Schutze der Republik, 1923, S. XIX.

[107] § 27 S. 1 RepSchG; *W. Kiesow/E. Zweigert,* Gesetz zum Schutze der Republik, 1923, S. XIX.

die Erhebung einer bestimmten Person auf den Thron betrieben,[108] verboten oder aufgelöst werden. Die in Bezug genommenen Strafbestimmungen[109] der §§ 1–8 RepSchG verfolgten das Oberziel des Republikschutzes auf drei Ebenen:[110] Die mit drakonischen Strafandrohungen bewehrten §§ 1–6 RepSchG, als erste und intensivste Ebene der Strafvorschriften, richteten sich vor allem gegen die sog. Mörderorganisationen oder -zentralen,[111] womit im zeitgenössischen Diskurs die organisierten Hintermänner republikfeindlicher Ministermorde gemeint waren.[112] So war nach § 1 Abs. 1 RepSchG zu bestrafen, wer an einer Vereinigung teilnahm, zu deren Bestrebungen es gehörte, Mitglieder einer republikanischen Regierung des Reiches oder eines Landes durch den Tode zu beseitigen, und § 7 I Nr. 1 3. Var. RepSchG pönalisierte die Aufforderung zu Angriffen auf Leib oder Leben gegen Regierungsmitglieder.[113] Die zweite Ebene der Strafvorschriften nahm in allgemeinerer Weise republikfeindliche Zusammenschlüsse ins Visier, etwa den Zusammenschluss zu republikfeindlichen Organisationen.[114] Die dritte Ebene schließlich richtete sich gegen republikfeindliche Aktivitäten im weiteren Sinne, bspw. republikfeindliche Äußerungen in Form der öffentlichen Verherrlichung oder Begünstigung republikfeindlicher Verbrechen[115] oder die öffentliche Beschimpfung bzw. Herabwürdigung der republikanischen Staatsform des Reiches oder eines Landes.[116]

Für den Erlass von Parteiverboten auf der Grundlage von § 14 I, II RepSchG waren wie schon nach der 3. RepSchVO die Landeszentralbehörden oder die von diesen bestimmten Stellen zuständig.[117] Auf die Einführung einer Reichszuständigkeit, die für ein effektives Vorgehen gegen reichsweit tätige Parteien wünschenswert gewesen wäre, hatte die Reichsregierung im Gesetzgebungsverfahren wegen des vor allem von Bayern zu erwartenden Widerstands von Anfang an verzichtet.[118] Die meisten Länder erließen zur Ausübung der ihnen übertragenen Zuständigkeiten Ausführungsvorschriften

---

[108] Die letztgenannte Variante monarchistischer Bestrebungen erlangte in der Praxis der Parteiverbote auf Grundlage des RepSchG keine Bedeutung.

[109] Mit Ausnahme von § 3 RepSchG, der einen Strafausschließungsgrund enthielt.

[110] *G. Jasper,* Der Schutz der Republik, 1963, S. 106 spricht anschaulich von drei Verteidigungsgürteln oder Schutzwällen innerhalb der Strafvorschriften der §§ 1–8 RepSchG; vgl. auch *C. Gusy,* Weimar – die wehrlose Republik?, 1991, S. 149 ff.

[111] Diese Zielrichtung verfolgten §§ 1, 2, 4–6, 7 Abs. 1 Nr. 1 1. HS RepSchG.

[112] Zum Kampf gegen Mörderorganisationen ausführlich *G. Jasper,* Der Schutz der Republik, 1963, S. 106 ff.

[113] § 7 Abs. 1 Nr. 1 3. Var. RepSchG.

[114] § 7 Abs. 1 Nr. 4 und 5 RepSchG.

[115] § 7 Abs. 1 Nr. 3 RepSchG.

[116] § 8 Abs. 1 Nr. 1 RepSchG.

[117] § 17 Abs. 1 RepSchG; *W. Kiesow/E. Zweigert,* Gesetz zum Schutze der Republik, 1923, § 17 Anm. I.

[118] *E. R. Huber,* Verfassungsgeschichte, Bd. VI, 1981, S. 678.

zum RepSchG, welche u.a. die sachlich zuständigen Stellen – meist den jeweiligen Landesinnenminister – bestimmten.[119]

Litt damit auch die Effektivität des RepSchG strukturell an der zersplitterten Landeszuständigkeit für Verbotsverfügungen, konnte immerhin – wie schon nach der für das Gesetz vorbildhaften 3. RepSchVO – der Reichsinnenminister die jeweiligen Landeszentralbehörden ersuchen, ein Verbot anzuordnen.[120] Dass es sich bei einem solchen Ersuchen nicht lediglich um einen unverbindlichen Vorschlag handelte, machte § 17 Abs. 2 S. 2 RepSchG deutlich: Eine Landeszentralbehörde, die dem Ersuchen „nicht entsprechen zu können" glaubte, musste dies unverzüglich dem Reichsinnenminister mitteilen und gleichzeitig die Entscheidung des StGHSchRep anrufen.[121] Entschied dieser für die Anordnung, so hatte die Landeszentralbehörde die erforderlichen Maßnahmen sofort zu treffen.[122] Nicht zuletzt wegen der Gefahr, dass solche Ersuchen bei den selbstbewussten Ländern, namentlich Bayern, unerhört bleiben oder gar den gegenteiligen Effekt haben würden, sollten die Reichsinnenminister von dieser Möglichkeit allerdings nur sehr zurückhaltend Gebrauch machen.[123]

bb) Parteiverbote auf der Grundlage von § 14 Abs. 2 RepSchG

Als Inhalt einer Verfügung nach § 14 RepSchG kamen alternativ oder kumulativ das Verbot und die Auflösung einer Partei in Betracht. Beide Sanktionen waren naturgemäß auf das Gebiet des Landes, dessen Behörde die Anordnung traf, beschränkt. Ein erstes Parteiverbot auf der Grundlage von § 14 Abs. 2 RepSchG erging so in Baden, wo am 18. September 1922 die völkisch und radikal antisemitisch orientierte Deutschsozialistische Partei (DSP) verboten und samt ihrer Ortsverbände aufgelöst wurde.[124] Die mit dieser nicht zu verwechselnde, schon erwähnte Deutschsoziale Partei (DS) wurde am 13. Dezember 1922 in Thüringen verboten und aufgelöst.[125] Die NSDAP wurde am 15. November 1922 vom preußischen Minister des Innern samt ihrer Orts-

---

[119] Übersicht bei *K. Stein*, Parteiverbote, 1999, S. 133 f.

[120] § 17 Abs. 2 S. 1 RepSchG.

[121] *W. Kiesow/E. Zweigert,* Gesetz zum Schutze der Republik, 1923, § 17 Anm. II. 2., 3.

[122] § 17 Abs. 2 S. 3 RepSchG.

[123] Vgl. das Beispiel des Ersuchens des deutschnationalen Reichsinnenministers *Walter von Keudell*, den kommunistischen Roten Frontkämpferbund zu verbieten, aus dem Jahr 1928 bei *E. R. Huber,* Verfassungsgeschichte, Bd. VI, 1981, S. 672. Auf die Anrufung des im Jahr 1927 an die Stelle des aufgelösten StGHSchRep getretenen RG durch zahlreiche Länder, darunter Preußen, entschied das RG am 2. Mai 1928 gegen den Reichsinnenminister, da die gesetzlichen Voraussetzungen eines Verbotes nicht gegeben seien.

[124] Dt. Reichsanzeiger und Preuß. Staatsanzeiger Nr. 211 v. 20.09.1922; zur Deutschsozialistischen Partei auch *M. Weißbecker,* Deutschsozialistische Partei (DsP) 1919–1922, in: Die bürgerlichen Parteien in Deutschland 1830–1945, Bd. 1, 1968, S. 763 f.

[125] Dt. Reichsanzeiger und Preuß. Staatsanzeiger Nr. 295 v. 30.12.1922.

gruppen und Nebenorganisationen im preußischen Staatsgebiet verboten und aufgelöst, worauf eine Reihe weiterer NSDAP-Verbotsverfügungen folgten, namentlich in Hamburg (25. November 1922), Mecklenburg-Schwerin (30. November 1922), Schaumburg-Lippe (22. Dezember 1922), Bremen (13. Februar 1923), Sachsen (26. März 1923), dem Volksstaat Hessen (26. April 1923), Lippe-Detmold (5. September 1923), Braunschweig (13. September 1923) und Oldenburg (28. September 1923).[126] Da unterdessen die oben erwähnten, auf der Grundlage von § 1 Abs. 2 3. RepSchVO in Baden und Thüringen erlassenen Verbotsverfügungen fortwirkten, war die NSDAP damit vorübergehend in immerhin zwölf von 18 Ländern verboten und aufgelöst. Wesentlich geschwächt wurde die Effektivität der NSDAP-Verbote jedoch vor allem dadurch, dass in Bayern kein Verbot auf der Grundlage der Republikschutzgesetzgebung erging. Da der bayerische Innenminister *Franz Xaver Schweyer* (BVP) keine Möglichkeit sah, das RepSchG auf die NSDAP anzuwenden, blieb deren Parteizentrale intakt. Die NSDAP-Parteileitung konnte dort ihre Arbeit ungestört fortsetzen und die Aufhebung der ergangenen Verbote in den anderen Ländern aussitzen.[127]

Für die weitere Entwicklung der Parteiverbote in der Weimarer Republik strukturell noch bedeutender als das aus heutiger Sicht im Vordergrund stehende Vorgehen gegen die NSDAP war allerdings, dass auch gegen die heute weitgehend vergessene Deutschvölkische Freiheitspartei (DVFP) Verbotsverfügungen aufgrund des RepSchG ergingen. Die DVFP war erst im Dezember 1922 als radikale völkisch-antisemitische Abspaltung der nationalkonservativen DNVP entstanden.[128] Da drei DNVP-Reichstagsabgeordnete zu ihr übergelaufen waren, war die DVFP – ähnlich wie später die SRP im Bundestag[129] – von Anfang an im Reichstag vertreten. In der Folge strömten ihr neben Angehörigen des rechten DNVP-Flügels vor allem in den norddeutschen Ländern, in denen NSDAP-Verbote bestanden, auch viele frühere NSDAP-Mitglieder zu. DVFP und NSDAP ähnelten sich ideologisch so sehr, dass der DVFP-Vorsitzende und Reichstagsabgeordnete *Albrecht von Graefe* und der NSDAP-Vorsitzende *Adolf Hitler* Anfang März 1923 übereinkamen, ihren Aktionsraum im Reich untereinander aufzuteilen: Der nord- und mitteldeutsche Raum, in dem die NSDAP vielfach verboten war, war fortan Betätigungsfeld der DVFP, der süddeutsche Raum hingegen der NSDAP vorbehalten.[130] Dieses Abkommen sollte dann allerdings dazu beitragen, dass die

---

[126] *K. Stein*, Parteiverbote, 1999, S. 146 ff.; *M. Grünthaler*, Parteiverbote, 1995, S. 202.

[127] *G. Jasper*, Der Schutz der Republik, 1963, S. 138.

[128] *R. Wulff*, Die Deutschvölkische Freiheitspartei, Diss. 1968, S. 10 ff.; *M. Weißbecker*, Deutschvölkische Freiheitspartei, in: Die bürgerlichen Parteien in Deutschland 1830–1945, Bd. 1, 1968, S. 765 (766 f.).

[129] Dazu unten S. 97 f., 132 f.

[130] *R. Wulff*, Die Deutschvölkische Freiheitspartei, Diss. 1968, S. 22.

DVFP am 23. März 1923 in Preußen verboten wurde:[131] Der preußische Innenminister *Carl Severing* (SPD) stützte sein DVFP-Verbot nämlich nicht nur darauf, dass diese Partei einen nationalistischen Putsch vorbereite, sondern u.a. auch darauf, dass sie in Preußen nichts anderes sei als eine versteckte Fortsetzung der verbotenen NSDAP.[132]

Das preußische DVFP-Verbot hat aus dem Grund besondere Bedeutung erlangt, dass mit ihm erstmals eine Partei verboten wurde, die im Reichstag vertreten war. Dies führte schon bald zu einer grundlegenden und folgenreichen Reichstagsdebatte über Parteiverbote, auf die noch zurückzukommen sein wird.[133] Weitere DVFP-Verbote folgten unterdessen zügig in Thüringen (24. März 1923), Baden (28. März 1923), Sachsen (3. April 1923) und schließlich – nach der erwähnten Reichstagsdebatte – auch in Braunschweig (13. September 1923).[134] Insgesamt kam das RepSchG ausschließlich gegen rechtsextreme Parteien zur Anwendung, obwohl zu jener Zeit oft auch die KPD als staatsfeindliche Verbindung i.S.d. § 7 Abs. 1 Nr. 4 und 5 RepSchG angesehen wurde.[135]

cc) Beschwerdeverfahren vor dem StGHSchRep

Verschiedene Parteien legten gegen die auf § 14 Abs. 2 RepSchG gestützten Verbotsverfügungen Beschwerde vor dem nun endgültig errichteten StGHSchRep ein.[136] Dieser hob bereits am 8. März 1923 das Verbot der Deutschsozialistischen Partei in Baden und am 9. Juli 1923 dasjenige der Deutschsozialen Partei in Thüringen auf. Die Beschwerdeverfahren gegen die DVFP-Verbote verliefen zwar weitgehend im Sande, sollten aber dennoch grundsätzliche Bedeutung erlangen, da sich der StGHSchRep in ihrem Rahmen eingehend mit der umstrittenen Grundlagenfrage der Anwendbarkeit von § 14 Abs. 2 RepSchG auf Parteien auseinandersetzte.[137]

In seinem grundlegenden Beschluss vom 27. April 1923, der das DVFP-Verfahren im Ergebnis allerdings zunächst lediglich vertagte,[138] übernahm der StGHSchRep die überkommenen Definitionen von Verein und Vereinigung aus der Rechtsprechung des Reichsgerichts für die Auslegung von § 14 Abs. 2 RepSchG. Mittels einer systematischen Interpretation stellte er klar,

---

[131] *R. Wulff,* Die Deutschvölkische Freiheitspartei, Diss. 1968, S. 23.

[132] *M. Grünthaler,* Parteiverbote, 1995, S. 184; *K. Stein*, Parteiverbote, 1999, S. 151 f.; zu Verboten weiterer Ersatzorganisationen verbotener Parteien, *K. Stein,* a.a.O., S. 153 f.

[133] Dazu unten S. 56 ff.

[134] *K. Stein*, Parteiverbote, 1999, S. 151 f.

[135] Vgl. *K. Stein*, Parteiverbote, 1999, S. 167 m. Nw. in Fn. 623.

[136] Dazu *K. Stein*, Parteiverbote, 1999, S. 154 ff.

[137] Der Beschluss ist wörtlich wiedergegeben in: Verh. des RT, 1. Wahlperiode, Bd. 360, 352. Sitz. (12.05.1923), S. 10998 f.

[138] Aufgrund der mündlichen Verhandlung v. 26.04.1923, vgl. dazu Verh. des RT, 1. Wahlperiode, Bd. 360, 352. Sitz. (12.05.1923), S. 10998 B.

dass politische Parteien grds. Vereine oder Vereinigungen i.S.v. § 14 Abs. 2 RepSchG seien: Lediglich, ob es sich im Einzelfall um einen Verein oder aber um eine – loser definierte – Vereinigung handele, sei „im wesentlichen Tatfrage".[139] Auf der Grundlage dieser Prämisse ordnete der StGHSchRep dann in mehreren Entscheidungen nicht nur die DVFP, sondern bspw. auch die NSDAP als Vereine i.S.d. § 14 Abs. 2 RepSchG ein, so dass diese Regelung grds. als Verbotsgrundlage für jene Parteien in Betracht kam.[140] Die Einordnung der DVFP als Verein i.S.d. § 14 Abs. 2 RepSchG bezeichnete der Gerichtshof in seinem Beschluss vom 27. April 1923 als „unbedenklich" und verwies dafür unterstützend auch auf den formalen Umstand, dass die Satzungen der DVFP selbst eine Eintragung in das Vereinsregister vorgesehen hatten.[141]

Die Beschwerden gegen die NSDAP-Verbote in Preußen, Baden, Mecklenburg-Schwerin, Hamburg und Bremen hatte der StGHSchRep unterdessen zu einem Verfahren verbunden und sie schließlich am 15. März 1923 zurückgewiesen. Unter Heranziehung vor allem der preußischen Verbotsverfügung stufte er die NSDAP als staatsfeindliche Verbindung i.S.d. § 129 StGB ein und hielt es für erwiesen, dass von ihr Beschimpfungen der Republik ausgingen, die planmäßig und systematisch auf deren Verächtlichmachen abzielten und daher den Tatbestand des § 8 Nr. 1 RepSchG erfüllten. Mit ähnlicher Begründung wies der Gerichtshof am 2. Juli 1923 die Beschwerde gegen die hessische NSDAP-Verbotsverfügung zurück. Die Beschwerde gegen die braunschweigische Verfügung wurde hingegen zurückgezogen, nachdem das Verbot am 25. August 1924 behördlich aufgehoben worden war.

Die übrigen NSDAP-Verbote waren nicht Gegenstand von Verfahren vor dem Staatsgerichtshof.[142] Beginnend mit der bremischen Verbotsverfügung am 29. April 1924 wurden die meisten der in den Ländern auf der Grundlage der Republikschutzgesetzgebung ergangenen NSDAP-Verbote dann aber noch im Verlauf des Jahres 1924 von den zuständigen Behörden wieder aufgehoben.[143] Praktisch bedeutsam war insbesondere die Aufhebung des preußischen Verbotes am 12. Dezember 1924.

---

[139] Vgl. die Wiedergabe des Beschlusses in: Verh. des RT, 1. Wahlperiode, Bd. 360, 352. Sitz. (12.05.1923), S. 10998 f. C, D; die Interpretation dieser Passage durch *I. J. Hueck,* Der Staatsgerichtshof zum Schutze der Republik, 1996, S. 253 überzeugt nicht.

[140] *I. J. Hueck,* Der Staatsgerichtshof zum Schutze der Republik, 1996, S. 253 f.

[141] Wiedergabe des Beschlusses in: Verh. des RT, 1. Wahlperiode, Bd. 360, 352. Sitz. (12.05.1923), S. 10998 D: „Von diesen Gesichtspunkten aus betrachtet, ist die Deutschvölkische Freiheitspartei unbedenklich als Verein im Sinne des § 14 Abs. 2 des Republikschutzgesetzes anzusehen; dies umso mehr, als in ihren Satzungen die Eintragung der Partei in das Vereinsregister des Amtsgerichts Berlin-Mitte vorgesehen ist".

[142] *K. Stein,* Parteiverbote, 1999, S. 159.

[143] *K. Stein,* Parteiverbote, 1999, S. 164 f.: Mecklenburg-Schwerin (vor dem 03.06.1924), Schaumburg-Lippe (09.08.1924), Braunschweig (25.08.1924), Hamburg (04.09.1924),

dd) Die Reichstagsdebatte zum DVFP-Verbot im Mai 1923

Das im März 1923 in Preußen ergangene DVFP-Verbot und der schon erwähnte Vertagungsbeschluss des StGHSchRep vom 27. April 1923 in dem dagegen angestrengten Beschwerdeverfahren zur Anwendbarkeit von § 14 Abs. 2 RepSchG auf politische Parteien sollten sich als Wendepunkt für Parteiverbote in der Weimarer Republik erweisen. Zunächst lösten beide eine intensiv geführte öffentliche Debatte über Parteiverbote aus. Wie bereits ausgeführt, entzündete sich diese daran, dass mit dem preußischen DVFP-Verbot erstmals in der Geschichte der Weimarer Republik eine Partei verboten worden war, die im Reichstag repräsentiert war, und es stellte sich ganz konkret die Frage, wie sich das Verbot der Partei auf die Rechtsstellung von Abgeordneten und Fraktionen auswirke.[144]

Vor diesem Hintergrund interpellierten am 24. März 1923 Abgeordnete um den DNVP-Vorsitzenden *Oskar Hergt* beim Reichstag:[145] Die Auflösung einer politischen Partei mit parlamentarischer Vertretung sei ein „außergewöhnlicher Vorgang", der „eine schwere Gefährdung der Freiheit des politischen und parlamentarischen Lebens" bedeute.[146] Die von der gesamten DNVP-Fraktion unterstützte Interpellation führte im Mai 1923 zu einer ebenso langen wie intensiven Reichstagsdebatte zur Vereinbarkeit von Parteiverboten mit der Reichsverfassung, die den weiteren Diskurs der Weimarer Republik zu Parteiverboten wesentlich beeinflussen sollte.[147] Für das Verständnis der Debatte ist wichtig, dass deren konkreter Gegenstand der zwischen der Interpellation im März 1923 und der Debatte im Mai 1923 ergangene Vertagungsbeschluss des StGHSchRep zum DVFP-Verbot war, der daher im

---

Sachsen (05.12.1924), Lippe-Detmold (09.12.1924), Preußen (12.12.1924) und zuletzt im Volksstaat Hessen (08.05.1925).

[144] *G. Jasper,* Der Schutz der Republik, 1963, S. 141 ff.; *C. Gusy,* Parteienstaat und Parteiverbote, in: Möllers/van Ooyen, Parteiverbotsverfahren, 4. Aufl. 2013, S. 13 (23).

[145] Aktenstück Nr. 5713 – Interpellation des Abgeordneten Hergt und Genossen v. 24.03.1923, Verh. des RT, 1. Wahlperiode, Bd. 377, Anlagen zu den Stenographischen Berichten Nr. 5616–5875, S. 6554.

[146] Konkret fragten die Interpellanten daher: „Ist der Reichsregierung bekannt, mit welchen Gründen und tatsächlichen Unterlagen die preußische Regierung ihr Vorgehen rechtfertigt, und ist sie bereit, zu den durch dieses Vorgehen aufgeworfenen Fragen Stellung zu nehmen?", Aktenstück Nr. 5713 – Interpellation des Abgeordneten Hergt und Genossen v. 24.03.1923, Verh. des RT, 1. Wahlperiode, Bd. 377, Anlagen zu den Stenographischen Berichten Nr. 5616–5875, S. 6554.

[147] Die mit der zweiten Beratung des Haushaltsplanes 1923 verbundene Debatte zur Interpellation der Abgeordneten Hergt und Genossen, betreffend Auflösung der Deutschvölkischen Freiheitspartei etc., die nicht nur den größten Teil der Sitzungen am 12. und 14. Mai 1923 einnahm, sondern auch noch am 16. Mai 1923 fortgesetzt wurde, findet sich in: Verh. des RT, 1. Wahlperiode, Bd. 360, 352. Sitz. (12.05.1923), S. 10991 ff., 353. Sitz. (14.05.1923), S. 11029 ff., 356. Sitz. (16.05.1923), S. 11124 ff.

Reichstag schließlich sogar wörtlich verlesen wurde.[148] Dieser grundlegende Beschluss war auch für die weitere verfassungsrechtliche Einordnung von Parteiverboten folgenreich, da er bei näherem Hinsehen zwischen einer vereinsrechtlichen Sphäre der Partei als solcher und einer staatsrechtlichen Sphäre der Abgeordneten und Fraktionen unterschied.[149] In dieser rechtlichen Zwitterstellung der Parteien manifestierte sich exemplarisch der schwierige Übergang von der rein vereinsrechtlichen Einordnung der Parteien, wie sie die Dogmatik des Kaiserreichs geprägt hatte, hin zu ihrer staatsrechtlichen Verortung, wie sie im Jahr 1924 allerdings – wie bereits oben angerissen – noch nicht vollständig konsensfähig war. Nach Auffassung des StGHSchRep konnten Parteien als solche daher – wie gesehen – als Vereine oder Vereinigungen gem. § 14 Abs. 2 RepSchG verboten werden.[150] Die entsprechenden Fraktionen und Abgeordneten könne dies jedoch nicht unmittelbar betreffen, da Abgeordnete gem. Art. 21 WRV Vertreter des ganzen Volkes seien.[151] Infolgedessen berühre ein Parteiverbot auch nicht unmittelbar den für die repräsentative Demokratie essentiellen Verkehr der Abgeordneten mit ihren Wählern.

Die rechten Reichstagsparteien DVFP, DNVP und DVP hielten die Differenzierung des StGHSchRep zwischen einer außerparlamentarischen und einer parlamentarischen Dimension der Parteien für eine künstliche Konstruktion und waren sich in der grundsätzlichen Ablehnung von Parteiverboten einig: Für die von den Verboten betroffene DVFP sprach im Reichstag *Wilhelm Henning,* der ein Jahr zuvor, im Juni 1922, mit antisemitischen Angriffen auf den wenig später ermordeten *Walther Rathenau* für Entsetzen gesorgt hatte.[152] *Henning* griff den Beschluss des StGHSchRep heftig an und warf dem Gericht vor, den in Art. 1 WRV verwurzelten demokratischen Grundgedanken „über den Haufen“ zu werfen, wenn mit einer im Reichstag vertretenen Partei ein Teil der Vertretung des souveränen Volkes aufgelöst werden

---

[148] Reichsinnenminister *Rudolf Oeser* (DDP) verlas wörtlich den anderweitig nicht veröffentlichten Vertagungsbeschluss des StGHSchRep v. 27.04.1923, Verh. des RT, 1. Wahlperiode, Bd. 360, 352. Sitz. (12.05.1923), S. 10998 f.

[149] Verh. des RT, 1. Wahlperiode, Bd. 360, 352. Sitz. (12.05.1923), S. 10998 f.; instruktiv dazu: *C. Gusy,* Parteienstaat und Parteiverbote, in: Möllers/van Ooyen, Parteiverbotsverfahren, 4. Aufl. 2013, S. 13 (23 f.).

[150] Verh. des RT, 1. Wahlperiode, Bd. 360, 352. Sitz. (12.05.1923), S. 10998 D.

[151] Verh. des RT, 1. Wahlperiode, Bd. 360, 352. Sitz. (12.05.1923), S. 10999 A.

[152] *Henning* war daher von vielen Beobachtern eine Mitschuld daran gegeben worden, dass *Rathenau* wenige Tage später ermordet worden war, was dann auch zu seinem Ausschluss aus der DNVP-Fraktion und damit letztlich zur Entstehung der DVFP geführt hatte. Dies sprach der KPD-Abgeordnete *Hermann Remmele* auch in der Debatte zum DVFP-Verbot direkt an: „Beim Rathenau-Mord sind Sie Partei geworden! Der Rathenau-Mord ist Ihre Geburtsstunde!“, Verh. des RT, 1. Wahlperiode, Bd. 360, 353. Sitz. (14.05.1923), S. 11040 D; *Hennings* Reichstagsrede v. 12.05.1923 findet sich in: Verh. des RT, 1. Wahlperiode, Bd. 360, 352. Sitz. (12.05.1923), S. 11015 ff.

könne.[153] Auch der zum rechten, alldeutsch-völkischen Flügel der DNVP zählende Abgeordnete *Kuno Graf von Westarp* (1864–1945), der ein Verbot auch seiner Partei befürchtete, betrieb heftige Gerichtsschelte.[154] Sein Verdikt, dass Parteiverbote „in krassestem Widerspruch" zur Verfassung und den Grundgedanken der „parlamentarisch-demokratischen Regierungsweise" stünden,[155] begründete er im Wesentlichen mit der Volkssouveränität gem. Art. 1 WRV und Art. 5 WRV, wonach der Reichstag an erster Stelle der Organe stehe, welche die Staatsgewalt effektiv ausübten.[156] Die Arbeit des Reichstags werde nun einmal wesentlich von den Parteien getragen: „Deshalb widerspricht es den letzten Grundgedanken dieses Systems, wenn die jeweilige Mehrheit in der Lage soll sein können, die ihr anvertraute Staatsgewalt, die Macht des Gesetzes und der Verwaltung zu benutzen, um die Minderheiten und ihre Parteien zu verbieten".[157] Wie eine Vorahnung der düsteren Vorgänge, die zehn Jahre später folgen sollten, erscheinen aus heutiger Sicht seine an die moderaten und linken Kräfte gerichteten drohenden Worte:

> „Es könnte ja auch einmal die Zeit kommen, wo sich die Dinge umkehren. Ich möchte das Geschrei hören, das Sie dann erheben würden, wenn eine Mehrheit, zu der Sie [nach links] nicht gehören, die Möglichkeit des Parteiverbotes gegen Sie anwenden würde."

Die DNVP-Abgeordneten um *Hergt* beantragten schließlich nicht nur, dass „Parteien als solche von Verboten auf Grund des Vereinsgesetzes und aller Ausnahmegesetze und -verordnungen" also insbesondere des RepSchG, nicht betroffen werden dürften, sondern in einem großen Rundumschlag gleich auch die Beseitigung des StGHSchRep.[158] Der zum rechten Flügel der DVP gehörende *Oskar Maretzky* führte ganz in diesem Sinne aus, dass „die Grundsätze unserer Verfassung der Auflösung einer Partei entgegen" stünden, und stellte fest, dass die Einrichtung des StGHSchRep „dem elementarsten Wesen eines Rechtsstaates" widerspreche.[159]

Während sich die Rechte in der Ablehnung von Parteiverboten einig war, war die Haltung am anderen Ende des politischen Spektrums, bei der eben-

---

[153] Verh. des RT, 1. Wahlperiode, Bd. 360, 352. Sitz. (12.05.1923), S. 11019 B, C.

[154] Verh. des RT, 1. Wahlperiode, Bd. 360, 352. Sitz. (12.05.1923), S. 10991 C.

[155] Verh. des RT, 1. Wahlperiode, Bd. 360, 352. Sitz. (12.05.1923), S. 10993 C.

[156] Verh. des RT, 1. Wahlperiode, Bd. 360, 352. Sitz. (12.05.1923), S. 10993 D.

[157] Verh. des RT, 1. Wahlperiode, Bd. 360, 352. Sitz. (12.05.1923), S. 10994 A.

[158] Anträge Nr. 2 und Nr. 3, Aktenstück Nr. 5832 – Entschließungsantrag des Abgeordneten Hergt und Genossen v. 12.05.1923, Verh. des RT, 1. Wahlperiode, Bd. 377, Anlagen zu den Stenographischen Berichten Nr. 5616–5875, S. 6810; dabei handelte es sich bei dem Antrag Nr. 2 auf Beseitigung des Staatsgerichtshofs um einen Hilfsantrag, der greifen sollte, wenn der auf Aufhebung der „Art. II bis V", d.h. aller substantiellen Teile des RepSchG außer den Strafbestimmungen (Art. I), gerichtete noch weitergehende Antrag Nr. 1 abgelehnt würde.

[159] Verh. des RT, 1. Wahlperiode, Bd. 360, 352. Sitz. (12.05.1923), S. 11012 D, 11013 A.

falls potentiell verbotsbedrohten KPD, differenzierter:[160] Dass die kommunistische Partei Parteiverboten nicht grds. ablehnend gegenüberstand, wenn diese nur die aus ihrer Sicht Richtigen trafen, manifestierte sich bereits in *Wilhelm Koenens* Antrag, den Reichspräsidenten zu ersuchen, „sämtliche Organisationen, die am 1. Mai 1923 dem Bayerischen Verband der Vaterländischen Verbände angeschlossen waren, insbesondere die Nationalsozialistische Arbeiterpartei und ihre Sturmtrupporganisationen, durch Verordnung auf Grund des Art. 48 der Reichsverfassung sofort aufzulösen".[161]

Den Stellungnahmen des gemäßigten politischen Spektrums, namentlich des katholischen Zentrums und der liberalen DDP, war das schwierige Ringen um eine differenzierte Beurteilung und Abwägung zwischen der Gefahr eines Rückfalls in einen undemokratischen Antiparteienstaat einerseits und dem Bedürfnis nach effektiven Maßnahmen gegen Extremisten andererseits anzumerken: *Theodor von Guérard* (Zentrum) formulierte so Bedenken gegenüber der politischen Opportunität von Parteiverboten angesichts der früheren systematischen Unterdrückung von Parteien, unter der man selbst gelitten habe, und wies darauf hin, dass man durch solche Verbote „gewissermaßen Märthyrer" schaffe.[162] Gleichzeitig erkannte er aber in aller Deutlichkeit an, dass das RepSchG „dem preußischen Innenminister einen formalen Untergrund, einen Rechtstitel für sein Vorgehen" gebe.[163] Der Zentrums-Abgeordnete rief luzide in Erinnerung, dass die eigentliche Bedrohung für die Demokratie von rechten und linken Extremisten ausgehe und zog die Folgerung:[164]

> „Und wenn die Republik, wenn die Regierung des Reichs und der Länder gegen diese Auswüchse von rechts und links alle staatlichen Machtmittel anwendet, so findet das unsere volle Billigung, unsere volle Unterstützung".[165]

Ähnlich argumentierte der DDP-Abgeordnete *Erich Koch(-Weser)*[166]: Er wies die DVFP-Repräsentanten markant darauf hin, dass die Weimarer Verfassung durch das RepSchG nicht durchbrochen, sondern „für unruhige Zeit" ergänzt werde.[167] Das Verbot einer Partei als „Gesinnungsgemeinschaft" lehne man aus „verfassungsmäßigen, jedenfalls aber aus Gründen der Achtung vor dem

---

[160] Vgl. dazu insbesondere die Reden *Hermann Remmeles* und *Wilhelm Koenens,* Verh. des RT, 1. Wahlperiode, Bd. 360, 353. Sitz. (14.05.1923), S. 11036 ff., 356. Sitz. (16.05.1923), S. 11135 ff.

[161] Verh. des RT, 1. Wahlperiode, Bd. 360, 353. Sitz. (14.05.1923), S. 11042 B.

[162] Verh. des RT, 1. Wahlperiode, Bd. 360, 353. Sitz. (14.05.1923), S. 11030 D.

[163] Verh. des RT, 1. Wahlperiode, Bd. 360, 353. Sitz. (14.05.1923), S. 11030 D.

[164] Verh. des RT, 1. Wahlperiode, Bd. 360, 353. Sitz. (14.05.1923), S. 11031 f.

[165] Verh. des RT, 1. Wahlperiode, Bd. 360, 353. Sitz. (14.05.1923), S. 11031 C.

[166] Den Doppelnamen *Koch-Weser* übernahm *Koch* offiziell erst 1927, um sich von einem gleichnamigen Abgeordneten zu unterscheiden. Allerdings war ihm aus demselben Grund bereits in den Protokollen des Jahres 1923 der Namenszusatz in Klammern beigegeben worden.

[167] Verh. des RT, 1. Wahlperiode, Bd. 360, 353. Sitz. (14.05.1923), S. 11033 A.

Parlament" dessen ungeachtet als unzulässig ab.[168] „Wenn aber eine Partei sich unter diesem Deckmantel zu Verschwörungen zusammenfindet, so ist es das gute Recht eines Ministers sie zu verbieten".

d) Verbote aufgrund der Diktaturverordnungen vom 26. September 1923

aa) Die Diktaturverordnungen vom 26. September 1923

Die für die Entwicklung des weiteren politischen Diskurses zu Parteiverboten in der Weimarer Republik so bedeutsame Reichstagsdebatte zum preußischen DVFP-Verbot fand inmitten des *annus horribilis* 1923 statt, welches auf das seinerseits bereits schwierige Jahr 1922, mit der Ermordung *Rathenaus* und dem Erlass des RepSchG, gefolgt war: Die Besetzung des Ruhrgebiets durch französische und belgische Truppen seit dem 11. Januar 1923 hatte in ganz Deutschland zu einer breiten Solidarisierung gegen die Besatzer geführt, aber auch extremen politischen Kräften Zulauf verschafft. Im Frühjahr/Sommer 1923 spitzte sich die politische und wirtschaftliche Lage im Reich angesichts von Hyperinflation[169] und – primär linksradikaler – Ausschreitungen insbesondere in Preußen und Mitteldeutschland dann weiter zu. Gleichzeitig erstarkte die NSDAP vor allem in Bayern. Als schließlich die Reichsregierung am 25. September 1923 den vom parteilosen Reichskanzler *Wilhelm Cuno* im Januar 1923 ausgerufenen passiven Widerstand gegen die Ruhrbesetzung abbrach, drohte die politische Situation in Bayern zu eskalieren. Dies veranlasste das Bayerische Gesamtministerium am 26. September 1923 zum Erlass einer auf die Notstandsregelungen der Weimarer Reichsverfassung und der Bayerischen Verfassung gestützten einschneidenden Notverordnung.[170] Wesentlicher Inhalt der „Verordnung über einstweilige Maßnahmen zum Schutze und zur Wiederherstellung der öffentlichen Ordnung" war die Übertragung der gesamten vollziehenden Gewalt auf den früheren bayerischen Ministerpräsidenten *Gustav von Kahr* (1862–1934) als Generalstaatskommissar.[171]

Die Reichsregierung fürchtete daraufhin eine nicht tolerierbare Schwächung der Reichsgewalt oder sogar die Separation Bayerns und veranlasste daher Reichspräsident *Friedrich Ebert* (SPD) noch am selben Tag, dem 26. September 1923, eine parallel zur bayerischen Verordnung gestaltete, im gesamten Reichsgebiet gültige Reichs-Diktaturverordnung zu erlassen.[172] § 2

---

[168] Verh. des RT, 1. Wahlperiode, Bd. 360, 353. Sitz. (14.05.1923), S. 11033 C.

[169] Dazu *G. Hardach,* Deutschland in der Weltwirtschaft, 1977, S. 41 ff.

[170] Art. 48 Abs. 4 S. 2 WRV und § 64 Bayerische Verfassung; *K. Stein*, Parteiverbote, 1999, S. 171.

[171] Bereits als Ende Januar 1923 wegen des geplanten NSDAP-Parteitags schwere Ausschreitungen in München befürchtet worden waren, war *Gustav v. Kahr* durch NotVO v. 26.01.1923, aufgehoben durch VO v. 05.02.1923, für einige Tage zum Generalstaatskommissar mit umfassenden Befugnissen ernannt worden.

[172] RGBl. 1923 I, 905.

der „Verordnung des Reichspräsidenten auf Grund des Art. 48 Abs. 2 der Reichsverfassung, betreffend die zur Wiederherstellung der öffentlichen Sicherheit und Ordnung für das Reichsgebiet nötigen Maßnahmen" übertrug die gesamte vollziehende Gewalt im Reich auf Reichswehrminister *Otto Geßler* (DDP), der sie seinerseits weiterdelegieren konnte.

bb) Die Diktaturverordnungen als Rechtsgrundlagen für Parteiverbote

Weder in der bayerischen Verordnung noch in der Reichsverordnung vom 26. September 1923 fanden sich spezielle Verbotsvorschriften für Parteien. Allerdings setzten beide Verordnungen unter anderem das Grundrecht der Vereinigungsfreiheit gem. Art. 124 WRV außer Kraft.[173] Die bayerische Verordnung ermächtigte zudem den Generalstaatskommissar, die zur Aufrechterhaltung der öffentlichen Sicherheit und Ordnung erforderlichen Anordnungen zu erlassen,[174] während die Reichsverordnung Beschränkungen der Vereinsfreiheit auch außerhalb der sonst hierfür bestimmten gesetzlichen Grenzen für zulässig erklärte.[175] Damit war Parteiverboten effektiv Tür und Tor geöffnet.

cc) Parteiverbote aufgrund der Diktaturverordnungen

Die weitere Eskalation der Lage durch *Hitlers* Münchener Bürgerbräukellerputschversuch vom 8./9. November 1923 veranlasste den bayerischen Generalstaatskommissar *von Kahr* dann am 9. November 1923 dazu, auf der Grundlage der bayerischen Verordnung die NSDAP nun endlich auch in Bayern zu verbieten und aufzulösen.[176] Zwei Tage später folgten Verbot und Auflösung der KPD im rechtsrheinischen Bayern.[177] Auf Reichsebene reagierte derweil am 8. November 1923 Reichspräsident *Ebert* mit einer weiteren Notverordnung auf den Putschversuch der NSDAP, welche die Ausübung des militärischen Oberbefehls sowie die vollziehende Gewalt auf den Chef der Heeresleitung General *Hans von Seeckt* übertrug.[178] War damit auf Reichsebene der zivile in einen militärischen Ausnahmezustand übergegangen, verbot *von Seeckt* dann am 23. November 1923 reichsweit die KPD, die NSDAP

---

[173] § 1 S. 1 der Reichsverordnung, Abs. 2 S. 1 der bayerischen Verordnung.

[174] In Abs. 6 der bayerischen Verordnung.

[175] § 1 S. 2 der Reichsverordnung.

[176] Verordnung über die Auflösung der Nationalsozialistischen Partei, der Bünde Oberland und Reichskriegsflagge v. 09.11.1923, abgedruckt bei: E. R. Huber, Dokumente, Bd. 4, 3. Aufl. 1991, Nr. 320 (S. 375).

[177] Anordnung über die Auflösung der Kommunistischen Partei v. 11.11.1923, abgedruckt bei: E. R. Huber, Dokumente, Bd. 4, 3. Aufl. 1991, Nr. 320 (S. 375).

[178] §§ 1, 2 Verordnung betreffend den Oberbefehl über die Wehrmacht und die Ausübung der vollziehenden Gewalt v. 08.11.1923, RGBl. 1923 I, S. 1084, abgedruckt auch bei: E. R. Huber, Dokumente, Bd. 4, 3. Aufl. 1991, Nr. 311 (S. 368).

sowie die DVFP und löste diese Parteien auf.[179] Damit waren diese drei Parteien erstmals reichsweit verboten und aufgelöst.

Als sich die Lage einige Monate später normalisiert hatte, hob der Reichspräsident die reichsweit gültigen Parteiverbote dann allerdings bereits zum 1. März 1924 wieder auf.[180] In der Folge bestanden nur noch die von den Ländern verhängten Verbote fort.[181] Nach den Reichstagswahlen im Mai 1924, die zu einer Schwächung der gemäßigten bürgerlichen Kräfte und der SPD bei gleichzeitiger Stärkung der republikfeindlichen Rechten und der KPD geführt hatten,[182] verlangte die Mehrheit des neugewählten Reichstages dann am 26. Juli 1924 die Aufhebung aller noch bestehenden Parteiverbote.[183] Rechtlich verbindlich war dieser Reichstagsbeschluss nur für Parteiverbote, die auf Notstandsmaßnahmen der Länder gem. Art. 48 Abs. 4 S. 1 WRV beruhten.[184] Für Parteiverbote, die auf der Grundlage des RepSchG oder der Landesverfassungen bzw. Landesgesetzgebung ergangen waren, hatte er hingegen lediglich appellative Wirkung.[185] Dessen ungeachtet hoben die meisten Länder in der Folge nach und nach auch die auf diese Grundlagen gestützten Parteiverbote auf.[186] Das bayerische Gesamtministerium verzögerte die Aufhebung indes zunächst, da die auf Grundlage der bayerischen Landesverordnung verfügten Parteiverbote außer auf Art. 48 Abs. 4 WRV auch auf § 63 der Bayerischen Verfassung gestützt worden waren.[187] Schließlich setzte es

---

[179] Verordnung des Chefs der Heeresleitung General v. Seeckt betreffend das Verbot der KPD und der NSDAP v. 23.11.1923, in: Deutsche Allgemeine Zeitung v. 23.11.1923, Nr. 545; abgedruckt auch bei: E. R. Huber, Dokumente, Bd. 4, 3. Aufl. 1991, Nr. 321 (S. 376 f.); die Verordnung erging auf der Grundlage der ReichsVO v. 26.09.1923 i.V.m. der ReichsVO v. 08.11.1923.

[180] Indem der Reichspräsident durch § 1 Abs. 1 seiner Verordnung v. 28.02.1924 (RGBl. 1924 I, 152 = E. R. Huber, Dokumente, Bd. 4, 3. Aufl. 1991, Nr. 342 (S. 399 f.)) u.a. seine Verordnungen v. 26.09.1923 und 08.11.1923 zum 01.03.1924 aufhob und in § 1 Abs. 2 der VO grds. alle auf sie gestützten Beschränkungen des Vereinsrechts zum selben Termin außer Kraft setzte.

[181] *E. R. Huber,* Verfassungsgeschichte, Bd. VI, 1981, S. 723; *C. Gusy,* Parteienstaat und Parteiverbote, in: Möllers/van Ooyen, Parteiverbotsverfahren, 4. Aufl. 2013, S. 13 (27).

[182] Die sieben stärksten Parteien nach den Wahlen vom 04.05.1924 waren: SPD: 20,5 % (–1,2 %), DNVP: 19,5 % (+4,5 %), Zentrum: 13,4 % (–0,2 %), KPD: 12,6 % (+ 10,5 %), DVP: 9,2 % (–4,7 %), Nationalsozialistische Freiheitspartei (NSFP): 6,6 % (+ 6,6 %), DDP: 5,7 % (–2,6 %).

[183] Nach *E. R. Huber,* Verfassungsgeschichte, Bd. VI, 1981, S. 154 Fn. 68 mit den Stimmen der Nationalsozialistischen Freiheitspartei, der DNVP, der SPD und der KPD.

[184] Dies ergab sich aus Art. 48 Abs. 4 S. 2 WRV.

[185] *E. R. Huber,* Verfassungsgeschichte, Bd. VI, 1981, S. 154.

[186] Dazu z.T. bereits oben S. 49, 55.

[187] *E. R. Huber,* Verfassungsgeschichte, Bd. VI, 1981, S. 154.

die bayerischen Verbote aber am 14. Februar 1925 außer Kraft.[188] *Hitler,* der unterdessen am 1. April 1924 wegen Hochverrats zu fünf Jahren Festungshaft verurteilt,[189] aber am 20. Dezember 1924 vorzeitig aus der Haft entlassen worden war, gründete bereits wenige Tage später, am 27. Februar 1925, die NSDAP neu. Zurückgreifen konnte er bei der Neuaufstellung seiner Partei auf die Basis zahlreicher Ersatz- und Nachfolgeorganisationen der ersten NSDAP, die ihn als Vermittler angerufen hatten.[190]

e) Verbotspraxis ab 1925

Damit hatte die Phase der Weimarer Republik, in der versucht worden war, die Verfassungsordnung auch mit Hilfe von Parteiverboten proaktiv zu verteidigen, im Wesentlichen bereits ihr Ende gefunden. Letztlich war der Versuch, die Republik durch Parteiverbote nachhaltig zu schützen, gescheitert. Dies lag in der Praxis nicht zuletzt an der grundsätzlichen Landeszuständigkeit für Parteiverbote. Eine wesentliche Rolle spielten aber auch das quasi in allen demokratischen Parteien verbreitete, in der Reichstagsdebatte zum DVFP-Verbot zum Ausdruck gekommene Misstrauen gegenüber Parteiverboten im Allgemeinen und schließlich auch die vom StGHSchRep geteilte Ansicht, dass Parteiverbote die staatsrechtlich-parlamentarische Dimension der Parteien nicht betreffen könnten. Auf dieser Grundlage konnten parlamentarisch vertretene Parteien ihre Tätigkeit auch im Verbotsfalle in begrenztem Umfang fortsetzen und die Verbote so letztlich aussitzen.[191]

Nach 1925 kam es angesichts der inzwischen dominierenden Skepsis gegenüber Parteiverboten daher nur noch vereinzelt zu Verbotsverfügungen, die zudem meist lediglich einzelne Ortsverbände der NSDAP betrafen.[192] Ansonsten konzentrierten sich Reich und Länder fortan wieder primär auf beschränkende Maßnahmen unterhalb der Schwelle des Parteiverbots. Zu nennen sind hier neben Strafverfahren vor allem Versammlungs- und Demonstrations- sowie Uniform- und Abzeichenverbote und schließlich die Auflösung der paramilitärischen Verbände der Parteien, namentlich des Roten Frontkämpferbundes (RFB) der KPD und der SA der NSDAP. Gestützt wurden diese Maßnahmen auf das Notstandsrecht des Reichspräsidenten und der

---

[188] VO des bayerischen Gesamtministeriums über einstweilige Maßnahmen zum Schutze und zur Wiederherstellung der öffentlichen Sicherheit und Ordnung v. 14.02.1925, abgedruckt bei E. R. Huber, Dokumente, Bd. 4, 3. Aufl. 1991, Nr. 350 (S. 409 f.).

[189] E. R. Huber, Dokumente, Bd. 4, 3. Aufl. 1991, Nr. 346 (S. 403 ff.).

[190] *W. Michalka,* in: Wende, Lexikon zur Geschichte der Parteien, 1981, S. 117.

[191] *C. Gusy,* Parteienstaat und Parteiverbote, in: Möllers/van Ooyen, Parteiverbotsverfahren, 4. Aufl. 2013, S. 13 (27).

[192] *E. R. Huber,* Verfassungsgeschichte, Bd. VI, 1981, S. 154 f.; *W. Schön,* Grundlagen der Verbote, Diss. 1972, S. 52; *M. Grünthaler,* Parteiverbote, 1995, S. 226 ff.; zu Verboten von Ortsgruppen der NSDAP auf der Grundlage von § 2 RVereinsG in den Jahren 1927–29 bereits oben S. 44 f.

Landesregierungen insbesondere aus Art. 48 WRV, auf das einfachgesetzliche Republikschutzrecht sowie auf Vorschriften des allgemeinen Straf- und Polizeirechts.[193] In der Auflösungsphase der Weimarer Republik ab 1930 wurde dann vorübergehend auch wieder eine Auflösung von NSDAP und KPD in Erwägung gezogen. Ein Verbot dieser Parteien wurde aber angesichts ihrer inzwischen stark gestiegenen Bedeutung einerseits und der überwiegend negativ beurteilten Erfahrungen mit Parteiverboten andererseits letztlich als zum Scheitern verurteilt verworfen.[194] Selbst das dem greisen Reichspräsidenten *Paul von Hindenburg* (1847–1934) nach dessen Wiederwahl von Reichswehr- und Reichsinnenminister *Wilhelm Groener* (1867–1939) und Reichskanzler *Heinrich Brüning* (1885–1970) auf Drängen der Länder abgerungene Verbot der SA und der SS vom 13. April 1932[195] wurde bereits wenige Tage nach dem Sturz der Regierung-*Brüning* unter *Franz von Papens* Präsidialkabinett am 14. Juni 1932 wieder aufgehoben.[196]

IV. Fazit zu Parteiverboten in der Weimarer Republik

Ohne dass auf weitere Parteiverbotsfälle im Einzelnen eingegangen werden müsste, können wesentliche rechtliche Charakteristika von Parteiverboten und deren Rechtsgrundlagen in der Weimarer Republik benannt werden: Zum Ersten ist von zentraler struktureller Bedeutung, dass es zwar verschiedene Rechtsgrundlagen gab, die Parteiverbote ermöglichten. Allerdings gab es keine speziellen Verbotstatbestände für Parteien.[197] Auch die spezielleren Rechtsgrundlagen im Republikschutzrecht verwendeten nicht den Begriff der Partei, sondern waren vielmehr tatbestandlich allgemein auf Vereine und Vereinigungen bezogen. Insofern setzte sich die Ausblendung der Parteien in der Weimarer Reichsverfassung spiegelbildlich im Fehlen spezieller, auf

---

[193] *E. R. Huber,* Verfassungsgeschichte, Bd. VI, 1981, S. 155; zu neuen, nicht angewandten Verbotsgrundlagen ab 1930 etwa *K. Stein*, Parteiverbote, 1999, S. 194 ff.

[194] Vgl. etwa *M. Grünthaler,* Parteiverbote, 1995, S. 251; *K.-H. Seifert,* Die politischen Parteien, 1975, S. 453.

[195] § 1 VO des Reichspräsidenten zur Sicherung der Staatsautorität v. 13.04.1932, RGBl. 1932 I, 175, vgl. dazu auch *Groeners* Denkschrift an *Brüning* über das Verbot der militärähnlichen Organisationen der NSDAP v. 10.04.1932, abgedruckt bei E. R. Huber, Dokumente, Bd. 4, 3. Aufl. 1991, Nr. 431 (S. 522 ff.) sowie *Hindenburgs* Schreiben an *Groener* über die Notwendigkeit der Gleichbehandlung aller militärischen Organisationen v. 15.04.1932, a.a.O., Nr. 433 (S. 525).

[196] § 20 Abs. 2 Nr. 6 VO des Reichspräsidenten gegen politische Ausschreitungen v. 14.06.1932, RGBl. 1932 I, 297; zum Ganzen etwa *E. Hennig,* Politische Gewalt und Verfassungsschutz, in: Eisfeld/Müller, Gegen Barbarei, 1989, S. 106 (110 ff.).

[197] *A. Zirn,* Das Parteienverbot nach Art. 21 Abs. 2 GG, Diss. 1988, S. 49 f.

Parteien gemünzter Verbotstatbestände fort.[198] Es musste daher nicht überraschen, dass – obwohl die herrschende Ansicht anerkannte, dass Parteien Vereine oder Vereinigungen i.S.d. Art. 124 Abs. 2 WRV sein konnten – mit der sprunghaften Zunahme von Parteiverboten im Jahr 1923 auch eine intensive Diskussion einsetzte, ob die Rechtsgrundlage insbesondere des § 14 Abs. 2 RepSchG überhaupt auf Parteien anwendbar sei. Die überwiegend kritische Haltung gegenüber Parteiverboten, die in der Desavouierung des StGH-SchRep durch die rechten Parteien in der Reichstagsdebatte zum DVFP-Verbot Mitte Mai 1923 gipfelte, trug maßgeblich dazu bei, dass nicht nur der Staatsgerichtshof entwertet, sondern auch die vorhandenen Rechtsgrundlagen für Parteiverbote nach 1924 kaum mehr genutzt wurden.

Einen Sonderfall bildeten in vielerlei Hinsicht die Parteiverbote aufgrund der Diktaturverordnungen vom 26. September 1923. Sie basierten auf der Einräumung einer weit gefassten diktaturähnlichen exekutiven Gewalt zur Bewältigung der akuten Staatskrise, welche am 8./9. November 1923 in *Hitlers* Putschversuch kulminierte. Die auf Art. 48 Abs. 2 WRV gestützte Reichs-Diktaturverordnung ermöglichte erstmals reichsweite Verbote staatszersetzender Parteien und wurde am 23. November 1923 dementsprechend zu einem reichsweiten Verbot der KPD, der NSDAP und der DVFP genutzt. Ein struktureller Nachteil der auf die Diktaturgewalt gestützten Verbote bestand allerdings darin, dass die Verbote aufzuheben waren, sobald der konkrete Staatsnotstand beseitigt war. Im Lichte der Verfassungswirklichkeit der Weimarer Republik war daher auch die verfassungsrechtliche Diktaturgewalt kein geeignetes Instrument, um der Gefahr verfassungsfeindlicher Parteien nachhaltig Herr zu werden.

Zum Zweiten sei hervorgehoben, dass auch die spezielleren Verbotstatbestände des Republikschutzrechts tatbestandlich nicht global Vereinigungen im Blick hatten, die auf die Beseitigung der Verfassungsordnung abzielten. Vielmehr wurden vor dem Hintergrund der jeweils konkret im Mittelpunkt stehenden Herausforderungen tatbestandlich bestimmte Verhaltensweisen und Bestrebungen erfasst, die zudem oft an konkrete Straftatbestände anknüpften. Die Verbotstatbestände waren daher regelmäßig erst dann einschlägig, wenn die Partei als eine Vereinigung erschien, welcher die schuldabhängig letztlich auf Einzelpersonen bezogenen Straftatbestände quasi kollektiv zugerechnet werden konnten, etwa weil führende Repräsentanten der Partei involviert waren oder diese in anderer Form systematisch an solchen Taten beteiligt schien. Aus systematischer Perspektive können die einfachgesetzlichen Parteiverbotstatbestände der Weimarer Republik daher überwiegend als eine Art von Organisationsstrafrecht aufgefasst werden, wobei die Strafe ggf. in Verbot und Auflösung der Partei bestand. Diese normative Strategie eröffnete

198 Ähnlich: *G. Jasper,* Der Schutz der Republik, 1963, S. 143 f.; *A. Zirn,* Das Parteienverbot nach Art. 21 Abs. 2 GG, Diss. 1988, S. 50.

allerdings geschickt agierenden Parteien weite Möglichkeiten zur Verfassungsaushöhlung unterhalb der Schwelle der Strafgesetze.[199]

Zum Dritten lag ein weiterer wesentlicher struktureller Schwachpunkt darin, dass die Zuständigkeit zur Anwendung der in der Verfassungswirklichkeit relevant gewordenen Parteiverbotsgrundlagen des Republikschutzrechts bei den Ländern lag. Einzelne Länder hielten sich bei Parteiverboten aus unterschiedlichen Gründen markant zurück, namentlich etwa Bayern und Württemberg bei der Anwendung des RepSchG.[200] Soweit das Reich Einfluss auf die Anwendung der Verbotsgrundlagen durch die Länder nehmen konnte, kam es zu teils heftigen Auseinandersetzungen zwischen dem Reich und einzelnen Ländern, insbesondere dem schon damals besonders auf seine Eigenständigkeit bedachten Bayern. Diese Auseinandersetzungen trugen wesentlich dazu bei, dass die Rolle des Reiches bei Parteiverboten gering blieb. Eine markante Ausnahme bilden lediglich die drei erwähnten, allerdings auf der Einräumung der weitreichenden Diktaturgewalt gem. Art. 48 Abs. 2 WRV beruhenden reichsweit gültigen Parteiverbote vom 23. November 1923, die indes bereits zum 1. März 1924 wieder aufgehoben wurden. Die grundsätzliche Landeszuständigkeit für Parteiverbote, die es wiederum mit sich brachte, dass auch die entsprechenden Verbote nur maximal landesweite Geltung haben konnten, war ein wesentlicher Grund dafür, dass die Potentiale zur Bekämpfung extremistischer Parteien auf Reichsebene gering blieben.[201] Selbst die NSDAP war so nur zwischen dem 23. November 1923 und dem 1. März 1924 reichsweit verboten. Ansonsten konnte sie ihre Aktivitäten bei einem Verbot in einzelnen Ländern in andere Länder verlegen, in denen sie nicht verboten war. Weiter geschwächt wurde die Effektivität von Parteiverboten durch die auch vom StGHSchRep vertretene Sphärentheorie, die zwischen einer vereinsrechtlichen und einer staatsrechtlichen Dimension der Parteien unterschied. Dass Parteiverbote Fraktionen und Abgeordnete danach nicht unmittelbar berühren durften, ermöglichte verbotenen Parteien, die in Parlamenten vertreten waren, eine begrenzte Fortführung ihrer Aktivitäten.[202]

Zum Vierten sei ein wesentliches Charakteristikum im Hinblick auf die Rollen der Exekutive einerseits und der Judikative andererseits hervorgehoben: Schon aus dem Grund, dass Parteiverbote in der Weimarer Republik letztlich überwiegend Spezialfälle von Vereinsverboten waren, wurden sie von Exekutivbehörden ausgesprochen.[203] Gerichte, namentlich auch der durch die 3. RepSchVO provisorisch und durch das RepSchG endgültig errichtete

---

[199] Ähnlich: *K. Stein*, Parteiverbote, 1999, S. 201 f.

[200] Vgl. etwa *M. Grünthaler,* Parteiverbote, 1995, S. 249; *K. Stein*, Parteiverbote, 1999, S. 167.

[201] Ähnlich: *K. Stein*, Parteiverbote, 1999, S. 200 f.

[202] Vgl. auch *J. Kersten,* Parteienverbote, in: Neue Justiz 55 (2001), 1 (2).

[203] Vgl. auch *A. Zirn,* Das Parteienverbot nach Art. 21 Abs. 2 GG, Diss. 1988, S. 50.

StGHSchRep, kamen – wenn überhaupt – erst im Rahmen von Beschwerdeverfahren gegen die behördlichen Parteiverbote ins Spiel. Immerhin bestand damit *de facto* eine justizielle Reichszuständigkeit für die Auslegung der einschlägigen Verbotsgrundlagen. Die Desavouierung des StGHSchRep insbesondere in der Reichstagsdebatte zum DVFP-Verbot im Mai 1923 trug dann aber wesentlich dazu bei, dass der Gerichtshof keine nachhaltige Bedeutung erlangen sollte.

Zum Fünften ist die schon mehrfach angesprochene Reichstagsdiskussion bemerkenswert, die das preußische DVFP-Verbot aus dem März 1923 auslöste: Nicht nur Abgeordnete extremer Parteien, die sich – jedenfalls potentiell – als Adressaten weiterer Verbote wähnen mussten, traten dort Parteiverboten vehement entgegen und hielten diese für verfassungswidrig. In Parlament und Öffentlichkeit dominierten zu jener Zeit insgesamt die kritischen Stimmen. Zurückzuführen war dies auch darauf, dass Parteiverbote als Rückfall in die gerade erst überwundene Zeit des Kaiserreichs und dessen lange strukturell repressive Haltung gegenüber politischen Vereinen wahrgenommen werden konnten. Insofern schienen solche dezidierten Maßnahmen zum Schutz der Republik zugleich auch die mühsam errungene demokratische Grundordnung als solche in Frage zu stellen. Eines der prägenden Dilemmata der Weimarer Republik, bei staatlichen Eingriffen das rechte Maß zwischen Sicherung und Gefährdung von Freiheit und Demokratie auszutarieren, wird hier exemplarisch deutlich. Letztlich fehlte so aber der nötige gesellschaftliche Konsens, um Parteiverbote effektiv zur Verteidigung der Republik einsetzen zu können. Einen markanten Niederschlag fand das Ganze auch darin, dass sich die Rechtswissenschaft im öffentlich heftig geführten Diskurs zu den Parteiverboten auffällig zurückhielt.[204] Erst spät, als sich die Weimarer Republik längst auf einer zunehmend abschüssigen Bahn befand, erschienen vertiefte rechtswissenschaftliche Beiträge zu diesem eigentlich von Anfang an verfassungsrechtlich höchst bedeutsamen Themenkomplex.[205]

---

[204] Dazu etwa *C. Gusy,* Parteienstaat und Parteiverbote, in: Möllers/van Ooyen, Parteiverbotsverfahren, 4. Aufl. 2013, S. 13 (28 f.).

[205] Vgl. etwa *K. Häntzschel,* Der Konflikt Reich-Thüringen, in: AöR 20 (1931), 384 ff. m.w.N. sowie auch *O. Koellreutter,* Parteien und Verfassung im heutigen Deutschland, in: Festgabe Richard Schmidt, Bd. 2, 1932, S. 107 (111 ff.), wobei zu beachten ist, dass das frühere DVP-Mitglied *Koellreutter* seit 1930 stark mit dem Nationalsozialismus sympathisierte und dann nach der Machtergreifung der NSDAP beitrat.

V. Epilog: Abschaffung der Parteiendemokratie im Nationalsozialismus

1. Hitlers Machtergreifung und die Abschaffung der Parteien

Die Vorgeschichte der Parteiverbote unter dem Grundgesetz endete nicht mit dem Untergang der Weimarer Republik. Dass die verfassungsrechtliche Verankerung sowohl der Parteien als auch der Parteiverbote in Art. 21 GG eine bewusste Reaktion in erster Linie auf Defizite der Weimarer Reichsverfassung und Erfahrungen in der Weimarer Republik war, lag weniger an der Reichsverfassung und der Weimarer Verfassungswirklichkeit als solchen. Eigentlicher Grund war vielmehr, dass dort der Aufstieg der NSDAP als derjenigen Partei nicht verhindert werden konnte, die schließlich ein zwölfjähriges totalitäres Unrechtsregime etablieren sollte. Tatsächlich sind die verfassungsrechtliche Verankerung der Parteien im Grundgesetz sowie die Ermöglichung von Parteiverboten daher unmittelbare Reaktionen auf die NS-Zeit. Im Folgenden sei daher der Umgang mit politischen Parteien nach der Ernennung *Hitlers* zum Reichskanzler am 30. Januar 1933 zumindest kurz in Erinnerung gerufen:

Der faktische Parteienstaat, der die Weimarer Republik trotz Ausklammerung der Parteien im Verfassungstext gewesen war, hatte – wie erwähnt – bereits mit dem Übergang zum Präsidialregime im Frühjahr 1930 sein Ende gefunden.[206] Die Erlangung der absoluten Mehrheit durch die programmatisch erkennbar auf Staatsumwälzung abzielenden Parteien NSDAP und KPD bei den Reichstagswahlen im Juli 1932 war dann ein weiterer entscheidender Schritt zur Aushöhlung des demokratisch-parlamentarischen Systems.[207] Mehrten sich in der Folge immerhin die Anzeichen, dass die beiden revolutionären Parteien damit ihren Zenit eigentlich bereits überschritten haben könnten, gelang es jedoch der NSDAP, mittels einer letzten konzentrierten Kraftanstrengung *Hitlers* Ernennung zum Reichskanzler am 30. Januar 1933 zu erreichen und damit die Macht im Staate zu übernehmen. In Umsetzung seiner bereits zuvor hinreichend angekündigten revolutionären Strategie versetzte der neue Reichskanzler dem Parteiensystem sodann in nur wenigen Monaten den Todesstoß. Dass dies ohne größeren Widerstand gelang, lag auch am nie abschließend geklärten Verhältnis des Staates zu den Parteien und demonstrierte, dass die demokratischen Parteien zu diesem Zeitpunkt nicht nur

---

[206] Oben S. 38; *W. Conze,* Die deutschen Parteien, in: Matthias/Morsey, Das Ende der Parteien, 1979, S. 1 (20 f.).

[207] Bei den Reichstagswahlen am 31.07.1932 errangen die NSDAP 230 und die KPD 89 der 608 Reichstagssitze; *W. Conze,* Die deutschen Parteien, in: Matthias/Morsey, Das Ende der Parteien, 1979, S. 1 (7).

ihre innere Kraft überwiegend verloren hatten, sondern auch in der Öffentlichkeit weitgehend diskreditiert waren.[208]

2. Die Reichstagsbrandverordnung vom 28. Februar 1933

Ein wesentlicher Baustein des sich an *Hitlers* Ernennung zum Reichskanzler anschließenden Prozesses der Machtergreifung und der erste markante Schlag gegen die Parteiendemokratie war die „Verordnung des Reichspräsidenten zum Schutz von Volk und Staat" vom 28. Februar 1933.[209] Da die Verordnung in Reaktion auf den Reichstagsbrand erging, der in der Nacht vom 27. auf den 28. Februar 1933 das Parlamentsgebäude weitgehend zerstört hatte, wird sie meist als Reichstagsbrandverordnung bezeichnet. Die aus nur fünf materiellen Paragraphen bestehende auf Art. 48 Abs. 2 WRV gestützte Notverordnung des Reichspräsidenten stand formell gewissermaßen in der Tradition der Republikschutzgesetzgebung der Weimarer Republik. Dass ihr allerdings inhaltlich eine ganz anders gerichtete, einseitige politische Zielrichtung zugrunde lag, brachte die Verordnung einleitend selbst unmissverständlich zum Ausdruck: Ihre Regelungen sollten zur „Abwehr kommunistischer staatsgefährdender Gewaltakte" dienen.

§ 1 der Reichstagsbrandverordnung setzte mit einem großen Paukenschlag eine Reihe fundamentaler Grundrechte, darunter die politisch besonders relevanten Grundrechte der Meinungsfreiheit (Art. 118 WRV), der Versammlungsfreiheit (Art. 123 WRV) und der Vereinigungsfreiheit (Art. 124 WRV), aber bspw. auch die besonders menschenwürdenahen Grundrechte der Freiheit der Person (Art. 114 WRV) und der Unverletzlichkeit der Wohnung (Art. 115 WRV) bis auf Weiteres außer Kraft:

„Die Artikel 114, 115, 117, 118, 123, 124 und 153 der Verfassung des Deutschen Reichs werden bis auf weiteres außer Kraft gesetzt. Es sind daher Beschränkungen der persönlichen Freiheit, des Rechts der freien Meinungsäußerung, einschließlich der Pressefreiheit, des Vereins- und Versammlungsrechts, Eingriffe in das Brief-, Post-, Telegraphen- und Fernsprechgeheimnis, Anordnungen von Haussuchungen und von Beschlagnahmen sowie Beschränkungen des Eigentums auch außerhalb der sonst hierfür bestimmten gesetzlichen Grenzen zulässig".[210]

Mit der Außerkraftsetzung der Vereinigungsfreiheit gem. Art. 124 WRV war auch der mittelbare Grundrechtsschutz politischer Parteien aufgehoben und damit dem Vorgehen gegen unliebsame Parteien und deren Mitglieder Tür und Tor geöffnet. Da infolge der Reichstagsauflösung vom 1. Februar 1933 bereits wenige Tage nach Erlass der Reichstagsbrandverordnung, am 5. März

---

[208] Vgl. *W. Conze,* Die deutschen Parteien, in: Matthias/Morsey, Das Ende der Parteien, 1979, S. 1 (26 ff.); zu den einzelnen Parteien die verschiedenen Beiträge in Matthias/Morsey, Das Ende der Parteien, 1979, S. 29 ff.

[209] RGBl. 1933 I, 83.

[210] § 1 VO des Reichspräsidenten zum Schutz von Volk und Staat v. 28.02.1933.

1933, Reichstagswahlen anstanden, diente § 1 der Verordnung dem NS-Regime zunächst als Grundlage für die Verhaftung und damit Ausschaltung zahlreicher kommunistischer,[211] aber auch anders orientierter gegnerischer Kandidaten.[212] Dies trug dazu bei, dass sich die NSDAP bei den letzten Reichstagswahlen, an denen mehrere Parteien teilnehmen konnten, bei einer hohen Wahlbeteiligung von 88,7 % um 10,8 % auf 43,9 % der Stimmen steigerte, während die KPD, als größte Verliererin der Wahl, 4,6 % einbüßte und so auf nur noch 12,3 % kam.

3. Das Gesetz gegen die Neubildung der Parteien vom 14. Juli 1933

Drei Tage nach der Reichstagswahl, am 8. März 1933, wurden die Mandate der KPD dann *de facto* annulliert, was der NSDAP im Reichstag nun sogar die bei den Wahlen noch verfehlte absolute Mehrheit einbrachte. Die Mandate der SPD in Volksvertretungen aller Ebenen wurden wenige Monate später durch Verordnung des Reichsinnenministers vom 7. Juli 1933 aufgehoben.[213] Die liberalen Parteien wurden unterdessen Opfer ihrer eigenen Anpassungspolitik und lösten sich rechtlich oder aber faktisch auf.[214] Nachdem zuletzt, am 5. Juli 1933, das katholische Zentrum seine Selbstauflösung erklärt hatte,[215] erließ die Reichsregierung schließlich am 14. Juli 1933 kraft der ihr durch das Ermächtigungsgesetz vom 24. März 1933[216] übertragenen Gesetzgebungsgewalt das aus nur zwei Paragraphen bestehende Gesetz gegen die Neubildung der Parteien:[217]

Nach dessen § 1 bestand fortan in Deutschland als einzige politische Partei die NSDAP. Nach § 2 wurde mit Zuchthaus oder Gefängnis bis zu drei Jahren bestraft, wer es unternahm, den organisatorischen Zusammenhalt einer anderen politischen Partei aufrechtzuerhalten oder eine neue politische Partei zu bilden. Damit war das umfassendste Parteiverbot der deutschen Geschichte ergangen und die wechselvolle Geschichte frei gebildeter, demokratischer Parteien in Deutschland nach nur einem halben Jahr NS-Herrschaft vorläufig zu einem jähen Ende gekommen.

---

[211] *S. Bahne,* Die Kommunistische Partei Deutschlands, in: Matthias/Morsey, Das Ende der Parteien, 1979, S. 653 (692).

[212] *W. Frotscher/B. Pieroth,* Verfassungsgeschichte, 15. Aufl. 2016, Rn. 613.

[213] VO zur Sicherung der Staatsführung v. 07.07.1933, RGBl. 1933 I, 462; zur Bekämpfung der SPD: *E. Matthias,* Die Sozialdemokratische Partei Deutschlands, in: Matthias/Morsey, Das Ende der Parteien, 1979, S. 99 ff.

[214] *R. Grawert,* Nationalsozialistische Herrschaft, in: HStR I, 3. Aufl. 2003, § 6 Rn. 7.

[215] *R. Morsey,* Die Deutsche Zentrumspartei, in: Matthias/Morsey, Das Ende der Parteien, 1979, S. 279 (401 f.).

[216] Gesetz zur Behebung der Not von Volk und Reich v. 24.03.1933, RGBl. 1933 I, 141.

[217] RGBl. 1933 I, 83.

Drittes Kapitel

Neugründung von Parteien ab 1945 und Entstehung der Parteiverbotsregelung des Art. 21 Abs. 2 GG

I. Entstehung der Parteien in den Besatzungszonen

In den letzten Wochen des Zweiten Weltkriegs brach die NSDAP mit ihren Unterorganisationen überraschend schnell zusammen, während gleichzeitig frühere Funktionäre der 1933 aufgelösten Parteien, Gewerkschaftsmitglieder und Mitglieder der christlichen Opposition gegen den Nationalsozialismus im Kielwasser der voranschreitenden alliierten Truppen zügig erste politische Aktivitäten entfalteten.[1] Engagierten sie sich dabei zunächst meist primär bei administrativen Aufgaben wie der Versorgung der Bevölkerung, hatten viele bereits das Ziel eines politischen Neubeginns im Blick: Nach dem zwölfjährigen Demokratievakuum sollten möglichst schnell wieder politische Parteien entstehen. Nachdem die Alliierten dann mit der Berliner Erklärung vom 5. Juni 1945 die Hoheitsgewalt in Deutschland übernommen hatten,[2] sollte es nicht lange dauern, bis die Militärregierungen der sich herausbildenden vier Besatzungszonen die Gründung von Parteien zuließen und so mit dem politischen Wiederaufbau Deutschlands begonnen werden konnte.

Insofern ging die sowjetische Militärregierung voran, die in ihrer Besatzungszone überraschend bereits am 10. Juni 1945 politische Parteien zuließ und bis Ende Juni 1945 mit der KPD, der CDUD, der LDPD und der SPD vier „antifaschistischen“ Parteien eine Genehmigung erteilte.[3] Auf der Potsdamer Konferenz, die vom 17. Juli bis zum 2. August 1945 stattfand, fassten die drei großen Alliierten dann gemeinsam den systematischen politischen

---

[1] *H. Fenske,* Deutsche Parteiengeschichte, 1994, S. 220 f.; exemplarisch zur Situation in Hessen: *M. Will,* Die Entstehung der Verfassung des Landes Hessen, 2009, S. 32; zu Bremen: *K.-L. Sommer,* Projektstudie, in: Die NS-Vergangenheit früherer Mitglieder der Bremischen Bürgerschaft, 2014, S. 10 (42).

[2] Berliner Erklärung der Siegermächte „in Anbetracht der Niederlage Deutschlands und der Übernahme der obersten Regierungsgewalt“ v. 05.06.1945, abgedruckt bei: Ruhl, Neubeginn und Restauration, 2. Aufl. 1984, Nr. 30 (S. 85).

[3] *H. Fenske,* Deutsche Parteiengeschichte, 1994, S. 221 ff.; CDUD = Christlich Demokratische Union Deutschlands, LDPD = Liberal-Demokratische Partei Deutschlands.

Wiederaufbau Deutschlands ins Auge.[4] Zu diesem Zweck sollten alle demokratischen politischen Parteien erlaubt und gefördert werden, einschließlich des Rechts, Versammlungen einzuberufen und öffentliche Diskussionen durchzuführen.[5] Daraufhin erlaubte ab Ende August 1945 bspw. auch die US-Militärregierung – zunächst auf Kreisebene – Parteien,[6] um der Bevölkerung, die aufgrund ihrer materiellen Not die politischen Entscheidungen der Militärregierung eher apathisch zur Kenntnis nahm, eine Möglichkeit zur aktiven Mitarbeit am politischen Wiederaufbau einzuräumen.[7] Im Rahmen ihres Konzepts eines Neuaufbaus von unten nach oben ließ die amerikanische Militärregierung ab dem 23. November 1945 Parteien auf Länderebene und wiederum drei Monate später auch auf Zonenebene zu. Die Militärregierung verfolgte dabei – etwa in Hessen – das Ziel, durch die Zulassung von insgesamt vier stärkeren Parteien, davon mit der KPD und der SPD zwei linken, und mit der CDU sowie der rechtsliberal-nationalkonservativen Liberal-Demokratischen Partei (LDP) zwei rechten, einen Rückfall in die Weimarer Republik mit deren zersplittertem Parteienspektrum zu verhindern.[8]

II. Entstehung und Entwicklung rechtsextremer Parteien ab 1946

1. Erste demokratische Wahlen

Nach den ersten Kommunalwahlen im Frühjahr 1946 mussten die Parteien, in denen oft sehr unterschiedliche politische und weltanschauliche Strömungen aufeinandertrafen, ihre erste große Bewährungsprobe bei den Wahlen zu den verfassungsberatenden Versammlungen bestehen, welche die Verfassungen der zügig wiederentstehenden Länder ausarbeiten sollten. Die Wahlen zu diesen verfassungsberatenden Versammlungen – in Hessen etwa am 30. Juni 1946 – waren jeweils die ersten landesweiten Wahlen und dienten damit den Besatzungsmächten auch dazu, die Demokratiefähigkeit des deutschen Vol-

---

[4] Potsdamer Protokoll, Abschnitt III, 9, abgedruckt in: Dokumente zur Deutschlandpolitik II/1, S. 2149 ff., 2174 ff.

[5] *J. Gimbel,* Amerikanische Besatzungspolitik in Deutschland, 1971, S. 34; *M. Will,* Die Entstehung der Verfassung des Landes Hessen, 2009, S. 19.

[6] *M. Will,* Die Entstehung der Verfassung des Landes Hessen, 2009, S. 19.

[7] *D. L. Freeman,* Hesse – A new German State, 1948, S. 51 f.

[8] *W. Mühlhausen,* Die amerikanische Militärregierung und der Aufbau der Demokratie, in: Berding/Eiler, Hessen, 2006, S. 3 (18); zu den kleineren Parteien am Beispiel Hessens: *A. Fack,* Die Gruppe der „sonstigen" Parteien in Hessen, in: Berg-Schlosser etc., Parteien und Wahlen in Hessen, 1994, S. 197 ff.; zur Entstehung des nordrhein-westfälischen Parteiensystems *P. Hüttenberger,* Nordrhein-Westfalen und die Entstehung seiner parlamentarischen Demokratie, 1973, S. 47 ff.

kes zu testen. Diese Wahlen führten zugleich zu einer ersten Konsolidierung des Parteienspektrums. In Hessen zogen so etwa mit der SPD (44,3 %), der CDU (37,3 %), der KPD (9,7 %) und LDP (8,1 %) – wie von der US-Militärregierung gewünscht – vier Parteien in die verfassungsberatende Landesversammlung ein.[9]

2. Entstehung rechtsextremer Gruppierungen und Parteien

a) Hemmung rechtsextremer Parteien durch die Lizensierungspflicht

In den Jahren zwischen der Konstituierung der Länder der drei westlichen Besatzungszonen ab dem Herbst/Winter 1946[10] und der Entstehung der Bundesrepublik Deutschland mit Inkrafttreten des Grundgesetzes am 23. Mai 1949 verschwanden in den verschiedenen Ländern zahlreiche kleinere Parteien wieder, während gleichzeitig viele neue Parteien hinzukamen.[11] Schon im Herbst 1945 bildeten sich auch erste nationalkonservative bis rechtsextreme Gruppen.[12] Allerdings schränkte die Lizensierungspflicht der Alliierten die Entwicklung rechtsextremer Gruppen zu vollwertigen Parteien bis mindestens 1948 stark ein.[13] Da diesen eine landesweite Lizenz regelmäßig verweigert wurde, durften sie zunächst – wenn überhaupt – meist lediglich an Kommunalwahlen teilnehmen.[14]

Ein wichtiges Beispiel ist die bereits im Herbst 1945 in Hessen von dem ehemaligen Landtagsabgeordneten *Heinrich Leuchtgens* (1876–1959) gegründete Nationaldemokratische Partei (NDP), deren erstes Programm u.a. einen deutschen Bundesstaat aus acht bis zehn gleich großen Ländern mit einem vom Volk gewählten Reichspräsidenten an der Spitze, ein Zweiparteiensystem nach englischem Muster mit einer großen bürgerlichen Einheitspartei auf der rechten Seite, die Sicherstellung frei verfügbaren Privateigentums „als die unerläßliche Voraussetzung und Grundlage aller echten Kultur“ und die Wiedererhebung von Religion und Kirche „zu höchsten Gütern der Gesamtheit“ forderte.[15] *Leuchtgens* erhielt für seine NDP bereits im November 1945 eine

---

[9] *M. Will,* Die Entstehung der Verfassung des Landes Hessen, 2009, S. 276.

[10] Die Verfassung des Landes Hessen etwa trat am 1. Dezember 1946 in Kraft.

[11] *H. Fenske,* Deutsche Parteiengeschichte, 1994, S. 239 ff.

[12] *U. Backes/E. Jesse,* Politischer Extremismus, 1989, S. 47 f.; *G. Botsch,* Die extreme Rechte, 2012, S. 18 ff.

[13] Vgl. Amt des amerikanischen Hochkommissars für Deutschland (Hrsg.), 7. Bericht über Deutschland (1.4.–30.6.1951), S.32; *T. Assheuer/H. Sarkowicz,* Rechtsradikale in Deutschland, 2. Aufl. 1992, S. 11 f.

[14] *O. Büsch,* Geschichte, in: Büsch/Furth, Rechtsradikalismus, 1957, S. 1 (9 f.).

[15] Programm der NDP v. 18.10.1945, HHStA, 1126, 8, Bl. 197 f.

Lizenz für den Kreis Friedberg,[16] später dann aber trotz aller Bemühungen nie eine Lizenz auf Landesebene, bis die NDP schließlich im Januar 1950 in der Deutschen Reichspartei (DRP) aufging.[17] *Leuchtgens,* der sich nach den ersten hessischen Landtagswahlen im Dezember 1946 auch vergeblich um die Bildung einer großen konservativ-christlichen Rechtspartei aus der hessischen CDU und seiner NDP bemüht hatte,[18] war es unterdessen im August 1949 mittels einer Kooperation der NDP mit der hessischen FDP gelungen, über deren Landesliste in den ersten Bundestag einzuziehen.[19]

b) Vorläufer der SRP: DKP und DReP/KV

aa) Entstehung, Entwicklung und erste Erfolge

In der britischen Besatzungszone, in der später die SRP entstehen sollte, zählte zum rechtskonservativen bis rechtsextremen Spektrum die ab dem Herbst 1945 vor allem in Schleswig-Holstein, Hamburg, Westfalen und im Rheinland von früheren DNVP-Funktionären wie den ehemaligen preußischen Landtagsabgeordneten *Wilhelm Jaeger* und *Lothar Steuer* sowie dem ehemaligen Reichstagsabgeordneten *Otto Schmidt-Hannover* gegründete Deutsche Konservative Partei (DKP).[20] Diese Neugründung stand personell und inhaltlich in der Tradition der nationalkonservativen DNVP sowie der 1923 aufgelösten rechtsextremen DVFP.[21] Im März 1946 fusionierte die DKP in Essen mit der ungefähr zeitgleich entstandenen, ebenfalls an die Tradition der DVFP anknüpfenden Deutschen Aufbau-Partei (DAP).[22] Ziel war die Bildung einer einheitlichen großen Rechtspartei, „in der alle konservativ, christlich und national eingestellten Deutschen ihre politische Heimstatt finden" soll-

---

[16] NDP-Vorsitzender Leuchtgens an Ministerpräsident von Groß-Hessen Geiler v. 27.11.1945, HHStA, 1126, 8, Bl. 196; *U. Backes/E. Jesse,* Politischer Extremismus, 1989, S. 48 f. sprechen fälschlich vom Oktober 1945.

[17] Das erste Programm der NDP v. 18.10.1945 findet sich in HHStA, 1126, 8, Bl. 197 f.; zur NDP etwa *H. W. Schmollinger,* Nationaldemokratische Partei, in: Stöss, Parteien-Hdb. II, 1984, S. 1892 ff.; zur Deutschen Reichspartei unten S. 132 ff., 392 ff.

[18] Aktennotiz Paul Kremer v. 02.12.1946 über Besuch Dr. Leuchtgens am 02.12.1946 (vertraulich), HHStA, 1199/68, 4.

[19] *J. Dittberner,* FDP, in: Stöss, Parteien-Hdb. II, 1984, S. 1311 (1341).

[20] *H. W. Schmollinger,* Deutsche Konservative Partei – Deutsche Rechtspartei, in: Stöss, Parteien-Hdb. I, 1983, S. 982 (982 ff.); *U. Backes/E. Jesse,* Politischer Extremismus, 1989, S. 49; *G. Botsch,* Die extreme Rechte, 2012, S. 19.

[21] Zur DVFP oben S. 53 ff.

[22] *M. Lausberg,* Die extreme Rechte in NRW, 2012, S. 65; zur DAP: *H. W. Schmollinger,* Deutsche Konservative Partei – Deutsche Rechtspartei, in: Stöss, Parteien-Hdb. I, 1983, S. 982 (985 ff.); die britische Militärregierung hatte die Gründung der erkennbar rechtsradikalen DAP zugelassen, um rechtsradikale Strömungen und Personen soweit wie möglich aus den anderen Parteien herauszuhalten, *P. Hüttenberger,* Nordrhein-Westfalen und die Entstehung seiner parlamentarischen Demokratie, 1973, S. 140.

ten.[23] Ideologisch stand diese Partei damit in der Tradition eines monarchistisch orientierten preußischen Konservativismus, den sie mühsam an die gewandelten Bedingungen anzupassen versuchte.[24] Die restriktive Haltung der britischen Besatzungsbehörden, die *Schmidt-Hannovers* Ernennung zum Parteivorsitzenden ablehnten, und ein politischer Richtungsstreit in der DKP trugen dazu bei, dass sich die Partei wenig später in Deutsche Rechtspartei/Konservative Vereinigung (DReP/KV) umbenannte.[25]

Obwohl sie nach wie vor in vielen Kreisen nicht zugelassen war und zudem Funktionäre wie etwa *Wolf Graf von Westarp,*[26] der später dem Vorstand der SRP angehören sollte, in Hannover mit einem politischen Betätigungsverbot belegt waren, nahm die DReP/KV, die langsam auch in Niedersachsen Fuß fasste, am 20. April 1947 an den Landtagswahlen in der britischen Besatzungszone teil. Während sie in Schleswig-Holstein mit 3,1 % einen Achtungserfolg erzielte, kam sie in NRW und in Niedersachsen, wo sie allerdings nur in fünf Wahlkreisen kandidierte, jeweils auf lediglich 0,5 % der Stimmen.[27] Deutschlandweite Aufmerksamkeit erlangte die Partei indes, indem sie in Göttingen mit über 3.000 Stimmen 10,68 % erreichte. Einen großen Erfolg errang die rechtsextreme Partei dann auch bei den niedersächsischen Kommunalwahlen am 28. November 1948: Mit ihrer Parole „Kampf gegen Entnazifizierung und Demontage" kam sie zwar landesweit erneut nicht über 0,5 % hinaus, konnte aber in Wolfsburg aufsehenerregende zwei Drittel der Ratssitze erringen.[28] Allerdings wurde diese Wahl im März 1949 wegen eines Formfehlers annulliert, und die DReP konnte aufgrund des Eingreifens der britischen Militärbehörden, die den Kreisverband Gifhorn samt der Ortsgruppe Wolfsburg auflösten und den Architekten des Wolfsburger Erfolgs *Franz Leonhard Schlüter* mit einem politischen Betätigungsverbot belegten, dann auch nicht an den Wiederholungswahlen in Wolfsburg teilnehmen.[29] Dass diese Verbote nichts am bestehenden rechtsextremen Wählerpotential ändern konnten, machte jedoch das Abschneiden der rechtsgerichteten Deutschen Partei (DP) deutlich, der Absprachen mit der DReP bei diesen Wahlen zu 48 % der Stimmen verhalfen.

---

[23] Zitat wiedergegeben bei *P. Dudek/H.-G. Jaschke,* Entstehung und Entwicklung, 1984, S. 185; zur DAP: *P. Dudek/H.-G. Jaschke,* a.a.O., S. 182 ff.

[24] *H. W. Schmollinger,* Deutsche Konservative Partei – Deutsche Rechtspartei, in: Stöss, Parteien-Hdb. I, 1983, S. 982 (989 f.).

[25] *P. Dudek/H.-G. Jaschke,* Entstehung und Entwicklung, 1984, S. 187.

[26] Zu *Westarp* näher unten S. 99 ff.; zu *Westarps* Rolle im Flügelstreit in der Partei: *H. W. Schmollinger,* Deutsche Konservative Partei – Deutsche Rechtspartei, in: Stöss, Parteien-Hdb. I, 1983, S. 982 (994 f.).

[27] *P. Dudek/H.-G. Jaschke,* Entstehung und Entwicklung, 1984, S. 189.

[28] Die DReP kam auf 17, die SPD auf sechs und die CDU auf zwei Ratssitze.

[29] *P. Dudek/H.-G. Jaschke,* Entstehung und Entwicklung, 1984, S. 193.

bb) Umbenennung in DKP-DRP und Kooperation mit Fritz Dorls

Auf ihrem Zonenparteitag eineinhalb Monate vor Konstituierung der Bundesrepublik Deutschland am 2. April 1949 in Hamburg benannte sich die DReP/KV erneut um, nunmehr in Deutsche Konservative Partei – Deutsche Rechtspartei (DKP-DRP, auch: DRP-DKP).[30] Zusätzliche Namensverwirrung schuf sie, indem sie ihren Landesverbänden Freiheit in der Namenswahl ließ: So firmierte sie in Niedersachsen als DRP, in Hamburg und Schleswig-Holstein als DKP und in Nordrhein-Westfalen als DKP-DRP. Nachdem ein erneuter Antrag auf Zulassung als Landespartei von den britischen Behörden zunächst abgelehnt worden war, erhielt die DKP-DRP erst am 15. Juli 1949 in Niedersachsen, Schleswig-Holstein und NRW die Zulassung auf Landesebene für die bereits einen Monat später anstehenden Bundestagswahlen.[31] Um ihre Schlagkraft bei der ersten Bundestagswahl zu erhöhen, führte die DKP-DRP unterdessen Fusionsgespräche mit der faktisch erst durch Überläufer aus der DKP-DRP zur relevanten Größe aufgestiegenen Deutschen Partei (DP)[32] und der bereits erwähnten rechtsextremen hessischen NDP, mit der sie seit Juni 1948 in der Arbeitsgemeinschaft „Nationale Rechte" zusammenarbeitete.[33] Allerdings scheiterte der Zusammenschluss nicht zuletzt aus dem Grund, dass die britischen Besatzungsbehörden einem solchen vereinten Block der nationalen Rechten kaum die erforderliche Lizenz erteilt hätten.[34]

Stattdessen kooperierte die DKP-DRP in Niedersachsen daher mit der rechtsextremen bis neonazistischen Gemeinschaft unabhängiger Deutscher (GuD), die der spätere SRP-Parteivorsitzende *Fritz Dorls* im Frühjahr 1949 gegründet hatte.[35] Da *Dorls* von den britischen Besatzungsbehörden für seine GuD nicht die erhoffte Lizenz erhalten hatte, trat er mit anderen Führungspersönlichkeiten schließlich die Flucht in die DKP-DRP an und kandidierte auf deren niedersächsischer DRP-Liste erfolgreich für den Bundestag.

Friedrich („Fritz") Dorls wurde am 9. September 1910 in Brilon (Westfalen) als Sohn eines Chefarztes geboren. Nach einer durch Krankheit unterbrochenen Schulzeit legte er erst 1935 die Reifeprüfung ab, um dann u.a. in Heidelberg und Hamburg Geschichte zu studieren.[36] *Dorls,* der Anfang des Zweiten Weltkriegs zum Dr. phil. promoviert wurde,

---

[30] *P. Dudek/H.-G. Jaschke,* Entstehung und Entwicklung, 1984, S. 194; zur DKP-DRP auch: *O. Gnad,* DRP, in: Recker/Tenfelde, Handbuch, Teilbd. III, 2005, S. 475 (491 f.).

[31] *P. Dudek/H.-G. Jaschke,* Entstehung und Entwicklung, 1984, S. 196 Fn. 19.

[32] *H. W. Schmollinger,* DP, in: Stöss, Parteien-Hdb. I, 1983, S. 1025 (1030 f.).

[33] *H. W. Schmollinger,* Deutsche Konservative Partei – Deutsche Rechtspartei, in: Stöss, Parteien-Hdb. I, 1983, S. 982 (1001 ff.); *P. Dudek/H.-G. Jaschke,* Entstehung und Entwicklung, 1984, S. 194.

[34] *P. Dudek/H.-G. Jaschke,* Entstehung und Entwicklung, 1984, S. 195.

[35] *H. W. Schmollinger,* Deutsche Konservative Partei – Deutsche Rechtspartei, in: Stöss, Parteien-Hdb. I, 1983, S. 982 (1005 f.); *G. Botsch,* Die extreme Rechte, 2012, S. 21.

[36] Zu *Dorls* aufschlussreich die Akte des Landeskriminalpolizeiamts Niedersachsen, NLA-HStAH, Nds. 147, Acc. 161/89, Nr. 006417 (Microfiche), die Strafurteile LG Dort-

war während seiner Krankheit im Jahr 1929 in die NSDAP eingetreten und dieser auch Anfang der 30er Jahre treu geblieben, obwohl er starke Sympathien für den „Deutschen Sozialismus" *Otto Strassers,* den *Hitler* im Juli 1930 aus der NSDAP herausgedrängt hatte,[37] hegte.[38] Im Zweiten Weltkrieg diente *Dorls* im Bodenpersonal der Luftwaffe u.a. in Russland und Afrika, bevor er im Januar 1945 wegen seiner chronischen Magenerkrankung als dienstuntauglich aus der Truppe entlassen wurde.[39] Im Mai 1945 wurde er von den Alliierten verhaftet und im britischen Lager Staumühle interniert, bis er im März 1946 wieder entlassen wurde, vermutlich da es ihm gelungen war, sich als Widerstandskämpfer gegen die NS-Herrschaft zu stilisieren.[40]

Dorls engagierte sich in der Folge u.a. an der Seite des umstrittenen CDU-Landesvorsitzenden *Günther Gereke* (1893–1970), der 1952 in einem spektakulären Akt in die DDR überwechseln sollte, in der niedersächsischen CDU. *Dorls* war Schriftleiter bzw. Chefredakteur des CDU-Wochenblattes Niedersächsische Rundschau, das zu jener Zeit auch als „NS-Rundschau" bekannt gewesen sein soll.[41] Noch als CDU-Mitglied unternahm *Dorls,*[42] dem schnell Verbindungen zu dem im Exil weilenden *Otto Strasser* nachgesagt wurden,[43] zusammen mit dem späteren SRP-Chefideologen *Gerhard Krüger,* den er aus der Gauschulungsburg in Erwitte sowie aus dem Internierungslager kannte, im Frühjahr 1949 den Versuch, mit der GuD eine rechtsextreme Partei zu gründen.[44] Vor der Bundestagswahl 1949 trat *Dorls* dann aber – wie erwähnt – in die niedersächsische DKP-DRP ein, über deren Landesliste er ein Bundestagsmandat erringen konnte. Bereits am 2. Oktober 1949 wurde er jedoch im Rahmen des Machtkampfes um die zukünftige Linie der DKP-DRP, nicht zuletzt wegen seiner Verbindungen zu *Strasser,* den er angeblich aus Kanada zurückholen

---

mund, 18 KMs 6/55, LAV-NRW, NW 377, 2540, Bl. 88 ff.; KMs 93/62, LAV-NRW, NW 377, 2540, Bl. 206 ff. sowie das Dossier der britischen Besatzungsbehörden, Chief Political Officer, Land Commissioner's Office, Hannover, Sozialistische Reichspartei Landtag Personalities, 11.06.1951 (restricted), National Archives (UK), FO 1008/14, 5/3/80/51; Kurzbiographien von *Dorls* finden sich u.a. in: Abgeordnete in Niedersachsen 1946–1994 – Biographisches Handbuch, 1996, S. 77; *R. Stöss,* Vom Nationalismus zum Umweltschutz, 1980, S. 58 Fn. 41; *H. Hansen,* Sozialistische Reichspartei, 2007, S. 47 ff.

[37] Zu *Strasser* (1897–1974) etwa *R. Dohse,* Der Dritte Weg, 1974, S. 168 ff.

[38] *R. Stöss,* Vom Nationalismus zum Umweltschutz, 1980, S. 58 Fn. 41.

[39] LG Dortmund, Az. KMs 93/62, Abschrift in LAV-NRW, NW 377, 2540, Bl. 206 (207).

[40] Chief Political Officer, Land Commissioner's Office, Hannover, Sozialistische Reichspartei Landtag Personalities, 11.06.1951 (restricted), National Archives (UK), FO 1008/14, 5/3/80/51; *H. Hansen,* Sozialistische Reichspartei, 2007, S. 48.

[41] „Zur Lage der CDU in Niedersachsen" (ohne Datum, vermutlich aus dem Juli 1949), StBKAH, NL Adenauer, 12.05, Bl. 23 (24).

[42] Vgl. „Ganz große Politik", in: Spiegel 27/1949 v. 30.06.1949, S. 5 (http://magazin.spiegel.de/EpubDelivery/spiegel/pdf/44437105).

[43] „Zur Lage der CDU in Niedersachsen" (ohne Datum, vermutlich aus dem Juli 1949), StBKAH, NL Adenauer, 12.05, Bl. 23 (25); Chief Political Officer, Land Commissioner's Office, Hannover, Sozialistische Reichspartei Landtag Personalities, 11.06.1951 (restricted), National Archives (UK), FO 1008/14, 5/3/80/51.

[44] LG Dortmund, 18 KMs 6/55, LAV-NRW, NW 377, 2540, Bl. 88 (90).

Abb. 1: Dorls (l.) mit Remer bei einem Treffen der SRP-Führung im August 1952 in Hannover

wollte,[45] und zu dem späteren Zweiten Vorsitzenden der SRP *Otto Ernst Remer,* wieder aus der DKP-DRP ausgeschlossen.[46] Bekanntheit sollte *Dorls* dann aber vor allem als Vorsitzender der im Oktober 1949 als Abspaltung der DKP-DRP gegründeten SRP erlangen.

III. Parteien und Parteiverbote im Grundgesetz

1. Die Entstehung des Grundgesetzes

Seit Mitte 1948 hatte unterdessen der Prozess zur Konstituierung der Bundesrepublik Deutschland Fahrt aufgenommen: Äußerer Auslöser war die durch die Londoner Sechsmächtekonferenz initiierte Übergabe der sog. Frankfurter Dokumente durch die drei westlichen Militärgouverneure an die Ministerpräsidenten der elf Länder der westlichen Besatzungszonen in dem damals von der amerikanischen Militärverwaltung genutzten I.G.-Farben-Haus (*Poelzig*-Bau) in Frankfurt a.M. am 1. Juli 1948:[47] Dokument I autorisierte die Minis-

[45] „Dann haben Sie, was wir wollen", in: Spiegel 43/1949 v. 20.10.1949, S. 9 (http://www.spiegel.de/spiegel/print/d-44438645.html); zu *Strassers* erst im Februar 1955 nach einer Entscheidung des BVerwG erfolgreichen Bemühungen um eine Rückkehr nach Deutschland: *D. Kisatsky,* The United States and the European Right, 2005, S. 86 ff.; *R. Dohse,* Der Dritte Weg, 1974, S. 171 ff.

[46] *R. Stöss,* Vom Nationalismus zum Umweltschutz, 1980, S. 58 Fn. 41.

[47] *J. V. Wagner,* Einleitung, in: Der Parlamentarische Rat, Bd. 1, 1975, S. XI (XIV ff.); *W. Frotscher/B. Pieroth,* Verfassungsgeschichte, 15. Aufl. 2016, Rn. 774 ff.

terpräsidenten, eine verfassungsgebende Versammlung einzuberufen, die spätestens am 1. September 1949 zusammentreten sollte. Daneben regelte es Eckdaten der Zusammensetzung jener Versammlung, gab Elemente der Verfassung wie Demokratie, Föderalismus, starke Zentralgewalt und Grundrechte vor und stellte das Erfordernis einer Ratifizierung der Verfassung durch mindestens zwei Drittel der beteiligten Länder auf. Dokument II gab den Ministerpräsidenten die Möglichkeit, die nach Kriegsende von den Besatzungsmächten festgelegten Ländergrenzen neu zu ordnen, wovon diese aber keinen Gebrauch machen sollten. Dokument III schließlich enthielt den Entwurf eines zukünftigen Besatzungsstatuts.

Die Ministerpräsidenten der elf westlichen Länder konnten zwar auf ihrer Konferenz zu den Frankfurter Dokumenten, vom 7.–10. Juli 1948 auf dem Rittersturz bei Koblenz, nur wenig Begeisterung für die Gründung eines deutschen Weststaates unter Ausschluss der sowjetischen Besatzungszone entwickeln. Um aber die sich bietende Chance zur Rekonstituierung des deutschen Staates nicht verstreichen zu lassen, einigten sie sich schließlich auch aufgrund des Drucks von US-Militärgouverneur *Lucius D. Clay,* der angesichts der zögerlichen Haltung der Ministerpräsidenten regelrecht explodiert war, auf der sog. Frankfurter Schlusskonferenz am 26. Juli 1948 pragmatisch darauf, den Weg zur Staatsbildung grds. zu beschreiten.[48] Um die Möglichkeit einer Reintegration der sowjetischen Besatzungszone nicht zu verspielen, sollte allerdings gleichzeitig der provisorische Charakter des Weststaates in verschiedener Hinsicht betont werden, insbesondere der vorläufige Charakter der Verfassung selbst in deren Bezeichnung als Grundgesetz zum Ausdruck kommen. Auch sollte der Verfassungstext nicht – wie zuvor in den Ländern – durch eine vom Volk gewählte verfassungsgebende Versammlung, sondern lediglich durch von den Ländern entsandte Vertreter ausgearbeitet werden. Angenommen werden sollte das Grundgesetz schließlich nicht unmittelbar demokratisch durch Volksabstimmung, sondern – niedriger gezont – lediglich mittelbar demokratisch durch die gewählten Landtage der beteiligten Länder.

Ähnlich wie zuvor bei der Entstehung der Landesverfassungen in der amerikanischen Besatzungszone wurde die Arbeit der eigentlichen verfassungsgebenden Versammlung durch einen kleinen, überwiegend mit Ministern und Ministerialbeamten der Länder besetzten Verfassungsausschuss, den Herrenchiemseer Verfassungskonvent, vorbereitet.[49] Vom 10.–23. August 1948 entstand auf der Insel Herrenchiemsee so ein erster Entwurf in Form eines unverbindlichen Sachverständigengutachtens:[50] Bei Punkten, die im Konvent

[48] *M. Kißener,* Westbindung, in: Rödder/Elz, Deutschland in der Welt, 2010, S. 13 (16).

[49] *P. Bucher,* Einleitung, in: Der Parlamentarische Rat, Bd. 2, 1981, S. VII (LXIII ff.).

[50] Bericht über den Verfassungskonvent auf Herrenchiemsee v. 10.–23.08.1948, in: Der Parlamentarische Rat, Bd. 2, 1981, S. 504 ff.; *W. Frotscher/B. Pieroth,* Verfassungsgeschichte, 15. Aufl. 2016, Rn. 782.

umstritten geblieben waren, wurden keine Kompromisse vorgeschlagen, sondern vielmehr mögliche Alternativen nebeneinandergestellt.[51] Obwohl der Entwurf von Herrenchiemsee oft als ein zu juristisch-technisches Dokument kritisiert wurde, gingen von ihm wesentliche inhaltliche Anstöße für die Verfassungsgebung aus und wurden viele der im Schlussbericht wiedergegebenen „unbestrittenen Hauptgedanken" in das spätere Grundgesetz übernommen. Ein wichtiges Beispiel ist die Errichtung des BVerfG als echtes, eigenständiges Verfassungsgericht.

Die Mitglieder des Parlamentarischen Rates, der in der Folge vom 1. September 1948 bis in den Mai 1949 in Bonn die einzelnen Artikel des Grundgesetzes ausarbeitete, wurden von den Landtagen der beteiligten Länder und den Bürgerschaften Hamburgs und Bremens gewählt. Dabei entsandten die verschiedenen Landtagsfraktionen regelmäßig ihre jeweiligen Verfassungsexperten in den Parlamentarischen Rat.[52] Fast die Hälfte seiner Mitglieder hatte vor 1933 dem Reichstag, einem Landtag oder preußischen Provinziallandtag angehört, einige waren bereits Mitglieder der Nationalversammlung gewesen, die 1919 die Weimarer Reichsverfassung ausgearbeitet hatte.[53] Von den 65 ordentlichen stimmberechtigten Abgeordneten der Länder und fünf nicht stimmberechtigten „Beobachtern" aus Berlin gehörten je 27 den Fraktionen der CDU/CSU und der SPD, fünf der von den drei liberalen Parteien FDP, LDP und DVP gebildeten Fraktion sowie je zwei der KPD, der Deutschen Partei (DP) und dem katholischen Zentrum an. Nur vier Abgeordnete waren weiblich. Hervorzuheben ist hier *Elisabeth Selbert* (SPD), die maßgeblich die strikte Formulierung des Gleichberechtigungssatzes im späteren Art. 3 Abs. 2 S. 1 GG „Männer und Frauen sind gleichberechtigt" an Stelle der ursprünglich vorgeschlagenen Fassung „Alle Männer und Frauen haben dieselben staatsbürgerlichen Rechte und Pflichten" durchsetzte.[54]

---

[51] Bericht über den Verfassungskonvent auf Herrenchiemsee v. 10.–23.08.1948, in: Der Parlamentarische Rat, Bd. 2, 1981, S. 504 (579 ff.); zu den Hintergründen: *P. Bucher,* Einleitung, in: Der Parlamentarische Rat, Bd. 2, 1981, S. VII (CIV ff.).

[52] *W. Frotscher/B. Pieroth,* Verfassungsgeschichte, 15. Aufl. 2016, Rn. 787.

[53] *D. Willoweit,* Deutsche Verfassungsgeschichte, 6. Aufl. 2009, S. 341.

[54] Zu *Selberts* Biographie insbesondere *H. Drummer/J. Zwilling*, Elisabeth Selbert, in: Hessische Landesregierung, „Ein Glücksfall für die Demokratie", 2. Aufl. 2008, S. 11 ff.; sowie *J. Limbach*, Elisabeth Selbert und ihre Sternstunde im Parlamentarischen Rat am 18. Januar 1949, a.a.O., S. 241 ff.; eine Kurzbiographie findet sich auch in *M. Will*, Entstehung der Verfassung des Landes Hessen, 2009, S. 281 f.

2. Die verfassungsrechtliche Stellung der Parteien in Art. 21 Abs. 1 GG

Eine echte verfassungsrechtliche Innovation auf Bundesebene war auch, dass die Schöpfer des Grundgesetzes politischen Parteien in Art. 21 Abs. 1 GG eine verfassungsrechtliche Stellung einräumten:[55]

„Die Parteien wirken bei der politischen Willensbildung des Volkes mit. Ihre Gründung ist frei. Ihre innere Ordnung muß demokratischen Grundsätzen entsprechen. Sie müssen über die Herkunft ihrer Mittel öffentlich Rechenschaft geben."[56]

Diese verfassungsrechtliche Verankerung der Parteien war – wie bereits oben ausgeführt – eine bewusste Reaktion auf die NS-Einparteienherrschaft und auf die Defizite der Weimarer Verfassungsordnung, die diese mit ermöglicht hatten.[57] Anders als noch der Herrenchiemseer Entwurf[58] verortete der Parlamentarische Rat den Parteienartikel dabei im Grundgesetz direkt im Anschluss an den bedeutenden Staatsstrukturartikel des Art. 20 GG, dessen zweiter Absatz die Volkssouveränität, als Herzstück der Demokratie, und deren grds. repräsentative Ausübung regelt. Diese hervorgehobene systematische Stellung des Parteienartikels brachte nicht nur den hohen Stellenwert zum Ausdruck, den die Schöpfer des Grundgesetzes den Parteien beimaßen. Vielmehr betonte sie zugleich die Strukturentscheidung für die repräsentative Demokratie, in der den Parteien eine Schlüsselrolle zukommen sollte.

Auch dies war eine Reaktion auf einen – jedenfalls aus der ex-post-Perspektive – entscheidenden Webfehler der Weimarer Verfassung, die vergeblich versucht hatte, Parlaments- und Präsidialdemokratie miteinander zu vereinbaren.[59] Zwar dominierte auch nach der Konzeption der Weimarer Reichsverfassung in normalen Zeiten eindeutig die parlamentarische Demokratie. Für Krisenzeiten war jedoch in der Verfassung – namentlich in Form der oben angesprochenen Notstandskompetenzen aus Art. 48 WRV[60] – eine strukturelle Dominanz des Reichspräsidenten, als Exekutivorgan, angelegt. Die Untergangsphase der Weimarer Demokratie ab dem Rücktritt des letzten vom Parlament getragenen Kabinetts unter *Hermann Müller* (SPD) am

---

[55] Auf Länderebene war Parteien erstmals in Abschnitt IX (Art. 118–121) der Badischen Verfassung vom 18. Mai 1947 ein verfassungsrechtlicher Status eingeräumt worden.

[56] Art. 21 Abs. 1 GG, wie er vom Parlamentarischen Rat beschlossen wurde.

[57] Eine Übersicht der Regelungen des Grundgesetzes, die in Reaktion auf das Versagen des Weimarer Verfassungssystems und die Erfahrungen der Hitlerdiktatur entstanden sind, findet sich z.B. bei *D. Willoweit,* Deutsche Verfassungsgeschichte, 6. Aufl. 2009, S. 342.

[58] Der Herrenchiemseer Verfassungsentwurf sah im Abschnitt über den Bundestag (Art. 45–64) einen Artikel 47 vor, der in Abs. 2 und 3 die Gründungsfreiheit der politischen Parteien und deren Mitwirkung bei der politischen Willensbildung statuierte und in Abs. 4 bestimmte, dass Parteien unter bestimmten Voraussetzungen durch das BVerfG für verfassungswidrig erklärt werden konnten.

[59] *F. Stollberg,* Die verfassungsrechtlichen Grundlagen des Parteiverbots, 1976, S. 14 f.

[60] Dazu oben S. 39 ff.

27. März 1930, in der Präsidialkabinette nur noch mittels Notverordnungen des Reichspräsidenten effektiv regieren konnten, hatte eindrucksvoll belegt, welches Übergewicht die präsidiale Gewalt auch während einer längeren krisenhaften Phase einnehmen konnte. Erschien die Spätphase der Weimarer Republik dann in der Rückschau zugleich als Vorstufe zum Nationalsozialismus, sollte eine konsequent repräsentativ ausgerichtete parlamentarische Demokratie derlei in der Bundesrepublik Deutschland ausschließen.

Die Anordnung des Art. 21 Abs. 1 S. 1 GG, dass Parteien bei der politischen Willensbildung des Volkes mitwirken, sollte ihnen eine entscheidende Funktion in der parlamentarischen Demokratie einräumen. Parteien dienen quasi als Transmissionsriemen zwischen dem Volk, von dem alle Staatsgewalt ausgeht,[61] und dem Bundestag, der diese als zentrales Gesetzgebungsorgan stellvertretend für das Volk maßgeblich ausübt.[62] Art. 21 Abs. 1 S. 2 GG sichert die demokratische Partizipation in und durch politische Parteien mittels der Festlegung ab, dass deren Gründung frei ist. Vorgaben für die innere Verfassung von Parteien enthält gleichzeitig Art. 21 Abs. 1 S. 3 GG, nach dem deren innere Ordnung demokratischen Grundsätzen entsprechen muss. Eine wie die NSDAP nach dem Führerprinzip organisierte Partei sollte dadurch unmöglich werden. Flankiert wurden die Vorgaben für eine demokratische Binnenstruktur der Parteien durch die Transparenzregelung des Art. 21 Abs. 1 S. 4 GG, nach der Parteien über die Herkunft ihrer Mittel öffentlich Rechenschaft geben müssen.[63] Dass sich diese Regelungen alles in allem bewährt haben, kommt schon darin zum Ausdruck, dass sie bis vor kurzem nur geringfügig geändert worden sind.[64]

3. Die Parteiverbotsregelung des Art. 21 Abs. 2 GG

a) Die Entstehung von Art. 21 Abs. 2 GG

Als Korrelat zur verfassungsrechtlichen Verankerung der Parteien wurde in den Verfassungsberatungen von Anfang an auch die Möglichkeit von Parteiverboten in Betracht gezogen. Dass die Notwendigkeit einer Verbotsregelung trotz des mit Parteiverboten verbundenen scharfen Eingriffs in die Demokra-

---

[61] Art. 20 Abs. 2 S. 1 GG.

[62] Art. 20 Abs. 2 S. 2 GG.

[63] So die damalige Fassung von Art. 21 Abs. 1 S. 4 GG.

[64] Die lange Zeit einzige Änderung von Art. 21 GG durch das 35. Gesetz zur Änderung des GG vom 21.12.1983 (BGBl. I S. 1481) hat die Transparenzklausel in Art. 21 Abs. 1 S. 4 GG auf „die Herkunft und Verwendung ihrer Mittel sowie über ihr Vermögen" erweitert; während der Drucklegung des vorliegenden Buches wurden nun allerdings in Reaktion auf das NPD-Urteil des BVerfG v. 17.01.2017 durch Gesetz v. 13.07.2017 (BGBl. I S. 2346) m.W.v. 20.07.2017 Art. 21 Abs. 2 S. 2 a.F. aufgehoben (bzw. im Ergebnis in den neuen Abs. 4 1. Alt. verschoben), neue Abs. 3 und 4 eingefügt und der Regelungsvorbehalt im bisherigen Abs. 3 in einen neuen Abs. 5 verschoben.

tie kaum grds. in Zweifel gezogen wurde, lag daran, dass sich die Schöpfer des Grundgesetzes der oben beschriebenen unbefriedigenden rechtlichen Regelung von Parteiverboten unter der Weimarer Reichsverfassung nur allzu bewusst waren. Bereits Abs. 4 des Parteienartikels des Herrenchiemseer Entwurfs (Art. 47) schlug daher folgende Verbotsregelung vor:[65]

> „Das Bundesverfassungsgericht kann Parteien, die sich nach der Art ihrer Tätigkeit die Beseitigung der freiheitlichen und demokratischen Grundordnung zum Ziel gesetzt haben, auf Antrag der Bundesregierung, welcher der Zustimmung des Bundesrats (Senats) bedarf, für verfassungswidrig erklären. Das Gericht kann einstweilige Anordnungen gegen solche Parteien treffen. Ohne verfassungsrechtliche Entscheidung kann keine Behörde gegen eine Partei wegen verfassungswidriger Betätigung einschreiten."[66]

Bemerkenswert ist, dass sich weder im darstellenden Teil noch im konzisen kommentierenden Teil des Berichts über den Herrenchiemseer Verfassungskonvent substantielle Ausführungen zu den Hintergründen dieser verfassungsrechtlichen Innovation finden,[67] während die Sachverständigen etwa der im Konvent allerdings auch heftig umstrittenen „Biersteuerfrage" ein einseitiges „Gutachten" widmeten.[68] Immerhin kann das weitgehende Schweigen des Berichts als Indiz dafür gewertet werden, dass im Konvent über die Parteiverbotsregelung ebenso wie über andere verfassungsschützende Normen wie etwa die Grundrechtsverwirkung in Art. 20 des Herrenchiemseer Entwurfs (Art. 18 GG) breite Einigkeit bestand.[69] Im Parlamentarischen Rat gab es lediglich von den Vertretern der KPD, welche bereits die spätere Anwendung auf ihre Partei befürchteten,[70] pointierte Opposition gegen die Parteiverbotsregelung. Bemerkenswert ist im Übrigen, dass *Elisabeth Selbert* (SPD) in der ersten Beratung im Organisationsausschuss am 24. September 1948 vergeblich die Streichung der Parteiverbotsregelung im Verfassungstext vorschlug, um sie stattdessen einfachgesetzlich in ein späteres Parteiengesetz zu integrieren.[71]

---

[65] Zur Behandlung des Parteienartikels des Herrenchiemseer Entwurfs im Parlamentarischen Rat: *W. Matz,* Die Vorschriften des GG, in: DRZ 1950, 273 ff.

[66] Art. 47 Abs. 4 Herrenchiemseer Entwurf, Entstehungsgeschichte der Artikel des GG, in: JöR N.F. 1 (1951), S. 1 (207).

[67] Bericht über den Verfassungskonvent auf Herrenchiemsee v. 10.-23.08.1948, in: Der Parlamentarische Rat, Bd. 2, 1981, S. 504 (insbesondere 537, 616); Entstehungsgeschichte der Artikel des GG, in: JöR N.F. 1 (1951), S. 1 (207 f.).

[68] Näher dazu *H. Meier,* Parteiverbote, 1993, S. 143.

[69] *H. Meier,* Parteiverbote, 1993, S. 145 f.

[70] Davon berichtet der langjährige KPD-Vorsitzende *Max Reimann* in der Radiosendung „Von der KPD zur DKP", Ein Bericht von Werner Hill, NDR Hamburg, gesendet am 07.01.1972, NDR-Schallarchiv, Archivnummer F802719.

[71] 6. Sitz. des Kombinierten Ausschusses für die Organisation des Bundes und für Verfassungsgerichtshof und Rechtspflege, 24.09.1948, in: Der Parlamentarische Rat, Bd. 13/1, 2002, S. 155 (173); dazu auch *H. Meier,* Parteiverbote, 1993, S. 152.

Die Beratungen im Parlamentarischen Rat folgten einem festen Schema, bei dem die einzelnen Regelungen zunächst im zuständigen Fachausschuss vorberaten, dann vom Allgemeinen Redaktionsausschuss überarbeitet und zeitlich parallel vom Hauptausschuss in vier Lesungen behandelt wurden.[72] In den eigentlichen Lesungen des Grundgesetzes im Plenum des Parlamentarischen Rates wurde der so erstellte Text dann nicht mehr verändert. Da der Herrenchiemseer Konvent den Parteienartikel im Abschnitt über den Bundestag verortet hatte, war im Parlamentarischen Rat als Fachausschuss dessen Organisationsausschuss zuständig.[73] Dieser befasste sich erstmals in seiner sechsten Sitzung am 24. September 1948 intensiv mit dem Herrenchiemseer Vorschlag. Die Debatte drehte sich hauptsächlich um die Frage, ob die Entscheidung über die Verfassungswidrigkeit von Parteien, wie dies die „Kann“-Formulierung des Entwurfs nahelege, in das „freie Ermessen“ des BVerfG zu stellen sei, oder ob das Gericht lediglich die Verfassungswidrigkeit festzustellen habe und dann durch eine Muss-Vorschrift zum Verbot der Partei verpflichtet werden solle.[74] Dabei wurde auch der bis heute relevante Aspekt betont, dass politische Erwägungen es rechtfertigen könnten, dass auch Parteien, die im Übrigen bedenklich erschienen, vorläufig geduldet würden, bspw. um sie nicht in die Illegalität zu zwingen, wo sie „schwerer zu fassen“ seien.[75] Im Ergebnis teilte der Organisationsausschuss nicht nur Satz 1 der Regelung in zwei Sätze auf,[76] sondern führte – viel wichtiger – im Grundsatz die für die spätere grundgesetzliche Regelung prägende Formulierung ein, dass Parteien unter den hier noch aus dem Herrenchiemseer Entwurf übernommenen Voraussetzungen verfassungswidrig „sind“:

„Parteien, die sich nach Art ihrer Tätigkeit die Beseitigung der freiheitlichen und demokratischen Grundordnung zum Ziel gesetzt haben, sind verfassungswidrig. Die Feststellung der Verfassungswidrigkeit erfolgt durch das Bundesverfassungsgericht auf Antrag der Bundesregierung, der der Zustimmung des Bundesrats (Senats) bedarf.
Das Gericht kann einstweilige Anordnungen gegen solche Parteien treffen. Ohne verfassungsrechtliche Entscheidung kann keine Behörde gegen eine Partei wegen verfassungswidriger Betätigung einschreiten“.[77]

---

[72] *H. Meier,* Parteiverbote, 1993, S. 152.

[73] „Ausschuß für die Organisation des Bundes“, der zunächst als „Kombinierter Ausschuß“ gemeinsam mit dem „Ausschuß für Verfassungsgerichtshof und Rechtspflege“ tagte und so als eine Art „kleiner Hauptausschuss“ wahrgenommen wurde.

[74] 6. Sitz. des Kombinierten Ausschusses für die Organisation des Bundes und für Verfassungsgerichtshof und Rechtspflege, 24.09.1948, in: Der Parlamentarische Rat, Bd. 13/1, 2002, S. 155 (172 ff.); Entstehungsgeschichte der Artikel des GG, in: JöR N.F. 1 (1951), S. 1 (208); *W. Matz,* Die Vorschriften des GG, in: DRZ 1950, 273 (274).

[75] *W. Matz,* Die Vorschriften des GG, in: DRZ 1950, 273 (274).

[76] Entstehungsgeschichte der Artikel des GG, in: JöR N.F. 1 (1951), S. 1 (208).

[77] Art. 47 Abs. 4 nach der Überarbeitung durch den Organisationsausschuss in dessen sechster Sitzung am 24.09.1948; vgl. 6. Sitz. des Kombinierten Ausschusses für die Orga-

In der elften Sitzung des Organisationsausschusses am 7. Oktober 1948 regte der Abgeordnete *Felix Walter* (CDU) an, das Antragsrecht für ein Verbotsverfahren beim BVerfG auch politischen Parteien einzuräumen, was jedoch keine Mehrheit fand.[78] Dem Vorschlag *Fritz Löwenthals* (SPD), die Formulierung „nach Art ihrer Tätigkeit" zu streichen, trat der spätere Vizepräsident des BVerfG *Rudolf Katz* (SPD) entgegen: Gerade die „Art der Tätigkeit" einer Partei sei das entscheidende Indiz für ein Verfassungsgericht.[79] Es könne nicht nur darauf ankommen, wie das Parteiprogramm laute, sondern wie sich die gesamte Art der Tätigkeit einer Partei darstelle. In seiner 20. Sitzung am 5. November 1948 beschloss der Organisationsausschuss dann, auch das „Programm" der Partei als mögliche Quelle für deren Zielsetzung anzuführen.[80] Der Entwurf erhielt unter Straffung und Umformulierung anderer Passagen den Wortlaut:

> „Politische Parteien, die sich nach ihrem Programm oder der Art ihrer Tätigkeit die Beseitigung der freiheitlichen und demokratischen Grundordnung zum Ziel gesetzt haben, sind verfassungswidrig. Die Verfassungswidrigkeit wird durch das Bundesverfassungsgericht auf Antrag der Bundesregierung, der der Zustimmung der Länderkammer bedarf, festgestellt. Das Gericht kann einstweilige Anordnungen gegen solche Parteien treffen. Ohne verfassungsrechtliche Entscheidung kann gegen eine politische Partei wegen verfassungswidriger Betätigung nicht eingeschritten werden".[81]

Ein systematisch wichtiger Schritt war dann, dass der einflussreiche Allgemeine Redaktionsausschuss des Parlamentarischen Rates in seinem Vorschlag vom 16. November 1948 die Vorschriften über die politischen Parteien nunmehr als Art. 21a in den Abschnitt des Grundgesetzes über „Allgemeine Be-

---

nisation des Bundes und für Verfassungsgerichtshof und Rechtspflege, 24.09.1948, in: Der Parlamentarische Rat, Bd. 13/1, 2002, S. 155 (177); Entstehungsgeschichte der Artikel des Grundgesetzes, in: JöR N.F. 1 (1951), S. 1 (208).

[78] 11. Sitz. des Kombinierten Ausschusses für die Organisation des Bundes und für Verfassungsgerichtshof und Rechtspflege, 07.10.1948, in: Der Parlamentarische Rat, Bd. 13/1, 2002, S. 395 (417 f.); Entstehungsgeschichte der Artikel des GG, in: JöR N.F. 1 (1951), S. 1 (208 f.); *W. Matz,* Die Vorschriften des GG, in: DRZ 1950, 273 (275); vgl. auch *C. v. Coelln,* in: Maunz/Schmidt-Bleibtreu/Klein/Bethge, BVerfGG, Lsbl., § 43 vor Rn. 1.

[79] 11. Sitz. des Kombinierten Ausschusses für die Organisation des Bundes und für Verfassungsgerichtshof und Rechtspflege, 07.10.1948, in: Der Parlamentarische Rat, Bd. 13/1, 2002, S. 395 (419 f.); Entstehungsgeschichte der Artikel des GG, in: JöR N.F. 1 (1951), S. 1 (209); *W. Matz,* Die Vorschriften des GG, in: DRZ 1950, 273 (275).

[80] 20. Sitz. des Ausschusses für die Organisation des Bundes, 05.11.1948, in: Der Parlamentarische Rat, Bd. 13/2, 2002, S. 722 (732 ff.); Entstehungsgeschichte der Artikel des GG, in: JöR N.F. 1 (1951), S. 1 (209); zu den Beratungen in der elften Sitzung v. 07.10.1948, die zu keinen Änderungen führten: *H. Meier,* Parteiverbote, 1993, S. 153.

[81] Art. 47 Abs. 4 nach der Überarbeitung durch den Organisationsausschuss in dessen 20. Sitz. am 05.11.1948, Entstehungsgeschichte der Artikel des GG, in: JöR N.F. 1 (1951), S. 1 (209).

stimmungen“ einreihte.[82] Gleichzeitig empfahl er eine entschlackte, wesentlich straffere Formulierung, die bereits dem späteren Art. 21 Abs. 2 GG ähnelte:[83]

„Parteien, die darauf ausgehen, die freiheitliche und demokratische Grundordnung zu beeinträchtigen oder zu beseitigen, sind verfassungswidrig. Über die Verfassungswidrigkeit entscheidet das Bundesverfassungsgericht. Das Antragsrecht und das Verfahren werden durch Gesetz geregelt“.[84]

Wichtig ist diese Formulierung vor allem auch aus dem Grund, dass sie erstmals nicht nur die Beseitigung, sondern auch die niedrigschwelligere Beeinträchtigung der freiheitlichen und demokratischen Grundordnung enthielt. Nachdem der Hauptausschuss des Parlamentarischen Rates diese Fassung in seiner vierten Sitzung am 17. November 1948 mit zwei Änderungen in erster Lesung übernommen hatte,[85] legte der Allgemeine Redaktionsausschuss in seinem Vorschlag vom 13. Dezember 1948 eine noch straffere Formulierung der nun zu Absatz 2 von Art. 21a gewordenen Parteiverbotsregelung vor:

„Eine Partei, die nach ihren Zielen oder nach dem Verhalten ihrer Anhänger darauf ausgeht, die freiheitliche oder demokratische Grundordnung zu beseitigen, ist durch das Bundesverfassungsgericht für verfassungswidrig zu erklären“.[86]

---

[82] Bereits in seiner ersten Stellungnahme v. 10.11.1948 zur Entwurfsfassung des Organisationsausschusses hatte der Allgemeine Redaktionsausschuss empfohlen, die „Vorschriften über das Parteiwesen“ wegen deren genereller Bedeutung an anderer Stelle, bspw. im Anschluss „an die Vorschrift über die Ausübung der Staatsgewalt“, zu verorten, dazu: *H. Meier,* Parteiverbote, 1993, S. 154.

[83] Stellungnahme des Allgemeinen Redaktionsausschusses, 16.11.1948, in: Der Parlamentarische Rat, Bd. 7, 1995, S. 36 (42); Entstehungsgeschichte der Artikel des GG, in: JöR N.F. 1 (1951), S. 1 (209).

[84] Art. 21a Abs. 3 nach der Stellungnahme des Allgemeinen Redaktionsausschusses, 16.11.1948, in: Der Parlamentarische Rat, Bd. 7, 1995, S. 36 (42); Entstehungsgeschichte der Artikel des GG, in: JöR N.F. 1 (1951), S. 1 (209).

[85] Von großer Bedeutung ist dabei die Streichung der Tatmodalität „zu beeinträchtigen“ aus dem Text auf Antrag des Abgeordneten *de Chapeaurouge* (CDU), da diese zu weit auslegbar sei: 4. Sitz. Hauptausschuss, 17.11.1948, in: Der Parlamentarische Rat, Bd. 14/1, 2009, S. 103 (120). Später wurde diese Modalität – möglicherweise wegen eines Redaktionsversehens in Form eines versehentlichen Rückgriffs auf eine Vorfassung – jedoch wieder hinzugefügt. Sie findet sich bereits wieder in der vom Hauptausschuss in erster Lesung angenommenen Fassung mit Stand v. 10.12.1948 (Der Parlamentarische Rat, Bd. 7, 1995, S. 91 (97)); zum Ganzen auch *H. Meier,* Parteiverbote, 1993, S. 155 ff.

[86] Art. 21a Abs. 2 nach der Empfehlung des Allgemeinen Redaktionsausschusses des Parlamentarischen Rates v. 13.12.1948, Entwurf zum GG in der vom Allgemeinen Redaktionsausschuss redigierten Fassung, 13.12.1948, in: Der Parlamentarische Rat, Bd. 7, 1995, S. 133 (145); Entstehungsgeschichte der Artikel des GG, in: JöR N.F. 1 (1951), S. 1 (209).

In der zweiten Lesung im Hauptausschuss am 15. Dezember 1948 war dann ein Antrag der CDU/CSU-Fraktion Diskussionsgegenstand,[87] der die Regelung – bereits sehr nahe an Art. 21 Abs. 2 GG – wie folgt fassen wollte:

„Parteien, die nach ihren Zielen oder nach dem Verhalten ihrer Anhänger darauf ausgehen, die freiheitliche und demokratische Grundordnung zu beeinträchtigen oder zu beseitigen, sind verfassungswidrig. Über die Frage der Verfassungswidrigkeit entscheidet das Bundesverfassungsgericht. Das Nähere regelt das Gesetz".[88]

Auf Antrag des SPD-Abgeordneten und späteren Intendanten des Süddeutschen Rundfunks *Fritz Eberhard* wurde diese Formulierung noch um „den Bestand der Bundesrepublik Deutschland" als weiteres Schutzgut der Regelung bzw. weiteres Angriffsziel verfassungswidriger Parteien ergänzt. *Eberhard* führte zur Begründung aus, dass es Fälle geben könne, in denen eine Partei etwa durch separatistische Tendenzen allein den Bestand der Bundesrepublik Deutschland gefährde.[89] Im Hinblick auf die Auslegung des Zentralbegriffs der freiheitlichen demokratischen Grundordnung ist bemerkenswert, dass der Hauptausschuss – ebenfalls auf *Eberhards* Antrag – einstimmig die Konjunktion zwischen den Attributen freiheitlich und demokratisch von „und" wieder zu „oder" änderte, wie dies etwa auch im Vorschlag des Allgemeinen Redaktionsausschusses vom 13. Dezember 1948 der Fall gewesen war.[90] *Eberhards* Begründung, dass die Konsequenz der Verfassungswidrigkeit dann in beiden Fällen eintrete, wenn entweder die freiheitliche oder die demokratische Grundordnung angegriffen werde, lässt darauf schließen, dass die freiheitliche demokratische Grundordnung von den Schöpfern des Artikels nicht unbedingt als einheitliches Gesamtkonzept gedacht war. Schließlich nahm der Hauptausschuss den letzten Satz „Das Nähere regelt das Gesetz" aus dem Wortlaut des CDU-Antrags heraus und überführte ihn in einen inhaltlich den gesamten Parteienartikel erfassenden neuen Absatz 3. Damit ergab sich als Ergebnis der zweiten Lesung im Hauptausschuss:

„(2) Parteien, die nach ihren Zielen oder nach dem Verhalten ihrer Anhänger darauf ausgehen, die freiheitliche oder demokratische Grundordnung zu beeinträchtigen oder zu beseitigen oder den Bestand der Bundesrepublik zu gefährden, sind verfassungswidrig. Über die Frage der Verfassungswidrigkeit entscheidet das Bundesverfassungsgericht.

---

[87] Näher zur 2. Lesung im Hauptausschuss: *H. Meier,* Parteiverbote, 1993, S. 157 ff.

[88] Art. 21a Abs. 2 nach dem Vorschlag der CDU/CSU-Fraktion in der zweiten Lesung im Hauptausschuss des Parlamentarischen Rates am 15.12.1948, 27. Sitz. Hauptausschuss, 15.12.1948, in: Der Parlamentarische Rat, Bd. 14/1, 2009, S. 781 (800); Entstehungsgeschichte der Artikel des GG, in: JöR N.F. 1 (1951), S. 1 (209 f.).

[89] 27. Sitz. Hauptausschuss, 15.12.1948, in: Der Parlamentarische Rat, Bd. 14/1, 2009, S. 781 (800); Entstehungsgeschichte der Artikel des GG, in: JöR N.F. 1 (1951), S. 1 (210).

[90] 27. Sitz. Hauptausschuss, 15.12.1948, in: Der Parlamentarische Rat, Bd. 14/1, 2009, S. 781 (801); Entstehungsgeschichte der Artikel des GG, in: JöR N.F. 1 (1951), S. 1 (210).

(3) Das Nähere regeln Gesetze des Bundes".[91]

Nachdem diese Formulierung am 9. Februar 1949 ohne Erörterung die dritte Lesung im Hauptausschuss passiert hatte, empfahl der Allgemeine Redaktionsausschuss am 2. Mai 1949, die Konjunktion „oder" zwischen „freiheitliche" und „demokratische Grundordnung" zu streichen.[92] Dies wurde drei Tage später in der vierten Lesung des Hauptausschusses auf Antrag des hessischen Justizministers und späteren Ministerpräsidenten *Georg-August Zinn* (SPD) vollzogen.[93] Damit war der endgültige Wortlaut von Art. 21 Abs. 2 und Abs. 3 GG gefunden, der vom Plenum des Parlamentarischen Rates in zweiter Lesung des Grundgesetzentwurfs am 6. Mai 1949 und in dritter Lesung am 8. Mai 1949 ohne weitere Erörterung gebilligt wurde:

„(2) Parteien, die nach ihren Zielen oder nach dem Verhalten ihrer Anhänger darauf ausgehen, die freiheitliche demokratische Grundordnung zu beeinträchtigen oder zu beseitigen oder den Bestand der Bundesrepublik zu gefährden, sind verfassungswidrig. Über die Frage der Verfassungswidrigkeit entscheidet das Bundesverfassungsgericht.
(3) Das Nähere regeln Bundesgesetze".[94]

Zu den wichtigsten Änderungen, welche die Entwurfsvorlage des Herrenchiemseer Entwurfs damit in den Beratungen des Parlamentarischen Rates erfahren hatte, gehört neben der Erweiterung um das Schutzgut des Bestandes der Bundesrepublik, dass der Tatalternative der Beseitigung die potentiell wesentlich niedrigschwelligere Alternative der Beeinträchtigung zur Seite gestellt worden ist.[95] Ebenfalls zur Ausweitung des Tatbestands hat beigetragen, dass die tätigkeitsbezogene Voraussetzung „nach der Art ihrer Tätigkeit" (der Partei) durch die weiter gefasste Formulierung „nach ihren Zielen oder nach dem Verhalten ihrer Anhänger darauf ausgehen" ersetzt wurde.

b) Zum Inhalt von Art. 21 Abs. 2 GG

Der am 23. Mai 1949 in Kraft getretene Art. 21 Abs. 2 S. 1 GG stellt autoritativ fest, dass Parteien, die nach ihren Zielen oder nach dem Verhalten ihrer Anhänger darauf ausgehen, die freiheitliche demokratische Grundordnung zu

---

[91] Art. 21a Abs. 2 und Abs. 3 nach der zweiten Lesung im Hauptausschuss des Parlamentarischen Rates am 15.12.1948, vom Hauptausschuss in zweiter Lesung beschlossene Fassung, 20.01.1949, in: Der Parlamentarische Rat, Bd. 7, 1995, S. 202 (221); Entstehungsgeschichte der Artikel des GG, in: JöR N.F. 1 (1951), S. 1 (210).

[92] Vorschläge des Allgemeinen Redaktionsausschusses zur Fassung der dritten Lesung des Hauptausschusses, 02.-05.05.1949, in: Der Parlamentarische Rat, Bd. 7, 1995, S. 497 (502).

[93] 57. Sitz. Hauptausschuss, 05.05.1949, in: Der Parlamentarische Rat, Bd. 14/2, 2009, S. 1780 (1793 f.).

[94] Art. 21 Abs. 2 GG, wie er vom Parlamentarischen Rat beschlossen wurde (BGBl. 1949 S. 1); Der Parlamentarische Rat, Bd. 7, 1995, S. 612 (617).

[95] Näher dazu und im Einzelnen kritisch: *H. Meier,* Parteiverbote, 1993, S. 162 ff.

beeinträchtigen oder zu beseitigen oder den Bestand der Bundesrepublik Deutschland zu gefährden, verfassungswidrig sind. Dabei ergibt sich die Verfassungswidrigkeit einer Partei bei Vorliegen der Voraussetzungen scheinbar unmittelbar kraft der verfassungsrechtlichen Anordnung in Art. 21 Abs. 2 S. 1 GG. Tatsächlich stellt jedoch die Formulierung von Art. 21 Abs. 2 S. 2 GG a.F. klar,[96] dass es dessen ungeachtet stets eines Verfahrens vor dem BVerfG bedarf, um eine solche Verfassungswidrigkeit justizförmig feststellen zu lassen. Die Entscheidung des BVerfG über das Parteiverbot ist daher nicht lediglich deklaratorisch, sondern konstitutiv.[97] Aus dem Entscheidungsmonopol des BVerfG folgt das im Herrenchiemseer Entwurf noch ausdrücklich enthaltene sog. Parteienprivileg, nach dem bis zur Feststellung der Verfassungswidrigkeit einer Partei durch das BVerfG keine staatliche Stelle die Verfassungswidrigkeit einer solchen rechtlich geltend machen darf.[98]

Art. 21 Abs. 2 GG regelt Parteiverbote in mehrerer Hinsicht fundamental anders, als dies in der Weimarer Republik der Fall gewesen war: Erstens korrespondiert in systematischer Perspektive mit einer verfassungsrechtlichen Anerkennung der Parteien in Art. 21 Abs. 1 GG eine verfassungsrechtliche Regelung von Parteiverboten in Art. 21 Abs. 2 GG. In Weimar hatten Parteien hingegen – wie gesehen – keinen speziellen verfassungsrechtlichen Status und unterlagen daher grds. dem einfachen Vereinsrecht und damit auch den einfachgesetzlichen Verbotsvorschriften bspw. aus dem Vereinsrecht sowie vor allem aus den republikschützenden Spezialgesetzen verfassungsdurchbrechenden Charakters. Zweitens sind die Voraussetzungen eines Parteiverbotes abschließend in Art. 21 Abs. 2 GG geregelt und nicht mehr in einer Fülle sich entwickelnder Einzeltatbestände wie in der Republikschutzgesetzgebung der Weimarer Republik. Drittens sind Schutzgüter der Parteiverbotsregelung nunmehr die freiheitliche demokratische Grundordnung und der Bestand der Bundesrepublik und nicht mehr eine Vielzahl bspw. auf einen Schutz von Leib und Leben von Regierungsmitgliedern abzielender Einzelrechtsgüter. Viertens ist das Verbot einer Partei im Rahmen des Parteienprivilegs der Judikative, und zwar exklusiv dem BVerfG, vorbehalten,[99] während Parteiver-

---

[96] „Über die Frage der Verfassungswidrigkeit entscheidet das Bundesverfassungsgericht"; seit 20.07.2017 ist dies in Art. 21 Abs. 4 GG geregelt.

[97] *P. Kunig,* in: v. Münch/Kunig, GG, Bd. 1, 6. Aufl. 2012, Art. 21 Rn. 72; *R. Sannwald,* in: Schmidt-Bleibtreu/Hofmann/Henneke, GG, 13. Aufl. 2014, Art. 21 Rn. 128.

[98] BVerfGE 12, 296 (304); 40, 287 (291); *S. Detterbeck,* Öffentliches Recht, 10. Aufl. 2015, Rn. 63; *G. Roellecke,* in: Umbach/Clemens, GG, Bd. 1, 2002, Art. 21 Rn. 44, 123.

[99] Vgl. etwa BVerfGE 12, 296 (304 f.); 17, 155 (166); *M. Morlok,* in: Dreier, GG, Bd. II, 3. Aufl. 2015, Art. 21 Rn. 157; *B. Pieroth,* in: Jarass/Pieroth, GG, 14. Aufl. 2016, Art. 21 Rn. 29; *M. Möllers,* Voraussetzungen, Ablauf und Rechtsfolgen, in: Möllers/van Ooyen, Parteiverbotsverfahren, 4. Aufl. 2013, S. 31 (41 f.); *C. Degenhart,* Staatsrecht I, 29. Aufl. 2013, Rn. 59; *H. Sodan/J. Ziekow,* Grundkurs Öffentliches Recht, 7. Aufl. 2016, § 6 Rn. 93.

bote in der Weimarer Republik wegen ihrer Verwurzelung im Vereinsrecht, im einfachgesetzlichen Republikschutzrecht sowie im Notstandsrecht von der Exekutive ausgesprochen wurden und Gerichte – wenn überhaupt – erst im Rahmen von Beschwerdeverfahren mit ihnen befasst waren.[100]

IV. Die Bundestagswahlen vom 14. August 1949

Nachdem das Grundgesetz mit seiner Verkündung am 23. Mai 1949 in Kraft getreten war, schritt die innere Konstituierung der Bundesrepublik zügig voran und erreichte am 14. August 1949 mit den Wahlen zum Bundestag einen ersten Höhepunkt. Angesichts einer noch in den Kinderschuhen steckenden politischen Öffentlichkeit und des noch im Fluss befindlichen Parteiensystems galt ein nicht besonders restriktives Wahlrecht: Parteien konnten aus jedem Bundesland Abgeordnete in den Bundestag entsenden, in dem sie 5 % der Stimmen erzielt oder aber einen Wahlkreis direkt gewonnen hatten. Diese großzügige Regelung trug dazu bei, dass Abgeordnete von mehr als zehn Parteien in den Bundestag einzogen: Von den 402 Sitzen des ersten Bundestages entfielen auf die SPD 131, auf die CDU 115, auf die FDP 52,[101] auf die CSU 24, auf die Bayernpartei (BP) und die Deutsche Partei (DP) jeweils 17, auf die KPD 15, auf die Wirtschaftliche Aufbau-Vereinigung (WAV) zwölf, auf die Deutsche Zentrumspartei zehn, auf die oben bereits erwähnte, in Niedersachsen verwurzelte DKP-DRP fünf und auf den Südschleswigschen Wählerverband (SSW) ein Abgeordneter. Drei Abgeordnete waren unabhängig. Hinzu kamen acht Berliner Abgeordnete mit eingeschränktem Stimmrecht, von denen fünf der SPD und drei der CDU angehörten.

Wie auch der designierte Bundeskanzler *Konrad Adenauer* immer wieder betonen sollte,[102] hatten die Deutschen damit bei den ersten Bundestagswahlen ganz überwiegend für eindeutig prodemokratische Parteien gestimmt, die politisch mehr oder weniger weit rechts oder links von der Mitte, aber doch in deren Nähe, verortet waren, namentlich für die Unionsparteien CDU/CSU und die SPD, die jeweils auf über 30 % kamen. Unter den zahlreichen weiteren Parteien, denen angesichts des noch unausgegorenen politischen Systems und der großzügigen Sperrklausel der Einzug in den Bundestag gelungen war,

---

[100] *P. Kunig,* in: v. Münch/Kunig, GG, Bd. 1, 6. Aufl. 2012, Art. 21 Rn. 72.

[101] Die FDP war in Kooperation bzw. in Verbindung mit der im Südwesten der Republik verwurzelten Demokratischen Volkspartei (DVP) und der Bremer Demokratischen Volkspartei (BDV) angetreten.

[102] Vgl. *U. Backes/E. Jesse,* Politischer Extremismus, 1989, S. 51.

fanden sich dann aber doch auch mehrere, die nicht mehr dem gemäßigten politischen Spektrum zuzuordnen waren:[103]

Neben der KPD, auf der linken Seite, waren auf der rechten Seite hier vor allem die DKP-DRP und die zumindest nationalkonservative DP zu nennen. Die DKP-DRP war vor allem in Niedersachsen erfolgreich, wo sie 273.129 Stimmen (8,1 %) erringen konnte.[104] Im übrigen Bundesgebiet erhielt sie – mit einem Schwerpunkt in Norddeutschland – immerhin weitere 155.902 Stimmen und kam so insgesamt auf 1,8 %.[105] Unter den fünf für die DKP-DRP in den Bundestag eingezogenen Abgeordneten fand sich neben dem späteren SRP-Vorsitzenden *Fritz Dorls* auch *Franz Richter,* der ein Jahr später ebenfalls zur SRP übertreten sollte, im Frühjahr 1952 dann jedoch in einem spektakulären Akt als der frühere NSDAP-Funktionär *Fritz Rößler* enttarnt wurde.[106] Ein weiterer DKP-DRP-Abgeordneter war *Adolf von Thadden* (1921–1996), der sich für über zwei Jahrzehnte – u.a. als Mitgründer der NPD im Jahr 1964 und deren Bundesvorsitzender von 1967–1971 – zu einer Schlüsselfigur der rechtsextremen Szene in der Bundesrepublik entwickeln sollte.[107] Zu der klar rechtsextremen DKP-DRP kamen Parteien wie die DP, die WAV[108] und auch die FDP hinzu, in denen es damals zumindest starke nationalkonservative bis rechtsextreme Strömungen gab.[109] Nicht zuletzt die ausländische Presse beobachtete die Erfolge rechtsextremer Parteien mit Argusaugen und rechnete diesen nicht selten auch pauschal die Bayernpartei und die DP zu.[110]

Nicht nur mit Blick auf die alliierten Besatzungsbehörden war eine der wesentlichen Herausforderungen der jungen Bundesrepublik daher der Umgang mit rechts- und linksextremen Parteien und Strömungen, zumal die erste Legislaturperiode eine kurze Blüte neuer Splitterparteien hervorbringen sollte.[111] Bewältigt wurde diese Herausforderung teilweise durch eine aktive Bekämpfung, die in den beiden Fällen der SRP und der KPD in Parteiverbotsverfahren und im Falle des SRP-Zugpferds *Otto Ernst Remer* auch in einem Grundrechtsverwirkungsverfahren gipfelte. Der vom Bundestag am 15. September

---

[103] Dazu z.B. auch *H.-J. Puhle,* Konservatismus und Neokonservatismus, in: Eisfeld/Müller, Gegen Barbarei, 1989, S. 399 (406 f.).

[104] *O. Büsch,* Geschichte, in: Büsch/Furth, Rechtsradikalismus, 1957, S. 1 (17).

[105] *U. Backes/E. Jesse,* Politischer Extremismus, 1989, S. 50 f.

[106] Dazu unten S. 278 ff.

[107] *W. Long,* The New Nazis of Germany, 1968, S. 189 ff.; *A. Schulze,* Kleinparteien in Deutschland, 2004, S. 92.

[108] Zu der in Bayern verwurzelten Wirtschaftlichen Aufbau-Vereinigung (WAV) unten S. 201 ff.; *S. Winge,* Die Wirtschaftliche Aufbau-Vereinigung, 1976, S. 16 ff.

[109] Zur thematischen Profilierung dieser Parteien im Bundestag: *U. Kranenpohl,* Mächtig oder machtlos?, 1999, S. 73 ff.

[110] *U. Backes/E. Jesse,* Politischer Extremismus, 1989, S. 51.

[111] *A. Doering-Manteuffel,* Die Bundesrepublik, 1983, S. 141.

1949 mit nur einer Stimme Mehrheit zum ersten Bundeskanzler gewählte frühere Kölner Oberbürgermeister und Vorsitzende des Parlamentarischen Rates *Konrad Adenauer* (CDU) sollte gegenüber extremen Parteien jedoch überwiegend auf eine politische Abnutzungsstrategie setzen. Diese zielte nicht zuletzt darauf ab, die Wählerschichten der extremen Parteien insbesondere durch politische und ökonomische Erfolge der jungen Bundesrepublik nach und nach für die sich konsolidierenden demokratischen Volksparteien zu gewinnen und die extremen Parteien so allmählich entbehrlich zu machen.

Viertes Kapitel

Die Sozialistische Reichspartei (SRP)

I. Gründung der SRP am 2. Oktober 1949

Die erste Partei, gegen die in der Bundesrepublik Deutschland ein Parteiverbotsverfahren nach Art. 21 Abs. 2 GG vor dem BVerfG eingeleitet werden sollte, war die Sozialistische Reichspartei (SRP).[1] Die SRP war die einzige Partei im rechtsextremen Spektrum der frühen Bundesrepublik, die sich recht offen als eine Art Nachfolgepartei der NSDAP gerierte.[2] Sie entstand erst nach den ersten Bundestagswahlen, Anfang Oktober 1949, als Abspaltung der DKP-DRP: Im Vorfeld der Bundestagswahl war es zu Streitigkeiten zwischen dem nationalkonservativen Flügel der DKP-DRP und den rechtsextrem bis neonazistisch orientierten Kräften um *Fritz Dorls* gekommen. Entzündet hatte sich der Unmut der gemäßigteren Kreise nicht zuletzt daran, dass *Dorls* im Bundestagswahlkampf der DKP-DRP wiederholt den früheren Vorzeigeoffizier des NS-Regimes *Otto Ernst Remer* öffentlichkeitswirksam zum Einsatz gebracht hatte, obwohl er angeblich versprochen hatte, dies nicht zu tun.[3] Zwar verschafften *Remers* Vorträge der DKP-DRP stets große Aufmerksamkeit und wohl auch zahlreiche Wählerstimmen. Warum die Aktivierung des früheren Generalmajors jedoch nicht nur von Außenstehenden als Grenzüberschreitung gewertet wurde,[4] macht ein Blick auf dessen Biographie deutlich.[5]

Der am 18. August 1912 in Neubrandenburg als ältester von sechs Söhnen eines Justizinspektors geborene *Otto Ernst Fritz Adolf Remer* war aufgrund seiner Schlüsselrolle bei der

---

[1] Zur Quellen- und Literaturlage in Bezug auf die SRP bis 2005: *O. Gnad,* SRP, in: Recker/Tenfelde, Handbuch, Teilbd. III, 2005, S. 353 (357 ff.).

[2] Dies betont zu Recht *O. Gnad,* SRP, in: Recker/Tenfelde, Handbuch, Teilbd. III, 2005, S. 353 (364).

[3] „Dann haben Sie, was wir wollen", in: Spiegel 43/1949 v. 20.10.1949, S. 9 (10) (http://www.spiegel.de/spiegel/print/d-44438645.html).

[4] *O. Büsch,* Geschichte, in: Büsch/Furth, Rechtsradikalismus, 1957, S. 1 (18 f.).

[5] Zu *Remer* vgl. die Kurzbiographie in *O. E. Remer,* The Fuehrer Escort Brigade in the Ardennes Offensive (Part II), MS# B-838, in: World War II German Military Studies, Vol. 12, Part V, 1979, S. ii; *D. Geile,* Der Remer-Mythos in der frühen Bundesrepublik, Magisterarbeit Göttingen 1993; *E. Jesse,* Biographisches Porträt: Otto Ernst Remer, in: Jahrbuch Extremismus & Demokratie 6 (1994), S. 207 ff.; *G. Botsch,* Die extreme Rechte, 2012, S. 24; zu *Remers* militärischer Karriere umfassend, aber unkritisch: *R. Tegethoff,* Generalmajor Otto Ernst Remer, S. 19 ff.

Abb. 2: Otto Ernst Remer als Generalmajor, Propagandafoto, ca. Januar 1945

Niederschlagung des Aufstands vom 20. Juli 1944 eine Art „Star“ der nationalen Rechten. Bereits als Schüler eines humanistischen Gymnasiums engagierte sich *Remer* in dem auf preußische Werte verpflichteten Jungsturm und schließlich in der inoffiziellen Schwarzen Reichswehr, in der er mit 19 Jahren zum Feldwebel aufstieg.[6] Nach dem Abitur trat er zum 1. April 1933 als Fahnenjunker in das Preußische Infanterie-Regiment Nr. 4 in Kolberg ein, wo er 1935 zum Leutnant und 1938 zum Oberleutnant befördert wurde.[7] Nach Kriegsausbruch war er zunächst als Kompanieführer, später als Bataillons-, Brigade- und schließlich Divisionskommandeur im Fronteinsatz. 1941 wurde er zum Hauptmann und 1943 zum Major der Panzerdivision Großdeutschland befördert. *Remer,* der neun Mal verwundet wurde,[8] erhielt hohe Auszeichnungen bis hin zu Ritterkreuz und Eichenlaub.

Seine wohl auch als eine Art Erholungsurlaub von der Front[9] gedachte Ernennung zum Kommandeur der als Wachregiment in Berlin stationierten Einheiten der Division Großdeutschland brachte ihn dann im Mai 1944 unmittelbar mit dem Lauf der Weltgeschichte in Kontakt:[10] Am 20. Juli 1944 führte *Remer* den ihm von den Putschisten um *Graf Stauffenberg* erteilten militärischen Befehl, *Goebbels* zu verhaften, nicht aus.[11] Vielmehr begab

---

[6] Vgl. *E. Jesse,* Biographisches Porträt, in: Jahrbuch Extremismus & Demokratie 6 (1994), S. 207; *R. Tegethoff,* Generalmajor Otto Ernst Remer, S. 11 f.

[7] *E. Jesse,* Biographisches Porträt, in: Jahrbuch Extremismus & Demokratie 6 (1994), S. 207.

[8] „Nichts als Pappendeckel“, in: Spiegel 49/1949 v. 01.12.1949, S. 6 (7) (http://www.spiegel.de/spiegel/print/d-44439124.html).

[9] So jedenfalls *O. E. Remer,* Verschwörung und Verrat um Hitler, 1981, S. 24.

[10] *M. Jenke,* Verschwörung von rechts?, 1961, S. 74 f.; *H. Hansen,* Sozialistische Reichspartei, 2007, S. 53.

[11] *D. Geile,* Der Remer-Mythos in der frühen Bundesrepublik, Magisterarbeit Göttingen 1993, S. 12 f.

sich der am Tode *Hitlers* zweifelnde *Remer* zu *Goebbels*, der daraufhin einen telefonischen Kontakt zu dem nur leicht verletzten *Hitler* herstellte, um *Remer* endgültig davon zu überzeugen, dass *Hitler* noch am Leben war. Auf dessen persönlichen Befehl setzte sich *Remer* an die Spitze der Einheiten, die den – zu diesem Zeitpunkt aber wohl bereits ohnehin zum Scheitern verurteilten – Putschversuch in Berlin niederschlugen, und wurde dadurch als Verhinderer „des Verrats vom 20. Juli" zum Vorzeigeoffizier des NS-Regimes.[12] *Remer,* der den 20. Juli noch Anfang der 1980er Jahre als „unbedeutende Revolte" und „Schandfleck auf dem Ehrenschild des deutschen Offizierskorps" diskreditierte,[13] wurde zum Oberst befördert, kehrte schließlich an die Front zurück, bevor er im Januar oder Februar 1945 aufgrund seines erfolgreichen Einsatzes als Kommandeur der neu aufgestellten sog. Führerbegleitbrigade in der Ardennenoffensive zum Generalmajor befördert wurde.[14] Das Kriegsende erlebte er an der Ostfront, geriet aber nicht in sowjetische Gefangenschaft, indem er sich in das von den Amerikanern kontrollierte Gebiet absetzte,[15] wo er am 22. Mai 1945 in Bamberg von US-Kräften festgenommen wurde.[16] *Remer,* der nie der NSDAP beitrat und auch nicht der SA oder der SS angehörte, sich aber noch in der Bundesrepublik offen als Nationalsozialist bezeichnete,[17] verbrachte so nach Kriegsende zwei Jahre in US-Gefangenschaft. Von Dezember 1946 bis Ende Februar 1948 wirkte er für die historische Abteilung der US-Streitkräfte an einer Darstellung der deutschen Gegenoffensiven in den letzten Kriegsjahren, insbesondere der Ardennenoffensive, mit.[18] Vor dem Hin-

---

[12] Seine Sicht der Vorgänge publizierte *Remer* zunächst Mitte 1951 in der von der SRP geförderten, angeblich in 80.000 Exemplaren gedruckten 32-seitigen Broschüre „20. Juli 1944" im Verlag Hans Siep, Hamburg-Neuhaus/Oste. Zwei Exemplare der Schrift finden sich in BA, B 237, Nr. 215626. 1981 erschien dann zu diesem Thema *Remers* umfangreiches Buch „Verschwörung und Verrat um Hitler – Urteil des Frontsoldaten" im Verlag K.W. Schütz, Preußisch Oldendorf, in dem die Vorgänge des 20. Juli ab S. 24 behandelt sind. Zu diesem Buch: *E. Jesse,* Biographisches Porträt, in: Jahrbuch Extremismus & Demokratie 6 (1994), S. 207 (219 f.).

[13] *O. E. Remer,* Verschwörung und Verrat um Hitler, 1981, S. 303.

[14] Zu diesem Einsatz: *O. E. Remer,* The Fuehrer Escort Brigade in the Ardennes Offensive (Part II), MS# B-838, in: World War II German Military Studies, Vol. 12, Part V, 1979, S. 1 ff.

[15] *E. Jesse,* Biographisches Porträt, in: Jahrbuch Extremismus & Demokratie 6 (1994), S. 207 (208). Ob er dabei seine Truppen im Stich gelassen hat, ist umstritten. Der frühere Generalleutnant *Joachim von Tresckow,* der dies 1950 behauptet hatte, wurde auf Antrag *Remers* dafür vom AG Bückeburg am 21. Mai 1952 wegen Beleidigung und übler Nachrede zu einer Geldstrafe i.H.v. 70 DM verurteilt. Vgl. dazu *G. Roellecke,* Zum Einfluss der öffentlichen Meinung, in: H. Baier etc., Öffentliche Meinung 1981, S. 71 (71 f.) sowie unten S. 299 f.

[16] Vgl. die Kurzbiographie *Remers* in *O. E. Remer,* The Fuehrer Escort Brigade in the Ardennes Offensive (Part II), MS# B-838, in: World War II German Military Studies, Vol. 12, Part V, 1979, S. ii.

[17] So soll er in einer Wahlversammlung der SRP am 15.03.1951 in Melverode geäußert haben: „Ich verbitte es mir, mich Nazi zu nennen. Ich war, ich bin und bleibe Nationalsozialist."; vgl. *M. Gräfin Dönhoff,* Demokratisches Führerprinzip, in: Zeit vom 10.07.1952 (http://www.zeit.de/1952/28/demokratisches-fuehrerprinzip); *N. Frei,* Vergangenheitspolitik, 2. Aufl. 1997, S. 326.

[18] Die beiden von *O. E. Remer* verfassten Studien, „The Fuehrer-Begleit-Brigade (The Brigade under the command of Remer) in the Ardennes Offensive (16 Dec 44 to 26 Jan

tergrund, dass die Alliierten im Sommer 1946 mit dem Kontrollratsgesetz Nr. 34 das deutsche Militärpensionssystem abgeschafft und damit die Grundlagen für Pensionszahlungen an frühere Soldaten beseitigt hatten,[19] sah sich *Remer* sodann gezwungen, mit seiner Familie in das friesländische Varel umzuziehen, um dort ab Herbst 1947 eine Maurerlehre aufzunehmen. Dies machte der Spiegel im Dezember 1949 in einer Titelgeschichte über den früheren Generalmajor samt einschlägigem Fotomaterial, das *Remer* auf dem Titelblatt zum einen als General und zum anderen als Maurer zeigte, ebenso publik wie dessen bescheidene Wohnverhältnisse in einer „ärmlichen Zweizimmer-Flüchtlingswohnung".[20] Damit war der soziale Abstieg des gefeierten Wehrmachtsgenerals – trotz Ablegung der Gesellenprüfung als bester von 20 Umschülern im Frühjahr 1949[21] – endgültig manifestiert.[22] Das Bild der SRP sollte der im Jahr 1947 von *Dorls* kontaktierte *Remer* später dann so sehr prägen, dass sie sowohl parteiintern als auch von Außenstehenden oft schlicht als Remer-Partei bezeichnet wurde.[23]

Nach der Bundestagswahl eskalierte der Richtungsstreit zwischen dem neonazistischen GuD-Kreis und der nationalkonservativen Mehrheit in der DKP-DRP, die unterdessen mit einer Annäherung an die sich formierende Regierungskoalition aus CDU/CSU, FDP und DP liebäugelte.[24] Hatten sich die GuD-Kräfte letztlich in der DKP-DRP engagiert, um die immer noch erforderliche Lizensierung bei den britischen Behörden durch die „Übernahme" einer bestehenden Partei zu umgehen, scheiterte dieses Vorhaben dann jedoch schließlich an den gemäßigteren Kräften der DKP-DRP.[25] Diese wollten die geplante Annäherung an die Regierungsparteien und ihre langfristige Hoffnung auf die Etablierung einer großen Sammlungspartei der nationalen Rechten unter Einschluss der DP sowie des nationalen Flügels der FDP nach dem

---

45), MS # B-592, Allendorf 11 May 47", und „The Fuehrer Escort Brigade in the Ardennes Offensive (Part II), MS # B-838" wurden später publiziert in: World War II German Military Studies, Vol. 12, Part V, 1979; Abschriften der Bestätigungsschreiben der US-Behörden über *Remers* Unterstützung finden sich in in den Verfahrensakten des BVerfG (BA, B 237, Nr. 215614, Bl. 8 ff.). *Remer* wird dort bestätigt: „His information has been of real value to this Division and his cooperative spirit ist commendable"; einschlägige Dokumente auch in BA, B 106, Nr. 15551; *M. Jenke,* Verschwörung von rechts?, 1961, S. 75.

[19] *B.-O. Manig,* Die Politik der Ehre, 2004, S. 87 ff.

[20] „Nichts als Pappendeckel", in: Spiegel 49/1949 v. 01.12.1949, S. 6 (7).

[21] „Nichts als Pappendeckel", in: Spiegel 49/1949 v. 01.12.1949, S. 6 (7).

[22] *H. Hansen,* Sozialistische Reichspartei, 2007, S. 54.

[23] Vgl. etwa das Rundschreiben Nr. 2/50 des SRP-Landesverbandes Schleswig-Holstein vom 15.05.1950 (BA, B 104, Nr. 349, Bl. 18): „IV. Auftreten der SRP. (Remer-Partei)" oder den Redeentwurf für die Versammlung in Neumünster am 02.06.1950 (BA, B 104, Nr. 349, Bl. 56): „Die SRP, oder wie sie auch sonst häufig genannt wird, die Partei des ‚Maurergenerals' Remer, dankt Ihnen herzlichst […]"; zu *Remers* späterem Leben etwa *E. Jesse,* Biographisches Porträt, in: Jahrbuch Extremismus & Demokratie 6 (1994), S. 207 (212 ff.).

[24] *O. Büsch,* Geschichte, in: Büsch/Furth, Rechtsradikalismus, 1957, S. 1 (18).

[25] „Dann haben Sie, was wir wollen", in: Spiegel 43/1949 v. 20.10.1949, S. 9 (9 f.) (http://www.spiegel.de/spiegel/print/d-44438645.html).

Vorbild der „Harzburger Front" nicht durch das obskure frühere GuD-Personal gefährden.[26] Der Bruch mit dem neonazistischen Flügel wurde besiegelt, als die DKP-DRP – angeblich wegen der Drohung der britischen Militärregierung, die Partei zu verbieten[27] – zunächst *Dorls* und dann am 2. Oktober 1949 weitere seiner Mitstreiter aus der Partei ausschloss.[28] Als allerdings der niedersächsische DKP-DRP-Landesvorsitzende und Bundestagsabgeordnete *Franz Richter* (alias *Fritz Rößler*) *Dorls* den bevorstehenden Ausschluss zutrug, trat dieser die Flucht nach vorne an: *Dorls* berief, ohne zu zögern, ein Treffen mit einer Handvoll von Gesinnungsgenossen, die teilweise freiwillig aus der DKP-DRP austraten,[29] in eine Bahnhofsgaststätte in Hannover ein und gründete dort am 2. Oktober 1949 seine eigene Partei.[30] *Gerhard Krüger* schlug für die Neugründung den Namen „Deutsche Sozialistische Reichspartei" vor, der auf *Dorls'* Anregung dann noch in „Sozialistische Reichspartei" (SRP) gekürzt wurde.[31]

Dass *Dorls* seinen Ausschluss aus der DKP-DRP nicht weiter bedauerte, lag nicht zuletzt daran, dass die Erfolgsaussichten der neuen, von ihm kontrollierten Partei durchaus gut erschienen. So verfügte die SRP mit *Dorls* selbst, der über die niedersächsische Liste der DKP-DRP in den Bundestag eingezogen war, *de facto* bereits über ihren ersten Abgeordneten. *Dorls* verließ umgehend die Gruppe der Nationalen Rechten im Bundestag,[32] agierte

---

[26] *H. W. Schmollinger,* SRP, in: Stöss, Parteien-Hdb. II, 1984, S. 2274 (2294 f.).

[27] Ob es diese Drohung tatsächlich gegeben hat oder ob dies eine Schutzbehauptung der DKP-DRP-Führung war (so *Dorls*), ist umstritten; vgl. dazu *H. Hansen,* Sozialistische Reichspartei, 2007, S. 42 m.w.N.

[28] *P. Dudek/H.-G. Jaschke,* Entstehung und Entwicklung, 1984, S. 198 f.; *H. Hansen,* Sozialistische Reichspartei, 2007, S. 41 ff.

[29] *K. P. Tauber,* Beyond Eagle and Swastika I, 1967, S. 691.

[30] Protokoll zur Gründungssitzung der Sozialistischen Reichspartei, 02.10.1949, BA, B 237, Nr. 215622 (Anlage Nr. 3 zum BVerfG-Sitzungsprotokoll); das Protokoll nennt als Versammlungsort das „Fürstenzimmer des Hauptbahnhofes" in Hannover; so auch „Dann haben Sie, was wir wollen", in: Spiegel 43/1949 v. 20.10.1949, S. 9 (10) (http://www.spiegel.de/spiegel/print/d-44438645.html); *O. Büsch,* Geschichte, in: Büsch/Furth, Rechtsradikalismus, 1957, S. 1 (20 f.); für *Dorls'* Ausschluss noch vor dem 15.09.1949 spricht, dass er im Plenarprotokoll der Bundestagssitzung vom 15.09.1949, in welcher die Bildung der Gruppe der Nationalen Rechten mitgeteilt wurde, nicht als Abgeordneter der DRP benannt wird: Stenographische Berichte, Bundestag, 1. Wahlperiode, 3. Sitz. v. 15.09.1949 (http://dip21.bundestag.de/dip21/btp/01/01003.pdf), S. 13 (13 (B)).

[31] Protokoll zur Gründungssitzung der Sozialistischen Reichspartei, 02.10.1949, BA, B 237, Nr. 215622 (Anlage Nr. 3 zum BVerfG-Sitzungsprotokoll).

[32] Die nach Konstituierung des Bundestags gebildete Gruppe der Nationalen Rechten bestand aus den fünf auf der Liste der DKP-DRP gewählten Bundestagsabgeordneten, darunter *Dorls* und *Richter/Rößler,* nebst dem über die hessische FDP-Liste gewählten NDP-Abgeordneten *Heinrich Leuchtgens,* Stenographische Berichte, Bundestag, 1. Wahlperiode, 3. Sitz. v. 15.09.1949 (http://dip21.bundestag.de/dip21/btp/01/01003.pdf), S. 13 (13 (B)).

zunächst als fraktionsloser Abgeordneter, bis er am 27. April 1950 offiziell erklärte, im Bundestag fortan die SRP zu vertreten.[33] Strukturell noch wichtiger war allerdings, dass die SRP in Niedersachsen, wo die DKP-DRP nicht zuletzt aufgrund des Engagements der früheren GuD-Kräfte alle ihre fünf Bundestagsmandate errungen hatte, bereits auf einen großen Unterstützerkreis zurückgreifen konnte. *Dorls* und seine Mitstreiter hatten in der DKP-DRP so erfolgreich Netzwerkarbeit betrieben, dass in Kürze mehrere ihrer niedersächsischen Kreisverbände, in denen SRP-Führungskräfte wie *Bernhard Gericke* (Wolfsburg), *Gerhard Krüger* (Hameln) und *August Finke* (Friesland) Einfluss besaßen, zur SRP überliefen.[34]

Erleichterte die Übernahme bestehender Strukturen den zügigen Aufbau einer Parteibasis im nördlichen Flächenstaat erheblich,[35] liefen unterdessen in NRW und in Schleswig-Holstein auch zahlreiche Mitglieder des rechtsextremen Flügels der DP zur SRP über. Auslöser dafür war nicht zuletzt, dass sich die DP nach den Bundestagswahlen im Herbst 1949 der unionsgeführten Bundesregierung angeschlossen hatte, was vielen rechtsextremen Parteimitgliedern nicht gefiel.[36] Als am 14. Januar 1950 dann auch die alliierte Lizensierungspflicht für Parteien entfiel, stand dem Aufstieg der SRP als neuem Sammlungsbecken der extremen Rechten scheinbar nichts mehr im Wege.[37] Die zentrale Herausforderung bestand nun darin, möglichst große Teile des beachtlichen rechtsextremen Wählerpotentials für sich zu gewinnen. Viele deprivierte Bevölkerungskreise, wie etwa frühere Kriegsteilnehmer und namentlich die Heimkehrer aus der Kriegsgefangenschaft, sprach die SRP mit ihrem Programm und ihrem mindestens an den „Stahlhelm" der Weimarer Republik, wenn nicht an die NSDAP und deren Kampfverbände, erinnernden Habitus und Gestus von Anfang an stark an.[38] Langfristiges Ziel der Parteiführung war es, die SRP im Stile einer rechtsextremen Sammlungsbewegung von Norddeutschland aus schrittweise zur bundesweit führenden Rechtspartei

---

[33] *H. W. Schmollinger,* SRP, in: Stöss, Parteien-Hdb. II, 1984, S. 2274 (2296).

[34] *K. P. Tauber,* Beyond Eagle and Swastika I, 1967, S. 695; *O. Sowinski,* Die Deutsche Reichspartei, 1998, S. 52 ff.

[35] *H. Hansen,* Sozialistische Reichspartei, 2007, S. 44.

[36] *H. W. Schmollinger,* SRP, in: Stöss, Parteien-Hdb. II, 1984, S. 2274 (2296 f.); eine größere Abwanderungswelle aus der DP löste der Ausschluss des schleswig-holsteinischen DP-Bundestagsabgeordneten *Wolfgang Hedler* nach dessen rechtsextremer, antisemitischer Rede im November 1949 aus der DP im Januar 1950 aus; dazu unten S. 291 f.

[37] Die britischen Besatzungsbehörden hatten zu diesem Zeitpunkt noch nicht über den im Oktober 1949 gestellten Lizensierungsantrag der SRP auf Landesebene entschieden; *O. Gnad,* SRP, in: Recker/Tenfelde, Handbuch, Teilbd. III, 2005, S. 353 (372).

[38] Vgl. auch *J. Collings,* Democracy's Guardians, 2015, S. 2.

zu entwickeln und so schließlich überall Einfluss auf die Politik zu erlangen.[39]

II. Der Führungszirkel der SRP

Auf der Gründungsversammlung der SRP am 2. Oktober 1949 wurden ohne Gegenstimme *Dorls* zum Vorsitzenden und *August Finke, Wolfgang Falck, Hellmuth Hillebrecht, Gerhard Heinze* sowie *Bernhard Gericke* zu weiteren Vorstandsmitgliedern gewählt.[40] Neben *Dorls* und *Gerhard Krüger,* der zum Hauptgeschäftsführer bestellt wurde, gehörten insbesondere *Otto Ernst Remer* und der mit dem oben erwähnten DNVP-Politiker *Kuno Graf von Westarp* verwandte *Wolf Graf von Westarp*[41] zum innersten Führungszirkel der SRP.[42]

Wolf Graf von Westarp (1910–1982) wurde am 9. Juli 1910 als Sohn eines Schriftstellers in Hamburg geboren.[43] Nach Unterrichtung durch einen Hauslehrer (1916–1923), Besuch einer landwirtschaftlichen (1923–1926) sowie einer Evangelischen Pädagogischen Schule (1926–1932) absolvierte er ein Studium an den Universitäten in München und Berlin, in dessen Rahmen er 1933 auch eine Zeit am Polytechnikum in London (heute: University of Westminster) verbrachte.[44] Im Anschluss berichtete er 1936 für die Deutsche Allgemeine

---

[39] Zur Mitgliederentwicklung der SRP: *O. Büsch,* Geschichte, in: Büsch/Furth, Rechtsradikalismus, 1957, S. 1 (71 ff.); *O. Gnad,* SRP, in: Recker/Tenfelde, Handbuch, Teilbd. III, 2005, S. 353 (415 ff., 422 ff.).

[40] Protokoll zur Gründungssitzung der Sozialistischen Reichspartei, 02.10.1949, BA, B 237, Nr. 215622 (Anlage Nr. 3 zum BVerfG-Sitzungsprotokoll).

[41] Der oben im Rahmen der Reichstagsdebatte zum DVFP-Verbot im Mai 1923 angesprochene DNVP-Politiker *Kuno Graf von Westarp* (1864–1945) war ein ungefähr gleichaltriger Cousin/Vetter des Vaters von *Wolf Graf von Westarp* (1910–1982), des in Hamburg lebenden Schriftstellers *Wolf Graf von Westarp* (1868–1923).

[42] Gegenüber britischen Geheimdienstquellen führte *Graf Westarp* im Sommer 1951 aus: „[…] the SRP is in fact ruled by Dorls, Remer and himself […]“, National Archives (UK), FO 1008/15, 5/3/118/51, 16.08.1951; biographische Informationen zum erweiterten SRP-Führungskreis finden sich in HICOG, Biographic Data on SRP Leaders (confidential), Enclosure 1 to Frankfurt Despatch 3272, 10.05.1951, National Archives (UK), FO 1008/14, 5/3/56/51.

[43] Chief Political Officer, Land Commissioner's Office, Hannover, Sozialistische Reichspartei Landtag Personalities, 11.06.1951 (restricted), National Archives (UK), FO 1008/14, 5/3/80/51; HICOG, Biographic Data on SRP Leaders (confidential), Enclosure 1 to Frankfurt Despatch 3272, 10.05.1951, National Archives (UK), FO 1008/14, 5/3/56/51; Westarp, Wolf Graf von, in Munzinger Online/Personen – Internationales Biographisches Archiv; zu *Westarps* Biographie auch: *H. Hansen,* Sozialistische Reichspartei, 2007, S. 56 f.; *S. Glienke,* NS-Vergangenheit späterer niedersächsischer Landtagsabgeordneter, 2012, S. 206 f.

[44] HICOG, Biographic Data on SRP Leaders (confidential), Enclosure 1 to Frankfurt Despatch 3272, 10.05.1951, National Archives (UK), FO 1008/14, 5/3/56/51; *S. Glienke,* NS-Vergangenheit späterer niedersächsischer Landtagsabgeordneter, 2012, S. 206.

Abb. 3: Wolf Graf von Westarp im August 1952 in seiner Wohnung in Hannover

Zeitung und den niederländischen De Telegraaf aus Abessinien,[45] bevor er bis 1938 für die Bremer Baumwollbörse und sodann bis 1941 für den Hannoverschen Kurier arbeitete.[46] 1933 war *Westarp,* der nie der NSDAP angehörte, der SS beigetreten, hatte diese aber 1937 wieder verlassen. Nach dem Zweiten Weltkrieg gab er fälschlich an, bereits 1935 wieder ausgetreten zu sein, was ihm im September 1949 eine Geldstrafe i.H.v. 100 DM durch den Entnazifizierungsausschuss einbrachte.[47] Im Jahr 1940 meldete er sich freiwillig zur Wehrmacht, wo er im Mannschaftsrang zum Einsatz kam, bis er 1943 als Gefreiter bei Kampfhandlungen seinen linken Arm verlor.[48] Mit dem Eisernen Kreuz und dem Verwundetenabzeichen ausgezeichnet war er im Anschluss bis 1946 wieder beim Hannoverschen Kurier tätig.[49] Da *Westarp* allerdings einem politischen Betätigungsverbot unterlag, musste er fortan zunächst im Hintergrund agieren. Während seines Engagements in der DReP, zu deren Führungskreis er dessen ungeachtet gehörte, bis die britischen Besatzungsbehörden Einspruch einlegten,[50] lernte er *Fritz Dorls* kennen. Mit diesem wechselte er 1947 zur niedersächsischen CDU, für deren Landesvorsitzenden *Günther Gereke* (1893–1970) er als außenpolitischer Berater und Pressechef tätig war,[51] bis er diese Stelle wegen der schlech-

---

[45] Nach HICOG, Biographic Data on SRP Leaders (confidential), Enclosure 1 to Frankfurt Despatch 3272, 10.05.1951, National Archives (UK), FO 1008/14, 5/3/56/51 soll *Westarp* auch für den Völkischen Beobachter gearbeitet haben.

[46] Chief Political Officer, Land Commissioner's Office, Hannover, Sozialistische Reichspartei Landtag Personalities, 11.06.1951 (restricted), National Archives (UK), FO 1008/14, 5/3/80/51; vgl. auch *H. Hansen,* Sozialistische Reichspartei, 2007, S. 56.

[47] Chief Political Officer, Land Commissioner's Office, Hannover, Sozialistische Reichspartei Landtag Personalities, 11.06.1951 (restricted), National Archives (UK), FO 1008/14, 5/3/80/51; *H. Hansen,* Sozialistische Reichspartei, 2007, S. 56 Fn. 49.

[48] Details der militärischen Karriere bei *S. Glienke,* NS-Vergangenheit späterer niedersächsischer Landtagsabgeordneter, 2012, S. 206.

[49] Chief Political Officer, Land Commissioner's Office, Hannover, Sozialistische Reichspartei Landtag Personalities, 11.06.1951 (restricted), National Archives (UK), FO 1008/14, 5/3/80/51.

[50] HICOG, Biographic Data on SRP Leaders (confidential), Enclosure 1 to Frankfurt Despatch 3272, 10.05.1951, National Archives (UK), FO 1008/14, 5/3/56/51.

[51] „Dann haben Sie, was wir wollen", in: Spiegel 43/1949 v. 20.10.1949, S. 9 (http://www.spiegel.de/spiegel/print/d-44438645.html); „Gereke – Der Kurs gegen Ade-

ten Finanzlage der Partei wieder verlor.[52] Nachdem sich *Gereke* Anfang 1949 mit *Konrad Adenauer* u.a. wegen der Linie der CDU im Parlamentarischen Rat überworfen hatte und infolgedessen sein parteiinterner Einfluss geschwunden war,[53] verließ *Westarp* die CDU und ließ sich nach Aufhebung seines politischen Betätigungsverbotes von *Dorls* zum Eintritt in dessen SRP bewegen. In der neuen Partei nahm *Westarp* von Anfang an die Rolle des außenpolitischen Vordenkers ein. Nicht einmal drei Wochen nach der Parteigründung berichtete der Spiegel, dass *Westarp,* der kurz zuvor seine allerdings erst 1950 publizierte Schrift „Nicht ohne uns!“ über die Stellung Deutschlands in Europa und der Welt vollendet hatte,[54] im Namen der SRP in außenpolitischer Hinsicht plakativ fordere: „Reaktivierung Deutschlands in Mitteleuropa, europäischer Zusammenschluß, aber nicht ohne die europäischen Oststaaten“.[55] Allerdings beschränkten sich *Westarps* Aktivitäten nicht auf das Feld der Außenpolitik. Für die auf Außenstehende oft eher obskur wirkende SRP war er nicht zuletzt wegen seiner Weltläufigkeit und seines seriösen Auftretens wertvoll. So trat er in der Hochphase der SRP kurz nach den Niedersachsenwahlen vom 6. Mai 1951 mit dem Versuch auf den Plan, die Bundesregierung und die westlichen Alliierten davon zu überzeugen, dass die von einem Parteiverbotsverfahren bedrohte SRP harmlos und konstruktiv sei. Dabei warb er nicht nur in Reden für die Verfassungstreue der SRP und kontaktierte gar Verfassungsschutzchef *Otto John* mit dem Ziel, diesen bei einem persönlichen Treffen davon zu überzeugen, dass die nazistische Partei demokratisch sei und *Remer* am 20. Juli 1944 eigentlich nur seine Pflicht getan habe.[56] Vielmehr kam es im Sommer 1951 auf Initiative des *Grafen* auch zu Treffen mit hochrangigen Beamten der britischen Besatzungsbehörden, die *Westarp* – vergeblich – von der Harmlosigkeit der SRP zu überzeugen versuchte.[57]

Der politisch nicht übermäßig versierte *Otto Ernst Remer* trat zwar in der Gründungsversammlung noch nicht als Mitglied der Parteiführung auf, entwickelte sich aber – im Gegensatz zu *Westarp,* der überwiegend konzeptio-

---

nauer“, in: Spiegel 32/1950 v. 10.08.1950, S. 7 (http://www.spiegel.de/spiegel/print/d-44449347.html).

[52] „Zur Lage der CDU in Niedersachsen“ (ohne Datum, vermutlich aus dem Juli 1949), StBKAH, NL Adenauer, 12.05, Bl. 23 (26).

[53] Dazu der Vermerk „Zur Lage der CDU in Niedersachsen“ (ohne Datum, vermutlich aus dem Juli 1949), StBKAH, NL Adenauer, 12.05, Bl. 23–29.

[54] Vgl. *W. Graf von Westarp,* Nicht ohne Uns! – Europa – Weder Ost noch West, 1950, S. 9.

[55] „Dann haben Sie, was wir wollen“, in: Spiegel 43/1949 v. 20.10.1949, S. 9 (10) (http://www.spiegel.de/spiegel/print/d-44438645.html).

[56] *O. John,* Zweimal kam ich heim, 1969, S. 231 f.; dazu auch unten S. 331 f.; nach den Niedersachsenwahlen warb *Westarp* in Reden bei der Bundesregierung um Anerkennung der SRP, die „keine Untergrundbewegung“ sei und den Staat nicht zerstören, sondern aufbauen wolle; in diese Richtung etwa die Zitate aus der Rede, die *Westarp* am 06.06.1951 vor ca. 1.600 Zuhörern in Celle hielt, „Zwei Redner der SRP in Unions-Saal“, in: Cellesche Zeitung, 08.06.1951, National Archives (UK), FO 1008/14, 5/3/78/51.

[57] Dazu insbesondere die „File Note“ über das Gespräch des Chief Political Officer *L. Thompson* mit *Westarp* im Juli 1951 im Anhang zu: Chief Political Officer, Land Commissioner’s Office, Hannover, to Internal Affairs Branch, Chancery, Office of the U.K. High Commissioner, 30.07.1951 (confidential), National Archives (UK), FO 1008/15, 5/3/104/51; näher dazu auch unten S. 233 f.

nell im Hintergrund agierte – umgehend zum Aushängeschild und Publikumsmagneten der neuen Partei, bevor er im Sommer 1950 dann auch offiziell zum stellvertretenden Parteivorsitzenden gewählt wurde.[58] Bei den SRP-Führungspersonen handelte es sich – mit der markanten Ausnahme des tief im Militär verwurzelten, aus einem eher kleinbürgerlichen Milieu stammenden *Remer* – ganz überwiegend um Universitätsabsolventen, die in gehobenen Verhältnissen aufgewachsen waren.[59] *Dorls, Krüger* und *Gericke* hatten historisch-soziologische Studien durchlaufen, *Finke* war Jurist, *von Westarp* Journalist und *Falck* Psychologe.[60] Fast alle waren um die 40 Jahre alt,[61] hatten also einen wesentlichen Teil ihrer politischen Sozialisation in der Untergangsphase der Weimarer Republik und im Übergang zur NS-Zeit erfahren. Die meisten hatten dann im NS-Regime – oft auf der unteren oder mittleren Funktionsebene – mehr oder weniger stark Karriere gemacht. Dass sich auch nach ihren späteren Erfolgen kaum höhere NS-Chargen in einer Partei wie der SRP fanden, hatte mehrere Gründe:[62] So hätten bedeutendere NS-Politiker ein Engagement in einer Partei wie der SRP, die durchgängig schlecht finanziert war, schlicht als sozialen Abstieg empfunden. Auch hätte ein Engagement bekannterer Nationalsozialisten voraussehbar die Besatzungsmächte oder die Autoritäten der Bundesrepublik auf den Plan gerufen.

August Finke (1906–1995), ab 1950 Vorsitzender des wichtigen niedersächsischen SRP-Landesverbandes, war seit 1931 NSDAP-Mitglied gewesen, hatte ab November 1931 hauptamtlich der SS angehört und war dort 1944 zum Obersturmbannführer aufgestiegen.[63] Der studierte Jurist hatte schließlich als Referent im Amt VI (SD-Ausland) des Reichssi-

[58] Auf der Parteiratssitzung am 08.07.1951 wurde *Remer* erneut in den Parteivorstand gewählt und sodann vom Ersten Vorsitzenden *Dorls* zu dessen Stellvertreter bestellt, Protokoll der Parteiratssitzung am 08.07.1951 in Celle, BA, B 237, Nr. 215623 (Anlage Nr. 16a zum BVerfG-Sitzungsprotokoll).

[59] *K. P. Tauber,* Beyond Eagle and Swastika I, 1967, S. 691 f.

[60] *O. Büsch,* Geschichte, in: Büsch/Furth, Rechtsradikalismus, 1957, S. 1 (21 f.); zu *Falcks* Biographie: HICOG, Biographic Data on SRP Leaders (confidential), Enclosure 1 to Frankfurt Despatch 3272, 10.05.1951, National Archives (UK), FO 1008/14, 5/3/56/51; *H. Hansen,* Sozialistische Reichspartei, 2007, S. 57 f.

[61] Im Jahr 1949 war die Mehrheit der Führungsmitglieder zwischen 37 und 40 Jahre alt. Lediglich *Heinze* war mit 51 Jahren älter und *Falck* mit 24 Jahren deutlich jünger.

[62] Vgl. etwa *U. Herbert,* Rückkehr in die Bürgerlichkeit?, in: Weisbrod, Rechtsradikalismus in der politischen Kultur, 1995, S. 157 (166 f.); *ders.,* Best, 5. Aufl. 2011, S. 462.

[63] Zu *Finkes* Biographie: HICOG, Biographic Data on SRP Leaders (confidential), Enclosure 1 to Frankfurt Despatch 3272, 10.05.1951, National Archives (UK), FO 1008/14, 5/3/56/51; Kurzbiographien des als Parteimitbegründer, Vorsitzender des niedersächsischen SRP-Landesverbandes und niedersächsischer Landtagsabgeordneter sehr einflussreichen *Finke* finden sich in: *H. Hansen,* Sozialistische Reichspartei, 2007, S. 57 und in *G. Trittel,* Die SRP als Niedersächsische Regionalpartei, in: Weisbrod, Rechtsradikalismus, 1995, S. 67 (69); biographische Rahmendaten, die allerdings *Finkes* Verstrickungen

Abb. 4: August Finke (Mitte) mit Remer (links) und vermutlich Hans Siep (rechts) am 14.08.1952 in Westarps Wohnung in Hannover

cherheitshauptamtes Karriere gemacht.[64] Als SD-Mann in die deutsche Botschaft in Stockholm entsandt, beschaffte er dort bis 1945 als Agent erfolgreich Material.[65] Dossiers der US-amerikanischen und britischen Besatzungsbehörden konstatieren übereinstimmend, *Finke* sei praktisch Chef der Gestapo in Schweden gewesen und sei nach seiner Beförderung zum Obersturmbannführer erst im Februar 1945 von dort abgezogen worden, nachdem seine Aktivitäten allzu bekannt geworden seien.[66]

Insgesamt verdankten fast alle Mitglieder des SRP-Führungskreises ihre bisherigen Karriereerfahrungen dem überwundenen NS-Regime. Gleichzeitig konnten sie aber gerade wegen dieser Verstrickungen nach dem Krieg sowie häufig nach anschließender Internierung – auffällig oft im Lager Staumühle, wo sich mehrere von ihnen kennenlernten[67] – nicht mehr an ihre früheren Karrieren anknüpfen.[68] Die meisten hatten daher einen sozialen Abstieg erfahren, fühlten sich ihrer Zukunftschancen beraubt und fanden sich im neu

---

mit dem NS-Regime ausblenden, auch in: Abgeordnete in Niedersachsen 1946–1994, 1996, S. 97

[64] Zum Amt VI (SD-Ausland) des Reichssicherheitshauptamtes: *M. Wildt,* Generation des Unbedingten, 2002, S. 391 ff.

[65] *S. Glienke,* NS-Vergangenheit späterer niedersächsischer Landtagsabgeordneter, 2012, S. 60 Fn. 191; zu *Finkes* Tätigkeit im Reichssicherheitshauptamt: *M. Wildt,* Generation des Unbedingten, 2002, S. 400 f., insbesondere Fn. 345, vgl. auch a.a.O. S. 843.

[66] HICOG, Biographic Data on SRP Leaders (confidential), Enclosure 1 to Frankfurt Despatch 3272, 10.05.1951, National Archives (UK), FO 1008/14, 5/3/56/51; Chief Political Officer, Land Commissioner's Office, Hannover, Sozialistische Reichspartei Landtag Personalities, 11.06.1951 (restricted), National Archives (UK), FO 1008/14, 5/3/80/51.

[67] Mehr als die Hälfte der Führungsmitglieder war u.a. wegen ihres früheren Engagements in der NSDAP und deren Organisationen nach dem Krieg längere Zeit inhaftiert. *Dorls, Krüger* und *Gericke* saßen gemeinsam im Lager Staumühle ein.

[68] *O. Büsch,* Geschichte, in: Büsch/Furth, Rechtsradikalismus, 1957, S. 1 (21 ff.).

entstehenden demokratischen System nur schlecht zurecht.[69] Diese gemeinsame Erfahrung von früherer Karriere, Statusverlust und geschwundenen beruflich-persönlichen Aussichten einte die Führungsriege der SRP wohl noch stärker als ihr vergleichbarer sozialer Hintergrund, der oft in einem nationalkonservativen Elternhaus seinen Ausgang gefunden hatte. Beispielhaft angeführt sei hier auch der Werdegang des 1908 als Sohn eines Kapitäns in Mottlau bei Danzig geborenen *Gerhard Krüger*, der sich zum Chefideologen der SRP entwickeln sollte:

Krüger (1908–1994) studierte in Greifswald und Leipzig Germanistik sowie Geschichte und wurde 1934 promoviert.[70] 1926 war er in die SA und 1928 in die NSDAP eingetreten und so im Dezember 1931 zum ersten nationalsozialistischen Führer der deutschen Studentenschaft bei der NSDAP-Reichsleitung avanciert.[71] Nachdem er maßgeblich an der Vorbereitung und Durchführung der Bücherverbrennungen im Mai 1933 beteiligt gewesen war, musste er den Vorsitz der Deutschen Studentenschaft im Oktober 1933 wegen sexueller Belästigung von Kommilitoninnen abgeben.[72] Seit 1933 für den Völkischen Beobachter,[73] ab 1935 für die parteiamtliche Prüfungskommission zum Schutz des nationalsozialistischen Schrifttums unter *Philipp Bouhler* und ab 1940 als Assistent an der Universität Straßburg tätig, brachte ihn sein Engagement als NSDAP-Funktionär im Krieg durch Vermittlung von „Unterstaatssekretär“ *Martin Luther* (1895–1945) in das Auswärtige Amt und von dort 1942 als Legationsrat in die Pariser Botschaft, die er von ihrem „liberalen Ungeist säubern“ sollte.[74] Dies tat er unter anderem, indem er für die Abberufung *Karl Eptings* (1905–1979), des Leiters der Kulturabteilung der Botschaft, die ab September 1940 als das selbständige Deutsche Institut firmierte, sorgte, nachdem er in dessen angeschlossener Bibliothek „ungefähr 40 Bücher jüdischer Verfasser“ entdeckt hatte.[75] Wegen versuchter Vergewaltigung einer Botschaftssekretärin nach Berlin zurückgeschickt,[76] war *Krüger* nach seiner Ernennung zum SA-Standartenführer im Jahr 1942 ab 1944 als Leiter des Gauschulungsamtes für Süd-Westfalen tätig. Nach Kriegsende wurde er von den Briten verhaftet und im Lager Staumühle interniert.

---

[69] *K. P. Tauber,* Beyond Eagle and Swastika I, 1967, S. 692; *M. Schlieben,* Politische Karrieren, 2013, S. 92; *H. W. Schmollinger,* SRP, in: Stöss, Parteien-Hdb. II, 1984, S. 2274 (2327).

[70] HICOG, Biographic Data on SRP Leaders (confidential), Enclosure 1 to Frankfurt Despatch 3272, 10.05.1951, National Archives (UK), FO 1008/14, 5/3/56/51; „Deutsche Sozialistische Reichspartei – Prof. Gerhard Krueger, 02.09.1950“, National Archives (USA), IRR, D279927; *H. Hansen,* Sozialistische Reichspartei, 2007, S. 49 f.

[71] „Deutsche Sozialistische Reichspartei – Prof. Gerhard Krueger, 02.09.1950“, National Archives (USA), IRR, D279927.

[72] *R. Ray,* Annäherung an Frankreich im Dienste Hitlers?, 2000, S. 221.

[73] „Deutsche Sozialistische Reichspartei – Prof. Gerhard Krueger, 02.09.1950“, National Archives (USA), IRR, D279927.

[74] *E. Michels,* Das Deutsche Institut in Paris 1940–1944, 1993, S. 106.

[75] *E. Michels,* Das Deutsche Institut in Paris 1940–1944, 1993, S. 107 f.; *H. Hansen,* Sozialistische Reichspartei, 2007, S. 50 f.

[76] *P. Hühnerfeld,* Vergewaltiger, kein Verführer!, in: Die Zeit vom 06.09.1951 (http://www.zeit.de/1951/36/vergewaltiger-kein-verfuehrer).

Abb. 5: Gerhard Krüger 1938 als SA-Sturmbannführer

Die Zeit in Staumühle, wo er u.a. auch *Fritz Dorls* traf,[77] nutzte *Krüger,* um sein Machwerk „Das unzerstörbare Reich" zu verfassen,[78] das als „Mischung aus schwulstiger nationaler Romantik, gepaart mit altbekannten rassenideologischen Leitsätzen des Nationalsozialismus" charakterisiert worden ist.[79] Von Interesse ist das als Lehr- und Erbauungsschrift für seine Kinder getarnte,[80] erst 1952 publizierte kleine Buch allerdings vor allem aus dem Grund, dass sich in ihm – wenn auch allgemein verbrämt formuliert – Thesen und Anschauungen finden, welche die Ideologie der SRP prägen sollten:[81] Erstens sei die NS-Zeit trotz mancher Fehlentwicklungen ein Aktivposten der deutschen Geschichte gewesen. Zweitens sei das Deutsche Reich eine unveräußerliche, geschichtlich gewachsene Größe, die im Innern bewahrt schon bald wieder nach außen treten und zu altem Glanz gelangen werde. [82] Drittens betrachtete *Krüger* alle demokratischen Politiker, die sich den Gegebenheiten anpassten und mit den Siegern kooperierten, als zu bekämpfende Verräter an der deutschen Sache. Gerade dies sollte sich schon bald in einer rücksichtslosen Agitation der SRP gegen den demokratischen Staat und dessen Politiker niederschlagen, die stark an die systematische Herabwürdigung der demokratischen Weimarer Politiker durch die NSDAP erinnerte.

---

[77] „Deutsche Sozialistische Reichspartei – Prof. Gerhard Krueger, 02.09.1950", National Archives (USA), IRR, D279927.

[78] *G. Krüger,* Das unzerstörbare Reich, 1952.

[79] *H. Hansen,* Sozialistische Reichspartei, 2007, S. 52.

[80] Vgl. das Vorwort in: *G. Krüger,* Das unzerstörbare Reich, 1952: „Liebe Kinder!".

[81] *H. Hansen,* Sozialistische Reichspartei, 2007, S. 52 f.

[82] *G. Krüger,* Das unzerstörbare Reich, 1952, S. 53 ff.

In der Entnazifizierung lediglich als Minderbelasteter in Kategorie drei eingestuft, wurde 1947 erneut ein Ermittlungsverfahren gegen *Krüger* eingeleitet, da der Vorwurf aufgetaucht war, er habe sich „über seine Angaben hinaus in übler Weise nazistisch betätigt, besonders in seiner Eigenschaft als SA-Mann vor der Machtübernahme".[83] Nachdem dieses Verfahren jedoch wie viele wegen des herrschenden Personalmangels im Sande verlaufen war, engagierte sich *Krüger,* der nunmehr als Textilvertreter tätig war[84] und dem wegen seiner Einstufung als Minderbelasteter gewisse Restriktionen auferlegt waren, zunächst u.a. in der Deutschen Union (DU), über die er dann zur GuD und damit zum Gründerkreis der SRP gelangte. In der SRP war *Krüger* maßgeblich für die wichtige Aufgabe der Parteipropaganda verantwortlich, die er u.a. in Form von Rundschreiben an die Parteimitglieder und durch die parteieigene und parteinahe Presse zu verbreiten versuchte. *Krüger* wurde von Zeitgenossen oft als *spiritus rector* der SRP wahrgenommen, der deren Geschicke aus dem Hintergrund lenkte, aber anderen – wie namentlich *Dorls* und *Remer* – den Auftritt in der Öffentlichkeit überließ.[85]

III. Ideologie, Strukturen und Propaganda

1. Reichsideologie und Nähe zur NSDAP

Die SRP, die aus heutiger Sicht insgesamt als nazistisch charakterisiert werden kann,[86] verstand sich programmatisch zunächst als nationale Sammlungsbewegung für alle „wahrhaft deutschgesinnten Männer und Frauen", wobei vor allem ehemalige NSDAP-Mitglieder zur Zielgruppe zählten.[87] Dass ihre Ideologie um die Treue zum Deutschen Reich kreiste, kam nicht nur im Parteinamen zum Ausdruck.[88] Sowohl einem von *Fritz Dorls* unterzeichneten

---

[83] *H. Hansen,* Sozialistische Reichspartei, 2007, S. 51.

[84] *P. Hühnerfeld,* Vergewaltiger, kein Verführer!, in: Die Zeit vom 06.09.1951 (http://www.zeit.de/1951/36/vergewaltiger-kein-verfuehrer).

[85] So etwa *P. Hühnerfeld,* Vergewaltiger, kein Verführer!, in: Die Zeit vom 06.09.1951 (http://www.zeit.de/1951/36/vergewaltiger-kein-verfuehrer).

[86] So etwa der frühere Bundesverfassungsrichter *G. Leibholz,* „Gerhard Leibholz im Gespräch: Recht, Philosophie, Politik", Radiosendung, NDR, gesendet am 17.03.1982, 20.00–21.30 Uhr, NDR-Schallarchiv, Archivnummer 6908342 000: „Neonazipartei"; vgl. auch bspw. *G. Trittel,* Die SRP als Niedersächsische Regionalpartei, in: Weisbrod, Rechtsradikalismus, 1995, S. 67 (70 ff.); *H. W. Schmollinger,* SRP, in: Stöss, Parteien-Hdb. II, 1984, S. 2274 (2279, 2335) bezeichnet sie als „neofaschistisch".

[87] *H. Hansen,* Sozialistische Reichspartei, 2007, S. 59.

[88] BVerfGE 2, 1 (48 f.); in ihrem gedruckten Parteiprogramm (undatiert), das *Lehr* und *Dehler* am 23.11.1951 vom Verfassungsschutz als „von der SRP neu herausgegeben" zugeleitet wurde (BA, B 141, Nr. 207 (geheim)), benannte die SRP die Treue zum Reich als oberstes Gesetz ihres Handelns und bekannte sich zum „volksgebundenen Sozialismus, der die Notwendigkeit der Bindung des Einzelmenschen an das Volksganze bejaht, und der allein Europa vor dem Wirtschaftschaos und der Bolschewisierung zu bewahren vermag"; eine maschinenschriftliche Version des Parteiprogramms findet sich in dem in Schleswig-Holstein beschlagnahmten SRP-Material (BA, B 104, Nr. 353, Bl. 15 ff.); verschiedene in der Regel nicht datierte Programme samt Entwürfen finden sich in BA, B 237, Nr. 215624 und in BA, B 104, Nr. 7.

provisorischen Parteiprogramm aus dem Oktober 1949 als auch dem auf dem zweiten SRP-Bundesparteitag am 7./8. Juli 1951 in Westercelle einstimmig verabschiedeten ausführlicheren Parteiprogramm war das unzweideutige Bekenntnis vorangestellt:[89]

„Die Sozialistische Reichspartei ist der politische Zusammenschluß freier Deutscher. Das oberste Gesetz ihres Handelns ist die Treue zum Reich."

Programmpunkt I formulierte dann als Hauptziel der Partei:[90]

„Die SRP betreibt die Wiederherstellung des Deutschen Reiches".

Es war daher auch kein Zufall, dass die Parteileitung, die sich der Wirkung starker Symbole bewusst war, zügig nach der Parteigründung einen schwarzen Reichsadler auf rotem Grund mit weißer Umrandung in den Mittelpunkt der Partei-Ikonographie stellte.[91] Dieses hoch aufgeladene Symbol prangte fortan überall dort auf Fahnen, Bannern, Armbinden u.s.w., wo im Nationalsozialismus noch das nunmehr verbotene Hakenkreuz abgebildet gewesen war.[92] Die FAZ beschrieb die weiterführenden Assoziationen, die dies zwangsläufig auslöste, später wie folgt:[93]

„Der schwarze Adler auf rotem Grund, der die Wahlversammlungen der SRP schmückte, trug nicht das Hakenkreuz. Aber unsichtbar sah jeder Zuhörer es auf die Mitte des Reichsadlers gemalt […]."

Grundlage der Parteiideologie war die Behauptung, dass das „Dritte Reich" mit dem von *Hitler* zu dessen Nachfolger ernannten Großadmiral *Karl Dönitz* an der Spitze fortbestehe.[94] Da dieser von den Alliierten an der Ausübung der legitimen Herrschaftsgewalt in Deutschland gehindert werde, sah sich die SRP als Träger eines national gebotenen „Widerstands" gegen die angeblich ebenso illegale wie illegitime demokratische Bundesrepublik im Allgemeinen

---

[89] Programm der Sozialistischen Reichspartei, gezeichnet von Dorls am 21.10.1949, Abschrift in BA, B 237, Nr. 215639; Parteiprogramm der Sozialistischen Reichspartei (Entwurf), Anlage zu: Chief Political Officer, Land Commissioner's Office, Hannover, to Internal Affairs Branch, Chancery, Office of the U.K. High Commissioner, Internal Affairs Branch, Chancery, Office of the U.K. High Commissioner, 31.07.1951 (secret), National Archives (UK), FO 1008/15.

[90] Im Parteiprogramm, das am 7./8. Juli 1951 verabschiedet wurde, heißt es – leicht davon abweichend: „Die SRP erstrebt die Wiederherstellung des deutschen Reiches".

[91] *K. P. Tauber,* Beyond Eagle and Swastika I, 1967, S. 709.

[92] *W. Long,* The New Nazis of Germany, 1968, S. 62.

[93] „Die Mahnung von Niedersachsen", in: FAZ v. 08.05.1951, S. 1.

[94] BVerfGE 2, 1 (56 f.); umfassend zu den ideologischen Grundlagen der SRP: *P. Furth,* Ideologie und Propaganda der SRP, in: Büsch/Furth, Rechtsradikalismus, 1957, S. 193 (197 ff.); *O. Büsch,* Geschichte, in: Büsch/Furth, Rechtsradikalismus, 1957, S. 1 (24 ff.); vgl. auch *H. W. Schmollinger,* SRP, in: Stöss, Parteien-Hdb. II, 1984, S. 2274 (2280 ff.); *H. Hansen,* Sozialistische Reichspartei, 2007, S. 105 ff.

und die demokratischen Parteien im Speziellen. Der ungeliebte Staat und dessen Parteien seien nur kraft illegaler Einflussnahme der Alliierten entstanden. Das daraus abgeleitete Widerstandsrecht war von einem starken Sendungsbewusstsein getragen, das auf die Wiederherstellung des Reiches unter gleichzeitiger Umformung des deutschen Volkes in eine „führungsdemokratisch" strukturierte „völkische Gemeinschaft" abzielte.[95] *Dorls* postulierte allen Ernstes „eine gerade Linie von Hermann dem Cherusker, über den deutschen Ritterorden, Wittekind, Luther und die Preußischen Könige zur SRP".[96] Das wiederzuerrichtende Reich wurde letztendlich als Bollwerk gegen die Gefahren des Kommunismus und Sozialismus beschworen. Während die SRP-Ideologie *Marion Gräfin Dönhoff* in der Zeit später zu der Frage veranlassen sollte, wer sich „an diesem ausgelaugten Unsinn noch ergötzen könne",[97] bediente die SRP tatsächlich geschickt Ängste, Ressentiments und Gedankenmuster, die in der Bevölkerung ohnehin noch weit verbreitet waren, aber nach dem Ausbruch des Koreakrieges im Juni 1950 einen starken Aufschwung erlebten.[98] Dies alles gipfelte vor dem Hintergrund des sich rapide entwickelnden Kalten Krieges und der Wiederbewaffnungsdebatte im kruden Traum eines antibolschewistischen Europas unter deutscher Führung „als Dritte Macht zwischen Ost und West", der – nicht zufällig – auch in den sich zügig bildenden Soldatenverbänden weit verbreitet war.[99]

Nicht nur aufgrund ihrer Reichsfixierung war die ideologische Nähe der SRP zur NSDAP unübersehbar.[100] Um die staatlichen Mechanismen zum Schutze der Verfassung nicht unmittelbar auf den Plan zu rufen, bemühte sich die SRP daher in einem regelrechten Eiertanz, ihre Orientierung an der *Hitler*-Partei zu kaschieren. Rassistische und antisemitische Thesen etwa wurden in offiziellen Verlautbarungen nach Möglichkeit vermieden,[101] obwohl beide

---

[95] *O. Büsch,* Geschichte, in: Büsch/Furth, Rechtsradikalismus, 1957, S. 1 (52).

[96] Zitiert nach *H. Hansen,* Sozialistische Reichspartei, 2007, S. 115.

[97] *M. Gräfin Dönhoff,* Demokratisches Führerprinzip, in: Die Zeit v. 10.07.1952 (http://www.zeit.de/1952/28/demokratisches-fuehrerprinzip).

[98] *H. W. Schmollinger,* SRP, in: Stöss, Parteien-Hdb. II, 1984, S. 2274 (2290 ff.); *T. Assheuer/H. Sarkowicz,* Rechtsradikale in Deutschland, 2. Aufl. 1992, S. 13.

[99] Vgl. *W. Graf von Westarp,* Nicht ohne Uns!, 1950 sowie *Westarps* Äußerungen gegenüber einer Kontaktperson aus dem Bereich des französischen Hochkommissars, Land Commissioner's Office, Hannover, to C.D.W. O'Neill, Chancery, Office of the U.K. High Commissioner, Wahnerheide, 03.08.1951, National Archives (UK), FO 1008/15 und die *Remer*-Rede aus dem niedersächsischen Wahlkampf, gehalten am 04.05.1951 in Dombrock, S. 11, National Archives (UK), FO 1008/15; zum Ganzen auch *H. Hansen,* Sozialistische Reichspartei, 2007, S. 112 f., 130 f.

[100] Vgl. *M. Gräfin Dönhoff,* Demokratisches Führerprinzip, in: Die Zeit vom 10.07.1952 (http://www.zeit.de/1952/28/demokratisches-fuehrerprinzip); *G. Trittel,* Die SRP als Niedersächsische Regionalpartei, in: Weisbrod, Rechtsradikalismus, 1995, S. 70 ff.

[101] Die wegen des Aufstiegs der SRP von der *Wiener Library* nach Deutschland entsandte Historikerin *Eva G. Reichmann,* Germany's New Nazis, August 1951, S. 4 f.,

im Parteialltag praktiziert wurden und sich zumindest in parteinahen Publikationen Bahn brachen.[102] Gleichzeitig wurden aber derart systematisch ideologische Kerngehalte des Nationalsozialismus und Faschismus aufgegriffen, dass sich allen, die das NS-Regime kannten, aufdrängen musste, welcher Partei die SRP nachstrebte.[103] Geschickt bediente die SRP Reminiszenzen an die NS-Zeit, die in den Köpfen der Menschen bewusst oder unbewusst tief verwurzelt und zugleich stark emotionsbeladen waren und sich daher potentiell in zahlreiche Wählerstimmen ummünzen ließen.[104] Offiziell stellte sie sich dabei allerdings eher in die Tradition einer allgemeinen konservativen Revolution, die sie authentisch fortführe, während die NSDAP eine missglückte, ins Faschistische pervertierte Ausprägung derselben gewesen sei.[105]

Quasireligiös überhöht waren in der Ideologie der SRP nicht nur transzendental verklärte Bezugspunkte wie „das Reich" und „die Volksgemeinschaft", sondern auch die Bedeutung der SRP für diese selbstgewählten Projektionsflächen: Man verstand sich als eine Art politischer Orden, der insgeheim die reichstreue Elite des Volkes zusammenschloss und so im Interesse der gemeinsamen Ziele zur gemeinsamen Aktion gegen die „alliierten Unterdrücker" und deren von den „Lizenzparteien" getragenen westdeutschen „Satellitenstaat" befähigte.[106] Das mythisch-elitäre Ordensbewusstsein wurde organisatorisch durch einen kräftigen Schuss militärischen Korpsgeistes geerdet:

National Archives (UK), FO 1008/15 berichtet von einer Versammlung mit *Remer* im Juni oder Juli 1951 in Lübeck: „With all this political resentment and nationalist extremism goes a distinct endeavour to present oneself as ‚democratic' and ‚constitutional', which is evidently the result of the Government's threat to ban the SRP as anti-constitutional. A programmatic declaration by Remer that the SRP is not antisemitic but disapproves of the exermination of the Jews as a ‚revolutionary exaggeration' of the Nazis is probably the result of similar considerations".

[102] BVerfGE 2, 1 (65 ff.); *H. W. Schmollinger,* SRP, in: Stöss, Parteien-Hdb. II, 1984, S. 2274 (2286); *O. Gnad,* SRP, in: Recker/Tenfelde, Handbuch, Teilbd. III, 2005, S. 353 (395 f.); *H. Hansen,* Sozialistische Reichspartei, 2007, S. 113 f.; *M. Schlieben,* Politische Karrieren, 2013, S. 92; *C. Jahr,* Antisemitismus vor Gericht, 2011, S. 341; *M. Lausberg,* Die extreme Rechte in NRW, 2012, S. 84 f.; *H. Meier,* In der Nachfolge der NSDAP?, in: ders., Verbot der NPD, 2015, S. 67 (69).

[103] *P. Furth,* Ideologie und Propaganda der SRP, in: Büsch/Furth, Rechtsradikalismus, 1957, S. 193 (201); *H. W. Schmollinger,* SRP, in: Stöss, Parteien-Hdb. II, 1984, S. 2274 (2280 ff.); *U. Backes/E. Jesse,* Politischer Extremismus, 1989, S. 54.

[104] *H. Hansen,* Sozialistische Reichspartei, 2007, S. 133; *F. Hanschmann,* Parteiverbotsverfahren vor dem BVerfG, in: Goldbach, Mit juristischen Waffen, 2003, 7 (9).

[105] Vgl. *K. P. Tauber,* Beyond Eagle and Swastika I, 1967, S. 707 f.; *H. W. Schmollinger,* SRP, in: Stöss, Parteien-Hdb. II, 1984, S. 2274 (2282 f.).

[106] So hieß es bspw. in SRP-Parteileitung, Rundschreiben Nr. 7 vom 29.09.1950, gez. Matthaei (BA, B 237, Nr. 215639) in Reaktion auf den Unvereinbarkeitsbeschluss der Bundesregierung aus dem September 1950: „Das Gefühl, politisch verfolgt zu werden, verleiht uns das Bewußtsein, einem politischen Orden anzugehören."; *G. Trittel,* Die SRP als Niedersächsische Regionalpartei, in: Weisbrod, Rechtsradikalismus, 1995, S. 73 f.

Die Parteiführer nahmen unbedingte Autorität für sich in Anspruch, und es herrschte ein strikt hierarchischer Parteiaufbau. Neben der hierarchischen Struktur war bestimmendes soziales Organisationsprinzip das direkt aus dem Militär entlehnte Prinzip der „Kameradschaft“: Parteimitglieder redeten sich üblicherweise mit „Kamerad“ an, und parteiinterne Schreiben wurden durchgängig mit „kameradschaftlichen Grüßen“ unterzeichnet.[107] So erinnerten bspw. auch Beauftragungen der Parteiredner an militärische Einsatzbefehle, wenn sie mitunter auch gewisse Höflichkeitsformeln wie „bitte“ enthielten.[108]

2. *Parteistrukturen und innerparteiliche Willensbildung*

Grundlage der Parteiarbeit waren in den ersten Monaten nach der Gründung die Entscheidungen der Parteiführung, die strikt von oben nach unten durchregierte. Zwar war auf der Gründungsversammlung provisorisch die Satzung des niedersächsischen Landesverbandes der DKP-DRP übernommen worden,[109] doch spielte diese in der Praxis kaum eine Rolle.[110] So wurden die sich allmählich herausbildenden Unterverbände der SRP auf entsprechende Anfragen offen darauf hingewiesen, dass überhaupt noch keine eigene Satzung existiere.[111] Der vorläufige Parteivorstand ließ sich mit der Umsetzung des ihm auf der Gründungsversammlung am 2. Oktober 1949 erteilten Grundauftrags, eine Satzung für die neue Partei auszuarbeiten, Zeit.[112] Wie die erste SRP-Satzung dann auf der Vorstandssitzung am 29. Juli 1950 in Hannover zustande kam, demonstriert recht gut, was sich der Vorstand der rechtsextremen Partei unter der nach Art. 21 Abs. 1 GG erforderlichen demokratischen Binnenstruktur einer politischen Partei vorstellte: Es war der Parteivorstand, der in seiner Sitzung „auf Grund verschiedener Vorarbeiten“ eine knappe, aus

---

[107] Typisch etwa das Schreiben des führenden niedersächsischen SRP-Funktionärs *Werner Bänsch* an *Fritz Dorls* v. 02.01.1952, BA, B 104, Nr. 12, Bl. 6; *O. Büsch,* Geschichte, in: Büsch/Furth, Rechtsradikalismus, 1957, S. 1 (46).

[108] Siehe etwa SRP Landesverband Baden an den führenden niedersächsischen SRP-Funktionär Werner Bänsch v. 25.10.1951, BA, B 104, Nr. 12, Bl. 6: „Lieber Kamerad Bänsch! Ihr Einsatz erfolgt vom 1.–7.11. durch den […] Kameraden Paul […]. Am 8.11. melden Sie sich bitte beim Kreisverbandsleiter in Hockenheim […] Kam. Berndt […]. Demselben stehen Sie bis einschl. 11.11. zur Verfügung. Ihren Einsatz vom 12.11. bis 15.11. regelt […]. Mit kameradschaftlichen Grüssen […]“.

[109] Nach dem Protokoll zur Gründungssitzung der SRP, 02.10.1949, BA, B 237, Nr. 215622 (Anlage Nr. 3 zum BVerfG-Sitzungsprotokoll) wurde unter „Zugrundelegung der Satzung der Deutschen Rechtspartei […] ein Satzungsentwurf durchberaten und vorläufig [...] angenommen“.

[110] *H. W. Schmollinger,* SRP, in: Stöss, Parteien-Hdb. II, 1984, S. 2274 (2318).

[111] *O. Büsch,* Geschichte, in: Büsch/Furth, Rechtsradikalismus, 1957, S. 1 (54).

[112] Kurzbericht über die Tagung am 29. und 30. Juli [1950] in Hannover, BA, B 104, Nr. 64, Bl. 25.

lediglich 20 Paragraphen bestehende Parteisatzung „vereinbarte".[113] Den Teilnehmern einer am Folgetag einberufenen, nicht selten euphemistisch als Parteitag bezeichneten,[114] „Tagung der führenden Persönlichkeiten der SRP", an der neben dem Parteivorstand die ersten Vorsitzenden der inzwischen jedenfalls nominell gebildeten Landesverbände Schleswig-Holstein, NRW, Hessen, Nordbaden-Württemberg, Rheinland-Pfalz, Bremen und Berlin sowie ein Vertreter des Landesverbandes Hamburg und die Bezirksvorsitzenden von Niedersachsen samt ihren Mitarbeitern teilnahmen, wurden dann die Hauptpunkte der Satzung lediglich „mitgeteilt".[115]

Die Auffassung der Parteileitung, die sich als eine Art „innerer Kampfverband" der SRP betrachtete, vom Umgang mit innerparteilichen Gegnern manifestierte sich gleichzeitig darin, dass der Satzung als einziger Anhang ausführliche Regelungen über den Ausschluss von Mitgliedern beigegeben wurden, von denen dann auch des Öfteren Gebrauch gemacht werden sollte.[116] Die geradezu paranoide Art und Weise, in der sich die Parteileitung gegen interne Opposition wappnen zu müssen glaubte, trug auch dazu bei, dass der Parteirat drei Monate später als zweiten Anhang zur Satzung eine ausführliche Ehrenordnung beschloss. Danach war in jedem Kreis- und Landesverband ein Ehrenrat zu bilden, der bspw. über Parteiausschlüsse befinden durfte.[117] Tatsächlich kam es in der zweiten Jahreshälfte 1950 nicht nur zu zahlreichen Austritten, wie etwa im Oktober 1950 demjenigen des Parteimitgründers *Bernhard Gericke* (1908–1967), der seinen früheren Parteifreunden die Wiederbelebung nationalsozialistischer Ideologie vorwarf.[118] Vielmehr wurden auch zahlreiche Mitglieder aus allen Ebenen der Partei, welche die Anschauungen der Führungsregie nicht vollständig teilten, aus der SRP ausgeschlossen und die rechtsextreme Partei durch diese Säuberungen insgesamt „auf Linie gebracht".[119]

---

[113] Exemplare der „Satzung der Sozialistischen Reichspartei (SRP)" finden sich z.B. in BA, B 237, Nr. 215622 (Anlage Nr. 4 zum BVerfG-Sitzungsprotokoll) und Nr. 215640, Bl. 1 sowie in BA, B 104, Nr. 64, Bl. 19 f.; die Satzung trat gem. ihres § 20 am 01.08.1950 in Kraft; zum Zustandekommen: Kurzbericht über die Tagung am 29. und 30. Juli [1950] in Hannover, BA, B 104, Nr. 64, Bl. 25.

[114] Vgl. etwa *O. Gnad,* SRP, in: Recker/Tenfelde, Handbuch, Teilbd. III, 2005, S. 353 (375); *O. Büsch,* Geschichte, in: Büsch/Furth, Rechtsradikalismus, 1957, S. 1 (53 f.).

[115] Kurzbericht Tagung am 29./30. Juli [1950] in Hannover, BA, B 104, Nr. 64, Bl. 25.

[116] Anhang zur Satzung der Sozialistischen Reichspartei (SRP) – Verfahren bei Ausschluss von Mitgliedern, BA, B 237, Nr. 215622 (Anlage Nr. 4 zum BVerfG-Sitzungsprotokoll) sowie BA, B 104, Nr. 64, Bl. 21; Dokumente zu diversen Parteiausschlussverfahren finden sich in den Verfahrensakten des BVerfG, BA, B 237, Nr. 215624.

[117] Ehrenordnung der Sozialistischen Reichspartei [beschlossen durch den Parteirat am 21.10.1951], BA, B 104, Nr. 64, Bl. 50.

[118] *K. P. Tauber,* Beyond Eagle and Swastika I, 1967, S. 692.

[119] Unterlagen zu diesen Parteiausschlussverfahren finden sich z.B. in den Verfahrensakten des BVerfG, BA, B 237, Nr. 215613; *K. P. Tauber,* Beyond Eagle and Swastika I,

Die neue Satzung bestätigte zudem auch eine eigentümliche, nicht hinreichend demokratische Praxis bei der Besetzung der Führungspositionen in den Unterverbänden der Partei, die – wie üblich – in den politischen Gliederungen der Länder, Kreise und Gemeinden hierarchisch gestaffelt gebildet wurden (Landesverbände, Kreisverbände, Ortsverbände). Diese Praxis erhellt zugleich auch, was sich die SRP unter „Führungsdemokratie“ vorstellte, einem Konzept, das die Partei angeblich gerade von *Hitlers* streng hierarchischem Führerstaat abheben sollte:[120] Zwar wurden die Unterverbandsvorsitzenden von der jeweiligen Delegiertenversammlung gewählt. Zur Ernennung bedurften sie dann aber der Bestätigung durch den Vorstand des jeweils übergeordneten Verbandes.[121] So konnte etwa der Parteivorstand bei der Wahl eines ersten Landesverbandsvorsitzenden nicht lediglich ein Veto einlegen, sondern die entsprechende Wahl bedurfte nach der Satzung vielmehr der aktiven „Bestätigung durch den Parteivorstand“.[122] Die fehlende Zustimmung bzw. ein Einspruch des übergeordneten Vorstandes konnte zwar durch ein erneutes positives Votum der Delegiertenversammlung überstimmt werden. Dabei mussten allerdings mindestens drei Viertel der Delegierten anwesend sein und mindestens zwei Drittel die ursprüngliche Wahl bestätigen.[123] Jedem, der sich mit Parteiarbeit auskannte, dürfte klar gewesen sein, dass insbesondere das erste Kriterium in der Praxis sehr schwer zu erfüllen war, zumal für die Bestätigungswahl nur ein Monat Zeit zur Verfügung stand. Letztlich war das Überstimmen einer fehlenden Bestätigung eine theoretische Möglichkeit mit sehr geringen praktischen Realisierungschancen. Im Ergebnis ist wichtig, dass diese Mischung aus einer Wahl durch Delegierte und autoritärer Bestätigung nach dem Führerprinzip nicht mit der demokratischen Binnenstruktur politischer Parteien vereinbar war, wie sie das Grundgesetz in Art. 21 Abs. 1 S. 3 verlangt.[124] Innerparteiliche Demokratie erschien den auf die Formung einer effizienten Kaderpartei erpichten Parteiführern eher als Hemmschuh denn als Grundlage der Parteiarbeit.[125] Insgesamt nutzte die SRP

1967, S. 692 f.; zu der in der SRP verbreiteten Parteiausschlusspraxis, um sich oppositioneller Kräfte zu entledigen, auch *H. Hansen,* Sozialistische Reichspartei, 2007, S. 85.

[120] Vgl. zum ideologischen Gehalt des Konzepts der „Führungsdemokratie“: *P. Furth,* Ideologie und Propaganda der SRP, in: Büsch/Furth, Rechtsradikalismus, 1957, S. 193 (262 ff.); *K. P. Tauber,* Beyond Eagle and Swastika I, 1967, S. 707 f.

[121] § 19 Nr. 1 Abs. 3 S. 6 (Landesverband), § 19 Nr. 2 (Kreisverband), § 19 Nr. 3 (Ortsverband) SRP-Satzung vom 29.07.1950, BA, B 104, Nr. 64, Bl. 19 (20).

[122] § 19 Nr. 1 Abs. 3 S. 6 SRP-Satzung vom 29.07.1950, BA, B 104, Nr. 64, Bl. 19 (20).

[123] § 19 Nr. 1 Abs. 3 S. 7 SRP-Satzung vom 29.07.1950, BA, B 104, Nr. 64, Bl. 19 (20).

[124] *H. W. Schmollinger,* SRP, in: Stöss, Parteien-Hdb. II, 1984, S. 2274 (2318) spricht von einem „autoritären Subordinationsprinzip“.

[125] Vgl. *M. Gräfin Dönhoff,* Demokratisches Führerprinzip, in: Die Zeit v. 10.07.1952 (http://www.zeit.de/1952/28/demokratisches-fuehrerprinzip); *H. Hansen,* Sozialistische Reichspartei, 2007, S. 87.

daher die rechtlichen Spielräume weidlich aus, die ihr aufgrund des Fehlens eines Parteiengesetzes[126] und der entsprechenden Lücken im Besatzungsstatut in der jungen Bundesrepublik zunächst verblieben.[127]

Die Organe der SRP, die sich bis dahin auf den informell als „Parteileitung“ firmierenden vorläufigen Gründungsvorstand beschränkt hatten, bestanden nach der Satzung nun aus dem Parteirat, dem Parteivorstand,[128] der gemeinsam mit dem aus der Hauptgeschäftsführung samt Abteilungen bestehenden Parteibüro die Parteileitung bildete, und der Parteiversammlung, die von gewählten Delegierten der Landesverbände gebildet wurde.[129] Anweisungen und Informationen der Parteileitung wurden den Landesverbänden und anderen Untergliederungen mittels hektographierter Rundschreiben und schließlich auch mittels sog. Informationsrundschreiben übersandt.[130] Die wichtigsten Instruktionen waren in den allgemeinen Rundschreiben enthalten, die unregelmäßig, ungefähr alle zwei Monate, mit einem Umfang von ca. vier bis sechs Seiten erschienen. Im Laufe der Zeit gaben dann auch verschiedene Landesverbände und einzelne Bezirks- und Kreisverbände einfach gestaltete Rundschreiben an ihre Mitglieder heraus.[131]

Der für die angestrebte nationale Sammlungsbewegung erforderliche Aufbau einer breiten Parteibasis gelang unterdessen trotz aller Bemühungen zunächst nur im SRP-Stammland Niedersachsen, wo die Partei – wie gesehen – auf ihr Netzwerk aus DKP-DRP-Tagen zurückgreifen konnte und daher schon bald über ungefähr 6.500 Mitglieder verfügte.[132] Besonders stark waren etwa die Kreisverbände in der Stadt und im Landkreis Lüneburg, die sich ab Ende Februar 1950 gründeten.[133] Deren Mitgliedschaft speiste sich zunächst aus dem im September 1949 gebildeten und drei Monate später von den britischen Behörden lizensierten Kreisverband der DRP, dessen Funktionäre und

---

[126] Trotz des auch als Gesetzgebungsauftrag zu verstehenden Art. 21 Abs. 3 GG a.F. und verschiedener Entwürfe seit dem Jahr 1951 wurde das Parteiengesetz erst am 24.07.1967 erlassen (BGBl. 1967 I S. 773), zur Gesetzgebungsgeschichte etwa *K.-H. Seifert,* Die politischen Parteien, 1975, S. 48 ff.

[127] *O. Gnad,* SRP, in: Recker/Tenfelde, Handbuch, Teilbd. III, 2005, S. 353 (374).

[128] Eine Übersicht zur personellen Zusammensetzung des Parteivorstandes der SRP seit deren Gründung findet sich bei *H. W. Schmollinger,* SRP, in: Stöss, Parteien-Hdb. II, 1984, S. 2274 (2320).

[129] §§ 10 ff. SRP-Satzung v. 29.07.1950, BA, B 104, Nr. 64, Bl. 19 (20); *O. Büsch,* Geschichte, in: Büsch/Furth, Rechtsradikalismus, 1957, S. 1 (55).

[130] Diese sind gesammelt in: BA, B 104, Nr. 8; spezialisierte Rundschreiben z.B. der Frauen- und Jugendorganisationen der SRP finden sich in BA, B 104, Nr. 9.

[131] Diverse Exemplare in BA, B 237, Nr. 215639.

[132] *G. Trittel,* Die SRP als Niedersächsische Regionalpartei, in: Weisbrod, Rechtsradikalismus, 1995, S. 67 (69); *O. Büsch,* Geschichte, in: Büsch/Furth, Rechtsradikalismus, 1957, S. 1 (91).

[133] *H. Buschke,* Die SRP im Raum Lüneburg, in: Weisbrod, Rechtsradikalismus, 1995, S. 87 (90 f.).

Mitglieder zum Großteil für die SRP gewonnen werden konnten. Werbewirksame Großveranstaltungen trugen dazu bei, dass die innere Verdichtung der Organisationsstruktur durch die Bildung von Ortsverbänden und Stützpunkten im Stadtgebiet von Lüneburg sowie im Landkreis zügig voranschritt.[134] Im Oktober 1950 gab es in beiden Kreisverbänden zusammen bereits 19 Ortsverbände mit insgesamt 551 Mitgliedern.[135] Bis zum Frühjahr 1951 sollten weitere fünf Ortsverbände hinzukommen und die Mitgliederzahl auf über 600 ansteigen. In Umsetzung des Konzepts der „Führungsdemokratie" herrschte der Erste Kreisverbandsvorsitzende uneingeschränkt über den insbesondere aus einer Geschäftsführung nebst Schatzmeister bestehenden bürokratischen Apparat und über den nach Ressorts wie Propaganda, Presse, Kommunalwesen, Jugend und Kultur gegliederten Referentenstab. Die hierarchisch untergeordneten Ortsverbände kamen demgegenüber kaum über den Status passiver Parteizellen hinaus.[136]

Die Bemühungen der Parteispitze, überall auch Nebenorganisationen wie eine Jugend- („Reichsjugend")[137] und eine Frauenorganisation zu etablieren,[138] blieben nicht nur in Lüneburg wenig erfolgreich. Der Lüneburger Kreisverband griff daher auch zu ungewöhnlichen Schritten, um die Jugend für die Partei zu begeistern. So gründete er eine „Motorstaffel" genannte Motorsportgruppe, die arbeitslose Jugendliche für die Partei gewinnen wollte, indem diesen die Möglichkeit geboten wurde, Motorrad zu fahren und den ebenso begehrten wie teuren Führerschein zu erwerben.[139] Da unterdessen der

---

[134] Siehe auch das Beispiel des Aufbaus des Braunschweiger SRP-Ortsverbandes bei *K. E. Pollmann,* Traditionen des Rechtsradikalismus, in: Weisbrod, Rechtsradikalismus in der politischen Kultur, 1995, S. 231 (250 ff.).

[135] *H. Buschke,* Die SRP im Raum Lüneburg, in: Weisbrod, Rechtsradikalismus, 1995, S. 87 (90).

[136] *H. Buschke,* Die SRP im Raum Lüneburg, in: Weisbrod, Rechtsradikalismus, 1995, S. 87 (90).

[137] Satzungen und Richtlinien für die Organisation der Reichsjugend finden sich in BA, B 237, Nr. 215626 und Nr. 215632; die „Reichsjugend", als Jugendorganisation der SRP, brach nach dem Austritt ihres Gründers *Walter Matthaei* aus der SRP im Mai 1951 schnell zusammen, zumal alle Mitglieder ab 18 Jahren zwangsweise in die Reichsfront überführt worden waren; *H. W. Schmollinger,* SRP, in: Stöss, Parteien-Hdb. II, 1984, S. 2274 (2300); *H. Hansen,* Sozialistische Reichspartei, 2007, S. 94 f.; Dokumente dazu finden sich in BA, B 237, Nr. 215627; vgl. auch den Kommentar „Krach im Hinterhaus" zur SRP-Spaltung im Mai 1951 in NRW in: Bremer-Nachrichten v. 20.05.1951, auch in StAHB, 3-V.2.-2750 [8] Nr. 1.

[138] *K. P. Tauber,* Beyond Eagle and Swastika I, 1967, S. 693 f.; zu den Neben-, Aktiv- und „Satellitenorganisationen" der SRP auch *H. Hansen,* Sozialistische Reichspartei, 2007, S. 88 ff. sowie die auf den Arbeiten von *Büsch* basierenden Schaubilder bei *O. Gnad,* SRP, in: Recker/Tenfelde, Handbuch, Teilbd. III, 2005, S. 353 (406, 410).

[139] *H. Buschke,* Die SRP im Raum Lüneburg, in: Weisbrod, Rechtsradikalismus, 1995, S. 87 (90 f.).

Aufbau der SA-ähnlichen „Reichsfront" mit deren für sich sprechendem Motto „Ich bin nichts, mein Volk ist alles"[140] in Lüneburg – wie auch anderenorts – nicht recht vorankam, wurden die jugendlichen Mitglieder der Motorstaffel schon bald auch als Saalschutz bei SRP-Versammlungen eingesetzt.

3. Versammlungen und andere Propagandainstrumente

Versammlungen, die angesichts des Fehlens einer effektiven Parteipresse das mit Abstand wichtigste Propagandamittel der SRP bildeten und mit Vorliebe an NS-Symboltagen wie dem Jahrestag der Machtergreifung, dem 30. Januar, oder *Hitlers* Geburtstag, dem 20. April, abgehalten wurden,[141] liefen bundesweit nach einem Schema ab, das sowohl in der äußeren Form als auch in den Inhalten nicht zufällig Erinnerungen an die NS-Zeit weckte.[142] Dabei wurden geschickt die Emotionen insbesondere derjenigen angesprochen, die dieser offen oder insgeheim nachtrauerten:[143] Hatten sich die durch prominente Redner wie namentlich *Otto Ernst Remer* angelockten Besucher den Weg durch die martialisch mit weißen Hemden samt roten Armbinden, schwarzen Reithosen und langen Stiefeln uniformierten Saalordner gebahnt, die gleich der früheren SA unerwünschte Besucher fernhielten und bei Auseinandersetzungen kurzentschlossen die Fäuste fliegen ließen, öffnete sich der Blick auf das Rednerpult, das mit einer Fahne mit dem Reichsadler an Stelle des verbotenen Hakenkreuzes geschmückt war. Vor den eigentlichen Reden wurde die Stimmung mit populärer Marschmusik, wie „Preußens Gloria", dem „Fridericus-Rex-Grenadiermarsch"[144] oder auch gerne *Hitlers* Lieblings-

---

[140] Rundschreiben 1/51 des Landesverbandes Niedersachsen über die Aufstellung der Reichsfront (BA, B 237, Nr. 215640, Bl. 4): „Ihre Parole ist: Ich bin nichts, mein Volk ist alles".

[141] Office of the US High Commissioner for Germany, Office of the Land Commissioner for Wuerttemberg-Baden, Intelligence Division, Intelligence Report No. 80 – Activities of the SRP in Southwest Germany, 24.07.1951 (confidential), S. 6, National Archives (UK), FO 1008/15.

[142] Vgl. den Augenzeugenbericht der Historikerin *Eva G. Reichmann,* Germany's New Nazis, August 1951, S. 4 f., National Archives (UK), FO 1008/15; *H. Hansen,* Sozialistische Reichspartei, 2007, S. 134 ff.

[143] Office of the US High Commissioner for Germany, Office of the Land Commissioner for Wuerttemberg-Baden, Intelligence Division, Intelligence Report No. 80 – Activities of the SRP in Southwest Germany, 24.07.1951 (confidential), S. 6, National Archives (UK), FO 1008/15: „In other words, they do everything to arouse and to capitalize on the dormant nationalist instincts of the people."

[144] Beide wurden etwa zu Beginn der SRP-Großveranstaltung am 04.05.1951 in Dombrock bei Cuxhaven gespielt, an der trotz eines Eintrittspreises von 50 Pfennig in einem überfüllten Saal 800 Personen teilnahmen, während 400 vor der Tür bleiben mussten, National Archives (UK), FO 1008/15.

Abb. 6: Remer auf einer SRP-Wahlkampfveranstaltung im Jahr 1950

marsch, dem „Badenweiler", angeheizt,[145] zu der dann schließlich die Hauptredner in den Saal defilierten.[146] Noch lange nach dem Verbot der SRP soll der Badenweiler (ironischerweise eigentlich „Badonviller") „in gewissen ländlichen Gegenden Niedersachsens" zu den meistgespielten Musikstücken der inzwischen aufgestellten Musikautomaten (Jukeboxes) gehört haben.[147] Erklang die Marschmusik meist aus Lautsprechern, gelang der SRP schließlich ein regelrechter Coup, als diese den populären ehemaligen „Reichsarbeitsdienst-Musikdirektor" und Komponisten zahlreicher NS-Propagandalieder wie „Stuka über Afrika" oder „Fallschirmjägerlied" *Herms Niel*[148]

---

[145] Vgl. etwa *E. Riggert,* „Das letzte Aufgebot", in: Die Welt v. 26.04.1951, S. 9 zu einer SRP-Wahlkampfversammlung Ende April 1951 in Lüneburg: „Man sang die erste Strophe des Deutschlandliedes. Den aus dem stickigen Saale ins Freie drängenden Menschen schallte der Badenweiler Marsch nach. ‚Den haben sie doch erst schon mal gespielt?' Hatten Sie auch."; instruktiv auch die diversen Versammlungsberichte insbesondere aus dem Herbst 1951 in StAHH, 331–1 II, 809.

[146] So etwa *Remer* zum „Fridericus-Rex-Gardemarsch" in der SRP-Großveranstaltung am 04.05.1951 in Dombrock bei Cuxhaven, National Archives (UK), FO 1008/15.

[147] *M. Jenke,* Verschwörung von rechts?, 1961, S. 82; geradezu kurios erscheint, dass nordrhein-westfälische Behörden, die das Abspielen des Badenweilers untersagen wollten, entsprechende Verfügungen nach Erkenntnissen britischer Geheimdienstkreise z.T. auf einen Erlass aus der NS-Zeit gestützt haben sollen, nach denen der Badenweiler nur in *Hitlers* Gegenwart gespielt werden dürfe, Office of UK High Commissioner to Foreign Office, London, 14.06.1951 (confidential), National Archives (UK), FO 1008/14, 5/3/84/51.

[148] Eigentlich: *Ferdinand Friedrich Hermann Nielebock.*

(1888–1954) dafür gewinnen konnte, in ihren Versammlungen in seinem „entnazifizierten", d.h. vom Hakenkreuz befreiten, RAD-Anzug aufzutreten.[149] Die SRP-Zeitung „Deutsche Opposition" konnte so später über eine von ca. 1.600 Menschen besuchte Veranstaltung stolz berichten:

„Bei der schon von Anbeginn an herrschenden Begeisterung löste dann das Auftreten des bekannten Liederkomponisten wahre Freudenstürme aus. Sicher erheben die Marschlieder von Herms Niel nicht den Anspruch auf ‚klassische' Vollkommenheit. Sie wollen und sollen nur volkstümlich, beschwingter Ausdruck unseres Empfindens sein. Als solche erscheinen sie uns ungleich sauberer und schöner als die schrillen Disharmonien westlicher ‚Importmusik'. Trotz fast siebenjähriger Verfemung sind diese Lieder im Volk nicht nur ton-, sondern auch textmäßig noch genauso lebendig wie früher. Spontan wurden sie von den Konzertbesuchern mitgesungen".[150]

Ein drängendes emotionales Bedürfnis vieler Menschen erfüllte die SRP, indem sie ihre Versammlungen regelmäßig geschickt mit pathetischen Gefallenenehrungen und Mahnungen hinsichtlich der noch in Kriegsgefangenschaft befindlichen deutschen Soldaten eröffnete.[151] Abgeschlossen wurden die Versammlungen stets mit dem gemeinsamen Singen des Deutschlandliedes, wobei selbstverständlich die erste Strophe gewählt wurde.[152] Im Mittelpunkt jeder SRP-Versammlung stand aber der Vortrag eines – je nach Bedeutung der Veranstaltung – mehr oder weniger prominenten Redners. Die SRP teilte ihre Vortragenden nach dem Vorbild der NSDAP hierarchisch in „Reichsredner", zu denen *Remer, Krüger, Dorls, Graf Westarp* und der ehemalige NS-„Generalarbeitsführer" *Ulrich von Bothmer* zählten, und Landes-, Bezirks- sowie Kreisredner ein.[153] Die Klassifizierung wirkte sich auch auf das Honorar aus. Während „Reichsrednern" 15 bis 20 DM zustanden, mussten sich Landesredner mit 10–15 DM und Bezirks- sowie Kreisredner mit 5–10 DM

---

[149] *Niels* Engagement für die SRP bleibt in *T. Freitag,* Niel, 2014, S. 244 f. ausgespart.

[150] Am 31.01.1952 zu einer Versammlung in Bremen, zitiert nach: *M. Jenke,* Verschwörung von rechts?, 1961, S. 82.

[151] So etwa in der SRP-Großveranstaltung am 4. Mai 1951 in Dombrock bei Cuxhaven, National Archives (UK), FO 1008/15: „Es ist üblich, zu Beginn unserer Versammlungen der Toten zu gedenken: ‚Von deinen Toten bist du bewacht, heiliges Land, sie schweben um dich in jeder Nacht und wirken aus ihrer geheimen Macht, aus Gut und Blut, aus Brand und Schlacht, ein Band von ewigem Bestand. Gebet der Toten in Sumpf und Sand ruft uns an, denkt daran, vergesst es nicht, was uns in unserem Leben verpflichtet, opfert wie wir, und sollt ihr vergehen, Deutschland wird immer und immer bestehen'".

[152] Vgl. etwa *E. Riggert,* „Das letzte Aufgebot", in: Die Welt v. 26.04.1951, S. 9; *H. Buschke,* Die SRP im Raum Lüneburg, in: Weisbrod, Rechtsradikalismus, 1995, S. 87 (91).

[153] So findet sich in BA, B 104, Nr. 2, Bl. 9 eine ca. 50 Namen umfassende Liste v.a. niedersächsischer Landesredner, zu denen bspw. auch der Vorsitzende des niedersächsischen Landesverbandes *August Finke* zählte. Aufschlussreich hinsichtlich der Materialien und des Horizonts der Parteiredner sind die beschlagnahmten Handakten des einflussreichen Parteiredners *Werner Bänsch* aus Braunschweig-Querum in BA, B 104, Nr. 12.

begnügen. Oft erhielten die Redner für ihren Einsatz allerdings überhaupt nichts, da viele der chronisch unterfinanzierten SRP-Verbände nicht einmal das geringste Honorar aufbringen konnten.[154] Die Qualitätskontrolle ihrer Redner nahm die SRP dessen ungeachtet sehr ernst, waren diese doch ihr zentrales Propagandamedium.[155] Prominenten Rednern wie *Remer* und *Dorls* gelang es oft, die Zuhörer derart zu begeistern, dass sich viele von diesen nach den Veranstaltungen spontan um einen Parteibeitritt bewarben.[156] Als sich allerdings in Niedersachsen herausstellte, dass die zweite und dritte Riege der SRP-Redner, die auch systematisch als zu jeder Provokation bereite „Diskussionsredner" in Veranstaltungen anderer Parteien entsandt wurden,[157] nicht immer „das nötige Format" besaßen, sah sich die Landesparteileitung gezwungen, allen Landes- und Bezirksrednern prophylaktisch deren Rednerausweise und damit die Redeberechtigung zu entziehen.[158] Deren Wiederverleihung, die auf den Ausweisen attestiert werden musste, wurde gleichzeitig von der Einreichung von drei positiven „Kritiken" über die Redeleistung abhängig gemacht, welche von übergeordneten Referenzpersonen wie bspw. Bezirksleitern oder Kreisverbandsvorsitzenden erstellt werden mussten.

Inhaltlich knüpften die Redner auf den Veranstaltungen der SRP meist an das politische Tagesgeschehen an, das die Menschen gerade bewegte, und arbeiteten sich von dort zu den „grundsätzlichen Feststellungen" der Partei vor. Ab September 1951 versuchte die Parteileitung mit speziellen „Rednerinformationen", den Parteirednern das „Rüstzeug" zu vermitteln, um „im Kampf der Meinungen" ihren „Mann zu stehen".[159] Ein typischer „Redebaustein" von SRP-Reden waren polemisch herabsetzende Verunglimpfungen der demokratischen Bonner Politiker, die ihr Amt angeblich illegitim als Marionetten der Alliierten ausübten und daher bei der Lösung der drängenden Probleme nicht zufällig durchgängig versagten.[160] Für den großen Erfolg der

---

[154] *M. Jenke,* Verschwörung von rechts?, 1961, S. 83.

[155] *F. R. Allemann,* Bonn ist nicht Weimar, 1956 (Neudruck 2000), S. 277; ein erster Redner-Schulungsbrief der SRP, erstellt von *Haas* anlässlich des Rednerlehrgangs vom 19.-22.10.1950 in Lüneburg, findet sich in BA, B 237, Nr. 215638.

[156] *O. Gnad,* SRP, in: Recker/Tenfelde, Handbuch, Teilbd. III, 2005, S. 353 (397, insbesondere Fn. 223).

[157] *H. Hansen,* Sozialistische Reichspartei, 2007, S. 156 f.

[158] SRP Landesverband Niedersachsen vom 10.10.1951, BA, B 104, Nr. 65, Bl. 38.

[159] „Die Rednerinformationen 1/52", BA, B 104, Nr. 10, Bl. 21; Rednerinformationen der SRP sind gesammelt in BA, B 104, Nr. 10; diverse Exemplare finden sich auch in BA, B 237, Nr. 215639.

[160] Vgl. etwa den Augenzeugenbericht der Historikerin *Eva G. Reichmann,* Germany's New Nazis, August 1951, S. 4 f., National Archives (UK), FO 1008/15: „The actual content of the speeches is not worth recording. They run along the usual line of defamation of political opponents, particularly of the ‚Licensed Parties' (which have taken the place of the ‚System Parties' of the Nazi propaganda), the fighters of the anti-Nazi Resistance and Bonn" sowie den Bericht von *E. Riggert,* „Das letzte Aufgebot", in: Die Welt v. 26.04.

SRP-Veranstaltungen waren wohl nicht zuletzt solche Herabwürdigungsorgien verantwortlich, boten sie doch nicht nur ein Ventil für die Unzufriedenheit der Bevölkerung, sondern bedienten zugleich auch die weit verbreitete sensationsheischende Lust am Tabubruch.[161]

Im Laufe der Zeit geriet immer mehr die Ablehnung der emotional diskutierten deutschen Wiederbewaffnung in den Fokus der Parteistrategie.[162] Die in Deutschland seit Ausbruch des Koreakrieges im Sommer 1950 zunehmend hitzig geführte Wiederbewaffnungsdebatte eröffnete der SRP dabei auch Kontakte zu überparteilichen Organisationen, die sich wie *Ulrich Noacks* Nauheimer Kreis für ein neutrales Deutschland als Alternative zur Westintegration engagierten.[163] So gelang der Parteiführung ein weiterer regelrechter Coup, als Anfang 1951 *Dorls'* und *Remers* Unterschriften auf einen auch von *Noack* unterzeichneten Aufruf gegen jegliche Wiederbewaffnung Deutschlands in West und Ost gerieten.[164] Der zunächst ebenfalls als Mitverfasser geltende ehemalige Bundesinnenminister *Gustav W. Heinemann* zog seine Unterschrift daraufhin gerade noch rechtzeitig wieder zurück.[165] Die Ablehnung der Wiederbewaffnung brachte die SRP-Oberen schließlich sogar in Kontakt zu politisch ganz anders orientierten Wiederbewaffnungsgegnern bis hinein in den Linksextremismus.[166] Hier lag eine der Quellen für die immer wieder erhobenen Vorwürfe, die SRP unterhalte Kontakte zur DDR und zur UdSSR.[167] Angesichts des starken soldatischen Elements in der SRP und deren Nähe zu den im Sommer 1951 „wie Pilze aus der Erde schießenden“[168] Verbänden ehemaliger Wehrmachtsangehöriger, insbesondere der einflussrei-

---

1951, S. 9 zu einer Wahlkampfveranstaltung Ende April 1951 in Lüneburg: „Der Tenor der Rede: die Erklärung abgrundtiefer Mißachtung gegen die ‚Bonner‘ […]“; aufschlussreich auch der Bericht des bremer Landesamts für Verfassungsschutz zur SRP im Bremer Wahlkampf 1951 mit ausführlichen Auszügen aus Reden führender SRP-Politiker (vertraulich) in StAHB, 3-V.2.-2750 [8] Nr. 1.

[161] *H. Hansen,* Sozialistische Reichspartei, 2007, S. 111.

[162] Exemplarisch etwa die *Remer*-Rede aus der heißen Phase des niedersächsischen Wahlkampfes, gehalten am 04.05.1951 im Ausflugsort Dombrock, S. 5 ff., National Archives (UK), FO 1008/15, in der die Ablehnung der Wiederbewaffnung einen der beiden inhaltlichen Schwerpunkte bildete.

[163] Zum Nauheimer Kreis: *R. Dohse,* Der Dritte Weg, 1974, S. 41 ff.

[164] *R. Dohse,* Der Dritte Weg, 1974, S. 61; zu US-Geheimdienstberichten über eine mögliche Unterzeichnung der vom Nauheimer Kreis initiierten sog. Friedensresolution durch SRP-Größen wie *Dorls* und *Remer: G. Hentges,* Staat und politische Bildung, 2013, S. 199 f. Fn. 532.

[165] *H. Amos,* Die Westpolitik der SED, 1999, S. 109 Fn. 63; zu *Heinemann* unten S. 136 ff.

[166] *H. Amos,* Die Westpolitik der SED, 1999, S. 83 ff.; *H. Hansen,* Sozialistische Reichspartei, 2007, S. 201 f.

[167] Dazu näher unten S. 171 ff.

[168] *H.-P. Schwarz,* Die Ära Adenauer, 1981, S. 133.

chen „Bruderschaft",[169] lehnte die SRP allerdings nicht ein deutsches Heer als solches, sondern vielmehr die Einbindung in ein westliches Verteidigungssystem ohne umfassende nationale Kontrolle ab.[170] Diese verhindere nämlich auf Dauer die deutsche Wiedervereinigung und lasse Deutschland zum Satellitenstaat der Westmächte herabsinken. Zudem sei es unehrenhaft, wieder Waffen in die Hand zu nehmen, solange noch „Kameraden als Kriegsverbrecher" inhaftiert seien.[171] Darauf, dass diese Taktik durchaus bei einem größeren Anteil der Bevölkerung verfing, deutet bspw. eine repräsentative Umfrage aus dem Juni 1951 hin, bei der 19 % der Befragten der Auffassung waren, dass man die SRP verbieten wolle, weil sie den Mut habe, „der Regierung und den Besatzungsmächten die Wahrheit zu sagen".[172]

Je näher die SRP ab der zweiten Jahreshälfte 1951 einem Verbot rückte, umso mehr fanden sich in den Reden dann schließlich beschwörende Töne, nicht zu verzweifeln, das „letzte Aufgebot des Reiches" in Form der SRP zu retten, und das Äußerste zu wagen, um der gemeinsamen Sache doch noch zum Durchbruch zu verhelfen.[173]

IV. Regionale Schwerpunkte, Sozialstruktur, Finanzsituation und öffentliche Wahrnehmung

1. Regionale Schwerpunkte und Sozialstruktur

Die SRP blieb während ihrer gesamten Existenz in erster Linie ein norddeutsches, speziell niedersächsisches, Phänomen.[174] Strukturelle Gründe für den

---

[169] Zu politischen Ambitionen und Einbindungsversuchen der „Bruderschaft" und anderer Soldatenverbände am Beispiel *Werner Naumanns: G. Trittel,* „Man kann ein Ideal nicht verraten…", 2013, S. 95 ff.; britische Geheimdienstquellen (Chief Political Officer, Hamburg, to The Chancery, Internal Affairs Branch, 14.08.1951 (secret), National Archives (UK), FO 1008/15, 5/3/115/51) berichten unter Berufung auf *Graf Westarp* allerdings bereits Mitte August 1951 von einem vollständigen Bruch der SRP mit der Bruderschaft, nicht zuletzt wegen Vorwürfen gegen Bruderschaft-Mitgründer *Helmut Beck-Broichsitter* (1914–2000), mit Verfassungsschutzbehörden zusammenzuarbeiten.

[170] Vgl. dazu das vom Landesverband Niedersachsen der SRP verlegte, für 30 Pfennig vertriebene Heft 1 der „SRP-Kampfschriften", *W. Grimberg,* Soldaten gegen Remilitaristen, in: HHStA, 502, 2858; *H. Hansen,* Sozialistische Reichspartei, 2007, S. 112.

[171] Diese Themen nehmen insbesondere in den Rednerinformationen des Jahres 1952, BA, B 104, Nr. 10, breiten Raum ein.

[172] *E. Noelle/E. P. Neumann,* Jahrbuch der öffentlichen Meinung 1947–1955, 1956, S. 274; ebenfalls 19 % sahen den Grund darin, dass die SRP eine Gewaltherrschaft erstrebe; nach Ansicht von 11 % kamen beide Gründe zusammen.

[173] *M. Jenke,* Verschwörung von rechts?, 1961, S. 83.

[174] *K. P. Tauber,* Beyond Eagle and Swastika I, 1967, S. 697 f.; *G. Trittel,* Die SRP als Niedersächsische Regionalpartei, in: Weisbrod, Rechtsradikalismus, 1995, S. 67 ff.;

großen Erfolg der SRP gerade in Niedersachsen lagen u.a. in dessen protestantisch geprägter Konfessionsstruktur, der mangelnden Verankerung der großen Volksparteien im norddeutschen Flächenstaat, dem starken Zuzug von Flüchtlingen und Vertriebenen, der weit überdurchschnittlichen Arbeitslosenquote, einem überproportionalen Anteil ehemaliger NSDAP-Anhänger und der starken Verankerung eines ausgeprägten Konservativismus in welfischer Tradition, der sich in der zunächst welfisch orientierten DP nicht mehr hinreichend repräsentiert sah.[175] Zwar bemühte sich die SRP systematisch um eine Ausweitung auf alle Bundesländer, und nach einem Jahr bestanden nominell in fast allen Bundesländern Landesverbände.[176] Wirklich effektiv wurden allerdings nur die Landesverbände in Niedersachsen, NRW, Schleswig-Holstein, Hessen und Württemberg-Baden.[177] Bundesweit kam die SRP wohl nie wesentlich über 10.000 Mitglieder hinaus.[178] So hatte sie bspw. in Hessen,[179] wo die dort weit rechts stehende LDP/FDP die Interessen nationalisti-

---

H. Buschke, Die SRP im Raum Lüneburg, in: Weisbrod, Rechtsradikalismus, 1995, S. 87 ff.

[175] Vgl. etwa *K. P. Tauber,* Beyond Eagle and Swastika I, 1967, S. 704 ff.; *O. Gnad,* SRP, in: Recker/Tenfelde, Handbuch, Teilbd. III, 2005, S. 353 (450); *H. Buschke,* Die SRP im Raum Lüneburg, in: Weisbrod, Rechtsradikalismus, 1995, S. 87 (100 ff.); *H. Grebing,* Kommentar, in: Weisbrod, Rechtsradikalismus, 1995, S. 109 ff.

[176] Im Oktober 1951 existierten nominell so bereits Landesverbände in Schleswig-Holstein, Hamburg, Bremen, Niedersachsen, NRW, Rheinland-Pfalz, Württemberg-Baden und Hessen. Hinzu kamen Bezirksverbände in Schwaben und Nürnberg; vgl. die Liste mit den Anschriften der Landesverbände v. 06.10.1951, BA, B 104, Nr. 2, Bl. 8.

[177] *O. Gnad,* SRP, in: Recker/Tenfelde, Handbuch, Teilbd. III, 2005, S. 353 (391 ff.); zum einzigen in Süddeutschland recht erfolgreichen Landesverband von Württemberg-Baden: LCWB:PA Stuttgart to HICOG, Bonn, 02.07.1951 (restricted), National Archives (UK), FO 1008/15; *H. Hansen,* Sozialistische Reichspartei, 2007, S. 65 ff.; das Mitteilungsblatt Nr. 1 des SRP-Landesverbandes Württemberg-Baden datiert vom 6. Juni 1950 (BA, B 237, Nr. 215639); selbst in unmittelbarer Nachbarschaft Niedersachsens, in Hamburg, konnten bis August 1951 trotz 1,3 Mio. Einwohnern nur 80 Mitglieder gewonnen werden (Schreiben an Haas v. 25.08.1951, BA, B 104, Nr. 362, Bl. 34); dieses Bild bestätigt im Wesentlichen auch die Mikroanalyse für den Raum Lüneburg von *H. Buschke,* Die SRP im Raum Lüneburg, in: Weisbrod, Rechtsradikalismus, 1995, S. 87 (94 f.); in Bremen wurde Anfang Januar 1950 in Anwesenheit von *Dorls* und *Krüger* ein Landesverband gegründet, „Sozialistische Reichspartei nun auch in Bremen“, in: Bremer Nachrichten v. 07.01.1950, auch in StAHB, 3-V.2.-2750 [8] Nr. 1.

[178] *O. Büsch,* Geschichte, in: Büsch/Furth, Rechtsradikalismus, 1957, S. 1 (91 f.); vgl. auch die zum Teil etwas von *Büschs* Zahlen abweichenden Berechnungen für die Landesverbände von *O. Gnad,* SRP, in: Recker/Tenfelde, Handbuch, Teilbd. III, 2005, S. 353 (415 ff.); ähnlich auch *H. Hansen,* Sozialistische Reichspartei, 2007, S. 60, 86.

[179] Zum Scheitern der Aufbaubemühungen in Hessen nach anfänglichen Erfolgen aufgrund des vorübergehenden Überlaufens des früheren Wiesbadener NDP-Verbandes um *Karl-Heinz Priester* zur SRP etwa *H. W. Schmollinger,* SRP, in: Stöss, Parteien-Hdb. II, 1984, S. 2274 (2295); *O. Büsch,* Geschichte, in: Büsch/Furth, Rechtsradikalismus, 1957, S. 1 (83 f., 88 f.); *H. Hansen,* Sozialistische Reichspartei, 2007, S. 68 ff.; in den Verfah-

scher Wähler sehr erfolgreich bediente,[180] wohl nicht viel mehr als 100[181] und in Bayern nur ca. 200 Mitglieder.[182] Strukturell hatte die rechtsextreme Partei bspw. erhebliche Probleme, Katholiken als Mitglieder und Wähler zu gewinnen,[183] obwohl sich auch an der Parteispitze einzelne Katholiken fanden.[184]

---

rensunterlagen des BVerfG findet sich eine Satzung der SRP-Hessen mit Sitz in Witzenhausen, beschlossen am 24.11.1949, eingetragen im Vereinsregister des Amtsgerichts Witzenhausen am 17.03.1950 (BA, B 237, Nr. 215622, Anlage Nr. 3 zum BVerfG-Sitzungsprotokoll); der vertrauliche Bericht Office of the US High Commissioner for Germany, Office of Land Commissioner for Hesse, Political Affairs Division, June 30, 1950, „Democratic Developments in Hesse – Review and Prospects" (Restricted), S. 20, in: HStAD, Q 4, Nr. 17/212–3/22, stellte im Juni 1950 fest, dass die von dem Marburger Jurastudenten *Helmut Weber* geführte SRP zur Zeit lediglich im Landkreis Witzenhausen existiere, sich von dort aber in andere nordhessische Landkreise vorarbeite. Instruktiv auch die Ausführungen zu *Karl-Heinz Priester* und der Sezession seines Wiesbadener Verbandes von der NDP im Dezember 1949, a.a.O., S. 18 f.; in den Unterlagen zur Sitzung des Hessischen Kabinetts am 19.05.1951 (HHStA, 502, 9394), in dem die Ausweitung des Redeverbotes gegen *Remer* auf drei weitere SRP-Politiker beschlossen wurde, findet sich ein Schreiben des Schriftleiters der Marburger Presse *Karl Bremer* an den Hessischen Ministerpräsidenten *Zinn* v. 16.05.1951, nach dem ein aus Göttingen nach Marburg „eingschleuster" Jurastudent in Marburg einen Landesverband der SRP gegründet habe. Dem Schreiben ist eine Karte des SRP-Landesverbandes Hessen, Marburg/Lahn an die Redaktion der Marburger Presse v. 12.05.1951 beigelegt, in der sich besagter Student *(Helmut Weber)* als 1. Vorsitzender des SRP-Landesverbandes über eine unfaire Berichterstattung in der Marburger Presse beschwert und für den Fall der Fortsetzung Konsequenzen androht; ein Überblick über die Entwicklung der hessischen SRP findet sich in British Observer, Office of the Land Commissioner Hesse, Wiesbaden to Internal Affairs Branch, The Chancery, Office of the UK High Commissioner, Wahnerheide, 29.05.1951 (confidential), National Archives (UK), FO 1008/14, 5/3/68/51.

[180] Office of UK High Commissioner to Foreign Office, London, 14.06.1951 (confidential), National Archives (UK), FO 1008/14, 5/3/84/51.

[181] Ein Bericht des hessischen Landesamtes für Verfassungsschutz über die SRP in Hessen v. 05.11.1951, HHStA 502, 2858, Bl. 71 ff. (vertraulich), S. 7 spricht von lediglich 119 zahlenden Mitgliedern in Hessen. Die vormals gehandelte Mitgliederzahl von ca. 300 habe auch Namen bloßer Interessenten umfasst.

[182] *K. P. Tauber,* Beyond Eagle and Swastika I, 1967, S. 697 spricht in Hessen von 600 Mitgliedern; höhere Zahlen in Bayern hält *H. Hansen,* Sozialistische Reichspartei, 2007, S. 64 aufgrund einer Schätzung der Münchener Kripo für möglich, die von 500 Mitgliedern, verteilt auf 32 Ortsverbände, ausgegangen sei.

[183] *O. Büsch,* Geschichte, in: Büsch/Furth, Rechtsradikalismus, 1957, S. 1 (100); *K. P. Tauber,* Beyond Eagle and Swastika I, 1967, S. 699, 703; auf Grundlage der allerdings spärlich zur Verfügung stehenden Daten gegenüber *Büsch* etwas einschränkend: *O. Gnad,* SRP, in: Recker/Tenfelde, Handbuch, Teilbd. III, 2005, S. 353 (437 f., 467); nach *H. Hansen,* Sozialistische Reichspartei, 2007, S. 64 soll die SRP zur Verbesserung ihrer Wahlchancen bei Katholiken die Gründung eines „Reichsbundes der Katholiken" erwogen haben.

[184] So war nach Informationen der britischen Besatzungsbehörden namentlich der aus Westfalen stammende Parteivorsitzende *Fritz Dorls* katholisch, Chief Political Officer,

Dies schlug sich nicht nur in Misserfolgen in katholisch geprägten Bundesländern nieder.[185] Auch im SRP-Stammland Niedersachsen galt bezeichnenderweise der Bezirk Osnabrück als „schwieriges Gebiet", in dem der Aufbau der Parteiorganisation kaum voranging.[186] Unter den ganz überwiegend männlichen, protestantischen und mit einem Altersschwerpunkt zwischen 20 und 40 Jahren meist recht jungen Mitgliedern[187] fanden sich viele frühere Anhänger des NS-Regimes, die nach dem Krieg ihr Bezugssystem verloren hatten, darunter zahlreiche „Flüchtlinge, Vertriebene, Arbeitslose, politisch Belastete".[188] Dies darf allerdings nicht zu der Fehlvorstellung verleiten, die SRP wäre ausschließlich eine „Kleine-Leute-Partei" gewesen. Spricht bereits der gesellschaftliche Hintergrund ihres Führungspersonals dagegen, scheint sich auch die Mitgliedschaft der SRP durchaus aus unterschiedlichen sozialen Schichten von selbständigen Unternehmern, Landwirten über Intellektuelle bis hin zu Fabrikarbeitern und Arbeitslosen gespeist zu haben.[189] Insgesamt deuten die zur Verfügung stehenden Daten dabei allerdings auf einen hohen

---

Land Commissioner's Office, Hannover, Sozialistische Reichspartei Landtag Personalities, 11.06.1951 (restricted), National Archives (UK), FO 1008/14, 5/3/80/51.

[185] Umgekehrt sprach aus Sicht der britischen Besatzungsbehörden für einen Erfolg der SRP in Hessen, dass dort der „stabilising political influence" der katholischen Kirche gering sei, Office of UK High Commissioner to Foreign Office, London, 14.06.1951 (confidential), National Archives (UK), FO 1008/14, 5/3/84/51.

[186] Kurzbericht über die Tagung am 29. und 30. Juli [1950] in Hannover, BA, B 104, Nr. 64, Bl. 25: „Der Bezirk Osnabrück ist noch unbesetzt. In diesem, für uns schwierigen Gebiet ist der Aufbau der Parteiorganisation besonders vordringlich"; vgl. auch *O. Gnad,* SRP, in: Recker/Tenfelde, Handbuch, Teilbd. III, 2005, S. 353 (420); ähnlich bezeichnete *Westarp* in einem Gespräch mit britischen Behörden im Juli 1951 Münster als „impregnable", „File Note" über das Gespräch *L. Thompson's* mit *Westarp* im Anhang zu: Chief Political Officer, Land Commissioner's Office, Hannover, to Internal Affairs Branch, Chancery, Office of the U.K. High Commissioner, 30.07.1951 (confidential), National Archives (UK), FO 1008/15, 5/3/104/51.

[187] *K. P. Tauber,* Beyond Eagle and Swastika I, 1967, S. 698; nach *O. Gnad,* SRP, in: Recker/Tenfelde, Handbuch, Teilbd. III, 2005, S. 353 (435) waren über 70 % der niedersächsischen SRP-Mitglieder 40 Jahre oder jünger.

[188] *O. Gnad,* SRP, in: Recker/Tenfelde, Handbuch, Teilbd. III, 2005, S. 353 (398, 427 ff., Zitat: 442); *O. Büsch,* Geschichte, in: Büsch/Furth, Rechtsradikalismus, 1957, S. 1 (97 ff.); *G. Trittel,* Die SRP als Niedersächsische Regionalpartei, in: Weisbrod, Rechtsradikalismus, 1995, S. 67 (81); *H. Hansen,* Sozialistische Reichspartei, 2007, S. 81, 86; *H. W. Schmollinger,* SRP, in: Stöss, Parteien-Hdb. II, 1984, S. 2274 (2329 f.).

[189] Ein vom Bund der Verfolgten des Naziregimes erstelltes Verzeichnis von führenden Mitgliedern der SRP-Niedersachsen samt Berufsangaben aus dem August 1951 findet sich in: National Archives (UK), FO 1008/15, 5/3/116/51; Office of the US High Commissioner for Germany, Office of the Land Commissioner for Wuerttemberg-Baden, Intelligence Division, Intelligence Report No. 80 – Activities of the SRP in Southwest Germany, 24.07.1951 (confidential), S. 8, National Archives (UK), FO 1008/15; *K. P. Tauber,* Beyond Eagle and Swastika I, 1967, S. 699; zur Wählerschaft: *K. P. Tauber,* a.a.O., S. 704.

Arbeitslosenanteil von wohl mehr als 50 % der Mitgliedschaft hin,[190] und die Partei bemühte sich auch gezielt, Arbeitslose als Mitglieder und Wähler zu gewinnen.[191]

Die SRP war dabei nicht die einzige Partei, die um die Stimmen deprivierter Bevölkerungskreise buhlte.[192] Bedrohlicher als die Parteien der Mitte und damit unmittelbare Konkurrentin der SRP war zunächst vor allem die 1947 aus der Niedersächsischen Landespartei (NLP) hervorgegangene Deutsche Partei (DP),[193] die jedoch mit ihrer Regierungsbeteiligung in Bonn ab dem Herbst 1949 für viele rechtsextreme Wähler an Attraktivität verloren hatte. Eine echte Konkurrenz erwuchs der SRP dann aber schon bald mit dem Auftauchen des Blocks der Heimatvertriebenen und Entrechteten (BHE).[194] Dieser wurde im Januar 1950 in Schleswig-Holstein gegründet, nachdem das im Frühjahr 1946 erlassene Koalitionsverbot der Westalliierten, das Zusammenschlüsse von Vertriebenen in Parteien und Verbänden untersagt hatte, aufgehoben worden war. Er sprach mit Vertriebenen und Flüchtlingen punktgenau, aber noch fokussierter einen der Hauptwählerkreise der SRP an und konnte mit seiner Strategie schnell große Erfolge erzielen.[195]

2. *Finanzsituation*

Gehemmt wurde der Aufstieg der SRP primär durch deren fast durchgängig prekäre Finanzsituation: Die große Anzahl arbeitsloser Mitglieder wirkte sich aufgrund des für diese ebenso wie für Rentner auf 50 Pfennig halbierten monatlichen Mitgliedsbeitrags nicht eben positiv auf die materielle Lage der

---

[190] *O. Gnad,* SRP, in: Recker/Tenfelde, Handbuch, Teilbd. III, 2005, S. 353 (444) hat für die 33 SRP-Kreisverbände (30 davon aus Niedersachsen), für die Daten zur Verfügung stehen, eine durchschnittliche Arbeitslosenquote von 58,99 % ermittelt.

[191] *H. Hansen,* Sozialistische Reichspartei, 2007, S. 81.

[192] Vgl. *R. Stöss,* Einleitung, in: ders., Parteien-Hdb. I, 1983, S. 17 (210 ff.) sowie die auch kleinere Splitterparteien einbeziehende Übersicht bei *H. Hansen,* Sozialistische Reichspartei, 2007, S. 36 ff.

[193] *O. Gnad,* SRP, in: Recker/Tenfelde, Handbuch, Teilbd. III, 2005, S. 353 (443); zur DP bspw.: *H. W. Schmollinger,* DP, in: Stöss, Parteien-Hdb. I, 1983, S. 1025 (1029 ff.); *C.-W. Reibel,* DP, in: Recker/Tenfelde, Handbuch, Teilbd. III, 2005, S. 175 (182 ff.).

[194] *H. Hansen,* Sozialistische Reichspartei, 2007, S. 37.

[195] Zum BHE, der sich am 14.11.1952 in GB/BHE (Gesamtdeutscher Block/Bund der Heimatvertriebenen und Entrechteten) umbenannte, etwa *F. Neumann,* Der Block der Heimatvertriebenen und Entrechteten, 1968 (zur Entstehung und frühen Entwicklung in Niedersachsen: S. 41 ff.); *R. Stöss,* Der Gesamtdeutsche Block / BHE, in: Stöss, Parteien-Hdb. II, 1984, S. 1424–1459; *M. Hausmann,* BHE, in: Recker/Tenfelde, Handbuch, Teilbd. III, 2005, S. 231 (238 ff.); *A. Doering-Manteuffel,* Die Bundesrepublik, 1983, S. 168 f.; von einer speziell gegen den BHE gerichteten Rede eines niedersächsischen SRP-Landtagsabgeordneten vor Flüchtlingen und Vertriebenen im Juni oder Juli 1951 in Celle berichtet *Eva G. Reichmann,* Germany's New Nazis, August 1951, S. 5, National Archives (UK), FO 1008/15.

Partei aus.[196] Da auch die Spenden regelmäßig hinter den Erwartungen zurück blieben,[197] musste die Parteileitung immer wieder um Stundung der gegen sie gerichteten Forderungen nachsuchen. Selbst Parteiprominenz wie Chefideologe *Gerhard Krüger* musste bei der Geschäftsstelle der eigenen Partei regelrecht um die Begleichung offener Rechnungen betteln und darauf verweisen, dass er angesichts der ausstehenden Beträge langsam „mit Rechnungen persönlicher Art erheblich in Verzug geraten [sei]. Besonders dringend sind Schulgeld- und Winterkartoffelschulden".[198] Angesichts der vor allem in Wahlkampfzeiten immer größer werdenden Finanzlöcher verschuldeten sich schließlich einzelne Funktionäre persönlich mit insgesamt bis zu 100.000 DM, um den weiteren Aufstieg ihrer Partei zu finanzieren.[199] Dabei soll auch Druck auf Funktionäre ausgeübt worden sein, sich für die Partei zu verschulden.[200] Andere bürgten gar für Schulden der SRP, was sich bitter rächen sollte, als diese später verboten wurde.[201] Selbst der mächtige niedersächsische Landesverband musste, als er Ende 1951 auf dem Zenit seines Erfolges die Aufspaltung in zwei Verbände betrieb, den designierten Verbandsvorsitzenden *Werner Bänsch* enttäuschen: Statt der erhofften Beschäftigung seiner Ehefrau konnten *Bänsch* nur die Mittel „höchstens für die Miete und die stundenweise Bezahlung einer Schreibkraft" in Aussicht gestellt werden.[202]

3. Öffentliche Wahrnehmung der SRP

Insgesamt waren es neben den provokanten öffentlichen Reden insbesondere *Otto Ernst Remers* und der Vertretung im Bundestag zunächst durch den Vorsitzenden *Dorls,* ab dem Herbst 1950 dann auch durch den zweiten Überläufer *Richter/Rößler,*[203] vor allem die großen Erfolge der SRP in Niedersachsen, welche die Partei auch im Bundesmaßstab zügig zu einer ernstzunehmenden

---

[196] Die Mitgliedsbeiträge ergaben sich ab Inkrafttreten der Satzung am 01.08.1950 aus deren § 7 Abs. 2 (BA, B 104, Nr. 64, Bl. 19); sie finden sich bspw. auch in den Abrechnungsformularen für Bezirks-, Kreis- und Ortsverbände in BA, B 104, Nr. 64, Bl. 22 ff.; die prekäre Finanzlage ist wiederkehrendes Thema in Schreiben des Landesverbandes Schleswig-Holstein an die Parteileitung aus den Jahren 1950/1951 (in BA, B 104, Nr. 347). Symptomatisch etwa das Schreiben des Landesverbandes vom 27.09.1950 (BA, B 104, Nr. 347, Bl. 114): „Die Finanzlage unseres Landesverbandes spitzt sich infolge der im Wahlkampf gemachten Schulden in den letzten Wochen zu einer Katastrophe zu"; vgl. auch *H. Hansen,* Sozialistische Reichspartei, 2007, S. 81 f.

[197] Beispiele erfolgreicher Spendenappelle nennt *H. Hansen,* Sozialistische Reichspartei, 2007, S. 82.

[198] Krüger an die Geschäftsstelle der SRP vom 28.01.1951, BA, B 104, Nr. 3, Bl. 8.

[199] *H. Hansen,* Sozialistische Reichspartei, 2007, S. 82 f.

[200] *H. Hansen,* Sozialistische Reichspartei, 2007, S. 83.

[201] Vgl. das Beispiel des SRP-Vorsitzenden *Dorls:* „Ein schwerer Schlag", in: FAZ v. 24.10.1952, S. 1 sowie unten S. 431 f.

[202] Werner Bänsch an Fritz Dorls v. 02.01.1952, BA, B 104, Nr. 12, Bl. 4.

[203] Dazu unten S. 132 f.

Größe werden ließen. Von der ernstzunehmenden Größe war der Weg zur Wahrnehmung als Bedrohung für die neue demokratische Verfassungsordnung angesichts der Parteiideologie und deren aggressiver Umsetzung dann nicht mehr weit.

Öffentliche Beachtung fand die SRP allerdings bereits unmittelbar nach ihrer Gründung, da sie sich in dem für die Medien besonders interessanten rechtsextremen Milieu bildete: Die Welt berichtete schon im Oktober 1949 knapp, dass die neue Partei ihre Lizensierung in Niedersachsen betreibe, während der Spiegel die SRP in einem recht ausführlichen Artikel über den Machtkampf in der DKP-DRP zunächst als „neuesten vaterländischen Splitter" wahrnahm, „der nach Lizenz ansteht", und bereits verschiedene „Programmpunkte" der neuen Partei veröffentlichte.[204] Nachdem die Frankfurter Rundschau (FR) ihre Leser dann Anfang Dezember 1949 über die Gründung eines hessischen Landesverbandes informiert hatte,[205] waren es bezeichnenderweise die von Anfang an von Saalschlachten begleiteten Auftritte *Otto Ernst Remers,* die den Fokus der nationalen Presse auf die rechtsextreme Partei lenkten.[206] Nachdem der Spiegel *Remer* bereits Anfang Dezember 1949 die schon erwähnte Titelgeschichte gewidmet hatte,[207] nahm die FAZ erstmals Mitte Dezember 1949 in einem Bericht über tumultartige Szenen auf der ersten größeren öffentlichen Versammlung der SRP, die im niedersächsischen Bad Pyrmont stattfand, von der neuen Partei Notiz.[208] Auslöser der handfesten Auseinandersetzung zwischen Unterstützern und Gegnern der SRP war *Remers* provokative Behauptung, er habe durch sein Eingreifen am 20. Juli 1944 ein Blutvergießen zwischen deutschen Truppen in Berlin verhindert. FR, Welt und Süddeutsche Zeitung berichteten auch im Januar und Februar 1950 von Prügeleien und Tumulten auf SRP-Veranstaltungen.[209] Die Welt charakterisierte die neue Partei dabei im Januar 1950 als ausgesprochen extremistische Rechtsgruppe,[210] und die FR nahm die im Februar 1950 auf einer Versammlung in Göttingen gewonnenen Erkenntnisse zum Anlass, um ihre

---

[204] „Dann haben Sie, was wir wollen", in: Spiegel 43/1949 v. 20.10.1949, S. 9 (http://www.spiegel.de/spiegel/print/d-44438645.html).

[205] FR vom 06.12.1949 „Neue Partei in Nordhessen".

[206] *H. Buschke,* Deutsche Presse, 2003, S. 154 ff.

[207] „Nichts als Pappendeckel", in: Spiegel 49/1949 v. 01.12.1949, S. 6 f. (http://www.spiegel.de/spiegel/print/d-44439124.html); oben S. 95 f.

[208] „Tumult um Remer", in: FAZ v. 15.12.1949; vgl. auch „Tumult um ‚Sozialistische Reichspartei'", in: Die Welt v. 15.12.1949; „Remers Selbstlob", in: SZ v. 15.12.1949.

[209] „Remer bei Parteikundgebung niedergeschrien",in: FR v. 12.01.1950; „SRP prügelt Demonstranten aus dem Saal", in: FR v. 07.02.1950; „Wieder Krach um Remer", in: Die Welt v. 12.01.1950; „Remer-Versammlung gesprengt", in: Die Welt v. 20.01.1950; „Saalschlacht um Remer", in: Die Welt v. 06.02.1950; „Remer flieht vor Studenten", in: SZ v. 23.01.1950; „Saalschlacht um Remer", in: SZ v. 06.02.1950; „Remer durfte nicht sprechen", in: SZ v. 02.03.1950.

[210] „Rechte gründet ‚Reichspartei'", in: Die Welt v. 23.01.1950.

Leser mit einer ausführlicheren Reportage über die rechtsextremen Ziele und Hintergründe der Partei in Kenntnis zu setzen:[211] Nationalistische Töne wie die „Einigung aller Deutschen in einem einheitlichen Deutschen Reich“ kennzeichneten das Programm der SRP. Deren Führer betonten die „guten Dinge“ im Nationalsozialismus und lehnten die Politik *Adenauers,* namentlich Westintegration, Atlantikpakt und Europaratbeitritt, strikt ab. Noch sei die Partei ohne Bedeutung. Doch dürfe sie keinesfalls unterschätzt werden. Auffällig viele junge Mitglieder zwischen 25 und 30 Jahren seien in ihr vertreten und der Boden, von dem sie ernten wolle, sei angesichts von zwei Millionen Arbeitslosen, Millionen Flüchtlingen und Vertriebenen sowie zunehmenden sozialen Spannungen gut gewählt.

Dies alles kulminierte darin, dass der Autor eines Aufmerksamkeit heischend mit „Ratten“ betitelten FR-Kommentars bereits Ende Februar 1950 forderte, mit Grundrechtsverwirkungsverfahren gem. Art. 18 GG und einem Parteiverbotsverfahren gem. Art. 21 Abs. 2 GG gegen die SRP vorzugehen.[212] Sowohl die *Adenauer*-Regierung als auch die Justiz seien bisher auf dem rechten Auge blind gewesen. Bundesjustizminister *Thomas Dehler* warf der Kommentator vor, sich ausschließlich mit der KPD zu beschäftigen. War damit erstmals offen die Aktivierung der Ephoralen Verfassung gegen die SRP gefordert worden, fehlte zu diesem Zeitpunkt allerdings noch das gem. Art. 21 Abs. 2 S. 2 GG a.F. für ein Parteiverbot und gem. Art. 18 S. 2 GG für Grundrechtsverwirkungsverfahren notwendige BVerfG, das als letztes Bundesorgan erst im September 1951 eingerichtet werden sollte.[213]

V. Teilnahme an Landtagswahlen im Sommer 1950 und erste staatliche Gegenmaßnahmen

Die eigentliche Bewährungsprobe für eine neue Partei wie die SRP ist der Erfolg bei den Wählern.[214] Da die nächste Bundestagswahl erst im Herbst 1953 anstand, konzentrierte sich die Parteileitung zunächst auf Landtagswahlen, wobei in der Gründungs- und Aufbauphase bis Mitte 1950 vor allem die Wahlen in den nördlichen Bundesländern NRW und Schleswig-Holstein von Interesse waren. Ergebnisse von 0,2 % am 18. Juni 1950 in NRW und 1,6 % am 9. Juli 1950 in Schleswig-Holstein konnten dem Anspruch, sich in Norddeutschland als wichtigste rechtsextreme Sammlungsbewegung zu profilie-

---

[211] „Neue Ver‚führer‘ trommeln …“, in: FR v. 10.02.1950.

[212] „Ratten“, in: FR vom 25.02.1950.

[213] Dazu unten S. 238 ff.

[214] Zu den Ergebnissen der SRP bei Wahlen in den Jahren 1950 und 1951: *O. Büsch,* Geschichte, in: Büsch/Furth, Rechtsradikalismus, 1957, S. 1 (154 f.); *H. Hansen,* Sozialistische Reichspartei, 2007, S. 163.

ren, auf den ersten Blick kaum gerecht werden. Zu berücksichtigen ist allerdings, dass die SRP zu diesem Zeitpunkt in beiden Ländern noch nicht über effektive Landesverbände verfügte.[215] In NRW war erst im März 1950 ein SRP-Landesverband gegründet worden, dessen Mitglieder sich dort – anders als in Niedersachsen – weniger aus der radikaleren DKP-DRP als aus der alles in allem bürgerlicheren DP speisten.[216] Zudem bestanden in NRW auch die meisten SRP-Regionalverbände zum Zeitpunkt der Wahl eher auf dem Papier,[217] und der Wahlkampf der SRP wurde von ihren Gegnern nach Kräften gestört.[218] In Schleswig-Holstein war es sogar erst im April 1950 zur Gründung eines SRP-Landesverbandes gekommen, der primär aus früheren DP- und DKP-DRP-Mitgliedern bestand.[219] Bemühungen der SRP um eine gemeinsame Kandidatur mit der inzwischen gegründeten Deutschen Reichspartei (DRP) waren im Vorfeld der Wahl gescheitert.[220]

Dem SRP-Wahlkampf war auch nicht zuträglich, dass inzwischen immer mehr Landesregierungen polizei- und versammlungsrechtliche Maßnahmen gegen die sich zunehmend agitatorisch gebärdenden SRP-Politiker, namentlich *Otto Ernst Remer,* ergriffen. So hatte der nordrhein-westfälische Landtag bereits am 2. Februar 1950 beschlossen, dass „gegenüber provokatorischem Verhalten prominenter Vertreter des Hitlerregimes die Bestimmungen des allgemeinen Landesrechtes und des Polizeiverwaltungsgesetzes mit

---

[215] So entschuldigte ein fünfseitiger Erfahrungsbericht der SRP Schleswig-Holstein über den Wahlkampf 1950 (BA, B 104, Nr. 366, Bl. 11 ff.) das schlechte Abschneiden damit, dass zu Beginn des Wahlkampfs „noch nicht einmal Ansätze zur Bildung einer Organisation vorhanden" gewesen seien. In den Folgerungen wird festgestellt, „eine Mindestorganisation muss schon vorhanden sein, wenn man sich mit Aussicht auf Erfolg an einem Wahlkampf beteiligen will". Auch hinreichendes Propagandamaterial stand noch nicht zur Verfügung. So wurde erst im Juli 1950 erstmals diverses Propagandamaterial wie Tragfahnen, Fahrradwimpel und Armbinden, in deren Mittelpunkt jeweils der schwarze Adler auf rotem Grund stand, zum Versand angeboten (Angebotszettel von Hans Laske, „Schwarzer Adler auf rotem Grund", BA, B 237, Nr. 215626). Ein Einspruch der SRP gegen die Gültigkeit der Wahl in Schleswig-Holstein vom 09.07.1950 wurde vom Landtag im November 1950 zurückgewiesen, Landesminister des Innern an SRP Schleswig-Holstein v. 18.12.1950, BA, B 104, Nr. 366, Bl. 5 nebst Auszug aus dem Protokoll der Sitzung des Landtages vom 13., 14., 15.11.1950.

[216] *K. P. Tauber,* Beyond Eagle and Swastika I, 1967, S. 696.

[217] Zum schleppenden Aufbau der Parteistrukturen in NRW: *M. Lausberg,* Die extreme Rechte in NRW, 2012, S. 87 ff.; *O. Büsch,* Geschichte, in: Büsch/Furth, Rechtsradikalismus, 1957, S. 1 (74 ff., 81 f.); ein vom Bund der Verfolgten des Naziregimes erstelltes, teilweise aber bereits überholtes Verzeichnis von SRP-Landes-, Bezirks- und Kreisverbänden aus dem Mai 1951 findet sich in: National Archives (UK), FO 1008/14, 5/3/63/51.

[218] *O. Büsch,* Geschichte, in: Büsch/Furth, Rechtsradikalismus, 1957, S. 1 (154); *H. W. Schmollinger,* SRP, in: Stöss, Parteien-Hdb. II, 1984, S. 2274 (2309); *H. Hansen,* Sozialistische Reichspartei, 2007, S. 162 ff.

[219] *K. P. Tauber,* Beyond Eagle and Swastika I, 1967, S. 696.

[220] *H. W. Schmollinger,* SRP, in: Stöss, Parteien-Hdb. II, 1984, S. 2274 (2298).

aller Schärfe angewandt werden" sollten.[221] Auf dieser Grundlage hatte das nordrhein-westfälische Kabinett am 6. Februar 1950 Innenminister *Walter Menzel* (SPD) beauftragt, „dafür Sorge zu tragen, dass Saboteuren der demokratischen Staatsordnung, wie z.B. Herrn Remer, im Lande Nordrhein-Westfalen keine politische Betätigungsmöglichkeit gewährt wird". In Umsetzung dieses Kabinettsbeschlusses hatte *Menzel,* früherer stellvertretender Vorsitzender der SPD-Fraktion im Parlamentarischen Rat, dann am 20. Februar 1950 vertraulich gegenüber den nordrhein-westfälischen Polizeibehörden angeordnet:[222]

„Remer wird daher das Auftreten als Redner im Lande Nordrhein-Westfalen verboten, weil er als markanter Repräsentant des nationalsozialistischen Regimes in den Ländern Niedersachsen und Schleswig-Holstein wiederholt in öffentlichen Versammlungen das nationalsozialistische Regime verherrlicht und zu rechtfertigen versucht hat, und weil er darüber hinaus durch dieses Tun die demokratische Öffentlichkeit provoziert und erhebliche Störungen der öffentlichen Sicherheit und Ordnung verursacht hat.

Für den Fall, dass irgendwo eine Versammlung anberaumt werden sollte, in der Herr Remer als Redner auftreten soll, ersuche ich, ihm oder dem Versammlungsveranstalter mein Verbot zu eröffnen und ein Auftreten des Herrn Remer zu verhindern."

Es ist davon auszugehen, dass sich die norddeutschen Innenminister schon zu jenem Zeitpunkt auf ein konzertiertes Vorgehen gegen *Remer* verständigt hatten. So hatte der niedersächsische Innenminister bereits am 21. Januar 1950 einen ersten Erlass an die nachgeordneten Behörden in Bezug auf *Remer* getroffen,[223] bevor dann im Februar 1950 nach einer Saalschlacht bei einem *Remer*-Auftritt in Wolfsburg ein Redeverbot gegen den Publikumsmagneten der SRP verhängt wurde.[224] Nachdem in Schleswig-Holstein einige Tage zuvor Ähnliches passiert war,[225] bedienten sich auch die Regierungen

---

[221] Innenminister NRW an alle Herren Chefs der Polizei im Lande NRW (persönlich/vertraulich) vom 20.02.1950, BA, B 237, Nr. 97007, Bl. 89.

[222] Innenminister NRW an alle Herren Chefs der Polizei im Lande NRW (persönlich/vertraulich) vom 20.02.1950, BA, B 237, Nr. 97007, Bl. 89; nach Innenminister des Landes NRW an Präsident BVerfG vom 21.07.1952, BA, B 237, Nr. 97007, Bl. 88 ist dies die früheste Verfügung des NRW-Innenministers mit einem Redeverbot gegen *Remer*.

[223] Niedersächsischer Ministerpräsident, Staatskanzlei an Präsident BVerfG vom 30.06.1952, BA, B237, Nr. 97007, Bl. 86.

[224] Zudem wies er die Ordnungsbehörden über die Regierungspräsidenten etc. an, zukünftig Rede- bzw. Teilnahmeverbote gegen Remer zu verhängen, da nach den bisherigen Erfahrungen damit gerechnet werden müsse, „daß alle Versammlungen, in denen sich der ehem. Generalmajor Remer als Redner oder sonstwie beteiligt, zu erheblichen Störungen der öffentlichen Sicherheit und Ordnung führen". Der Niedersächsische Minister des Innern an Regierungspräsidenten etc. vom 21.02.1950, BA, B 106, Nr. 15551.

[225] Ein in Schleswig-Holstein ergangenes Redeverbot für *Remer* aus dem Februar 1950 wurde bereits im April 1950 wieder aufgehoben. Pikant ist insofern, dass es nach Dokumenten des Geheimdienstes der US-Armee am 04.10.1949, 10.11.1949 und 30.03.1950 zu Treffen des SRP-Vorsitzenden *Dorls* mit dem SPD-Vorsitzenden *Kurt Schumacher* ge-

Hessens[226] und Hamburgs dieses Mittels, um das Zugpferd der SRP zu stoppen. Als *Remer* das vom Senat der Hansestadt am selben Tag beschlossene Redeverbot[227] bei seinem Auftritt am 28. Februar 1950 in einer Gaststätte in Hamburg-Jenfeld verkündet wurde, brach dieser seine Rede sofort ab, kündigte seinen zahlreich erschienenen Anhängern aber ominös an: „Das nächste Mal machen wir es geschickter, ich komme zu Euch!“[228] In Bremen wurde Anfang März 1950 sowohl *Remer* als auch *Krüger* ein Redeverbot für eine geplante Mitgliederversammlung erteilt[229] und im Folgemonat sogar eine geschlossene Versammlung, zu der ca. 180 Teilnehmer mit Einladungskarten erschienen waren, untersagt, da *Remer* auftreten sollte.[230] Im Emsland erging schließlich sogar die drastische Maßnahme eines Aufenthaltsverbotes gegen den früheren Generalmajor.[231]

---

kommen sein soll, der sich eine Schwächung des bürgerlichen Lagers durch die SRP bei den Wahlen in Schleswig-Holstein und Niedersachsen erhofft haben soll. Daher habe sich *Schumacher* angeblich bereit erklärt, sich bei der SPD-Regierung in Schleswig-Holstein für eine Lockerung der Redeverbote gegen *Remer* einzusetzen. Für eine Einflussnahme *Schumachers* bzgl. des zurückhaltenden Vorgehens der niedersächsischen Landesregierung gegen die SRP im Vorfeld der Niedersachsenwahlen im Mai 1951: HICOG Frankfurt to Department of State, Recent Activities of the „Sozialistische Reichspartei“ (SRP), HICOG Frankfurt Despatch 3272 (confidential), 10.05.1951, National Archives (UK), FO 1008/14, 5/3/56/51; zum Ganzen auch: *H. Hansen,* Sozialistische Reichspartei, 2007, S. 209; *ders.,* Die SRP und der Rechtsextremismus, in: Becker/Bongartz, Die weltanschaulichen Grundlagen des NS-Regimes, 2011, S. 165 (171 Fn. 26).

[226] Vgl. Hessischer Minister des Innern vom 21.05.1951 an Regierungspräsidenten etc., betr. Redeverbot (BA, B 237, Nr. 215640, Bl. 18a), wonach am 16.03.1950 „ein Redeverbot für den Bereich des Landes Hessen gegen den früheren Generalmajor Otto Ernst Remer“ erlassen wurde; dazu auch die Anweisung des Landrates des Landkreises Dieburg an die Bürgermeister etc. v. 21.03.1950 (HStAD, H 2 Dieburg, Nr. 4384), „mit allen zu Gebote stehenden Mitteln zu verhindern, daß Remer in Versammlungen das Wort ergreift“.

[227] Auszug aus der Niederschrift über die 14. Senatssitzung, StAHH, 131–1 II, 145, Bl. 1; über die rechtliche Einordnung des Senatsbeschlusses bestand später nicht zuletzt aufgrund der fraglichen Zuständigkeit des Senats Unsicherheit und Streit; eine Stellungnahme des Rechtsamts des Senats der Hansestadt Hamburg v. 22.08.1951, StAHH, 331–1 II, 809, S. 3 f., stufte ihn als „Richtlinie“ für die Hamburger Polizei ein, „wie sie sich zu verhalten habe, wenn hier der ehemalige Generalmajor Remer als Redner in einer öffentlichen Versammlung auftritt und auftreten will: sein Auftreten wäre zu verbieten, die Versammlung aufzulösen“.

[228] Polizeichef Hamburg an Bürgermeister/Polizeisenator Brauer vom 01.03.1950, StAHH, 131–1 II, 145, Bl. 3; Presseartikel zu diesem Redeverbot in StAHH, 135–1 VI, 847.

[229] Auszug aus der Niederschrift über die Senats-Sitzung Bremen vom 03.03.1950, StAHB, 3-V.2.-2750 [8] Nr. 1.

[230] Chef der Polizei Bremen vom 15.04.1950, Bericht über die Versammlung der SRP am 14.04.1950 um 20.00 Uhr in der Weserlust, StAHB, 3-V.2.-2750 [8] Nr. 1.

[231] *N. Frei,* Vergangenheitspolitik, 2. Aufl. 1997, S. 327 f.; zu weiteren Redeverboten gegen SRP-Politiker: *H. Hansen,* Sozialistische Reichspartei, 2007, S. 164, 228.

Abb. 7: Nach Studentenprotesten gegen die SRP-Gründungsversammlung am 28.07.1950 in Berlin wird ein festgenommener SRP-Aktivist abgeführt.

Aber auch die Zivilgesellschaft formierte sich: Während fast überall Gewerkschaften gegen Veranstaltungen der SRP mobilmachten,[232] verhinderten am 28. Juli 1950 in Berlin Hunderte aufgebrachter FU-Studenten die – auch behördlich untersagte – Versammlung zur Gründung eines SRP-Landesverbandes, auf der auch *Remer* sprechen sollte, indem sie vorsorglich den „Preußenhof" am Fehrbelliner Platz besetzten. Handgreifliche Auseinandersetzungen führten zu Festnahmen auf beiden Seiten und schließlich zu massivem Schlagstockeinsatz der Polizei, nachdem eine Tränengasbombe in das Polizeirevier geworfen worden war, in welches die Festgenommenen verbracht worden waren.[233]

Dass das Potential der SRP auch im wichtigen Flächenstaat NRW keineswegs zu unterschätzen war, belegt auch eine etwas genauere Analyse des dortigen Wahlergebnisses:[234] Nicht zuletzt wegen einer Regelung im Landeswahlrecht, nach der nicht im Parlament repräsentierte Parteien für die Wahlbewerbung jedes einzelnen Kandidaten 200 Unterstützerunterschriften

---

[232] Vgl. etwa zu Württemberg-Baden, speziell Mannheim, Office of the US High Commissioner for Germany, Office of the Land Commissioner for Wuerttemberg-Baden, Intelligence Division, Intelligence Report No. 80 – Activities of the SRP in Southwest Germany, 24.07.1951 (confidential), S. 4, National Archives (UK), FO 1008/15.

[233] *T. Fichter,* SDS und SPD, 1988, S. 158 f.

[234] Zur Ausgangslage in Schleswig-Holstein, in der die SRP mit ähnlichen Problemen konfrontiert war wie in NRW, aber auch auf spezielle Herausforderungen traf: *K. P. Tauber,* Beyond Eagle and Swastika I, 1967, S. 700.

beizubringen hatten, konnte die SRP überhaupt nur in drei nordrhein-westfälischen Wahlkreisen antreten.[235] Dass sie dabei auf Anhieb im Oberbergischen Kreis Nord 11,3 %, im Oberbergischen Kreis Süd 15,1 % und im Kreis Wanne-Eickel 8,6 % erzielen konnte, ließ aufhorchen und für kommende Wahlen Schlimmes befürchten.[236] Aus dem Raum Lübbecke/Herford stammende Mitglieder der FDP, die in NRW selbst weit rechts stand, ein Wahlbündnis mit der „Nationalen Rechten", als Abspaltung der DKP-DRP, eingegangen war und sich im Wahlkampf als „Partei der Nationalen Sammlung" beworben hatte,[237] nahmen das Wahlergebnis jedenfalls zum Anlass, ihre Parteiführung anzuflehen, etwas gegen das Vordringen der SRP zu unternehmen. Ansonsten bestehe die Gefahr, die Generation zu verlieren, „die besonders von der SRP angesprochen und teilweise gewonnen [wird], die Kriegsgeneration im Alter von 18–25 Jahren".[238]

VI. Der zweite SRP-Bundestagsabgeordnete

Dass sich die SRP im Aufwind befand, manifestierte sich auch darin, dass wenig später, im September 1950, ein zweiter Bundestagsabgeordneter zu ihr überwechselte. *Franz Richter* (1912–1987) war – wie oben angesprochen – als niedersächsischer Landesvorsitzender der DKP-DRP zusammen mit dem SRP-Vorsitzenden und ersten SRP-Bundestagsabgeordneten *Dorls* über die niedersächsische DKP-DRP-Liste in den Bundestag eingezogen.[239] Im Januar 1950 war *Richter* dann an der Fusion des niedersächsischen Landesverbandes der DKP-DRP mit der von dem Bundestagsabgeordneten *Heinrich Leuchtgens*[240] bereits im Oktober 1945 gegründeten, aber nie auf Landesebene lizen-

---

[235] *O. Büsch,* Geschichte, in: Büsch/Furth, Rechtsradikalismus, 1957, S. 1 (154); die SRP-Parteileitung nahm „die Schwierigkeiten, die sich uns in Nordrhein-Westfalen bei der Beibringung der notwendigen Zahl von Unterschriften als Voraussetzung für eine Wahlzulassung entgegenstellten" zum Anlass, in ihrem Rundschreiben Nr. 5 v. 20.06.1950 (BA, B 104, Nr. 8, Bl. 12 (13)) die Landes- und Bezirksverbandsleiter anzuweisen, „sofort ihr Hauptaugenmerk auf die Durchorganisation der ihnen zugeteilten Gebiete zu lenken. Es darf einfach nicht mehr vorkommen, dass man weisse Flecke auf unserer Organisationskarte sieht".

[236] *H. W. Schmollinger,* SRP, in: Stöss, Parteien-Hdb. II, 1984, S. 2274 (2309 f.); *H. Hansen,* Sozialistische Reichspartei, 2007, S. 164.

[237] *K. Buchna,* Nationale Sammlung, 2010, S. 97; zum Rechtskurs insbesondere der nordrhein-westfälischen FDP unten S. 399 ff.

[238] *L. Albertin,* Die FDP in NRW, in: v. Alemann (Hrsg.), Parteien und Wahlen in NRW, 1985, S. 121 (127).

[239] Ausführlich zu den Hintergründen oben S. 93 ff.

[240] *Leuchtgens* (1876–1959) war 1949 über die hessische Landesliste der FDP, mit der die NDP kooperiert hatte, als drittältester Abgeordneter nach *Paul Löbe* (SPD) und *Konrad Adenauer* (CDU) in den Bundestag gelangt. Nachdem er dort zunächst gemeinsam mit den

Abb. 8: Richter/Rößler (links) mit dem NDP-Vorsitzenden Heinrich Leuchtgens am 22.01.1950 auf der Gründungsversammlung der DRP in Kassel

sierten hessischen NDP zur Deutschen Reichspartei (DRP) beteiligt gewesen,[241] in deren Direktorium er als einer von zwei gleichberechtigten Vorsitzenden zunächst auch gewählt worden war.[242] Die neue DRP hatte wie zuvor die SRP in ihrem Namen den Bezug zum Reich aufgegriffen, sich aber mit dem Attribut „Deutsche" zugleich bewusst als nationalkonservative Alternative zur neonazistischen SRP positioniert.[243]

Als im März 1950 dann jedoch bekannt wurde, dass DRP-Funktionäre um *Walter Kniggendorf* mit *Dorls* über die Überführung eines Teils der DRP in die SRP verhandelten, wurde *Kniggendorf* im Folgemonat aus der DRP ausgeschlossen und *Richter* zum Rücktritt aus deren Direktorium gezwungen.[244] Während *Kniggendorf* umgehend zur SRP übertrat, nahm *Richter* erst seinen Ausschluss aus der DRP im September 1950 zum Anlass, zur SRP zu wechseln.[245] Fortan verfügte die neonazistische Partei mit *Dorls* und *Richter* über immerhin zwei Bundestagsabgeordnete, bis *Richter* schließlich im Frühjahr

---

fünf Abgeordneten der DKP-DRP die Gruppe Nationale Rechte bildete, wechselte er im Dezember 1950 zur DP über.

241 Zur hessischen NDP bereits oben S. 73 f., 76.

242 *H. W. Schmollinger,* DRP, in: Stöss, Parteien-Hdb. I, 1983, S. 1112 (1180); *P. Dudek/H.-G. Jaschke,* Entstehung und Entwicklung, 1984, S. 202; *O. Gnad,* DRP, in: Recker/Tenfelde, Handbuch, Teilbd. III, 2005, S. 475 (492).

243 *M. Jenke,* Verschwörung von rechts?, 1961, S. 236 f.

244 *H. W. Schmollinger,* DRP, in: Stöss, Parteien-Hdb. I, 1983, S. 1112 (1137).

245 Über *Richters* Übertritt informierte die SRP-Parteileitung ihre Mitglieder im Informations-Rundschreiben v. 08.11.1950, BA, B 104, Nr. 65, Bl. 12.

1952 als der frühere NSDAP-Funktionär *Fritz Rößler* enttarnt wurde und infolgedessen sein Bundestagsmandat niederlegen musste.[246]

[246] Dazu unten S. 278 ff.

Fünftes Kapitel

„Die Demokratie darf nicht wie 1933 an den demokratischen Grundsätzen sterben" – Der Weg zu den Parteiverbotsanträgen

I. Der Unvereinbarkeitsbeschluss im September 1950 – Innenminister *Heinemann* setzt einen Akzent

1. Gustav W. Heinemann und der Unvereinbarkeitsbeschluss

In der Aufbauphase der SRP bis zum Sommer 1950 war es schon aufgrund der Zuständigkeitsverteilung in der föderalen Verfassung der Bundesrepublik den Ländern vorbehalten, erste Maßnahmen gegen die rechtsextreme Partei zu ergreifen: Wie im voranstehenden Kapitel gesehen, führten insbesondere die tumultartigen Szenen, die SRP-Veranstaltungen regelmäßig begleiteten, dazu, dass ab Februar 1950 in mehreren Bundesländern Rede- sowie vereinzelt auch Aufenthaltsverbote gegen SRP-Politiker verhängt und auch einzelne Versammlungen der SRP verboten wurden.[1] Die SRP-Parteileitung sah aus taktischen Gründen zunächst überwiegend davon ab, rechtliche Schritte gegen solche Maßnahmen zu ergreifen, da sie publikumswirksame Niederlagen vor Gericht unbedingt vermeiden wollte.[2]

Auf Bundesebene bedurfte es einer Initiative von Innenminister *Gustav W. Heinemann* (CDU), dass schließlich Mitte September 1950 eine erste einschneidende Maßnahme gegen extremistische Organisationen getroffen wurde, die auch die SRP betraf. Vorweggeschickt sei, dass sich *Heinemann* zu diesem Zeitpunkt bereits in seinem schweren Konflikt mit Kanzler *Adenauer* befand, nachdem dessen Geheimgespräche mit den Alliierten über eine deutsche Wiederbewaffnung publik geworden waren. *Heinemanns* Rücktritt aus

---

[1] Oben S. 128 ff.

[2] In Niedersachsen holte die SRP ein Gutachten des Verwaltungsgerichtsrates *Dr. Fischer* aus Varel, wo u.a. Landesvorsitzender *August Finke* und *Remer* wohnten, zur Rechtmäßigkeit von Versammlungsverboten ein (BA, B 104, Nr. 361, Bl. 71). Im Tenor warnte *Fischer* vor Rechtsstreitigkeiten, da deren Ausgang, „solange die Bundesrepublik die Disqualifizierung der SRP aufrecht" erhalte, ungewiss sei. Verlorene Verfahren könnten aber als Präzedenzfälle für weitere Versammlungsverbote dienen. Daher seien „geschlossene Versammlungen mit persönlichen Einladungen an Sympathisierende" zu empfehlen.

dem ersten Bundeskabinett, von dem er sich auch aus anderen Gründen zunehmend entfremdet hatte, stand daher bereits kurz bevor, als er noch einen markanten Akzent gegen extremistische Parteien und Gruppen setzte. Warum sich *Heinemann* persönlich für einen aktiven Kampf gegen Extremismus engagierte, erschließt sich bereits aus seiner Biographie:

Gustav Walter Heinemann (1899–1976) wurde am 23. Juli 1899 als Sohn von *Otto Heinemann,* der sich aus kleinen Verhältnissen zum Prokuristen der Friedrich Krupp AG in Essen hocharbeitete, in Schwelm, einem Industriestädtchen bei Hagen, geboren und wuchs in Essen im Umfeld der Kruppwerke auf.[3] Nach Kriegsabitur und Einberufung in den Ersten Weltkrieg im Juni 1917, ohne an die Front zu müssen, studierte *Gustav Heinemann* ab November 1918 zunächst in Münster Rechts- und Staatswissenschaften. Zum Sommersemester 1919 wechselte er an die Philipps-Universität in Marburg, die auf dem Gebiet der Nationalökonomie einen ausgezeichneten Ruf genoss.[4] Während seines dortigen Studiums freundete er sich u.a. mit *Ernst Lemmer,* von 1957 bis 1962 Bundesminister für gesamtdeutsche Fragen, und *Wilhelm Röpke,* nach 1945 als Wirtschaftswissenschaftler führender Vertreter des Ordo-Liberalismus der Freiburger Schule, an.[5] Gemeinsam mit *Lemmer* und *Röpke,* denen er ein Leben lang eng verbunden blieb, engagierte sich *Heinemann* im Reichsbund Deutscher Demokratischer Studenten, der Studentenorganisation der liberalen Deutschen Demokratischen Partei (DDP), für Republik und Demokratie. Nach dem Abschluss in Nationalökonomie 1921 in Marburg mit der Promotion zum Dr. phil. und dem ersten juristischen Staatsexamen mit dem Prädikat „gut" im Dezember 1922 trat *Heinemann* Anfang 1923 in den juristischen Referendardienst ein und hatte anfangs gleichzeitig auch eine Assistentenstelle am Staatswissenschaftlichen Seminar der Philipps-Universität inne.[6] Nach dem zweiten, erneut mit „gut" bestandenen juristischen Staatsexamen im Jahr 1926 war *Heinemann* dann in Essen als Sozius einer angesehenen Rechtsanwaltskanzlei tätig und wurde 1929 in Münster zusätzlich zum Dr. iur. promoviert.[7] Von 1929 bis 1949 war er Justitiar und ab 1936 auch stellvertretendes Vorstandsmitglied der Rheinischen Stahlwerke A.G. in Essen, einem der größten Montanunternehmen des Ruhrgebietes.[8]

Um das Jahr 1929 wandelte sich der erklärte Agnostiker zum engagierten Christen, was seinen weiteren Lebensweg prägen sollte.[9] Schon kurz nach der Machtergreifung am 30. Januar 1933 musste *Heinemann* erleben, wie sein Freund *Wilhelm Röpke* im Frühjahr 1933 von seinem Marburger Lehrstuhl vertrieben wurde und mit seiner Familie nach Istanbul emigrierte. Am 2. Mai 1933 stimmte *Heinemann* als einer von nur vier Anwälten gegen den von 43 Kollegen befürworteten Ausschluss jüdischer Anwälte aus dem Essener Anwaltsverein.[10] Gleichzeitig begann *Heinemann,* der nach außen der Konfrontation mit dem NS-Regime nach Möglichkeit aus dem Wege ging, sich gegen dessen Einflussnahme auf die Kirche zu engagieren.[11] Als Presbyter (Kirchenvorsteher) seiner Essener Gemeinde

---

[3] *J. Treffke,* Heinemann, 2009, S. 21 ff.; *T. Flemming,* Heinemann, 2014, S. 12 ff.
[4] *J. Treffke,* Heinemann, 2009, S. 46 ff.; *T. Flemming,* Heinemann, 2014, S. 43.
[5] *T. Flemming,* Heinemann, 2014, S. 44 ff.
[6] *T. Flemming,* Heinemann, 2014, S. 60 ff.
[7] *J. Treffke,* Heinemann, 2009, S. 55 ff.; *T. Flemming,* Heinemann, 2014, S. 75 ff., 83.
[8] *T. Flemming,* Heinemann, 2014, S. 79 ff., 136 ff.
[9] *T. Flemming,* Heinemann, 2014, S. 88 ff.
[10] *T. Flemming,* Heinemann, 2014, S. 93.
[11] *T. Flemming,* Heinemann, 2014, S. 94 ff.

erlebte er im Februar 1934 die Suspendierung des regimekritischen Pfarrers *Friedrich Wilhelm Graeber* durch das von den regimenahen „Deutschen Christen" dominierte Evangelische Konsistorium der Rheinprovinz. In der Folge setzte er sich dafür ein, dass *Graeber* in einer neu gebildeten unabhängigen Gemeinde aktiv bleiben konnte.[12] *Heinemann* wurde bald lokaler und überregionaler Rechtsberater der Bekennenden Kirche und Sprecher der Synodalen (Kirchenabgeordneten) des Rheinlandes in der Bekennenden Kirche. Als solcher nahm er im Mai 1934 an der Barmer Bekenntnissynode teil. Zwar hatte er wohl keinen Einfluss auf den Wortlaut der dort verabschiedeten Barmer Theologischen Erklärung.[13] Allerdings identifizierte er sich so sehr mit diesem Zentraldokument der Bekennenden Kirche, dass er stets ein Exemplar bei sich getragen haben soll. Später druckte er regelmäßig in seinem Keller die illegalen „Grünen Blätter", eine wichtige Informationsschrift der Bekennenden Kirche, und half bei deren reichsweiter Verteilung.[14] Im August 1938 legte *Heinemann* allerdings alle Ämter in der Bekennenden Kirche nieder, was er u.a. mit deren Mangel an Entschlossenheit und Konsequenz im Kampf gegen das kirchenfeindliche NS-Regime begründete.[15] Erst Jahrzehnte nach Kriegsende wurde bekannt, dass *Heinemann* gleichzeitig Mitglied mehrerer nationalsozialistischer, parteinaher Organisationen gewesen war, namentlich des Nationalsozialistischen Rechtswahrerbundes (NSRB), als NS-Berufsverband der Juristen, der Nationalsozialistischen Volkswohlfahrt (NSV), die als NS-Wohlfahrtsverband u.a. Kindergärten mit nationalsozialistischer Erziehung betrieb und ab 1940 die sog. Kinderlandverschickung organisierte, und des Reichsluftschutzbundes (RLB).[16] Wahrscheinlich war dies Teil seiner Doppelstrategie, nach außen Konflikten aus dem Weg zu gehen, aber gleichzeitig u.a. für die kirchliche Unabhängigkeit einzutreten. Nach Kriegsende, im Oktober 1945, unterzeichnete *Heinemann* mit anderen Ratsvertretern der Evangelischen Kirche in Deutschland (EKD) das Stuttgarter Schuldbekenntnis, das sein kirchenpolitisches Wirken fortan stark prägen sollte.[17] Von 1949 bis 1955 war er Präses der EKD-Synode.

In politischer Hinsicht gehörte *Heinemann* nach Kriegsende zu den Gründern der CDU in Essen, wo er im Februar 1946 von den britischen Besatzungsbehörden als Bürgermeister eingesetzt wurde.[18] Im Oktober 1946 wurde er dort dann auch demokratisch zum Oberbürgermeister gewählt und übte dieses Amt bis zu seiner Berufung in das Bundeskabinett im Herbst 1949 aus.[19] Von 1947 bis 1950 war *Heinemann* daneben CDU-Landtagsabgeordneter in NRW, wo er von Juni 1947 bis September 1948 auch als Justizminister der von Ministerpräsident *Karl Arnold* (CDU) geführten Allparteien-Landesregierung aus CDU, SPD, FDP, KPD und Zentrum angehörte.[20] Als protestantische Mitglieder der CDU-Bundestagsfraktion bei der Bildung des ersten Bundeskabinetts unter *Konrad Adenauer* im September 1949 eine stärkere Berücksichtigung von Protestanten anmahnten, bat *Adenauer,* der persönlich wohl lieber seinen früheren Düsseldorfer Oberbürgermeisterkollegen *Robert Lehr* im Amt des Innenministers gesehen hätte und *Heinemann* eher kritisch beäugte, den be-

---

12 *T. Flemming,* Heinemann, 2014, S. 104 ff.
13 *T. Flemming,* Heinemann, 2014, S. 119 f.
14 *T. Flemming,* Heinemann, 2014, S. 133 f.
15 *T. Flemming,* Heinemann, 2014, S. 123 f.
16 *J. Treffke,* Heinemann, 2009, S. 73 ff.
17 *J. Treffke,* Heinemann, 2009, S. 85.
18 *J. Treffke,* Heinemann, 2009, S. 87 ff.; *T. Flemming,* Heinemann, 2014, S. 173 ff.
19 *T. Flemming,* Heinemann, 2014, S. 180 ff.
20 *T. Flemming,* Heinemann, 2014, S. 207 ff.

Abb. 9: Gustav W. Heinemann als Bundesinnenminister im September 1949

kannten Protestanten *nolens volens,* in sein Kabinett einzutreten.[21] *Heinemann* folgte seinerseits nur widerstrebend, auf Drängen protestantischer Bundestagsabgeordneter *Adenauers* Ruf und wurde am 20. September 1949 von Bundespräsident *Theodor Heuss* zum ersten Bundesminister des Innern ernannt.

Heinemann begann umgehend mit dem Aufbau des Innenministeriums in einer leerstehenden Bonner Kaserne, in der sich zunächst auch das Justizministerium und das Arbeitsministerium befanden.[22] Die räumliche Nähe trug dazu bei, dass er schon bald über die Parteigrenzen hinweg eine Freundschaft mit Justizminister *Thomas Dehler* (FDP) entwickelte: „Bei den späten Abenden, die es ja immer […] wurden, haben Dehler und ich uns näher angefreundet, indem wir zu mitternächtlicher Stunde anfingen zu bechern."[23]

Noch größere Bekanntheit erlangte *Heinemann* nicht nur später, nach seinem Eintritt in die SPD (1957), als Bundesjustizminister der Großen Koalition (1966–1969) und dritter Bundespräsident der Bundesrepublik Deutschland (1969–1974), sondern zeitnah als erster Bundesminister, der von seinem Amt zurücktrat. Bereits seit Ende 1949 schwelte ein Konflikt zwischen dem Bundeskanzler und seinem Innenminister.[24] Auslöser für dessen Rücktritt waren dann die Geheimverhandlungen über eine beschränkte deutsche Wiederbewaff-

---

[21] W. Strauß an Hans Schäffer (Jönköping) v. 23.09.1949, NL W. Strauß, IfZ ED 94, Bd. 365, Bl. 19: „Dr. Heinemann und Dr. Lukaschek sind in erster Linie auf den Druck des evangelischen Teiles der CDU-Fraktion in das Kabinett aufgenommen worden […]"; *J. Treffke,* Gustav Heinemann, 2009, S. 97 f.; *T. Flemming,* Gustav W. Heinemann, 2014, S. 211 f.

[22] *T. Flemming,* Gustav W. Heinemann, 2014, S. 213.

[23] *Heinemann,* Biographische Gespräche, Teil 10, AdsD, NL Heinemann, Teil 2 037 b.

[24] *J. Treffke,* Gustav Heinemann, 2009, S. 99 ff.

nung, die *Adenauer* infolge des Ausbruchs des Koreakrieges am 25. Juni 1950, der die weltpolitische Sicherheitslage völlig verändert hatte, seit der zweiten Julihälfte 1950 mit Vertretern des US-amerikanischen Hochkommissars *McCloy* hatte führen lassen.[25] Nach seiner Rückkehr aus dem Sommerurlaub in der Schweiz hatte der Kanzler in einem viel beachteten Interview mit der *New York Times* am 17. August 1950 ohne Autorisierung durch das Kabinett nicht nur für eine deutliche Aufstockung der US-Streitkräfte in Deutschland, sondern auch offen für die Aufstellung begrenzter westdeutscher Streitkräfte zur Verteidigung gegen eine mögliche Aggression aus dem Osten geworben.[26] In der Kabinettssitzung am 25. August 1950 kam es dann zur Kontroverse über das eigenmächtig gegebene Interview und das Sicherheitsmemorandum, welches der Kanzler den Alliierten Hohen Kommissaren vier Tage später zuleiten sollte.[27] Die Kabinettssitzung am 31. August 1950, in der erneut heftig über die Sicherheitsfrage und einen deutschen Wehrbeitrag gestritten wurde und in der *Adenauer* das Sicherheitsmemorandum auszugsweise verlas, veranlasste *Heinemann* dann dazu, um Entlassung aus der Bundesregierung zu bitten.[28] Zur Begründung führte der pazifistisch gesinnte Innenminister an, dass er sich nicht in der Lage sehe, sich „in bedeutungsvollsten Fragen, bei denen [er] als Kabinettsmitglied und als in Polizeisachen zuständiger Ressortminister beteiligt [sei], vor vollendete Tatsachen stellen zu lassen".[29] Nachdem verschiedene Kabinettsmitglieder vergeblich auf eine Einigung zwischen *Adenauer* und *Heinemann* gedrängt hatten,[30] nahm der nicht zuletzt wegen der befürchteten Auswirkungen auf protestantische Kreise in der CDU zunächst zögerliche Bundeskanzler *Heinemanns* Demission schließlich am 9. Oktober 1950 an.[31]

Es waren wohl nicht zuletzt die an die Weimarer Ära erinnernde Agitation und die Saalschlachten auf SRP-Versammlungen, die *Heinemann* bereits im April 1950 erwägen ließen, zum Schutz des Bundes und seiner demokratischen Institutionen das Versammlungsrecht mittels eines speziellen Versammlungsordnungsgesetzes zu verschärfen.[32] In einem Namensartikel in der Zeit stellte der Bundesinnenminister im April 1950 sein Vorhaben zur öffentlichen Diskussion, nach dem

„der Versammlungsleiter nicht nur berechtigt, sondern auch verpflichtet sein sollte, einzugreifen, wenn verfassungsfeindliche Ansichten oder Vorschläge vorgetragen oder diskutiert werden. Gegebenenfalls hätte er dem Redner das Wort zu entziehen, oder, wenn er sich nicht durchzusetzen vermag, die Versammlung aufzulösen. Es muß ein für allemal

---

[25] *D. C. Large,* Germans to the Front, 1996, S. 67 ff.

[26] *D. C. Large,* Germans to the Front, 1996, S. 69 ff.

[27] Kabinettsprotokolle 1950, S. 639 Fn. 35 (25.08.1950).

[28] *J. Treffke,* Gustav Heinemann, 2009, S. 103 ff.

[29] Kabinettsprotokolle 1950, S. 663 f. Fn. 1 (31.08.1950).

[30] Kabinettsprotokolle 1950, S. 663 f. Fn. 1 (31.08.1950).

[31] Kabinettsprotokolle 1950, S. 744 Fn. 1 (10.10.1950); *J. Treffke,* Gustav Heinemann, 2009, S. 103 ff.; *R. Dohse,* Der Dritte Weg, 1974, S. 150.

[32] Das Versammlungsordnungsgesetz wurde im Kontext von „Maßnahmen zum Schutze des Bundes und seiner demokratischen Institutionen" diskutiert, die schließlich in die Vorbereitung des Ersten Strafrechtsänderungsgesetzes einmündeten; *N. Frei,* Vergangenheitspolitik, 2. Aufl. 1997, S. 328; *F. Hanschmann,* Parteiverbotsverfahren vor dem BVerfG, in: Goldbach, Mit juristischen Waffen, 2003, S. 7 (10); *T. Flemming,* Gustav W. Heinemann, 2014, S. 213 f.

feststehen, daß es an der bestehenden demokratischen Grundordnung nichts herumzudeuteln gibt. Anders als in der Weimarer Republik sollte sich unsere junge Demokratie entschlossen gegenüber den Gegnern der inneren Freiheit den erforderlichen Respekt zu verschaffen wissen."[33]

Während sich die Kabinettskrise wegen der nicht autorisierten Verhandlungen des Bundeskanzlers um die Wiederbewaffnung ihrem Höhepunkt näherte, fasste die Bundesregierung am 19. September 1950 auf *Heinemanns* Initiative dann einen Unvereinbarkeitsbeschluss für den öffentlichen Dienst, der aus heutiger Sicht als Vorläufer des Radikalenerlasses von 1972 erscheint, der *Heinemann* als Bundespräsident einige Bauchschmerzen bereiten sollte.[34] Nach dem Unvereinbarkeitsbeschluss, der zügig von fast allen Landesregierungen übernommen wurde,[35] sollten alle diejenigen aus dem öffentlichen Dienst entfernt werden, die sich „gegen die demokratische Staatsordnung" betätigten.[36] Stand – im Lichte von Art. 21 Abs. 1 GG problematisch[37] – die KPD mit ihren Unterorganisationen ganz oben auf der Liste der Organisationen, auf deren Mitglieder der Unvereinbarkeitsbeschluss Anwendung finden sollte,[38] war die auf Nr. 11 jener Liste platzierte SRP die wichtigste betroffe-

---

[33] *G. W. Heinemann,* Wettrüsten zur Saalschlacht?, in: Die Zeit v. 13.04.1950 (http://www.zeit.de/1950/15/wettruesten-zur-saalschlacht).

[34] Der sog. Radikalenerlass oder Extremistenbeschluss war ein am 28.01.1972 auf Vorschlag der Innenministerkonferenz gefasster Beschluss (Erlass) der Ministerpräsidenten der Länder und des Bundeskanzlers *Willy Brandt,* nach dem in ein Beamtenverhältnis nur berufen werden durfte, wer die Gewähr dafür bot, dass er jederzeit für die freiheitliche demokratische Grundordnung im Sinne des Grundgesetzes eintrat; dazu etwa *B. Rudolf,* „Verfassungsfeinde" im öffentlichen Dienst, in: Thiel, Wehrhafte Demokratie, 2003, S. 209 (219 ff.); *T. Flemming,* Gustav W. Heinemann, 2014, S. 214.

[35] Mit Ausnahme von Württemberg-Hohenzollern, *P. Major,* The Death of the KPD, 1997, S. 278 f.; in Hessen wandte sich der SRP-Landesvorsitzende *Helmut Weber* gegen die am 18.10.1950 beschlossene Übernahme des Unvereinbarkeitsbeschlusses auch in Bezug auf die SRP (SRP an Hessischer Ministerpräsident v. 06.10.1950, HHStA, 502, 2858). Der hessische Innenminister lehnte die beantragte Änderung der beschlossenen „Richtlinien" indes am 29.11.1950 (Hessischer Minister des Innern an SRP Landesverband Hessen v. 29.11.1950, HHStA, 502, 2858) u.a. mit Hinweis auf eine Rede von *Dorls* am 25.05.1950 ab, in welcher dieser erklärt habe, „die Zeit von 1933 bis 1945 stelle einen Höhepunkt der abendländischen Revolution dar und die Konzentrationslager seien eine revolutionäre Methodik".

[36] Kabinettsprotokolle 1950, S. 702 f. (19.09.1950); vgl. auch Kabinettsprotokolle 1950, S. 696 (15.09.1950); *N. Frei,* Vergangenheitspolitik, 2. Aufl. 1997, S. 328.

[37] Zu den Zweifeln an der Verfassungskonformität des Unvereinbarkeitsbeschlusses etwa *B. Rudolf,* „Verfassungsfeinde" im öffentlichen Dienst, in: Thiel, Wehrhafte Demokratie, 2003, S. 209 (217 ff.) m.w.N.

[38] Zur antikommunistischen Hauptstoßrichtung des Beschlusses etwa *G. O. Kvistad,* Building Democracy, in: Brady etc., The Postwar Transformation, 1999, S. 63 (71 f.).

ne rechtsextreme Gruppierung.[39] Die Parteileitung der SRP versuchte zwar, dem Unvereinbarkeitsbeschluss etwas Positives abzugewinnen, indem sie ihn in eine Aufwertung der SRP „als einzige wahre nationale Opposition" umdeutete.[40] Die Effektivität des Unvereinbarkeitsbeschlusses zeigte sich jedoch schnell darin, dass nach dessen Ergehen die Übertritte aus anderen rechtsextremen Parteien in die SRP erkennbar zurückgingen.[41]

2. Thomas Dehler und Dorls' Protest gegen den Beschluss

Den SRP-Vorsitzenden *Dorls* veranlasste die Aufnahme seiner Partei in die Liste dazu, umgehend einen siebenseitigen Protestbrief zu verfassen und zwei Tage nach der Veröffentlichung des Beschlusses unter seinem Briefkopf als Bundestagsabgeordneter an Bundespräsident *Theodor Heuss* (FDP) zu übersenden.[42] Während der rechtsextreme Bundestagsabgeordnete darin die „Maßnahmen gegen die Zersetzungsarbeit des Kommunismus" begrüßte und diesen eine weittragende Bedeutung für die politische Weiterentwicklung Westdeutschlands beimaß, gab er gleichzeitig seinem Erstaunen Ausdruck, ausgerechnet die SRP, „die wohl von allen gegenwärtig in Westdeutschland bestehenden politischen Organisationen am klarsten und eindeutigsten den Kommunismus ablehnt, in einem Atemzug mit der KPD und ihren Tarnorganisationen genannt zu finden".[43] Es gebe keinen stichhaltigen Beweis, um „die Behauptung einer antidemokratischen Grundeinstellung" der SRP „irgendwie zu rechtfertigen".[44] *Dorls* kündigte eine Klage bei dem – noch zu errichtenden – BVerfG gegen den angeblich „eklatanten Verfassungsbruch" der Bundesregierung an.[45] Er ließ es sich nicht nehmen, *Heuss* an dessen Amtseid zu erinnern, der ihn zum „Wahrer der Verfassung" und damit bis zur Errichtung des BVerfG zum richtigen Adressaten seines Protests mache.[46] Mag eine solche Ansprache des Bundespräsidenten aus heutiger Sicht eher etwas seltsam wirken, hat hier wohl die berühmte Grundsatzdebatte der Weimarer Republik zwischen *Hans Kelsen* und *Carl Schmitt* nachgewirkt, ob ein Verfas-

---

[39] Genau genommen war dies eine überarbeitete Liste, da in der Kabinettssitzung am 19.09.1951 eine Überarbeitung der von *Heinemann* vorgelegten Liste beschlossen worden war: Kabinettsprotokolle 1950, S. 702 f. (19.09.1950); *N. Frei,* Vergangenheitspolitik, 2. Aufl. 1997, S. 328 f.; *H. Hansen,* Sozialistische Reichspartei, 2007, S. 231.

[40] SRP-Parteileitung, Rundschreiben Nr. 7 v. 29.09.1950, gez. Matthaei (BA, B 237, Nr. 215639): „Besser als unsere Zeitung und der massierte Rednereinsatz zu überzeugen vermocht hätten, wurde durch den Bonner Willkürakt dargetan, daß die ‚Sozialistische Reichspartei' als einzige wahre nationale Opposition anerkannt ist."

[41] *H. W. Schmollinger,* SRP, in: Stöss, Parteien-Hdb. II, 1984, S. 2274 (2301).

[42] Dorls an Heuss v. 21.09.1950 (Abschrift), BA, B 141, Nr. 207.

[43] Dorls an Heuss v. 21.09.1950 (Abschrift), S. 1, BA, B 141, Nr. 207.

[44] Dorls an Heuss v. 21.09.1950 (Abschrift), S. 4, BA, B 141, Nr. 207.

[45] Dorls an Heuss v. 21.09.1950 (Abschrift), S. 6, BA, B 141, Nr. 207.

[46] Dorls an Heuss v. 21.09.1950 (Abschrift), S. 6 f., BA, B 141, Nr. 207.

sungsgericht *(Kelsen)* oder aber der Reichspräsident *(Schmitt)* eigentlicher „Hüter der Verfassung" sei.[47]

Bundespräsident *Heuss* ließ *Dorls* indes bereits am Folgetag ebenso kühl wie zutreffend mitteilen, dass ihm das Grundgesetz keine Überprüfung der Verfassungsmäßigkeit des Beschlusses der Bundesregierung erlaube.[48] Dafür sei das noch einzurichtende BVerfG zuständig. Bundesinnenminister *Heinemann,* an den *Heuss* das Protestschreiben weitergeleitet hatte, teilte dem Bundespräsidenten mit, dass die Frage der Verfassungsmäßigkeit der SRP mit dem Beschluss der Bundesregierung über die Dienstpflichten der Bediensteten im öffentlichen Dienst nichts zu tun habe.[49] Die Bundesregierung sei der Überzeugung, dass Angehörige der SRP ihre besondere Treuepflicht gegenüber der Bundesrepublik verletzten, „weil die SRP die bestehende verfassungsmässige Ordnung als solche bestreitet, indem sie u.a. den früheren Grossadmiral Dönitz als den alleinigen Inhaber legitimer Regierungsgewalt bezeichnet".[50] *Dorls* sah sich durch das an ihn weitergeleitete Schreiben des Innenministers zu einem weiteren Brief an *Heuss* veranlasst, in dem er u.a. darauf hinwies, dass das Bekenntnis der SRP zur „Idee des Reiches" keinesfalls „die Gegnerschaft zur gegenwärtigen konkreten staatlichen Gegebenheit" bedeute.[51] Dass *Heuss* nicht die Aufgaben des BVerfG wahrnehmen könne, erkannte der SRP-Vorsitzende an, forderte aber gleichzeitig, das durch das Fehlen des BVerfG verursachte „Rechtsvakuum" so schnell wie möglich zu beseitigen.[52] An die Möglichkeit, dass die Einrichtung des BVerfG später ausgerechnet aus dem Grund forciert werden sollte, um ein Verbotsverfahren gegen die SRP durchzuführen, dürfte *Dorls* in diesem Moment wohl nicht gedacht haben.

Auch an Bundesjustizminister *Thomas Dehler* (FDP) trat *Dorls* mit dem Ansinnen heran, die SRP aus dem Unvereinbarkeitsbeschluss herauszunehmen. Nicht zuletzt aus dem Grund, dass *Dehler* später eine zentrale Rolle im SRP-Parteiverbotsverfahren spielen sollte, sei auch auf seine Biographie bereits hier ein näherer Blick geworfen:

Thomas Dehler (1897–1967) wurde am 14. Dezember 1897 als Sohn des Metzgermeisters und Wirtes *Georg Dehler* und dessen Frau *Elisabeth* im katholisch geprägten oberfränkischen Städtchen Lichtenfels, einem Zentrum der Korbflechterei, geboren.[53] *Dehler,* der von klein auf fast täglich die Kirche besuchte, bezeichnete sich später als „besonders frommen

---

[47] Dazu etwa *O. W. Lembcke,* Hüter der Verfassung, 2007, S. 15 ff.

[48] Chef des Bundespräsidialamts Klaiber an Dorls v. 22.09.1950, BA, B 141, Nr. 207 auch in BA, B 104, Nr. 346.

[49] Heinemann an Heuss v. 26.09.1950 (Abschrift), BA, B 141, Nr. 207 auch in BA, B 104, Nr. 346.

[50] Heinemann an Heuss v. 26.09.1950 (Abschrift), BA, B 141, Nr. 207.

[51] Dorls an Heuss v. 11.10.1950, S. 2, BA, B 141, Nr. 207.

[52] Dorls an Heuss v. 11.10.1950, S. 3, BA, B 141, Nr. 207.

[53] *U. Wengst,* Thomas Dehler, 1997, S. 13.

Buben", der im Katholizismus „wirklich eine bergende Kraft" gefunden habe. Nach Besuch der katholischen Volksschule und der vierklassigen Realschule für Knaben in Lichtenfels bestand der begabte Schüler 1911 die Aufnahmeprüfung für das Königliche Alte Gymnasium (heute: Kaiser-Heinrich-Gymnasium) in Bamberg, wo er ab September 1911 unter der Woche wohnte.[54] Im März 1916 trat er mit 15 seiner 18 Klassenkameraden freiwillig in die Armee ein und erhielt gleichzeitig „auf Grund seiner bis dahin erbrachten Leistungen" die Hochschulreife.[55] Der unter angeborenem Asthma leidende *Dehler* musste den Dienst im Feld mehrfach unterbrechen und absolvierte schließlich in Bamberg eine Ausbildung zum Sanitäter. Nach Teilnahme an den Kämpfen um den Wytschaetebogen im Mai/Juni 1917 und den Vorbereitungsgefechten für die Sommerschlacht 1917 in Flandern sowie der Beförderung zum Sanitätsunteroffizier im September 1917 wurde er schließlich im April 1918 „zur Fortsetzung seines Studiums" aus der Armee nach Hause entlassen.[56] *Dehler,* der seit dem Wintersemester 1916/17 für Medizin eingeschrieben war, wechselte nunmehr das Studienfach und begann im Mai 1918 ein Jurastudium an der Universität München, das er nach nur fünf Semestern im Juli 1920 mit dem ersten Staatsexamen und einer strafprozessrechtlichen Promotion abschloss.[57] Das sich anschließende Rechtsreferendariat beendete er am 9. November 1923, dem Tag des Hitlerputsches, mit dem Assessorexamen. Ab Mitte 1924 war *Dehler* dann in Sozietät mit einem 20 Jahre älteren Kollegen als Rechtsanwalt in München tätig.[58]

Zu diesem Zeitpunkt engagierte sich *Dehler* auch bereits politisch: Nachdem er – seinen späteren Einlassungen zufolge – bei Kriegsende noch Monarchist und Anhänger des Wittelsbacher Königshauses gewesen war, wandelten sich seine politischen Einstellungen unter dem Eindruck der revolutionären Ereignisse in München ab November 1918 und er entwickelte, wie er später feststellte, damals seine „demokratische und liberale Überzeugung".[59] *Dehler* schloss sich 1920 den Jungdemokraten an und nahm am Allgemeinen Parteitag der liberalen DDP in Nürnberg teil, wo er vermutlich auch erstmals *Theodor Heuss* traf.[60] *Dehler,* der inzwischen eine distanziertere Haltung zur katholischen Kirche einnahm,[61] engagierte sich parallel u.a. in der von *Matthias Erzberger* mitgegründeten „Deutschen Liga für Völkerbund" und gehörte selbst zu den Gründungsmitgliedern des „Clubs demokratisch gesinnter Studenten", den er bis März 1923 leitete.[62] Im Jahr 1923 engagierte sich *Dehler* auch für die Gründung einer „Bund Reichsadler" genannten „demokratischen Schutzwehr", die ihre Übungsabende wöchentlich im Übungssaal des TSV 1860 München abhielt und schließlich wohl im „Reichsbanner Schwarz-Rot-Gold", als Republikschutzbund der Weimarer Koalition (SPD, Zentrum, DDP), aufging.[63] Hervorzuheben ist aus dieser Zeit neben seinem Eintreten für die Bewahrung der Reichseinheit im Rahmen der Zuspitzung der revolutionären Unruhen und des Konflikts zwischen dem Reich und Bayern im Herbst 1923 eine am Tag vor den AStA-Wahlen in München, im November 1923, gehaltene Rede, in der *Dehler* den 1920 gegründeten „Deutschen Hochschulring" und

---

[54] *U. Wengst,* Thomas Dehler, 1997, S. 19 f.
[55] *U. Wengst,* Thomas Dehler, 1997, S. 25.
[56] *U. Wengst,* Thomas Dehler, 1997, S. 26.
[57] *T. Dehler,* Die Begründung des Strafurteils, Diss. iur. Würzburg 1920.
[58] *U. Wengst,* Thomas Dehler, 1997, S. 26.
[59] *U. Wengst,* Thomas Dehler, 1997, S. 30.
[60] *U. Wengst,* Thomas Dehler, 1997, S. 31.
[61] *U. Wengst,* Thomas Dehler, 1997, S. 42.
[62] *U. Wengst,* Thomas Dehler, 1997, S. 32 f.
[63] *U. Wengst,* Thomas Dehler, 1997, S. 35 f.

dessen völkische Ideen samt Antisemitismus heftig attackierte.[64] Er propagierte stattdessen ein „Großdeutschland“, worunter er indes einen von einer integrativen „Volksgemeinschaft“ konstituierten Staat verstand, in dem durch sozialen Ausgleich die Klassengegensätze verschwinden sollten.[65] Kandidaturen *Dehlers,* der nachhaltig für die Weimarer Republik und deren Verfassung eintrat, als Repräsentant der DDP für den bayerischen Landtag im April und für den Reichstag im Dezember 1924 blieben erfolglos.[66]

Am 14. Dezember 1925, seinem 28. Geburtstag, heiratete *Dehler* die ungefähr gleichaltrige Jüdin *Irma Frank,* die in München Kunstgeschichte studiert hatte und sich wie ihr Ehemann in der DDP engagierte. Auch viele seiner Freunde und sein Anwaltssozius *Siegfried Adler* waren Juden, was wohl maßgeblich zu *Dehlers* entschiedener Ablehnung des Antisemitismus beitrug.[67] Wenig später zogen die Eheleute von München nach Bamberg um, wo sie mit der 1929 geborenen einzigen Tochter eine großzügige Wohnung bewohnten und *Dehler* weiterhin als Anwalt – nun auch mit größerem wirtschaftlichem Erfolg – tätig war. *Dehler,* der seit 1927 der Bamberger Freimaurerloge *„Zur Verbrüderung an der Regnitz“* angehörte und dort innerhalb weniger Jahre zum Meister aufstieg,[68] engagierte sich weiter in der DDP und wurde im März 1929 sogar als Kandidat für den Vorstand der Reichspartei gehandelt.[69] Nach der Fusion der DDP mit der rechtsstehenden Volksnationalen Reichsvereinigung und dem Jungdeutschen Orden zur Deutschen Staatspartei[70] im Jahr 1930 nahm *Dehlers* politisches Engagement ab. Dies lag auch am gleichzeitig weiter zunehmenden Erfolg seiner Kanzlei, die er nach dem Ausscheiden seines Sozius *Josef Werner* ab 1931 mit strafrechtlichem Schwerpunkt alleine weiterführte.[71]

Nach der Machtergreifung am 30. Januar 1933 war *Dehler* weiterhin erfolgreich als Anwalt tätig und gehörte sogar zu den Spitzenverdienern innerhalb der deutschen Anwaltschaft.[72] Ab den Novemberpogromen des Jahres 1938 war er allerdings nicht zuletzt wegen seiner Ehe verstärkten Repressionen ausgesetzt. So wurde er nach den Pogromen von der Gestapo für einige Tage in Haft genommen, wohl da er versucht hatte, den jüdischen Rechtsanwalt *Leopold Landenberger* vor einer Rückkehr aus London zu warnen.[73] Zu dieser Zeit vertrat *Dehler* erfolgreich die Interessen zahlreicher Juden, die aus ihren Berufen und Gewerben verdrängt wurden, in den sog. „Arisierungsverhandlungen“, was zugleich erheblich zu seinem wirtschaftlichen Erfolg beitrug.[74] Ab dem 26. August 1939 leistete *Dehler,* für den der Dienst in der deutschen Wehrmacht eine Selbstverständlichkeit war, die er ohne Weiteres mit seiner inneren Ablehnung des NS-Systems vereinbaren konnte, dann als Feldwebel im Nachschubbataillon 573 Kriegsdienst.[75] Nachdem er zunächst in Polen und dann im Westen – wohl ohne Feindberührung – zum Einsatz gekommen war, wurde er allerdings am 5. Mai 1940 gegen seinen heftigen Widerspruch wegen Verwirkung

---

[64] *U. Wengst,* Thomas Dehler, 1997, S. 36 f.

[65] *U. Wengst,* Thomas Dehler, 1997, S. 41.

[66] *U. Wengst,* Thomas Dehler, 1997, S. 38.

[67] *U. Wengst,* Thomas Dehler, 1997, S. 43.

[68] *U. Wengst,* Thomas Dehler, 1997, S. 43 f.

[69] *U. Wengst,* Thomas Dehler, 1997, S. 49.

[70] Zu dieser: *E. Matthias/R. Morsey,* Die Deutsche Staatspartei, in: Matthias/Morsey, Das Ende der Parteien, 1979, S. 29 ff.

[71] *U. Wengst,* Thomas Dehler, 1997, S. 53.

[72] *U. Wengst,* Thomas Dehler, 1997, S. 60.

[73] *U. Wengst,* Thomas Dehler, 1997, S. 62 f.

[74] *U. Wengst,* Thomas Dehler, 1997, S. 63 f.

[75] *U. Wengst,* Thomas Dehler, 1997, S. 64 f.

der „Wehrwürdigkeit" aus der Wehrmacht entlassen. Begründet wurde der entwürdigende Akt mit seiner Ehe mit einer Jüdin, seiner Mitgliedschaft in einer Partei sowie in einer Freimaurerloge in der Weimarer Republik und damit, dass er Juden vor Gericht anwaltschaftlich vertreten habe.[76] *Dehler,* der sich seit den 30er Jahren als Bamberger Verbindungsmann in einem liberalen Widerstandskreis, der sog. Robinsohn-Strassmann-Gruppe, engagierte,[77] war in der Folge wieder als Anwalt tätig, musste aber wegen seiner Ehe und auch wegen des entwürdigenden Entzugs der „Wehrwürdigkeit" mit zunehmender gesellschaftlicher und beruflicher Ausgrenzung kämpfen. Im Sommer 1943 zwang ihn der Sicherheitsdienst der Gestapo, innerhalb kürzester Frist seine Kanzlei zu räumen, in der sich die Gestapo schließlich selbst niederließ.[78] Nach erneuter Verdrängung aus den daraufhin bezogenen Ersatzräumen führte er seine Dienstgeschäfte in der Kanzlei eines verhafteten Freundes weiter. Anfang November 1944 wurde *Dehler* dann allerdings aufgrund des Führererlasses „über den umfassenden Einsatz von Männern und Frauen für Aufgaben der Reichsverteidigung" zum Arbeitseinsatz der „Organisation Todt", die ab 1938 unter der Leitung von *Fritz Todt* aufgebaut worden war und für kriegswichtige Bauaufgaben eingesetzt wurde, zugewiesen.[79] Er wurde am 17. November 1944 in das Lager Scheldlitz in Thüringen gebracht, wo er in der Folge als „Hilfswerker" bei der Bauleitung für die Deutsche Erdöl-Aktiengesellschaft zum Einsatz kam.[80] Als Bauschreiber mit ca. 20 Personen in einer Baracke untergebracht, kämpfte *Dehler* mit zunehmenden gesundheitlichen Problemen, bis er am 19. Dezember 1944 wieder aus dem Lager entlassen wurde. Nach Bamberg zurückgekehrt, kam er nunmehr in einer Weingroßhandlung zum Einsatz, konnte daneben aber wohl auch in gewissem Rahmen als Anwalt praktizieren.[81]

Als die US-Truppen im April 1945 Bamberg besetzten, wurde *Dehlers* Wohnung in der Hainstraße 21 umgehend von den Besatzungsbehörden requiriert. Die erneute Vertreibung aus der Wohnung geschah, obwohl ihm US-Stadtkommandant Oberst *Wilson* auf Empfehlung von Erzbischof *Josef Otto Kolb* das Amt des Oberbürgermeisters anbot, was *Dehler* jedoch ablehnte.[82] Trotz seines Hinweises, dass seine Frau Jüdin und das Wohnungsrecht seiner Familie daher „schutzwürdig" sei, musste die Familie die Wohnung innerhalb nur einer Stunde räumen.[83] Sie durfte – nach *Dehlers* späterer Einlassung – dabei lediglich Lebensmittel und einige Kleider mitnehmen und kam zunächst bei der Mutter einer Mitbewohnerin, dann für mehrere Monate in einer „Notwohnung" unter, bevor ihr zum 1. Dezember 1945 wieder eine großzügige Wohnung zugewiesen wurde. Zudem wurde *Dehler* verdächtigt, Akten und Waffen für einen stadtbekannten Nationalsozialisten versteckt zu haben und daher am 6. Mai 1945 von einem Besatzungsoffizier – wie er später feststellte – einem „peinlichen Verhör unterzogen" und „nicht viel anders behandelt" als von Seiten der „Nazigestapo".[84] *Dehlers* Frau *Irma* erkrankte über die als herabwürdigend empfundene Behandlung durch die Besatzungsbehörden und musste längere Zeit im Krankenhaus behandelt werden. *Dehler* selbst klagte im Mai 1946 und erneut im März 1947, dass er schlechter behandelt werde „als jeder Nazi in Bamberg". Dessen ungeachtet beriet

---

[76] *U. Wengst,* Thomas Dehler, 1997, S. 65.
[77] *U. Wengst,* Thomas Dehler, 1997, S. 68 ff.
[78] *U. Wengst,* Thomas Dehler, 1997, S. 72.
[79] *U. Wengst,* Thomas Dehler, 1997, S. 73.
[80] *U. Wengst,* Thomas Dehler, 1997, S. 74.
[81] *U. Wengst,* Thomas Dehler, 1997, S. 74 f.
[82] *U. Wengst,* Thomas Dehler, 1997, S. 79.
[83] *U. Wengst,* Thomas Dehler, 1997, S. 77.
[84] *U. Wengst,* Thomas Dehler, 1997, S. 78.

er gemeinsam mit dem 1933 aus dem Amt gedrängten ehemaligen Landgerichtspräsidenten *Lorenz Krapp,* der zweiten von *Kolb* empfohlenen Persönlichkeit, die Besatzungsbehörden bei der Wiedereröffnung der Gerichte. Bereits Ende Mai 1945 konnte den inhaltlichen und personellen Vorschlägen *Dehlers* und *Krapps* entsprechend das Amtsgericht Bamberg als erstes deutsches Gericht rechts des Rheins wiedereröffnet werden.[85] Das Angebot der Besatzungsbehörden, das Amt des Landrates zu übernehmen, nahm *Dehler* trotz der im Vergleich zur Anwaltstätigkeit geringen Vergütung schließlich zum 1. Juni 1945 an, nicht zuletzt um eine Besetzung mit weniger geeigneten Kandidaten zu verhindern.[86] Zum 1. Januar 1946 wechselte er dann jedoch auf Wunsch der US-Militärregierung in das Amt des Generalstaatsanwalts am Bamberger Oberlandesgericht, während *Krapp* dessen Präsident wurde.[87] Eine vertrauliche Aufzeichnung der Militärregierung des Kreises Bamberg hatte *Dehler* im Dezember 1945 bescheinigt, als Landrat den Geist des amerikanischen Entnazifizierungsprogramms befolgt zu haben, allerdings etwas Widerstreben gezeigt zu haben, Personen zu entlassen, die er lediglich als nominelle Nationalsozialisten eingeschätzt habe.[88] *Dehler* wurde als angesehenste Persönlichkeit in Bamberg bezeichnet und ihm zugleich hohes Potential in der zukünftigen bayerischen Politik attestiert.

Dem Übergang der Verantwortung für die Entnazifizierung in deutsche Hände im Frühjahr 1946 und der neuen Rechtsgrundlage, dem in der US-Besatzungszone gültigen Gesetz zur Befreiung von Nationalsozialismus und Militarismus vom 5. März 1946, stand *Dehler* insgesamt positiv gegenüber. In einer Stellungnahme aus dem März 1946 hielt er es für möglich, auf der Grundlage des Befreiungsgesetzes „alle aktiven Nazis zu erfassen" und von denen zu trennen, die lediglich „Muß-Parteigenossen" gewesen seien.[89] Letzteren sei „ernstlich" kein Vorwurf zu machen, dass sie „den Verlockungen und Irreführungen der Nazipropaganda" erlegen seien. Zu beschuldigen seien vielmehr allein „die politischen Führer und die zur politischen Führung bestimmte Intelligenz". Der größte Teil des deutschen Volkes sei ebenso „Opfer des Nationalsozialismus wie die übrige Welt". Für problematisch hielt er in einer Stellungnahme aus dem März 1946 indes die Besetzung der Spruchkammern mit allen Personen, die „als Gegner des Nationalsozialismus und Militarismus" bekannt waren, und hätte dieses Amt gerne Personen vorbehalten, die „die Fähigkeit zum höheren Justiz- und Verwaltungsdienst" besaßen. Nachdem der zweite bayerische Sonderminister für Entnazifizierung, der CSU-Politiker *Anton Pfeiffer,* in seinem Ministerium einen Kassationshof und das Amt eines Generalanklägers eingerichtet hatte, übernahm *Dehler* auf Bitten der bayerischen Staatsregierung zum 1. September 1946 zusätzlich dieses wichtige Amt.[90] Unter dem Eindruck, dass das Befreiungsgesetz zu sehr „die kleinen Beamten" treffe, „die in der Hauptsache dem Druck der Nazi-Organisationen ausgesetzt" gewesen seien, mahnte der stets kritische *Dehler* bereits am 30. November 1946 in einem Interview in der Süddeutschen Zeitung angesichts der „Krise in der Säuberung" eine Reform des Befreiungsgesetzes an.[91] So verwahrte er sich zwar gegen den von ihm als „Schlagwort der KPD" eingeordneten Vorwurf „die Kleinen hängt man und die Großen

---

[85] *U. Wengst,* Thomas Dehler, 1997, S. 80.

[86] *U. Wengst,* Thomas Dehler, 1997, S. 80 f.

[87] *U. Wengst,* Thomas Dehler, 1997, S. 84 f.; das Amt des Landrates legte *Dehler* daher am 8. Februar 1946 nieder.

[88] *U. Wengst,* Thomas Dehler, 1997, S. 84.

[89] *U. Wengst,* Thomas Dehler, 1997, S. 87.

[90] *U. Wengst,* Thomas Dehler, 1997, S. 88.

[91] „Läßt man die ‚Großen' laufen? – Generalkläger Dr. Dehler über neue Wege der Entnazifizierung", in: SZ v. 30.11.1946.

läßt man laufen", plädierte aber für ein „Pauschalverfahren gegen Minderbelastete", den „Wegfall der Beweisvermutung" sowie eine „Lockerung des Anklagezwanges". Zwecks Lösung des „Mitläuferproblems" setzte sich *Dehler* gleichzeitig bei der US-Militärregierung für die sog. Weihnachtsamnestie ein, die als zweite große Amnestie nach der Jugendamnestie aus dem August 1946 im Frühjahr 1947 in Kraft trat und zur Einstellung von 2,8 Mio. Verfahren von Personen, deren Jahreseinkommen 1945 eine bestimmte Höhe nicht überstieg oder die körperbeschädigt waren, führte.[92] Am 5. Januar 1947 legte *Dehler* dann das Amt des Generalanklägers nieder. Er begründete dies nach außen damit, dass er als Landesvorsitzender der bayerischen FDP,[93] die in der am 21. Dezember 1946 gebildeten ersten demokratischen Nachkriegslandesregierung nicht repräsentiert war, sein Amt unter dem neuen Sonderminister *Alfred Loritz,* dem Vorsitzenden der Wirtschaftlichen Aufbau-Vereinigung (WAV),[94] nicht weiter ausüben könne.[95] In einem privaten Brief räumte er allerdings auch ein, dass er das Befreiungsgesetz mittlerweile für erheblich überarbeitungsbedürftig halte.

Nach dem Tod des Bamberger OLG-Präsidenten *Krapp* im Mai 1947 übernahm *Dehler* ab Juni 1947 dessen Amt.[96] Kurz nach seiner feierlichen Amtseinführung am 17. Juni 1947 schied der umstrittene *Loritz* als Sonderminister aus dem Kabinett *Ehard* aus. *Dehler* wurde als Nachfolger gehandelt, erhielt jedoch nicht die Zustimmung seiner Partei, die sich auf ihrem dritten Landesparteitag Ende Juni 1947 gegen einen Eintritt der FDP in die Regierung aussprach. Eine wesentliche Herausforderung als OLG-Präsident war für *Dehler* – wie bereits in seinen Ämtern als Generalstaatsanwalt und Generalankläger – die Verwendung von Mitarbeitern, die unter das Befreiungsgesetz fielen. Der lange währende Dissens mit der US-Militärregierung beruhte auf deren Auffassung, dass Richter und Staatsanwälte, die irgendwann Mitglied einer NS-Organisation gewesen waren, nicht an Prozessen mit politischem Hintergrund beteiligt werden dürften.[97] *Dehler* befürchtete demgegenüber, dass der Ausschluss von Richtern und Staatsanwälten, die zwar dem Befreiungsgesetz unterfielen, aber dessen ungeachtet mit Zustimmung der Militärregierung im Amt seien, der Bildung einer Zweiklassengesellschaft unter den Richtern etc. Vorschub leiste, was er für rechtlich und politisch untragbar hielt.

Seit Dezember 1946 war *Dehler,* der für die FDP zuvor bereits der am 15. Juli 1946 konstituierten Verfassungsgebenden Landesversammlung in Bayern angehört hatte, zugleich auch Abgeordneter im Bayerischen Landtag.[98] Die FDP hatte bei den Landtagswahlen am 1. Dezember 1946 5,6 % der Stimmen errungen und konnte so insgesamt neun Abgeordnete in den Landtag entsenden. *Dehlers* polarisierende und oft scharfe Reden, meist zur Wirtschaftspolitik, lösten im Landtag regelmäßig zahlreiche Zwischenrufe aus, die er gerne aufgriff und zum Anlass nahm, seine Formulierungen noch weiter zu verschärfen. Die so entstandene Spirale führte zu heftigen Wortgefechten, die mitunter sogar die Landtagspräsidentschaft einbezogen. *Dehler* handelte sich so nicht selten Ordnungsstrafen ein

---

[92] *U. Wengst,* Thomas Dehler, 1997, S. 92.

[93] Zu *Dehlers* Engagement und Karriere in der FDP: *U. Wengst,* Thomas Dehler, 1997, S. 98 ff.

[94] Zu *Loritz'* Berufung zum Sonderminister nach den ersten Bayerischen Landtagswahlen: *H. Woller,* Die Loritz-Partei, 1982, S. 50 ff.; näher zu *Loritz* unten S. 201 ff.

[95] *U. Wengst,* Thomas Dehler, 1997, S. 93.

[96] *U. Wengst,* Thomas Dehler, 1997, S. 94.

[97] *U. Wengst,* Thomas Dehler, 1997, S. 95 ff.

[98] *U. Wengst,* Thomas Dehler, 1997, S. 104 ff., 114.

und verließ auch schon einmal im Zorn das Rednerpult.[99] Dabei sparte er auch Ministerpräsident *Hans Ehard* (CSU) nicht von seinen Attacken aus und warf dessen Kabinett am 15. Januar 1948 gar eine „Fülle von Verletzungen und Dehnungen der Verfassung“ vor.[100] Der tief getroffene *Ehard* wies den Vorwurf des Verfassungsbruchs harsch zurück, worauf *Dehler* – wie auch später oft als Bundespolitiker – zurückruderte und kleinlaut einräumte, dass seine Wortwahl wohl zu hart geklungen habe und es nicht seine Absicht gewesen sei, den Ministerpräsidenten zu kränken.

Ende August 1948 wurde *Dehler* vom Bayerischen Landtag schließlich in den Parlamentarischen Rat nach Bonn entsandt, der auf der Grundlage des Herrenchiemseer Verfassungsentwurfs das Grundgesetz ausarbeitete.[101] Der FDP-Fraktion im Parlamentarischen Rat gehörten daneben u.a. auch der frühere Reichstagsabgeordnete und spätere erste Bundespräsident *Theodor Heuss* und der frühere preußische Finanzminister und spätere erste BVerfG-Präsident *Hermann Höpker Aschoff* an. Vor dem Hintergrund der Erfahrungen der Weimarer Republik war ein zentrales Anliegen *Dehlers* in den Verfassungsberatungen eine starke Stellung der Regierung.[102] Das von ihm aus diesem Grund favorisierte Präsidialsystem nach US-Vorbild, allerdings ohne Volkswahl des Präsidenten, nebst einer starken Länderkammer, die zu einem Drittel aus von den Landesregierungen entsandten Vertretern und zu zwei Dritteln aus von den Landtagen gewählten Senatoren zusammengesetzt sein sollte, hatte jedoch von Anfang an keine Aussicht auf Realisierung.[103] Erfolgreicher war der liberale Politiker indes mit seinem Eintreten für eine Stärkung der Grundrechte bspw. durch die Bindung der Einschränkbarkeit von Grundrechten durch Gesetz an strikte Voraussetzungen, die Einführung einer Wesensgehaltsgarantie für Grundrechtseingriffe und die exklusive Zuweisung der Kompetenz zur Durchführung von Grundrechtsverwirkungsverfahren an ein Bundesverfassungsgericht.[104] Obwohl *Dehler* schließlich nicht mit allen Regelungen zufrieden war, bekannte er sich nach dessen Verabschiedung im Parlamentarischen Rat am 8. Mai 1949 uneingeschränkt zum Grundgesetz und bezeichnete alle, die es ablehnten, als „verantwortungslos“.[105] Im Bayerischen Landtag plädierte *Dehler,* für den der deutsche Gesamtstaat stets bedeutender war als sein Heimatbundesland, leidenschaftlich für eine Zustimmung zum Grundgesetz. Dessen ungeachtet lehnte der Landtag dieses am 20. Mai 1949 mit klarer Mehrheit ab, was indes absehbar folgenlos war, da eine Annahme durch die Volksvertretungen in zwei Dritteln der westdeutschen Bundesländer für die Ratifizierung ausreichte.[106]

Nach den Bundestagswahlen vom 14. August 1949 trat *Dehler,* der bereits früh als Bundesjustizminister gehandelt wurde, zunächst für die Bildung einer großen Koalition aus CDU/CSU, SPD und FDP ein. Die Einbeziehung der SPD, die er allerdings von deren Verzicht auf „jede Form der staatlich gelenkten Wirtschaft“ abhängig machen wollte, begründete er mit der guten Zusammenarbeit im Parlamentarischen Rat. So hätten SPD und FDP „staatspolitisch und kulturpolitisch“ das geschaffen, „was jetzt das Bonner Grundgesetz“ ausmache.[107] Zudem war er der Auffassung, dass eine Einbeziehung der SPD dazu beitra-

---

[99] *U. Wengst,* Thomas Dehler, 1997, S. 105.
[100] *U. Wengst,* Thomas Dehler, 1997, S. 105.
[101] *U. Wengst,* Thomas Dehler, 1997, S. 121.
[102] *U. Wengst,* Thomas Dehler, 1997, S. 124 f.
[103] *U. Wengst,* Thomas Dehler, 1997, S. 125 f.
[104] *U. Wengst,* Thomas Dehler, 1997, S. 126.
[105] *U. Wengst,* Thomas Dehler, 1997, S. 130.
[106] Art. 144 Abs. 1 GG.
[107] *U. Wengst,* Thomas Dehler, 1997, S. 138.

Abb. 10: Thomas Dehler als Bundesjustizminister im März 1953

gen könne, die „grundsätzlichen Spannungen“ zwischen Unionsparteien und FDP „in geistiger und kultureller Hinsicht“ zum Ausgleich zu bringen und so mehr liberale Programmatik durchzusetzen. Nachdem Anfang September 1949 jedoch die Entscheidung gegen eine Beteiligung der SPD gefallen war, rückte *Dehler* umgehend von seinem Vorschlag ab. In den sich anschließenden Koalitionsverhandlungen, an denen er nicht wesentlich beteiligt war,[108] lancierte die FDP den Bamberger OLG-Präsidenten als Kandidaten für das Justizressort, was jedoch in der Union zunächst auf Ablehnung stieß. Mitte September 1949 signalisierte die Union dann doch ihre Zustimmung zur Personalie *Dehler,* allerdings unter der Voraussetzung, dass der bisherige Leiter des Rechtsamtes der Bizonenverwaltung in Frankfurt am Main, der CDU-Politiker *Walter Strauß,* zum Staatssekretär ernannt werden würde. Dem stimmte die FDP schließlich als Teil eines Gesamtkompromisses mit den Unionsparteien zu, um im Gegenzug ihren Anspruch auf drei Ministerposten durchsetzen zu können.[109] Im Ergebnis wurde *Dehler* am 20. September 1949 von Bundespräsident *Heuss* zum ersten Bundesjustizminister der Bundesrepublik Deutschland ernannt.

Bereits am Folgetag begannen *Dehler* und *Strauß* in den provisorischen Räumlichkeiten in der zweiten Etage der Polizeikaserne in der Rheindorfer Straße in Bonn mit dem Aufbau des Ministeriums.[110] Dem Vorbild des Reichsjustizministeriums der Weimarer Ära folgte *Dehler* insoweit, als er das Ministerium in die drei Abteilungen: I (Bürgerliches Recht, bürgerliche Rechtspflege), II (Strafrecht, Strafrechtspflege und Strafvollzug) und III (Han-

[108] *U. Wengst,* Thomas Dehler, 1997, S. 139 f.

[109] Vgl. *Fritz Schäffers* erläuternde Ausführungen in der CDU/CSU-Fraktionssitzung am 11.09.1949, abgedruckt in: Auftakt zur Ära Adenauer, 1985, Dok. Nr. 68, S. 314 (320).

[110] *J. Schröder,* Bundesministerium der Justiz, in: 40 Jahre Rechtspolitik, 1989, S. 9 (13); *F. Utz,* Preuße, Protestant, Pragmatiker, 2003, S. 311.

delsrecht, Wirtschafts- und Verkehrsrecht) gliederte, denen er allerdings eine neue, eigene Abteilung IV für das Öffentliche Recht und schließlich die zentrale Organisationsabteilung „Z“ hinzufügte.[111] Mit der selbständigen Abteilung IV sollte die erweiterte Kompetenz des Ministeriums für Verfassungsfragen organisatorisch zum Ausdruck gebracht werden.[112] Die Leitung der vier inhaltlichen Abteilungen wurde *Günter Joël, Georg Petersen, Hans-Eberhard Rotberg* und *Walter Roemer* übertragen, während *Strauß* persönlich die Abteilung Z leitete.[113] Von diesen Abteilungsleitern war lediglich *Rotberg* NSDAP-Mitglied gewesen und dies erst seit 1940.[114] Allerdings fanden sich im übrigen Personal zahlreiche ehemalige „Parteigenossen“.[115] Betroffen war auch *Dehlers* persönlicher Referent, der spätere Mitschöpfer des Bundesverfassungsgerichtsgesetzes und langjährige Bundesverfassungsrichter *Willi Geiger,* der seit den 30er Jahren der NSDAP und zumindest vorübergehend auch der SA angehört hatte.[116] *Dehler* kannte *Geiger,* den er sehr schätzte, seit den 30er Jahren aus Bamberg. Zuletzt war *Geiger Dehlers* Haushalts- und Personalreferent am OLG Bamberg gewesen,[117] und *Dehler* stellte sein in der persönlichen Zusammenarbeit gewonnenes Vertrauen in die Integrität und Kompetenz seines Mitarbeiters über dessen Verstrickungen mit NS-Organisationen. Neben seinem persönlichen Netzwerk vom OLG Bamberg waren Rekrutierungsquellen für das Ministerium in erster Linie das Zentraljustizamt für die britische Zone in Hamburg, dessen Mitarbeiter wiederum überwiegend dem früheren Reichsjustizministerium entstammten, und das Rechtsamt der Bizonenverwaltung in Frankfurt a.M., das *Walter Strauß* geleitet hatte und aus dem dieser seinen „vorzüglich eingearbeiteten, aber zahlenmäßig sehr kleinen Stab“ nach Bonn mitbrachte.[118]

Inhaltlich wollte *Dehler* das BMJ zu einem „Rechts-“ sowie „Verfassungsministerium“ machen, das über die Recht- und Verfassungsmäßigkeit aller Akte der Staatsgewalt wachen und im Rahmen der Zuständigkeiten der Bundesregierung dafür sorgen sollte, „daß ihre Maßnahmen mit diesen Grundsätzen in Einklang stehen“.[119] Sich selbst sah *Dehler* ent-

---

[111] Vorschlag für die Organisation des Bundesjustizministeriums, NL W. Strauß, IfZ ED 94, Bd. 151, Bl. 3 ff.; Vorläufiger Organisationsplan des Bundesjustizministeriums, NL W. Strauß, IfZ ED 94, Bd. 151, Bl. 20 ff.; *J. Schröder,* Bundesministerium der Justiz, in: 40 Jahre Rechtspolitik, 1989, S. 9 (12); *F. Utz,* Preuße, Protestant, Pragmatiker, 2003, S. 319; vgl. auch die Gegenüberstellung der planmäßigen Beamten des früheren Reichsjustizministeriums (1932) und des Bundesjustizministeriums (1949) und ihrer Verteilung auf Verwaltungs- und Rechtsabteilungen, NL W. Strauß, IfZ ED 94, Bd. 153, Bl. 4.

[112] *J. Schröder,* Bundesministerium der Justiz, in: 40 Jahre Rechtspolitik, 1989, S. 9 (12).

[113] Geschäftsverteilung des Bundesjustizministeriums, 10.08.1950, NL W. Strauß, IfZ ED 94, Bd. 152, Bl. 3 ff.; *U. Wengst,* Thomas Dehler, 1997, S. 143; *F. Utz,* Preuße, Protestant, Pragmatiker, 2003, S. 319.

[114] Zu *Rotberg: M. Görtemaker/C. Safferling,* Die Akte Rosenburg, 2016, S. 378.

[115] Dazu jetzt umfassend *M. Görtemaker/C. Safferling,* Die Akte Rosenburg, 2016.

[116] Näher zu *Geiger* unten S. 152 ff.

[117] *F. Utz,* Preuße, Protestant, Pragmatiker, 2003, S. 314.

[118] W. Strauß an Hans Schäffer (Jönköping) v. 23.09.1949, NL W. Strauß, IfZ ED 94, Bd. 365, Bl. 19; *F. Utz,* Preuße, Protestant, Pragmatiker, 2003, S. 316; *U. Wengst,* Thomas Dehler, 1997, S. 142.

[119] Anlage 1 zum Protokoll 9. Sitz. (09.01.1950) Ausschuss für Rechtswesen und Verfassungsrecht, NL W. Strauß, IfZ ED 94, Bd. 155, Bl. 2 ff.: „Dr. Dehler, Bundesminister der Justiz, erklärt einleitend, er habe sich das Ziel gesetzt, aus dem Justizministerium ein Rechtsministerium zu machen. […]“; *U. Wengst,* Thomas Dehler, 1997, S. 143.

sprechend als neuen „Hüter der Verfassung".[120] Die Frühphase des Ministeriums, das 1950 sein endgültiges Domizil in der Rosenburg, einem neoromanischen, entfernt burgähnlichen Gebäude in Bonn-Kessenich am Hang des Venusbergs fand,[121] war daher konzeptionell nicht zuletzt vom Kampf um die Realisierung dieses Anspruchs in Auseinandersetzung insbesondere mit den ähnlich gelagerten Ansprüchen des BMI, aber auch des Kanzleramtes geprägt. Während *Dehler* seine Vorstellungen anfangs partiell durchsetzen konnte, insbesondere indem seinem Ministerium die Federführung bei der Errichtung des BVerfG übertragen wurde,[122] sollte schließlich das BMI den Kampf um die Rolle als Verfassungsministerium gewinnen. Als „Hüter der Verfassung" setzte sich 1952/53 das BVerfG im sog. Statusstreit mit der Bundesregierung und insbesondere mit Justizminister *Dehler* durch.[123] Dessen ungeachtet nutzte *Dehler* immer wieder geschickt die Spielräume, die ihm verblieben, um Einfluss auf zentrale Verfassungsfragen der jungen Bundesrepublik zu nehmen.[124] Ein Ansatzpunkt dafür war, dass dem BMJ durch Beschluss der Bundesregierung vom 21. Oktober 1949 die Kompetenz und Pflicht zur „Prüfung der Rechtsförmlichkeit und der Einheitlichkeit der Gesetzessprache" übertragen worden waren, womit das Ministerium grds. in alle förmlichen Gesetzgebungsverfahren einzubeziehen war.[125] In rhetorischer Hinsicht war *Dehler* allerdings auch als Bundesminister eine „Gefahrenquelle", insbesondere wenn er frei sprach. So soll er in seiner Rede auf dem FDP-Landesparteitag in Hamburg am 22. Januar 1950 nach Presseberichten u.a. die deutsche Aggression als „Mär" bezeichnet haben, Russland und Österreich-Ungarn die alleinige Schuld an der Entstehung des Ersten Weltkriegs und den Versailler Verträgen, und damit den Franzosen, zumindest eine Mitschuld an *Hitlers* Aufstieg gegeben haben.[126] Dies brachte der Bundesregierung eine scharfe Note des französischen Hohen Kommissars und damit den ersten offiziellen Protest der Hohen Kommission seit ihrer Konstituierung und *Dehler* seinerseits einen deutlichen Rüffel des um seine diplomatischen Aufbaubemühungen bangenden Bundes-

[120] Anlage 1 zum Protokoll 9. Sitz. (09.01.1950) Ausschuss für Rechtswesen und Verfassungsrecht, NL W. Strauß, IfZ ED 94, Bd. 155, Bl. 2 ff.: „Deswegen sei es sein persönliches Bestreben, dem Justizministerium die Auslegung der Verfassung als Arbeitsgebiet zu sichern; er möchte der Hüter der Verfassung sein."; zum hoch aufgeladenen Konzept „Hüter der Verfassung" etwa *O. W. Lembcke,* Hüter der Verfassung, 2007, S. 1 ff.

[121] *J. Schröder,* Bundesministerium der Justiz, in: 40 Jahre Rechtspolitik, 1989, S. 9 (13).

[122] Bericht über die Tätigkeit der Abteilung IV v. 01.10.1949–01.09.1950 (zum Jahresbericht für Herrn Minister), NL W. Strauß, IfZ ED 94, Bd. 155, Bl. 51 ff.; eine „Codex Thomas Dehler – Leges et Decreta Promulgatae sub Auctoritate Thomas Dehler" betitelte, *Dehler* zu seinem Ausscheiden aus dem Ministerium überreichte, aufwendig gestaltete Übersicht aller unter ihm von 1949 bis 1953 ausgearbeiteten 77 Gesetze und 18 Verordnungen findet sich in: NL W. Strauß, IfZ ED 94, Bd. 155, Bl. 85 ff.

[123] Zum Statusstreit unten S. 312 ff.

[124] Vgl. etwa den Bericht über die Arbeit des BMJ v. 21.09.1949–31.08.1950, NL W. Strauß, IfZ ED 94, Bd. 155, Bl. 15 ff.; der Tätigkeitsbericht der Abteilung IV v. 01.10.1949–01.09.1950 findet sich a.a.O., Bl. 51 ff.

[125] *J. Schröder,* Bundesministerium der Justiz, in: 40 Jahre Rechtspolitik, 1989, S. 9 (20); *U. Wengst,* Thomas Dehler, 1997, S. 143.

[126] „Dehler: Deutsche Aggression eine Mär", in: FR v. 23.01.1950; Dehler an Adenauer v. 23.01.1950, in: Adenauer und die FDP, 2013, S. 134 (134 ff.).

kanzlers ein, sich bei öffentlichen Reden zukünftig den Richtlinien der Politik der Bundesregierung unterzuordnen.[127]

3. *Willi Geiger und die Behandlung des Protests in der Rosenburg*

Auf *Dorls'* Eingabe reagierte *Dehler* im Herbst 1950 in einer Weise, die in der wissenschaftlichen Literatur ein breites Spektrum an Reaktionen von nur mühsam ironisch verbrämtem „Kopfschütteln"[128] bis hin zu stiller Bewunderung für taktische Klugheit[129] ausgelöst hat: Er lud den SRP-Vorsitzenden – vermutlich Mitte Oktober 1950[130] – zu einem Gespräch in sein Büro ein und regte dort an, dass dieser ihm eine kurze Abhandlung über Wesen und Zielsetzung der SRP erstellen solle.[131] *Dorls* verfasste daraufhin tatsächlich einen fünfseitigen „Aufriss", um „Wesen und Zielsetzung der SRP klarzulegen", und übersandte diesen an den Justizminister.[132] *Dehler* übertrug die Angelegenheit nicht dem Leiter seiner öffentlich-rechtlichen Abteilung IV, *Walter Roemer,* sondern seinem persönlichen Referenten *Willi Geiger.*[133] Da *Geiger* nicht nur immer wieder mit Fragen rund um das SRP-Verbotsverfahren befasst war, sondern auch eine zentrale Rolle bei der Entstehung des Bundesverfassungsgerichtsgesetzes spielte, bevor er dann selbst Bundesverfassungsrichter wurde, sei auch auf seine Biographie ein näherer Blick geworfen:[134]

Paul Heinrich Willi Geiger (1909–1994), den *Dehler* – wie gesehen – aus seinem Bamberger Netzwerk in das BMJ mitgebracht hatte, war in den Gründerjahren eine der einflussreichsten Persönlichkeiten der Rosenburg. Seine ohnehin große Bedeutung als persönlicher

---

[127] Adenauer an Dehler v. 23.01.1950, in: Adenauer und die FDP, 2013, S. 133 (133 f.); Dehler an Adenauer v. 23.01.1950, in: Adenauer und die FDP, 2013, S. 134 (134 ff.); Adenauer an Dehler v. 24.01.1950, in: Adenauer und die FDP, 2013, S. 137 (137 f.).

[128] *N. Frei,* Vergangenheitspolitik, 2. Aufl. 1997, S. 330 f.: „Der Bundesjustizminister war sich nicht zu schade, den SRP-Führer in seinem Büro zu empfangen […]"; vgl. auch *H. Hansen,* Sozialistische Reichspartei, 2007, S. 231.

[129] *U. Wengst,* Thomas Dehler, 1997, S. 166: „Was auf den ersten Blick missverständlich erscheint, entpuppt sich bei näherem Hinsehen als ein lediglich taktisch gemeintes Entgegenkommen des Ministers, das Dorls in Zugzwang bringen sollte".

[130] Für ein Gespräch Mitte Oktober 1950 spricht insbesondere der Vermerk Dehlers vom 28.10.1950, BA, B 141, Nr. 207.

[131] Dies ergibt sich aus dem Schreiben Dorls an Dehler v. 25.10.1950, BA, B 141, Nr. 207; *U. Wengst,* Thomas Dehler, 1997, S. 166; die SRP-Parteileitung informierte die Mitglieder in ihrem Informations-Rundschreiben v. 08.11.1950 über das Treffen des Bundesjustizministers mit Dorls, BA, B 104, Nr. 65, Bl. 12.

[132] Dorls an Dehler v. 25.10.1950, BA, B 141, Nr. 207.

[133] Dehlers Note v. 10.11.1950 in dieser Sache (BA, B 141, Nr. 207) ist direkt an *Geiger* gerichtet.

[134] Zu *Geigers* Biographie auch *K.-D. Godau-Schüttke,* Der Bundesgerichtshof, 2005, S. 334 ff.; *O. Köhler,* Wir Schreibmaschinentäter, 1989, S. 153 ff.; *H. Kramer,* Ein vielseitiger Jurist, in: Kritische Justiz 1994, 232 ff., auch in: Blanke, Die juristische Aufarbeitung, 1998, S. 373 ff. sowie der Nachruf von *R. Ley,* Willi Geiger, in: NJW 1994, 1050 f.

Referent des Ministers wurde noch dadurch gesteigert, dass *Dehler* Staatssekretär *Walter Strauß* im Rahmen der Kabinettsbildung von der CDU quasi vorgesetzt worden war, was die Entstehung eines persönlichen Vertrauensverhältnisses zwischen *Dehler* und seinem Staatssekretär nicht begünstigte. *Geiger* wurde daher von *Dehler* immer wieder mit besonders wichtigen oder aber besonders heiklen Angelegenheiten, wie etwa auch *Dorls'* Schreiben, betraut.

Willi Geiger wurde am 22. Mai 1909 in Neustadt an der Weinstraße geboren.[135] Nach dem Studium der Rechtswissenschaften in München und Würzburg legte er am 29. Oktober 1932 das juristische Referendarexamen mit dem Prädikat „gut" ab[136] und trat im November 1932 den Referendardienst an.[137] Wenige Monate nach *Hitlers* Machtergreifung kam es dann zu einem für *Geiger* einschneidenden Ereignis: Im Juni 1933 wurde in Pirmasens zunächst sein Vater, ein für die Bayerische Volkspartei (BVP) aktiver Bezirksschulrat, und dann – wie bspw. das Nürnberger Volksblatt öffentlich machte – auch *Willi Geiger* selbst verhaftet. Obwohl er zügig wieder aus der Haft entlassen wurde, prägte ihn diese Unrechtserfahrung nachhaltig. Kurzfristig bewog das Ganze ihn allerdings dazu, im Januar 1934 der SA beizutreten, wo er bereits einen Monat später zum Rottenführer (Gefreiten) aufstieg. Dieser Beitritt des zuvor selbst für die BVP aktiven *Geiger* in die paramilitärische Organisation der NSDAP wirft Rätsel auf. Dass er sich in kürzester Zeit vom BVP-Anhänger zum NSDAP-Sympathisanten gewandelt haben könnte, erscheint u.a. im Lichte seiner tiefen Verwurzelung im Katholizismus eher unwahrscheinlich und angesichts der vorangegangenen Verhaftung als geradezu absurd. Wahrscheinlicher ist, dass *Geiger,* von dem nun das Auskommen seiner Familie abhing, da sein Vater von einer weiteren beruflichen Tätigkeit ausgeschlossen war, einen Strohhalm ergreifen wollte, der es ihm ermöglichen sollte, seine juristische Karriere fortzusetzen. *Geiger* konnte so jedenfalls seinen Referendardienst vollenden und legte am 27. Februar 1936 in München sein Assessorexamen mit dem Prädikat „lobenswert" ab.[138]

Als er wegen seiner exzellenten Examina im Oberlandesgerichtsbezirk Bamberg in den Justizdienst übernommen werden sollte, meldete allerdings der für den Gau Mainfranken zuständige Gauleiter *Otto Hellmuth* (1896–1986), der bereits seit 1922 Mitglied der „alten" NSDAP gewesen war, Bedenken an. *Geiger* zeige „wenig Sympathie für das Dritte Reich". „Ein besonderes Eintreten für den nationalsozialistischen Staat" könne „zunächst jedenfalls nicht erwartet werden", so dass ihm bei der Stellenbesetzung ein Parteigenosse vorzuziehen sei. Dessen ungeachtet setzte der Präsident des OLG Bamberg *Albert Heuwieser* durch, dass *Geiger* zum 1. Juli 1936 als Assessor in den Probedienst eingestellt wurde.[139] Nachdem *Geiger* dann am 1. Mai 1937 auch Mitglied der NSDAP geworden war, wurde er zum 16. Juli 1937 Gerichtsassessor beim LG und AG Bamberg.[140] Die Einweisung in eine Planstelle erreichte *Geiger,* der dabei erneut von OLG-Präsident *Heuwieser*, dessen Pensionierung unterdessen näher rückte, unterstützt wurde, dann am 1. Mai 1938, als er zum Landgerichtsrat beim LG Bamberg ernannt wurde.[141] Bereits am 17. Oktober 1938 ließ sich *Geiger* von dort als „Hilfsrichter" an das OLG Bamberg abordnen, wo er das sog. „3. Staatsexamen" ablegen wollte, das Voraussetzung einer Beförderung zum Oberlandes-

---

[135] BVerfG PA Geiger P1-G1, Bl. 1: Personalbogen.
[136] BVerfG PA Geiger P1-G1, Bl. 3: Beglaubigte Zeugnisabschrift.
[137] BVerfG PA Geiger P1-G1, Bl. 1: Personalbogen.
[138] BVerfG PA Geiger P1-G1, Bl. 1: Personalbogen, Bl. 4: Zeugnisabschrift.
[139] BVerfG PA Geiger P1-G1, Bl. 1: Personalbogen.
[140] BVerfG PA Geiger P1-G1, Bl. 1: Personalbogen.
[141] BVerfG PA Geiger P1-G1, Bl. 1: Personalbogen.

gerichtsrat oder Landgerichtsdirektor war. Im Rahmen des Aufstiegsverfahrens übernahm er nicht nur verschiedene Vortragstätigkeiten, sondern ab dem 1. Januar 1940 auch die – bis heute – für eine Richterbeförderung wichtige Leitung einer Arbeitsgemeinschaft für Rechtsreferendare.

Zum 20. Juni 1940 wurde *Geiger* dann an die Staatsanwaltschaft bei dem Sondergericht Bamberg abgeordnet. In seiner dortigen Tätigkeit, die er nach dem Krieg in Lebensläufen und dergleichen durchgängig verschwieg,[142] war *Geiger* als Staatsanwalt an mehreren äußerst fragwürdigen Todesurteilen beteiligt, bei denen u.a. die sog. „Volksschädlingsverordnung" zur Anwendung kam.[143] Zum 4. Januar 1943 hob der als Nachfolger von *Heuwieser* ernannte neue OLG-Präsident *Dürig Geigers* Abordnung an das Sondergericht Bamberg auf, da dieser zum 29. März 1943 in die Wehrmacht eingezogen worden war, wo er bis zum Feldwebel (Oberfähnrich) aufstieg und im Januar 1945 mit dem Eisernen Kreuz II. Klasse ausgezeichnet wurde.[144] Schon kurz nach Kriegsende, am 19. Juni 1945, wurde *Geiger* aus kurzer Kriegsgefangenschaft entlassen. Nachdem er von der US-Militärregierung dann allerdings zum 27. Juli 1945 auch aus dem Justizdienst entlassen worden war, war das anstehende Entnazifizierungsverfahren essentiell, um seine Justizkarriere wieder aufnehmen zu können. Auch auf der Grundlage seines Lebenslaufes, der die Tätigkeit beim Sondergericht nicht erwähnte, empfahl der beim LG Bamberg eingesetzte Vorprüfungsausschuss, der aus zwei Richtern und einem Rechtsanwalt des OLG-Bezirks Bamberg bestand, dem zuständigen Entnazifizierungsausschuss, *Geiger* als „entlastet" einzustufen. Nachdem sich dann auch der amtierende Bamberger LG-Präsident und spätere erste BGH-Präsident *Hermann Weinkauff* sowie *Lorenz Krapp,* der – wie gesehen – erster Nachkriegspräsident des OLG Bamberg war,[145] für *Geiger* verbürgt hatten, wurde dieser am 17. April 1947 von der Spruchkammer I Bamberg-Stadt in Gruppe V („entlastet") eingestuft.[146]

Auf Vorschlag *Thomas Dehlers,* der inzwischen als Nachfolger des verstorbenen *Krapp* OLG-Präsident in Bamberg geworden war, wurde *Geiger* dann am 16. August 1947 als Landgerichtsrat wieder in den Justizdienst eingestellt und sogleich auf *Dehlers* Wunsch zur Dienstleistung an dessen OLG abgeordnet. Nach *Geigers* Beförderung zum Oberlandesgerichtsrat in Bamberg am 16. Februar 1949[147] holte ihn der im September 1949 zum Bundesjustizminister ernannte *Dehler* bereits wenige Tage später, zum 28. September 1949,[148] als seinen persönlichen Referenten nach Bonn. *Geiger,* der zunächst lediglich an das BMJ abgeordnet war,[149] hatte in der Rosenburg zugleich auch die Leitung des Personalreferates inne, womit er starken Einfluss auf die wichtige Personalauswahl hatte. Nachdem er am 16. Februar 1950 zunächst in die Besoldungsgruppe eines Ministerialrates eingestuft und ab dem 20. September 1950 dann auch förmlich als solcher zum BMJ gewechselt war,[150] wurde er auf *Dehlers* Vorschlag nach Eröffnung des Bundesgerichtshofs am

---

[142] *K.-D. Godau-Schüttke,* Der Bundesgerichtshof, 2005, S. 342.

[143] Beispiele bei *K.-D. Godau-Schüttke,* Der Bundesgerichtshof, 2005, S. 342 ff.; *H. Kramer,* Ein vielseitiger Jurist, in: Kritische Justiz 1994, 232 (233), auch abgedruckt in: Blanke, Die juristische Aufarbeitung, 1998, S. 373 (373 f.).

[144] BVerfG PA Geiger P1-G1, Bl. 2: Personalbogen.

[145] Oben S. 145 f.

[146] BVerfG PA Geiger P1-G1, Bl. 2: Personalbogen.

[147] BVerfG PA Geiger P1-G1, Bl. 1: Personalbogen.

[148] BVerfG PA Geiger P1-G1, Bl. 1: Personalbogen.

[149] BVerfG PA Geiger P1-G1, Bl. 1: Personalbogen.

[150] BVerfG PA Geiger P1-G1, Bl. 9: Beglaubigte Abschrift der Ernennungsurkunde.

Abb. 11: Willi Geiger (3. Reihe 1. v.r., mit Brille) in der Eröffnungsveranstaltung des BVerfG am 28.09.1951, 2. Reihe 4. v.r.: Erna Scheffler, 1. Reihe v.r.n.l.: Bundesratspräsident Hinrich Wilhelm Kopf (SPD, niedersächsischer Ministerpräsident, mit Schnurrbart), Bundeskanzler Adenauer, BVerfG-Präsident Höpker Aschoff, Bundespräsident Heuss, Bundestagspräsident Hermann Ehlers (CDU)

1. Oktober 1950 bereits zum 26. Oktober 1950 zum BGH-Richter ernannt,[151] blieb aber zunächst auf Drängen des Justizministers an das BMJ abgeordnet. *Geigers* inhaltliche Hauptaufgabe war dort zu jener Zeit die Arbeit am wichtigen Bundesverfassungsgerichtsgesetz (BVerfGG).[152] Da nach § 4 Abs. 1 des im März 1951 verabschiedeten BVerfGG schließlich vier Richter jedes Senats des BVerfG „aus der Zahl der Richter an den oberen Bundesgerichten für die Dauer ihres Amtes an diesen Gerichten" zu wählen waren, lag es nicht fern, dass der Bundesrat den BGH-Richter *Geiger,* als führenden Experten des neuen Verfassungsprozessrechts, am 6. September 1951 zum Richter am BVerfG wählte, wozu er am Folgetag förmlich ernannt wurde.[153]

Geiger, der auch publizistisch stark in Erscheinung trat, etwa indem er ein Jahr später den einflussreichen ersten BVerfGG-Kommentar im *Vahlen-Verlag* vorlegte,[154] schied daraufhin aus dem BMJ aus und zog von Bonn nach Karlsruhe um.[155] Für *Dehler* war

---

151 BVerfG PA Geiger P1-G1, Bl. 1: Personalbogen.

152 Dazu unten S. 180 ff.

153 BVerfG PA Geiger P1-G1, Bl. 1: Personalbogen, Bl. 12: Auszug aus Schreiben des BMdJ v. 12.09.1951.

154 *W. Geiger,* BVerfGG-Kommentar, 1952.

155 Geiger an Präsident-BVerfG v. 30.11.1951, BVerfG PA Geiger P1-G1, Bl. 14.

Geigers Mitgliedschaft im BVerfG auch aus dem Grund wichtig, dass ihn sein ehemaliger Mitarbeiter immer wieder mit wichtigen Informationen über Interna des Verfassungsgerichts, bspw. über die zu erwartenden Stimmverhältnisse in den so wichtigen EVG-Verfahren, versorgte.[156] Nachdem dem jungen Verfassungsrichter im April 1952 eine Honorarprofessur an der Hochschule für Verwaltungswissenschaften in Speyer angetragen worden war,[157] wo er Lehrveranstaltungen hielt, wurde er am 15. Mai 1953 zum Senatspräsidenten am BGH ernannt, an dem er parallel zum BVerfG, nun als Vorsitzender des III. Zivilsenats, tätig war.[158] Im September/Oktober 1953 unterbrach *Geiger* seine Richtertätigkeit für eine Studienreise in die USA, wo er sich mit der US-Gerichtsadministration befasste.[159] Erst die Verabschiedung des Deutschen Richtergesetzes am 8. September 1961,[160] dessen § 70 anordnete, dass die Rechte und Pflichten eines Richters an den oberen Bundesgerichten ruhen, solange er Mitglied des BVerfG ist („Lex Geiger"),[161] konnte *Geiger* schließlich dazu bewegen, *nolens volens* sein paralleles Richteramt am BGH ab dem 1. November 1961 ruhen zu lassen.[162]

Nachdem der „Vorwärts" in seiner Ausgabe vom 27. Juli 1966 mit dem Artikel „Des Geigers braune Weste" die Tätigkeit des bekannten Verfassungsrichters als Staatsanwalt am Sondergericht in Bamberg publik gemacht hatte, geriet auch *Geigers* bei dem späteren Mitglied des Parlamentarischen Rates und Bundestagsabgeordneten *Wilhelm Laforet* entstandene,[163] erstmals 1940 im Dissertationsdruck, dann 1941 mit einem neu gefassten Vorwort im Verlag *Hans Buske Nachf.* veröffentlichte Doktorarbeit „Die Rechtsstellung des Schriftleiters nach dem Gesetz vom 4. Oktober 1933" ins Blickfeld.[164] *Geiger* hatte die von ihm selbst als „Grundriß des großdeutschen Schriftleiterrechts" charakterisierte Dissertation mit einem *Goebbels*-Zitat eingeleitet,[165] im Vorwort der Verlagsfassung die Deanony-

---

[156] Dazu unten S. 312 ff. sowie exemplarisch *O. Lenz,* Tagebuch 1951–1953, 1989, S. 466 (12.11.1952); *D. Hoffmann,* Das BVerfG im politischen Kräftefeld, in: Hist. Jahrbuch 120 (2000), S. 227 (254).

[157] Rektor Hochschule für Verwaltungswissenschaften, Speyer an Präsident-BVerfG v. 03.04.1952, BVerfG PA Geiger P1-G1, Bl. 19.

[158] BVerfG PA Geiger P1-G1, Bl. 1: Personalbogen, Bl. 24: BMdJ an Geiger v. 26.05.1953.

[159] Geiger an Präsident-BVerfG v. 22.07.1953, BVerfG PA Geiger P1-G1, Bl. 26.

[160] BGBl. 1961 I S. 1665 ff.

[161] Vgl. „Beharrlich, arbeitsam – Der heimliche Vorsitzende des Senats", in: FAZ v. 25.01.1994, auch in BVerfG PA Geiger P1-G1, Bl. 65.

[162] BVerfG PA Geiger P1-G1, Bl. 1: Personalbogen.

[163] Der Würzburger Ordinarius *Laforet* (1877–1957) war später als Vorsitzender des Rechtsausschusses des Bundestages gemeinsam mit *Willi Geiger* maßgeblich an der Entstehung des Bundesverfassungsgerichts beteiligt und dann auch Vorsitzender des Richterwahlausschusses des Bundestages bei der Wahl der Richter des BVerfG. Dazu unten S. 239 ff.

[164] *Geigers* Dissertation erschien zunächst 1940 unter dem Titel „Die Rechtsstellung des Schriftleiters nach dem Gesetz vom 4. Oktober 1933" bei „Buchdruckerei und Verlag" Kirchler, Darmstadt und dann 1941 unter dem Titel „Die Rechtsstellung des Schriftleiters" als „Heft 11" der Schriftenreihe „Würzburger Staatswissenschaftliche Abhandlungen" im Verlag Buske Nachf., Darmstadt/Leipzig; zu *Geigers* Dissertation etwa *O. Köhler,* Wir Schreibmaschinentäter, 1989, S. 153 ff.; *H. Kramer,* Ein vielseitiger Jurist, in: Kritische Justiz 1994, 232 (233).

[165] *W. Geiger,* Die Rechtsstellung des Schriftleiters, Diss., 1940, S. 1, 9.

misierung der für Presseveröffentlichungen verantwortlichen Personen als großes Verdienst der „nationalsozialistischen Revolution“ gepriesen[166] und zum sog. Arierparagraph, der jüdische Journalisten mit Berufsverbot belegt hatte, festgestellt:[167]

„Es bleibt noch eine letzte Voraussetzung zu nennen, die in keinem Recht ein Gegenstück findet und den nationalsozialistischen Geist offenbart, der das Schriftleitergesetz beherrscht: Der Schriftleiter muß grundsätzlich arischer Abstammung sein. Ob diesem Erfordernis genügt ist oder nicht, entscheidet sich nach den einschlägigen Bestimmungen des Beamtenrechts, besonders nach § 1a des Reichsbeamtengesetzes und den dazu erschienenen Richtlinien des Reichsminister des Innern v. 8.8.1933 […], § 6 d. Ges. Als nichtarisch gilt danach, wer von nichtarischen, insbesonders jüdischen Eltern oder Großeltern abstammt; es genügt, wenn ein Eltern- oder Großelternteil nichtarischen oder jüdischen Blutes ist. Die Vorschrift hat mit einem Schlag den übermächtigen, volksschädigenden und kulturzersetzenden Einfluß der jüdischen Rasse auf dem Gebiet der Presse beseitigt.“

Auch hat *Geiger* im Schrifttumsverzeichnis der Dissertation verschiedene Verfasser, bspw. den berühmten *Walter Jellinek,* mit einem vorangestellten Asterisk gekennzeichnet. In einer Fußnote dazu findet sich die Erläuterung: „* bedeutet: Verfasser ist Jude“.[168] Erscheint all dies aus heutiger Sicht schlicht unerträglich, ist gleichzeitig auch bemerkenswert, dass *Geiger* zeitnah in einer Rezension seiner Dissertation in der bei *C. H. Beck* verlegten Zeitschrift „Deutsche Verwaltung“, als „Organ der Verwaltungsrechtswahrer des Nationalsozialistischen Rechtswahrerbundes“, scharf dafür kritisiert wurde, dass sein Denken bei Weitem nicht nationalsozialistisch genug sei.[169] Obwohl *Geigers* Dissertation auch nach dem Krieg in vielen wissenschaftlichen Bibliotheken, bspw. auch am BGH und am BVerfG, verfügbar war, kochten die Vorwürfe gegen ihn auch am BVerfG erst infolge des Vorwärts-Artikels hoch. Bereits angesichts der antisemitischen Ausfälle in der Dissertation muss es mehr als verwundern, dass es *Geiger* und der Leitung des BVerfG gelang, die Affäre nach einigem Hin und Her letztlich ohne dienstrechtliche Konsequenzen auszusitzen. So trat *Geiger* schließlich im Alter von 68 Jahren am 2. November 1977 als Verfassungsrichter in den Ruhestand.[170] Wie beim Ausscheiden eines Bundesverfassungsrichters üblich, wurde ihm das Bundesverdienstkreuz mit Stern und Schulterband verliehen.[171] Bun-

---

[166] *W. Geiger,* Die Rechtsstellung des Schriftleiters, 1941, S. V: „Was aber ist die Presse? Das, was die Männer der Presse aus ihr machen. Das war nicht immer so. Die ‚öffentliche Meinung‘ – die seit je in der Tagespresse ihren Niederschlag findet – war bis 1933 das Produkt anonymer Kräfte. Daß man heute die dafür Verantwortlichen kennt, ist ein Wandel von grundlegender Bedeutung; ihn herbeigeführt zu haben, ist eines der großen Verdienste der nationalsozialistischen Revolution. […]“.

[167] *W. Geiger,* Die Rechtsstellung des Schriftleiters, Diss., 1940, S. 39 f.

[168] *W. Geiger,* Die Rechtsstellung des Schriftleiters, Diss., 1940, S. IX.

[169] *O. Redelberger,* Rezension zu Geiger, Die Rechtsstellung des Schriftleiters, in: Deutsche Verwaltung 1941, 244.

[170] Seine Amtszeit war am 31.05.1977 abgelaufen. Anschließend führte er sein Amt als Richter am BVerfG gem. § 4 Abs. 4 BVerfGG bis zur Ernennung seines Nachfolgers fort. Der Direktor beim BVerfG an Chef des Bundespräsidialamts v. 17.10.1977, BVerfG PA Geiger P1-G1, vor Bl. 44.

[171] BVerfG-Präsident *Ernst Benda* hatte sich bereit erklärt, *Geiger* dies anlässlich seiner Verabschiedung im BVerfG zu verleihen; vgl. dazu Direktor beim BVerfG an Chef des Bundespräsidialamts v. 17.10.1977, BVerfG PA Geiger P1-G1, vor Bl. 44; die Vollziehung der Verleihung ergibt sich aus Direktor beim BVerfG, Vermerk v. 24.01.1994, BVerfG PA

despräsident *Walter Scheel* sprach dem langjährigen Verfassungsrichter gleichzeitig Dank und Anerkennung „für die dem Deutschen Volke geleisteten treuen Dienste" aus.[172] Auch wurde dem engagierten Katholiken zeitnah der Gregoriusorden, als vierthöchster Orden für Verdienste um die römisch-katholische Kirche, verliehen.[173] *Geiger* verstarb am 19. Januar 1994 in Karlsruhe und wurde am Wallfahrtskloster St. Maria zur Sonne in Schmerlenbach beerdigt.[174] Im Rahmen des Requiems am 3. Februar 1994 in der St. Michaelskirche sprach BVerfG-Präsident *Roman Herzog* auf Wunsch der Familie einen kurzen Nachruf. Ein artikelförmiger Nachruf erschien u.a. in der FAZ, die enthüllte, dass *Geigers* Verhältnis zu seiner früheren „Arbeitsstätte", dem BVerfG, insbesondere wegen dessen Rechtsprechung zu § 218 StGB zuletzt nicht mehr ungetrübt gewesen sei.[175]

Im Herbst 1950 befasste sich *Geiger* in der Rosenburg ca. vier Wochen mit *Dorls*' Ausarbeitung, die nach einem spöttischen Kommentar *Norbert Freis* „vielleicht geeignet war, über den rhetorischen Notstand des ‚völkischen Schriftstellers' Dr. Fritz Dorls Auskunft zu geben, ganz sicher aber nicht über die Verfassungskonformität seiner Truppe".[176] Nachdem *Dehler Dorls'* Schrift auch an den Bundeskanzler und den Bundesinnenminister weitergegeben hatte und *Dorls* Anfang November 1950 nicht nur die Bundesregierung noch einmal formell um Streichung der SRP aus der Liste der als „staatsfeindlich" erklärten Organisationen ersucht[177], sondern schließlich auch noch einmal bei *Dehler* wegen seiner Eingabe nachgehakt hatte,[178] richtete der Justizminister schließlich am 20. November 1950 ein weiteres Schreiben an den SRP-Vorsitzenden. Bereits in dessen Einleitung stellte *Dehler* unmissverständlich fest, dass der Inhalt von *Dorls'* Schreiben vom 25. Oktober, insbesondere dessen Versicherung, „daß die SRP der Bundesrepublik ‚in jeder Hinsicht loyal gegenübersteht'" angesichts „der in den Versammlungen dieser Partei zutage tretenden Animosität gegenüber der augenblicklichen verfassungsmäßigen Ordnung die schwerwiegenden Bedenken der Bundesregierung nicht zu zerstreuen [vermag]", die zu deren Beschluss vom 19. September 1950 geführt hätten.[179] Diesen scharfen Hinweis verband *Dehler* mit der

---

Geiger P1-G1, vor Bl. 59 sowie aus der Todesanzeige in den Badischen Neusten Nachrichten, BVerfG PA Geiger P1-G1, vor Bl. 60.

[172] Urkunde Bundespräsident v. 02.11.1997, BVerfG PA Geiger P1-G1, Bl. 47.

[173] Geiger an Benda v. 31.01.1978, BVerfG PA Geiger P1-G1, vor Bl. 51.

[174] BVerfG Vermerk v. 24.01.1994, BVerfG PA Geiger P1-G1, Bl. 53; Todesanzeige, BVerfG PA Geiger P1-G1, Bl. 57.

[175] „Beharrlich, arbeitsam – Der heimliche Vorsitzende des Senats", in: FAZ v. 25.01.1994, auch in BVerfG PA Geiger P1-G1, Bl. 65; vgl. auch „Brillanz und Tugend", in: Rheinischer Merkur v. 28.01.1994, S. 31, auch in BVerfG PA Geiger P1-G1, Bl. 66.

[176] *N. Frei,* Vergangenheitspolitik, 2. Aufl. 1997, S. 330.

[177] Dorls an Bundesregierung z.H. Lehr v. 02.11.1950, BA, B 141, Nr. 207.

[178] Note Dehlers an Geiger v. 10.11.1950, BA, B 141, Nr. 207.

[179] Dehler an Dorls v. 20.11.1950, S. 1, BA, B 141, Nr. 207 sowie ADL, N1–3341; *U. Wengst,* Thomas Dehler, 1997, S. 166; *N. Frei,* Vergangenheitspolitik, 2. Aufl. 1997, S. 331.

provokanten Nachfrage an *Dorls,* „wieviele ehemalige Mitglieder der NSDAP und ihrer Gliederungen heute Mitglieder der SRP sind und wieviele davon Funktionäre der NSDAP und ihrer Gliederungen waren und heute Funktionäre und Parteiredner der SRP sind“. *Dehlers* unzweideutige Zurückweisung von *Dorls'* Annäherungsversuchen kam auch in dem Hinweis zum Ausdruck, dass „die in der Presse wiederholt mitgeteilten zügellosen Angriffe mancher Redner der SRP auf die verfassungsmäßigen Organe der Bundesrepublik“ und „die allgemeine Tendenz dieser Reden die Bundesrepublik in den Augen des Volkes herabzusetzen“, in seinen Augen etwas wesentlich anderes seien als eine noch so heftige Kritik an einzelnen Maßnahmen der Bundesregierung.[180] Bei dieser Sachlage sehe er im Augenblick keine andere Möglichkeit, „als die Berechtigung und Verfassungsmäßigkeit des Beschlusses der Bundesregierung durch das Bundesverfassungsgericht nachprüfen zu lassen“. Er werde alles tun, damit dieses Gericht „möglichst rasch seine Tätigkeit aufnehmen“ könne.

Mag man *Dehlers* Frage an *Dorls* angesichts der Zahl ehemaliger NSDAP-Mitglieder, die wie etwa *Willi Geiger* zu dieser Zeit in seinem eigenen Ministerium teils in leitender Funktion tätig waren,[181] für wenig geeignet halten, etwas in der Sache zu klären,[182] dürfte ihre Hauptstoßrichtung allerdings auch eher darin gelegen haben, den SRP-Vorsitzenden listig in die Ecke zu treiben.[183] Dieser musste entweder die belastenden Zahlen vorlegen oder schweigen, was seinem Anliegen ebenfalls nicht nutzen würde. Sollte dies *Dehlers* Absicht gewesen sein, war er jedenfalls erfolgreich, blieb *Dorls* doch tatsächlich eine Antwort schuldig.[184] Dass der Justizminister keine Fehlvorstellungen über die Verfassungstreue der SRP hegte oder gar insgeheim eine Rehabilitierung der SRP oder dergleichen betrieb, machen neben dem eindeutigen Inhalt seines Schreibens an *Dorls* auch Äußerungen bspw. gegenüber dem Vorsitzenden der nordrhein-westfälischen FDP, dem zum rechten FDP-Flügel zählenden Bundestagsabgeordneten *Friedrich Middelhauve* (1896–1966),[185] deutlich, den er im Januar 1951 klar wissen ließ: „Die Loyalitätsbeteuerungen der SRP überzeugen mich nicht.“[186]

---

[180] Dehler an Dorls v. 20.11.1950, S. 1 f., BA, B 141, Nr. 207.

[181] Umfassend dazu *M. Görtemaker/C. Safferling,* Die Akte Rosenburg, 2016.

[182] *N. Frei,* Vergangenheitspolitik, 2. Aufl. 1997, S. 331.

[183] *U. Wengst,* Thomas Dehler, 1997, S. 166.

[184] *U. Wengst,* Thomas Dehler, 1997, S. 166.

[185] Zu *Middelhauve* und der nordrhein-westfälischen FDP 1945–1953: *K. Buchna,* Nationale Sammlung, 2010, S. 19 ff., 28 ff. sowie unten S. 399 ff.

[186] Dehler an Middelhauve v. 13.01.1951, ADL, N1–3341; später beschwerte sich *Dehler* in einem sehr knappen Schreiben an *Dorls* (15.03.1951, ADL, N1–3341) über die Art und Weise, in der *Dorls Dehlers* Schreiben v. 20.11.1950 verwertet hatte: „Ich empfinde die Art, in der Sie in der Öffentlichkeit mein Schreiben vom 20. November 1950 verwenden, nicht für richtig. [...] Ich bin betroffen darüber, daß Sie meine Bemühungen in der Öf-

4. Die SRP radikalisiert sich

Doch nicht nur die Bundesregierung und andere außenstehende Beobachter stuften die SRP im Herbst 1950 als rechtsextremistische bis neonazistische Partei ein. Wie schon erwähnt, verließ SRP-Mitbegründer *Bernhard Gericke* die Partei am 12. Oktober 1950 mit der Begründung, dass deren Ideologie einer „eindeutigen Restauration und Wiederbelebung der nationalistischen und nationalsozialistischen Ideologie" gleichkomme.[187] Vor allem der von den Ländern übernommene Unvereinbarkeitsbeschluss der Bundesregierung, aber auch *Gerickes* Austritt markierten im September/Oktober 1950 eine Zäsur, welche die SRP als zunehmend radikale neonazistische Partei erscheinen ließ. Dieses Bild trog nicht, befand sich die Partei zu diesem Zeitpunkt doch tatsächlich in einem Prozess innerer Radikalisierung.[188]

II. „Wenn das Land Niedersachsen nichts unternimmt dann handle ich" – Lehrs Vorstoß für ein vereinsrechtliches Verbot

1. Robert Lehr und die Zuspitzung der Lage im niedersächsischen Wahlkampf

a) Die SRP konzentriert ihre Kräfte auf die Niedersachsenwahl

Die SRP-Führung verzichtete unterdessen wegen der erforderlichen Unterstützerunterschriften[189] auf eine Teilnahme an den nächsten Landtagswahlen im November 1950 in Hessen und konzentrierte sich stattdessen auf die Landtagswahlen in ihrem Stammland Niedersachsen, die im Mai 1951 anstanden. Welch hohe Erwartungen die Parteileitung hegte, war bereits unmittelbar nach den NRW-Wahlen im Juni 1950 deutlich geworden, als sie ihre Landesverbände darüber informiert hatte, dass man aus den Erfahrungen in NRW lernen werde und die kommende Wahl in Niedersachsen „zu einem Triumph für unsere Bewegung" gestalten könne.[190] Auch auf der Tagung der SRP-Führung am 30. Juli 1950 in Hannover, wo der Vorstand – wie beschrieben – die am Vortag beschlossene erste Parteisatzung „mitteilte",[191]

fentlichkeit verzerrt darstellen."; zum Ganzen auch: *U. Wengst,* Thomas Dehler, 1997, S. 166.

[187] *O. Büsch,* Geschichte, in: Büsch/Furth, Rechtsradikalismus, 1957, S. 1 (59 f.); viel Wind wirbelte später auch der Parteiaustritt des Vorsitzenden der NRW-SRP *Heinrich Keseberg* am 28.05.1951 auf, der der Parteileitung vorwarf, konspirative Verbindungen zu ostdeutschen und sowjetischen Stellen zu unterhalten; dazu unten S. 172 f. sowie *O. Büsch,* a.a.O., S. 62; *M. Lausberg,* Die extreme Rechte in NRW, 2012, S. 89.

[188] *O. Gnad,* SRP, in: Recker/Tenfelde, Handbuch, Teilbd. III, 2005, S. 353 (375 f.).

[189] *H. Hansen,* Sozialistische Reichspartei, 2007, S. 150.

[190] SRP Parteileitung, Rundschreib. Nr. 5 v. 20.06.1950, BA, B 104, Nr. 8, Bl. 12 (13).

[191] Dazu oben S. 110 f.

standen bereits die Niedersachsenwahlen des Folgejahres im Mittelpunkt.[192] Die Parteileitung verkündete hier ihre Strategie, ab sofort die gesamte Arbeit der Partei auf die Niedersachsenwahlen zu fokussieren und „alle verfügbaren Kräfte, auch aus anderen Ländern" dafür einzusetzen.[193] Ähnlich wie die NSDAP dies im Vorfeld der Machtergreifung mit großem Erfolg getan hatte, wollten die Parteioberen also alle Parteiressourcen auf die Wahlen in ihrem besonders erfolgversprechenden Heimatbundesland konzentrieren, um mit dem Rückenwind des dort erhofften Erfolges dann den Einfluss der SRP zügig auf die gesamte Bundesrepublik auszudehnen. Die einfachen Parteimitglieder schwor Chefideologe *Gerhard Krüger* in seinem vierten SRP-Informations-Rundschreiben vom 24. Dezember 1950 in martialischem Ton auf die beschlossene „Alles-oder-Nichts"-Strategie ein:[194]

„Das neue Jahr wird uns eine entscheidende Phase unseres Kampfes bringen: die niedersächsische Landtagswahl. Die Bedeutung dieses Ereignisses kann für die SRP nicht hoch genug eingeschätzt werden. Alle anderen Probleme haben hinter dem Kampfziel, das es mit dieser Wahl zu erreichen gilt, zurückzustehen. Alle anderen Verbände und Stützpunkte haben alle verfügbaren menschlichen und finanziellen Kräfte den Kameraden in Niedersachsen rückhaltlos zur Verfügung zu stellen, denn ein Erfolg in Niedersachsen bedeutet einen Durchbruchserfolg der Gesamtpartei."

b) Robert Lehr warnt das Kabinett vor der SRP

Da sowohl die starke Stellung der SRP in Niedersachsen als auch die ähnliche Vorgehensweise der NSDAP bei der Vorbereitung der Machtergreifung allgemein bekannt waren, ließen die näher rückenden Wahlen die Sorgen der Bundesregierung über die SRP im Winter 1950/1951 erheblich anwachsen. Vor allem der nach *Heinemanns* Rücktritt im Oktober 1950 zum Bundesinnenminister ernannte CDU-Politiker *Robert Lehr* erkannte das Ausmaß der Bedrohung frühzeitig. *Lehr* war als früheres DNVP-Mitglied zwar tendenziell eher dem rechten Flügel der CDU zuzurechnen, teilte aber die kritische Haltung seines Amtsvorgängers gegenüber der SRP. Nicht zuletzt, da er von den Nationalsozialisten am 12. April 1933 unter einem Vorwand verhaftet und aus seinem Amt als Oberbürgermeister der Stadt Düsseldorf gedrängt worden war, hegte er keinerlei Sympathie für nationalsozialistisches Gedankengut.[195]

---

[192] Abschnitt 3 des Kurzberichts über die Tagung am 29. und 30. Juli [1950] in Hannover, BA, B 104, Nr. 64, Bl. 25.

[193] Abschnitt 3 des Kurzberichts über die Tagung am 29. und 30. Juli [1950] in Hannover, BA, B 104, Nr. 64, Bl. 25.

[194] Informations-Rundschreiben Nr. 4 v. 24.12.1950, BA, B 104, Nr. 65, Bl. 18; *Krüger* fuhr fort, dass dies zunächst die Erhebung einer „einmaligen Wahlkampfspende in Höhe eines Monatsbeitrages" von allen Mitgliedern erforderlich mache.

[195] *W. Först,* Robert Lehr als Oberbürgermeister, 1962, S. 260 ff.; *ders.,* Robert Lehr, in: ders., Land und Bund, 1981, S. 169 (184 ff.).; *W. Hensel,* Robert Lehr, in: Christliche Demokraten der ersten Stunde, 1966, S. 211 (222 ff.).

Hinzu kam, dass er während der NS-Herrschaft Kontakte zu verschiedenen Widerstandskreisen unterhalten hatte und sich daher durch die polemischen Angriffe etwa eines *Otto Ernst Remer* auf Widerstandskämpfer auch persönlich angegriffen fühlte. Da sich *Lehr* zügig zum stärksten Kämpfer für ein SRP-Verbot innerhalb der Bundesregierung entwickeln sollte, sei hier ein Blick auf seine Biographie geworfen:

Robert Lehr (1883–1956) wurde am 20. August 1883 in Celle als Sohn von *Oskar Lehr,* später preußischer Generalmajor und Hofmarschall der letzten Herzogin von Nassau sowie späteren Großherzogin von Luxemburg geboren.[196] Nach dem Abitur am Realgymnasium in Koblenz studierte *Robert Lehr* in Marburg, Berlin und Bonn Rechtswissenschaften und wurde 1908 in Heidelberg zum Dr. iur. promoviert. Im Anschluss an die große juristische Staatsprüfung (1912) trat er 1913 in den Verwaltungsdienst in Düsseldorf ein, wo er von 1914–1918 das Polizei- und von 1919–1924 das Finanzdezernat leitete. Als parteiloser Kandidat 1924 zum Oberbürgermeister der Stadt Düsseldorf gewählt, konzentrierte er sich auf die Wirtschaftsförderung, um Düsseldorfs Rang als Rheinmetropole gegenüber der ewigen Konkurrentin Köln zu stärken.[197] In der kommunalen Neuordnung im Jahr 1929 konnte *Lehr* für Düsseldorf eine Gebietserweiterung um 4.780 Hektar mit 35.000 Einwohnern erreichen.[198] Wohl nicht zuletzt, um im Rahmen jener wichtigen kommunalen Neuordnung den Einfluss der DNVP im preußischen Landtag nutzen zu können, trat *Lehr* im selben Jahr auch in die nationalkonservative Partei ein. In der DNVP gehörte er vermutlich dem gemäßigten Flügel an, trat in der Partei allerdings nicht wesentlich hervor.[199] Nach *Hitlers* Machtergreifung am 30. Januar 1933 wurde *Lehr* am 12. April 1933 als Düsseldorfer Oberbürgermeister unter dem Vorwand der Beamtenbestechung unter demütigenden Umständen aus einer Sitzung des Hauptausschusses heraus verhaftet und – gesundheitlich schwer angeschlagen – erst am 26. September 1933 wieder freigelassen.[200] *Lehr* wurde dabei von dem Kasseler Rechtsanwalt *Oswald Freisler,* dem Bruder des berüchtigten späteren Volksgerichtshofspräsidenten *Roland Freisler,* vertreten, was *Oswald Freisler* Probleme aus den Reihen der NSDAP eingebracht haben soll.[201] Im September 1934 wurde das Verfahren gegen *Lehr* schließlich eingestellt, obwohl dieser einen Prozess gewünscht hätte, um sich öffentlich rehabilitieren zu können.[202] *Lehr,* der daraufhin bis Kriegsende als Pri-

---

[196] *W. Först,* Robert Lehr, in: ders., Land und Bund, 1981, S. 169 (169, 172); *B. Kaff,* Lehr, Robert, in: Neue Deutsche Biographie, Bd. 14, 1985, S. 112.

[197] *W. Först,* Robert Lehr, in: ders., Land und Bund, 1981, S. 169 (174 ff.).

[198] *W. Först,* Robert Lehr, in: ders., Land und Bund, 1981, S. 169 (180 ff.).

[199] *W. Först,* Robert Lehr, in: ders., Land und Bund, 1981, S. 169 (181 ff.); *B. Kaff,* Lehr, Robert, in: Neue Deutsche Biographie, Bd. 14, 1985, S. 112.

[200] *W. Först,* Robert Lehr, in: ders., Land und Bund, 1981, S. 169 (184 f.).

[201] *W. Först,* Robert Lehr, in: ders., Land und Bund, 1981, S. 169 (185).

[202] *W. Först,* Robert Lehr, in: ders., Land und Bund, 1981, S. 169 (185).

Abb. 12: Robert Lehr als Bundesinnenminister

vatmann überwiegend im Sauerland lebte, pflegte ab 1935 Kontakte zum interkonfessionellen rheinischen Widerstandskreis um den späteren nordrhein-westfälischen Ministerpräsidenten *Karl Arnold* und den späteren Düsseldorfer Oberstadtdirektor *Walter Hensel.* Seit seiner Zeit als Oberbürgermeister war er zudem auch mit *Carl Goerdeler* bekannt und knüpfte 1936 Verbindungen zu dem regimekritischen früheren Generaloberst *Kurt von Hammerstein-Equord,* der wiederum enge Kontakte u.a. mit General *Ludwig Beck* unterhielt.[203]

Lehr, der nach Kriegsende die Düsseldorfer CDU mitgründete, wurde von den britischen Besatzungsbehörden umgehend als Bürgermeister in Oberbrügge (Westfalen) und im November 1945 dann als Oberpräsident der Nordrheinprovinz eingesetzt.[204] Hoffnungen, erster Ministerpräsident des neuen Landes Nordrhein-Westfalen zu werden, erfüllten sich im Jahr 1946 hingegen nicht. Stattdessen wurde *Lehr,* der als Individualist mit mäßiger parteitaktischer Begabung in der CDU immer mehr an Einfluss verlor, im Jahr 1947 Landtagsabgeordneter in NRW. Von dort wurde er 1948/1949 in den Parlamentarischen Rat entsandt, um am Grundgesetz mitzuarbeiten.[205] Nach der ersten Bundestagswahl wurde er Mitglied der CDU-Fraktion im Deutschen Bundestag, der er bis 1953 angehörte. *Adenauers* ehrenvolles Angebot, erster Bundesinnenminister zu werden, soll *Lehr* am 16. September 1949 abgelehnt haben. Statt seiner wurde – wie ausgeführt – *Gustav Heinemann* ernannt.[206] Nach dessen Rücktritt nahm der wie *Heinemann* ebenfalls protestantische *Lehr*

---

[203] *W. Först,* Robert Lehr, in: ders., Land und Bund, 1981, S. 169 (185 f.).
[204] *W. Först,* Robert Lehr, in: ders., Land und Bund, 1981, S. 169 (187 f.).
[205] *W. Först,* Robert Lehr, in: ders., Land und Bund, 1981, S. 169 (189 f.).
[206] *W. Först,* Robert Lehr, in: ders., Land und Bund, 1981, S. 169 (191).

dann aber *Adenauers* erneutes Angebot an und wurde am 11. Oktober 1950 von Bundespräsident *Heuss* zum zweiten Innenminister der Bundesrepublik Deutschland ernannt.

Eine Biographin hat *Lehr* als protestantischen Konservativen aus dem großbürgerlichen Milieu charakterisiert, geprägt durch Disziplin, Pflichtbewusstsein und rechtsstaatliches Denken, der einen Staat auf christlicher Grundlage, eine Orientierung am Gemeinwohl vor allen Parteiinteressen, eine Stärkung des Föderalismus und die Erziehung zum mündigen Bürger angestrebt habe.[207] Ein anderer Biograph hat darauf hingewiesen, dass *Lehr* in hohem Maße den Typ des Verwaltungsmannes verkörpert habe, der „sich nicht darauf beschränkt, die Gesetze einzuhalten und auszuführen, sondern für den die Verwaltung auch die schöpferische Möglichkeit selbständigen Handelns in zeitlich größeren Dimensionen enthält."[208] Diese beiden nicht immer kompatiblen Haltungen im Umgang mit dem Recht sollten jedenfalls bei *Lehrs* späterem Vorgehen gegen die SRP noch in Konflikt miteinander geraten.

Nachdem das Bundesamt für Verfassungsschutz Bundesinnenminister *Lehr* Mitte Januar 1951 eine Zusammenstellung von Aktivitäten und Äußerungen der SRP vorgelegt hatte,[209] ließ dieser daraus einen Bericht über die Tätigkeit der SRP „in den letzten Monaten" erstellen, den er Ende Januar 1951 dem Kabinett präsentierte.[210] In den Anlagen des Berichts waren vor allem demagogische Angriffe auf die Bundesregierung, den Bundestag und die Alliierten dokumentiert. Da diese Materialien für sich selbst sprachen, genügte *Lehr* in der Kabinettssitzung am 30. Januar 1951, dem 18. Jahrestag der „Machtergreifung", zur Mahnung der lakonische Hinweis, dass die Rechtspartei „besondere Aufmerksamkeit" erfordere.[211]

c) Beleidigungsanzeigen gegen SRP-Politiker und deren Prüfung in der Rosenburg

Dass sich das Gebaren der SRP immer mehr dem Vorbild der NSDAP in der Weimarer Republik annäherte, wurde auch greifbar, als das Kabinett bereits unter dem unmittelbar darauffolgenden Tagesordnungspunkt beschloss, Strafantrag gegen den früheren Generalarbeitsführer im Reichsarbeitsdienst *Ulrich von Bothmer*[212] (1889–1968) zu stellen.[213] Dieser hatte vor dem Hintergrund

---

[207] *B. Kaff,* Lehr, Robert, in: Neue Deutsche Biographie, Bd. 14, 1985, S. 112.

[208] *W. Först,* Robert Lehr, in: ders., Land und Bund, 1981, S. 169 (171).

[209] Bundesamt für Verfassungsschutz an Bundeskanzleramt und Bundesminister des Innern v. 12.01.1951 (Betr.: Zunehmende Verschärfung des Kurses der sozialistischen Reichspartei), BA, B 141, Nr. 11988.

[210] BA, B 134, Nr. 3169, Bl. 204 ff.; weitere Unterlagen dazu auch in BA, B 141, 11988.

[211] Kabinettsprotokolle 1951, S. 126 (30.01.1951); *N. Frei,* Vergangenheitspolitik, 2. Aufl. 1997, S. 332.

[212] Ein Dossier zu *v. Bothmer,* gegen den auch die Einleitung eines Grundrechtsverwirkungsverfahrens erwogen wurde, findet sich in BA, B 106, Nr. 15554; zu dessen Biographie *H. Hansen,* Sozialistische Reichspartei, 2007, S. 120 Fn. 23.

der nach Ausbruch des Koreakrieges auch in Europa umgehenden Kriegshysterie als SRP-„Reichsredner" und Parteiratsmitglied ähnlich wie zuvor bereits *Otto Ernst Remer* behauptet, das aus „Verrätern" bestehende Bundeskabinett habe sich für den Kriegsfall bereits Fluchtquartiere in London organisiert. *Dehler* wies seine Referenten noch am selben Tag an, hinsichtlich des Strafantrags gegen *v. Bothmer* „sofort das Notwendige zu veranlassen".[214] Nach eingehender Prüfung durch seine Referenten empfahl der Justizminister seinen Kabinettskollegen dann aber schließlich, die Strafanzeigen gegen *v. Bothmer* auf eindeutige Fälle zu beschränken, sowie – aus demselben Grund – von Anzeigen gegen weitere SRP-Politiker zunächst besser abzusehen.[215]

Dies war für *Dehlers* Einstellung zu jener Zeit repräsentativ. Der Bundesjustizminister plädierte stets dafür, die Justiz gegen SRP-Politiker nur in klaren Fällen einzuschalten. Dahinter stand nicht zuletzt die Erkenntnis, dass sich Strafverfahren – wie auch ein britischer Geheimdienstbericht treffend festhielt – oft als unbezahlte Werbung für die SRP erwiesen.[216] Dies galt natürlich insbesondere dann, wenn ein Verfahren auch noch vor Gericht scheiterte, wurde ein solches Scheitern von der rechtsextremen Partei doch stets propagandistisch weidlich ausgeschlachtet.[217] Im Einklang mit seiner nicht

---

[213] Kabinettsprotokolle 1951, S. 126 (30.01.1951); Unterlagen finden sich in BA, B 141, Nr. 11988, B 136, Nr. 167 und B 106, Nr. 15554 (Dossier zu *v. Bothmer*); der von *Adenauer* unterzeichnete Strafantrag gegen *v. Bothmer* wurde unter dem 19.02.1951 im Namen der Bundesregierung gestellt (BA, B 136, Nr. 167; BA, B 141, 11988) und später erweitert (Zusatz-Strafantrag Adenauers v. 10.04.1951, BA, B 141, Nr. 11988; B 136, Nr. 167). Er führte zur Verurteilung *v. Bothmers* – u.a. wegen übler Nachrede gem. § 186 StGB in Tateinheit mit Beleidigung gem. § 185 StGB – zu vier Monaten Gefängnis durch Urteil des LG Braunschweig v. 10.08.1951 (Az. 1 KMs 3/51, BA, B 141, Nr. 11988; BA, B 106, Nr. 15554). *Bothmers* Revision wurde vom BGH am 29.11.1951 als offensichtlich unbegründet verworfen (Az. 1 StR 742/51, BA, B 141, Nr. 11988; B 136, Nr. 167). In einem weiteren Strafverfahren wegen übler Nachrede und Beleidigung der Bundesregierung wurde *v. Bothmer* am 09.05.1952 vom LG Braunschweig freigesprochen (BA, B 136, Nr. 167; B 106, Nr. 15554). Auf eine Revision wurde verzichtet (BMdJ an Staatssekretär Bundeskanzleramt v. 13.07.1953, BA, B 136, Nr. 167). Bereits am 12.12.1950 hatte die Bundesregierung beschlossen, Strafantrag gegen *Remer* zu stellen.

[214] Note Dehlers v. 30.01.1951, BA, B 141, Nr. 11988.

[215] Vermerk Dehlers v. 13.02.1951, BA, B 141, Nr. 11988.

[216] Extract from Hannover Telegram No. 84, 05.07.1951, National Archives (UK), FO 1008/14, 5/3/97A/51: „This is the atmosphere in which the SRP leaders live and the free publicity it gives them far outweights the inconvenience of the occasional case they lose".

[217] Ganz deutlich werden solche Erwägungen *Dehlers* auch in dem Schreiben BMdJ an Staatssekretär Bundeskanzleramt v. 07.07.1951 (BA, B 141, Nr. 11988), in dem *Dehler* von der Aufrechterhaltung eines vom Bundeskanzler am 10.04.1951 unterzeichneten Strafantrags (BA, B 141, Nr. 11988) gegen *Remer* wegen Äußerungen am 21.03.1951 in Seesen abrät, da nicht mit einer Verurteilung zu rechnen sei. Das Bundeskabinett beschloss daraufhin die Rücknahme des Strafantrags, woraufhin *Adenauer* mit Schreiben v. 21.08.1951 den Strafantrag formell zurücknahm (BA, B 141, Nr. 11988).

unbedingt populären, aber letztlich taktisch klugen Haltung riet *Dehler* seinem Kollegen im Innenressort *Lehr* und dem Chef des Bundeskanzleramtes, Staatssekretär *Otto Lenz,* im März 1951 auch von einer Strafanzeige gegen den zweiten SRP-Bundestagsabgeordneten *Franz Richter* ab, der – wie oben geschildert – im Herbst 1950 von der DRP zur SRP übergelaufen war.[218] Nach Berichten des Verfassungsschutzes hatte *Richter,* der im Februar 1952 als der frühere NSDAP-Funktionär *Fritz Rößler* enttarnt werden sollte,[219] in einer Rede im Januar 1951 in Hameln die übliche SRP-Propaganda zu der Drohung zugespitzt, dass sich alle Deutschen, die an der Umsetzung der als rechtswidrig anzusehenden Gesetze der Militärregierung mitwirkten, eines Tages vor deutschen Gerichten zu verantworten hätten.[220] Justizminister *Dehler* ließ die Strafbarkeit dieser Ausführungen vom Leiter der Strafrechtsabteilung II des BMJ *Hans Eberhard Rotberg*[221] untersuchen, der wegen der völkerrechtlichen Implikationen der Angelegenheit mit dem früheren Mitarbeiter des Auswärtigen Amtes *Wilhelm von Grolman* einen Völkerrechtsexperten der öffentlich-rechtlichen Abteilung IV des BMJ hinzuzog.

Wilhelm von Grolman (1904–1962) wurde am 31. Januar 1902 als Sohn des Landgerichtspräsidenten *Hermann von Grolman* in Oranienburg geboren.[222] Nach Besuch der Humanistischen Gymnasien in Kiel und Stendal, wo er 1922 das Abitur ablegte, studierte er in Kiel, Leipzig und München Jura und Staatswissenschaften.[223] Am 23. Juli 1925 legte er sein juristisches Referendarexamen mit dem Prädikat „voll befriedigend" ab, wurde am 27. November 1927 zum Dr. iur. promoviert, bevor er nach Ableistung seines Referendariates in Kiel am 17. April 1929 sein Assessorexamen bestand. Nach mehreren Auslandsaufenthalten für Sprach- und Rechtsstudien war er ab 1930 als Gerichtsassessor in Berlin tätig und wurde dort zum 1. Januar 1934 zum Landgerichtsrat ernannt. Bereits zum 1. Mai 1933 war *von Grolman* der NSDAP beigetreten, ferner gehörte er dem Nationalsozialistischen Rechtswahrerbund (NSRB) und der Nationalsozialistischen Volkswohlfahrt (NSV) an.[224]

Ab Oktober 1934 als Hilfsarbeiter an das Reichs- und Preußische Justizministerium abgeordnet, wechselte er im November 1934 kommissarisch in den Auswärtigen Dienst des Auswärtigen Amtes, das ihn im Januar 1936 als Legationssekretär übernahm. Im August 1937 wurde er zum Vizekonsul am Deutschen Generalkonsulat in Danzig ernannt, von wo aus er im November 1939 nach Krakau und im April 1940, wenige Monate vor seiner Ernennung zum Gesandtschaftsrat II. Klasse, zur Deutschen Gesandtschaft in Stockholm

---

[218] Zu *Richters/Rößlers* Übertritt von der DRP oben S. 132 ff.

[219] Dazu unten S. 278 ff.

[220] Dehler an Lehr und Lenz v. 17.03.1951, BA, B 141, Nr. 210; vgl. auch *N. Frei,* Vergangenheitspolitik, 2. Aufl. 1997, S. 332 f. (Fn. 26).

[221] Zu *Rotberg,* der ab 01.07.1940 der NSDAP angehört hatte und am 07.04.1952 zum BGH-Richter ernannt wurde, wo er zunächst dem 4. Senat vorsaß, bevor er von 1963–1967 Vorsitzender des für Staatsschutz zuständigen 3. Strafsenats war: *M. Görtemaker/C. Safferling,* Die Akte Rosenburg, 2016, insbesondere S. 378.

[222] Eine ausführlichere Biographie *Wilhelm von Grolmans* bleibt einer späteren Veröffentlichung vorbehalten.

[223] BMJ PA von Grolman P11-G11, Bd. 1, Bl. 1: Lebenslauf.

[224] BMJ PA von Grolman P11-G11, Bd. 1: Personalbogen, S. 4.

wechselte, wo er kurz vor Kriegsende, im April 1945, noch zum Gesandtschaftsrat I. Klasse aufstieg. Nach dem Krieg war er ab April 1947 als Justitiar und Direktionsassistent bei den Rheinischen Nadelfabriken in Aachen tätig. Im Rahmen der Entnazifizierung wurde er vom Entnazifizierungsausschuss Aachen im Oktober 1949 als entlastet (Gruppe V) eingestuft.[225] Am 8. August 1950 folgte dann die Einstellung als beauftragter Oberregierungsrat im BMJ, wo er als Völkerrechtsexperte in der öffentlich-rechtlichen Abteilung IV am 1. September 1950 zum Oberregierungsrat und am 16. Juli 1951 zum Ministerialrat aufstieg.[226] Als Leiter der Referate 4 (Völkerrecht im Allgemeinen etc.) und 5 (Besatzungsstatut, Besatzungsrecht etc.)[227] der Abteilung IV wechselte *von Grolman,* der von Anfang an den Eintritt in ein neues Auswärtiges Amt angestrebt hatte, dann zum 1. Mai 1953 tatsächlich in das neu entstandene Auswärtige Amt. Dort stieg er im September 1955 zum Ministerialdirigenten auf, bevor er im September 1959 zum Generalkonsul in Istanbul ernannt wurde. *Wilhelm von Grolman* starb am 28. Mai 1962 in Darmstadt.

Rotberg und *von Grolman* wiesen in ihrer abteilungsübergreifenden Ausarbeitung darauf hin, dass *Richters* Äußerungen unter dem Gesichtspunkt des Nötigungsversuchs bzw. der Bedrohung strafrechtlich bedeutsam sein könnten. Allerdings lasse sich die Erfüllung der beiden Tatbestände, vor allem hinsichtlich der subjektiven Tatbestandsmerkmale, kaum beweisen, zumal die von *Richter* angeschnittene Frage der Rechtmäßigkeit der Regelungen der Besatzungsregierung „wenigstens hinsichtlich von Teilgebieten völkerrechtlich umstritten" sei.[228] Hier sei vorweggenommen, dass im Laufe der Zeit dann aber doch eine Reihe von Beleidigungsanzeigen gegen SRP-Politiker erhoben werden sollte, von denen nicht wenige auch zu Verurteilungen führten.[229]

d) Zwei CDU-Landtagsabgeordnete laufen zur SRP über

Im Vorfeld der im Mai 1951 anstehenden Niedersachsenwahlen konnte die SRP unterdessen große taktische Erfolge verbuchen: Nicht nur lief im März 1951 der Kreisverband Wolfenbüttel des BHE zu ihr über,[230] sondern es ge-

---

[225] BMJ PA von Grolman P11-G11, Bd. 1: Personalbogen, S. 4.

[226] BMJ PA von Grolman P11-G11, Bd. 1: Personalbogen, S. 2.

[227] Entwurf eines Geschäftsverteilungsplans für das BMJ, NL W. Strauß, IfZ ED 94, Bd. 151, Bl. 116 (121); Geschäftsverteilung des BMJ, 10.08.1950, NL W. Strauß, IfZ ED 94, Bd. 152, Bl. 3 (8); Geschäftsverteilungsplan des BMJ, 10.04.1951, NL W. Strauß, IfZ ED 94, Bd. 152, Bl. 12 (20 f.); Geschäftsverteilungsplan des BMJ, 01.04.1952, NL W. Strauß, IfZ ED 94, Bd. 152, Bl. 37 (43); Geschäftsverteilungsplan des BMJ, 01.02.1953, NL W. Strauß, IfZ ED 94, Bd. 152, Bl. 47 (54): nunmehr Referate IV/3, IV/4.

[228] Bemerkenswert ist, dass vermutlich *Dehler* die in der Vorlage enthaltene Formulierung „strafrechtlich stark umstritten" handschriftlich in „völkerrechtlich umstritten" abgeändert hat.

[229] Zu Verurteilungen von SRP-Politikern u.a. wegen Beleidigungsdelikten unten S. 297 ff.

[230] *H. W. Schmollinger,* SRP, in: Stöss, Parteien-Hdb. II, 1984, S. 2274 (2302); zudem konnte am 25. Februar 1951 der Verdener BHE-Kreisvorsitzende und Landesflüchtlingsrat

lang ihr vor allem, die niedersächsischen CDU-Landtagsabgeordneten *Wilhelm Druck* und *Gerhard Arndt* zum Übertritt zur SRP zu bewegen.[231] Dies ließ sich nicht nur trefflich propagandistisch auswerten, war es der rechtsextremen Partei doch damit gelungen, Parlamentarier einer auf Bundesebene regierungstragenden Partei zum Wechsel zu motivieren. Praktisch bedeutender war vielmehr, dass damit eine große Hürde für die Teilnahme an den Niedersachsenwahlen aus dem Weg geräumt war: Ähnlich wie in Schleswig-Holstein, NRW und Hessen benötigten Parteien, die noch nicht im Landtag vertreten waren, nach niedersächsischem Wahlrecht für jeden einzelnen Wahlvorschlag 100 Unterstützerunterschriften. Zudem mussten in allen Wahlkreisen Kandidaten aufgestellt werden, um von der Verrechnung der Stimmen über die Landesliste profitieren zu können.[232] Diese für kleinere Parteien nicht eben leicht zu nehmenden Hürden entfielen für die SRP mit den Übertritten der Landtagsabgeordneten *Druck* und *Arndt*.

Welche Bedeutung dem Wechsel beigemessen wurde, wird auch darin deutlich, dass nicht nur in CDU-Kreisen der Verdacht laut wurde, *Druck* und *Arndt* seien durch unlautere Mittel zum Wechsel bewegt worden. Die Welt berichtete am 11. März 1951 unter der Überschrift „Unter Wechsel-Druck die Partei gewechselt", SRP-Vorsitzender *Dorls* habe nach Informationen des nordrhein-westfälischen Innenministers auf einer Versammlung erklärt, mit gekauften Wechseln Druck auf die beiden Abgeordneten ausgeübt zu haben.[233] Am Tag zuvor hatte der niedersächsische Landtag in dieser Sache bereits einen Untersuchungsausschuss eingesetzt, der jedoch einen Monat später mitteilen musste, dass nicht nachzuweisen sei, dass sich der Übertritt „unter Annahme wirtschaftlicher Gegenleistungen" vollzogen habe.[234] Letztlich konnte sich die SRP so am 22. März 1951 für die Landtagswahl anmel-

---

Herbert Weiß zum Übertritt zur SRP bewegt werden, dazu: *H. Hansen,* Sozialistische Reichspartei, 2007, S. 158.

[231] *O. Büsch,* Geschichte, in: Büsch/Furth, Rechtsradikalismus, 1957, S. 1 (159); *Arndt* war bereits am 07.07.1950 aus der CDU ausgetreten und gab am 08.03.1951 im Landtag bekannt, nunmehr der SRP anzugehören. *Wilhelm Druck* trat am 01.03.1951 aus der CDU Niedersachsen sowie aus der niedersächsischen CDU-Fraktion aus und ließ am 10.03.1951 im Landtag mitteilen, dass er fortan der SRP angehöre. Eine von *Druck* „mit Kameradengruß" persönlich unterzeichnete, an *„Gen. a.D. O. E. Remer"* übersandte Abschrift seines Austrittsschreibens v. 01.03.1951, in dem er seine Beweggründe darlegt und darauf hinweist, dass die Grundzüge der ihm richtig erscheinenden politischen Zielsetzung von der SRP vertreten würden, findet sich in BA, B 104, Nr. 66, Bl. 21; Informationen zu den Biographien von *Arndt* und *Druck* in: Chief Political Officer, Land Commissioner's Office, Hannover, Sozialistische Reichspartei Landtag Personalities, 11.06.1951 (restricted), National Archives (UK), FO 1008/14, 5/3/80/51.

[232] § 13 Abs. 1 Nds. LandeswahlG a.F.

[233] „Unter Wechsel-Druck die Partei gewechselt", in: Die Welt v. 11.03.1951.

[234] *O. Büsch,* Geschichte, in: Büsch/Furth, Rechtsradikalismus, 1957, S. 1 (160).

den und mit kräftigem ideologischen Rückenwind in die heiße Phase des Wahlkampfs eintreten.[235]

e) Remer mobilisiert die Massen

Wie heiß der niedersächsische Wahlkampf tatsächlich werden würde, wurde deutlich, als sich Anfang April 1951 Berichte häuften, dass die SRP ihre demagogische Wahlkampfführung stetig weiter verschärfte.[236] Waren die Veranstaltungen der SRP – wie gesehen – von Anfang an von aufrührerischen Reden und Saalschlachten geprägt gewesen, erreichten die Auseinandersetzungen in Niedersachsen eine neue Dimension. Darin manifestierte sich einmal mehr, dass die SRP alle ihr zur Verfügung stehenden Kräfte mobilisierte, um in ihrem Stammland die einmalige Chance zum Durchbruch zu nutzen. So organisierten allein die Kreisverbände Stadt und Land Lüneburg im Landtagswahlkampf ca. 120 Veranstaltungen.[237] Oft konnten 1.000 bis 1.200 Besucher in den Sälen der SRP-Wahlkundgebungen gezählt werden, obwohl dort teilweise sogar eine Eintrittsgebühr erhoben wurde.[238] Prominente Redner wie insbesondere das Parteizugpferd *Remer,*[239] dessen Entnazifizierungsverfahren unterdessen immer noch nicht abgeschlossen war,[240] lockten mitun-

---

[235] Zwei SRP-Flugblätter aus dem Wahlkampf sind abgedruckt bei: *G. Roth,* Fraktion und Regierungsbildung, 1954, S. 154 ff.; zur generellen Wahlkampfstrategie der SRP, die nicht auf niedersächsische Themen fokussiert war, *G. Roth,* a.a.O., S. 73 ff.

[236] Vgl. etwa Fraktion der DP im Bundestag an Lehr v. 03.04.1951, BA, B 141, Nr. 207, und Fraktion der DP an die Herren Bundesminister v. 03.04.1951, BA, B 141, Nr. 207.

[237] *H. Buschke,* Die SRP im Raum Lüneburg, in: Weisbrod, Rechtsradikalismus, 1995, S. 87 (91).

[238] Siehe das Beispiel der SRP-Großveranstaltung am 04.05.1951 im Ausflugsort Dombrock (zwischen Stade und Cuxhaven), an der trotz eines Eintrittspreises von 50 Pfennig 800 Personen teilnahmen, während 400 vor der Tür des überfüllten Saales bleiben mussten, National Archives (UK), FO 1008/15.

[239] Eine vollständige *Remer*-Rede aus dem niedersächsischen Wahlkampf, gehalten am 04.05.1951 in Dombrock, mit den beiden inhaltlichen Schwerpunkten 20. Juli und deutsche Wiederbewaffnung findet sich – auch in englischer Übersetzung – in National Archives (UK), FO 1008/15.

[240] „Die Entnazifizierungskomödie gegen Remer", in: Die Nordwestdeutsche Rundschau v. 10.03.1951 (Nr. 59) berichtete, dass *Remers* Entlastung als „nicht betroffen" aus dem Juni 1949 durch den Entnazifizierungsausschuss Friesland in Jever vom Berufungsausschuss aufgehoben worden sei, u.a. da in der Verhandlung nicht einmal ein Protokoll geführt worden sei. Anschließend sei „die Angelegenheit zwischen Oldenburg und Hannover unzählige Male hin- und hergeschoben worden". Zuletzt sei der Fall vom Berufungsausschuss an den zuständigen Hauptausschuss der Ersten Instanz zurückverwiesen worden, der zu dem neuen Verfahren „rund 40 Zeugen aus dem Bundesgebiet und der Sowjetzone" geladen habe.

Abb. 13: Remer am 27.04.1951 im niedersächsischen Wahlkampf

ter sogar bis zu 2.500 Interessierte in die Säle.[241] *Dorls* brachte *Remers* unschätzbaren Wert für die SRP bereits im Jahr 1949 wie folgt auf den Punkt:

„Natürlich versteht Remer nichts von Politik […]. Wenn ich ein Plakat anschlage: Dr. Fritz Dorls spricht, dann kommt niemand. Schreibe ich aber: Generalmajor und Eichenlaubträger Otto Ernst Remer, der Verhinderer des 20. Juli, spricht, dann kommen alle. Aus Neugier, aus Hass, aus Zustimmung, aber sie kommen."[242]

Die Massenveranstaltungen der SRP mit *Remer* standen in markantem Kontrast zu den Kundgebungen der Niederdeutschen Union (NU), dem von CDU und DP für die Niedersachsenwahlen gebildeten Bündnis,[243] die mangels

---

[241] *Remer* behauptete später in seiner Stellungnahme zum Antrag der Bundesregierung auf Feststellung der Verfassungswidrigkeit [der SRP], 20.12.1951, BA, B 237, Nr. 215634 (Anlage Nr. 13), er habe „in den letzten 2 ½ Jahren annähernd 1000 mal in öffentlichen oder geschlossenen Veranstaltungen gesprochen, an manchen Tagen drei bis fünf mal."

[242] „Nichts als Pappendeckel", in: Spiegel 49/1949 v. 01.12.1949, S. 6 (7) (http://www.spiegel.de/spiegel/print/d-44439124.html); ähnlich auch in Akten des US-Militärgeheimdienstes CIC zu *Dorls* (U.S. Army, Investigative Records Repository, File D-255628).

[243] Dem Wahlbündnis hatte zunächst auch die FDP angehört, die dann aber am 07.01.1951 wieder ausgeschieden war, *H. W. Schmollinger,* DP, in: Stöss, Parteien-Hdb. I, 1983, S. 1025 (1032 f.); zu den Hintergründen der Bildung der NU auch: *ders.,* DP, in: Stöss, Parteien-Hdb. I, 1983, S. 1025 (1032 f.).

Besuchern nicht selten sogar abgesagt werden mussten.[244] Grund für den Erfolg der SRP-Veranstaltungen war neben der oben beschriebenen emotionsgeladenen Inszenierung und den zugkräftigen Rednern auch die geschickte Auswahl der Inhalte der Veranstaltungen, die oft Themen in den Mittelpunkt stellten, welche die Menschen vor Ort gerade besonders bewegten.[245]

Anfang April 1951 schreckte dann das Bundespresse- und Informationsamt mit einem Bericht auf,[246] der im Einzelnen dokumentierte, warum die Wahlkampfmethoden der SRP in Niedersachsen inzwischen einen Vergleich mit denjenigen der NSDAP rechtfertigten.[247] An Weimarer Schmähkritik erinnernde, persönlich herabsetzende Drohungen nach *Remers* Vorbild gegen Bonner „Erschöpfungspolitiker“ und „Lumpen“ waren nun auch in der zweiten Riege der SRP-Politiker salonfähig.[248] Dass die SRP dabei gerne auch Störer in Wahlkampfveranstaltungen demokratischer Parteien entsandte, bekam u.a. Bundestagspräsident *Hermann Ehlers* (CDU) zu spüren, als er bei einem Wahlkampfauftritt regelrecht niedergeschrien wurde.[249]

f) „Antwort auf Remer“ und Vorwurf von Ostkontakten

Der aggressive Wahlkampf der SRP und ein mögliches Vorgehen gegen die rechtsextreme Partei standen daher im April 1951 auch mehrfach auf der Tagesordnung des Bundeskabinetts.[250] In der Sitzung am 13. April 1951 beschloss das Kabinett, drei Broschüren in hoher Auflage zu veröffentlichen, um im niedersächsischen Wahlkampf gegen die SRP Stellung zu beziehen.[251] Die von *Raimund Neunteufel* verfasste, in 250.000 Exemplaren gedruckte 16-seitige Broschüre „Antwort auf Remer“ griff das Zugpferd der SRP frontal

---

[244] *H. Buschke,* Die SRP im Raum Lüneburg, in: Weisbrod, Rechtsradikalismus, 1995, S. 87 (91).

[245] Beispiele aus dem Lüneburger Raum bei: *H. Buschke,* Die SRP im Raum Lüneburg, in: Weisbrod, Rechtsradikalismus, 1995, S. 87 (91 ff.); siehe auch den recht ausführlichen Bericht über die Großveranstaltung am 04.05.1951 in Dombrock in National Archives (UK), FO 1008/15 sowie bei *H. Hansen,* Sozialistische Reichspartei, 2007, S. 152 ff.

[246] „Die Sozialistische Reichspartei und ihre Wahlkampfmethoden in Niedersachsen“ v. 06.04.1951, BA, B 136, Nr. 1747, Bl. 4 ff.

[247] Vgl. Kabinettsprotokolle 1951, S. 293 f. (10.04.1951).

[248] *N. Frei,* Vergangenheitspolitik, 2. Aufl. 1997, S. 333.

[249] HICOG Frankfurt to Department of State, Recent Activities of the „Sozialistische Reichspartei“ (SRP), HICOG Frankfurt Despatch 3272 (confidential), 10.05.1951, National Archives (UK), FO 1008/14, 5/3/56/51).

[250] Kabinettsprotokolle 1951, S. 293 f. (10.04.1951), S. 333 (24.04.1951). Dass die in der Sitzung am 24.04.1951 diskutierten „Maßnahmen gegen den Rechtsradikalismus“ die SRP betrafen, erschließt sich eindeutig aus *O. Lenz,* Tagebuch 1951–1953, 1989, S. 75. Dabei soll nach *Lenz'* Erinnerung zu diesem Zeitpunkt noch Einigkeit im Kabinett bestanden haben, dass man die Partei nicht verbieten könne, sondern nur deren Kundgebungen.

[251] Kabinettsprotokolle 1951, S. 309 (13.04.1951).

an:[252] So wurde *Remer* bereits im ersten Absatz unter der provozierenden Überschrift „Ein gewisser ‚General' Remer" pauschal vorgeworfen, darauf auszugehen, „alles [zu] wiederholen, was einst ein Adolf Hitler dem deutschen Volk angetan hat".[253] Im Mittelpunkt von *Neunteufels* Angriff stand dann aber bemerkenswerter Weise der Versuch, Ähnlichkeiten zwischen der Argumentation *Remers* und derjenigen des DDR-Ministerpräsidenten *Otto Grotewohl* (1894–1964) herauszuarbeiten.[254] *Neunteufel* ging geschickt vor, indem er die Leser jeweils raten ließ, von wem bestimmte Zitate stammten.[255] Schien auf den ersten Blick eine Autorenschaft *Grotewohls* nahezuliegen, entpuppten sich die Zitate dann aber als solche des früheren Wehrmachtsgenerals.[256] Letztlich sollte die SRP auf diese Weise in die Nähe des DDR-Regimes und des Kommunismus gerückt werden.[257] Reichten damals bereits Kontakte mit „der Zone" aus, um eine Partei und einzelne Politiker nachhaltig zu diskreditieren, waren entsprechende Vorwürfe für eine rechtsextreme Partei wie die SRP naturgemäß besonders heikel. In gewisser Hinsicht übernahm die Bundesregierung hier die Taktik der SRP, den politischen Gegner dadurch zu diskreditieren, dass man ihn in die Nähe ungeliebter oder sogar feindlicher Regime und Ideologien rückte. Solche Vorwürfe wurden in der Folge immer wieder aus den unterschiedlichsten Richtungen erhoben und gerne auch von der Presse wiederholt.[258] Für besonders großen Wirbel sorgte insofern der Vorsitzende des NRW-Landesverbandes *Heinrich Keseberg*, als er *Dorls* am 27. Mai 1951 in der Sitzung des SRP-Parteirates in Bückeburg

---

[252] Ein Exemplar findet sich in StAHB, 3-V.2.-2750 [8] Nr. 1.

[253] *R. Neunteufel,* Antwort auf Remer, 1951, S. 3.

[254] *R. Neunteufel,* Antwort auf Remer, 1951, S. 7 ff.; vgl. auch Kabinettsprotokolle 1951, S. 309 Fn. 78 (13.04.1951); *H. Hansen,* Sozialistische Reichspartei, 2007, S. 215 Fn. 1.

[255] *R. Neunteufel,* Antwort auf Remer, 1951, S. 7 f.

[256] *R. Neunteufel,* Antwort auf Remer, 1951, S. 8: „Sie raten auf Grotewohl? Gefehlt, alle diese Sätze prägte ‚General' Remer auf einer S.R.P.-Versammlung, die am 29. März 1951 in Oldendorf, Kreis Melle, stattgefunden hat."

[257] So war es auch kein Zufall, dass auch die Landesleitung Niedersachsen des antikommunistischen Volksbunds für Frieden und Freiheit e.V., der es sich insbesondere zur Aufgabe gemacht hatte, Verbindungen westdeutscher Politiker zur DDR und zur UdSSR aufzudecken, im niedersächsischen Wahlkampf eine achtseitige Broschüre mit dem Titel „Wo steht heute der alte Marschierer" veröffentlichte, die verschiedene SRP-Politiker wie *Dorls, Graf Westarp, Remer* und *Krüger* angriff und *Dorls* vorwarf, Kontakte zu *Oskar Gustmann* zu unterhalten, der Mitarbeiter einer kommunistischen Agentenzentrale in Hannover sei. Exemplare der Broschüre wurden später vom Bundesministerium für gesamtdeutsche Fragen als Propagandamaterial gegen die SRP an die Länder versandt. Ein Exemplar findet sich in HHStA, 654, 122.

[258] Vgl. etwa „SED als Geldgeber der SRP", in: SZ v. 17.10.1951, auch in StAHH, 331-1 II, 809; „Remer mißbraucht Offiziersehrenwort", in: FR v. 06.06.1951, auch in: National Archives (UK), FO 1008/14, 5/3/76/51; *S. Delmer,* „These Old Hate-Lessons are Worth a Packet of Stalin's Cash", Daily Express v. 11.07.1951.

vorwarf, Verbindungen mit dem Osten zu unterhalten.[259] Am Folgetag trat *Keseberg* öffentlichkeitswirksam aus der rechtsextremen Partei aus und gründete als Konkurrenz zu dieser seine „Deutsche Gruppe".[260] Zur Begründung berief er sich darauf, dass die SRP seit Längerem konspirative Verbindungen nach Ostdeutschland und in die Sowjetunion unterhalte und von dort finanziert werde.[261] *Remer* sah sich dadurch in der Versammlung am 3. Juni 1951, in der *Günther Demolsky* zu *Kesebergs* Nachfolger als Vorsitzender der NRW-SRP gewählt wurde,[262] genötigt, den verunsicherten Delegierten sein „Offiziersehrenwort" zu geben, dass solche Verbindungen nicht bestünden.[263]

Realer Hintergrund für solche Vorwürfe waren nicht zuletzt verschiedene Kontakte zwischen SRP und KPD, zu denen es vor allem im Zusammenhang mit dem gemeinsamen Kampf gegen Wiederbewaffnung und für Neutralität der Bundesrepublik gekommen war. Die so entstandenen Beziehungen zur KPD entzündeten umgehend den Verdacht, die SRP stehe auch mit den politischen Führungen der DDR und der UdSSR in Verbindung, zumal sich die zahlreichen SRP-Aktivitäten vor allem in Niedersachsen kaum aus den spär-

---

[259] The Split in the Sozialistische Reichspartei, NRW/CPO/PAS/3155/10 (confidential), National Archives (UK), FO 1008/14.

[260] Office of UK High Commissioner to Foreign Office, London, 14.06.1951 (confidential), National Archives (UK), FO 1008/14, 5/3/84/51; dies bedrohte vorübergehend sogar die Einheit der SRP, dazu etwa The Split in the Sozialistische Reichspartei, NRW/CPO/PAS/3155/10 (confidential), National Archives (UK), FO 1008/14; Extract from Weekly Political Report No. 70 from British Observer, Land Hesse, 20.06.1951, National Archives (UK), FO 1008/14, 5/3/90A/51.

[261] Dazu etwa „Remer mißbraucht Offiziersehrenwort", in: FR v. 06.06.1951, auch in: National Archives (UK), FO 1008/14, 5/3/76/51; die SRP verklagte *Keseberg* daraufhin auf Unterlassung solcher Äußerungen, Extract from Hannover Telegram No. 89, 19.07.1951 (secret), National Archives (UK), FO 1008/15, 5/3/102A/51; Details zu den Vorgängen v.a. in The Split in the Sozialistische Reichspartei, NRW/CPO/PAS/3155/10 (confidential), National Archives (UK), FO 1008/14; *O. Büsch,* Geschichte, in: Büsch/Furth, Rechtsradikalismus, 1957, S. 1 (62); *M. Lausberg,* Die extreme Rechte in NRW, 2012, S. 89; *H. Hansen,* Sozialistische Reichspartei, 2007, S. 284 f.

[262] *Kesebergs* Nachfolger *Günther Demolsky,* der später u.a. der DRP angehörte, für die er bei den Bundestagswahlen 1957 kandidierte, musste sich in den 1990er Jahren wegen Holocaust-Leugnung gerichtlich verantworten. Sein Sohn *Wolfgang Demolsky* ist heute Vizevorsitzender der Bochumer AfD und gilt mitunter als „Stratege und graue Eminenz" seiner Partei, vgl. „AfD von Petry-Mann Pretzell: ‚Mundtot machen' mit ‚ausreichend Munition'" (http://www.stern.de/investigativ/afd--wie-die-gegner-von-petry-ehemann-marcus-pretzell--mundtot--gemacht-werden-sollen-7300870.html).

[263] Extracts from Dusseldorf Tel. No. 29 Saving to Wahnerheide, 06.06.1951, National Archives (UK), FO 1008/14, 5/3/77A/51; dies veranlasste wiederum die Frankfurter Rundschau zur Schlagzeile: „Remer mißbraucht Offiziersehrenwort", in: FR v. 06.06.1951, auch in: National Archives (UK), FO 1008/14, 5/3/76/51.

lichen Mitgliedsbeiträgen finanzieren ließen.[264] Nicht nur die Bundesregierung und insbesondere der Bundesinnenminister, der persönlich von Ostkontakten der SRP überzeugt war und sie vorübergehend sogar als zentralen Faktor im Rahmen des späteren SRP-Parteiverbotsverfahrens vor dem BVerfG ansah,[265] sondern auch die britischen und US-amerikanischen Geheimdienste[266] bemühten sich daher bis zum Verbot der rechtsextremen Partei im Herbst 1952 geradezu manisch darum, endlich Beweise dafür zu finden.[267] Die Verbissenheit, mit der hier vorgegangen wurde, beruhte auch darauf, dass insbesondere alliierte Kreise eine zentrale Gefahr der SRP darin sahen, dass diese mit ihrer Agitation gegen Wiederbewaffnung und Westintegration letztlich den viel ernster zu nehmenden Kommunisten unter Führung der Sowjets den Weg in der Bundesrepublik bereiten könnte.[268] Nach und nach tauchten so tatsächlich verschiedene Dokumente und zahlreiche Zeugenaussagen auf, die Ostkontakte von SRP-Politikern zu belegen schienen,[269] sich aber letztlich

---

[264] *H. Amos,* Die Westpolitik der SED, 1999, S. 83 ff.; *H. Hansen,* Sozialistische Reichspartei, 2007, S. 215 f.; vgl. auch „Remer mißbraucht Offiziersehrenwort", in: FR v. 06.06.1951, auch in: National Archives (UK), FO 1008/14, 5/3/76/51.

[265] So *Lehr* in einem Gespräch mit der Historikerin *Eva G. Reichmann,* Germany's New Nazis, August 1951, S. 7, National Archives (UK), FO 1008/15.

[266] National Archives (UK), FO 1008/15 etwa ist gespickt mit Material zu möglichen Ostverbindungen der SRP, exemplarisch sei verwiesen auf Chief Political Officer, Land Commissioner's Office, Hamburg, to Director of Security, HQ Intelligence Division, Herford, 29.09.1951 (secret), National Archives (UK), FO 1008/15, wonach die SRP-Zeitung „Deutsche Opposition" möglicherweise mittelbar durch Mittel aus der Sowjetunion finanziert worden sei; auch betrifft die Informationsanfrage des Office of the US High Commissioner for Germany, Office of Intelligence an britische Geheimdienstkreise, 08.09.1951, National Archives (UK), FO 1008/15, 5/3/136/51 nicht zuletzt „Contacts between SRP leaders and Soviet Zone individuals".

[267] Zu den tatsächlichen und vermeintlichen Ostkontakten der SRP auch *H. Hansen,* Sozialistische Reichspartei, 2007, S. 215 ff.

[268] Bezeichnend hierfür ist, dass *Sefton Delmer* in seiner dreiteiligen sensationsheischenden Artikelserie über den Aufstieg *Remers* und der SRP, „Is a new Hitler Rising?", Daily Mail v. 09.07.1951, „I Heard Remer Echo that Nazi Style", Daily Express v. 10.07.1951, „These Old Hate-Lessons are Worth a Packet of Stalin's Cash", Daily Express v. 11.07.1951, im abschließenden Artikel die wahre Bedrohung („real menace") weniger im Wiederaufstieg des Nazismus als in der Verwirrung sah, welche die SRP stifte und von der letztlich die Sowjets profitierten.

[269] Siehe etwa die Aussage von *Horst Zeidelhack* in Chief Political Officer, Land Commissioner's Office, Hannover, to Directorate of Security, HQ Intelligence Division, Herford, 28.09.1951 (secret), National Archives (UK), FO 1008/15; siehe auch den Bericht aus britischen Geheimdienstkreisen über einen Artikel in „Borba", der Parteizeitung der jugoslawischen kommunistischen Partei, der ein Geheimabkommen zwischen *Remer* und sowjetischen Agenten, das am 31.12.1950 geschlossen worden sein soll, zum Gegenstand hat, Foreign Office to Winch, 04.07.1951 (secret), National Archives (UK), FO 1008/14, 5/3/98A/51; „Remer mißbraucht Offiziersehrenwort", in: FR v. 06.06.1951, auch in: National Archives (UK), FO 1008/14, 5/3/76/51; der Bund der Verfolgten des Naziregimes

alle als Fälschungen oder zumindest als nicht belastbar erwiesen. Insgesamt sollte es daher nicht gelingen, die viel diskutierten Ostkontakte der SRP hieb- und stichfest nachzuweisen.[270]

Tatsächlich ist es mindestens punktuell zu solchen Kontakten gekommen, die indes aus verschiedenen Gründen auch nicht ganz fernliegend waren:[271] So verfügte etwa *Otto Ernst Remer* über ein riesiges Netzwerk aus Wehrmachtszeiten, das ihm Kontakte zu früheren Wehrmachtsangehörigen eröffnete, die nunmehr in der DDR höhere Positionen z.B. in der Volkspolizei einnahmen. Kam dann noch Interessenkongruenz hinzu, wie namentlich in Sachen deutsche Einheit und Wiederbewaffnung, die von Seiten der SRP durchgängig als „Söldnerdienst für die USA" gebrandmarkt wurde, hatten potentiell beide Seiten Interesse an einer Zusammenarbeit.[272] Gleichzeitig war es *Remer* und den anderen SRP-Führungskräften allerdings schon aufgrund der immer wieder erhobenen Vorwürfe und des Interesses zahlreicher Geheimdienste an solchen Kontakten bewusst, dass sie hier mit dem Feuer spielten. Beispielhaft zeigen etwa US-Geheimdienstakten, dass *Remer* die von einem seiner ehemaligen Adjudanten vermittelten Kontaktaufnahmeversuche aus der DDR im Sommer 1950 nach einiger Zeit brüsk mit dem Hinweis abbrach, er sei nunmehr ernsthafter Politiker.[273] Dabei dürfte allerdings auch eine Rolle gespielt haben, dass *Remer* klar geworden war, dass sein ehemaliger Adjudant längst für verschiedene Geheimdienste arbeitete.

Auch sonst kam es immer wieder zu punktuellen Ostkontakten: Der spätere SRP-Vorsitzende *Dorls* etwa soll nach ostdeutschen Geheimdienstakten bereits im Sommer 1949 versucht haben, über den niedersächsischen KPD-Vorsitzenden Kontakte in die Sowjetzone aufzubauen.[274] Im April 1951 sprach ein Vertreter des „Kreises" um die bekannten früheren Wehrmachtsangehörigen „Remer, Guderian, Rudel und Galland"[275] beim Nationalrat in Ost-Berlin vor und versuchte eine Zusammenarbeit im Niedersachsenwahlkampf zu initiieren.[276] Die SED hatte sich ihrerseits spätestens seit 1950 um

---

berichtet in einem Dossier aus dem Mai 1951 zur KPD unter der Überschrift „Rechts- und Linksradikalisten Hand in Hand" über ein Treffen des Beauftragten der SED *Fritz Lange* mit dem Lübecker SRP-Vorsitzenden *Dr. Petzold,* National Archives (UK), FO 1008/14. *Lange* habe anschließend in Hannover auch *Dorls* getroffen.

[270] Zweifelnd etwa bereits: HICOG Frankfurt to Department of State, Recent Activities of the „Sozialistische Reichspartei" (SRP), HICOG Frankfurt Despatch 3272 (confidential), 10.05.1951, National Archives (UK), FO 1008/14, 5/3/56/51; *H. Hansen,* Sozialistische Reichspartei, 2007, S. 217 ff.

[271] *H. Amos,* Die Westpolitik der SED, 1999, S. 83 ff.

[272] *H. Amos,* Die Westpolitik der SED, 1999, S. 83 f.

[273] Chief of Station, Karlsruhe to Chief, Foreign Division, 06.09.1950, Subject: „Stein" (secret), National Archives (USA), 590/263, Id: 26253872.

[274] *H. Amos,* Die Westpolitik der SED, 1999, S. 84.

[275] Näher zu *Rudel* unten S. 391 ff.

[276] *H. Amos,* Die Westpolitik der SED, 1999, S. 85.

Kontakte mit Führungsfiguren aus Wehrmacht, Waffen-SS und HJ bemüht, und *Otto Grotewohl* etwa im Dezember 1950 persönlich „frühere Führer der HJ, Offiziere und Soldaten" in Ost-Berlin empfangen.[277] Erst im Sommer/ Herbst 1951 ging die SED-Führung zu früheren Wehrmachts- und NS-Größen auf Distanz, wohl auch, da sich allmählich zeigte, dass solche Kontakte der eigenen Politik mehr schadeten als nutzten.[278] Insgesamt kam es daher vor dem Hintergrund persönlicher Verbindungen und partieller Interessenübereinstimmung zu verschiedenen Kontakten der SRP-Führung in den Osten, ohne dass allerdings nachhaltige Verbindungen zur DDR oder UdSSR etabliert worden wären.[279] Unbestreitbare Realität war allerdings, dass die durch immer neue Zeitungsmeldungen befeuerten Gerüchte über Ostkontakte die Anhänger der SRP zunehmend verunsicherten.[280] Insoweit zahlten sie sich daher auch für die Bundesregierung aus.

g) Lehr fordert ein Verbot der SRP, notfalls als Vereinsverbot

Mitte April 1951 wurde die Bedrohung der jungen Bundesrepublik durch die SRP in der Bundesregierung bereits für derart ernst erachtet, dass *Adenauers* Staatssekretär *Otto Lenz* Geheimdienstchef *Otto John* beauftragte, das Personal der Bundesministerien systematisch auf eine Unterwanderung durch die SRP überprüfen zu lassen.[281] Gleichzeitig hielt es das Bundeskanzleramt für „dringend erforderlich", endlich gegen die SRP vorzugehen.[282] Wie sehr deren Agitation im niedersächsischen Wahlkampf aber vor allem den Bundesinnenminister beunruhigte, wurde offenbar, als dieser am 26. April 1951 seine Bundestagsrede im Rahmen der Interpellation anlässlich der maßgeblich von der KPD initiierten Volksbefragungsaktion gegen die Wiederbewaffnung dazu nutzte, auch zur SRP überaus kritisch Stellung zu beziehen. Dabei verglich *Lehr* die SRP mit der NSDAP, stellte aber auch einmal mehr Verbindungen zwischen SRP und KPD her:[283]

---

[277] *H. Amos,* Die Westpolitik der SED, 1999, S. 84.

[278] *H. Amos,* Die Westpolitik der SED, 1999, S. 86.

[279] *H. Hansen,* Sozialistische Reichspartei, 2007, S. 220, 298.

[280] Office of the US High Commissioner for Germany, Office of the Land Commissioner for Wuerttemberg-Baden, Intelligence Division, Intelligence Report No. 80 – Activities of the SRP in Southwest Germany, 24.07.1951 (confidential), S. 5, National Archives (UK), FO 1008/15: „Another factor producing tension within the SRP is the question of whether or not the SRP entertains relations with the SED. A substantial section of the SRP members seem to harbor doubts that such a connection exists".

[281] *O. Lenz,* Tagebuch 1951–1953, 1989, S. 69 (zum 13.04.1951).

[282] Staatssekretär Lenz an Bundesminister Hellwege und Dehler sowie Abgeordneten Mühlenfeld v. 17.04.1951, BA, B 136, Nr. 1746; *U. Wengst,* Thomas Dehler, 1997, S. 166.

[283] Stenographische Berichte, Bundestag, 1. Wahlperiode, 139. Sitz. v. 26.04.1950 (http://dip21.bundestag.de/dip21/btp/01/01139.pdf), S. 5488 (C) f.; darauf reagierte der SRP-Bundestagsabgeordnete *Franz Richter* am Folgetag mit einem längeren Brief an *Lehr,*

„[...] Die Bundesregierung läßt auch gegen die rechtsradikalen Organisationen

(Abg. Renner: Aha!)

schärfste Aufmerksamkeit walten.

(Zurufe von der KPD.)

Das sind Ihre engsten Freunde, das wissen wir.

(Lebhafter Beifall bei den Regierungsparteien. – Erneute Zurufe von der KPD.)

In letzter Zeit macht sich die SRP fast unverhüllt die Wiederbelebung nationalsozialistischer Ideen und Formeln zur Aufgabe.

(Zurufe von der KPD.)

Was diese Hetzer des Neofaschismus sich zur Zeit im Wahlkampf Niedersachsens an Herabsetzung der demokratischen Staatsformen und an Herausforderung der staatstreuen Bevölkerung leisten, übersteigt das Maß des Erträglichen.

(Lebhafter Beifall bei den Regierungsparteien und bei der SPD.)

Die Mehrheit des deutschen Volkes hat noch nicht vergessen, welch unabsehbares Unheil die Nazidiktatur über unser Volk und die Völker Europas gebracht hat.

(Abg. Dr. Wuermeling: Sehr gut!)

Hier bahnt sich eine Entwicklung an, die in auffallender Übereinstimmung der politischen Zielsetzung mit dem Linksradikalismus

(Abg. Dr. Wuermeling: Sehr gut!)

ebenfalls geeignet ist, unsere demokratische Staatsform zu gefährden.

(Zuruf von der KPD: Dasselbe haben wir vor 1933 auch gehört!)“

Lehr fuhr in seiner Rede fort, indem er die verfassungsrechtlichen Möglichkeiten, die für ein Vorgehen gegen die SRP zur Verfügung standen, ins Spiel brachte. Dabei machte er nicht nur deutlich, dass sobald wie möglich ein Parteiverbotsverfahren nach Art. 21 Abs. 2 GG gegen die SRP eingeleitet werden sollte. Vielmehr ging er einen entscheidenden Schritt weiter, indem er darauf hinwies, dass auch vereinsrechtliche Verbote gem. Art. 9 Abs. 2 GG durch die Länder in Erwägung zu ziehen seien, solange das für ein Parteiverbotsverfahren erforderliche BVerfG noch nicht zur Verfügung stehe:

„Auch hier gibt der Art. 9 Abs. 2 des Grundgesetzes die Möglichkeit, wirksam vorzugehen.

---

in dem er diesen u.a. mit Gerichtsverfahren bedrohte. Dort könne *Lehr* sicher seine Vorwürfe „wir seien ‚Staatsfeinde, Hetzer des Neofaschismus, engste Freunde der Kommunisten, und die SRP gehe unverhüllt dieselben staatszersetzenden Wege wie einst die NSDAP‘“ durch „spezifizierte Unterlagen“ belegen; Richter an BMdI v. 27.04.1951, BA, B 104, Nr. 5, Bl. 1 ff.

(Zuruf von der KPD: Harzburger Front! –
Gegenruf des Abg. Mayer [Stuttgart]: Dummkopf!)

Es ist sehr bedauerlich, meine Damen und Herren, daß wir in diesem Augenblick praktisch noch nicht in der Lage sind, das Bundesverfassungsgericht anzurufen und damit von Art. 21 unseres Grundgesetzes Gebrauch zu machen.

(Abg. Dr. von Brentano: Sehr richtig!)

Die Bundesregierung wird alles tun, um die Ingangsetzung des Bundesverfassungsgerichts zu beschleunigen, und wird unverzüglich, sobald der erste Senat zur Verfügung steht, dort die entsprechenden Anträge aus Art. 21 des Grundgesetzes stellen.

(Sehr gut! in der Mitte. – Abg. Mayer [Stuttgart]: Hoffentlich bald! –
Abg. Renner: Die unabhängigen Gerichte!)

Aber auch solange das Bundesverfassungsgericht noch nicht existiert, sind die übrigen Schutzbestimmungen der Verfassung und des Gesetzes über den Verfassungsschutz in Wirksamkeit; und auch hier würde die Bundesregierung sich einer unverzeihlichen Unterlassung schuldig machen, wenn sie nicht alle ihr zu Gebote stehenden Mittel ergriffe, um diesen Ausschreitungen des Rechtsradikalismus wirksam zu begegnen.

(Sehr gut! in der Mitte.)

Die Bundesregierung wird deshalb die Landesregierungen auf die Entwicklung der Lage im rechtsradikalen Lager und auf die gesetzlichen Handhaben, dagegen vorzugehen, hinweisen. Sie erwartet von den Landesregierungen, daß sie auch gegen diese rechtsradikalen Organisationen mit den schärfsten Mitteln vorgehen.

(Abg. Rische: Das ist aber sehr schwach!)

– Jetzt kommt es etwas stärker! – Sollte ein Land nicht in der Lage sein, durch seine Polizeikräfte

(Abg. Renner: Aha, jetzt kommt's!)

mit den Staatsfeinden fertigzuwerden, ist die Bundesregierung entschlossen, einen Antrag auf Einschreiten nach Art. 91 des Grundgesetzes entgegenzunehmen und die erforderlichen Folgerungen daraus zu ziehen.

(Lebhafter Beifall bei den Regierungsparteien. – Abg. Renner:
Da spricht der Stahl-Trust! Das war alles schon einmal da!)

– Hören Sie noch den letzten Absatz! – Angesichts der Tatsache, daß die SRP, und zwar unverhüllt, dieselben staatszersetzenden Wege geht wie einst zu unserem nationalen Unheil die NSDAP, behalte ich mir nach Prüfung weiterer Tatbestände vor, die Länder anzuweisen, bereits nach Art. 9 des Grundgesetzes vorzugehen und auch die SRP aufzulösen.

(Lebhafter Beifall bei den Regierungsparteien und bei der SPD.)“

Nach seiner flammenden Bundestagsrede trat *Lehr* vor die Presse, wo er seine Absicht bestätigte, notfalls mittels eines Vereinsverbotes nach Art. 9 GG, der sich „in letzter Konsequenz auch auf zugelassene politische Parteien beziehen könne“, gegen die SRP vorzugehen.[284] Da Niedersachsen als einziges Land noch kein Abkommen mit der Bundesregierung über die Polizei getroffen habe, werde er ggf. aufgrund von Art. 91 Abs. 2 GG „auf die ihm dann unterstellten Polizeikräfte der Länder zurückgreifen, und Hundertschaften aufbieten“.[285] Der SRP musste nach dieser Drohung noch während des niedersächsischen Landtagswahlkampfs jedenfalls klar sein, dass nach Einrichtung des BVerfG mit einem Parteiverbotsverfahren zu rechnen war und dass *Lehr* zuvor möglicherweise bereits vereinsrechtliche Verbote gem. Art. 9 Abs. 2 GG initiieren würde.

Nach seiner Pressekonferenz begab sich der offensichtlich zu allem entschlossene Bundesinnenminister unter großer Anteilnahme der Presse für drei Tage nach Niedersachsen, um sich persönlich vor Ort ein Bild vom Auftreten der SRP zu machen.[286] Die Welt, die ähnlich wie die FAZ und andere Tageszeitungen auf der Titelseite über *Lehrs* Aufbruch berichtete und diesen geradezu zum Wendepunkt im Umgang der Regierung mit Extremisten stilisierte, zitierte den Innenminister auch mit den resoluten Worten:

> „Wenn das Land Niedersachsen nichts unternimmt dann handle ich.“[287]

Was *Lehr,* der sich mit diesem markigen Ausspruch, seiner Bundestagsrede und seinen weiteren Verlautbarungen in der Pressekonferenz allerdings auch selbst in Zugzwang gebracht hatte, in Niedersachsen erwarten sollte, konnten die Leser der Welt unterdessen einer ausführlichen Reportage über eine SRP-Wahlkampfveranstaltung in Lüneburg entnehmen. Über tausend Besucher waren in die SRP-Hochburg gekommen, um *Fritz Dorls* und den früheren Lüneburger NS-Regierungspräsidenten *Kurt Matthaei* (1886–1974) sprechen zu hören.[288] Welt-Sonderkorrespondent *Ernst Riggert,* der u.a. im KZ Neuengamme inhaftiert gewesen war, erkannte erschreckende Parallelen zum Auftreten der NSDAP vor der Machtergreifung:[289]

---

[284] „Lehr reist nach Niedersachsen – Ist ein Einschreiten gegen die Sozialistische Reichspartei notwendig?“, in: FAZ v. 27.04.1951, S. 1.

[285] „Lehr reist nach Niedersachsen – Ist ein Einschreiten gegen die Sozialistische Reichspartei notwendig?“, in: FAZ v. 27.04.1951, S. 1.

[286] Der Bremische Wirtschaftssenator *Wolters* hatte einige Tage zuvor Ähnliches getan und dem Bremischen Senat am 24.04.1951 berichtet, dass das Auftreten der SRP im niedersächsischen Wahlkampf „derart sei, daß es auf die Dauer nicht so hingenommen werden könne und Maßnahmen dagegen ergriffen werden müßten“, Auszug aus dem Senats-Protokoll Bremen v. 24.04.1951, S. 515, StAHB, 3-V.2.-2750 [8] Nr. 1.

[287] „Lehr mit Vollmacht nach Niedersachsen – Rechts-radikale unter der Lupe“, in: Die Welt v. 27.04.1951, S. 1, auch in: BA, B 104, Nr. 348, Bl. 41.

[288] *E. Riggert,* „Das letzte Aufgebot“, in: Die Welt v. 26.04.1951, S. 9 spricht fälschlich vom früheren Lüneburger Regierungspräsidenten „Mathäi“.

[289] *E. Riggert,* „Das letzte Aufgebot“, in: Die Welt v. 26.04.1951, S. 9; die Süddeutsche Zeitung entsandte später ihren Sonderkorrespondenten *Hans Ulrich Kempski* nach Niedersachsen, der unmittelbar vor der Wahl, in der Wochenendausgabe v. 5./6. Mai 1951, be-

„Es war das Klima der nationalsozialistischen Versammlungen um die Jahreswende 1931/32. Vor der Tür der rote Lautsprecherwagen mit dem Parteiabzeichen. Am Eingang Ordner mit roten Armbinden, schwarzen Hosen und langen Schaftstiefeln. Im Saal Gedränge, Tabakrauch in dichten Schwaden, Marschmusik aus Lautsprechern. Unter den Anwesenden viele jüngere Leute, schätzungsweise überwiegend Flüchtlinge, wenige bloß Neugierige. Alle vereint, in einer Stimmung gereizten Protestes, wartend, daß es ‚denen' in Bonn wieder einmal richtig ‚gegeben' werde. Ob im Landkreis H. Matthias Kruchem, Autor des nicht publizierten, doch annoncierten Buches ‚Ich spreche Hitler frei', oder ‚Kamerad' Heller oder ein anderer für die SRP das Wort führt, es ist dieselbe Atmosphäre, dieselbe grundsätzliche Gegnerschaft, derselbe fanatisierte Typ Zuhörer, Goebbels hat viele Nachfolger."

Nach Bonn zurückgekehrt, veranlassten seine Beobachtungen in Niedersachsen den Bundesinnenminister am 1. Mai 1951 zu einer dramatisch formulierten „streng persönlichen" Mitteilung an Kanzler *Adenauer.* Kernbotschaft war, dass die rechtsextreme Partei mit allen Mitteln bestrebt sei, „das Ansehen des Staates zu untergraben und eine neue nationalsozialistische Bewegung aufzuziehen".[290] Die SRP arbeite mit denselben Methoden „wie einst die NSDAP" und scheue bereits im jetzigen Zustand nicht vor Terror zurück. *Lehr* hielt es daher für unumgänglich, die SRP umgehend zu verbieten.

2. Intermezzo zur Entstehung des Bundesverfassungsgerichtsgesetzes

Wie allgemein bekannt und von *Lehr* ja auch im Bundestag noch einmal angesprochen worden war, war ein baldiges Verbot der SRP nach Art. 21 Abs. 2 GG allerdings fraglich, da das danach für Parteiverbote zuständige BVerfG immer noch nicht eingerichtet war. Immerhin war es im März 1951 endlich gelungen, das Bundesverfassungsgerichtsgesetz (BVerfGG)[291] zu verabschieden:

Die Entscheidung, ein selbständiges BVerfG zu errichten, war im Grundsatz bereits im Jahr 1948 in den Verfassungsberatungen des Parlamentarischen Rates auf Vorschlag des Herrenchiemseer Verfassungskonvents getroffen worden. Nach Inkrafttreten des Grundgesetzes am 23. Mai 1949 hatte dann im Juli 1949 – und damit bevor irgendein Verfassungsorgan der Bundesrepublik konstituiert war – der juristische Ausschuss der Ministerpräsidenten der westlichen Besatzungszonen in einer Reihe von Empfehlungen zu vordringlichen Gesetzgebungsvorhaben auch den „Entwurf eines Gesetzes über das vorläufige Bundesverfassungsgericht" vorgelegt.[292] Da sich damals

---

klommen von SRP-Wahlveranstaltungen berichtete, in denen von „einem Kampf für ein deutsches Reich, wie wir es […] bis 1945 erlebt haben", die Rede gewesen sei, vgl. *K. v. Harbou,* Als Deutschland seine Seele retten wollte, 2015, S. 265.

[290] Lehr an Adenauer v. 01.05.1951 (streng persönlich), BA, B 136, Nr. 1746.

[291] BGBl. I S. 243.

[292] *W. Geiger,* BVerfGG-Kommentar, 1952, S. XIX; *H. Laufer,* Verfassungsgerichtsbarkeit, 1968, S. 95; *R. Schiffers,* „Ein mächtiger Pfeiler", in: VfZ 32 (1984), 66 (75).

bereits abzeichnete, dass die Einrichtung des endgültigen BVerfG längere Zeit in Anspruch nehmen würde, sich die junge Bundesrepublik aber gleichzeitig grundlegenden verfassungsrechtlichen Herausforderungen ausgesetzt sah, kamen die Ministerpräsidenten überein, zunächst ein vorläufiges BVerfG einzurichten. Auch Bundesjustizminister *Dehler* zog nach seiner Ernennung im September 1949 zunächst ein vorläufiges Gesetz und Gericht in Erwägung, um für das BVerfGG Zeit zu gewinnen. Umgehend nach Errichtung des BMJ ließ er im Oktober 1949 seinen persönlichen Referenten *Willi Geiger* mit der Arbeit an einem Referentenentwurf beginnen, der bereits nach wenigen Wochen den anderen Ministerien zur Erörterung vorgelegt werden konnte.[293] Die dort enthaltene Regelung, nach welcher das BVerfG zum Geschäftsbereich des BMJ gehören sollte,[294] stieß im Kabinett allerdings auf Bedenken,[295] die später auch den Statusstreit zwischen BVerfG und BMJ prägen sollten.[296]

Als dann jedoch bekannt wurde, dass die bei der Regierungsbildung ausgebootete SPD-Fraktion an einem eigenen Gesetzentwurf arbeitete, den sie schließlich bereits am 14. Dezember 1949 in den Bundestag einbrachte und über den schon am 19. Januar 1950 in erster Lesung im Bundestag beraten wurde,[297] forcierte der Bundesjustizminister die Arbeiten am BVerfGG.[298] *Dehler* wollte die entscheidenden Weichenstellungen dieses für die künftige Verfassungsordnung der Republik zentralen Vorhabens, dessen Federführung zudem gleichsam als Juwel in der Krone der Kompetenzen des BMJ bei seinem Ministerium lag, keinesfalls der Opposition überlassen.[299] Zwar konnte der Justizminister seinen im Rahmen der ersten Lesung des SPD-Entwurfs vollmundig formulierten, unrealistischen Wunsch, „daß das Bundesverfassungsgericht am 1. April [1950] steht“, nicht annähernd einhalten.[300] Immerhin gelang es der Bundesregierung aber am 24. Februar 1950, dem Bundesrat einen eigenen Entwurf eines BVerfGG zuzuleiten.[301] Vier Tage später folgte ein korrigierter zweiter Entwurf, den die Bundesregierung schließlich samt

---

[293] Der von *Willi Geiger* verfasste Referentenentwurf (Stand: 06.12.1949) ist abgedruckt in: Grundlegung der Verfassungsgerichtsbarkeit, 1984, S. 3 ff.

[294] § 1 Abs. 2 Referentenentwurf-Geiger BVerfGG v. 06.12.1949.

[295] *R. Schiffers,* in: Grundlegung der Verfassungsgerichtsbarkeit, 1984, S. 3 Fn. 3.

[296] Zum Statusstreit unten S. 312 ff.

[297] Entwurf eines Gesetzes über das Bundesverfassungsgericht v. 14.12.1949, BT-Drs., 1. Wahlperiode, Nr. 328, auch abgedruckt in Grundlegung der Verfassungsgerichtsbarkeit, 1984, S. 21 ff.

[298] *W. Geiger,* BVerfGG-Kommentar, 1952, S. XX.

[299] *H. Laufer,* Verfassungsgerichtsbarkeit, 1968, S. 97 f., 100 f.

[300] Stenographische Berichte, Bundestag, 1. Wahlperiode, 28. Sitz. v. 19.01.1950 (http://dip21.bundestag.de/dip21/btp/01/01028.pdf), S. 859 (864 (A)).

[301] Gesetzentwürfe der Bundesregierung sind gem. Art. 76 Abs. 2 GG zunächst dem Bundesrat zuzuleiten, bevor sie in den Bundestag eingebracht werden.

den Stellungnahmen des Bundesrates am 28. März 1950 beim Bundestag einreichen konnte.[302]

Die substantiellen Beratungen über das BVerfGG, denen sowohl der SPD-Entwurf als auch der Regierungsentwurf samt Stellungnahme des Bundesrates zugrunde lagen, nahmen vom 15. März 1950 bis 17. Januar 1951 32 teils ganztägige Sitzungen im Rechtsausschuss des Bundestages sowie in einem angesichts der Bedeutung des Gesetzes eigens eingesetzten Unterausschuss in Anspruch.[303] Inhaltlich sollte sich das Paragraph für Paragraph ausgehandelte BVerfGG als Kompromiss des vom hessischen Bundestagsabgeordneten und SPD-Verfassungsexperten *Adolf Arndt* (1904–1974)[304] geprägten SPD-Entwurfs einerseits und des von *Willi Geiger* erstellten Regierungsentwurfs andererseits darstellen.[305] Die mühsame Kompromissfindung machte sich indes insoweit bezahlt, als das fertiggestellte BVerfGG am 1. Februar 1951 im Bundestag, wenn man von der KPD-Fraktion absieht, fast einstimmig beschlossen wurde.[306] Nachdem der Bundesrat am 9. Februar 1951 entgegen dem Antrag Rheinland-Pfalz' und Bayerns nicht den Vermittlungsausschuss angerufen hatte, konnte das so wichtige Gesetz dann am 12. März 1951 von Bundespräsident *Heuss* ausgefertigt werden.[307]

War mit dem Inkrafttreten des BVerfGG im Frühjahr 1951 die wichtigste Hürde für die Errichtung des BVerfG genommen worden, mussten nun noch zwei zentrale Voraussetzungen erfüllt werden, damit das BVerfG endlich seine Arbeit aufnehmen konnte: Die umstrittene Festlegung des Gerichtssitzes einerseits und die schwierige Richterwahl andererseits. In der Sitzfrage konnte sich Bundesjustizminister *Dehler* mit seinem Vorschlag durchsetzen: Während sich die SPD in ihrem BVerfGG-Entwurf für Berlin ausgesprochen hatte, beschloss das Bundeskabinett in seiner Sitzung am 27. Februar 1951 primär aus Praktikabilitätserwägungen, das BVerfG und den Bundesgerichtshof (BGH) am selben Ort einzurichten.[308] Da unterdessen bereits die Entscheidung gefallen war, den BGH in Karlsruhe zu errichten, das damit für den Verlust seiner badischen Hauptstadtrolle im Rahmen der Bildung des Süd-

---

[302] BR-Drs. 125/50 v. 24. und 28.02.1950; vgl. auch BR-Sitzungsberichte, 16. Sitz. v. 17.03.1950, S. 269 ff. (http://www.bundesrat.de/SharedDocs/downloads/DE/plenarproto kolle/1950/Plenarprotokoll-16.pdf).

[303] *H. Laufer,* Verfassungsgerichtsbarkeit, 1968, S. 97 f., 111 ff.; *W. Geiger,* BVerfGG-Kommentar, 1952, S. XXI f.

[304] Zu *Arndts* Vorstellungen: *D. Gosewinkel,* Adolf Arndt, 1991, insbesondere S. 181 ff.

[305] Zu Eckpunkten der beiden Entwürfe vgl. *H. Laufer,* Verfassungsgerichtsbarkeit, 1968, S. 101 ff. sowie aus *Willi Geigers* Sicht: *Geiger,* Zur Verfassung des Bundesverfassungsgerichts, in: DÖV 1950, 193 ff.

[306] *W. Geiger,* BVerfGG-Kommentar, 1952, S. XXIII; *R. Schiffers,* „Ein mächtiger Pfeiler", in: VfZ 32 (1984), 66 (76).

[307] BGBl. I S. 243; *W. Geiger,* BVerfGG-Kommentar, 1952, S. XXIII.

[308] Kabinettsprotokolle 1951, S. 186 (27.02.1951).

west-Landes Baden-Württemberg kompensiert werden sollte, bedeutete dies eine Entscheidung für Karlsruhe.[309] Am 18. April 1951 beschloss der Bundestag daher das Gesetz über den Sitz des Bundesverfassungsgerichts, nach dessen § 1 das BVerfG seinen Sitz „vorerst" in Karlsruhe haben sollte.[310] Am 1. Juli 1951 wurde dort in dem von der Bundesrepublik angemieteten Palais des früheren Prinzen *Max von Baden* eine Geschäftsstelle eröffnet, welche die Einrichtung des Verfassungsgerichts vorbereiten sollte.[311]

Bei der parallel vorbereiteten Richterwahl gestaltete sich unterdessen vor allem die Einigung auf den wichtigen Präsidentenposten schwierig. Obwohl das Wahlmännergremium des Bundestages bereits im April 1951 eingesetzt worden war, sollten sich die Verhandlungen einerseits zwischen den Bundestagsfraktionen, andererseits zwischen dem Bundestagswahlgremium und dem Bundesrat, als zweitem Richterwahlgremium, noch mehrere Monate hinziehen.[312]

3. Das Scheitern eines vereinsrechtlichen SRP-Verbotes vor den Niedersachsenwahlen

a) Zum Vereinsverbot auf der Grundlage von Art. 9 Abs. 2 GG

Da somit jedenfalls kurz vor den Niedersachsenwahlen Anfang Mai 1951 das für ein Parteiverbot nach Art. 21 Abs. 2 GG erforderliche BVerfG noch nicht zur Verfügung stand, ließ sich Bundesinnenminister *Lehr* in der aufgeheizten Situation – und wahrscheinlich auch aufgrund seiner markigen Ankündigungen im Vorfeld der Wahl – zu dem Vorschlag hinreißen, die SRP stattdessen selbst auf der Grundlage von Art. 9 Abs. 2 GG zu verbieten: Nur weil das BVerfG noch nicht eingerichtet sei, könne man „nicht monatelang noch tatenlos zusehen, wie von Tag zu Tag steigend das Ansehen der Regierung untergraben und eine staatsfeindliche Organisation nach altem Muster aufgebaut wird", stellte *Lehr* am 1. Mai 1951 in seinem schon erwähnten Schreiben an den Bundeskanzler – zu allem entschlossen – fest.[313]

Nach dem bis heute textlich unveränderten Art. 9 Abs. 2 GG sind Vereinigungen, deren Zwecke oder deren Tätigkeit den Strafgesetzen zuwiderlaufen oder die sich gegen die verfassungsmäßige Ordnung oder gegen den Gedanken der Völkerverständigung richten, verboten.[314] Auch Art. 9 Abs. 2 GG ist – wie das BVerfG später formuliert hat – „vor dem Hintergrund der Erfahrungen der Auseinandersetzungen mit einem totalitären System zu

---

[309] Kabinettsprotokolle 1951, S. 186 (27.02.1951); *Ch. Burkiczak,* in: Burkiczak/Dollinger/Schorkopf, BVerfGG, 2015, § 1 Rn. 93 f.

[310] BGBl. I 1951 S. 288; das Gesetz wurde am 04.05.1951 ausgefertigt; zur Sitzfrage: *R. Schiffers,* „Ein mächtiger Pfeiler", in: VfZ 32 (1984), 66 (99 f.).

[311] *H. Laufer,* Verfassungsgerichtsbarkeit, 1968, S. 97 f., 138 f.

[312] Dazu im Einzelnen unten S. 238 ff.

[313] Lehr an Adenauer v. 01.05.1951 (streng persönlich), BA, B 136, Nr. 1746.

[314] Vgl. JöR N.F. 1 (1951), S. 116.

verstehen".[315] Er bildet ein weiteres zentrales Instrument der Ephoralen Verfassung[316] und wird wie das Parteiverbot in Art. 21 Abs. 2 GG und die Grundrechtsverwirkung gem. Art. 18 GG als Instrument „präventiven Verfassungsschutzes"[317] und Ausdruck des Bekenntnisses des Grundgesetzes zur streitbaren Demokratie angesehen.[318] Ein Unterschied zum Parteiverbot, das gem. Art. 21 Abs. 4 GG ausdrücklich einen hoheitlichen Verbotsakt,[319] hier des BVerfG, verlangt, besteht darin, dass das Vereinsverbot nach dem Wortlaut des Art. 9 Abs. 2 GG *ex constitutione* einzutreten scheint: „Vereinigungen, die [...], sind verboten."[320] In der Frühphase der Bundesrepublik wurde daher auch die Auffassung vertreten, dass das Vereinsverbot bei Vorliegen der Voraussetzungen *ex constitutione,* also automatisch eintrete. Schon die damit verbundenen praktischen Anwendungs- und Rechtsschutzprobleme führten jedoch dazu, dass das Bundesverwaltungsgericht (BVerwG) im Lichte des Rechtsstaatsprinzips zügig auch für ein Vereinsverbot gem. Art. 9 Abs. 2 GG das Erfordernis einer förmlichen Auflösungsverfügung der zuständigen Behörde aufstellte.[321] In seinem grundlegenden Urteil vom 6. Dezember 1956 zur Auflösung der KPD-nahen Volksbefragungsausschüsse im Jahr 1951 sah das BVerwG den als Bundesrecht fortgeltenden § 2 Abs. 1 RVereinsG als Grundlage für Vereinsverbote gem. Art. 9 Abs. 2 GG an,[322] obwohl sich § 2 Abs. 1 RVereinsG ausdrücklich nur auf Vereine bezog, deren Zweck den Strafgesetzen zuwiderlief.[323] Erst mit Erlass des Vereinsgesetzes im August 1964,[324] welches das RVereinsG ersetzte und in § 3 VereinsG eine detailschärfere Regelung des Vereinsverbotes enthielt, setzte sich angesichts des klaren Wortlauts von § 3 Abs. 1 VereinsG dann allgemein die Auffassung durch, dass ein Vereinsverbot stets einen verbietenden Verwaltungsakt der zuständigen Behörde voraussetzt.[325] Da Art. 9 Abs. 2 GG das Verbot und die Auflösung eines Vereins nicht einem Gericht und schon gar nicht dem BVerfG vorbehält, ist das danach erforderliche Verfahren allerdings wesentlich niedrigschwelliger ausgestaltet als ein Parteiverbotsverfahren gem. Art. 21 Abs. 2 GG. Die Auflösung kann auf Grundlage des gem. Art. 9 Abs. 2 GG erlassenen VereinsG, als formelles Gesetz, durch Exekutivorgane erfolgen. Verbotsbehörde ist heute die oberste Landesbehörde oder die nach Landesrecht zuständige Behörde für Vereine, deren Organisation und Tätigkeit sich auf das Gebiet eines Landes beschränken, und der Bundesinnenminister für Vereine, deren Organisation oder Tätigkeit sich über das Gebiet eines Landes hinaus erstreckt.[326] Das Anfang der 1950er Jahre anwendbare RVereinsG grenzte die Zuständigkeiten hingegen noch nicht so eindeutig ab.[327] Daher bestanden auch hinsichtlich der Zuständigkeit Unsicherheiten bei der Anwendung auf die SRP, zumal diese ja auch noch nicht bundesweit etabliert war.

---

[315] BVerfGE 80, 244 (253).

[316] Zur Ephoralen Verfassung oben S. 10 ff.

[317] *K. Stern,* Staatsrecht I, 2. Aufl. 1984, S. 216.

[318] BVerfGE 80, 244 (253).

[319] Art. 21 Abs. 2 S. 2 GG a.F.

[320] BVerwGE 1, 184 ff.; *K. Stern,* Staatsrecht I, 2. Aufl. 1984, S. 215.

[321] BVerwGE 4, 188 (189 f.).

[322] BVerwGE 4, 188 (189 f.).

[323] Zu § 2 Abs. 1 RVereinsG bereits oben S. 43 ff.

[324] Gesetz zur Regelung des öffentlichen Vereinsrechts (Vereinsgesetz) v. 05.08.1964, BGBl. I 1964 S. 593.

[325] *K. Stern,* Staatsrecht I, 2. Aufl. 1984, S. 215; vgl. auch BVerfGE 80, 244 (254 f.).

[326] § 3 Abs. 2 S. 1 VereinsG.

[327] Vgl. BVerwGE 37, 344 (355 ff.).

Bundesinnenminister *Lehr* scheinen Anfang Mai 1951 die dogmatischen Streitigkeiten um die Fragen, ob ein Vereinsverbot *ex constitutione* eintritt und wer für ein Vereinsverbot der SRP zuständig sei, relativ egal gewesen zu sein. Er war fest entschlossen, die SRP noch vor der wenige Tage später anstehenden Niedersachsenwahl auf der Grundlage von Art. 9 Abs. 2 GG durch Beschluss der Bundesregierung zu verbieten, wenn der niedersächsische Innenminister nicht handeln würde. In seinem vertraulichen Schreiben an den Bundeskanzler vom 1. Mai 1951, dem er auch bereits eine entsprechende Beschlussvorlage für die Kabinettssitzung vom 4. Mai beigefügt hatte,[328] räumte *Lehr* gegenüber dem Kanzler selbst die Gefahr ein, dass ein solcher Beschluss später gerichtlich aufgehoben werden könne.[329] „Das Schlimmste für die Bundesregierung aber ist, nichts zu tun und zuzuwarten. Einzelmaßnahmen versprechen keinen Erfolg", schloss *Lehr* apodiktisch.[330] Der zweite Bundesinnenminister hat sich mit seiner auch später immer wieder bekräftigten Absicht, „ohne Rücksicht auf Verluste" gegen die rechtsextreme Partei vorzugehen, die Achtung und Sympathie nicht nur zeitgenössischer Berichterstatter und Kommentatoren, sondern auch der späteren Forschungsliteratur verdient.[331] Seine Entschlossenheit rückte ihn in einen angenehmen Kontrast nicht nur zu manchen Amtsvorgängern der Weimarer Republik, sondern vor allem auch zu seinem niedersächsischen Amtskollegen *Richard Borowski* (SPD), der im Vorfeld der Niedersachsenwahl aus wahltaktischen Gründen nur zurückhaltend gegen die SRP vorging,[332] und natürlich auch zu Bundesjustizminister *Thomas Dehler,* der nach außen kaum für ein Verbot der SRP eintrat, aber vollmundig ein KPD-Verbot forderte. Der Plan eines vereinsrechtlichen Verbotes war allerdings in der Tat mit dem grundlegenden verfassungsrechtlichen Problem verbunden, das auch bereits in *Lehrs* Schreiben an *Adenauer* anklang: Es war höchst fraglich, ob ein Vereinsverbot auf der Grundlage von Art. 9 Abs. 2 GG überhaupt gegen eine Partei ausgesprochen werden durfte, stand für Parteiverbote doch die vorrangige Spezialregelung des Art. 21 Abs. 2 GG zur Verfügung. Damit drohte hier angesichts des

---

[328] BA, B 136, Nr. 1746, Bl. 309 ff.; die Beschlussvorlage übersandte *Lehr* auch an die anderen Bundesminister sowie an Staatssekretär *Lenz*: Lehr an Lenz v. 02.05.1951 (mit Beschlussvorlage), BA, B 136, Nr. 1747, Bl. 12 ff. sowie BA, B 141, Nr. 207.

[329] Die Niedersächsische Landesregierung hatte mit Hinweis auf eine wahrscheinliche Verfassungswidrigkeit der Anwendung von Art. 9 Abs. 2 GG von einem vereinsrechtlichen Parteiverbot der SRP abgesehen, Niedersächsischer Ministerpräsident an Lehr v. 01.05.1951, BA, B 106, Nr. 15551.

[330] Lehr an Adenauer v. 01.05.1951 (streng persönlich), BA, B 136, Nr. 1746.

[331] Vgl. etwa „Lehr will das Feuer löschen", in: Die Welt v. 09.05.1951; „Unerbittlich gegen Radikale", in: Die Welt v. 11.06.1951.

[332] HICOG Frankfurt to Department of State, Recent Activities of the „Sozialistische Reichspartei" (SRP), HICOG Frankfurt Despatch 3272 (confidential), 10.05.1951, National Archives (UK), FO 1008/14, 5/3/56/51; zu *Borowskis* Motiven näher unten S. 389 ff.

Rechtsgrundsatzes *„lex specialis derogat legi generali"* – das speziellere Gesetz verdrängt das allgemeine – ein Verfassungsbruch durch die Bundesregierung.[333] Ein solches Verbot wäre im schlimmsten Fall von den Ländern nicht umgesetzt worden, ähnlich wie es in der Weimarer Republik geschehen war. Jedenfalls wäre es mit Sicherheit von der SRP angefochten und dann mit hoher Wahrscheinlichkeit spätestens vom BVerfG aufgehoben worden. Dass dies dann von der SRP propagandistisch weidlich ausgenutzt worden wäre, um sich als Opfer einer sich über die Verfassung erhebenden Bundesregierung zu stilisieren, darf als sicher gelten.

b) Der europäische Einigungsprozess als Hintergrund für die Zustimmung des Bundeskanzlers

Zunächst konnte der dessen ungeachtet auf ein sofortiges Verbot drängende Bundesinnenminister allerdings einen großen taktischen Erfolg verbuchen, indem es ihm gelang, Bundeskanzler *Adenauer* vor dessen Abreise nach Straßburg, wo die Bundesrepublik Deutschland am 2. Mai 1951 endlich als vollwertiges Mitglied in den 1949 gegründeten Europarat aufgenommen werden sollte, für das gewagte Vorhaben eines vereinsrechtlichen SRP-Verbotes zu gewinnen.[334] Die schnelle Zustimmung des Kanzlers zu diesem offensichtlichen Verfassungsverstoß wirft bis heute Rätsel auf, zumal sich dessen eigener Kanzleramtschef – wie noch zu sehen sein wird – dezidiert dagegen aussprechen sollte. In der wissenschaftlichen Literatur wurde vermutet, dass der Kanzler die taktische Erwägung verfolgt haben könnte, dass im Falle eines rechtzeitigen SRP-Verbotes bei den Niedersachsenwahlen mehr Stimmen auf das bürgerliche Lager entfallen würden.[335] Es ist zwar nicht auszuschließen, dass solche Erwägungen bei *Adenauers* Zustimmung mitgeschwungen haben könnten. Indes erscheint ein anderer Hintergrund für das scheinbar unüberlegte Verhalten des Kanzlers wahrscheinlicher: Die Zustimmung zu einem schnellen exekutiven SRP-Verbot dürfte in engem Zusammenhang mit dem gestanden haben, was den Kanzler kurz vor seiner Abreise nach Straßburg noch wesentlich mehr beschäftigte als die Niedersachsenwahlen: die Integration der Bundesrepublik in die entstehenden europäischen Strukturen, die damals als Vorbedingung für die Ablösung des Besatzungsstatuts und damit letztlich für die Rückgewinnung der deutschen Souveränität erschien.

Nur wenige Tage zuvor, am 18. April 1951, war der Vertrag zur Gründung der Europäischen Gemeinschaft für Kohle und Stahl (EGKS/Montanunion),

---

[333] *Lehrs* späteres Scheitern mit dem Versuch, die SRP nach Art. 9 Abs. 2 GG zu verbieten, belegt vor dem Hintergrund des drohenden Verfassungsbruchs entgegen *H. Hansen,* Sozialistische Reichspartei, 2007, S. 224, nicht, dass die an der Entscheidung beteiligten Personen einem Verbot der SRP grds. „zaudernd bis ablehnend" gegenüberstanden.

[334] *N. Frei,* Vergangenheitspolitik, 2. Aufl. 1997, S. 336 f.

[335] *N. Frei,* Vergangenheitspolitik, 2. Aufl. 1997, S. 343.

als erster der später drei Europäischen Gemeinschaften und damit Wurzel der heutigen Europäischen Union, in Paris von der Bundesrepublik Deutschland, Frankreich, Italien und den Benelux-Staaten unterzeichnet worden.[336] Heute ist weitgehend vergessen, dass das Zustandekommen dieses durch die berühmte Regierungserklärung des französischen Außenministers *Robert Schuman* (1886–1963) vom 9. Mai 1950 initiierten Vertrages,[337] der u.a. aus wirtschaftlichen Erwägungen einen Binnenmarkt ohne Zölle für Kohle und Stahl herbeiführte,[338] aber auch eine grundlegende friedenssichernde Zielrichtung besaß,[339] zugleich eine stillschweigende Vorbedingung der französischen Regierung für die seit dem Sommer 1950 verhandelte deutsche Wiederbewaffnung war.[340] Die Regierungen der USA und des Vereinigten Königreichs hatten insgeheim bereits seit 1948 einen deutschen Wehrbeitrag in Erwägung gezogen und die internen Diskussionen über die – wie gesehen später auch von der SRP heftig bekämpfte – Wiederbewaffnung Westdeutschlands dann ab Ende 1949 deutlich intensiviert.[341] Angesichts des Verlusts des US-Atomwaffenmonopols mit der unerwartet frühen Zündung der ersten sowjetischen Atombombe, des Siegeszuges von *Maos* Kommunisten im chinesischen Bürgerkrieg und der Bindung britischer und französischer Truppen in Dekolonisationskriegen in Indochina und Malaysia erschien ein deutscher Verteidigungsbeitrag unerlässlich, um im Falle einer sowjetischen Aggression zumindest die Rheinlinie halten zu können.[342] Mit dem Einmarsch zunächst paramilitärischer Verbände des seit Ende des Zweiten Weltkriegs kommunistisch regierten Nordkoreas in das zur US-Einflusssphäre zählende Südkorea am 25. Juni 1950 spitzte sich die Lage dann dramatisch zu, und die globale Sicherheitslage änderte sich völlig.[343] Der Koreakrieg wurde im Westen als möglicher Auftakt einer weltweiten militärischen Offensive des Kommunismus betrachtet, die Angst vor einem Dritten Weltkrieg stieg exponentiell an, und viele Menschen insbesondere in der Bundesrepublik fragten sich konkret, ob nicht – nach koreanischem Vorbild – bald auch paramilitärische ostdeut-

---

[336] Vertrag über die Gründung der Europäischen Gemeinschaft für Kohle und Stahl, BGBl. 1952 II S. 447; *M. Will,* Europarecht, 2013, S. 10.

[337] *E. Wolfrum,* Die geglückte Demokratie, 2006, S. 106.

[338] Zu den ökonomischen Hintergründen: *A. S. Milward,* Die Westintegration der Bundesrepublik, in: L. Herbst (Hrsg.), Westdeutschland 1945–1955, 1986, S. 231 (237 ff.).

[339] *M. Will,* Europarecht, 2013, S. 10 f.

[340] Eine gelungene Zusammenfassung der Zusammenhänge findet sich bei *M. Kißener,* Westbindung, in: Rödder/Elz, Deutschland in der Welt, 2010, S. 13 (16 ff.).

[341] Zur frühen Debatte: *N. Wiggershaus,* Die Westintegration der Bundesrepublik, in: L. Herbst (Hrsg.), Westdeutschland 1945–1955, 1986, S. 253 (253 ff.); *A. Baring,* Außenpolitik, 1969, S. 21 ff.

[342] *E. Wolfrum,* Die geglückte Demokratie, 2006, S. 108.

[343] *A. Baring,* Außenpolitik, 1969, S. 81 ff.; *H. A. Winkler,* Geschichte des Westens – Vom Kalten Krieg zum Mauerfall, 2014, S. 142 ff.; *T. Banchoff,* The Enduring Transformation, in: Brady etc., The Postwar Transformation, 1999, S. 401 (403 f.).

sche Verbände, unterstützt von Sowjettruppen, die Grenze überschreiten und auch in Europa den kalten in einen heißen Krieg verwandeln würden.

Für die Regierungen der Vereinigten Staaten und des Vereinigten Königreichs erschien vor diesem Hintergrund, der auch ganz konkret eine Verlagerung von US-Truppen nach Korea erforderlich machte, ein westdeutscher Verteidigungsbeitrag nunmehr unerlässlich zu sein.[344] Fanalartig wirkte eine Resolution der Beratenden Versammlung des Europarates vom 11. August 1950, die eine Forderung des damaligen britischen Oppositionsführers *Winston Churchill* (1874–1965) aufgriff und bereits recht konkret die Bildung einer europäischen Armee unter deutscher Beteiligung vorschlug. Unter dem stetig wachsenden Druck insbesondere der USA und aus Furcht, isoliert zu werden, trat der damalige französische Ministerpräsident *René Pleven* daraufhin die Flucht nach vorne an und lancierte am 24. Oktober 1950 in einer Regierungserklärung den später nach ihm benannten *Pleven*-Plan.[345] Danach sollten die sechs Staaten, die gerade über die EGKS verhandelten, auch eine strukturell an diese angelehnte Europäische Verteidigungsgemeinschaft (EVG) gründen, in deren Rahmen dann auch eine begrenzte deutsche Wiederbewaffnung erfolgen könne.[346] Für die Bundesrepublik versprach unterdessen bereits die Unterzeichnung des EGKS-Vertrags am 18. April 1951 nicht nur ganz konkret eine Beendigung des demütigenden Ruhrstatuts, das die westdeutsche Kohle-, Koks- und Stahlproduktion der Kontrolle der Internationalen Ruhrbehörde unterworfen hatte,[347] sondern – strukturell viel wichtiger – eine erhebliche politische Aufwertung auf dem internationalen Parkett. Indem die zwischen Frankreich und der Bundesrepublik nach wie vor schwelende Saar-Frage gleichzeitig durch einen Dokumentenaustausch ausgeklammert wurde, wurde gegen erhebliche innenpolitische Widerstände insbesondere der SPD der Weg dafür freigemacht, dass die Bundesrepublik bereits zwei Wochen später, am 2. Mai 1951, Vollmitglied des Europarates und die mit einem Sonderstatus versehene Saar dessen assoziiertes Mitglied werden konnte.[348]

---

[344] *N. Wiggershaus,* Die Westintegration der Bundesrepublik, in: L. Herbst (Hrsg.), Westdeutschland 1945–1955, 1986, S. 253 (257 ff.); eindrücklich zur Stimmungslage aus britischer Sicht: *I. Kirkpatrick,* The Inner Circle, 1959, S. 238 f.

[345] Dazu etwa *A. Baring,* Außenpolitik, 1969, S. 92 ff.; *M. Will,* Europarecht, 2013, S. 12.

[346] Zur stillschweigenden französischen Vorbedingung: *M. Görtemaker,* Geschichte der Bundesrepublik Deutschland, 1999, S. 304.

[347] Die Ruhrbehörde erlaubte es westeuropäischen Staaten u.a., große Mengen deutscher Kohle unter weitgehender Missachtung des deutschen Bedarfs zu erwerben; dazu etwa *M. Görtemaker,* Geschichte der Bundesrepublik Deutschland, 1999, S. 291; *A. S. Milward,* Die Westintegration der Bundesrepublik, in: L. Herbst (Hrsg.), Westdeutschland 1945–1955, 1986, S. 231 (241 f.).

[348] *E. Wolfrum,* Die geglückte Demokratie, 2006, S. 107 f.

Sowohl dem EGKS- als auch dem späteren EVG-Vertrag wohnte die visionäre Kraft einer deutsch-französischen Annäherung und einer europäischen Friedensordnung nach den Gräueln des Zweiten Weltkriegs inne. Daneben entsprangen die Verträge allerdings auch rationalem Zweckdenken.[349] Dass die persönlichen Beziehungen zwischen Franzosen und Deutschen, einschließlich der beiden Regierungen, so kurz nach dem Krieg noch stark unterkühlt waren, musste nicht überraschen. Bundeskanzler *Adenauer* hatte dies anlässlich der Unterzeichnung des EGKS-Vertrages in Paris kurz zuvor persönlich zu spüren bekommen: Noch weit entfernt von Sympathiebekundungen und persönlichen Familienbesuchen, wie sie nach einem langen Annäherungsprozess eineinhalb Jahrzehnte später zwischen *Adenauer* und dem französischen Präsidenten *Charles de Gaulle* möglich werden sollten, war der Bundeskanzler Mitte April 1951 auf dem Pariser Flughafen nicht etwa von seinem Amtskollegen oder wenigstens von einem Minister empfangen worden: In diplomatisch geringschätzender Weise hatte die französische Regierung vielmehr lediglich *Jean Monnet* (1888–1979), als von 1946–1950 mit dem Wiederaufbau Frankreichs befasster Leiter des *„Commissariat général du Plan"* immerhin eigentlicher Vater des *Schuman*-Plans zur Gründung der EGKS und Vorsitzender der Pariser *Schuman*-Plan-Konferenz zur Gründung derselben,[350] entsandt, um den Kanzler des ungeliebten östlichen Nachbarstaates in Empfang zu nehmen.[351]

Während daher zum Zeitpunkt der Niedersachsenwahlen, Anfang Mai 1951, der Vertrag zur Gründung der EGKS unterzeichnet war, war der entscheidende Durchbruch in den Verhandlungen zur Gründung der EVG, von der wiederum die Ablösung des Besatzungsstatuts abhing, noch längst nicht gelungen. Erst wenige Monate später, im Sommer 1951, sollte es zu dem entscheidenden Kompromiss kommen, in dem Frankreich seine grundsätzlichen Einwände gegen die deutsche Wiederbewaffnung fallen ließ und Deutschland im Gegenzug die französischen Bedingungen zur Einhegung der Gefahren einer deutschen Wiederbewaffnung akzeptierte.[352] Ab September 1951 wurde dann parallel zu den Verhandlungen über den komplizierten EVG-Vertrag auch über den später in Deutschlandvertrag umbenannten „Generalvertrag" verhandelt, der auf die Neuregelung der Beziehungen zwischen den drei Westmächten und der Bundesrepublik abzielte, und dessen Abschluss die Sowjetregierung durch verschiedene Vorstöße, darunter die berühmte Stalinnote vom 10. März 1952, zu verhindern versuchte.[353]

---

[349] Vgl. *M. Will,* Europarecht, 2013, S. 11.

[350] Vgl. *M. Will,* Europarecht, 2013, S. 10 f.; zu *Monnet* jetzt umfassend: *K. Schwabe,* Jean Monnet, 2016, S. 19 ff.

[351] *M. Görtemaker,* Geschichte der Bundesrepublik Deutschland, 1999, S. 304.

[352] *M. Görtemaker,* Geschichte der Bundesrepublik Deutschland, 1999, S. 304.

[353] *R. Morsey,* Die Bundesrepublik, 5. Aufl. 2007, S. 32, 35; *H. A. Winkler,* Geschichte des Westens – Vom Kalten Krieg zum Mauerfall, 2014, S. 166 ff.

Die Wiedererlangung der Außensouveränität war das wohl wichtigste politische Oberziel *Konrad Adenauers* in der ersten Hälfte der 1950er Jahre. Insofern durften die besonders sensiblen Verhandlungen zur Gründung der EVG auf keinen Fall gefährdet werden. Gehörte angesichts der früheren Wankelmütigkeit Deutschlands zwischen Ost und West der im Westen kritisch beäugte Anschein einer Annäherung an die Sowjetunion zu den Verhaltensweisen, die *Adenauer* für besonders gefährlich hielt und daher strikt ablehnte,[354] musste der Bundeskanzler im Frühjahr 1951 aus seiner Sicht gleichzeitig auch alles vermeiden, was darauf hätte hindeuten können, dass es in Deutschland zu einem Wiederaufleben des Nationalsozialismus kommen könnte.[355] Meldungen, dass die Bundesregierung durch ein – wenn auch rechtlich umstrittenes – Verbot entschlossen gegen die von der ausländischen Presse zunehmend besorgt beobachtete neonazistische SRP vorgehe, wären dem Bundeskanzler daher zu jener Zeit sehr gelegen gekommen. Dies galt umso mehr Anfang Mai 1951, als er sich – wie gesehen – auf dem Weg zum Europarat in Straßburg befand, wo ihn u.a. die Vertreter der französischen Regierung erwarteten, die eine Schlüsselrolle in den EVG-Verhandlungen spielte.

Vor diesem Hintergrund und der entscheidenden Bedeutung, die dem Gelingen der europäischen Integration bei der Wiedergewinnung der deutschen Souveränität zukam, spricht viel dafür, dass *Adenauers* Zustimmung zum exekutiven SRP-Verbot keinesfalls unüberlegt erfolgt ist. Vielmehr ist wahrscheinlich, dass seine Billigung eines rechtlich fragwürdigen, aber schnellen Verbotes der NSDAP-Nachfolgepartei auf der Grundlage von Art. 9 Abs. 2 GG dazu dienen sollte, seine wohl wichtigsten Projekte überhaupt, die westlich orientierte europäische Integration und damit letztlich die Wiedergewinnung der deutschen Außensouveränität, nicht durch Befürchtungen über ein Wiedererstarken des Nationalsozialismus in Deutschland zu gefährden. Dass der Kanzler zu jener Zeit auch für die Herausforderung, welche die SRP für den demokratischen Staat darstellte, bereits hinreichend sensibilisiert war, belegt die bislang kaum beachtete Tatsache, dass er schon Wochen zuvor seine Bitte an die Hohe Kommission, die alliierten Truppen in der Bundesre-

[354] So war später etwa *Adenauers* Urteil über die in der Bundesrepublik hoch umstrittene Stalinnote v. 10.03.1952 eindeutig (*K. Adenauer,* Erinnerungen 1953–1955, 1966, S. 69): „Die Sowjetunion hielt offenbar den Zeitpunkt für gekommen, noch einmal den Versuch zu machen, die Entwicklung des europäischen Zusammenschlusses aufzuhalten und wenn möglich zu zerstören. Denn wohlgemerkt: Die Verh. über die Europäische Verteidigungsgemeinschaft und den Deutschlandvertrag standen kurz vor dem Abschluß"; vgl. auch *K. Adenauer,* a.a.O., S. 169.

[355] Vgl. auch *H. Hansen,* „Radau"-Nationalismus, in: Jesse/Niedermeier, Politischer Extremismus, 2007, S. 127 (130).

publik zügig aufzustocken, auch mit dem Aufstieg der SRP begründet hatte.[356]

c) Ablehnung eines Vereinsverbotes der SRP in der Kabinettssitzung am 4. Mai 1951 und Verbot der „aktivistischen Gliederungen"

Dem in Bonn verbliebenen Bundesinnenminister schlug dann allerdings in der wegen *Adenauers* Aufenthalt beim Europarat kanzlerlosen Kabinettssitzung am 4. Mai 1951 starke Kritik entgegen. Obwohl sich *Lehr* in der Diskussion über seine Vorlage zu einem vereinsrechtlichen SRP-Verbot ausdrücklich auf die Zustimmung des Kanzlers berief, lehnten nicht nur dessen einflussreicher Kanzleramtschef, Staatssekretär *Otto Lenz* (CDU),[357] sondern auch Justizminister *Dehler*[358], verschiedene andere einflussreiche Kabinettsmitglieder wie Finanzminister *Fritz Schäffer* (CSU) und auch die Repräsentanten der Regierungsfraktionen *Johann Kunze* (CDU), *Hans-Joachim von Merkatz* (DP) sowie Bundestagsvizepräsident *Hermann Schäfer* (FDP) ein Vorgehen nach Art. 9 Abs. 2 GG strikt ab.[359] Während insbesondere *Dehler, Schäffer* und *Lenz* eine Auflösung der SRP gem. Art. 9 Abs. 2 GG wegen des Vorrangs der Spezialregelung aus Art. 21 Abs. 2 GG für rechtlich unzulässig hielten,[360] schloss sich Bundesverkehrsminister *Hans-Christoph Seebohm* (DP) dieser Ansicht an,[361] betonte aber zugleich, dass er ein solches Vorgehen auch für politisch bedenklich halte: Könne sich das Verbot „nicht auf eine ganz klare Rechtsgrundlage" stützen, dann „würde in der Bevölkerung der Eindruck erweckt, als wenn hier Unrecht geschehe".[362] Ganz anderes führte derweil *Seebohms* Parteifreund *von Merkatz* im Schilde. Er spielte bereits mit dem Gedanken, die zu erwartenden niedersächsischen SRP-Abgeordneten für eine rechte Regierungsbildung im norddeutschen Flächenstaat unter dem DP-

---

[356] Dies geht aus einem Bericht des Office of Political Affairs des US-Hochkommissars an das US-Außenministerium hervor: HICOG Frankfurt to Department of State, Recent Activities of the „Sozialistische Reichspartei" (SRP), HICOG Frankfurt Despatch 3272 (confidential), 10.05.1951, National Archives (UK), FO 1008/14, 5/3/56/51.

[357] *Lehr* zeigte sich überrascht, dass *Lenz* gegen *Adenauers* Auffassung sprach und warf ihm vor, dass er „wieder einmal neben dem Zaune grase", *O. Lenz,* Tagebuch 1951–1953, 1989, S. 78 f.

[358] Der Platow-Informationsbrief hatte seinen Beziehern bereits am 02.05.1951 (BA, B 141, Nr. 207) mitgeteilt, „von bestunterrichteter Seite aus Bonn" gehört zu haben, *Dehler* habe erklärt, dass im Augenblick eine Rechtsgrundlage für Parteiverbote noch nicht gegeben sei. Ohne das BVerfG könne kein Verbot ausgesprochen werden.

[359] Kabinettsprotokolle 1951, S. 346 ff. (04.05.1951); *N. Frei,* Vergangenheitspolitik, 2. Aufl. 1997, S. 337.

[360] Kabinettsprotokolle 1951, S. 347 (04.05.1951); *O. Lenz,* Tagebuch 1951–1953, 1989, S. 78.

[361] Auch *v. Merkatz* argumentierte entsprechend.

[362] Kabinettsprotokolle 1951, S. 347 (04.05.1951).

Vorsitzenden und Bundesratsminister *Heinrich Hellwege* zu nutzen, womit die DP ihren Einfluss – nicht zuletzt auch im Bundesrat und damit in der Bundesregierung – deutlich ausgeweitet hätte.[363]

Aktiv unterstützt wurde der auf verlorenem Posten stehende Bundesinnenminister fast nur von Bundesvertriebenenminister *Hans Lukaschek* (CDU),[364] der auf Parallelen zur Entwicklung der NSDAP hinwies und bereits einen Staatsnotstand für gegeben hielt, „nicht nur mit Rücksicht auf die innenpolitischen Verhältnisse, sondern vielmehr im Hinblick auf die Auswirkungen im Auslande."[365] Es müsse daher sofort mit dem Verbot der Partei zugegriffen werden. Hatte *Lukaschek* mit dem Staatsnotstand einen zumindest diskutablen Weg zu einem legalen Verbot der SRP skizziert, wurde die Beschlussvorlage des Innenministeriums jedoch nach immerhin zweistündiger Diskussion schließlich auf Antrag von Justizminister *Dehler*, der erneut auf die Gefahr verwies, dass das BVerfG der Bundesregierung später „ein verfassungswidriges Verhalten" bescheinigen könnte,[366] in lediglich deutlich entschärfter Form angenommen, das heißt im Kern eigentlich abgelehnt:[367] Zwar blieb Innenminister *Lehr,* der seine Entschlossenheit – wie gesehen – bei seinem Aufbruch nach Niedersachsen mit markigen Worten bekundet hatte, ein Gesichtsverlust in der Öffentlichkeit erspart, indem er einige Stunden später der Presse tatsächlich ein Vereinsverbot auf der Grundlage von Art. 9 Abs. 2 GG verkünden konnte.[368]

Dieses Verbot bezog sich jedoch lediglich auf die „aktivistischen Gliederungen der SRP", d.h. insbesondere die am Vorbild der SA orientierte „Reichsfront",[369] mit deren Aufbau im Januar 1951 *Otto Ernst Remer* höchst-

---

[363] Vgl. den vom Bonner FR-Korrespondenten *Fried Wesemann* verfassten FR-Leitartikel v. 07.05.1951 „Halbe Maßnahmen – halbe Wahrheiten" (auch in: BA, B 141, Nr. 207) sowie bereits die Diskussion zu Maßnahmen gegen den Rechtsradikalismus und dabei zu einem SRP-Verbot in der Kabinettssitzung v. 24.04.1951, Kabinettsprotokolle 1951, S. 333 f.; nach den Niedersachsenwahlen plädierte DP-Fraktionsvorsitzender *Mühlenfeld* gegenüber dem Bundeskanzler dafür, die SRP nicht zu verbieten, wenn überhaupt dann aber gegen extreme Parteien von links und rechts vorzugehen (Mühlenfeld an Adenauer v. 11.05.1951, StBKAH, NL Adenauer, I/12.29, Bl. 133 f.); zum Ganzen auch *N. Frei,* Vergangenheitspolitik, 2. Aufl. 1997, S. 334 f., 340.

[364] Ansonsten sprach sich nur Bundespostminister *Hans Schuberth* (CSU) für ein Verbot gem. Art. 9 Abs. 2 GG aus, Kabinettsprotokolle 1951, S. 348 (04.05.1951).

[365] Kabinettsprotokolle 1951, S. 347 (04.05.1951).

[366] Kabinettsprotokolle 1951, S. 347 (04.05.1951).

[367] Kabinettsprotokolle 1951, S. 348 (04.05.1951).

[368] GMBl. 2 (1951), S. 111, auch in: StAHB, 3-V.2.-2750 [8] Nr. 1; Pressekonferenz v. 04.05.1951, BA, B 145 Nr. I/15; Exemplare des britischen sowie des US-Hochkommissars in National Archives (UK), FO 1008/14, 5/3/53/51.

[369] GMBl. 2 (1951), S. 111; BVerfGE 2, 1 (6); die über die Kabinettssitzung gut unterrichtete Frankfurter Rundschau kritisierte dies am 07.05.1951 im Leitartikel „Halbe Maßnahmen – halbe Wahrheiten" als „halbe Maßnahme des Teilverbots der Sozialistischen

persönlich beauftragt worden war[370] und deren Auflösung dann alsbald auch der US-amerikanische Hochkommissar wohlwollend zur Kenntnis nehmen sollte.[371] Da sie umgehend umgesetzt wurde,[372] musste etwa der im niedersächsischen Wahlkampf von Auftritt zu Auftritt eilende *Remer* in der offiziellen Wahlversammlung der SRP am Wahltag, dem 6. Mai 1951, in Wolfsburg zum ersten Mal seit längerer Zeit ohne seine uniformierte Reichsfront-Leibwache erscheinen.

Allerdings hatte die SRP die Reichsfront noch am Tag des Verbotes auch selbst aufgelöst.[373] Angeblich sollte dies belegen, dass sie „durchaus auf dem Boden der Demokratie stehe".[374] Tatsächlich fiel ihr die Auflösung wohl schon aus dem Grund nicht allzu schwer, dass sich der Aufbau einer SA-ähnlichen Kampforganisation schwierig gestaltet hatte und dieses Projekt so insgesamt hinter den Erwartungen der Parteileitung zurückgeblieben war.[375]

Innenminister *Lehr* konnte der Presse zugleich immerhin auch bekannt geben, die Bundesregierung habe beschlossen, dass die SRP die Verbotsvoraussetzungen nach Art. 21 Abs. 2 GG erfülle. Die Regierung werde daher unverzüglich nach Aufnahme der Tätigkeit des BVerfG bei diesem den Antrag auf

---

Reichspartei" und machte publik, dass *Lehr* in der Kabinettssitzung ein Parteiverbot für verfassungsrechtlich möglich gehalten habe. Er habe damit aber im Kabinett nicht „durchdringen" können, da sich insbesondere die beiden Kabinettsmitglieder der DP, Bundesverkehrsminister *Seebohm* und Bundesratsminister *Hellwege* aus machttaktischen Erwägungen entschieden gegen ein sofortiges SRP-Verbot ausgesprochen hätten.

[370] Informationen über die Gründung und den Aufbau der Reichsfront finden sich im Reichsfront-Rundschreiben 1/51 v. 01.03.1951 (gez. Chef der Reichsfront, Remer), BA, B 237, Nr. 215626; siehe auch das Rundschreiben 1/51 des Landesverbandes Niedersachsen über die Aufstellung der Reichsfront (BA, B 237, Nr. 215640, Bl. 4).

[371] Amt des amerikanischen Hochkommissars für Deutschland (Hrsg.), 7. Bericht über Deutschland (1.4.–30.6.1951), S. 39; ein Bericht des Office of Political Affairs des US-Hochkommissars an das US-Außenministerium (HICOG Frankfurt to Department of State, Recent Activities of the „Sozialistische Reichspartei" (SRP), HICOG Frankfurt Despatch 3272 (confidential), 10.05.1951, National Archives (UK), FO 1008/14, 5/3/56/51 hatte zuvor geschlossen: „In short, the Reichsfront seems to correspond to the SA".

[372] Siehe etwa die Verfügung des Nds. Innenministers an die Regierungspräsidenten über die Auflösung der Reichsfront v. 04.05.1951, NLA-HStAH, Nds. 100, Acc. 2001/021, Nr. 31, Bl. 58.

[373] Nach einem Vermerk von Graf von Westarp „Anruf Dr. Dorls und Graf von Westarp u. 1440" (BA, B 237, Nr. 215626) beschlossen *Dorls, Remer, Westarp, Krüger, Hillebrecht* und *Finke,* den Beschluss der Bundesregierung „aufs peinlichste zu beachten". Die Reichsfront sei mit sofortiger Wirkung als aufgelöst zu betrachten. Vgl. auch *O. Büsch,* Geschichte, in: Büsch/Furth, Rechtsradikalismus, 1957, S. 1 (134).

[374] *O. Büsch,* Geschichte, in: Büsch/Furth, Rechtsradikalismus, 1957, S. 1 (134).

[375] *O. Büsch,* Geschichte, in: Büsch/Furth, Rechtsradikalismus, 1957, S. 1 (134 f.); *H. W. Schmollinger,* SRP, in: Stöss, Parteien-Hdb. II, 1984, S. 2274 (2324 f.).

Abb. 14: Remer am 06.05.1951 auf der SRP-Wahlversammlung in Wolfsburg

Feststellung der Verfassungswidrigkeit der SRP stellen.[376] Damit hatte sich die Bundesregierung insoweit öffentlich festgelegt, und es musste nun auch der SRP endgültig klar sein, dass sobald wie möglich ein Verbotsverfahren gegen sie vor dem BVerfG durchgeführt werden würde. Auf die Frage eines Journalisten, warum die Bundesregierung „nicht auch die KPD für verfassungswidrig erklärt habe", reagierte *Lehr* ausweichend und stellte fest, dass sich die Regierung durchaus auch noch einmal dazu entschließen könne. Zuerst müsse aber geprüft werden, „wann und ob dieser Schritt opportun erscheint oder nicht".[377]

III. Erfolg der SRP bei der Niedersachsenwahl am 6. Mai 1951 und zunehmender Verbotsdruck

1. Zum Erfolg der SRP und anderer rechter Parteien

Konkrete Folge der Entscheidung des Bundeskabinetts gegen ein vereinsrechtliches Verbot war zunächst allerdings, dass die SRP, die ihre Wähler in

376 Pressekonferenz 04.05.1951, BA, B 145 Nr. I/15; BVerfGE 2, 1 (6); Kabinettsprotokolle 1951, S. 348 (04.05.1951).

377 „Bundesregierung: SRP verfassungswidrig", in: Weser-Kurier v. 05.05.1951, auch in StAHB, 3-V.2.-2750 [8] Nr. 1.

letzter Sekunde mit einer Sonderausgabe der Reichszeitung und sensationsheischenden Schlagzeilen wie „Hat Deutschland überhaupt kapituliert?" sowie Enthüllungen über die „Rote Kapelle" mobilisierte,[378] am 6. Mai 1951 an den Landtagswahlen in ihrem niedersächsischen Stammland teilnehmen konnte. Sie errang dort 366.790 Stimmen (11,0 %) und war in vier Wahlkreisen sogar stärkste sowie in elf Wahlkreisen zweitstärkste Partei, so dass ihr allein vier der 95 Direktmandate zufielen.[379] Während sie in zwei Wahlkreisen über 30 % der Stimmen erzielte, lag sie in sieben weiteren zwischen 25 und 30 %, in fünf zwischen 20 und 25 %, in 13 zwischen 15 und 20 % und in 16 zwischen 10 und 15 %.[380] Lediglich in einem Viertel der Wahlkreise blieb sie unter 5 %.[381] Besonders erfolgreich war die SRP im nördlichen und mittleren Niedersachsen, wobei ihre Hochburgen in Gebieten lagen, in denen bereits die NSDAP überdurchschnittliche Ergebnisse erzielt hatte.[382] Insgesamt zog die SRP so mit 16 Abgeordneten als viertstärkste Fraktion hinter der SPD, dem von DP und CDU gebildeten Wahlbündnis „Niederdeutsche Union" (NU) und dem Block der Heimatvertriebenen und Entrechteten (BHE) in den 158 Sitze umfassenden niedersächsischen Landtag ein.[383] *Kurt P. Tauber* hat die übergreifende Bedeutung des Wahlerfolgs der SRP später treffend dahingehend zugespitzt, dass diese als erste rechtsextreme Partei in Nachkriegsdeutschland auf Landesebene bewiesen habe, dass eine „Beschwörung des Dritten Reichs" noch immer in der Lage gewesen sei, Wählermassen zu mobilisieren.[384] Einen für das unausgegorene Parteiensystem der Bundesrepublik strukturell sehr wichtigen Aspekt hat einmal mehr *Fritz René Alle-*

---

[378] Sondernummer der Reichszeitung v. 05.05.1951, HHStA, 502, 2858 (Umschlag).

[379] *G. Trittel,* Die SRP als Niedersächsische Regionalpartei, in: Weisbrod, Rechtsradikalismus, 1995, S. 67 (69); vgl. auch *H. Buschke,* Die SRP im Raum Lüneburg, in: Weisbrod, Rechtsradikalismus, 1995, S. 87 (88) zum Landkreis Lüneburg, wo die SRP mit 29,7 % der gültigen Stimmen als stärkste Partei vor der DP/CDU das Direktmandat errang.

[380] Instruktiv zu den Hintergründen des relativ schwachen Abschneidens im Regierungsbezirk Hannover der Bericht des Regierungspräsidenten Hannover über das Auftreten der SRP an den niedersächsischen Innenminister v. 18.06.1951, NLA-HStAH, Nds. 120, Acc. 18/77, Nr. 57.

[381] *K. P. Tauber,* Beyond Eagle and Swastika I, 1967, S. 701 f.

[382] „Der Neufaschismus in Niedersachsen", in: Neuer Vorwärts v. 29.06.1951, S. 5, auch vorhanden in: National Archives (UK), FO 1008/14; *H. W. Schmollinger,* SRP, in: Stöss, Parteien-Hdb. II, 1984, S. 2274 (2311 f.).

[383] Folgende Parteien bzw. Parteienverbindungen errangen Sitze: SPD (64), Niederdeutsche Union (DP/CDU) (35), BHE (21), SRP (16), FDP (12), Deutsche Zentrumspartei (4), DRP (3), KPD (2), Deutsche Soziale Partei (1); eine Übersicht über die Fraktionen findet sich bei *S. Glienke,* NS-Vergangenheit späterer niedersächsischer Landtagsabgeordneter, 2012, S. 114; allgemein zum Wahlergebnis: *G. Roth,* Fraktion und Regierungsbildung, 1954, S. 75 ff.; zur Entwicklung der niedersächsischen SRP-Fraktion bis Herbst 1952: *H. W. Schmollinger,* SRP, in: Stöss, Parteien-Hdb. II, 1984, S. 2274 (2315 f.).

[384] *K. P. Tauber,* Beyond Eagle and Swastika I, 1967, S. 701.

mann benannt: Der SRP war es gelungen, zu *dem* „Repräsentant des Rechtsradikalismus in ganz Westdeutschland“ zu werden.[385] Obwohl *Dorls, Remer* und Konsorten mit dem Ergebnis insgeheim nicht ganz zufrieden waren, hatten sie damit doch ein wesentliches Oberziel ihrer Konzentrationsstrategie auf die Niedersachsenwahlen erreicht und konnten dies nun als Basis für eine Ausweitung auf das gesamte Bundesgebiet nutzen.

Aufs Ganze gesehen war jedenfalls deutlich geworden, wie hoch das nazistische Wählerpotential in der Bundesrepublik war. Dies sollte zunächst starken Widerhall in der Presse des In- und Auslandes finden, sich dann aber auch erheblich auf die deutsche Politik sowie auf das Verhalten der Alliierten auswirken. Während die Welt die SRP in ihrem Wahlkommentar als „offen neonationalsozialistisch“ bezeichnete und betonte, dass deren Abschneiden gerade angesichts der Tatsache, dass die Bundesregierung die SRP „schon seit geraumer Zeit als staatsfeindlich“ deklariert habe, auf keinen Fall bagatellisiert werden dürfe,[386] stellte FR-Politikressortchef *Hans Henrich* in seinem Leitartikel geradezu erleichtert fest, dass das Ergebnis der SRP immerhin hinter den schlimmsten Befürchtungen zurückgeblieben sei, habe sie selbst doch mit 15–20 % der Stimmen gerechnet.[387] Bei Betrachtung des Gesamtergebnisses der Wahl musste sich die Erleichterung allerdings in Grenzen halten, da die SRP vor allem aus dem Grund nicht noch stärker abgeschnitten hatte, dass mehrere rechte Parteien mit großem Erfolg um die Stimmen der erschreckend großen rechtsextremen Wählerschaft gebuhlt hatten.[388] So erzielte der erst im Januar 1950 gegründete BHE bei dieser Wahl mit 14,9 % und 21 Abgeordneten ein noch besseres Ergebnis als die SRP. Zwar stand der BHE bei Weitem nicht so weit rechts wie die SRP und sollte in Niedersachsen nach langem Hin und Her eine Koalitionsregierung mit der SPD, die mit 33,7 % und 64 Abgeordneten als stärkste Partei aus den Wahlen hervorgegangen war, bilden. Jedoch hatte er mit seinen beiden Kernforderungen „Lebensrecht im Westen“ und „Heimatrecht im Osten“ dieselbe Klientel angesprochen wie die SRP und diese daher zahlreiche Stimmen gekostet.[389] So sollen allein 55 % der Flüchtlinge für den BHE votiert haben.[390] Zahlreiche weitere Parteien waren im rechten Lager auf Stimmenfang gegangen: So hatten etwa auch die gemeinsam mit der CDU in der Niederdeutschen Union

---

[385] *F. R. Allemann,* Bonn ist nicht Weimar, 1956 (Neudruck 2000), S. 277.

[386] „Feuerprobe“, in: Die Welt v. 08.05.1951.

[387] „Politische Stabilität in Niedersachsen“, in: FR v. 08.05.1951.

[388] Office of UK High Commissioner to Foreign Office, London, 14.06.1951 (confidential), National Archives (UK), FO 1008/14, 5/3/84/51 schließt, dass nur die 11 % Stimmen der SRP als eindeutig faschistisch eingeordnet werden könnten, aber mindestens weitere 30 % nationalistisch gewesen seien.

[389] *H. Hansen,* Sozialistische Reichspartei, 2007, S. 166 f.

[390] *H. Grebing,* Politischer Radikalismus, in: Weisbrod, Rechtsradikalismus, 1995, S. 259 (266 f.).

zur Wahl angetretene Deutsche Partei (DP)[391] und die ähnlich wie die nordrhein-westfälische FDP zum rechten Parteiflügel zählende niedersächsische FDP[392] im Wahlkampf unüberhörbar die nationalistische Tonleiter gespielt und damit jeweils erhebliche Erfolge erzielt. Als Beispiel mag ein Wahlplakat genügen, über das wenig später sogar im Bundestag debattiert wurde:

> „Den Bundesstaat will nur der Ami, den Staatenbund der Franzos' und Tommy, wir aber wollen alle gleich – das ewig junge deutsche Reich!"[393]

Dass es sich hierbei nicht etwa um ein Plakat der SRP oder der DP, sondern um ein solches der FDP handelte, dürfte den Ernst der Lage verdeutlichen.[394] So kam es dann nach der Niedersachsenwahl auch zu derart intensiven Kontakten zwischen der niedersächsischen FDP und der SRP, dass sich der benachbarte FDP-Landesverband aus Hamburg im Sommer 1951 veranlasst sah, bei der Bundes-FDP eine offizielle Beschwerde gegen den niedersächsischen FDP-Landesverband einzulegen: Die liberal-demokratisch ausgerichtete hanseatische FDP beklagte nicht nur, dass „von der FDP Fäden zur SRP gingen", sondern auch, dass sich die niedersächsische FDP-Verbandsgeschäftsführung „zum großen Teil aus ehemaligen führenden Mitgliedern der NSDAP bzw. deren Gliederungen" rekrutiere.[395]

Unter den 16 SRP-Abgeordneten, die in den Landtag einzogen, fanden sich allein zwölf ehemalige NSDAP-Mitglieder.[396] Aber auch zahlreiche andere Fraktionen im zweiten niedersächsischen Landtag hatten nicht eben wenige ehemalige Parteigenossen (Pgs.) in ihren Reihen. Insgesamt summierte sich deren Zahl mit 60 von 200 Abgeordneten auf ca. 30 % der Abgeordneten, die

---

[391] Die Niederdeutsche Union aus CDU und DP errang 23,8 % der Stimmen.

[392] Die FDP erzielte 8,4 % der Stimmen.

[393] Redebeitrag *Dr. Jaeger* (CSU) in der Bundestagsdebatte am 14.06.1951, Deutscher Bundestag, Plenarprotokolle, 1. BT, 152. Sitz., 14.06.1951, S. 6050 f. (http://dipbt.bundestag.de/doc/btp/01/01152.pdf); „Da marschieren sie wieder, die alten Kämpfer", in: SZ v. 05./06.05.1951; *H. Buschke,* Deutsche Presse, 2003, S. 174; *H. Hansen,* Sozialistische Reichspartei, 2007, S. 169.

[394] Zum Auftreten der niedersächsischen FDP im Wahlkampf: *H. G. Marten,* Die unterwanderte FDP, 1978, S. 231 ff.

[395] Zitiert nach *U. Wengst,* Einleitung, in: FDP-Bundesvorstand, Sitzungsprotokolle 1949–1954, 1. Halbbd. 1949–1952, 1990, S. IX (LXVI).

[396] Eine auf Wunsch des schleswig-holsteinischen Landesverbandes am 10.09.1951 an diesen durch die SRP-Fraktion versandte Liste der 16 SRP-Landtagsmitglieder (BA, B 104, Nr. 347) führt auf, dass sich unter diesen 15 Teilnehmer des ersten oder zweiten Weltkriegs fanden, nimmt aber nicht auf NSDAP-Mitgliedschaften Bezug; *S. Glienke,* NS-Vergangenheit späterer niedersächsischer Landtagsabgeordneter, 2012, S. 116; Informationen zu den Biographien der 16 SRP-Landtagsabgeordneten finden sich auch in einem Dossier der britischen Besatzungsbehörden: Chief Political Officer, Land Commissioner's Office, Hannover, Sozialistische Reichspartei Landtag Personalities, 11.06.1951 (restricted), National Archives (UK), FO 1008/14, 5/3/80/51; zum Ganzen auch *H. Hansen,* Sozialistische Reichspartei, 2007, S. 171 f.

im Laufe der zweiten Wahlperiode von 1951 bis 1955 dem niedersächsischen Landtag angehörten.[397] Sogar noch höher als bei der SRP war der prozentuale Anteil beim BHE, von dessen 33 Abgeordneten 28 Pgs. gewesen waren.[398] Im Übrigen zählten zehn der 47 CDU/DP-Abgeordneten, sechs der 70 SPD-Abgeordneten, drei der 16 FDP-Abgeordneten und ein unabhängiger Abgeordneter zu den ehemaligen Pgs.[399]

2. Kooperationsbemühungen der SRP nach der Wahl

a) Verhandlungen zur Bildung einer „antimarxistischen" Koalition

Die SRP-Fraktion konstituierte sich bereits zwei Tage nach der Wahl und begab sich beflügelt vom Wahlerfolg umgehend daran, ihren Einzug in den niedersächsischen Landtag nun auch in konkretes politisches Kapital umzumünzen.[400] Dies ist vor allem aus dem Grund bemerkenswert, dass es sich um einen Politikwechsel handelte: Nach ihrer Gründung hatte sich die neonazistische Partei zunächst nach außen abgeschottet, um sich intern zu konsolidieren, und diesen isolationistischen Kurs dann nach den ersten innerparteilichen Querelen im Herbst 1950 eher noch verstärkt. Auch wegen der zunehmenden staatlichen Gegenmaßnahmen hatte sie sich dann allerdings bereits im Frühjahr 1951 mehr und mehr auch für Kooperationen mit anderen Parteien und Bewegungen geöffnet.[401] Dementsprechend trat sie, wie die Welt einer erstaunten Öffentlichkeit berichtete, umgehend nach Konstituierung ihrer Landtagsfraktion selbstbewusst an die bürgerlich-rechten Parteien heran und bat diesen gönnerhaft die Tolerierung eines „antimarxistischen Fachkabinetts"

---

397 Vgl. *S. Glienke,* NS-Vergangenheit späterer niedersächsischer Landtagsabgeordneter, 2012, S. 19, 116; wie erwähnt, beziehen sich diese Zahlen auf die gesamte Legislaturperiode.

398 Eine Übersicht über NSDAP-Mitgliedschaften niedersächsischer Landtagsabgeordneter findet sich bei *S. Glienke,* NS-Vergangenheit späterer niedersächsischer Landtagsabgeordneter, 2012, S. 116. Auch diese Zahlen beziehen sich auf die gesamte Legislaturperiode, also nicht allein auf die Abgeordneten, die nach den Wahlen in den Landtag einzogen.

399 *S. Glienke,* NS-Vergangenheit späterer niedersächsischer Landtagsabgeordneter, 2012, S. 19, 116.

400 *K. P. Tauber,* Beyond Eagle and Swastika I, 1967, S. 710 f.; *G. Roth,* Fraktion und Regierungsbildung, 1954, S. 91 f.; allgemein zum Prozess der Regierungsbildung nach den Niedersachsenwahlen 1951: *G. Roth,* a.a.O., S. 82 ff.

401 Zu Kontakten der SRP mit anderen Parteien, Verbänden und Bewegungen aber auch mit Einzelpersonen wie etwa dem Weltkriegsgeneral *Heinz Guderian* und dem höchstdekorierten Soldaten der Wehrmacht, dem ehemaligen Stuka-Flieger *Hans-Ulrich Rudel,* welche die SRP vergeblich als Aushängeschilder für sich zu gewinnen versuchte, etwa *H. Hansen,* Sozialistische Reichspartei, 2007, S. 193 ff.

an.[402] Dass ihr Werben nicht aussichtslos war, lag vor allem daran, dass das politische Hauptziel der bürgerlich-rechten Parteien – auch mit Blick auf die Mehrheitsverhältnisse im Bundesrat – die Verhinderung einer erneut SPD-geführten Regierung im großen norddeutschen Flächenland war. Die Bildung einer bürgerlich-rechten Regierung hing nun aber von einer Unterstützung bzw. mindestens Tolerierung durch die SRP ab.[403] Taktisch klug forderte die SRP in den zügig eingeleiteten Sondierungen für sich selbst keinen Ministerposten. Als Gegenleistung für die Tolerierung einer Minderheitsregierung sollten jedoch geeignete SRP-Mitglieder wieder in den öffentlichen Dienst eingestellt werden, was indes eine Änderung des auch in Niedersachsen übernommenen Unvereinbarkeitsbeschlusses der Bundesregierung aus dem Herbst 1950 vorausgesetzt hätte.[404]

Der politische Spagat der niedersächsischen SRP zwischen dem ursprünglichen Anspruch, Totalopposition auszuüben, und dem Versuch, aus dem Einzug in das Parlament dann doch irgendwie Kapital zu schlagen, führte ab dem 10. Mai 1951 zu schwierigen Verhandlungen zunächst mit dem BHE und dann mit CDU sowie DP.[405] Während die SRP-Führung die Einzelgespräche mit dem BHE schnell beendete, da dieser auf eine *de facto*-Übernahme der SRP-Fraktion drängte, verliefen die Verhandlungen mit der Niederdeutschen Union über die Bildung einer bürgerlich-rechten Regierung unter Einschluss von FDP und BHE zunächst durchaus vielversprechend.[406] Treibende Kraft der Gespräche, die viele außenstehende Beobachter verwunderten, arbeiteten führende Bundespolitiker der CDU mit Billigung der DP im Hintergrund doch bereits an der Einleitung des Verbotsverfahrens gegen die SRP, war der DP-Vorsitzende *Hellwege*, der allzu gerne von seinem unbedeutenden Bonner Ministeramt auf den niedersächsischen Ministerpräsidentenstuhl gewechselt wäre.[407] Allerdings drängte die NU, die ab dem 28. Mai 1951 intensiv mit

---

402 „SRP macht Angebote", in: Die Welt v. 09.05.1951: „Die Sozialistische Reichspartei hat am Dienstag angeboten, ein bürgerliches Fachkabinett in Niedersachsen zu tolerieren."; *K. P. Tauber,* Beyond Eagle and Swastika I, 1967, S. 711; *G. Roth,* Fraktion und Regierungsbildung, 1954, S. 97 f.

403 Office of UK High Commissioner to Foreign Office, London, 14.06.1951 (confidential), National Archives (UK), FO 1008/14, 5/3/84/51; *G. Roth,* Fraktion und Regierungsbildung, 1954, S. 88; *H. W. Schmollinger,* SRP, in: Stöss, Parteien-Hdb. II, 1984, S. 2274 (2316 f.).

404 *K. P. Tauber,* Beyond Eagle and Swastika I, 1967, S. 711.

405 „SRP Putsch im BHE aufgedeckt", in: Hannoversche Presse v. 12.05.1951, wiedergegeben auch in *G. Roth,* Fraktion und Regierungsbildung, 1954, S. 98; *G. Botsch,* Die extreme Rechte, 2012, S. 26.

406 *H. W. Schmollinger,* SRP, in: Stöss, Parteien-Hdb. II, 1984, S. 2274 (2302); *G. Roth,* Fraktion und Regierungsbildung, 1954, S. 98 ff.

407 Informationsbericht Robert Strobels v. 25.05.1951 nach einem Gespräch u.a. mit Bundestagsvizepräsident *Hermann Schäfer* (FDP) nach der Sitzung des FDP-Hauptausschusses am 24.05.1951, in: Adenauer und die FDP, 2013, S. 209 (212); Office of UK

BHE und FDP verhandelte,[408] die SRP schließlich zu einer direkten Beteiligung an der Regierungsbildung durch Benennung eines „Fachministers“, der nicht unbedingt SRP-Mitglied sein müsse.[409] Dies sollte die SRP nicht etwa aufwerten, sondern dieser vielmehr die komfortable Position nehmen, die Regierungspolitik beeinflussen zu können, ohne personale Verantwortung für diese übernehmen zu müssen.[410]

Beobachtete die interessierte Öffentlichkeit mit zunehmendem Unverständnis, wie sehr sich die bürgerlichen Parteien um die obskuren SRP-Abgeordneten, darunter *Dorls, Graf Westarp* und *Finke,* bemühten, bereitete schließlich der britische Hochkommissar dem Spuk ein Ende. Wie Quellen aus britischen Geheimdienstkreisen belegen, intervenierte *Sir Ivone Kirkpatrick* (1897–1964), der das Werben um die SRP und die sich verdichtende Möglichkeit, dass diese in ein Kabinett mit Parteien eintreten könnte, die gleichzeitig ein Verbot der SRP betrieben, mit Argusaugen beobachtete, in dieser Sache ebenso diskret wie bestimmt beim Bundeskanzler.[411] *Adenauer,* der die Entwicklung der niedersächsischen CDU ohnehin seit Längerem kritisch beäugte, versicherte dem Hochkommissar umgehend, dass die SRP unter keinen Umständen ihren Weg in eine niedersächsische Regierung finden werde.[412] Am 4. Juni 1951 nutzte er dann ein Treffen mit Repräsentanten der NU-Fraktion in Bonn, um endlich sein Veto gegen eine Kooperation mit der SRP einzulegen und gleichzeitig für die Bildung einer Großen Koalition zu plädieren.[413] Damit waren die Chancen der rechtsextremen Partei auf eine Regierungsbeteiligung beseitigt, zumal sich die BHE-Fraktion unterdessen bereits der SPD zugeneigt hatte, was eine bürgerlich-rechte Regierungsbildung ohnehin nahezu unmöglich gemacht hätte.[414] Spätestens als die Morgenzeitungen am 13. Juni 1951 die Ministerliste des noch am selben Tag in der zweiten Sitzung des neugewählten Landtags gewählten SPD-BHE-Zentrum-

---

High Commissioner to Foreign Office, London, 14.06.1951 (confidential), National Archives (UK), FO 1008/14, 5/3/84/51.

408 *G. Roth,* Fraktion und Regierungsbildung, 1954, S. 101 f.

409 Nach *G. Roth,* Fraktion und Regierungsbildung, 1954, S. 102 soll die SRP, vertreten durch *Dorls* und *Graf Westarp,* dieses Angebot noch vor dem 30.05.1951, als dem Tag der Eröffnungssitzung des Landtags, grds. angenommen haben.

410 *H. Hansen,* Sozialistische Reichspartei, 2007, S. 179.

411 Office of UK High Commissioner to Foreign Office, London, 14.06.1951 (confidential), National Archives (UK), FO 1008/14, 5/3/84/51; *H. Hansen,* Sozialistische Reichspartei, 2007, S. 179 f.; *ders.,* „Radau“-Nationalismus, in: Jesse/Niedermeier, Politischer Extremismus, 2007, S. 127 (129 Fn. 11) zu *Kirkpatricks* positiver Sicht auf *Adenauer: I. Kirkpatrick,* The Inner Circle, 1959, S. 220 ff.

412 Office of UK High Commissioner to Foreign Office, London, 14.06.1951 (confidential), National Archives (UK), FO 1008/14, 5/3/84/51.

413 *G. Roth,* Fraktion und Regierungsbildung, 1954, S. 104.

414 *G. Roth,* Fraktion und Regierungsbildung, 1954, S. 105 ff.; *H. W. Schmollinger,* SRP, in: Stöss, Parteien-Hdb. II, 1984, S. 2274 (2302, 2317).

Kabinetts unter dem bisherigen Ministerpräsident *Hinrich Wilhelm Kopf* (SPD) bekannt gaben, musste sich die SRP daher von ihrem Traum verabschieden, dass sich ihr Einzug ins Parlament irgendwie in eine Einflussnahme auf Regierung und Verwaltung des Landes ummünzen ließe.[415]

b) Fusionsverhandlungen mit Loritz' WAV

Das aufgrund des Wahlerfolgs gestiegene Selbstbewusstsein trug ebenso wie die zunehmende staatliche Behegung der rechtsextremen Partei dazu bei, dass sich die SRP-Führung unterdessen intensiv darum bemühte, ihren nächsten großen strategischen Schritt, die Ausweitung des Einflusses der SRP auf die gesamte Bundesrepublik, durch die Zusammenarbeit mit einer anderen Partei zu beschleunigen. Wunschpartner war die 1945 von dem bereits erwähnten, obskuren späteren bayerischen Entnazifizierungs-Sonderminister *Alfred Loritz* (1902–1979) gegründete Wirtschaftliche Aufbau-Vereinigung (WAV).[416]

Der „Loritz-Partei" war immerhin der Einzug in den ersten Bundestag gelungen, und sie hatte seitdem einen deutlichen Rechtsschwenk vollzogen. Damit war sie nicht nur programmatisch für die SRP anschlussfähig. Mit ihrer Verwurzelung in Bayern, als einem Land, in dem es der norddeutsch-protestantisch geprägten SRP besonders schwer fiel, Fuß zu fassen, ergänzte die WAV diese vor allem in geographischer Hinsicht ideal. Erleichtert wurde eine Annäherung durch persönliche Kontakte, die intensiviert worden waren, seit sich im Januar 1951 die SRP-Bundestagsabgeordneten *Dorls* und *Richter/Rößler* der kleinen WAV-Fraktion im Bundestag angeschlossen hatten.[417]

Im Mai 1951 kam es daher zu geheimen Kooperationsverhandlungen zwischen den Parteivorsitzenden, die schnell Frucht zu Tragen schienen:[418] *Loritz* war nach der primär durch die Abwanderung des Vertriebenenflügels verursachten katastrophalen Niederlage seiner WAV bei den bayerischen Land-

---

[415] *K. P. Tauber,* Beyond Eagle and Swastika I, 1967, S. 710 f.; *G. Roth,* Fraktion und Regierungsbildung, 1954, S. 107 ff.

[416] Zu *Loritz* bereits oben S. 147; zu *Loritz* und der WAV etwa auch *W. Long,* The New Nazis of Germany, 1968, S. 47 ff.; *S. Winge,* Die Wirtschaftliche Aufbau-Vereinigung, 1976, S. 16 ff.; *H. Woller,* Die Wirtschaftliche Aufbau-Vereinigung, in: Stöss, Parteien-Hdb. II, 1984, S. 2458 ff.; *U. Backes/E. Jesse,* Politischer Extremismus, 1989, S. 47 f.; *M. Schlieben,* Politische Karrieren, 2013, S. 69 ff.

[417] Am 13.12.1950 hatten *Dorls* und *Richter/Rößler* im Bundestag bekanntgeben lassen, dass sie sich der WAV-Fraktion als Gäste angeschlossen hätten (Stenographische Berichte, Bundestag, 1. Wahlperiode, 106. Sitz. v. 13.12.1950 (http://dip21.bundestag.de/dip21/btp/01/0106.pdf), S. 3915 (A)), bevor sie dann am 17.01.1951 mitteilten, dieser nunmehr beigetreten zu sein (Stenographische Berichte, Bundestag, 1. Wahlperiode, 111. Sitz. v. 17.01.1951 (http://dip21.bundestag.de/dip21/btp/01/ 01111.pdf), S. 4189 (D)); vgl. auch *S. Winge,* Die Wirtschaftliche Aufbau-Vereinigung, 1976, S. 166; *U. Kranenpohl,* Mächtig oder machtlos?, 1999, S. 89.

[418] *K. P. Tauber,* Beyond Eagle and Swastika I, 1967, S. 711 f.; *S. Winge,* Die Wirtschaftliche Aufbau-Vereinigung, 1976, S. 205 f.

Abb. 15: Loritz (links) gibt nach seiner Flucht aus der Untersuchungshaft im Dezember 1948 zwei Rundfunkreportern ein Interview in einem Pkw. Wenig später wurde Loritz verhaftet, dann aber aus Mangel an Beweisen freigesprochen und daraufhin erneut WAV-Vorsitzender.

tagswahlen im November 1950 seinerseits auf Kooperationen angewiesen. Um das leck geschlagene Parteischiff über Wasser halten zu können, verkündete er daher im Juni 1951, nachdem die Verhandlungen der SRP über eine Regierungsbeteiligung in Niedersachsen gescheitert waren, Fusionsabsichten mit der SRP:[419] *Loritz* wies darauf hin, dass sich die Parteiprogramme von WAV und SRP in allen Punkten deckten. Auch nahm er die SRP gegen den Vorwurf in Schutz, eine neofaschistische Partei zu sein, und verstieg sich als ehemaliger bayerischer Entnazifizierungs-Sonderminister dabei sogar zu der Behauptung, in der SRP befänden sich viele ehemalige KZ-Insassen der Nazizeit und ehemals verfolgte Juden. Mit „Vaterländische Opposition" hatte *Loritz* zudem bereits einen programmatischen Namen für die gemeinsame Partei gefunden.[420]

Während *Dorls* über die Pressemitteilungen des WAV-Vorsitzenden erfreut war und diese im Wesentlichen bestätigte, teilte die Mehrheit der WAV-Fraktionsmitglieder *Loritz'* voreilig bekundeten Enthusiasmus nicht. Der WAV-Vorsitzende wurde umgehend von seinen überraschten Fraktionskollegen an die Kandare genommen, die im Falle eines Zusammengehens mit der SRP angesichts des anstehenden SRP-Verbotsverfahrens ihre ohnehin schon verdüsterten Zukunftsaussichten vollends schwinden sahen.[421] Die Mitglieder der WAV-Fraktion gingen gleichzeitig mit Pressemitteilungen an die Öffentlichkeit, in denen sie sich von *Loritz'* Plänen distanzierten, und setzten diesen nur wenige Tage später, am 19. Juni 1951, dann auch als Fraktionsvorsitzen-

---

[419] *H. Woller,* Die Loritz-Partei, 1982, S. 133.
[420] *H. Woller,* Die Loritz-Partei, 1982, S. 133 f.
[421] *H. Woller,* Die Loritz-Partei, 1982, S. 135 f.

den ab.[422] Zur Begründung wurde nicht zuletzt darauf verwiesen, dass man unter keinen Umständen bereit sei, eine politische Wende hin zur SRP zu billigen. Auch sollten *Dorls* und *Richter/Rößler* alsbald aus der Fraktion ausgeschlossen werden, wolle doch die Fraktionsmehrheit „mit diesen Rechtsradikalen nichts zu tun haben".[423] *Loritz* bemühte sich in dem offen ausgebrochenen Machtkampf vergeblich, mit Unterstützung von *Dorls* und *Richter* die Hoheit über seine Fraktion wiederzugewinnen,[424] die ihn am 21. Juni 1951 schließlich sogar aus ihren Reihen ausschloss. Dieser Schritt war umso bemerkenswerter, als die WAV dadurch ihren wertvollen Fraktionsstatus im Bundestag einbüßte.[425]

Umgekehrt bestanden allerdings auch durchaus in der SRP Ressentiments gegen die WAV, nicht zuletzt da *Loritz* ab Dezember 1946 für ein gutes halbes Jahr als bayerischer Entnazifizierungsminister fungiert hatte.[426] *Dorls* und *Richter/Rößler* nahmen das Scheitern der Fusionspläne und den angedrohten Fraktionsausschluss jedenfalls zum Anlass, unmittelbar nach der parlamentarischen Sommerpause im September 1951 ihrerseits demonstrativ aus der nunmehr zur parlamentarischen Gruppe herabgesunkenen früheren WAV-Fraktion im Bundestag auszutreten.[427]

c) Kontakte zu anderen Rechtsparteien, insbesondere zur FDP

Unterdessen streckten im Sommer 1951 auch andere rechte Parteien und Gruppierungen ihre Fühler zur SRP aus, die durch den Erfolg in Niedersachsen an Statur gewonnen hatte.[428] Dass der Abbruch der Koalitionsverhand-

---

[422] *S. Winge,* Die Wirtschaftliche Aufbau-Vereinigung, 1976, S. 206; *H. Woller,* Die Loritz-Partei, 1982, S. 136.

[423] *H. Woller,* Die Loritz-Partei, 1982, S. 136.

[424] Britische Geheimdienstquellen berichteten noch für den 20.06.1951 von gemeinsamen öffentlichen Versammlungen unter der Schirmherrschaft der SRP im Ruhrgebiet (Gevelsberg und Milspe), an denen *Richter* und *Loritz* teilnahmen. Die Veranstaltungen wurden jedoch u.a. auf Druck von Gewerkschaftsvertretern schließlich polizeilich untersagt. Extract from Dusseldorf Weekly Sitrep. No. 25, 27.06.1951, National Archives (UK), FO 1008/14, 5/3/92/51.

[425] *H. Woller,* Die Loritz-Partei, 1982, S. 136 f.

[426] Oben S. 147; Extract from Hannover Telegram No. 81, 28.06.1951, National Archives (UK), FO 1008/14, 5/3/96/51; *H. Hansen,* Sozialistische Reichspartei, 2007, S. 186.

[427] *H. W. Schmollinger,* SRP, in: Stöss, Parteien-Hdb. II, 1984, S. 2274 (2302); Erkenntnisse aus britischen Geheimdienstkreisen deuten noch Mitte August 1951 auf eine Unterstützung *Remers* bei Auftritten in Bayern u.a. durch *Loritz* hin, Extract from Despatch No. 34 from British Land Observer, Munich, 14.08.1951, National Archives (UK), FO 1008/15, 5/3/130/51.

[428] Nicht völlig überraschend sind – nicht zuletzt angesichts der bereits angerissenen früheren Sympathien *Dorls* für *Otto Strasser* – von britischen Geheimdienstkreisen kolportierte Kontakte *Dorls'* und *Westarps* mit Repräsentanten der „Otto-Strasser-Bewegung" in Deutschland wie namentlich deren Gründer *Bruno Fricke,* Extract from Hannover Tele-

lungen der NU mit der SRP Anfang Juni 1951 letztlich auf *Adenauers* Intervention beruhte, manifestierte sich u.a. darin, dass die DP ihre Kontakte mit den SRP-Oberen recht unbeeindruckt weiterpflegte.[429] So berichten US-Geheimdienstkreise von einem Treffen *Herbert Tuschs,* des persönlichen Referenten von Bundesverkehrsminister *Hans-Christoph Seebohm* (DP), mit *Dorls* und *von Westarp* am 27. Juni 1951 in Köln.[430] *Tusch,* der in den 20er Jahren der berüchtigten rechtsextremen „Organisation Consul" angehört hatte,[431] die u.a. für die Ermordung *Walther Rathenaus* verantwortlich gewesen war,[432] schlug hier vor, im Falle eines Verbotes der SRP deren Anhänger in die DP zu überführen. Damit brüskierte er allerdings *Dorls* und *Westarp,* die eine Übernahme ihrer selbst nach Hegemonie im rechten Lager strebenden Partei für inakzeptabel hielten.

Die FDP mit ihrem – nicht zuletzt wegen des hervorragenden Abschneidens bei den hessischen Landtagswahlen im November 1950 zunehmend selbstbewusster agierenden – nationalliberalen Flügel, der von den Landesverbänden in NRW, Niedersachsen und Hessen getragen wurde,[433] hatte sich im Mai 1951 durchaus für eine rechte, „antimarxistische" Regierungsbildung in Hannover unter Einschluss der SRP offen gezeigt.[434] Die Kontakte der niedersächsischen FDP, die bei den Landtagswahlen mit 8,3 % der Stimmen immerhin fünftstärkste Partei geworden war, zur SRP erreichten im Sommer 1951 eine Intensität, die – wie bereits erwähnt – den zum liberal-demokratischen Flügel zählenden Hamburger FDP-Landesverband schließlich nötigte, eine offizielle Beschwerde gegen den benachbarten großen Landesverband zu erheben.[435] Für die Bundespolitik war das starke Ergebnis der SRP bei den Niedersachsenwahlen auch aus dem Grund von potentiell höchster Bedeutung, dass es Erwägungen in der von Flügelkämpfen geschüttelten FDP, die sich während der ersten Legislaturperiode quasi durchgängig von *Adenauer* benachteiligt und in den Hintergrund gedrängt fühlte, befeuerte, die Bundesregierung zu verlassen. Als Alternative zum Verbleib in der Koalition, „um

---

gram No. 75, 07.06.1951, National Archives (UK), FO 1008/14, 5/3/85/51; Extract from Hannover Telegram No. 81, 28.06.1951, National Archives (UK), FO 1008/14, 5/3/96/51; zu *Fricke* und dessen kurzlebiger Otto-Strasser-Bewegung: „Nazi-Drehbühne", in: Die Zeit v. 25.06.1953 (http://www.zeit.de/1953/26/nazi-drehbuehne).

[429] Office of UK High Commissioner to Foreign Office, London, 14.06.1951 (confidential), National Archives (UK), FO 1008/14, 5/3/84/51.

[430] *H. Hansen,* Sozialistische Reichspartei, 2007, S. 239 Fn. 98.

[431] *K. P. Tauber,* Beyond Eagle and Swastika I, 1967, S. 888.

[432] Dazu oben S. 45 f.

[433] Dazu näher unten S. 399 ff.

[434] Informationsbericht Robert Strobels v. 25.05.1951 nach einem Gespräch u.a. mit Bundestagsvizepräsident *Hermann Schäfer* (FDP) nach der Sitzung des FDP-Hauptausschusses am 24.05.1951, in: Adenauer und die FDP, 2013, S. 209 (212).

[435] Oben S. 197; dazu auch *U. Wengst,* Einleitung, in: FDP-Bundesvorstand, Sitzungsprotokolle 1949–1954, 1. Halbbd. 1949–1952, 1990, S. IX (LXVI f.).

den Aufbau des neuen Staates in seinen Grundzügen zu vollenden", wurde in FDP-Führungszirkeln daher im Mai 1951 ernsthaft die Möglichkeit diskutiert, aus der Bundesregierung auszutreten, „um durch Opposition einen großen Teil der Unzufriedenen, die nun den Rechtsradikalen zulaufen, an sich zu ziehen."[436] Während nationalliberale FDP-Kräfte der Auffassung waren, dass es auch im Interesse einer demokratischen Entwicklung des Staates wichtiger sei, auf diese Weise einer demokratischen Partei wie der FDP die unzufriedenen, nach rechts tendierenden Elemente zuzuführen, als dem Rechtsradikalismus das Feld zu überlassen, warnten Bundestagsvizepräsident *Hermann Schäfer* (1892–1966) und andere liberal-demokratische FDP-Politiker, dass ein Austritt der FDP aus der Bundesregierung zum Staatsnotstand führe. Die in diesem Falle wahrscheinliche CDU/CSU-Minderheitsregierung werde dann bei den anstehenden wichtigen Gesetzesvorhaben stärker auf die SPD als auf die FDP Rücksicht nehmen, was deren politischen Interessen im Ergebnis gerade schade.[437]

Summa summarum war in der FDP mit der Abwehr bzw. Integration des Rechtsradikalismus jedenfalls ein weiteres mögliches Motiv für einen Austritt aus der Bundesregierung entstanden,[438] was das ohnehin schwierige Verhältnis zwischen dem Bundeskanzler und der FDP in der Folgezeit zusätzlich belasten sollte.[439] Dass rechtsextreme Kreise insbesondere in der nordrhein-westfälischen, aber auch in der niedersächsischen FDP eine Kooperation mit der SRP und ähnlichen Kräften insgeheim durchaus mit dem Ziel ins Kalkül zogen, eine markant nationalkonservative Programmatik zu verwirklichen, sollte spätestens im Sommer 1952 mit der Vorlage des „Deutschen Programms" deutlich werden und die liberale Partei in der Folge schließlich an den Rand des Abgrunds führen.[440]

d) Zum Rechtsdrall des Parteiensystems nach den Niedersachsenwahlen

In der Annäherung der FDP, der DP, aber z.B. auch rechter Kreise innerhalb der niedersächsischen CDU, an die SRP manifestierte sich die aufs Ganze gesehen wohl wichtigste Folge der Niedersachsenwahlen für das politische System der Bundesrepublik: Das starke Abschneiden der SRP und anderer

---

[436] Informationsbericht Robert Strobels v. 25.05.1951, in: Adenauer und die FDP, 2013, S. 209 (210).

[437] Informationsbericht Robert Strobels v. 25.05.1951, in: Adenauer und die FDP, 2013, S. 209 (210 f.).

[438] So sehr deutlich *Hermann Schäfer* wiedergegeben in dem Informationsbericht Robert Strobels v. 25.05.1951, in: Adenauer und die FDP, 2013, S. 209 (210 f.).

[439] Aufschlussreich dazu insbesondere der Schriftwechsel zwischen *Adenauer* und dem FDP-Vorsitzenden *Blücher,* aber auch die weiteren Quellen in: Adenauer und die FDP, 2013.

[440] Dazu unten S. 399 ff.

rechter Parteien hatte *pars pro toto* das immense rechte Wählerpotential sichtbar gemacht. Dies löste in zahlreichen der bereits auf die Bundestagswahlen im Herbst 1953 schielenden Parteien Überlegungen aus, wie dieses rechte Wählerpotential zu erschließen sei.[441] Im besten Falle ging es hier um Einbindung und Integration, im schlimmsten um Nutzung des rechten Wählerpotentials, um im Ergebnis nationalkonservative bis nazistische Politik zu verwirklichen.[442]

So versetzte der Erfolg der SRP bei der Niedersachsenwahl dem noch in einem fluiden Aggregatzustand befindlichen Parteiensystem der Bundesrepublik einen Rechtsdrall, der im Vorfeld der zweiten Bundestagswahlen nicht nur zu einer deutlichen Öffnung verschiedener Parteien – wie namentlich der FDP[443] – nach rechts führte, sondern auch den Schwerpunkt des Gesamtsystems nach rechts verschob.[444] Im Ergebnis sollte sich die intensiv betriebene Öffnung nach rechts für Parteien wie die FDP und die DP allerdings gerade nicht bezahlt machen und auch die von vielen angestrebte Bildung einer großen Sammlungspartei rechts von der CDU scheitern. Dies war allerdings eine Folge komplexer Entwicklungen und bis zu den Bundestagswahlen im Herbst 1953 alles andere als gewiss. Im Sommer 1951 jedenfalls hatten die Niedersachsenwahlen der Rechten einen derart massiven Aufwind verschafft, dass in der Folge verschiedene rechte Parteien und Bewegungen von einer baldigen Machtübernahme in Bonn zu träumen begannen.

3. Forderungen nach einem SRP-Verbot im In- und Ausland

Das erfolgreiche Abschneiden der SRP in Niedersachsen rückte die rechtsextreme Partei in der Bundesrepublik endgültig in das Blickfeld auch einer breiteren Öffentlichkeit und fachte damit die bereits seit Längerem schwelende Verbotsdiskussion an: So beklagte die Süddeutsche Zeitung nach der Wahl in ihrer Schlagzeile eine „Rechts-Radikalisierung in Niedersachsen“ und kritisierte, dass die Bonner Parteien die Erfolge der SRP zu sehr herunterspiel-

---

[441] Office of UK High Commissioner to Foreign Office, London, 14.06.1951 (confidential), National Archives (UK), FO 1008/14, 5/3/84/51.

[442] Bezeichnend die Einschätzung britischer Geheimdienstkreise (Hanover Telegram No. 98 (secret), 16.08.1951, National Archives (UK), FO 1008/15): „As was to be feared, there are indications, which we as yet report with great reserve, that not the least of the effects of the growth of neo-nazism in this Land is that being exercised inside the CDU, DP and FDP. Whilst it would be most premature to speak of a new Harzburger Front, there are now men appearing in those parties whose language has much in common with that of the SRP.“

[443] Näher dazu unten S. 399 ff.

[444] In diese Richtung für Niedersachsen bereits „Der Neufaschismus in Niedersachsen“, in: Neuer Vorwärts v. 29.06.1951, S. 5, auch in National Archives (UK), FO 1008/14.

ten.[445] Die Welt sah im niedersächsischen Wahlergebnis eine „Feuerprobe" für die demokratischen Parteien und bemängelte, dass sich das „vor aller Öffentlichkeit ausgetragene Tauziehen zwischen Bonn und Hannover, ob man die SRP verbieten solle oder nicht, als unbezahlte Propaganda für die SRP erwiesen" habe.[446] Die FAZ stellte in ihrem Leitartikel erschüttert fest, dass sich „jeder zehnte Abgeordnete im Parlament zu Hannover" zur „Nachfolge des Nationalsozialismus" bekenne.[447] Niemand in Deutschland könne daran vorübergehen. „Das Ausland wird es ohnehin nicht tun."[448] Auch die FR lenkte mit Schlagzeilen wie „Paris über SRP beunruhigt"[449] oder „Australien will keine Nazis"[450] den Blick auf die immer größer werdenden Sorgen in ausländischen Hauptstädten. Ende Mai 1951 schaltete sich schließlich Chefredakteur *Karl Gerold* in die Diskussion ein und plädierte geradezu verzweifelt dafür, endlich die verfassungsrechtlichen Möglichkeiten zu nutzen, um die SRP zu verbieten.[451] Dabei rief er mahnend die zögerliche Anwendung von Parteiverboten in der Weimarer Republik und deren Folgen in Erinnerung:

> „Damals strotzten die Demokraten […] vor verfassungsrechtlichen Bedenken. Sie strotzten so lange, bis sie entweder in den Gefängnissen saßen, in den Konzentrationslagern verdarben oder in der Emigration ihr kärgliches Brot aßen […]."[452]

Der stärkste Druck auf die Bundesregierung ging aber von den harschen Reaktionen des Auslands aus: So standen Reportagen über die Wiederauferstehung des deutschen Nazismus wochenlang im Fokus der Europa-Berichterstattung nicht nur der US-Medien.[453] US-Hochkommissar *John McCloy, primus inter pares* der Hohen Kommissare, nutzte die von ihm geleitete Sitzung der Alliierten Hohen Kommission mit dem Bundeskanzler drei Tage nach der Niedersachsenwahl, um *Adenauer* darauf hinzuweisen, dass man *Remer* und die Versammlungen der SRP beobachtet habe und „sehr beunruhigt" sei.[454] Zwar räumte der Hohe Kommissar unter Rückgriff auf einen un-

---

[445] „Von der Regierungsbildung in Niedersachsen", in: SZ v. 08.05.1951 und 10.05. 1951); allgemein zur Berichterstattung der Presse über die SRP: *H. Buschke,* Deutsche Presse, 2003, S. 147 ff.

[446] „Feuerprobe", in: Die Welt v. 08.05.1951.

[447] „Die Mahnung von Niedersachsen", in: FAZ v. 08.05.1951, S. 1.

[448] „Die Mahnung von Niedersachsen", in: FAZ v. 08.05.1951, S. 1.

[449] FR v. 10.05.1951.

[450] FR v. 15.05.1951.

[451] „Wer schlägt wen?", in: FR v. 26.05.1951.

[452] „Wer schlägt wen?", in: FR v. 26.05.1951.

[453] Näher dazu unten S. 229 f.

[454] Akten zur Auswärtigen Politik der Bundesrepublik Deutschland, Bd. 1, Adenauer und die Hohen Kommissare, 1949–1951, Sitz. v. 09.05.1951, S. 352 (359 f.); in diese Richtung auch der Bericht HICOG Frankfurt to Department of State, Recent Activities of the „Sozialistische Reichspartei" (SRP), HICOG Frankfurt Despatch 3272 (confidential),

Abb. 16: Die Alliierten Hohen Kommissare John McCloy (l.), Ivone Kirkpatrick (m.) und André Francois-Poncet (r.) bei einem früheren Treffen mit Kanzler Adenauer (2.v.r.) und Wirtschaftsminister Ludwig Erhard (2.v.l.) am 23.09.1950 im Hotel Petersberg

zweideutigen Topos über den schleichenden Aufstieg von Extremismus ein, dass der Gefahrenherd augenblicklich noch klein und nicht bezeichnend für die politische Situation in den Westzonen sei.[455] Befasse man sich allerdings nicht mit einem kleinen Brandherd, könne dieser „ganz ernsthafte Proportionen" annehmen. Scheinbar wohlwollend wies *McCloy* darauf hin, dass man es vorziehe, wenn sich die Bundesregierung oder die örtlichen Behörden darum kümmerten. „Wenn es sich aber zu irgendeiner Zeit als notwendig erweisen würde, daß wir eingreifen, würde es der Bundesregierung jederzeit freistehen, [...] sich entweder mit uns zu konsultieren, oder wir würden ihr die Hilfe geben, die wir ihr geben können." *McCloy* versicherte dem Bundeskanzler, dass man überzeugt sei, „daß es dem Eifer und der Entschlußkraft der Bundesregierung gelingen wird, dieser Angelegenheit Herr zu werden". Dass es sich bei den angelsächsisch-verbindlich formulierten Angeboten aber letztlich um eine nur wenig verbrämte Ermahnung ersten Ranges handelte, nun endlich tätig zu werden, wurde spätestens deutlich, als sich der Hohe

10.05.1951, National Archives (UK), FO 1008/14, 5/3/56/51; zum Ganzen auch *N. Frei,* Vergangenheitspolitik, 2. Aufl. 1997, S. 339.

[455] Ähnlich: Amt des amerikanischen Hochkommissars für Deutschland (Hrsg.), 7. Bericht über Deutschland (1.4.–30.6.1951), S. 40: „Der Rechtsradikalismus stellt – was das gesamte Bundesgebiet anbetrifft – keine große Kraft dar, und noch scheint nichts darauf hinzudeuten, daß er sich in unmittelbarer Zukunft zu einer solchen Kraft entwickeln könnte. Im wesentlichen ist er eine latente Gefahr."

Kommissar dann doch den eindeutigen Hinweis nicht nehmen ließ, dass sich „ein solches Abenteuer wie das alte Nazi-Abenteuer" in Westdeutschland nicht wiederholen dürfe. Man werde die Wiederbelebung eines nationalistischen Geistes nicht erlauben, wenn es jemals dazu komme.[456]

4. Adenauer forciert die Vorbereitung des SRP-Verbots

Adenauer, der – wie gesehen – auch eine Beeinträchtigung der laufenden Verhandlungen um die Bildung der EVG als Voraussetzung für die Ablösung des Besatzungsstatuts vermeiden musste, um die Chance auf eine Wiedergewinnung der deutschen Souveränität nicht zu verspielen, hatte allerdings ohnehin bereits am Vortag, in der Kabinettssitzung vom 8. Mai 1951, in Reaktion auf die Niedersachsenwahl deutlich gemacht, dass man nunmehr mit allen Mitteln versuchen müsse, „das Umsichgreifen derartiger Organisationen zu verhindern".[457] Dabei war er sich nicht nur der Unterstützung der Gewerkschaften, sondern auch industrieller Kreise sicher, die infolge des Aufstiegs der SRP mittlerweile eine Beeinträchtigung ihrer Handelskontakte mit dem Ausland befürchteten.[458] Den Bedenkenträgern im Kabinett schrieb der Kanzler ins Stammbuch, dass es nicht noch einmal dazu kommen dürfe, dass „die Demokratie, wie es 1933 geschehen sei, an den demokratischen Grundsätzen sterbe". Dass der Bundeskanzler eine möglichst schnelle Durchführung des Verbotsverfahrens gegen die SRP wünschte, wurde spätestens mit der Aufforderung klar, schon jetzt mit der Sammlung von Material zu beginnen, um dieses zur gegebenen Zeit dem BVerfG vorzulegen. Die Dringlichkeit der Angelegenheit machte auch seine nachdrückliche Forderung deutlich, dass die Bundesregierung die Errichtung „dieses Gerichtshofes mit allen Mitteln zu beschleunigen" habe. Die Aufforderung, zu klären, wer die Schuld daran trage, dass das BVerfG „nicht längst funktionsfähig" sei, konnte durchaus auch als mehr oder weniger unverblümter Vorwurf an den dabei federführenden Bundesjustizminister verstanden werden.

IV. Dehler bringt Grundrechtsverwirkungsverfahren ins Spiel

Bundesjustizminister *Dehler* trieb die Errichtung des BVerfG in der Folge wunschgemäß nach Kräften voran,[459] agierte aber, was das Verbotsverfahren

---

[456] Vgl. auch Amt des amerikanischen Hochkommissars für Deutschland (Hrsg.), 7. Bericht über Deutschland (1.4.–30.6.1951), S. 40.

[457] Kabinettsprotokolle 1951, S. 356 (08.05.1951).

[458] Extracts from Dusseldorf Tel. No. 29 Saving to Wahnerheide, 06.06.1951, National Archives (UK), FO 1008/14, 5/3/77A/51.

[459] So legte *Dehler* in der Kabinettssitzung am 29.05.1951 u.a. Wahllisten für die Mitglieder des BVerfG vor und erläuterte das Wahlverfahren, Kabinettsprotokolle 1951, S. 397 (29.05.1951).

gegen die SRP anging, zunächst eher zurückhaltend. Immerhin wies er Anfang Juli 1951 seine Mitarbeiter an, „zusammen mit dem Innenministerium die Klage zum Bundesverfassungsgericht auf Feststellung der Verfassungswidrigkeit der SRP vorzubereiten und dabei eingehend zu prüfen, ob das vorliegende Material ausreicht“.[460] Nachdem *Dehler* vor der Niedersachsenwahl zu Recht ein Parteiverbot auf der Grundlage von Art. 9 Abs. 2 GG verhindert hatte, war seine weiter zögerliche Haltung nunmehr Zweifeln geschuldet, ob die Voraussetzungen eines Parteiverbotes gem. Art. 21 Abs. 2 GG zu beweisen wären. Seine Bedenken brachte er Mitte Juli 1951 in einem Brief an Innenminister *Lehr* zum Ausdruck, in dem er feststellte, es sei

> „nicht mit dem Nachweis getan, daß einige ihrer prominenten Funktionäre vor Monaten in Wahlkämpfen in der übelsten Weise gegen die Bundesregierung und ihre Politik ausfällig wurden. Es bedarf des Nachweises, daß die – wirklichen, meist geheimgehaltenen und nicht die nach außen proklamierten – Ziele der Partei oder das Verhalten ihrer Anhänger – nicht nur einer wenn auch übermässig lauten Minderheit! – auf die Beeinträchtigung oder Beseitigung der freiheitlichen demokratischen Grundordnung gerichtet“ seien.[461]

Sicher sei *Lehr* mit ihm einig, „daß es ganz unerträglich wäre, wenn das Bundesverfassungsgericht ‚mangels ausreichenden Beweises‘ zu einer Abweisung der Klage käme“. Sein zögerlich wirkendes Verhalten hat *Dehler* in den Augen der späteren wissenschaftlichen Literatur – vorsichtig ausgedrückt – keinen Applaus eingebracht.[462] Vereinzelt ist dem Justizminister gar unterstellt worden, u.a. mit diesem Schreiben versucht zu haben, „den vorwärtsdrängenden Innenminister zu verwirren“.[463] Tatsächlich hat der Justizminister hier allerdings aus verfassungsrechtlicher Sicht den Finger erneut an die richtige Stelle gelegt. Voraussetzung eines Parteiverbotes ist gem. Art. 21 Abs. 2 GG, dass die Partei „nach ihren Zielen oder nach dem Verhalten ihrer Anhänger darauf ausgeh[t], die freiheitliche demokratische Grundordnung zu beeinträchtigen oder zu beseitigen“. Ein näherer Blick auf die bis dahin dokumentierten, heute in den Archiven überlieferten polemischen Angriffe verschiedener SRP-Funktionäre lässt es aber in der Tat als höchst fraglich erscheinen, ob diese für ein Parteiverbot ausgereicht hätten. Nach *Dehlers* Auffassung musste jedenfalls unbedingt weiteres Beweismaterial beschafft werden, bevor ein Verbotsverfahren Erfolg haben würde. Bei der KPD falle es demgegenüber wesentlich leichter zu beweisen, dass sie „eine Partei gemäß Art. 21

---

[460] Vermerk Dehlers v. 04.07.1951, BA, B 141, Nr. 207.

[461] Dehler an Lehr (persönlich) v. 16.07.1951, BA, B 141, Nr. 210 (Unterstreichungen im Original).

[462] Vgl. beispielhaft etwa *H. Hansen,* Sozialistische Reichspartei, 2007, S. 240, der *Dehler* eine Hoffnung unterstellt, *Lehr* dazu zu bewegen, von einem Verbotsantrag Abstand zu nehmen.

[463] *N. Frei,* Vergangenheitspolitik, 2. Aufl. 1997, S. 340; die negativen Einschätzungen gipfeln in dem Vorwurf von *C. Jahr,* Antisemitismus vor Gericht, 2011, S. 343, dass *Dehler* in Sachen SRP-Verbot eine „lange, stille Destruktionspolitik“ betrieben habe.

Abs. 2 GG ist als den Nachweis zu führen, daß die SRP zu den verfassungswidrigen Parteien gehört. Im ersten Fall liegen die Zusammenhänge und das Anschauungsmaterial zutage, aus dem sich ergibt, daß die KPD nach ihren Zielen und dem Verhalten ihrer Anhänger darauf ausgeht, die freiheitliche demokratische Grundordnung zu beseitigen."[464] Bei der SRP fehle hingegen „im Augenblick diese Offenkundigkeit".

Die Wissenschaft hat daneben zu wenig beachtet, dass *Dehler* seinem Kollegen im Innenministerium vor diesem Hintergrund nicht etwa vorschlug, von einem SRP-Verbotsverfahren Abstand zu nehmen. Seine Darlegungen liefen vielmehr auf die Feststellung hinaus, dass es „eine weitere psychologische Erleichterung für das Bundesverfassungsgericht" wäre, „wenn es das Verbot gegen die SRP wenigstens gleichzeitig mit dem Verbot der KPD aussprechen könnte. Darum bin ich der Meinung, daß mit der Klage gegen die SRP die gegen die KPD eingereicht werden sollte." *Dehler* hatte also zwar Bedenken hinsichtlich der Erfolgschancen eines Verbotsverfahrens gegen die SRP, zog allerdings dessen politische Notwendigkeit nicht grds. in Zweifel. Dass er ein striktes Vorgehen gegen die SRP unterstützte, wird auch darin deutlich, dass er sichtlich bemüht war, andere grundgesetzliche Handlungsmöglichkeiten der Bundesregierung gegen die SRP ins Spiel zu bringen, die für sich gesehen höhere Erfolgschancen boten und zugleich diejenigen eines Verbotsverfahrens erhöhten. So stellt es geradezu eine weitere Pioniertat in der Aktivierung der Ephoralen Verfassung dar, dass der Justizminister in seinem Schreiben an *Lehr* vorschlug, auch Grundrechtsverwirkungsverfahren gem. Art. 18 GG gegen prominente SRP-Funktionäre einzuleiten. Dafür spreche zum einen, dass die Beweislage in solchen Verfahren wesentlich einfacher sei und „die Verteidigung durch Ausflüchte kaum möglich, zumal aus einigen Strafverfahren Beweismaterial gegen die Angeklagten herangezogen werden kann".[465] Zum anderen nahm *Dehler* weitsichtig auch die psychologische Situation der Richter des zukünftigen BVerfG in den Blick und schloss, dass die Entscheidung vom Gericht hier „weit weniger Überlegungen und Auseinandersetzungen mit Beweisschwierigkeiten" erfordere. Dabei sah der Justizminister die von ihm vorgeschlagenen Grundrechtsverwirkungsverfahren gegen SRP-Demagogen aber nicht etwa als Alternative zum Parteiverbotsverfahren, sondern geradezu als Türöffner oder Katalysator für ein solches an:

„Hätte das Bundesverfassungsgericht erst einmal die ‚Köpfe' der SRP verurteilt, dann fiele ihm auch psychologisch der weitere Schritt, die SRP als Partei zu verbieten, erheblich leichter, weil es auf diese Verurteilungen und die dabei festgestellten Tatsachen Bezug

---

[464] Dehler an Lehr (persönlich) v. 16.07.1951, BA, B 141, Nr. 210; näher dazu unten S. 441 ff.

[465] Dehler an Lehr (persönlich) v. 16.07.1951, BA, B 141, Nr. 210.

nehmen kann. Diese Verfahren hätten wenigstens teilweise den Charakter der Partei ‚vorgeklärt'."[466]

Dehler schließt diesen Abschnitt des Briefes daher mit dem konkreten Vorschlag,

„daß mindestens gleichzeitig mit der Klage aus Art. 21 die Klagen aus Art. 18 GG eingereicht werden sollten. Notfalls hat es dann das Bundesverfassungsgericht in der Hand, das erste Verfahren bis zur Erledigung der Verwirkungsverfahren auszusetzen".

Art. 18 GG bildet ein weiteres zentrales Element des in Reaktion auf Defizite der Weimarer Reichsverfassung und die Zeit der NS-Diktatur im Grundgesetz verwirklichten Konzeptes der Ephoralen Verfassung und wird – wie beschrieben – häufig auch der wehrhaften Demokratie oder dem präventiven Verfassungsschutz zugeordnet.[467] Nach dem bis heute textlich kaum veränderten Art. 18 S. 1 GG verwirkt, wer die Freiheit der Meinungsäußerung, insbesondere die Pressefreiheit,[468] die Lehrfreiheit,[469] die Versammlungsfreiheit,[470] die Vereinigungsfreiheit,[471] das Brief-, Post- und Fernmeldegeheimnis,[472] das Eigentum[473] oder das Asylrecht[474] zum Kampfe gegen die freiheitliche demokratische Grundordnung missbraucht, diese Grundrechte.[475] Auch für eine solche Grundrechtsverwirkung ist allerdings stets ein gerichtliches Verfahren erforderlich, werden doch gem. Art. 18 S. 2 GG die Verwirkung und deren Ausmaß durch das BVerfG ausgesprochen. *Dehlers* Vorschlag fügte sich daher harmonisch in das Gesamtkonzept der Ephoralen Verfassung ein und zeigte konstruktiv eine weitere Handlungsoption der Bundesregierung

---

466 Dehler an Lehr (persönlich) v. 16.07.1951, BA, B 141, Nr. 210.

467 Oben S. 10 ff.; vgl. JöR N.F. 1 (1951), S. 171 ff.; näher zur Entstehungsgeschichte auch *W. Schmitt Glaeser,* Mißbrauch und Verwirkung von Grundrechten, 1968, S. 21 ff.

468 Art. 5 Abs. 1 GG.

469 Art. 5 Abs. 3 GG.

470 Art. 8 GG.

471 Art. 9 GG.

472 Art. 10 GG.

473 Art. 14 GG.

474 Damals Art. 16 Abs. 2 GG a.F., heute Art. 16a GG.

475 Zu den Voraussetzungen der Grundrechtsverwirkung gem. Art. 18 S. 1 GG vgl. etwa *W. Schmitt Glaeser,* Mißbrauch und Verwirkung von Grundrechten, 1968, S. 70 ff.; *ders.,* Grundrechtsverwirkung, in: HGR III, 2009, § 74 Rn. 17 ff.; *H. Bethge,* Grundrechtswahrnehmung, Grundrechtsverzicht, Grundrechtsverwirkung, in: HStR IX, 3. Aufl. 2011, § 203 Rn. 156 ff.; *M. Thiel*, Verwirkung von Grundrechten, in: ders., Wehrhafte Demokratie, 2003, S. 129 (135 ff.); *C. v. Coelln,* in: Stern/Becker, Grundrechte-Kommentar, 2. Aufl. 2016, Art. 18 Rn. 21 ff.; *F. Wittreck,* in: Dreier, GG, Bd. I, 3. Aufl. 2013, Art. 18 Rn. 34 ff.; zu den verfahrensrechtlichen Voraussetzungen etwa *C. v. Coelln,* in: Maunz/Schmidt-Bleibtreu/Klein/Bethge, BVerfGG, Lsbl., §§ 36 ff.; *J. Peterek,* in: Burkiczak/Dollinger/Schorkopf, BVerfGG, 2015, §§ 36 ff.

im Kampf gegen die SRP auf.[476] Hatte die Bundesregierung gegen demagogische Übergriffe aus den Reihen der SRP bis dahin zu Recht vor allem das niedrigschwellige Mittel des Strafrechts genutzt, indem sie zunehmend Strafanzeigen wegen beleidigender und verleumderischer Aussagen von SRP-Repräsentanten erstattet hatte,[477] knüpfte eine Aktivierung von Art. 18 GG kohärent an diese Taktik an, da sich auch Grundrechtsverwirkungsverfahren als personenbezogene gerichtliche Verfahren individuell gegen einzelne Agitatoren richten. Gleichzeitig versprachen Grundrechtsverwirkungsverfahren aber eine Verschärfung der Gangart der Bundesregierung, indem sie das Vorgehen gegen SRP-Demagogen auf die höhere Ebene der Ephoralen Verfassung heben würden. Verfahren gem. Art. 18 GG eröffneten damit die Möglichkeit, weiterhin fokussiert, personenbezogen gegen Übergriffe aus den Reihen der SRP vorzugehen,[478] konnten aber angesichts der besseren Beweissituation als erfolgversprechende, kohärente Brücke zur Aktivierung der hochgezonten verfassungsrechtlichen Mittel der Ephoralen Verfassung zum Schutz gegen eine verfassungsfeindliche Partei wie die SRP genutzt werden. *Dehlers* Schreiben an *Lehr* war daher im Ergebnis kein Versuch, den Bundesinnenminister zu verwirren und von einem Verbotsverfahren abzubringen.[479] Vielmehr wies *Dehler* seinen Kabinettskollegen, wie in seinem Brief klar zum Ausdruck kommt, konstruktiv auf zwei konkrete Möglichkeiten hin, um die Erfolgschancen eines SRP-Verbotsverfahren zu erhöhen: Erstens die Einleitung von Grundrechtsverwirkungsverfahren, zweitens die Einleitung eines Verbotsverfahrens auch gegen die KPD.

Bundesinnenminister *Lehr,* der unterdessen auch Erwägungen anstellte, ob in Niedersachsen Neuwahlen herbeigeführt werden könnten, um die Scharte des Landtagseinzugs der SRP auszuwetzen,[480] nutzte eine Unterbrechung seines Sommerurlaubs für eine konzise persönliche Antwort an *Dehler,* in der er sich dessen konstruktiven Vorschlägen keineswegs verschloss.[481] Nach der einleitenden Feststellung, dass es seiner Meinung nach für die Regierung ausgeschlossen sei, von einer Erhebung der Klage Abstand zu nehmen, „nachdem wir alle mit Nachdruck vor dem Parlament eine entsprechende Erklärung abgegeben haben", dankte er *Dehler* für die Anregung, „mindes-

---

[476] Zum umstrittenen Verhältnis von Art. 18 GG zu Art. 21 Abs. 2 GG etwa *C. v. Coelln,* in: Stern/Becker, Grundrechte-Kommentar, 2. Aufl. 2016, Art. 18 Rn. 39 ff.; *M. Thiel,* Verwirkung von Grundrechten, in: ders., Wehrhafte Demokratie, 2003, S. 129 (163 f.).

[477] Siehe dazu die Übersicht bei *H. Hansen,* Sozialistische Reichspartei, 2007, S. 233 f.

[478] Vgl. auch *M. Gräfin Dönhoff,* Demokratisches Führerprinzip, in: Die Zeit v. 10.07. 1952 (http://www.zeit.de/1952/28/demokratisches-fuehrerprinzip).

[479] So aber *H. Hansen,* Sozialistische Reichspartei, 2007, S. 240.

[480] Chief Political Officer, Land Commissioner's Office, Hamburg to The Chancery, Internal Affairs Branch, Wahnerheide, 05.06.1951 (secret), National Archives (UK), FO 1008/14, 5/3/73/51.

[481] Lehr an Dehler (persönlich/vertraulich) v. 02.08.1951, BA, B 141, Nr. 210.

tens gleichzeitig mit der Klage aus Art. 21 die Klagen aus Art. 18 einzureichen". Er habe dem zuständigen Sachbearbeiter, Regierungsdirektor *Dr. Kipp,* bereits entsprechende Weisung gegeben. Tatsächlich ließ das BMI dann ab Anfang August 1951 das Bundesamt für Verfassungsschutz prüfen, ob Material für Grundrechtsverwirkungsverfahren gegen insgesamt elf SRP-Funktionäre, darunter *Remer, Dorls, von Bothmer, Krüger* und *Richter* zur Verfügung stehe.[482] Abschließend teilte *Lehr Dehler* in seinem Schreiben mit, dass er wie dieser „seit einigen Monaten der Überzeugung" sei, dass auch die KPD verboten werden müsse. Auch insoweit werde die Klage vorbereitet und alsbald nach den Ferien dem Kabinett vorgelegt. Auch hinsichtlich des zweiten Vorschlags bestand also grds. Konsens zwischen den beiden Kabinettskollegen.

V. Die SRP macht für ein Verbotsverfahren mobil und kämpft mit zunehmenden staatlichen Gegenmaßnahmen

1. Vorbereitung auf das Verbotsverfahren

Spätestens seit den Verlautbarungen des Bundeskabinetts vom 4. Mai 1951 rechnete die Führungsebene der SRP fest mit einem Verbotsverfahren vor dem BVerfG. Dies und der spektakuläre Austritt ihres NRW-Vorsitzenden *Keseberg* am 28. Mai 1951, der die Partei mit seiner neu gegründeten „Deutschen Gruppe", die er deutschen und alliierten Behörden umgehend als verfassungskonforme Alternative zur SRP andiente, kurzfristig an den Rand des Schismas brachte,[483] trugen dazu bei, dass die SRP-Parteileitung zunehmend nervös operierte. So wurde in den eigenen Reihen fieberhaft nach Spionen und Abweichlern gesucht und am 15. Juni 1951 in einer „Nacht-und-Nebel-Aktion" das Büro der Parteileitung von Bückeburg nach Hannover verlegt.[484] *Dorls* und *Graf Westarp,* die beide in der niedersächsischen Hauptstadt

[482] Dazu die verschiedenen vertraulichen Schreiben des Bundesministers des Innern an das Bundesamt für Verfassungsschutz betr. „Verwirkung der Grundrechte für ‚Sozialistische Reichspartei'-Führung" (z.B. 04. und 09.08.1951) mit entsprechenden Materialsammlungen des Bundesamts in BA, B 106, Nr. 15549.

[483] Details dazu in The Split in the Sozialistische Reichspartei, NRW/CPO/PAS/3155/10 (confidential), National Archives (UK), FO 1008/14; Extract from Düsseldorf Weekly Sitrep. No. 21, 30.05.1951, National Archives (UK), FO 1008/14, 7/2/21/51; Extracts from Dusseldorf Tel. No. 29 Saving to Wahnerheide, 06.06.1951, National Archives (UK), FO 1008/14, 5/3/77A/51.

[484] Quellen aus britischen Geheimdienstkreisen berichten von „a small purge of the party of alleged ‚agents'" und einem „‚raid' by the party leaders, who removed all party documents to Hanover", Extract from Hanover Telegram No. 77, 21.06.1951, National Archives (UK), FO 1008/14, 5/3/94/51; dazu auch die offizielle Kommunikation: SRP Parteileitung – Rundschreiben (handschriftlich), BA, B 104, Nr. 65, Bl. 33.

wohnten und zu jener Zeit neben *Keseberg* auch den zum engsten Kreis zählenden Parteiideologen *Krüger* des Verrats an der SRP verdächtigten,[485] wollten so die vollständige Kontrolle über die zentralen Parteiangelegenheiten erlangen, um die nun absolut vorrangige Verteidigung vor dem BVerfG systematisch und ungestört vorbereiten zu können.

War die „Vorbereitung des Verfahrens vor dem Bundesverfassungsgericht" bereits in der Sitzung des SRP-Parteirates am 27. Mai 1951 Haupttagesordnungspunkt nach der Nachbereitung der Niedersachsenwahl gewesen,[486] begann die Partei wenig später mit der Sammlung von Verteidigungsmaterial. Der kurz zuvor vom Parteirat zum Hauptgeschäftsführer gewählte, bei *Dorls* in Hannover wohnhafte „Kamerad *Fritz Heller*"[487] teilte den Landesverbänden in gewohnt generalstabsmäßigem Ton mit, dass der Prozess in der Vorbereitung gewonnen oder verloren werde.[488] Von der gründlichen Vorbereitung hänge alles ab, Vorbereitung aber heiße Materialbeschaffung. Daher sollten die Landesverbände über die Kreisverbände „Brauchbares" wie etwa „Angriffe der Presse gegen uns", „Schumacher/Carlo Schmid Reden (gegen die Bundesregierung)" sowie eigene und gegnerische Wahlpropaganda beschaffen und kurzfristig, bis 30. Juli 1951, an den mit der Verteidigung betrauten Rechtsanwalt *Karl-Friedrich Schrieber* übersenden.[489] Dahinter stand nicht zuletzt die Hoffnung, in einem Verfahren vor dem BVerfG die eigene Propaganda durch Negativbeispiele aus den Reihen anderer Parteien relativieren zu können;[490] eine Taktik, die dann tatsächlich insbesondere in der mündlichen Verhandlung vor dem BVerfG zum Einsatz kommen sollte.[491]

---

[485] *Krüger* wurde insbesondere verdächtigt, für den antikommunistischen Volksbund für Frieden und Freiheit (VFF) zu arbeiten, Extract from Outgoing Secret Saving Telegram from Hanover (No. 86) to Wahnerheide, 12.07.1951, National Archives (UK), FO 1008/14, 5/3/100A/51; Chief Political Officer, Land Commissioner's Office, Hamburg, to Directorate of Security, HQ Intelligence Division, Herford, 29.09.1951 (secret), National Archives (UK), FO 1008/15.

[486] Einladung zur Sitzung des Partei-Rates v. 21.05.1951, BA, B 104, Nr. 347.

[487] SRP Parteileitung – Rundschreiben (handschriftlich), BA, B 104, Nr. 65, Bl. 33.

[488] Parteileitung an Landesverbände und Kreisverbände, gez. Heller (nicht datiert, vor 25.07.1951), BA, B 104, Nr. 347.

[489] Parteileitung an Landesverbände und Kreisverbände, gez. Heller (nicht datiert, vor 25.07.1951), BA, B 104, Nr. 347; dies kam auch dem Landesamt für Verfassungsschutz Württemberg-Baden zur Kenntnis, das es dem Bundesamt für Verfassungsschutz mitteilte, welches wiederum u.a. das BMJ informierte, Landesamt für Verfassungsschutz v. 30.07.1951, BA, B 141, Nr. 210; entsprechende Schreiben von SRP-Mitgliedern an Schrieber wie z.B. Glorius an Schrieber v. 17.12.1951 finden sich in BA, B 237, Nr. 215632.

[490] *H. Hansen,* Sozialistische Reichspartei, 2007, S. 245.

[491] Dazu unten S. 327 f.

2. *Ausbau der Parteistrukturen und Bemühungen um eine SRP-Presse*

Gleichzeitig bemühte sich der Parteivorstand, den Rückenwind der erfolgreichen Niedersachsenwahlen zu nutzen, um nicht nur endlich die klaffenden Lücken im bundesweiten Parteiaufbau zu schließen, sondern vor allem auch, um die Propagandainstrumente der Partei zu verbessern. Dass die SRP nach wie vor in erster Linie eine norddeutsche, speziell niedersächsische Partei war, wurde auf dem zweiten Bundesparteitag am 7./8. Juli 1951 in Westercelle, heute ein Stadtteil von Celle, deutlich, auf dem nicht nur die obersten Parteigremien gewählt,[492] sondern auch ein neues Parteiprogramm beschlossen wurde.[493] Einem Bericht des hessischen Verfassungsschutzes, der die Organisation des mit dem niedersächsischen Landesparteitag verbundenen Parteitags als hervorragend und den äußeren Anstrich als nazistisch bezeichnete, kann entnommen werden, dass von den stimmberechtigten Delegierten 66 auf Niedersachsen, 16 auf NRW, 33 auf Rheinland-Pfalz, vier auf Bremen, zwei auf Hamburg und fünf auf Schleswig-Holstein entfielen.[494] Dass danach etwa kein einziger stimmberechtigter Delegierter aus dem unmittelbar an Niedersachsen angrenzenden Hessen anwesend war, macht die Defizite im Parteiaufbau deutlich. Ließ gleichzeitig auch das Potential der SRP in NRW, wo die FDP mit ihrem Rechtskurs viele rechtsextreme Aktivisten anzog, aus Sicht der fast vollständig erschienenen Parteileitung zu wünschen übrig,[495] gab *Dorls* für die kommenden Monate die Marschrichtung aus, zunächst

[492] In den Bundesvorstand wurden einstimmig *Dorls, Remer, Westarp, Krüger* und *Heller* gewählt, die gemeinsam mit den Landesvorsitzenden von Niedersachsen, Hamburg, Bremen, Schleswig-Holstein, NRW, Hessen, Württemberg-Baden, Rheinland-Pfalz sowie *Dorn, von Bothmer, Hinz, Heimhardt, Haas, Falck* und *Matthaei* den Parteirat bildeten, Chief Political Officer, Land Commissioner's Office, Hannover, to Internal Affairs Branch, Chancery, Office of the U.K. High Commissioner, 31.07.1951 (secret), National Archives (UK), FO 1008/15.

[493] Chief Political Officer, Land Commissioner's Office, Hannover, to Internal Affairs Branch, Chancery, Office of the U.K. High Commissioner, 31.07.1951 (secret), National Archives (UK), FO 1008/15; Hessischer Minister des Innern – Amt für Verfassungsschutz an Hessischer Ministerpräsident, August 1951 (vertraulich), HHStA, 502, 2858, Bl. 83 f.; Bund der Verfolgten des Naziregimes, Kurzberichte über die SRP, 20.07.1951, National Archives (UK), FO 1008/15, 5/3/101A/51.

[494] Hessischer Minister des Innern – Amt für Verfassungsschutz an Hessischer Ministerpräsident, August 1951 (vertraulich), HHStA, 502, 2858, Bl. 83 f., S. 1 f.; ein Bericht aus britischen Geheimdienstkreisen spricht zusätzlich noch von vier Delegierten aus Württemberg, Chief Political Officer, Land Commissioner's Office, Hannover, to Internal Affairs Branch, Chancery, Office of the U.K. High Commissioner, 31.07.1951 (secret), National Archives (UK), FO 1008/15.

[495] Ähnlich attestierte auch die NRW-Landesregierung nach Berichten aus britischen Geheimdienstkreisen, Extract from Dusseldorf Tel. No. 25, 16.05.1951, National Archives (UK), FO 1008/14, 5/3/54/51, der SRP in NRW „negligible significance".

Schleswig-Holstein und dann NRW zu „berennen".[496] Niedersachsen und Schleswig-Holstein sollten in vier Monaten organisatorisch „lückenlos dastehen".[497] Selbst die Bildung von SRP-Ortsgruppen im Ausland, speziell durch Mitglieder ehemaliger Freiwilligenverbände, fasste der SRP-Vorsitzende ins Auge.[498]

Auch in Hessen sollten der Verfassungsschutz und alliierte Geheimdienste in den folgenden Monaten eine Intensivierung der Parteiaktivitäten feststellen.[499] Dass die SRP dort dessen ungeachtet kaum über ihre Schwerpunkte rund um Kassel, Witzenhausen, Frankfurt und Marburg hinausgekommen war, führte der Verfassungsschutz auf das Fehlen geeigneter Persönlichkeiten, die intensivierte Verbotsdiskussion und die strikt angewandten Rede- und Versammlungsverbote des hessischen Innenministers zurück.[500] Allerdings beschränkte sich die SRP-Führung zu dieser Zeit keinesfalls auf das „Klein-Klein" der regionalen Organisationsstrukturen, sondern arbeitete gleichzeitig an einer Gesamtstrategie für die Machtübernahme. Nach britischen Geheimdiensterkenntnissen bemühten sich *Dorls* und *Graf Westarp* so etwa im

---

[496] Hessischer Minister des Innern – Amt für Verfassungsschutz an Hessischer Ministerpräsident, August 1951 (vertraulich), HHStA, 502, 2858, Bl. 83 f., S. 2; die Konzentration auf NRW und Schleswig-Holstein wird auch durch Angaben *Graf Westarps* gegenüber britischen Geheimdienstkreisen bestätigt, National Archives (UK), FO 1008/15, 5/3/118/51, 16.08.1951 sowie Chief Political Officer, Hamburg, to The Chancery, Internal Affairs Branch, 14.08.1951 (secret), National Archives (UK), FO 1008/15, 5/3/115/51; von Auftritten *Remers* im Juni 1951 in groß angelegten SRP-Versammlungen mit z.T. 1.000 Besuchern in Schleswig-Holstein berichtet Extract from Kiel Telegram No. 46, 21.06.1951, National Archives (UK), FO 1008/14, 5/3/95/51.

[497] Hessischer Minister des Innern – Amt für Verfassungsschutz an Hessischer Ministerpräsident, August 1951 (vertraulich), HHStA, 502, 2858, Bl. 83 f., S. 2.

[498] Chief Political Officer, Land Commissioner's Office, Hannover, to Internal Affairs Branch, Chancery, Office of the U.K. High Commissioner, 31.07.1951 (secret), National Archives (UK), FO 1008/15.

[499] Hessisches Landesamt für Verfassungsschutz, Bericht R I, Tgb.Nr.: 2150/51/0 v. 05.11.1951 betr. SRP in Hessen, Stand: Oktober 1951 (vertraulich), HHStA, 502, 2858, Bl. 71 ff., S. 8; British Observer, Office of the Land Commissioner Hesse, Wiesbaden to Internal Affairs Branch, The Chancery, Office of the UK High Commissioner, Wahnerheide, 29.05.1951 (confidential), National Archives (UK), FO 1008/14, 5/3/68/51; Extract from Weekly Political Report No. 70 from British Observer, Land Hesse, 20.06.1951, National Archives (UK), FO 1008/14, 5/3/90A/51.

[500] Hessisches Landesamt für Verfassungsschutz, Bericht R I, Tgb.Nr.: 2150/51/0 v. 05.11.1951 betr. SRP in Hessen, Stand: Oktober 1951 (vertraulich), HHStA, 502, 2858, Bl. 71 ff., S. 8; Extract from Weekly Political Report No. 70 from British Observer, Land Hesse, 20.06.1951, National Archives (UK), FO 1008/14, 5/3/90A/51 berichtet, dass eine Versammlung in Frankfurt nicht über 20 Teilnehmer hinausgekommen sei; im Juli 1951 berichten britische Geheimdienstquellen von eher spärlichen Aktivitäten der SRP in Hessen, nachdem am 19.06.1951 eine SRP-Versammlung in Kassel verboten worden war, Hessen Weekly Report, 26.07.1951, National Archives (UK), FO 1008/15, 5/3/115/51.

Herbst 1951 um einen Termin bei dem populären Ex-Panzergeneral *Heinz Guderian* (1888–1954), um diesen dafür zu gewinnen, in der geplanten nationalen Revolution eine zentrale Rolle als Symbolfigur deutscher Unabhängigkeit und letztlich als Steigbügelhalter für die SRP-Oberen einzunehmen, wie sie in der Weimarer Republik der frühere Reichsfeldmarschall *Paul von Hindenburg* für die NSDAP gespielt habe.[501]

Noch nachteiliger als der schleppende Organisationsaufbau war für die Expansionsstrategie der SRP allerdings, dass nach wie vor eine effektive parteinahe Presse fehlte.[502] Die extrem hohe Bedeutung, welche die SRP ihrer Rednerorganisation beimaß, beruhte nicht zuletzt darauf, dass ihr fast nur Vortragsveranstaltungen als Propagandainstrument zur Verfügung standen: Der Zugang zum populären Rundfunk, der zu jener Zeit noch fast völlig vom Hörfunk gebildet wurde, war einer Partei wie der SRP in Zeiten eines staatlichen Rundfunkmonopols schlicht verschlossen,[503] solange es nicht wie einst der NSDAP gelungen wäre, die Macht im Staate zu übernehmen. Damit verblieben der SRP – ähnlich wie der NSDAP vor der Machtübernahme – im Wesentlichen noch Zeitungen und Zeitschriften als Massenmedien. Zwar war es der SRP immerhin gelungen, dass manche niedersächsische Regional- und Lokalzeitung ungefiltert Inhalte aus SRP-Reden wiedergab.[504] Ein Beispiel hierfür ist die Berichterstattung über eine SRP-Versammlung am 6. Juni 1951 in Celle, auf der 1.600 Zuhörer Reden *Westarps* und des früheren Lüneburger NS-Regierungspräsidenten *Kurt Matthaei* zu den emotional diskutierten sog. Landsberger Hinrichtungen folgten.[505] Doch träumte die Parteileitung eigentlich von so etwas wie der Hugenberg-Presse, die maßgeblich *Hitlers* Aufstieg zum Reichskanzler ermöglicht hatte.[506] Indes fehlte der SRP glücklicher Wei-

[501] Intelligence Division, Herford, to Internal Affairs Branch, The Chancery, 3 October 1951 (secret), National Archives (UK), FO 1008/15, 5/3/145/51.

[502] *O. Büsch,* Geschichte, in: Büsch/Furth, Rechtsradikalismus, 1957, S. 1 (140 ff.); *H. Hansen,* Sozialistische Reichspartei, 2007, S. 140 ff.

[503] Von Plänen des Mitte 1951 ernannten NRW-SRP-Vorsitzenden *Günther Demolsky,* einen illegalen SRP-Rundfunksender zu betreiben, berichten britische Geheimdienstkreise, Extract from Dusseldorf Weekly Sitrep. N. 34, 29.08.1951, National Archives (UK), FO 1008/15, 5/3/128/51.

[504] Der Vermerk, Extract from Secret Saving Telegram No. 71, 17.05.1951, National Archives (UK), FO 1008/14, 5/3/51/51 beklagt die uneindeutige Haltung vieler Presseorgane zur SRP.

[505] Der Chief Political Officer im Land Commissioner's Office, Hannover *L. Thompson* zeigte sich in einem Bericht an die Internal Affairs Branch, Chancery, Office of the U.K. High Commissioner, Wahnerheide, 09.06.1951, National Archives (UK), FO 1008/14, 5/3/78/51 höchst besorgt, dass die Cellesche Zeitung am 08.06.1951 wesentliche Inhalte von *Matthaeis* und *Westarps* Reden v. 06.06.1951 in Celle in einem ausführlichen Artikel („Zwei Redner der SRP im Unions-Saal") ungefiltert wiedergegeben hatte.

[506] Vgl. den bei *Remer* beschlagnahmten „Vermerk ‚D. O.' / ‚Reichszeitung'", undatiert, BA, B 104, Nr. 6, Bl. 5 ff. (insbesondere Bl. 10).

se eine Person, die wie der frühere DNVP-Vorsitzende und Pressetitan der Weimarer Republik *Alfred Hugenberg* (1865–1951) die erforderlichen Mittel besessen hätte, um die kruden neonazistischen Ideen mittels populistischer Schlagzeilen einer breiten Masse schmackhaft zu machen.

„SRP-Westentaschen-Hugenbergs“ waren insbesondere die Verleger *Hans Siep*[507] und *Herbert Daniel,* die im Laufe der Zeit verschiedene Zeitungen und Zeitschriften herausgaben, die als mehr oder weniger getarnte Propagandamedien der SRP fungierten.[508] So erschien von März 1950 an die ambitioniert betitelte „Deutsche Reichszeitung“,[509] als deren Hauptschriftleiter SRP-Vorsitzender *Fritz Dorls* firmierte. Tatsächlich soll allerdings SRP-Chefideologe *Gerhard Krüger,* der auch Hauptautor der Parteirundschreiben war, sowohl bei der Deutschen Reichszeitung als auch bei anderen SRP-nahen Presseorganen inhaltlich die Fäden gezogen haben.[510] Die Verhüllungsstrategien basierten darauf, dass *Krüger* offiziell nicht als Schriftleiter einer Zeitung fungieren durfte, da er – wie gesehen – im Rahmen der Entnazifizierung in Gruppe 3 (Minderbelastete) eingestuft worden war. Bereits nach ihrer 25. Ausgabe im September 1950 musste die Deutsche Reichszeitung dann aber wegen finanzieller Schwierigkeiten eingestellt werden.[511] Während bei ihr der Schein der Unabhängigkeit noch gewahrt worden war, erschien die von *Dorls* herausgegebene Zeitung „Deutsche Wacht“ in acht Ausgaben von Januar bis Mai 1951 ganz offen als „Stimme der Sozialistischen Reichspartei“.[512] Auf dieses zweckgebunden der Vorbereitung der Niedersachsenwahl dienende Projekt folgte dann mit dem Rückenwind der erfolgreichen Wahl ab Juni 1951 die wieder scheinbar unabhängige „Reichszeitung“, die es bis zum 22. Juli 1951 aber nur auf acht Ausgaben brachte.[513] Das schnelle Ende dieses

---

507 *Hans Siep,* geb. 29.06.1901 war Inhaber des Hans-Siep-Verlags, bzw. des „Gutenberg- und Hans Siep-Verlags“ mit Sitz in Hamburg, vgl. Kriminal-Abteilung E (Hamburg), Zwischenbericht v. 18.08.1951, StAHH, 331–1 II, 809; in den Quellen ist teilweise auch von *Alfred Siep* die Rede.

508 Zur SRP-Presse auch: *O. Büsch,* Geschichte, in: Büsch/Furth, Rechtsradikalismus, 1957, S. 1 (140 f.).

509 Langtitel war „Deutsche Reichszeitung für sozialistische Politik und Reichseinheit“. Die erste Ausgabe erschien am 12.03.1950, die 25. und letzte am 19.09.1950.

510 Dokumente zur parteipolitischen Entwicklung in Deutschland seit 1945, 1. Bd., 1962, S. 53.

511 Dokumente zur parteipolitischen Entwicklung in Deutschland seit 1945, 1. Bd., 1962, S. 53.

512 Die erste Ausgabe erschien am 13.01.1951, die achte und letzte am Tag der Niedersachsenwahlen, dem 06.05.1951; diverse Ausgaben der Deutschen Wacht finden sich in BA, B 237, Nr. 215630, Nr. 215640 und Nr. 215642.

513 Mit dem Untertitel „Für Nationale Opposition und Deutsche Selbstbehauptung“; Nr. 1 erschien am 03.06.1951, Nr. 8 am 22.07.1951; verschiedene Ausgaben finden sich in BA, B 237, Nr. 215630 und Nr. 215631/1 sowie 215631/2; ursprünglich sollten die ersten beiden Ausgaben der neuen Reichszeitung noch während des niedersächsischen Wahl-

Wiederbelebungsversuchs der Deutschen Reichszeitung führten diesmal allerdings nicht wirtschaftliche Schwierigkeiten, sondern der britische „Land Commissioner" für die Hansestadt Hamburg herbei, der am 23. Juli 1951 ein Fanal statuierte, indem er die zunehmend agitatorische Reichszeitung wegen neonazistischer Tendenzen für 90 Tage verbot und für denselben Zeitraum auch dem Verleger und der Druckerei jede Tätigkeit untersagte.[514]

Daraufhin gab die durchaus flexible SRP-Führung dieses Projekt auf und unternahm ab dem Folgemonat unter neuem Namen einen großen, geradezu verzweifelten Kraftakt zur Etablierung eines effektiven SRP-Presseorgans: Am 11. August 1951 erschien die erste Ausgabe der ebenfalls scheinbar unabhängigen Zeitung „Deutsche Opposition", die im Parteijargon schlicht „D.O." hieß und lange den einordnenden Untertitel „Neue Folge der ‚Deutschen Wacht'" trug.[515] Ermittlungen der Hamburger Polizeibehörden, die auch dadurch ausgelöst wurden, dass die neue Zeitung auf den ersten Blick als Wiedergänger der verbotenen Reichszeitung erkennbar war,[516] ergaben, dass sich hinter dem im Impressum angegebenen Hauptschriftleiter *Hans Haka* tatsächlich einmal mehr der Hamburger Verleger *Hans Siep* verbarg, bei dem *Gerhard Krüger* ein- und auszugehen pflegte.[517] Obwohl die SRP-Führung alles daran setzte, die Deutsche Opposition zu einem effektiven Massenmedium zu entwickeln und die Parteimitglieder beschwor, das Projekt unbedingt zu unterstützen, konnte auch sie mit einer Auflage von 24.000 Stück[518] allenfalls den Status des „Hauptsprachrohrs" der Partei nach außen erlangen, aber niemals breitere Leserschichten erreichen.[519] Während die

kampfs erscheinen, vgl. SRP-Parteileitung, Sonder-Rundschreiben v. 18.04.1951, gez. Krüger (BA, B 237, Nr. 215639); ein weiteres Sonder-Rundschreiben der SRP-Parteileitung v. 16.07.1951, gez. Dorls, Remer, Krüger (BA, B 237, Nr. 215639) enthält einen geradezu verzweifelt wirkenden Appell zur Unterstützung der Reichszeitung.

[514] Siehe dazu die Originaldokumente in StAHH, 331–1 II, 809; *O. Büsch,* Geschichte, in: Büsch/Furth, Rechtsradikalismus, 1957, S. 1 (164).

[515] Entsprechend war die erste Ausgabe v. 12.08.1951 als Nr. 9 bezeichnet; der Untertitel wurde schließlich fallengelassen. Die letzte Ausgabe erschien im Juli 1952; diverse Ausgaben der Deutschen Opposition und anderer SRP-naher Periodika finden sich in BA, B 237, Nr. 215630, Nr. 215631/2 und Nr. 215642.

[516] Vgl. etwa den Vermerk Kriminal-Abteilung E, betr. Auftauchen einer neuen SRP-Zeitung „Deutsche Opposition" v. 10.08.1951, StAHH, 331–1 II, 809; Nr. 18 der Deutschen Opposition v. 14.10.1951 wurde jedenfalls in Hamburg und Hessen wegen „schweren Verstoßes gegen § 96 StGB" in dem Artikel „Gralshüter der Demokratie" beschlagnahmt, dazu LKA Wiesbaden an Regierungspräsidenten in Darmstadt, Wiesbaden, Kassel v. 13.10.1951 (Abschrift) in HStAD, H 2 Dieburg, Nr. 4569.

[517] Kriminal-Abteilung E, Zwischenbericht v. 18.08.1951, StAHH, 331–1 II, 809.

[518] Chief Political Officer, Land Commissioner's Office, Hamburg, to Directorate of Security, HQ Intelligence Division, Herford, 29 September 1951 (secret), National Archives (UK), FO 1008/15.

[519] So *O. Büsch,* Geschichte, in: Büsch/Furth, Rechtsradikalismus, 1957, S. 1 (141).

mündliche Verhandlung vor dem BVerfG in Karlsruhe näher rückte, erschienen dann von April bis Ende Juni 1952 in einem letzten Aufbäumen neun Ausgaben der offiziell vom SRP-Bundesvorstand herausgegebenen Zeitschrift „Die Information“. Angesichts des nahenden Verhandlungstermins war nicht nur dieser Name, sondern auch der Untertitel „Blätter für den politisch und wirtschaftlich Interessierten“ bewusst neutral gefasst.[520]

Ebenso wenig wie diesem Projekt war Versuchen Erfolg beschieden, der Partei durch an spezielle Leserkreise gerichtete Zeitschriften neue Unterstützer- und Wählergruppen zu erschließen. Wichtigstes Beispiel war die Jugendzeitschrift „Fanfare“, die ab Dezember 1951 14-tägig erscheinen sollte, es dabei aber mitunter kaum über zwei Seiten Inhalt hinausbrachte.[521] Allerdings dürften die Chancen, größere Teile der im Aufbruch der 1950er Jahre befindlichen Jugend mit „Tatsachenberichten“ über „das wahre Gesicht der FDJ“ oder Enthüllungsgeschichten über geheime Beziehungen zwischen Washington und Moskau zu erreichen, von vornherein recht begrenzt gewesen sein.[522] *Summa summarum* macht die Tatsache, dass es der SRP ohne Zugang zum Rundfunk und quasi ohne schlagkräftige Presseorgane gelang, ein Wahlergebnis wie dasjenige bei den Niedersachsenwahlen im Mai 1951 zu erzielen, einmal mehr deutlich, wie stark Programmatik und Auftreten der rechtsextremen Partei ein Sentiment ansprachen, das in erheblichen Kreisen der Bevölkerung insbesondere in Norddeutschland ohnehin vorhanden war.

3. Rede- und Versammlungsverbote gegen die SRP

Auch die Nutzung ihres primären Propagandainstruments, agitatorischer Rednerauftritte in öffentlichen Versammlungen, fiel der SRP seit dem Frühjahr 1951 immer schwerer: Bestanden inzwischen in vielen Bundesländern Redeverbote für die wichtigsten SRP-Redner, wurde der Kurs nach den Niedersachsenwahlen allenthalben weiter verschärft.[523] So bestätigte etwa das Land Hessen im Mai 1951 ein bereits im März 1950 ergangenes Auftrittsverbot gegen *Remer*, nachdem dieses zuvor auch auf *Dorls, Westarp* und *von Bothmer*

[520] Verschiedene Ausgaben finden sich in BA, B 237, Nr. 215623 (Anlagen Nr. 17 ff. zum BVerfG-Sitzungsprotokoll) sowie in BA, B 237, Nr. 215630.

[521] Untertitel der Fanfare war „Zeitschrift für die Deutsche Jugend“; siehe zu weiteren Zeitschriften für spezielle Leser- und Themenkreise auch die Übersicht zu SRP-Periodika bei *H. W. Schmollinger,* SRP, in: Stöss, Parteien-Hdb. II, 1984, S. 2274 (2332 f.).

[522] So die jeweiligen Titelgeschichten in Fanfare Nr. 1 v. 09.12.1951 („Freundschaft!“? Der große Tatsachenbericht der „Fanfare“ über das wahre Gesicht der FDJ) und in Fanfare Nr. 2 v. 23.12.1951 (Washington contra Moskau?), beide in BA, B 237, Nr. 215631/1.

[523] Zu den ersten Versammlungsverboten bereits oben S. 128 ff.; diverse Versammlungsverbots- und Redeverbotsverfügungen gegen die SRP finden sich in BA, B 237, Nr. 215634 (Anlagen Nr. 42 ff.).

ausgedehnt worden war.[524] Im Sommer 1951 zog der hessische Innenminister *Zinnkann* (SPD) die Zügel weiter an und ließ die Behörden – wie schon erwähnt – noch strikter gegen SRP-Versammlungen vorgehen, die auch rigoros geheimdienstlich überwacht wurden.[525] In Hamburg wurde das am 28. Februar 1950 erlassene Redeverbot gegen *Remer* auf Anfrage der SRP schlicht als fortbestehend angesehen,[526] während Niedersachsen am 8. August 1951 den früheren Generalmajor[527] und eine Woche später weitere 13 SRP-Politiker mit Redeverboten belegte.[528] Der nordrhein-westfälische Innenminister nahm unterdessen das am 4. Mai 1951 ergangene Verbot der aktivistischen Neben-

---

[524] Das Hessische Kabinett hatte Innenminister *Zinnkann* in seiner Sitzung am 19.05. 1951 zur Ausweitung des Redeverbotes auf *Dorls, v. Bothmer* und *Westarp* ermächtigt, da die SRP „nun auch in Hessen für sich werben wollte und bereits in einzelnen Städten Gründungsversammlungen abgehalten habe"; siehe dazu die Unterlagen zur Kabinettssitzung in HHStA, 502, 8394; zum Ganzen auch die Verfügung Hessischer Minister des Innern v. 21.05.1951 an Regierungspräsidenten etc., betr. Redeverbot (BA, B 237, Nr. 215640, Bl. 18a), Hessischer Minister des Innern an Graf von Westarp v. 09.06.1951, BA, B 237, Nr. 215634 (Anlage Nr. 60) und Hessischer Minister des Innern an Regierungspräsidenten v. 07.07.1951, HStAD, H 2 Groß-Gerau, Nr. 2964 (Abschnitt SRP); weitere Dokumente zur Umsetzung der Rede- und Versammlungsverbote im Regierungsbezirk Darmstadt in: HHStA, 502, 2858, HHStA 654, 122, HStAD, H 2 Dieburg, Nr. 4380.

[525] Dazu etwa der Bericht aus britischen Geheimdienstkreisen, Extract from Wiesbaden Weekly Political Report No. 72, 04.07.1951, National Archives (UK), FO 1008/14, 5/3/98/51; am 23.05.1951 wies der hessische Innenminister (Hessischer Minister des Innern an Verteiler v. 23.05.1951, HHStA, 502, 2858) alle seiner Dienstaufsicht unterstehenden Behörden an, der SRP „keine Räume und Gebäude, die Eigentum des Landes Hessen sind, von ihm gemietet sind oder verwaltet werden, zu irgendwelchen Versammlungen, Kundgebungen, Konferenzen, Diskussionsabenden, Ausstellungen oder ähnlichen Veranstaltungen" zu überlassen; eine Grundrechtsbeschwerde der SRP gegen Versammlungsverbote als Verstöße gegen Art. 11 Abs. 1 (Meinungsfreiheit) und 14 Abs. 1 (Versammlungsfreiheit) Hessische Verfassung wurde vom Hessischen Staatsgerichtshof durch Beschluss v. 07.12.1951 als unbegründet zurückgewiesen, eine auszugsweise Abschrift des Beschlusses findet sich in NLA-HStAH, Nds. 100, Acc. 2001/021, Nr. 31, Bl. 33 ff.; zum Ganzen auch *H. Hansen,* Sozialistische Reichspartei, 2007, S. 228.

[526] Dazu die Dokumente in StAHH, 131–1 II, 145, Bl. 20 ff.

[527] Niedersächsischer Minister des Innern, Verfügung betr. Betätigungsverbot für Redner der aktivistischen Nebenorganisationen der SRP v. 08.08.1951, NLA-HStAH, Nds. 100, Acc. 2001/021, Nr. 31, Bl. 3; Abschrift von Abschrift auch in StAHH, 331–1 II, 809; zu *Borowskis* Motiven: Ivone Kirkpatrick to Foreign Office (confidential), 09.08.1951, National Archives (UK), FO 1008/15.

[528] Darunter mit *Ulrich v. Bothmer, Gerhard Krüger, Kurt Matthaei, August Finke, Franz Richter* und mit Ausnahme von *Wolf Graf Westarp* fast die gesamte Führungsriege der SRP; Niedersächsischer Minister des Innern, Verfügung betr. Betätigungsverbot für Redner der SRP v. 15.08.1951 (Abschrift), NLA-HStAH, Nds. 100, Acc. 2001/021, Nr. 31, Bl. 5; Abschrift von Abschrift auch in StAHH, 331–1 II, 809; vgl. auch das Telegramm Niedersächsisches Innenministerium an Polizeisenator Hamburg v. 06.09.1951, StAHH, 331–1 II, 809.

organisationen der SRP zum Anlass, die Polizeibehörden über die Regierungspräsidenten anzuweisen, „das öffentliche Auftreten der Redner der SRP zu verbieten, erforderlichenfalls auch ein Versammlungsverbot auszusprechen und die notwendigen Verbote gegebenenfalls mit Zwang durchzusetzen".[529] In den Monaten August–Oktober 1951 erließen Bremen, Württemberg-Baden,[530] Bayern und Hamburg[531] Versammlungsverbote gegen die SRP,[532] so dass etwa der hamburgische Innensenator seinem Amtskollegen in Niedersachsen im Oktober 1951 mitteilen konnte:

> „In der Hansestadt Hamburg wird [...] jede öffentliche Tätigkeit der SRP unterbunden, da in ihr nach den führenden Personen, den erklärten Zielen und den im politischen Kampf in anderen Ländern angewandten Methoden ein Wiederaufleben des Nationalsozialismus und damit eine Gefahr für die öffentliche Sicherheit und Ordnung, insbesondere eine Gefahr für die verfassungsmäßige Ordnung, erblickt werden muß."[533]

Die SRP holte immer wieder bei ihren Anwälten Rechtsrat ein, klagte gegen verschiedene Verfügungen,[534] die nicht zuletzt aufgrund von Unsicherheiten

---

[529] Innenminister NRW an die Herren Regierungspräsidenten v. 23.07.1951, BA, B 237, Nr. 97007, Bl. 90 f., auch in: StAHH, 131–1 II, 145, Bl. 21.

[530] Vgl. dazu die Abschrift der umfangreich begründeten Verfügung des Innenministeriums betreffend die Versammlungstätigkeit der SRP in Württemberg-Baden v. 24.08.1951, StAHH, 331–1 II, 809, S. 5, die „sämtliche öffentlichen Versammlungen, Kundgebungen und sonstigen Veranstaltungen der SRP in Württemberg-Baden mit sofortiger Wirkung" bis zur Entscheidung des „demnächst in Tätigkeit tretenden Bundesverfassungsgericht[s] über den zu erwartenden Antrag der Bundesregierung, die Verfassungswidrigkeit der SRP festzustellen", untersagte.

[531] Zu Versammlungsverboten in Hamburg im August 1951 die Verbotsverfügungen in StAHH, 331–1 II, 809; in Hamburg wurde dann auch am 10.10.1951 Nr. 18 der Zeitung „Deutsche Opposition" beschlagnahmt, da sich darin „üble Beschimpfungen der Bundesrepublik" und „typisch nazistische Phraseologie" finde, und aus demselben Grund eine SRP-Versammlung im St. Georger Hof verboten sowie die „heimliche Ausweichversammlung, die mit schwachem Besuch in einem Lokal in der Lilienstraße stattfand," aufgelöst, dazu: Vermerk Senator Danner für Senatssitzung, StAHH, 131–1 II, 145, Bl. 25, SRP Landesverband Hamburg, Offener Brief an Bürgermeister Brauer v. 11.04.1952, StAHH, 131–1 II, 145, Bl. 30.

[532] Dazu die Dokumente in BA, B 237, Nr. 215640, Bl. 19 ff.; für Niedersachsen die Dokumente in NLA-HStAH, Nds. 100, Acc. 2001/021, Nr. 31, Bl. 7 ff.; allgemein zum Mittel des Versammlungsverbotes gegen rechtsextreme Versammlungen etwa *J. Menzel,* Mit Versammlungsrecht gegen „Rechts"?, in: Goldbach, Mit juristischen Waffen, 2003, S. 43 (insbesondere 69 ff.); *T. von Roetteken,* Versammlungsfreiheit und Rechtsradikalismus, in: Kritische Justiz 2001, 330 ff.; *H.-J. Höllein,* Das Verbot rechtsextremistischer Veranstaltungen, in: NVwZ 1994, 635 ff.

[533] Jürgensen (im Auftrag) an Niedersächsischer Minister des Innern v. 08.10.1951, StAHH, 331–1 II, 809.

[534] So etwa gegen die Mitte Oktober 1951 in Niedersachsen erlassenen Redeverbote; dazu etwa „SRP verklagt Innenminister Borowski", in: Neue Zeitung v. 16.10.1951, auch in StAHH, 331–1 II, 809; der SRP-Landesverband Hamburg ging bspw. gegen ein Ver-

der Verwaltung in der Anwendung des noch recht neuen Verfassungs- und Verwaltungsrechts tatsächlich nicht immer vor den Gerichten Bestand hatten.[535] Im äußersten Fall legten SRP-Funktionäre auch schon einmal Strafanzeige wegen Nötigung gegen einen Innenminister ein, der ein Redeverbot erlassen hatte.[536] Allerdings bekam der Vorsitzende der hessischen SRP, der Jurastudent *Helmut Weber,* als Initiator einer solchen Strafanzeige umgehend die Wehrhaftigkeit der jungen Demokratie zu spüren, als der hessische Kultusminister wegen des beleidigenden Inhalts der Anzeige ein Disziplinarverfahren bei der Marburger Philipps-Universität initiierte,[537] das *Weber* nach einigem Hin und Her einen vorübergehenden Universitätsausschluss einbringen sollte.[538]

---

sammlungsverbot v. 14.06.1951 gerichtlich vor; dazu der Schriftsatz der Rechtsabteilung Senat Hamburg v. 14.09.1951 in Sachen SRP, Landesverband Hamburg gegen Polizei Hamburg, StAHH, 331–1 II, 809; später beklagte sich die SRP, dass dieses Verfahren verzögert werde; eine Abschrift des Urteils des VGH Württemberg-Baden, Az. 2S – 241/51 v. 18.02.1952, welches das Versammlungsverbot des württemberg-badischen Innenministeriums v. 24.08.1951 (württ.-bad. StAnz. Nr. 68 v. 05.09.1951), aufhob, findet sich in StAHH, 331–1 II, 809.

[535] Vgl. etwa das Urteil des OVG für die Länder Niedersachsen und Schleswig-Holstein in Lüneburg, Az. II OVG A 485/51 (Abschrift in NLA-HStAH, Nds. 100, Acc. 2001/021, Nr. 31, Bl. 41 ff.) aufgrund der mündlichen Verhandlung v. 12.08.1952, das ein „Betätigungsverbot" der Stadt Lüneburg gegen *Kurt Matthaei* v. 27.08.1951, das diesem „das öffentliche Auftreten" verbot, und eine korrigierende Verfügung v. 09.10.1951, die lediglich das „öffentliche Auftreten als Redner" betraf, sowie die dazu ergangene bestätigende verwaltungsgerichtliche Entscheidung als insbesondere zu unbestimmt aufhob, da Zweifel über den Umfang des verhängten Verbotes in Bezug auf Ort und Art des betroffenen Auftretens bestünden.

[536] SRP-Landesverband Hessen, Landesvorsitzender Helmut Weber an Oberstaatsanwalt in Wiesbaden, betr. Strafanzeige gegen den Hessischen Minister des Innern Zinnkann und Genossen wegen Nötigung, v. 19.06.1951 (Abschrift), HHStA, 504, 1063c, Hinterer Aktenteil, Bl. 1 ff.

[537] Hessischer Minister für Erziehung und Volksbildung, vertreten durch Ministerialdirektor Willy Viehweg an Rektor der Philipps-Universität Marburg, Prof. Dr. Benninghoff, betr. Student Helmut Weber, v. 20.07.1951, HHStA, 504, 1063c, Hinterer Aktenteil, Bl. 12; *Weber,* früherer Wehrmachtsoffizier und Ritterkreuzträger, hatte zunächst in Göttingen Jura studiert und war von dort nach Marburg gewechselt, um den hessischen Landesverband der SRP aufzubauen, British Observer, Office of the Land Commissioner Hesse, Wiesbaden to Internal Affairs Branch, The Chancery, Office of the UK High Commissioner, Wahnerheide, 29.05.1951 (confidential), National Archives (UK), FO 1008/14, 5/3/68/51; ein Geheimdienstbericht über eine zweistündige Rede *Webers* auf einem Treffen der Frankfurter SRP am 18.05.1951 findet sich in Report on SRP Meeting held at Frankfurt on the 18th May 1951, Appendix to OBS/HES/S19/89 (confidential), National Archives (UK), FO 1008/14.

[538] Rektor Philipps-Universität an Hessischer Minister für Erziehung und Volksbildung v. 11.07.1952, HHStA, 504, 1063c, Hinterer Aktenteil; das Disziplinargericht der Philipps-Universität beschloss am 11.03.1952, *Weber* unter Nichtanrechnung des laufenden Semes-

Abb. 17: Otto Ernst Remer (r.) am 14.08.1951 nachdem er wegen Verstoßes gegen ein Versammlungsverbot verhaftet und in das Polizeigefängnis Osnabrück verbracht worden war

Die SRP bemühte sich unterdessen überall, die meist strikt umgesetzten Verbote[539] so weit wie möglich zu umgehen.[540] So verlegte sie für Hamburg bestimmte Veranstaltungen in das benachbarte Schleswig-Holstein, begann schon einmal eine Veranstaltung eine Minute nach Mitternacht, um ein für den Vortag ergangenes Versammlungsverbot auszuhebeln,[541] und ging in allen Bundesländern systematisch dazu über, an einen unbestimmten Personenkreis „Mitgliedsausweise" mit einer Einladung oder aber Einladungskarten zu der jeweiligen Versammlung zu verteilen, um diese als geschlossene Veranstaltung zu tarnen.[542] Da bspw. in den einzelnen niedersächsischen Regie-

---

ters von der Universität zu entfernen. Auf *Webers* Berufung beschloss das Disziplinargericht in zweiter Instanz am 31.05.1952 lediglich einen „schriftlichen Verweis".

[539] Fälle, in denen Mitglieder der Polizei mit der SRP kolludierten, blieben die Ausnahme. So berichten britische Geheimdienstkreise davon, dass bei einem Auftritt *Remers* trotz Redeverbotes am 15.08.1951 in Bad Hersfeld ein Polizeibeamter, der früher unter *Remer* gedient habe, diesen zum Versammlungsort geleitet, später dann aber behauptet habe, seinen früheren Kommandanten nicht erkannt zu haben, OBS/HES/18/90, 23.08.1951, National Archives (UK), FO 1008/15, 5/3/124/51.

[540] Sehr anschaulich für das Vorgehen der Polizeibehörden gegen verbotene Veranstaltungen etwa der vertrauliche Bericht der Nachrichtenstelle im Polizeiabschnitt Hameln/Hameln-Pyrmont v. 18.08.1952 zur Observierung und Auflösung einer verbotenen SRP-Veranstaltung am 18.08.1952 in Hameln, die in der Feststellung der Personalien aller anwesenden Personen gipfelte, NLA-HStAH, Nds. 100, Acc. 2001/021, Nr. 31, Bl. 47 ff.

[541] Extract from Hanover Telegram No. 92, 02.08.1951, National Archives (UK), FO 1008/15, 7/8/29/51 berichtet, dass der zuständige Oberkreisdirektor dies seinerseits konterte, indem er das Versammlungsverbot für die Versammlung mit *Remer* in Harzburg, zu der ca. 800 Personen erschienen sein sollen, umgehend auf den nächsten Tag ausdehnte.

[542] Zu dem Gutachten von *Dr. Fischer* aus *Remers* Wohnort Varel, das diese Vorgehensweise empfohlen hatte, bereits oben S. 135 Fn. 2; siehe als Bsp. die in der Stuttgarter

rungsbezirken Rechtsunsicherheit bestand,[543] wie mit solchen scheinbar geschlossenen SRP-Versammlungen zu verfahren sei, führte dies zunächst zu einer uneinheitlichen Behördenpraxis, bei der manche geschlossene Treffen verboten, andere aber geduldet und lediglich durch verdeckte Ermittler besucht wurden, die dann fleißig Vermerke über die Inhalte anfertigten.[544] Der niedersächsische Innenminister bereitete der uneinheitlichen Praxis allerdings im Februar 1952 schließlich ein Ende, indem er die Regierungspräsidenten – rechtlich problematisch – ersuchte, auch geschlossene Veranstaltungen grds. zu verbieten, wenn dort mit Redeverbot belegte SRP-Politiker aufträten.[545]

Verfassungsrechtlich problematisch war auch, dass in Niedersachsen – vermutlich aufgrund einer unsorgfältigen Prüfung im Innenministerium[546] – auch Landtagsabgeordnete von Redeverboten betroffen waren, was die niedersächsische SRP-Fraktion im Oktober 1951 dann auch im Landtag öffentlichkeitswirksam als verfassungswidrig anprangerte.[547] Der dabei auch persönlich angegriffene niedersächsische Innenminister *Borowski* nahm dies zum Anlass für eine ausführliche Begründungsreplik, in der er umfangreich aus Reden von SRP-Politikern zitierte.[548] Sein Vortrag gipfelte in der Fest-

---

Zeitung v. 28.08.1951 kommentiert abgedruckte Einladung zu einer geschlossenen Veranstaltung des SRP-Kreisverbandes Ludwigsburg mit *Otto Ernst Remer* (auch in National Archives (UK), FO 1008/15) sowie die Einladung zu der geschlossenen SRP-Versammlung am 23.07.1951 in Wanne-Eickel, BA, B 237, Nr. 215641, Bl. 17, die jeweils zugleich als Eintrittsausweis galten; ein Exemplar eines Eintritts-Ausweises zu der geschlossenen Veranstaltung der SRP in Bargteheide am 11.10.1951, auf der *Krüger* auftreten und „Deutsche Musik" gespielt werden sollte, findet sich in StAHH, 331–1 II, 809; siehe auch den Bericht von *Wolfgang Schult* v. 12.09.1951 zur Versammlung der SRP am 07.09.1951 in Schmalenbek (Schleswig-Holstein), zu der 800 Einladungskarten versandt worden waren, StAHH, 331–1 II, 809 sowie die Berichte zu Ausweichveranstaltungen der SRP in Niedersachsen in NLA-HStAH, Nds. 100, Acc. 2001/021, Nr. 31, Bl. 7 ff., 20 ff.; zur Zulässigkeit geschlossener Versammlungen: BVerfG, 1. Senat, Berichterstatter an Oberstaatsanwalt in Hannover v. 29.10.1952, BA, B 237, Nr. 215614, Bl. 24; *H. Hansen,* Sozialistische Reichspartei, 2007, S. 234.

[543] Entsprechende Rechtsunsicherheit bestand fast überall; beispielhaft dafür etwa der Erlass des Hessischen Ministers des Innern an die Regierungspräsidenten etc. v. 19.05. 1950 betreffend das Versammlungswesen, HStAD, H 2 Alsfeld, Nr. 1915.

[544] Dazu etwa die Übersicht über „Geglückte und nicht geglückte Versuche, die Redeverbote für SRP-Versammlungen zu umgehen" v. 22.10.1951 in NLA-HStAH, Nds. 100, Acc. 2001/021, Nr. 31, Bl. 20 ff.

[545] Nds. Innenminister an Regierungspräsidenten v. 09.02.1952, NLA-HStAH, Nds. 100, Acc. 2001/021, Nr. 31, Bl. 36 (36 f.).

[546] Darauf deuten Erkenntnisse aus britischen Geheimdienstkreisen hin, Extract from Hanover Telegram No. 99, National Archives (UK), FO 1008/15, 5/3/126/51.

[547] „Aktenvermerk betr. SRP Niedersachsen", NLA-HStAH, Nds. 100, Acc. 2001/021, Nr. 31, Bl. 13.

[548] Dazu auch die wohlwollende Stellungnahme aus britischen Geheimdienstkreisen zu *Borowskis* inhaltlich z.T. nicht unproblematischer Landtagsrede: Extract from Hanover

stellung, dass die Landesregierung dem Treiben der SRP nicht tatenlos zuschauen könne, da sie sich sonst „der Pflichtverletzung schuldig“ mache.[549]

Die SRP verschärfte unterdessen angesichts der zunehmenden staatlichen Gegenmaßnahmen nicht nur ihre Rhetorik, indem etwa *Remer* in einer geschlossenen Versammlung am 26. August 1951 in Aldingen bei Ludwigsburg forderte, „Terror mit Terror“ zu beantworten.[550] Sie bemühte sich vielmehr auch, Rede- und Versammlungsverbote systematisch propagandistisch zu verwerten, etwa indem sie sich als Opfer einer willkürlich agierenden Staatsgewalt stilisierte. So hieß es auf einem Flugblatt der SRP zu den Bremenwahlen im Herbst 1951 larmoyant:

> „Ohne Einschränkungen dürfen die Vertreter aller Parteien reden, auch die Kommunisten. Nur den führenden Männern der SRP, Dr. Dorls, Remer und Kameraden verbietet der Bremer Senat das Auftreten. Weil die Lizenzparteien nicht fähig sind, sich mit der sachlichen Kritik und den Forderungen der SRP auseinanderzusetzen, schreiten sie zu Verboten, Lügen und Verleumdungen. Auf diese Weise glauben sie, das Bekanntwerden der Ziele der SRP zu verhindern und ihre eigenen Machtpositionen erhalten zu können.“[551]

VI. Erhöhter Druck der Alliierten

1. Lehr, Dehler, Adenauer und das Verbotsverfahren

Die Einstellungen der Protagonisten der Bundesregierung zum SRP-Verbotsverfahren unterschieden sich unterdessen nicht nur in der Außenwahrnehmung weiterhin voneinander: Innenminister *Lehr* sah sich nach seinen markigen Ankündigungen vor den Niedersachsenwahlen in der Pflicht, trieb das Verbot der SRP allerdings auch aus innerer Überzeugung nach Kräften voran. Dass sich der Innenminister auf dem „Kriegspfad“ gegen Rechts- und Linksaußen befand, machte er am 10. Juni 1951 noch einmal öffentlich in seiner

---

Telegram No. 114, National Archives (UK), FO 1008/15, 7/8/36/51: „The SPD Minister of the Interior, Borowski, made the best of what has been generally held to be a doubtful case and maintained that whilst members of a parliament must not be hampered in the execution of their duties as deputies, they were subject in common with all citizens to the laws of the Land.“

[549] „Punkt 26 der Tagesordnung: Redeverbot für Abgeordnete“, NLA-HStAH, Nds. 100, Acc. 2001/021, Nr. 31, Bl. 14 (18).

[550] Diese Äußerung *Remers* veranlasste das Bundeskabinett in seiner Sitzung am 28.08.1951 (Kabinettsprotokolle 1951, S. 626), dem Bundesjustizminister den Auftrag zu erteilen, zu prüfen, ob sich *Remer* strafbar gemacht habe und welche Maßnahmen ergriffen werden könnten. *Dehler* forderte schließlich am 12.10.1951 das württemberg-badische Justizministerium auf, strafrechtlich gegen *Remer* vorzugehen, was dieses jedoch am 06.11.1951 ablehnte. Zum Ganzen: Kabinettsprotokolle 1951, S. 626 Fn. 68.

[551] Flugblatt „Sozialistische Reichspartei – Was sie wirklich will“, StAHB, 3-V.2.-2750 [8] Nr. 1.

Rede auf dem Universitätstag der traditionsreichen Philipps-Universität in Marburg deutlich, in der er eine „Kriegserklärung“ an den Radikalismus richtete: Die Bundesregierung lasse sich weder durch Drohungen mit Gewalt noch durch beschwichtigende Erklärung von ihrem Willen zur rücksichtslosen Unterdrückung des Radikalismus von links und rechts abbringen.[552] Die 1939 aus Deutschland nach London emigrierte jüdischstämmige Historikerin *Eva G. Reichmann* (1897–1998), die im Sommer 1951 im Auftrag der vom Aufstieg der SRP alarmierten Londoner *Wiener Library* Deutschland bereiste und dabei Gelegenheit zu Gesprächen mit Bundespräsident *Heuss* und Innenminister *Lehr* bekam, bescheinigte dem Bundesinnenminister in ihrem Bericht, vom Wiederaufstieg des Nazismus in Deutschland persönlich emotional stark getroffen zu sein.[553]

Justizminister *Dehler* agierte unterdessen angesichts seiner weiter bestehenden Zweifel, ob die strengen Voraussetzungen des Art. 21 Abs. 2 GG zu beweisen seien, ungleich zurückhaltender, suchte aber gleichzeitig mit seinen Ministerialbeamten konstruktiv nach Möglichkeiten, um die ungewissen Erfolgschancen eines Verbotsverfahrens zu erhöhen. Die Haltung des gem. Art. 65 S. 1 GG mit Richtlinienkompetenz versehenen, taktisch versierten Bundeskanzlers lag zwischen seinen beiden primär mit dem Verbotsantrag befassten Ministern. Dass *Adenauer* die von ihm im Übrigen favorisierte Abnutzungs- und Integrationsstrategie gegenüber extremen Parteien in Sachen SRP zugunsten eines Verbotsverfahrens mit all dessen Unwägbarkeiten und möglichen positiven Popularitätseffekten für die SRP zurückgestellt hatte, lag – wie gesehen – an mehreren Faktoren, die allerdings eng miteinander verzahnt waren: Nicht zuletzt war angesichts der in den Niedersachsenwahlen bewiesenen Potentiale der SRP der Druck der Westalliierten, insbesondere der für Niedersachsen verantwortlichen Briten, gegen die rechtsextreme Partei vorzugehen, deutlich angestiegen. Damit erhöhte sich aber auch die Gefahr, durch ein zu unentschlossenes Vorgehen gegen die SRP, die auch international zunehmend als eine wiedererstandene NSDAP wahrgenommen wurde, das Projekt der europäischen Einigung und damit der Wiedergewinnung der deutschen Souveränität zu gefährden.

---

[552] „Unerbittlich gegen Radikale“, in: Die Welt v. 11.06.1951; dem möglicherweise anwesenden hessischen SRP-Landesvorsitzenden *Helmut Weber,* der zu jener Zeit an der Philipps-Universität Jura studierte (oben S. 121 f., Fn. 178, S. 224 f.), dürfte auch nicht gefallen haben, dass *Lehr* dabei verkündet haben soll, dass bereits der Entwurf des SRP-Verbotsantrags in seinem Ministerium erstellt worden sei, Wahnerheide Tel. No. 580 Saving to Foreign Office, 11.06.1951, National Archives (UK), FO 1008/14, 5/3/79/51.

[553] *Eva G. Reichmann,* Germany's New Nazis, August 1951, S. 6 f., National Archives (UK), FO 1008/15.

2. Der Aufstieg der SRP in den internationalen Medien

Das Wiedererstarken des Rechtsradikalismus in Form der SRP dominierte nach dem Urnengang in Niedersachsen jedenfalls wochenlang die Deutschland-Berichterstattung nicht nur der US-amerikanischen und der britischen Presse.[554] Das schwedische *Svenska Dagbladet* etwa entsandte im Juni 1951 eigens die bekannte Journalistin und Übersetzerin *Maj Lorents* (1896–1998), Ehefrau des bedeutenden schwedischen Zeithistorikers *Yngve Lorents* und nahe Verwandte des stellvertretenden schwedischen Außenministers, nach Deutschland, um über „eine etwaige neue Nazistgefahr“ zu berichten.[555] In Großbritannien arbeitete der berühmt-berüchtigte Journalist *Sefton Delmer* (1904–1979) in einer Artikelserie im damals sehr auflagenstarken *Daily Express* mit Schlagzeilen wie „Is a New Hitler Rising?“ Parallelen zwischen *Remer* und *Hitler* heraus, was durch Karikaturen unterstrichen wurde, bei denen z.B. *Remer* bei einer Wahlkampfrede *Hitlers* Schatten warf.[556] *Delmer* wurde im Königreich für solche Einschätzungen besondere Kompetenz zugeschrieben, hatte er doch Ende der 1920er, Anfang der 30er Jahre als Büroleiter des Daily Express in Berlin *Hitlers* Aufstieg hautnah miterlebt: Nachdem er über den weltläufigen *Hitler*-Förderer *Ernst „Putzi“ Hanfstaengl*, SA-Stabschef *Ernst Röhm* und über diesen *Hitler* kennengelernt hatte, war er der erste britische Journalist überhaupt gewesen, dem der NSDAP-Vorsitzende Ende der 20er Jahre ein Interview gegeben hatte. Später hatte *Delmer Hitler* dann nicht nur im Wahlkampf 1932 in dessen Privatflugzeug begleitet, sondern war z.B. auch bei dessen Inaugenscheinnahme des abgebrannten Reichs-

---

[554] Dazu bereits oben S. 207; ein Pressespiegel mit Reaktionen auf die Niedersachsenwahl findet sich in BA, B 106, Nr. 15536; instruktiv auch die Anfrage des britischen Außenministeriums an den britischen Hochkommissar, Foreign Office to Chancery, Office of the UK High Commissioner, 24.05.1951 (restricted), National Archives (UK), FO 1008/14, 5/3/61/51; zum Ganzen auch *N. Frei,* Vergangenheitspolitik, 2. Aufl. 1997, S. 338 Fn. 49, S. 342; *H. Hansen,* „Radau“-Nationalismus, in: Jesse/Niedermeier, Politischer Extremismus, 2007, S. 127 (128 f.); mitunter schoss die britische Presse über das Ziel hinaus, etwa indem das damals populäre britische Boulevardblatt *Sunday Graphic* in dem Artikel „Jackboot Boys at it again“ v. 27.05.1951 u.a. den Bürgermeister von Celle (hier als „Selle“ bezeichnet) unzutreffend als früheren Gauleiter identifizierte, was wiederum die britischen Besatzungsbehörden in Deutschland unter Rechtfertigungsdruck setzte, obwohl sie für diesen und ähnliche Presseartikel nicht verantwortlich waren, Malcolm to Warr (14.06. 1951), National Archives (UK), FO 1008/14, 5/3/69/51.

[555] Hans Schäffer (Jönköping) an Walter Strauß v. 18.06.1951, NL W. Strauß, IfZ ED 94, Bd. 365, Bl. 36.

[556] *S. Delmer,* „Is a new Hitler Rising?“, Daily Express v. 09.07.1951, „I Heard Remer Echo that Nazi Style“, Daily Express v. 10.07.1951, „These Old Hate-Lessons are Worth a Packet of Stalin's Cash“, Daily Express v. 11.07.1951; in eine ähnliche Richtung auch bereits der Artikel von *Antony Terry,* „Jackboot Boys at it again“, Sunday Graphic v. 27.05.1951, auch in: National Archives (UK), FO 1008/14.

tags Ende Februar 1933 zugegen gewesen, was ihn in England schließlich dem Verdacht ausgesetzt hatte, mit den Nazis zu sympathisieren.

Noch wesentlich stärkere Wirkung als die Artikelserie in dem konservativen britischen Boulevardblatt hatte allerdings Anfang Juli 1951 in den USA, und dann schnell auch in Bonn, ein umfangreicher Artikel über den Aufstieg des Neonazismus in Deutschland des langjährigen *New York Times* Deutschlandkorrespondenten *Drew Middleton* (1913–1990) im viel gelesenen Sonntagsmagazin der *New York Times*.[557] Nicht zuletzt das reichhaltige Bildmaterial, das Ähnlichkeiten zwischen NSDAP- und SRP-Personal verdeutlichte, ließ die Parallelen zwischen den beiden Parteien unmittelbar augenfällig werden.[558] Letztlich befeuerte dieser Artikel, dessen Diktion US-Hochkommissar *McCloy* in seinem nächsten Deutschlandbericht fast wörtlich aufgriff,[559] die Besorgnis der amerikanischen Öffentlichkeit und damit auch wichtiger Regierungsstellen der USA sowie der anderen Westalliierten über den Aufstieg der SRP ganz erheblich. Insbesondere die US-amerikanischen und britischen Verantwortungsträger befürchteten angesichts der alarmierenden Berichte nicht nur eine Wiederkehr des mühsam niedergerungenen Rechtsextremismus im Allgemeinen, sondern auch ganz konkret eine Gefährdung des dringend benötigten deutschen Wehrbeitrags zu einer europäischen Armee. Dies lag auch daran, dass die SRP mittlerweile den Kampf gegen die Wiederbewaffnung zu ihrem Hauptthema gemacht hatte.[560] Daneben belebte der Aufstieg der SRP das Bild vom „unbelehrbaren Deutschen" wieder und konnte so Gegnern der deutschen Wiederbewaffnung in den USA, im Vereinigten Königreich und vor allem auch in Frankreich dazu dienen, die mit einer deutschen Bewaffnung einhergehenden Gefahren in den Vordergrund zu rücken und so die ohnehin schwer durchsetzbare deutsche Wiederbewaffnung in ihren jeweiligen Heimatstaaten politisch zum Scheitern zu bringen.[561]

---

557 *D. Middleton,* Neo-Nazism: 'A Cloud Like a Man's Hand' – Revival of interest in Hitler's creed creates fear of a future storm over Germany, in: New York Times Magazine, 01.07.1951, S. 151 ff.

558 Diese Parallelen betont ungefähr zur selben Zeit auch der Bericht HICOG Frankfurt to Department of State, Recent Activities of the „Sozialistische Reichspartei" (SRP), HICOG Frankfurt Despatch 3272 (confidential), 10.05.1951, National Archives (UK), FO 1008/14, 5/3/56/51.

559 Zu diesem näher unten S. 235.

560 Dies und die Angriffe auf die Alliierten akzentuiert der Bericht HICOG Frankfurt to Department of State, Recent Activities of the „Sozialistische Reichspartei" (SRP), HICOG Frankfurt Despatch 3272 (confidential), 10.05.1951, National Archives (UK), FO 1008/14, 5/3/56/51.

561 Dazu etwa der Bericht des britischen Außenministeriums v. 25.07.1951, wiedergegeben bei *H. Hansen,* „Radau"-Nationalismus, in: Jesse/Niedermeier, Politischer Extremismus, 2007, S. 127 (131 Fn. 14).

3. Britische Besatzungsbehörden unter Druck

Die für Niedersachsen zuständigen britischen Besatzungsbehörden sahen sich nach der Wahl unterdessen immer bohrenderen Nachfragen der Londoner Regierung ausgesetzt, die ihrerseits seit Mai 1951 durch mehrere parlamentarische Anfragen im Unterhaus zu einem möglichen „Wiederaufstieg der Nazis" unter Druck geraten war.[562] Angefeuert wurde die zunehmend besorgte Haltung in britischen Parlaments- und Regierungskreisen im August 1951 durch den schon angesprochenen *Wiener Library*-Bericht *„Germany's New Nazis"*, in dem die aus Deutschland emigrierte, jüdischstämmige Historikerin *Eva G. Reichmann* vor der Möglichkeit eines Wiederaufstiegs des Nazismus in Deutschland warnte.[563] Auch aus der politischen Abteilung des britischen Hochkommissariats in Deutschland kamen alarmierende Stellungnahmen, nach denen sich die Demokratisierung in der Bundesrepublik in einer extrem kritischen Phase befinde: Über die verteidigungspolitischen Ziele der Alliierten hinsichtlich einer deutschen Wiederbewaffnung dürfe nicht das langfristige Ziel, ein demokratisches Deutschland aufzubauen, vernachlässigt werden.[564]

Die Lage wurde nicht einfacher, als die britischen Besatzungsbehörden durch sensationsheischende Berichte britischer Zeitungen unter Druck gerieten, nach denen diverse SRP-Mitglieder, darunter auch Angehörige der inzwischen aufgelösten SRP-Reichsfront, u.a. für die von den britischen Militärbehörden ausgebildete, diese durch Wach- und andere Dienste unterstützende „German Service Organisation" tätig seien.[565] Dem stellvertretenden

---

[562] Thema war u.a. „the re-emergence of the Nazis in Germany, as the Socialist Reich Party, which polled nearly a quarter of a million votes in the Lower Saxony election", Parliamentary Question, 30.05.1951, National Archives (UK), FO 1008/14; Foreign Office to Chancery, Office of the UK High Commissioner, 24.05.1951 (restricted), National Archives (UK), FO 1008/14, 5/3/61/51; *H. Hansen,* „Radau"-Nationalismus, in: Jesse/Niedermeier, Politischer Extremismus, 2007, S. 127 (131).

[563] *Eva G. Reichmann,* Germany's New Nazis, August 1951, S. 8, National Archives (UK), FO 1008/15: „For all these reasons, a large-scale re-emergence of Nazism in Germany must be considered a serious possibility in spite of still powerful democratic counteragents."

[564] Vgl. den nicht näher bezeichneten Vermerk (handschriftlicher Zusatz: „Author? Mr. Priss?"), National Archives (UK), FO 1008/15; *H. Hansen,* Sozialistische Reichspartei, 2007, S. 203 ff.

[565] Auf diesen Vorgang hatte zunächst Bundesinnenminister *Lehr* die Briten nach seiner Niedersachsenreise Ende April 1951 in Schreiben, zunächst direkt an den „British Resident" in Celle und dann an den Britischen Hochkommissar (Lehr an Britischer Hoher Kommissar, 10.05.1951, National Archives (UK), FO 1008/14, 5/3/58/51), hingewiesen; D. Malcolm to Mr. Warr, 16.05.1951, FO 1008/14, 5/3/59/51 bestätigt die Vorwürfe im Kern, verweist aber neben der großen Zahl der Deutschen, die für die German Service Organisation tätig seien, auch darauf, dass diese „under military control and not ours" sei; dem Außenminister wurde am 06.06.1951 im Unterhaus u.a. die Frage gestellt, wie viele

britischen Hochkommissar *John G. Ward* gelang es allerdings, einen kühlen Kopf zu bewahren: Während die Mitglieder der „German Service Organisation“, die der militärischen Seite der Besatzungsbehörden unterstand, umgehend auf eine Nähe zur SRP untersucht wurden,[566] empfahl er Hochkommissar *Kirkpatrick,* gegenüber dem britischen Außenministerium zu der Herausforderung, welche die SRP unbestreitbar bildete, differenziert Stellung zu beziehen.[567] So wurde London Mitte August 1951 in einem um Deeskalation bemühten Bericht u.a. darauf hingewiesen, dass die Selbstorganisation enttäuschter Bevölkerungskreise in extremistischen Parteien wie der SRP kaum überraschen dürfe, nachdem die Alliierten ihre Kontrollen zurückgenommen und den Deutschen mehr demokratische Spielräume eingeräumt hätten.[568] Eventuelle Effektivitätsmängel im Vorgehen der deutschen Behörden gegen die SRP seien zudem nicht zuletzt auf die Zuständigkeitsverteilung im Föderalismus der Bundesrepublik zurückzuführen, den die Alliierten den Deutschen aber gerade verordnet hätten. Auch dürfe man die Deutschen keinesfalls durch überspannte Erwartungen bei der Bekämpfung von Extremisten dazu nötigen, die Regeln der Verfassung zu verletzen und zu diktatorischen Methoden zurückzukehren. Bei alledem spielte unübersehbar eine erhebliche Rolle, dass sich die Regierungen der USA und des Vereinigten Königreichs mit der offensiven Forderung nach einem deutschen Wehrbeitrag selbst ganz erheblich unter Druck gesetzt hatten.[569]

Mitglieder der SRP-Reichsfront der von den Briten ausgebildeten und für diese tätigen German Service Organisation angehörten; dazu auch Headquarters Intelligence Division, Herford, to Dugald Malcom, Chancery, Office of the U.K. High Commissioner, Wanerheide, 23.06.1951 (confidential), National Archives (UK), FO 1008/14, 5/3/91/51, 5/3/90/51; ausgelöst wurde diese Anfrage nicht zuletzt durch den Artikel „Jackboot Boys at it again“, in: Sunday Graphic, 27.05.1951, auch in: National Archives (UK), FO 1008/14.

[566] Dazu etwa D. Malcolm to Mr. Warr, 25.05.1951, National Archives (UK), FO 1008/14, 5/3/58/51; Major-General, Chief of Staff to Head of Chancery, 07.06.1951 (confidential), National Archives (UK), FO 1008/14.

[567] Bereits der Bericht Office of UK High Commissioner to Foreign Office, London, 14.06.1951 (confidential), National Archives (UK), FO 1008/14, 5/3/84/51 hatte die „resolute attitude of the Federal Government, particularly of Dr. LEHR“ gelobt und als Haupthinderungsgrund für eine Ausbreitung der SRP bezeichnet.

[568] John G. Ward (Deputy High Commissioner) to W. D. Allen, CMG, Foreign Office, London, 18.08.1951 (confidential), National Archives (UK), FO 1008/15; instruktiv auch das Schreiben Deputy High Commissioner to High Commissioner, 16.08.1951, National Archives (UK) samt Entwurf eines Schreibens an das britische Außenministerium, FO 1008/15; *H. Hansen,* „Radau“-Nationalismus, in: Jesse/Niedermeier, Politischer Extremismus, 2007, S. 127 (132, insbesondere Fn. 15).

[569] *Eva G. Reichmann,* Germany’s New Nazis, August 1951, S. 8, National Archives (UK), FO 1008/15: „The necessity to rearm the Germans tends to make them both cynical and arrogant. They are losing more and more their belief in democracy and what it seemed to stand for in the first post-war years, and they feel again the linchpin of the European system.“

Während die britischen Besatzungsbehörden so insgesamt unbedingt den Eindruck vermeiden wollten, die rechtsextreme Gefahr auf die leichte Schulter zu nehmen, kam es zu jener Zeit zu mehreren vertraulichen Treffen insbesondere mit *Graf Westarp,* der nicht zuletzt wegen seines Studienaufenthaltes in England nicht nur die Sprache, sondern auch den britischen Tonfall beherrschte.[570] *Westarps* Versuche, in den von ihm initiierten Gesprächen persönlichen Rapport nicht nur mit den Briten aufzubauen und die SRP so bei den Besatzungsbehörden insgesamt in ein besseres Licht zu rücken,[571] war allerdings kein Erfolg beschieden. Die Vertreter des britischen Hochkommissariats hielten kühl-ironisch fest, dass *Westarps* Ansichten in außenpolitischen Fragen ungefähr so unveränderlich seien wie die Färbung eines Chamäleons.[572] Seine Ausführungen und Ansichten seien mit großer Vorsicht zu genießen, zumal er eine eigene Agenda verfolge und seine Positionen – ebenso wie das verbindlich-moderate Auftreten des Grafen – keinesfalls repräsentativ für die SRP seien.[573]

Wie ernst der britische Hochkommissar *Ivone Kirkpatrick* die Bedrohung durch die SRP tatsächlich nahm, kam dann nicht zuletzt darin zum Ausdruck, dass er im August 1951 höchstpersönlich nicht nur bei Bundeskanzler *Adenauer,* sondern auch bei verschiedenen anderen Entscheidungsträgern darauf drängte, zwecks Durchführung des SRP-Verbotsverfahrens endlich das

---

[570] Diverse Notizen und Berichte über Gespräche mit *Graf Westarp* in National Archives (UK), FO 1008/15; ein ausführlicher Bericht betrifft das auf *Westarps* Initiative zustande gekommene Gespräch mit dem Chief Political Officer im Land Commissioner's Office, Hannover *L. Thompson,* wohl am 23.07.1951: Chief Political Officer, Land Commissioner's Office, Hannover, to Internal Affairs Branch, Chancery, Office of the U.K. High Commissioner, 30.07.1951 (confidential), National Archives (UK), FO 1008/15, 5/3/104/51.

[571] „File Note“ über das Gespräch *L. Thompson's* mit *Westarp* im Anhang zu: Chief Political Officer, Land Commissioner's Office, Hannover, to Internal Affairs Branch, Chancery, Office of the U.K. High Commissioner, 30.07.1951 (confidential), National Archives (UK), FO 1008/15, 5/3/104/51; nach Land Commissioner's Office, Hannover, to C.D.W. O'Neill, Chancery, Office of the U.K. High Commissioner, Wahnerheide, 03.08.1951, National Archives (UK), FO 1008/15 bemühte sich *Westarp* im Sommer 1951 intensiv um Kontakte mit allen drei Hochkommissaren, um diese davon zu überzeugen, dass die SRP „stubenrein“ (sic im engl. Wortlaut) sei.

[572] Chief Political Officer, Hamburg, to The Chancery, Internal Affairs Branch, 14.08.1951 (secret), National Archives (UK), FO 1008/15, 5/3/115/51: „The Graf's views on foreign policy, being in any case about as immutable as a chameleon's colours, have not changed unduly“; *H. Hansen,* Sozialistische Reichspartei, 2007, S. 206.

[573] Z.B. „File Note“ über das Gespräch *L. Thompson's* mit *Westarp* im Anhang zu: Chief Political Officer, Land Commissioner's Office, Hannover, to Internal Affairs Branch, Chancery, Office of the U.K. High Commissioner, 30.07.1951 (confidential), National Archives (UK), FO 1008/15, 5/3/104/51; Chief Political Officer, Hamburg, to The Chancery, Internal Affairs Branch, 14.08.1951 (secret), National Archives (UK), FO 1008/15, 5/3/115/51.

BVerfG einzurichten.[574] Dabei war ihm bewusst, dass die noch ausstehende Richterwahl in der Verantwortung des Bundestages und des Bundesrates lagen, und *Adenauers* zerknirschte Reaktion machte dem Hochkommissar deutlich, dass der Bundeskanzler bereits getan hatte, was er konnte, um die Eröffnung des Gerichts zu beschleunigen.[575] Viel spricht dafür, dass die britischen Besatzungsbehörden, die sich auch immer wieder Nachfragen ihrer US-Pendants ausgesetzt sahen, das SRP-Verbotsverfahren vor dem BVerfG angesichts des zunehmenden innen- und außenpolitischen Drucks im Vereinigten Königreich nicht nur als entscheidendes Mittel, sondern zugleich auch als letzte Chance der Bundesrepublik betrachteten, das Problem SRP selbst in den Griff zu bekommen, bevor sie, die britischen Besatzungsbehörden, sich der Sache annehmen würden.[576] Ausdruck des Dilemmas der britischen Behörden, einerseits angesichts der nach dem Wahlerfolg in Niedersachsen sprunghaft zugenommenen Aktivitäten der SRP und des immer stärkeren Drucks aus London, endlich etwas gegen die SRP zu unternehmen, andererseits aber die Zuständigkeiten der deutschen Behörden zu respektieren und das Wirken der demokratischen Kräfte – namentlich in Form des Verbotsverfahrens vor dem BVerfG – nicht zu desavouieren, ist auch das oben bereits erwähnte 90-tägige Verbot der SRP-nahen Reichszeitung durch den „Land Commissioner" für die Hansestadt Hamburg vom 23. Juli 1951.[577] Wie sich aus den Vorfeldkommunikationen der Besatzungsbehörden ergibt, ergriffen die Briten hier die erste sich bietende Gelegenheit, um nach dem Vorbild des früheren Einschreitens gegen die kommunistische Presse, ein Fanal gegen rechtsextreme Agitation zu setzen und so ihre eigene latente Handlungsbereitschaft ostentativ unter Beweis zu stellen.[578]

---

[574] John G. Ward (Deputy High Commissioner) to W. D. Allen, CMG, Foreign Office, London, 18.08.1951 (confidential), National Archives (UK), FO 1008/15; *H. Hansen,* Sozialistische Reichspartei, 2007, S. 204 f.

[575] John G. Ward (Deputy High Commissioner) to W. D. Allen, CMG, Foreign Office, London, 18.08.1951 (confidential), National Archives (UK), FO 1008/15: „However, the High Commissioner has already done his best to bring home to the Federal Government our concern at the delay over the establishment of the Constitutional Court. When he last spoke to the Chancellor on the subject, Dr. Adenauer was so sad and mortified that it was clear that he had done his best to get the Court into operation."

[576] In diese Richtung etwa G. M. Warr to P. A. Domeison, Chief Political Officer, Office of Land Commissioner, Hanover, 20.06.1951 (secret), National Archives (UK), FO 1008/14, 5/3/88/51; ähnlich wie hier auch *H. Hansen,* Sozialistische Reichspartei, 2007, S. 206 f.

[577] Oben S. 219 f.

[578] Die geheimen Dokumente in National Archives (UK), FO 1008/14 zum Vorgehen gegen die Publikationsorgane der SRP (z.B. 5/3/87/51, 5/3/88/51) belegen, dass seit Juni 1951 geplant war, die erstbeste Gelegenheit zu nutzen, um gegen eine SRP-nahe Zeitung vorzugehen; vgl. auch *O. Büsch,* Geschichte, in: Büsch/Furth, Rechtsradikalismus, 1957, S. 1 (164).

4. US-Hochkommissar McCloy erhöht den Druck auf Adenauer

Auch die US-Besatzungsbehörden, welche die SRP im ersten Halbjahr 1950 noch kaum als Gefahr wahrgenommen hatten, hatten ihre Haltung bereits im ersten Halbjahr 1951 und dann spätestens nach den Niedersachsenwahlen drastisch geändert.[579] Dies lag nicht nur am großen Wahlerfolg der SRP, sondern auch daran, dass die rechtsextreme Partei ihre Aktivitäten inzwischen auch in Ländern der US-Besatzungszone, namentlich Württemberg-Baden und Hessen, deutlich verstärkte. Hinzu kam, dass sowohl die Anti-US-Propaganda der SRP als auch deren Kampf gegen den deutschen Wehrbeitrag wichtigen US-Interessen entgegenliefen.[580] US-Hochkommissar *John McCloy* sah daher die Zeit für ein weiteres deutliches Zeichen gekommen: In seinem Deutschlandbericht für das zweite Quartal 1951 widmete er der „radikalen Rechten" erstmals ein eigenes Kapitel, das allein die SRP als wirklich gefährlich einstufte.[581] Der viel beachtete Bericht nahm die Erwägung im Bundeskabinett, die SRP noch vor den Niedersachsenwahlen durch ein vereinsrechtliches Verbot aufzulösen, trotz dessen Verfassungswidrigkeit wohlwollend zur Kenntnis. Auch die Absicht, alsbald ein Verbotsverfahren nach Art. 21 Abs. 2 GG einzuleiten,[582] dessen Ergebnis „mit Spannung" erwartet werde, wurde demonstrativ begrüßt.[583] Beide Stellungnahmen führten *Adenauer* und den Mitgliedern seiner Bundesregierung einmal mehr unzweideutig vor Augen, was *McCloy,* der auch bei der Wiedererlangung der deutschen Souveränität eine entscheidende Rolle spielte, von ihnen erwartete: ein zügiges und effektives Vorgehen gegen Rechtsaußen.[584] Dies alles trug maßgeblich dazu bei, dass *Adenauer* den Aufstieg der SRP zunehmend als Gefährdung der seit dem Spätsommer 1951 intensiviert geführten Verhandlungen über die EVG und die Westverträge und somit letztlich der Wiedererlangung der deutschen Souveränität betrachtete: „Dort [in Frankreich und England] hat man eine Heidenangst vor Leuten wie Remer und ähnlichen", konstatierte er im September 1951 knapp und bündig in einem seiner Teegespräche mit ausgewählten Journalisten.[585]

Der Kanzler gab sich vor diesem Hintergrund in der Folge alle Mühe, die besorgten alliierten Partner davon zu überzeugen, dass seine Regierung der

---

[579] Dazu bereits oben S. 207 ff.

[580] *H. Hansen,* Sozialistische Reichspartei, 2007, S. 207 f.

[581] Amt des amerikanischen Hochkommissars für Deutschland (Hrsg.), 7. Bericht über Deutschland (1.4.–30.6.1951), S. 32–41.

[582] Amt des amerikanischen Hochkommissars für Deutschland (Hrsg.), 7. Bericht über Deutschland (1.4.–30.6.1951), S. 39.

[583] Amt des amerikanischen Hochkommissars für Deutschland (Hrsg.), 7. Bericht über Deutschland (1.4.–30.6.1951), S. 40.

[584] Vgl. *N. Frei,* Vergangenheitspolitik, 2. Aufl. 1997, S. 342, insbesondere Fn. 65.

[585] *K. Adenauer,* Teegespräche 1950–1954, 1984, 06.09.1951, S. 126 (145).

Gefahr selbst Herr werde. Letztlich trat er die Flucht nach vorne an, und es gelang ihm so, das Wiederaufleben des reaktionären Nationalismus in einen Katalysator für einen zukunftsgerichteten „Europäismus“ umzuwandeln: So sah er – ganz im Einklang mit dem US-Hochkommissar[586] – die sich entwickelnde europäische Integration geradezu als Schlüssel zur Überwindung eines übersteigerten Nationalismus an. Einen Monat nachdem die Bundesrepublik den EGKS-Vertrag ratifiziert hatte, brachte *Adenauer* dies im August 1951 in einem programmatischen Brief über die deutsche Frage und die Zukunft Europas an den französischen Außenminister *Robert Schuman* zum Ausdruck: Im Hinblick auf das im Ausland stark beachtete Wiederaufleben „rechtsradikaler Gruppen“ in Deutschland versicherte er den maßgeblichen Architekten der EGKS seiner Überzeugung, „daß man die nationalistischen Tendenzen, die in allen westeuropäischen Völkern in letzter Zeit sich wieder regen, am besten dadurch überwindet, daß man den europäischen Zusammenschluß so rasch wie möglich vorwärtstreibt“.[587] Dass die europäische Einigung gerade in den Anfangsjahren nicht nur ein Friedensprojekt, sondern auch ganz konkret ein Projekt zum Wiederaufbau der europäischen Wirtschaft war,[588] versprach angesichts der Tendenz deprivierter Wählerschichten zu rechtsextremen Parteien wie der SRP zugleich einen unmittelbaren Beitrag zur nachhaltigen Überwindung rechtsextremer Neigungen in der Bevölkerung.[589]

In welchem Maße die SRP die Wiedergewinnung der Souveränität inzwischen bedrohte, zumal sich ihr Aufstieg auch von Gegnern einer allzu schnellen Aufhebung der alliierten Vorbehaltsrechte im Besatzungsstatut als Schreckgespenst gebrauchen ließ, wurde dann Mitte September 1951 erneut auf höchster Stelle greifbar: Auf der für die Zukunft der Bundesrepublik so wichtigen Washingtoner Außenministerkonferenz diskutierten die westalliierten Außenminister *Dean Acheson, Herbert S. Morrison* und *Robert Schuman* die Frage der künftigen westalliierten Interventionsrechte in Deutschland explizit im Lichte des Aufstiegs der neonazistischen Partei.[590] Dass sie dabei schließlich übereinkamen, die deutsche Verfassungsordnung sei jedenfalls „noch nicht“ bedroht, konnte aus Sicht der Bonner Regierung nur wenig beruhigen. Ein Verbotsverfahren vor dem BVerfG musste dringend eingeleitet werden, um endlich etwas Greifbares vorweisen zu können.

---

[586] Amt des amerikanischen Hochkommissars für Deutschland (Hrsg.), 7. Bericht über Deutschland (1.4.–30.6.1951), S. 41: „Der Weg in die Zukunft muß zu einem neuen Deutschland führen, das sich zu der Idee der Freiheit in einem geeinten Europa bekennt.“

[587] Adenauer an Robert Schuman v. 23.08.1951, in: Adenauer, Briefe 1951–1953, 1987, S. 113 (115).

[588] Dazu etwa *A. S. Milward,* Westintegration, in: L. Herbst (Hrsg.), Westdeutschland 1945–1955, 1986, S. 231 (237 ff.); *G. Hardach,* Der Marshall-Plan, 1994, S. 135 ff.

[589] Ähnlich auch *N. Frei,* Vergangenheitspolitik, 2. Aufl. 1997, S. 343.

[590] *N. Frei,* Vergangenheitspolitik, 2. Aufl. 1997, S. 342 Fn. 64.

Vor diesem Hintergrund überrascht es nicht, dass auch dem seinerseits intensiv für die deutsche Souveränität kämpfenden Bundesjustizminister das SRP-Verbot immer wichtiger wurde. So ließ *Dehler* seine Referenten inzwischen nicht nur eifrig Material für das geplante Verfahren sammeln und auswerten.[591] Vielmehr wurde er Ende September 1951 selbst gegenüber seinem in dieser Angelegenheit sonst stets vorwärts drängenden Kabinettskollegen *Lehr* ungeduldig. Fast schon forsch ließ *Dehler* beim BMI nachfragen, wie weit die Vorbereitungen der Klage gegen die SRP zum BVerfG inzwischen gediehen seien.[592] Zur Eile gemahnten nämlich unterdessen neben dem Druck der Alliierten auch die in Bremen anstehenden Bürgerschaftswahlen.

5. Zur Arbeit der SRP-Landtagsfraktion in Niedersachsen

Im Vorfeld der Bremenwahlen versuchte die SRP nicht zuletzt, durch die Arbeit ihrer Abgeordneten im niedersächsischen Landtag zu punkten. Im Auftreten erheblich seriöser und weniger obstruktiv als in den Propagandaveranstaltungen,[593] bemühten sich die SRP-Parlamentarier, nicht nur mit Blick auf das drohende Parteiverbotsverfahren den Vorwurf der Verfassungswidrigkeit zu entkräften,[594] sondern sich auch den bremischen Wählern zu empfehlen, indem sie konsequent Kernanliegen ihrer Klientel aufgriffen.[595] So brachten sie gemeinsam mit der FDP und dem BHE ein Gesetz zur formellen Beendigung der Entnazifizierung in den Landtag ein[596] und forderten die Aufhebung des Verbotes nazistischer Lieder wie des bei SRP-Versammlungen so beliebten Badenweiler Marsches.[597] Unter der Bezeichnung „Deutscher Gemeinschaftsdienst (DGD)" wurde schließlich gar eine Art neuer Reichsarbeitsdienst auf freiwilliger Basis ins Spiel gebracht.[598] Gedacht war

---

[591] Diverses Material in BA, B 141, Nr. 210; so ging der Referent *Dr. Kanter* bspw. auch Gerüchten über die – oben erwähnten – „Ostverbindungen" der SRP nach, die jedoch nach Auskunft des BMI – einmal mehr – auf Fälschungen beruhten, Randbemerkung auf Vermerk Bundesminister der Justiz v. 30.10.1951, BA, B 141, Nr. 210.

[592] Note Dehlers an Diller v. 30.09.1951, BA, B 141, Nr. 207.

[593] „Der Neufaschismus in Niedersachsen", in: Neuer Vorwärts v. 29.06.1951, S. 5; *O. Büsch,* Geschichte, in: Büsch/Furth, Rechtsradikalismus, 1957, S. 1 (161 ff.); *H. Hansen,* Sozialistische Reichspartei, 2007, S. 180 f.

[594] „Der Neufaschismus in Niedersachsen", in: Neuer Vorwärts v. 29.06.1951, S. 5, auch in National Archives (UK), FO 1008/14.

[595] *K. P. Tauber,* Beyond Eagle and Swastika I, 1967, S. 711; stenographische Berichte über Sitzungen des niedersächsischen Landtages mit Wortbeiträgen von SRP-Abgeordneten finden sich in BA, B 237, Nr. 215636.

[596] „‚Peiner Vorfall – nationale Würdelosigkeit'", in: FR v. 12.07.1951.

[597] „Debatte um den ‚Badenweiler Marsch' – Niedersachsen-Landtag vertagt Beschluß über Nazilieder-Verbot", in: FR v. 12.10.1951.

[598] „SRP beantragt ‚Arbeitsdienst-Heimwehr'", in: FR v. 01.11.1951; „Debatte über freiwilligen Arbeitsdienst", in: FR v. 08.11.1951; dazu auch *H. G. Marten,* Die unterwanderte FDP, 1978, S. 245 ff.

der DGD als „Zusammenfassung junger Menschen aller sozialen Schichten zur Erneuerung und Pflege des volklichen Gemeinschaftsgedankens".[599] Die nationalistische, antieuropäische Haltung der SRP-Landtagsfraktion wurde exemplarisch deutlich, als sie während des Ratifizierungsprozesses des EGKS-Vertrages im Juli 1951 die niedersächsische Regierung aufforderte, im Bundesrat „dafür einzutreten, daß die Annahme des Schuman-Planes in der vorliegenden Fassung eine Änderung des Grundgesetzes darstellt".[600] Die Landesregierung solle daher auch verfassungsrechtliche Schritte gegen die Ratifizierung des EGKS-Vertrages ergreifen.

Das BMI konnte dem nun seinerseits ungeduldig vorwärtsdrängenden Bundesjustizminister als Antwort auf seine Anfrage jedenfalls schließlich mitteilen, dass der erste Entwurf des Verbotsantrags gegen die SRP fertiggestellt sei und nur noch die Unterschrift des Innenministers fehle.

VII. Errichtung des BVerfG im September 1951

Die wichtigste noch nicht erfüllte Voraussetzung für die Einleitung des Verbotsverfahrens gegen die SRP war aber nach wie vor die Errichtung des BVerfG: Nachdem – wie gesehen – Anfang Mai 1951 Karlsruhe als Sitz des Gerichts festgelegt worden war,[601] fehlte nun noch die Wahl der Richter. Ähnlich wie dies auch heute noch der Fall ist, wurde nach dem BVerfGG je eine Hälfte der Richter vom Bundestag und vom Bundesrat gewählt. Da dabei jeweils eine qualifizierte Mehrheit vorausgesetzt war (und ist), war für die Wahl jedes einzelnen Richters ein politischer Kompromiss insbesondere zwischen den Unionsparteien CDU/CSU einerseits und der SPD andererseits erforderlich. Das qualifizierte Mehrheitserfordernis sollte von Anfang an gerade ausschließen, dass die jeweilige Regierungsmehrheit der Opposition ihre Kandidaten oktroyieren kann. Kehrseite des Kompromisserfordernisses war aber vor allem die potentiell schwierige Kompromissfindung als solche, die im Extremfall zur Blockade einer Richterwahl führen konnte.[602] Bei Errichtung des BVerfG kam erschwerend hinzu, dass Bundestag und Bundesrat alle Richter gleichzeitig wählen mussten. Um Doppelwahlen zu vermeiden, aber auch um den politischen und den in der föderalen Bundesrepublik fast genauso bedeutenden Länderproporz möglichst weitgehend zu wahren, war damit

---

[599] *O. Büsch,* Geschichte, in: Büsch/Furth, Rechtsradikalismus, 1957, S. 1 (162 f.).

[600] In der fünften Landtagssitzung am 12.07.1951, Nds. Landtagsdrucksache, 2. Wahlperiode, Nr. 23 (S. 63).

[601] Dazu oben S. 182 f.

[602] *H. Laufer,* Verfassungsgerichtsbarkeit, 1968, S. 214 spricht auch von der Gefahr der Wahl „mangelhaft qualifizierter Richter".

ein Gesamtkompromiss beider Wahlorgane über sämtliche Richter einschließlich der wichtigen Präsidentenposten erforderlich.[603]

Während Justizminister *Dehler* bereits seit März 1951 bei potentiellen Kandidaten für die Richterposten am BVerfG sondiert hatte,[604] wählte der Bundestag am 25. April 1951 die zwölf Mitglieder des Wahlmännerausschusses, der damals die vom Bundestag zu bestimmenden Richter zu wählen hatte. In den Ausschuss gelangten im Wege der Verhältniswahl je fünf Abgeordnete der CDU/CSU- und der SPD-Fraktion sowie je ein Abgeordneter der FDP und der DP.[605] Vorsitzender des Ausschusses wurde *Willi Geigers* Doktorvater *Wilhelm Laforet* (CSU),[606] der als im selben Jahr emeritierter Lehrstuhlinhaber an der Universität Würzburg und Verfassungsexperte der CSU auch dem Rechtsausschuss des Bundestages vorsaß und maßgeblich am BVerfGG mitgearbeitet hatte. In der ersten „informatorischen Vorbesprechung" des Wahlmännerausschusses am 9. Mai 1951 wurde die Einsetzung einer aus fünf Wahlmännern bestehenden Unterkommission vereinbart, die mit dem Bundesrat Kontakt aufnehmen sollte, um die Wahlvorbereitungen zu koordinieren.[607] Der Bundesrat hatte kurz zuvor ein Vertrauensmännergremium zur Vorbereitung der Richterwahl gebildet, dem der im Dezember 1950 zum hessischen Ministerpräsidenten gewählte, in Personalunion aber auch weiter als hessischer Justizminister agierende *Georg-August Zinn* (SPD) vorstand. So konnten dann ab dem 17. Mai 1951 zwecks Kandidatenauswahl gemeinsame Besprechungen der Unterkommission des Bundestages und des Vertrauensmännergremiums des Bundesrates stattfinden.[608]

Im Vorfeld der Richterwahl war vor allem die Einigung auf die Personen des Präsidenten und des Vizepräsidenten richtungsweisend und daher auch besonders schwierig. Als erster Kandidat für den Präsidentenposten wurde im April 1951 *Josef Beyerle* (CDU), früherer Landesvorsitzender der Zentrumspartei in Württemberg, von 1923–1933 württembergischer Justizminister und nach dem Krieg Justizminister in Württemberg-Baden, in Erwägung gezo-

---

[603] *W. Billing,* Das Problem der Richterwahl, 1969, S. 179 ff.; *H. Laufer,* Verfassungsgerichtsbarkeit, 1968, S. 221.

[604] *Gerhard Leibholz,* der später ca. 20 Jahre dem Zweiten Senat des BVerfG angehören sollte, wurde so etwa bereits im März 1951 von Justizminister *Dehler* als „unabhängiger Kandidat" auf gemeinsamen Vorschlag von SPD und CDU offiziell auf eine Kandidatur angesprochen; vgl. *M. Wiegandt,* Norm und Wirklichkeit, 1995, S. 64 f.; zu *Leibholz* ausführlich unten S. 364 f.

[605] Stenographische Berichte, Bundestag, 1. Wahlperiode, 138. Sitz. v. 25.04.1951 (http://dip21.bundestag.de/dip21/btp/01/01138.pdf), S. 5442 (A), 5449 (B), 5460 (C).

[606] Zu *Geigers* Dissertation oben S. 156 f.

[607] *U. Wengst,* Staatsaufbau und Regierungspraxis, 1984, S. 228.

[608] Der Teilnehmerkreis der gemeinsamen Besprechungen wechselte allerdings, da alle Wahlmänner des Bundestages und alle Vertreter der Länder, die keinen Vertrauensmann stellten, an den Besprechungen teilnehmen durften; *U. Wengst,* Staatsaufbau und Regierungspraxis, 1984, S. 229 ff.

gen.[609] Die briefliche Bitte von Bundesjustizminister *Dehler,* sich für das Amt zur Verfügung zu stellen,[610] erreichte *Beyerle* verspätet am 6. Mai 1951, da er sich wegen einer schweren Erkrankung stationär in den Ulmer städtischen Krankenanstalten befand.[611] Zwei Tage später lehnte *Beyerle* das ehrenvolle Angebot mit Hinweis auf die unabsehbare Dauer seiner Erkrankung ab.[612] Als zweiter Kandidat wurde der Staatspräsident des damals noch bestehenden Landes Württemberg-Hohenzollern *Gebhard Müller* (CDU) ins Spiel gebracht. In der ersten Beratung des gemeinsamen Gremiums von Bundestag und Bundesrat zur Präsidentschaftsfrage signalisierten am 31. Mai 1951 sowohl CDU/CSU als auch SPD Zustimmung zur Personalie *Müller*. In der Sitzung am 14. Juni 1951 legte sich das Gremium dann auf *Müller* fest und sprach sich zugleich dafür aus, den schleswig-holsteinischen Justiz- und Volksbildungsminister *Rudolf Katz* (SPD) zum Vizepräsidenten zu wählen. *Müllers* Wahl zum BVerfG-Präsidenten wurde dann jedoch wenig später von Bundesjustizminister *Dehler* verhindert. Anlass war *Müllers* Bedingung, das Amt erst nach Ablauf seiner Amtszeit als Staatspräsident von Württemberg-Hohenzollern am 1. Oktober 1951 anzutreten.[613] Wahrscheinlich haben den hier wegen des SRP-Verbotsverfahrens auf eine zügige Einrichtung des BVerfG drängenden Justizminister daneben noch andere Motive, insbesondere eine Stärkung des Einflusses seiner FDP, bewegt. *Müllers* Ausbootung eröffnete *Dehler* jedenfalls die Chance, endlich seinen im selben Bonner Mietshaus in der Poppelsdorfer Allee Nr. 77 wie er wohnenden Freund, den ehemaligen preußischen Finanzminister und FDP-Bundestagsabgeordneten *Hermann Höpker Aschoff,* als Kandidaten zu lancieren.[614]

Hermann Höpker Aschoff[615] (1883–1954) wurde am 31. Januar 1883 im westfälischen Herford in eine Apothekerfamilie geboren.[616] Sein vielseitig interessierter Vater *Ernst Höpker Aschoff* fungierte allerdings von 1878 bis 1886 auch als Ratsherr der Stadt Herford. Im Jahr 1884 verkaufte er dann sogar die ererbte Apotheke und übernahm stattdessen ab 1886 vollberuflich das Amt des Herforder Standesbeamten.[617] *Hermann Höpker Aschoff*

---

[609] *U. Wengst,* Staatsaufbau und Regierungspraxis, 1984, S. 235.

[610] Dehler an Beyerle v. 02.05.1951, ACDP, NL Beyerle (I-056).

[611] Beyerle an Dehler v. 08.05.1951 (Entwurf), ACDP, I-056.

[612] Beyerle an Dehler v. 08.05.1951 (Entwurf), ACDP, I-056; Dehler an Beyerle v. 10.05.1951, ACDP, NL Beyerle (I-056).

[613] *U. Wengst,* Staatsaufbau und Regierungspraxis, 1984, S. 235.

[614] *Dehler* hatte *Höpker Aschoff* dem Bundeskanzler bereits Anfang Mai 1951 vorgeschlagen, vgl. Adenauer an Dehler v. 12.05.1951, in: Adenauer, Briefe 1951–1953, 1987, S. 56.

[615] Die Schreibung des Nachnamens – mit oder ohne Bindestrich – ist uneinheitlich. Da *Höpker Aschoff* selbst meist die Version ohne Bindestrich vorzog, wird diese auch hier verwendet.

[616] *T. Aders,* Die Utopie vom Staat über den Parteien, 1994, S. 35 f.

[617] *F. Spieker,* Hermann Höpker Aschoff, 2004, S. 19.

wuchs unterdessen „unter der Fuchtel von drei Schwestern auf"[618] und studierte von 1901 bis 1904 Rechtswissenschaften in Jena, München und Bonn. Die Mitgliedschaft in der Ur-Burschenschaft „Arminia auf dem Burgkeller" in Jena, deren Sprecher er 1903 war, war ihm zeitlebens in Form dreier markanter Schmisse auf Wange und Kinn anzusehen.[619] Nach dem Referendarexamen in Bonn und dem Wehrdienst absolvierte er u.a. beim OLG Köln sein Referendariat und wurde 1907 aufgrund einer sachenrechtlichen Arbeit zum Dr. iur. promoviert.[620] Im Jahr 1910 bestand *Höpker Aschoff* das juristische Assessorexamen mit dem Prädikat „gut", trat wenig später eine Richterstelle am LG Bonn an und heiratete die Fabrikantentochter *Martha Osterwald*. Im Ersten Weltkrieg diente er zunächst als Leutnant, dann als Hauptmann und Batteriechef in einem preußisch-elsässischen Regiment an der Westfront und wurde schließlich mit dem Eisernen Kreuz ausgezeichnet.

Nach dem Krieg war *Höpker Aschoff* als Landrichter in Bochum tätig, bevor er 1921 zum Oberlandesgerichtsrat in Hamm befördert wurde.[621] Im selben Jahr begann auch sein politisches Engagement in der linksliberalen DDP, für die er wenig später im Wahlbezirk Westfalen-Süd in den preußischen Landtag gewählt wurde, dem er bis 1932 angehören sollte.[622] In Kürze entwickelte er sich dort mit seiner ebenso ruhig wie fest wirkenden Persönlichkeit und seiner profunden Sachkenntnis zum anerkannten Haushalts- und Finanzexperten, was in Zeiten von Inflation und Haushaltsdefiziten besonders bedeutsam war. Im Februar 1925 wurde er vom neu gewählten preußischen Ministerpräsidenten *Wilhelm Marx* (Zentrum) daher zum preußischen Finanzminister berufen und hatte dieses Amt bis zu seinem Rücktritt im Oktober 1931 inne.[623] Von 1930 bis 1932 war er zudem Mitglied des Reichstags. Nach *Hitlers* Ernennung zum Reichskanzler am 30. Januar 1933 lehnte *Höpker Aschoff*, für den der Staat stets wichtiger war als parteipolitische Interessen und der sich nach den Erfahrungen der Weltkriegsniederlage und insbesondere der Spätphase der Weimarer Republik für eine starke Regierung einsetzte, die neue Reichsregierung zunächst nicht prinzipiell ab.[624] So begrüßte er bspw. die Abschaffung des von ihm bereits als preußischer Finanzminister kritisch beurteilten Föderalismus durch das programmatisch am ersten Jahrestag der Machtergreifung, dem 30. Januar 1934, verabschiedete Gesetz über den Neuaufbau des Reiches und die zwei Wochen später folgende Auflösung des Reichsrates.[625] Schon im Jahr der Machtergreifung hatte er in einem Artikel im Deutschen Volkswirt angesichts der ersten Gleichschaltungsgesetze ein Ende des deutschen Föderalismus konstatiert und darauf hingewiesen, dass dies die „freudige Zustimmung aller derer finden" werde, „die sich seit Jahren die Finger wund geschrieben haben, um der deutschen Libertät

---

[618] „Der Kommodore", in: Spiegel 7/1953 v. 11.02.1953, S. 8 (9) (http://magazin.spiegel.de/EpubDelivery/spiegel/pdf/25655783) zitiert *Höpker Aschoff* dazu mit den Worten: „Es war furchtbar".

[619] Ein Foto *Höpker Aschoffs* als Burschenschaftler in Jena findet sich in: *T. Aders,* Die Utopie vom Staat über den Parteien, 1994, S. 34.

[620] *H. Höpker Aschoff,* Besitzwille und Eigenbesitz, Diss. iur. Bonn 1907.

[621] *F. Spieker,* Hermann Höpker Aschoff, 2004, S. 24.

[622] Ein Foto als Redner im preußischen Landtag um 1927 findet sich in: *T. Aders,* Die Utopie vom Staat über den Parteien, 1994, S. 68.

[623] Zum Wirken als preußischer Finanzminister: *T. Aders,* Die Utopie vom Staat über den Parteien, 1994, S. 69 ff.; *F. Spieker,* Hermann Höpker Aschoff, 2004, S. 28 ff.; zum Rücktritt als Finanzminister: *T. Aders,* a.a.O., S. 167 ff.

[624] *F. Spieker,* Hermann Höpker Aschoff, 2004, S. 47.

[625] *F. Spieker,* Hermann Höpker Aschoff, 2004, S. 48.

eines unseligen Föderalismus den Garaus zu machen".[626] Während *Höpker Aschoff* diese und andere politische Maßnahmen *Hitlers* in den Jahren nach der Machtergreifung begrüßte, stand er gleichzeitig der nationalsozialistischen Ideologie ablehnend gegenüber.[627] Im Jahr 1934 trat er in einem für ihn emotional schwierigen Schritt aus seiner Jenenser Burschenschaft wegen deren pro-nationalsozialistischer Haltung aus.[628] Ein vom Geheimen Staatspolizeiamt Berlin (Gestapa) erstattetes Gutachten bezeichnete den ehemaligen preußischen Finanzminister im Oktober 1936 als „Demokrat[en] im Sinne der alten theoretischen Auffassung von der Demokratie als Volkssouveränität".[629] Insgesamt sei *Höpker Aschoff* ein Mann „von ernster weltanschaulicher Haltung, allerdings zweifellos kein Nationalsozialist". Beruflich zog sich *Höpker Aschoff* unterdessen zu privatwirtschaftlicher und publizistischer Tätigkeit zurück. Öffentliche Ämter übernahm er auf eigene Initiative nicht mehr. Nur widerwillig übte er 1940 verwaltende Tätigkeiten bei der Haupttreuhandstelle Ost (HTO), welche das polnische Vermögen in den „Ostgebieten" erfassen und verwalten sollte und letztlich der Ausbeutung der besetzten Gebiete für die deutsche Kriegswirtschaft diente,[630] und später für einen kürzeren Zeitraum bei der Industriekontor GmbH, aus.

Nach dem Ende des Zweiten Weltkriegs, das *Höpker Aschoff* in Wernigerode im Harz erlebte, wurde er 1946 bei der ersten Regierungsbildung in NRW als Finanzminister in Erwägung gezogen, jedoch von der britischen Militärregierung wegen seiner Tätigkeit für die HTO als zu national gesinnt abgelehnt.[631] Im Herbst 1948 zog er dann auf Vorschlag der nordrhein-westfälischen FDP in den Parlamentarischen Rat ein, der das Grundgesetz ausarbeitete. Als Berichterstatter im Finanzausschuss prägte er die Finanzverfassung des Grundgesetzes, so dass er zu Recht als „Vater der Finanzverfassung" gilt.[632] In der Folge über eine FDP-Liste in den ersten deutschen Bundestag gewählt, fungierte er dort als Vorsitzender des Finanzausschusses.

Höpker Aschoffs von seiner westfälischen Abstammung und von seiner streng protestantisch, „mit einer Tendenz ins Puritanische" orientierten Familie geprägte Persönlichkeit war von einem tiefen Sachinteresse und einem daraus resultierenden hohen Sachverstand geprägt.[633] Damit soll er sich überall Respekt, „jedoch nicht immer ungeteilte Zuneigung" verschafft haben.[634] Auf die rhetorische Frage, ob *Höpker Aschoff* eigentlich beliebt gewesen sei, attestierte ihm sein Senatskollege am BVerfG *Theo Ritterspach* später eine zurückhaltend-herbe Art und ein straff diszipliniertes Auftreten, das gerade in Süddeutschland

---

[626] *H. Höpker-Aschoff,* Das Ende des deutschen Föderalismus, in: Der deutsche Volkswirt 1933, S. 808 (811 f.).

[627] *F. Spieker,* Hermann Höpker Aschoff, 2004, S. 49.

[628] *F. Spieker,* Hermann Höpker Aschoff, 2004, S. 49 Fn. 180.

[629] Zitiert nach M. Schumacher (Hrsg.), M.d.R. Die Reichstagsabgeordneten der Weimarer Republik, 3. Aufl. 1994, Nr. 643 (S. 212 Fn. 4).

[630] M. Schumacher (Hrsg.), M.d.R. Die Reichstagsabgeordneten der Weimarer Republik, 3. Aufl. 1994, Nr. 643 (S. 212 Fn. 8).

[631] *P. Hüttenberger,* Nordrhein-Westfalen und die Entstehung seiner parlamentarischen Demokratie, 1973, S. 233.

[632] Siehe etwa *T. Aders,* Die Utopie vom Staat über den Parteien, 1994, S. 227 ff.

[633] Aufschlussreich auch die Charakterisierung von *Margarete Höpker Aschoff,* Ein Demokrat zu allen Zeiten, in: Westfalen-Blatt v. 29.01.1983 sowie der Nachruf von *Konrad Adenauer,* Abschied von Hermann Höpker Aschoff, in: Bulletin des Presse- und Informationsdienstes der Bundesregierung, Heft 13, 1954, S. 98 (98).

[634] *F. Spieker,* Hermann Höpker Aschoff, 2004, S. 21.

Abb. 18: Hermann Höpker Aschoff am 28.09.1951 bei seiner Rede zur Eröffnung des BVerfG

nicht immer verstanden und als bequem empfunden worden sei.[635] Nachdem *Höpker Aschoff* am 15. Januar 1954 noch als Präsident des BVerfG verstorben war, wies Bundespräsident *Theodor Heuss* in seinem Nachruf auf die prägende Kraft eines „puritanisch durchfärbten Protestantismus" hin und unterstrich nicht nur den Ernst und die Strenge, sondern vor allem auch die „straffe Diszipliniertheit" des preußenbegeisterten Westfalen.[636]

Höpker Aschoff selbst, bei dem noch die Enttäuschung über die Nichtberücksichtigung als Finanzminister bei der Kabinettsbildung im September 1949 nachwirkte, war im Juni 1951 von einer Kandidatur für das Präsidentenamt am BVerfG nicht sonderlich begeistert, bedeutete der Eintritt in das Verfassungsgericht für ihn doch den endgültigen Verzicht auf eine politische oder akademische Karriere.[637] Nachdem sich das Bundeskabinett am 12. Juni 1951 zügig auf den Westfalen geeinigt hatte,[638] war es daher im Wesentlichen dessen preußischem Pflichterfüllungsethos und dem Werben seines Freundes

[635] *T. Ritterspach,* Hermann Höpker Aschoff, in: JöR N.F. 32 (1983), S. 55 (61).

[636] *Th. Heuss,* Abschied von Hermann Höpker Aschoff, in: Bulletin des Presse- und Informationsdienstes der Bundesregierung, Heft 13, 1954, S. 97 (97).

[637] *T. Aders,* Die Utopie vom Staat über den Parteien, 1994, S. 302 f.

[638] Kabinettsprotokolle 1951, S. 432 (12.06.1951); als Kandidat für das Amt des Vizepräsidenten des BVerfG wurde in dieser Sitzung *Carlo Schmid* favorisiert.

Dehler zu verdanken, dass er sich nach anfänglicher Ablehnung[639] umstimmen ließ. Allerdings erregte die vorzeitig nach außen gedrungene Personalie umgehend den Unmut der wachsamen CDU/CSU-Bundestagsfraktion, die sich vom Kabinett keinen FDP-Kandidaten für das einflussreiche Amt vorschreiben lassen wollte. Starke Kritik an *Höpker Aschoff* kam vor allem aus den Reihen der CSU, die sich nur ungern an dessen frühere Äußerungen zum Föderalismus erinnerten und in dem ehemaligen preußischen Finanzminister eine „stark profilierte Persönlichkeit mit ausgesprochen zentralistischen Auffassungen" erblickten.[640] Neben Föderalisten warnten vor allem katholische Kreise vehement vor einer Ernennung des liberalen Finanzexperten. Mit *Höpker Aschoff* und *Katz* käme von den designierten Präsidenten des BVerfG dann nämlich der eine „aus der Weltanschauung des Liberalismus, der andere aus der Weltanschauung des Sozialismus".[641] „Die Katholiken – ja der christliche Volksteil überhaupt – würden in diesem Falle gegenüber dem Verfassungsgerichtshof nicht das notwendige Vertrauen haben können."[642]

Wohl nicht zuletzt die heftigen Vorhaltungen katholischer Würdenträger bewegten *Adenauer* schließlich am Abend des 12. Juli 1951 dazu, *Höpker Aschoff* per Boten einen Brief überbringen zu lassen, in dem er ihn mit dem vorgeschobenen Hinweis auf dessen Tätigkeit bei der HTO,[643] die bestimmt „über kurz oder lang in der Presse des In- und Auslandes" aufgegriffen werde, nahelegte, seine Kandidatur zurückzuziehen.[644] Dem über den Rückzieher des Bundeskanzlers verärgerten und – wie gesehen – ohnehin nicht übermäßig am Präsidentenamt interessierten *Höpker Aschoff* fiel es leicht, dem Wunsch des Kanzlers bereits am Folgetag zu entsprechen.[645] Da unterdessen auch der zwischenzeitlich erneut ins Spiel gebrachte, auf dem Weg der Genesung befindliche *Beyerle* im Juni 1951 das Amt erneut abgelehnt hatte, wurden von den Unionswahlmännern im Bundestagswahlausschuss nunmehr der Bundestagsabgeordnete und frühere Kölner Oberbürgermeister *Hermann Pünder* (CDU) und nach dessen baldigem Verzicht umgehend BGH-Präsident *Hermann Weinkauff* ins Spiel gebracht, der jedoch der SPD nicht vermittelbar war.[646] Der weiterhin auf eine zügige Eröffnung des BVerfG drängende Bun-

---

[639] Dass *Höpker Aschoff* das Angebot zunächst ablehnte, ergibt sich aus dem Protokoll der Kabinettssitzung v. 26.06.1951 (Kabinettsprotokolle 1951, S. 477): „Die Frage der Besetzung der Stelle des Präsidenten sei noch ungeklärt. Der Bundesminister der Finanzen wird n o c h e i n m a l mit Höpker Aschoff sprechen. Zum Gespräch soll der Bundesminister der Justiz hinzugezogen werden." (Hervorhebung durch Verf.).

[640] *U. Wengst,* Staatsaufbau und Regierungspraxis, 1984, S. 239 f.

[641] Prälat W. Böhler an Adenauer v. 12.07.1951, StBKAH, NL Adenauer, 10.05, Bl. 46.

[642] Prälat W. Böhler an Adenauer v. 12.07.1951, StBKAH, NL Adenauer, 10.05, Bl. 46.

[643] Oben S. 242.

[644] Adenauer an Höpker Aschoff v. 12.07.1951, StBKAH, NL Adenauer, 10.05, Bl. 163.

[645] *U. Wengst,* Staatsaufbau und Regierungspraxis, 1984, S. 237.

[646] *U. Wengst,* Staatsaufbau und Regierungspraxis, 1984, S. 236 ff.

desjustizminister ließ daher seinen Staatssekretär *Walter Strauß* auch bei dem Präsidenten des Obersten Gerichtshofs der britischen Zone *Ernst Wolff,* mit dem *Strauß* gut bekannt war, vorfühlen. Zwar erklärte sich *Wolff* Mitte Juli 1951 zur Kandidatur bereit, doch griff die CDU, die auf Anregung des Bundeskanzlers zunächst die Parlamentsferien abwarten wollte, die Personalie *Wolff* schließlich nicht auf.[647]

Nachdem dann Anfang August 1951 *Heinrich von Brentano* (CDU) den seit seiner Emeritierung im Jahr 1950 als Berater des Kanzleramtes in Völkerrechtsfragen tätigen renommierten Staatsrechtslehrer *Erich Kaufmann* (1880–1972) ins Spiel gebracht hatte, dessen Kandidatur dann auch *Adenauer* unterstützte,[648] erhöhte sich der Zeitdruck für die Einrichtung des BVerfG Mitte August 1951 plötzlich dramatisch. Auslöser war die Erklärung der (süd-)badischen Regierung, nicht an der für den 16. September 1951 angesetzten Volksabstimmung über die Bildung des Südweststaates mitzuwirken, wenn nicht zuvor eine Entscheidung des BVerfG zu der von Baden beantragten Aussetzung der Volksabstimmung vorliege.[649] Da Bundeskanzler *Adenauer* der Auffassung war, die an Weimarer Verhältnisse erinnernde Einsetzung eines Bundeskommissars für (Süd-)Baden nur noch durch zügige Errichtung des BVerfG verhindern zu können, nahm er das Heft des Handelns in die Hand: Auch aus dem Grund, dass die FDP, die über die vom Kanzler während seines Urlaubs mit Gewerkschaftsführern zu Themen wie der Mitbestimmung und der Neuordnung der Grundstoffindustrien geführten sog. Bürgenstock-Gespräche verschnupft war,[650] inzwischen wieder unverbrüchlich für *Höpker Aschoff* plädierte, der nunmehr auch von der SPD unterstützt wurde, sah der Kanzler nur noch eine Möglichkeit, um schnell ein tragfähiges Ergebnis zu erzielen: Er sondierte nach einem entsprechenden Kabinettsbeschluss bei dem früheren preußischen Finanzminister, ob dieser nicht doch für eine Kandidatur zur Verfügung stehe.[651] Der über die erneute Kehrtwende des Kanzlers nach der früheren Bloßstellung geradezu erboste *Höpker Aschoff* reiste demonstrativ aus seiner Bonner Wohnung ab, um sich der anstehenden Unterredung zu entziehen und instruierte seine Frau *Margarete,* den zu erwartenden Anrufern und Besuchern keinesfalls mitzuteilen, wo er sich aufhalte.[652] Dem Emissär der Bundesregierung, Finanzminister *Fritz Schäffer* (CSU), gelang es dann doch irgendwie, *Höpker Aschoff* aufzuspüren und er konnte diesen nach wenigen Tagen dann auch zur erneuten Kandidatur

[647] *U. Wengst,* Staatsaufbau und Regierungspraxis, 1984, S. 238.

[648] *T. Aders,* Die Utopie vom Staat über den Parteien, 1994, S. 305 f.; *U. Wengst,* Staatsaufbau und Regierungspraxis, 1984, S. 238 f.

[649] *T. Aders,* Die Utopie vom Staat über den Parteien, 1994, S. 306 f.

[650] Am 8. und 9. August 1951 in Bürgenstock bei Luzern (Schweiz); zu den sog. Bürgenstock-Gesprächen: Kabinettsprotokolle 1951, S. 592 (10.08.1951).

[651] *U. Wengst,* Staatsaufbau und Regierungspraxis, 1984, S. 239.

[652] *T. Aders,* Die Utopie vom Staat über den Parteien, 1994, S. 307 f.

bewegen.[653] Wahrscheinlich musste *Schäffer* dabei heftigste Widerstände des nicht eben als flexibel geltenden, tief gekränkten Westfalen überwinden, zumal dessen Frau einen Umzug nach Karlsruhe „furchtbar" fand.[654] Letztlich war es wohl erneut im Wesentlichen *Höpker Aschoffs* Pflichterfüllungsethos zuzuschreiben, dass dieser angesichts der in der Südweststaatfrage drohenden Staatskrise schließlich doch „über seinen Schatten sprang". Eine Rolle spielte auch das erneute persönliche Einwirken *Dehlers,* der die einmalige Chance, den Einfluss der FDP zu stärken, nicht verspielen wollte. War damit die wesentliche Hürde genommen, setzte der mittlerweile entnervte *Adenauer* Ende August 1951 höchstpersönlich *Höpker Aschoffs* Kandidatur gegen weiter bestehende Widerstände insbesondere der CDU/CSU-Fraktion durch. So war letztlich auch die Wahl des ersten BVerfG-Präsidenten auf den hohen Zeitdruck zurückzuführen, der nicht zuletzt auch im Hinblick auf das SRP-Verbot bestand.

Über die übrigen Richter des BVerfG war unterdessen bereits am 3. Juli 1951 im gemeinsamen Gremium von Bundestag und Bundesrat eine grundsätzliche Einigung herbeigeführt worden.[655] In der Folge waren allerdings noch einige Änderungen und Ergänzungen der Liste nötig, u.a. da Württemberg-Baden Einwände gegen zwei SPD-Kandidaten erhob und verschiedene Bewerber ihre Kandidatur wieder zurückzogen.[656] Noch am 4. September 1951, als der Wahlausschuss des Bundestages zur Tat schritt, wurden letzte Korrekturen an der Wahlliste vorgenommen. Die strategisch bedeutsame Zuordnung der Kandidaten zu den beiden damals zunächst aus jeweils zwölf Richtern bestehenden Senaten verlief gleichzeitig relativ unproblematisch. Dies war maßgeblich darauf zurückzuführen, dass CDU/CSU einerseits und SPD andererseits die Bedeutung der Senate unterschiedlich einschätzten: Während die Unionsparteien den Zweiten Senat für wichtiger erachteten und daher ihnen nahe stehende Kandidaten primär dort unterbringen wollten, schätzte die SPD unter Leitung ihres Verfassungsexperten *Adolf Arndt* den nicht zuletzt auch für Parteiverbote zuständigen Ersten Senat höher ein und wählte ihr potentiell gewogene Kandidaten daher vorzugsweise in diesen.[657] Im Ergebnis sollten im Ersten Senat sieben Richter der SPD nahestehen und vier den Regierungsparteien, während im Zweiten Senat acht regierungsnahe

[653] *Schäffer* teilte dem Kabinett in der Sitzung am 24.08.1951 mit, dass die Wahl des BVerfG-Präsidenten wohl in der Sitzung am 04.09.1951 erfolgen könne, Kabinettsprotokolle 1951, S. 613 (24.08.1951). Am 25.08.1951 stellte *Schäffer* dann in einem Vermerk fest, dass *Höpker Aschoff* die Kandidatur angenommen habe, Kabinettsprotokolle, a.a.O., S. 613 Fn. 40.

[654] *T. Aders,* Die Utopie vom Staat über den Parteien, 1994, S. 308.

[655] *H. Laufer,* Verfassungsgerichtsbarkeit, 1968, S. 221; *U. Wengst,* Staatsaufbau und Regierungspraxis, 1984, S. 232 f.

[656] *U. Wengst,* Staatsaufbau und Regierungspraxis, 1984, S. 240 f.

[657] *U. Wengst,* Staatsaufbau und Regierungspraxis, 1984, S. 241.

bzw. konservative Richter drei SPD-nahen Richtern gegenüber standen.[658] Lediglich jeweils ein Richter jedes Senats galt als politisch neutral. Dass nicht nur Insidern bekannt war, welche Richter der Regierung oder aber der Opposition zuneigten, befeuerte später zügig den immer wieder erhobenen Vorwurf, das Gericht betreibe politische Rechtsprechung.[659]

Am Abend des 4. September 1951 wählte der Wahlausschuss des Bundestages einstimmig je sechs Richter der beiden Senate.[660] Der Bundesrat wählte zwei Tage später im Plenum – ebenfalls einstimmig – die übrigen sechs Richter jedes Senats.[661] Lediglich bei den Wahlen *Hermann Höpker Aschoffs* zum Präsidenten durch den Bundestagswahlausschuss am 4. September und *Rudolf Katz'* zum Vizepräsidenten durch den Bundesrat am 6. September gab es eine Enthaltung von bayerischer Seite, was auch darauf beruhte, dass bayerische Regierungskreise die Wahl zweier Norddeutscher an die Spitze des BVerfG – vorsichtig ausgedrückt – als Überbetonung des zentralistischen Gedankens empfanden.[662] Die so jeweils *en bloc* Gewählten wurden am 7. September 1951 durch den Bundespräsidenten formell zu Richtern am BVerfG ernannt.

Bei einem Blick auf die Lebensläufe der 24 Verfassungsrichter fällt auf, dass überraschend wenige der Gewählten Richtererfahrung vorzuweisen hatten.[663] Nur sechs wurden unmittelbar aus einem Richteramt heraus zu Verfassungsrichtern ernannt, und lediglich die Hälfte der Richter war zuvor überhaupt als Richter tätig gewesen, darunter manche für einen nur sehr kurzen Zeitraum, der teilweise Jahrzehnte zurücklag.[664] Dabei handelte es sich jedoch um eine bewusste Entscheidung, die auf Seiten der Regierung primär dem Wunsch entsprungen war, durch die Ernennung politisch erfahrener Praktiker aus verschiedenen Bereichen des Staates das Verständnis des Verfassungsgerichts für politische Entscheidungen zu erhöhen und so ein Hineinwirken in die Politik zu reduzieren. Auf Seiten der Sozialdemokraten war sie hingegen eher einem Misstrauen gegenüber der Justiz an sich geschuldet, hatte diese im Nationalsozialismus doch weitgehend versagt.[665] Ansonsten

---

[658] *U. Wengst,* Staatsaufbau und Regierungspraxis, 1984, S. 243.

[659] Eine Übersicht der bei der Erstbesetzung des BVerfG gewählten Richter mit Parteizugehörigkeit, landsmannschaftlicher Herkunft und früherer beruflicher sowie politischer Tätigkeit findet sich in *W. Billing,* Das Problem der Richterwahl, 1969, S. 182 ff.; vgl. zum Ganzen auch *J. Collings,* Democracy's Guardians, 2015, S. 5 f.

[660] Eine Liste der gewählten Senatsmitglieder enthält: *N.N.,* Die Richter des Bundesverfassungsgerichts, in: NJW 1951, 791; vgl. auch *H. Laufer,* Verfassungsgerichtsbarkeit, 1968, S. 220 f.

[661] *H. Laufer,* Verfassungsgerichtsbarkeit, 1968, S. 222 f.

[662] *R. Schiffers,* „Ein mächtiger Pfeiler“, in: VfZ 32 (1984), 66 (100); *U. Wengst,* Staatsaufbau und Regierungspraxis, 1984, S. 242.

[663] Vgl. die Übersicht bei *W. Billing,* Das Problem der Richterwahl, 1969, S. 182 ff.

[664] *W. Billing,* Das Problem der Richterwahl, 1969, S. 182 ff.; *J. Collings,* Democracy's Guardians, 2015, S. 6.

[665] *J. Collings,* Democracy's Guardians, 2015, S. 6.

fällt auf, dass es gelungen war, das Richterkollegium – anders als andere Verfassungsorgane und staatliche Institutionen – weitgehend von Akteuren und Mitläufern des überwundenen NS-Regimes freizuhalten. Markante Ausnahme war mit dem früheren NSDAP- und SA-Mitglied *Willi Geiger* nicht zufällig ausgerechnet ein Richter,[666] der aus dem BMJ über den BGH in das BVerfG gewechselt war.[667] Drei Richter hatten jüdische Wurzeln: Vizepräsident *Rudolf Katz,* der auch als Wissenschaftler sehr bedeutende Richter des Zweiten Senats *Gerhard Leibholz*[668] und die einzige Frau in der Erstbesetzung des BVerfG, *Erna Scheffler* (1893–1983). *Scheffler* war als Amtsgerichtsrätin am Amtsgericht Berlin-Mitte nach Erlass der Nürnberger Rassegesetze im Jahr 1933 entlassen worden, nach dem Zweiten Weltkrieg dann zunächst als Landesgerichtsrätin und später als Landgerichtsdirektorin beim Landgericht Berlin in den Justizdienst zurückgekehrt.[669] Im Jahr 1949 war sie dann in die Verwaltungsgerichtsbarkeit gewechselt, wo sie 1951 zur Verwaltungsgerichtsdirektorin am Verwaltungsgericht Düsseldorf aufgestiegen war, nachdem sie als Landesverwaltungsgerichtsrätin auf dem 38. Deutschen Juristentag im September 1950 in Frankfurt ein wirkmächtiges Referat zur Gleichstellung von Mann und Frau gehalten hatte.[670]

Direkt im Anschluss an die Ernennungszeremonie trat das Gericht im Museum Koenig in Bonn zu seiner konstituierenden Sitzung zusammen. Hier verwies das Plenum des Gerichts den besonders dringlichen Streit um die Volksabstimmung über die Bildung des Südweststaates an den Zweiten Senat. Am 8. September 1951 nahm das BVerfG dann offiziell seine Tätigkeit auf.[671] Einen Tag später fällte der Zweite Senat unter dem Aktenzeichen 2 BvQ 1/51 den ersten Beschluss des BVerfG, der später als BVerfGE 1, 1 veröffentlicht wurde: Der Senat setzte im Wege der einstweiligen Anordnung die Durchführung der Volksabstimmung über den Südweststaat bis zur Entscheidung des Senats in der Hauptsache aus.[672] Bereits dieser erste Beschluss

---

[666] *Geiger* wurde am 06.09.1951 entsprechend dem Vorschlag der gemeinsamen Kommission durch den Bundesrat, also jedenfalls nicht unter unmittelbarer Beteiligung seines Doktorvaters *Wilhelm Laforet,* der dem Wahlausschuss des Bundestages vorsaß, als BGH-Richter auf „Lebenszeit" zum Richter des Zweiten Senats gewählt, *H. Laufer,* Verfassungsgerichtsbarkeit, 1968, S. 222.

[667] Zu *Geiger* oben S. 152 ff.

[668] Zu *Leibholz* näher unten S. 364 f.

[669] Zu *Erna Scheffler: C. Waldhoff,* Erna Scheffler, in: JöR 56 (2008), S. 261 ff.; *ders.,* Scheffler, Erna, in: Neue Deutsche Biographie, Bd. 22, 2005, S. 615 f.

[670] *E. Scheffler,* Referat, in: Verh. des 38. Deutschen Juristentages in Frankfurt a.M. 1950, Teil B: Bürgerlich-Rechtliche Abteilung, Die Gleichberechtigung der Frau, 1951, S. B3-B30.

[671] BVerfGE 1, 1 (2).

[672] BVerfGE 1, 1.

Abb. 19: Vorne v.l.n.r. Adenauer, Katz (mit Pfeife), Höpker Aschoff und Heuss (mit Zigarre) bei der Eröffnung des BVerfG am 28.09.1951

betraf eine nicht nur in Südwestdeutschland hoch emotional diskutierte Angelegenheit und brachte dem BVerfG daher massive Aufmerksamkeit ein.[673]

Drei Wochen später fand am 28. September 1951 in Gegenwart u.a. von Bundespräsident *Theodor Heuss* und Bundeskanzler *Konrad Adenauer* in Karlsruhe ein Festakt zur Eröffnung des BVerfG statt. BVerfG-Präsident *Höpker Aschoff* hatte vermutlich auch die zu erwartenden Parteiverbotsverfahren vor Augen, als er dort in seiner Rede betonte, dass es nicht Aufgabe des BVerfG sein könne, „in politischen Kämpfen zu entscheiden, sondern allein darüber zu wachen, daß die Normen des Grundgesetzes beachtet würden".[674] Dabei müsse sich das Gericht aber stets der politischen Folgen seiner Entscheidungen bewusst sein. Mit der Errichtung des BVerfG war im September 1951 jedenfalls endlich die letzte strukturelle Vorbedingung für die Durchführung der geplanten Parteiverbotsverfahren erfüllt worden. Nun war nur noch fraglich, wann die als sicher geltenden Verbotsanträge gegen die SRP und die KPD von der Bundesregierung endlich fertiggestellt und eingereicht werden würden.

---

[673] *J. Collings,* Democracy's Guardians, 2015, S. 5.

[674] *N.N.,* Eröffnung des Bundesverfassungsgerichts, in: NJW 1951, 791.

VIII. Bremische Bürgerschaftswahlen und Einreichung der Verbotsanträge

1. SRP-Erfolg bei den Bremenwahlen am 7. Oktober 1951

Die SRP konnte kurz nach Einrichtung des BVerfG bei den Wahlen zur Bremischen Bürgerschaft am 7. Oktober 1951 mit 7,7 % der Stimmen[675] und acht von 100 Mandaten zwar numerisch nicht ganz an den Erfolg in ihrem Stammland Niedersachsen anknüpfen, aber doch einen Achtungserfolg erzielen.[676] In der Wahlanalyse der FR wies Politikressortchef *Hans Henrich* erleichtert darauf hin, dass das Ergebnis für die SRP noch erheblich besser hätte ausfallen können.[677] Ein Großteil der 30.000 Erstwähler in dem kleinen Stadtstaat sei nämlich vormals wegen politischer Belastung vom Wahlrecht ausgeschlossen gewesen, was sie als potentielle Sympathisanten der SRP erscheinen ließ. Lediglich ein Viertel jener Erstwähler habe dann allerdings tatsächlich für die rechtsextreme Partei votiert. Von den ca. 26.000 SRP-Wählern in Bremen seien viele zuvor vielmehr Anhänger der CDU und der DP gewesen.[678]

Bedenkt man allerdings den geringen Organisationsgrad, den die rechtsextreme Partei trotz der Nähe zu ihrem Stammland Niedersachsen mit nicht einmal 100 Mitgliedern in Bremen erreicht hatte, dann war das Ergebnis der SRP durchaus beachtlich:[679] Die SRP hatte sich in der stolzen Hansestadt zunächst so schlecht entwickelt,[680] dass der vom Erfolg in Niedersachsen beflügelte SRP-Bundesvorstand im August 1951, zwei Monate vor der Wahl, den drastischen Schritt für unausweichlich erachtet hatte, den seit seiner Gründung im Januar 1950 von Querelen geplagten Landesverband aufzulösen und unter der Leitung der früheren NSDAP-Mitglieder *Günter Schlicht* und *Wilhelm Bolte* einen Neuanfang zu wagen.[681] Eine schlagkräftige Organisati-

---

[675] „Landtagswahl unter Bonner Aspekt", in: FR v. 09.10.1951.

[676] *K. P. Tauber,* Beyond Eagle and Swastika I, 1967, S. 702; ihr Abschneiden in Bremen brachte die SRP auch wieder auf die Agenda des Bundeskabinetts; Kabinettsprotokolle 1951, S. 692 (09.10.1951).

[677] „Landtagswahl unter Bonner Aspekt", in: FR v. 09.10.1951.

[678] Die CDU fiel im Vergleich zur Bundestagswahl 1949 in Bremen von 16,9 auf 9,1 % zurück, die DP von 18 auf 14,7 %.

[679] Zur Entwicklung des am 05.01.1950 gegründeten SRP-Landesverbandes Bremen: Auszug aus den Kurzberichten der SPD-Fraktion Niedersachsen, August 1951 zur SRP, StAHB, 3-V.2.-2750 [8] Nr. 1.

[680] Nach Erkenntnissen britischer Geheimdienstkreise war die bremische SRP noch Mitte 1951 davon ausgegangen, die 5 %-Hürde nicht überwinden zu können, Extract from Bremen Weekly Summary No. 17 of 1951, National Archives (UK), FO 1008/14, 5/3/52/51.

[681] Kurzbiographien von *Bolte* (Stellvertretender Vorsitzender und späterer SRP-Fraktionsvorsitzender in der Bremischen Bürgerschaft) und *Schlicht* (Erster Vorsitzender) in: *K.-L. Sommer,* Projektstudie, in: Die NS-Vergangenheit früherer Mitglieder der Bremischen Bürgerschaft, 2014, S. 10 (60, 95); zu der angesichts der Nachbarschaft zu Nieder-

on wie in Niedersachsen ließ sich in den wenigen Wochen bis zur Wahl indes nicht mehr aufbauen, und so hing der bremische Landesverband letztlich am Tropf des niedersächsischen Nachbarverbandes, der ihn nach Kräften unterstützte.[682] Strukturell noch bedeutsamer war, dass dem urban geprägten Bremen und Bremerhaven – anders als Niedersachsen – schlicht das für die SRP so wichtige agrarisch geprägte Hinterland fehlte.[683] Schließlich war auch der von einer SPD-FDP (BDV[684])-Koalition getragene Senat entschieden gegen die SRP vorgegangen:[685] So waren im September 1951 im Auftrag des Senats Redeverbote gegen 16 SRP-Politiker, darunter die gesamte Parteispitze, erlassen worden,[686] welche die SRP nach bewährtem Muster vor allem durch geschlossene Veranstaltungen zu umgehen versucht hatte.[687] Angesichts dieser schwierigen Rahmenbedingungen konnte das Abschneiden der rechtsextremen Partei in Bremen alles in allem durchaus sogar als noch größerer Erfolg verbucht werden als der Urnengang in Niedersachsen. Die Parteiführung der SRP sah sich dementsprechend jedenfalls weiterhin im Aufwind.[688]

Insgesamt belegte das erfolgreiche Abschneiden der SRP, aber auch der DP, die ihre Mandate von drei auf 16 der 100 Bürgerschaftssitze mehr als verfünffachen konnte,[689] jedenfalls einmal mehr, wie viele Wähler nach wie vor für rechtsextreme Propaganda samt nationalistischen Stereotypen emp-

---

sachsen auf den ersten Blick überraschend problematischen Entwicklung des bremischen SRP-Landesverbandes instruktiv *H. Hansen,* Sozialistische Reichspartei, 2007, S. 70 ff.

[682] Zum Wahlkampf der bremischen SRP die Dokumente in StAHB, 3-B.1 – Nr. 155 [27]; Zeitungsausschnitte zur SRP auch in StAHB, 9, SO – 1807 (SRP) sowie in StAHB, 9, S 9–9-P.11.

[683] Auch der schwedische *Dagens Nyheter* („Nynazistik frammarsch i tyska val“) hob am 09.10.1951 (auch in StAHB, 3-V.2.-2750 [8] Nr. 1) hervor, dass die Entwicklung „in einer typischen Großstadt wie Bremen“ überrasche und konstatierte einen neonazistischen Vormarsch.

[684] Als bremischer Landesverband der FDP war die Ende Oktober 1945 lizensierte Bremer Demokratische Volkspartei (BDV) anerkannt, die bei den Bürgerschaftswahlen im Herbst 1947 15 Sitze errungen und daraufhin eine Koalition mit der SPD gebildet hatte, *K.-L. Sommer,* Projektstudie, in: Die NS-Vergangenheit früherer Mitglieder der Bremischen Bürgerschaft, 2014, S. 10 (42 f.).

[685] *W. Long,* The New Nazis of Germany, 1968, S. 65; *O. Gnad,* SRP, in: Recker/Tenfelde, Handbuch, Teilbd. III, 2005, S. 353 (383).

[686] Entwurf eines Senatsbeschlusses betreffend Betätigungsverbot für bestimmte Redner der SRP v. 04.09.1951, StAHB, 3-V.2.-2750 [8] Nr. 1.

[687] Ein Bericht des Landesamts für Verfassungsschutz zur SRP im Bremer Wahlkampf 1951 mit ausführlichen Auszügen aus Reden führender SRP-Politiker (vertraulich) findet sich in StAHB, 3-V.2.-2750 [8] Nr. 1.

[688] *H.-P. Schwarz,* Die Ära Adenauer, 1981, S. 132; *H. Hansen,* Sozialistische Reichspartei, 2007, S. 174.

[689] Bei den Bürgerschaftswahlen im Herbst 1947 hatte die DP drei Mandate erzielt, *K.-L. Sommer,* Projektstudie, in: Die NS-Vergangenheit früherer Mitglieder der Bremischen Bürgerschaft, 2014, S. 10 (43 f.).

fänglich waren und von den demokratischen Parteien noch nicht hinreichend angesprochen wurden.[690] Der SRP verschaffte der Einzug in die Bremische Bürgerschaft im Ergebnis nicht zuletzt auch eine weitere politische Bühne, um sich mit ihren acht Abgeordneten, von denen sieben der NSDAP angehört hatten,[691] öffentlichkeitswirksam inszenieren zu können.[692] Der Präsident des Senats, Bürgermeister *Wilhelm Kaisen* (SPD, 1887–1979), bemühte sich in einer Pressekonferenz am 8. Oktober 1951 vor allem mit Blick auf das Ausland, das Ergebnis der SRP als Trotzreaktion von Menschen, die sich ungerecht behandelt fühlten, herunterzuspielen und ordnete die neonazistische Partei insgesamt als bloße Reaktion auf die Vergangenheit ein.[693] Diese Verharmlosungsstrategie brachte ihm einen kritischen Brief des Landesbezirksvorstands Niedersachsen des DGB[694] und einen zustimmenden Brief von *Fritz Dorls* ein, der *Kaisen* dafür dankte, dass er endlich einmal den Versuch unternommen habe, „objektivere Maßstäbe an unser Wollen zu legen".[695] *Kaisen* wies *Dorls* umgehend dahingehend zurecht, dass dieser ihn wohl missverstanden habe: Ihm sei vielmehr daran gelegen, „keinen Zweifel über die verhängnisvolle Auswirkung der Politik Ihrer Partei aufkommen zu lassen. Es ist daher die Aufgabe aller staatlichen Stellen und aller Demokraten, zu verhindern, daß ein Wiederaufleben des totalitären Geistes eine ähnliche Katastrophe wieder vorbereitet".[696] Gleichzeitig beschloss der Senat der Hansestadt, im Wahlkampf gesammeltes Material, darunter zahlreiche heimlich angefertigte Tonbandaufnahmen von SRP-Propagandareden, zur Vorbereitung des Verbotsverfahrens vor dem BVerfG an das BMI weiterzugeben.[697]

---

[690] *H. Hansen,* Sozialistische Reichspartei, 2007, S. 161.

[691] Darunter waren fünf vor der Anfang Mai 1933 von der NSDAP erlassenen Mitgliedersperre eingetretene sog. „alte Parteigenossen", *K.-L. Sommer,* Projektstudie, in: Die NS-Vergangenheit früherer Mitglieder der Bremischen Bürgerschaft, 2014, S. 10 (50 ff.); Kurzbiographien der betroffenen Abgeordneten finden sich a.a.O., S. 57 ff.

[692] Zum Agieren der SRP in der Bremischen Bürgerschaft: *O. Büsch,* Geschichte, in: Büsch/Furth, Rechtsradikalismus, 1957, S. 1 (170); *H. Hansen,* Sozialistische Reichspartei, 2007, S. 189 f.

[693] Vgl. Kaisen an Deutscher Gewerkschaftsbund v. 18.10.1951, StAHB, 3-V.2.-2750 [8] Nr. 1.

[694] Beermann an Kaisen v. 16.10.1951, StAHB, 3-V.2.-2750 [8] Nr. 1.

[695] Dorls an Kaisen v. 10.10.1951, StAHB, 3-V.2.-2750 [8] Nr. 1.

[696] Kaisen an Dorls v. 17.10.1951, StAHB, 3-V.2.-2750 [8] Nr. 1. Dort findet sich auch Dorls' Replik an Kaisen v. 03.11.1951 und Kaisens Duplik an Dorls v. 07.11.1951.

[697] Auszug aus dem Senats-Protokoll Bremen v. 16.10.1951, S. 2050, StAHB, 3-V.2.-2750 [8] Nr. 1; offensichtlich waren diese Aufnahmen dem BMI bereits zuvor angeboten worden: So berichtet *O. Lenz,* Tagebuch 1951–1953, 1989, S. 148, dass sie bereits in der Sitzung des Bundeskabinetts am 12.10.1951 zur Sprache gekommen seien und „der Klage vor dem Verfassungsgerichtshof beigefügt werden" sollten.

2. Fertigstellung und Einreichung der Parteiverbotsanträge

Vier Tage nach den Bremenwahlen konnte Bundesinnenminister *Lehr* Kanzler *Adenauer* und Justizminister *Dehler* dann auch endlich den als geheim deklarierten ersten Entwurf des SRP-Verbotsantrags übersenden.[698] Die zuständigen Referenten im BMI hatten in dem nur 35 Schreibmaschinenseiten starken Entwurf im Wesentlichen Material aus den verschiedenen Berichten des Verfassungsschutzes sowie aus der frei zugänglichen Berichterstattung zur SRP in Presse und Rundfunk zusammengestellt, das *summa summarum* darauf schließen lassen sollte, dass die rechtsextreme Partei „Gedankengut der NSDAP" vertrat. Die mit „Zusammenfassung" überschriebene eigentliche Begründung füllte gerade einmal vier Seiten. Da die mangelnde Quantität des Antrags auch nicht durch augenfällig gesteigerte Qualität kompensiert wurde, fühlte sich *Dehler* in seinen seit Längerem gehegten Befürchtungen, vor dem BVerfG kläglich zu scheitern, bestätigt. So musste es nicht überraschen, dass der stets kritische Justizminister in der Kabinettssitzung am Folgetag unruhig wurde und auf Nachbesserung drängte.[699] Es mag daher als weiteres Indiz für die Dringlichkeit der Sache gelten, dass *Dehler* dessen ungeachtet über seinen Schatten sprang und grds. zustimmte, dass „nunmehr der Bundesverfassungsgerichtshof anzugehen sei".[700] Bundesinnenminister *Lehr* sicherte seinen Kabinettskollegen im Gegenzug für den Vertrauensvorschuss zu, die Klagen gegen die SRP und die KPD zu ergänzen und fertigzustellen.[701]

Auch die Alliierten Hohen Kommissare erhoben in ihrer Besprechung mit *Adenauer* am 25. Oktober 1951 keine durchgreifenden Bedenken gegen die Einleitung der Verbotsverfahren.[702] Was das von den Alliierten *unisono* gewünschte SRP-Verfahren anging, musste dies nicht weiter erstaunen. Die alliierte Zustimmung zum KPD-Verfahren war demgegenüber nicht so selbstverständlich, war die KPD doch nach dem Krieg meist als erste Partei von den Alliierten lizensiert worden und existierten in fast allen westlichen Staaten legale, respektierte kommunistische Parteien.[703] Die uneingeschränkte Zu-

---

[698] Lehr an Adenauer v. 11.10.1951 (geheim), BA, B 136, Nr. 1747, Bl. 19; Lehr an Dehler v. 11.10.1951 (geheim), BA, B 141, Nr. 210.

[699] „Verfassungsklage gegen SRP macht Kopfzerbrechen", in: Die Welt v. 13.10.1951 (auch in BA, B 136, Nr. 1747, Bl. 43) machte publik, dass das belastende Material nach Auffassung des Justizministeriums bisher nicht ausreiche, um eine Klage vor dem BVerfG mit Aussicht auf Erfolg durchzuführen.

[700] Kabinettsprotokolle 1951, S. 698 (12.10.1951); Note Dehlers an Diller v. 12.10.1951, BA, B 141, Nr. 207: „Es wurde beschlossen, gleichzeitig Klagen gegen die SRP und KPD auf Verfassungswidrigkeit einzuleiten."

[701] Kabinettsprotokolle 1951, S. 698 (12.10.1951).

[702] Vgl. die Aufzeichnung Hallsteins zu Adenauers Besprechung mit den Alliierten Hohen Kommissaren v. 25.10.1951, in: Akten zur Auswärtigen Politik der Bundesrepublik Deutschland, Bd. 1, Adenauer und die Hohen Kommissare, 1949–1951, S. 558.

[703] Näher dazu unten S. 441 f.

stimmung auch zum KPD-Verfahren war aber wohl nicht zuletzt deren zunehmend aggressiver Agitation gegen die deutsche Wiederbewaffnung geschuldet und entsprang – ähnlich den Erwägungen der Bundesregierung – oft auch dem Bemühen um ein gleichmäßiges Vorgehen gegen Rechts- und Linksextreme.[704] Ganz in diesem Sinne hatte etwa ein britischer Geheimdienstbericht bereits zwei Monate zuvor konstatiert, dass es unlogisch wäre, die SRP ohne die KPD zu verbieten: „both must be done".[705]

Zwei Wochen nach *Adenauers* Gespräch mit den Hochkommissaren konnte das Innenministerium dann die weiterhin als geheim klassifizierte, überarbeitete Fassung des SRP-Verbotsantrags vorlegen, die nicht nur umfangreicher, sondern auch mit einer besser durchgearbeiteten Begründung versehen war. Vor allem war nun mehr Wert auf eine überzeugende Begründung gelegt worden, warum die SRP bereits aktuell eine konkrete Gefahr für die freiheitliche demokratische Grundordnung der Bundesrepublik darstelle.[706] Dass die in Norddeutschland verwurzelte SRP zu jenem Zeitpunkt längst auch auf Bundesebene als bedrohliche Größe wahrgenommen wurde, belegt etwa *Adenauers* Befürchtung, dass im Falle gesamtdeutscher Wahlen „eine große Zahl neofaschistischer Abgeordneter zum Zuge käme".[707] Bemerkenswert ist, dass der Verbotsantrag ebenso wie verschiedene an die Öffentlichkeit gerichtete Erklärungen zu selbigem nicht allein auf die innenpolitische Dimension abstellten, dass die SRP die Grundlagen der freiheitlichen Demokratie zu erschüttern versuche, um den Weg zu einer autoritär-diktatorischen Gestaltung des Staatswesens zu bahnen. Vielmehr spielte auch die außenpolitische Dimension eine gewichtige Rolle: So verwies der Antrag bspw. darauf, dass das Vertrauen des Auslands auf eine stetige demokratische Entwicklung des deutschen Volkes bereits „einen schweren Stoß erlitten" habe.[708]

Nachdem dann am 15. November 1951 auch die Innenminister der Länder im Bundesratsausschuss für Innere Angelegenheiten im Anschluss an eine Debatte über neonazistische Bestrebungen in den Ländern dafür plädiert hat-

[704] Ausführlich zur KPD unten S. 441 ff.

[705] Einschätzung zum SRP-Verfahren und zur Einrichtung des BVerfG v. 01.08.1951, zitiert nach *H. Hansen,* SRP und der Rechtsextremismus, in: Becker/Bongartz, Die weltanschaulichen Grundlagen des NS-Regimes, 2011, S. 165 (173 Fn. 30).

[706] BMI an BVerfG v. 10.11.1951, 4. Ausfertigung des Antrags der Bundesregierung (geheim), S. 53 f., BA, B 141, Nr. 210.

[707] In der Kabinettssitzung am 30.10.1951, wiedergegeben von *O. Lenz,* Tagebuch 1951–1953, 1989, S. 157.

[708] BMI an BVerfG v. 10.11.1951, 4. Ausfertigung des Antrags der Bundesregierung (geheim), S. 54, BA, B 141, Nr. 210; in der Kabinettssitzung am 30.10.1951 wies *Adenauer* nach *O. Lenz,* Tagebuch 1951–1953, 1989, S. 158 – vermutlich am Rande seines Berichts über den Stand der Verhandlungen mit den Hohen Kommissaren (Kabinettsprotokolle 1951, S. 731) – in diesem Sinne darauf hin, dass die SRP bei allen Verhandlungen „außerordentlich störend" wirke. Daher sei die Durchführung der Klage erforderlich. Vgl. auch *N. Frei,* Vergangenheitspolitik, 2. Aufl. 1997, S. 344.

ten, unverzüglich einen Verbotsantrag gegen die SRP zu stellen,[709] beschloss das Kabinett am Folgetag, das Verbot der rechtsextremen Partei alsbald bei dem inzwischen seit mehr als zwei Monaten aktiven BVerfG[710] zu beantragen.[711] Auch die Einreichung des Verbotsantrags gegen die KPD wurde beschlossen, obwohl dieser noch nicht so weit vorbereitet war wie der SRP-Antrag.[712] Bereits drei Tage später, am 19. November 1951, reichte Innenminister *Lehr* dann im Namen der Bundesregierung beim BVerfG zunächst den auf 51 Seiten angewachsenen Antrag ein, festzustellen, dass die SRP verfassungswidrig und mit allen ihren Teilorganisationen aufzulösen sei.[713]

Wie sehr das Verbot inzwischen drängte, wurde wenige Tage später auf der Pariser Konferenz deutlich, die u.a. aus dem Grund von größter Bedeutung war, dass Bundeskanzler *Adenauer* dort am 22. November 1951 erstmals an einer Besprechung der drei westlichen Außenminister teilnehmen durfte. Zudem wurde in Paris zwar nicht – wie vom Bundeskanzler erhofft – der Generalvertrag unterzeichnet, dessen Unterzeichnung aber zumindest konkret in Aussicht gestellt.[714] Als größte Bedrohungen für das für die angestrebte Rückgewinnung der deutschen Außensouveränität erforderliche Einvernehmen der westlichen Siegermächte insbesondere zum Generalvertrag erlebte *Adenauer* in Paris neben der „totalitären Opposition" der SPD um *Schumacher* vor allem die im Ausland nach wie vor mit Argusaugen beobachteten Themen „SRP und Rechtsradikalismus".[715] Ein zügiges Verbot der SRP erschien also auch aus außenpolitischen Gründen weiterhin dringend geboten zu sein.

---

[709] Vermerk über die Sitzung des Bundesratsausschusses für Innere Angelegenheiten am 15.11.1951, BA, B 136, Nr. 1733, Bl. 53 ff.

[710] Dazu oben S. 248 f.

[711] Kabinettsprotokolle 1951, S. 766 (16.11.1951); siehe auch das Bulletin des Presse- und Informationsamtes der Bundesregierung v. 17.11.1951 „Klageerhebung wegen Verfassungswidrigkeit gegen SRP und KPD", BA, B 136, Nr. 1747, Bl. 47.

[712] *N. Frei,* Vergangenheitspolitik, 2. Aufl. 1997, S. 345.

[713] Antrag der Bundesregierung v. 19.11.1951, BA, B 237, Nr. 215602, Bl. 1 ff. sowie BA, B 136, Nr. 1747, Bl. 52 ff.; BVerfGE 2, 1 (6 f.); zum Verbotsantrag auch *H. Hansen,* Sozialistische Reichspartei, 2007, S. 241 ff.

[714] Kabinettsprotokolle 1951, S. 780 Fn. 2 (27.11.1951).

[715] *O. Lenz,* Tagebuch 1951–1953, 1989, S. 181 f. (zum 27.11.1951).

Sechstes Kapitel

Entwicklung des SRP-Verbotsverfahrens bis zur mündlichen Verhandlung vor dem BVerfG

I. „Ich möchte erreichen, daß alles irgendwie greifbare Material sichergestellt wird" – Unterstützung des Verbotsverfahrens durch die Rosenburg

1. Der Beitrag des BMJ

Obwohl Bundesjustizminister *Dehler* einem Verbotsantrag gegen die SRP aus den genannten Gründen zunächst eher kritisch gegenüber gestanden hatte,[1] unterstützte er das federführende BMI bei dessen Erstellung mit seinem damals nach dem neoromanischen Dienstgebäude oft kurz Rosenburg genannten Ministerium rückhaltlos.[2] Als in der Kabinettssitzung am 16. November 1951 über die Verbotsanträge entschieden wurde, konnte Bundesinnenminister *Lehr* dementsprechend zu Recht darauf hinweisen, dass beide Klagen „in enger Zusammenarbeit mit dem Bundesjustizministerium vorbereitet worden" seien, und der als kritisch bekannte *Dehler* bestätigte ausdrücklich, dass er mit den Entwürfen einverstanden sei.[3]

Auch nachdem der SRP-Verbotsantrag am 21. November 1951 beim BVerfG eingegangen war,[4] unterstützten *Dehler* und seine Rosenburg intensiv das federführende Innenministerium und versuchten immer wieder, optimierend auf dessen Verfahrensführung einzuwirken. Dies war in erster Linie Ausdruck einer pragmatischen Haltung des Justizministers, der, nachdem die Entscheidung erst einmal gefallen war, konsequent handelnd alles Erdenkliche dafür tun wollte, dass seine Befürchtungen eines Scheiterns vor dem BVerfG nicht eintreten würden. Psychologisch mag die proaktive Rolle des Justizministers dabei auch in einem gewissen Konkurrenzverhältnis zu Bundesinnenminister *Lehr* begründet gewesen sein, dem der nicht uneitle *Dehler*

---

[1] Oben insbesondere S. 209 ff.

[2] *U. Wengst,* Thomas Dehler, 1997, S. 167 f.

[3] Kabinettsprotokolle 1951, S. 766 (16.11.1951).

[4] Ausweislich des Eingangsstempels des BVerfG, BA, B 237, Nr. 215602, Bl. 1.

sicher nicht die alleinige Urheberschaft eines ggf. erfolgreichen Antrags überlassen wollte.[5]

2. *Verfahrensvertretung durch Walter Roemer?*

Zu *Dehlers* pragmatischen Bemühungen um eine Verbesserung der Erfolgsaussichten des SRP-Verbotsantrags zählte auch, dass er sich aktiv in die Lösung der in der Kabinettssitzung noch offen gebliebenen, wichtigen Frage einbrachte, wer die Bundesregierung vor dem BVerfG primär vertreten sollte und wie sich die Rollenverteilung vor Gericht später genau gestalten sollte.[6] Gesetzt war insoweit *Lehrs* BMI-Staatssekretär *Hans Ritter von Lex,*[7] obwohl dieser einem Verbotsverfahren gegen die SRP noch im Sommer 1951 zurückhaltend gegenüber gestanden hatte und damals eine Fortsetzung der politischen Zermürbungstaktik vorgezogen hätte.[8] Dem Vorschlag des Innenministers, neben *von Lex* ausschließlich Rechtsanwälte zu beauftragen, trat *Dehler* hingegen zunächst dezidiert entgegen, favorisierte er für die Prozessvertretung doch seinen von ihm sehr geschätzten, auch zuvor schon immer wieder mit Fragen der Parteiverbotsverfahren befassten Leiter der öffentlichrechtlichen Abteilung IV des BMJ, Ministerialdirektor *Walter Roemer.*[9]

Kaum ein Ministerialbeamter hat das BMJ in den ersten beiden Jahrzehnten so geprägt wie *Walter Roeme*r (1902–1985), der fast 20 Jahre die Abteilung IV leitete und zudem lange in Personalunion auch eine Unterabteilung führte. Dass *Roemer* der wichtigen Abteilung IV so lange vorstehen konnte, erscheint aus heutiger Sicht alles andere als selbstverständlich, wurden gegen ihn im Laufe der Zeit doch mehrfach schwere Vorwürfe im Hinblick auf sein Verhalten in der NS-Zeit erhoben, die an seiner Eignung für das hervorgehobene Amt hätten zweifeln lassen können. Dabei ging es anders als bei vielen anderen Ministerialbeamten weniger um eine politische Verstrickung in das NS-Regime und dessen Organisationen als um seine Tätigkeit als Vollstreckungsstaatsanwalt in München in den 1940er Jahren. Mehrfach wurden Vorwürfe laut, *Roemer* sei in dieser Funktion an der Hinrichtung politischer Häftlinge des nationalsozialistischen Regimes, darunter so prominenter Repräsentanten des Widerstands wie der Geschwister *Scholl,* beteiligt gewesen.

Der am 27. August 1902 in Speyer am Rhein geborene *Roemer* legte sein Abitur in Aschaffenburg ab und studierte dann in Erlangen und München Rechtswissenschaften.[10] Nach der ersten juristischen Staatsprüfung im Jahr 1925 in München und der nach dem Referendariat Mitte 1928 abgelegten zweiten juristischen Staatsprüfung nahm er eine Tätigkeit als Gerichtsassessor bei der Staatsanwaltschaft beim OLG München auf. Unterbrochen von verschiedenen Tätigkeiten beim Bayerischen Staatsministerium der Justiz war

---

[5] Vgl. auch *N. Frei,* Vergangenheitspolitik, 2. Aufl. 1997, S. 345.

[6] Dehler an Lehr v. 19.11.1951 (persönlich/vertraulich), BA, B 141, Nr. 210; vgl. auch *N. Frei,* Vergangenheitspolitik, 2. Aufl. 1997, S. 345.

[7] Lehr an Staatssekretär Bundeskanzleramt v. 19.11.1951, BA, B 136, Nr. 1747, Bl. 51.

[8] Vgl. *H. Hansen,* Sozialistische Reichspartei, 2007, S. 227.

[9] Note Dehlers v. 16.11.1951, BA, B 141, Nr. 210.

[10] BMJ PA Roemer P11-R12, Bd. 1: Military Government of Germany, Fragebogen gez. 09.05.1946, nicht paginiert.

Roemer in den Folgejahren als Staatsanwalt u.a. beim Landgericht München I, aber auch als Amtsgerichtsrat beim Amtsgericht München tätig. Nach seiner Eheschließung im April 1933 stieg er am 1. Juli 1934 zum Ersten Staatsanwalt beim Landgericht München I auf. *Roemers* dienstliche Beurteilungen fielen sowohl vor als auch nach *Hitlers* Machtergreifung in fachlicher wie menschlicher Hinsicht äußerst positiv aus. Nach 1933 wurde *Roemer* zudem auch durchgängig bestätigt, dass er die Gewähr dafür biete, „jederzeit rückhaltlos für den nationalen Staat" einzutreten. Die Anfrage des Generalstaatsanwalts beim OLG München aus Anlass der bevorstehenden Beförderung zum Abteilungsleiter bei der Staatsanwaltschaft München I im Jahr 1937 beantwortete die NSDAP-Gauleitung für München und Oberbayern eindeutig: „Gegen die politische Zuverlässigkeit des Staatsanwalts Dr. Walter Roemer bestehen keine Bedenken".[11]

Mag *Roemer* somit anscheinend nie als regimekritisch aufgefallen sein, fiel er andererseits auch nicht durch politisches Engagement für das NS-Regime auf. Er trat bspw. nicht der NSDAP bei[12] und engagierte sich auch nicht – über das in diesem Berufsbild häufig zu beobachtende Maß hinaus – in nationalsozialistischen Unter- und Nebenverbänden: Nach der Überführung des Bayerischen Richtervereins, dem er ab 1928 angehört hatte, in den Nationalsozialistischen Rechtswahrerbund (NSRB), bzw. dessen Vorläuferorganisation, gehörte er diesen an, ab 1935 dann auch dem Reichsluftschutzbund (RLB) und ab Mitte 1936 schließlich der Nationalsozialistischen Volkswohlfahrt (NSV), jeweils ohne Ämter zu übernehmen. Nach Ausbruch des Zweiten Weltkriegs war *Roemer* zwecks Erfüllung kriegswichtiger Aufgaben vom Wehrdienst freigestellt.[13] Allerdings wurde er für seinen Einsatz bei der Brandbekämpfung nach Fliegerangriffen auf das Maximilianeum in München mit dem Kriegsverdienstkreuz II. Klasse mit Schwertern ausgezeichnet.[14]

Es war daher auch weniger ein politisches Engagement als seine Tätigkeit bei der Staatsanwaltschaft, die ihm nach dem Krieg und dann auch mehrfach während seiner Tätigkeit im BMJ heftige Vorwürfe einbringen sollte: In seiner Funktion als Erster Staatsanwalt hatte *Roemer* als Leiter der Vollstreckungsabteilung des Landgerichts München I auch die Vollstreckung von Todesurteilen anzuordnen, Hinrichtungen z.T. persönlich beizuwohnen und schließlich deren Vollzug zu melden. Während dies zunächst ganz überwiegend Schwerkriminelle betraf, befanden sich – insbesondere gegen Ende des Zweiten Weltkriegs – unter den Verurteilten zunehmend Widerstandskämpferinnen und -kämpfer gegen das NS-Regime, die vom Volksgerichtshof zum Tode verurteilt worden waren. Darunter waren bedeutende Widerstandskämpfer aus dem Inland, aber auch solche aus dem Ausland, insbesondere aus Frankreich.[15] Konkret wurde *Roemer* nach dem Krieg der Vorwurf gemacht, in zahlreichen Fällen als Vollstreckungsstaatsanwalt eine zentrale Rolle bei der Hinrichtung aus politischen Gründen zum Tode verurteilter Widerstandskämpfer gespielt zu haben. Bedenkt man, dass sich nach dem Krieg bspw. der bayerische Scharfrichter, der diese Todesurteile vollstreckt hatte, dafür verantworten musste, lag es nahe, auch dem Vollstreckungsstaatsanwalt eine Mitschuld an den Hinrichtungen zuzuweisen.

Nach Kriegsende war *Roemer* ab 1. Dezember 1945 zunächst im Bayerischen Staatsministerium der Justiz tätig, wo er mit Dienstantritt vom Ersten Staatsanwalt zum Ministerial-

---

[11] BMJ PA Roemer P11-R12 – Akten des Staatsministeriums der Justiz; dies ist ein Beispiel für die Falschbezeichnung *Roemers* als „Dr." durch Dritte.

[12] Vgl. BMJ PA Roemer P11-R12, Bd. 1.

[13] Vgl. BMJ PA Roemer P11-R12 – Akten des Staatsministeriums der Justiz.

[14] BMJ PA Roemer P11-R12, Bd. 1.

[15] BMJ PA Roemer P11-R12 – separater, ursprünglich versiegelter Umschlag Roemer.

rat befördert wurde.[16] Im Rahmen der Entnazifizierung erklärte *Roemer* im Mai 1946 im Fragebogen der Militärregierung, er sei Sachbearbeiter, dann Abteilungsvorsteher einer unpolitischen Abteilung der Staatsanwaltschaft, später Leiter der Gnadenabteilung gewesen. Im April 1943 seien ihm als Nicht-Parteigenossen dann die Aufsichts- und Zeichnungsrechte des Abteilungsvorstehers entzogen worden.[17] Als Ergebnis der Überprüfung durch den öffentlichen Kläger bei der Spruchkammer München wurde *Roemer* im November 1946 als „nicht betroffen" entlastet.[18]

Bereits im Sommer 1945 hatte *Roemer* den US-Militärbehörden von sich aus eine Erklärung übergeben, die sich mit seiner Rolle als Vollstreckungsstaatsanwalt in München befasste.[19] Da es in dieser Erklärung nicht zuletzt um Einflussnahmeversuche des Reichsjustizministeriums auf die Vollstreckung von Todesurteilen ging, wurde *Roemer* schließlich am 24. April 1947 als Zeuge in dem Nürnberger Juristenprozess, in dem auch verschiedene frühere Mitarbeiter des Reichsjustizministeriums wie *Wilhelm von Ammon* und *Josef Altstötter* angeklagt waren, vernommen.[20] Damit wurde *Roemers* Rolle als Vollstreckungsstaatsanwalt bei der Hinrichtung in- und ausländischer Widerstandskämpfer erstmals in einer Weise thematisiert, die potentiell von einer breiteren Öffentlichkeit wahrgenommen werden konnte. Allerdings standen natürlich die Angeklagten im Mittelpunkt, ging es doch bspw. darum, ob diese die Vollstreckung von Todesurteilen forciert hatten. Da *Roemer* hier nur als Zeuge auftrat, fand seine Rolle bei der Vollstreckung der Todesurteile in der Öffentlichkeit jedenfalls zunächst keine größere Beachtung.

Allerdings war es nur ein kurzer gedanklicher Schritt von der Rolle derjenigen, welche die Vollstreckung der Todesurteile forciert hatten, zu demjenigen, der als Vollstreckungsstaatsanwalt Adressat solcher Versuche gewesen sein konnte. Dass dann auch in München tatsächlich schnell Beschuldigungen gegen *Roemer* selbst erhoben wurden, war allerdings weniger auf dessen Zeugenaussage in Nürnberg als auf das Spruchkammerverfahren gegen den Münchener Scharfrichter *Johann Reichhart* (1893–1972) zurückzuführen. *Reichhart,* der u.a. die *Geschwister Scholl* hingerichtet hatte, wurde im August 1947 von der Spruchkammer München IV als Hauptschuldiger zu zehn Jahren Arbeitslager verurteilt.[21] Im Verfahren hatte sich *Reichhart* auch mit dem naheliegenden Argument verteidigt, lediglich ausführendes Werkzeug gewesen zu sein, während die eigentliche Verantwortung bei anderen liege. Dies führte dazu, dass zwei Monate später *Philipp Auerbach,* seit 1946 Staatskommissar im Bayerischen Staatsministerium des Innern für rassisch, religiös und politisch Verfolgte, in einem streng vertraulichen Schreiben an *Roemer* herantrat und diesen im Namen des Landesausschusses der rassisch, religiös und politisch Verfolgten um Auflä-

[16] BMJ PA Roemer P11-R12 – Akten des Staatsministeriums der Justiz.

[17] BMJ PA Roemer P11-R12, Bd. 1, Military Government of Germany, Fragebogen gez. 09.05.1946, nicht paginiert.

[18] BMJ PA Roemer P11-R12, Bd. 1.

[19] Vgl. BMJ PA Roemer P11-R12, Bd. 1, Vernehmungsprotokoll Roemers v. 24.04.1947 im Rahmen des Nürnberger Juristenprozesses.

[20] BMJ PA Roemer P11-R12, Bd. 1, Vernehmungsprotokoll Roemers v. 24.04.1947 im Rahmen des Nürnberger Juristenprozesses.

[21] Diese Strafe wurde später wesentlich abgesenkt, u.a. bereits im Dezember 1948 auf nur noch zwei Jahre und im Dezember 1949 dann auf nur noch eineinhalb Jahre Arbeitslager, die *Reichhart* durch seine bisherige Haft bereits abgesessen hatte; zu *Reichhart: J. Dachs,* Tod durch das Fallbeil, 2. Aufl. 2012, insbesondere S. 95 ff.

rung der gegen ihn „vorgebrachten Beschuldigungen“ bat.[22] Danach sollte *Roemer* u.a. mitteilen, bei wie vielen Vollstreckungen von Todesurteilen er amtiert habe und worin seine Tätigkeit bestanden habe. In seinem ausführlichen Antwortschreiben an *Auerbach* wies *Roemer* u.a. darauf hin, als Leiter der „Strafvollstreckungs- und Begnadigungsabteilung“ mit der Vollstreckung aller Urteile „vom Todesurteil bis zur kleinen Geldstrafe“ sowie mit Gnadengesuchen befasst gewesen zu sein.[23] Über seine Tätigkeit bei der Vollstreckung von Todesurteilen habe er nach dem Krieg nicht nur die „maßgebenden Herren der Bayer. Regierung, sondern auch die Militärregierung genau informiert“. Er verwies auch darauf, im Nürnberger Juristenprozess als „Anklagezeuge“ gehört worden zu sein. Seine Rolle charakterisierte *Roemer* dahingehend, dass er „wie alle Münchner Staatsanwälte, ob Pg. oder Nicht-Pg.“, eine Reihe von Hinrichtungen aufgrund Münchener oder auswärtiger Todesurteile persönlich habe leiten müssen. Hinsichtlich der Details fuhr er fort:

„Die Leitung aller Hinrichtungen auf Grund von Todesurteilen obliegt von jeher nach dem Gesetz einem Staatsanwalt, der dem Verurteilten am Abend die bevorstehende Hinrichtung zwecks Ordnung seiner Angelegenheiten mitzuteilen und am frühen Morgen im Hinrichtungsraum den Namen des Verurteilten aufzurufen, den entscheidenden Urteilssatz zu verlesen und sodann den Scharfrichter zur Vollstreckung durch das Fallbeil aufzufordern hat. In dieser Weise habe ich meines Erinnerns insgesamt etwa 25 Hinrichtungen, und zwar hauptsächlich von Kriminellen, im Laufe der Kriegsjahre geleitet. Es handelte sich um Mörder, Verdunkelungs- und Luftkriegsdiebe, Berufsverbrecher und ähnliche. Meines Erinnerns befanden sich ferner einige wenige Angehörige ausländischer Widerstandsbewegungen darunter, die der Volksgerichtshof – in diesen Fällen völkerrechtsgemäß – verurteilt hatte.“

Sodann ging *Roemer* ausführlich darauf ein, dass er in den letzten Kriegsmonaten die Vollstreckung von etwa 134 politischen Urteilen des Volksgerichtshofs vereitelt habe, indem er als Abteilungsleiter der Vollstreckungsabteilung u.a.

„entgegen allen Weisungen auf jedes noch so aussichtslose Gesuch Vollstreckungen absetzen ließ, telegraphische Aufforderungen unbeantwortet ließ oder unter irgendwelchen Ausflüchten umständlich schriftlich beantwortete, was in der damaligen Zeit gestörter Postverbindungen Gewinn von Wochen bedeutete, den Nazigeneralstaatsanwalt in München und einen eigens zur Untersuchung meines Verhaltens nach München entsandten Beauftragten des Reichsjustizministeriums täuschte, die Verteidiger zur Einreichung von an sich natürlich aussichtslosen Anträgen veranlaßte um aussetzen zu können etc.“

Die Vorwürfe verliefen so zunächst im Sande, ohne dass sie in der Öffentlichkeit stärker wahrgenommen worden wären. Allerdings war mit *Reichhart* eine potentielle Bedrohung für *Roemer* auf den Plan getreten. Tatsächlich führten *Reichharts* Vorwürfe zunächst dazu, dass *Roemer* persönlich in dessen Entnazifizierungsverfahren verwickelt wurde, in das er Ende 1948 als Zeuge geladen wurde.[24] Nachdem der Kassationshof im Bayerischen Sonderministerium die Spruchkammerentscheidung gegen *Reichhart* aus dem Jahr 1947 näm-

---

[22] BMJ PA Roemer P11-R12, Bd. 1, Staatskommissar Auerbach an Roemer v. 16.10.1947 – streng vertraulich.

[23] BMJ PA Roemer P11-R12, Bd. 1, Roemer an Staatskommissar Auerbach v. 15.10.1947 [sic!].

[24] BMJ PA Roemer P11-R12, Bd. 1, Spruchkammer IV – München Ladung des Zeugen v. 01.12.1948.

lich Mitte 1948 aufgehoben hatte, musste dessen Verfahren erneut durchgeführt werden. Der ausführliche Fragenkatalog, den der öffentliche Ankläger der Spruchkammer IV München *Roemer* nunmehr zusandte, betraf aber auch mehrere Aspekte, welche die Rolle des zuständigen Vollstreckungsstaatsanwalts berührten, was *Roemer* bewusst sein musste.[25] Sprengkraft hatte vor allem Frage 10, ob *Roemer* bei der Hinrichtung der *Geschwister Scholl* zugegen gewesen sei. Damit stand die potentiell extrem medienwirksame mögliche Beteiligung an der Hinrichtung von *Sophie* und *Hans Scholl* im Raum. *Roemer* beantwortete den Fragenkatalog in einer umfangreichen eidesstattlichen Versicherung, in der er u.a. erneut darauf hinwies, dass in München Urteile der bayerischen Sondergerichte wegen krimineller Straftaten bei weitem überwogen hätten.[26] Allerdings seien in den letzten eineinhalb Kriegsjahren in München auch „eine erhebliche Zahl von politischen Todesurteilen des Volksgerichtshofs durch Reichhart vollstreckt" worden, deren genaue Zahl er aber nicht wisse. Sodann verwies er erneut darauf, dass es ihm in den letzten Kriegsmonaten „trotz allen Drängens des Volksgerichtshofs und des Reichsjustizministeriums" gelungen sei, „in mehr als 130 Fällen politischer Urteile die Vollstreckungen ganz zu vereiteln". Die heikle Frage zu den *Geschwistern Scholl* beantwortete *Roemer* mit der konzisen Feststellung, bei deren Hinrichtung nicht zugegen gewesen zu sein. Welcher Staatsanwalt hier agiert habe, wisse er nicht. Bemerkenswert ist *Roemers* abschließende Feststellung:

„Die politische Verantwortung für jene Hinrichtungen trifft natürlich in erster Linie den damaligen Gesetzgeber, die Partei- und Gestapoorgane, die Denunzianten, die die Gegner des Nationalsozialismus durch ihre Anzeigen unters Fallbeil brachten und diejenigen Richter und Staatsanwälte, namentlich des Volksgerichtshofs, die sich zu willfährigen Helfern jener Blutjustiz machten, statt ihr aus Kräften entgegen zu arbeiten, nicht dagegen untergeordnete Vollzugsorgane, mag ihr Amt noch so abstoßend gewesen sein."

Obwohl es hier konkret um *Reichhart* ging, darf davon ausgegangen werden, dass *Roemer* diese Einschätzung auch auf seine eigene Rolle bezog. *Reichhart* wurde dann im Dezember 1948 von der Spruchkammer nunmehr im Wesentlichen wegen zweier Denunziationen zu zwei Jahren Arbeitslager verurteilt. In der Folge schwelten die im Zusammenhang der *Reichhart*-Verfahren erhobenen Vorwürfe zwar weiter, brachten *Roemer* aber zunächst nicht mehr in unmittelbare Bedrängnis.

Im Frühjahr 1948 hatte *Roemer* unterdessen vom Präsidenten des Wirtschaftsrates der Bizone in Frankfurt und späteren ersten Bundestagspräsidenten, dem hessischen CDU-Politiker *Erich Köhler* (1892–1958), das Angebot bekommen, das Amt eines Obergerichtsrates (Richters) beim Obergericht für das Vereinigte Wirtschaftsgebiet zu übernehmen.[27] Obwohl *Köhler*, auf eine Zusage vertrauend, bereits die Zustimmung der Militärregierung eingeholt hatte, lehnte *Roemer* das ehrenvolle Angebot nach kurzem Überlegen ab. Im Herbst 1949 lehnte er dann auch das ebenso ehrenvolle Angebot, in das gerade entstehende BMJ zu wechseln, zunächst ab. Allerdings ließ Justizminister *Dehler*, dem auch an einer Stärkung der „bayerischen Fraktion" in seinem Ministerium gelegen war, nicht locker. Letztlich mag auch die Chance, direkt vom Ministerialrat zum Ministerialdirektor aufzusteigen, dazu beigetragen haben, dass sich *Roemer* im Sommer 1950 doch noch überzeugen ließ, sein geliebtes Bayern zu verlassen. Ende Juli 1950 wurde er antragsgemäß aus dem bayerischen Staatsdienst entlassen und trat am 1. August 1950 seinen Dienst in der Rosen-

[25] BMJ PA Roemer P11-R12, Bd. 1, Spruchkammer IV – München v. 07.12.1948.
[26] BMJ PA Roemer P11-R12, Bd. 1, Eidesstattliche Versicherung v. 10.12.1948.
[27] BMJ PA Roemer P11-R12, Bd. 1, Telegramm Köhler an Roemer v. 05.04.1948.

burg an, wo er kurz darauf zum Ministerialdirektor (Besoldungsgruppe B 4) ernannt wurde.[28]

Erst im Jahr 1954, als die von *Roemer* geleitete Abteilung IV bereits in zwei Unterabteilungen aufgeteilt worden war, von denen *Roemer* in Personalunion der verfassungsrechtlich geprägten Unterabteilung A vorstand, und *Fritz Neumayer* (FDP) nach der zweiten Bundestagswahl *Dehlers* Nachfolge als Bundesjustizminister angetreten hatte, sollten die Vorwürfe gegen *Roemer* dann erstmals im BMJ hochkochen. Obwohl dies später mehrfach der Fall sein sollte, u.a. erhob in den 60er Jahren auch der als „Nazijäger" bekannte *Simon Wiesenthal* (1908–2005) Vorwürfe gegen *Roemer,*[29] verliefen alle Untersuchungen letztlich im Sande. Dies lag wohl auch daran, dass sich verschiedene prominente widerstandsnahe Persönlichkeiten für *Roemer* einsetzten. Darunter war nicht nur *Robert Scholl* (1891–1973), Vater von *Sophie* und *Hans Scholl* und früherer Oberbürgermeister von Ulm,[30] der in einem anrührenden Schreiben für *Roemer* Partei ergriff. Zu nennen ist vielmehr auch der in Wiesbaden niedergelassene Rechtsanwalt und spätere Bundesverfassungsrichter *Fabian von Schlabrendorff* (1907–1980),[31] der als einer der berühmtesten Akteure des militärischen Widerstands gegen Hitler am 13. März 1943 in einem Geschenkkasten mit zwei Flaschen Weinbrand eine Bombe in *Hitlers* Flugzeug geschmuggelt hatte. *Roemer* konnte so letztlich unbehelligt Ende August 1968 als Abteilungsleiter im BMJ in den Ruhestand eintreten und verstarb schließlich am 15. November 1985. Anlässlich seines Todes blitzten die Vorwürfe gegen den langjährigen Abteilungsleiter dann noch ein letztes Mal im Ministerium auf. Dies trug dazu bei, dass zwar an die Witwe des Verstorbenen ein von Justizminister *Hans A. Engelhard* (FDP) unterzeichnetes Kondolenzschreiben versandt wurde und an die Mitarbeiter des Ministeriums ein Nachruf ging. Von der zunächst erwogenen, in vergleichbaren Fällen üblichen Veröffentlichung einer Todesanzeige für *Roemer* in der Presse wurde hingegen auf Initiative des Staatssekretärs abgesehen. Vermutlich befürchteten die Verantwortlichen, mit einer solchen Würdigung in der Öffentlichkeit noch einmal Staub in der nicht hinreichend aufgearbeiteten Sache des umstrittenen früheren Abteilungsleiters aufzuwirbeln.

Im Herbst 1951 verwarf Justizminister *Dehler* nach wenigen Tagen seine zunächst vehement verfochtene Idee, *Roemer* mit der Prozessvertretung vor dem BVerfG zu beauftragen. Der Minister schrieb seinem Kollegen im Bundesinnenministerium am 19. November 1951, dass er nach Überlegung dessen Anregung zustimme, neben den Vertretern der Bundesregierung einen Anwalt „zur Verfechtung der Anträge" vor dem BVerfG auftreten zu lassen".[32] Dass bei *Dehlers* Entscheidung, nicht auf *Roemer* zu beharren, auch die damals bereits grds. bekannten Vorwürfe gegen seinen Abteilungsleiter eine Rolle gespielt haben könnten, erscheint wahrscheinlich. Immerhin wäre die Tatsache, dass ein früherer Vollstreckungsstaatsanwalt des NS-Regimes

---

[28] Vgl. BMJ PA Roemer P11-R12, Bd. 1, BMdJ an Roemer v. 14.09.1950.

[29] BMJ PA Roemer P11-R12, Bd. 1 – Vermerk AL Z v. 14.02.1966.

[30] BMJ PA Roemer P11-R12 – Umschlag „Betr. MinDir Roemer", Scholl an Strauß v. 03.02.1955. Der Brief wurde tatsächlich wohl am 03.03.1955 verfasst.

[31] BMJ PA Roemer P11-R12, Bd. 1, Bl. 144, Notar von Schlabrendorff an Emil Henk v. 06.10.1966; BMJ PA Roemer P11-R12, Bd. 1, Bl. 144, Notar von Schlabrendorff an Roemer v. 06.10.1966.

[32] Dehler an Lehr v. 19.11.1951 (geheim), BA, B 141, Nr. 210.

die Bundesregierung gegen die neonazistische SRP vor dem BVerfG vertritt, ein „gefundenes Fressen" für die SRP-Demagogen gewesen, die dies höchstwahrscheinlich genüsslich ausgeschlachtet hätten. Konkret schlug *Dehler* – auch auf Nachfrage des Bundeskanzleramts[33] – statt *Roemer* mit Rechtsanwalt *Rudolf Dix* (1884–1952) aus Frankfurt a.M. nunmehr den letzten Vorsitzenden des Deutschen Anwaltsvereins vor 1933[34] für die Tätigkeit vor.[35] Was die Rollenverteilung vor Gericht anging, sollten nach *Dehlers* Auffassung die Ministerialbeamten vorwiegend den objektiven Sachverhalt darstellen, während sich der Rechtsanwalt der „Abwehr der Polemik" der Gegenseite annehmen solle.[36] In der Kabinettssitzung am 27. November 1951 stimmte das Kabinett dann einer Bevollmächtigung von Staatssekretär *Ritter von Lex* zu und ermächtigte diesen gleichzeitig, weitere Ministerialbeamte und „geeignet erscheinende Rechtsanwälte" unterzubevollmächtigen.[37] Auf dieser Grundlage bestellte *von Lex* später allerdings nicht den von *Dehler* vorgeschlagenen *Dix*, sondern den Frankfurter Rechtsanwalt *Horst Pelckmann* (1904–1975) zum weiteren Vertreter der Bundesregierung.[38] Diese Personalie ist nicht zuletzt aus dem Grund bemerkenswert, dass *Pelckmann* im Nürnberger Prozess gegen die Hauptkriegsverbrecher 1945/46 als bestellter Pflichtverteidiger die dort als verbrecherische Organisation angeklagte SS verteidigt hatte.

3. Dehler drängt auf Durchsuchungen und Beschlagnahmen

Noch wichtiger als die Einwirkung auf die Verfahrensvertretung war allerdings der Vorschlag des Justizministers gegenüber *Lehr*, das BVerfG auf die Möglichkeit hinzuweisen, sowohl bei der SRP als auch bei der KPD Durchsuchungen und Beschlagnahmen durchzuführen: „Ich möchte erreichen, daß alles irgendwie greifbare Material sichergestellt wird",[39] teilte *Dehler* seinem Kollegen im BMI mit und drängte zugleich bereits vorausschauend darauf, dass „unsere beiden Häuser" rechtzeitig überlegen müssten, wie die Durchführung der erfolgreichen Urteile sicherzustellen sei: „Es wird sich vor allem darum handeln, die vorhandenen Vermögenswerte zu beschlagnahmen und das Vorgehen wegen Zuwiderhandlungen gegen die Urteile des Bundesverfassungsgerichts zu organisieren."[40]

---

[33] Staatssekretär Bundeskanzleramt an Dehler v. 22.11.1951, BA, B 136, Nr. 1747, Bl. 79 auch in BA, B 141, Nr. 210.

[34] *Dix* vertrat die Bundesregierung später im KPD-Verfahren, dazu unten S. 441 ff.

[35] Dehler an Lehr v. 19.11.1951 (geheim), BA, B 141, Nr. 210.

[36] Dehler an Lehr v. 19.11.1951 (geheim), BA, B 141, Nr. 210.

[37] Ritter von Lex an BVerfG v. 22.01.1952, BA, B 237, Nr. 215602, Bl. 144 ff.

[38] Ritter von Lex an BVerfG v. 14.02.1952 (Abschrift von Abschrift), BA, B 237, Nr. 215605, Bl. 239.

[39] Dehler an Lehr v. 19.11.1951 (geheim), BA, B 141, Nr. 210.

[40] Dehler an Lehr v. 19.11.1951 (geheim), BA, B 141, Nr. 210.

Seinen zwar nicht mit der Prozessvertretung betrauten, aber im Hintergrund weiter mit der Sache befassten Abteilungsleiter IV *Roemer* bat *Dehler,* zusammen mit dem BMI und dem Verfassungsschutzamt alle Vorbereitungen zu treffen, „um sofort nach Einreichung der Anträge gegen die SRP und die KPD die Möglichkeit von Durchsuchungen und Beschlagnahmen zu schaffen".[41] Als schließlich Mitte Januar 1952 immer noch keine Durchsuchungen stattgefunden hatten, wurde *Dehler* einmal mehr ungeduldig und ließ durch den in der öffentlich-rechtlichen Abteilung IV des BMJ nun zunehmend mit Einzelfragen der Parteiverbote befassten Referatsleiter für Verfassungsrecht *Reinhold Mercker* nachfragen, wie es „mit den vorläufigen Maßnahmen des Bundesverfassungsgerichts in dem Verfahren gegen SRP und KPD" stehe.[42]

Reinhold Mercker (1903–1996) wurde am 4. August 1903 in Braunschweig als Sohn eines Kaufmanns geboren.[43] Nach dem Studium der Rechtswissenschaften legte er in Braunschweig 1925 die erste und 1929 die zweite juristische Staatsprüfung jeweils mit Prädikat ab.[44] Zum Dr. iur. wurde er unterdessen im Jahr 1927 an der Universität Tübingen auf der Grundlage einer völkerrechtlichen Arbeit promoviert.[45] Nach der zweiten juristischen Staatsprüfung verdingte sich *Mercker* zunächst als Anwaltsvertreter in Braunschweig, bevor er am 1. September 1929 als Postassessor in den Dienst der Deutschen Reichspost übernommen wurde, die ihn in Hannover und später in Königsberg einsetzte. 1933 wurde *Mercker* in Schneidemühl zum Postrat und 1939 schließlich an der Reichspostdirektion Innsbruck zum Oberpostrat befördert, bevor er ab Oktober 1940 für die Hauptverwaltung der Deutschen Post Osten in Krakau tätig war. Im April 1942 wechselte er schließlich als Ministerialrat in das Reichspostministerium, wo er als Referent für Hochbauverwaltung zum Einsatz kam.

In politischer Hinsicht war *Mercker* am 1. Mai 1933 der NSDAP und im Oktober 1933 auch der SA beigetreten.[46] Im Jahr 1934 hatte er sich dann dem Reichsbund der Deutschen Beamten (RDB), der Nationalsozialistischen Volkswohlfahrt (NSV), dem Nationalsozialistischen Rechtswahrerbund (NSRB) und dem Reichsluftschutzbund angeschlossen. 1940 folgten Mitgliedschaften im Nationalsozialistischen Fliegerkorps (NSFK) und im Reichskolonialbund (RKB). In der SA stieg *Mercker* 1940 zum Truppführer auf. Nach dem Krieg, im Jahr 1947, gab er im Rahmen seines Zulassungsgesuchs zur Rechtsanwaltschaft gegenüber dem Entnazifizierungsausschuss für die Justiz an, dem RSFK und dem RKB erst auf

---

[41] Note Dehlers an Roemer v. 20.11.1951 (geheim), BA, B 141, Nr. 210; siehe dazu auch die Vorlage für „Herrn Minister" zur Kabinettssitzung am 27.11.1951 v. 26.11.1951, BA, B 141, Nr. 210.

[42] Note Dehlers an Mercker v. 22.01.1952, BA, B 141, Nr. 211; *Mercker* berichtete *Dehler* einen Tag später in einem Vermerk (BA, B 141, Nr. 211), dass das BVerfG bereits seit dem Vortag über die angeregten Maßnahmen berate und dass das BMI der Meinung sei, dass eine Entscheidung noch in derselben Woche ergehen werde.

[43] BMJ PA Mercker, P 11 – M 31, Personalbogen, S. 1.

[44] BMJ PA Mercker, P 11 – M 31, Personalbogen, S. 2.

[45] *R. Mercker,* Die Küstengewässer im Völkerrecht, Diss. iur. Tübingen 1927.

[46] BMJ PA Mercker, P 11 – M 31, Unter-PA LG Braunschweig M 98, Entnazifizierungsausschuß für die Justiz Braunschweig – Stellungnahme v. 15.02.1947, S. 1.

starken Druck des Reichspostministeriums beigetreten zu sein.[47] Seit 1938 habe er keinen Dienst mehr in der SA getan und sei nur wegen seiner Stellung als Oberpostrat und Beauftragter des Reichspostministeriums zum Truppführer befördert worden. Da der Entnazifizierungsausschuss für die Justiz Braunschweig diese und andere Angaben *Merckers* für glaubhaft hielt und dieser u.a. auch ein vertrauliches Schreiben der Gestapo Schneidemühl aus dem Jahr 1937 vorlegen konnte, die Meldung bei seiner Dienstaufsichtsbehörde gemacht hatte, da er eines seiner Kinder durch einen jüdischen Arzt hatte behandeln lassen, stufte er *Mercker* schließlich im Februar 1947 als „nur nominelles Parteimitglied" ein und befürwortete dessen Zulassung zur Rechtsanwaltschaft beim OLG Braunschweig.[48] *Mercker* wurde sodann am 6. August 1947 als beauftragter Richter beim LG Braunschweig übernommen und war dort ab 1. April 1949 als Landgerichtsrat tätig, bevor er am 11. Juli 1949 als Sachbearbeiter in das Niedersächsische Ministerium der Justiz wechselte, wo er am 1. Februar 1950 zum Oberregierungsrat ernannt wurde.[49]

Zum 1. Juli 1951 ließ sich *Mercker* von dort an das BMJ in Bonn abordnen, das ihn schließlich am 16. September 1951 als Ministerialrat übernahm.[50] Für *Merckers* Einstellung und Verwendung im Verfassungsrechtsreferat setzte sich insbesondere sein späterer Abteilungsleiter im BMJ *Walter Roemer* ein, der *Mercker* aus den Rechtsausschusssitzungen des Bundesrates kannte und ihn als sehr guten Juristen empfahl, „der namentlich auch zu verfassungsrechtlichen Fragen sehr gute Ausführungen zu machen verstanden hat".[51] *Mercker* wurde daher in der öffentlich-rechtlichen Abteilung IV der Rosenburg die Leitung des Referates IV 1 für Verfassungsrecht übertragen,[52] die er innehaben sollte, bis er 1956 in das Bundeskanzleramt wechselte. Von 1956 bis 1966 war *Mercker,* der im Jahr 1958 auch für ein Richteramt am BVerfG ins Spiel gebracht wurde, im Bundeskanzleramt tätig. Dort 1965 zum stellvertretenden Kanzleramtschef aufgestiegen, lehnte er im Folgejahr die ihm von Bundeskanzler *Ludwig Erhard* (CDU) angebotene Ernennung zum Kanzleramtschef als Nachfolger des am 15. September 1966 zurückgetretenen *Ludger Westrick* ab,[53] nachdem er kurz zuvor als Staatssekretär in das Bundesministerium für die Angelegenheiten des Bundesverteidigungsrates unter Minister *Heinrich Krone* (CDU) gewechselt war. Stattdessen wickelte *Mercker* bis Anfang 1967 das kurzlebige sog. „Krone-Ministerium" ab, das infolge der Bildung der Großen Koalition am 1. Dezember 1966 aufgelöst wurde. Schließlich wechselte er für seine verbliebene Amtszeit als Staatssekretär mit der Sonderaufgabe einer Neuordnung der Forschungsförderung in das Bundesministerium für Ernährung, Landwirtschaft und Forsten, bevor er am 1. September 1968 in den Ruhestand eintrat.[54]

---

[47] BMJ PA Mercker, P 11 – M 31, Unter-PA LG Braunschweig M 98, Entnazifizierungsausschuß für die Justiz Braunschweig – Stellungnahme v. 15.02.1947, S. 1.

[48] BMJ PA Mercker, P 11 – M 31, Unter-PA LG Braunschweig M 98, Entnazifizierungsausschuß für die Justiz Braunschweig – Stellungnahme v. 15.02.1947, S. 2.

[49] BMJ PA Mercker, P 11 – M 31, Unter-PA Niedersächsisches Ministerium der Justiz 1 M 2, Personalbogen, S. 1; Vorschlag Ernennung zum Oberregierungsrat v. 07.03.1940, S. 3.

[50] BMJ PA Mercker, P 11 – M 31, Personalbogen, S. 2.

[51] BMJ PA Mercker, P 11 – M 31, Vermerk Roemer v. 17.05.1951.

[52] Vgl. Entwurf eines Geschäftsverteilungsplans für das BMJ, NL W. Strauß, IfZ ED 94, Bd. 151, Bl. 116 (120).

[53] „Widrige Winde", in: Spiegel 42/1966 v. 10.10.1966, S. 37 (http://www.spiegel.de/spiegel/print/d-46414490.html).

[54] „Berufliches – Reinhold Mercker", in: Spiegel 37/1968 v. 09.09.1968, S. 176 (http://www.spiegel.de/spiegel/print/d-46477794.html).

Abb. 20: Reinhold Mercker am 04.10.1968 mit Großem Verdienstkreuz

Im Jahr 1968 wurde *Mercker* nicht nur anlässlich seines Ausscheidens aus dem Dienst mit dem Großen Verdienstkreuz mit Stern und Schulterband der Bundesrepublik Deutschland ausgezeichnet, sondern im Rahmen der nach ihm benannten, vom damaligen Staatssekretär im Bundeskanzleramt und späteren Bundespräsidenten *Karl Carstens* (1914–1992) initiierten Mercker-Kommission mit einer internen Untersuchung über Missstände im Bundesnachrichtendienst (BND) beauftragt. Der bis heute als geheim klassifizierte Mercker-Bericht, von dem nur drei Exemplare existieren sollen, kritisierte nach einem Spiegel-Bericht u.a. Führungsmängel, Vetternwirtschaft und Missbrauch sowie Fehlverwendung von Haushaltsmitteln im BND.[55] *Reinhold Mercker* starb am 26. März 1996.

Wie sehr Bundesjustizminister *Dehler* die Parteiverbotsverfahren bis hinein in Detailfragen bewegten, kam schließlich auch darin zum Ausdruck, dass er Anfang Dezember 1951 bei der öffentlich-rechtlichen Abteilung IV seines Ministeriums nicht nur persönlich eine Überprüfung anregte, ob die SRP und die KPD eingetragene Vereine seien, um ggf. bei den Registergerichten deren Satzungen und Eintragungen in das Vereinsregister einholen zu können.[56] Vielmehr schlug er gleichzeitig auch einmal mehr Sondierungen vor, ob tat-

[55] „Pullach intern – 13. Fortsetzung", in: Spiegel 24/1971 v. 07.06.1971, S. 116 (132) (http://www.spiegel.de/spiegel/print/d-43176614.html).

[56] Vermerk Dehlers v. 03.12.1951 (vertraulich), BA, B 141, Nr. 210; siehe auch die in der Besprechung führender BMJ- und BMI-Beamter am 04.12.1951 zu möglichen Grundrechtsverwirkungsverfahren kommunizierten Anregungen *Dehlers:* Vermerk von Kipp und Barthold (geheim) v. 05.12.1951, BA, B 106, Nr. 15549.

sächlich – wie ihm vertraulich zugetragen worden war – führende Persönlichkeiten der SRP Beziehungen zur ostdeutschen SED unterhielten.[57]

4. Die Arbeitsgruppe zur Vorbereitung von Grundrechtsverwirkungsanträgen

An seiner Idee, beim BVerfG neben den Parteiverbotsverfahren auch Grundrechtsverwirkungsverfahren gegen führende Mitglieder der SRP, aber auch der KPD einzuleiten, hielt *Dehler* unterdessen nachdrücklich fest. Am Rande der Kabinettssitzung vom 27. November 1951 vereinbarte er mit *Lehr*, diesen Weg des Art. 18 GG „nach Möglichkeit sofort" zu beschreiten.[58] Dass es sich hierbei um ein echtes Anliegen des Justizministers handelte, zeigte sich auch darin, dass er am 4. Dezember 1951 eine geheime Arbeitsgruppe aus je zwei Vertretern des BMJ (Abteilungsleiter *Roemer* und Referatsleiter *Mercker*) und des BMI (*Kipp* und *Barthold*) in den Räumen seines Ministeriums zusammentreten ließ, die über dic Rechtsfragen zur „Vorbereitung von Grundrechtsverwirkungsanträgen gegen führende Persönlichkeiten der SRP und der KPD, insbesondere gegen Abgeordnete des Bundestages bzw. gegen Landtagsabgeordnete" beratschlagen sollte.[59] Ein zwei Wochen später erstellter Bericht aus den Reihen des BMI über die Erhebung von Einzelklagen gegen führende Personen der SRP hielt vor allem einen Antrag gegen *Remer,* der bereits fertiggestellt sei, für wahrscheinlich ausreichend begründet.[60] Ein Antrag gegen *von Bothmer* erscheine ebenfalls „ausreichend begründet" und werde daher angefertigt. Gegen den früheren Lüneburger NS-Regierungspräsidenten *Kurt Matthaei* liege „in Hannover", d.h. im niedersächsischen Innenministerium, ausreichendes Material vor. Während daneben auch Verfahren gegen die SRP-Bundestagsabgeordneten *Dorls* und *Richter* für aussichtsreich gehalten wurden, schätzte der Bericht die Erfolgschancen von Grundrechtsverwirkungsverfahren gegen die meisten niedersächsischen SRP-Abgeordneten eher skeptisch ein.

II. Erste Verfahrensschritte des BVerfG

1. Beschluss, die mündliche Verhandlung durchzuführen

Auf Seiten der SRP versuchte deren Vorsitzender *Dorls* seine Mitstreiter zum Jahreswechsel 1951/1952 noch mit der Vermutung zu beruhigen, „dass es

[57] Vermerk Dehlers v. 03.12.1951 (vertraulich), BA, B 141, Nr. 210.

[58] Note Dehlers an Mercker v. 27.11.1951, BA, B 141, Nr. 210.

[59] Vermerk von Kipp und Barthold (geheim) v. 05.12.1951, BA, B 106, Nr. 15549; *H. Hansen,* Sozialistische Reichspartei, 2007, S. 232.

[60] Vermerk von Kipp und Schmidt betr. „Erhebung von Einzelklagen gegen führende Personen der SRP" (geheim) v. 19.12.1951, BA, B 106, Nr. 15549.

dem Gegner nicht darauf ankommt, eine rasche Entscheidung des Bundesverfassungsgerichtes herbeizuführen".[61] Derweil nutzte der im Mai 1951 wegen übler Nachrede gegen im öffentlichen Leben stehende Personen zu einer ersten Freiheitsstrafe von vier Monaten verurteilte *Remer*[62] die freie Zeit im Strafgefängnis Hannover, um eine zwölfseitige Stellungnahme zu den Vorwürfen der Bundesregierung zu verfassen,[63] und die Orts- und Kreisverbandsvorsitzenden unterschrieben nicht ganz so emsig, wie von der Parteileitung gewünscht,[64] die im Rahmen der SRP-Verteidigungsstrategie vorbereiteten Loyalitätserklärungen, dass die von ihnen geleiteten SRP-Teilorganisationen die demokratische Grundordnung des Grundgesetzes bejahten.[65]

Entgegen *Dorls'* Wunschdenken trieb der zuständige Erste Senat des gerade erst eingerichteten BVerfG das Verfahren unterdessen bereits zügig voran:[66] Nachdem BVerfG-Präsident *Höpker Aschoff* noch am Tag des Eingangs des Verbotsantrags, dem 21. November 1951, den CDU-nahen Richter des Ersten Senats *Herbert Scholtissek* (1900–1979) zum ersten Berichterstatter im SRP-Verbotsverfahren bestimmt hatte,[67] hatte er der SRP am 30. November 1951 eine – rechtsstaatlich bedenklich kurze – Frist von nur zwei Wochen eingeräumt, um zum Verbotsantrag der Bundesregierung Stellung zu nehmen.[68] In der Sitzung des SRP-Parteirates am 16. Dezember 1951 in Hannover drehte sich daher alles um den Verbotsantrag. Nach dessen Durchsprache kam man zwar zu dem Ergebnis, dass die „Anklagepunkte nicht für ein Ver-

---

[61] SRP 1. Vorsitzender v. 31.12.1951/09.01.1952, BA, B 104, Nr. 65, Bl. 46; ganz ähnlich stellte *Dorls* in der Sitzung des SRP-Parteirates v. 16.12.1951 am Ort der Parteigründung im Bahnhofsrestaurant Hannover (BA, B 237, Nr. 215623, Anlage Nr. 16a zum BVerfG-Sitzungsprotokoll) fest, dass der Bundesregierung an der „Belassung des gegenwärtigen Schwebezustandes in rechtlicher Hinsicht bei gleichzeitiger innerer Zersetzung des Parteiapparates" gelegen sei.

[62] Zur Verurteilung durch das LG Verden näher unten S. 286 f.

[63] Remer (z.Zt. Strafgefängnis Hannover), Stellungnahme zum Antrag der Bundesregierung auf Feststellung der Verfassungswidrigkeit, 20.12.1951, BA, B 237, Nr. 215634 (Anlage Nr. 13).

[64] Nach dem Bericht des hessischen Landesamtes für Verfassungsschutz betr. SRP v. 02.01.1952, HHStA, 502, 2858, Bl. 64 ff., S. 1 wurde auf der Sitzung des SRP-Parteirates am 16.12.1951 in Hannover „der schleppende Eingang der Loyalitätserklärungen der Leiter sämtlicher SRP-Gliederungen bemängelt".

[65] 245 beim BVerfG eingereichte Erklärungen finden sich in BA, B 237, Nr. 215635.

[66] Zu kritisch insoweit: *N. Frei,* Vergangenheitspolitik, 2. Aufl. 1997, S. 352: „Die Richter in Karlsruhe aber ließen sich Zeit".

[67] Präsident des BVerfG, Verfügung v. 21.11.1951, BA, B 237, Nr. 215602, Bl. 54; zum zweiten Berichterstatter wurde Richter *Gerhard Heiland* bestimmt.

[68] Präsident des BVerfG, Verfügung v. 30.11.1951, BA, B 237, Nr. 215602, Bl. 56; der Verbotsantrag der Bundesregierung wurde *Dorls* als Vertreter der SRP laut Postzustellungsurkunde (BA, B 237, Nr. 215602, Bl. 57) am 07.12.1951 zugestellt.

bot der SRP ausreichen würden".[69] Dennoch erwartete der Parteirat bereits zu diesem Zeitpunkt ein Verbot der Partei aus staatspolitischen Gründen, „mindestens aber, daß das Bundesverfassungsgericht einigen führenden SRP-Funktionären die Staatsbürgerrechte einschränken wird".[70] Auch der Plan zur Einleitung von Grundrechtsverwirkungsverfahren war also bis zur SRP vorgedrungen. Obwohl es dem Parteivorsitzenden *Dorls* unterdessen gelungen war, für die SRP-Replik eine Fristverlängerung um zwei Wochen bis zum 4. Januar 1952 zu erreichen,[71] mussten die Rechtsvertreter der SRP vor dem BVerfG, der frühere NS-Funktionär *Erwin Noack* (1899–1967) aus Kiel[72], Leiter des Amtes für Rechtswahrer im Reichsrechtsamt der NSDAP seit 1937 sowie Honorarprofessor an der Universität Halle seit 1934, und das frühere NSDAP-Mitglied *Karl-Friedrich Schrieber* (1905–1985) aus Scheeßel im Kreis Rotenburg/Hannover,[73] der nunmehr für die SRP im niedersächsischen Landtag saß,[74] unter Hochdruck arbeiten, um Anfang Januar noch fristgemäß ihre über 70 Seiten umfassende, durchaus substantiierte Erwiderung auf den Verbotsantrag beim Gericht einreichen zu können.[75] Bereits am 24. Januar 1952 erließ der Erste Senat daraufhin den Beschluss gem. § 45 BVerfGG, die

[69] Hessisches Landesamt für Verfassungsschutz, Bericht v. 02.01.1952, betr. SRP, HHStA, 502, 2858, Bl. 64 ff., S. 2.

[70] Hessisches Landesamt für Verfassungsschutz, Bericht v. 02.01.1952, betr. SRP, HHStA, 502, 2858, Bl. 64 ff., S. 2.

[71] Präsident des BVerfG, Verfügung v. 13.12.1951, BA, B 237, Nr. 215602, Bl. 58.

[72] Zur Biographie *Noacks,* der als Mitglied der Organisation Escherich am Kapp-Putsch teilgenommen hatte und seit 1931 NSDAP-Mitglied war: *H. Eberle,* Die Martin-Luther-Universität in der Zeit des Nationalsozialismus, 2002, S. 298; Korrespondenz *Noacks* mit dem schleswig-holsteinischen Landesverband der SRP zwecks Vorbereitung des Verfahrens findet sich in BA, B 104, Nr. 348.

[73] Zur Biographie *Schriebers*, der seit 01.08.1930 der NSDAP, seit 1932 dem NS-Rechtswahrerbund und seit 1938 dem NS-Altherrenbund angehört hatte und nach Entlassung aus britischer Kriegsgefangenschaft am 07.09.1945 vom Entnazifizierungs-Spruchausschuss für Juristen des Entnazifizierungs-Hauptausschusses des Stadtkreises Lüneburg am 07.10.1948 in Kategorie V (entlastet) eingestuft worden war: *S. Glienke,* NS-Vergangenheit späterer niedersächsischer Landtagsabgeordneter, 2012, S. 200 f.; Abgeordnete in Niedersachsen 1946–1994 – Biographisches Handbuch, 1996, S. 346 f.

[74] Vollmacht *Noacks* und *Schriebers* v. 15.12.1951 in BA, B 237, Nr. 215602, Bl. 61; die SRP hatte zunächst erfolglos bei dem Münchener Rechtsanwalt *Rudolf Aschenauer* (zu diesem unten S. 339 f.) angefragt, *H. Hansen,* Sozialistische Reichspartei, 2007, S. 244.

[75] Noack/Schrieber an Präsident des BVerfG v. 02.01.1952, BA, B 237, Nr. 215602, Bl. 62 ff.; Abschrift auch in BA, B 141, Nr. 211; eine weitere Abschrift des unter *Noacks* Briefkopf verfassten, von diesem und *Schrieber* unterzeichneten Schriftsatzes v. 02.01. 1952, die *Lehr* am 15.01.1952 zugegangen war und die er zwei Tage später auch an *Dehler* weitergeleitet hatte (Lehr an Dehler v. 17.01.1952, BA, B 141, Nr. 211), findet sich in BA, B 136, Nr. 1747, Bl. 103 ff.; zur Erwiderung auch *H. Hansen,* Sozialistische Reichspartei, 2007, S. 245 ff.

mündliche Verhandlung im Parteiverbotsverfahren durchzuführen.[76] Damit war die erste wesentliche Hürde im Verfahren genommen, hätte das BVerfG doch den Verbotsantrag gem. § 45 BVerfGG alternativ auch ohne mündliche Verhandlung als unzulässig oder nicht hinreichend begründet zurückweisen können.

2. Die Durchsuchungs- und Beschlagnahmeaktion

Berichterstatter *Scholtissek* versprach sich vor allem aus den verschiedenen Strafverfahren gegen SRP-Repräsentanten weitere Erkenntnisse über die Aktivitäten der rechtsextremen Partei und zog daher zahlreiche Strafakten bei.[77] Besonders erfolgversprechend erschien ihm und den Senatskollegen aber die von *Dehler* nachdrücklich angeregte Durchsuchungsaktion. Ebenfalls am 24. Januar 1952 beschloss der Senat daher insgeheim die Durchsuchung der Geschäftsräume der SRP, ihrer Landesverbände und der Wohnungen führender Funktionäre wie etwa des „Parteihelden" *Otto Ernst Remer*[78] und des Chefideologen *Gerhard Krüger*[79] sowie eine Beschlagnahme von Schriftmaterial über die Tätigkeit der SRP, „soweit es als Beweismittel in dem Verfahren über den Antrag der Bundesregierung, die SRP für verfassungswidrig zu erklären, von Bedeutung sein kann".[80] Mit der Durchführung der Beschlagnahmen und Durchsuchungen wurden die örtlich zuständigen Polizeibehörden und jeweils auch das zuständige Landesamt für Verfassungsschutz beauftragt.[81] Die beschlagnahmten Gegenstände waren unter Beifügung eines Berichts dem Bundesamt für Verfassungsschutz in Köln zu übersenden.[82] Mit deren Durchsicht beauftragte der Erste Senat des BVerfG per Beschluss *Scholtissek,* der sich dafür der Hilfe Sachverständiger und sonstiger Hilfspersonen bedienen durfte.[83] Vier Tage später fand eine Besprechung der Innen-

---

[76] BVerfG 1 BvB 1/51, Beschluss v. 24.01.1952, BA, B 237, Nr. 215602, Bl. 138 = BVerfGE 2, 1 (7).

[77] Siehe die verschiedenen Antragsschreiben des Berichterstatters bzgl. der Übersendung einschlägiger Strafakten vom 25.01.1952, BA, B 237, Nr. 215602, Bl. 146b ff.

[78] In *Remers* damaliger Privatwohnung, in der Lohstraße 3 in Varel, beschlagnahmte Akten finden sich in: BA, B 104, Nr. 6.

[79] Bei *Krüger* beschlagnahmte Akten finden sich in: BA, B 104, Nr. 3; am 30.01.1952 erließ das BVerfG einen weiteren Beschluss (BVerfG, Beschluss v. 30.01.1952, BA, B 237, Nr. 215615, Bl. 22), der die Durchsuchung auf *Krügers* neue Wohnung in Alveslohe erstreckte.

[80] Gem. §§ 47, 38 BVerfGG, § 102 StPO; das Original des Beschlusses findet sich in BA, B 237, Nr. 215615, Bl. 1 ff., eine Ausfertigung in BA, B 141, Nr. 211; vgl. auch BVerfGE 2, 1 (7).

[81] BVerfG, Beschluss v. 24.01.1952, S. 5 f., BA, B 237, Nr. 215615, Bl. 1 (5 f.).

[82] BVerfG, Beschluss v. 24.01.1952, S. 7, BA, B 237, Nr. 215615, Bl. 1 (7).

[83] BVerfG, Beschluss v. 24.01.1952 (handschriftlich korrigiert, 6. Februar), BA, B 237, Nr. 215615, Bl. 24.

minister des Bundes und der Länder mit den Verfassungsrichtern *Scholtissek* und *Stein* statt, in der letzte Details der anstehenden Durchsuchungen abgestimmt wurden.[84] Vereinbart wurde, die Durchsuchungen bei der SRP eher breit anzulegen, da dieser im Gegensatz zur KPD eine straffe Organisation fehle. Bei SRP-Funktionären mit Abgeordnetenmandat schieden Durchsuchungen allerdings aus Immunitätsgründen aus.

Ob die auf Anordnung des BVerfG überall gleichzeitig am Morgen des 31. Januar 1952 ab 6 Uhr[85] durchgeführten Durchsuchungen[86] die SRP dann tatsächlich unvorbereitet trafen, wie dies Bundesinnenminister *Lehr* später im Kabinett verkündete,[87] darf bezweifelt werden.[88] So wurde etwa bei den Durchsuchungen in Niedersachsen bei leitenden SRP-Funktionären wie *von Bothmer, Haas* und *Matthaei* derart wenig belastendes Material gefunden, dass der niedersächsische Innenminister in seinem Durchsuchungsbericht an das Bundesamt für Verfassungsschutz schloss:

> „Es muss angenommen werden, daß diese oder eine ähnliche Aktion seit einiger Zeit erwartet wurde. Eine Notiz des Landesvorsitzenden Finke auf einem Paket Flugblätter [...] bestärkt diese Vermutung ebenso wie die Tatsache, daß die Durchsuchungen von den Betroffenen überall, wenn auch mit mehr oder weniger Unwillen, so doch mit Ruhe aufgenommen wurden“.[89]

Berichte des Verfassungsschutzes hatten schon früher darauf hingedeutet, dass die von diesem infiltrierte SRP[90] ihrerseits über eine Quelle in der Bon-

[84] BA, B 106, Nr. 15544, Bd. 36, 42; *H. Hansen,* Sozialistische Reichspartei, 2007, S. 237.

[85] BVerfG, Beschluss v. 24.01.1952, S. 6, BA, B 237, Nr. 215615, Bl. 1 (6).

[86] Wo genau Durchsuchungen stattfanden, lässt sich den Bestätigungsbeschlüssen des BVerfG in BA, B 237, Nr. 215615, Bl. 31 ff. entnehmen.

[87] Kabinettsprotokolle 1952, S. 88 (01.02.1952); *N. Frei,* Vergangenheitspolitik, 2. Aufl. 1997, S. 346.

[88] „Schlagartige Aktion oder Schlag ins Wasser“, in: FR v. 01.02.1952 berichtet von schadenfrohen Bemerkungen, mit denen wohl vorbereitete Funktionäre die Beamten „hier und da“ empfangen hätten; grds. hatte die SRP wohl seit Längerem mit Durchsuchungen gerechnet und daher vermutlich besonders belastendes Material beiseitegeschafft; vgl. dazu auch BVerfGE 2, 1 (22 f.); eine Sammlung von Pressestimmen zur Durchsuchungsaktion findet sich in StAHH, 331–1 II, 810.

[89] Der Niedersächsische Minister des Innern an Präsident des Bundesamtes für Verfassungsschutz v. 03.02.1952 (fälschlich 03.01.1952 angegeben), BA, B 237, Nr. 215632.

[90] Über ihre Infiltration durch den Verfassungsschutz war sich die SRP seit Längerem bewusst. Vgl. dazu bspw. die Äußerung *Heinz Obergs* im Bericht des Verfassungsschutzes betr. „Äusserungen Remers anlässlich eines kameradschaftlichen Zusammenseins im Anschluss an die SRP-Grosskundgebung in Lübeck vom 8.6.1951“, BA, B 237, Nr. 215632 (geheim): „Dass das Verfassungsschutzamt um uns wohl sehr besorgt ist, das wissen wir. In welchem Masse allerdings, das wisst Ihr noch nicht, ich weiss es.“

ner Ministerialbürokratie, vermutlich im Bereich des BMJ, verfügte.[91] Während teilweise darüber gemunkelt wurde, dass es auch im Bundesamt für Verfassungsschutz undichte Stellen gebe,[92] berichtete der Hamburger Staatsschutz gar, dass die SRP eine „Sonderformation" zur systematischen Infiltration der Polizei und der Verfassungsschutzämter aufbauen wolle.[93] Ungeachtet aller tatsächlichen oder vermuteten Undichtigkeiten auf Seiten des Staates wurde im Rahmen der von *Lehr* nachdrücklich betriebenen Durchsuchungen allerdings umfangreiches Material beschlagnahmt,[94] das im Auftrag des BVerfG zunächst vom Bundesamt für Verfassungsschutz verwahrt wurde.[95]

Die entsprechend dem Beschluss des BVerfG bis zum 8. Februar 1952 „verpackt und verschnürt" vollständig an das Bundesamt in Köln übergebenen Dokumente[96] wurden bereits vor der Eröffnung der mündlichen Verhandlung vor dem BVerfG intensiv genutzt, um den Verbotsantrag mit neuen Argumenten und Beweisen unterfüttern zu können.[97] Ein „Widerspruch" des SRP-Rechtsanwalts *Noack* gegen die Überlassung des Materials an das Bun-

[91] *N. Frei,* Vergangenheitspolitik, 2. Aufl. 1997, S. 346 mit Hinweis auf Bundesamt für Verfassungsschutz an BMI und BMJ v. 28.12.1951 (geheim mit Anlage), BA, B 141, Nr. 210; vgl. auch *H. Hansen,* Sozialistische Reichspartei, 2007, S. 237 f.

[92] *H. Hansen,* Sozialistische Reichspartei, 2007, S. 238 unter Bezugnahme auf einen US-Geheimdienstbericht aus dem August 1951, dem allerdings die problematische Quelle eines Berichts *Herbert Tuschs* über ein Treffen mit *Dorls* und *Westarp* im Juni 1951 zugrunde lag.

[93] *P. Maxwill,* Mit Recht gegen rechts, 2016, S. 141 Fn. 113 unter Bezugnahme auf einen Bericht des Hamburger Innensenators an die Senatskanzlei v. 05.03.1952.

[94] So stellte etwa *Ludwig Bergsträsser* später in der 35. Sitzung des Bundestagsausschusses zum Schutze der Verfassung am 18.09.1952 (NLA-HStAH, Nds. 100, Acc. 2001/021, Nr. 31, Bl. 101) fest, dass die SRP-Periodika erst durch die Beschlagnahmeaktion erlangt worden seien, da sich die Verfassungsschutzämter und Polizeibehörden auf die Beobachtung von Veranstaltungen etc. konzentriert hätten.

[95] Berichte über die Durchsuchungen finden sich in den Prozessakten des BVerfG (BA, B 237, Nr. 215632); *Lehr* wies in der Kabinettssitzung am 01.02.1952 (Kabinettsprotokolle 1952, S. 88) darauf hin, dass besonders in Schleswig-Holstein wesentliches Material zur SRP gefunden worden sei; Akten des SRP-Landesverbandes Schleswig-Holstein finden sich in BA, B 104, Nr. 346–374; so enthält BA, B 104, Nr. 346 u.a. Rundschreiben der Parteileitung aus dem Zeitraum Mai 1950–Juli 1951, und in BA, B 104, Nr. 353 finden sich Satzungen sowie ein aufschlussreiches Parteiprogramm.

[96] Das Bundesamt für Verfassungsschutz, BA, B 237, Nr. 215615, Bl. 52, bestätigte dem Präsidenten des BVerfG am 08.02.1952, dass sämtliche Länder ihr beschlagnahmtes Material beim Bundesamt abgeliefert hätten. Dieses stehe nun zur Verfügung des BVerfG. Über den Inhalt und die Eignung zur weiteren Begründung der Klage könne nichts gesagt werden, „da das Material verpackt und verschnürt eingegangen ist."

[97] Ritter von Lex an BVerfG v. 16.06.1952, BA, B 141, Nr. 212.

desamt[98] und *Noacks* wenige Tage später gestellter Antrag, zumindest einen Vertreter der SRP bei der Sichtung hinzuzuziehen,[99] wurden vom BVerfG-Präsidenten abschlägig beantwortet.[100] *Höpker Aschoff* wies dabei insbesondere darauf hin, dass die beschlagnahmten Gegenstände dem Verfassungsschutz versiegelt zugeführt worden seien, damit sie dort von einem beauftragten Richter durchgesehen würden. Zur Sichtung des Materials könne *Noack* nicht hinzugezogen werden, „wie auch keine Vertreter der Antragstellerin anwesend sein werden".[101] Dabei ließ sich der Präsident des BVerfG nicht den Hinweis an *Noack* nehmen, dass „der Ton" seiner Eingaben, „die Achtung vor der Würde des Bundesverfassungsgerichts vermissen" lasse. Protesttelegramme gegen die Durchsuchungsaktion, die der SRP-Bundestagsabgeordnete *Franz Richter* Anfang Februar 1952 an Justizminister *Dehler* und an Bundespräsidenten *Heuss* richtete und in denen er sich insbesondere gegen die Überlassung des beschlagnahmten Materials an den Verfassungsschutz wandte,[102] wurden im BMJ von Abteilungsleiter IV *Walter Roemer* persönlich behandelt.[103] Sie sollten allerdings ebenfalls im Sande verlaufen, zumal *Richter* noch im selben Monat als der frühere NSDAP-Funktionär *Fritz Rößler* enttarnt wurde.[104]

III. Rößlers Enttarnung und Südweststaatwahlen

1. Trumpfkarte der Annäherung an US-Repräsentanten?

In der Führungsriege der SRP war unterdessen die noch im Herbst 1951 selbstbewusst zur Schau getragene Überzeugung, als Sieger aus einem Verbotsverfahren hervorzugehen und dies dann auch noch propagandistisch verwerten zu können,[105] spätestens seit der Beschlagnahmeaktion Ende Januar

---

[98] Noack an Präsident des BVerfG v. 04.02.1952, BVerfG, BA, B 237, Nr. 215615, Bl. 33; dazu auch Hessisches Landesamt für Verfassungsschutz an Hessischer Ministerpräsident v. 11.02.1952, betr. SRP, hier: Durchsuchungsaktion, HHStA, 502, 2858, Bl. 62 f.

[99] Noack an Präsident des BVerfG v. 01.02.1952, BVerfG, BA, B 237, Nr. 215615, Bl. 34; ein ergänzendes Schreiben des zweiten SRP-Rechtsanwalts *Schrieber* folgte am 06.02.1952 (BA, B 237, Nr. 215615, Bl. 51b).

[100] Präsident BVerfG an Noack v. 07.02.1952, BVerfG, BA, B 237, Nr. 215615, Bl. 37 f.

[101] Später wurde der Bundesregierung dann aber doch Zugang zu diesen Materialien gewährt. Dazu unten S. 307 f.

[102] Richter an Dehler v. 02.02.1952 sowie Richter an Heuss v. 02.02.1952, BA, B 141, Nr. 211.

[103] Vermerk Roemer v. 08.03.1952 (geheim), BA, B 141, Nr. 211.

[104] Dazu unten S. 278 ff.; BMdI an Chef des Bundespräsidialamtes v. 23.02.1952, BA, B 141, Nr. 211.

[105] So hatte etwa *Remer* am 30.09.1951 auf einer Tagung der niedersächsischen SRP-Bezirks- und Kreisverbände (BA, B 104, Nr. 77, Bl. 6) noch damit geprahlt, dass es der

1952 starker Ernüchterung gewichen.[106] Zunehmende Zweifel an den eigenen Erfolgsaussichten bewogen die rechtsextreme Partei daher auch zu einem alles in allem defensiveren Auftritt in der Öffentlichkeit.[107] Hatte die SRP im Herbst 1951 auf die Einleitung des Verbotsverfahrens und andere Gegenmaßnahmen der demokratischen Kräfte mit einer trotzigen „Nun erst recht!"-Kampagne reagiert, in deren Rahmen große Mengen runder Aufkleber mit SRP-Adler auf rotem Grund zum Einsatz kamen,[108] operierte sie nunmehr mit Endkampfparolen wie „Kampf bis zum Umfallen gegen das Bonner Regime" und „Nationale Opposition – jetzt oder nie",[109] die allerdings auf die meisten Beobachter eher wie das sprichwörtliche „Pfeifen im Walde" wirkten.[110] Auch bei der gleichzeitig noch vorangetriebenen Ausweitung und Intensivierung ihrer organisatorischen Parteistrukturen, bei der sie ihre Fühler schließlich sogar bis nach Österreich ausstreckte,[111] musste die SRP Rückschläge verkraften: So scheiterte Anfang 1952 der von *Fritz Dorls* lancierte Plan, den mächtigen niedersächsischen Landesverband in zwei gleichberechtigte Verbände aufzuteilen, am Widerstand des einflussreichen Landesvorsitzenden *August Finke,* der dies nur unter seiner persönlichen Gesamtleitung mittragen wollte.[112] Hinzu kam, dass bundesweit immer mehr Mitglieder aus der sicht-

---

Bundesregierung nicht gelingen könne, der SRP eine Verfassungswidrigkeit nachzuweisen. Das Ganze werde sich als „plumper Wahlschwindel" erweisen.

[106] Zu den ostentativ selbstbewussten Tönen hinsichtlich eines Verbotsverfahrens im Sommer/Herbst 1951: *O. Gnad,* SRP, in: Recker/Tenfelde, Handbuch, Teilbd. III, 2005, S. 353 (382 f.).

[107] So hatte die SRP bereits im November 1951 einige ihrer Parteiredner vorübergehend suspendiert, um dem BVerfG kein weiteres Material in Form von Angriffen auf die Bundesregierung etc. zu liefern; exemplarisch dazu Vorsitzender des SRP Landesverbandes Niedersachsen Finke an Wilhelm Hoffmann v. 22.11.1951, BA, B 237, Nr. 215632; *O. Büsch,* Geschichte, in: Büsch/Furth, Rechtsradikalismus, 1957, S. 1 (167 ff.).

[108] *O. Büsch,* Geschichte, in: Büsch/Furth, Rechtsradikalismus, 1957, S. 1 (166).

[109] *O. Büsch,* Geschichte, in: Büsch/Furth, Rechtsradikalismus, 1957, S. 1 (168).

[110] Zu wohl vereinzelt gebliebenen Versuchen untergeordneter Parteizellen, an Waffen zu kommen, um bspw. eine „Terror-Gruppe" ins Leben zu rufen: *H. Hansen,* Sozialistische Reichspartei, 2007, S. 212 f.

[111] Zu Versuchen der SRP, in Österreich Fuß zu fassen: *H. Hansen,* Sozialistische Reichspartei, 2007, S. 200 f.; auf jedenfalls oberflächliche Kontakte zu rechtsextremen Kreisen in Schweden lassen Dokumente aus britischen Geheimdienstkreisen schließen: Intelligence Division to Internal Affairs Branch, Chancery, Office of the UK High Commissioner (secret), 24.05.1951, National Archives (UK), FO 1008/14, 5/3/51/51; zu den Versuchen der Gründung weiterer Ortsverbände in Hamburg die Berichte und Versammlungsverbotsverfügungen in StAHH, 331–1 II, 809; noch Ende Mai 1952 wurde bspw. von „Alten Kämpfern" der NSDAP, die zum großen Teil der SS oder SA angehört hatten, ein neuer Kreisverband in Darmstadt gegründet, dazu der Bericht von *L. Schlesinger* an den FDP-Kreisverband Darmstadt v. 31.05.1952, HStAD, N 5, Nr. 18 (Abschnitt SRP).

[112] Werner Bänsch an Fritz Dorls v. 02.01.1952, BA, B 104, Nr. 12, Bl. 4; *Dorls* wollte *Bänsch* zum gleichberechtigten Vorsitzenden des zweiten Landesverbandes machen.

lich angeschlagenen, verbotsbedrohten Partei austraten, was deren ohnehin prekäre Finanzsituation weiter verschärfte.[113]

Die Parteileitung bemühte sich daher geradezu verzweifelt, alle erdenklichen Register zu ziehen, um das Verbot der SRP noch irgendwie abzuwenden. Hatte die SRP im November/Dezember 1951 ermutigt durch den Erfolg in Bremen noch die Chuzpe besessen, die Alliierten durch eine groß angelegte Unterschriftenaktion zur Freilassung mehrerer prominenter, unter britischer Verantwortung[114] im Zuchthaus Werl einsitzender Kriegsverbrecher wie der Generäle *von Manstein, Kesselring* und *Meyer* frontal anzugreifen,[115] trafen sich *Dorls* und vermutlich auch *Graf Westarp* am 4. Januar 1952 trotz der dezidiert anti-amerikanischen und anti-westlichen Haltung der SRP mit Agenten der US-Heeres-Spionageabwehr CIC.[116] Ziel der verzweifelten Kontaktaufnahme war, die US-Besatzungsbehörden davon zu überzeugen, dass die rechtsextreme Partei in Wahrheit auf der Seite der USA stehe und auch nicht etwa eine deutsche Hegemonie in Europa anstrebe.[117] *Dorls* verstieg sich gegenüber den US-Agenten gar zu der Warnung, dass die meisten SRP-Mitglieder im Falle eines Parteiverbotes zur KPD überlaufen könnten. Zwei Wochen später kam es zu einem weiteren Treffen, an dem nun auf Seiten der SRP neben *Dorls* und *Westarp* auch der badische SRP-Landesvorsitzende *Karl Theodor Förster* teilnahm. Um das Überleben ihrer Partei zu sichern, forderten die SRP-Vertreter die Repräsentanten der US-Besatzungsbehörden offen auf, Druck auf die Bundesregierung auszuüben, damit diese ein faires Verfahren gegen die SRP durchführe. Im Gegenzug stellten die SRP-Oberen der US-Regierung in Aussicht, die USA im Falle eines Krieges gegen die UdSSR mit einer deutschen Freiwilligenarmee zu unterstützen.[118]

Erscheint ein solches Angebot aus heutiger Sicht auf den ersten Blick als geradezu absurd, ist insofern jedoch zu bedenken, dass bestimmte US-Regierungs- und vor allem Geheimdienstbehörden Anfang der 1950er Jahre angesichts der grassierenden Kriegsangst in Einzelfällen durchaus auch Kooperationen mit undemokratischen Kräften in Erwägung zogen, wenn dies

---

[113] Zu der ab dem Spätsommer 1951 einsetzenden, sich Anfang 1952 rapide beschleunigenden Mitgliederabwanderung: *H. Hansen,* Sozialistische Reichspartei, 2007, S. 76 f.

[114] Zur britischen Perspektive: *I. Kirkpatrick,* The Inner Circle, 1959, S. 247 ff.

[115] Dazu die Dokumente in NLA-HStAH, Nds. 50, Acc. 96/88, Nr. 678; eine Abschrift des Aufrufs des „Vorbereitenden Ausschusses für die Befreiung deutscher Soldaten" samt Unterschriftenliste findet sich auch in HHStA, 502, 2858, Bl. 69; zum Ganzen: *W. Long,* The New Nazis of Germany, 1968, S. 65; *B.-O. Manig,* Die Politik der Ehre, 2004, S. 451 Fn. 5; *H. Hansen,* Die SRP und der Rechtsextremismus, in: Becker/Bongartz, Die weltanschaulichen Grundlagen des NS-Regimes, 2011, S. 165 (171).

[116] Counter Intelligence Corps bzw. Counterintelligence Corps.

[117] *H. Hansen,* Sozialistische Reichspartei, 2007, S. 210 f.

[118] *H. Hansen,* Sozialistische Reichspartei, 2007, S. 211.

überwölbenden US-Sicherheitsinteressen hinreichend zu nutzen schien.[119] Wichtiges Beispiel ist die Finanzierung des 1950 in Frankfurt a.M. gegründeten antikommunistisch-rechtsextremen Bundes Deutscher Jugend (BDJ) und dessen geheimer, bewaffneter Unterorganisation „Technischer Dienst“, der als „Stay-behind“ im Falle einer sowjetischen Invasion hinter den sowjetischen Linien operieren sollte.[120] Publik wurde das Ganze, als der hessische Ministerpräsident *Georg August Zinn* im Oktober 1952 enthüllte, dass der BDJ, der auch Kontakte zur SRP unterhalten hatte,[121] für den Fall einer Invasion bereits die Liquidation führender SPD-Politiker, etwa *Herbert Wehners* und des hessischen Innenministers *Heinrich Zinnkann,* geplant und angeblich bereits entsprechende Vorbereitungen getroffen habe. Obwohl hier auch aus dem Grund, dass die Akten bis heute verschlossen sind, nach wie vor vieles ungeklärt ist,[122] steht fest, dass diese Enthüllungen einen Skandal auslösten, der das Verhältnis zwischen den Regierungen der USA und der Bundesrepublik vorübergehend erheblich belasten sollte.[123]

Eine Kooperation mit der SRP zogen die US-Besatzungsbehörden aber wohl niemals ernsthaft in Erwägung. Sie runzelten eher über die naiv-unvorsichtige Kontaktaufnahme der SRP-Führung die Stirn, wäre diese doch – etwa durch die Veröffentlichung eines Tonbandmitschnitts ihrer Anbandelungsversuche – leicht zu desavouieren gewesen. Dass sich US-Repräsentanten überhaupt auf die obskuren Treffen einließen, lag zum einen daran, dass sie allgemein an Informationen über die durchaus als bedrohlich empfundene

---

[119] *D. Kisatsky,* The United States and the European Right, 2005, S. 19, 75 ff.

[120] *D. Kisatsky,* The United States and the European Right, 2005, S. 59 ff.

[121] Extract from Weekly Political Report No. 70 from British Observer, Land Hesse, 20.06.1951, National Archives (UK), FO 1008/14, 5/3/90A/51 berichtet im Juni 1951 von Kontakten und Verhandlungen der hessischen SRP mit BDJ-Repräsentanten und Versuchen, von diesem einen Saalschutz für öffentliche Versammlungen der SRP zu erhalten.

[122] So bestritt *Adenauer* nach einem Bericht *Lehrs* über die Affäre im Bundeskabinett (Kabinettsprotokolle 1952, S. 631 Fn. 30, 21.10.1952) im Gespräch mit *Heuss* am 24.10.1952 (Adenauer-Heuss – Unter vier Augen, 1997, S. 97/101), dass SPD-Politiker auf der „Proskriptionsliste“ gestanden hätten. *Zinn* habe die Angelegenheit „über Gebühr aufgebauscht“ und wider besseres Wissen zwei Listen vermengt.

[123] *Adenauer* warf dem amerikanischen „Abwehrdienst“ im Gespräch mit *Heuss* am 24.10.1952 (Adenauer-Heuss – Unter vier Augen, 1997, S. 97/101) vor, in dieser Frage unverantwortlich und ohne Fühlungnahme mit der Bundesregierung gehandelt zu haben; zum Ganzen: *P. Dudek/H.-G. Jaschke,* Entstehung und Entwicklung, 1984, S. 356 ff.; *D. Kisatsky,* The United States and the European Right, 2005, S. 59 ff., 83 ff.; *G. Botsch,* Die extreme Rechte, 2012, S. 29; eine zeitnahe Stellungnahme des BDJ zu den Vorwürfen findet sich in Informationsdienst Bund Deutscher Jugend, Jahrgang III, Heft 11, November 1952, HStAD, N 5, Nr. 18 (Abschnitt DP/SRP).

SRP interessiert waren.[124] Ganz konkret und primär ging es ihnen aber um die Herstellung eines Kontaktes zu dem früheren NS-Militärrichter *Manfred Roeder* (1900–1971), der eng mit verschiedenen SRP-Größen zusammenarbeitete, die er u.a. im niedersächsischen Wahlkampf unterstützt hatte. Da *Roeder* als gefürchteter NS-Ankläger vor dem Reichskriegsgericht u.a. gegen die „Rote Kapelle" vorgegangen war, hofften US-Geheimdienstkreise über ihn endlich Zugang zu den verschollenen „Rote Kapelle"-Ermittlungsakten zu erlangen. Von diesen versprach man sich vor dem Hintergrund der antikommunistischen Hysterie der *McCarthy*-Ära[125] u.a. Informationen über frühere Kontakte führender westdeutscher Persönlichkeiten zu kommunistischen Kreisen.[126]

Tatsächlich vermittelte *Graf Westarp* noch im Januar 1952 ein Treffen mit *Roeder,* der den US-Vertretern dann auch den gewünschten Zugang zu den „Rote Kapelle"-Akten in Aussicht stellte. An dem dafür vereinbarten Termin, dem 4. Februar 1952, erschien dann aber an *Roeders* Stelle zur Enttäuschung der Amerikaner nur SRP-Personal, vermutlich erneut *Dorls* und *Westarp.* Diese machten unter dem Eindruck der inzwischen erfolgten Durchsuchungen des BVerfG bei der SRP den Zugang zu den Akten nunmehr von verschiedenen Bedingungen abhängig. Dazu gehörte u.a., dass die Besatzungsbehörden die Bundesregierung so unter Druck setzen sollten, dass ein Verbot der SRP verhindert würde. Im Gegenzug würde die rechtsextreme Partei fortan die US-Politik samt der Remilitarisierung Deutschlands unterstützen. Verdeutlichte dieses Angebot in erster Linie die ganze Verzweiflung der SRP-Leitung, stand es für die US-Vertreter nicht zur Debatte, auf die Vorschläge der SRP einzugehen.[127] Die vermeintliche Trumpfkarte einer Annäherung an die US-amerikanischen Besatzungsbehörden samt einer taktischen Verbrüderung gegen die „rote Gefahr" stach für die SRP nicht.

2. „Nicht in der Lage sich zu schämen: Antisemit Richter" – Rößlers Enttarnung

Hatten diese aussichtslosen Verhandlungen hinter verschlossenen Türen stattgefunden, erlitt die SRP wenig später dann einen öffentlich stark wahrgenommenen Schlag, als – wie schon oben angerissen – am 20. Februar 1952

---

[124] So benannte etwa auch der britische Hochkommissar *I. Kirkpatrick,* The Inner Circle, 1959, S. 252 in seinen Memoiren die SRP als wichtigstes Beispiel für die Gefahr eines Wiederaufstiegs des Nazismus in Deutschland.

[125] Dazu etwa *H. A. Winkler,* Geschichte des Westens – Vom Kalten Krieg zum Mauerfall, 2014, S. 152 ff.

[126] Zum Ganzen: *H. Hansen,* Sozialistische Reichspartei, 2007, S. 210.

[127] Sie stellten daher klar, ohne *Roeder* nicht weiterverhandeln zu wollen. Ob ein für den Folgetag avisiertes Treffen zustande kam, ist nicht geklärt. *H. Hansen,* Sozialistische Reichspartei, 2007, S. 210 Fn. 34.

mit *Franz Richter* einer ihrer beiden Bundestagsabgeordneten beim Verlassen des Bundestages verhaftet und als der frühere NS-Funktionär *Fritz Rößler* enttarnt wurde.[128] *Rößler* war 1930 der NSDAP beigetreten, 1935 Schulungsleiter der Gau-Schulungsburg Augustusburg, danach Gauhauptstellenleiter der NSDAP in Sachsen geworden und hatte schließlich unter *Goebbels* im Propagandaministerium gearbeitet.[129] Nach dem Krieg ließ er sich für tot erklären, schlüpfte in die Rolle eines angeblichen Frontkameraden, heiratete als dieser im November 1946 erneut seine Frau und adoptierte die eigenen vier Kinder.[130] So nach dem Krieg in den niedersächsischen Schuldienst gelangt, wurde er 1949 aus diesem wegen Verbreitung einer neuen Dolchstoßlegende im Schulunterricht wieder entlassen.[131] Am 15. November 1951 sorgte *Richter/Rößler* dann in einer Bundestagsaussprache über die Restitution ehemals jüdischen Vermögens mit der ersten antiisraelischen und antisemitischen Rede der Bundestagsgeschichte, in der er schließlich auch *Carlo Schmid* (SPD) als „Kollaborateur" beleidigte, für einen Eklat:[132]

„[…] Dr. Richter (Niedersachsen) (Fraktionslos): […] Genau so, wie ich mich als Vertriebener jederzeit für meine Heimat einsetze, kann ich den Wunsch der Araber verstehen, daß ihre Heimat nicht für dauernd von den Juden gestohlen bleiben soll.

(Glocke des Präsidenten. — Unruhe.)

Präsident Dr. Ehlers: Herr Abgeordneter, kommen Sie zum Schluß!

Dr. Richter […]: Wenn Herr Professor Schmid

(Zurufe von der SPD: Abtreten! — Anhaltende Unruhe)

gesagt hat, daß man der israelischen Regierung das Geld nach Tel Aviv oder Jerusalem hinterherschicken soll, dann möchte ich betont haben: er würde das Geld einer Macht nachschicken, die selbst erklärt hat, mit uns im Kriegszustand zu stehen,

(Glocke des Präsidenten)

also einer Macht, die uns doch anscheinend noch nach 1945 irgendwie den Krieg erklärt haben muß. Das würde bedeuten, daß er dann mit dem Feind zusammenarbeitet und ein Kollaborateur ist,

(lebhafte Zurufe von der SPD — Glocke des Präsidenten)

---

[128] Vgl. BMdI an Chef des Bundespräsidialamtes v. 23.02.1952, BA, B 141, Nr. 211.

[129] Zu *Rößlers* Biographie auch: *H. Hansen,* Sozialistische Reichspartei, 2007, S. 55 f.

[130] Stenographische Berichte, Bundestag, 1. Wahlperiode, 194. Sitz. v. 20.02.1952 (http://dip21.bundestag.de/dip21/btp/01/01194.pdf), S. 8341 f.; „Unter falschem Namen Abgeordneter", in: Die Welt v. 21.02.1952, auch in StAHH, 331–1 II, 809.

[131] *H. Hansen,* Sozialistische Reichspartei, 2007, S. 56.

[132] Stenographische Berichte, Bundestag, 1. Wahlperiode, 175. Sitz. v. 15.11.1951 (http://dip21.bundestag.de/dip21/btp/01/01175.pdf), S. 7185.

der nach der Sprachregelung unserer alliierten Befreier doch irgendeine Strafe finden muß, die Sie sehr gut kennen, die Sie doch bejaht haben und die er dann auch verdienen würde.

(Große Unruhe und Zurufe.)

Präsident Dr. Ehlers: Herr Abgeordneter Dr. Richter, ich habe Sie dahin verstanden, daß Herr Abgeordneter Dr. Schmid ein Kollaborateur sei, der mit dem Feind zusammenarbeite.

(Zuruf von der SPD: Jeder, der im Bundestag daran mitarbeitet, hat er gesagt!)

— Es bleibt das gleiche. Es handelt sich jedenfalls um eine Beleidigung von Abgeordneten des Deutschen Bundestags. Ich rufe Sie zur Ordnung, Herr Abgeordneter Richter. [...]“

Der Spiegel nahm dies zum Anlass, um gleich zwei Seiten des damals noch recht dünnen Magazins mit dem Protokoll der Bundestagssitzung zu füllen.[133] *Richters* Bild war mit dem Kommentar versehen: „Nicht in der Lage sich zu schämen: Antisemit Richter“. Die wenigen redaktionellen Zusätze im Spiegel-Artikel zu den für sich sprechenden Zitaten beschränkten sich im Wesentlichen auf die Feststellung, dass die Frage offen bleibe, „wieweit die antisemitischen Äußerungen des Bundestagsabgeordneten Richter den Tatbestand der verleumderischen Beleidigung erfüllen.“ Täten sie dies nicht, könne ihm angesichts seiner Indemnität als Bundestagsabgeordneter gem. Art. 46 Abs. 1 GG überhaupt nichts passieren.[134] Abschließend ließ sich der Verfasser nicht den süffisant-provokativen Seitenhieb nehmen, dass *Richter* die Voraussetzungen des besonderen Ehrenschutzes erfülle, welchen ausgerechnet die Minister *Lehr* und *Dehler* im Bundestag „durchgepaukt“ hätten.

Rößlers Identitätsschwindel flog erst auf, als alten Bekannten die Ähnlichkeit des Abgeordneten *Richter* mit dem für tot erklärten NS-Funktionär auffiel. Ermittlungen der Staatsanwaltschaft trotz Abgeordnetenimmunität ermöglichte der Immunitätsausschuss des Bundestages mit der spitzfindiglistigen Argumentation, „daß Ermittlungsverfahren gegen einen Mann, der nicht Richter hieß, der also auch kein Abgeordneter ist, wohl möglich seien“.[135] Als deren Ergebnis ließ der zuständige Oberstaatsanwalt dem Bundestag schließlich am 19. Februar 1952 mitteilen, dass der Verdacht bestehe, dass *Richter* personengleich mit *Fritz Rößler* sei.[136] Dieser wurde daraufhin

[133] „Antisemitismus – Irgendeine Strafe finden“, in: Spiegel 47/1951 v. 21.11.1951, S. 5 f. (http://www.spiegel.de/spiegel/print/d-20668427.html).

[134] Art. 46 Abs. 1 GG: „Ein Abgeordneter darf zu keiner Zeit wegen seiner Abstimmung oder wegen einer Äußerung, die er im Bundestage oder in einem seiner Ausschüsse getan hat, gerichtlich oder dienstlich verfolgt oder sonst außerhalb des Bundestages zur Verantwortung gezogen werden. Dies gilt nicht für verleumderische Beleidigungen“.

[135] „Richter-Roeßler – Gesinnung behalten“, in: Spiegel 9/1952 v. 27.02.1952, S. 28 (http://www.spiegel.de/spiegel/print/d-21318130.html).

[136] Siehe dazu den Bericht des Vorsitzenden des Bundestagsausschusses für Geschäftsordnung und Immunität *Ritzel* im Plenum des Bundestages am 20.02.1952: Stenographische Berichte, Bundestag, 1. Wahlperiode, 194. Sitz. v. 20.02.1952 (http://dip21.bundestag.de/dip21/btp/01/01194.pdf), S. 8341 f.

bereits am nächsten Tag regelrecht in eine Falle gelockt, um ihn trotz seiner Immunität als Bundestagsabgeordneter festnehmen zu können:[137] Der Vorsitzende des Immunitätsausschusses *Heinrich Ritzel* (SPD) provozierte eine strafbare Handlung *Rößlers* im Bundestag, um ihn auf frischer Tat ertappen und so auch im Rahmen der Immunität gem. Art. 46 Abs. 2 GG verhaften lassen zu können.[138] Dabei kam *Ritzel* ein Zufall zu Hilfe: Da *Rößler* an jenem Tag vergessen hatte, sich in die Anmeldeliste des Bundestages einzutragen, wurde sie ihm zu seinem Platz im Plenarsaal gebracht. *Rößler* unterschrieb arglos mit „Dr. Richter", woraufhin er beim Verlassen des Bundestages „vom Fleck weg" wegen Verdachts der Urkundenfälschung gem. § 267 StGB festgenommen wurde. Der Bundestag hob noch am selben Tag, dem 20. Februar 1952, einstimmig *Rößlers* Immunität auf.[139] Dem Vorsitzenden des Wahlprüfungsausschusses *Ludwig Schneider* (FDP) gelang es, den SRP-Abgeordneten umgehend zur Niederlegung seines Bundestagsmandates zu bewegen, was der Bundestagspräsident dem Plenum bei Sitzungsbeginn am Folgetag unter Nennung von *Rößlers* richtigem Namen – zu allgemeinem Gelächter – mitteilte.[140] Damit hatte die SRP einen ihrer beiden, für sie sehr wichtigen Bundestagsabgeordneten verloren.[141]

Rößler wurde am 2. Mai 1952, noch vor der mündlichen Verhandlung im SRP-Verbotsverfahren, von der Ersten Großen Strafkammer des LG Bonn wegen fortgesetzter Urkundenfälschung in Tateinheit mit zahlreichen anderen Straftaten, u.a. dem unbefugten Führen der Amtsbezeichnung Studienrat sowie des Doktortitels, zu einer eineinhalbjährigen Gefängnisstrafe verurteilt und geriet später zügig in Vergessenheit.[142] Der Spiegel, der süffisant darauf hinwies, dass *Rößler* nach dem Krieg seinen Namen gewechselt, aber seine Gesinnung behalten habe, „während andere ihren Namen behielten und die Gesinnung wechselten", kolportierte auch, dass sich „Abgeordnete-Juristen"

---

[137] „Richter-Roeßler – Gesinnung behalten", in: Spiegel 9/1952 v. 27.02.1952, S. 28 (http://www.spiegel.de/spiegel/print/d-21318130.html).

[138] Art. 46 Abs. 2 GG: „Wegen einer mit Strafe bedrohten Handlung darf ein Abgeordneter nur mit Genehmigung des Bundestages zur Verantwortung gezogen oder verhaftet werden, es sei denn, daß er bei Begehung der Tat oder im Laufe des folgenden Tages festgenommen wird."

[139] Stenographische Berichte, Bundestag, 1. Wahlperiode, 194. Sitz. v. 20.02.1952 (http://dip21.bundestag.de/dip21/btp/01/01194.pdf), S. 8342.

[140] Stenographische Berichte, Bundestag, 1. Wahlperiode, 195. Sitz. v. 21.02.1952 (http://dip21.bundestag.de/dip21/btp/01/01195.pdf), S. 8370.

[141] „Richter-Roeßler – Gesinnung behalten", in: Spiegel 9/1952 v. 27.02.1952, S. 28 (http://www.spiegel.de/spiegel/print/d-21318130.html).

[142] LG Bonn, Az. 8 KMs 5/52, Abschrift in LAV-NRW, NW 377, 2108, Bl. 27 ff.; Informationen zu weiteren, später eingestellten Strafverfahren gegen *Rößler* in LAV-NRW, NW 377, 2361; *Rößler* starb im Oktober 1985 in Radstadt (Österreich), *H. Hansen,* Sozialistische Reichspartei, 2007, S. 188.

Abb. 21: Rößler am 02.05.1952 auf der Anklagebank im Landgericht Bonn

nach *Rößlers* viel beachteter Mandatsniederlegung folgende Scherzfrage gestellt haben sollen:[143]

„Was wenn Rößler jetzt behauptet, er habe als Dr. Richter dem Dr. Konrad Adenauer seine Stimme bei der Kanzlerwahl gegeben? Dr. Adenauer ist mit einer Stimme Mehrheit gewählt worden. Das wäre dann die Stimme des nie gewählten Abgeordneten Dr. Richter gewesen."

3. *Südwestwahlen und Erfolge bei Bundestagsnachwahlen*

Rößlers von den Medien stark beachtete Enttarnung fiel mitten in den Wahlkampf für die am 9. März 1952 anstehenden Wahlen zur verfassungsgebenden Landesversammlung des zu diesem Zeitpunkt noch nicht benannten Südweststaates, mit denen zugleich der erste baden-württembergische Landtag gewählt wurde.[144] Die Bildung des Südweststaates und die anschließenden Wahlen standen aus mehreren Gründen im Fokus der SRP: So schien die

---

[143] „Richter-Roeßler – Gesinnung behalten", in: Spiegel 9/1952 v. 27.02.1952, S. 28 (http://www.spiegel.de/spiegel/print/d-21318130.html).

[144] Art. 93 Abs. 1 Verfassung des Landes Baden-Württemberg vom 11.11.1953 (GBl. BaWü 1953, S. 173): „Die Abgeordneten der nach § 13 des Zweiten Gesetzes über die Neugliederung in den Ländern Baden, Württemberg-Baden und Württemberg-Hohenzollern vom 4. Mai 1951 (BGBl. I S. 283 ff.) gewählten Verfassunggebenden Landesversammlung bilden nach Inkrafttreten dieser Verfassung den ersten Landtag".

Zusammenlegung dreier Länder zu einem neuen Land gut in die antiföderalistische Programmatik der SRP zu passen. Ganz in diesem Sinne waren in der SRP bereits im Sommer 1951 Überlegungen angestellt worden, nach der zu erwartenden Bildung des Südweststaates eine Kampagne zum Anschluss der Pfalz an diesen zu starten.[145] Daneben waren die Wahlen im neuen Südweststaat der letzte große Testfall für die eineinhalb Jahre später anstehenden Bundestagswahlen. Vor diesem Hintergrund hatte die SRP ihre begrenzten Ressourcen im Süden der Republik auf Württemberg-Baden konzentriert und dort unter dem Landesvorsitzenden *Willi Mellin* ihren Organisationsgrad seit dem Frühjahr 1951 langsam aber stetig verbessert.[146]

Im Vorfeld der Wahl konnte die SRP dann einen wichtigen juristischen Erfolg erzielen: Ende Februar 1952 erreichte sie vor dem württemberg-badischen Verwaltungsgerichtshof die Aufhebung des Versammlungsverbotes des württemberg-badischen Innenministeriums vom 24. August 1951.[147] Zwar konnte sich die rechtsextreme Partei nun wieder ihres wichtigsten Propagandainstruments bedienen. Allerdings war der Wahlkampf bereits weitgehend gelaufen, und ihr blieb nur noch eine gute Woche Zeit für die übliche Agitation.[148] Unter diesen Umständen und angesichts der Tatsache, dass sich die SRP, die bis dahin fast ausschließlich ein norddeutsches Phänomen gewesen war, bei den Wahlen auf protestantisch geprägte Gebiete beschränkte, in denen sie dann immerhin ca. 5,3 % der Stimmen erringen konnte,[149] erschien ein Gesamtergebnis von ca. 65.000 Stimmen (2,41 %) bei den Südwestwahlen am 9. März 1952 als durchaus respektabel.[150]

Dass trotz aller Rückschläge weiterhin mit der SRP zu rechnen war, wurde aber vor allem bei Bundestagsnachwahlen in der ihr insgesamt besser gewogenen nördlichen Hälfte der Republik deutlich: In je einem niedersächsischen, schleswig-holsteinischen, hessischen und bremischen Bundestags-

---

[145] Office of the US High Commissioner for Germany, Office of the Land Commissioner for Wuerttemberg-Baden, Intelligence Division, Intelligence Report No. 80 – Activities of the SRP in Southwest Germany, 24.07.1951 (confidential), S. 7, National Archives (UK), FO 1008/15.

[146] Dazu instruktiv: Office of the US High Commissioner for Germany, Office of the Land Commissioner for Wuerttemberg-Baden, Intelligence Division, Intelligence Report No. 80 – Activities of the SRP in Southwest Germany, 24.07.1951 (confidential), National Archives (UK), FO 1008/15.

[147] *O. Büsch,* Geschichte, in: Büsch/Furth, Rechtsradikalismus, 1957, S. 1 (168).

[148] Die von der SRP-Parteileitung bereitgestellte „Rednersonderinformation für die Südweststaatwahlen" findet sich in BA, B 104, Nr. 10, Bl. 45 ff.; zum Ganzen auch *W. Long,* The New Nazis of Germany, 1968, S. 67.

[149] *K. P. Tauber,* Beyond Eagle and Swastika I, 1967, S. 702.

[150] *H. W. Schmollinger,* SRP, in: Stöss, Parteien-Hdb. II, 1984, S. 2274 (2313); *H. Fenske,* Deutsche Parteiengeschichte, 1994, S. 294.

wahlkreis[151] konnte sie im März und Mai 1952 Stimmengewinne erzielen und jeweils knapp über zehn Prozent verbuchen.[152] Der Erfolg in einem hessischen Wahlkreis konnte dabei durchaus als weiteres Indiz dafür gewertet werden, dass die Bemühungen der SRP, sich nach Süden vorzuarbeiten, nicht aussichtslos waren.

4. SRP-Verwaltungsordnung und „Das unzerstörbare Reich"

Im April 1952 setzte die SRP dann mit einer neuen „Verwaltungs-Ordnung" ein Zeichen, dass sie auch an ihrem internen Konsolidierungsprozess festhielt.[153] Vor allem aber erschien im Verlag von *Hans Siep* nun auch *Gerhard Krügers* schon erwähnte, bereits während dessen Internierung im britischen Lager Staumühle verfasste Schrift „Das unzerstörbare Reich".[154] Der SRP-Mitbegründer und Chefideologe der rechtsextremen Partei verfocht in seinem gut 100 Seiten starken, als Belehrungs- und Erbauungsschrift an seine Kinder getarnten Machwerk, wie *Otto Büsch* trefflich festgestellt hat, einen „gläubigen Reichsmystizismus" und verklärte das Reich als „im Innern bewahrtes Reich" zum Mythos.[155]

Die Führungsriege der SRP sendete mit solchen Publikationen nicht zuletzt Signale an ihre Anhänger aus, dass sie ihre Sache noch längst nicht aufgegeben hatte. Dies war umso nötiger, als sie gleichzeitig auch aus unerwarteter Richtung unter Beschuss geriet. Angriffe auf die neonazistische Partei gingen nun nämlich nicht mehr nur von demokratischen Kräften, sondern zunehmend auch von früheren Parteimitgliedern aus, die entweder aus der Partei ausgeschlossen worden waren oder aber diese freiwillig verlassen hatten. Dieselbe Polemik, welche die SRP-Oberen gerne auf Demokraten abfeuerten, bekamen sie nun selbst vom sog. „Reichsorden" zu spüren. In der durch den im Mai 1951 – je nach Perspektive – aus der SRP ausgetretenen oder aber wegen des Vorwurfs, er arbeite für den Verfassungsschutz, aus der Partei herausgeworfenen ehemaligen SRP-Hauptgeschäftsführer und -Jugendreferenten *Walter Matthaei* gegründeten Organisation sammelten sich ehemalige SRP-Funktionäre, darunter auch der Parteiredner *Walter Kniggendorf.*[156] Das kurzlebige

---

[151] Im Wahlbezirk Bremen-Nord/Bremerhaven war *Remer* als Kandidat der SRP aufgestellt worden, v. Busch/Wehage an BVerfG v. 15.05.1952, BA, B 237, Nr. 97007, Bl. 32.

[152] *K. P. Tauber,* Beyond Eagle and Swastika I, 1967, S. 702 f.; *H. W. Schmollinger,* SRP, in: Stöss, Parteien-Hdb. II, 1984, S. 2274 (2313).

[153] Verwaltungs-Ordnung der Sozialistischen Reichs-Partei, herausgegeben vom Parteivorstand, Hannover, 01.04.1952, BA, B 104, Nr. 11; diese sollte Regeln für eine „geordnete, klare Kassenführung" enthalten, die „Grundlage für eine sichere und erfolgreiche politische Arbeit der Partei" seien.

[154] *G. Krüger,* Das unzerstörbare Reich, 1952; dazu bereits oben S. 105.

[155] *O. Büsch,* Geschichte, in: Büsch/Furth, Rechtsradikalismus, 1957, S. 1 (171).

[156] Zu *Matthaeis* viel beachtetem Austritt und dessen anschließender Agitation gegen *Dorls: H. Hansen,* Sozialistische Reichspartei, 2007, S. 94 f., 100 f.

Reichsorden-Publikationsorgan „Florett“ bezweifelte nicht nur, dass *Dorls* einen „Ahnennachweis“ besitze, sondern bezeichnete den SRP-Vorsitzenden als „defaitistischen Psychopath“, während *Otto Ernst Remer* als „gehirnloser Untertan“ sowie „Kollaborateur“ beschimpft wurde.[157]

IV. Das Grundrechtsverwirkungsverfahren und Strafurteile gegen Otto Ernst Remer

1. Der Kabinettsbeschluss für ein Grundrechtsverwirkungsverfahren

War das erste Parteiverbotsverfahren der Bundesrepublik Deutschland längst auf gutem Wege, folgte das Bundeskabinett am 11. März 1952 der Anregung des Bundesjustizministers und beschloss, nun auch ein Grundrechtsverwirkungsverfahren nach Art. 18 GG, als zweites zentrales Verfahren der Ephoralen Verfassung zur Verteidigung der freiheitlichen demokratischen Grundordnung, zum Einsatz zu bringen.[158] Die von Innenminister *Lehr* gemeinsam mit *Dehler* mit Nachdruck betriebene Einleitung des personenbezogenen BVerfG-Verfahrens gegen SRP-Zugpferd *Otto Ernst Remer* wurde im Kabinett allerdings nur mit der knappen Mehrheit von sieben zu fünf Stimmen beschlossen.[159] Es war daher von entscheidender Bedeutung, dass dessen Initiator *Dehler* weiterhin zu den dezidierten Befürwortern zählte. Der schließlich am 28. April 1952 beim BVerfG gestellte Antrag der Bundesregierung war auf die Feststellung gerichtet, dass *Remer* gem. Art. 18 S. 2 GG

> „die Grundrechte der Freiheit der Meinungsäußerung, der Versammlungsfreiheit und der Vereinigungsfreiheit auf eine vom Bundesverfassungsgericht festzusetzende Dauer verwirkt“ hat und dass ihm für diese Zeit auch das „Wahlrecht, die Wählbarkeit und die Fähigkeit zur Bekleidung öffentlicher Ämter aberkannt“ wird.[160]

---

[157] *O. Büsch,* Geschichte, in: Büsch/Furth, Rechtsradikalismus, 1957, S. 1 (169 f.).

[158] Vgl. auch *N. Frei,* Vergangenheitspolitik, 2. Aufl. 1997, S. 345.

[159] Kabinettsprotokolle 1952, S. 163 (11.03.1952); Lehr an Staatssekretär Bundeskanzleramt v. 29.02.1952 (geheim mit Anlage = Entwurf Grundrechtsverwirkungsantrag gegen Remer v. 29.02.1952), BA, B 136, Nr. 1750; Antragsentwurf des BMdI v. 29.02.1952 in BA, B 106, Nr. 15551 sowie B 136 Nr. 1750; *N. Frei,* Vergangenheitspolitik, 2. Aufl. 1997, S. 351.

[160] BMdI, Antrag v. 28.04.1952, BA, B 237, Nr. 97007, Bl. 2; vgl. auch BVerfGE 11, 282 (282); Dokumente zur Einleitung und zum Verlauf des Grundrechtsverwirkungsverfahrens auch in BA, B 106, Nr. 15551; das Verfahren wurde zunächst vor dem Ersten Senat unter dem Az. 1 BvA 1/52 geführt. Nach Übergang der Zuständigkeit auf den Zweiten Senat im Sommer 1956 wurde es unter dem Az. 2 BvA 1/56 weitergeführt (Vgl. Präsident des BVerfG, Verfügung v. 26.07.1956, BA, B 237, Nr. 97007, Bl. 114); eine als geheim klassifizierte 28-seitige englische Übersetzung des Grundrechtsverwirkungsantrags findet sich in National Archives (USA), 590 / 263, Id: 26253872.

2. *Strafurteile gegen Otto Ernst Remer*

a) Die Verurteilung im Verdener Prozess am 25. Mai 1951

Vielleicht waren *Lehr* und *Dehler* zu dem umstrittenen Schritt, das Grundrechtsverwirkungsverfahren durchzusetzen, auch dadurch ermutigt worden, dass unterdessen – wie oben angerissen – bereits ein erstes strafrechtliches Urteil gegen *Remer* wegen dessen polemischer Äußerungen ergangen war,[161] und zum Zeitpunkt des Kabinettsbeschlusses gerade ein noch erheblich stärker beachteter, grundlegender Strafprozess gegen den zweiten Vorsitzenden der SRP stattfand.

Gegenstand des ersten Strafurteils des Landgerichts Verden war neben *Remers* schon angesprochener Behauptung bei Veranstaltungen in Achim und Worpswede, die Bundesregierung habe für den Kriegsfall für sich und ihre Familien Ausweichquartiere in England besorgt,[162] sein in einer Versammlung in Asendorf erhobener, an *Kurt Schumachers* berühmten Bundestagszwischenruf vom „Bundeskanzler der Alliierten" erinnernder Vorwurf,[163] *Adenauer* sei auch nur Befehlsempfänger der Alliierten.[164] Keine drei Wochen nach der für die SRP so erfolgreichen Niedersachsenwahl war *Remer* deswegen am 25. Mai 1951 von der Zweiten Strafkammer des Landgerichts Verden nach Anhörung von 26 Zeugen, darunter der Bremische Wirtschaftssenator *Hermann Wolters,* wegen übler Nachrede gegen im öffentlichen Leben stehende Personen in zwei Fällen zu einer Haftstrafe von vier Monaten verurteilt worden.[165] *Remer,* der sich im Prozess zum pflichtbewussten Soldaten stilisiert hatte, und sein Anwalt *Wehage* hatten nicht nur das Schlusswort des Angeklagten dazu genutzt, Parolen der SRP zu verbreiten und den Prozess als politisch motiviert zu desavouieren. Nachdem der Kammervorsitzen-

---

[161] Zum Fortgang des Grundrechtsverwirkungsverfahrens gegen *Remer* unten S. 299 ff.

[162] LG Verden (Aller), Az. 5 K Ms 6/51, Urteilsabschrift v. 12.11.1951, S. 11 ff., BA, B 237, Nr. 215602, Bl. 178 (188 ff.); Control Commission for Germany (British Element) to Foreign Office, 28.05.1951, National Archives (UK), FO 1008/14, 5/3/64/51; *N. Frei,* Vergangenheitspolitik, 2. Aufl. 1997, S. 349 Fn. 94.

[163] Dem SPD-Vorsitzenden *Schumacher* hatte dieser gegen 3.00 Uhr morgens getätigte Zwischenruf in der höchst kontroversen Bundestagssitzung am 25.11.1949 einen Sitzungsausschluss für 20 Sitzungstage eingebracht.

[164] LG Verden (Aller), Az. 5 K Ms 6/51, Urteilsabschrift v. 12.11.1951, S. 13 ff., BA, B 237, Nr. 215602, Bl. 178 (190 ff.); Control Commission for Germany (British Element) to Foreign Office, 28.05.1951, National Archives (UK), FO 1008/14, 5/3/64/51; „Beleidigungsklage Bundesrepublik contra Remer", in: Bremer Nachrichten v. 26.05.1951, auch in National Archives (UK), FO 1008/14, 5/3/62/51.

[165] Die Staatsanwaltschaft hatte auf sieben Monate Haft plädiert; LG Verden (Aller), Az. 5 K Ms 6/51; das Urteil wurde am 01.11.1951 rechtskräftig; eine Abschrift v. 12.11.1951 findet sich in den SRP-Verbotsverfahrensakten des BVerfG, BA, B 237, Nr. 215602, Bl. 178 ff.; zum Prozess auch Control Commission for Germany (British Element) to Foreign Office, 28.05.1951, National Archives (UK), FO 1008/14, 5/3/64/51.

Abb. 22: Remer mit SRP-Anstecker am Revers und sein Strafverteidiger Wehage während der Urteilsverkündung vor dem LG Verden am 25.05.1951

de, Landgerichtsdirektor *Dr. Parey,* den früheren Generalmajor daraufhin bereits mehrfach ermahnt hatte, beim Tatbestand zu bleiben, hatte er dessen Vortrag nach der ominösen Drohung, dass eine Verurteilung „später verhängnisvolle Folgen" haben könne, mit den Worten, dass dies dem Fass den Boden ausschlage, schließlich abgebrochen.[166]

Da das als erstes Strafurteil seiner Art stark beachtete Verdener Verdikt, obwohl es sich um eine Erststrafe handelte, nicht zur Bewährung ausgesetzt worden war, musste der gefeierte Star der SRP, der auch die Kosten des Verfahrens zu tragen hatte, wenige Wochen nach dessen Rechtskraft am 1. November 1951 – wie gesehen – tatsächlich in die Haftanstalt einrücken, von wo aus er allerdings nach Kräften mit den anderen Vorstandsmitgliedern der SRP Kontakt pflegte.[167]

Die SRP-Führung nutzte unterdessen in Abstimmung mit *Remer* die Bestürzung der SRP-Sympathisanten über die Verhaftung ihres Parteihelden zur Sammlung einer „Remer-Spende", um die maroden Parteifinanzen zu verbes-

---

[166] „Beleidigungsklage Bundesrepublik contra Remer", in: Bremer Nachrichten v. 26.05.1951, auch in National Archives (UK), FO 1008/14, 5/3/62/51.

[167] United Press 106 Inland v. 25.01.1952, BA, B 141, Nr. 207 berichtet von etwa 15 Besuchen der SRP-Vorstandsmitglieder bei *Remer,* um Angelegenheiten der Partei zu besprechen; zu *Remers* dort geleistetem Beitrag zur Verteidigungsstrategie der SRP vor dem BVerfG oben S. 269.

sern. Die vier Monate währende Sammlung sollte nicht nur „SRP-Mitglieder und Interessenten [...] pausenlos an die Herausforderung durch die Inhaftierung erinner[n] und die Gemüter am Kochen" halten, sondern vor allem die Mittel beschaffen, um endlich die SRP-Zeitung „Deutsche Opposition" zu einem ernstzunehmenden Propagandaorgan der „nationalen Mission" ausbauen zu können, wie sie einst *Hitler* in Form der *Hugenberg*-Presse besessen habe.[168] In ihrem Weihnachtsrundschreiben an die Parteimitglieder stilisierte die SRP-Parteiführung *Remer* daher regelrecht zum Märtyrer, der die Gefängnishaft auf sich genommen habe, so wie er im Krieg „als einer der tapfersten Soldaten bis zum letzten Augenblick sein Leben eingesetzt" habe.[169]

b) „Der 20. Juli 1944 vor Gericht" – Der Braunschweiger Remer-Prozess

Für die mündliche Verhandlung im zweiten Strafprozess gegen *Remer,* der am 7. März 1952 vor dem LG Braunschweig begann, musste das SRP-Zugpferd aus der noch andauernden Haft vorgeführt werden. Gegenstand dieses Strafverfahrens waren ganz anders gerichtete Äußerungen *Remers* als diejenigen des Verdener Verfahrens, was wesentlich dazu beitrug, dass es, anders als das heute kaum noch bekannte Verdener Urteil, für die justizielle Aufarbeitung der NS-Vergangenheit grundlegende Bedeutung erlangen sollte:[170] Eigentlich handelte es sich um einen Strafprozess wegen eines rechtsextrem motivierten Meinungsdelikts.[171] Dieser wurde aber von Generalstaatsanwalt *Fritz Bauer* (1903–1968) geschickt juristisch-politisch hochgezont, um eine positive Neubewertung des Widerstands des 20. Juli 1944 und – damit eng verbunden – auch eine justizielle Charakterisierung des „Dritten Reichs" als Unrechtsstaat zu erreichen.[172] *Remer,* der allseits als der Offizier bekannt war, der den 20. Juli 1944 in Berlin niedergeschlagen hatte, hatte im niedersächsischen Wahlkampf wiederholt die – wie er formulierte – „sogenannten Widerstandskämpfer" des 20. Juli herabgewürdigt und am 3. Mai 1951, in der heißen Phase drei Tage vor der Wahl, vor 1.000 Zuhörern im Braunschweiger „Schützenhaus" unter anderem erklärt:

---

[168] Vgl. den später bei *Remer* beschlagnahmten „Vermerk 'D. O.' / ‚Reichszeitung'", undatiert, BA, B 104, Nr. 6, Bl. 5 ff. (insbesondere Bl. 10); zum verzweifelten Bemühen der Parteileitung um die Förderung der „Deutschen Opposition" auch: SRP 1. Vorsitzender v. 31.12.1951/09.01.1952, BA, B 104, Nr. 65, Bl. 46.

[169] SRP-Weihnachtsrundschreiben 1951, BA, B 104, Nr. 71, Bl. 77.

[170] Grundlegend: *R. Wassermann,* Zur juristischen Bewertung des 20. Juli 1944, in: Recht und Politik 2/1984, 68 ff.

[171] *F. Gress/H.-G. Jaschke,* Politische Justiz gegen rechts, in: Eisfeld/Müller, Gegen Barbarei, 1989, S. 453 (453 ff.).

[172] *F. Gress/H.-G. Jaschke,* Politische Justiz gegen rechts, in: Eisfeld/Müller, Gegen Barbarei, 1989, S. 453 (459 ff.); *D. Geile,* Der Remer-Mythos in der frühen Bundesrepublik, Magisterarbeit Göttingen 1993, S. 117 ff.

„Diese Verschwörer sind zum Teil in starkem Maße Landesverräter gewesen, die vom Auslande bezahlt wurden. Sie können Gift darauf nehmen, diese Landesverräter werden eines Tages vor einem deutschen Gericht sich zu verantworten haben“.[173]

Remers Ausführungen fügten sich perfekt in die Propaganda der SRP ein, die seit Längerem an einer neuen Dolchstoßlegende arbeitete und den früheren Generalmajor, als „Verhinderer des 20. Juli“, zum eidtreuen Gegenmodell zu den „Landesverrätern des 20. Juli“ stilisierte.[174] Auch der Vorwurf des „Landesverrates“ war ganz bewusst gewählt. Während bloßen Hochverrätern nämlich oft noch hehre Motive für ihr Handeln zugebilligt wurden, implizierte Landesverrat niedere Motive wie Selbstsucht oder Geldgier.[175] *Remers* Vorwürfe fielen damals auf fruchtbaren Boden, wurden die Männer des 20. Juli in der Bevölkerung doch noch überwiegend als eidbrüchige Verräter angesehen[176] und hatte die Debatte um die Legitimation des Widerstandes mit der Wiederbewaffnungsdiskussion einen rasanten Aufschwung erfahren. Das skrupulöse Bundeskabinett hatte sich in seiner Sitzung unmittelbar nach den Landtagswahlen, am 8. Mai 1951, auch vor diesem Hintergrund lediglich unverbindlich auf eine Prüfung geeinigt, ob *Remer* wegen dieser Äußerung nicht einer strafgerichtlichen Verfolgung unterzogen werden sollte.[177] Diese zögerliche Haltung war nicht zuletzt darauf zurückzuführen, dass man es sich nicht mit den Soldaten- und Traditionsverbänden verderben wollte, die den als eidbrüchig betrachteten Protagonisten des 20. Juli ganz überwiegend ablehnend gegenüberstanden, auf die man aber im Rahmen der deutschen Wiederbewaffnung angewiesen zu sein glaubte.[178] Bundesinnenminister *Lehr,* dem die Haltung des Kabinetts zu skrupulös erschienen war, hatte daher schließlich – nach persönlicher Beratung durch *Dehler*[179] – einmal mehr

---

[173] *F. Gress/H.-G. Jaschke,* Politische Justiz gegen rechts, in: Eisfeld/Müller, Gegen Barbarei, 1989, S. 453 (455 f.).

[174] *H. Hansen,* Die SRP und der Rechtsextremismus, in: Becker/Bongartz, Die weltanschaulichen Grundlagen des NS-Regimes, 2011, S. 165 (169); *K. E. Pollmann,* Traditionen des Rechtsradikalismus, in: Weisbrod, Rechtsradikalismus in der politischen Kultur, 1995, S. 231 (246 f.).

[175] *H. Hansen,* Die SRP und der Rechtsextremismus, in: Becker/Bongartz, Die weltanschaulichen Grundlagen des NS-Regimes, 2011, S. 165 (169 f.).

[176] Dazu etwa die Zitate bei *M. Meusch,* Von der Diktatur, 2001, S. 67 ff.

[177] Kabinettsprotokolle 1951, S. 371 (08.05.1951).

[178] *H. Hansen,* Die Sozialistische Reichspartei, 2007, S. 235 m.w.N.; zur Rolle der Soldatenverbände bei der Relegitimierung der deutschen Militärtradition vor dem Hintergrund der Wiederbewaffnungsdebatte: *B.-O. Manig,* Die Politik der Ehre, 2004, insbesondere S. 197 ff., 303 ff.

[179] *Lehr* bat *Dehler* unter dem 30.05.1951 (BA, B 106, Nr. 15551) um Prüfung der Erfolgsaussichten eines Strafantrags gegen Remer. *Dehler* wies *Lehr* unter dem 15.06.1951 (BA, B 106, Nr. 15551) auf Beweisschwierigkeiten hin, hielt aber zumindest *Remers* Äußerung v. 08.01.1951 für beweisbar. Dem Schreiben war ein im BMJ erstellter Entwurf eines Strafantrags beigefügt, der auch die nach *Dehlers* Auffassung schwer zu

selbst Nägel mit Köpfen gemacht und am 20. Juni 1951 Strafantrag gegen *Remer* gestellt.[180]

Mit den staatsanwaltlichen Ermittlungen in diesem Fall war der berüchtigte Oberstaatsanwalt *Erich Günther Topf* (1904–1983) betraut. *Topf,* von 1936–1939 SA-Sturmmann bzw. -Rottenführer und ab 1938 NSDAP-Mitglied, war im Sommer 1947 nach Einstufung in der Entnazifizierung in Gruppe V („entlastet") wieder als Staatsanwalt in Kiel eingestellt worden und dort 1948 zum Ersten Staatsanwalt aufgestiegen.[181] Im März 1949 wurde er dann als Oberstaatsanwalt in Braunschweig eingesetzt, obwohl die britischen Besatzungsbehörden zunächst deutlich von seiner Ernennung abgeraten hatten.[182] *Topf* übersandte *Lehr* am 29. September 1951 die Ermittlungsakten gegen *Remer* zur Prüfung mit dem Hinweis, dass eine Anklageerhebung „keine Aussicht auf einen sicheren Erfolg" biete.[183] Eine bislang unbeachtete Quelle aus dem Innenministerium belegt, dass *Lehr* daraufhin tatsächlich dazu tendierte, das Verfahren nicht weiterzuverfolgen.[184] Dass diese Geschichte hier nicht als ein weiterer sprichwörtlicher „Fall Topf" ein vorzeitiges unrühmliches Ende fand, war ein persönliches Verdienst *Fritz Bauers*, dem an einer Rehabilitierung der damals überwiegend negativ konnotierten Widerstandsidee gelegen war und der später vor allem als Initiator des Frankfurter Auschwitzprozesses Rechtsgeschichte schreiben sollte.[185] *Bauer,* als Jude und engagierter Sozialdemokrat selbst NS-Verfolgter und nunmehr Generalstaatsanwalt in Braunschweig, war der ihm untergeordnete Oberstaatsanwalt *Topf* bereits seit längerem ein Dorn im Auge.[186] Als *Bauer* von *Lehrs* Anzeige Kenntnis erlangte, erkannte er schnell deren Potential und nahm sich ihrer daher persönlich an.[187] Bereits wenige Tage später, am 8. Oktober 1951, teilte er dem Innenminister mit, dass er die Auffassung des Oberstaatsanwalts

---

beweisenden Äußerungen enthielt, so dass *Lehr* entscheiden konnte, ob er auch diese zur Anzeige bringen wollte. *Lehrs* Strafantrag v. 20.06.1951 (BA, B 106, Nr. 15551) umfasste dann auch *Remers* Äußerungen aus dem April/Mai 1951.

[180] Lehr, Strafantrag v. 20.06.1951 (Abschrift), BA, B 106, Nr. 15551.

[181] *C. Fröhlich,* Braunschweiger Remer-Prozess, in: KZ-Gedenkstätte Neuengamme (Hrsg.), Schuldig, 2005, S. 17 (19).

[182] *C. Fröhlich,* Braunschweiger Remer-Prozess, in: KZ-Gedenkstätte Neuengamme (Hrsg.), Schuldig, 2005, S. 17 (20).

[183] Topf an Lehr (persönlich) v. 29.09.1951, BA, B 106, Nr. 15551; *C. Fröhlich,* „Wider die Tabuisierung des Ungehorsams", 2006, S. 34; *I. Wojak,* Fritz Bauer, 2009, S. 266.

[184] Ministerbüro v. 04.10.1951, BA, B 106, Nr. 15551: „Herr Minister bittet um Prüfung, er neigt zur Auffassung des Herrn Oberstaatsanwalts".

[185] *M. Meusch,* Von der Diktatur, 2001, S. 67 ff.; umfassend zu *Fritz Bauer: I. Wojak,* Fritz Bauer, 2009; *R. Steinke,* Fritz Bauer, 2. Aufl. 2013.

[186] *I. Wojak,* Fritz Bauer, 2009, S. 266 ff.

[187] *C. Fröhlich,* „Wider die Tabuisierung des Ungehorsams", 2006, S. 33 ff.; *N. Frei,* Vergangenheitspolitik, 2. Aufl. 1997, S. 348.

nicht teile.[188] *Lehr* änderte daraufhin umgehend seine Meinung und ließ *Topf* vier Tage später unter Hinweis auf *Bauers* Schreiben wissen, dass er eine Strafverfolgung *Remers* für geboten halte:

„Ich fühle mich, auch wenn ich selbst nicht unmittelbar mit dem Ausland in Beziehung stand, als Angehöriger des Gördeler-Kreises durch die Ausführungen Remers beleidigt und halte meinen Strafantrag aufrecht." [189]

Da *Topf* allerdings ebenfalls nicht geneigt war, von seiner Linie Abstand zu nehmen, kam es zu einer intensiven Auseinandersetzung über die rechtliche Bewertung des Falles mit *Bauer.* Nach intensivem Hin und Her sah sich der Generalstaatsanwalt schließlich gezwungen, von seinem Weisungsrecht Gebrauch zu machen und wies *Topf* im November 1951 an, *Remer* wegen übler Nachrede (§ 186 StGB) anzuklagen.[190] Aus *Bauers* Sicht bot das Verfahren die Chance, nicht nur eine grundlegende Klärung und Neubewertung der im öffentlichen Bewusstsein hoch umstrittenen Ereignisse des 20. Juli 1944 herbeizuführen, sondern auch die Scharte des im In- und Ausland viel beachteten *Hedler*-Urteils auszuwetzen.[191]

Der DP-Bundestagsabgeordnete *Wolfgang Hedler* (1899–1986) war u.a. wegen ganz ähnlicher herabwürdigender Äußerungen über die Protagonisten des 20. Juli, die für die Niederlage Deutschlands verantwortlich gewesen seien, angeklagt, aber am 15. Februar 1950 in erster Instanz vom LG Kiel freigesprochen worden.[192] Problematisch war nicht zuletzt die Feststellung eines Richters gewesen, dass *Hedler* als Abgeordneter eine politische Meinung geäußert habe, über welche das Gericht ebenso wenig urteilen könne wie über die Widerstandskämpfer.[193] Damit war Herabwürdigungen des Widerstands potentiell Tür und Tor geöffnet, was wohl auch von den SRP-Oberen als Signal für eine Verschärfung ihrer Propaganda nicht nur gegenüber dem Widerstand, sondern auch gegenüber den demokrati-

---

[188] Generalstaatsanwalt bei dem OLG Braunschweig an Bundesinnenminister Lehr v. 08.10.1951 mit Anlage (Bauer an Niedersächsischer Minister der Justiz v. 08.10.1951), BA, B 106, Nr. 15551.

[189] BMdI an Oberstaatsanwalt bei dem OLG Braunschweig v. 12.10.1951, BA, B 106, Nr. 15551.

[190] Die Anklageschrift wurde *Lehr* am 18.11.1951 übersandt (Der Oberstaatsanwalt an Lehr v. 18.11.1951, BA, B 106, Nr. 15551); *D. Geile,* Der Remer-Mythos in der frühen Bundesrepublik, Magisterarbeit Göttingen 1993, S. 118 ff.; *C. Fröhlich,* „Wider die Tabuisierung des Ungehorsams", 2006, S. 35 ff.

[191] *C. Fröhlich,* „Wider die Tabuisierung des Ungehorsams", 2006, S. 34; *R. Steinke,* Fritz Bauer, 2. Aufl. 2013, S. 135 ff.

[192] Die Äußerungen waren in einer rechtsextrem und antisemitisch geprägten Rede *Hedlers* am 27.11.1949 in Neumünster gefallen; zum Fall *Hedler: M. Jenke,* Verschwörung von rechts?, 1961, S. 124 ff.; *N. Frei,* Vergangenheitspolitik, 2. Aufl. 1997, S. 309 ff.; *H. Buschke,* Deutsche Presse, 2003, S. 115 ff.; *S. Ullrich,* Der Weimar-Komplex, 2009, insbesondere S. 352 ff.; *M. Lausberg,* Die extreme Rechte in NRW, 2012, S. 72 ff.; *K. v. Harbou,* Als Deutschland seine Seele retten wollte, 2015, S. 265 ff.

[193] *C. Fröhlich,* Braunschweiger Remer-Prozess, in: KZ-Gedenkstätte Neuengamme (Hrsg.), Schuldig, 2005, S. 17 (18).

schen Politikern der Bundesrepublik verstanden wurde.[194] Der Fall *Hedler* erregte nicht zuletzt aus dem Grund besonderes Aufsehen, dass *Hedler* zum Zeitpunkt seiner Äußerung Bundestagsabgeordneter einer Partei gewesen war, die der Bundesregierung angehörte. Nachdem *Hedlers* Freispruch hohe Wellen geschlagen hatte, war er allerdings schließlich am 20. Juli 1951 in der Berufungsinstanz zu neun Monaten Haft verurteilt worden.[195]

Im Herbst 1951 hatte dann die Einstellung des Ermittlungsverfahrens gegen den schon erwähnten früheren Militärrichter und NS-Ankläger beim Reichskriegsgericht *Manfred Roeder* (1900–1971) national und international Aufsehen erregt. Bestürzung hatte vor allem die Tatsache hervorgerufen, dass der zuständige Staatsanwalt die Verfahrenseinstellung auf die aus heutiger Sicht unerhörte Behauptung gestützt hatte, dass etwa *Dietrich Bonhoeffer, Hans von Dohnanyi* und die Gruppe des 20. Juli „in umfassendem Maße Landesverrat und Spionage betrieben" hätten.[196]

Im Bewusstsein, dass insbesondere nach der Blamage des *Hedler*-Verfahrens, in dem die als Zeugen vernommenen Mitglieder des Widerstands in eine defensive Rolle gedrängt worden waren,[197] nichts dem Zufall überlassen werden durfte, übernahm *Bauer* das *Remer*-Verfahren höchstpersönlich:[198] Während er eine Reihe prominenter Persönlichkeiten aus dem Widerstand des 20. Juli und dessen Umfeld überzeugte, das Verfahren als Kläger oder Zeugen zu unterstützen, bat er Angehörige kommunistischer Widerstandskreise, ihre Strafanträge zurückzunehmen.[199] *Bauer* befürchtete nämlich, dass deren Engagement dem *Remer*-Verfahren – angesichts von Kaltem Krieg und grassierendem Antikommunismus – mehr schaden als nutzen würde, zumal der Vorsitzende Richter *Joachim Heppe* als Offizier in Stalingrad gekämpft hatte.[200] Obwohl *Bauer* eigentlich an einer Rehabilitation des gesamten Widerstandes gelegen war, konzentrierte er sich im *Remer*-Verfahren daher aus taktischen Gründen ganz auf den Widerstand des 20. Juli, für den zuvor, am

---

[194] *H. Hansen,* Sozialistische Reichspartei, 2007, S. 139.

[195] Wegen öffentlicher Beleidigung in Tateinheit mit öffentlicher Verunglimpfung des Andenkens Verstorbener; *M. Lausberg,* Die extreme Rechte in NRW, 2012, S. 74.

[196] *C. Fröhlich,* Braunschweiger Remer-Prozess, in: KZ-Gedenkstätte Neuengamme (Hrsg.), Schuldig, 2005, S. 17 (19).

[197] Instruktiv dazu der Augenzeugenbericht über das Berufungsverfahren der Historikerin *Eva Reichmann,* Germany's New Nazis, August 1951, S. 2 ff., National Archives (UK), FO 1008/15.

[198] Nach § 145 GVG; *C. Fröhlich,* „Wider die Tabuisierung des Ungehorsams", 2006, S. 37 f.

[199] *I. Wojak,* Fritz Bauer, 2009, S. 268.

[200] *I. Wojak,* Fritz Bauer, 2009, S. 268; zum Zwiespalt des vorsitzenden Richters, den dieser im Prozess selbst zur Sprache brachte: *C. Fröhlich,* „Wider die Tabuisierung des Ungehorsams", 2006, S. 66.

2. Oktober 1951, bereits die Bundesregierung – wenn auch auf Druck der Alliierten – eine Ehrenerklärung abgegeben hatte.[201]

In strafrechtlicher Hinsicht entschied sich *Bauer* für eine Anklage wegen übler Nachrede gem. § 186 StGB. Dies war von großer Bedeutung, da damit – anders als bei einer Anklage wegen Beleidigung gem. § 185 StGB – auch der Wahrheitsgehalt der vom Angeklagten erhobenen Behauptung Gegenstand des Prozesses war.[202] Dies hatte wiederum zur Folge, dass letztlich die Vorgänge des 20. Juli „vor Gericht standen". Dass *Bauer* genau dies beabsichtigte, machten nicht nur entsprechende Äußerungen des Generalstaatsanwalts in der Presse deutlich. Für die Prozessführung war viel wichtiger, dass *Bauer* bei angesehenen Wissenschaftlern nicht nur moraltheologische Gutachten zu der im Strafverfahren entscheidungserheblichen Frage der Legitimität von Widerstand im Allgemeinen einholte.[203] Vielmehr ließ er auch historische und militärische Gutachten u.a. zu den konkreten Motiven der Widerstandskämpfer, zum Ablauf der Ereignisse am 20. Juli 1944 und zur damaligen Kriegslage erstellen, um der zu erwartenden Verteidigungsstrategie von *Remers* Anwälten den Boden zu entziehen.

Entsprechend hoch waren die Erwartungen der zahlreich zum Prozess angereisten Medienvertreter, die das *Remer*-Strafverfahren vor dem LG Braunschweig ganz im Sinne des Generalstaatsanwalts von Anfang an als „Prozess um den 20. Juli" einordneten.[204] Nicht ganz so glücklich mit dieser Hochzonung des Strafverfahrens war der Vorsitzende Richter *Joachim Heppe*, der während der Hauptverhandlung mehrfach mit *Bauer* aneinandergeriet und – juristisch zutreffend – zu bedenken gab, dass ein Strafprozess, in dem es um die individuelle Schuld des Angeklagten gehe, kein Ehrenverfahren für die Widerstandskämpfer sei. *Bauers* mit Spannung erwartetes Plädoyer am drit-

---

[201] Zu der Ehrenerklärung, auf die *Bauer* in seiner Klageschrift verwies, und deren Hintergrund: *C. Fröhlich,* „Wider die Tabuisierung des Ungehorsams", 2006, S. 69 f.

[202] *C. Fröhlich,* Braunschweiger Remer-Prozess, in: KZ-Gedenkstätte Neuengamme (Hrsg.), Schuldig, 2005, S. 17 (21); *R. Steinke,* Fritz Bauer, 2. Aufl. 2013, S. 135 f.

[203] Zu den Gutachten etwa *M. Meusch,* Von der Diktatur, 2001, S. 70 f.; die Gutachten wurden am 20.07.1952 in der Sonderausgabe der Zeitschrift Das Parlament „Die Wahrheit über den 20. Juli 1944" sowie in der darauf beruhenden, von der Bundeszentrale für Heimatdienst herausgegebenen Buchpublikation „20. Juli 1944" auszugsweise veröffentlicht. Von den Verfassern durchgesehene Versionen der Gutachten sind abgedruckt in: Kraus, Remerprozeß, 1953, S. 9 ff.

[204] So der Titel des zeitnahen Berichts von *R. Proske,* Prozeß um den 20. Juli, in: Der Monat 43 (1952), 16 ff.; der FAZ-Bericht v. 10.03.1952 über den zweiten Verhandlungstag (auch in BA, B 106, Nr. 15551) ist überschrieben mit „Remer wird zur Randfigur des Prozesses – die Probleme des 20. Juli rücken in den Mittelpunkt des Braunschweiger Verfahrens"; *C. Fröhlich,* „Wider die Tabuisierung des Ungehorsams", 2006, S. 33; *H.-G. Jaschke,* Streitbare Demokratie und Innere Sicherheit, 1991, S. 146 spricht davon, dass die Umstände des Verfahrens die Überlegung nahe legten, dass es „sich um einen Schauprozeß gehandelt hat".

Abb. 23: Remer (links) am 08.03.1952 vor dem LG Braunschweig mit seinen Verteidigern Wehage und Noack (halb verdeckt)

ten Verhandlungstag sollte sein Ziel dann allerdings nicht verfehlen, indem es das gerichtliche Verdikt maßgeblich prägte, in welchem *Remer* am 15. März 1952 zu einer weiteren dreimonatigen Gefängnisstrafe verurteilt wurde.[205] Für die justizielle aber auch gesamtgesellschaftliche Aufarbeitung des überwundenen Nationalsozialismus im Allgemeinen war noch viel wichtiger, dass die Richter *Bauers* Beurteilung des Widerstands vom 20. Juli als legitim und seine Charakterisierung des „Dritten Reichs" als Unrechtsstaat in ihrem Urteil übernahmen.[206] Allerdings folgten die Richter *Bauer* längst nicht in allen Punkten:[207] So vermieden sie zu dessen Enttäuschung insbesondere die weiter reichende Schlussfolgerung, dass ein solcher Unrechtsstaat überhaupt nicht hochverratsfähig gewesen sei.[208]

Langfristig erwies sich das Urteil indes vor allem als Meilenstein für eine positive Einordnung des 20. Juli in der Öffentlichkeit.[209] Zwar umgingen die Richter die angesichts der damals emotional diskutierten Wiederbewaffnung

---

[205] LG Braunschweig, Az. 1 K Ms 13/51, Urt. v. 15.03.1952, BA, B 106, Nr. 15551; Abschrift auch in StAHH, 621–1 144 (NDR), 530; abgedruckt in: Kraus, Remerprozeß, 1953, S. 105–136.

[206] Vgl. *C. Fröhlich,* „Wider die Tabuisierung des Ungehorsams", 2006, S. 38 f.

[207] *B. Burghardt,* Vor 60 Jahren, in: JoJZG 6 (2012), 47 (50, 53 ff.).

[208] LG Braunschweig, Urt. v. 15.3.1952, in: Kraus, Remerprozeß, 1953, S. 105 (121 ff., 133); *N. Frei,* Vergangenheitspolitik, 2. Aufl. 1997, S. 349 f.; *M. Meusch,* Von der Diktatur, 2001, S. 75 ff., 78; zu dem aus *Bauers* Sicht ambivalenten Ertrag des Prozesses: *C. Fröhlich,* „Wider die Tabuisierung des Ungehorsams", 2006, S. 123 f.

[209] *C. Fröhlich,* „Wider die Tabuisierung des Ungehorsams", 2006, S. 38 ff.

besonders heikle Frage eines möglichen Eidbruchs der militärischen Mitglieder des Widerstands, doch stellten sie im Urteil u.a. unzweideutig fest, dass

> „die Widerstandskämpfer des 20. Juli 1944, mögen bei den Einzelnen nun christliche, rechtliche, soldatische oder soziale Erwägungen auslösend gewirkt haben, durchweg aus heißer Vaterlandsliebe und selbstlosem, bis zur bedenkenlosen Selbstaufopferung gehendem Verantwortungsbewußtsein gegenüber ihrem Volk die Beseitigung Hitlers und damit des von ihm geführten Regimes erstrebt" hätten.[210]

Die Männer des 20. Juli 1944 seien „in nahezu vollständiger Geschlossenheit eben keine Landesverräter gewesen",[211] wie dies *Remer* behauptet hatte. Die in solch klaren Wertungen begründete Ausstrahlungskraft des Urteils für eine Beseitigung der im Volk verbreiteten Mythen über den 20. Juli 1944 wurde publizistisch verstärkt, indem programmatisch am 20. Juli 1952, also am Jahrestag des Attentats sowie kurz nach Schließung der mündlichen Verhandlung im SRP-Verbotsverfahren vor dem BVerfG, eine 32-seitige Sonderausgabe der Wochenzeitschrift „Das Parlament" zu diesem Thema veröffentlicht wurde. Unter dem Titel „Die Wahrheit über den 20. Juli 1944" stellte diese mit einem Geleitwort von Bundesinnenminister *Lehr* versehene und in umfangreiches Fotomaterial eingebettete Veröffentlichung effektvoll Augenzeugenberichte von Akteuren und biographische Skizzen über die Widerstandskämpfer zusammen und ergänzte diese durch Auszüge aus den im Remer-Prozess erstatteten Gutachten.[212] Diese publizistische Aufbereitung diente der Bundesregierung nicht zuletzt auch dazu, den erheblichen Legitimationsgewinn, der für die junge Bundesrepublik mit dem vor einem Gericht, als einer unabhängigen deutschen Institution, erzielten Erfolg gegen den organisierten Rechtsextremismus verbunden war, insbesondere im Verhältnis gegenüber den Westalliierten weiter zu erhöhen.[213]

c) Remers Flucht ins Ausland

Hier sei vorweggenommen, dass sich der vom LG Braunschweig nach langer Beratung[214] wegen übler Nachrede in Tateinheit mit Verunglimpfung des

---

[210] LG Braunschweig, Urt. v. 15.03.1952, in: Kraus, Remerprozeß, 1953, S. 105 (128).

[211] LG Braunschweig, Urt. v. 15.03.1952, in: Kraus, Remerprozeß, 1953, S. 105 (132).

[212] Das Parlament – Sondernummer v. 20.07.1952 „Die Wahrheit über den 20. Juli 1944". Später gab die Bundeszentrale für Heimatdienst, die 1963 in Bundeszentrale für politische Bildung umbenannt wurde, dann noch die schon erwähnte, ebenfalls von *Hans Royce* bearbeitete erweiterte Buchfassung mit dem Titel „20. Juli 1944" heraus.

[213] In diese Richtung auch *N. Frei,* Vergangenheitspolitik, 2. Aufl. 1997, S. 350 f., der dem Braunschweiger Urteil zu Recht unschätzbaren vergangenheitspolitischen Wert beimisst.

[214] *R. Proske,* Prozeß um den 20. Juli, in: Der Monat 43 (1952), 16 (20) berichtet, das Gericht habe an drei Tagen insgesamt 21 Stunden über das Urteil beraten.

Andenkens Verstorbener verurteilte *Remer*,[215] nachdem das Urteil mit der Revisionsentscheidung des BGH vom 11. Dezember 1952 rechtskräftig geworden und die SRP längst verboten worden war,[216] dem auf den 22. März 1953 angesetzten erneuten Haftantritt durch Flucht ins Ausland entziehen sollte:[217] Wie sich Geheimdienstberichten entnehmen lässt, begab er sich mithilfe des früheren NS-Wirtschaftsmanagers und SS-Standartenführers *Wilhelm Voss* (1896–1978), der seit März 1951 als deutscher Chefberater im ägyptischen Kriegsministerium für den Oberbefehlshaber der ägyptischen Streitkräfte und seit September 1952 ägyptischen Ministerpräsidenten General *Muhammad Nagib* (1901–1984) arbeitete und *Remer* bei der Ausbildung von Kommandoeinheiten für den Kampf gegen die Briten in der neutralisierten Suez-Kanalzone einsetzen wollte, vermutlich im März 1953 mit gefälschtem Pass zunächst nach Kairo.[218] Nachdem ihm die ägyptische Regierung mit Blick auf ihre Beziehungen zu Bonn allerdings eine Aufenthaltserlaubnis verweigert hatte, musste *Remer* im April 1953 Ägypten wieder verlassen und reiste mit Unterstützung des Jerusalemer Großmuftis und palästinensisch-arabischen Nationalisten *Mohammed Amin al-Husseini*[219] über Alexandria und Beirut nach Damaskus.[220] Da er dort allerdings nicht als Berater Fuß fassen konnte, kehrte er bereits wenige Wochen später nach Ägypten zurück, wo er zunächst nur vorübergehend geduldet werden sollte, bis er eine Weiterreise nach Spanien oder Südamerika organisiert hätte.[221] Nachdem er sich im Juli 1953 vorübergehend um eine Stellung als Vertreter für die Lieferung von

---

[215] Daneben hatte *Remer* die Kosten des Verfahrens i.H.v. 14.000 DM zu tragen, *R. Proske,* Prozeß um den 20. Juli, in: Der Monat 43 (1952), 16 (21).

[216] BGH, Az. 5 StR 707/52, Ausfertigung in BA, B 106, Nr. 15551; zu der von *Bauer* als inhaltslos kritisierten Revisionsentscheidung des BGH: *C. Fröhlich,* „Wider die Tabuisierung des Ungehorsams", 2006, S. 122.

[217] Anon. to Chief, NEA v. 27.04.1953, National Archives (USA), 590 / 263, Id: 26253872; Vermerk ref […] -126; NECA-469 v. 29.04.1953, National Archives (USA), 590 / 263, Id: 26253872; Auswärtiges Amt, Schnellbriefe v. 08.04.1953 und 16.04.1953, BA, B 106, Nr. 15551; Egidi an Dehler v. 09.04.1953, BA, B 106, Nr. 15551; Dehler an Egidi v. 13.04.1953, BA, B 106, Nr. 15551; *D. Geile,* Der Remer-Mythos in der frühen Bundesrepublik, Magisterarbeit Göttingen 1993, S. 141 f.; *N. Frei,* Vergangenheitspolitik, 2. Aufl. 1997, S. 350 Fn. 97.

[218] Vermerk FBIS from London, 21.05.1953, National Archives (USA), 590 / 263, Id: 26253872; CIA Report No. CS DB-5023 v. 11.05.1953 (secret), National Archives (USA), 590 / 263, Id: 26253872.

[219] Auch bekannt als *Haj Amin al-Hussaini;* zum Ganzen die US-Geheimdienstdokumente aus dem April 1953, z.B. USARMA Cairo to DEPTAR Wash DC for G2 v. 15.04.1952, in: National Archives (USA), 590 / 263, Id: 26253872.

[220] Vermerk „Egypt – Expulsion of Otto Remer" v. 02.08.1953 (secret), National Archives (USA), 590 / 263, Id: 26253872; Anon. to Chief, NEA v. 27.04.1953, National Archives (USA), 590 / 263, Id: 26253872.

[221] Vermerk „Egypt – Expulsion of Otto Remer" v. 02.08.1953 (secret), National Archives (USA), 590 / 263, Id: 26253872.

Maschinenteilen aus Österreich nach Ägypten bemüht hatte, wurde er jedoch schließlich bis in den Herbst 1954 in Ägypten toleriert. Er erhielt dort sogar monatliche Zahlungen von der ägyptischen Armee[222] und empfing in Kairo schlussendlich gar seinen inzwischen von *Otto John* für den Verfassungsschutz angeworbenen SRP-Mitstreiter *Fritz Dorls.*[223] Dieser sammelte dort unter dem Namen *Günter Böttcher* für das Bundesamt Beweise gegen den deutschen Kaufmann *Joachim Hertslet,*[224] der von der Bundesregierung wegen seiner Agitation gegen die deutsch-israelischen Wiedergutmachungsverhandlungen in Arabien des Landesverrats verdächtigt wurde.[225] Als *Remer* dann allerdings im September 1954 nach Deutschland zurückkehrte und sich der Polizei stellte, wurde seine Strafe schließlich auf nur noch einen Monat Reststrafe korrigiert, da im Braunschweiger Strafurteil versäumt worden war, eine Gesamtstrafe mit der seinerzeit noch nicht vollständig abgesessenen Haftstrafe aufgrund des Verdener Urteils zu bilden.[226]

3. Strafurteile gegen andere SRP-Politiker

Die Verurteilungen *Otto Ernst Remers* bieten Gelegenheit, einen zusammenfassenden Blick auf Strafverfahren gegen andere SRP-Politiker zu werfen: Obwohl die Bundesregierung Strafanträge und Strafanzeigen gegen SRP-Politiker aus den genannten taktischen Gründen zunächst insgesamt eher zurückhaltend zum Einsatz brachte und auch zahlreiche Verfahren aus dem einen oder anderen Grund eingestellt wurden,[227] konnte das BMJ im Juli 1951

[222] Vermerk US Mil Att Cairo v. 26.06.1954, National Archives (USA), 590 / 263, Id: 26253872; Vermerk OARMA Egypt v. 18.09.1954, National Archives (USA), 590 / 263, Id: 26253872.

[223] Als *Dorls* am 17.09.1955 in Brilon festgenommen wurde, verfügte er u.a. über einen ägyptischen Personalausweis auf den Namen „Günter Böttcher" und erklärte auf Befragen, dass er sich etwa zehn Monate in Ägypten aufgehalten habe, Regierungspräsident Arnsberg an Innenminister-NRW v. 28.09.1955 (vertraulich), LAV-NRW, NW 308, 261, Bl. 206 ff.; auf Kontakte *Gerhard Krügers* mit *John,* aber auch mit dem Präsidenten des antikommunistischen Volksbunds für Frieden und Freiheit (VFF) *Jürgen Hahn-Butry* (1899–1976) verwiesen britische Geheimdienstquellen bereits seit Sommer 1951: Extract from Outgoing Secret Saving Telegram from Hannover (No. 86) to Wahnerheide of 12th July, National Archives (UK), FO 1008/14, 5/3/100A/51; Chief Political Officer, Land Commissioner's Office, Hamburg, to Directorate of Security, HQ Intelligence Division, Herford, 29.09.1951 (secret), National Archives (UK), FO 1008/15.

[224] Zu *Hertslet* etwa *Y. A. Jelinek,* Deutschland und Israel 1945–1965, 2004, S. 219.

[225] „Hertslet – Umgang mit der Macht", in: Spiegel 6/1967 v. 30.01.1967, S. 30 (31) (http://magazin.spiegel.de/EpubDelivery/spiegel/pdf/45549373); *H. Hansen,* Sozialistische Reichspartei, 2007, S. 282.

[226] Zum Fortgang des Grundrechtsverwirkungsverfahrens gegen *Remer* unten S. 299 ff.

[227] Oben S. 165 f.

immerhin von 25 anhängigen Verfahren berichten.[228] Verurteilt wurden schließlich aus dem Führungskreis neben *Remer* u.a. *Fritz Dorls,*[229] der zweite SRP-Bundestagsabgeordnete *Franz Richter/Rößler,* der am 20. Juli 1951 vor dem LG Hildesheim u.a. wegen übler Nachrede gegenüber mehreren Landesministern eine Gefängnisstrafe von vier Monaten erhielt,[230] sowie der frühere „Generalarbeitsführer" *Ulrich von Bothmer,* in dessen Fall das LG Braunschweig am 10. August 1951 auf eine Gefängnisstrafe von vier Monaten erkannte.[231] Weitere Beispiele betreffen den nordrhein-westfälischen SRP-Vorsitzenden *Heinrich Keseberg,* der 1952 wegen Beleidigung *Kurt Schumachers* verurteilt wurde,[232] seinen Nachfolger *Günther Demolsky,*[233] der Ende Juni 1951 infolge seiner Beteiligung an Ausschreitungen im Rahmen der NRW-Landtagswahlen 1950 eine Freiheitsstrafe von zehn Monaten wegen Landfriedensbruchs erhielt,[234] den Wolfenbütteler SRP-Vorsitzenden *Erich Schmidt,* der am 20. Juli 1951 wegen Verunglimpfung des Staates durch Herabreißen und Entwenden der Bundesfahne zu einer Freiheitsstrafe von fünf Monaten verurteilt wurde,[235] den niedersächsischen SRP-Redner

---

[228] Kabinettsprotokolle 1951, S. 419 f. Fn. 35; zu weiteren Verurteilungen auch *O. Büsch,* Geschichte, in: Büsch/Furth, Rechtsradikalismus, 1957, S. 1 (181 f.).

[229] Zu *Dorls* Verurteilung u.a. wegen Beleidigung zu 14 Monaten Gefängnis im Jahr 1957 (LG Dortmund, 18 KMs 6/55, LAV-NRW, NW 377, 2540, Bl. 88 ff.), die 1964 auf sieben Monate herabgesetzt wurden (LG Dortmund, Az. KMs 93/62, Abschrift in LAV-NRW, NW 377, 2540, Bl. 206 ff.), unten S. 432; zum Ermittlungsverfahren wegen Betrugs gegen *Dorls* aufgrund des Vorwurfs unrechtmäßiger Abrechnung von Kilometergeldern als Bundestagsabgeordneter im Zusammenwirken u.a. mit *Gerhard Krüger,* der ihn angeblich chauffiert habe, LAV-NRW, NW 377, 1673, Bl. 1 ff.

[230] Extract from Hanover Telegram No. 91, 26.07.1951, National Archives (UK), FO 1008/15, 5/3/106/51; *O. Büsch,* Geschichte, in: Büsch/Furth, Rechtsradikalismus, 1957, S. 1 (181); zu *Rößlers* späterer Verurteilung nach seiner Enttarnung bereits oben S. 281 f.

[231] U.a. wegen übler Nachrede in Tateinheit mit Beleidigung; vgl. bereits oben S. 164 f.; Hanover Telegram No. 98 (secret), 16.08.1951, National Archives (UK), FO 1008/15.

[232] *Keseberg* wurde am 04.04.1952 von der Großen Strafkammer des LG Wuppertal wegen Beleidigung *Kurt Schumachers,* den er als „Kurtchen" und „Chefchen" verspottet hatte, zu einer Gefängnisstrafe von einem Monat verurteilt, LG Wuppertal, Az. 5 KMs 1/52 (10 VII), Abschrift in LAV-NRW, NW 377, 1845, Bl. 33 ff.

[233] The Split in the Sozialistische Reichspartei, NRW/CPO/PAS/3155/10, (confidential), National Archives (UK), FO 1008/14.

[234] Extract from Dusseldorf Weekly Sitrep. N. 34, 29.08.1951, National Archives (UK), FO 1008/15, 5/3/128/51; *Demolsky* wurde nach dem im Rahmen der Vermögenseinziehung der SRP von der Polizeibehörde Bochum erstellten Bericht 09/2 u.6 v. 28.01.1953, LAV-NRW, NW 308, 261, Bl. 145 f. am 13.12.1952 wegen guter Führung vorzeitig aus dem Gefängnis entlassen; *H. Hansen,* Sozialistische Reichspartei, 2007, S. 92.

[235] Extract from Hanover Telegram No. 91, 26.07.1951, National Archives (UK), FO 1008/15, 5/3/106/51; *Schmidt* wurde daraufhin aus der SRP ausgeschlossen und die SRP-Führung ordnete an, die Bundesfahne künftig zu respektieren; vgl. auch *O. Büsch,* Geschichte, in: Büsch/Furth, Rechtsradikalismus, 1957, S. 1 (182).

Fritz Negraßus, der am 7. November 1951 vom LG Verden drei Monate Gefängnis erhielt,[236] und *Hans Henning Kaps,* der im Februar 1952 wegen Verächtlichmachung der Bundesrepublik in dem von ihm geleiteten Blatt vom LG Hamburg zu drei Monaten Gefängnis verurteilt wurde.[237] Strafanzeigen und Strafanträge erwiesen sich so insgesamt neben polizei- und versammlungsrechtlichen Maßnahmen als zentrales juristisches Mittel zur Bekämpfung der SRP unterhalb der Schwelle zur Aktivierung der hochgezonten grundgesetzlichen Regelungen der Ephoralen Verfassung.

4. Fortgang des Grundrechtsverwirkungsverfahrens gegen Remer

In dem von der Bundesregierung eingeleiteten Grundrechtsverwirkungsverfahren gegen *Remer* signalisierte das BVerfG dem Bundeskabinett im Mai 1952, dass der Prozess erst nach dem SRP-Verbotsverfahren durchgeführt werden könne, da bei dem Ersten Senat inzwischen bereits 850 Verfahren anhängig seien.[238] Kurz zuvor hatte *Remers* Rechtsanwalt *Wehage* beim BVerfG eine Fristverlängerung für seine Stellungnahme zum Verwirkungsantrag beantragt. Begründet wurde der Verlängerungsantrag vor allem damit, dass *Remer* gerade als SRP-Kandidat bei den Bundestagsnachwahlen im Wahlbezirk Bremen-Nord/Bremerhaven engagiert sei. Zudem müsse er sich auf die am 19. und 20. Mai 1952 anstehende Hauptverhandlung in seinem Privatklageverfahren gegen den früheren Generalleutnant *Joachim von Tresckow* (1894–1958) vorbereiten, der 1950 behauptet hatte, *Remer* habe am Kriegsende bei seiner Flucht aus dem Osten seine Truppen im Stich gelassen.[239]

Joachim von Tresckow hatte bereits am Ersten Weltkrieg teilgenommen und war dort als Offizier u.a. mit dem Eisernen Kreuz ausgezeichnet worden. Im Zweiten Weltkrieg befehligte er u.a. die 328. Infanteriedivision der Wehrmacht an der Ostfront und wurde im September 1944 mit dem Ritterkreuz ausgezeichnet. Auf *Remers* Privatklage wurde *von Tresckow* aufgrund seiner Behauptung über *Remer* vom AG Bückeburg am 21. Mai 1952

---

[236] Kabinettsprotokolle 1951, S. 419 Fn. 34; *Negraßus* hatte am 02.03.1951 in Diepholz behauptet, die Bundesregierung verfüge für den Kriegsfall bereits über Fluchtquartiere in London. Das von *Negraßus* gegen das Strafurteil eingeleitete Revisionsverfahren führte im Jahr 1954 gem. § 2 Abs. 2 Straffreiheitsgesetz v. 17.07.1954 (BGBl. I S. 203) zur Verfahrenseinstellung.

[237] *O. Büsch,* Geschichte, in: Büsch/Furth, Rechtsradikalismus, 1957, S. 1 (182); zu weiteren Verurteilungen auch *P. Maxwill,* Mit Recht gegen rechts, 2016, S. 140.

[238] *O. Lenz,* Tagebuch 1951–1953, 1989, S. 349 (zum 27.05.1952).

[239] von Busch/Wehage an BVerfG v. 15.05.1952, BA, B 237, Nr. 97007, Bl. 32; *Remer* erhob auch Beleidigungsklage gegen den Bremischen Wirtschaftssenator *Hermann Wolters,* der *Remer* in einer Pressekonferenz im April 1951 einen feigen Deserteur genannt hatte, der sich am 16.04.1945 von seiner an der Elbe kämpfenden Division entfernt habe; umfangreiche Dokumente zu diesem Beleidigungsprozess, dessen mündliche Verhandlung in Abwesenheit *Remers* am 19.06.1953 in Bremen begann, finden sich in StAHB, 3-V.2.-2750 [8] Nr. 2 sowie 7, 143–6.

dann tatsächlich wegen Beleidigung und übler Nachrede zu einer Geldstrafe i.H.v. 70 DM verurteilt.[240]

BVerfG-Präsident *Höpker Aschoff* räumte *Remer* im Grundrechtsverwirkungsverfahren eine knapp bemessene Fristverlängerung bis 10. Juni 1952 ein und wies vorsorglich darauf hin, dass eine weitere Verlängerung „infolge der zeitlichen Dispositionen des 1. Senats nicht möglich" sei.[241] Nachdem *Höpker Aschoff* dann auch alle Landesregierungen um Übersendung dort ggf. vorhandener Akten über Redeverbote gegen *Remer* ersucht hatte,[242] ging *Wehages* Stellungnahme fristgemäß am 10. Juni 1952 beim BVerfG ein.[243] In dem 20-seitigen Schriftsatz, der die Grundrechtsverwirkung durchgängig verächtlich als „Bundesacht" bezeichnete und erwartungsgemäß den Antrag enthielt, die Anträge der Bundesregierung abzuweisen, gab *Wehage* zunächst seiner Verwunderung Ausdruck, dass „aus der gesamten Parteiführung der SRP nur ein Verfahren gegen Remer angestrengt wird, obwohl doch in dem Verfahren gegen die SRP insgesamt und auch gegen die gesamte Parteiführung ähnliche Vorwürfe wie jetzt gegen Remer erhoben worden sind."[244] Nicht nur dieses Vorbringen machte die enge Verbindung des Grundrechtsverwirkungsverfahrens mit dem Parteiverbotsverfahren deutlich, dessen mündliche Verhandlung kurz bevor stand. Inhaltlich wandte sich der Schriftsatz in erster Linie gegen die Behauptung, *Remer* sei Nationalsozialist, wobei auf das komplexe Entnazifizierungsverfahren des früheren Generalmajors Bezug genommen wurde.[245] Konkret verwies *Wehage* darauf, dass *Remer* lediglich als Gymnasiast dem Verein für das Deutschtum im Ausland (VDA) angehört und nach dem 20. Juli 1944 die goldene HJ-Nadel erhalten habe.[246] Er sei aber weder Mitglied der NSDAP, einer Gliederung derselben noch eines angeschlossenen Verbandes gewesen und habe sich auch nie im Dritten Reich oder später nationalsozialistisch betätigt.

Potentiellen „Sprengstoff" enthielt *Wehages* Schriftsatz insofern, als er in Anwendung der auch im SRP-Verfahren typischen *„tu quoque"*-Taktik der

---

[240] Das Urteil wurde in der Kabinettssitzung am 27.05.1951 angesprochen und von *Seebohm* kritisch beurteilt. *Dehler* soll darauf hingewiesen haben, dass das Gericht nicht anders habe entscheiden können, vgl. *O. Lenz,* Tagebuch 1951–1953, 1989, S. 349; zum Urteil auch *G. Roellecke,* Zum Einfluss der öffentlichen Meinung, in: H. Baier etc., Öffentliche Meinung 1981, S. 71 (71 f.); *E. Jesse,* Biographisches Porträt, in: Jahrbuch Extremismus & Demokratie 6 (1994), S. 207 (208).

[241] Höpker Aschoff als Vorsitzender des Ersten Senats des BVerfG, Verfügung v. 23.05.1952, BA, B 237, Nr. 97007, Bl. 32 Rückseite.

[242] Höpker Aschoff als Vorsitzender des Ersten Senats des BVerfG, Verfügung v. 30.05.1952, BA, B 237, Nr. 97007, Bl. 33.

[243] von Busch/Wehage an BVerfG v. 09.06.1952, BA, B 237, Nr. 97007, Bl. 46 ff.

[244] von Busch/Wehage an BVerfG v. 09.06.1952, BA, B 237, Nr. 97007, Bl. 46 (46).

[245] von Busch/Wehage an BVerfG v. 09.06.1952, BA, B 237, Nr. 97007, Bl. 46 (47 ff.).

[246] von Busch/Wehage an BVerfG v. 09.06.1952, BA, B 237, Nr. 97007, Bl. 46 (50).

SRP-Rechtsvertreter eine 1933 im Amtsblatt der Stadtverwaltung Düsseldorf veröffentlichte, mit „Keine städtischen Aufträge mehr an jüdische Geschäfte" überschriebene Anordnung wiedergab. Die vom damaligen Düsseldorfer Oberbürgermeister und nunmehrigen Bundesinnenminister *Robert Lehr* am 30. März 1933 gezeichnete Verfügung lautete:[247]

„Bei notwendigen Anschaffungen für städtische Ämter, Dienststellen und Betriebe sind die Warenhäuser und jüdischen Geschäfte nicht zu berücksichtigen. Etwa bestehende Verträge mit Warenhäusern, jüdischen Geschäften oder Unternehmern sind mit sofortiger Wirkung zu kündigen. Auch sind alle Aufträge betreffend Prozeßführung an jüdische Rechtsanwälte mit sofortiger Wirkung rückgängig zu machen".

Ein ergänzender Schriftsatz *Wehages,* der wenige Tage vor Beginn der mündlichen Verhandlung im SRP-Verfahren beim BVerfG einging, hatte dann grundsätzlicheren Charakter, indem er die Erfüllung der einzelnen Tatbestandsmerkmale des Art. 18 GG bezweifelte und das Fehlen einfachgesetzlicher Rechtsgrundlagen etwa für den Verlust des aktiven und passiven Wahlrechts im Bundeswahlgesetz bemängelte.[248]

Nach dem SRP-Verbotsurteil vom 23. Oktober 1952 und *Remers* Flucht ins Ausland im Februar/März 1953 ließ das BVerfG das Grundrechtsverwirkungsverfahren gegen *Remer* dann zunächst ruhen.[249] Nach seiner Rückkehr nach Deutschland im September 1954 wurde *Remer* wegen der noch nicht abgesessenen Braunschweiger Gefängnisstrafe verhaftet, dann aber zunächst aufgrund der möglichen Einschlägigkeit des Straffreiheitsgesetzes wieder auf freien Fuß gesetzt.[250] Während sich der ehemalige Generalmajor, wie der Spiegel samt passendem Bild vermeldete, nunmehr als „Handlungsreisender in Infrarotstrahlern zur Raumbeheizung (Stückpreis: 45 Mark)" verdingte,[251] prüfte der Erste Senat in der Folge eine Fortsetzung des Grundrechtsverwirkungsverfahrens, sah sich jedoch im März und im Juni 1955 jeweils wegen seiner – insbesondere aufgrund des KPD-Verbotsverfahrens – hohen Arbeits-

---

[247] Anordnung Z.A. 2499/32, Amtsblatt der Stadtverwaltung Düsseldorf, Amtliches Kreisblatt für den Stadtkreis Düsseldorf, 23. Jahrgang, Nr. 14 v. 31.03.1933, S. 35; von Busch/Wehage an BVerfG v. 09.06.1952, BA, B 237, Nr. 97007, Bl. 46 (49).

[248] von Busch/Wehage an BVerfG v. 23.06.1952, BA, B 237, Nr. 97007, Bl. 71 ff.

[249] Vermerk v. Cramer v. 16.07.1953, BA, B 136, Nr. 1750, Bl. 259; im Mai 1952 hatte das BVerfG das Verfahren gegen Remer zunächst bis zum Abschluss des SRP-Verbotsverfahrens zurückgestellt; vgl. *O. Lenz,* Tagebuch 1951–1953, 1989, S. 349; in einem Vermerk des BMI v. 24.03.1953 (BA, B 106, Nr. 15551) wird festgestellt, dass das Grundrechtsverwirkungsverfahren nach *Remers* Flucht nur weiterverfolgt werden könne, wenn Antragsteller und Antragsgegner ausdrücklich auf die mündliche Verhandlung verzichteten.

[250] „Remer meldete sich zum Strafantritt", in: Tagesspiegel v. 30.09.1954, auch in BA, B 237, Nr. 97007, Bl. 112; vgl. zum Ganzen auch bereits oben S. 295 ff.

[251] „Personalien – Otto Ernst Remer", in: Spiegel 5/1955 v. 26.01.1955, S. 42 (http://magazin.spiegel.de/EpubDelivery/spiegel/pdf/31969068).

belastung und auch angesichts der grundlegenden Fragen, die der erste Anwendungsfall eines Grundrechtsverwirkungsverfahrens aufwarf, nicht dazu in der Lage.[252]

Mit der Neufassung des BVerfGG im Juli 1956 ging dann neben der Zuständigkeit für Parteiverbotsverfahren auch diejenige für Grundrechtsverwirkungsverfahren vom Ersten auf den Zweiten Senat über, der das Remer-Verfahren fortan unter dem Aktenzeichen 2 BvA 1/56 weiterführte.[253] Der neue Berichterstatter *Walter Klaas* nahm sich des Verfahrens ab Sommer/Herbst 1956 an, ohne dass dies allerdings konkrete Ergebnisse zeitigte.[254] Im November 1957 regte *Klaas* dann schließlich beim Senatsvorsitzenden, BVerfG-Vizepräsident *Rudolf Katz,* an, das Verfahren für erledigt zu erklären.[255] *Katz* zog es – vielleicht auch wegen seiner Nähe zur SPD – mit Blick auf die im Frühjahr 1959 in Niedersachsen anstehenden Landtagswahlen jedoch vor, diese Frage nicht im Senatsplenum zu erörtern, sondern „die Sache weiter ruhen zu lassen".[256]

Auch die Bundesregierung, die sich beim BVerfG auf *Lehrs* Vorschlag einmal mehr von BMI-Staatssekretär *Ritter von Lex* vertreten ließ,[257] fiel unterdessen nicht mehr durch besonders intensive Verfahrenspflege auf.[258] Nachdem jahrelang keine weiteren Eingaben in dieser Sache beim BVerfG eingegangen waren, fragte dieses daher im Juni 1959 – und damit nach den Niedersachsenwahlen, die im April 1959 stattgefunden hatten – beim BMI an, ob die Regierung ihren Antrag zurücknehmen wolle.[259] Obwohl für die Beantwortung der Frage eine kurze Frist gesetzt worden war, ließ sich der 1953 an *Lehrs* Stelle getretene dritte Bundesinnenminister *Gerhard Schröder*

---

[252] Verfügungen Richter am BVerfG Heiland v. 15.03.1955 und 15.06.1955, BA, B 237, Nr. 97007, Bl. 112 – Rückseite.

[253] Statt 1 BvA 1/52; vgl. auch Vermerk Präsident-BVerfG v. 27.07.1956, BA, B 237, Nr. 97007, Bl. 114.

[254] Vgl. die Verfügungen BA, B 237, Nr. 97007, Bl. 117 (einschließlich Rückseite).

[255] Verfügung November 1957 („Am 8.11. habe ich dem Herrn Vizepräsidenten [...]"), BA, B 237, Nr. 97007, Bl. 117 – Rückseite.

[256] Verfügung November 1957 („Am 8.11. habe ich dem Herrn Vizepräsidenten [...]"), BA, B 237, Nr. 97007, Bl. 117 – Rückseite.

[257] Kabinettsprotokolle 1952, S. 359 (27.05.1952); Bundesminister des Innern an Staatssekretär Bundeskanzleramt v. 08.05.1952, BA, B 136, Nr. 1750.

[258] Vizepräsident des BVerfG als Vorsitzender des Zweiten Senats, Verfügung v. 04.06.1959, BA, B 237, Nr. 97007, Bl. 119: „Seit einer Reihe von Jahren sind weder das federführende Ministerium noch der Antragsgegner auf das Verfahren wieder zurückgekommen".

[259] Vizepräsident des BVerfG als Vorsitzender des Zweiten Senats, Verfügung v. 04.06.1959, BA, B 237, Nr. 97007, Bl. 119 f.

(CDU) zur Verwunderung des Senats zunächst Zeit,[260] bevor er schließlich im Dezember 1959 mitteilen ließ, dass die Bundesregierung ihren Antrag aufrechterhalte.[261] Nachdem unterdessen der Bundesdisziplinarhof in einem disziplinarrechtlichen Berufungsurteil vom 17. März 1959 *Remer* die Rechte als Berufsoffizier aus dem Gesetz zu Art. 131 GG aufgrund von Dienstvergehen aberkannt hatte,[262] beschloss der inzwischen über das Verhalten der Bundesregierung nicht nur leicht verschnupfte Zweite Senat des BVerfG am 25. Juli 1960,[263] die Grundrechtsverwirkungsanträge gegen das frühere Zugpferd der SRP formell als unbegründet zurückzuweisen.[264]

Zur Begründung verwies der Senat darauf, dass nach Eingang der Anträge der Bundesregierung keine Tatsachen bekannt geworden seien, aus denen sich eine Fortsetzung der staatsfeindlichen politischen Betätigung *Remers* ergeben hätte.[265] Insbesondere habe sich die Bundesregierung weder zu *Remers* Verteidigungsschriften geäußert, noch habe sie auf Anfragen des Gerichts neue Tatsachen vorgetragen. Wohl aber habe der Bundesdisziplinarhof in seinem Urteil aus dem März 1959 festgestellt, dass sich *Remer* völlig aus dem politischen Leben zurückgezogen habe. Unter diesen Umständen seien die Anträge gem. Art. 18 GG nicht hinreichend begründet und daher nach § 37 BVerfGG zurückzuweisen.

Letztlich hatte sich das Bedürfnis, das scharfe Schwert einer Aberkennung von Grundrechten gem. Art. 18 GG zu nutzen, nach dem Verbot der SRP im Oktober 1952 und nach *Remers* vorübergehender Flucht ins Ausland und anschließendem Rückzug aus dem politischen Leben erledigt.[266] Das erste Grundrechtsverwirkungsverfahren in der Geschichte der Bundesrepublik verlief daher – wie alle späteren Grundrechtsverwirkungsverfahren vor dem BVerfG – im Ergebnis im Sande.[267]

---

260 Aktennotiz zu 2 BvA 1/56 v. 22.07.1959, BA, B 237, Nr. 97007, Bl. 122: „Das Bundesinnenministerium hat auf das Schreiben vom 4. Juni 1959 […] innerhalb der Frist von 1 Monat bis heute nicht zu antworten für richtig befunden."

261 Bundesminister des Innern an Vizepräsident des BVerfG als Vorsitzender des Zweiten Senats v. 07.12.1959, BA, B 237, Nr. 97007, Bl. 142.

262 Zweiter Disziplinarsenat des Bundesdisziplinarhofs, Az. II D 81/57, aufgrund der mündlichen Hauptverhandlung am 17.03.1959, in: BA, B 237, Nr. 97007, Bl. 127 ff.; das BVerfG hatte von der Entscheidung aus der FAZ vom 08.07.1959 erfahren, Aktennotiz zu 2 BvA 1/56 v. 22.07.1959, BA, B 237, Nr. 97007, Bl. 122, und daraufhin eine Urteilsabschrift beim Bundesdisziplinarhof in Berlin angefordert, Verfügung Richter am 2. Senat Klaas v. 02.11.1959, BA, B 237, Nr. 97007, Bl. 125.

263 *Ritter von Lex* hatte bereits auf eine Anfrage des Berichterstatters im Herbst 1958 nicht reagiert, BA, B 237, Nr. 97007, Bl. 117 – Rückseite.

264 Urschrift in BA, B 237, Nr. 97007, Bl. 145 ff.; abgedruckt in BVerfGE 11, 282.

265 BVerfGE 11, 282 (283).

266 Zu *Remers* späterem Leben etwa *E. Jesse,* Biographisches Porträt, in: Jahrbuch Extremismus & Demokratie 6 (1994), S. 207 (212 ff.).

267 *C. Leggewie/H. Meier,* Republikschutz, 1995, S. 85 ff.

5. *„Die SRP verurteilt" – Bedeutung und Folgen der Remer-Verfahren*

Für die Einordnung der Remer-Verfahren in den Komplex um das SRP-Parteiverbotsverfahren ist wichtig, dass die Medien vor allem den spektakulären Braunschweiger Remer-Prozess als eine Art Vorverfahren gegen die SRP wahrnahmen.[268] So überschrieb etwa die Zeit ihr „Nachwort zum Remer-Prozess" ebenso markant wie inhaltlich fragwürdig mit „Die SRP verurteilt".[269] Die Einordnung des personenbezogenen Strafverfahrens als Prozess gegen die SRP war einerseits darauf zurückzuführen, dass die SRP in der Öffentlichkeit – wie gesehen – geradezu als Remer-Partei galt. Zum anderen gehörten *Remers* Äußerungen, die hier vor Gericht standen, zu den Kernthesen, die viele Propagandaveranstaltungen der neonazistischen Partei prägten.

Dass es *Fritz Bauer* gelungen war, den Strafprozess zu einem erfolgreichen Ende zu führen, steigerte daher zugleich die öffentliche Erwartung, dass nun auch das Verbotsverfahren vor dem BVerfG mit einem Verbot der SRP enden würde. Während die langfristige Ausstrahlungswirkung des Remer-Prozesses vor allem in der Relegitimierung des Widerstands des 20. Juli 1944 und der justiziellen Charakterisierung des „Dritten Reichs" als Unrechtsstaat lag, war er im Auge zeitgenössischer Beobachter zunächst vor allem ein erstes erfolgreiches Großverfahren gegen die SRP.

Im rechtsextremen Umfeld der SRP trafen die Feststellungen des Prozesses natürlich auf heftigen Widerstand. So tauchten in den Tagen nach der Urteilsverkündung Schmierereien an Gehwegen und Straßen auf, nach denen die Widerstandskämpfer „doch Verräter" seien, und *Fritz Bauer* wurde persönlich bedroht, sich für *Remers* Verurteilung verantworten zu müssen.[270] Die SRP bemühte sich in der ihr eigenen perfiden propagandistischen Weise, das Urteil in ihrem Sinne umzudeuten: In Anknüpfung an Feststellungen des Gerichts, dass die Widerstandskämpfer den objektiven (aber nicht den subjektiven) Tatbestand des Landesverrates erfüllt hätten, behauptete sie, das Landgericht habe in vollem Umfang die Auffassung der SRP bestätigt, dass während des Krieges von einer Anzahl von Personen, die sich nach 1945 zu den Widerstandskämpfern gerechnet hätten, Landesverrat betrieben worden sei.[271] *Graf Westarp* sah sich wenige Tage später gar ermutigt, den demokratischen Parteien im niedersächsischen Landtag ein – natürlich aussichtsloses, weil abwegiges – „Waffenstillstandsangebot" zu unterbreiten: Wenn sich die Politik auf eine moralische Anerkennung des Hochverrats einerseits und eine ge-

---

[268] *C. Fröhlich,* Braunschweiger Remer-Prozess, in: KZ-Gedenkstätte Neuengamme (Hrsg.), Schuldig, 2005, S. 17 (25).

[269] Die Zeit v. 20.03.1952 (http://www.zeit.de/1952/12/die-srp-verurteilt).

[270] *C. Fröhlich,* Braunschweiger Remer-Prozess, in: KZ-Gedenkstätte Neuengamme (Hrsg.), Schuldig, 2005, S. 17 (24).

[271] *C. Fröhlich,* Braunschweiger Remer-Prozess, in: KZ-Gedenkstätte Neuengamme (Hrsg.), Schuldig, 2005, S. 17 (24).

meinsame Ächtung des Landesverrats andererseits verständige, werde die SRP das Remer-Urteil nicht weiter propagandistisch „auswerten".[272]

V. Abschluss des EVG- und des Deutschlandvertrags im Mai 1952

Während die SRP im Vorfeld der mündlichen Verhandlung vor dem BVerfG überwiegend Rückschläge hinnehmen musste, konnte die Bundesregierung im Mai 1952 wichtige politische Erfolge verbuchen: Am 26. Mai 1952 unterzeichneten die Bundesrepublik Deutschland und die drei westlichen Siegermächte in Bonn den Deutschlandvertrag[273] samt Annexverträgen und einen Tag später in Paris die Bundesrepublik, Frankreich, Italien und die Benelux-Staaten den Vertrag über die Gründung der Europäischen Verteidigungsgemeinschaft (EVG).[274] Den Weg zum Abschluss dieser für die Wiedergewinnung der Außensouveränität der Bundesrepublik so wichtigen Verträge hatte die Bundesregierung nicht zuletzt mit der Einreichung des Verbotsantrags gegen die im Ausland sehr kritisch beobachtete SRP im November 1951 freigemacht. Nach der Vertragsunterzeichnung stand nun die sensible Ratifikationsphase in den beteiligten Staaten an, in der sich eine Fortsetzung des Höhenflugs der neonazistischen SRP immer noch äußerst schädlich hätte auswirken können. Damit war der politische Druck auf das BVerfG, die SRP zu verbieten, weiter angestiegen.

Während die Ratifikation des Deutschlandvertrags in Washington und in London in der Folge zügig gelang, gerieten die Verträge vor allem in Frankreich, aber auch in der Bundesrepublik schnell zwischen die Linien der grundlegenden Parteienstreitigkeiten.[275] In der Bundesrepublik konnte die Ratifikation nach heftigen politischen Auseinandersetzungen schließlich im Jahr 1954 erreicht werden.[276] Ausgerechnet in Frankreich, als dem Staat, dessen Regierung die Gründung der EVG im *Pleven*-Plan ursprünglich vorgeschlagen hatte,[277] sollte die Ratifikation des mühsam erzielten EVG-Kompromis-

---

[272] *C. Fröhlich,* Braunschweiger Remer-Prozess, in: KZ-Gedenkstätte Neuengamme (Hrsg.), Schuldig, 2005, S. 17 (24).

[273] Vertrag über die Beziehungen zwischen der Bundesrepublik Deutschland und den drei Mächten in der am 23.10.1954 geänderten Fassung, BGBl. 1955 II S. 305.

[274] BGBl. 1954 II S. 343; *R. Morsey,* Die Bundesrepublik, 5. Aufl. 2007, S. 32 f.; *M. Will,* Europarecht, 2013, S. 13.

[275] *R. Morsey,* Die Bundesrepublik, 5. Aufl. 2007, S. 33 f.

[276] Gesetz betreffend den Vertrag vom 27. Mai 1952 über die Gründung der Europäischen Verteidigungsgemeinschaft und betreffend den Vertrag vom 27. Mai 1952 zwischen dem Vereinigten Königreich und den Mitgliedstaaten der Europäischen Verteidigungsgemeinschaft vom 28. März 1954, BGBl. 1954 II S. 342.

[277] Oben S. 188.

ses dann aber schließlich scheitern: Nachdem dort im Juni 1954 eine EVG-kritische, gaullistische Regierung unter Ministerpräsident *Pierre Mendès-France* (1907–1982) an die Macht gelangt war, vertagte die französische Nationalversammlung die anstehende Ratifikation des EVG-Vertrags am 30. August 1954 nach intensiver Diskussion mittels eines Geschäftsordnungsantrags bis auf Weiteres.[278]

Dessen ungeachtet erwies sich der Abschluss des Deutschland- und des EVG-Vertrags im Mai 1952 als entscheidender Schritt zur Wiedererlangung der bundesdeutschen Außensouveränität. Der Deutschlandvertrag sollte schließlich – verbunden mit der Aufnahme der Bundesrepublik in die NATO statt in die gescheiterte EVG – in Teilen neu ausgehandelt und modifiziert am 5. Mai 1955 in Kraft treten.[279]

VI. Die mündliche Verhandlung im SRP-Parteiverbotsverfahren im Juli 1952

1. SRP-Propagandaveranstaltung in Graben-Neudorf

Hoffnungen in Reihen der SRP, dass die in der Öffentlichkeit weit verbreiteten Zweifel am politischen Nutzen des fast zeitgleich eingeleiteten Verbotsverfahrens gegen die KPD irgendwie auch auf das SRP-Verfahren abfärben könnten und dieses daher vielleicht vom BVerfG nicht weiterbetrieben oder doch zumindest bis nach der Bundestagswahl im Herbst 1953 aufgeschoben werden würde, sollten sich nicht erfüllen.[280] Dies zeichnete sich bereits Ende März 1952 ab, als BVerfG-Präsident *Höpker Aschoff* verlautbaren ließ, dass die Parteiverbotsverfahren voraussichtlich Mitte des Jahres 1952 durchgeführt werden könnten.[281] Bei der SRP hielt sich das BVerfG dann – anders als bei der KPD – auch an seine Ankündigung: Am 13. Juni 1952 setzte der Präsident des BVerfG den Termin zur mündlichen Verhandlung in Sachen SRP-Parteiverbot kurzfristig auf den 1. Juli 1952, 15 Uhr, fest.[282] Die mündliche

---

[278] *M. Will,* Europarecht, 2013, S. 13.

[279] BGBl. 1955 II S. 213 (Zustimmungsgesetz), 305 (Vertragstext).

[280] *O. Büsch,* Geschichte, in: Büsch/Furth, Rechtsradikalismus, 1957, S. 1 (167 f.); *K. P. Tauber,* Beyond Eagle and Swastika I, 1967, S. 713.

[281] „Prozeß gegen KPD und SRP soll im Juni beginnen", in: Neue Zeitung v. 30.03.1952, auch in BA, B 141, Nr. 211.

[282] Präsident des BVerfG, Verfügung v. 13.06.1952, BA, B 237, Nr. 215605, Bl. 234; am selben Tag beschloss der Erste Senat des BVerfG in Ergänzung des Durchsuchungsbeschlusses v. 24.01.1952 eine weitere Beschlagnahme und Durchsuchung in den Räumlichkeiten des SRP-Mitglieds *Hans Schmidt*, da dort beiseitegeschafftes SRP-Material vermutet wurde, BA, B 237, Nr. 215615, Bl. 84; die Durchsuchung wurde am 19.06.1952 durchgeführt, verlief jedoch ergebnislos (BA, B 237, Nr. 215615, Bl. 88).

Verhandlung sollte dann vom 1.–15. Juli 1952 zehn Sitzungstage vor dem zuständigen Ersten Senat des BVerfG in Karlsruhe einnehmen.[283]

In der auf die Terminfestsetzung folgenden Sitzung des SRP-Parteirates am 15. Juni 1952 zeigte sich der Parteivorsitzende *Dorls* in Hannover ostentativ siegessicher, und die Parteiführung reagierte in der ihr eigenen Art auf den näher rückenden Verhandlungsbeginn:[284] Sie kündigte für den Beginn der mündlichen Verhandlung vor dem BVerfG eine propagandistische „Großkundgebung" in Karlsruhe an. Als diese jedoch umgehend polizeilich verboten wurde, berief die rechtsextreme Partei auf den 1. Juli 1952 eine Ersatzveranstaltung in das Gasthaus zum Schwanen im ca. 20 km von Karlsruhe entfernt gelegenen Graben-Neudorf ein, wo mit *Remer, Dorls* und *Krüger* die wichtigsten Redner der SRP sprechen sollten.[285] *Summa summarum* versuchte das Führungspersonal der SRP dort – wie das BVerfG später in ungewöhnlich scharfem Ton feststellte –, „in ungehöriger Weise die Tätigkeit des Bundesverfassungsgerichts zu beeinflussen".[286]

2. Gutachten von Ludwig Bergsträsser und Hans Peters

Der Verfahrensvertreter der Bundesregierung *Ritter von Lex* reichte unterdessen Mitte Juni 1952 „zur Vorbereitung der Hauptverhandlung und der Beweisaufnahme" einen weiteren umfangreichen Schriftsatz beim BVerfG ein,[287] der gleichzeitig den bisherigen Sachvortrag der Bundesregierung neu gliederte.[288] Vor allem aber vermehrte er die Beweisangebote beträchtlich, benannte eine beigefügte Liste doch allein 156 Zeugen.[289] Die meisten neuen Beweisantritte beruhten auf dem in der Durchsuchungsaktion beschlagnahmten Material, in welches das BVerfG dem Vertreter der Bundesregierung – entgegen der früheren Mitteilung an die SRP – mit Schreiben vom

[283] Die Zuständigkeit des Ersten Senats ergab sich aus §§ 14 Abs. 1, 13 Nr. 2 BVerfGG a.F.; neben dem Präsidenten *Höpker Aschoff* als Vorsitzendem wirkten an dem Verfahren die Richter *Ellinghaus, Scheffler, Heiland* (2. Berichterstatter), *Scholtissek* (1. Berichterstatter), *Drath, Stein, Wessel, Ritterspach, Lehmann* und *(Konrad) Zweigert* mit.

[284] Protokoll der Sitzung des Parteirates v. 16.06.1952 in Hannover, Welfenbunker-Hotel, Protokoll, BA, B 237, Nr. 215623 (Anlage Nr. 16a zum BVerfG-Sitzungsprotokoll).

[285] Berichte zur Versammlung in Graben-Neudorf finden sich in den Verfahrensakten des BVerfG (BA, B 237, Nr. 215614, Bl. 12 ff.).

[286] BVerfGE 1, 349 (350).

[287] Bereits Ende Januar 1952 war dem BVerfG ein von *Ritter von Lex* unterzeichneter, die Antragsschrift ergänzender Schriftsatz des Bundesministers des Innern v. 26.01.1952 (HStAD, O 21, Nr. 27/10) zugegangen, der u.a. eine SRP-Veranstaltung v. 19.06.1951 in Lübeck betraf. Dort soll *Remer* auf die Frage eines Teilnehmers zu einem möglichen Generalstreik u.a. geäußert haben: „Uns sind alle Mittel recht, diesen Staat zu stürzen. Wir warten nur darauf."

[288] Ritter von Lex an BVerfG v. 16.06.1952, BA, B 237, Nr. 215605, Bl. 240 ff.

[289] Zeugenliste zum Schriftsatz v. 16.06.1952, BA, B 237, Nr. 215605, Bl. 289–291.

23. Mai 1952 dann doch Einsicht gewährt hatte.[290] Als Beweismittel beigefügt war daher auch einschlägiges Urkundenmaterial, darunter eine Satzung der SRP und verschiedene Ausgaben der vom SRP-Landesverband Hamburg herausgegebenen Zeitschrift „Deutscher Ruf".[291] Erstes Kernargument des neuen Schriftsatzes war, dass die innere Ordnung der SRP, wie sie insbesondere in der Satzung und in der Praxis zum Ausdruck komme, nicht demokratischen Grundsätzen entspreche, so dass schon aus diesem Grund der Tatbestand des Art. 21 Abs. 2 GG erfüllt sei.[292] Im Mittelpunkt stand aber das zweite Kernargument, nach dem die SRP „den Charakter einer Nachfolgeorganisation der NSDAP" trage.[293]

Auch sonst ging in der zweiten Junihälfte umfangreiches Material beim BVerfG ein: So stellte das Bundesamt für Verfassungsschutz dem Gericht eine Woche vor Beginn der mündlichen Verhandlung diverse Tonbandaufnahmen von Reden und Interviews führender SRP-Persönlichkeiten wie *Remer* und *Krüger* samt passendem Tonbandgerät zur Verfügung,[294] und der Braunschweiger Generalstaatsanwalt *Fritz Bauer* übersandte auf Bitte des BVerfG die umfangreichen Akten des Braunschweiger Remer-Prozesses.[295] Die Bundesregierung reichte gleichzeitig zwei Gutachten renommierter Wissenschaftler ein, die sie angesichts der Unsicherheiten, welche die erstmalige Anwendung des Art. 21 Abs. 2 GG durch das BVerfG in juristischer Hinsicht mit sich brachte, zur Unterfütterung ihres Verbotsantrags hatte anfertigen lassen:[296] Erster Gutachter war der bedeutende Historiker und Politologe *Lud-*

---

[290] Dies war nicht der einzige problematische Umgang des Gerichts mit Beweismaterial, vgl. *M. Morlok,* Parteiverbot als Verfassungsschutz, in: NJW 2001, 2931 (2934 Fn. 21).

[291] Anlage zum Schriftsatz v. 16.06.1952, BA, B 237, Nr. 215605, Bl. 292 (nicht im Einzelnen paginiert); eine Woche später reichte *Ritter von Lex* auf Bitte des BVerfG dann noch diverse Ausgaben der Zeitschrift „Deutsche Opposition" nach, Ritter von Lex an BVerfG, Juni 1952, eingegangen beim BVerfG am 25.06.1952, BA, B 237, Nr. 215605, Bl. 302 und Ritter von Lex an BVerfG, 25.06.1952, BA, B 237, Nr. 215605, Bl. 340.

[292] Ritter von Lex an BVerfG v. 16.06.1952, S. 2 ff., BA, B 237, Nr. 215605, Bl. 240 (241 ff.).

[293] Ritter von Lex an BVerfG v. 16.06.1952, S. 8 ff., BA, B 237, Nr. 215605, Bl. 240 (247 ff.); zu Versuchen der SRP, den Vergleich mit der NSDAP zu widerlegen, etwa die Erklärung des SRP-Landesverbands Hamburg v. 11.04.1952, StAHH, 131–1 II, 145, Bl. 29.

[294] Präsident des BVerfG, Empfangsbescheinigung v. 24.06.1952, BA, B 237, Nr. 215605, Bl. 301.

[295] Generalstaatsanwalt bei dem OLG Braunschweig an BVerfG v. 25.06.1952, BA, B 237, Nr. 215605, Bl. 341; *Ritter von Lex* übersandte zeitgleich ebenfalls das Braunschweiger Remer-Urteil, Ritter von Lex an BVerfG v. 16.06.1952, S. 8 ff., BA, B 237, Nr. 215605, Bl. 339; zum Braunschweiger Remer-Prozess oben S. 288 ff.; ebenfalls angeforderte Akten u.a. des Strafverfahrens gegen *v. Bothmer* (Az. 1 KMs 14/51) waren hingegen nicht verfügbar, Oberstaatsanwalt Braunschweig an BVerfG v. 24.06.1952, S. 8 ff., BA, B 237, Nr. 215605, Bl. 343.

[296] Ritter von Lex an BVerfG v. 24.06.1952, BA, B 237, Nr. 215605, Bl. 304 ff. (Gutachten Bergsträsser); Ritter von Lex an BVerfG v. 25.06.1952, BA, B 237, Nr. 215605,

wig Bergsträsser (1883–1960), der bereits in der Weimarer Republik eine grundlegende Parteiengeschichte verfasst hatte, als SPD-Politiker maßgeblich sowohl an der Hessischen Verfassung von 1946 als auch am Grundgesetz für die Bundesrepublik Deutschland mitgearbeitet hatte und nunmehr für die Sozialdemokraten im Bundestag saß.[297] Die Beauftragung eines SPD-Politikers durch die konservative Bundesregierung war auch von symbolischer Bedeutung, da sie den parteiübergreifenden Konsens der demokratischen Kräfte gegen die rechtsextreme Partei zum Ausdruck brachte.[298] Im Mittelpunkt von *Bergsträssers* kurz zuvor vollendetem, 25-seitigem Gutachten „SRP und NSDAP" stand ein politisch-historischer Vergleich zwischen diesen beiden Parteien.[299] Der renommierte Parteienforscher erkannte weitreichende Parallelen zwischen SRP und NSDAP insbesondere in den Bereichen Mitgliederbestand, Organisation samt Satzung, Ideologie, Agitation sowie Programm und sollte damit die Kernargumentation des späteren SRP-Urteils des BVerfG maßgeblich prägen.

Der als zweiter Gutachter ausgewählte bekannte CDU-nahe Kölner Staatsrechtslehrer *Hans Peters* (1896–1966) interpretierte im Kern seiner 29-seitigen juristisch geprägten Ausarbeitung im Anschluss an eine einführende Analyse der Stellung der Parteien im Verfassungssystem des Grundgesetzes[300] die zentralen Tatbestandsmerkmale von Art. 21 Abs. 2 GG wie „freiheitliche demokratische Grundordnung", „Ziele der Parteien", „Verhalten ihrer Anhänger", „beeinträchtigen" und „beseitigen".[301] Allerdings beließ es *Peters* nicht dabei, die Bedeutung dieser Begriffe in abstrakter Form herauszuarbeiten, sondern wandte sie dann auch konkret auf die Satzung und das Verhalten der SRP an, um schließlich seinerseits Parallelen zur NSDAP festzustellen. So schloss er etwa dezidiert,

> „daß das Ziel der SRP nicht nur auf Beeinträchtigung, sondern sogar auf Beseitigung der freiheitlichen demokratischen Grundordnung des heutigen Staates gerichtet ist. Ob diese Partei dabei eine Kopie des früheren autoritären Führerstaates auf rassischer Grundlage oder ein abgewandeltes antidemokratisches System erstrebt, ist rechtlich nicht entschei-

---

Bl. 344 ff. (Gutachten Peters); gleichzeitig stellte *von Lex* den Antrag, die Verfasser als Sachverständige zu vernehmen.

[297] Eine Kurzbiographie *Ludwig Bergsträssers* findet sich in: *M. Will,* Die Entstehung der Verfassung des Landes Hessen, 2009, S. 48 f.

[298] *W. Long,* The New Nazis of Germany, 1968, S. 69 f.

[299] *Ludwig Bergsträsser,* SRP und NSDAP – Gutachten v. 20.06.1952, BA, B 237, Nr. 215605, Bl. 305 ff.; Notizen und Vorarbeiten *Bergsträssers* zu diesem Gutachten finden sich in HStAD, O 21, Nr. 41/6 (Umschlag SRP-Notizen); *O. Büsch,* Geschichte, in: Büsch/Furth, Rechtsradikalismus, 1957, S. 1 (185).

[300] *H. Peters,* Gutachten v. 22.06.1952, S. 4 ff., BA, B 237, Nr. 215605, Bl. 345 (346 ff.); das Gutachten findet sich auch in BA, B 237, Nr. 215650, Bl. 9 ff.

[301] *H. Peters,* Gutachten v. 22.06.1952, S. 10 ff., BA, B 237, Nr. 215605, Bl. 345 (349 ff.).

dend. Wer das Ganze ihres heutigen Kampfes mit den Ereignissen der Vergangenheit in den Anfängen der NSDAP vergleicht und sich nicht auf einige, jede für sich genommen scheinbar harmlose Einzelheiten abdrängen lässt, wird die vorgebrachten Tatsachen auch unter die zweite Alternative des Absatzes 2 des Artikels 21 GG ohne weiteres subsumieren können".[302]

Auch *Peters* Gutachten sollte sich im späteren Urteil des BVerfG stark niederschlagen. Von entscheidender Bedeutung und bleibendem Wert sind dabei vor allem seine Ausführungen zur Definition des damals noch neuen und schwer fassbaren Zentralbegriffs der „freiheitlichen demokratischen Grundordnung" in Art. 21 Abs. 2 GG. Sie prägten maßgeblich die entsprechende Definition des BVerfG im SRP-Urteil, die ihrerseits – trotz mancher späterer Ergänzung und Modifikation – bis heute maßstabsetzend ist.[303] *Peters* wies einleitend darauf hin, dass mit der Einführung des Begriffs in das Grundgesetz zwei politische Entscheidungen gefällt worden seien: Erstens wolle das Grundgesetz angesichts der „herrschenden Unklarheiten über den Begriff der Demokratie" jedenfalls „die primär von der Idee der Freiheit getragene Demokratie verwirklichen," lehne also „die radikal egalitäre Demokratie, die Selbstknebelung des Volkes durch formale Mehrheitsentscheidungen etwa für die Diktatur" ab.[304] Zweitens erkenne man innerhalb des Grundgesetzes „einige fundamentale politische Werte, denen alle anderen unterzuordnen sind" an. Die Erforderlichkeit dieser beiden Punkte ergebe sich theoretisch aus der Überwindung des Rechtspositivismus und folge praktisch aus den Erfahrungen, die man unter der Weimarer Verfassung „mit dem sich als legal tarnenden, in Wahrheit aber Demokratie und Freiheit zerstörenden Nationalsozialismus gemacht" habe.[305] Der Begriff der „verfassungsmäßigen Ordnung", den das Grundgesetz wiederholt, z.B. in Art. 2 Abs. 1 S. 1 GG, verwende, sei wesensverwandt, aber nicht deckungsgleich, „sonst würden gewiß beide nicht im gleichen Gesetze nebeneinander vorkommen".[306] Letzterer enthalte daher Elemente, wie etwa die Regelung des Verhältnisses von Bundestag, Bundesrat, Bundesregierung und Bundespräsident zueinander, welche die freiheitliche demokratische Ordnung nicht berührten. Sodann wirft *Peters* einen folgenreichen Blick auf die durch das Strafrechtsänderungsgesetz vom 30. August 1951 eingeführten Vorschriften über „Staatsgefährdung", namentlich § 88 StGB, der einige Verfassungsgrundsätze formuliere, „die sicherlich als eine beispielhafte Umschreibung der freiheitlichen demokratischen Grundordnung angesehen werden" könnten, „wenn sie auch, da sie jenen Begriff gar nicht bestimmen, sondern nur den strafrechtlichen Schutz begründen wol-

[302] *H. Peters,* Gutachten v. 22.06.1952, S. 26, BA, B 237, Nr. 215605, Bl. 345 (357).
[303] Unten S. 348 ff.
[304] *H. Peters,* Gutachten v. 22.06.1952, S. 13, BA, B 237, Nr. 215605, Bl. 345 (351) – Unterstreichung im Original.
[305] *H. Peters,* Gutachten v. 22.06.1952, S. 13 f., BA, B 237, Nr. 215605, Bl. 345 (351).
[306] *H. Peters,* Gutachten v. 22.06.1952, S. 14, BA, B 237, Nr. 215605, Bl. 345 (351).

len, nicht als ausschliessliche Bestandteile einer vollständigen Definition angesehen werden können."[307] *Peters* fährt fort:

„Demnach gehören zur freiheitlichen demokratischen Grundordnung der Bundesrepublik u.a.: das Recht des Volkes, die Staatsgewalt in Wahlen und Abstimmungen und durch besondere Organe der Gesetzgebung, der vollziehenden Gewalt und der Rechtsprechung auszuüben und die Volksvertretung in allgemeiner, unmittelbarer, freier, gleicher und geheimer Wahl zu wählen, ferner die Bindung der Gesetzgebung an die verfassungsmässige Ordnung und die Bindung der vollziehenden Gewalt und der Rechtsprechung an Gesetz und Recht, das Recht auf die verfassungsmässige Bildung und Ausübung einer parlamentarischen Opposition, die parlamentarische Verantwortlichkeit der Regierung, die Unabhängigkeit der Gerichte und der Ausschluss jeder Gewalt- und Willkürherrschaft."[308]

Peters stellt fest, dass diese strafrechtliche Definition „einige brauchbare Fingerzeige" gebe, „ohne aber den Inhalt des Begriffs zu erschöpfen".[309] Alles, was im politischen Leben die Basis für die Entwicklung der vom Grundgesetz erstrebten Ordnung darstelle, sei Bestandteil der demokratischen Grundordnung. So sei unbedingt auch das Mehrparteiensystem der freiheitlichen demokratischen Grundordnung zuzurechnen. Der Erste Senat des BVerfG sollte in seinem Verbotsurteil später entscheidend auf die von *Peters* ins Spiel gebrachten, aus § 88 StGB entlehnten Begriffselemente abstellen, diese dann aber in der Tat, einmal mehr *Peters'* Anregung aufgreifend, um das Element des Mehrparteiensystems ergänzen.[310]

3. Beginn der mündlichen Verhandlung am 1. Juli 1952

Die mündliche Verhandlung vor dem BVerfG begann am 1. Juli 1952 unter starker Anteilnahme der Medien.[311] Dass dem noch immer sehr jungen Gericht, für welches das SRP-Verfahren die bislang größte Bewährungsprobe darstellte, noch ein wenig die „Eierschalen anhafteten", zeigte sich in kleineren Organisationsmängeln: In der Bundesregierung stieß es auf erhebliches Missfallen, „etwas eng" in einem Nebenraum des Gerichts gemeinsam mit den Prozessvertretern untergebracht worden zu sein.[312] Angesichts des zu diesem Zeitpunkt ausgebrochenen Streites zwischen BVerfG und Bundesregierung über den Status des BVerfG, der nicht zuletzt dessen Finanzierung

---

[307] *H. Peters,* Gutachten v. 22.06.1952, S. 13, BA, B 237, Nr. 215605, Bl. 345 (351) – Unterstreichung im Original.

[308] *H. Peters,* Gutachten v. 22.06.1952, S. 15 f., BA, B 237, Nr. 215605, Bl. 345 (352).

[309] *H. Peters,* Gutachten v. 22.06.1952, S. 18, BA, B 237, Nr. 215605, Bl. 345 (353).

[310] Dazu unten S. 348 ff.

[311] Die Berichterstattung in den Medien löste zahlreiche Schreiben von Privatleuten an das BVerfG aus, die das Gericht v.a. während der mündlichen Verhandlung in der einen oder anderen Richtung zu beeinflussen suchten. Sie finden sich in BA, B 237, Nr. 215612.

[312] „Stellungnahme zu den Betrachtungen von Prof. Rheindorf" v. 03.09.1952, Anlage, S. 3, BA, B 106, Nr. 15549.

betraf,[313] könnte es sich dabei allerdings durchaus auch um eine Art quasi-pädagogischer Maßnahme des BVerfG-Präsidenten gehandelt haben, welche der Bundesregierung die als unbefriedigend empfundene materielle Situation des Gerichts einmal spürbar vor Augen führen sollte. Jedenfalls hatte selbst der Bundeskanzler wenige Tage zuvor in der Kabinettssitzung die „langsame Verhandlung der SRP-Klage" mit der zu diesem Zeitpunkt hochgekochten Unzufriedenheit des BVerfG in Verbindung gebracht.[314]

4. Exkurs zur Situation des BVerfG angesichts des Statusstreits und der Auseinandersetzungen um die EVG-Verfahren

Die Organisationsmängel und die vom Kanzler angesprochene Unzufriedenheit des BVerfG geben Anlass, um sich noch einmal die damalige Situation des BVerfG, als zentralem Akteur im SRP-Verbotsverfahren, zu vergegenwärtigen. Um diese adäquat nachvollziehen zu können, ist eine starke Dekonstruktionsleistung hinsichtlich des heute wie selbstverständlich vorausgesetzten Status, Selbstverständnisses, Habitus, Gestus u.s.w. des Gerichts erforderlich: Das BVerfG war damals eine ganz neue Institution ohne historisches Vorbild in Deutschland. Der hohe Status des BVerfG und seiner Richter, der sich heute aus über 65 Jahren z.T. höchst bedeutender Verfassungsrechtsprechung speist, welche die Verfassungswirklichkeit der Bundesrepublik maßgeblich geprägt und das BVerfG in der Öffentlichkeit zu dem mit Abstand angesehensten Staatsorgan hat werden lassen, war damals schlicht noch nicht vorhanden. Auch neigt man aus heutiger Sicht leicht dazu, sich die Entstehungs- und Entwicklungsgeschichte des inzwischen so angesehenen BVerfG als reibungslos vorzustellen. Tatsächlich haben sich jedoch mit dem Statusstreit und den Streitigkeiten um die Ratifikation des EVG-Vertrags bereits kurz nach Einrichtung des Verfassungsgerichts zwei heftige Konflikte zwischen dem BVerfG und der Bundesregierung entwickelt, die in einer Schärfe ausgefochten wurden, die aus heutiger Sicht verblüfft. Nicht wenige Äußerungen und Verhaltensweisen im SRP-Verbotsverfahren sind nur verständlich, wenn man sich vergegenwärtigt, dass diese beiden miteinander verwobenen Konfliktfelder ausgerechnet zum Zeitpunkt der mündlichen Verhandlung im staatspolitisch so wichtigen SRP-Verfahren hochgekocht waren:

Oben wurden bereits überblicksartig die langwierigen, weil hoch umstrittenen Prozesse der Entstehung des BVerfGG und der Richterwahl behandelt.[315] Nun könnte man vermuten, dass die Konflikte mit der Einrichtung des Gerichts im September 1951 beendet gewesen wären, zumal das BVerfGG mit großer Mehrheit angenommen worden war und Bundestag sowie Bundesrat, Regierung sowie Opposition und damit letztlich die großen politischen

---

[313] Dazu sogleich, S. 312 ff., sowie prägnant *J. Collings,* Democracy's Guardians, 2015, S. 11 ff.

[314] *O. Lenz,* Tagebuch 1951–1953, 1989, S. 377 (27.06.1952).

[315] Oben S. 180 ff, 238 ff.

Parteien, die in der Bundesregierung und in den Landesregierungen vertreten waren, die 24 Richter selbst gemeinsam ausgewählt hatten. Tatsächlich sollten sich allerdings schon sehr bald nach Einrichtung des BVerfG massive Konflikte zwischen diesem und der Bundesregierung einstellen: Die Bundesregierung und namentlich Justizminister *Thomas Dehler,* der sich ein gutes Stück weit als Schöpfer des BVerfG fühlte, mussten schon bald – zunächst verwundert und schnell zunehmend erzürnt – feststellen, dass das neue Gericht ein starkes Selbstbewusstsein entwickelte und sich in einer Art institutioneller Pubertät zügig gegen seine Schöpfer auflehnte.

Auslöser des sog. Statusstreits,[316] in dem darum gerungen wurde, inwieweit sich das BVerfG von normalen Gerichten unterschied und welche Bedeutung dieser Unterschied für seine Stellung unter den „höchsten Verfassungsorganen" hatte,[317] war die letztlich von *Dehler* im Widerstreit insbesondere mit SPD-Kronverfassungsjurist *Adolf Arndt* durchgesetzte organisatorische und budgetäre Anbindung des BVerfG an seine Rosenburg. Hatte *Dehler* das BMJ – wie gesehen – als Verfassungsministerium konzipiert und musste er schon nach wenigen Monaten Regierungspraxis realisieren, dass er dies nicht gegen *Heinemanns* und später *Lehrs* Innenministerium durchsetzen konnte, wollte er bei Entstehung des BVerfG wenigstens seine eigene Wunschrolle als „Hüter der Verfassung"[318] so weit wie möglich bewahren. *Dehler,* der gleichzeitig – wie zahlreiche andere einflussreiche Politiker – befürchtete, dass das zukünftige BVerfG ein zu politisches Gericht werden könne, wollte daher auch nach Entstehung des BVerfG eine gewisse Kontrolle über dieses ausüben, indem er es auf der Grundlage von Kabinettsentscheidungen organisatorisch und budgetär an sein Ministerium anbinden ließ. Die Rosenburg kontrollierte so die Verwaltung des BVerfG, einschließlich der Gehälter und der Personalernennungen.[319]

Nachdem *Dehlers* Gegenspieler in Sachen BVerfG *Arndt* dann in der Bundestagsdebatte zum Haushalt des BMJ ausgerechnet am Tag vor der feierlichen Eröffnung des BVerfG im September 1951 öffentlichkeitswirksam dafür plädiert hatte, das BVerfG zwecks Wahrung seiner Unabhängigkeit administrativ und budgetär vom BMJ zu lösen,[320] ließ der alarmierte Justizminister von seinem Ministerium noch im Oktober 1951 Memoranden zum „Justizverwaltungsverhältnis zwischen Bundesjustizminister und Bundesverfassungsgericht" sowie zum „Haushalt des Bundesverfassungsgerichts" ausarbeiten. Zügig kamen aber auch aus Karlsruhe erste Nadelstiche: BVerfG-Präsident *Höpker Aschoff* erwies sich zur Überraschung des Justizministers von Anfang an als Verfechter eines institutionell unabhängigen BVerfG und befürwortete so bereits im Oktober 1951 in einer Besprechung mit *Dehler* nicht nur ganz in *Arndts* Sinne einen Einzelhaushaltsplan für das BVerfG, da das Gericht „ein selbständiges Verfassungsorgan" sei, sondern verlangte u.a. auch, dass die Verfassungsrichter nicht mehr der Dienststrafgewalt des Justizministers unterliegen dürften.[321] Musste sich *Dehler* über diesen Emanzipationsakt seines Freundes, den er doch

[316] Zum Statusstreit, der zunächst in der Öffentlichkeit nur wenig Beachtung und daher auch in der wissenschaftlichen Literatur erst recht spät stärkeren Widerhall gefunden hat, etwa *H. Laufer,* Verfassungsgerichtsbarkeit, 1968, S. 245 ff.; *R. Häußler,* Der Konflikt, 1994, S. 23 ff.; *O. W. Lembcke,* Hüter der Verfassung, 2007, S. 83 ff.

[317] *O. W. Lembcke,* Hüter der Verfassung, 2007, S. 83.

[318] Zum aufgeladenen Konzept z.B. *O. W. Lembcke,* Hüter der Verfassung, 2007, S. 1 ff.

[319] *J. Collings,* Democracy's Guardians, 2015, S. 9.

[320] Stenographische Berichte, Bundestag, 1. Wahlperiode, 165. Sitz. v. 27.09.1951 (http://dipbt.bundestag.de/doc/btp/01/01165.pdf), S. 6695 (6753 (C)).

[321] *F. Spieker,* Hermann Höpker Aschoff, 2004, S. 211.

maßgeblich in das hohe Richteramt gebracht hatte,[322] zumindest wundern, war es dann eine regelrechte Provokation, dass Bundesverfassungsrichter *Kurt Zweigert,*[323] als er als zweiter Richter überhaupt bereits zum 14. Februar 1952 wieder aus dem BVerfG ausschied, sein Entlassungsgesuch unter Umgehung des Dienstweges, der aus *Dehlers* Sicht über dessen administrativ übergeordnetes Ministerium geführt hätte, direkt beim Bundespräsidenten und beim Präsidenten des Bundestages einreichte.[324] Verschiedene Vorkommnisse, wie etwa die eigenmächtige Einstellung von „Hilfsarbeitern" durch das BVerfG, welche natürlich haushaltsrechtliche Implikationen hatte,[325] fachten den im Grunde seit Entstehung des BVerfGG schwelenden Streit über den Status des BVerfG dann schnell weiter an.

Ende Januar 1952 erreichte mit den Streitigkeiten um die EVG dann eine weitere staatspolitisch überaus bedeutsame Entwicklung das BVerfG. Mit dem Statusstreit verwoben, sollte diese im Herbst/Winter 1952 zur ersten großen Krise rund um das BVerfG führen, wobei sie von der Öffentlichkeit wesentlich stärker wahrgenommen wurde als der im Wesentlichen intern ausgefochtene Statusstreit:[326] Die Bundestagsabgeordneten der SPD-Fraktion wollten auf Initiative *Kurt Schumachers* die geplante deutsche Wiederbewaffnung im Rahmen der EVG und damit die Festlegung auf eine Westintegration unter Aufgabe von Verhandlungsspielräumen gegenüber der Sowjetunion juristisch verhindern, indem sie unterstützt von neun Abgeordneten der Föderalistischen Union (FU)[327] und einem bei der FDP hospitierenden Abgeordneten am 31. Januar 1952 beim BVerfG vorbeugend einen Normenkontrollantrag gegen das zukünftige Ratifizierungsgesetz zu dem noch nicht einmal unterzeichneten EVG-Vertrag einreichten.[328] Zwar war die SPD-Führung inzwischen unter dem Eindruck des Koreakrieges auf Distanz zu unbedingt wehrfeindlichen und pazifistischen Strömungen innerhalb der Partei gegangen.[329] Anders als *Adenauer,* der die Wiederherstellung der deutschen Souveränität „nur" zur Bedingung für die deutsche Wiederbewaffnung gemacht hatte, hatte die SPD allerdings 1951 auf der Wiederherstellung der Souveränität vor dem Eintritt in Verhandlungen insistiert und hielt

---

[322] Oben S. 240 ff.

[323] Zu *Zweigerts* Ausscheiden: *H. Laufer,* Verfassungsgerichtsbarkeit, 1968, S. 245 sowie unten S. 329.

[324] *F. Spieker,* Hermann Höpker Aschoff, 2004, S. 209 spricht fälschlich von dessen Neffen *Konrad Zweigert;* zutreffend hingegen *J. Collings,* Democracy's Guardians, 2015, S. 11.

[325] *F. Spieker,* Hermann Höpker Aschoff, 2004, S. 209.

[326] Zur Entstehung und Entwicklung dieser ersten großen Krise um die Ratifikation der EVG-Verträge anschaulich: *A. Baring,* Außenpolitik, 1969, S. 221 ff.; *U. Wesel,* Der Gang nach Karlsruhe, 2004, S. 54 ff.; *R. Häußler,* Der Konflikt, 1994, S. 28 ff.

[327] Die FU war ein Zusammenschluss der Bayernpartei und des Zentrums.

[328] Die 144 Abgeordneten der SPD hätten allein nicht das damals für die Erhebung einer Normenkontrolle erforderliche Quorum von 1/3 der Zahl der Bundestagsabgeordneten erreicht; der von allen SPD-Abgeordneten, neun FU-Abgeordneten und dem bei der FDP hospitierenden Abgeordneten *Richard Freudenberg* unterzeichnete vorbeugende Normenkontrollantrag v. 31.01.1952 ist abgedruckt in: Der Kampf um den Wehrbeitrag, Bd. 1, 1952, S. 3 ff.; zum Ganzen auch *D. Gosewinkel,* Adolf Arndt, 1991, S. 296 ff.; *A. Baring,* Außenpolitik, 1969, S. 221 ff.; *D. Hoffmann,* Das BVerfG im politischen Kräftefeld, in: Hist. Jahrbuch 120 (2000), S. 227 (234 f.).

[329] *D. Gosewinkel,* Adolf Arndt, 1991, S. 283 ff.

nun,[330] nachdem sie mit dieser Forderung nicht durchgedrungen war, die Wiederbewaffnung jedenfalls für nicht mit dem Grundgesetz vereinbar.[331] *Arndt* war im Januar 1952 im Einklang mit SPD-Parteichef *Schumacher* der Auffassung, dass die Wiederbewaffnung einer Grundgesetzänderung bedürfe,[332] die aber nur ein neu gewählter Bundestag vornehmen könne, da kein Wähler im Jahr 1949 „an derartige Fragen [habe] denken können".[333] Da die von der SPD angestrebte Bundestagsauflösung allerdings unrealistisch war und *Adenauer* die für seine Politik so wichtigen EVG-Verhandlungen unbeeindruckt vorantrieb, sah die SPD um die Jahreswende 1951/52 ihre einzige Chance in einer Anrufung des BVerfG.[334] Diese schien auch aus dem Grund nicht aussichtslos, da für Normenkontrollverfahren nach der Geschäftsverteilung im BVerfGG der SPD-nahe „rote" Erste Senat zuständig war. Gleichzeitig war allerdings höchst zweifelhaft, ob vorbeugende Normenkontrollverfahren überhaupt zulässig seien, und um ein solches handelte es sich, war das Ratifizierungsgesetz mangels Unterzeichnung des EVG-Vertrags doch noch nicht einmal gem. Art. 76 Abs. 1 GG in den Bundestag eingebracht worden. Die SPD-Abgeordneten reichten also einen vorbeugenden Normenkontrollantrag gegen ein Gesetz ein, dessen konkreter Inhalt noch nicht feststand, was – nach orthodoxer Rechtsauffassung, die *Dehlers* mit der Sache befasstes Justizministerium teilte[335] – die Unzulässigkeit des Antrags nahelegte. Die Bundesregierung hielt den Antrag daneben auch für unbegründet: Für den Wehrbeitrag sei keine Verfassungsänderung erforderlich, zumal Art. 4 Abs. 3 GG und Art. 26 Abs. 1 GG die Möglichkeit einer Wiederbewaffnung verfassungskräftig implizierten und Art. 24 Abs. 1 und 2 GG die Übertragung von Hoheitsrechten auf die EVG, als „System gegenseitiger kollektiver Sicherheit", erlaubten.[336] *Adenauer* ließ daher noch in der Wehrdebatte des Bundestages am 7. und 8. Februar 1952 entspannt durchblicken, dass die SPD-Klage ohnehin keine Aussicht auf Erfolg habe.[337]

Vor allem die Zuständigkeit des „roten Senats" ließen dann aber allmählich doch erste Zweifel aufkommen, und Anfang März hielt der Bundeskanzler die Bedrohung des EVG-Projekts und damit der für ihn prioritären Westintegration bereits für so groß, dass er, um ganz sicher zu gehen, Justizminister *Dehler* und seinen Staatssekretär im Bundeskanzler-

---

[330] Zu den unterschiedlichen Prioritäten auch *T. Banchoff,* The Enduring Transformation, in: Brady etc., The Postwar Transformation, 1999, S. 401 (413); zu teilweise ähnlichen Vorstellungen in der Regierungspartei FDP: *S. Glatzeder,* Die Deutschlandpolitik der FDP, 1980, S. 52 ff.

[331] *D. Gosewinkel,* Adolf Arndt, 1991, S. 283 f., 285 f.; *D. Hoffmann,* Das BVerfG im politischen Kräftefeld, in: Hist. Jahrbuch 120 (2000), S. 227 (232 ff.).

[332] Zur möglichen Grundgesetzwidrigkeit der Wiederbewaffnung etwa auch *U. Mayer,* Remilitarisierung und antimilitaristische Struktur des Grundgesetzes, in: Mayer/Stuby, Das lädierte Grundgesetz, 1977, S. 8 (16 ff.).

[333] *D. Gosewinkel,* Adolf Arndt, 1991, S. 283 f., 286 ff.

[334] *D. Hoffmann,* Das BVerfG im politischen Kräftefeld, in: Hist. Jahrbuch 120 (2000), S. 227 (233).

[335] *D. Hoffmann,* Das BVerfG im politischen Kräftefeld, in: Hist. Jahrbuch 120 (2000), S. 227 (237 f.); zu *Arndts* Gegenauffassung, a.a.O., S. 239 f.

[336] Vgl. insbesondere die von BMJ-Staatssekretär *Strauß* vorbereitete Stellungnahme der Bundesregierung im Gutachtenverfahren, in: Der Kampf um den Wehrbeitrag, Bd. 2, 2. Halbbd., 1953, S. 5 (16 ff.); *R. Häußler,* Der Konflikt, 1994, S. 29 f.; auch zur Gegenauffassung der SPD: *D. Hoffmann,* Das BVerfG im politischen Kräftefeld, in: Hist. Jahrbuch 120 (2000), S. 227 (234 f., 236 f., 247 f.).

[337] *A. Baring,* Außenpolitik, 1969, S. 223.

amt *Otto Lenz* nach Karlsruhe schickte, um zu den Erfolgschancen des Normenkontrollantrags zu sondieren.[338] Zur Überraschung der hochrangigen Gäste erklärte BVerfG-Präsident *Höpker Aschoff* nicht nur, dass der Erste Senat die Zulässigkeit der vorbeugenden Normenkontrollklage der SPD nicht ohne Weiteres verneinen werde, sondern auch, dass er persönlich auf dem Standpunkt stehe, dass „der Verteidigungsbeitrag ohne die SPD nicht gemacht werden könne".[339] Als dann auch noch der *Dehler*-Vertraute und nunmehrige Bundesverfassungsrichter *Willi Geiger* durchblicken ließ, dass der zuständige Senat dem EVG-Vertrag überwiegend einen verfassungsändernden Charakter beimesse, was eine Begründetheit der SPD-Klage impliziert hätte, platzte dem impulsiven *Dehler,* dessen Toleranz gegenüber dem BVerfG angesichts des schwelenden Statusstreits ohnehin aufs Äußerste gefordert war, der Kragen: Wie *Lenz* in seinem Tagebuch berichtet, erklärte der Justizminister umgehend, er würde „den ganzen Verfassungsgerichtshof eigenhändig in die Luft sprengen".[340] Vorläufig beließ es der Justizminister allerdings dabei, noch einmal die parteipolitischen Sympathien der Richter des zuständigen Ersten Senats zu überprüfen, was indes ebenfalls wenig ermutigende Ergebnisse zeitigte: Wie er *Adenauer* am 9. April 1952 defätistisch mitteilte, seien allein sechs Richter des Ersten Senats SPD-Mitglieder und Richterin *Erna Scheffler* als siebente eine „betonte Anhängerin" jener Partei. Zudem würden die SPD-nahen Richter „dauernd auf Vordermann gebracht", während die Richter „unserer Linie" im Zweifel „bei jeder Sache" auseinanderfielen.[341] Er habe daher keine Hoffnung, „daß die vorbeugende Feststellungsklage der SPD in der Frage der Wehrverfassung in unserem Sinne entschieden wird".

Die ostentative Selbstgewissheit der Bundesregierung in Sachen des so wichtigen EVG-Verfahrens, in dem letztlich über das Schicksal der Adenauer'schen Außenpolitik entschieden wurde,[342] wich so blanker Angst, zumal *Dehler* bei seinen Sondierungen erfahren hatte, dass der Bundesregierung auch im Statusstreit Unheil von Seiten des BVerfG drohte: In seinem Schreiben teilte er *Adenauer* in der ihm eigenen Art mit, dass die Richter des BVerfG „einer Hybris sondergleichen verfallen" seien: „Sie werden demnächst mit der Forderung hervortreten, daß sie verwaltungs- und haushaltsmäßig völlig souverän sind und nicht zum Geschäftsbereich eines Ministeriums gehören".[343] In der Tat hatten die Richter des BVerfG die BMJ-Memoranden zum Status des Verfassungsgerichts zum Anlass genommen, ihrerseits von dem renommierten, mit dem britischen Gerichtswesen vertrauten Richter des Zweiten Senats *Gerhard Leibholz*[344] einen Bericht zur Statusfrage für das

---

[338] *U. Wengst,* Thomas Dehler, 1997, S. 205.

[339] *O. Lenz,* Tagebuch 1951–1953, 1989, S. 267 (03.03.1952): „Zu unserer großen Überraschung erklärte uns Höpker Aschoff, daß sie die Zulässigkeit der Klage nicht ohne weiteres verneinen würden. Auf unseren Hinweis, daß Feststellungsklagen über zukünftige Rechtsverhältnisse immer abgelehnt worden seien, meinte er, daß die Stimmung im Senat nicht immer einheitlich sei. Sachlich stünde er auf dem Standpunkt, daß der Verteidigungsbeitrag ohne die SPD nicht gemacht werden könne".

[340] *O. Lenz,* Tagebuch 1951–1953, 1989, S. 267 f. (zum 03.03.1952).

[341] Dehler an Adenauer v. 09.04.1952, NL Dehler, ADL, N1–2902 (Kopie), auszugsweise abgedruckt auch bei *D. Gosewinkel,* Adolf Arndt, 2001, S. 304.

[342] Vgl. *D. Hoffmann,* Das BVerfG im politischen Kräftefeld, in: Hist. Jahrbuch 120 (2000), S. 227 (227).

[343] Dehler an Adenauer v. 09.04.1952, NL Dehler, ADL, N1–2902 (Kopie).

[344] Zu *Leibholz* unten S. 364 f.

Gerichtsplenum ausarbeiten zu lassen.[345] Nachdem dann dessen Senatskollege *Willi Geiger* in der letzten Märzwoche 1952 ergänzende Bemerkungen dazu vorgelegt hatte,[346] welche *Leibholz* zu einem Nachtrag zu seinem Bericht veranlassten,[347] entstand als eine Art Zusammenfassung jener Ausarbeitungen die ebenso kompakte wie selbstbewusste Denkschrift zur Stellung des BVerfG, die *Höpker Aschoff* Ende Juni 1952, ausgerechnet vier Tage vor Beginn der mündlichen Verhandlung im SRP-Verfahren, den obersten Bundesorganen, d.h. dem Bundespräsidenten, dem Bundestag, dem Bundesrat und dem Bundeskanzler, als Chef der Bundesregierung, zuleiten sollte.[348] Die heute berühmte Statusdenkschrift des BVerfG stellte bereits einleitend – angesichts des Schweigens des Grundgesetzes zu dieser Frage durchaus kühn[349] – apodiktisch fest, dass das BVerfG „als der oberste Hüter der Verfassung" nach Wortlaut und Sinn des GG sowie des BVerfGG „zugleich ein mit höchster Autorität ausgestattetes Verfassungsorgan" sei.[350] Daraus ergebe sich, dass es weder einem anderen Bundesorgan noch einer Bundesbehörde unterstellt sein könne. Aufsehen erregend war die Schlussfolgerung, dass die „gegenwärtige Staatspraxis", womit insbesondere die Anbindung an das BMJ gemeint war, damit nicht in Einklang stehe, also letztlich verfassungswidrig sei. Erhob die Denkschrift somit den Vorwurf des Verfassungsbruchs insbesondere durch das BMJ, gipfelte sie in der konkreten Bitte an die (anderen) obersten Verfassungsorgane, „zur Aufrechterhaltung der rechtsstaatlichen Prinzipien daran mitzuwirken, daß der verfassungsmäßige Zustand beim Bundesverfassungsgericht hergestellt wird."

Das Ganze hatte nicht nur aus Sicht der Bundesregierung etwas „Unerhörtes", hatte hier doch ein Gericht, das sich eigentlich mit ihm vorgelegten Rechtsfragen befassen sollte, ohne Rechtsgrundlage die Initiative ergriffen, um seine eigene doppelte Stellung als Verfassungsorgan und Gericht zu definieren.[351] Unmittelbar vor Beginn der mündlichen Verhandlung im staatspolitisch so wichtigen SRP-Verfahren hatte das BVerfG somit den Fehdehandschuh geworfen und war der Streit um den Status des BVerfG voll zum Ausbruch

---

[345] *G. Leibholz,* „Bericht des Berichterstatters an das Plenum des Bundesverfassungsgerichts zur „Status"-Frage v. 21.03.1952, abgedruckt in: JöR N.F. 6 (1957), S. 120 ff.

[346] *Willi Geiger,* „Ergänzende Bemerkungen zum Bericht des Berichterstatters zur Stellung des Bundesverfassungsgerichts" v. 25.03.1952, abgedruckt in: JöR N.F. 6 (1957), S. 137 ff.; zu *Geigers* abweichender Position: *H. Laufer,* Verfassungsgerichtsbarkeit, 1968, S. 309.

[347] *G. Leibholz,* „Nachtrag des Berichterstatters zum Bericht über die Stellung des Bundesverfassungsgerichts" v. 29.03.1952, abgedruckt in: JöR N.F. 6 (1957), S. 137 ff.

[348] „Denkschrift des Bundesverfassungsgerichts: Die Stellung des Bundesverfassungsgerichts", abgedruckt in: JöR N.F. 6 (1957), S. 144–148; *F. Spieker,* Hermann Höpker Aschoff, 2004, S. 210; *M. Jestaedt,* Phänomen Bundesverfassungsgericht, in: Das entgrenzte Gericht, 2011, S. 77 (89 f.).

[349] Kritisch zu den Argumenten der Denkschrift: *R. Thoma* in seinem im März 1953 im Auftrag des Bundesjustizministers vorgelegten Gutachten betreffend die Stellung des BVerfG, abgedruckt in: JöR N.F. 6 (1957), S. 161 (165 ff.); vgl. auch *C. Schönberger,* Anmerkungen zu Karlsruhe, in: Das entgrenzte Gericht, 2011, S. 9 (24 f.); *M. Jestaedt,* Phänomen Bundesverfassungsgericht, in: Das entgrenzte Gericht, 2011, S. 77 (89 f.); *C. Möllers,* Legalität, Legitimität und Legitimation, in: Das entgrenzte Gericht, 2011, S. 281 (357 f.).

[350] „Denkschrift des Bundesverfassungsgerichts: Die Stellung des Bundesverfassungsgerichts", abgedruckt in: JöR N.F. 6 (1957), S. 144 (144).

[351] *O. W. Lembcke,* Hüter der Verfassung, 2007, S. 85.

gekommen. Dies sollte erhebliche Auswirkung nicht nur auf die Kommunikation zwischen dem BVerfG und der Bundesregierung im SRP-Verfahren, sondern auch auf das Verhältnis zwischen *Dehler* und *Höpker Aschoff* haben. Obwohl der Präsident des BVerfG die Statusdenkschrift in wichtigen Punkten wie etwa der Verselbständigung des Haushaltsplans des BVerfG und der Exemtion der Justizverwaltung des BVerfG aus dem Justizressort jedenfalls zunächst nicht mittrug und dies in einem Brief an *Dehler* im Oktober 1952 auch zum Ausdruck brachte,[352] kühlte die Freundschaft der beiden FDP-Juristen schnell ab und verwandelte sich schließlich sogar in das Gegenteil.

Drei Wochen vor Beginn der mündlichen Verhandlung in Sachen SRP hatte unterdessen am 10. Juni 1952 vor dem Ersten Senat die erste mündliche Verhandlung zum SPD-Normenkontrollantrag gegen das Ratifikationsgesetz zu dem im Mai 1952 endlich unterzeichneten EVG-Vertrag stattgefunden.[353] Weiter verkompliziert worden war das ohnehin schon komplexe Verfahren, indem am selben Tag auch ein Gutachtenersuchen des Bundespräsidenten in dieser Sache beim Gericht eingegangen war. Da die Hoffnung der Bundesregierung auf eine Ablehnung des Normenkontrollantrags durch den SPD-nahen Ersten Senat inzwischen – wie gesehen – geschwunden war, hatte sie nämlich Anfang Juni 1952 auf *Adenauers* Wunsch beschlossen, das Verfahren der abstrakten Normenkontrolle durch die Einleitung eines diesem gegenüber vorrangigen Gutachtenverfahrens zu torpedieren.[354] Nach dem später, im Jahr 1956, abgeschafften § 97 Abs. 2 BVerfGG a.F. konnte damals u.a. der Bundespräsident vom BVerfG ein Gutachten zu einer bestimmten verfassungsrechtlichen Frage erbitten, das dann vom Plenum des Gerichts, also von allen 24 Richtern gemeinsam, zu erstatten war. *Heuss* erbat auf Drängen *Adenauers* und *Dehlers* dementsprechend am 10. Juni 1952 vom BVerfG ein Gutachten zu der Frage, ob ein Ratifikationsgesetz zum EVG-Vertrag mit dem Grundgesetz vereinbar wäre, müsse er doch wissen, ob er als Bundespräsident ein solches Gesetz später ausfertigen dürfe. Während dies bei der inzwischen siegessicheren SPD Entsetzen auslöste und sie Bundespräsident *Heuss* intern gar verbittert unterstellte, sich „in die Hände des Kanzlers" begeben zu haben,[355] soll BVerfG-Präsident *Höpker Aschoff* den Gutachtenantrag, obwohl dieser das BVerfG scheinbar vom entscheidenden Spruchkörper zum bloßen Gutachter herabstufte,[356] begrüßt haben:

---

[352] Zu den abweichenden Positionen *Höpker Aschoffs: H. Laufer,* Verfassungsgerichtsbarkeit, 1968, S. 398; *U. Wesel,* Der Gang nach Karlsruhe, 2004, S. 310 f.; später änderte *Höpker Aschoff* allerdings in wesentlichen Punkten seine Ansicht und forderte im Einklang mit der klaren Mehrheit der Richter des BVerfG in einem Brief v. 16.01.1953 an die Bundesregierung (abgedruckt in: JöR N.F. 6 (1957), S. 159 ff.) insbesondere einen Haushaltseinzelplan für das BVerfG; dazu auch: *T. Aders,* Die Utopie vom Staat über den Parteien, 1994, S. 312 f.

[353] Das Protokoll der mündlichen Verhandlung vor dem Ersten Senat des BVerfG am 10.06.1952 ist abgedruckt in: Der Kampf um den Wehrbeitrag, Bd. 1, 1952, S. 156 ff.; zum Abschluss des EVG-Vertrages oben S. 305 f.; zu den politischen und militärischen Elementen des Vertrags im Überblick: *N. Wiggershaus,* Die Westintegration der Bundesrepublik, in: L. Herbst (Hrsg.), Westdeutschland 1945–1955, 1986, S. 253 (259 ff.).

[354] Kabinettsprotokolle 1952, S. 379 (10.06.1952); *H. Laufer,* Verfassungsgerichtsbarkeit, 1968, S. 398; *A. Baring,* Außenpolitik, 1969, S. 225; *U. Wesel,* Der Gang nach Karlsruhe, 2004, S. 61.

[355] *A. Baring,* Außenpolitik, 1969, S. 225 f.; zu *Heuss'* Motiven auch *D. Hoffmann,* Das BVerfG im politischen Kräftefeld, in: Hist. Jahrbuch 120 (2000), S. 227 (243 ff., 248 f.).

[356] *C. Schönberger,* Anmerkungen zu Karlsruhe, in: Das entgrenzte Gericht, 2011, S. 9 (22).

Im Einklang mit verschiedenen Richtern war der BVerfG-Präsident nämlich der Ansicht, dass in einer politisch so heiklen Frage eine Plenarbefassung der Entscheidung durch einen Senat vorzuziehen sei.[357]

Konkret führte der Gutachtenantrag dann jedenfalls dazu, dass zwei Richter des Ersten Senats ihre Meinung änderten und dieser schließlich am 30. Juli 1952 den – widerwillig weiter behandelten[358] – vorbeugenden Normenkontrollantrag überraschend doch als unzulässig abwies.[359] Der Erste Senat, der damit die Unkenrufe des Regierungslagers, er sei ohnehin sozialdemokratisch ferngesteuert, Lügen strafte,[360] stellte in seiner bis heute für die Zulässigkeit vorbeugender Normenkontrollanträge grundlegenden Entscheidung zwar fest, dass eine vorbeugende Normenkontrolle von Ratifizierungsgesetzen völkerrechtlicher Verträge ausnahmsweise zulässig sein könne.[361] Allerdings sei dies erst dann der Fall, wenn das Gesetz nach Durchlaufen des Gesetzgebungsverfahrens in Bundestag und Bundesrat zustande gekommen sei, also lediglich noch die Ausfertigung durch den Bundespräsidenten fehle.[362] Hatten *Adenauer* und auch *Dehler* damit ihr Ziel, eine Sachentscheidung des „roten Senats" in Sachen EVG-Gesetz zu verhindern, erst einmal erreicht, wich ihre Freude schnell der Ernüchterung, als noch im Juli 1952 Gerüchte die Runde machten, dass auch unionsnahe Richter das EVG-Ratifikationsgesetz ohne Verfassungsänderung für verfassungswidrig hielten und daher möglicherweise auch das Plenum des BVerfG in der Sache gegen die Regierung votieren werde.[363]

Nachdem Bundespräsident *Heuss* seinen Gutachtenantrag am 4. August 1952 dann auch auf die EVG-Zusatzprotokolle und den Deutschlandvertrag samt Annexen erweitert hatte,[364] war es einmal mehr *Dehler,* der im Sommer 1952 mithilfe seines Ministeriums angesichts der drohenden Niederlage im Gutachtenverfahren kreativ wurde. Dass sich der Justizminister regelrecht in die Angelegenheit verbiss, lag auch daran, dass er von der Vision

---

[357] Unter Bezugnahme auch auf die „für die Willensbildung im Senat besonders wichtigen Verfassungsrichter *Martin Drath, Franz Wessel* und *Konrad Zweigert": A. Baring,* Außenpolitik, 1969, S. 227.

[358] Ein Ersuchen des Ersten Senats v. 13.06.1952, das Normenkontrollverfahren auszusetzen und sich dem Gutachten des Plenums zu unterwerfen, also eine Bindung des Gutachtens anzuerkennen, war von der Bundesregierung akzeptiert, aber von der Opposition am 19.06.1952 mit der Begründung abgelehnt worden, das Gutachten könne eine Entscheidung nicht ersetzen. Daraufhin hatte der Senat das vorbeugende Normenkontrollverfahren fortgesetzt; zum Ganzen: *A. Baring,* Außenpolitik, 1969, S. 227 f.; *R. Häußler,* Der Konflikt, 1994, S. 31.

[359] BVerfGE 1, 396 = Der Kampf um den Wehrbeitrag, Bd. 1, 1952, S. 436 ff.; dies war Staatssekretär *Lenz* einige Tage zuvor signalisiert worden, *O. Lenz,* Tagebuch 1951–1953, 1989, S. 397 (25.07.1952).

[360] *U. Wengst,* Thomas Dehler, 1997, S. 207.

[361] BVerfGE 1, 396 (413) = Der Kampf um den Wehrbeitrag, Bd. 1, 1952, S. 436 ff.

[362] BVerfGE 1, 396 (413) = Der Kampf um den Wehrbeitrag, Bd. 1, 1952, S. 436 ff.

[363] *U. Wesel,* Der Gang nach Karlsruhe, 2004, S. 62.

[364] *Heuss* hatte sein Ersuchen am 04.08.1952 darauf erweitert, „ein Gutachten über die rechtliche Stellung des EVG-Vertrages und seine Zusatzprotokolle im Rahmen des Grundgesetzes zu erstatten und um der Komplexität der beiden Vertragswerke willen die Bestimmungen des ‚Deutschlandvertrages' und seiner Annexe bei der juristischen Überprüfung mit zu umfassen", *H. Laufer,* Verfassungsgerichtsbarkeit, 1968, S. 399; zu den Hintergründen: *D. Hoffmann,* Das BVerfG im politischen Kräftefeld, in: Hist. Jahrbuch 120 (2000), S. 227 (246 f.).

besessen war, der in der SPD verkörperte Sozialismus könne mithilfe des BVerfG die Außenpolitik der Bundesregierung blockieren. Dies wurde auf dem Schicksalsparteitag der FDP in Bad Ems im November 1952 besonders deutlich, wo der sich insoweit beim rechten Parteiflügel anbiedernde *Dehler* eine Tirade gegen den Sozialismus auch für einen Seitenhieb auf das BVerfG nutzte, den die Richter des BVerfG nur als Drohung auffassen konnten:[365] Er hoffe, „daß sich dort der Geist des Sozialismus nicht auswirk[e]" und das Gericht „keine politischen Willensentscheidungen, sondern Rechtsentscheidungen" fälle.[366] Nachdem dann *Willi Geiger* bei einem Abendessen mit *Dehler* und *Lenz* am 12. November 1952 hatte durchblicken lassen, dass die Entscheidung des Plenums des BVerfG im Gutachtenverfahren voraussichtlich von einer einzigen Stimme abhängen werde,[367] gelang es dem Justizminister mithilfe seines Staatssekretärs *Strauß* (CDU) schließlich Anfang Dezember 1952, das Kanzleramt von seiner vor Monaten ausgetüftelten Strategie im Umgang mit dem drohenden Negativgutachten des BVerfG zu überzeugen.[368] Allerdings sollte der vermeintliche Rettungsanker dann im Ergebnis die auch aufgrund des Statusstreits bedrohlich schwelende Krise zwischen Bundesregierung und BVerfG eskalieren lassen:[369]

Nach der ebenso komplexen wie kontroversen zweiten Lesung des Ratifikationsgesetzes im Bundestag vom 3.–5. Dezember 1952[370] bewegte *Adenauer,* der um seine Westverträge bangte, die angesichts erster Pressemeldungen über die anstehende Volte des Kanzlers nicht mehr völlig überraschte CDU/CSU-Fraktion dazu,[371] die unmittelbar im Anschluss am 5. Dezember terminierte dritte Lesung aussetzen zu lassen.[372] Eigentliches Ziel war es, am Folgetag zusammen mit den anderen Regierungsfraktionen in dieser Sache nunmehr ein Organstreitverfahren vor dem für diese zuständigen CDU-nahen Zweiten Senat des BVerfG gegen die oppositionelle SPD-Fraktion anzustrengen.[373] Diese etwas abenteuerlich anmutende Vorgehensweise versprach aus *Dehlers* und *Adenauers* Sicht nicht nur eine Entscheidung in der heiklen Angelegenheit durch den „schwarzen Senat", sondern

---

[365] Zum Bad Emser Parteitag, auf dem *Dehler* eine wichtige Rolle bei den Bemühungen spielte, das drohende Auseinanderbrechen der FDP zu verhindern, unten S. 414 ff.

[366] Zitiert nach *A. Baring,* Außenpolitik, 1969, S. 231.

[367] Im Ersten Senat sei das Stimmenverhältnis voraussichtlich 8:4 „gegen die Verträge", während im Zweiten Senat etwa 7:4 für die Verträge seien; vgl. *O. Lenz,* Tagebuch 1951–1953, 1989, S. 466 (12.11.1952); *D. Hoffmann,* Das BVerfG im politischen Kräftefeld, in: Hist. Jahrbuch 120 (2000), S. 227 (254).

[368] *O. Lenz,* Tagebuch 1951–1953, 1989, S. 483 (02.12.1952).

[369] Näher zu diesen Entwicklungen: *U. Wengst,* Thomas Dehler, 1997, S. 208 ff.

[370] Stenographische Berichte, Bundestag, 1. Wahlperiode, 240. Sitz. v. 03.12.1952 (http://dip21.bundestag.de/dip21/btp/01/01240.pdf), S. 11101 (A) ff.

[371] „Überraschende Wende in Bonn", in: FAZ v. 05.12.1952; *O. Lenz,* Tagebuch 1951–1953, 1989, S. 485 f. (04.12.1952): „14.30 Uhr Bundestag. Die ganze Sache ist bei der Presse herum. […] Als ich nachmittags in den Bundestag komme, war in Journalistenkreisen schon durchgesickert, daß die Koalition voraussichtlich eine Vertagung der 3. Lesung anstreben werde, um den Bundesverfassungsgerichtshof anzurufen".

[372] Stenographische Berichte, Bundestag, 1. Wahlperiode, 242. Sitz. v. 05.12.1952 (http://dip21.bundestag.de/dip21/btp/01/01242.pdf), S. 11496 (B).

[373] Der Antrag der Bundestagsfraktionen der CDU/CSU, der FDP und der DP v. 06.12.1952 ist abgedruckt in: Der Kampf um den Wehrbeitrag, Bd. 2, Ergänzungsband, 1958, S. 1 ff.; *O. Lenz,* Tagebuch 1951–1953, 1989, S. 491 (05.12.1952): „Die Klage an den 2. Senat ging noch in derselben Nacht ab."; *H. Laufer,* Verfassungsgerichtsbarkeit, 1968, S. 405 ff.

zugleich auch eine Verhinderung des Gutachtenverfahrens, in dem drei Tage später die mündliche Verhandlung beginnen sollte. Allerdings war damit auch die Ratifikation der Westverträge erst einmal gestoppt, was im In- und Ausland heftige Irritationen hervorrief. *Adenauers* Staatssekretär *Lenz* tat sein Bestes, um die nationale und internationale Presse davon zu überzeugen, dass die schwer nachvollziehbare Maßnahme gerade dazu diene, die Verträge zu retten.[374] Selbst in der Regierungskoalition herrschte teilweise blankes Entsetzen: So berichtet *Lenz*, dass der DP-Abgeordnete *Hans Ewers* (1887–1986), der sich nicht von der Notwendigkeit der Vertagung überzeugen ließ, in der Diskussion mit dem Kanzler „blaurot" angelaufen und einem Schlaganfall nahe gewesen sei.[375]

Viel wichtiger war allerdings, dass BVerfG-Präsident *Höpker Aschoff* und die Richter beider Senate, die angesichts des weiter schwelenden Statusstreits besonders um ihre richterliche Unabhängigkeit besorgt waren und sich vor „keinen politischen Karren spannen" lassen wollten, zumal ihnen genau dies ja immer wieder vorgeworfen wurde, *Adenauers* und *Dehlers* taktisches Manöver als ungeheure Provokation betrachteten, auf die sie dann ebenso prompt wie heftig reagierten: In der trotz allem anberaumten ersten Sitzung zum Gutachtenverfahren am 9. Dezember 1952 gab *Höpker Aschoff* zunächst eine Erklärung ab, in der er alle Verdächtigungen, das BVerfG, „als der berufene Hüter der Verfassung", wolle politische Entscheidungen fällen, als Äußerungen, die „in anderen Staaten als Contempt of Court (Mißachtung des Gerichts) geahndet werden würden", brüsk zurückwies.[376] Sodann wies er mit einem großen Paukenschlag darauf hin, dass das Plenum des BVerfG am Vortag mit 20 gegen zwei Stimmen beschlossen habe, dass beide Senate in streitigen Verfahren, die auf ein Gutachtenverfahren folgten, an das gemeinsame Gutachten gebunden seien, das Gutachtenverfahren also vorrangig sei.[377] Der Beschluss, dessen Begründung einige Tage später nachgeliefert wurde, beinhaltete zugleich, dass das BVerfG – entgegen *Adenauers* und *Dehlers* Erwartung und auch entgegen der bisherigen, allerdings spärlichen Praxis – das Gutachtenverfahren ungeachtet des anhängig gemachten Organstreits durchführen werde.[378] Damit war *Adenauers* und *Dehlers* Plan, die Entscheidung in der Sache vom Plenum auf den „schwarzen" Zweiten Senat zu verlagern, krachend gescheitert und das Gutachtenverfahren war *de facto* zum entscheidenden Verfahren aufgewertet.[379] Der Kanzler und sein Justizminister versuchten daher fast schon panisch, zu retten, was zu retten war, indem sie mit Rückendeckung des eilends zu einer Sondersitzung am Abend des 9. Dezember 1952 einberufenen Bundeskabinetts[380] Bundespräsident *Heuss,*

---

[374] *O. Lenz,* Tagebuch 1951–1953, 1989, S. 487 (05.12.1952).

[375] *O. Lenz,* Tagebuch 1951–1953, 1989, S. 488 (05.12.1952).

[376] Protokoll der mündlichen Verhandlung vor dem BVerfG v. 09.12.1952, abgedruckt in: Der Kampf um den Wehrbeitrag, Bd. 2, 1953, S. 803 (804); *H. Laufer,* Verfassungsgerichtsbarkeit, 1968, S. 402.

[377] BVerfGE 2, 79 (89 ff.); Protokoll der mündlichen Verhandlung vor dem BVerfG v. 09.12.1952, abgedruckt in: Der Kampf um den Wehrbeitrag, Bd. 2, 1953, S. 803 (804); eine der beiden Gegenstimmen stammte bezeichnenderweise von *Willi Geiger,* dessen abwiechende Meinung, nach der ein Rechtsgutachten des Plenums die Senate nicht binde, in Der Kampf um den Wehrbeitrag, Bd. 2, 1953, S. 822 ff. abgedruckt ist.

[378] Das Plenum des BVerfG reichte am 15.12.1952 die Begründung des Beschlusses BVerfGE 2, 79 (1 PBvV 1/52, abgedruckt auch in: Der Kampf um den Wehrbeitrag, Bd. 2, 1953, S. 812 ff.) nach.

[379] *D. Hoffmann,* Das BVerfG im politischen Kräftefeld, in: Hist. Jahrbuch 120 (2000), S. 227 (251 f., 254 f.).

[380] Kabinetts-Sondersitzung v. 09.12.1952 (Kabinettsprotokolle 1952, S. 732 (732 f.).

der das Gutachtenverfahren ohnehin eher widerwillig eingeleitet hatte und sich als zweiter, unabhängiger „Hüter der Verfassung“ neben dem BVerfG sah,[381] dazu bewegten, noch am 9. Dezember 1952 seinen Antrag auf Erstattung des Gutachtens wieder zurückzuziehen.[382]

Höpker Aschoff, dem *Heuss'* Schreiben von einem Kurier des Bundespräsidenten am Morgen des 10. Dezember 1952 in seine Karlsruher Privatwohnung gebracht wurde, sah sich nun doch gezwungen, die für diesen Tag angesetzte mündliche Verhandlung abzusagen.[383] Dies sowie die scharfe Rhetorik *Adenauers* und vor allem des ohnehin zu spitzen Formulierungen neigenden, nun aber zu Hochform auflaufenden *Dehler* ließen den schwelenden Konflikt zwischen dem Gericht und der Bundesregierung eskalieren und zur veritablen Staatskrise anwachsen.[384] Der Kanzler und vor allem sein Justizminister warfen dem BVerfG nicht nur in der Sondersitzung des Kabinetts am 9. Dezember 1952,[385] sondern auch quasi-öffentlich im Kanzler-Teegespräch mit ausgewählten Journalisten am Abend des 10. Dezember 1952 unverblümt Rechts- und Verfassungsbruch vor,[386] was dann – trotz Vertraulichkeit vorhersehbar – entsprechenden Widerhall in den Medien fand. *Dehler* sprach nicht nur von „Verfassungsnot[-stand]“, sondern warf dem BVerfG vor, sich an die „Stelle des Gesetzgebers“ setzen zu wollen. Seine Tiraden gipfelten in der persönlich verletzenden Feststellung, „der größte Mangel“ des Gerichts sei nicht dessen parteipolitische Zusammensetzung, „sondern die fehlende richterliche Qualität“.[387] *Adenauer* erkannte immerhin umgehend, dass sein Justizminister den Bogen überspannt hatte und bat die Journalisten, nur so zu schreiben, „daß nicht diese sehr bedauerliche Erschütterung des Gefühls der Rechtssicherheit nun unnötig verstärkt wird“.[388] Auch als unterdessen angesehene baden-württembergische Juristen, darunter der Mannheimer Wirtschaftsanwalt *Wilhelm Zutt* (1890–1962), dem die US-Militärregierung im Herbst 1945 die Ministerpräsidentschaft in Groß-Hessen angetragen hatte,[389] am Nachmittag des 10. Dezember 1952 telegrafisch flehten, „weitere für Ansehen von Justiz und Staat unerträgliche Schritte gegenüber höchstem deutschen Gericht“ unbedingt zu verhindern, gossen *Dehler* und sein Staatssekretär *Strauß* ungerührt weiter Öl ins Feuer, indem sie an den bestens vernetzten *Zutt* zurückkabelten: „Sie verkennen die Lage vollständig. Das Bundesverfassungsgericht ist in einer erschütternden Weise von dem Weg des Rechts abgewichen und hat dadurch eine ernste Krise geschaffen.“[390] Selbst die Mahnung des Bayerischen Ministerpräsidenten

---

[381] So in der wenig später gehaltenen Rundfunkansprache des Bundespräsidenten v. 10.12.1952, zitiert von *D. Hoffmann,* Das BVerfG im politischen Kräftefeld, in: Hist. Jahrbuch 120 (2000), S. 227 (272).

[382] Rücknahmeerklärung des Bundespräsidenten v. 09.12.1952 samt Pressemitteilung des Bundespräsidialamts, abgedruckt in: Der Kampf um den Wehrbeitrag, Bd. 2, 1953, S. 811; *H. Laufer,* Verfassungsgerichtsbarkeit, 1968, S. 402 f.

[383] *U. Wesel,* Der Gang nach Karlsruhe, 2004, S. 68 f.

[384] *U. Wesel,* Der Gang nach Karlsruhe, 2004, S. 66 ff.

[385] Kabinetts-Sondersitzung v. 09.12.1952 (Kabinettsprotokolle 1952, S. 732/733 Fn. 6).

[386] *Adenauer,* Teegespräche 1950–1954, 1984, 10.12.1952, S. 365 ff.; *U. Wesel,* Der Gang nach Karlsruhe, 2004, S. 70.

[387] *Dehler,* in: Adenauer, Teegespräche 1950–1954, 1984, 10.12.1952, S. 365 (390); zum Ganzen auch *J. Schröder,* Bundesministerium der Justiz, in: 40 Jahre Rechtspolitik, 1989, S. 9 (20 f.).

[388] *K. Adenauer,* Teegespräche 1950–1954, 1984, 10.12.1952, S. 365 (390).

[389] *M. Will*, Entstehung der Verfassung des Landes Hessen, 2009, S. 28 f.

[390] Der baden-württembergische Justizminister *Viktor Renner* (SPD), der im Mai 1953 aus Protest gegen den EVG-Vertrag von seinem Amt zurücktreten sollte, verlas den Inhalt

Hans Ehard (CSU), die Autorität des BVerfG sei durch die Vorgänge, „ohne daß es selbst die geringste Schuld daran trägt, in einer überaus bedenklichen Weise angeschlagen“, konterte *Dehler,* der längst jedes Maß verloren hatte, auf einer FDP-Versammlung am 12. Dezember 1952 in Straubing ohne Rücksicht auf Verluste mit dem scharfen Hinweis, *Ehard* solle „sich nicht in Dinge einmischen, von denen er nichts verstehe“; es sei ein „teuflisches Spiel“, wie die SPD, namentlich *Arndt,* mit den Interessen der Öffentlichkeit umspringe.[391]

Ordnete unterdessen etwa die FAZ diese Vorgänge längst als Verfassungskrise ein,[392] war eine solche das Letzte, was der Kanzler angesichts der bereits neun Monate später anstehenden Bundestagswahlen und zahlreicher Verwerfungen in der Regierungskoalition – etwa im Hinblick auf gerade eskalierende rechtsextreme Strömungen in der nordrhein-westfälischen und niedersächsischen FDP[393] – gebrauchen konnte. Obwohl der mit allen Wassern gewaschene Rhöndorfer vorübergehend wohl sogar erwogen hatte, die Richterwahl beim BVerfG neu zu regeln, um den Einfluss der SPD zu reduzieren,[394] ruderte er angesichts der hoplitengleichen Abwehrfront der Verfassungsrichter, die ihre Reihen unter dem Eindruck der scharfen Vorwürfe parteiübergreifend noch enger schlossen und in der Sache kein Iota zurückwichen, bereits wenige Tage später zurück und nutzte alle Kanäle, um die Wogen zu glätten.[395] So traf sich der Kanzler am 19. Dezember 1952 mit Bundespräsident *Heuss* und BVerfG-Präsident *Höpker Aschoff* zu einer eingehenden Aussprache. Im Anschluss äußerte die Bundesregierung in einer Presseerklärung kleinlaut, niemals daran gedacht zu haben, „die Rechte und die Würde des Bundesverfassungsgerichtes anzutasten“.[396] An *Dehler,* der trotz Verlusts der Rückendeckung durch den Kanzler unbeirrt an seinem Kampf gegen die Richter des BVerfG festhielt, ging am Folgetag unzweideutig die „dringende Bitte“ des Kanzlers, sich bei der anstehenden Beerdigung des stellvertretenden FDP-Bundestagsfraktionsvorsitzenden *Ernst Mayer* (1901–1952) „nicht in irgendwelche Gespräche, die das Bundesverfassungsgericht betreffen, einzulassen“.[397]

Die besonnene Reaktion des Kanzlers ermöglichte es Regierung und BVerfG, einen *modus vivendi* zu finden und die Verfassungskrise noch einmal abzuwenden. Der zum EVG-Ratifizierungsgesetz noch anhängige Organstreit wurde vom BVerfG schließlich mit Urteil vom 7. März 1953 als unzulässig zurückgewiesen.[398] Der persönliche Groll zwischen den

---

der Telegramme in der Haushaltsdebatte des Bundesrates am 18.12.1952 (Bundesrat, Sitzungsberichte, 98. Sitzung, 18./19. Dezember 1952, S. 587 (599 (C)). Dabei griff er auch den Statusstreit auf und plädierte für einen Einzelplan für das BVerfG im Haushaltsplan des Bundes.

[391] Zitiert nach *A. Baring,* Außenpolitik, 1969, S. 252.

[392] *R. Häußler,* Der Konflikt, 1994, S. 34.

[393] Dazu unten S. 399 ff.

[394] Adenauer: „Es mußte alles neu gemacht werden“, 1986, Sitz. des CDU-Bundesvorstands v. 15.12.1952, S. 170 (175 ff.) ; vgl. auch *D. Hoffmann,* Das BVerfG im politischen Kräftefeld, in: Hist. Jahrbuch 120 (2000), S. 227 (256).

[395] *U. Wesel,* Der Gang nach Karlsruhe, 2004, S. 71 ff.; *Adenauer* hatte bereits im Juni 1952 eine „Vernachlässigung“ des BVerfG beklagt, die sich jetzt räche, *O. Lenz,* Tagebuch 1951–1953, 1989, S. 377 (27.06.1952).

[396] *U. Wengst,* Thomas Dehler, 1997, S. 216.

[397] Adenauer an Dehler v. 20.12.1952, in: Adenauer, Briefe 1951–1953, 1987, S. 308.

[398] BVerfGE 2, 143; zum Ablauf des Verfahrens: *D. Hoffmann,* Das BVerfG im politischen Kräftefeld, in: Hist. Jahrbuch 120 (2000), S. 227 (264 f.); eine spätere Normenkontrollklage der SPD gegen das Ratifikationsgesetz zum EVG-Vertrag v. 11.05.1953 erledig-

Protagonisten des Statusstreits und der Auseinandersetzung um die Ratifizierung des EVG-Vertrags blieb allerdings lange erhalten und sollte erhebliche Folgen haben: Über die Auseinandersetzungen zerbrachen die FDP-internen Freundschaften nicht nur zwischen *Höpker Aschoff* und *Dehler* sowie *Heuss,* sondern auch zwischen *Dehler* und *Heuss.*[399] *Höpker Aschoff* veranlassten die Vorgänge dazu, sich nach der zweiten Bundestagswahl im Herbst 1953 persönlich bei *Adenauer* und *Heuss* gegen eine Wiederernennung seines früheren Freundes *Dehler* zum Bundesjustizminister einzusetzen. Der Präsident des BVerfG soll sogar mit seinem eigenen Rücktritt gedroht haben, was dann wohl dazu beitrug, dass *Dehler* bei der zweiten Kabinettsbildung schließlich nicht berücksichtigt wurde.[400] Die Richter des BVerfG entzogen sich im Plenum wie in den beiden Senaten erfolgreich parteipolitischen Einflussnahmeversuchen und Taktiken, insbesondere indem sie die ihnen im EVG-Streit vorgelegten Fragen letztlich formaljuristisch auf der Zulässigkeitsebene und nicht material-inhaltlich entschieden.[401] Dieses geschickte Taktieren in den EVG-Verfahren trug in Verbindung mit dem Statusstreit wesentlich dazu bei, dass es ihnen *summa summarum* in einem sehr zügig vollzogenen Akt der Selbstermächtigung gelang, die Stellung des jungen BVerfG als gleichberechtigtes Verfassungsorgan durchzusetzen und zugleich dessen Ansehen in der Öffentlichkeit als unabhängiges Gericht wesentlich zu erhöhen.[402] Die Verfassungsorganqualität des BVerfG wurde schon bald kaum mehr ernsthaft bestritten.[403] Ihm wurde bereits im nächsten Bundeshaushaltsplan ein eigener Einzelplan, anstatt wie zuvor lediglich ein Kapitel im Einzelplan des BMJ, gewidmet und die administrative Unterstellung unter das BMJ aufgegeben.[404] Selbst der *Dehler* eng verbundene, im Statusstreit zunächst zurückhaltende Verfassungsrichter und Mitschöpfer des BVerfGG *Willi Geiger* stellte bereits im Herbst 1952 in seiner Kommentierung zu § 1 BVerfGG apodiktisch fest, dass das BVerfG ein den anderen Verfassungsorganen ebenbürtiges Verfassungsorgan des Bundes und recht eigentlich der „Hüter der Verfassung“ sei.[405] Eine Unterstellung unter ein Bundesministerium scheide daher aus und das BVerfG gehöre insbesondere nicht zum Geschäftsbereich des BMJ. Insgesamt gingen das BVerfG und damit die unabhängige Verfassungsrechtsprechung als klarer Sieger und *Thomas Dehler* als persönli-

---

te sich, als der EVG-Vertrag in der französischen Nationalversammlung am 30.08.1954 scheiterte; dazu etwa *D. Hoffmann,* a.a.O., S. 269 sowie oben S. 305 f., unten S. 457 f.

[399] *U. Wesel,* Der Gang nach Karlsruhe, 2004, S. 73.

[400] Zu *Dehlers* Sturz im Einzelnen: *U. Wengst,* Thomas Dehler, 1997, S. 222 ff.

[401] *D. Hoffmann,* Das BVerfG im politischen Kräftefeld, in: Hist. Jahrbuch 120 (2000), S. 227 (270 f.).

[402] *U. Wesel,* Der Gang nach Karlsruhe, 2004, S. 74 f.

[403] Den Status des BVerfG als Verfassungsorgan bekräftigte der Zweite Senat in seinem Beschluss v. 21.05.1957 (BVerfGE 7, 1 (15)): „Die verfassungsrechtliche Stellung des Bundesverfassungsgerichts ist eine andere als die der oberen Bundesgerichte. Es ist als Gericht zugleich ein oberstes Verfassungsorgan“; *Richard Thoma* kam im März 1953 in seinem im Auftrag des Justizministers erstellten Gutachten betreffend die Stellung des BVerfG (abgedruckt in: JöR N.F. 6 (1957), S. 161 ff.) zu dem Ergebnis, die bisherige Staatspraxis sei nicht verfassungswidrig, schlug aber dessen ungeachtet verschiedene Reformen vor.

[404] Zu diesen und weiteren konkreten Folgen des Statusstreits *G. Leibholz,* Einleitung, in: JöR N.F. 6 (1957), S. 110 (113 ff.); *C. Schönberger,* Anmerkungen zu Karlsruhe, in: Das entgrenzte Gericht, 2011, S. 9 (25 f.).

[405] *W. Geiger,* BVerfGG-Kommentar, 1952, § 1 Anm. 1 (S. 4 f.).

cher Verlierer aus dem Statusstreit und den mit diesem verwobenen Streitigkeiten um die Ratifikation des EVG-Vertrags hervor.[406]

5. Zur Protokollsituation in der mündlichen Verhandlung

Zu Beginn der mündlichen Verhandlung im SRP-Verfahren, Anfang Juli 1952, als der Statusstreit nach Einreichung des Statusberichts des BVerfG gerade hochkochte und sich – wie gesehen – auch der Streit um die Ratifikation des EVG-Vertrags zuspitzte, war ein gravierenderer Organisationsmangel des SRP-Verfahrens als die angesprochene beengte Unterbringung der Bundesregierung, dass von den einzelnen Sitzungen kein stenographisches Wortprotokoll angefertigt wurde. Dieser Missstand veranlasste die Bundesregierung sogar zu Überlegungen, Sitzungen des BVerfG zukünftig selbst stenographisch zu protokollieren. Das BVerfG fertigte statt solcher Protokolle vorerst lediglich Tonbandmitschnitte der mündlichen Verhandlung an,[407] die später abgeschrieben wurden.[408] Die Gefahren dieser scheinbar fortschrittlichen Behelfslösung wurden dann schnell deutlich, indem technische Schwierigkeiten mit den Tonbändern zu bedauerlichen Lücken im Protokoll führten.[409] Die unbefriedigende materielle Situation des BVerfG kam in diesem Zusammenhang einmal mehr darin zum Ausdruck, dass das Gericht die zur Aufzeichnung der mündlichen Verhandlung genutzten Tonbandgeräte unter-

---

406 Es dürfte kein Zufall sein, dass *Adenauers* Dankesschreiben an *Dehler* v. 26.10.1953 (Adenauer, Briefe 1953–1955, 1995, Nr. 14 (S. 32 ff.)) nach dessen Ausscheiden aus dem Bundeskabinett den Aufbau des BVerfG und die Ausarbeitung des BVerfGG, als dessen strukturell wohl wichtigste und nachhaltigste Leistungen, nicht erwähnt.

407 Ein 16-seitiges Verzeichnis der in der mündlichen Verhandlung des BVerfG vom 01.–15.07.1952 in Karlsruhe „vom Tonaufnahmegerät aufgenommenen Spulen“, aus dem sich auch der zeitliche Ablauf der einzelnen Sitzungstage rekonstruieren lässt, findet sich in BA, B 237, Nr. 215617, vor Bl. 1; vgl. auch Ritter von Lex an BVerfG, 1. Senat v. 09.07.1952 (BA, B 237, Nr. 215606, Bl. 443), worin *von Lex* um die Möglichkeit bittet, „das vom Bundesverfassungsgericht aufgenommene Tonband über die mündliche Verhandlung für die Bundesregierung auf eigenes Tonband zu übernehmen“; vgl. auch das Schreiben an den High Commissioner for Germany v. 20.06.1952, BA, B 237, Nr. 215612, Bl. 20, in dem mitgeteilt wird, dass sich die Entsendung eines Stenografen von US-Seite erübrige, da die Verhandlung auf Tonband aufgezeichnet werden solle.

408 In den Verfahrensakten des BVerfG findet sich statt eines umfassenden stenographischen Protokolls immerhin auch eine vom Präsidenten des BVerfG unterzeichnete 14-seitige Übersicht mit den wesentlichen Inhalten der zehn Sitzungstage: „Öffentliche Sitzung des Ersten Senats des Bundesverfassungsgerichts“, BA, B 237, Nr. 215606, Bl. 399–406.

409 Die Transkriptionen der Tonbänder, die allerdings leider erst mit „Spule No. 3“ vom 01.07.1952, 17.28 Uhr, beginnen, finden sich in BA, B 237, Nr. 215617, Bl. 1 ff. (Spule Nr. 3–9 = 01.–03.07.1952), Nr. 215618 (Vernehmung Zeuge Otto John), Nr. 215619, Bl. 183 ff. (Spule Nr. 9–17 = 03.–05.07.1952), Nr. 215620, Bl. 335 ff. (Spule Nr. 18–24 = 05.–09.07.1952), Nr. 215621, Bl. 482 ff. (Spule Nr. 24–30 = 09.–15.07.1952); z.T. sehr wichtige Anlagen zum Protokoll finden sich in Nr. 215622 ff.

dessen sogar noch hatte ausleihen müssen.[410] Eigene Geräte konnte das hohe Gericht erst einige Wochen später anschaffen.

6. Verfahrensvertretung und -strategie der SRP

Für die SRP traten in der mündlichen Verhandlung zunächst ihre Rechtsanwälte *Noack* und *Schrieber* auf, die bereits die Klageerwiderung der rechtsextremen Partei verfasst hatten. Nachdem die nach wie vor finanzschwache SRP beim Senat wiederholt erfolglos eine Beiordnung dieser Anwälte unter Anwendung von Armenrecht beantragt hatte,[411] verließen *Noack* und *Schrieber* jedoch nach dem dritten Verhandlungstag das Verfahren. Dies dürfte zumindest teilweise tatsächlich auf Befürchtungen der beiden Rechtsanwälte zurückzuführen gewesen sein, kein Honorar zu erhalten. So trugen sie gegenüber dem BVerfG vor, dass sie der SRP ihre Honorare bislang gestundet hätten und ein Versuch der Partei, die notwendigen Mittel durch eine Umlage aufzubringen, gescheitert sei.[412] Zudem beschwerten sich die Rechtsanwälte am selben Tag beim SRP-Parteirat darüber, immer noch nicht das ihnen zustehende Honorar für vorangegangene Dienste erhalten zu haben.[413] Eine noch größere Rolle könnte beim Auszug der Rechtsanwälte allerdings gespielt haben, dass diese nach dem Verlauf der Beweisaufnahme während der ersten drei Prozesstage schlicht ihre Erfolgschancen schwinden sahen. So brachten sie im Gespräch mit dem SRP-Parteirat am 3. Juli 1952 in einem Karlsruher Gasthaus auch ihren Unmut zum Ausdruck, nicht hinreichend darüber informiert worden zu sein, dass das BVerfG über wesentlich beweiskräftigeres Material verfüge, als sie erwartet hatten.[414]

Die Erfolgsaussichten der SRP schwanden aufgrund des Auszugs ihrer Verfahrensvertreter, die bis dahin teilweise durchaus geschickt agiert hatten,

---

[410] Vgl. „Stellungnahme zu den Betrachtungen von Prof. Rheindorf" v. 03.09.1952, Anlage, S. 2, BA, B 106, Nr. 15549.

[411] Einen Antrag auf Beiordnung der Rechtsanwälte *Schrieber* und *Noack* hatte *Schrieber* bereits kurz vor Beginn der mündlichen Verhandlung gestellt, Schrieber an BVerfG v. 25.06.1952, BA, B 237, Nr. 215605, Bl. 361. Diesen Antrag lehnte der Senat zu Beginn des 1. Verhandlungstages durch Beschluss ab (vgl. das Dokument „Öffentliche Sitzung des Ersten Senats des Bundesverfassungsgerichts", das einen Überblick über die einzelnen Verhandlungstage gibt, BA, B 237, Nr. 215606, Bl. 399); am Ende des 3. Tages (03.07.1952) wiederholten *Noack* und *Schrieber* den Antrag mit Hinweis darauf, dass die Verhandlung länger dauere, als ursprünglich avisiert (BA, B 237, Nr. 215619, Bl. 213 ff.).

[412] Noack/Schrieber an BVerfG v. 03.07.1952, BA, B 237, Nr. 215605, Bl. 363; die finanzielle Motivation bekräftigte *Schrieber* in einem weiteren Schreiben an BVerfG, 1. Senat v. 07.07.1952, BA, B 237, Nr. 215623 (Anlage Nr. 28 zum BVerfG-Sitzungsprotokoll).

[413] *H. Hansen,* Sozialistische Reichspartei, 2007, S. 251.

[414] *H. Hansen,* Sozialistische Reichspartei, 2007, S. 252 insbesondere Fn. 16.

weiter.[415] Ab dem vierten Verhandlungstag sahen sich nun nämlich die als Zeugen geladenen SRP-Vorstandsmitglieder *Dorls,*[416] *Remer,*[417] *Krüger,*[418] *Westarp*[419] und *Heller*[420] gezwungen, mit Zustimmung des BVerfG auch die Prozessvertretung ihrer Partei wahrzunehmen. Dies taten sie als Nichtjuristen mehr schlecht als recht, bis sie am neunten Verhandlungstag dann ihrerseits die Flucht antraten und demonstrativ aus der Verhandlung auszogen.[421] Dabei dürfte auch eine Rolle gespielt haben, dass sich die Beweisaufnahme für die SRP-Führung zunehmend unangenehm gestaltet hatte, da dort nicht nur deren Verstrickungen mit dem NS-Regime, sondern – für *Remer,* der sich stets über jede Form von Kollaboration empörte, besonders peinlich – auch dessen konstruktive Zusammenarbeit mit der US-Army Historical Division nach Kriegsende zur Sprache gekommen waren.[422]

Die Strategie der SRP-Führung in der Verhandlung hatte bis dahin primär darin bestanden, Vorwürfe herunterzuspielen, sich vom Inhalt herangezogener Beweisstücke, bspw. Urkunden und Reden, etwa durch den Hinweis auf die Vorstandsferne der Verfasser oder auf eigene Unkenntnis, zu distanzieren[423] und sich sowie die SRP als Opfer eines verfassungswidrigen Vorgehens der Regierung zu stilisieren. Immer wieder bedienten sich die SRP-Oberen dabei auch einer in der Tat auf den ersten Blick nicht ganz fernliegenden „*tu-quoque*-Argumentation“, indem sie bspw. süffisant daran erinnerten, dass sich auch in anderen Parteien zahlreiche ehemalige NSDAP-Mitglieder fänden und sogar manche der Bundesregierung angehörende Partei mit Thesen

---

[415] *H. Hansen,* Sozialistische Reichspartei, 2007, S. 252 spricht von einer „Katastrophe“ für die SRP.

[416] BVerfG 1. Senat an Dorls, Ladung als Zeuge auf den 07.07.1952 v. 04.07.1952, BA, B 237, Nr. 215605, Bl. 370.

[417] BVerfG 1. Senat an Remer, Ladung als Zeuge auf den 02.07.1952 v. 20.06.1952, BA, B 237, Nr. 215605, Bl. 295.

[418] BVerfG 1. Senat an Krüger, Ladung als Zeuge auf den 07.07.1952 v. 04.07.1952, BA, B 237, Nr. 215605, Bl. 373.

[419] BVerfG 1. Senat an Graf Westarp, Ladung als Zeuge auf den 07.07.1952 v. 04.07.1952, BA, B 237, Nr. 215605, Bl. 375.

[420] Vgl. die Übersicht des BVerfG über das Führungspersonal der SRP mit den jeweiligen Aktivitäten während der NS-Zeit in BVerfGE 2, 1 (24 f.).

[421] BVerfGE 2, 1 (8).

[422] *W. Long,* The New Nazis of Germany, 1968, S. 68 f.; BVerfGE 2, 1 (24 f.); zu dieser Zusammenarbeit oben S. 95 f.

[423] Vgl. etwa BVerfGE 2, 1 (21): „Von einer Verkennung der Sach- und Rechtslage zeugen auch alle Versuche der SRP, den Beweiswert von Reden, Briefen und sonstigen Schriftstücken durch den Hinweis herabzusetzen, daß ihre Urheber seinerzeit noch gar nicht Parteimitglieder gewesen […] oder später abgeschüttelt worden seien […] und daß man im Parteivorstand den Inhalt der Beweisstücke nicht gekannt habe […] also dafür nicht verantwortlich sei.“; vgl. auch *O. Büsch,* Geschichte, in: Büsch/Furth, Rechtsradikalismus, 1957, S. 1 (187).

für sich werbe, die eindeutig als rechtsextrem zu charakterisieren seien. In diesem Zusammenhang stellte die SRP dann sogar einen Beweisantrag hinsichtlich der Aufnahme ehemaliger NSDAP-Mitglieder in andere Parteien.[424] Ein anschauliches Beispiel für diese Strategie war, dass *Gerhard Krüger* am siebten Verhandlungstag vor dem Senat mit großer Geste ein schwarz-weiß-rot umrandetes Wahlplakat des von CDU, Deutscher Partei und FDP in Schleswig-Holstein gebildeten „Deutschen Wahlblocks" ausbreitete, das belegen sollte, in welchem Maße auch diese Parteien gezielt ehemalige Nationalsozialisten ansprächen.[425]

SRP-Chefideologe *Krüger* konterkarierte dann allerdings die kombinierte Verharmlosungs-, Relativierungs-, Ausweich- und Opferstrategie der SRP, als er der Versuchung erlag, das öffentliche Forum des viel beachteten Verfahrens zu dem Versuch zu nutzen, mittels der eigenen kruden Geschichtsauffassung seine Gegner bloßzustellen. So arbeitete *Krüger* ganz im Sinne zahlreicher SRP-Propagandaartikel an einer neuen Dolchstoßlegende, als er den Männern des 20. Juli 1944 die Schuld für die deutsche Weltkriegsniederlage in die Schuhe schob. In die neue Dolchstoßlegende passte auch die Unterstellung, die Regierungsparteien hätten bis vor Kurzem geradezu einer „Diffamierung" des deutschen Soldatentums zugestimmt. Dass *Krügers* Vorwurf, in den letzten Jahren sei mit Billigung der Bundesregierung Verrat am deutschen Soldaten begangen worden, angesichts der in der Bundesrepublik hitzig geführten Wiederbewaffnungsdebatte durchaus einen wunden Punkt der Bundesregierung traf, machte der Protest von Staatssekretär *Ritter von Lex* samt entsprechender Presseerklärung deutlich: Der Prozessvertreter der Bundesregierung verwahrte sich aufs Schärfste dagegen, dass die SRP für sich allein in Anspruch nehme, die Ehre des deutschen Soldaten zu wahren.[426] Schließlich habe sich der Bundeskanzler wiederholt nachdrücklichst für die Unantastbarkeit der Ehre des deutschen Soldaten eingesetzt.

Mehrere Versuche der SRP, das Verfahren zu torpedieren oder zumindest zu verzögern, hatten keinen Erfolg. Höhepunkt war hier der schon erwähnte neunte Verhandlungstag, an dem die SRP-Vorstandsmitglieder die mündliche Verhandlung verließen. Auslöser dafür war, dass die SRP-Oberen nach der Zurückweisung eines Beweisantrags als unsachlich weitere Zeugenaussagen verweigert hatten, was ihnen Ordnungsstrafen eingebracht hatte.[427] Eine gegen Verhandlungsende von dem schließlich doch wieder erschienenen

---

[424] „Bedauern über die Erklärungen Lehrs. Höpker-Aschoff gegen Beeinflussung des Prozesses gegen die Reichspartei", in: FAZ v. 09.07.1952, S. 3.

[425] „Bedauern über die Erklärungen Lehrs. Höpker-Aschoff gegen Beeinflussung des Prozesses gegen die Reichspartei", in: FAZ v. 09.07.1952, S. 3.

[426] *H. Hansen,* Sozialistische Reichspartei, 2007, S. 254.

[427] Gegen *Krüger* wurden 100 DM, gegen *Dorls, Graf Westarp, Remer* und *Heller* jeweils 300 DM verhängt, die entsprechenden Verfügungen samt anschließenden umfangreichen Schriftwechseln mit Stundungsgesuchen etc. und geduldig bis in das Jahr 1956

Abb. 24: Vorne v.l.n.r.: Remer, Graf von Westarp und Dorls im Juli 1952 vor dem BVerfG in Karlsruhe

Rechtsanwalt und niedersächsischem SRP-Abgeordneten *Noack* vorgebrachte Rüge, das Gericht sei nicht ordnungsgemäß besetzt, da erstens eine indirekte Wahl der vom Bundestag zu wählenden BVerfG-Richter gem. Art. 94 GG unzulässig sei und zweitens der am 14. Februar 1952 vorzeitig aus dem Ersten Senat ausgeschiedene Richter *Kurt Zweigert* nicht fristgemäß ersetzt worden sei,[428] wies der Senat als unbegründet zurück: Selbst ein Verstoß gegen den hier einschlägigen § 5 Abs. 3 BVerfGG habe grds. nicht zur Folge, dass das Gericht fortan untätig bleiben müsse.[429]

---

betriebenen Vollstreckungsverfahren finden sich in BA, B 237, Nr. 215610, Bl. 1 ff. und Nr. 215611; *M. Jenke,* Verschwörung von rechts?, 1961, S. 102.

[428] Noack an BVerfG v. 14.07.1952, BA, B 237, Nr. 215623 (Anlage Nr. 35 zum Sitzungsprotokoll). Der frühere BGH-Richter *Kurt Zweigert* (1886–1967), der nach seiner Wahl zum Präsidenten des OVG Berlin aus dem Ersten Senat ausschied, darf nicht mit seinem Neffen, dem ebenfalls dem Ersten Senat angehörenden Richter *Konrad Zweigert* (1911–1996) verwechselt werden. Entgegen § 5 Abs. 3 BVerfGG wurde *Zweigerts* Nachfolger *Karl Heck* erst am 18.03.1954 gewählt. Zu den politischen Hintergründen der nicht fristgemäßen Nachwahl: *H. Laufer,* Verfassungsgerichtsbarkeit, 1968, S. 245 ff.

[429] BVerfGE 2, 1 (9).

7. Zur Verhandlungsleitung durch Höpker Aschoff

Die Bundesregierung ließ sich in der mündlichen Verhandlung außer durch BMI-Staatssekretär *Ritter von Lex* durch den Frankfurter Rechtsanwalt *Horst Pelckmann* vertreten.[430] Nicht eben zur Freude des Senats, der jeglichen Anschein der Beeinflussbarkeit vermeiden musste, begleitete die Bundesregierung, namentlich das Innenministerium, die mündliche Verhandlung mit einer überaus aktiven Pressearbeit.[431] Nach der Hälfte der angesetzten Verhandlungstage ließ sich Bundesinnenminister *Lehr* in einer Presseerklärung zu der eher für einen Boxkampf geeigneten Formulierung hinreißen, die „erste Runde" sei eindeutig zugunsten des Bundes ausgegangen. Dies veranlasste den BVerfG-Präsidenten und Vorsitzenden des Ersten Senats *Hermann Höpker Aschoff* unmittelbar vor dem siebten Verhandlungstag am 8. Juli 1952 zu dem ungewöhnlichen Schritt, seinerseits während des laufenden Verfahrens der Presse unmissverständlich mitzuteilen, er hätte gewünscht, dass diese Äußerungen nicht gefallen wären: „Es gezieme keinem der Beteiligten, in ein schwebendes Verfahren einzugreifen".[432] Die scharfen Worte des BVerfG-Präsidenten, der das – wie gesehen – zu diesem Zeitpunkt insbesondere mit *Dehler* und seiner Rosenburg um seinen Status als gleichberechtigtes, selbständiges Staatsorgan kämpfende junge Gericht keinesfalls als Erfüllungsgehilfen der Regierung erscheinen lassen wollte,[433] veranlassten *Ritter von Lex* zu einem sofortigen Telefonat mit dem Bundesinnenminister: Infolgedessen konnte er gegenüber dem Gericht die abwiegelnde, sibyllinische Erklärung abgeben, „daß die in der Presse wiedergegebenen Formulierungen von Bonn in keiner Weise bestätigt worden seien".[434]

Als noch ungewöhnlicher darf indes gelten, dass *Höpker Aschoff* sich auch direkt an die Presse wandte und diese um größte Zurückhaltung bat, „da in diesem Prozeß eine grundsätzliche Entscheidung getroffen werde, die in keiner Weise durch Äußerungen oder Erklärungen beeinflußt werden dürfe".[435]

---

[430] *O. Büsch,* Geschichte, in: Büsch/Furth, Rechtsradikalismus, 1957, S. 1 (186).

[431] Vgl. etwa die Mitteilung an die Presse v. 02.07.1952 (Nr. 654/52), BA, B 141, Nr. 212; eine Sammlung von Pressemeldungen, insbesondere von dpa und United Press, über den Verlauf der mündlichen Verhandlung findet sich in BA, B 141, Nr. 208.

[432] „Bedauern über die Erklärungen Lehrs. Höpker-Aschoff gegen Beeinflussung des Prozesses gegen die Reichspartei", in: FAZ v. 09.07.1952, S. 3; diverse Presseartikel zum Verfahren finden sich in BA, B 136, Nr. 1747.

[433] Der primär von *Gerhard Leibholz* verfasste erweiterte Statusbericht des BVerfG war dem Bundespräsidenten, den Präsidenten des Bundestages sowie des Bundesrates und der Bundesregierung – wie gesehen (oben S. 316 ff.) – am 27.06.1952 und damit kurz vor Beginn der mündlichen Verhandlung im SRP-Verfahren überreicht worden.

[434] „Bedauern über die Erklärungen Lehrs. Höpker-Aschoff gegen Beeinflussung des Prozesses gegen die Reichspartei", in: FAZ v. 09.07.1952, S. 3.

[435] „Bedauern über die Erklärungen Lehrs. Höpker-Aschoff gegen Beeinflussung des Prozesses gegen die Reichspartei", in: FAZ v. 09.07.1952, S. 3.

Da davon auszugehen ist, dass sich der Präsident des BVerfG der Bedeutung des Grundrechts der Pressefreiheit bewusst war,[436] indiziert diese Aufforderung einmal mehr, dass der charakterfeste Westfale in diesem grundlegenden Verfahren um jeden Preis den Eindruck der Beeinflussbarkeit vermeiden wollte. Die mündliche Verhandlung selber leitete *Höpker Aschoff* so, dass keinerlei Zweifel an seiner Autorität aufkommen konnten: straff und souverän. Dass er während des Verfahrens gesundheitlich angeschlagen war,[437] überspielte er mit der ihm eigenen eisernen Disziplin. Allen Versuchen der SRP-Vertreter, den Gerichtssaal für ihre Propagandazwecke zu missbrauchen, schob *Höpker Aschoff* konsequent einen Riegel vor. Bezeichnend für den Eindruck, den der erste BVerfG-Präsident hier hinterließ, ist, dass sein langjähriger Senatskollege *Theo Ritterspach* (1904–1999) anlässlich *Höpker Aschoffs* hundertsten Geburtstags genau dieses Verfahren in Erinnerung rufen sollte:

> „Niemand wird vergessen, wie er im Verfahren gegen die Sozialistische Reichspartei mit gelassener Souveränität, aber mit schneidender sachlicher Schärfe die Versuche der Parteivertreter unterband, mit prozessualen Kniffen und ideologischen Phrasen im Gerichtssaal ‚Stimmung zu machen'."[438]

8. Beweiserhebung

Beweis erhob der Senat in der mündlichen Verhandlung zunächst durch Vernehmung einzelner Zeugen:[439] Außer den fünf SRP-Vorstandsmitgliedern[440] waren dies der frühere SRP-Kreisvorsitzende *Wenniga,* der Reporter *Günther Peter Wiechmann*[441] und der Präsident des Bundesamtes für Verfassungsschutz *Otto John* (1909–1997).[442] *Graf Westarp,* der schon länger Kontakte u.a. zu britischen Geheimdienstkreisen unterhalten hatte,[443] war Monate vor Einreichung des Verbotsantrags an den Verfassungsschutzchef herangetre-

---

[436] Gem. Art. 5 Abs. 1 S. 2 1. Var. GG.

[437] *O. Lenz,* Tagebuch 1951–1953, 1989, S. 386.

[438] *T. Ritterspach,* Hermann Höpker Aschoff, in: JöR N.F. 32 (1983), S. 55 (60).

[439] BVerfGE 2, 1 (8).

[440] Transkriptionen der Vernehmungen Krügers und Remers am 03., 04. und 06.07.1952 in BA, B 237, Nr. 215619, Bl. 183 ff.

[441] Die Transkription der Tonbandaufnahme der Zeugenvernehmung *Wiechmanns* vom 04.07.1952 über ein Interview, das dieser für die US-Presse mit *Remer* geführt hatte, findet sich in BA, B 237, Nr. 215619, Bl. 239 ff.

[442] Zu *John* bereits oben S. 101, 176, 297; die Transkription der Tonbandaufnahme von *Johns* Zeugenvernehmung findet sich in BA, B 237, Nr. 215618 sowie in Nr. 215621, Bl. 533 ff.

[443] Dazu bereits oben S. 101, 233; diverse Dokumente zu diesen Kontakten in National Archives (UK), FO 1008/15, z.B. das Dokument 5/3/115/51 v. 14.08.1951 sowie das Dokument 5/3/118/51 v. 16.08.1951, die von *Westarps* Verdacht berichten, *Gerhard Krüger* hintergehe den SRP-Vorstand, indem er insgeheim mit *Jürgen Hahn-Butry* am Aufbau einer Konkurrenzorganisation mit dem Namen „Deutsche Opposition" arbeite.

ten,[444] um diesen vom demokratischen Charakter der SRP zu überzeugen.[445] *John,* der zwei Jahre später mit seinem vorübergehenden Übertritt in die DDR einen der größten politischen Skandale der jungen Bundesrepublik auslösen sollte,[446] hatte sich tatsächlich mit *Westarp* getroffen. Nach seinen autobiographischen Erinnerungen will *John* seinem Gesprächspartner dabei zwar klargemacht haben, „daß es nicht meine Aufgabe sei, mit Herrn Remer oder irgendwelchen Nationalsozialisten über die Vergangenheit abzurechnen. Aber trotz meiner grundsätzlich liberalen Einstellung würde ich seine Partei genau beobachten lassen."[447] Im Verbotsverfahren habe *Westarp* dann aber den Fehler begangen, ihn „als Zeuge[n] für die demokratische Redlichkeit seiner Partei vor das Bundesverfassungsgericht [zu] zitieren". Bei seinem ersten öffentlichen Auftritt in der Bundesrepublik sei es ihm, *John,* dann „trotz der sommerlichen Hitze" in Karlsruhe nicht schwer gefallen, den Grafen zu widerlegen.

Im Mittelpunkt der Beweiserhebung des Senats standen allerdings die Verlesung zahlreicher Urkunden und die Wiedergabe zweier Reden *Remers* sowie des SRP-Anhängers *Hinsch.* Der Senat bemühte sich, aus der großen Fülle des beschlagnahmten schriftlichen Beweismaterials repräsentative Beispiele herauszugreifen.[448] Bei der Einordnung und Beurteilung der Schriftstücke berücksichtigte er zu Lasten der SRP, dass es sich um von dieser „vorbereitetes" Material handele. Der Senat ging nämlich – anders als Innenminister *Lehr*[449] – davon aus, dass die SRP seit Einleitung des Verbotsverfahrens mit

---

[444] Oben S. 101; der genaue Zeitpunkt ergibt sich aus *O. John,* Zweimal kam ich heim, 1969, S. 231 f. nicht. Die relativen Angaben („ein Jahr danach hatten meine Mitarbeiter genügend Beweise zusammengetragen, mit denen der Bundesinnenminister im Sommer 1952 das Verbot der ‚Sozialistischen Reichspartei' beim Bundesverfassungsgericht beantragen und auch durchsetzen konnte") sind problematisch, da der Verbotsantrag der Bundesregierung bereits im November 1951 eingereicht wurde. Sollte dieser der Bezugspunkt sein und das „ein Jahr danach" wörtlich zu nehmen sein, spräche dies für eine Kontaktaufnahme *Westarps* bereits im Jahr 1950. Allerdings sind *Johns* Angaben insoweit insgesamt ungenau, spricht er bspw. a.a.O. S. 231 unzutreffend davon, dass die SRP nach der Enttarnung *Richters/Rößlers* gegründet worden sei. An der Tatsache der Kontaktaufnahme durch *Westarp* und im Hinblick auf dessen Anliegen ist allerdings im Lichte sonstiger Quellen nicht grds. zu zweifeln. Vermutlich erfolgte sie im Frühjahr/Sommer 1951.

[445] *O. John,* Zweimal kam ich heim, 1969, S. 231.

[446] Dazu etwa *B. Stöver,* Der Fall Otto John, in: VfZ 47 (1999), 103 ff. m.w.N.; *O. John,* Zweimal kam ich heim, 1969, S. 259 ff., 273 ff. behauptete später, nach Ost-Berlin entführt worden zu sein.

[447] *O. John,* Zweimal kam ich heim, 1969, S. 231 f.

[448] BVerfGE 2, 1 (22); vom BVerfG berücksichtigtes Beweismaterial findet sich im Original insbesondere in BA, B 237, Nr. 215640; kritisch zum Umgang mit dem Beweismaterial: *M. Morlok,* Parteiverbot als Verfassungsschutz, in: NJW 2001, 2931 (2934 Fn. 21).

[449] Vgl. oben S. 272.

der Durchsuchung gerechnet und wirklich belastendes Material infolgedessen rechtzeitig beiseitegeschafft habe.[450]

9. Die Plädoyers von Pelckmann und Ritter von Lex

Auf die Schließung der Beweisaufnahme am letzten Verhandlungstag, dem 15. Juli 1952, folgten unmittelbar die Plädoyers der Vertreter der Bundesregierung *Pelckmann* und *Ritter von Lex.* Rechtsanwalt *Pelckmann* ordnete das Parteiverbotsverfahren in einen größeren geistesgeschichtlichen Kontext von Toleranz und Freiheit ein und bemühte sich sodann konkret darum, die Distanzierungs- und Ausweichstrategie der SRP-Vorstandsmitglieder zu widerlegen.[451] So wies er etwa darauf hin, dass für ein Parteiverbot gem. Art. 21 Abs. 2 GG kein Schuldnachweis erforderlich sei und Erklärungen der Vorstandsmitglieder, die Partei missbillige die Diktatur, Tarnung darstellten, auf die man nicht hereinfallen dürfe. Abschließend gab er bildhaft der Hoffnung der Bundesregierung auf ein Urteil Ausdruck, welches „das deutsche Volk vor seinen Feinden warnen und es daran hindern wird, den Rattenfängertönen seiner neuen Verführer zu folgen".

Die Strategie des sich anschließenden ca. dreiviertelstündigen, stark historisch geprägten Plädoyers von Staatssekretär *Ritter von Lex* bestand demgegenüber darin, im Anschluss an eine Darstellung von Programmatik und Geschichte der NSDAP Parallelen bei der SRP herauszuarbeiten, die „eine geradezu bestürzende Ähnlichkeit" zur „NSDAP vor der Machtübernahme" aufweise.[452] Die innere Ordnung der SRP sei autoritär sowie undemokratisch und daher nicht mit den Vorgaben des Grundgesetzes für die innere Ordnung von Parteien vereinbar. In der SRP seien Ex-Parteigenossen in Schlüsselstellung, und die rechtsextreme Partei wage es sogar, den Antisemitismus wiederzubeleben. Wichtig war der auf den Tatbestand des Art. 21 Abs. 2 S. 1 GG bezogene Schluss, dass die innenpolitischen Ziele der SRP mit der freiheitlichen demokratischen Grundordnung der Verfassung unvereinbar seien. Das Plädoyer des Staatssekretärs gipfelte in dem Appell an das BVerfG, dass es die

> „unsagbar schwere Aufgabe, die dem neuen Staat durch den Wiederaufbau nach dem durch die Diktatur verschuldeten totalen Zusammenbruch gestellt sei, [gebieterisch erfordere],

---

[450] BVerfGE 2, 1 (22 f.).

[451] Schlußvortrag des Rechtsanwalts *Horst Pelckmann,* gehalten vor dem BVerfG, 1. Senat am 15.07.1952, BA, B 237, Nr. 215623 (Anlage Nr. 36 zum BVerfG-Sitzungsprotokoll); Pelckmann an Dehler v. 22.07.1952 mit Anlage, BA, B 141, Nr. 212; Pelckmann an Globke v. 19.07.1952 mit Anlage, BA, B 136, Nr. 1747, Bl. 286 ff.; *N. Frei,* Vergangenheitspolitik, 2. Aufl. 1997, S. 355.

[452] Schlussplädoyer des Vertreters der Bundesregierung Staatssekretär *Ritter von Lex* im Prozess gegen die SRP am 15.07.1952, BA, B 237, Nr. 215623 (Anlage Nr. 37 zum BVerfG-Sitzungsprotokoll); auch in BA, B 136, Nr. 1747, Bl. 251 ff. sowie in BA, B 141, Nr. 212.

dass die für das Wohl von Volk und Staat verantwortlichen Organe mit besonderer Sorge darüber wachen, dass nicht wiederum ein hoffnungsvolles Beginnen durch die Feinde der Demokratie zunichte gemacht wird".[453]

Das BMI ließ das Plädoyer seines Staatssekretärs wenig später unter dem programmatischen Titel „Die SRP eine wiedererstandene NSDAP" als Sonderbeilage der Monatszeitschrift des Bundesgrenzschutzes „Die Parole" veröffentlichen.[454]

VII. Propagandaverbot für die SRP durch das BVerfG

Dass das BVerfG zum Handeln gegen die SRP bereit war und es die ihm zur Verfügung stehenden rechtlichen Mittel nutzen würde, machte es unmittelbar nach Abschluss der mündlichen Verhandlung am 15. Juli 1952 deutlich: Auf Antrag der Bundesregierung erließ der Erste Senat eine einstweilige Anordnung,[455] die der SRP und deren Unterorganisationen bis zur Verkündung des Urteils jegliche Propaganda und öffentliche Werbung in Wort, Ton, Bild und Schrift (auch durch Interviews) untersagte.[456] Der Senat begründete die im Urteilswege ergangene, nicht völlig überraschende Anordnung, die später als BVerfGE 1, 349 veröffentlicht wurde, mit einer „Mißachtung des Gerichts und eine[r] unzulässige[n] Einflußnahme auf das Gericht und die Öffentlichkeit" während des schwebenden Verfahrens.[457] Dabei verwies es auf die erwähnte SRP-Propagandaveranstaltung in Graben-Neudorf und den dort beobachteten Versuch, „in ungehöriger Weise die Tätigkeit des Bundesverfassungsgerichts zu beeinflussen".[458] Aus den gesamten Umständen, insbesondere aus dem Verhalten der Vorstandsmitglieder in der Verhandlung und den Veröffentlichungen der SRP-Presse sei zu folgern, dass die SRP und ihre Anhänger darin fortführen, das Parteiverbotsverfahren „parteiagitatorisch zu

[453] Schlussplädoyer *Ritter von Lex,* S. 23, BA, B 237, Nr. 215623 (Anlage Nr. 37 zum BVerfG-Sitzungsprotokoll).

[454] Exemplare dieser Sonderbeilage zu der seit 1951 vom BMI für den Bundesgrenzschutz herausgegebenen Zeitschrift „Die Parole" finden sich in BA, B 136, Nr. 1747, Bl. 274 ff. und BA, B 106, Nr. 15549; im Anschluss an das Plädoyer ist die einstweilige Anordnung des BVerfG v. 15.07.1952 abgedruckt, die der SRP bis zur Verkündung des Urteils in der Hauptsache jegliche Propaganda und öffentliche Werbung untersagte.

[455] Gem. § 32 Abs. 1 BVerfGG.

[456] BVerfGE 1, 349; Original in BA, B 237, Nr. 215606, Bl. 407; eine Ausfertigung des Originals findet sich in BA, B 136, Nr. 1747, Bl. 281 ff., Abschriften in BA, B 141, Nr. 207 sowie Nr. 212; der Erlass einer einstweiligen Anordnung gem. § 32 BVerfGG war bereits in der Ladung zum Termin am 15.07.1952 v. 10.7.1952 (BA, B 237, Nr. 215605, Bl. 388) angekündigt worden, kam also nicht überraschend.

[457] BVerfGE 1, 349 (351).

[458] BVerfGE 1, 349 (350); zur Veranstaltung in Graben-Neudorf oben S. 306 f.

mißbrauchen, die noch offene Entscheidung des Gerichts in der Öffentlichkeit bereits jetzt zu diskreditieren, außerdem aber auch durch verhetzende Angriffe auf Bundesorgane Unruhe in die Bevölkerung hineinzutragen."[459] In Anbetracht des umfangreichen Prozessstoffs werde die Abfassung des Urteils längere Zeit beanspruchen.[460] Bis dahin sei aus den genannten Gründen eine einstweilige Anordnung gem. § 32 Abs. 1 BVerfGG dringend geboten.

Die Innenminister der Länder begannen unverzüglich mit der Umsetzung der einstweiligen Anordnung.[461] In einer eilig auf den 18. Juli 1952 einberufenen gemeinsamen Besprechung mit dem Bundesinnenminister, zu der auch ein Vertreter des BMJ geladen war,[462] einigten sie sich dann nicht zuletzt aus dem Grund, dass in Schleswig-Holstein und Niedersachsen Nachwahlen anstanden, auf „eine möglichst extensive Handhabung" des vom BVerfG ausgesprochenen Propagandaverbotes für die SRP.[463] Allgemeine Zustimmung fand der Vorschlag, die Bevölkerung in der Presse, ggf. aber sogar durch Plakate, auf „die schweren Strafen bei Verstößen gegen die Anordnung des Bundesverfassungsgerichts" und insbesondere auf die Strafbarkeit von „Beihilfehandlungen" zugunsten der SRP wie dem Druck und Vertrieb von Schriften, der Überlassung von Versammlungsräumen und der finanziellen Unterstützung der SRP-Propaganda aufmerksam zu machen.[464] Gerade aus dem Grund, dass die SRP ohne Zugang zu Zeitungen und anderen Medien entscheidend

[459] BVerfGE 1, 349 (350 f.).

[460] BVerfGE 1, 349 (350).

[461] So ersuchte der Nds. Innenminister bereits am 16.07.1952 die Regierungspräsidenten per Fernschreiben (NLA-HStAH, Nds. 100, Acc. 2001/021, Nr. 31, Bl. 75), „ab sofort alle Versammlungen, Kundgebungen und öffentlichen Veranstaltungen der SRP, ihrer angeschlossenen Organisationen, jeglicher Nachfolge- und Tarnorganisationen (wie z.B. der Fraktion der Unabhängigen Deutschen)", zu verbieten; zum Vorgehen niedersächsischer Behörden gegen nach dem Propagandaverbot des BVerfG durchgeführte SRP-Veranstaltungen etc. finden sich Unterlagen in NLA-HStAH, Nds. 100, Acc. 2001/021, Nr. 31, Bl. 47 ff., 89 ff. sowie in NLA-HStAH, Nds. 700, Acc. 2001/087, Nr. 190.

[462] Vermerk betr. Betätigungsverbot für die SRP v. 16.07.1952, BA, B 141, Nr. 207.

[463] Vermerk BMJ v. 31.07.1952, BA, B 141, Nr. 207; zur Umsetzung in Niedersachsen siehe den Schnellbrief des Nds. Innenministers an die Regierungspräsidenten etc. v. 19.07.1952, NLA-HStAH, Nds. 100, Acc. 2001/021, Nr. 31, Bl. 92 ff.; der nordrhein-westfälische Innenminister gab den zuständigen Behörden mit Verfügung v. 22.07.1952 (LAV-NRW, NW 308, 261, Bl. 20 ff.) nähere Anordnungen zur Umsetzung der einstweiligen Anordnung des BVerfG; so sollten etwa Bemühungen, Nichtmitglieder zur finanziellen Unterstützung der SRP zu bewegen, als verbotene Werbung unterbunden werden; mit Verfügung v. 11.08.1952 (LAV-NRW, NW 308, 261, Bl. 35) ordnete er an, den im August oder September 1952 vermutlich in Detmold geplanten Parteitag zu verhindern; zur Umsetzung in Hamburg vgl. etwa Senator Danner für Senatssitzung am 22.07.1952 (vertraulich) sowie die weiteren Dokumente in: StAHH, 135–1 VI, 162.

[464] Dessen ungeachtet verblieben zahlreiche Zweifelsfälle über die Reichweite der Anordnung des BVerfG. Dazu befindet sich umfangreiche Korrespondenz mit dem BVerfG in BA, B 237, Nr. 215616.

auf ihre eigenen Propagandaveranstaltungen angewiesen war, trafen das Propagandaverbot des BVerfG und dessen strikte Umsetzung durch die Länder die rechtsextreme Partei ins Mark.

Siebtes Kapitel

„Eine freiheitlich demokratische Ordnung braucht nicht ihren eigenen Selbstmord zu legalisieren" – Das SRP-Verbot und die Folgen

I. Reaktionen der SRP auf die mündliche Verhandlung

1. „In die Katakomben" – Ausweichstrategien und Zerwürfnis der SRP

Die SRP bemühte sich nach dem für sie desaströsen Verlauf der mündlichen Verhandlung in Karlsruhe, der das Bild der rechtsextremen Partei in der Öffentlichkeit weiter eingetrübt hatte,[1] zu retten, was zu retten war. So war zunächst fraglich, wie sich das immer wahrscheinlicher werdende Verbot auf die Bundes- und Landtagsmandate der Partei auswirken würde. Vor diesem Hintergrund hatten in einer konzertierten Aktion die Mitglieder der SRP-Fraktion im niedersächsischen Landtag und fast zeitgleich auch in ähnlicher Weise die SRP-Fraktion in der Bremischen Bürgerschaft[2] bereits wenige Stunden vor dem erwarteten Ergehen der einstweiligen Anordnung ihre Umbenennung in „Fraktion unabhängiger Deutscher" beantragt.[3] Die vom BMJ zügig vorgenommene Überprüfung der Rechtmäßigkeit dieser Umbenennung ergab zwar keine Einwendungen.[4] Allerdings vereitelte der Ältestenrat des niedersächsischen Landtages den Versuch, durch solchen „Etikettenschwindel" einem eventuellen Mandatsverlust zu entgehen, indem er die Umbenennung mit der fast schon spöttischen Begründung verweigerte, dass nach der Verfassung alle Landtagsabgeordneten unabhängig seien.[5]

In ihren Grundfesten erschütterte die SRP vor allem das Propagandaverbot des BVerfG. Die rechtsextreme Partei war nicht nur für den geplanten weiteren Ausbau, sondern sogar für die Aufrechterhaltung ihrer bisherigen Organi-

---

[1] Bei einer Befragung im August 1952 äußerten sich nur noch 6 % der Befragten überwiegend positiv zur SRP, 44 % hingegen überwiegend negativ und 4 % neutral, während 46 % kein Urteil hatten, *E. Noelle/E. P. Neumann,* Jahrbuch der öffentlichen Meinung 1947–1955, 1956, S. 274.

[2] *O. Büsch,* Geschichte, in: Büsch/Furth, Rechtsradikalismus, 1957, S. 1 (172).

[3] Bundpressinf bo 1163 v. 15.07.1952, BA, B 141, Nr. 207 spricht von „Partei unabhängiger Deutscher".

[4] Vermerk betr. SRP-Fraktion v. 17.07.1952, BA, B 141, Nr. 207.

[5] *M. Jenke,* Verschwörung von rechts?, 1961, S. 103.

sationsstrukturen entscheidend auf die Agitationstätigkeit ihrer eng geführten Rednerorganisation angewiesen.[6] Ähnlich einem Fahrrad, das nur aufrecht bleibt, wenn es vorwärtsbewegt wird, war ein Zerfall der SRP wahrscheinlich, sobald ihr die in der Vergangenheit sehr effektive Propaganda in öffentlichen Versammlungen untersagt war. Um die eigene Sache nicht völlig aufzugeben, war die SRP daher spätestens nach Ergehen der einstweiligen Anordnung des BVerfG gezwungen, Ausweichstrategien einzuleiten. Es musste allerdings ohnehin nicht weiter überraschen, dass führende Mitglieder der SRP schon länger nach Wegen gesucht hatten, um ihre politische Arbeit auch nach einem Verbot fortsetzen zu können. So hatte etwa der württemberg-badische SRP-Landesvorsitzende *Willi Mellin*[7] bereits im Sommer/Herbst 1951 eine Überlebensstrategie ausgearbeitet[8] und *Otto Ernst Remer* im zweiten Halbjahr 1951 in drei Interviews damit geprahlt, dass die SRP ihre Tätigkeit im Falle eines Parteiverbotes selbstverständlich fortsetzen werde.[9] Auch war in der Sitzung des SRP-Parteirates am 16. Dezember 1951 in Hannover, in der sich alles um den Verbotsantrag gedreht hatte,[10] über die Strategie nach einem möglichen Verbot diskutiert worden.[11] Dabei stand das Bestreben im Vordergrund, die Strukturen der SRP so weit wie möglich zusammenzuhalten, sei es auch, indem sich einzelne Landesverbände einer anderen Partei anschlössen. Bemerkenswert ist, dass der Parteirat angesichts der nicht nur von der nordrhein-westfälischen FDP längst intensiv betriebenen nationalen Sammlung „aller deutschgesinnten Kräfte"[12] in den folgenden zwei Jahren „gewaltige politische Umschichtungen" in der Bundesrepublik erwartete, die dann auch ein Wiederaufleben der SRP, deren „Gerippe" vorerst für die Nationale Sammlung zur Verfügung stehen sollte, ermöglichen würden.[13] Für die spätestens seit dieser Sitzung des Parteirates vorbereitete Überlebensstrategie kursierte in SRP-Kreisen das Codewort „In die Katakomben". So wurden im Rahmen der üblichen Selbstüberschätzung allen Ernstes Parallelen zur römischen Christenverfolgung konstruiert.[14]

---

[6] *O. Büsch,* Geschichte, in: Büsch/Furth, Rechtsradikalismus, 1957, S. 1 (172).

[7] Zu *Mellin:* LCWB:PA Stuttgart to HICOG, Bonn, 02.07.1951 (restricted), National Archives (UK), FO 1008/15; *O. Büsch,* Geschichte, in: Büsch/Furth, Rechtsradikalismus, 1957, S. 1 (78).

[8] *K. P. Tauber,* Beyond Eagle and Swastika I, 1967, S. 714 f.

[9] *O. Büsch,* Geschichte, in: Büsch/Furth, Rechtsradikalismus, 1957, S. 1 (174).

[10] Oben S. 269 f.

[11] Hessisches Landesamt für Verfassungsschutz, Bericht v. 02.01.1952, betr. SRP, HHStA, 502, 2858, Bl. 64 ff., S. 2.

[12] Dazu unten S. 399 ff.

[13] Hessisches Landesamt für Verfassungsschutz, Bericht v. 02.01.1952, betr. SRP, HHStA, 502, 2858, Bl. 64 ff., S. 2 f.

[14] In diesem Sinne gab *Remers* Anwalt im Grundrechtsverwirkungsverfahren vor dem BVerfG *Wehage* (Busch/Wehage an BVerfG v. 09.06.1952, BA, B 237, Nr. 97007, Bl. 46 (58)) eine Äußerung *Remers* in einem Interview v. 11.11.1951 sinngemäß wie folgt wieder:

Das Propagandaverbot des BVerfG brachte die SRP-Führung dann allerdings noch früher als erwartet in Zugzwang. Der akute Handlungsdruck mag dazu beigetragen haben, dass man bei der Kommunikation der inzwischen beschlossenen Ausweichstrategie nicht die erforderliche Sorgfalt walten ließ. So wurden Kerninformationen dem Spiegel zugespielt, der am 13. August 1952 in allen Details darüber berichten konnte: Äußerungen von *Dorls* bei einem Treffen mit Münchener SRP-Mitgliedern in einer Privatwohnung in Schwabing ließen darauf schließen, dass bereits mit der Umsetzung einer vor Monaten ausgetüftelten komplexen Weiterführungsstrategie für die SRP nach dem von *Dorls* insgeheim längst als sicher erwarteten Verbot begonnen worden war.[15] Dreh- und Angelpunkt war der bereits im Juni 1952 von einem Strohmann in Osnabrück gegründete Verein „Nationale Opposition". Im Verbotsfalle sollten ausgewählte SRP-Funktionäre mit der Begründung, durch das Verbotsverfahren das undemokratische Wesen der SRP erkannt zu haben, ostentativ ihren Austritt aus der SRP erklären und sich dann der offiziell von dem Münchener Rechtsanwalt *Rudolf Aschenauer* (1913–1983) geführten „Nationalen Opposition" anschließen.[16] Die „eigentliche SRP" sollte sich unterdessen trotz Verbotes weder auflösen noch ihre Tätigkeit einstellen. „Um abzulenken und die Verwirrung vollkommen zu machen, [sollte] sie vielmehr durch kleine Aktionen immer wieder an die Öffentlichkeit treten und damit die Nationale Opposition abschirmen". Die SRP sollte also zum Schein weiterbestehen, um den Verdacht zu zerstreuen, dass es sich bei der Nationalen Opposition um eine Fortführungsorganisation der SRP handele. Natürlich hätte ein solcher Verdacht auch dann nahegelegen, wenn bekannte SRP-Führer zur Nationalen Opposition gewechselt wären.[17] *Dorls* und *Remer* sollten daher erst einmal aus Deutschland verschwinden, um dann aus dem Ausland die Strippen zu ziehen. Um die Täuschung auf die Spitze zu treiben, sollten schließlich bekannte SRP-Repräsentanten noch eine zweite Organisation mit Namen „Nationale Opposition" gründen, die dann aber von *Aschenauer* scheinbar erbost verklagt worden wäre. Dies sollte zum einen dessen Nationale Opposition bekannt machen und zum anderen die angebliche Distanz der Nationalen Opposition zur früheren SRP demonstrieren. Wenn alles gelinge, werde eine „Nationale Partei" bis zum Jahr 1954 „kräftig genug sein,

---

„Die SRP ist nichts anderes als der Selbstbehauptungswille des deutschen Volkes. Diesen kann man genau so wenig wie damals die Christen verbieten. Wenn wir tatsächlich, was ich nicht glaube, verboten werden, werden wir weiter wirken, genau so, wie es die Christen in den Katakomben getan haben."

[15] „SRP – Wenn das Verbot kommt", in: Spiegel 33/1952 v. 13.08.1952, S. 7 (http://www.spiegel.de/spiegel/print/index-1952–33.html).

[16] *K. P. Tauber,* Beyond Eagle and Swastika I, 1967, S. 714 f.

[17] *K. P. Tauber,* Beyond Eagle and Swastika I, 1967, S. 715.

um die Regierung übernehmen zu können. Wir werden dann dafür sorgen, daß Deutschland von keiner Besatzungsmacht mehr 'befreit' werden kann."[18]

So intrikat diese Ausweichstrategie mit ihren in sich verschachtelten Verdeckungselementen konzipiert gewesen sein mag, beging die SRP-Führung allerdings nicht nur durch deren zu unvorsichtige Kommunikation, sondern auch bei der Auswahl des beteiligten Personals Fehler. So arbeitete der für die Leitung der „Nationalen Opposition" auserkorene frühere Strafverteidiger in den Nürnberger Prozessen, Vorstandsmitglied der Deutschen Gemeinschaft (DG) und Verbindungsmann der extremen Rechten zur CSU *Rudolf Aschenauer* seit dem Frühjahr 1952 für den Verfassungsschutz.[19] Auch ohne den Spiegel-Artikel, der möglicherweise auf Informationen *Aschenauers* beruhte, wäre daher jedenfalls der Staat höchstwahrscheinlich über die Ausweichstrategie der SRP informiert gewesen.[20] US-amerikanische Geheimdienste besaßen ihrerseits spätestens seit August 1952 Kenntnis von den Plänen.[21]

Mit der Veröffentlichung des Spiegel-Artikels am 13. August 1952 musste aber jedenfalls auch der SRP-Führung klar sein, dass diese und auch alle vergleichbaren Strategien obsolet waren. Bereits einen Tag später kam es in *Graf Westarps* großzügiger Mietwohnung in Hannover zu einem Treffen des erweiterten SRP-Führungskreises, von dem zahlreiche Fotos überliefert sind, die wohl ein harmonisches Miteinander der zunehmend zerstrittenen Parteileitung suggerieren sollten. Im Mittelpunkt stand dort die Suche nach einer alternativen Überlebensstrategie, um die eigene Sache nicht völlig aufgeben zu müssen. Zusätzlicher hoher Zeitdruck bestand dabei nicht so sehr aus dem Grund, dass am 31. August 1952 Nachwahlen zum niedersächsischen Landtag im Landkreis Bentheim anstanden,[22] sondern vor allem wegen der niedersächsischen und nordrhein-westfälischen Kommunalwahlen im November 1952, bei denen die rechtsextreme Partei ihr gutes Abschneiden bei den niedersächsischen Landtagswahlen unbedingt bestätigen wollte.

Nachdem dann allerdings die Zulassung des SRP-Kandidaten zu den Landtagsnachwahlen im Kreis Bentheim gescheitert war,[23] legte die SRP-Parteileitung ihren Mitgliedern angesichts des Propagandaverbotes des BVerfG schließlich nahe, bei den anstehenden Kommunalwahlen nicht mehr unter den

[18] „SRP – Wenn das Verbot kommt", in: Spiegel 33/1952 v. 13.08.1952, S. 7 (http://www.spiegel.de/spiegel/print/index-1952–33.html).

[19] Zu *Aschenauer* bspw. *B. Baldow,* Episode oder Gefahr?, Diss. 2013, S. 176, insbesondere Fn. 1074 f.

[20] *B. Baldow,* Episode oder Gefahr?, Diss. 2013, S. 176 Fn. 1075 hält es für wahrscheinlich, dass entweder US-Geheimdienstkreise oder *Aschenauer* Quelle der Indiskretionen war, die parteiintern jedoch *Graf Westarp* zur Last gelegt werden sollten.

[21] *O. Gnad,* SRP, in: Recker/Tenfelde, Handbuch, Teilbd. III, 2005, S. 353 (387, insbesondere Fn. 173).

[22] *O. Lenz,* Tagebuch 1951–1953, 1989, S. 408 (12.08.1952).

[23] *O. Lenz,* Tagebuch 1951–1953, 1989, S. 408 Fn. 23 (12.08.1952).

Abb. 25: Remer (am Fenster links), Dorls (zwischen den Fenstern), Krüger (halbrechts, im Profil mit Händen auf dem Tisch) und Westarp (rechts mit Schnurrbart) beim Treffen der SRP-Führung am 14.08.1952 in Westarps Wohnung in Hannover

Fahnen der SRP zu kandidieren.[24] Diese Empfehlung unterbreitete etwa die SRP-Landesleitung Niedersachsen Süd ihren Mitgliedern bereits am 7. September 1952. Dabei riet sie ganz offen, nur ausnahmsweise auf Listen anderer Parteien und stattdessen vorzugsweise auf Listen zu kandidieren, deren Namen Unabhängigkeit signalisierten.[25] Dies lief im Ergebnis auf ein Engagement der SRP-Kräfte in scheinbar unabhängigen Wählervereinigungen hinaus. Um deren Enttarnung als SRP-Ersatzorganisationen zu erschweren, sollte sich dabei nur weniger bekanntes SRP-Personal zur Wahl stellen. Bereits eine derart offene Empfehlung in Partei-Rundschreiben musste aber dazu führen, dass diese Strategie den Behörden bekannt wurde und diese ihrerseits zügig Gegenmaßnahmen ergriffen.[26]

Mochte *Dorls'* vom Spiegel kolportierte Hoffnung, bis 1954 so weit zu sein, in Deutschland die Regierung übernehmen zu können, in erster Linie „die ungeordnete Phantasterei der Gedankenwelt des SRP-Gründers" bele-

---

[24] *K. P. Tauber,* Beyond Eagle and Swastika I, 1967, S. 716.

[25] SRP-Landesleitung Niedersachsen Süd (Ernst Wilhelm Springer), Rundschreiben 9/52 v. 07.09.1952, NLA-HStAH, Nds. 100, Acc. 2001/021, Nr. 31, Bl. 185.

[26] Dazu die Dokumente in NLA-HStAH, Nds. 100, Acc. 2001/021, Nr. 31, Bl. 186 ff. sowie unten S. 381 ff.

gen,[27] hatte der Spiegel-Artikel allerdings unterdessen die konkrete Folge, dass die Zwistigkeiten in der SRP-Führung eskalierten und *Graf Westarp* dem SRP-Vorsitzenden nahelegte, von seinen Parteiämtern zurückzutreten. Da diese Aufforderung erfolglos blieb, legte *Westarp* seinerseits seine Parteiämter nieder und zitierte gemeinsam mit dem Vorsitzenden des Obersten Ehrengerichts der SRP, dem niedersächsischen SRP-Landtagsabgeordneten und SRP-Verfahrensvertreter vor dem BVerfG *Karl-Friedrich Schrieber, Dorls* vor das SRP-Ehrengericht.[28] War damit der schon länger schwelende Machtkampf zwischen dem gemäßigteren nationalkonservativen Kreis um *Westarp* und den neonazistischen Parteiaktivisten um *Remer, Dorls* und *Krüger* vollends zum Ausbruch gekommen, zeigte sich schnell, wer die stärkeren Bataillone auf seiner Seite hatte:[29] *Dorls* ignorierte die Ladung vor das Ehrengericht und drehte den Spieß um, indem er dafür sorgte, dass am 16. August 1952 der Parteirat ihm sowie den weiteren Vorstandsmitgliedern *Remer* und *Krüger* demonstrativ das volle Vertrauen aussprach und gleichzeitig feststellte, dass sich *Westarp* „durch den mißglückten Versuch, eine Art 20. Juli in der SRP zu starten, selbst ausgeschlossen" habe.[30] *Westarp,* dem damit mehr oder weniger unverhohlen auch die Indiskretion gegenüber dem Spiegel vorgeworfen worden war,[31] legte daraufhin sein Mandat nieder und schied aus dem niedersächsischen Landtag aus.[32]

2. „Auflösung zur Neubildung" – Die rechtswidrige Selbstauflösung der SRP am 12. September 1952

Diese Vorgänge mögen ebenso wie das Bekanntwerden der Tarn- und Weiterführungsstrategie der SRP durch den Spiegel-Artikel dazu beigetragen haben, dass der Vorstand der SRP die rechtsextreme Partei schließlich offiziell auflösen sollte. Am 12. September 1952 gab der Hauptgeschäftsführer des SRP-Parteivorstandes *Fritz Heller* auf einer Pressekonferenz im Fraktionszimmer der SRP im niedersächsischen Landtag die „sofortige und freiwillige Selbstauflösung der SRP" im gesamten Bundesgebiet bekannt.[33]

---

[27] *M. Jenke,* Verschwörung von rechts?, 1961, S. 104.

[28] Vgl. *K. P. Tauber,* Beyond Eagle and Swastika I, 1967, S. 715.

[29] *H. Hansen,* Sozialistische Reichspartei, 2007, S. 257 ff.

[30] *M. Jenke,* Verschwörung von rechts?, 1961, S. 104; *K. P. Tauber,* Beyond Eagle and Swastika I, 1967, S. 715.

[31] Vgl. *B. Baldow,* Episode oder Gefahr?, Diss. 2013, S. 176 Fn. 1075.

[32] „Westarp gibt Mandat auf", in: Hannoversche Allgemeine v. 19.08.1952, auch in NLA-HStAH, Nds. 50, Acc. 96/88, Nr. 678.

[33] Der Bundestagsausschuss zum Schutz der Verfassung beschloss daraufhin in seiner Sitzung am 18.09.1952 (BA, B 141, Nr. 207), das Bundesinnenministerium zu ersuchen, „alle Vorgänge zu beobachten, die das Untertauchen der führenden SRP-Mitglieder betreffen".

Abb. 26: Fritz Heller (links) mit Remer bei dem Treffen der SRP-Führung am 14.08.1952 in Graf Westarps Wohnung in Hannover

Die autoritäre innere Ordnung der SRP und damit letztlich deren undemokratischer Charakter wurde nicht nur darin deutlich, dass hier der Vorstand – rechtlich unzulässig – glaubte, in der Fundamentalfrage der Parteiauflösung für die gesamte Partei handeln zu können,[34] sondern auch ganz konkret darin, dass *Heller* bekanntgab, dass „sämtliche 40.000 Mitglieder" – eine viel zu hoch angesetzte Zahl, die allerdings bis heute durch die Literatur geistert[35] – durch den Auflösungsbeschluss „von ihrer Gefolgschaft zur SRP entbunden" würden. SRP-Mitglieder in den verschiedenen Parlamenten und Kommunalvertretungen würden ihre Tätigkeit als unabhängige Abgeordnete fortsetzen. Dies hatte insofern konkrete Bedeutung, als gleichzeitig zunehmend Gerüchte die Runde machten, dass die niedersächsische SPD/BHE-Regierung durch eine rechte CDU/DP/FDP-Koalition abgelöst werden sollte, was aber nach wie vor von einer Tolerierung durch die ehemaligen SRP-Abgeordneten abhängig gewesen wäre.[36] Wäre es tatsächlich dazu gekommen, hätte dies weitreichende Folgen auch für die Bundespolitik haben können, weswegen dieses Szenario auch nicht als völlig unwahrscheinlich erscheint. Der Regierungs-

[34] *W. Long,* The New Nazis of Germany, 1968, S. 71 f.

[35] Vgl. etwa *H.-P. Schwarz,* Die Ära Adenauer, 1981, S. 131 sowie jüngst *I. Wojak,* Fritz Bauer, 2009, S. 265; *U. Herbert,* Geschichte Deutschlands im 20. Jahrhundert, 2014, S. 663.

[36] *M. Jenke,* Verschwörung von rechts?, 1961, S. 105 f.

wechsel hätte nämlich im Bundesrat eine Stimmenmehrheit für die Bundesregierung herbeigeführt, was angesichts der anstehenden ebenso grundlegenden wie umstrittenen innen- und außenpolitischen Entscheidungen von größter Bedeutung hätte sein können.

Die von *Heller* im Namen der Parteiführung wörtlich verlesene Selbstauflösungserklärung vom 12. September 1952 war die letzte öffentliche Aktion der SRP-Parteiführung. Ihre Begründung beinhaltete im Stile einer Verschwörungstheorie eine larmoyante Anklage gegen alle Kräfte, welche die SRP-Führung zur Selbstauflösung der Partei gezwungen hätten:[37] Der von der SRP-Presse seit langem gebetsmühlenartig erhobene Vorwurf, die SPD unterhalte geheime Beziehungen zum Kommunismus, mit dem sie gemeinsam die Erneuerung des nationalen Gedankens durch die SRP bekämpfe, wurde plakativ dahingehend zugespitzt, dass die SRP letztlich Opfer des „Zusammenspiels der 3. Internationale mit Kräften in der 2. Internationale" geworden sei.[38] Der für Verschwörungstheorien typische Vorwurf der „Fernsteuerung" staatlicher Institutionen fand sich in der Behauptung, durch das Verbotsverfahren vor dem BVerfG sei „von den dafür verantwortlichen Stellen unbewusst nach den Richtlinien der kommunistischen Internationale verfahren worden, in Westdeutschland jede eigenständige nationale Bewegung zu verhindern".[39] BVerfG und Verfassungsschutz wurden mit der Behauptung angegriffen, Anlass für die Selbstauflösung der SRP sei letztlich die durch die Durchsuchungsaktion Ende Januar 1952 verursachte erhöhte Gefährdung ihrer Mitglieder „an Leib und Leben" gewesen. In Niedersachsen beschlagnahmte Mitgliederlisten der SRP hätten sich wenig später in der „Kartei für Klassenfeinde" des „Staatssicherheitsamtes der Sowjetzone" wiedergefunden.[40] Angesichts der angespannten internationalen Lage habe der Parteivorstand die Verantwortung für Leib und Leben der einzelnen Mitglieder daher nicht mehr tragen können. Die Zukunft werde erweisen, ob sich verantwortliche Stellen in der Bundesrepublik „noch einmal in das politische Spiel der kommunistischen Internationale verstricken" ließen.[41]

Die Kommentatoren der überregionalen Tageszeitungen wiesen die kruden Behauptungen der SRP *unisono* zurück, waren sich aber nicht über die wahren Beweggründe für die Selbstauflösung der SRP einig. So ordnete FR-Chefredakteur *Karl Gerold* diese am Folgetag als taktisches Manöver ein, das darauf abziele, der Öffentlichkeit Sand in die Augen zu streuen. *Gerold* er-

---

[37] *O. Büsch,* Geschichte, in: Büsch/Furth, Rechtsradikalismus, 1957, S. 1 (173).

[38] Erklärung des SRP-Parteivorstandes, 12.09.1952, BA, B 237, Nr. 215606, Bl. 450; „Die Sozialistische Reichspartei löst sich auf", in: FAZ v. 13.09.1952, S. 1.

[39] Erklärung des SRP-Parteivorstandes, 12.09.1952, BA, B 237, Nr. 215606, Bl. 450; „Die Sozialistische Reichspartei löst sich auf", in: FAZ v. 13.09.1952, S. 1.

[40] Erklärung des SRP-Parteivorstandes, 12.09.1952, BA, B 237, Nr. 215606, Bl. 450; dazu auch der Kommentar von *Karl Gerold,* „Sand in die Augen", in: FR v. 13.09.1952.

[41] Erklärung des SRP-Parteivorstandes, 12.09.1952, BA, B 237, Nr. 215606, Bl. 450.

kannte einmal mehr Parallelen zur NSDAP und warnte, dass dieses Tarnmanöver die Gefahr, welche die SRP darstelle, eher noch ansteigen lasse:[42]

„Man glaube aber nicht, daß dieser unbelehrbare Naziverein sich wegen der Verfügung des Bundesverfassungsgerichts aufgelöst hätte. Der eigentliche Grund ist wohl darin zu suchen: Die Herren sind unter sich so uneinig geworden, daß sie es vorziehen, unter dem Mantel der ‚Unabhängigkeit' eine neue ‚Sammlung' vorzubereiten, um zu gegebener Zeit wiederum ‚national' hervortreten zu können. Wenn wir dies feststellen, so nicht nur deshalb, weil der SRP-Vorstand in seinem Auflösungsbeschluß eine neue Sammlung schon postuliert, sondern auch deshalb, weil wir aus der Entwicklung ihrer Mutterpartei, der NSDAP, wissen, wie versucht wird, mit solchen Parteiauseinandersetzungen und Dekreten dem Volk Sand in die Augen zu streuen. Wer die Geschichte der Hitlerpartei kennt, der weiß auch, was heute diese Alt-Neufaschisten zu spielen versuchen: Auflösung zur Neubildung! [...] festzuhalten bleibt, daß die nunmehr angekündigte Auflösung der Nazi-Reichs-Partei die Gefahr des Neofaschismus nicht vermindert, sondern eher vergrößert. Dies aber nur dann, wenn die Demokraten sich in der Hitze ihrer Gefechte des wirklichen Feindes nicht bewußt bleiben. Man wird die ‚Aufgelösten', die ‚Unabhängigen' nunmehr noch schärfer als bisher beobachten müssen, gerade deshalb, weil sie nun versuchen, mit Gestank in einer vorläufigen Versenkung zu verschwinden."

Die Welt hingegen hielt zwei Tage später ein Täuschungsmanöver für unwahrscheinlich und sah vielmehr den entscheidenden Grund für die Selbstauflösung im inneren Zerfall der Partei.[43] Während sie die SRP daher für erledigt hielt, lenkte sie zugleich den Blick darauf, dass deren Aufstieg letztlich vor allem das Potential für rechtsextremistische Neigungen in Deutschland belege. Entscheidend sei es, Parteien wie die SRP überflüssig zu machen. Daher seien neben einem – im Einklang mit einer weit verbreiteten Stimmung in der Bevölkerung geforderten – Schlussstrich „unter die Zeit von 1933 bis 1945" dringend politische Angebote insbesondere für die ehemaligen HJ-Mitglieder erforderlich. Denn es gehe darum, die politische Abstinenz der deutschen Jugend zu überwinden.

II. Das SRP-Parteiverbotsurteil des BVerfG vom 23. Oktober 1952

1. Der Tenor des Verbotsurteils

Die undemokratische und daher rechtswidrige Auflösungserklärung des SRP-Parteivorstandes war wohl vor allem durch die Hoffnung motiviert, einem Verbotsurteil des BVerfG doch noch den Boden entziehen oder ein solches wenigstens bis nach den niedersächsischen Kommunalwahlen verzögern zu

[42] „Sand in die Augen", in: FR v. 13.09.1952.
[43] „Nach der Auflösung", in: Die Welt v. 15.09.1952.

können.[44] Jedenfalls übersandte SRP-Hauptgeschäftsführer *Heller* noch am Tag ihrer Verlesung ein Exemplar der Erklärung an das BVerfG,[45] und SRP-Rechtsanwalt *Schrieber* teilte dem Gericht nach Anberaumung des Verkündungstermins für das SRP-Urteil mit, dass nach der Selbstauflösung der SRP seines Erachtens „die notwendigen Voraussetzungen" für eine Sachentscheidung nicht mehr gegeben seien.[46] Jedoch beeindruckte dies den Ersten Senat des BVerfG ebenso wenig wie ein am Tag vor der Urteilsverkündung eingegangenes Telegramm von *Dorls,* der allen Ernstes behauptete, die Zustimmung zur Parteiauflösung sei „von allen Mitgliedern durch Angehörige des Parteivorstandes oder durch deren Beauftragte eingeholt worden".[47] Im Gegenteil erkannte der Erste Senat in seinem späteren Urteil in der Selbstauflösung durch „eine autoritäre Spitze aus wenigen Funktionären" zu Recht einen weiteren Beleg für die undemokratische innere Ordnung der SRP und hielt sie im Ergebnis für rechtlich unbeachtlich.[48]

Da das BVerfG die Öffentlichkeit über den Zeitpunkt der Verkündung des Urteils lange im Unklaren ließ, drängte das BMI unterdessen zunehmend auf eine Verlängerung der einstweiligen Anordnung vom 15. Juli 1952,[49] die auf drei Monate befristet war.[50] Allerdings war eine solche Verlängerung schließlich nicht mehr nötig, als der BVerfG-Präsident Mitte Oktober 1952 den Verkündungstermin für das Urteil kurzfristig auf den 23. Oktober 1952 anberaumte.[51] An diesem Termin erging dann tatsächlich das allseits mit Hoch-

---

[44] So *K. P. Tauber,* Beyond Eagle and Swastika I, 1967, S. 714; im Innenministerium (BA, B 106, Nr. 15549, Vermerk v. 18.09.1952) wurde zu Recht diskutiert, ob die Selbstauflösung, da sie allein durch den Parteivorstand erfolgt war, überhaupt rechtswirksam sei. Jedenfalls werde der Erlass des Urteils schon aus dem Grund nicht berührt, dass die Verfassungswidrigkeit einer Partei *ex tunc* festgestellt werde. Bei der Selbstauflösung könnte auch die Hoffnung eine Rolle gespielt haben, dass die SRP-Parlamentarier nach Auflösung der Partei möglicherweise einem drohenden Mandatsentzug entgehen könnten.

[45] SRP, Der Vorstand, Hauptgeschäftsführer an BVerfG 1. Senat v. 12.09.1952, BA, B 237, Nr. 215606, Bl. 449 f.

[46] Schrieber an BVerfG, 1. Senat v. 18.10.1952, SRP, BA, B 237, Nr. 215606, Bl. 456.

[47] Telegramm Dorls an 1. Senat BVerfG v. 22.10.1952, BA, B 237, Nr. 215606, Bl. 457.

[48] BVerfGE 2, 1 (71 f.); beim BVerfG war bspw. Mitte Oktober 1952 ein Schreiben eingegangen (BA, B 237, Nr. 215616, Bl. 61), nach dem die Mitglieder der SRP Bad Harzburg die Selbstauflösung der SRP einstimmig nicht anerkannten.

[49] Vermerk v. 20.10.1952, BA, B 106, Nr. 15549.

[50] Dass die einstweilige Anordnung v. 15.07.1952 nach Ablauf von drei Monaten außer Kraft getreten war, bestätigt das BVerfG selbst etwa in einem Schreiben an den Oberstaatsanwalt bei dem LG Bayreuth v. 20.11.1952, BA, B 237, Nr. 215616, Bl. 100.

[51] Präsident des BVerfG v. 14.10.1952, BA, B 237, Nr. 215606, Bl. 453, auch in BA, B 106, Nr. 15549; zum Verkündungstermin erschien für die Bundesregierung neben Staatssekretär *Ritter von Lex* und Rechtsanwalt *Pelckmann* Oberregierungsrat *Schmidt* (BMI), während für die SRP als Antragsgegnerin niemand anwesend war, Öffentliche Sitzung des Ersten Senats des BVerfG v. 23.10.1952, BA, B 237, Nr. 215606, Bl. 458; SRP-Rechtsan-

spannung erwartete Urteil, in welchem der Erste Senat des BVerfG die SRP für verfassungswidrig erklärte, diese auflöste und gleichzeitig verbot, Ersatzorganisationen zu schaffen oder bestehende Organisationen als Ersatzorganisationen fortzusetzen.[52] Versuchen von SRP-Abgeordneten, ihre Parlamentstätigkeit unabhängig weiterzuführen, wurde der Boden entzogen, indem das BVerfG anordnete, dass Bundestags- und Landtagsmandate von Abgeordneten, die aufgrund von Wahlvorschlägen der SRP gewählt worden waren oder zur Zeit der Urteilsverkündung der SRP angehörten, ersatzlos fortfielen.[53]

2. Grundlinien der Urteilsbegründung

a) Zur Stellung der Parteien im Grundgesetz

Die Begründung des SRP-Verbotsurteils, die im zweiten Band der offiziellen Entscheidungssammlung des BVerfG ca. 75 Seiten einnimmt,[54] beginnt in ihrem Kern mit Darlegungen zur Stellung der Parteien im Grundgesetz.[55] Die Richter des Ersten Senats nutzten hier die Chance, im ersten Anwendungsfall eines Parteiverbotes gem. Art. 21 Abs. 2 GG grundlegend zu Bedeutung und Stellung der in Art. 21 Abs. 1 GG anders als in der Weimarer Reichsverfassung ausdrücklich im Verfassungstext verwurzelten Institution der Parteien in

---

walt *Noack* hatte dem Gericht unter dem 21.10.1952 (BA, B 237, Nr. 215606, Bl. 574) mitgeteilt, nicht an dem Termin teilzunehmen, und gleichzeitig darum gebeten, ihm „sofort" einen Durchschlag der Urteilsbegründung zu übersenden, da er sich mit dem Urteil „wissenschaftlich auseinandersetzen" wolle.

[52] BVerfGE 2, 1 (2) Entscheidungsformel I. 1–3; die von den Richtern des Ersten Senats unterzeichnete 98-seitige Urschrift des Urteils samt Korrekturen findet sich in den Verfahrensakten des BVerfG (BA, B 237, Nr. 215606, Bl. 459–556); Ausfertigungen bzw. Abschriften u.a. in BA, B 141, Nr. 207 sowie Nr. 212 und in BA, B 106, Nr. 15549; am 31.10.1952 erging noch ein Berichtigungsbeschluss, dessen Original sich in BA, B 237, Nr. 215606, Bl. 577 findet.

[53] BVerfGE 2, 1 (2) Entscheidungsformel I. 4; später war umstritten, ob sich der ersatzlose Fortfall auch auf solche Abgeordnete bezog, die wie *Dorls* ursprünglich über die Liste einer anderen Partei gewählt worden waren, Dokumente dazu in BA, B 237, Nr. 215647.

[54] BVerfGE 2, 1 (3–79); nicht zuletzt wegen der zahlreichen Anfragen nach Urteilsabschriften beim BVerfG (BA, B 237, Nr. 215614, Bl. 25 ff.) wurde das Urteil vom renommierten Wissenschaftsverlag *Mohr Siebeck* (damals: *J.C.B. Mohr (Paul Siebeck))*, Tübingen, der auch die Entscheidungssammlung des BVerfG (BVerfGE) verlegt, vor dem Erscheinen des zweiten Bandes der BVerfGE als Sonderdruck vertrieben. Siehe dazu das Angebot des Verlags an das BMI v. 31.10.1952, BA, B 106, Nr. 15549; das Urteil wurde informationell bereits am 30.10.1952 in den Nds. Landtagsdrucksachen (Nr. 735, S. 1260 ff.) veröffentlicht, ein Exemplar findet sich in NLA-HStAH, Nds. 100, Acc. 2001/021, Nr. 31, Bl. 166 ff.

[55] BVerfGE 2, 1 (10 ff.); zur Begründung des Verbotsurteils etwa auch *H. Hansen,* Sozialistische Reichspartei, 2007, S. 265 ff.; *T. Gelberg,* Das Parteiverbotsverfahren, 2009, S. 247 ff.; *T. Rensmann,* BVerfGE 2, 1, in: Menzel/Müller-Terpitz, Verfassungsrechtsprechung, 2. Aufl. 2011, S. 59 (63 ff.).

der Verfassungsordnung des Grundgesetzes und speziell auch zu den verfassungsrechtlichen Spannungslagen zur Verbotsnorm des Art. 21 Abs. 2 GG Stellung zu beziehen. Das SRP-Urteil ist bereits aus dem Grund von fundamentaler Bedeutung, dass der Erste Senat hier erstmals die grundlegende Rolle anerkannte, die den Parteien bei der demokratischen Willensbildung im „modernen demokratischen großen Staat“ zukommt.[56]

Damit knüpfte der Erste Senat an das sechs Monate zuvor ergangene, von Berichterstatter *Gerhard Leibholz*[57] geprägte Urteil des Zweiten Senats zur 7,5-%-Sperrklausel in Schleswig-Holstein, nach dem in der Gegenwart jede Demokratie zwangsläufig ein Parteienstaat sei,[58] an und vollendete so nicht nur die in der Verfassungsgebung angelegte Entwicklung in der Einordnung der Parteien von der extrakonstitutionellen Erscheinung zum verfassungsrechtlichen Essentialium.[59] Vielmehr wurde hier zugleich der Grund für die spätere Zuspitzung der Stellung der Parteien im demokratischen Verfassungsstaat des Grundgesetzes im ersten Parteienfinanzierungsurteil von 1966 gelegt, nach dem die Tätigkeit der politischen Parteien „für das Funktionieren einer demokratischen Ordnung des Gemeinwesens schlechthin unerläßlich und entscheidend“ sei.[60]

b) Die freiheitliche demokratische Grundordnung als wertegebundene Ordnung

Komplementär zur Stellung der Parteien im demokratischen Verfassungsstaat wies der Senat im SRP-Urteil gleichzeitig auf die Gefahren des eigentlich auf einen Schutz der Demokratie abzielenden Parteiverbotes gem. Art. 21 Abs. 2 GG für die Demokratie hin, könne doch etwa die Regierung versucht sein, auf diesem Wege unbequeme Oppositionsparteien zu beseitigen.[61] Wegen dieser Missbrauchsmöglichkeiten habe das GG zum einen die Entscheidung über die Verfassungswidrigkeit von Parteien exklusiv dem BVerfG übertragen und sich zum anderen „bemüht“, die Voraussetzung für die Feststellung der Ver-

---

[56] BVerfGE 2, 1 (11); ähnlich auch *T. Rensmann,* BVerfGE 2, 1, in: Menzel/Müller-Terpitz, Verfassungsrechtsprechung, 2. Aufl. 2011, S. 59 (63).

[57] Zu *Leibholz* und dessen Einfluss auf das SRP-Urteil unten S. 364 ff.

[58] BVerfGE 1, 208 (224): „Heute ist jede Demokratie zwangsläufig ein *Parteienstaat,* da eine Verfassung, ‚welche alle Inhaber oberster Gesetzgebungs- und Regierungsgewalt aus Wahlen des Volkes oder Wahlen oder sonstigen Bestimmungsbefugnissen volksgewählter Staatsorgane hervorgehen läßt, nicht zum Leben erweckt und nicht am Leben erhalten werden kann, wenn sich nicht frei aus der Gesellschaft irgendwelche Gruppen bilden, die ihre Häupter als Bewerber um die verschiedenen Wahlämter (Parlamentsmitglieder, Präsidenten, Minister u. dgl.) präsentieren‘ (so Thoma, in: Anschütz/Thoma, HDStR Bd. I, 1930, S. 190).“ (Hervorhebung im Original).

[59] Vgl. zu *Heinrich Triepels* „Vierschritt“ oben S. 35.

[60] BVerfGE 20, 56 (114).

[61] BVerfGE 2, 1 (11).

fassungswidrigkeit tatbestandsmäßig „nach Möglichkeit" zu bestimmen.[62] Hallten in diesen Formulierungen erkennbar die Schwierigkeiten nach, mit denen der Senat bei der Konkretisierung und Anwendung der in Art. 21 Abs. 2 GG verwendeten unbestimmten Rechtsbegriffe konfrontiert war, war normativer Dreh- und Angelpunkt des Urteils dann die bis heute grundlegende, zuletzt im NPD-Urteil vom 17. Januar 2017 fortentwickelte Definition der freiheitlichen demokratischen Grundordnung.[63] Die entscheidende Weichenstellung bestand dabei darin, dass der Senat in Auseinandersetzung mit der relativistischen These des Vertreters der SRP, „es könne verschiedene freiheitliche demokratische Grundordnungen geben", die Grundordnung als eine „wertegebundene Ordnung" definierte:

> „Dieser Grundordnung liegt letztlich nach der im Grundgesetz getroffenen verfassungspolitischen Entscheidung die Vorstellung zugrunde, daß der Mensch in der Schöpfungsordnung einen eigenen selbständigen Wert besitzt und Freiheit und Gleichheit dauernde Grundwerte der staatlichen Einheit sind. Daher ist die Grundordnung eine wertegebundene Ordnung. Sie ist das Gegenteil des totalen Staates, der als ausschließliche Herrschaftsmacht Menschenwürde, Freiheit und Gleichheit ablehnt. Die Vorstellung des Vertreters der SRP, es könne verschiedene freiheitliche demokratische Grundordnungen geben, ist falsch. Sie beruht auf einer Verwechslung des Begriffs der freiheitlichen demokratischen Grundordnung mit den Formen, in denen sie im demokratischen Staat Gestalt annehmen kann."[64]

Damit stellte der Erste Senat nicht nur die Weichen für eine absolute, wertebezogene Definition der freiheitlichen demokratischen Grundordnung, sondern formulierte zugleich erstmals die These vom Grundgesetz als wertegebundener Ordnung. Mit dieser weiteren fundamentalen Errungenschaft des SRP-Urteils schuf der Senat einen Kristallisationspunkt für die grundlegende Werteordnungsrechtsprechung des BVerfG,[65] die insbesondere dessen Grundrechtsdogmatik bis heute prägt.[66] Der Erste Senat definierte die freiheitliche

---

[62] BVerfGE 2, 1 (11 f.).

[63] Zur Neukalibrierung der Definition der freiheitlichen demokratischen Grundordnung im NPD-Urteil im Sinne einer „Konzentration auf wenige, zentrale Grundprinzipien, die für den freiheitlichen Verfassungsstaat schlechthin unentbehrlich sind": BVerfG, Urt. v. 17.01.2017, 2 BvB 1/13, Rn. 535 ff.

[64] BVerfGE 2, 1 (12).

[65] Zum Grundkonsens der politischen Entscheidungsträger über eine Werteorientierung der grundgesetzlichen Verfassungsordnung im Gegensatz zur wertneutralen Weimarer Verfassungsordnung: *G. O. Kvistad,* Building Democracy, in: Brady etc., The Postwar Transformation, 1999, S. 63 (68 f.).

[66] Es ist kein Zufall, dass der grundlegende Ausspruch des Ersten Senats, dass sich in den Grundrechtsbestimmungen des Grundgesetzes „auch eine objektive Wertordnung, die als verfassungsrechtliche Grundentscheidung für alle Bereiche des Rechts gilt", verkörpere, gerade im *Lüth*-Urteil BVerfGE 7, 198 v. 15.01.1958 erging, das an einen im September 1950 formulierten Boykottaufruf des damaligen Senatsdirektors und Leiters der Staatlichen Pressestelle der Freien und Hansestadt Hamburg *Erich Lüth* gegenüber dem neuen Unterhaltungsfilm des Regisseurs des NS-Propagandafilms „Jud Süß?" *Veit Harlan* an-

demokratische Grundordnung vor diesem Hintergrund als eine Ordnung, „die unter Ausschluß jeglicher Gewalt- und Willkürherrschaft eine rechtsstaatliche Herrschaftsordnung auf der Grundlage der Selbstbestimmung des Volkes nach dem Willen der jeweiligen Mehrheit und der Freiheit und Gleichheit darstellt".[67] Zu den „grundlegenden Prinzipien dieser Ordnung" rechnete der Senat mindestens:

> „die Achtung vor den im Grundgesetz konkretisierten Menschenrechten, vor allem vor dem Recht der Persönlichkeit auf Leben und freie Entfaltung, die Volkssouveränität, die Gewaltenteilung, die Verantwortlichkeit der Regierung, die Gesetzmäßigkeit der Verwaltung, die Unabhängigkeit der Gerichte, das Mehrparteienprinzip und die Chancengleichheit für alle politischen Parteien mit dem Recht auf verfassungsmäßige Bildung und Ausübung einer Opposition."[68]

Mit dieser stark von *Hans Peters'* Gutachten beeinflussten,[69] bis heute in jeder Abhandlung über die freiheitliche demokratische Grundordnung zitierten Passage des Urteils war der zentrale Maßstab formuliert, an dem Programm und Verhalten der SRP und ihrer Anhänger gemessen werden konnten. Die anderen z.T. ebenfalls sehr unbestimmten Tatbestandsmerkmale des Art. 21 Abs. 2 GG hat der Senat hingegen leider nicht im gleichen Maße definiert.

Bundesjustizminister *Dehler* und die anderen Gegner eines vereinsrechtlichen Verbotes der SRP gem. Art. 9 Abs. 2 GG,[70] die für diese Haltung in der Öffentlichkeit zum Teil heftig kritisiert worden waren, mögen es als Genugtuung empfunden haben, dass das BVerfG in diesem Zusammenhang die Gelegenheit nutzte, *obiter* klarzustellen, dass Art. 21 Abs. 2 GG bei politischen Parteien „uneingeschränkt lex specialis gegenüber Art. 9 Abs. 2 GG" sei,[71] woraus sich wiederum ergab, dass ein Verbot der SRP nach Art. 9 Abs. 2 GG unzulässig und verfassungswidrig gewesen wäre.

c) Die SRP als „Rechtspartei" und Parallelen zur NSDAP

Der Senat ordnete sodann die SRP politisch den „sogenannten Rechtsparteien" zu und arbeitete deren Entwicklung insbesondere seit dem Ersten Weltkrieg heraus.[72] Damit war der Bogen zur NSDAP als Vergleichsmaßstab ge-

---

knüpfte; vgl. auch *R. C. van Ooyen,* Die Parteiverbotsverfahren, in: Möllers/van Ooyen, Parteiverbotsverfahren, 4. Aufl. 2013, S. 51 (54) sowie umfassend zum *Lüth*-Urteil die Beiträge und Dokumente in: Th. Henne/A. Riedlinger, Das Lüth-Urteil aus (rechts-)historischer Sicht, 2005.

[67] BVerfGE 2, 1 (12 f.).

[68] BVerfGE 2, 1 (13).

[69] Dazu oben S. 309 ff.

[70] Oben S. 191 ff.

[71] BVerfGE 2, 1 (13).

[72] BVerfGE 2, 1 (15 ff.).

schlagen. Als Merkmale des von dieser geschaffenen Systems benannte das BVerfG „die Lehre vom totalen Staat, die Rassendoktrin und den hierarchischen Aufbau: Führer und Gefolgschaft“.[73] Die sodann formulierte Prämisse, dass Machtkämpfe mit dem Ziel, die bestehende staatliche Ordnung zu beseitigen, „immer weniger offen und mit unmittelbarer Gewalt“, sondern vielmehr zunehmend „mit den schleichenden Mitteln innerer Zersetzung“ geführt würden und verfassungswidrige Parteiziele im Sinne des Art. 21 Abs. 2 GG daher „naturgemäß nicht klar und eindeutig verkündet“ würden, diente dem Senat als Grundlage, um in der Beweiswürdigung die Ausweich- und Distanzierungsstrategie der SRP-Führung auszuhebeln:[74] Art. 21 GG mache nicht nur die Ziele der Partei, sondern auch das Verhalten ihrer „Anhänger“ zum Tatbestandsmerkmal.[75] Zu den „Anhängern“ der Partei gehörten dabei mindestens alle, die sich für diese einsetzten, auch wenn sie nicht Mitglieder seien.[76] Danach werde der Partei das Verhalten dieser Anhänger zugerechnet, „wohl erkennend, daß die Absichten der Partei sich im Verhalten ihrer Anhänger spiegeln und daß sie durch ihr Wirken dieses Verhalten der Anhänger bestimmt, also die Verantwortung dafür trägt.“[77]

d) Die Beweiswürdigung

In der umfangreichen Beweiswürdigung, welche die Urteilsbegründung quantitativ dominiert, arbeitete der Senat unter Betrachtung des Personals, der Organisation, des Programms und des Verhaltens der SRP und ihrer Anhänger Parallelen zur NSDAP heraus und leitete daraus dann letztlich die Erfüllung der Voraussetzungen des Art. 21 Abs. 2 GG ab. Der Vergleich sei geboten, da sich aus Ähnlichkeiten mit der NSDAP auch „die Bedeutung sonst vielleicht schwer durchschaubarer Vorgänge“ erschließe.[78] Im Hinblick auf das Personal führte eine Zusammenstellung von Funktionen und Aktivitäten der SRP-Führungskräfte bis 1945 zu dem Schluss, „daß in der Führung der Gesamtpartei die große Mehrzahl der Positionen mit Alt-Parteigenossen besetzt ist“.[79] Eine Fülle weiterer Urkunden beweise, „daß die SRP die Schicht der ‚alten Kämpfer‘ als ihre natürliche Anhängerschaft und ‚Führerreserve‘“ betrachtet habe und systematisch darauf ausgegangen sei, „aus dieser Schicht die Funktionsträger für die Schlüsselstellungen in der Partei heranzuzie-

[73] BVerfGE 2, 1 (19).
[74] BVerfGE 2, 1 (20 ff.).
[75] BVerfGE 2, 1 (21 f.).
[76] BVerfGE 2, 1 (22); zur Problematik dieses sehr weiten Definitionsansatzes: *H. Meier*, Parteiverbote, 1993, S. 42 f.
[77] BVerfGE 2, 1 (22).
[78] BVerfGE 2, 1 (22).
[79] BVerfGE 2, 1 (28).

hen".[80] Sodann leitete der Senat aus zahlreichen Dokumenten ab, dass dem „Bestreben der Parteiinstanzen, aktive Nationalsozialisten heranzuziehen", eine „in gewissen Kreisen alter Nationalsozialisten hervortretende Neigung, sich der SRP anzuschließen", entspreche.[81] Bezeichnend sei, dass sich Stimmen, „die eine Restaurierung des Nationalsozialismus" ablehnten, fast ausschließlich in Austrittserklärungen fänden.[82] Der – wie ausgeführt[83] – auch in der mündlichen Verhandlung vorgebrachten Feststellung der SRP, auch andere Parteien hätten um frühere Nationalsozialisten geworben, hielt das BVerfG entgegen, dass der SRP nicht zum Vorwurf gemacht werde, dass sie sich um frühere Nationalsozialisten bemühe, „sondern daß sie gerade die Unbelehrbaren sammelt, die ‚sich treu geblieben sind', nicht um positive Kräfte für die Demokratie zu gewinnen, sondern um die nationalsozialistischen Ideen zu erhalten und zu verbreiten".[84] Insgesamt lasse das Beweismaterial zur personellen Zusammensetzung der SRP nur die Deutung zu, dass sich dort „die alten und aktiven Nationalsozialisten" sammelten, „um noch einmal zu politischem Einfluß zu kommen".[85] In den Schlüsselstellungen der Partei träten „derart massiert alte Mitglieder der NSDAP auf, daß sie das politische und geistige Bild der Partei bestimmen und keine Entscheidung gegen sie getroffen werden kann".[86]

Sodann arbeitete das BVerfG aus dem Beweismaterial, namentlich der Satzung der SRP vom 29. Juli 1950,[87] heraus, dass auch deren Organisationsbild demjenigen der NSDAP ähnele.[88] So entspreche schon die innere Ordnung der SRP nicht demokratischen Grundsätzen i.S.d. Art. 21 Abs. 1 S. 3 GG, verlangten diese doch, dass „der Aufbau der Partei von unten nach oben erfolgen muß, die Mitglieder also nicht von der Willensbildung ausgeschlossen sein dürfen, und daß die grundsätzliche Gleichwertigkeit der Mitglieder sowie die Freiheit von Eintritt und Ausscheiden gewährleistet sein muß".[89] Auch widerspreche es demokratischen Grundsätzen, „Parteiführern unbedingten Gehorsam zu versprechen oder ein solches Versprechen abzuverlangen". Der autoritäre Charakter der Parteiorganisation ergebe sich noch deutlicher

---

[80] BVerfGE 2, 1 (28 ff.); siehe dazu etwa *Finkes* Schreiben an *Herrfurth* v. 07.12.1950 und an *Quandt* v. 07.03.1951 (BA, B 237, Nr. 215632), in denen er empfiehlt, bestimmte namhafte SS-Führer bzw. -Männer für die SRP zu gewinnen.

[81] BVerfGE 2, 1 (33 ff.).

[82] BVerfGE 2, 1 (38 f.).

[83] Oben S. 327 f.

[84] BVerfGE 2, 1 (39).

[85] BVerfGE 2, 1 (40).

[86] BVerfGE 2, 1 (40).

[87] Ein Original findet sich in BA, B 104, Nr. 64, Bl. 19 f.; dazu bereits oben S. 110 f.

[88] BVerfGE 2, 1 (40 ff.).

[89] BVerfGE 2, 1 (40).

aus der Parteipraxis.[90] Verschiedene Vorgänge belegten, dass in der SRP „eine diktatorische Führung von oben nach unten gehandhabt wurde“ und sie „nach Art eines politischen Ordens aufgezogen werden sollte, der auf dem Prinzip des absoluten Gehorsams beruht“.[91] Auch die Bildung von Nebenorganisationen wie der „Reichsfront“, der „Reichsjugend“ und des „Frauenbundes“[92] sei offensichtlich nach dem Vorbild der NSDAP erfolgt, wobei die Reichsfront als „Kampf- und Kerntruppe nach Art der SA und SS gedacht“ gewesen sei.[93] Insgesamt müsse geschlossen werden, dass die SRP ebenso wie die NSDAP danach strebe, „die eigene Organisationsstruktur auf den Staat zu übertragen, sobald sie zur Macht gekommen ist, und damit die freiheitliche demokratische Grundordnung zu beseitigen“.[94] Damit hat das BVerfG bereits in der Beweiswürdigung den Bogen zu den Kernvoraussetzungen eines Parteiverbotes nach Art. 21 Abs. 2 GG geschlagen, nach denen die Partei darauf ausgehen muss, die freiheitliche demokratische Grundordnung zu beeinträchtigen oder zu beseitigen oder den Bestand der Bundesrepublik Deutschland zu gefährden.

Auf das offizielle Programm der SRP ging das Urteil nur recht knapp ein, wahrscheinlich da ihm nach Einschätzung des Gerichts aufgrund seiner „allgemeinen Unverbindlichkeit“ nur geringer Wert „für die Erkenntnis der wahren Ziele der SRP“ zukam.[95] Immerhin zeige das Programm „im Gesamtstil aufschlußreiche Ähnlichkeiten mit dem der NSDAP“.[96] Wie dieses ergehe es sich in Gemeinplätzen, stelle allgemeine Forderungen auf, die Gemeingut nahezu aller Parteien oder gar schon Wirklichkeit seien, und mache den verschiedenen Gruppen des Volkes vage, häufig utopische und miteinander kaum vereinbare wirtschaftliche Versprechungen.[97] Ein klares Bekenntnis zur Demokratie fehle jedenfalls.[98] Auffällig sei auch im Lichte von Äußerungen führender Funktionäre die starke Betonung des Reichsgedankens. Während die Reichsidee für das deutsche Volk einen „besonderen Gefühlswert“ habe und Ausdruck der Sehnsucht nach nationaler Einheit sei, vertrete die SRP den Reichsgedanken in der spezifischen Tönung, „wie er von nationalistischen Literaten und dann vergröbert vom Nationalsozialismus vertreten wurde“. Letztlich melde die SRP einen Anspruch auf deutsche Hegemonie in Europa

---

[90] BVerfGE 2, 1 (43 ff.).
[91] BVerfGE 2, 1 (45 f.).
[92] Dokumente zum Frauenbund u.a. in BA, B 237, Nr. 215634 und Nr. 215639.
[93] BVerfGE 2, 1 (46).
[94] BVerfGE 2, 1 (47).
[95] Vgl. BVerfGE 2, 1 (48).
[96] BVerfGE 2, 1 (47).
[97] BVerfGE 2, 1 (47 f.).
[98] BVerfGE 2, 1 (48).

an und nehme damit „Hitlers Plan von einem durch Deutschland beherrschten Großraum“ wieder auf.[99]

Mit wesentlich umfangreicherem Beweismaterial versuchte der Senat sodann zu belegen, dass auch im Verhalten der Partei und ihrer Anhänger das Ziel erkennbar sei, „die freiheitliche demokratische Grundordnung zu erschüttern.“[100] Das Gericht führte zahlreiche Beispiele für die Anlehnung von Symbolen, Gesten und Äußerungen an das Vorbild NSDAP an[101] und arbeitete dann konkret heraus, dass die SRP, ähnlich wie dies einst die NSDAP in Bezug auf den Ersten Weltkrieg getan habe, eine neue Dolchstoßlüge über den Verlauf des Zweiten Weltkriegs verbreite:[102] Entgegen den geschichtlichen Tatsachen werde behauptet, dass auch 1945 die deutsche Wehrmacht unbesiegt geblieben wäre, „wenn nicht ‚Landesverräter‘ wie Canaris, der Kreis des 20. Juli, die ‚Rote Kapelle‘ und andere Widerstandsgruppen den Endsieg vereitelt und in den letzten Kriegsjahren auf einen vorzeitigen Zusammenbruch hingearbeitet hätten.“[103] Im Anschluss an zahlreiche Beispiele, in denen Organe der Bundesrepublik und deren Träger in SRP-Reden und Veröffentlichungen bspw. als „Erfüllungs- und Erschöpfungspolitiker“, „Aktiengesellschaft gewissenloser Spekulanten“ und „Lumpokraten“ herabgesetzt worden seien,[104] um das Vertrauen der Bevölkerung zu den Repräsentanten der Bundesrepublik zu erschüttern, „damit ihr zugleich die freiheitliche demokratische Grundordnung als Ganzes fragwürdig erscheine“,[105] benannte der Senat Belege für eine grundsätzliche Ablehnung der Demokratie und ein Streben zur Diktatur,[106] für eine rücksichtslose Bekämpfung aller anderen Parteien, um sie aus dem politischen Leben „auszuschalten“,[107] für eine systematische Missachtung der Staatsgewalt und der staatlichen Symbole der Bundesrepublik[108] sowie für einen sich bereits ankündigenden „Gesinnungsterror gegen politische Gegner“.[109] Der Abschnitt der Urteilsbegründung über das Verhalten der SRP und ihrer Anhänger gipfelt in der Feststellung, dass angesichts „der Massenausrottung jüdischer Mitmenschen durch die Nationalsozialisten die Wiederbelebung des Antisemitismus durch die SRP“ besonders schwer wiege.[110] Auch hier wurden zahlreiche Beweismittel, darunter

---

99 BVerfGE 2, 1 (49 f.).
100 BVerfGE 2, 1 (50–68).
101 BVerfGE 2, 1 (50 ff.).
102 BVerfGE 2, 1 (53 ff.).
103 BVerfGE 2, 1 (54).
104 BVerfGE 2, 1 (57 ff.).
105 BVerfGE 2, 1 (59).
106 BVerfGE 2, 1 (59 ff.).
107 BVerfGE 2, 1 (61 f.).
108 BVerfGE 2, 1 (62 ff.).
109 BVerfGE 2, 1 (65).
110 BVerfGE 2, 1 (65 ff.).

ein längerer Auszug aus einem Artikel im SRP-Mitteilungs- und Informationsblatt für Rheinland-Pfalz, der an „den ‚Stürmer', das extremste antisemitische Hetzblatt des Nationalsozialismus" erinnere, angeführt.[111] Die SRP nutze geflissentlich jede Gelegenheit zur Diffamierung jüdischer Menschen.[112] Auch die Verherrlichung der sog. „Landsberger", also „der sieben Nationalsozialisten, die in Nürnberg zum Tode verurteilt und später hingerichtet worden sind, weil sie für die Ermordung von Zehntausenden verantwortlich waren",[113] durch die SRP[114] belege „eine erschreckende Verwilderung der sittlichen Begriffe, indem die Mörder als schuldlos Gemordete, die überlebenden Angehörigen ihrer Opfer als Verbrecher gegen die Menschlichkeit hingestellt werden".[115]

Als Ergebnis der Beweisaufnahme hielt der Senat fest, dass die SRP erstens ausweislich des Verhaltens ihrer Anhänger die wesentlichen Menschenrechte, insbesondere die Würde des Menschen, missachte, wie vor allem die von ihr betriebene Wiederbelebung des Antisemitismus nachdrücklich belege. Zweitens bekämpfe die SRP andere politische Parteien in einer Weise, die auf einen Kampf gegen das für die freiheitliche Demokratie wesentliche Mehrheitsprinzip hinauslaufe.[116] Drittens sei die SRP „von oben nach unten im Geiste des Führerprinzips aufgebaut" und viertens sei sie in ihrem Programm, ihrer Vorstellungswelt und ihrem Gesamtstil der NSDAP wesensverwandt.[117] Dass sie sich selbst als deren Nachfolgeorganisation fühle, zeige sich in der Zusammensetzung ihrer Führungsschicht. Zusammenfassend schloss das BVerfG, dass der „festgestellte Sachverhalt" den Tatbestand des Art. 21 Abs. 2 GG erfülle.[118] Während das Gericht dies hinsichtlich der Missachtung der Menschenrechte und des Kampfes gegen das Mehrheitsprinzip für selbsterklärend hielt, begründete es näher, dass dies auch für die Wesensverwandtschaft mit der NSDAP gelte, welche ihrerseits „heute" eindeutig gegen Art. 21 Abs. 2 GG verstieße. Vor dem Hintergrund dieser Wesensverwandtschaft zur NSDAP gewinne auch die innere Ordnung der SRP im Rahmen

---

[111] BVerfGE 2, 1 (67).
[112] BVerfGE 2, 1 (68).
[113] BVerfGE 2, 1 (52).
[114] So hatten SRP-Politiker gemeinsam mit Repräsentanten der „Bruderschaft" am Tag nach der Hinrichtung „der sieben Landsberger" (07.06.1951) Kränze am Kriegerdenkmal in Celle niedergelegt, Extract from Hannover Telegram No. 81, 28.06.1951, National Archives (UK), FO 1008/14, 5/3/91/51, und sich demonstrativ an der Beerdigung des hingerichteten SS-Obersturmbannführers *Hans Schmidt* in Höxter am 09.06.1951 beteiligt, Extract from Dusseldorf Tel. No. 30, 13.06.1951, National Archives (UK), FO 1008/14, was auch in der nationalen Presse ein starkes Echo fand; siehe auch oben S. 218.
[115] BVerfGE 2, 1 (68).
[116] BVerfGE 2, 1 (68 f.).
[117] BVerfGE 2, 1 (69).
[118] BVerfGE 2, 1 (70).

von Art. 21 Abs. 2 GG rechtliches Gewicht, da der Schluss unabweislich sei, dass diese innere Ordnung nur ein Abbild dessen sei, was der SRP als System der von ihr erstrebten künftigen staatlichen Ordnung vorschwebe. Insgesamt sei daher erwiesen, dass die SRP seit Beginn ihres Wirkens darauf ausgehe, die freiheitliche demokratische Grundordnung zu beeinträchtigen und schließlich zu beseitigen.[119] Folglich sei die SRP verfassungswidrig i.S.d. Art. 21 Abs. 2 GG und daher aufzulösen.[120]

3. Urteilskritik: Das SRP-Verbot als Spezialurteil mit beschränkter allgemeiner Klärungswirkung

a) „Haben und Soll": Aktivierung von Art. 21 Abs. 2 GG mit juristischen Defiziten

Das erste Parteiverbotsurteil des BVerfG erscheint aus heutiger Sicht als geradezu historisch-idealtypische Form der Aktivierung von Art. 21 Abs. 2 GG, als schärfstem Schwert der Ephoralen Verfassung, wie sie den Schöpfern des Grundgesetzes vorgeschwebt haben mag. War Art. 21 Abs. 2 GG in erster Linie in die Verfassung aufgenommen worden, um den erneuten Aufstieg einer Partei wie der NSDAP verhindern zu können, haben die Verfassungsrichter diese Vorschrift letztlich genau in diesem Sinne in die Verfassungswirklichkeit transformiert. Anstatt etwa die Elemente der freiheitlichen demokratischen Grundordnung i.S.d. Art. 21 Abs. 2 GG und die Frage, wann eine Partei nach ihren Zielen oder nach dem Verhalten ihrer Anhänger darauf ausgeht, diese zu beeinträchtigen oder zu beseitigen, umfassend in abstrakter Form herauszuarbeiten, klar zu definieren und dann die SRP und deren Verhalten direkt an diesen Definitionen zu messen, hat das BVerfG hier entscheidend den gedanklichen Zwischenschritt – oder aber argumentative Abkürzung – eines Vergleichs mit der NSDAP eingefügt. Die Kernargumentation der Urteilsbegründung, die insoweit stark die Schriftsätze, Gutachten und Plädoyers der Regierungsvertreter aufgreift, lässt sich auf die Kurzform bringen, dass die frühere NSDAP Musterbeispiel einer verfassungswidrigen Partei i.S.d. Art. 21 Abs. 2 GG sei und dass die SRP der NSDAP sowohl in augenfälliger personeller Hinsicht als auch – bei näherem Hinsehen und ausweislich des Verhaltens ihrer Mitglieder – programmatisch und in ihrem Verhalten wesensverwandt sei. Über diese Wesensverwandtschaft mit der NSDAP ergibt sich dann letztlich der syllogistische Schluss, dass die SRP die Tatbestandsvoraussetzungen des Art. 21 Abs. 2 GG erfüllt.[121] Eine solche auf

[119] BVerfGE 2, 1 (70 f.).

[120] BVerfGE 2, 1 (71).

[121] Dies wird zusammenfassend auf S. 70 f. der Urteilsbegründung besonders deutlich (BVerfGE 2, 1 (70 f.)), wo es eigentlich um die Erfüllung des Tatbestands des Art. 21

den ersten Blick evidente, inhaltlich aber letztlich verkürzte Argumentation war allerdings von vornherein nur auf eine Partei anwendbar, die tatsächlich eine Wesensverwandtschaft mit der NSDAP aufwies. Damit war etwa klar, dass in dem gleichzeitig anhängigen KPD-Verbotsverfahren eine wesentlich abstraktere Argumentationsleistung erforderlich sein würde.

Angemerkt sei hier, dass der Bundesrat im zweiten NPD-Parteiverbotsantrag von 2013 das Argument der Wesensverwandtschaft mit dem historischen Nationalsozialismus aus dem SRP-Urteil im Hinblick auf die NPD aufgegriffen und – wie bereits in der Einleitung dieses Buches erwähnt – speziell zu dieser Frage ein Gutachten beim Institut für Zeitgeschichte (IfZ) eingeholt hat.[122] Der Zweite Senat des BVerfG hat sich in seinem NPD-Urteil vom 17. Januar 2017 mit diesem Aspekt intensiv auseinandergesetzt und der NPD ebenfalls eine Wesensverwandtschaft mit dem Nationalsozialismus attestiert.[123] Zu Recht stellt der Senat allerdings fest, dass die Wesensverwandtschaft mit dem Nationalsozialismus kein (ungeschriebenes) Tatbestandsmerkmal von Art. 21 Abs. 2 GG sei.[124] Eine Wesensverwandtschaft mit dem Nationalsozialismus rechtfertige für sich genommen nicht die Anordnung eines Parteiverbotes,[125] sei also weder notwendige noch hinreichende Voraussetzung für ein solches. Damit hat der Zweite Senat – ohne dies auszusprechen – den zentralen Argumentationstopos des SRP-Urteils des damaligen Ersten Senats nachträglich verworfen. Im Ergebnis beruht das SRP-Urteil von 1952 daher entscheidend auf einer Argumentation, welche heute der Zweite Senat des BVerfG zu Recht für nicht mit Art. 21 Abs. 2 GG vereinbar hält.

Das SRP-Verbot war daher zwar in der konkreten historischen Situation verfassungspolitisch richtig und auch von nachhaltiger, großer Bedeutung für den Konstituierungsprozess der Bundesrepublik Deutschland. Es bleibt aber der bittere Beigeschmack, dass die Urteilsbegründung – trotz wichtiger Ausführungen und Grundlegungen – aus juristischer Sicht *summa summarum* nicht als Glanzleistung der frühen Judikatur des BVerfG eingeordnet werden kann.[126] Die Chance, die Grundlagen und die Voraussetzungen von Art. 21 Abs. 2 GG abstrakt in einer Weise zu klären, dass diese grundsätzlich auf Parteien aller politischen Richtungen hätten Anwendung finden können, hat

---

Abs. 2 GG geht, dann aber im Wesentlichen auf die Wesensverwandtschaft der SRP mit der NSDAP abgestellt wird; vgl. auch a.a.O., S. 63.

[122] Oben S. 2 f.

[123] BVerfG, Urt. v. 17.01.2017, 2 BvB 1/13, Rn. 805 ff.

[124] BVerfG, Urt. v. 17.01.2017, 2 BvB 1/13, Rn. 590 ff.

[125] BVerfG, Urt. v. 17.01.2017, 2 BvB 1/13, Rn. 591, 593.

[126] Zur Spezialfrage der fehlenden Prüfung, ob sich eine Unzulässigkeit des Verfahrens aus Art. 139 GG i.V.m. Kontrollratsproklamation Nr. 2 und Kontrollratsgesetz Nr. 2 ergab, da es sich bei der SRP möglicherweise um eine ohnehin nach Besatzungsrecht verbotene Nachfolgeorganisation der NSDAP gehandelt haben könnte: *H. Meier,* Parteiverbote, 1993, S. 37 ff.

der Senat nur eingeschränkt genutzt, namentlich durch die – allerdings zentrale – Definition der freiheitlichen demokratischen Grundordnung i.S.d. Art. 21 Abs. 2 GG.[127] Andere in Art. 21 Abs. 2 GG verwendete ähnlich unbestimmte Rechtsbegriffe wie – grundlegend – „Partei",[128] „nach ihren Zielen",[129] „nach dem Verhalten ihrer Anhänger",[130] „darauf ausgehen",[131] „zu beeinträchtigen" oder „zu beseitigen" hat das BVerfG im SRP-Urteil hingegen nicht oder zumindest nicht hinreichend geklärt.[132]

Dabei ist zugunsten des Ersten Senats zu berücksichtigen, dass das Urteil unter hohem Zeitdruck entstanden ist und die Angelegenheit – wie gesehen – außen- und innenpolitisch extrem aufgeladen war. Berichterstatter *Herbert Scholtissek* und seine Senatskollegen standen juristisch vor der Herausforderung, eine Fülle höchst unbestimmter Rechtsbegriffe anwenden zu müssen, die erst vor Kurzem erlassen worden waren, so dass auch nur wenig erläuternde wissenschaftliche Literatur zur Verfügung stand.[133] Erschwerend kam hinzu, dass Art. 21 Abs. 2 GG keine unmittelbaren Vorläufer und Vorbilder etwa im Weimarer Recht hatte und auch die Gesetzesmaterialien des Parlamentarischen Rates nicht viel zur Klärung der entscheidenden Fragen beitragen konnten.[134] Schließlich musste – wie die heute mögliche Einsichtnahme in die Verfahrensakten im Bundesarchiv eindrucksvoll vor Augen führt – ein auch in tatsächlicher Hinsicht äußerst umfangreicher Prozessstoff bewältigt werden, während beim Senat bereits zahlreiche andere, teils ebenfalls sehr drängende und staatspolitisch bedeutsame Verfahren anhängig waren.[135]

Im Ergebnis ist das BVerfG der verfassungspolitischen Herausforderung, welche die SRP für die noch junge und noch nicht stabilisierte innere und äußere Verfassungsordnung der Bundesrepublik darstellte, stärker gerecht geworden als der juristischen. Mit seinem SRP-Verbotsurteil hat das Gericht be-

---

[127] Kritisch zum Argumentationsgang des Senats bei der Klärung des Begriffs der freiheitlichen demokratischen Grundordnung: *H. Meier,* Parteiverbote, 1993, S. 43 ff.

[128] Gerade angesichts der späten Anerkennung der Parteien als zentrale Akteure des Verfassungslebens in der Weimarer Republik muss es erstaunen, dass das BVerfG diesen Begriff in seinem Urteil nicht näher diskutiert. Wahrscheinlich ist diese Auslassung darauf zurückzuführen, dass es der Senat für evident hielt, dass die SRP eine Partei i.S.d. Art. 21 GG war; ähnlich auch *H. Meier,* Parteiverbote, 1993, S. 39 f.

[129] Vgl. dazu *H. Meier,* Parteiverbote, 1993, S. 40 ff.

[130] Dazu *H. Meier,* Parteiverbote, 1993, S. 42 f.

[131] Dazu *H. Meier,* Parteiverbote, 1993, S. 46.

[132] Definitionsansätze finden sich bspw., indem BVerfGE 2, 1 (22) feststellt, dass zu den „Anhängern" der Partei mindestens alle gehörten, die sich für die SRP einsetzten, auch wenn sie nicht Mitglieder seien.

[133] So etwa zum Begriff der freiheitlichen demokratischen Grundordnung *G. Leibholz,* Der Begriff der freiheitlichen demokratischen Grundordnung, in: DVBl. 1951, 554 (erschienen am 15.09.1951).

[134] Zur Entstehung von Art. 21 Abs. 2 GG oben S. 82 ff.

[135] Vgl. auch *H. Meier,* Parteiverbote, 1993, S. 36.

wiesen, dass der nicht unproblematische Tatbestand des Art. 21 Abs. 2 GG eine praktikable Grundlage für ein Vorgehen gegen eine verfassungswidrige Partei ist. Aus juristischer Perspektive vermag das maßgeblich auf dem Argument der Wesensverwandtschaft von SRP und NSDAP basierende Urteil allerdings schon wegen der fehlenden Klärung zentraler Tatbestandsmerkmale, deren Vorliegen teilweise mehr oder weniger stillschweigend impliziert wurde, nicht wirklich zu überzeugen. Um es einmal zugespitzt zu formulieren: Der Senat hat die drakonische, massiv in die Demokratie eingreifende Maßnahme eines Parteiverbotes im Ergebnis auf einen Tatbestand gestützt, dessen Voraussetzungen er zuvor nicht hinreichend geklärt hatte.

b) Die fehlende Prüfung des Übermaßverbotes und das Kriterium der „Potentialität" im NPD-Urteil von 2017

Hinzu kommt, außer verschiedenen, oben bereits angerissenen Defiziten im Umgang mit dem Beweismaterial,[136] dass das Gericht das konkrete Parteiverbot nicht am Übermaßverbot bzw. Verhältnismäßigkeitsgrundsatz gemessen hat.[137] Überlegungen zur Frage, ob die SRP die freiheitliche demokratische Grundordnung wirklich konkret bedrohte und ein Verbot – angesichts der damit verbundenen empfindlichen Eingriffe in die Parteienfreiheit gem. Art. 21 Abs. 1 GG und in das Demokratieprinzip gem. Art. 20 Abs. 2 GG – tatsächlich erforderlich war, finden sich im Urteil kaum.[138] Ordnet man das Ganze in den damaligen dogmatischen Kontext ein, ist allerdings zu berücksichtigen, dass der Verhältnismäßigkeitsgrundsatz Anfang der 1950er Jahre noch nicht zum „Standardrepertoire" des BVerfG gehörte.[139] Hinzu kommt, dass er in erster Linie im Bereich der Grundrechte Geltung beansprucht. Ob und – wenn ja – inwieweit er im Bereich des Art. 21 Abs. 2 GG im Rahmen einer Einzelfallprüfung anzuwenden ist oder ob das Verbot einer Partei, welche die Voraussetzungen des Art. 21 Abs. 2 GG erfüllt, möglicherweise per se verhältnismäßig ist, ist bis heute dogmatisch höchst umstritten und wohl die „Gretchenfrage" der Parteiverbotsnorm überhaupt.[140] Für eine Anwen-

---

[136] Dazu bereits oben S. 307 f. sowie *M. Morlok,* Parteiverbot als Verfassungsschutz, in: NJW 2001, 2931 (2934 Fn. 21).

[137] Vgl. etwa *B. Pieroth,* in: Jarass/Pieroth, GG, 14. Aufl. 2016, Art. 21 Rn. 31a; *F. Shirvani,* Parteiverbot und Verhältnismäßigkeitsgrundsatz, in: JZ 2014, 1074 (1080).

[138] Ähnlich auch *P. Maxwill,* Mit Recht gegen rechts, 2016, S. 153.

[139] *F. Shirvani,* Parteiverbot und Verhältnismäßigkeitsgrundsatz, in: JZ 2014, 1074 (1080).

[140] Für eine Anwendung des Verhältnismäßigkeitsgrundsatzes etwa *H. Maurer,* Das Verbot politischer Parteien, in: AöR 96 (1971), 203 (229), der ihn aus dem Rechtsstaatsprinzip ableitet; *B. Pieroth,* in: Jarass/Pieroth, GG, 14. Aufl. 2016, Art. 21 Rn. 31a; *K. Groh,* Der NPD-Verbotsantrag, in: ZRP 2000, 500 (505); *F. Shirvani,* Parteiverbot und Verhältnismäßigkeitsgrundsatz, in: JZ 2014, 1074 (1080 ff., 1083); gegen eine Anwendung etwa *H. H. Klein,* in: Maunz/Dürig, GG, Lsbl., Art. 21 Rn. 558 (Stand: 12/2014); *J. Ipsen,*

dung des Verhältnismäßigkeitsgrundsatzes spricht dabei angesichts der aufgrund der Völkerrechtsfreundlichkeit des Grundgesetzes gebotenen EMRK-konformen Auslegung des deutschen Verfassungsrechts inzwischen nicht zuletzt die Rechtsprechung des Europäischen Gerichtshofs für Menschenrechte (EGMR) in Straßburg zu Parteiverboten im Lichte der Vereinigungsfreiheit gem. Art. 11 Abs. 1 2. Alt. EMRK.[141]

Der Zweite Senat des BVerfG hat sich in seinem kurz vor Drucklegung des vorliegenden Buches ergangenen NPD-Parteiverbotsurteil vom 17. Januar 2017 dessen ungeachtet gegen eine Anwendung des Verhältnismäßigkeitsgrundsatzes im Rahmen von Art. 21 Abs. 2 GG entschieden und dies – nicht wirklich überzeugend – damit begründet, dass der Verfassungsgeber in Art. 21 Abs. 2 S. 1 GG eine abschließende Regelung getroffen habe, die für eine gesonderte Verhältnismäßigkeitsprüfung keinen Raum lasse.[142] Der Senat hat stattdessen an der entscheidenden Stelle des NPD-Urteils auf der Grundlage der gebotenen restriktiven Auslegung von Art. 21 Abs. 2 GG festgestellt, dass eine Partei nur dann „darauf ausgehe", die freiheitliche demokratische Grundordnung zu beeinträchtigen oder zu beseitigen etc., wenn „konkrete Anhaltspunkte von Gewicht vorliegen, die es zumindest möglich erscheinen lassen, dass das gegen die Schutzgüter des Art. 21 Abs. 2 GG gerichtete Handeln einer Partei erfolgreich sein kann (Potentialität)".[143]

Läuft dies im Ergebnis immerhin auf etwas Ähnliches hinaus wie eine Anwendung des Übermaßverbotes, muss sich der Zweite Senat den Vorwurf gefallen lassen, mit dem neuen Kriterium der Potentialität eine nach Wortlaut, Genetik und Systematik kaum begründbare Aufladung des Tatbestandsmerkmals „darauf ausgehen" in Art. 21 Abs. 2 GG, das sich aufgrund seiner subjektiven Prägung semantisch dafür nicht anbietet, vorgenommen zu haben. Man darf vermuten, dass es sich um eine Art von Ausweichverhalten handelt,

---

in: Sachs, GG, 7. Aufl. 2014, Art. 21 Rn. 172; *T. Gelberg,* Das Parteiverbotsverfahren, 2009, S. 209 ff.; *F.-W. Dollinger,* in: Burkiczak/Dollinger/Schorkopf, BVerfGG, 2015, § 46 Rn. 30.

[141] Zu diesem Argument etwa *C. v. Coelln,* in: Maunz/Schmidt-Bleibtreu/Klein/Bethge, BVerfGG, Lsbl., § 46 Rn. 25 ff.; *B. Pieroth,* in: Jarass/Pieroth, GG, 14. Aufl. 2016, Art. 21 Rn. 31a m.w.N.; *F. Shirvani,* Parteiverbot und Verhältnismäßigkeitsgrundsatz, in: JZ 2014, 1074 (1076 ff.); *S. Emek/H. Meier,* Über die Zukunft des Parteiverbots, in: Meier, Verbot der NPD, 2015, S. 309 (319); zur Rechtsprechung des EGMR, der Parteiverbote als besonders schwerwiegende Eingriffe in die Vereinigungsfreiheit gem. Art. 11 Abs. 1 EMRK einer besonders hohen Prüfungsdichte unterwirft (EGMR v. 09.08.2013, 35943/10 Rn. 58 – *Vona*) und für die Rechtfertigung eines Parteiverbotes einen überzeugenden und zwingenden Grund sowie ein dringendes Bedürfnis verlangt (EGMR v. 13.02.2003, 41340/98 u. a. – *Refah Partisi* = EuGRZ 2003, 206), etwa *F. Arndt/A. Engels,* in: Karpenstein/Mayer, EMRK-Kommentar, 2. Aufl. 2015, Art. 11 Rn. 42 ff.; *J. Abr. Frowein,* in: Frowein/Peukert, EMRK-Kommentar, 3. Aufl. 2009, Art. 11 Rn. 12.

[142] BVerfG, Urt. v. 17.01.2017, 2 BvB 1/13, Rn. 600.

[143] BVerfG, Urt. v. 17.01.2017, 2 BvB 1/13, Rn. 585.

mit dem – bewusst oder unbewusst – wohl vor allem der zunehmenden „EMRK-isierung" des Grundgesetzes entgegengewirkt werden sollte. Allerdings wäre es überhaupt nicht nötig gewesen, eine Anwendung des Übermaßverbotes aus den Vorgaben der EMRK in der Auslegung des EGMR abzuleiten, kann es sich doch bereits aus dem deutschen Verfassungsrecht als solchem ergeben. Dem mitunter vorgebrachten Argument, dass das Verhältnismäßigkeitsprinzip aus dem Grund nicht anzuwenden sei, dass es beim Parteiverbot nicht um Grundrechte, sondern um Staatsorganisationsrecht gehe, lässt sich entgegenhalten, dass hier ein durchaus einem Grundrechtseingriff vergleichbarer Eingriff in die subjektive Parteienfreiheit gem. Art. 21 Abs. 1 GG in Rede steht,[144] der ebenfalls nur dann rechtmäßig sein kann, wenn die Grenzen des Übermaßverbotes nicht überschritten sind. Dies gilt umso mehr, als Art. 21 Abs. 1 GG als subjektives verfassungskräftiges Abwehrrecht der Parteien jedenfalls starke Ähnlichkeit mit einem Grundrecht besitzt[145] und der historische Gesetzgeber mittels der Spezialregelung der Parteienfreiheit gem. Art. 21 GG das Schutzniveau für Parteien im Vergleich zum Schutz einfacher Vereine nach der allgemeinen Vereinigungsfreiheit gem. Art. 9 Abs. 1 und Abs. 2 GG erhöhen und nicht etwa absenken wollte.

Nach alledem kann jedenfalls eindeutig konstatiert werden, dass die nunmehr vom Zweiten Senat vorgenommene, wenig überzeugende Auslegung des Tatbestandsmerkmals des „darauf Ausgehens" im SRP-Urteil des Ersten Senats von 1952 noch keine Berücksichtigung gefunden hat. Überlegt man hypothetisch, ob die SRP bei Anwendung dieses Kriteriums – oder auch des Übermaßverbotes – zu verbieten gewesen wäre, ist zu berücksichtigen, dass diese rechtsextreme Partei im Jahr 1952 wesentlich bessere Erfolgschancen besaß als etwa die NPD im Jahr 2017. So verfügte die NPD, wie das BVerfG in seinem Urteil von 2017 minutiös herausarbeitet, zuletzt weder über Bundestags- noch über Landtagsmandate, sondern lediglich über ein Mandat im Europäischen Parlament und über ca. 350 Kommunalmandate, von denen es in der Bundesrepublik insgesamt allerdings ca. 200.000 gibt.[146] Hinzu kommt, dass die etablierten Parteien die NPD erfreulicher Weise konsequent isolieren, so dass diese sich bislang auch keine Hoffnung machen kann, mittels eines Eintritts in eine Regierungskoalition Politik mitzugestalten.[147]

Die SRP verfügte hingegen bei Einleitung des Verbotsverfahrens im Herbst 1951 über zwei, zum Zeitpunkt der mündlichen Verhandlung vor dem BVerfG im Sommer 1952 immerhin noch über einen Bundestagsabgeordne-

---

[144] Ähnlich auch BVerfG, Urt. v. 17.01.2017, 2 BvB 1/13, Rn. 599.

[145] Vgl. etwa *M. Sachs,* in: K. Stern, Staatsrecht III/1, 1988, S. 375 m.w.N.; *F. Shirvani,* Das Parteienrecht, 2010, S. 161 f. m.w.N.; *D. Merten,* Negative Grundrechte, in: HGR II, 2006, § 42 Rn. 240 behandelt das Recht, eine Partei zu gründen sowie in ihr und für sie zu wirken, als Spezialfall der Vereinigungsfreiheit, sogar unmittelbar als Grundrecht.

[146] BVerfG, Urt. v. 17.01.2017, 2 BvB 1/13, Rn. 896 ff.

[147] BVerfG, Urt. v. 17.01.2017, 2 BvB 1/13, Rn. 898 ff.

ten und daneben über zwölf Landtagsabgeordnete in Niedersachsen sowie acht Abgeordnete in der Bremischen Bürgerschaft. Hinzu kam, dass die SRP – wie das Beispiel der Regierungsbildung in Niedersachsen im Juni/Juli 1951 gezeigt hat[148] – von anderen Parteien aus machtpolitischen Erwägungen durchaus als Koalitionspartner in Erwägung gezogen wurde. Insofern hatte sie eine sehr viel höhere Chance als die NPD heute, auch aus einer Minderheitenposition heraus Politik zu gestalten. Schließlich ist zu berücksichtigen, dass die SRP 1951/52 als politisches Phänomen noch im Steigen begriffen war. Konkret belegt wird dies etwa durch ihr – trotz des bereits laufenden Verbotsverfahrens – gutes Abschneiden bei Bundestagsnachwahlen im Frühjahr 1952.[149] Strukturell war wichtig, dass der SRP durch die Niedersachsenwahlen im Mai 1951 ein wichtiger Durchbruch gelungen war, indem sie sich in Norddeutschland als die entscheidende Sammlungsbewegung für das sehr große rechtsextreme Wählerpotential etabliert hatte. Insgesamt ist daher davon auszugehen, dass das vom BVerfG im NPD-Urteil von 2017 etablierte Kriterium der „Potentialität" ein Verbot der SRP ebenso wenig zwingend ausgeschlossen hätte wie eine unmittelbare Anwendung des Verhältnismäßigkeitsgrundsatzes.

Zur Abrundung sei darauf hingewiesen, dass die EMRK noch keinen Einfluss auf das SRP-Urteil entfalten konnte, da sie als völkerrechtlicher Vertrag erst knapp ein Jahr nach Ergehen des SRP-Urteils in Kraft getreten ist.[150]

c) Verbot trotz fehlender Staats- bzw. Gegnerfreiheit?

Nach dem spektakulären Scheitern des ersten NPD-Parteiverbotsverfahrens im Jahr 2003 könnte aus heutiger Sicht auch die Frage gestellt werden, ob ein Verbot der SRP wegen fehlender Staats- bzw. Gegnerfreiheit hätte ausscheiden müssen.[151] Im NPD-Urteil vom 17. Januar 2017 hat der Zweite Senat grds. die 2003 im ersten NPD-Parteiverbotsverfahren noch lediglich von einer Senatsminderheit vertretene Auffassung bestätigt, dass eine Tätigkeit von V-Leuten und verdeckten Ermittlern auf den Führungsebenen einer Partei während eines gegen diese laufenden Verbotsverfahrens mit dem Gebot strikter Staatsfreiheit nicht vereinbar sei.[152] Auch sei es mit diesem Gebot nicht zu vereinbaren, wenn die Begründung eines Verbotsantrags auf Beweismateria-

---

[148] Oben S. 198 ff.

[149] Siehe oben S. 283 f.

[150] Die EMRK trat am 03.09.1953 nach ihrer Ratifizierung durch 10 Mitgliedstaaten des Europarates, darunter die Bundesrepublik Deutschland als Vollmitglied des Europarates und die noch von der Bundesrepublik getrennte Saar als assoziiertes Mitglied des Europarates, in Kraft. Dazu etwa *J. Abr. Frowein,* in: Frowein/Peukert, EMRK-Kommentar, 3. Aufl. 2009, Einführung Rn. 2.

[151] Vgl. BVerfGE 107, 339 (356 ff.).

[152] BVerfG, Urt. v. 17.01.2017, 2 BvB 1/13, Rn. 406 ff.

lien gestützt werde, deren Entstehung zumindest teilweise auf das Wirken von V-Leuten oder verdeckten Ermittlern zurückzuführen sei.[153]

Im Falle der SRP gingen die Kontakte verschiedener Verfassungsschutzbehörden zu SRP-Funktionären wohl erheblich über das hinaus, was 2003 zur Einstellung des NPD-Verfahrens geführt hat. Obwohl insoweit auch noch vieles ungeklärt ist, wird in der Literatur resümierend zu Recht davon gesprochen, dass die SRP „mit einer Reihe von Gewährsleuten des BfV und der Landesämter für Verfassungsschutz durchsetzt" gewesen sei und mindestens ein Informant des Bundesamtes für Verfassungsschutz im Parteivorstand gesessen habe.[154] Exemplarisch sei auf die Situation in Hessen verwiesen, wo das Landesamt für Verfassungsschutz, obwohl die SRP dort trotz aller Anstrengungen nie über rudimentäre Strukturen hinauskam, über effektive Quellen sowohl im hessischen Landesverband als auch im Bundesparteirat der SRP verfügte.[155] Durch diese Quellen auf höchster Ebene war der hessische Verfassungsschutz nicht nur über Details des Landesverbandes bis hin zu Namens- und Adresslisten neu aufgenommener Parteimitglieder, sondern auch detailliert über die Sitzungen des SRP-Bundesparteirates informiert.[156] Die Infiltration der SRP spielte im Verbotsverfahren vor dem BVerfG indes keine Rolle. Im Gegenteil wurde SRP-Vorsitzender *Fritz Dorls* für seine Feststellung, die SRP sei mit Spitzeln des Verfassungsschutzes durchsetzt gewesen, vom Gericht auch noch gemaßregelt.[157]

Auch aus heutiger Sicht muss allerdings berücksichtigt werden, dass das Postulat der Staatsfreiheit eben erst im Rahmen des ersten NPD-Verbotsverfahrens formuliert worden ist, nachdem der Zweite Senat im Januar 2002 quasi nebenbei erfahren hatte, dass ein führender NPD-Funktionär, dessen Äußerungen mehrfach als Beleg für die Verfassungswidrigkeit der NPD angeführt worden waren, lange als Vertrauens-Mann für den nordrhein-westfälischen Verfassungsschutz gearbeitet hatte.[158] Zu bedenken ist auch, dass selbst im Jahr 2003 nur drei der acht Richter des Senats der Auffassung waren, dass das NPD-Verfahren wegen fehlender Staatsfreiheit nicht fortgeführt

[153] BVerfG, Urt. v. 17.01.2017, 2 BvB 1/13, Rn. 410 ff.; vgl. bereits die Auffassung der Senatsminderheit im Einstellungsbeschluss im ersten NPD-Verfahren BVerfGE 107, 339 (370).

[154] *H. Hansen,* Sozialistische Reichspartei, 2007, S. 300.

[155] Dazu die verschiedenen Berichte etc. des hessischen Landesamts für Verfassungsschutz in HHStA, 502, 2858, Bl. 62 ff.

[156] Vgl. etwa u.a. zum Treffen des SRP-Parteirates am 16.12.1951 den Bericht des Hessischen Landesamtes für Verfassungsschutz betr. SRP v. 02.01.1952, HHStA, 502, 2858, Bl. 64 ff. und die verschiedenen Berichte des Hessischen Landesamts für Verfassungsschutz zur Entwicklung des hessischen SRP-Landesverbandes, HHStA, 502, 2858, Bl. 71 ff.

[157] *H. Hansen,* Sozialistische Reichspartei, 2007, S. 289.

[158] Vgl. BVerfGE 104, 370 (372).

werden dürfe.[159] Letztlich war die Einstellung auf das Quorum von zwei Dritteln zurückzuführen, das nach dem BVerfGG für Entscheidungen erforderlich ist, die für den Gegner eines Parteiverbotsverfahrens nachteilig sind.[160] Dieses Quorum konnten die fünf Richter des Senats, die anderer Meinung waren, nicht erreichen, so dass die Verfahrenseinstellung konsequent war.[161] Selbst wenn sich der Zweite Senat die frühere Minderheitenansicht im NPD-Urteil vom 17. Januar 2017 nunmehr insgesamt zu eigen gemacht hat,[162] erschiene eine entsprechende *ex-post*-Kritik am SRP-Urteil daher als anachronistisch. Dessen ungeachtet haftet dem SRP-Verbotsurteil angesichts der fehlenden Staatsfreiheit der SRP aus juristischer Sicht allerdings durchaus ein weiterer schaler Beigeschmack an.

d) Gerhard Leibholz als eigentlicher „Vater" des SRP-Urteils?

Insgesamt kann man sich nicht zuletzt angesichts des doch eher eindimensionalen Argumentationsgangs und der begrenzten allgemeinen Klärungsleistung des SRP-Urteils nicht völlig des Eindrucks erwehren, dass das Urteil möglicherweise ein gutes Stück weit von dem von den Richtern des Ersten Senats verfassungspolitisch gewünschten Ergebnis eines SRP-Verbotes her diktiert worden sein mag. Dafür spricht auch eine pikante spätere Aussage des Staatsrechtslehrers *Gerhard Leibholz* (1901–1982), der – wie gesehen – bei Entstehung des Urteils einflussreicher Richter am BVerfG war.

Als Sohn jüdischer Eltern christlich erzogen war *Leibholz*, der bereits 1929 als 28-Jähriger einen Ruf nach Greifswald erhalten hatte, 1931 entgegen dem antisemitisch motivierten Fakultätsvotum nur aufgrund eines Separatvotums dreier Professoren, dem sich der preußische Kultusminister *Adolf Grimme* (SPD) angeschlossen hatte, auf seinen Göttinger Lehrstuhl gelangt.[163] Nachdem er dann im Dezember 1935, kurz nach Erlass der „Nürnberger Gesetze", als gerade einmal 34-Jähriger von seinem Lehrstuhl verdrängt worden war,[164] war *Leibholz* im September 1938 schließlich nach längerem Zögern mit seiner Ehefrau *Sabine*, der Zwillingsschwester *Dietrich Bonhoeffers*, und den beiden Töchtern erst nach Großbritannien emigriert, als sich eine neue Verordnung über Reisepässe von Juden anbahnte, auf deren Grundlage *Leibholz* der Verlust seines Passes drohte.[165] Nach dem Einmarsch deutscher Truppen in die Niederlande nahm sich *Leibholz'* älterer Bruder *Hans* im Jahr 1940 zusammen mit seiner Ehefrau aus Furcht vor dem sicheren KZ das Leben.[166] Wie ein Schock traf *Leibholz* und seine Ehefrau, die gegen Ende des Krieges auf ein Wiedersehen hofften, auch die Nachricht vom Tode von *Sabine Leibholz'* Brüdern, der Wider-

---

[159] Vgl. BVerfGE 107, 339 (356 ff.).

[160] Gem. § 15 Abs. 4 S. 1 BVerfGG; zum Ganzen bereits oben S. 1 f.

[161] Zum Einstellungsbeschluss des Zweiten Senats des BVerfG v. 18.03.2003 im ersten NPD-Verfahren bereits oben S. 1.

[162] BVerfG, Urt. v. 17.01.2017, 2 BvB 1/13, Rn. 406 ff.

[163] *M. Wiegandt*, Norm und Wirklichkeit, 1995, S. 26 ff.

[164] *M. Wiegandt*, Norm und Wirklichkeit, 1995, S. 35 ff.

[165] *M. Wiegandt*, Norm und Wirklichkeit, 1995, S. 41 ff.

[166] *M. Wiegandt*, Norm und Wirklichkeit, 1995, S. 57.

standskämpfer *Klaus* (1901–23.04.1945) und *Dietrich Bonhoeffer* (1906–09.04.1945), sowie ihrer ebenfalls im Widerstand aktiven Schwäger *Rüdiger Schleicher* (1895–23.04.1945) und *Hans von Dohnanyi* (1902–09.04.1945). Nach Ablehnung zahlreicher Rufe an deutsche Universitäten kehrte *Leibholz,* der ab 1947 zwischen Oxford und Göttingen, wo er eine Gastprofessur wahrnahm, oszillierte, erst im Zusammenhang mit seiner Wahl in den Zweiten Senat des BVerfG, dem er von 1951 bis 1971 angehören sollte, endgültig nach Deutschland zurück.[167] Wie er später formuliert hat, bot die Verfassungsrichtertätigkeit die einzigartige Möglichkeit, „wirklich noch die Bundesrepublik neu mitzuprägen und ihr Gestalt zu geben".[168] Als Schüler zunächst von *Richard Thoma* in Heidelberg und dann von *Heinrich Triepel* in Berlin hatte *Leibholz* bereits in seiner Anfang 1928 abgeschlossenen, 1929 veröffentlichten Habilitationsschrift „Das Wesen der Repräsentation" eine konsequente Parteienstaatslehre entwickelt,[169] welche die Parteiendemokratie als quasi rationalisierte Erscheinungsform der plebiszitären Demokratie[170] oder noch prägnanter als „Surrogat der unmittelbaren Demokratie im Flächenstaat" einordnete und damit in einen Gegensatz zur repräsentativ-parlamentarischen Demokratie stellte.[171] Diese Auffassung sollte später die Parteienrechtsprechung des Zweiten Senats des BVerfG maßgeblich prägen.

---

[167] *M. Wiegandt,* Norm und Wirklichkeit, 1995, S. 63 f.

[168] *G. Leibholz,* in: „Gerhard Leibholz im Gespräch: Recht, Philosophie, Politik", Radiosendung, NDR, gesendet am 17.03.1982, 20.00–21.30 Uhr, NDR-Schallarchiv, Archivnummer 6908342 000.

[169] *G. Leibholz,* Das Wesen der Repräsentation unter besonderer Berücksichtigung des Repräsentativsystems, 1929.

[170] *G. Leibholz,* Das Wesen der Repräsentation unter besonderer Berücksichtigung des Repräsentativsystems, 1929, S. 118 = *G. Leibholz,* Das Wesen der Repräsentation und der Gestaltwandel der Demokratie im 20. Jahrhundert, 3. Aufl. 1966, S. 118: „Der heutige Parteienstaat ist bei Lichte besehen eine Erscheinungsform der unmittelbaren Demokratie. Es besteht kein innerer Unterschied, ob die Aktivbürgerschaft selbst wie etwa bei der Volksinitiative und dem Volksreferendum oder eine unmittelbar von der Wählerschaft oder den Parteiorganisationen abhängige Volksvertretung die maßgeblichen politischen Entscheidungen trifft."; aufgegriffen in der Bundesrepublik in seinem Aufsatz „Parteienstaat und repräsentative Demokratie", in: DVBl. 1951, 1 (4 f.); markant auch *G. Leibholz,* Der Parteienstaat des Bonner Grundgesetzes, in: Wandersleb/Traumann, Recht, Staat, Wirtschaft, Bd. 3, 1951, S. 99 (105): „[...] Parteienstaat um eine Form der Demokratie handelt, die in ihrer ganzen Struktur von der repräsentativ parlamentarischen Demokratie nicht nur technisch in diesem oder jenem Punkte verschieden ist, sondern in allen wesentlichen Punkten diametral entgegengesetzt ist".

[171] *G. Leibholz,* Die Wahlrechtsreform und ihre Grundlagen (Vortrag auf der Staatsrechtslehrertagung am 29.10.1931 in Halle), in: VVDStRL 7 (1932), S. 159 (173 f.), auch abgedruckt in: ders., Strukturprobleme der modernen Demokratie, 3. Aufl., Neuausgabe 1974, S. 9 (23); aufgegriffen in der Bundesrepublik in seinem Aufsatz Parteienstaat und repräsentative Demokratie, in: DVBl. 1951, 1 (4); ähnlich auch in seinem Vortrag „Der Strukturwandel der modernen Demokratie", zuerst gehalten in der Juristischen Studiengesellschaft in Karlsruhe am 30.04.1952, abgedruckt in: ders., Strukturprobleme der modernen Demokratie, 3. Aufl., Neuausgabe 1974, S. 78 (93 f.): „Surrogat der direkten Demokratie im modernen Gewand"; zur Antinomie zwischen Repräsentativsystem und Parteienstaat bei *Leibholz* lesenswert: *F. Shirvani,* Das Parteienrecht, 2010, S. 56 ff.; *C. Link,* Gerhard Leibholz, in: ders., Der Gleichheitssatz, 1982, S. 23 (25).

Leibholz war nach seiner Wahl in das BVerfG nicht Mitglied des mit dem SRP-Verbotsantrag befassten Ersten, sondern des Zweiten Senats. Wenige Tage vor seinem Tod in den frühen 1980er Jahren enthüllte er allerdings in einem anlässlich seines 80. Geburtstages von NDR-Journalist *Werner Hill* geführten Rundfunkinterview – „Vielleicht darf ich etwas sagen, was bisher unbekannt ist [...]“ –, dass ihn BVerfG-Präsident *Höpker Aschoff* bei einem Zusammensein darauf hingewiesen hatte, dass dessen Erster Senat die SRP verbieten wolle, aber „noch nicht den richtigen Dreh“ für eine sachgerechte Begründung gefunden habe.[172] Daraufhin habe er, *Leibholz,* sich mit dem Kollegen des Ersten Senats *(Konrad) Zweigert* zurückgezogen und versucht, diesem im Einzelnen die Gründe darzulegen, die nach seiner Meinung „die Verfassungswidrigkeitserklärung dieser Sozialistischen Reichspartei begründen sollten“. *Höpker Aschoffs* von *Leibholz* überlieferte Formulierung weist deutlich darauf hin, dass die Richter des Ersten Senats, als politisch denkende Menschen, die sich der viel diskutierten außen- und innenpolitischen Gefahren, welche die SRP verursachte, und auch deren Ähnlichkeit mit der NSDAP bewusst waren, im Grunde längst zum Verbot entschlossen waren, bevor ihnen eine dafür juristisch hinreichende Begründung eingefallen war.

Leibholz' späte Enthüllung wirft die Folgefrage auf, ob der berühmte Parteienrechtler möglicherweise sogar der eigentliche, heimliche Autor des SRP-Verbotsurteils gewesen sein mag. Tatsächlich wurde im Anschluss an sein Interview vertreten, dass das SRP-Urteil *Leibholz'* „Handschrift“ trage.[173] Diese Vermutung liegt – jedenfalls im übertragenen Sinne – durchaus nahe, wenn man bedenkt, dass *Leibholz* bereits in der späten Weimarer Republik zu einem der führenden Parteienrechtler aufgestiegen war, er mit seinem Referat auf dem 38. Deutschen Juristentag, im September 1950 in Frankfurt, einen grundlegenden Beitrag zur verfassungsrechtlichen Stellung und zur inneren Ordnung der Parteien unter dem Grundgesetz geleistet hatte[174] und er dann auch im Zweiten Senat des BVerfG für die Gebiete des Parlaments-, Parteien- und Wahlrechts zuständig war.[175] Dass sich der Erste Senat, dem viele gute Juristen, aber kein ähnlich renommierter Parteienrechtsexperte wie *Leibholz* angehörte, die Expertise des anerkannten Spezialisten zu Nutze gemacht hat,

---

[172] *G. Leibholz,* „Gerhard Leibholz im Gespräch: Recht, Philosophie, Politik“, Radiosendung, NDR, gesendet am 17.03.1982, 20.00–21.30 Uhr, NDR-Schallarchiv, Archivnummer 6908342 000 (Transkription durch Verf.).

[173] *R. C. van Ooyen,* Die Parteiverbotsverfahren, in: Möllers/van Ooyen, Parteiverbotsverfahren, 4. Aufl. 2013, S. 51 (56 f.).

[174] *G. Leibholz,* Referat, in: Verh. des 38. Deutschen Juristentages in Frankfurt a.M. 1950, Teil C: Staatsrechtliche Abteilung, Verfassungsrechtliche Stellung und innere Ordnung der Parteien, 1951, S. C2–C29.

[175] *M. Wiegandt,* Norm und Wirklichkeit, 1995, S. 66; zu *Leibholz'* Staatsverständnis und Wirken vgl. auch die Beiträge in C. Link (Hrsg.), Der Gleichheitssatz im modernen Verfassungsstaat, 1982 sowie in A.–B. Kaiser (Hrsg.), Der Parteienstaat, 2013.

ist daher naheliegend. So offenbart insbesondere ein Vergleich des SRP-Urteils mit *Leibholz'* Parteienreferat auf dem 38. Juristentag wichtige strukturelle Parallelen.[176] Die These, *Leibholz* sei im wörtlichen Sinne der eigentliche Verfasser jedenfalls bestimmter Passagen des SRP-Urteils,[177] erscheint allerdings als übertrieben. Eher lässt sich davon sprechen, dass *Leibholz* einer der geistigen Väter des Urteils war,[178] jedenfalls wenn man dies im Sinne einer Anlehnung wesentlicher Grundgedanken des Urteils an die bekannten Thesen des berühmten Staatsrechtslehrers versteht.

So steht fest, dass der entscheidende Senat durchaus auch aus anderen Quellen geschöpft hat. Insbesondere ist darauf zu verweisen, dass er bei der Definition der freiheitlichen demokratischen Grundordnung, die den normativen Dreh- und Angelpunkt des Urteils bildet, zwar einerseits auf Grundüberlegungen zurückgreift,[179] die *Leibholz* im September 1951 begleitend zu den Referaten des 39. Deutschen Juristentages in einem konzisen Aufsatz über den Begriff der freiheitlichen demokratischen Grundordnung in die wissenschaftliche Diskussion eingeführt hatte.[180] Die – wie gesehen letztlich an eine strafrechtliche Norm des neuen Staatsschutzrechts angelehnte – konkrete Definition des Ersten Senats beruht dann aber gerade nicht auf *Leibholz'* Überlegungen, sondern lässt sich – wie ausgeführt – viel stärker auf *Hans Peters'* Gutachten zurückführen.[181] Bei näherem Hinhören hat auch *Leibholz* in seinem späten Interview in der Tat lediglich einen starken Einfluss auf einen bestimmten Teil des SRP-Urteils eingeräumt:

„Und ich habe mich dann mit Zweigert zurückgezogen und habe Zweigert die Gründe im Einzelnen versucht darzulegen, die nach meiner Meinung nach [sic] die Verfassungswidrigkeitserklärung dieser Sozialistischen Reichspartei begründen sollten, weil ich der Meinung war, eine freiheitlich demokratische Ordnung braucht nicht ihren eigenen Selbstmord zu legalisieren, dass Freiheit eben auch Bindungen unterliegt, und dass nach meiner Mei-

---

[176] *G. Leibholz,* Referat, in: Verh. des 38. Deutschen Juristentages in Frankfurt a.M. 1950, Teil C, 1951, S. C2 ff.; vgl. auch *F. Hanschmann,* Parteiverbotsverfahren vor dem BVerfG, in: Goldbach, Mit juristischen Waffen, 2003, S. 7 (17).

[177] In diese Richtung *M. Wiegandt,* Norm und Wirklichkeit, 1995, S. 269: „Man möchte beinahe mutmaßen, daß Leibholz' Einflußnahme auf die Formulierung wichtiger Abschnitte des Urteils über eine bloße Beratungsfunktion hinausging und er vielmehr der V e r f a s s e r der entsprechenden Passagen war."

[178] Vgl. *T. Rensmann,* BVerfGE 2, 1, in: Menzel/Müller-Terpitz, Verfassungsrechtsprechung, 2. Aufl. 2011, S. 59 (61).

[179] Neben *Leibholz'* Grundüberlegungen zur freiheitlichen demokratischen Grundordnung hat sich als konkretes Element wohl auch dessen Betonung des Mehrparteiensystems als *Essentialium* der freiheitlichen demokratischen Grundordnung im SRP-Urteil niedergeschlagen; vgl. *G. Leibholz,* Der Begriff der freiheitlichen demokratischen Grundordnung, in: DVBl. 1951, 554 (557 f.).

[180] *G. Leibholz,* Der Begriff der freiheitlichen demokratischen Grundordnung, in: DVBl. 1951, 554 (insbesondere 557 f.) (erschienen am 15.09.1951 in DVBl. Heft 18/1951).

[181] Oben S. 309 ff., 348 ff.

nung nach [sic] die Weimarer Verfassung daran zugrunde gegangen ist, dass sie den Missbrauchsmöglichkeiten keinen Halt gezogen hat und dass Freiheit und Bindung auch im demokratischen Sinne zusammengehören. Das [habe ich] im Einzelnen dargelegt. Und ich darf sagen, wenn ich die Entscheidung heute lese, die vom Ersten Senat gefällt worden ist, sie ist im Grunde genommen in d i e s e m T e i l so, wie wenn ich sie selber geschrieben hätte."[182]

III. Der problematische Ausspruch des Mandatsverlusts der SRP-Parlamentarier

1. Herleitung des Mandatsverlusts aus Art. 21 GG

Grundlegende dogmatische Kritik, wie die oben geäußerte, blieb dem Gericht im zeitgenössischen wissenschaftlichen Schrifttum schon aus dem Grund erspart, dass dieses das SRP-Urteil – wie gesehen – weitgehend ignorierte.[183] Dabei hatte der Senat auch aus zeitgenössischer Sicht jedenfalls insoweit rechtlich höchst problematisches Terrain betreten, als er im Verbotsurteil die Bundestags- und Landtagsmandate der Abgeordneten, die aufgrund von Wahlvorschlägen der SRP gewählt worden waren oder dieser zur Zeit der Urteilsverkündung angehörten, für ersatzlos verfallen erklärt hatte.[184] Damit hatte sich das BVerfG klar von der oben geschilderten Verbotspraxis und der Rechtsprechung des Staatsgerichtshofs zum Schutze der Republik in der Weimarer Republik abgesetzt, welche die grds. freien Mandate der Parlamentarier, als Vertretern des „ganzen Volks", nicht angetastet hatten.[185] Die Rechtsfolge des Mandatsverlusts war weder in dem für Parteiverbotsverfahren einschlägigen § 46 BVerfGG a.F. noch im Bundeswahl- oder in Landeswahlgesetzen vorgesehen. Sie stand in einem offensichtlichen Spannungsverhältnis insbesondere zum verfassungsrechtlich gewährleisteten repräsentativen Mandat des einzelnen Abgeordneten, das sich für Bundestagsabgeordnete aus Art. 38 Abs. 1 S. 2 GG ergibt, und griff zugleich auch in das Recht der Wähler aus Art. 38 Abs. 1 S. 1 GG und – damit verbunden – in das grds. repräsentative Demokratieprinzip aus Art. 20 Abs. 2 GG ein, da die betroffenen Abgeordneten vom eigentlichen Souverän, dem Volk, in die Parlamente

---

[182] *G. Leibholz,* „Gerhard Leibholz im Gespräch: Recht, Philosophie, Politik", Radiosendung, NDR, gesendet am 17.03.1982, 20.00–21.30 Uhr, NDR-Schallarchiv, Archivnummer 6908342 000 (Transkription durch Verf. mit geringfügigen grammatikalischen Glättungen, Hervorhebung von Verf. entsprechend der Betonung).

[183] Oben S. 19.

[184] BVerfGE 2, 1 (2, 72 ff.).

[185] Siehe oben S. 57; vgl. auch *E. R. Huber,* Verfassungsgeschichte, Bd. VI, 1981, S. 155 f.; *J. Ipsen,* Der Staat der Mitte, 2009, S. 160.

gewählt worden waren und die Aberkennung der Mandate die Wahlentscheidung nachträglich entwertete.

Mangels einfachgesetzlicher Grundlage leitete das BVerfG den Mandatsverlust unmittelbar aus dem Grundgesetz ab. Insofern sah es einen systematischen Vorrang der Parteiverbotsnorm des Art. 21 Abs. 2 GG gegenüber der Rechtsstellung der einzelnen Bundestagsabgeordneten gem. Art. 38 GG:[186]

> „Mit dem Urteil des Bundesverfassungsgerichts in einem Verfahren nach Art. 21 Abs. 2 GG steht fest, daß die Partei – von Anfang an oder von dem im Urteil bezeichneten Zeitpunkt ab – wegen des mit den demokratischen Grundprinzipien in Widerspruch stehenden Inhalts ihrer politischen Vorstellungswelt die Voraussetzungen für die Mitwirkung bei der politischen Willensbildung des Volkes nicht erfüllt hat. Ist dem aber so, dann kann sich die Wirkung des Urteils nicht in der Auflösung des organisatorischen Apparates erschöpfen, der zur Durchsetzung dieser Vorstellungen geschaffen worden ist; vielmehr ist es der Sinn des verfassungsgerichtlichen Spruches, diese Ideen selbst aus dem Prozeß der politischen Willensbildung auszuscheiden. Dieses Ziel würde nicht erreicht werden, wenn es den wesentlichsten Exponenten der Partei, den Abgeordneten, weiterhin möglich bliebe, die Ideen ihrer Partei an der Stätte, wo die echten politischen Entscheidungen fallen, zu vertreten und bei Abstimmungen zur Geltung zu bringen. Der recht verstandene Sinn des Art. 21 GG führt also notwendig zu dem Schluß, daß die Mandate der Abgeordneten einer verfassungswidrigen Partei mit der Verkündung des Urteils in dem später zu behandelnden Umfang erlöschen. Der Mandatsverlust ergibt sich derart zwingend aus der Feststellung der Verfassungswidrigkeit der Partei, daß er als deren unmittelbare gesetzliche Folge angesehen werden muß, ohne daß es, wie in § 46 Abs. 3 BVerfGG für die Auflösung einer Partei geschehen, einer ausdrücklichen Ermächtigung des Gesetzgebers zu einem entsprechenden rechtsgestaltenden Ausspruch bedurfte."

Zwar ist der Ausspruch des Senats vor dem Hintergrund der oben geschilderten Parteiverbotserfahrungen der Weimarer Republik verfassungspolitisch gut nachvollziehbar. Spätestens mit der höchst problematischen These, es sei Sinn des verfassungsgerichtlichen Spruches, die Ideen selbst aus dem Prozess der politischen Willensbildung auszuscheiden, ist der Senat allerdings juristisch eindeutig über das Ziel hinausgeschossen.[187] Auf einer grundlegenderen Ebene lässt die mechanisch anmutende Herleitung des Mandatsverlusts die gebotene Auseinandersetzung mit der demokratischen Fundierung der repräsentativen Mandatsstellung der Abgeordneten und konkret auch eine Abwägung zwischen Art. 21 Abs. 2 GG und Art. 38 Abs. 1 S. 2 GG vermissen. Noch weniger überzeugen können die sich anschließenden unterstützend gemeinten, aber eher spitzfindig wirkenden Erwägungen des BVerfG, dass Abgeordnete verfassungswidriger Parteien nicht „Vertreter des ganzen Volkes" i.S.d. Art. 38 Abs. 1 S. 2 GG sein könnten, und auch die Wähler nicht beschwert seien, da das Verlangen, durch Abgeordnete einer verfassungswidri-

---

[186] BVerfGE 2, 1 (73 f.).

[187] *H. H. Klein,* in: Maunz/Dürig, GG, Lsbl., Art. 21 Rn. 567 (Stand: 12/2014).

gen Partei vertreten zu sein, seinerseits verfassungswidrig wäre.[188] Der Senat windet sich erkennbar um die gebotene Abwägung mit dem repräsentativen Mandat gem. Art. 38 Abs. 1 S. 2 GG herum, indem diese Regelung ohne tragfähige Begründung für überhaupt nicht einschlägig erachtet wird.

Konnte somit bereits der Ausspruch des Mandatsverlusts als solcher kaum überzeugen,[189] stellte sich für alle Betroffenen auch die praktisch bedeutsame Anschlussfrage, auf welche Abgeordneten er sich genau erstreckte. Einfach war die Antwort für Mandatsträger, die wie die niedersächsischen und bremischen SRP-Abgeordneten aufgrund eines SRP-Wahlvorschlags gewählt worden waren. Diese hielt das BVerfG für ohne Weiteres erfasst, da die SRP von Anfang an verfassungswidrig gewesen sei.[190] Schwieriger war die Antwort schon für Abgeordnete, die – wie der verbliebene SRP-Bundestagsabgeordnete *Dorls* – erst nach Mandatserlangung zur SRP übergetreten waren.[191] Das BVerfG hielt insoweit jedenfalls Abgeordnete, die im Moment der Urteilsverkündung der SRP angehörten, für erfasst, da sie ihr Mandat zu diesem Zeitpunkt für eine verfassungswidrige Partei ausgeübt hätten.[192] Die angebliche Selbstauflösung der Partei vor Ergehen des Urteils erachtete das Gericht dabei – wie gesehen – für grds. unbeachtlich. Noch schwierigere Anschlussfragen stellten sich für Abgeordnete, die bspw. im Rahmen einer individuellen oder konzertierten Ausweichstrategie oder aber aus sonstigen Motiven vor dem Verbotsurteil aus der SRP ausgetreten waren. Insoweit überließ es das BVerfG den zuständigen Wahlprüfungsinstanzen, sorgfältig zu prüfen, ob ein etwaiges Ausscheiden aus der SRP vor der Urteilsverkündung „ernsthaft gemeint oder nur aus Gründen der Tarnung erfolgt" sei.[193]

2. *Kritik am Ausspruch des Mandatsverlusts*

Der Ausspruch des Mandatsverlusts wurde zwar vereinzelt begrüßt. Ganz überwiegend traf er jedoch zu Recht auf heftige Kritik. Während ihn so etwa der Leiter des innenpolitischen Ressorts der Süddeutschen Zeitung *Hermann*

---

[188] BVerfGE 2, 1 (74).

[189] Kritisch bereits die wenige Monate nach dem Urteil erschienene Kommentierung des Richters im Zweiten Senat *Willi Geiger,* BVerfGG-Kommentar, 1952, § 46 Anm. 7 (S. 168 f.); aus dem späteren Schrifttum etwa *C. Pestalozza,* Verfassungsprozeßrecht, 3. Aufl. 1991, S. 85 f.

[190] BVerfGE 2, 1 (76).

[191] Der Bundestag stellte in seiner 240. Sitz. am 03.12.1952 durch Beschluss (BA, B 237, Nr. 215643, Bl. 34) fest, dass „das Mandat des Abgeordneten Dr. Fritz Dorls auf Grund der Ziffer I, 4 des Urteils des Bundesverfassungsgerichts vom 23. Oktober 1952 mit diesem Tage erloschen ist."

[192] BVerfGE 2, 1 (76 f.).

[193] BVerfGE 2, 1 (77).

Proebst[194] unter seinem Pseudonym *Junius* ausdrücklich begrüßte und den willkommenen Kontrast zu den skrupulösen höchstrichterlichen Entscheidungen der Weimarer Zeit betonte,[195] fragte der Mannheimer Morgen, ob es überhaupt möglich sei, „die Vertretung einiger hunderttausend Wähler einfach zu beseitigen, ohne daß dies als undemokratische Willkür aufgefaßt" werde.[196] Er stellte die berechtigte Frage, wer eigentlich garantiere, „daß mit einem solchen Musterbeispiel nicht eines Tages die Mandate wirklicher Demokraten kassiert" würden.

Bemerkenswert ist, dass das Verdikt des Mandatsverlusts in der Presse, aber auch in Politikerkreisen die bis heute immer wieder gestellte, im Rahmen des Statusstreits ohnehin schwelende,[197] letztlich machtpolitische Frage aufwarf, ob das Grundgesetz den Karlsruher Richtern nicht zu viel Einfluss einräume, sie gar „zu wahren Königen gemacht" habe.[198] Die Wissenschaft stützte ihre Kritik am Ausspruch hingegen außer auf kompetenz- und verfahrensrechtliche Bedenken zutreffend auf das nach Art. 38 Abs. 1 S. 2 GG grundsätzlich freie Mandat und auf die Entstehungsgeschichte des Normenkomplexes, konkret die unterbliebene Regelung eines Mandatsverlusts im positiven Recht.[199] Obwohl die Frage, ob sich ein Parteiverbot auf Mandate auswirkt, aus der Weimarer Diskussion – wie gesehen – gut bekannt war, war ein Mandatsverlust bewusst weder im Grundgesetz noch im BVerfGG oder einem anderen einfachen Gesetz vorgesehen worden. Dies konnte als Argument dafür ins Feld geführt werden, dass der Gesetzgeber subjektiv gerade keinen Mandatsverlust gewollt hatte.[200] Der Erste Senat erkannte dieses Argument im SRP-Urteil sogar ausdrücklich an, hielt es aber im Lichte seiner Ableitung des Mandatsverlusts unmittelbar aus Art. 21 GG angesichts des

---

[194] Erst jüngst hat sich herausgestellt, dass sich *Proebst* (1904–1970), der 1960 als Nachfolger von *Werner Friedmann* bis zu seinem Tod im Jahr 1970 SZ-Chefredakteur war, während der NS-Zeit in verschiedener Hinsicht dem Regime angedient hatte, dazu *K. v. Harbou,* Als Deutschland seine Seele retten wollte, 2015, S. 196 ff. sowie „Die innere Spaltung" (http://www.sueddeutsche.de/politik/ns-vergangenheit-von-sz-redakteuren-die-innere-spaltung-1.2154380).

[195] „Bannstrahl gegen Staatsfeinde", in: SZ v. 24.10.1952, auch in BA, B 141, Nr. 207, BA, B 106, Nr. 15549.

[196] „Feinde der Freiheit", in: Mannheimer Morgen v. 24.10.1952, auch in BA, B 106, Nr. 15549.

[197] Zum Statusstreit oben S. 312 ff.

[198] Darüber berichtet der Kommentar „Zu viel Gerichtsbarkeit", in: FAZ v. 30.10.1952, auch in BA, B 106, Nr. 15549.

[199] Vgl. etwa zeitnah *W. Geiger,* BVerfGG-Kommentar, 1952, § 46 Anm. 7 (S. 168 f.) sowie später *K.-H. Seifert,* Die politischen Parteien, 1975, S. 606 f.; *R. Streinz,* in: v. Mangoldt/Klein/Starck, GG, Bd. 2, 6. Aufl. 2010, Art. 21 Abs. 2 Rn. 249 jeweils m.w.N. auch aus dem zeitgenössischen Schrifttum.

[200] Vgl. BVerfGE 2, 1 (75).

Vorrangs der Verfassung gegenüber der einfachen Gesetzgebung für irrelevant.[201]

3. Ziele und Hintergründe des Ausspruchs

Muss die Herleitung des Mandatsverlusts unmittelbar aus Art. 21 Abs. 2 GG aus heutiger Sicht verwundern, steht zu vermuten, dass der Erste Senat die damit verbundene Überdehnung der grundgesetzlichen Parteiverbotsnorm letztlich bewusst in Kauf genommen hat, um sein klar formuliertes Ziel, „die Ideen" der SRP vollständig „aus dem Prozeß der politischen Willensbildung auszuscheiden", möglichst umfassend zu verwirklichen.[202] Damit wollte der Senat seine Rechtsprechung sicher auch in einen Kontrast zu der – oben behandelten – Sphärentheorie des Weimarer Staatsgerichtshofs zum Schutze der Republik setzen, auf deren Grundlage die Mandate verbotener Parteien grds. unangetastet geblieben waren.[203] Einmal mehr sollten so die oft beschworenen Lehren aus den Erfahrungen der Weimarer Republik gezogen werden.[204]

Viel spricht dafür, dass sich im Verdikt des Ersten Senats nicht zuletzt auch erneut Grundüberlegungen des Richterkollegen aus dem Zweiten Senat *Gerhard Leibholz* niedergeschlagen haben.[205] Das Verdikt des Mandatsverlusts kann nämlich gewissermaßen als eine zugespitzte Folgerung der pointierten Parteienstaatslehre aufgefasst werden, die der renommierte Staatsrechtslehrer bereits in seiner Habilitationsschrift von 1928/29 in ihren Grundzügen entwickelt hatte.[206] Im Falle des Mandatsverlusts handelte es sich aber – wenn überhaupt – noch stärker als im Hinblick auf die Grundlinien des Urteils um eine eher ideelle als konkrete Beeinflussung. Bei näherem Hinsehen zeigt sich nämlich, dass sich *Leibholz* mit der relevanten Frage des Verhältnisses von Art. 21 und Art. 38 GG grundlegend in seinem schon angesprochenen Referat auf dem 38. Juristentag und dann noch einmal explizit in einem im Nachgang dazu im Januar 1951 erschienenen Aufsatz auseinandergesetzt hatte.[207] Er war dort aber in der Frage des Mandatsverlusts – anders als später das BVerfG – gerade zu einem Vorrang von Art. 38 GG vor der Parteiverbotsregelung des Art. 21 Abs. 2 GG gelangt:

---

[201] BVerfGE 2, 1 (75).

[202] Vgl. BVerfGE 2, 1 (73 f.).

[203] Oben S. 57.

[204] Zum Topos der „Lehren aus Weimar": *S. Ullrich,* Der Weimar-Komplex, 2009, S. 165 ff.

[205] Zu *Leibholz'* Einfluss auf das SRP-Urteil bereits oben S. 364 ff.

[206] Dazu bereits oben S. 365; *M. Wiegandt,* Norm und Wirklichkeit, 1995, S. 212; ähnlich auch *R. C. van Ooyen,* Die Parteiverbotsverfahren, in: Möllers/van Ooyen, Parteiverbotsverfahren, 4. Aufl. 2013, S. 51 (56 f.).

[207] *G. Leibholz,* Referat, in: Verh. des 38. Deutschen Juristentages in Frankfurt a.M. 1950, Teil C, 1951, S. C18; *ders.,* Parteienstaat und repräsentative Demokratie, in: DVBl. 1951, 1 ff.

„Sogar die Feststellung der Verfassungswidrigkeit einer Partei durch das Bundesverfassungsgericht nach Art. 21 Abs. 2 kann wegen des Art. 38 GG nicht das Erlöschen der Abgeordnetenmandate nach sich ziehen.“[208]

Dass *Leibholz* seine Einschätzung dann im Rahmen des SRP-Verfahrens geändert haben könnte,[209] erscheint angesichts ihrer tiefen Fundierung nicht nur in den eigenen grundlegenden Werken, sondern geradezu in Grundgedanken des Demokratie- sowie des Repräsentationsprinzips und im Lichte der festen Persönlichkeitsstruktur des renommierten Rechtswissenschaftlers als sehr unwahrscheinlich. Dass *Leibholz* seine Auffassung über den ausgeschlossenen Mandatsverlust nach dem SRP-Urteil nicht mehr explizit vertreten hat,[210] dürfte eher auf den aus seiner Sicht gebotenen Respekt vor der Auffassung der Kollegen des Ersten Senats in dieser durchaus heiklen Angelegenheit als auf einen Sinneswandel zurückzuführen gewesen sein. Gerade die insoweit so heftig geäußerte öffentliche Kritik am Ersten Senat dürfte es dem noch tief von einem Ethos von Anstand und Würde durchströmten *Leibholz* geradezu unmöglich gemacht haben, der Auffassung der Kollegen öffentlich zu widersprechen. Insgesamt ist es jedenfalls eher unwahrscheinlich, dass der Ausspruch des Mandatsverlusts unmittelbar von *Leibholz* beeinflusst war.

4. Gutachten des BMJ zum Mandatsverlust

Auch Bundeskanzler *Adenauer,* der sich mit dem SRP-Verbot insgesamt zufrieden zeigte, hegte im Gespräch mit Bundespräsident *Heuss* große Bedenken gegen den Ausspruch des Mandatsverlusts, in dem er auch einen Übergriff in Angelegenheiten des Landesverfassungsrechts erblickte.[211] Er sah sich daher unmittelbar nach Ergehen des Urteils veranlasst, beim BMJ ein Gutachten zur Frage des Mandatsverlusts einzuholen. Die Angelegenheit war nicht zuletzt wegen der knappen Mehrheitsverhältnisse im Bundestag heikel, war *Adenauer* doch – wie schon erwähnt und geradezu sprichwörtlich bekannt – im Herbst 1949 mit nur einer Stimme Mehrheit zum Kanzler gewählt worden. Hinzu kam, dass nicht nur die CDU auf mögliche Überläufer aus den Reihen der SRP unter den Abgeordneten des niedersächsischen Landtages sowie der bremischen Bürgerschaft schielte.[212] War mit der Aufhebung der SRP-Man-

---

[208] *G. Leibholz,* Parteienstaat und repräsentative Demokratie, in: DVBl. 1951, 1 (6); vgl. auch bereits *ders.*, Referat, in: Verh. des 38. Deutschen Juristentages in Frankfurt a.M. 1950, Teil C, 1951, S. C18: „ja sogar die Feststellung der Verfassungswidrigkeit einer Partei durch das Bundesverfassungsgericht [führt] nicht zum Mandatsverlust, wie das zwangsläufig in einem konsequent durchorganisierten Parteienstaat der Fall sein würde“.

[209] So *M. Wiegandt,* Norm und Wirklichkeit, 1995, S. 212.

[210] Vgl. *M. Wiegandt,* Norm und Wirklichkeit, 1995, S. 212 f.

[211] Gespräch Adenauer mit Heuss am 24.10.1952, in: Adenauer-Heuss – Unter vier Augen, 1997, S. 97 (102).

[212] *H. Hansen,* Sozialistische Reichspartei, 2007, S. 272 f.

date in Niedersachsen die letzte Chance auf eine rechte Regierung unter Führung der CDU in Hannover geschwunden, forderten CDU und FDP mit Unterstützung der DP geradezu reflexhaft eine Landtagsauflösung und Neuwahlen im norddeutschen Flächenstaat.[213] Der unter seinem legendären Kürzel *„M-M.jr.“* stilprägende Nachkriegsjournalist *Ernst Müller-Meiningen jr.*, Gründungsmitglied des Deutschen Presserats und von 1951 bis 1971 Vorsitzender des Deutschen und Bayerischen Journalistenverbands, kommentierte so bereits am Tag nach dem SRP-Verbot in der Süddeutschen Zeitung:

> „Der Erbstreit, der im niedersächsischen Landtag um diese politisch heimatlos gewordenen Abgeordneten entbrannte und der […] Appetit, den dabei sogar Parteien der Bonner Koalition auf jene herrenlosen Sitze entwickelten, ließen befürchten, daß sich an dieser unseligen Beute noch manche vergiften könnten.“[214]

Bundesjustizminister *Dehler* war auf *Adenauers* Anfrage bereits vorbereitet, da ihn sein immer wieder mit Rechtsfragen der Parteiverbotsverfahren befasster Referatsleiter *Reinhold Mercker*[215] noch während der Urteilsverkündung am 23. Oktober 1952 über den „sehr bemerkenswerten“ und „mit der bisher vertretenen Auffassung nicht in Übereinstimmung“ stehenden Ausspruch des Mandatsverlusts informiert hatte.[216] *Dehler* teilte daher dem Leiter der öffentlich-rechtlichen Abteilung IV der Rosenburg *Walter Roemer*[217] bereits am Folgetag mit, dass der Bundeskanzler „umgehend eine genaue Darstellung unserer Rechtsauffassung über die Möglichkeit der Aberkennung von Mandaten im Rahmen einer Klage nach Art. 21 Abs. 2 GG und die dadurch bedingte Änderung des Grundgesetzes und der Länderverfassungen hinsichtlich der Zahl der Abgeordneten“ erbeten habe und die Sache eile.[218]

Das wunschgemäß zügig bereits am 8. November 1952 vorgelegte achtseitige Gutachten der Rosenburg sah die Entscheidung des BVerfG über den Mandatsverlust überaus kritisch.[219] Es zog dafür in entstehungsgeschichtlicher Hinsicht u.a. die Begründungen zum BVerfGG sowie zu dem inzwischen diskutierten Entwurf des noch längst nicht verabschiedeten Parteiengesetzes heran und verwies zutreffend auch auf die *de lege lata* bestehende

---

[213] *H. Hansen,* Die SRP und der Rechtsextremismus, in: Becker/Bongartz, Die weltanschaulichen Grundlagen des NS-Regimes, 2011, S. 165 (173 f.).

[214] „Bannstrahl gegen Staatsfeinde“, in: SZ v. 24.10.1952, auch in BA, B 141, Nr. 207 sowie in BA, B 106, Nr. 15549.

[215] Zu *Mercker* oben S. 265 ff.

[216] Vermerk Merckers v. 23.10.1952, BA, B 141, Nr. 212.

[217] Zu *Roemer* oben S. 258 ff.

[218] Note Dehlers an Roemer v. 24.10.1952, BA, B 141, Nr. 208; *H. Dreier,* Das Bundesministerium der Justiz, in: Görtemaker/Safferling, Die Rosenburg, 2013, S. 88 (106 Fn. 79).

[219] Dehler an Adenauer v. 08.11.1952, BA, B 141, Nr. 208, auch in BA, B 136, Nr. 1747, Bl. 322 ff.; später wurden auch im BMI Gutachten zu diesem Themenkomplex erstellt: Füßlein an Mercker v. 11.05.1953 (mit Anlagen), BA, B 141, Nr. 208.

Möglichkeit, eine Mandatsaberkennung durch ein Grundrechtsverwirkungsverfahren gem. Art. 18 GG herbeizuführen. Was die einschlägigen Vorschriften des Grundgesetzes angehe, gebiete „der in Artikel 38 [GG] zum Ausdruck kommende Grundsatz des repräsentativen Parlamentarismus“, „dass ein Austritt oder Ausschluss aus der Partei nicht zu einem Verlust des Mandats führe und die Auflösung der Partei durch eine Entscheidung des Bundesverfassungsgerichts nicht die Verwirkung des Abgeordnetenmandats zur Folge habe“.[220]

5. Reaktionen des BVerfG und des Gesetzgebers

Schließlich sah sich sogar das – möglicherweise auch durch den Statusstreit und die Auseinandersetzung um die EVG-Verfahren etwas verunsicherte[221] – BVerfG genötigt, selbst auf die starke Kritik zu reagieren. Am 9. November 1952 veröffentlichte es in einem ungewöhnlichen Schritt eine Verlautbarung, die insbesondere den kritischen Stimmen aus Politik und Presse am ersatzlosen Fortfall der Mandate entgegentrat.[222] Das BVerfG wies weiterführend darauf hin, dass ein Ersatz der auf den Landeslisten der SRP gewählten Abgeordneten schon aus dem Grund unmöglich gewesen sei, dass diese Listen mit dem Spruch des Gerichts fortgefallen seien. Ersatzwahlen für in Einzelwahlkreisen gewählte Abgeordnete oder allgemeine Neuwahlen hätten hingegen nicht im Wege einer Vollstreckungsanordnung des Gerichts verfügt werden können. Dies sei eine Frage des jeweils einschlägigen Wahlgesetzes, das ggf. auch für die laufende Wahlperiode entsprechend geändert werden könne.

Der heftige Streit um den Mandatsverlust rief schließlich wenig später den Gesetzgeber auf den Plan, der mit Wirkung vom 8. Juli 1953 immerhin die im Urteil des BVerfG noch fehlende einfachgesetzliche Grundlage für den Mandatsverlust in Form eines neuen § 53 BWahlG schuf.[223] Diese Regelung wurde zügig auch in fast alle Landtagswahlgesetze und die meisten Kommunalwahlgesetze übernommen.[224] Danach verlieren Abgeordnete ihre Mandate, wenn sie zwischen dem Zeitpunkt der Antragstellung und der Verkündung des Urteils einer für verfassungswidrig erklärten Partei angehört haben. Bei

[220] Dehler an Adenauer v. 08.11.1952, BA, B 141, Nr. 208, auch in BA, B 136, Nr. 1747, Bl. 322 ff.; *H. Dreier,* Das Bundesministerium der Justiz, in: Görtemaker/Safferling, Die Rosenburg, 2013, S. 88 (106 Fn. 79).

[221] Dazu oben S. 312 ff.

[222] „Karlsruhe begründet die Mandatsverluste“, in: FAZ v. 10.11.1952, auch in B 106, Nr. 15549.

[223] Zur Entstehungsgeschichte von § 53 BWahlG a.F.: *H. G. Klose,* Das Abgeordnetenmandat und die Feststellung der Verfassungswidrigkeit einer politischen Partei, Diss. iur. 1960, S. 167 ff.

[224] *J. Ipsen,* Der Staat der Mitte, 2009, S. 160 f.; *A. Zirn,* Das Parteienverbot nach Art. 21 Abs. 2 GG, Diss. iur. 1988, S. 223; zu kompetenzrechtlichen Bedenken bzgl. der landesgesetzlichen Regelungen etwa *K.-H. Seifert,* Die politischen Parteien, 1975, S. 452 f.

Listenmandaten bleibt der Bundestagssitz unbesetzt, während bei Direktmandaten eine Wiederholungswahl stattfindet, von welcher der betroffene Abgeordnete aber ausgeschlossen ist.

Stehen seit Erlass dieser Regelungen zumindest formellgesetzliche Grundlagen für einen Mandatsverlust zur Verfügung, räumt dies aber natürlich immer noch nicht die verfassungsrechtlichen Bedenken aus. Im Grunde hat der Gesetzgeber den Ausspruch des BVerfG – mit etwas eingeschränktem Anwendungsbereich – in Gesetzesform gegossen und so die eigentliche Problematik perpetuiert. Ob die erlassene, heute in § 46 Abs. 1 Nr. 5, Abs. 4 BWahlG fortlebende einfachgesetzliche Regelung mit Art. 38 Abs. 1 S. 2 GG und anderen Regeln des Grundgesetzes vereinbar ist, ist daher nach wie vor umstritten und erscheint im Ergebnis als höchst zweifelhaft.[225] Obwohl es heute nur noch um die Vereinbarkeit der nunmehr bestehenden einfachgesetzlichen Regelungen mit vorrangigen Vorschriften, namentlich Art. 38 Abs. 1 GG, geht,[226] spielen in der Diskussion nach wie vor auch Argumente eine entscheidende Rolle, die sich bereits im BMJ-Gutachten zum SRP-Verbotsurteil finden.

6. Einziehung des Vermögens der SRP

Um das Bild zu vervollständigen, sei in diesem Zusammenhang angemerkt, dass sich im Hinblick auf einen weiteren, diesmal unumstrittenen Ausspruch des BVerfG, nämlich die Einziehung des Vermögens der SRP zugunsten der Bundesrepublik Deutschland zu gemeinnützigen Zwecken, die im SRP-Verbotsverfahren erprobte Zusammenarbeit zwischen BMI und BMJ fortsetzen sollte: Nachdem das BMI dem BMJ am 17. November 1952 den Entwurf eines Schreibens an die Innenminister der Länder zur Durchführung der Vermögenseinziehung zur Überprüfung zugeleitet hatte,[227] befassten sich in der Rosenburg vier Mitarbeiter der Abteilungen I und II intensiv mit dem Ent-

---

[225] Kritisch etwa *H. G. Klose,* Das Abgeordnetenmandat und die Feststellung der Verfassungswidrigkeit einer politischen Partei, Diss. iur. 1960, insbesondere S. 142 ff., 171 ff.; *B. Höver,* Das Parteiverbot und seine rechtlichen Folgen, Diss. iur. 1975, insbesondere S. 99 f., 107; *C. Pestalozza,* Verfassungsprozeßrecht, 3. Aufl. 1991, S. 85 f; *R. Streinz,* in: v. Mangoldt/Klein/Starck, GG, Bd. 2, 6. Aufl. 2010, Art. 21 Abs. 2 Rn. 249 m. Nw. in Fn. 226; *M. Morlok,* in: Dreier, GG, Bd. II, 3. Aufl. 2015, Art. 21 Rn. 156; *M. Thiel*, Das Verbot verfassungswidriger Parteien, in: ders., Wehrhafte Demokratie, 2003, S. 173 (203); für eine Verfassungskonformität hingegen z.B. *R. Sannwald,* in: Schmidt-Bleibtreu/Hofmann/Henneke, GG, 13. Aufl. 2014, Art. 21 Rn. 136; *A. Zirn,* Das Parteienverbot nach Art. 21 Abs. 2 GG, Diss. iur. 1988, S. 223 f.; *C. Hillgruber/C. Goos,* Verfassungsprozessrecht, 3. Aufl. 2011, Rn. 721.

[226] Relevant ist hier u.a. auch Art. 3 des 1. Zusatzprotokolls zur EMRK; dazu EGMR, Urt. v. 11.06.2002, 25144/94 u.a. – *Selim Sadak u.a.,* Rn. 40 = BeckRS 2013, 11455.

[227] BMdI an Innenminister der Länder v. 14.11.1952, BA, B 106, Nr. 15549, Abschrift v. 17.11.1952 auch in BA, B 141, Nr. 208.

wurf und regten schließlich weitgehende Änderungen an.[228] Der so erstellte überarbeitete Entwurf konnte dem Bundesinnenminister dann Ende November 1952 zwecks Verbreitung übersandt werden.[229] Mitte Dezember 1952 gab *Robert Lehr* seinen Amtskollegen in den Ländern, die oft bereits erste Maßnahmen z.B. zur Feststellung bestehender Vermögenswerte eingeleitet hatten, dann nähere Instruktionen zur Umsetzung der Vermögenseinziehung.[230]

Die Berichte über die Durchsuchungen in Parteibüros und Wohnungen ehemaliger Parteifunktionäre zwecks Vermögenseinziehung in NRW bestätigen exemplarisch das Bild einer chronisch finanzschwachen Partei, wurden doch nahezu überall kaum mehr als unverkaufte Exemplare der Parteizeitungen, für die sich niemand mehr interessierte, gefunden.[231] Doch selbst wenn jemals nennenswertes Vermögen vorhanden gewesen sein sollte, wäre dies Monate nach der mündlichen Verhandlung im Juli 1952 und der anschließenden Selbstauflösung sicher längst beiseitegeschafft worden, finden sich doch auch Berichte über die rechtzeitige Vernichtung von Parteiakten.[232] So dürfte es niemanden überrascht haben, als der Bundesinnenminister den Innenministern der Länder schließlich Mitte Mai 1953 die Rückmeldung gab, dass die Erhebungen über das Vermögen der SRP „nur unbedeutende Werte" ergeben hätten.[233] Stattdessen hätten sich „eine Reihe von Gläubigern gemeldet, deren Ansprüche bei weitem das vorhandene Vermögen übersteigen". Dies war aus dem Grund durchaus heikel, dass nunmehr sogar eine Haftung der Bundesrepublik für die Schulden der SRP wegen Vermögensübernahme analog § 419 Abs. 1 BGB a.F. möglich erschien.[234] Das BMI und das BMJ prüften einmal mehr gemeinsam die intrikate Rechtsfrage und kamen schließlich zu dem Ergebnis, dass eine solche Haftung, über die letztlich die Gerichte zu entscheiden hätten, zwar grds. möglich sei, in diesem Falle aber immerhin auch eine Beschränkung der Haftung auf den Bestand des übernommenen Vermögens in Betracht komme.[235]

---

[228] Vermerk Bundesminister der Justiz (mit Anlage) v. 28.11.1952, BA, B 141, Nr. 208.

[229] Vermerk Bundesminister der Justiz (mit Anlage) v. 28.11.1952, BA, B 141, Nr. 208.

[230] BMdI an Länderinnenminister v. 17.12.1952, LAV-NRW, NW 308, 261, Bl. 120 ff.

[231] LAV-NRW, NW 308, 261, Bl. 124 ff.

[232] Z.B. Polizeichef Düsseldorf an Innenminister-NRW v. 30.01.1953, LAV-NRW, NW 308, 261, Bl. 159: „Die Parteiakten wurden nach der Selbstauflösung der SRP zum größten Teil vernichtet".

[233] BMdI an Länderinnenminister v. 16.05.1953, LAV-NRW, NW 308, 261, Bl. 183.

[234] BMdI an Länderinnenminister v. 16.05.1953, LAV-NRW, NW 308, 261, Bl. 183.

[235] Analog §§ 419 Abs. 2 i.V.m. 1990, 1991, 1978, 1979 BGB a.F., BMdI an Innenminister-NRW v. 08.09.1953, LAV-NRW, NW 308, 261, Bl. 184.

IV. Rezeption und Folgen des SRP-Verbotes

1. Reaktionen auf das SRP-Verbot

Mit dem Verbotsurteil vom 23. Oktober 1952 war das erste Experiment eines Parteiverbotsverfahrens in der Bundesrepublik erfolgreich zu Ende gegangen. Die einschneidendste der in Reaktion auf die Mängel des normativen Schutzes der Weimarer Reichsverfassung in das Grundgesetz aufgenommenen Bestimmungen der Ephoralen Verfassung war einem ersten harten Test unterzogen worden und hatte sich *prima facie* bewährt. Befürchtungen eines Scheiterns vor dem BVerfG und eines entsprechenden Propagandanutzens für die SRP hatten sich nicht erfüllt. Die Befürworter eines Parteiverbotes im Bundeskabinett, namentlich Innenminister *Lehr* und Justizminister *Dehler,* konnten sich daher in ihrer Arbeit bestätigt fühlen. Sowohl die deutsche als auch die Presse des wachsamen westlichen Auslands begrüßten das Verbot.[236] So kommentierte es etwa die FAZ mit der erleichterten Feststellung, dass die Freiheit auch der Parteien in Westdeutschland nicht so weit gehe, „daß sie die Freiheit bekämpfen oder aufheben dürfen. Dieser Grundsatz der Verfassung wird durch das Verbot der Sozialistischen Reichspartei mit harter Entschiedenheit verwirklicht“.[237]

Kritische Stimmen gegenüber Parteiverboten im Allgemeinen waren nicht zuletzt von kommunistischer Seite zu vernehmen. Deren Kritik am Verbot einer rechtsextremen Partei musste nur auf den ersten Blick überraschen. Sie war natürlich darauf zurückzuführen, dass auch ein Verbotsverfahren gegen die KPD anhängig war, dessen Erfolgschancen mit dem Verbot der SRP strukturell gestiegen waren. Soweit sich hingegen kritische Untertöne in den positiven Tenor der Presse mischten, galten diese spezifischer dem inhärenten Folgeproblem jedes Parteiverbotes, was nämlich nun aus den Funktionären und Wählern der SRP werden würde.[238] Während etwa die Welt am Tag nach dem Verbot mahnte, „aufzupassen, wo diese angeblich 35000 Mitglieder der SRP und ihre Wähler ihre künftige politische Heimat finden“,[239] und der

---

[236] Eine Übersicht dazu etwa bei *S. Ullrich,* Der Weimar-Komplex, 2009, insbesondere S. 371 f.

[237] „Ein schwerer Schlag“, in: FAZ v. 24.10.1952, S. 1; die ansonsten omnipräsente Kontrastfolie der Weimarer Republik wurde hier nicht ausdrücklich erwähnt, wohl weil jeder wusste, was gemeint war.

[238] Eine Sammlung von Pressekommentaren findet sich in BA, B 106, Nr. 15549.

[239] „Der Spruch von Karlsruhe“, in: Die Welt v. 24.10.1952, auch in BA, B 106, Nr. 15549; ganz ähnlich wies *Hans Henrich* in der FR v. 24.10.1952 („Verbot der SRP“, auch in BA, B 106, Nr. 15549) darauf hin, dass es die vordringlichste Aufgabe sei, zu verhüten, „daß das bisher von der SRP repräsentierte radikale und unbelehrbare Element in irgendeiner anderen politischen Organisationsform – und sei es auch bei benachbarten Parteien wie FDP und DP – eine Wiederauferstehung feiert“.

Mannheimer Morgen der Auffassung war, dass es wenig nütze, ein Übel am einzelnen Symptom zu bekämpfen und gleichzeitig den Infektionsherd zu vernachlässigen,[240] gab die FAZ konkreter der Hoffnung Ausdruck, dass die „auf dem Boden der Verfassung stehenden Parteien" „geistig und moralisch so gesund" seien, „daß sie bei kommenden Wahlen nicht etwa zum Wählerfang die jetzt kaltgestellten Abgeordneten in ihre Vorschlagslisten aufnehmen und so schleunigst eine moderne ‚Renazifizierung' bewirken".[241]

Auch die Presse des westlichen Auslandes wies auf die Gefahr der Infiltrierung anderer Parteien hin.[242] So sah der schweizerische Journalist *Fritz René Allemann,* dessen Buch „Bonn ist nicht Weimar" vier Jahre später viel Beachtung finden sollte,[243] in einer Ende 1952 verfassten luziden Analyse des deutschen Parteiensystems die wirkliche Gefahr in „der Unterwanderung der bürgerlich-parlamentarischen Rechten mit Trägern eines nationalistisch gefärbten autoritären oder totalitären Gedankenguts".[244] Nicht eine Renaissance des Nationalsozialismus, sondern dessen „demokratische Mimikry" müsse als bedenkliches Krankheitssymptom im scheinbar so lebenskräftigen politischen Organismus der Bundesrepublik angesehen werden.[245] Auch der bayerische Innenminister *Wilhelm Hoegner* befürchtete gleichsam eine „Symptomverschiebung" der unbesiegten Krankheit Rechtsextremismus von der offenen Nazipartei hin zu einer Öffnung der demokratischen Parteien für rechtsextreme Thesen, als er in einer Rede im Münchner Löwenbräukeller am Vorabend des 29. Jahrestages des Hitler-Putschversuches programmatisch mahnte:

> „Der Wettlauf der demokratischen Parteien um die Stimmen der früheren Nationalsozialisten hat ein übriges getan, um den Unverbesserlichen von gestern den braunen Kamm wieder schwellen zu lassen. Soll das so weiter gehen, bis die Mörder der Weimarer Demokratie wieder die Hand an den Hebeln des demokratischen Staates haben?"[246]

2. *Aufnahme in der Bevölkerung*

Obwohl unmittelbare Gegenreaktionen von SRP-Sympathisanten, wie sie etwa in Celle in Form eher harmloser Schmierereien wie „Nun erst Recht mit

---

[240] „Feinde der Freiheit", in: Mannheimer Morgen v. 24.10.1952, auch in BA, B 106, Nr. 15549.

[241] „Ein schwerer Schlag", in: FAZ v. 24.10.1952, S. 1.

[242] So etwa der Manchester Guardian v. 27.10.1952, wiedergegeben in: Presse- und Informationsamt der Bundesregierung, Abteilung Ausland: „Die Parteien und der Neo-Nazismus", v. 30.10.1952, BA, B 106, Nr. 15549.

[243] *F. R. Allemann,* Bonn ist nicht Weimar, 1956; dazu bereits oben S. 8.

[244] *F. R. Allemann,* Das deutsche Parteiensystem, in: Der Monat 5 (1953), S. 365 (382 f.); *M. Jenke,* Verschwörung von rechts?, 1961, S. 113.

[245] *F. R. Allemann,* Das deutsche Parteiensystem, in: Der Monat 5 (1953), S. 365 (383).

[246] Vortrag v. 08.11.1952, NL W. Hoegner, IfZ ED 120, Bd. 289.

der SRP“ beobachtet wurden, Einzelfälle blieben,[247] wurde das SRP-Verbot in der breiten Bevölkerung wohl jedenfalls weniger einhellig begrüßt als in der nationalen und internationalen Presse. So bewerteten in einer repräsentativen Umfrage im November 1952 37 % das SRP-Verbot als richtig, 41 % waren unentschieden und immerhin 22 % sahen es als falsch an.[248] Allerdings schien das Verbotsverfahren selbst eine eher positive Wirkung auf die öffentliche Meinung gehabt zu haben, hatte der Anteil der Gegner eines SRP-Verbotes im Januar 1952 doch noch um 10 % höher gelegen.[249]

3. *„Vertretung der SRP in den Vereinigten Staaten“*

Das BMJ musste sich schon bald auch mit einer eher kuriosen internationalen Nachwirkung des SRP-Verbotsverfahrens befassen. Auslöser des unter dem – nach allem, was man über die SRP zu wissen glaubte – überraschenden Stichwort „Vertretung der SRP in den Vereinigten Staaten“ bearbeiteten Vorgangs waren Artikel in der *New York Times* sowie im *New York Herald Tribune,* die am 13. Oktober 1952 übereinstimmend berichteten, dass die SRP nach Angaben des *American Jewish Committee* trotz Propagandaverbotes in Deutschland ihre Aktivitäten in den USA fortsetze.[250]

Sofort eingeleitete Recherchen ergaben, dass Initiator der Vorgänge hinter diesen Nachrichten, die im Auswärtigen Amt und im BMJ auf Verwunderung stießen, der dreißigjährige Yale-Absolvent, US-Marine-Veteran und Teilhaber einer New Yorker Textilgroßhandlung *Keith Thompson* war. *Thompson,* schon vor 1945 erklärter Bewunderer des Nationalsozialismus, war seit Anfang 1950 als „Registered Agent“ der SRP in den USA aufgetreten und hatte gelegentlich auch Artikel für die rechtsextremistische Zeitschrift „Der Weg“ verfasst.[251]

Als selbst ernannter „Executive Secretary“ des „Committee for International Justice“ und des „Committee for the Freedom of Major General Remer“ hatte *Thompson* dann umfangreiche Schreiben u.a. an US-Außenminister *Dean Acheson,* aber auch an die deutsche Regierung sowie verschiedene Mitglieder des Bundestages gerichtet, in denen er den Holocaust leugnete und

[247] Zum Schnellverfahren vor dem Schöffengericht in Celle wegen der Schmierereien, das am 29.08.1952 zu einer Verurteilung der beiden Täter zu je sechs Monaten Gefängnis führte: Bundesamt für Verfassungsschutz an BMI v. 31.07.1952, BA, B 237, Nr. 215614, Bl. 16 ff.

[248] *E. Noelle/E. P. Neumann,* Jahrbuch der öffentlichen Meinung 1947–1955, 1956, S. 274.

[249] *E. Noelle/E. P. Neumann,* Jahrbuch der öffentlichen Meinung 1947–1955, 1956, S. 274 (32 % gegen und 23 % für ein Verbot, 18 % unentschieden, während 27 % die SRP nicht kannten).

[250] Die Artikel wurden dem BMJ am 10.11.1952 vom Auswärtigen Amt übersandt (BA, B 141, Nr. 208). Dort finden sich auch Übersetzungen der Artikel.

[251] Vgl. auch *H. Hansen,* Sozialistische Reichspartei, 2007, S. 209.

sich über die Behandlung der SRP im Allgemeinen sowie *Otto Ernst Remers* im Besonderen durch die Staatsorgane der Bundesrepublik beschwerte.[252] Waren US-Geheimdienstkreise bereits im Juli 1952 den Hintergründen von *Thompsons* obskuren Schreiben nachgegangen,[253] kam der im BMJ mit der Angelegenheit befasste Referent *Dr. Kanter* im Dezember 1952 schließlich zu dem Ergebnis, „daß die neofaschistische Betätigung in den USA für Deutschland kaum von Bedeutung sein wird. Deshalb ist hier nichts weiter zu veranlassen."[254]

V. Fortführungsversuche der SRP

1. Wählergemeinschaften für die Kommunalwahlen

Die Klientel der SRP reagierte auf den Untergang ihrer Partei auf unterschiedliche Weise: Im SRP-Stammland Niedersachsen folgten frühere SRP-Aktivisten bereits nach der Selbstauflösung der SRP der Empfehlung der Parteileitung vom 7. September 1952 und gründeten für die am 9. November 1952 anstehenden Kommunalwahlen zahlreiche scheinbar unabhängige Wählergemeinschaften.[255] Die unbeholfen offene Kommunikation dieser Strategie trug allerdings dazu bei, dass der niedersächsische Innenminister *Borowski* den niedersächsischen Regierungspräsidenten bereits am 24. Oktober 1952 eine Liste mit Gruppierungen übersenden konnte, bei denen der dringende Verdacht bestand, dass es sich um SRP-Nachfolgeorganisationen handelte.[256] In den Folgetagen fanden in Niedersachsen dann nicht nur Haussuchungen bei ca. 200 SRP-Funktionären statt,[257] sondern wurde in Hannover auch eine

[252] Committee for International Justice an Acheson v. 15.10.1952 (nebst Übersetzung), BA, B 141, Nr. 208; Committee for the Freedom of Major General Remer, handschriftlich datiert 16.06.1952, BA, B 106, Nr. 15551; „Uebersetzung – Freiheit fuer Generalmajor Otto Ernst Remer", in: National Archives (USA), 590 / 263, Id: 26253872.

[253] Chief, EE to Chief of Station, Frankfurt v. 17.07.1952 (secret), National Archives (USA), 590 / 263, Id: 26253872.

[254] Vermerk Kanters v. 16.12.1952, BA, B 141, Nr. 208.

[255] Dazu auch die Dokumente des niedersächsischen Landeswahlleiters in NLA-HStAH, Nds. 108, Acc. 163/82, Nr. 298 und Nr. 342, darunter mehrere Anzeigen bzgl. SRP-unterwanderter Wählergemeinschaften insbesondere durch Verbände der konkurrierenden DP.

[256] Nds. Innenminister an Regierungspräsidenten etc. v. 24.10.1952 (geheim), NLA-HStAH, Nds. 100, Acc. 2001/021, Nr. 31, Bl. 115 f., 117 ff.

[257] „Haussuchungen in Niedersachsen", in: FAZ v. 30.10.1952, BA, B 106, Nr. 15549; „Gelüftete SRP-Tarnung", in: Die Welt v. 30.10.1952, BA, B 106, Nr. 15549; „Etwa 200 Hausdurchsuchungen", in: Hannoversche Allgemeine Zeitung v. 04.11.1952, auch in NLA-HStAH, Nds. 100, Acc. 2001/021, Nr. 31, Bl. 197; siehe zum Ganzen auch bereits die Abschrift des Erlasses des Niedersächsischen Ministers des Innern v. 24.10.1952 in BA, B 237, Nr. 215616, Bl. 90 ff.; Anfang Dezember 1952 teilte das niedersächsische Innenministerium mit, dass 69 Strafverfahren gegen Personen eingeleitet worden seien, die trotz

Versammlung der „Nationalen Wählergemeinschaft“ als Tarnorganisation der SRP aufgelöst.[258] Zahlreiche Wählergemeinschaften und -vereinigungen wurden so als SRP-Ersatzorganisationen, die das BVerfG in seinem Verbotsurteil ja ausdrücklich untersagt hatte, enttarnt, und am 29. Oktober 1952 verfügte *Borowski* formell, dass insgesamt 57 Organisationen verbotene Ersatzorganisationen der SRP i.S.d. BVerfG-Urteils seien.[259] Eine Woche später wurden deren Namen und kurz darauf dann noch diejenigen von weiteren vier SRP-Tarnorganisationen veröffentlicht, die als „Unabhängige“, „Freie“ oder „Nationale Wählergemeinschaften“ überwiegend frühere SRP-Funktionäre für die niedersächsischen Kommunalwahlen aufgestellt hatten.[260]

Angespornt wurde *Borowski* in seinem Vorgehen gegen SRP-Tarnorganisationen auch durch einen im niedersächsischen Innenministerium viel beachteten Artikel des in Bern erscheinenden Schweizer *„Bund“,* der Zweifel daran geäußert hatte, dass die deutschen Behörden leistungsfähig genug seien, mit den Folgen des Parteiverbotes umzugehen, zumal „Hunderte von ehemaligen Kriminalbeamten des Dritten Reiches für gleichartige Dienste zugunsten der Bundesrepublik angeworben und auch eingestellt worden“ seien.[261] Mit dem Ziel, den provokativen Artikel Lügen zu strafen, nahm der niedersächsische Innenminister sogar auf die von betroffenen Wählervereinigungen eingeleiteten Verfahren vor den Verwaltungsbehörden Einfluss und wies die zuständigen Gemeinde- und Kreisvertretungen darauf hin, dass sie

---

Verbotes der SRP ihre Propagandatätigkeit für diese oder eine Nachfolge-Organisation fortgesetzt hätten, „Strafverfahren nach SRP-Verbot“, Hannoversche Allgemeine Zeitung v. 04.11.1952, auch in NLA-HStAH, Nds. 100, Acc. 2001/021, Nr. 31, Bl. 228.

[258] Nachrichtenstelle bei der Polizei-Direktion Hannover an Nds. Innenminister v. 29.10.1952 (vertraulich), NLA-HStAH, Nds. 100, Acc. 2001/021, Nr. 31, Bl. 191; „Getarnte SRP-Versammlung in Hannover aufgelöst“, in: Hannoversche Presse v. 29.10.1952, auch in NLA-HStAH, Nds. 100, Acc. 2001/021, Nr. 31, Bl. 190; „Gelüftete SRP-Tarnung“, in: Die Welt v. 30.10.1952, auch in LAV-NRW, NW 308, 261, Bl. 99; BA, B 106, Nr. 15549.

[259] Nds. Innenminister an Regierungspräsidenten etc. v. 29.10.1952 (geheim), NLA-HStAH, Nds. 100, Acc. 2001/021, Nr. 31, Bl. 122 ff.

[260] *M. Jenke,* Verschwörung von rechts?, 1961, S. 115 f.; *K. P. Tauber,* Beyond Eagle and Swastika I, 1967, S. 716; *H. Hansen,* Sozialistische Reichspartei, 2007, S. 275 f.; gegen Vorstandsmitglieder der aufgedeckten Tarnorganisationen, die diese dessen ungeachtet weiterführen wollten, wurde z.T. strafrechtlich vorgegangen, vgl. „Verfahren gegen SRP-Nachfolger“, in: Die Welt v. 22.01.1953, auch in BA, B 106, Nr. 15549.

[261] Der Artikel wurde am 30.10.1952 auch in der FAZ („Die Aberkennung der Mandate“) veröffentlicht, im Bereich des Nds. Innenministeriums kommentierte Exemplare finden sich in NLA-HStAH, Nds. 100, Acc. 2001/021, Nr. 31, Bl. 192 ff.; zu weiteren Maßnahmen gegen SRP-Nachfolgeorganisationen a.a.O., Bl. 196 ff.

bei ihrer Entscheidung über mögliche Wahleinsprüche an seinen Erlass vom 29. Oktober 1952 gebunden seien.[262]

Während die betroffenen Wählergemeinschaften umgehend von den Kommunalwahlen ausgeschlossen worden waren, musste der Minister allerdings nach den Wahlen einräumen, dass ihm zwölf weitere von der SRP kontrollierte Gruppierungen entgangen waren.[263] Auch war die Alternativstrategie von 80 früheren SRP-Mitgliedern aufgegangen, auf formal unanfechtbaren Listen insbesondere etablierter bürgerlicher Parteien in die Kommunalparlamente einzuziehen.[264] Schließlich waren verschiedentlich gegen die SPD gerichtete „antimarxistische" Wahlbündnisse unter Einschluss früherer SRP-Kräfte erfolgreich: Im süd-hannoverschen Holzminden etwa ging die von aktuellen und früheren Mitgliedern der CDU, der DP, des BHE, der FDP und der SRP getragene, aber auch von Verbänden wie dem Landvolkbund, dem Einzelhandelsverband und dem Haus- und Grundbesitzerverein unterstützte „Partei der Gemeinschaft" als klarer Sieger aus der Kommunalwahl hervor.[265] In den niedersächsischen Kommunalwahlen fand so auch zum ersten Mal das befürchtete intensive Werben bürgerlicher Parteien um die früheren Aktivisten und Wähler der verbotenen SRP seinen greifbaren Niederschlag.[266]

2. Andere dezentrale Fortführungsstrategien

Während eine Beschlagnahmeaktion bei früheren SRP-Funktionären in Schleswig-Holstein ergab, dass auch dort an der illegalen Weiterführung der Partei gearbeitet wurde, gründete in Baden unterdessen der ehemalige selbst ernannte badische „SRP-Landesleiter" *Karl Theodor Förster,* der lange mit

---

[262] Nds. Innenminister an Regierungspräsidenten etc. betr. Wahlprüfungsverfahren – Behandlung von Ersatzorganisationen der SRP v. 17.11.1952, NLA-HStAH, Nds. 100, Acc. 144/81, Nr. 211, Bl. 33; einen Eindruck von der Unsicherheit über die Rechtslage bzgl. des Vollzugs des SRP-Urteils in der Verwaltungspraxis vermittelt das Protokoll der Dienstbesprechung des niedersächsischen Innenministers mit den Regierungspräsidenten etc. (Entwurf) am 14.11.1952, NLA-HStAH, Nds. 100, Acc. 57/89, Nr. 68, Bl. 15 (19 ff.).

[263] *K. P. Tauber,* Beyond Eagle and Swastika I, 1967, S. 716; Beispiele bei: *H. W. Schmollinger,* SRP, in: Stöss, Parteien-Hdb. II, 1984, S. 2274 (2304).

[264] Pressebericht der Pressestelle der Niedersächsischen Landesregierung v. 17.11.1952, NLA-HStAH, Nds. 100, Acc. 144/81, Nr. 211, Bl. 44; „80 führende Neofaschisten wurden in Niedersachsen gewählt", in: FR v. 17.11.1952, BA, B 106, Nr. 15549; zum Ganzen auch der Vermerk des Referats I/1 zur Besprechung des niedersächsischen Innenministers mit den Regierungspräsidenten etc. am 14.11.1952, NLA-HStAH, Nds. 100, Acc. 57/89, Nr. 68, Bl. 6 ff.; *K. P. Tauber,* Beyond Eagle and Swastika I, 1967, S. 716 f.; *O. Büsch,* Geschichte, in: Büsch/Furth, Rechtsradikalismus, 1957, S. 1 (174).

[265] Vgl. Demokratische Gesellschaft 1952, Wo ist die SRP geblieben?, S. 3, HHStA, 502, 9085; *F. Bösch,* Von der Einwohnerwehr zur Volkspartei, in: Münkel, Der lange Abschied vom Agrarland, 2000, S. 227 (242).

[266] *H. Hansen,* Sozialistische Reichspartei, 2007, S. 276.

Willi Mellin um die Leitung der Südwest-SRP gerungen hatte,[267] die „Nationale Sammlungsbewegung" (NSB).[268] Diese wurde jedoch bereits im Januar 1953 durch das baden-württembergische Innenministerium als Nachfolgeorganisation der SRP aufgelöst und *Förster* wegen einer der Anordnung des BVerfG widersprechenden illegalen Fortsetzung der SRP im Juli 1953 zu einer sechsmonatigen Haftstrafe verurteilt.[269] Insgesamt zogen die zahlreichen Verbote von SRP-Ersatzorganisationen auch eine Fülle verwaltungsgerichtlicher Verfahren nach sich, in denen die Gerichte im Wesentlichen darüber zu urteilen hatten, ob es sich im jeweiligen Fall tatsächlich um eine Ersatzorganisation der SRP handelte oder aber lediglich ein natürlich grds. weiterhin erlaubtes politisches Engagement ehemaliger SRP-Aktivisten in Rede stand.[270] Vereinzelt suchten betroffene Organisationen und Personen schließlich sogar beim BVerfG Rechtsschutz.[271]

---

[267] Zu diesem Konflikt im Sommer 1951: Office of the US High Commissioner for Germany, Office of the Land Commissioner for Wuerttemberg-Baden, Intelligence Division, Intelligence Report No. 80 – Activities of the SRP in Southwest Germany, 24.07.1951 (confidential), National Archives (UK), FO 1008/15; LCWB:PA Stuttgart to HICOG, Bonn, 02.07.1951 (restricted), National Archives (UK), FO 1008/15.

[268] Innenministerium Baden-Württemberg an Regierungspräsidien Nordbaden und Südbaden v. 27.01.1953, BA, B 106, Nr. 15549; *O. Büsch,* Geschichte, in: Büsch/Furth, Rechtsradikalismus, 1957, S. 1 (174 f.); *K. P. Tauber,* Beyond Eagle and Swastika I, 1967, S. 717 f.; zu *Dorls'* vergeblichen Bemühungen nach dem Scheitern der Nationalen Opposition, *Försters* NSB-Projekt zu „kapern": *H. Hansen,* Sozialistische Reichspartei, 2007, S. 260 f.

[269] Schreiben des BMdJ an den BMdI über die Verurteilung *Karl Theodor Försters* wegen illegaler Fortsetzung der verbotenen SRP v. 20.10.1953, BA, B 106, Nr. 15549; Abschrift des Urteils des LG Heidelberg, Strafkammer, Az. 1 KMs 1/53, ebenda; *Förster* hatte sich noch Ende Juni 1953 bei dem BVerfG beschwert, dass die Behörden, insbesondere das Innenministerium in Stuttgart, alles täten, um eine politische Betätigung seiner Person zu verhindern (BA, B 237, Nr. 215616, Bl. 145): „Jede rechtsgerichtete Organisation, der ich beitreten will oder einer meiner Kameraden, wird in Bausch und Bogen als Nachfolgeorganisation der SRP erklärt und verboten."

[270] Dazu im Einzelnen: *G. Rabus,* Kommunale Wählervereinigungen als Ersatzorganisationen verfassungswidriger politischer Parteien, in: AöR 1954, 203 ff.; *K. P. Tauber,* Beyond Eagle and Swastika I, 1967, S. 717; zu der schwierigen Abgrenzung auch Nds. Innenminister an Regierungspräsidenten etc. v. 26.02.1953, NLA-HStAH, Nds. 100, Acc. 2001/021, Nr. 31, Bl. 115 f., 131 (132 f.).

[271] Beim BVerfG eingelegte Beschwerden der Interessengemeinschaft demokratischer Wähler Badbergens und der Wählergemeinschaft Bersenbrück gegen den Ausschluss von den Kommunalwahlen als Ersatzorganisationen der SRP wurden vom BVerfG mit Beschluss v. 04.03.1953 (Original in BA, B 237, Nr. 215644) ebenso verworfen wie die Beschwerde der „Mitteldeutschen Reichsunion" (Beschluss vom 04.03.1953, BA, B 237, Nr. 215645, Bl. 7 ff.); Abschriften des abweisenden Beschlusses des OVG Lüneburg in der Verwaltungsstreitsache (Antrag auf Aussetzung der Vollziehung) der als Ersatzorganisation der SRP verbotenen Freien Wählergemeinschaft e.V. Pyrmont (Az. II OVG A 230/52) in BA, B 237, Nr. 215650 und in NLA-HStAH, Nds. 100, Acc. 144/81, Nr. 211, Bl. 35 ff.;

3. Kooperationsversuche mit anderen Parteien

a) Strategiediskussion über die Fortführung der SRP

Der von der SRP-Parteileitung zunächst favorisierte Plan einer selbst gegründeten einheitlichen SRP-Nachfolgeorganisation war – wie gesehen – bereits mit der Enthüllung im Spiegel-Artikel vom 13. August 1952 kläglich gescheitert.[272] Die zersplitterte Fortführung der Partei in Wählervereinigungen war hingegen von vornherein eine nur auf die anstehenden Kommunalwahlen anwendbare Übergangsstrategie, die dann – wie ausgeführt – auch noch von staatlicher Seite weitgehend vereitelt wurde.[273] Mit Blick auf die ein Jahr später anstehenden Bundestagswahlen, bei denen unbedingt ein Zeichen gesetzt werden sollte, musste notwendigerweise ein anderer Weg beschritten werden, um die rechtsextremen Konzepte doch noch möglichst konzentriert und unverfälscht verwirklichen zu können.

In der militärisch geschulten SRP-Parteileitung standen daher im Herbst 1952 mehrere zentrale Strategien zur Diskussion: *Dorls* favorisierte als ehemaliger Parteivorsitzender nach wie vor die Strategie, „seine" SRP – ggf. auch in Kooperation mit einer existierenden, weniger bedeutenden Rechtspartei – möglichst rein unter dem „Deckmäntelchen" eines anderen Namens weiterzuführen.[274] Jüngere Kreise in der SRP-Führung schlugen demgegenüber vor, die früheren SRP-Mitglieder anzuweisen, in etablierte rechte Parteien einzutreten, um diese dann „von innen zu durchsetzen".[275] Damit verwandt war eine dritte, bspw. auch von dem aus der Partei ausgestoßenen *Graf Westarp* favorisierte Strategie, „die Programme anderer Parteien im Sinne der SRP zu erweitern und so eine gemeinsame Basis zu schaffen".[276] Dies lief auf die konzertierte Unterstützung, innere Transformation und nach Möglichkeit spätere Übernahme bestehender rechter Parteien hinaus. Natürlich schlossen die verschiedenen Strategien einander nicht notwendig aus. Auch wegen des hohen Zeitdrucks wurden sie daher im Herbst 1952, wenn auch in unterschiedlicher Intensität, parallel vorangetrieben.

---

eine Abschrift des zurückweisenden Hauptsache-Berufungsurteils des OVG Lüneburg in dieser Sache v. 14., 15., 16.09.1953 findet sich in NLA-HStAH, Nds. 100, Acc. 2001/021, Nr. 31, Bl. 140 ff.; eine Abschrift des vorgängigen erstinstanzlichen Urteils des Landesverwaltungsgerichts Hannover (Az. A I 488/52) v. 06.11.1952 in NLA-HStAH, Nds. 100, Acc. 144/81, Nr. 211, Bl. 39 ff.

[272] Oben S. 339 f.

[273] Oben S. 381 ff.

[274] „'Rechts ran' – Parole von Niedersachsen", in: Christ und Welt 5. Jahrgang, Nr. 46, 13.11.1952, S. 4.

[275] „'Rechts ran' – Parole von Niedersachsen", in: Christ und Welt 5. Jahrgang, Nr. 46, 13.11.1952, S. 4.

[276] „'Rechts ran' – Parole von Niedersachsen", in: Christ und Welt 5. Jahrgang, Nr. 46, 13.11.1952, S. 4.

b) Kooperation mit Haußleiters Deutscher Gemeinschaft (DG)

Dorls' Weiterführungsstrategie manifestierte sich nach Sondierungen in verschiedene Richtungen im Oktober 1952 primär in intensiven Gesprächen mit *August Haußleiters* (1905–1989)[277] Deutscher Gemeinschaft (DG).[278] Anfang Oktober 1952 war bereits *Rudolf Aschenauer* in die DG eingetreten und hatte zügig den Kontakt zum SRP-Führungspersonal hergestellt.[279] Die Kooperation mit *Haußleiter* und dessen im Dezember 1949 gegründeter DG sollte den SRP-Kräften zunächst einmal die Beteiligung an den nordrhein-westfälischen Kommunalwahlen am 9. November 1952 erleichtern. Aber auch strukturell sprachen mehrere Gründe für die DG: So war sie mit ihrer in der Tradition der konservativen Revolution der Weimarer Republik stehenden Ideologie aus Sicht der SRP-Oberen radikal genug, um SRP-Gedankengut authentisch verwirklichen zu können.[280] Gleichzeitig war sie klein genug, um nicht ihrerseits die SRP-Kräfte zu assimilieren, zumal sie 1951 und 1952 ihre wichtige Vertriebenenbasis an andere Parteien, namentlich den BHE, verloren hatte.[281] Hinzu kam, dass die DG überwiegend in Süddeutschland verbreitet war, wo die SRP kaum hatte Fuß fassen können. Aus Sicht der DG erschien eine Zusammenarbeit mit der früheren SRP umgekehrt vor allem wegen deren norddeutscher Wählerschaft attraktiv. SRP und DG ergänzten sich in ihren regionalen Schwerpunkten, ganz ähnlich wie dies in der Weimarer Republik DVFP und NSDAP getan hatten.[282]

---

[277] Zu *Haußleiter* bspw. *R. Stöss,* Vom Nationalismus zum Umweltschutz, 1980, S. 65 ff.; *U. Backes/E. Jesse,* Politischer Extremismus, 1989, S. 56.

[278] Zu verschiedenen Fühlungnahmen der SRP im September/Oktober 1952 der Vermerk „Extrem Nationalistische Gruppen" (geheim), Stand 31.10.52, der Informationen des Verfassungsschutzes u.a. über „Fusionsverhandlungen der SRP mit anderen nationalen Parteien und Gruppen" zusammenfasst, in BA, B 106, Nr. 15549; *B. Baldow,* Episode oder Gefahr?, Diss. 2013, S. 180 ff.; *H. Hansen,* Sozialistische Reichspartei, 2007, S. 261 ff.; speziell zur Deutschen Gemeinschaft: *R. Stöss,* Vom Nationalismus zum Umweltschutz, 1980, insbesondere S. 45 ff.; *ders.,* Die Deutsche Gemeinschaft, in: Stöss, Parteien-Hdb. I, 1983, S. 877 ff.

[279] So fand etwa am 26.10.1952 ein Treffen von *Dorls* und *Haußleiter* in Hannover statt (Nachrichtenstelle bei der Polizei-Direktion Hannover v. 18.11.1952 (vertraulich), NLA-HStAH, Nds. 100, Acc. 2001/021, Nr. 31, Bl. 220) und war Mitte November 1952 ein Treffen führender Köpfe der SRP und der DG in Augsburg geplant (Nds. Innenminister an Bayerisches Landesamt für Verfassungsschutz, v. 14.11.1952, NLA-HStAH, Nds. 100, Acc. 2001/021, Nr. 31, Bl. 219); *R. Stöss,* Vom Nationalismus zum Umweltschutz, 1980, S. 95; zu *Aschenauer* bereits oben S. 339 f.

[280] *K. P. Tauber,* Beyond Eagle and Swastika I, 1967, S. 720; *R. Stöss,* Die DG, in: ders., Parteien-Hdb. I, 1983, S. 877 (882 f.); Dokumente zur Deutschen Gemeinschaft, u.a. deren Satzung, finden sich in BA, B 237, Nr. 215643, Bl. 1 ff.

[281] *R. Stöss,* Die DG, in: ders., Parteien-Hdb. I, 1983, S. 877 (881 f.).

[282] Dazu oben S. 53 f.

Bereits Mitte Oktober 1952, also noch vor Verkündung des SRP-Urteils, kamen *Haußleiter* und SRP-Hauptgeschäftsführer *Fritz Heller* daher überein, dass möglichst „unbelastete" SRP-Kräfte insbesondere die schwächliche niedersächsische DG-Organisation übernehmen und „zu wahrer Blüte" führen sollten.[283] Die Taktik der SRP-Führung, über die DG erfolgreich an den nordrhein-westfälischen Kommunalwahlen teilzunehmen, sollte allerdings von NRW-Ministerpräsident *Karl Arnold* (CDU) vereitelt werden, der ein erstes markantes Zeichen gegen die Kooperation von DG und SRP setzte, indem er Ende Oktober 1952 eine Teilnahme der DG an den Kommunalwahlen in NRW gerade mit der Begründung untersagte, dass es sich um eine nach dem BVerfG-Urteil verbotene Nachfolgeorganisation der SRP handele.[284] Da inzwischen auch die Zeitungen offen über die Kooperation berichteten,[285] sahen sich DG- und SRP-Kräfte genötigt, in der Folge vorsichtiger vorzugehen. Auf diese Weise konnten sie die Zusammenarbeit, bei der auch weiterhin *Aschenauer* eine wichtige Rolle spielte,[286] bis in das Jahr 1953 fortsetzen.[287]

Als die DG dann allerdings ab Februar 1953 ihre Verhüllungstaktik sukzessive fallen ließ und immer offener sogar prominentes SRP-Personal in ihren Veranstaltungen auftreten ließ, schlug in Niedersachsen der zunächst zögerlich agierende Innenminister *Richard Borowski* (SPD) endlich zu.[288] Vielleicht trug auch die Tatsache, dass *Aschenauer* – wie bereits erwähnt – längst für den Verfassungsschutz arbeitete, dazu bei, dass der niedersächsische Innenminister am 20. März 1953 Wohnungen und Büros von ungefähr 80 DG- und früheren SRP-Funktionären durchsuchen ließ[289] und wenige Stunden später den niedersächsischen DG-Landesverband zu einer Ersatzorganisation der

[283] *K. P. Tauber,* Beyond Eagle and Swastika I, 1967, S. 720; *R. Stöss,* Vom Nationalismus zum Umweltschutz, 1980, S. 95.

[284] *R. Stöss,* Vom Nationalismus zum Umweltschutz, 1980, S. 95.

[285] So spricht der Artikel „'Rechts ran' – Parole von Niedersachsen", in: Christ und Welt 5. Jahrgang, Nr. 46, 13.11.1952, S. 4, im November 1952 wahrscheinlich im Hinblick auf den Ausschluss von den Kommunalwahlen in NRW (vorschnell) von kläglich gescheiterten Versuchen einer Kooperation mit *Haußleiters* DG als „Deckorganisation" in NRW.

[286] *H. U. Kempski,* „Schon vor der ersten Schlacht geschlagen", in: SZ v. 14./15.03. 1953, S. 3.

[287] Dokumente des nieders. Innenministeriums dazu in NLA-HStAH, Nds. 100, Acc. 2001/021, Nr. 31, Bl. 247 ff.; *K. P. Tauber,* Beyond Eagle and Swastika I, 1967, S. 720 f.

[288] *K. P. Tauber,* Beyond Eagle and Swastika I, 1967, S. 722.

[289] Nds. Innenminister an Regierungspräsidenten etc. v. 19.03.1953 betr. Aktion gegen „Deutsche Gemeinschaft" (geheim), NLA-HStAH, Nds. 100, Acc. 2001/021, Nr. 31, Bl. 248; zu den Durchsuchungen auch die zahlreichen Berichte und anderen Dokumente, a.a.O., Bl. 249 ff. sowie der Aktenvermerk Referat II N betr. Verbot der „Deutschen Gemeinschaft" v. 27.03.1953, a.a.O., Bl. 302 ff.

SRP und daher für aufgelöst erklärte.[290] Formell betraf diese Verfügung zwar lediglich den niedersächsischen DG-Verband. Dennoch war den früheren SRP-Führungskräften klar, dass damit ihre nächste konzertierte Fortführungsstrategie gescheitert und die DG keine Option mehr war,[291] zumal nicht nur der hessische Innenminister *Zinnkann* (SPD) dem niedersächsischen Vorbild folgen sollte und einen Monat später die in Hessen allerdings nur schwach ausgeprägte DG als Nachfolgeorganisation der SRP auflöste.[292]

c) Kooperation mit Loritz' WAV und Gründung der DAV

Während unterdessen immer mehr frühere SRP-Aktivisten in rechte Parteien wie die FDP und die DP überwechselten,[293] belebten diejenigen, welche „die Truppe" nach wie vor zusammenhalten wollten, oder als SRP-Führer schlicht zu bekannt waren, um von einer anderen Partei aufgenommen zu werden,[294] mit Blick auf die im Herbst 1953 anstehende, rasch näher rückende Bundestagswahl die Idee wieder, mit dem anzubandeln, was unterdessen, nach deren schweren innerparteilichen Querelen, noch von *Alfred Loritz'* Wirtschaftlicher Aufbau-Vereinigung (WAV) übrig war.[295] Bereits im Mai/Juni 1951 hatten *Dorls* und *Loritz* – wie gesehen – Fusionsverhandlungen ihrer Parteien weit vorangetrieben, bis *Loritz'* Fraktionskollegen dem Spuk ein Ende bereitet hatten.[296] Dass die WAV trotz ihres desolaten Zustands für die SRP-Oberen weiterhin attraktiv war, lag wohl vor allem daran, dass sie im ersten Bundestag durchgängig mit mindestens fünf Abgeordneten vertreten war.[297] Dies garantierte der WAV nicht nur einen gewissen Bekanntheitsgrad, sondern befreite sie vor allem vom schwer zu erfüllenden Erfordernis nach dem re-

---

[290] Niedersächsischer Innenminister, Pressestelle, Presse-Information Nr. 7/53 v. 20.03.1953, NLA-HStAH, Nds. 100, Acc. 2001/021, Nr. 31, Bl. 278; *H. Hansen,* Sozialistische Reichspartei, 2007, S. 263.

[291] *K. P. Tauber,* Beyond Eagle and Swastika I, 1967, S. 723.

[292] Hessischer Minister des Innern an Regierungspräsidenten betr. „Deutsche Gemeinschaft" v. 28.04.1953 sowie weitere Dokumente dazu in HHStA, 654, 122; zu weiteren Verboten der DG bspw. in einigen Regierungsbezirken in Rheinland-Pfalz: *R. Stöss,* Die Deutsche Gemeinschaft, in: Stöss, Parteien-Hdb. I, 1983, S. 877 (888); *H. W. Schmollinger,* SRP, in: Stöss, Parteien-Hdb. II, 1984, S. 2274 (2306); *G. Botsch,* Die extreme Rechte, 2012, S. 31.

[293] Siehe etwa die Beispiele von *Bänsch* und *Knoke* unten S. 417 f.

[294] Diesen Aspekt betont *H. Hansen,* Sozialistische Reichspartei, 2007, S. 277 für die Führungsspitze um *Dorls, Remer* und *Krüger.*

[295] *S. Winge,* Die Wirtschaftliche Aufbau-Vereinigung, 1976, S. 208 ff.; *H. Woller,* Die Loritz-Partei, 1982, S. 141 ff.; zur WAV allgemein auch *ders.,* Die Wirtschaftliche Aufbau-Vereinigung, in: Stöss, Parteien-Hdb. II, 1984, S. 2458 ff.

[296] Oben S. 201 ff.; *K. P. Tauber,* Beyond Eagle and Swastika I, 1967, S. 723 f.; *H. Woller,* Die Wirtschaftliche Aufbau-Vereinigung, in: Stöss, Parteien-Hdb. II, 1984, S. 2458 (2470); *B. Baldow,* Episode oder Gefahr?, Diss. 2013, S. 182 f.

[297] Ähnlich auch *H. Woller,* Die Loritz-Partei, 1982, S. 142 Fn. 109.

formierten, strengeren Bundeswahlgesetz, in jedem Wahlkreis 500 Unterstützerunterschriften beizubringen.[298] Die neuerlichen Verhandlungen mit der inzwischen auch infolge der SRP-Episode fast zur Bedeutungslosigkeit herabgesunkenen WAV,[299] bei denen auf Seiten der SRP *Krüger, v. Bothmer* und *Kurt Matthaei* eine zentrale Rolle spielten, führten zügig zu der Vereinbarung, unter dem Namen „Deutsche Aufbau Vereinigung“ (DAV) zunächst einen niedersächsischen WAV-Landesverband zu gründen.[300] Auf der DAV-Landesliste sollten dann bei den anstehenden Bundestagswahlen u.a. *Dorls, Remer, Heller* und *Matthaei* kandidieren.

Angeführt von *Loritz* und *Dorls* begann die DAV im Juli 1953 vor allem in Niedersachsen, aber auch in Hessen unter Hochdruck mit dem Wahlkampf für die Bundestagswahlen.[301] *Remer* stand hingegen nicht wie geplant zur Verfügung, da er sich inzwischen – wie oben bereits angerissen – dem erneuten Haftantritt durch eine Flucht in Richtung Ägypten entzogen hatte.[302] Der durch die sich bietenden Chancen beflügelte *Dorls* zog bei den Wahlkampfveranstaltungen erneut alle von der SRP gewohnten Register und konnte so im früheren SRP-Stammland eine große Zuhörerschaft anziehen.[303] Nicht eben wenige Beobachter waren unterdessen erstaunt, dass der niedersächsische Innenminister *Borowski* es nicht für erforderlich zu halten schien, nun auch die DAV als SRP-Nachfolgeorganisation ins Visier zu nehmen, obwohl dort ganz offen SRP-Größen wie der frühere Parteivorsitzende *Dorls* agierten.

Borowskis Passivität war allerdings kein Zufall, da dessen Partei, der SPD, ein relativer Erfolg der DAV in Niedersachsen durchaus zu Passe gekommen wäre, versprach dies nämlich eine Schwächung der aus SPD-Sicht viel ernster zu nehmenden bürgerlichen Rechten.[304] Aus demselben Grund war *Borowski* zum Leidwesen von Bundesinnenminister *Lehr* schon im Vorfeld der Niedersachsenwahlen im Mai 1951 auffällig zurückhaltend gegen die SRP vorgegangen.[305] Wahrscheinlich stand hinter *Borowskis* Nichteinschreiten sogar

---

[298] § 26 Abs. 1 Wahlgesetz zum Zweiten Bundestag und zur Bundesversammlung vom 08.07.1953, BGBl. 1953 I S. 470.

[299] *H. W. Schmollinger,* SRP, in: Stöss, Parteien-Hdb. II, 1984, S. 2274 (2306).

[300] *K. P. Tauber,* Beyond Eagle and Swastika I, 1967, S. 724; die WAV als Gesamtpartei benannte sich erst im August 1953 auf *Loritz'* Wunsch in DAV um, *H. Woller,* Die Loritz-Partei, 1982, S. 143.

[301] Dazu etwa „Loritz auf Eroberungszug“, in: Die Welt v. 07.07.1953 auch in BA, B 106, Nr. 15549; *S. Winge,* Die Wirtschaftliche Aufbau-Vereinigung, 1976, S. 209 f.

[302] Oben S. 295 ff.

[303] *K. P. Tauber,* Beyond Eagle and Swastika I, 1967, S. 725.

[304] Vgl. *H. Woller,* Die Wirtschaftliche Aufbau-Vereinigung, in: Stöss, Parteien-Hdb. II, 1984, S. 2458 (2470).

[305] Oben S. 185; HICOG Frankfurt to Department of State, Recent Activities of the „Sozialistische Reichspartei“ (SRP), HICOG Frankfurt Despatch 3272 (confidential), 10.05.1951, National Archives (UK), FO 1008/14, 5/3/56/51; auch im Herbst 1951 war die niedersächsische Landesregierung mit Vorwürfen konfrontiert gewesen, zu wenig gegen

eine konzertierte Strategie mehrerer SPD-geführter Landesregierungen, in die möglicherweise sogar die Bundes-SPD eingebunden war.[306] Berichte des niedersächsischen Landesamtes für Verfassungsschutz, die maßgeblich auf Gesprächen mit dem früheren SRP-Hauptgeschäftsführer *Fritz Heller* beruhen, deuten zudem darauf hin, dass es nicht nur in diesem Zeitraum zu Gesprächen zwischen früheren SRP-Führungspersönlichkeiten und Repräsentanten der SPD über eine Tolerierung der DAV gekommen ist, sondern bereits die Gründung der DAV mit SPD-Politikern abgesprochen war.[307] Erscheinen solche Vorwürfe aus heutiger Sicht auf den ersten Blick als geradezu abenteuerlich, wirken sie bei näherer Betrachtung nicht mehr ganz so unwahrscheinlich. So hatte die SRP bei den Niedersachsenwahlen dem bürgerlichen Lager Hunderttausende Stimmen gekostet und damit unter dem Strich dazu beigetragen, dass es in Hannover doch wieder zu einer SPD-geführten Regierung gekommen war. Für manche SPD-Politiker muss es verlockend erschienen sein, diesen Effekt bei den noch viel wichtigeren Bundestagswahlen mithilfe der DAV zu wiederholen. So hätte eine starke rechtsextreme Partei, zumal wenn noch eine Ausdehnung auf andere Bundesländer gelungen wäre, durchaus das Zünglein an der Waage sein können, das im besten Falle eine neue Kanzlerschaft *Adenauers,* zumindest aber die von vielen für möglich gehaltene absolute Mehrheit der CDU verhindert hätte. Angesichts der anstehenden Fundamentalentscheidungen rund um den Themenkreis Wiederbewaffnung, EVG sowie Westbindung und der Heftigkeit mit der um diese und damit auch um die Zusammensetzung des zweiten Bundestages gerungen wurde, erscheint es daher insgesamt nicht abwegig, dass *Hellers* Vorwürfe, die auch von anderen Geheimdienstquellen gestützt werden, im Kern zutrafen.[308] Dafür spricht auch die Tatsache, dass *Dorls* – wie beschrieben – ganz offen für die DAV auftrat.

---

die SRP durchzugreifen; dazu etwa „Niedersachsen greift gegen die SRP nicht durch“, in: Neue Zeitung v. 16.10.1951, auch in StAHH, 331–1 II, 809; zur Schwächung der bürgerlichen Rechten durch die SRP als Vorteil für die SPD im Übrigen etwa *H. Hansen,* „Radau“-Nationalismus, in: Jesse/Niedermeier, Politischer Extremismus, 2007, S. 127 (129); *K. E. Pollmann,* Traditionen des Rechtsradikalismus, in: Weisbrod, Rechtsradikalismus in der politischen Kultur, 1995, S. 231 (249 f.) führt *Borowskis* Passivität im Vorfeld der Niedersachsenwahlen hingegen stärker auf die anderen Mitglieder des niedersächsischen Kabinetts zurück, das u.a. eine spätere Desavouierung durch das BVerfG befürchtet habe.

[306] *H. Woller,* Die Loritz-Partei, 1982, S. 143: „Vor der Öffentlichkeit streng geheimgehalten hatte sich sowohl der niedersächsische Ministerpräsident Hinrich Wilhelm Kopf (SPD) als auch die hessische SPD-Spitze mit der DAV nach dem Motto ‚Verbinde Dich mit dem Feinde Deines Feindes‘ arrangiert und ihr in beschränktem Maße Unterstützung zugesagt.“

[307] *H. Hansen,* Sozialistische Reichspartei, 2007, S. 277 ff.; *ders.,* Die SRP und der Rechtsextremismus, in: Becker/Bongartz, Die weltanschaulichen Grundlagen des NS-Regimes, 2011, S. 165 (174).

[308] Ähnlich *H. Hansen,* Sozialistische Reichspartei, 2007, S. 278 f.; *H. Woller,* Die Loritz-Partei, 1982, S. 143.

Ohne entsprechende Absprachen mit den Verantwortlichen in der niedersächsischen Landesregierung hätte sich der nach *Remer* zweitwichtigste SRP-Repräsentant dies nach dem Verbot seiner Partei wohl kaum getraut.

Schließlich verdichtete sich die Kritik an *Borowskis* Untätigkeit jedoch in einer Art und Weise, dass dieser sich Anfang Juli 1953 zu einer öffentlichen Klarstellung veranlasst sah: Andeutungen in der Presse, er dulde die DAV, „um die Wahlstimmen der Rechtsparteien zu zersplittern", träfen nicht zu.[309] Den für rechtsextreme Vorgänge in Niedersachsen besonders sensibilisierten Bundesinnenminister überzeugte dies allerdings kaum. *Lehr,* der dabei natürlich auch die Interessen seiner CDU im Blick hatte, gab Mitte Juli 1953 in der Sitzung des CDU-Bundesvorstandes seinem Unmut darüber freien Lauf, dass die niedersächsische Regierung – wie schon früher gegen die SRP – nun auch gegen deren Nachfolgeorganisation nicht einschreite, obwohl sie „von Rechts wegen nach dem ergangenen Urteil des Bundesverfassungsgerichts eingreifen" müsse.[310] „Aber sie läßt es zu und greift nicht ein in der Hoffnung, uns in der Wählermasse in Niedersachsen zu schädigen. Das ist ihr ein wichtigeres Ziel, als eine illegale Partei zu verbieten."

Die DAV konnte so zunächst ungehindert agieren und dadurch beachtliche Anfangserfolge erzielen. Im konsternierten Bundeskabinett, das dem Treiben – mangels Zuständigkeit im Land – hilflos zusehen musste, wurde daher Ende Juli 1953 zunächst erneut erwogen, weitere Grundrechtsverwirkungsverfahren gegen frühere SRP-Funktionäre einzuleiten, die sich nunmehr für die DAV engagierten.[311] Solch drastische Maßnahmen waren dann jedoch plötzlich nicht mehr erforderlich, als der beängstigende Aufwärtstrend der DAV überraschend in sich zusammenbrach: Entscheidend dafür war nicht zuletzt, dass die früheren SRP-Führungskräfte ihre vollmundigen Ankündigungen nicht einlösen konnten, Schlüsselfiguren der nationalen Rechten wie den als Kriegsverbrecher verurteilten Fallschirmjägergeneral *Hermann-Bernhard Ramcke* (1889–1968) und den höchstdekorierten Wehrmachtssoldaten, den ehemaligen Stuka-Piloten *Hans-Ulrich Rudel* (1916–1982),[312] als Kandidaten für die DAV zu gewinnen.[313] Dass selbst die kostspielige Entsendung des früheren Stuka-Fliegers und niedersächsischen SRP-Abgeordneten *Wilhelm*

---

309 „Niedersachsen interessiert sich für Loritz", in: FAZ v. 07.07.1953 auch in BA, B 106, Nr. 15549.

310 Adenauer: „Es mußte alles neu gemacht werden", 1986, Sitz. des CDU-Bundesvorstands v. 15.07.1953, S. 597.

311 Insbesondere gegen *Krüger, Dorls* und *Hopp,* vgl. Vermerk BMI Schmidt v. 29.07.1953 zur Kabinettssitzung v. 28.07.1953, BA, B 106, Nr. 15549; darauf drängte auch der Niedersächsische Minister des Innern (BA, B 237, Nr. 215616, Bl. 156 f.).

312 *Rudel* war als einziger deutscher Soldat Träger des Ritterkreuzes des Eisernen Kreuzes mit goldenem Eichenlaub, Schwertern und Brillanten.

313 *H. Woller,* Die Loritz-Partei, 1982, S. 144; *H. Hansen,* Sozialistische Reichspartei, 2007, S. 280.

Druck ins ferne Argentinien den 1948 dorthin emigrierten *Rudel* nicht ins Boot der DAV holen konnte,[314] lag wohl nicht zuletzt daran, dass dieser unterdessen von dem ihm näher stehenden und hochkarätiger erscheinenden früheren *Goebbels*-Mitarbeiter *Werner Naumann*[315] für die Deutsche Reichspartei (DRP) angeworben worden war. Dass der in der Bevölkerung auch aufgrund zahlreicher Bücher über seine Kriegserlebnisse immens populäre *Rudel* plötzlich statt für die DAV für die direkte Konkurrenz von der DRP auftrat, war daher ein Nackenschlag, der das Scheitern des DAV-Projekts besiegeln sollte. Die Strategie, die DAV als Reinkarnation der SRP blitzkriegartig zur wichtigsten rechtsextremen Partei bei den Bundestagswahlen zu machen und sich mit einem Erfolg bei den Bundestagswahlen dann zur zentralen Sammlungsbewegung der nationalen Rechten in der ganzen Bundesrepublik aufschwingen zu können, musste *ad acta* gelegt werden.

d) Umschwenken zur DRP

aa) Die DRP als neue Hegemonialpartei im rechten Lager

Angesichts der näher rückenden Bundestagswahl kam bei wichtigen SRP-Führungskräften wie namentlich *Gerhard Krüger* im Sommer 1953 daher Torschlusspanik auf, die sie in letzter Minute von „ihrer" DAV zu der von anderen Kräften dominierten Deutschen Reichspartei (DRP) umschwenken ließ. Diese hatte zwar in den Jahren nach ihrer Gründung im Januar 1950 gerade wegen des kometenhaften Aufstiegs der SRP mehr schlecht als recht überlebt,[316] dann aber umso mehr vom SRP-Verbot profitiert, in allen Bundesländern Wahllisten zustande gebracht und sich so zum wichtigsten Sammelbecken der extremen Rechten gemausert.[317] Im SRP-Stammland Niedersachsen war die DRP mit Auflösung der DG im März 1953 zur dominierenden rechtsradikalen Partei aufgestiegen.[318]

Anders als der DAV war es der DRP schließlich – wie erwähnt – auch gelungen, „Heroen des nationalen Lagers" für sich zu begeistern. Ein regelrechter Coup war vor allem die Gewinnung des im Januar 1953 von den Briten verhafteten, am 28. Juli 1953 – zu *Adenauers* und *Dehlers* Verdruss – vom

---

[314] *H. Hansen,* Sozialistische Reichspartei, 2007, S. 280.

[315] Näher zu *Naumann* sogleich sowie unten S. 405, 418 ff.

[316] *T. Assheuer/H. Sarkowicz,* Rechtsradikale in Deutschland, 2. Aufl. 1992, S. 14 f.; *O. Gnad,* DRP, in: Recker/Tenfelde, Handbuch, Teilbd. III, 2005, S. 475 (492 f.); eine Übersicht über Aktivitäten der DRP ab 1950 gibt auch *M. Jenke,* Verschwörung von rechts?, 1961, S. 236 ff.

[317] *B. Baldow,* Episode oder Gefahr?, Diss. 2013, S. 97; *O. Sowinski,* Die Deutsche Reichspartei, 1998, S. 27 ff., 54 ff.; *O. Gnad,* DRP, in: Recker/Tenfelde, Handbuch, Teilbd. III, 2005, S. 475 (493 ff.); *H. Woller,* Die Loritz-Partei, 1982, S. 144; *G. Botsch,* Die extreme Rechte, 2012, S. 33 f.

[318] *O. Sowinski,* Die Deutsche Reichspartei 1950–1965, S. 38.

BGH mangels hinreichenden Beweismaterials aber wieder aus der Haft entlassenen früheren persönlichen Referenten und designierten *Goebbels*-Nachfolger *Werner Naumann* (1909–1982).[319] Durch seine spektakuläre Verhaftung mit dem Vorwurf, an der nazistischen Unterwanderung von Parteien wie der FDP und der DP und letztlich an der Wiederergreifung der Macht in Deutschland zu arbeiten, hatte *Naumann,* der 1945 untergetaucht und erst 1950 wieder unter seinem Namen in Deutschland aufgetreten war, als entscheidende Integrationsfigur des zersplitterten rechtsextremen Spektrums dort eher noch an Popularität gewonnen, was die DRP weidlich für sich ausnutzte.[320] *Naumann* hatte dann nach seiner Haftentlassung im Sommer 1953 – wie gesehen – auch den nicht nur in ehemaligen Wehrmachtskreisen äußerst populären, obgleich rhetorisch völlig unbegabten *Rudel* von der einmaligen Chance eines Engagements in der DRP überzeugt.[321] *Rudels* Entscheidung für die DRP war – wie beschrieben – auch aus Sicht vieler früherer SRP-Aktivisten das Signal, dass nunmehr die DRP das erfolgversprechendste Sammelbecken der nationalen Rechten sei.[322] So folgte bspw. auch *Kurt Matthaei Rudels* Vorbild und trat umgehend zur DRP über, die ihn im Gegenzug in der früheren SRP-Hochburg Lüneburg als Direktkandidaten aufstellte.[323]

bb) Die SRP-Wähler kündigen ihre Gefolgschaft auf

Spätestens mit ihrem erneuten Wechsel hin zur Unterstützung der DRP überforderten die früheren SRP-Kader dann allerdings endgültig auch viele der treuesten Anhänger. Hinzu kam, dass die meisten der prominenten SRP-Chargen spätestens mit dem Scheitern des DAV-Projekts ihren politischen Kredit im rechten Lager verspielt hatten.[324] Dass die frühere SRP-Führungsriege, in der die Fortführungsstrategie ja, wie gesehen, von Anfang an umstritten war, unterdessen auch kaum mehr an einem Strang zog und Vorstandsmitglieder

---

[319] *K. Buchna,* Nationale Sammlung, 2010, S. 197 f.; zu *Naumann* unten S. 418 ff.

[320] *Naumann* wurde von der DRP nicht nur zu ihrem Spitzenkandidaten sowohl in Schleswig-Holstein als auch in Baden-Württemberg gekürt, sondern auch als Direktkandidat im als „sicher“ geltenden traditionell rechtsorientierten Wahlkreis 45 Diepholz/Melle/Wittlage nominiert, *G. Trittel,* „Man kann ein Ideal nicht verraten…“, 2013, S. 243; die DRP-Führung war bereits im Herbst 1952 an *Naumann* herangetreten, um diesen zu einer Kandidatur für die DRP zu bewegen, dazu die Erinnerungen von *A. v. Thadden,* Die verfemte Rechte, 1984, S. 65 ff.; näher zu den Vorgängen um *Naumann* unten S. 418 ff.

[321] *A. v. Thadden,* Die verfemte Rechte, 1984, S. 72; *O. Gnad,* SRP, in: Recker/Tenfelde, Handbuch, Teilbd. III, 2005, S. 353 (390); *ders.,* DRP, in: Recker/Tenfelde, Handbuch, Teilbd. III, 2005, S. 475 (495).

[322] *H. W. Schmollinger,* SRP, in: Stöss, Parteien-Hdb. II, 1984, S. 2274 (2307); *O. Sowinski,* Die Deutsche Reichspartei, 1998, S. 20.

[323] Zum enttäuschenden Abschneiden des früheren NS-Regierungspräsidenten von Lüneburg: *P. Dudek/H.-G. Jaschke,* Entstehung und Entwicklung, 1984, S. 245.

[324] *H. Hansen,* Sozialistische Reichspartei, 2007, S. 281 ff.

wie *Dorls* letztlich diskreditiert waren, zerstörte die letzten Hoffnungen. *Dorls'* persönliches Scheitern wurde ganz deutlich, als *Heller* dem früheren SRP-Vorsitzenden den in den militärnahen SRP-Kreisen vernichtenden Vorwurf machte, „die Kompanie ins Feuer geführt und sie dann im Stich gelassen" zu haben.[325]

Statt der DRP gaben frühere SRP-Sympathisanten ihre Stimmen bei den Bundestagswahlen daher meist lieber rechten bürgerlichen Parteien von der DP über die FDP und den GB/BHE[326] bis hin zur CDU/CSU, die antimarxistisch ausgerichtet waren, aber gleichzeitig schlicht wesentlich größere Erfolgschancen besaßen.[327] Letztlich profitierten so auch Parteien vom SRP-Verbot, die dieses maßgeblich vorangetrieben hatten. Die DRP sollte bei den Bundestagswahlen am 6. September 1953 lediglich auf für sie desaströse 1,1 % der Zweitstimmen kommen.[328]

cc) Das Bundeskabinett droht mit einem Parteiverbot der DRP

Zu diesem für die DRP völlig enttäuschenden Ergebnis trug auch bei, dass nicht nur die Bundesregierung, sondern auch viele Landesregierungen in den letzten Wochen vor der Wahl alle erdenklichen Register zogen, um die einzige verbliebene ernst zu nehmende Partei der extremen Rechten zu stoppen: Nicht nur verhängten zahlreiche Landesregierungen in einer konzertierten Aktion Auftritts- und Redeverbote gegen DRP-Hoffnungsträger wie *Naumann*[329] und *Rudel.* Dem früheren Stuka-Flieger entzog seine Heimatgemeinde schließlich sogar das Wohnrecht, woraufhin er von der niedersächsischen DRP-Landesliste gestrichen werden musste.[330] Auch die über die zur Unzeit gekommene Aufhebung des *Naumann*-Haftbefehls entsetzte Bundesregierung brachte starke Geschütze in Stellung: Wohl ausgerechnet auf Initiative des damals noch nicht zum Staatssekretär im Bundeskanzleramt aufgestiegenen *Hans Globke*[331] bewegte sie den kooperationsbereiten britischen Hochkommissar *Ivone Kirkpatrick,* die deutschen Länderregierungen der britischen Be-

---

[325] *H. Hansen,* Sozialistische Reichspartei, 2007, S. 281.

[326] Der frühere BHE hatte sich im November 1952 in GB/BHE umbenannt (Gesamtdeutscher Block/Bund der Heimatvertriebenen und Entrechteten).

[327] *K. P. Tauber,* Beyond Eagle and Swastika I, 1967, S. 724; *H. W. Schmollinger,* SRP, in: Stöss, Parteien-Hdb. II, 1984, S. 2274 (2307).

[328] In Niedersachsen erreichte die DRP 3,5 % der Zweitstimmen.

[329] So verhängte etwa der Hessische Innenminister am 14.08.1953 ein Redeverbot gegen *Naumann* für dessen am 03.09.1953 geplanten Auftritt für die DRP in der Bose-Aula in Wiesbaden, Zinnkann an Regierungspräsidenten v. 14.08.1953, HHStA, 654, 122.

[330] *H. W. Schmollinger,* DRP, in: Stöss, Parteien-Hdb. I, 1983, S. 1112 (1149); *P. Dudek/H.-G. Jaschke,* Entstehung und Entwicklung, 1984, S. 243 ff.; dazu auch die (allerdings höchst einseitigen) Erinnerungen von *A. v. Thadden,* Die verfemte Rechte, 1984, S. 85.

[331] Zu *Globke* noch unten S. 488.

satzungszone zu ermächtigen, Entnazifizierungsverfahren gegen Hauptschuldige (Kategorie I) und Belastete (Kategorie II) künftig selbst durchzuführen. Indem dann der nordrhein-westfälische Innenminister *Franz Meyers* am 24. August 1953 *Naumann* wunschgemäß in die Kategorie II einstufte,[332] verlor das DRP-Zugpferd *ipso iure* sein aktives und passives Wahlrecht.[333] Selbst wenn diese Vorgehensweise juristisch angreifbar war, war es der Bundesregierung damit gelungen, *Naumann* für die anstehenden Bundestagswahlen vorerst zu neutralisieren.[334]

War bereits *Naumanns* geschickt eingefädelte Kaltstellung ein schwerer Schlag für die DRP, die ihren Wahlkampf zuletzt ganz auf den designierten *Goebbels*-Nachfolger fokussiert hatte, konnte sich die Bundesregierung angesichts des großen rechtsextremen Wählerpotentials aber nach wie vor nicht sicher sein, ob die DRP nicht doch in den zweiten Bundestag einziehen würde. Kurz vor der Wahl holte sie daher zu einem weiteren rechtlich fragwürdigen, aber sehr effektiven Schlag aus:[335] Gerade einmal fünf Tage vor der Wahl beschloss das Bundeskabinett außerhalb der Tagesordnung unter der viel sagenden Überschrift „Verfassungswidrigkeit der ‚Deutschen Reichspartei'" demonstrativ, Bundesinnenminister *Lehr* mit der Einreichung eines Parteiverbotsantrags gegen die DRP beim BVerfG zu beauftragen.[336] Erinnerte dies äußerlich sehr an das Vorgehen gegen die SRP, indizieren der Zeitpunkt des Beschlusses und dessen Bekanntgabe in der Wahlwoche,[337] verbunden mit dem von den Medien begierig aufgegriffenen drohenden Hinweis an potentielle Wähler, dass im Verbotsfalle alle DRP-Mandate verloren gehen würden,[338] dass es sich hier in erster Linie um ein wahltaktisches Manöver der *Adenauer*-Regierung handelte:[339] Rechte Regierungsparteien wie die CDU, die DP und die FDP konnten darauf hoffen, infolge der Drohung freiwerdende DRP-Stimmen für sich zu gewinnen, zumal DRP-Parlamentarier zur selben Zeit immer noch gelittene Gäste der Gemeinschaftsfraktion von DP und CDU im niedersächsischen Landtag waren.[340]

---

332 *O. Lenz,* Tagebuch 1951–1953, 1989, S. 685 f. Fn. 50 (25.08.1953); *Globke* hatte sich zuvor beim NRW-Innenminister rückversichert, dass diese Einstufung erfolgen würde.

333 *O. Lenz,* Tagebuch 1951–1953, 1989, S. 685 f. (25.08.1953).

334 *K. Buchna,* Nationale Sammlung, 2010, S. 198.

335 *M. Jenke,* Verschwörung von rechts?, 1961, S. 241 f.

336 Kabinettssitz. v. 01.09.1953 (Kabinettsprotokolle 1953, S. 307 (447 f.)).

337 U.a. im Bulletin v. 03.09.1953, S. 1404; die Tageszeitungen berichteten bereits am 02.09.1953 über den Beschluss der Bundesregierung.

338 Bspw. im FAZ-Kommentar v. 02.09.1953, S. 1: „Kandidaten der Deutschen Reichspartei können also noch gewählt werden. Nur müssen ihre Wähler für den Fall eines später erfolgenden Verbotes ihrer Partei damit rechnen, daß sie ihre Stimmen damit nutzlos abgeben."

339 *H. W. Schmollinger,* DRP, in: Stöss, Parteien-Hdb. I, 1983, S. 1112 (1149); *L. Flemming,* Das NPD-Verbotsverfahren, 2005, S. 40 f.

340 *H. W. Schmollinger,* DRP, in: Stöss, Parteien-Hdb. I, 1983, S. 1112 (1149).

Daneben ließ sich die Nachricht eines geplanten DRP-Verbotsantrags der Bundesregierung auch gegen die SPD richten, deren niedersächsischem Innenminister *Borowski* medienwirksam ein viel zu zögerliches Vorgehen gegen rechtsextreme Parteien wie die in Niedersachsen verwurzelte DRP vorgeworfen wurde.[341] Der Verbotsantrag gegen die DRP wurde jedenfalls nach deren schwachem Abschneiden bei den Bundestagswahlen, das gerade auch durch die Androhung des Verbotes herbeigeführt worden war, und einigem juristischen Hin und Her bis zum BVerfG später nie gestellt.[342]

Das Politikum der erstmaligen Drohung der Bundesregierung mit einem weiteren Parteiverbotsverfahren gegen eine rechtsextreme Partei belegt eindrucksvoll, in welchem Maße das Parteiverbotsverfahren gem. Art. 21 Abs. 2 GG durch seine erfolgreiche Aktivierung im SRP-Urteil eine institutionelle Aushärtung erfahren hatte. Als nunmehr erprobte Institution der Ephoralen Verfassung besaß es fortan auch in general- und spezialpräventiver Hinsicht eine erheblich gesteigerte Operabilität und Effektivität.

dd) Der parteilich organisierte Rechtsextremismus wird bedeutungslos

Die weitreichende strukturelle Folge all dieser Entwicklungen war, dass der parteipolitisch organisierte Rechtsextremismus mit dem Verbot der SRP, dem Scheitern aller nationalen Sammlungsbewegungen und der Ausschaltung der infolgedessen zur „hegemonialen Partei“ im rechtsextremen Lager aufgestiegenen DRP bei den Bundestagswahlen im September 1953 *de facto* auf Jahre hinaus in der Bedeutungslosigkeit versank.[343] Dies sollte sich erst mit der Gründung der NPD Mitte der 1960er Jahre wieder ändern.[344] Bis dahin ließ sich die Geschichte des Rechtsextremismus in der Bundesrepublik in erster Linie als „Integration seiner Erbmasse in das bürgerliche Lager“ beschrei-

---

[341] *Adenauer* hatte dem niedersächsischen SPD-Ministerpräsidenten *Kopf* auf CDU-Wahlkampfveranstaltungen in Braunschweig am 22.08.1953 sowie in Hannover am 31.08.1953 vorgeworfen, die DRP nicht verbieten zu lassen, während Wochenzeitungen von CDU und FDP beschlagnahmt würden; dazu etwa *O. Lenz,* Tagebuch 1951–1953, 1989, S. 685 f. Fn. 51 (25.08.1953); *P. Dudek/H.-G. Jaschke,* Entstehung und Entwicklung, 1984, S. 243 ff.

[342] *H. W. Schmollinger,* DRP, in: Stöss, Parteien-Hdb. I, 1983, S. 1112 (1149); *L. Flemming,* Das NPD-Verbotsverfahren, 2005, S. 40 f.; zum Ganzen aus DRP-Sicht die Erinnerungen von *A. v. Thadden,* Die verfemte Rechte, 1984, S. 85 ff.

[343] *H. W. Schmollinger,* DRP, in: Stöss, Parteien-Hdb. I, 1983, S. 1112 (1150); *P. Dudek/H.-G. Jaschke,* Entstehung und Entwicklung, 1984, S. 245; *U. Herbert,* Best, 5. Aufl. 2011, S. 469; *ders.,* Geschichte Deutschlands im 20. Jahrhundert, 2014, S. 664; *G. Botsch,* Die extreme Rechte, 2012, S. 33 ff.; zur FDP als möglichem nationalen Sammlungsbecken sogleich S. 397 ff.

[344] Dazu etwa *G. Botsch,* Die extreme Rechte, 2012, S. 41 ff.

ben.[345] *Adenauer,* der nach *Naumanns* Verhaftung im Januar 1953[346] im CDU-Bundesvorstand prognostiziert hatte, dass „die Rudimente der nationalsozialistischen Zeit" in spätestens vier Jahren so verkümmert wären, dass man von ihnen nichts mehr zu befürchten hätte,[347] konnte sich so noch früher als erwartet in seiner Abnutzungs- und Integrationsstrategie gegenüber rechtsextremen Parteien bestätigt sehen.[348]

Bedeutet Integration, dass die durch vielfältige Einigungs- und Bildungsprozesse geschaffene neue umfassende Einheit mehr ist als die bloße Addition der vereinigten Elemente,[349] stellt sich allerdings die Folgefrage, inwieweit es sich bei der Einbindung Rechtsextremer in die etablierten Parteien um eine gelungene Integrationsgeschichte handelte. Insbesondere erscheint relevant, ob die bürgerlichen Parteien selbst ihrer Verantwortung gerecht geworden sind,[350] namentlich inwieweit sich das rechtsextreme Erbgut in diesen zu entfalten wusste. Dies bleibt eine spannende weiterführende Forschungsfrage, die hier *pars pro toto* am wichtigen Beispiel der FDP angerissen werden soll.

VI. Infiltrierung bürgerlicher Parteien: FDP als Nationales Sammlungsbecken?

1. Infiltrierung etablierter bürgerlicher Parteien durch die SRP

Mit der DAV war auch der letzte ernstzunehmende Versuch zur Gründung einer eigenständigen SRP-Auffang- und Fortführungsorganisation gescheitert. Damit verblieb als größte Gefahr des Nachlebens der verbotenen SRP in der Tat die oftmals befürchtete Infiltrierung, schleichende Unterwanderung und im schlimmsten Falle gar Übernahme etablierter rechter Parteien. Diese Strategie hatten verschiedene frühere SRP-Führungskräfte wie etwa auch *Graf Westarp* seit dem Sommer 1952 parallel zur Kooperation mit der DG und der WAV vorangetrieben.[351] *Dorls* hatte bereits Erfahrung mit einer solchen Vor-

---

[345] So prägnant *G. Trittel,* Die SRP als Niedersächsische Regionalpartei, in: Weisbrod, Rechtsradikalismus, 1995, S. 67 (70).

[346] Dazu unten S. 416 ff.

[347] Adenauer: „Es mußte alles neu gemacht werden", 1986, Sitz. des CDU-Bundesvorstands v. 26.01.1953, S. 309.

[348] *U. Herbert,* Rückkehr in die Bürgerlichkeit?, in: Weisbrod, Rechtsradikalismus in der politischen Kultur, 1995, S. 157 (168 f.).

[349] Vgl. etwa *H.-U. Thamer,* Kommentar, in: Weisbrod, Rechtsradikalismus, 1995, S. 297 (297).

[350] Vgl. etwa *H. Buschke,* Die SRP im Raum Lüneburg 1949–1952, in: Weisbrod, Rechtsradikalismus, 1995, S. 87 (106 f.).

[351] Vgl. etwa die Zitate aus einem Gespräch mit *Graf Westarp* in: „'Rechts ran' – Parole von Niedersachsen", in: Christ und Welt 5. Jahrgang, Nr. 46, 13.11.1952, S. 4.

gehensweise, die er – wie gesehen – vor Gründung der SRP im Jahr 1949 erfolgreich bei der DKP-DRP angewandt hatte.[352] Selbst wenn die Übernahme dieser Partei im Ergebnis nicht gelungen war, hatte sie doch als Brutkasten für die SRP gewirkt und dieser wertvolle Netzwerke in den nördlichen Bundesländern erschlossen. Seit dem Sommer 1952 waren potentielle Ziele für frühere SRP-Aktivisten insoweit vor allem die DP,[353] die seit 1951 unter dem Eindruck des SRP-Erfolgs in Niedersachsen einen deutlichen Rechtsruck vollzogen hatte,[354] die FDP, in der seit der Gründung der Gesamtpartei im Herbst 1948 ein starker rechter Flügel um die Vorherrschaft in der Partei kämpfte, und der GB/BHE sowie in schwächerem Maße auch die allerdings viel mitgliederstärkeren und daher schwerer zu unterwandernden Unionsparteien CDU und CSU.[355]

Umgekehrt schielten die etablierten Parteien aus der rechten Hälfte des politischen Spektrums längst recht unverhohlen auf die Erbmasse der SRP. Mehrere Hunderttausend frühere SRP-Wähler waren angesichts der richtungsweisenden Bundestagswahl im September 1953 viel zu attraktiv, um nicht der Verlockung zu erliegen, sich für die extreme Rechte zu öffnen. So verstärkte bereits die Einleitung des SRP-Verbotsverfahrens die seit den Erfolgen der SRP in Niedersachsen und Bremen zu beobachtende Dynamik im fluiden Parteiensystem, in der sich nicht nur einzelne Parteien weiter nach rechts öffneten, sondern der Schwerpunkt des gesamten Systems nach rechts verschoben wurde. Besonders gefährlich war, dass sich unter den Parteien, die offen mit einer Liaison mit rechtsextremen Kräften liebäugelten, mit der DP und der FDP auch zwei Bonner Regierungsparteien fanden. Die Wahrscheinlichkeit einer Kooperation der SRP-Überbleibsel mit der FDP wurde dabei wesentlich durch persönliche Kontakte begünstigt, die seit Längerem zwischen Mitgliedern insbesondere der rechtsgerichteten nordrhein-westfälischen und niedersächsischen FDP-Landesverbände und dem SRP-Führungskreis bestanden.[356]

2. Rechtsextreme Strömungen in der FDP und die SRP

Die rechtsextremen Strömungen in der FDP, die sich im Jahr 1952 insbesondere in deren nordrhein-westfälischem Landesverband in einer Weise organisatorisch verdichteten, dass die Gesamtpartei zu einer Art nationalem Samm-

---

[352] Oben S. 76 ff.

[353] Bundestagspräsident *Hermann Ehlers* bezeichnete die DP in der Sitzung des CDU-Bundesvorstands am 15.07.1953 als „Auffangstellung für die früheren SRP-Leute“, *O. Lenz,* Tagebuch 1951–1953, 1989, S. 668 (15.07.1953).

[354] *C.-W. Reibel,* DP, in: Recker/Tenfelde, Handbuch, Teilbd. III, 2005, S. 175 (185); *H. W. Schmollinger,* DP, in: Stöss, Parteien-Hdb. I, 1983, S. 1025 (1033 ff.).

[355] *M. Jenke,* Verschwörung von rechts?, 1961, S. 116 ff.

[356] Vgl. oben S. 203 ff.

lungsbecken zu werden drohte, sind über die dadurch eröffneten Kontakte zur SRP hinaus auch aus verschiedenen anderen Gründen einen genaueren Seitenblick wert. So manifestierte sich in ihnen, was die Fortführung nationalsozialistischen Gedankengutes anging, das letztlich wesentlich gefährlichere Gegenmodell zur SRP: Während diese relativ offen agiert hatte und daher auch staatlicherseits leichter bekämpft werden konnte, war die Unterwanderung und ggf. „Kaperung" einer Partei, in der sich unterschiedliche politische Strömungen zusammenfanden, schwieriger aufzudecken und zu bekämpfen, zumal wenn es sich wie im Falle der FDP um eine staatstragende Regierungspartei handelte, bei der eine geheimdienstliche Überwachung weniger wahrscheinlich war. Daneben sind die rechtsextremen Auswüchse der FDP für die vorliegende Studie auch aus dem Grund besonders interessant, dass sie Bundesjustizminister *Thomas Dehler* zwangen, sich auch innerhalb seiner eigenen Partei und damit an einer zweiten, ganz anderen Front als derjenigen des SRP-Verbotsverfahrens mit früherem NS-Personal und rechtsextremen Inhalten auseinanderzusetzen.[357]

3. Der Aufstieg des nationalliberalen Flügels der FDP

Die Ursache all dessen war letztlich auf dem Gründungsparteitag der FDP im Dezember 1948 in Heppenheim gesetzt worden. Zwar gelang dort unter Führung des späteren Bundespräsidenten *Theodor Heuss* die äußerliche Überwindung der Spaltung des Weimarer Liberalismus in mehrere Parteien, namentlich die liberal-demokratische DDP, die 1930 in der schnell in die Bedeutungslosigkeit abgeglittenen Deutschen Staatspartei aufgegangen war, einerseits und die nationalliberale, industrieinteressennahe DVP andererseits.[358] Doch wurde diese inhaltliche Spaltung in Heppenheim eigentlich nur in die neue Gesamtpartei verlagert und in deren liberal-demokratischen und nationalliberalen Flügeln versteinert, was die FDP nach einer kurzen Ruhephase infolge der erfolgreichen Bundestagswahl und dem Einzug in die Regierungskoalition zügig an den Rand des Schismas führen sollte.[359] Im Interesse des Oberziels, eine gemeinsame liberale Partei zustande zu bringen, wurden die inhaltlichen Differenzen in Heppenheim schlicht übertüncht. Seinen symbolischen Niederschlag fand der Flügelstreit dort in einer entfernt an den großen Weimarer Flaggenstreit erinnernden Auseinandersetzung um den schwarzrot-gold drapierten Tagungsraum:[360] Hinter den Kulissen wurden die Farben

---

[357] Zu rechtsextremen Tendenzen in der FDP bereits oben S. 203 ff.

[358] Dazu etwa *K. Buchna,* Nationale Sammlung, 2010, S. 19 f.

[359] *A. Doering-Manteuffel,* Die Bundesrepublik, 1983, S. 160 f.

[360] *T. Rütten,* Der deutsche Liberalismus, 1984, S. 168 ff.; der Flügelstreit kam daneben auch im Streit um den Namen der Partei zum Ausdruck, wobei sich v.a. frühere Mitglieder der Weimarer DDP gegen die Aufnahme des Attributes „liberal" in den Parteinamen aussprachen, da sie darin eine zu starke Erinnerung an die früheren nationalliberalen Parteien,

der Frankfurter Paulskirche und der Weimarer Republik heftig kritisiert und an deren Stelle für das schwarz-weiß-rot des Reiches plädiert. Letztlich wurde der Konflikt – für die weitere Behandlung des Flügelstreits in der FDP typisch – in Heppenheim allerdings vertagt, bis auf dem Bremer Parteitag 1949 der dilatorische Scheinkompromiss erzielt wurde, auf Parteitagen zukünftig beide Farbkombinationen zuzulassen.[361] Allerdings setzte der rechte Flügel in Heppenheim auch ein offenes Zeichen, indem er die Wahl des eigentlich zum Organisator der Bundespartei bestimmten, aber für die schwarz-rot-goldene Dekoration verantwortlichen liberal-demokratischen Vorsitzenden der DVP Württemberg-Baden *Ernst Mayer* in den Bundesvorstand der FDP verhinderte.[362]

Die so bereits in Heppenheim zum Vorschein gekommenen zwei Gesichter der Bundes-FDP waren das einer primär von den Landesverbänden aus dem Südwesten und Hamburg gebildeten liberal-demokratischen bis moderat linksliberalen „liberalen Milieupartei", deren linker Rand sich in der linksliberalen Tradition der DDP durchaus auch eine Kooperation mit der SPD vorstellen konnte, einerseits und das einer insbesondere von den Landesverbänden aus NRW, Niedersachsen und Hessen getragenen nationalliberalen bis nationalkonservativen Partei, die auch am rechten Rand des politischen Spektrums nach Wählern fischte, andererseits.[363] Die Beschwörung von Reich und Nation, die sich etwa auf Wahlplakaten der genannten norddeutschen FDP-Landesverbände bis weit in die 1950er Jahre fand, sollte dabei auch dazu dienen, die begrenzte Attraktivität der von der FDP etwa im Frankfurter

---

namentlich die DVP, sahen. Für die Aufnahme hatten insbesondere die rechtsorientierten Verbände aus Hessen („Liberale Volkspartei") und NRW („Liberale Partei") plädiert.

[361] *P. Lösche/F. Walter,* Die FDP, 1996, S. 30; *M. Lausberg,* Die extreme Rechte in NRW, 2012, S. 234 f.

[362] *U. Wengst,* Einleitung, in: FDP-Bundesvorstand, Sitzungsprotokolle 1949–1954, 1. Halbbd. 1949–1952, 1990, S. IX (XIV, XLIX f.); *Mayer* hatte bereits im Vorfeld des Heppenheimer Gründungstages in einem Rundbrief an alle Landesparteien v. 27.11.1948 (zit. nach *T. Rütten,* Der deutsche Liberalismus, 1984, S. 171 f.) eindringlich vor der Öffnung nach rechts gewarnt: „Es kann […] unmöglich sein, daß in einer liberalen Partei nicht nur einzelne Politiker, sondern ganze Gruppen sind, die aus dem Ansprechen der gefährlichen nationalistischen Instinkte unseres Volkes ein politisches Gewerbe machen. Dies geschieht aber heute vielfach, teils von Leuten, die ihrer ganzen politischen Auffassung nach gar nicht zu uns gehören, teils von solchen, für die der Gebrauch des Harzburger Vokabularismus nur den ehrlichen, aber hoffnungslosen Versuch bedeutet, das Aufkommen einer neuen Rechtspartei zu verhindern. Wer die deutsche Geschichte kennt und vor allem die Geschichte der deutschen politischen Parteien, der weiß, daß ein solches Bestreben nicht nur erfolglos, sondern für die eigene Partei außerordentlich gefährlich ist." Diese weitsichtige Warnung dürfte maßgeblich dazu beigetragen haben, dass der rechte Flügel der neu gegründeten FDP *Mayers* Wahl in den Bundesvorstand zunächst verhinderte.

[363] *J. Dittberner,* FDP, in: Stöss, Parteien-Hdb. II, 1984, S. 1311 (1318 ff.); *U. Wengst,* Thomas Dehler, 1997, S. 169.

Wirtschaftsrat betriebenen, unterkühlt wirkenden wirtschaftsliberalen Politik durch ein emotional aufgeladenes, in der Bevölkerung weithin positiv besetztes Zweitthema zu kompensieren.[364] Die wirtschaftsliberale Grundprogrammatik sicherte der Partei zwar den Einzug in die Parlamente. Um zur großen, politikbestimmenden Partei zu werden, war indes die Ergänzung durch ein emotionales Nebenthema erforderlich.

Einerseits sollte sich das Spielen der nationalen Karte bei den Wählern in der Tat auszahlen und in – aus heutiger Sicht – kaum glaublichen Wahlergebnissen etwa des rechten hessischen Landesverbandes niederschlagen. Andererseits war die Mobilisierung und Funktionalisierung nationalistischer Instinkte aber nicht nur mit der Gefahr verbunden, die Seriosität der in Westdeutschland spät gegründeten, um Konsolidierung ringenden liberalen Gesamtpartei in Zweifel zu ziehen, sondern auch mit der Gefahr, wirklich rechtsextremes Personal anzuziehen, das die Partei dann von innen auszuhöhlen und zu übernehmen drohte.[365] So war die aus der nationalkonservativen LDP[366] hervorgegangene hessische FDP bereits zu den Bundestagswahlen 1949 ein Wahlbündnis mit der rechtsextremen hessischen NDP, die selbst keine landesweite Lizenz erlangt hatte, eingegangen, was ihr 28,1 % der Stimmen, aber – wie ausgeführt – gleichzeitig dem NDP-Vorsitzenden *Heinrich Leuchtgens* ein Bundestagsmandat eingebracht hatte.[367] Eindrucksvoll bestätigt wurde der Rechtskurs der hessischen FDP dann bei den Landtagswahlen im November 1950, bei denen sie mit 31,8 % sogar die wankelmütige hessische CDU deklassierte, die auf lediglich 18,8 % der Stimmen kam.[368]

Zwar waren der Bundes-FDP mit ihren beiden Flügeln solche Höhenflüge bei den ersten Bundestagswahlen verwehrt geblieben, doch war sie dort – vor allem dank dem starken Abschneiden des rechtsstehenden hessischen (28,1 %) und des eher linksstehenden württemberg-badischen Landesverbandes (18,2 %)[369] – mit respektablen 11,9 % immerhin drittstärkste Partei nach

---

[364] *T. Rütten,* Der deutsche Liberalismus, 1984, S. 70 f., 167 ff.

[365] Genau davor hatte der geschäftsführende Vorsitzende der DVP Württemberg-Baden *Ernst Mayer* in seinem Rundbrief v. 27.11.1948 bereits im Vorfeld des Heppenheimer Gründungstages gewarnt (vgl. oben S. 400, Fn. 362).

[366] Zu dieser etwa *Th. Schiller,* Von der bürgerlichen Rechtspartei zur liberalen Mitte, in: Berding/Eiler, Hessen, Wiesbaden 2006, S. 125 ff.; *M. Will*, Entstehung der Verfassung des Landes Hessen, 2009, S. 38 f.

[367] Oben S. 73 f.; *J. Dittberner,* FDP, in: Stöss, Parteien-Hdb. II, 1984, S. 1311 (1341).

[368] Ein vertraulicher Bericht der US-Besatzungsbehörden führte das starke Abschneiden der hessischen FDP neben der komfortablen Position als Oppositionspartei auch auf die restriktive Lizensierungspolitik der US-Militärregierung gegenüber rechtsextremen Parteien zurück, die es der FDP erlaube, deren potentielle Wähler für sich zu gewinnen, Office of the United States High Commissioner for Germany, Office of Land Commissioner for Hesse, Political Affairs Division, June 30, 1950, „Democratic Developments in Hesse – Review and Prospects“ (Restricted), S. 16, in: HStAD, Q 4, Nr. 17/212–3/22.

[369] *K. Buchna,* Nationale Sammlung, 2010, S. 95.

der Union (31,0 %) und der SPD (29,1 %) geworden und so als *Adenauers* wichtigster Juniorpartner in die erste Bundesregierung eingetreten. Hatte daher nach der Übernahme der Regierungsverantwortung in Bonn auch Ende April 1950 auf dem Düsseldorfer Parteitag, wo noch die liberal-demokratischen Kräfte dominierten,[370] breite Einigkeit über wesentliche Politikfelder wie den Beitritt der Bundesrepublik Deutschland als assoziiertes Mitglied zum Europarat bestanden,[371] sollte der rechte Flügel, getragen von Wahlerfolgen in den Ländern, schon bald mehr Einfluss für sich reklamieren. Die folgenden Parteitage in München (1951), Essen und Bad Ems (1952) sowie Lübeck (1953) waren vom Kampf um die Vorherrschaft in der Partei einerseits und gegen deren Auseinanderbrechen andererseits geprägt.[372]

Als im Herbst 1950 in der Bundesrepublik die Wiederbewaffnungs- und Westintegrationsdebatte Fahrt aufnahm und verstärkt, als im Sommer 1951 das Verbot der SRP mit deren beträchtlichem Wählerpotential immer wahrscheinlicher wurde, formierten sich dann die Geister, welche die FDP mit ihren nationalistischen Anrufungen beschworen hatte: Rechtsextreme Zirkel, die sich am bereits vorhandenen rechten Rand der FDP insbesondere in deren nordrhein-westfälischem, aber auch im niedersächsischen und hessischen Landesverband[373] einnisteten und zügig nach innen und außen – bspw. auch in Richtung SRP – vernetzten, arbeiteten insgeheim an einer Neuausrichtung der liberalen Partei.[374] Dies zog auch höhere ehemalige NS-Chargen an, die zügig in einflussreiche Positionen insbesondere in der nordrhein-westfälischen und im geringeren Maße in der niedersächsischen[375] FDP aufrückten, wo sie schließlich ab dem Herbst 1951 das Konzept einer „Nationalen Sammlung" vorantrieben. Ziel war die Zusammenführung bürgerlich-nationalistischer Kreise unter Einschluss früherer Nationalsozialisten, Deutschnationaler und Anhänger der verschiedenen rechtsextremen Parteien wie der SRP.[376]

So erblickte namentlich der nordrhein-westfälische FDP-Landesvorsitzende *Friedrich Middelhauve* im „zweiten großen Sieg" der SRP bei den Bre-

---

[370] *T. Rütten,* Der deutsche Liberalismus, 1984, S. 227 f.

[371] Dies hob etwa die Neue Zeitung v. 02.05.1950 unter der Überschrift „FDP-Parteitag für vorbehaltlosen Beitritt zum Europa-Rat" in ihrer Berichterstattung über den Düsseldorfer Parteitag als dessen zentrales Ergebnis hervor.

[372] *U. Wengst,* Einleitung, in: FDP-Bundesvorstand, Sitzungsprotokolle 1949–1954, 1. Halbbd. 1949–1952, 1990, S. IX (XLIX ff.).

[373] Zur Entwicklung der nordrhein-westfälischen FDP: *K. Buchna,* Nationale Sammlung, 2010, S. 19 ff.; *M. Lausberg,* Die extreme Rechte in NRW, 2012, S. 229 ff.

[374] *J. Gabbe,* Parteien und Nation, 1976, S. 72 ff.

[375] *U. Wengst,* Einleitung, in: FDP-Bundesvorstand, Sitzungsprotokolle 1949–1954, 1. Halbbd. 1949–1952, 1990, S. IX (LXVI ff.).

[376] Zu Erwägungen, nach der Niedersachsenwahl im Mai 1951 aus der Bonner Regierungskoalition auszutreten, um die rechtsextremen Kräfte integrieren zu können, bereits oben S. 204 f.

menwahlen im Oktober 1951 das Signal, mit seinem rechten Parteiflügel nun „außergewöhnlich aktiv [zu] werden und eine klare Politik" zu betreiben, um Rückschläge für die FDP bei weiteren Wahlen zu vermeiden.[377] Die FDP „müsse den Mut aufbringen, um ihre Existenz zu kämpfen und einen Durchstoß zur grossen Partei zu wagen".[378] Es waren also die Erfolge der SRP, die den *Kairos* für den rechten FDP-Flügel sichtbar machten, sich mittels einer Öffnung nach rechts zur politikbestimmenden Rechtspartei, als dritter Kraft neben der Union und der SPD, aufzuschwingen. Parteiintern setzte eine solche letztlich rechtsextreme Positionierung einen markanten Kontrapunkt zur offiziellen Linie der Bundes-FDP, die bspw. *Adenauers* Außenpolitik im Großen und Ganzen, wenn auch oft zähneknirschend und meist von vielfältiger Kritik im Detail begleitet, mittrug.[379] Politisch ging es den rechtsextremen Zirkeln in der FDP aufs Ganze gesehen vor allem darum, bei den anstehenden innen- und außenpolitischen Fundamentalentscheidungen rund um Souveränitätsrückgewinnung, Wiederbewaffnung und europäische Integration die Interessen des „nationalen Deutschlands" gegen die bedingungslose Westintegrationspolitik der CDU/CSU geeint in die Waagschale zu werfen.[380]

4. „Deutsches Programm", Nationale Sammlung und Liberales Manifest

Ihren programmatischen Ausdruck fand diese nationale Sammlungsbewegung, die der liberalen Partei vielfältige Berührungspunkte nicht nur zu rechtsextremen Parteien wie der SRP, sondern z.B. auch zu den stärker werdenden Vertriebenen- und Soldatenverbänden eröffnete, im „Deutschen Programm" der nordrhein-westfälischen FDP aus dem Sommer 1952, hinter dem ein geheim gehaltener Autorenkreis um den nordrhein-westfälischen FDP-Landesvorsitzenden *Friedrich Middelhauve* stand.[381]

Am 17. November 1896 in Siegen geboren, studierte *Friedrich Middelhauve* in Marburg, Bonn und Münster Literaturgeschichte, Geschichte und Kunstgeschichte, bevor er 1921 in Köln aufgrund einer Dissertation über *Adalbert Stifters* Nachsommer, als einem der letzten klassischen Bildungsromane, promoviert wurde.[382] Nachdem er sich vor dem Hintergrund

---

[377] *Middelhauve,* in: Protokoll der Sitz. des geschäftsführenden Vorstandes der NRW-FDP am 16.10.1951, ADL, FDP-Landesverband-NRW, 27034, S. 3; *K. Buchna,* Nationale Sammlung, 2010, S. 99; *G. Papke,* Liberale Ordnungskraft, 1998, S. 162 f.

[378] *Middelhauve,* in: Protokoll über die Sitz. des FDP-NRW-Landesausschusses v. 20.10.1951, ADL, FDP-Landesverband-NRW, 26898, S. 12.

[379] Diese Kontraststellung kommt z.B. im Protokoll über die Sitz. des FDP-NRW-Landesausschusses v. 20.10.1951, ADL, FDP-Landesverband-NRW, 26898, S. 2 ff. deutlich zum Ausdruck; zum Ganzen auch *T. Rütten,* Der deutsche Liberalismus, 1984, S. 180 ff., 217.

[380] *J. Dittberner,* FDP, in: Stöss, Parteien-Hdb. II, 1984, S. 1311 (1342).

[381] Zu der bis heute umstrittenen Autorenliste des Deutschen Programms: *K. Buchna,* Nationale Sammlung, 2010, S. 113 ff.

[382] Zu *Middelhauve: K. Buchna,* Nationale Sammlung, 2010, S. 29 ff.

der zunehmenden Inflation[383] und unsicherer Berufsaussichten im akademischen Bereich schweren Herzens gegen die Habilitation entschieden hatte, gründete er 1921 in Wiesdorf, dem heutigen Leverkusen, die erst 2011 insolvent gewordene Buchhandlung *Dr. Friedrich Middelhauve* und ein Jahr später den gleichnamigen, heute in der Beltz-Verlagsgruppe aufgegangenen, schöngeistigen Verlag. Das Zusammengehen der linksliberalen DDP mit der rechtsstehenden Volksnationalen Reichsvereinigung samt der Bewegung des Jungdeutschen Ordens und die Bildung der Deutschen Staatspartei waren wohl das Signal für *Middelhauve,* sich auch politisch zu engagieren.[384] Als er 1931 Vorsitzender der Deutschen Staatspartei im Rhein-Wupper-Kreis wurde, war die Neugründung allerdings bereits auf dem Weg in die Bedeutungslosigkeit.[385] Nach *Hitlers* Machtergreifung konzentrierte sich *Middelhauve* in erster Linie auf die Konsolidierung seiner Unternehmen. Er wurde nie Mitglied der NSDAP, trat allerdings 1935 der NS-Volkswohlfahrt und der Reichskammer der bildenden Künste sowie 1936 dem Reichskolonialbund bei.[386] Nach Kriegsende nahm *Middelhauve* am 2. September 1945 zunächst an der Gründungsversammlung der Kölner Christlich Demokratischen Partei (CDP), als Vorläuferin der CDU, teil, entschied sich, als Protestant, angesichts der dort festgestellten Dominanz katholisch verwurzelter früherer Zentrumskräfte allerdings wenig später dafür, ab Oktober 1945 die Deutsche Aufbaupartei mitzugründen,[387] bevor er sich schließlich mit dem Ziel, eine antisozialistisch orientierte nationalliberal-konservative Sammlungspartei zu formieren, um den Aufbau eines Landesverbandes der Liberal-Demokratischen Partei in der Nord-Rheinprovinz kümmerte.[388] Nach Einzug in den ersten nordrhein-westfälischen Landtag mit den Landtagswahlen am 20. April 1947, bei denen die FDP 5,95 % der Stimmen erzielte, wurde *Middelhauve* als Vorsitzender des Landesverbandes der Nord-Rheinprovinz, der am 27. Mai 1947 mit seinem westfälischen Pendant zum FDP-Landesverband NRW fusionierte, im August 1947 dann auch zum Vorsitzenden des Landesverbandes NRW gewählt.[389] Ein persönlicher Geniestreich gelang *Middelhauve,* der 1947 auch den heute im VS Verlag aufgegangenen Westdeutschen Verlag als Wissenschaftsverlag gegründet hatte, als er am 2. Mai 1949 dem in einer existentiellen Krise befindlichen Jungschriftsteller *Heinrich Böll* dessen ersten Verlagsvertrag in seinem schöngeistigen *Middelhauve*-Verlag verschaffte.[390]

Während das von *Middelhauve* privat finanzierte, am Sitz seiner Verlage in Opladen angesiedelte „Büro Middelhauve" um seinen persönlichen Sekretär, den früheren Ministerialrat in *Goebbels* Propagandaministerium und Autor z.T. in Millionenauflage gedruckter antisemitischer Hetzschriften, *Wolfgang*

[383] Dazu etwa *G. Hardach,* Deutschland in der Weltwirtschaft, 1977, S. 41 f.

[384] *K. Buchna,* Nationale Sammlung, 2010, S. 30 f.; *G. Papke,* Liberale Ordnungskraft, 1998, S. 40 geht wie andere Autoren auch bereits von einer DDP-Mitgliedschaft *Middelhauves* aus, wofür allerdings keine eindeutigen Nachweise vorliegen.

[385] *K. Buchna,* Nationale Sammlung, 2010, S. 29.

[386] *K. Buchna,* Nationale Sammlung, 2010, S. 32 f.

[387] *G. Papke,* Liberale Ordnungskraft, 1998, S. 15; *K. Buchna,* Nationale Sammlung, 2010, S. 37 f.

[388] *G. Papke,* Liberale Ordnungskraft, 1998, S. 17 f.; *K. Buchna,* Nationale Sammlung, 2010, S. 40 ff.

[389] *K. Buchna,* Nationale Sammlung, 2010, S. 45 f.

[390] *K. Buchna,* Nationale Sammlung, 2010, S. 213.

Dierwege[391] und *Wolfgang Döring* den Kernautorenkreis des „Deutschen Programms" bildete, wirkten – eher als Testleser und Referenzpersonen im Rahmen der Endredaktion – auch *Werner Best*[392] und die früheren *Goebbels*-Mitarbeiter *Werner Naumann*[393] sowie *Hans Fritzsche* (1900–1953), als bekannteste Radiostimme des „Dritten Reichs", an der Formulierung mit. Inhaltlich stand die anachronistische, an autoritäre Konzepte der Spätphase der Weimarer Republik erinnernde Ersetzung des „kostspieligen Föderalismus" durch einen als „Deutsches Reich" bezeichneten „dezentralisierten Einheitsstaat" im Mittelpunkt. An dessen Spitze sollte ein unmittelbar vom Volk gewählter Präsident „mit erweiterten Machtbefugnissen" stehen, was nicht zuletzt auch auf eine Schwächung des Einflusses der Parteien abzielte.[394] Es war kein Zufall, dass *Middelhauve* dieses Programm, das weder den – damals allerdings von der FDP ohnehin gemiedenen – Begriff „liberal" noch den Begriff „demokratisch" enthielt und von *Ulrich Herbert* zutreffend als „Absage an den demokratischen Liberalismus" charakterisiert worden ist,[395] im Juli 1952 zur Diskussion stellte, als das Verbot der SRP nach der mündlichen Verhandlung vor dem BVerfG äußerst wahrscheinlich geworden war. Das „Deutsche Programm" zielte nicht zuletzt auf die Hunderttausenden von SRP-Wählern ab

---

391 *G. Papke,* Liberale Ordnungskraft, 1998, S. 166; zu *Dierwege* etwa *T. Rütten,* Der deutsche Liberalismus, 1984, S. 229 f.; *K. Buchna,* Nationale Sammlung, 2010, S. 83 ff., 163 ff.; *U. Wengst,* Einleitung, in: FDP-Bundesvorstand, Sitzungsprotokolle 1949–1954, 1. Halbbd. 1949–1952, 1990, S. IX (LIX).

392 *U. Herbert,* Best, 5. Aufl. 2011, S. 465.

393 *Dierwege* soll *Naumann* das „Deutsche Programm" acht Tage vor dem Bielefelder Landesparteitag, der am 25.07.1952 stattfand, zur Überprüfung zugesandt haben, Sitz. des FDP-Bundesvorstandes 25./26.04.1953, in: FDP-Bundesvorstand, Sitzungsprotokolle 1949–1954, 2. Halbbd. 1953/54, 1990, S. 908 (917); zu *Naumann* bereits oben S. 392 f. sowie ausführlich unten S. 418 ff.

394 Deutsches Programm, abgedruckt bei: *J. M. Gutscher,* Die Entwicklung der FDP, 1984, S. 309 (311): „4. Aufbau des Staates: Das deutsche Volk in seiner Gesamtheit ist Träger des staatlichen Lebens. Deshalb müssen neben die unmittelbare Wahl des Parlaments auch die unmittelbare Wahl des Präsidenten durch das Volk sowie in besonderen Fällen die Möglichkeit einer Willensäußerung durch Volksentscheid treten. Das Staatsoberhaupt ernennt und entläßt als unparteiischer Repräsentant des ganzen deutschen Volkes die Regierung, die zu ihrer Amtsführung des Vertrauens des Parlaments bedarf. Der Präsident soll in Sonderfällen das Recht haben, das Parlament aufzulösen und seine Neuwahl anzuordnen. Das Deutsche Reich soll als dezentralisierter Einheitsstaat den Stämmen und Landschaften als Selbstverwaltungskörperschaften die Möglichkeit zur Entfaltung ihrer Eigenart geben. Auf der Grundlage einer gesunden Verteilung der Aufgaben zwischen dem Reich und seinen Gliedern ist kein Raum für eine Vielzahl von Regierungen und Parlamenten […]."; aufschlussreich auch *Middelhauves* wenige Tage später in fdk, Jahrgang 3/Nr. 52 v. 29.07.1952, 5 f. erschienene Veröffentlichung zum Deutschen Programm; zu dessen Inhalt auch *K. Buchna,* Nationale Sammlung, 2010, S. 107 ff., 217 f.

395 *U. Herbert,* Best, 5. Aufl. 2011, S. 465; vgl. auch *C. Brauers,* Die FDP in Hamburg, 2007, S. 579 ff.; *M. Lausberg,* Die extreme Rechte in NRW, 2012, S. 240 ff.

und war so in erster Linie als Grundlage für eine parteiübergreifende Sammlungsbewegung, also letztlich für die Bildung einer neuen großen Partei rechts von der CDU, gedacht.[396]

Musste sich die FDP mit ihrem Abschneiden bei den ersten Bundestagswahlen keinesfalls verstecken, ließen die noch viel besseren Ergebnisse etwa des hessischen Landesverbandes im rechten Parteiflügel Visionen vom Potential einer neuen bürgerlich-nationalen Partei auf Bundesebene wachsen, zumal wesentliche Ziele der Bundesregierung, wie namentlich die Wiederbewaffnung, in der Bevölkerung alles andere als populär waren und sich gleichzeitig der dort grassierende und auch von *Adenauer* gefütterte Antimarxismus trefflich für die rechte Sache instrumentalisieren ließ. Das wirtschaftsliberale Profil hatte der FDP bei den ersten Bundestagswahlen über 11 % verschafft, nun schossen aber die Blütenträume ins Kraut, mittels einer emotional aufgeladenen Programmatik rund um Reich und Nation das begrenzte Potential einer reinen Wirtschaftspartei entschlossen nach oben durchstoßen zu können und – mit einer Sammlungsbewegung innerhalb oder außerhalb der FDP – bei den zweiten Bundestagswahlen zur politikbestimmenden Kraft zu werden. Die von *Middelhauve* straff geführte, mitgliederstarke nordrhein-westfälische FDP sah sich dabei von jeher berufen, die Gesamtpartei nach ihrem politischen Kompass auszurichten, zumal sie einen Großteil der Finanzmittel der Bundespartei generierte.[397] Und in der Tat war es ihr bereits zuvor gelungen, die Bundes-FDP zur Übernahme wesentlicher Elemente von Programmentwürfen in so diversen Bereichen wie der Kultur-, Sozial-, Wirtschafts- und Agrarpolitik zu bewegen.[398] Durch diese Erfolge ermutigt, ging es *Middelhauve,* der stets das Scheitern des Weimarer Liberalismus vor Augen hatte, unbewusst aber gerade die tragische Öffnung der DDP nach rechts bei der Bildung der Deutschen Staatspartei reproduzieren sollte,[399] nun aber nicht mehr um Stückwerk, sondern um den „Großen Wurf".

Zeitdruck zur Formierung der rechten Sammlungsbewegung bestand im Sommer 1952 nicht nur wegen der frei werdenden SRP-Wählerschaft, sondern auch wegen der bereits im November 1952 anstehenden Kommunalwahlen in NRW und Niedersachsen sowie vor allem aus dem Grund, dass die zweite Bundestagswahl im September 1953, als entscheidender Schlüssel, um die nationalkonservative Programmatik auch in große Politik umsetzen zu können, rapide näher rückte. Angesichts des sich schnell schließenden Zeit-

[396] Das mit „Aufruf zur nationalen Sammlung" überschriebene „Deutsche Programm" ist im Faksimile abgedruckt bei: *J. M. Gutscher,* Die Entwicklung der FDP, 1984, S. 309 ff.

[397] *K. Buchna,* Nationale Sammlung, 2010, S. 103 f.

[398] *K. Buchna,* Nationale Sammlung, 2010, S. 104.

[399] Zu *Middelhauves* Engagement in der Deutschen Staatspartei: *K. Buchna,* Nationale Sammlung, 2010, S. 28 ff.; zur bewussten oder unbewussten Anknüpfung an die Bildung der Deutschen Staatspartei, a.a.O., S. 217.

fensters für die Bildung einer rechten Sammlungsbewegung war das mit heißer Nadel gestrickte „Deutsche Programm" daher ein zentraler Vorstoß und zugleich Testballon, ob sich noch rechtzeitig vor der Bundestagswahl eine Sammlungspartei nationaler Kräfte schmieden ließe oder ob es – entweder als erster Schritt oder aber als Rückfallposition – zunächst bzw. zumindest gelänge, der FDP einen nationalkonservativen Stempel aufzudrücken. Weiter erhöht wurde der Zeitdruck dadurch, dass längst auch andere Kräfte – darunter wie gesehen auch die SRP-Führung und ausgerechnet die Fraktionskollegen von der Nationalen Rechten, die seit dem Frühjahr 1952 mit der Deutschen Reichspartei eine Arbeitsgemeinschaft mit Namen „Vereinigte Rechte" (VR) bildeten[400] –, fieberhaft daran arbeiteten, die einmalige Chance zur Bildung einer rechten Sammlungsbewegung unter Integration des von der SRP vorgeformten Wählerpotentials zu ergreifen.

Middelhauve und seinen Beraterkreis bewog dies alles dazu, mit dem Feuer zu spielen und letztlich Lunte an die FDP, damit aber auch an die Bundesregierung und im schlimmsten Fall an die Bundesrepublik insgesamt zu legen, indem sie das „Deutsche Programm" am 25. Juli 1952 auf dem Bielefelder Parteitag des NRW-Landesverbandes zur – wie sich *Middelhauves* persönlicher Tagungsfolge entnehmen lässt – „Aussprache und Verabschiedung" stellten.[401] Zwar mag es auch der hohen Dynamik nach der mündlichen Verhandlung im SRP-Verfahren geschuldet gewesen sein, dass *Middelhauve* das „Deutsche Programm" den Bielefelder Delegierten nicht vorab zuleitete. Allerdings hebelte er damit die gebotene Parteiwillensbildung von Kreis- und Bezirksebene nach oben auf die Landesebene aus. Zudem musste es, obwohl das Programm wohl ohnehin eher „auf affektive Zustimmung", als auf „inhaltliche Analyse durch seine Leser" ausgelegt war,[402] bedenklich stimmen, dass die auf teurem Büttenpapier erstellte Druckfassung schwarz-weiß-rot umrandet war und vor *Middelhauves* Auftritt ausgerechnet die berüchtigten Fanfarenklänge aus *Franz Liszts* Préludes, die während des Russlandfeldzugs die Sondermeldungen des Oberkommandos der Wehrmacht eingeleitet hatten, ertönten.[403] Nach heftiger Kritik des Bundesvorstandsmitglieds und späteren FDP-Vorsitzenden *Erich Mende* (1916–1998),[404] der sich „einigermaßen er-

---

[400] *G. Papke,* Liberale Ordnungskraft, 1998, S. 168; *K. Buchna,* Nationale Sammlung, 2010, S. 121.

[401] Vgl. auch Adenauer und die FDP, 2013, S. 264 Fn. 2.

[402] *G. Papke,* Liberale Ordnungskraft, 1998, S. 167.

[403] *K. Buchna,* Nationale Sammlung, 2010, S. 105 f.

[404] *Mende,* der seit 1949 Mitglied des FDP-Bundesvorstands war, entschloss sich später, nach der Verhaftung *Naumanns*, gegen *Middelhauves* Kandidaten *Hermann Schwann* bei der Wahl des Zweiten Vorsitzenden der nordrhein-westfälischen FDP anzutreten und gewann die Wahl am 07.03.1953 deutlich. 1956 gehörte er zu den sog. „Jungtürken", die den Koalitionswechsel der FDP von der CDU zur SPD in NRW durchsetzten. Von 1960–1968 war er schließlich FDP-Bundesvorsitzender.

schüttert“ über den Versuch zeigte, mithilfe akustischen und visuellen „Blendwerks“ ein nicht hinreichend diskutiertes Programm durchzusetzen, nahm selbst der affirmativ strukturierte, auf den Landesvorsitzenden eingeschworene nordrhein-westfälische Landesparteitag zu *Middelhauves* Enttäuschung das Programm nicht an,[405] delegierte es aber immerhin mit dem Ausdruck inhaltlicher Billigung an den FDP-Landesausschuss.[406]

Middelhauve stürmte angesichts des sich allmählich schließenden Zeitfensters zur Bildung der rechten Sammlungsbewegung und der einmaligen Chance, diese anzuführen, zum Unmut der FDP-Parteileitung auch nach dem Bielefelder Parteitag unbeirrt voran und präsentierte das „Deutsche Programm“ bereits wenige Tage später durch eine Veröffentlichung in der Freien Demokratischen Korrespondenz (fdk), dem von *Ernst Mayer* herausgegebenen FDP-Pressedienst, einer breiteren Öffentlichkeit.[407] Dabei charakterisierte er das von noch keinem Parteigremium auf Landes-, geschweige denn auf Bundesebene abgesegnete Programm voreilig nicht nur als das noch fehlende „allgemein verpflichtende Grundsatzprogramm“ der FDP, sondern über die liberale Partei hinaus als solches einer nationalen Sammlungsbewegung.[408] Während *Middelhauve* und seine Mitstreiter aus anderen Landesverbänden hinter den Kulissen längst in Fusionsverhandlungen mit anderen Kristallisationspunkten rechtsextremer Sammlungsbewegungen insbesondere in NRW, Niedersachsen und auch Hessen wie der DP, der Nationalen Rechten und der Vereinigten Rechten standen, um eine Sammlungsbewegung zunächst für die anstehenden Kommunalwahlen, dann aber vor allem für die Bundestagswahlen zustande zu bringen,[409] und *Middelhauve* seine Tentakeln insgeheim schließlich sogar bis zum österreichischen „Verband der Unabhängigen“ (VdU) auswarf, womit er gar großdeutsche Assoziationen weckte,[410] wurde sein als programmatische Grundlage für die große Sammlungsbewegung

[405] Zur Opposition innerhalb der nordrhein-westfälischen FDP gegen *Middelhauves* Kurs: *K. Buchna,* Nationale Sammlung, 2010, S. 135 ff.

[406] Adenauer und die FDP, 2013, S. 264 Fn. 2; *K. Buchna,* Nationale Sammlung, 2010, S. 118 f.

[407] *F. Middelhauve,* Das „Deutsche Programm“, in: fdk, Jahrgang 3/Nr. 52 v. 29.07. 1952, S. 5 ff.

[408] *F. Middelhauve,* Das „Deutsche Programm“, in: fdk, Jahrgang 3/Nr. 52 v. 29.07. 1952, S. 5 (6 f.): „Dieses Programm ist in einer allgemeinverständlichen, klaren Sprache, im Ton 'heiliger Nüchternheit‘ abgefasst. Es beschränkt sich jedoch nicht darauf, der FDP neue Impulse zu geben. Es wendet sich an alle, die trotz der bitteren Enttäuschungen, die uns trafen, den guten Willen und den Blick für das Wesentliche nicht verloren haben. […] Auf dieser gemeinsamen, geistigen Grundlage wird es möglich sein, die Zersplitterung im bürgerlichen Lager zu überwinden und dem grossen Ideal der nationalen Sammlung wirkungsvoll zu dienen.“; dazu auch: *T. Rütten,* Der deutsche Liberalismus, 1984, S. 241.

[409] *G. Papke,* Liberale Ordnungskraft, 1998, S. 168; *C. Brauers,* Die FDP in Hamburg, 2007, S. 583 ff.; *K. Buchna,* Nationale Sammlung, 2010, S. 121 ff.

[410] *K. Buchna,* Nationale Sammlung, 2010, S. 124 ff.

gedachtes „Deutsches Programm" dann am 21. August 1952 tatsächlich mit nur geringen Modifikationen vom nordrhein-westfälischen FDP-Landesausschuss gebilligt. Mit Hochdruck legte es *Middelhauve,* der kaum damit rechnen konnte, dass es zum Programm der Sammlungsbewegung taugen würde, wenn es nicht einmal in der FDP mehrheitsfähig sein sollte, dann Anfang September 1952 dem FDP-Bundesvorstand, wiederum als Tischvorlage ohne vorherige Zuleitung, mit dem Ziel vor, es auf dem geplanten ordentlichen Parteitag im November 1952 in Bad Ems zum Grundsatzprogramm der FDP erheben zu lassen.[411] Auf die Vorhaltung des überraschten FDP-Bundesvorsitzenden *Franz Blücher,* dass nicht einmal er als Mitglied des nordrhein-westfälischen Landesverbandes das Programm vorab erhalten habe,[412] versuchte sich *Middelhauve* kleinlaut mit der späten Annahme durch den Landesausschuss zu entschuldigen.[413] Selbst er habe die überarbeiteten Druckexemplare erst zwei Tage zuvor erhalten. Zeitgleich verkündete die Anfang 1952 wiederbelebte FDP-eigene Wochenzeitung „Die Deutsche Zukunft" auf der Titelseite allerdings bereits kühn: „Stunde der Nationalen Sammlung angebrochen".[414]

Die intensivierte Suche insbesondere der nordrhein-westfälischen FDP nach Verbündeten am rechten Rand war unterdessen nicht lange verborgen geblieben. Staatssekretär *Otto Lenz* hatte Bundeskanzler *Adenauer* bereits im Juni 1952 informiert, dass ein namentlich nicht genannter FDP-Abgeordneter – natürlich *Middelhauve* – versuche, einen Rechtsblock unter Beteiligung der SRP zusammenzubringen.[415] Nachdem dann die Neue Zürcher Zeitung der

---

[411] Sitz. des FDP-Bundesvorstands 05./06.09.1952, FDP-Bundesvorstand, Sitzungsprotokolle 1949–1954, 1. Halbbd. 1949–1952, 1990, S. 415 (466 ff.); zu *Middelhauves* Vorgehen auch *U. Wengst,* Thomas Dehler, 1997, S. 171; *J. Dittberner,* FDP, in: Stöss, Parteien-Hdb. II, 1984, S. 1311 (1342 f.).

[412] Sitz. des FDP-Bundesvorstands am 05./06.09.1952, FDP-Bundesvorstand, Sitzungsprotokolle 1949–1954, 1. Halbbd. 1949–1952, 1990, S. 415 (467).

[413] Sitz. des FDP-Bundesvorstands am 05./06.09.1952, FDP-Bundesvorstand, Sitzungsprotokolle 1949–1954, 1. Halbbd. 1949–1952, 1990, S. 415 (468 f.).

[414] „Stunde der Nationalen Sammlung angebrochen", in: Die Deutsche Zukunft, 1. Jahrgang, Nr. 32 v. 06.09.1952, S. 1; Die Unter-Überschrift lautete: „Appell zur Sammlung aller nationalen Kräfte erfolgreich – Nordrhein-Westfalen als der Ausgangspunkt für eine Neu-Orientierung der deutschen Innenpolitik". Im Artikel hieß es u.a.: „Der Ruf zu einer engen politischen Zusammenarbeit hat bei den ausschlaggebenden politischen Kräften der Rechten, den Wortführern der großen Verbände sowie in der Breite der Organisationen der Soldatenbünde positive Resonanz gefunden und zu einer grundsätzlichen Bereitschaft geführt, die eine Beendigung der politischen Isolierung und ein enges Zusammengehen der Rechten zur Folge haben wird". *Middelhauve* distanzierte sich in der Sitzung des FDP-Vorstandes von diesem Artikel. Weder er noch *Döring* hätten davon gewusst, vgl. Sitz. des FDP-Bundesvorstands 05./06.09.1952, FDP-Bundesvorstand, Sitzungsprotokolle 1949–1954, 1. Halbbd. 1949–1952, 1990, S. 415 (467).

[415] *O. Lenz,* Tagebuch 1951–1953, 1989, S. 372 (23.06.1952).

interessierten Öffentlichkeit Ende Juli 1952 infolge des Bielefelder Landesparteitags mitgeteilt hatte, dass *Middelhauve* eine „nationale Sammlung“ in Gang bringen wolle und es dabei primär auf ehemalige Nationalsozialisten – d.h. im Klartext nicht zuletzt die SRP-Kräfte – abgesehen habe,[416] und der Sozialdemokratische Pressedienst der FDP in einem sarkastischen Kommentar bereits die Umbenennung in „DNSAPD“ („Deutsch-Nationale Sammlungs-Partei Deutschlands“) nahegelegt hatte,[417] redete der seit Längerem ernstlich um den Fortbestand der liberalen Partei, der Regierungskoalition und damit letztlich um seine Regierungspolitik besorgte Bundeskanzler[418] *Middelhauve* aus dem Sommerurlaub auf dem Bürgenstock ins Gewissen:[419] Eine Spaltung der FDP müsse unter allen Umständen vermieden werden. Jede Zersplitterung der nichtsozialistischen Parteien helfe gerade dem Sozialismus und oberstes Gebot jedes Nichtsozialisten müsse es sein, bei den 1953 anstehenden Wahlen zu verhindern, dass der Sozialismus an die Macht komme. Auch sei er, *Adenauer,* der Auffassung, dass die von der Neuen Zürcher Zeitung wiedergegebenen Programmforderungen überhaupt nicht geeignet seien, frühere Nationalsozialisten in großem Maße zur Wahl von FDP-Kandidaten zu veranlassen. Im Allgemeinen könne man doch wohl sagen, „daß das deutsche Volk vom Rechtsradikalismus nichts wissen will, daß es aber wohl bereit ist, einer klaren und stetigen politischen Linie zu folgen“.

Parteiinterner Gegenspieler und „Dorn im Fleische“ des nationalistischen Flügels der FDP war unterdessen vor allem der baden-württembergische Ministerpräsident und frühere DDP-Politiker *Reinhold Maier* (1889–1971), der zunächst 1951 in Württemberg-Baden und dann nach Bildung des Südweststaates im Frühjahr 1952 auch in Baden-Württemberg gegen alle Beschwörungen nicht nur aus rechten FDP-Kreisen nach dem Scheitern von Verhandlungen mit der CDU eine Koalition mit der SPD gebildet hatte.[420] Hatte *Maier* in erster Linie aus machttaktischen Erwägungen gehandelt und der FDP damit immerhin auch ihren bis heute einzigen Ministerpräsidentenposten verschafft,[421] war sein Vorgehen doch nicht nur aus Sicht der FDP-Rechten

---

[416] „Der Richtungskampf bei den westdeutschen Demokraten“, in: Neue Zürcher Zeitung v. 31.07.1952.

[417] *K. Buchna,* Nationale Sammlung, 2010, S. 120 unter Bezugnahme auf den Sozialdemokratischen Pressedienst v. 29.07.1952.

[418] Vgl. etwa das Gespräch *Adenauers* mit *Heuss* am 24.10.1952, in: Adenauer-Heuss – Unter vier Augen, 1997, S. 97/98.

[419] Adenauer an Middelhauve (Entwurf ab 30.07.1952), in: Adenauer und die FDP, 2013, S. 264 (264 f.).

[420] *U. Wengst,* Einleitung, in: FDP-Bundesvorstand, Sitzungsprotokolle 1949–1954, 1. Halbbd. 1949–1952, 1990, S. IX (XLIII ff.); *J. M. Gutscher,* Die Entwicklung der FDP, 1984, S. 120 ff.

[421] *Maier,* der vom 07.09.1952–06.09.1953 auch Präsident des Bundesrates war, sollte nach dem starken Abschneiden der CDU und den Verlusten der FDP in den zweiten Bun-

gewagt:[422] Die Koalitionsbildung mit SPD und BHE in Stuttgart, ohne die als stärkste Fraktion aus den Wahlen hervorgegangene CDU, hatte nicht nur empfindliche Auswirkungen auf die Mehrheitsverhältnisse im Bundesrat, auf dessen Zustimmung der Kanzler für wichtige Vorhaben angewiesen war, sondern wich vor allem grds. vom Muster der Bonner Koalition der Liberalen mit der CDU ab, was nicht nur zu *Adenauers* Ärger den Möglichkeitsraum einer Zusammenarbeit zwischen FDP und SPD auch auf Bundesebene eröffnete.[423] Für den nationalliberalen Flügel der FDP war diese Kooperation mit den Sozialdemokraten indes geradezu existenzbedrohend und gefährdete ganz konkret dessen Pläne zur Bildung eines nationalen Blocks rechts von der CDU unter FDP-Führung: Die anvisierten rechten Wählerschichten würden kaum einer Partei ihre Stimme geben, die wankelmütig auch schon einmal mit der SPD eine Regierung bildete. Das Stuttgarter Modell wurde daher vom rechten Flügel der FDP bis aufs Äußerste bekämpft: Nicht nur der hessische Landesvorsitzende *August-Martin Euler* (1908–1966)[424] ging so weit, den Parteiausschluss des angeblichen „Demi-Marxisten" *Maier,* sondern auch gleich den Rauswurf seines Landesverbandes aus der FDP zu fordern.[425]

Konnte der sichtlich erregte rechte Flügel der FDP so die Einberufung eines Sonderparteitags Mitte Juli 1952 in Essen erreichen, um über die baden-württembergische Regierungsbildung mit der SPD zu richten,[426] gab der liberal-demokratische Flügel den Kampf um die Positionierung der liberalen Partei trotz der Offensive der Parteirechten allerdings alles andere als verloren: Vielmehr ließ er auf Initiative *Hermann Schäfers* und *Franz Blüchers* als Gegenentwurf zum „Deutschen Programm", das – wie gesehen – erst Anfang September 1952 in seiner endgültigen Fassung vorlag,[427] im Sommer 1952 von einer kleinen Gruppe um den liberalen Verfassungsvater des Bonner Grundgesetzes, Bundestagsabgeordneten und späteren Lehrstuhlinhaber für Europapolitik an der Deutschen Hochschule für Politik in Berlin, *Hans Reif*

---

destagswahlen im September 1953 von seinem Amt zurücktreten und damit in Stuttgart die Möglichkeit zur Bildung einer CDU-geführten Allparteienregierung (unter Ausschluss der KPD) unter dem früheren Staatspräsidenten von Württemberg-Hohenzollern und späteren BVerfG-Präsidenten *Gebhard Müller* (CDU) eröffnen.

[422] Vgl. *P. Lösche/F. Walter,* Die FDP, 1996, S. 33.

[423] *Adenauer* hatte *Heuss* nach den Wahlen ungewöhnlich direkt vor einer Regierungsbildung der FDP mit der SPD gewarnt und den Bundespräsidenten dazu gedrängt, seinen Einfluss beim baden-württembergischen FDP-Landesverband zugunsten einer rechnerisch ohne Weiteres möglichen Koalition mit der CDU geltend zu machen, Adenauer an Heuss v. 29.03.1952, in: Heuss-Adenauer – Briefwechsel 1948–1963, 1989, S. 106.

[424] Zu *Euler: M. Will,* Entstehung der Verfassung des Landes Hessen, 2009, S. 294.

[425] *P. Lösche/F. Walter,* Die FDP, 1996, S. 33; *J. M. Gutscher,* Die Entwicklung der FDP, 1984, S. 122 f.

[426] *J. M. Gutscher,* Die Entwicklung der FDP, 1984, S. 127 ff.

[427] Sitz. des FDP-Bundesvorstands 05./06.09.1952, FDP-Bundesvorstand, Sitzungsprotokolle 1949–1954, 1. Halbbd. 1949–1952, 1990, S. 415 (468 f.); oben S. 408 f.

(1899–1984), das „Liberale Manifest“ ausarbeiten.[428] Mit dem Hauptziel, die Verabschiedung des Deutschen Programms und damit die Transformation der FDP in eine nationalliberale Partei zu verhindern, war das Liberale Manifest auf die Konsolidierung einer „starken liberalen Mitte“ sowie gegen „nationalistische und sozialistische Vermassung“ gerichtet und erteilte, obwohl es sich bspw. in Fragen der Wirtschafts- und Sozialpolitik sowie der Deutschland- und Außenpolitik kaum vom Deutschen Programm abhob, einem „überspannten, in Machtgedanken verirrten Nationalismus“ eine klare Absage, zumal es den Nationalsozialismus anders als das Deutsche Programm, das geradezu mit nationalsozialistischem Vokabular kokettierte, unzweideutig als das „entsetzlichste Unglück aller Zeiten“ brandmarkte.[429] Damit hatten im Herbst 1952 die beiden großen Richtungen der Partei auch ihren programmatischen Ausdruck gefunden.[430] Nun lag es nahe, auf dem ordentlichen Parteitag im November 1952 in Bad Ems die Partei auf der Grundlage einer der beiden großen Programmentwürfe für die Bundestagswahlen im September 1953 zu positionieren und damit die Weichen für die Zukunft der FDP zu stellen.[431]

5. Thomas Dehler und der Kampf gegen das Zerbrechen der FDP

Thomas Dehler war als Vorsitzender des in der Bundes-FDP allerdings wenig einflussreichen bayerischen Landesverbandes keinem dieser Flügel eindeutig zuzurechnen und nutzte diese neutrale Position, um zwischen den Parteiflügeln zu vermitteln. Nachdem er bei den Wahlen zum geschäftsführenden Bundesvorstand der FDP im Juni 1950 das beste Ergebnis erzielt hatte, saß er in der Folge schon aufgrund seines Amtes als bayerischer Landesvorsitzender in allen wichtigen Leitungsgremien der Bundes-FDP und genoss dort hohes

---

[428] *C. Brauers,* Die FDP in Hamburg, 2007, S. 596 ff.

[429] Liberales Manifest, abgedruckt bei *J. M. Gutscher,* Die Entwicklung der FDP, 1984, S. 316 (316): „Alle Deutschen in Freiheit zu vereinigen, ein einiges und freies deutsches Volk sinnvoll in die europäische Gemeinschaft einzufügen und in einer Gesellschaft freier Menschen den Frieden der Welt zu sichern, sind die Aufgaben unserer Zeit. Sie werden nicht durch Abenteurer, aber auch nicht durch politische Dogmen gelöst. […] die deutsche Politik wird die gewaltigen Aufgaben, die ihr gestellt sind, nur lösen, wenn eine starke liberale Mitte vorhanden ist, gegen die und ohne die Entscheidungen in der Demokratie nicht mehr möglich sind“; zum Liberalen Manifest etwa *J. M. Gutscher,* Die Entwicklung der FDP, 1984, S. 134 f.; *C. Brauers,* Die FDP in Hamburg, 2007, S. 597 ff.; *K. Buchna,* Nationale Sammlung, 2010, S. 149.

[430] Wann genau das Liberale Manifest offiziell als Antrag für den Bundesparteitag in Bad Ems eingereicht wurde, ist unklar. Auf der Parteivorstandssitzung am 29.09.1952 war es – anders als das Deutsche Programm – jedenfalls noch nicht Diskussionsgegenstand; vgl. dazu *C. Brauers,* Die FDP in Hamburg, 2007, S. 599 f.

[431] *J. Dittberner,* FDP, in: Stöss, Parteien-Hdb. II, 1984, S. 1311 (1343 f.); *A. Doering-Manteuffel,* Die Bundesrepublik, 1983, S. 161.

Ansehen, zumal er den Ruf hatte, von allen Bundesministern „sein Ressort am besten in Ordnung“ zu halten.[432] *Dehler* war als Integrationsfigur einer klar von den Landesverbänden dominierten FDP umso wichtiger, als die liberale Partei nach *Heuss'* Wahl zum Bundespräsidenten mit dessen Nachfolger im FDP-Vorsitz, dem farblosen Bundesminister für Fragen des Marshallplans *Franz Blücher* (1896–1959),[433] über keinen wirklich integrationsfähigen Vorsitzenden mehr verfügte.[434] Im Flügelstreit der FDP bemühte sich *Dehler* um Moderation zwischen den Kontrahenten und Versachlichung der Debatte.[435] Er wollte insoweit durchaus im Einklang mit *Adenauer* ein Auseinanderbrechen der liberalen Partei unbedingt verhindern, das er wie der Rhöndorfer letztlich sogar als Bedrohung für den gesamten Staat empfand.[436] Eigentlich nicht zum Diplomaten geboren,[437] bezog *Dehler* – in der ihm eigenen Art – klar zu den Vorgängen Stellung, aber mal auf der einen und mal auf der anderen Seite, so dass er sich letztlich keinem Flügel zuschlug.[438] Mit seinen ambivalenten Interventionen gelang es ihm zwar, viele Konflikte – bspw. auch im Bereich der Außenpolitik[439] – erst einmal zu entschärfen, zu vertagen und so den Diskurs insgesamt in Gang zu halten. Wirklich gelöst wurden die substantiellen Dissense, welche die Partei zunehmend belasteten, dadurch allerdings nicht.

So trug *Dehler* zwar dazu bei, auf dem von der nordrhein-westfälischen FDP initiierten Sonderparteitag Mitte Juli 1952 in Essen durch eine mehrheitsfähige Resolution zur umstrittenen Stuttgarter Regierungsbildung mit der SPD die Spaltung der FDP vorerst zu verhindern.[440] Dass sich in der FDP aber zwei zunehmend inkompatible Flügel gegenüberstanden, wurde dann nicht nur im September 1952 im FDP-Parteivorstand deutlich, wo *Reinhold Maier* darauf hinwies, dass man nicht daran vorbeisehen könne, „daß in der FDP zwei verschiedenartige Richtungen vorhanden sind. Die eine ist etwas

---

[432] *U. Wengst,* Thomas Dehler, 1997, S. 169 f.

[433] Zu *Blücher* etwa *T. Rütten,* Der deutsche Liberalismus, 1984, S. 45 ff.

[434] Vgl. *A. Doering-Manteuffel,* Die Bundesrepublik, 1983, S. 161.

[435] *Gerhart Baum* benennt *Dehler* in *G. Baum/B. Hirsch,* Der Baum und der Hirsch, 2016, S. 56 in einem Atemzug mit *Heuss, Reinhold Maier, Hildegard Hamm-Brücher* und *Höpker Aschoff,* im Kontrast zu den rechten Politikern insbesondere in der nordrhein-westfälischen FDP, als eine der Persönlichkeiten, ohne die er nie in die FDP eingetreten wäre.

[436] *U. Wengst,* Thomas Dehler, 1997, S. 173.

[437] Zu *Dehlers* Biographie und Persönlichkeit oben S. 142 ff.

[438] *U. Wengst,* Thomas Dehler, 1997, S. 172.

[439] Zu unterschiedlichen Vorstellungen in der FDP zu den dominanten Themen Wiederbewaffnung, Westintegration und Souveränitätsrückgewinnung: *S. Glatzeder,* Die Deutschlandpolitik der FDP, 1980, S. 48 ff.

[440] Entschließung des außerordentlichen Parteitags in Essen 12./13.07.1952, abgedruckt bei: *J. M. Gutscher,* Die Entwicklung der FDP, 1984, S. 325 f.; *H. Fenske,* Deutsche Parteiengeschichte, 1994, S. 282; *U. Wengst,* Thomas Dehler, 1997, S. 173 f.

links, die andere ist im Begriff, ziemlich weit rechts zu gehen".[441] Eineinhalb Monate später wurde im Parteivorstand dann bereits sehr offen darüber diskutiert, wie weit sich die Partei nach rechts öffnen dürfe.[442] *August-Martin Euler* warb hier mit dem Argument für eine weitreichende Öffnung, dass sich sein bei Wahlen außerordentlich erfolgreicher hessischer Landesverband überall da besonders gut gegen die rechte Konkurrenz von der DP durchgesetzt habe, wo er „keinerlei Engherzigkeit gegenüber ehemaligen Nationalsozialisten gezeigt hat".[443] *Middelhauve* öffnete derweil im Hintergrund alle erdenklichen Kanäle, um sein Projekt zum Erfolg zu führen: So übersandte er ein Exemplar seines „Deutschen Programms" an den von ihm bewunderten ranghöchsten Überlebenden der Waffen-SS, den früheren SS-Oberst-Gruppenführer und Generaloberst der Waffen-SS *Paul Hausser* (1880–1972). Der von seinen ehemaligen Waffen-SS-Angehörigen als *„Papa Hausser"* verehrte Haudegen war für *Middelhauves* Sammlungsstrategie besonders wichtig, da er in der vom Verfassungsschutz beobachteten HIAG, der „Hilfsgemeinschaft auf Gegenseitigkeit der ehemaligen Waffen-SS", um deren Gunst *Middelhauve* buhlte, den Ton angab.[444] *Middelhauve* brachte in seinem Brief, in dem er *Hausser* auch für dessen Teilnahme als Attraktion eines Rednerseminars dankte, die wohl wesentliche strategische Zielrichtung des „Deutschen Programms" offen zum Ausdruck: Die Bezeichnung des Programms sei gewählt worden, um denjenigen, „die aus den verschiedensten Gründen eine parteipolitische Bindung nicht eingehen können und sich der Tagespolitik fernhalten müssen oder wollen, eine gemeinsame Grundlage für ihre politische Haltung" zu geben.[445]

War *Middelhauve* so an allen erdenklichen Fronten aktiv, um seine Sammlungsbewegung zusammenzubekommen, trat der klaffende Spalt in der FDP in der entscheidenden Frage der Öffnung nach rechts dann auf dem regulären Bad Emser Bundesparteitag im November 1952 offen zu Tage: Während der FDP-Bundesvorsitzende *Blücher* dort die mit dem ambitionierten Titel seiner Eröffnungsrede „Der Politische Standort und die Ziele der Freien Demokratischen Partei" geweckten Erwartungen nicht ansatzweise erfüllen konnte und im Einklang mit dem dilatorisch gewählten weiß-schwarz-rot-goldenen Schmuck des Sitzungssaals wirkliche Festlegungen zum Kurs der Partei tun-

[441] Sitz. des FDP-Bundesvorstands 05./06.09.1952, FDP-Bundesvorstand, Sitzungsprotokolle 1949–1954, 1. Halbbd. 1949–1952, 1990, S. 415 (469).

[442] Sitz. des FDP-Bundesvorstands 25./26.10.1952, FDP-Bundesvorstand, Sitzungsprotokolle 1949–1954, 1. Halbbd. 1949–1952, 1990, S. 500 (541 ff.).

[443] Sitz. des FDP-Bundesvorstands 25./26.10.1952, FDP-Bundesvorstand, Sitzungsprotokolle 1949–1954, 1. Halbbd. 1949–1952, 1990, S. 500 (548 f.).

[444] *K. Buchna,* Nationale Sammlung, 2010, S. 119 f.

[445] Middelhauve an Hausser v. 05.11.1952, HStANRW, RWV 49/857, Bl. 89, zit. nach *K. Buchna,* Nationale Sammlung, 2010, S. 120.

lichst vermied,[446] um nur ja kein Öl ins Feuer zu gießen, warnte der für den gemäßigten Flügel angetretene baden-württembergische Ministerpräsident *Reinhold Maier* unter dem Beifall der Landesverbände aus Baden-Württemberg, Bayern, Berlin und Hamburg vor der innerparteilichen „Gefahr von rechts“ und beschwor das Menetekel einer Entwicklung der FDP zur neuen Deutschnationalen Volkspartei.[447] Der vom nationalliberalen Flügel zur Gegenrede aufgebotene, von heftigem Applaus der nordrhein-westfälischen, niedersächsischen, hessischen und schleswig-holsteinischen Delegierten zur Höchstform angetriebene hessische Landesvorsitzende *Euler* bezeichnete *Maiers* Warnungen als haarsträubend, brachte süffisant dessen Beteiligung an der „Erbsünde des organisierten Liberalismus in Deutschland“,[448] nämlich der Zustimmung als Reichstagsabgeordneter der aus der DDP hervorgegangenen Deutschen Staatspartei zu *Hitlers* Ermächtigungsgesetz am 23. März 1933, ins Spiel und postulierte seinerseits ganz im Sinne des Deutschen Programms geradezu eine „Pflicht nach Rechts“.[449] Auch *Middelhauve* konnte während seiner Grundsatzrede auf dem von heftigsten Auseinandersetzungen über mögliche Manipulationen der Delegiertenzahlen und -listen der einzelnen Landesverbände begleiteten Parteitag,[450] in der er erneut für eine vorbehaltlose Öffnung der FDP plädierte, auf den Beifall der rechten Landesverbände zählen.[451] Dem nordrhein-westfälischen FDP-Vorsitzenden gelang es dann auch nicht zuletzt durch seine hoch umstrittene Wahl in das eigens geschaffene Amt eines zweiten stellvertretenden Parteivorsitzenden, Bad Ems seinen Stempel aufzudrücken, und er jubelte zwei Wochen später in der Deutschen Zukunft, dass der Parteitag „den lebendigen, aktiven und fortschrittlichen Kräften innerhalb der FDP“ die Möglichkeit gegeben habe, sich auch auf Bundesebene durchzusetzen.[452] Bad Ems erschien so in der Tat als Etappensieg der Parteirechten gegen einen zahlenmäßig gleich großen, aber politisch in die Defensive geratenen liberal-demokratischen Flügel, und auch die meis-

---

[446] *J. M. Gutscher,* Die Entwicklung der FDP, 1984, S. 142; *K. Buchna,* Nationale Sammlung, 2010, S. 148, 154.

[447] *P. Juling,* Programmatische Entwicklung, 1977, S. 25; *K. Buchna,* Nationale Sammlung, 2010, S. 148.

[448] Neben *Maier* hatte auch *Theodor Heuss* zu den fünf verbliebenen Reichstagsabgeordneten der Deutschen Staatspartei gehört, die am 23.03.1933 für das Ermächtigungsgesetz gestimmt hatten, nachdem die fraktionsinterne Abstimmung mit drei gegen zwei Stimmen für die Zustimmung ausgegangen war, *J. Dittberner,* Die FDP, 2. Aufl. 2010, S. 13 f.

[449] *P. Juling,* Programmatische Entwicklung, 1977, S. 24; *K. Buchna,* Nationale Sammlung, 2010, S. 148.

[450] Zu den Streitigkeiten über die Delegiertenberechnung etwa *K. Buchna,* Nationale Sammlung, 2010, S. 150 ff.

[451] *K. Buchna,* Nationale Sammlung, 2010, S. 148 f.

[452] *K. Buchna,* Nationale Sammlung, 2010, S. 153.

ten außenstehenden Beobachter kürten *Middelhauve* und dessen nationalliberalen Flügel zum Punktsieger.[453]

Letztlich hatte vor allem *Dehler* in fieberhaft geführten Verhandlungen dem liberal-demokratischen Flügel *Middelhauves* Wahl zum stellvertretenden Parteivorsitzenden abgerungen, um den nach den Erfolgen wenige Tage zuvor bei den Kommunalwahlen in NRW[454] und Niedersachsen auf eine stärkere Beteiligung im Vorstand und damit letztlich auf eine Richtungsentscheidung mittels des erprobten Umwegs über die Vorstandswahlen drängenden nationalliberalen Flügel einzubinden.[455] Eine wirkliche inhaltliche Festlegung wurde in Bad Ems allerdings tunlichst vermieden, indem die Grundsatzdiskussion zu Deutschem Programm und Liberalem Manifest, die fast sicher in einer Katastrophe geendet hätte, an eine Programmkommission verwiesen wurde.[456] Wie der in FDP-Kreisen gut vernetzte Zeit-Korrespondent und Gründungsvorsitzende des Deutschen Presseclubs *Robert Strobel* (1898–1994), der den Parteitag beobachtet hatte, in einem seiner erhellenden vertraulichen Informationsberichte trefflich festhielt, wurde der klaffende Riss durch die Partei so allerdings allenfalls „verkleistert".[457] Dem Staatssekretär im Bundeskanzleramt *Otto Lenz* teilte *Strobel* vertraulich mit, dass das Gegeneinander auf dem Parteitag so vollständig gewesen sei, dass man nicht mehr wisse, „wohin die FDP nun marschiere".[458]

6. Die Verhaftung des Naumann-Kreises und das Ende des Traums von der Nationalen Sammlung

Die damals wahrscheinlichste Richtung der FDP machte *Strobel* dann allerdings doch selbst deutlich, indem er *Lenz* warnte, hinter *Middelhauve* stünden „radikal-nationalistische Kreise, die die derzeitige FDP-Leitung völlig ausschalten möchten".[459] War die Nähe der FDP zum Abgrund eigentlich nicht

---

[453] So etwa „Rechter Flügel setzt sich in der FDP durch", in: SZ v. 24.11.1954 und „Dr. Middelhauve: der Sieger von Bad Ems", in: Westdeutsche Allgemeine Zeitung v. 27.11.1952.

[454] In NRW hatte die FDP am 09.11.1953 mit Parolen wie „FDP ruft zur nationalen Sammlung!" und „Das deutsche Programm ruft alle zur nationalen Sammlung!" mit 10,2 % bei den Gemeinde- und 12,6 % bei den Kreiswahlen ihr bislang bestes Ergebnis erzielt, *K. Buchna,* Nationale Sammlung, 2010, S. 154.

[455] *Blücher* erhielt als Parteivorsitzender 180 von 273 abgegebenen Stimmen, *Schäfer* als Exponent des liberal-demokratischen Flügels 174 und *Middelhauve* 184 Stimmen; *U. Wengst,* Thomas Dehler, 1997, S. 175 f.; *K. Buchna,* Nationale Sammlung, 2010, S. 149 ff., 152.

[456] *P. Juling,* Programmatische Entwicklung, 1977, S. 25; *K. Buchna,* Nationale Sammlung, 2010, S. 149.

[457] *U. Wengst,* Thomas Dehler, 1997, S. 176.

[458] *O. Lenz,* Tagebuch 1951–1953, 1989, S. 482 (01.12.1952).

[459] *O. Lenz,* Tagebuch 1951–1953, 1989, S. 482 (01.12.1952).

mehr zu übersehen, trug *Dehlers* Kompromiss-, Vertagungs- und Verdrängungstaktik auf dem Parteitag letztlich ein Stück weit dazu bei, dass es der liberalen Partei nicht gelang, das Ausmaß der rechtsextremen Unterwanderung insbesondere ihres nordrhein-westfälischen, aber auch des niedersächsischen Landesverbandes zu erkennen und der Gefahr selbst Herr zu werden. Dabei gab es Warnungen und Hinweise aus den verschiedensten Richtungen: Hatte so etwa der stellvertretende niedersächsische FDP-Landesvorsitzende *Winfried Hedergott* im Juli 1952 im FDP-Bundesvorstand die Befürchtung, sein Landesverband könne in der Auseinandersetzung mit der SRP nach rechts „abrutschen", noch als Beweis mangelnden Vertrauens abgetan,[460] erklärte *Middelhauve* im September 1952 im Parteivorstand ganz offen, dass das „Deutsche Programm" dazu diene, der FDP „neue Kräfte" zuzuführen und eine „nationale Sammlung" zu initiieren.[461] Um eine Aufspaltung dieser Kräfte, von der letztlich vor allem die SPD profitiere, zu verhindern, sei die Nationale Rechte durchaus bereit, „sich zu einer solchen Sammlung zu bekennen".[462] Wenig später buhlten dann wichtige Repräsentanten der nordrhein-westfälischen und niedersächsischen FDP im Vorfeld der anstehenden Kommunalwahlen bereits ganz offen um das durch das SRP-Verbot freiwerdende Personal. Dies ließ sich spätestens im November 1952 nicht mehr verhehlen, als die auflagenstarke evangelisch-konservative Wochenzeitung Christ und Welt aus einem Gespräch mit dem Geschäftsführer des niedersächsischen FDP-Landesverbandes und Landtagsabgeordneten *Horst Huisgen* zitierte,[463] der nicht nur ganz im Sinne des „Deutschen Programms" die „Idee des Liberalismus" als nicht mehr zeitgemäß diskreditierte und die FDP zum „Träger des Reichsgedankens" erkor.[464] Vielmehr plädierte *Huisgen* offen für eine Assimilierung des SRP-Personals in der FDP, die dafür aus dem Grund besonders geeignet sei, dass in der niedersächsischen FDP „noch mehr aktive Parteigenossen von früher" aktiv seien als in der SRP.[465]

Tatsächlich gingen nicht wenige SRP-Mitglieder, welche die Hoffnung auf die Fortführung der SRP in einer eigenständigen Partei verloren hatten, auf

---

[460] Sitz. des FDP-Bundesvorstands 06.07.1952, in: FDP-Bundesvorstand, Sitzungsprotokolle 1949–1954, 1. Halbbd. 1949–1952, 1990, S. 358 (378).

[461] Sitz. des FDP-Bundesvorstands 05./06.09.1952, FDP-Bundesvorstand, Sitzungsprotokolle 1949–1954, 1. Halbbd. 1949–1952, 1990, S. 415 (466 f.).

[462] Sitz. des FDP-Bundesvorstands 05./06.09.1952, FDP-Bundesvorstand, Sitzungsprotokolle 1949–1954, 1. Halbbd. 1949–1952, 1990, S. 415 (467).

[463] Im Artikel fehlbuchstabiert als *Huisken.*

[464] „‚Rechts ran' – Parole von Niedersachsen", in: Christ und Welt 5. Jahrgang, Nr. 46, 13.11.1952, S. 4: „Die Idee des Liberalismus entspricht nicht mehr unserer Zeit, es geht um nationale Sammlung […]."

[465] „‚Rechts ran' – Parole von Niedersachsen", in: Christ und Welt 5. Jahrgang, Nr. 46, 13.11.1952, S. 4; die entscheidende Passage ist auch wiedergegeben in: FDP-Bundesvorstand, Sitzungsprotokolle 1949–1954, 1. Halbbd. 1949–1952, 1990, S. 612 Fn. 18.

das Werben des rechten FDP-Flügels ein. Prominente Beispiele sind der schon erwähnte hochrangige niedersächsische SRP-Funktionär *Werner Bänsch* und der frühere Jagdflieger und niedersächsische SRP-Landtagsabgeordnete *Heinz Knoke* (1921–1993), der nach seinem Wechsel zur FDP passenderweise betonte, dass er nicht etwa Mitglied der „alten FDP", sondern der neuen jungen FDP geworden sei, womit er präzise den von *Middelhauve* geförderten und von *Huisgen* repräsentierten Rechtsauslegerflügel meinte.[466] Hätte spätestens *Huisgens* Bekenntnis den FDP-Bundesvorstand entschieden auf den Plan rufen müssen,[467] war dieser in seiner wenige Tage später anberaumten Sitzung am Vorabend des Bad Emser Bundesparteitags[468] viel zu sehr damit beschäftigt, ein Auseinanderbrechen der Partei zu verhindern, um sich des virulenten Problems annehmen zu können.[469] Mit dem anstehenden Schicksalsparteitag, aus dem – wie gesehen – der rechte Parteiflügel gestärkt hervorgehen sollte,[470] erklären sich allerdings natürlich auch *Huisgens* kühne programmatische Feststellungen gegenüber dem Christ-und-Welt-Reporter, es gehe um eine nationale Sammlung, „die uns – wenn es sein muß mit Hilfe der Leute der SRP – aus der demoralisierenden Situation des Kolonialstaates zu einer bodenständigen deutschen Politik führt. Die Deutsche Partei kann diese Funktion niemals erfüllen, denn sie ist föderalistisch. Wir aber sind die Träger des Reichsgedankens".[471]

Noch mehr Sprengkraft als der Christ-und-Welt-Bericht hatte ein ungefähr zeitgleich, Mitte November 1952, im schwedischen *Dagens Nyheter* erschienener, in Deutschland allerdings zunächst wenig beachteter Artikel, der unter Berufung auf britische Quellen vor *Werner Naumann* und dem rechten Flügel der nordrhein-westfälischen FDP warnte, der sich bereits auf dem Weg zu

---

[466] *H. Hansen,* Sozialistische Reichspartei, 2007, S. 276 f.

[467] Der FDP-Vorsitzende *Franz Blücher* sprach in der Sitzung des FDP-Bundesvorstands am 19.11.1952 (FDP-Bundesvorstand, Sitzungsprotokolle 1949–1954, 1. Halbbd. 1949–1952, 1990, S. 612) immerhin von einem „verhängnisvollen Bericht" mit Erklärungen, die „dazu angetan sind, unsere ganze außenpolitische Situation total zu verderben".

[468] Der vierte ordentliche Bundesparteitag der FDP fand vom 20.-22.11.1952 im Kurhaus in Bad Ems statt.

[469] Auch *Adenauer* gab im Gespräch mit *Heuss* am 24.10.1952 (Adenauer-Heuss – Unter vier Augen, 1997, S. 97/98) „seiner Besorgnis Ausdruck, die vorhandenen Spannungen innerhalb der FDP könnten zu einer Spaltung oder einer erheblichen Schwächung dieser Partei im neuen Bundestag führen. […] Bundeskanzler appelliert daher an den Bundespräsidenten alles zu versuchen, die Differenzen innerhalb der FDP auszugleichen. Bundespräsident erklärt sich bereit, in diesem Sinne seinen Einfluß auszuüben".

[470] *N. Frei,* Vergangenheitspolitik, 2. Aufl. 1996, S. 365.

[471] „‚Rechts ran' – Parole von Niedersachsen", in: Christ und Welt v. 13.11.1952, S. 4; auszugsweise auch in: FDP-Bundesvorstand, Sitzungsprotokolle 1949–1954, 1. Halbbd. 1949–1952, 1990, S. 612 Fn. 18.

einer neuen Harzburger Front befinde.[472] Obwohl die Alliierten entsprechende Hinweise vertraulich auch direkt an verschiedene einflussreiche Politiker wie den Bundeskanzler und auch die FDP-Führung gegeben hatten, schritten allerdings weder Bund noch Land gegen den hier primär gemeinten sog. *Naumann*-Kreis ein.[473] In der FDP selbst regte sich nur zaghaft Widerstand gegen die Unterwanderung: Immerhin verhinderte maßgeblich *Dehler* Anfang Dezember 1952 im FDP-Bundesvorstand, dass der von *Middelhauve* im Herbst 1952 in die Bundesgeschäftsstelle eingeschleuste *Dierwege* auch weiterhin mit der bundesweiten Rednerschulung betraut wurde.[474] Zudem veröffentlichten Kritiker des *Middelhauve*-Kurses aus der nordrhein-westfälischen FDP im Dezember 1952 – bezeichnenderweise anonym – zwei Rundschreiben, die flehentlich vor einer „Überfremdung der FDP mit hochrangigen Kräften der NS-Zeit", mit denen sich *Middelhauve* „zu fast 100 % umgebe", warnten.[475] Dies bewegte den Parteivorsitzenden *Blücher,* der sowohl von *Adenauer* als auch vom nordrhein-westfälischen Innenminister *Franz Meyers* mehrfach auf einen Zusammenschluss ehemaliger führender Nationalsozialisten „zu einer Organisation mit politischen Zielsetzungen" und Verdachtsmomente über Verflechtungen mit der NRW-FDP hingewiesen worden war, dazu, am 3. Januar 1953 persönlich an einem Treffen von 30 Kreisverbandsvorsitzenden teilzunehmen, auf dem zu *Middelhauves* Ärger die Entwicklung im nordrhein-westfälischen Landesverband besprochen wurde und „die ernste Besorgnis über den Zustrom rechtsradikaler Elemente zum Ausdruck kam".[476]

Allein, es blieb bei solch zaghaften Ansätzen einer Befassung mit dem eigentlichen Problem. Weder der bewusst platzierte Warnartikel im *Dagens Nyheter* noch weitere deutliche Hinweise aus eigenen und internationalen Geheimdienstkreisen, die den *Naumann*-Kreis längst im Auge und in selbigem auch einen V-Mann hatten,[477] konnten die zuständigen deutschen Behörden

---

[472] *N. Frei,* Vergangenheitspolitik, 2. Aufl. 1996, S. 364 f.; *M. Lausberg,* Die extreme Rechte in NRW, 2012, S. 251.

[473] *Adenauer* hatte bereits in der Sitzung des CDU-Bundesvorstands am 15.12.1952 mit dem Hinweis für Verwunderung gesorgt, „von einer auswärtigen Macht" gebeten worden zu sein, den *Naumann*-Kreis verhaften zu lassen, *O. Lenz,* Tagebuch 1951–1953, 1989, S. 501 (15.12.1952); vgl. auch die Stellungnahme *Adenauers* im CDU-Bundesvorstand: Adenauer: „Es mußte alles neu gemacht werden", 1986, Sitz. des CDU-Bundesvorstands v. 26.01.1953, S. 308 ff.; zum Ganzen auch *N. Frei,* Vergangenheitspolitik, 2. Aufl. 1996, S. 370; näher zum *Naumann*-Kreis und dessen Verhaftung sogleich S. 416 ff.

[474] Sitz. des FDP-Bundesvorstands 06.12.1952, FDP-Bundesvorstand, Sitzungsprotokolle 1949–1954, 1. Halbbd. 1949–1952, 1990, S. 676 (742).

[475] *K. Buchna,* Nationale Sammlung, 2010, S. 142 f.

[476] *U. Wengst,* Einleitung, in: FDP-Bundesvorstand, Sitzungsprotokolle 1949–1954, 1. Halbbd. 1949–1952, 1990, S. IX (LIX).

[477] *K. Buchna,* Nationale Sammlung, 2010, S. 141 f.

oder die FDP-Parteileitung zum Eingreifen bewegen.[478] So sah sich schließlich der für NRW und Niedersachsen zuständige britische Hochkommissar *Ivone Kirkpatrick* gezwungen, die Sache selbst in die Hand zu nehmen, was ihm zugleich Gelegenheit gab, den im Umgang mit der NS-Vergangenheit allzu liberal gewordenen Deutschen die latente Handlungsbereitschaft der Alliierten gegenüber dem Nazismus zu demonstrieren:[479]

Wie ein „Blitz aus bewölktem Himmel“[480] nahmen am späten Abend des 14. Januar 1953 Beamte des britischen „Public Safety“ und „Intelligence Corps“ unter Berufung auf den gebotenen Schutz der alliierten Streitkräfte gem. Art. 2 des revidierten Besatzungsstatuts[481] *Goebbels* ehemaligen Staatssekretär im Propagandaministerium *Werner Naumann*[482] und fünf weitere Mitglieder aus dessen „Kreis“ ehemaliger NSDAP-Funktionäre, darunter *Gustav Adolf Scheel,* ehemaliger Reichsstudentenführer, SS-Obergruppenführer und Gauleiter sowie Reichsstatthalter von Salzburg, und *Paul Zimmermann,* ehemaliger SS-Brigadeführer und Beamter in der Wirtschafts- und Verwaltungsabteilung der SS, fest.[483] Hauptziel der Verhaftungsaktion war, an belastendes Material zu kommen, welches die Ziele der Verschwörer belegen sollte.[484] Wie *Kirkpatrick* in seinen Memoiren berichtet, wurde bei *Naumann* tatsächlich eine Unmenge an Material *(„about a ton of“)* beschlagnahmt.[485] Dessen mühsame und langwierige Auswertung sollte sich lohnen: Wie nicht zuletzt *Naumanns* beredtes Tagebuch belegte, hatte der *Naumann*-Kreis intensiv an der nazistischen Unterwanderung insbesondere der nordrhein-westfälischen FDP, aber auch der DP und des BHE gearbeitet und da-

---

[478] *I. Kirkpatrick,* The Inner Circle, 1959, S. 252 berichtet, dass er vor der Aktion einen führenden FDP-Politiker gewarnt habe, dass die Briten einschreiten würden, wenn die FDP nicht selbst handele. Eine Überlegung, die deutschen Behörden zur Verhaftung aufzufordern, habe er verworfen, da *Naumann* seine Vertrauten überall platziert habe und dieser daher möglicherweise vor einer Verhaftung gewarnt worden wäre und belastende Dokumente dann rechtzeitig vernichtet hätte.

[479] *I. Kirkpatrick,* The Inner Circle, 1959, S. 252 ff.

[480] So die Süddeutsche Zeitung v. 16.01.1953.

[481] „II. Um die Verwirklichung der grundlegenden Besatzungszwecke sicherzustellen, bleiben Sonderbefugnisse [...] auf folgenden Gebieten vorbehalten: [...] e) Schutz, Ansehen und Sicherheit der alliierten Streitkräfte, [...]“.

[482] Zu *Naumann* bereits oben S. 392 f., 405.

[483] Ein weiteres Mitglied des Kreises, der ehemalige Gauleiter und Reichsstatthalter von Hamburg, *Karl Kaufmann,* wurde einen Tag später verhaftet, da er sich am 14.01.1953 gerade nicht an seinem Wohnort befunden hatte. Der frühere HJ-Gebietsführer *Friedrich Karl Bornemann* war während des Zugriffs in der amerikanischen Besatzungszone unterwegs, stellte sich jedoch Anfang April 1953 freiwillig, nachdem Haftbefehl gegen ihn erlassen worden war.

[484] *I. Kirkpatrick,* The Inner Circle, 1959, S. 252.

[485] *I. Kirkpatrick,* The Inner Circle, 1959, S. 253.

mit nach Auffassung der britischen Behörden letztlich die „Wiederergreifung der Macht" in Westdeutschland angestrebt.[486]

Hatte der *Naumann*-Kreis so verschiedene Parteien im Fokus gehabt, sah *Naumann* persönlich die FDP wegen ihres liberal-demokratischen Flügels und der besitzbürgerlichen Prägung, die sie als denkbar ungeeignet erscheinen ließ, für die Arbeiter und die Jugend zu sprechen, nicht als ideales Ziel, sondern eher als Notvehikel für das geplante nationale Wiedererwachen an.[487] Erscheinen vor diesem Hintergrund das Deutsche Programm und viele andere Maßnahmen der nordrhein-westfälischen FDP wie die stetige Betonung ihrer „Jugendlichkeit" geradezu als Versuch, Bedenken von NS-Netzwerkern wie *Naumann* auszuräumen, geriet die FDP, die in der Öffentlichkeit zunächst als lediglich ein Infiltrationsziel unter mehreren erschien, vollends in den Strudel der Ereignisse, als der schon im Artikel des *Dagens Nyheter* als *spiritus rector* der rechtsextremen Bestrebungen in der FDP benannte Vorsitzende des außenpolitischen Ausschusses der FDP und nordrhein-westfälische Landtagsabgeordnete *Ernst Achenbach* (1909–1991)[488] noch am Tag nach der Verhaftungsaktion spontan erklärte, als Rechtsanwalt *Naumanns* Verteidigung zu übernehmen.[489]

Achenbach, der in Deutschland vor allem mit seinem Kampf für eine Generalamnestie zugunsten von Kriegsverbrechern bekannt geworden war und dabei eng mit dem ehemaligen SS-Obergruppenführer aus dem Reichssicherheitshauptamt (RSHA) und Generalleutnant in der Militärverwaltung in Frankreich *Werner Best*[490] zusammenarbeitete, stand seit dem Sommer 1950 in engem Kontakt mit *Naumann* und hatte von Anfang an versucht, diesen vor allem wegen seines riesigen Netzwerks ehemaliger NS-Aktivisten für ein Engagement in der FDP zu gewinnen. Wie die von der Zeit im Juni 1953

---

[486] Kommuniqué der Britischen Regierung zur Verhaftung des *Naumann*-Kreises, abgedruckt bei: *J. M. Gutscher,* Die Entwicklung der FDP, 1984, S. 331: „Es ist den britischen Behörden seit einiger Zeit bekannt, daß sich eine Gruppe ehemaliger führender Nationalsozialisten mit Plänen zur Wiederergreifung der Macht in Westdeutschland befaßte. […]"; *N. Frei,* Vergangenheitspolitik, 2. Aufl. 1996, S. 361 ff.; *G. Trittel,* „Man kann ein Ideal nicht verraten…", 2013, S. 183 ff.; *B. Baldow,* Episode oder Gefahr?, Diss. 2013, S. 197 ff.; *U. Herbert,* Best, 2. Aufl. 1996, S. 467; *S. Ullrich,* Der Weimar-Komplex, 2009, S. 373 f.; *K. Buchna,* Nationale Sammlung, 2010, S. 157 ff.; *M. Lausberg,* Die extreme Rechte in NRW, 2012, S. 242 ff.; *W. Long,* The New Nazis of Germany, 1968, S. 72 ff.

[487] *K. Buchna,* Nationale Sammlung, 2010, S. 133.

[488] Zu *Achenbach,* der seit 1937 NSDAP-Mitglied gewesen war und während des Zweiten Weltkriegs die politische Abteilung der deutschen Botschaft in Paris geleitet hatte, *K. Buchna,* Nationale Sammlung, 2010, S. 64 ff., 200 ff.; *B. und S. Klarsfeld,* Erinnerungen, 2015, S. 184 ff., 293 f.

[489] *U. Wengst,* Einleitung, in: FDP-Bundesvorstand, Sitzungsprotokolle 1949–1954, 1. Halbbd. 1949–1952, 1990, S. IX (LVIII ff.); *K. Buchna,* Nationale Sammlung, 2010, S. 161 f.

[490] Zu *Best* bereits oben S. 405.

publik gemachte sog. Achenbachnotiz in *Naumanns* Tagebuch vom 26. August 1950, deren Authentizität trotz *Achenbachs* heftigen Bestreitens wahrscheinlich ist, belegt,[491] hatte dieser *Naumann* die nordrhein-westfälische FDP geradezu als ideales Infiltrationsziel für NS-Personal angedient:[492] Mit nur 200 Eintritten könne der gesamte Landesverband übernommen werden. Vor diesem Hintergrund war der Schlag gegen den *Naumann*-Kreis nach der Beseitigung des institutionalisierten Neonazismus mit dem SRP-Verbot im Oktober 1952 gewissermaßen eine pointierte und letztlich sehr effektive Warnung an und vor früheren NS-Chargen, die insgeheim an der Unterwanderung etablierter Parteien arbeiteten.[493]

Im Einklang mit der vorherrschenden öffentlichen Meinung war *Dehler* als Bundesjustizminister über die einseitige britische Intervention gegen den *Naumann*-Kreis, die mangels gerichtlicher Anordnung kaum rechtsstaatlichen Maßstäben zu genügen schien und auf die meisten Beobachter zunächst unverhältnismäßig wirkte, mehr als empört.[494] Dabei machte er auch *Adenauer,* der das Eingreifen der Briten abgeklärt als Zeichen gegen die rechtsextremen Tendenzen in der FDP und der DP begrüßte und mit seiner auch dadurch ermöglichten unaufgeregten Zusammenarbeit mit dem britischen Hochkommissar *Kirkpatrick* verhinderte, dass sich die *Naumann*-Affäre zu einer ernstlichen diplomatischen Krise auswuchs,[495] für das Vorgehen gegen den *Nau-*

---

[491] „Middelhauve sträubt sich“, in: Die Zeit v. 18.06.1953 (http://www.zeit.de/1953/25/middelhauve-straeubt-sich) gibt *Naumanns* Tagebuchnotiz über das Gespräch mit *Achenbach* wie folgt wieder: „Ein Volk in dieser Lage, ohne nationale Souveränität, von Hohen Kommissaren regiert, braucht Stresemänner. Um den NS unter diesen Umständen trotzdem einen Einfluß auf das politische Geschehen zu ermöglichen, sollen sie in die FDP eintreten, sie unterwandern und ihre Führung in die Hand nehmen. An Einzelbeispielen erläutert er, wie leicht das zu machen wäre. Mit nur 200 Mitgliedern können wir den ganzen Landesvorstand erben. Mich will er als Generalsekretär o. ä. engagieren! Es ist ihm so ernst um sein Angebot, daß er zum Schluß bedeutet: entweder wir nehmen an und unterstützen ihn oder er zieht sich aus der Politik zurück.“; die sog. Achenbachnotiz ist als Faksimile abgedruckt bei: *F. Grimm,* Unrecht im Rechtsstaat, 1957, S. 256 ff.

[492] *K. Buchna,* Nationale Sammlung, 2010, S. 127 ff.

[493] Vgl. auch *I. Kirkpatrick,* The Inner Circle, 1959, S. 252 ff.; *U. Herbert,* Best, 5. Aufl. 2011, S. 467 ff.; *K. Buchna,* Nationale Sammlung, 2010, S. 159.

[494] *N. Frei,* Vergangenheitspolitik, 2. Aufl. 1997, S. 372 ff.; *M. Lausberg,* Die extreme Rechte in NRW, 2012, S. 252; zur öffentlichen Meinung: *K. Buchna,* Nationale Sammlung, 2010, S. 157 f.

[495] Adenauer: „Es mußte alles neu gemacht werden“, 1986, Sitz. des CDU-Bundesvorstands v. 26.01.1953, S. 309: „[…] diese Verhaftung Naumanns und Konsorten wird sehr dazu beitragen […], daß in der zukünftigen Deutschen Partei und in der zukünftigen [Freien] Demokratischen Partei die Tendenzen, die sich jetzt in der [Freien] Demokratischen Partei Nordrhein-Westfalens bemerkbar gemacht haben – auch gewisse Tendenzen in der Deutschen Partei – sehr stark zurückgedrängt werden. Deswegen und auch noch aus anderen Gründen bin ich über die Aktion Naumann alles andere als traurig. Ich glaube, diese Aktion wird wirklich dazu beitragen, daß diese rechtsradikalen Elemente zurückgedrängt

mann-Kreis verantwortlich. Hintergrund für *Dehlers* Mutmaßungen war nicht zuletzt, dass das Eingreifen der Briten die Position der FDP bei den anstehenden wichtigen Gesetzesvorhaben, etwa der Verabschiedung des Wahlgesetzes für die Bundestagswahlen und der Ratifizierung der Westverträge, empfindlich geschwächt hatte.[496] Intern räumte *Dehler* indes bereits in der FDP-Bundesvorstandssitzung am 24. Januar 1953, auf der die Vertreter der beiden Parteiflügel die Vorgänge um den *Naumann*-Kreis ganz unterschiedlich einordneten,[497] ein, dass in der nordrhein-westfälischen FDP ein „wahrhaft demokratisches Parteileben“ nicht mehr vorhanden sei und dort bei der Auswahl der Geschäftsführer eine einseitige Auslese stattgefunden habe:[498]

„Wir kennen die Gefahr, man holt sich einen, und der holt andere nach. […] Leute, die im Dritten Reich […] besonders aktiv waren, werden auch heute zur Aktivität drängen, das ist klar. Wir müssen aber bitten, daß uns unsere Freunde aus Nordrhein-Westfalen klaren Wein einschenken. Das, was von Nordrhein zu uns drängt, deutet auf eine bedenkliche Art der Aktivität. […] Wir können uns nicht den Körper unserer Partei verderben lassen. Es dringen hier Stoffe in unseren Parteikörper ein, die nicht gesund sind. Das ist doch klar.“[499]

War der Bundesjustizminister zu jenem Zeitpunkt allerdings noch der Auffassung, dass das vorliegende Material für eine Anklageerhebung gegen *Naumann* nicht ausreichen werde, musste er, nachdem die Briten im März 1953 den deutschen Behörden die Strafverfolgung *Naumanns* und seines Kreises überantwortet hatten, seine Meinung ändern. Nach Sichtung des beschlagnahmten Materials, insbesondere *Naumanns* Tagebuchs, musste er kleinlaut einräumen, dass der *Naumann*-Kreis eine „ernste Bedrohung“ für die Bundes-

---

werden, was sonst allerdings für die FDP im neuen Bundestag – in geringerem Maße für die Deutsche Partei – eine gewisse Gefahr dargestellt hätte.“; *Adenauers* Solidarität mit der Aktion hebt *I. Kirkpatrick,* The Inner Circle, 1959, S. 254 positiv hervor; zum Ganzen auch *K. Buchna,* Nationale Sammlung, 2010, S. 158 f.

[496] Informationsbericht Robert Strobels v. 26.03.1953, in: Adenauer und die FDP, 2013, S. 298 (299 f.) nach einem Gespräch mit *Dehler,* in dem dieser *Adenauer* mit einem Schimpfwort belegte („Gott, der Mann ist doch ein […]“), auf dessen Wiedergabe *Strobel* auch in seinem internen Informationsbericht zu verzichten müssen glaubte, „weil es in später Stunde, bei einem Glas Wein gesprochen, gewiß kein so großes Gewicht hatte, wie es hier schwarz auf weiß erhalten könnte“. Den Vorwurf, dass *Adenauer* bei der Verhaftung des *Naumann*-Kreises seine Finger im Spiel gehabt habe, um der FDP zu schaden, wiederholte *Dehler* später wohl nicht mehr.

[497] Sitz. FDP-Bundesvorstand 24.01.1953, in: FDP-Bundesvorstand, Sitzungsprotokolle 1949–1954, 2. Halbbd. 1953/54, 1990, S. 790 (791 ff.); *U. Wengst,* Einleitung, in: FDP-Bundesvorstand, Sitzungsprotokolle 1949–1954, 1. Halbbd. 1949–1952, 1990, S. IX (LX).

[498] Sitz. DP-Bundesvorstand 24.01.1953, in: FDP-Bundesvorstand, Sitzungsprotokolle 1949–1954, 2. Halbbd. 1953/54, 1990, S. 790 (822); *U. Wengst,* Thomas Dehler, 1997, S. 177; *ders.,* Einleitung, in: FDP-Bundesvorstand, Sitzungsprotokolle 1949–1954, 1. Halbbd. 1949–1952, 1990, S. IX (LX).

[499] Sitz. FDP-Bundesvorstand 24.01.1953, in: FDP-Bundesvorstand, Sitzungsprotokolle 1949–1954, 2. Halbbd. 1953/54, 1990, S. 790 (822).

republik dargestellt habe.[500] Gleichzeitig zog er nunmehr auch *Middelhauve,* der so lange wie irgend möglich zu *Dierwege* und *Achenbach* stand[501] und die Aufklärungsarbeit der mit *Dehler,* Bundeswohnungsbauminister *Fritz Neumayer*[502] und dem stellvertretenden niedersächsischen FDP-Vorsitzenden *Alfred Onnen* hochkarätig besetzten parteiinternen Untersuchungskommission nach Kräften zu behindern versuchte,[503] zunehmend in den Verdacht, in der *Naumann*-Affäre persönlich „nicht unschuldig" zu sein. Ende April 1953 konfrontierte er ihn im FDP-Bundesvorstand als „Problem *Middelhauve*"[504] dann auch offen mit diesen Vorwürfen.[505] Viel sprach dafür, dass *Middelhauve* namentlich die engen Kontakte *Dierweges* mit *Naumann,* der bspw. über *Dierwege* im Sommer 1952 den ehemaligen NS-Landrat *Heinrich Lindner* als zweiten persönlichen Assistenten bei *Middelhauve* platziert hatte,[506] toleriert, wenn nicht sogar gutgeheißen hatte.[507]

Unterstützt wurde *Middelhauve* in seiner ostentativ selbstbewussten Vertuschungs- und Salami-Rückzugstaktik, die den ernstlich um Aufklärung bemühten *Dehler* allmählich zur Weißglut trieb, von seinem nordrhein-westfälischen Landesverband, der dem Landesvorsitzenden am 7. März 1953 auf dem

---

[500] *U. Wengst,* Thomas Dehler, 1997, S. 178.

[501] Dazu umfassend *K. Buchna,* Nationale Sammlung, 2010, S. 163 ff., 166 ff.

[502] *Neumayer* sollte *Dehler* im Herbst 1953 nach dessen Ausbootung bei der Kabinettsbildung als zweiter Bundesjustizminister in der Geschichte der Bundesrepublik beerben.

[503] *M. Lausberg,* Die extreme Rechte in NRW, 2012, S. 253 f.; so etwa indem er, gedeckt von Beschlüssen des nordrhein-westfälischen Landesverbandes, die vom Bundesvorstand beschlossene Übersendung von Personalbögen samt Informationen über die politische Vergangenheit von allen im nordrhein-westfälischen Landesverband hauptberuflich tätigen Personen an den Untersuchungsausschuss mit dem bezeichnenden Hinweis, dass die Partei doch seit Jahren ein Ende der Entnazifizierung fordere, verweigerte, dazu: *K. Buchna,* Nationale Sammlung, 2010, S. 162 f.

[504] Sitz. FDP-Bundesvorstand 25./26.04.1953, in: FDP-Bundesvorstand, Sitzungsprotokolle 1949–1954, 2. Halbbd. 1953/54, 1990, S. 908 (952): „[…] es handelt sich hier um ein Problem *Middelhauve!"* (Hervorhebung im Original).

[505] *Dehler* berichtete als Mitglied der eingesetzten FDP-Untersuchungskommission in der zweiten Aprilhälfte 1953 erstmals im FDP-Bundesvorstand auf der Grundlage des gesichteten Materials der Briten vertraulich über verschwörerische Kontakte *Naumanns* insbesondere mit *Dierwege,* der „dauernd Fühlung mit *Naumann* gehabt" habe, aber auch zum Geschäftsführer des nordrhein-westfälischen Landesverbandes *Wolfgang Döring,* zu *Ernst Achenbach* und schließlich zu *Middelhauve.* Daraufhin kam es zu einer heftigen Auseinandersetzung mit *Middelhauve*, dem insbesondere *Euler* beisprang; vgl. Sitz. FDP-Bundesvorstand 25./26.04.1953, in: FDP-Bundesvorstand, Sitzungsprotokolle 1949–1954, 2. Halbbd. 1953/54, 1990, S. 908 (912 ff., insbesondere 917 ff.); *U. Wengst,* Einleitung, in: FDP-Bundesvorstand, Sitzungsprotokolle 1949–1954, 1. Halbbd. 1949–1952, 1990, S. IX (LXI f.); *K. Buchna,* Nationale Sammlung, 2010, S. 168 f., 185.

[506] „Middelhauve sträubt sich", in: Die Zeit v. 18.06.1953 (http://www.zeit.de/1953/25/middelhauve-straeubt-sich); *K. Buchna,* Nationale Sammlung, 2010, S. 131.

[507] *K. Buchna,* Nationale Sammlung, 2010, S. 130 ff.

Landesparteitag in Dortmund demonstrativ den Rücken gestärkt hatte: Entgegen *Blüchers* dringendem Appell, von einer negativen wie positiven „Adresse an Middelhauve" abzusehen, war der später mit großer Mehrheit angenommene Antrag, dem Landesvorsitzenden „für seine klare und entschiedene Politik [...] Dank und Vertrauen" auszusprechen, von einem noch recht unbekannten, 26 Jahre jungen Vorsitzenden des FDP-Bezirksverbandes Aachen namens *Otto Graf Lambsdorff* (1926–2009) eingebracht worden.[508] Dass dann auch noch der längst gründlich desavouierte *Achenbach* unter starkem Beifall in den geschäftsführenden Landesvorstand gewählt worden war,[509] wurde im FDP-Bundesvorstand vollends als „Schlag ins Gesicht" empfunden.[510] Während Ende April 1953 so fast der gesamte Bundesvorstand für *Achenbachs* Abberufung vom Vorsitz des außenpolitischen Vorstands votierte,[511] blieb dem von *Dehler* offen angegangenen *Middelhauve,*[512] dem auch viele andere Parteivorstandsmitglieder ihr Misstrauen aussprachen, ein weiter reichender „Parteibann" in der Folge wohl nur aufgrund des moderierenden Eingreifens nordrhein-westfälischer Parteivorstandsmitglieder erspart.[513]

Nicht nur *Middelhauve* konnte sich letztlich vor allem aufgrund der Nibelungentreue des Großteils seines Landesverbandes, der für die FDP im Vorfeld der Bundestagswahlen von größter Bedeutung war, durch die gesamte Krise hindurchlavieren.[514] Eine wirkliche personelle Erneuerung fand in der

---

[508] Der Antrag wurde mit 231 Ja- gegen 52 Neinstimmen bei 14 Enthaltungen angenommen, *K. Buchna,* Nationale Sammlung, 2010, S. 168.

[509] Mit 206 von 291 Stimmen; Sitz. FDP-Bundesvorstand 25./26.04.1953, in: FDP-Bundesvorstand, Sitzungsprotokolle 1949–1954, 2. Halbbd. 1953/54, 1990, S. 908 (944 Fn. 29).

[510] So der West-Berliner FDP-Vorsitzende und frühere *Stresemann*-Sekretär *Carl-Hubert Schwennicke* (1906–1992) in der Sitz. des FDP-Bundesvorstandes am 25./26.04.1953, in: FDP-Bundesvorstand, Sitzungsprotokolle 1949–1954, 2. Halbbd. 1953/54, 1990, S. 908 (944).

[511] Dieser Passus der Entschließung wurde gegen zwei Stimmenthaltungen – darunter sicher *Middelhauve* – angenommen, Sitz. FDP-Bundesvorstand 25./26.04.1953, in: FDP-Bundesvorstand, Sitzungsprotokolle 1949–1954, 2. Halbbd. 1953/54, 1990, S. 908 (965 f.).

[512] *Dehler* in der Sitz. des FDP-Bundesvorstandes v. 25./26.04.1953, in: FDP-Bundesvorstand, Sitzungsprotokolle 1949–1954, 2. Halbbd. 1953/54, 1990, S. 908 (951 f.): „Was steht denn zweifellos fest? Der Vorwurf der Unterwanderung. *Naumann,* der der böswilligste und gefährlichste Feind dieses Staates ist, kann sagen [...] ‚In der FDP habe ich meine Leute sitzen!' Funktionäre der FDP kommen zu mir und sagen: Mache uns doch keinen Vorwurf, das ist der Weg, um die FDP als Instrument in die Hand zu bekommen. Das steht doch fest! *Dierwege* hatte intimste Beziehungen zu *Naumann.* Ihr nächster Ratgeber, Herr *Middelhauve,* der Mann, dem Sie völlig vertraut haben, den sie verteidigt haben, ein Werkzeug *Naumanns* war er!"

[513] *K. Buchna,* Nationale Sammlung, 2010, S. 169 f., 191 f.

[514] Zu überwiegender Unterstützung und vereinzelter Kritik im Landesverband gegenüber *Middelhauve*: *K. Buchna,* Nationale Sammlung, 2010, S. 173 ff.; zu *Middelhauves* späterer Karriere: a.a.O., S. 212 ff.

NRW-FDP, welche die Krise so weit wie möglich aussaß, nicht statt: Zentralfiguren der rechtsextremen Strategie wie *Döring, Achenbach*[515] und auch der frühere HJ-Gebietsführer Böhmen und Mähren *Siegfried Zoglmann* (1913–2007) blieben weithin unbehelligt und daher weiter wichtige Führungsfiguren der nordrhein-westfälischen FDP.[516] Die Trennung von lediglich vier hoch belasteten Einzelpersonen wie *Dierwege,* der bereits Ende Januar 1953 selbst seinen Rücktritt angeboten hatte, war demgegenüber nicht mehr als ein „Bauernopfer".[517] *Dehler,* der sich zusammen mit dem gesamten FDP-Bundesvorstand dem Dilemma ausgesetzt sah, einerseits die Missstände im nordrhein-westfälischen Augiasstall schonungslos aufdecken, angesichts der näher rückenden Bundestagswahl und der Bedeutung der nordrhein-westfälischen Wählerschaft die ganze Sache aber gleichzeitig nach außen möglichst schonend verkaufen und zumal die Partei vor der weiter drohenden Spaltung bewahren zu müssen, projizierte seinen Groll daher auch immer stärker in den Bundeskanzler: Im Juni 1953, als an einer Verstrickung *Middelhauves* kaum mehr Zweifel bestanden, verdächtigte der Justizminister *Adenauer* – nicht ganz grundlos –, den durch die *Naumann*-Affäre herbeigeführten „Schwächeanfall der FDP" im Vorfeld der anstehenden Bundestagswahlen „brutal" für seine Zwecke auszunutzen.[518]

Den vielleicht wichtigsten konkreten Effekt der effizienten Verhaftungsaktion der Briten hatte unterdessen *Hans Ulrich Kempski* in der Wochenendausgabe der Süddeutschen Zeitung vom 14./15. März 1953 bereits in einer langen Artikelüberschrift präzise vorweggenommen: „Schon vor der ersten Schlacht geschlagen – Die ‚Nationale Sammlung' ist gescheitert / Naumann-Affäre durchkreuzt Fusionspläne der Rechtsparteien".[519] So konnte nicht zuletzt der Bundeskanzler aufatmen: Nicht nur war die für die CDU bedrohlich aufstrebende FDP geschwächt. Alle Pläne einer parteiübergreifenden Sammlungsbewegung der extremen Rechten – und damit *Adenauers* Albtraum einer großen nationalistischen Partei rechts von der CDU – waren maßgeblich aufgrund des beherzten Eingreifens der Briten, das die Gefahren eines Wieder-

---

[515] *Achenbach,* der am 1. Mai 1953 *Naumanns* Verteidigung niedergelegt hatte (Erklärung abgedruckt bei: *F. Grimm,* Unrecht im Rechtsstaat, 1957, S. 70), wurde schließlich parteioffiziell rehabilitiert und Anfang der 70er Jahre sogar für ein EWG-Kommissariat in Erwägung gezogen; zu seinem weiteren Schicksal: *K. Buchna,* Nationale Sammlung, 2010, S. 200 ff.; *B. und S. Klarsfeld,* Erinnerungen, 2015, S. 184 ff., 293 f.

[516] *K. Buchna,* Nationale Sammlung, 2010, S. 180.

[517] Zu *Dierweges* weiterem Schicksal: *K. Buchna,* Nationale Sammlung, 2010, S. 199 ff.

[518] *U. Wengst,* Thomas Dehler, 1997, S. 178.

[519] *H. U. Kempski,* „Schon vor der ersten Schlacht geschlagen / Die ‚Nationale Sammlung' ist gescheitert / Naumann-Affäre durchkreuzt Fusionspläne der Rechtsparteien", in: SZ v. 14./15.03.1953, S. 3.

auflebens des Nationalsozialismus fanalhaft sichtbar gemacht hatte, spätestens im Frühsommer 1953 gescheitert.[520]

FDP-intern hatte die spektakuläre britische Intervention gegen den objektiv für die Bundesrepublik wohl nicht übermäßig gefährlichen *Naumann*-Kreis[521] eine Auseinandersetzung mit der nationalsozialistischen Unterwanderung der nordrhein-westfälischen FDP in einer Intensität ermöglicht, die im Herbst 1952 angesichts des Einflusses des überragend wichtigen nordrhein-westfälischen Landesverbandes noch undenkbar gewesen wäre.[522] Die dadurch herbeigeführte Machtverschiebung innerhalb der FDP – quasi die Revision der Bad Emser Rechtsverschiebung – wurde trotz aller Schonung *Middelhauves* nach außen auch auf dem außerordentlichen FDP-Parteitag vom 26.–28. Juni 1953 in Lübeck sichtbar. Allen, die dem Reich hinterhertrauerten, wurde dort zwar noch allerlei Augen- und Ohrenschmaus vom Fahneneinmarsch über Soldatenkundgebung, feierliche Totenehrung und Fackelzug bis hin zum Ausklang mit Großem Zapfenstreich geboten. *Middelhauve,* der sich wenige Monate zuvor noch Hoffnung auf den Parteivorsitz der Bundes-FDP gemacht hatte,[523] wurde allerdings nach intensivem Ringen um ein totales Redeverbot auf ein unbedeutendes Referat über die Arbeit der Deutschen Sektion der Liberalen Weltunion gestutzt, und sein ambitioniertes Deutsches Programm stand nicht einmal mehr auf der Tagesordnung, während das Liberale Manifest demonstrativ zur Weiterbehandlung an den Bundesvorstand überwiesen wurde.[524] Gleichzeitig hielt *Middelhauve* in seiner nordrhein-westfälischen FDP in einer Art selbstgeschaffener – wie man heute sagen würde – Echokammer bzw. Filterblase allerdings unbeirrbar an seiner Öffnungsstrategie nach Rechtsaußen fest. So trat die nordrhein-westfälische FDP im Sommer 1953 ungerührt mit dem Konterfei des Landesvorsitzenden und dem Motto „Rechts ran! Wählt Middelhauve“ in den Bundestagswahlkampf ein.[525]

---

[520] Vgl. *H. U. Kempski,* „Schon vor der ersten Schlacht geschlagen“, in: SZ v. 14./15.03.1953, S. 3; *J. Gabbe,* Parteien und Nation, 1976, S. 76 ff.; *M. Gutscher,* Die Entwicklung der FDP, 1984, S. 159; *U. Herbert,* Best, 5. Aufl. 2011, S. 468 f.; *G. Papke,* Liberale Ordnungskraft, 1998, S. 173; *K. Buchna,* Nationale Sammlung, 2010, S. 173, 222 f.

[521] So etwa *K. Buchna,* Nationale Sammlung, 2010, S. 222.

[522] *K. Buchna,* Nationale Sammlung, 2010, S. 221 f.

[523] *H. U. Kempski,* „Schon vor der ersten Schlacht geschlagen“, in: SZ v. 14./15.03.1953, S. 3.

[524] *K. Buchna,* Nationale Sammlung, 2010, S. 192 f.

[525] Ein entsprechendes schwarz-weiß-rot umrandetes Plakat, das auch ein Bild *Middelhauves* zeigt, ist auf dem Cover von *K. Buchna,* Nationale Sammlung, 2010, abgebildet; *Burkhard Hirsch* erinnert sich in dem jüngst erschienenen Gesprächsband, *G. Baum/B. Hirsch,* Der Baum und der Hirsch, 2016, S. 57 an dieses Plakat als „unerträglich“.

7. Das Spiel mit dem Feuer macht sich nicht bezahlt

Die überwiegend taktisch begründete, bei nicht wenigen FDP-Aktivisten vor allem aus NRW und Niedersachsen aber auch einem genuinen politischen Interesse entsprungene Anbiederung an den Rechtsextremismus sollte sich für die FDP, deren nationalistischer Flügel im Sommer/Herbst 1952 auch mehrfach Fühlung mit Repräsentanten der zerfallenden SRP aufgenommen hatte,[526] bei den so wichtigen zweiten Bundestagswahlen nicht bezahlt machen.[527] Auch die DP, die im Februar 1953 zum drastischen Schritt gegriffen hatte, ihren mit einem Einstieg in *Middelhauves* Sammlungsbewegung liebäugelnden nordrhein-westfälischen Landesverband aufzulösen,[528] profitierte bei den Wahlen kaum von der Öffnung nach Rechts. Im Gegenteil führte die Enttäuschung konservativer Wähler, die den offenherzigen Kurs jener Parteien gegenüber früheren Anhängern der neonazistischen SRP nicht mittrugen, bei den Bundestagswahlen im September 1953 wohl gerade zu einer Wählerwanderung von der DP und der FDP hin zur deutlich gestärkten CDU.

Zwar trug die Anbiederung an Rechtsaußen der FDP, die ihr respektables Ergebnis von 9,5 % der Stimmen – nach 11,9 % bei den ersten Bundestagswahlen – angesichts der ins Kraut geschossenen eigenen Erwartungen als Desaster empfand,[529] und der DP, die mit 3,3 % überhaupt nur aufgrund ihrer acht niedersächsischen und zwei Hamburger Direktmandate in den Bundestag einzog, auch manche Stimme etwa früherer SRP-Wähler zu.[530] Insgesamt

[526] Im Juni 1952 traf sich so etwa der niedersächsische FDP-Geschäftsführer *Horst Huisgen* mit dem SRP-Chefideologen *Gerhard Krüger* (vgl. *G. Trittel,* „Man kann ein Ideal nicht verraten…“, 2013, S. 155 f. Fn. 253), und im Herbst 1952 sollen Repräsentanten der SRP mit rechtsextremen FDP-Funktionären sogar eine schrittweise Übernahme der SRP durch die FDP diskutiert haben (dazu *B. Baldow,* Episode oder Gefahr?, Diss. 2013, S. 136 Fn. 800); zur rechtsextremen Unterwanderung des niedersächsischen FDP-Landesverbandes im Übrigen auch *H. G. Marten,* Die unterwanderte FDP, 1978, S. 270 ff.

[527] *H. A. Winkler,* Der lange Weg nach Westen, 2. Bd., 4. Aufl. 2002, S. 168.

[528] *H. U. Kempski,* „Schon vor der ersten Schlacht geschlagen“, in: SZ v. 14./15.03.1953, S. 3; *K. Buchna,* Nationale Sammlung, 2010, S. 182.

[529] Vgl. das Protokoll der Sitz. des FDP-Bundesvorstandes und der Bundestagsfraktion v. 11.09.1953, in: FDP-Bundesvorstand, Sitzungsprotokolle 1949–1954, 2. Halbbd. 1953–1954, 1990, S. 1137 ff.; *P. Lösche/F. Walter,* Die FDP, 1996, S. 37: „Die Partei war zutiefst schockiert. Kein Zweifel, die innerparteilichen Feldschlachten, in aller Öffentlichkeit ausgetragen, und die anrüchigen Verhaftungsaktionen hatten ihr schwer geschadet“; dabei muss allerdings auch berücksichtigt werden, dass die nordrhein-westfälische FDP im Vergleich zu 1949 immerhin über 100.000 Stimmen zulegen konnte und nur aufgrund der gestiegenen Wahlbeteiligung von 8,4 auf 8,3 % zurückfiel; dazu: *K. Buchna,* Nationale Sammlung, 2010, S. 193 f.

[530] Damit erklären sich nicht zuletzt auch die acht Direktmandate der DP in Niedersachsen. Insgesamt zog die DP aufgrund der Grundmandatsklausel mit 15 Abgeordneten in den zweiten Bundestag ein.

verloren die beiden Parteien so jedoch „wesentliche Teile ihrer angestammten Wählerschaft und gewannen politischen Treibsand".[531]

VII. Zivilgesellschaft versus SRP

Auch die sich allmählich formierende Zivilgesellschaft der jungen Bundesrepublik setzte sich im Vorfeld der Bundestagswahl mit dem Wiederaufleben nazistischen Gedankengutes und speziell auch mit dem Verbleib des SRP-Personals auseinander. Zu nennen ist hier vor allem ein Kreis, der sich im November 1951 im Umfeld des späteren *Heinrich-Böll*-Verlegers[532] *Joseph Witsch* (1906–1967) als „Arbeitsgemeinschaft Demokratische Aktion" in Köln gegründet hatte. War *Witschs* lockere Arbeitsgemeinschaft gegen rechten wie linken Extremismus gerichtet, nahm sie nach den großen Erfolgen der SRP in Niedersachsen und Bremen zunächst vor allem die neonazistische Partei aufs Korn. *Witsch*, der selbst verschiedenen NS-Organisationen angehört hatte,[533] nutzte seine Kontakte zu Tageszeitungen, Zeitschriften, Rundfunksendern und Verlegern, um „das demokratische Bewußtsein der Deutschen zu wecken, zu stärken und gegebenenfalls erforderliche Aktionen gegen das getarnte oder offene Vorgehen neofaschistischer Organisationen, Kreise und Personen anzuregen".[534] War dies alles in allem eine Fortsetzung „der alliierten Re-Orientation-Politik aus aktuellem Anlass, auf privater Basis und unter deutschen Vorzeichen",[535] stand konkret bereits auf dem Gründungstreffen der Arbeitsgemeinschaft am 25. November 1951 in Köln ein Vortrag von *Hermann Beermann* vom DGB Hannover im Mittelpunkt, der über die „praktischen Erfahrungen in Niedersachsen im Zusammenhang mit dem Auftreten der SRP" berichtete.[536]

Nach einer Tagung der Arbeitsgemeinschaft am 3. Februar 1952 im Taunus-Hotel in Wiesbaden[537], für die als Hauptreferent immerhin der Regierende Bürgermeister von Berlin, *Ernst Reuter,* gewonnen werden konnte, erhielt die Gruppe über den CDU-nahen Journalisten *Wilfried Parge,* der in Brühl bei Bonn einen politischen Informationsdienst unterhielt, eine vertrauliche Ausgabe des Dienstes mit einer Zusammenstellung von Anhängern und Sym-

---

[531] *M. Jenke,* Verschwörung von rechts?, 1961, S. 119.

[532] *Böll* wechselte im Februar 1952 vom schöngeistigen Verlag *Friedrich Middelhauves*, der dem jungen, mittellosen Schriftsteller im Mai 1949 seinen ersten Verlagsvertrag und in der Folge auch eine einjährige Anstellung als Aushilfsangestellter beim Statistischen Amt der Stadt Köln verschafft hatte (oben S. 404), zur Kölner Konkurrenz von *Kiepenheuer & Witsch;* dazu: *K. Buchna,* Nationale Sammlung, 2010, S. 213.

[533] Dazu *F. Möller,* Das Buch Witsch, 2015, S. 109 ff.

[534] *F. Möller,* Das Buch Witsch, 2015, S. 565.

[535] So treffend *F. Möller,* Das Buch Witsch, 2015, S. 565.

[536] *F. Möller,* Das Buch Witsch, 2015, S. 564.

[537] Damals in der Rheinstraße 17 gelegen.

pathisanten der SRP.[538] Die dadurch gewonnenen Erkenntnisse veranlassten die Arbeitsgemeinschaft, die sich im Sommer 1952 unter Leitung von *Witschs* Mitarbeiter *Berend von Nottbeck* zu der straffer organisierten „Demokratischen Gesellschaft 1952“ entwickelte, eine Ausarbeitung über die „Charakteristik der SRP in Selbstzeugnissen“ zu erstellen. *Nottbeck* versandte die vierseitige, im Wesentlichen aus dem SRP-Verbotsantrag der Bundesregierung und einem Schriftsatz des SRP-Prozessvertreters kompilierte Schrift zusammen mit Informationen über die Gründung der Demokratischen Gesellschaft an Interessenträger aus Politik und Medien.[539]

Nach dem Verbot der SRP im Oktober 1952 nahm der Kreis um *Witsch* in erster Linie den Kommunismus ins Visier,[540] behielt allerdings zunächst auch die Nachwehen der SRP im Auge: So entstand im Sommer 1953 eine weitere Ausarbeitung mit dem für sich sprechenden Titel „Wo ist die SRP geblieben?“, die den Weiterführungsstrategien der SRP nachspürte.[541] Das vierseitige Manuskript, das *Nottbeck* auch an Entscheidungsträger wie den hessischen Ministerpräsidenten *Georg-August Zinn* versandte, warnte im Ergebnis, dass – obwohl das Parteiverbot durchaus wirksam gewesen sei – weiterhin Wachsamkeit gegenüber den fanatisierten Kräften, die sich früher unter dem Namen SRP zusammengefunden hätten, geboten sei.[542]

VIII. Persönliche Folgen für SRP-Aktivisten

Untrennbar verbunden mit der Frage, wie sich die Funktionäre und Anhänger der verbotenen SRP politisch neu orientierten, war die nicht zu unterschätzende persönliche Dimension des Verbotsurteils. Hatte mancher SRP-Funktionär nach dem großen Erfolg der Niedersachsenwahlen nicht nur von den dortigen Abgeordnetendiäten profitiert, sondern sich womöglich bereits auf dem Weg in den Bundestag oder gar in eine zukünftige Landes- oder Bundesregierung gewähnt, waren solche Karriereplanungen und teilweise auch Lebensentwürfe mit dem Verdikt des Bundesverfassungsgerichts zu einem jähen Ende gekommen. Besonders hart traf es Unbelehrbare, die – wie der ehemalige NS-Reichshandwerksmeister *Ferdinand Schramm* – entgegen dem Fortführungsverbot des BVerfG weiter Versammlungen abhielten oder sonst für die SRP tätig wurden und sich dafür schließlich vor den Strafgerichten ver-

---

[538] *F. Möller,* Das Buch Witsch, 2015, S. 566.

[539] *F. Möller,* Das Buch Witsch, 2015, S. 566 f.

[540] *F. Möller,* Das Buch Witsch, 2015, S. 567.

[541] Demokratische Gesellschaft 1952, Wo ist die SRP geblieben?, August 1953, HHStA, 502, 9085.

[542] Demokratische Gesellschaft 1952, Wo ist die SRP geblieben?, August 1953, S. 4, HHStA, 502, 9085.

antworten mussten.[543] Diese Strafprozesse, welche die Presse intensiv nachzeichnete, riefen die Gefahren, die mit dem Eintreten für eine verfassungswidrige Partei verbunden waren, im Wahljahr 1953 besonders eindrücklich vor Augen. Sie trugen damit auch dazu bei, die generalpräventive Wirkung des Parteiverbots, als nunmehr erprobte und anerkannte Institution der Ephoralen Verfassung, weiter zu verstärken.

Was die persönlichen Konsequenzen anging, war auch der – rechtlich wie gesehen problematische – Ausspruch des Mandatsverlusts von großer Bedeutung.[544] Er hatte zur Folge, dass neben dem im Moment des Verbotes noch verbliebenen Bundestagsabgeordneten *Dorls* auch die niedersächsischen und bremischen SRP-Abgeordneten nicht nur ihren politischen Einfluss, sondern auch die materiellen Vorzüge des Mandats einbüßten.[545] Der Bremerhavener SRP-Abgeordnete *Paul Hecker* reagierte darauf mit einem geradezu verzweifelten Schreiben an den Bremer Bürgerschaftspräsidenten, in dem er den Mandatsverlust als inakzeptabel verurteilte.[546] Er selbst sei Vertreter der Bremer Bevölkerung und nicht Mitglied „irgendeiner" Fraktion. Zudem beteuerte er, weder als Bürger noch als Abgeordneter demokratische Prinzipien verletzt zu haben.

Dorls veranlasste das Karlsruher Urteil dazu, sich noch am Tag der Urteilsverkündung der Lächerlichkeit preiszugeben, indem er das SRP-Verbot einmal mehr selbstgerecht als „neue Christenverfolgung", deren Methoden sich in nichts von denen unterschieden, die die SED benutze, brandmarkte.[547] Dabei war er sich auch nicht zu schade, larmoyant publik zu machen, dass er mehr als 50.000 Mark Schulden für die SRP gemacht habe, die nach dem Verbot der Partei nun auf seinen Namen liefen. Es dürfte daher nicht zuletzt an *Dorls'* finanziellen Schwierigkeiten gelegen haben, dass der frühere SRP-Vorsitzende – wie oben bereits angerissen wurde – schon bald auf das Wer-

---

[543] *Schramm* wurde vom LG Hamburg zu acht Monaten Gefängnis verurteilt, weitere fünf SRP-Aktivisten erhielten insgesamt 33 Monate Freiheitsstrafe, „Ehemalige SRP-Mitglieder zu Gefängnisstrafen verurteilt", in: Neue Zeitung v. 06.02.1953, auch in NLA-HStAH, Nds. 100, Acc. 2001/021, Nr. 31, Bl. 239; „Ehemalige SRP-Mitglieder vor Gericht", in: FR v. 04.02.1953, auch in BA, B 106, Nr. 15549; zu *Schramms* Verurteilung auch Demokratische Gesellschaft 1952, Wo ist die SRP geblieben?, S. 3, HHStA, 502, 9085; siehe im Übrigen auch den Ausschnitt aus dem Presse- und Informationsspiegel v. 29.09.1953, S. 7, BA, B 106, Nr. 15549, der über die strafgerichtliche Verurteilung von sieben früheren SRP-Funktionären wegen Verstoßes gegen die Anordnungen des BVerfG berichtet, und das Schreiben des BMdJ an den BMdI über die Verurteilung *Karl Theodor Försters* wegen illegaler Fortsetzung der verbotenen SRP v. 20.10.1953, BA, B 106, Nr. 15549.

[544] Oben S. 368 ff.

[545] Dies betont der Kommentar „Ein schwerer Schlag", in: FAZ v. 24.10.1952, S. 1.

[546] *H. Hansen,* Sozialistische Reichspartei, 2007, S. 271.

[547] „Dorls: Neue Christenverfolgung", in: FAZ v. 24.10.1952, auch in BA, B 106, Nr. 15549.

ben von Verfassungsschutzpräsident *Otto John,* den er über den ersten Gestapo-Chef *Rudolf Diels* (1900–1957) kennengelernt hatte, einging:[548] Im Dienste des Bundesamts für Verfassungsschutz kundschaftete *Dorls* ausgerechnet unter dem Decknamen „Adolf" zunächst vor allem frühere SRP-Mitglieder und verschiedene rechtsextreme Splittergruppen aus.[549] Hier sei vorweggenommen, dass ihn diese Aktivitäten spätestens mit *Johns* Übertritt in die DDR nicht mehr davor bewahren konnten, im September 1955 verhaftet und im Juli 1957 u.a. wegen Beleidigung und Betrugs vom LG Dortmund zu 14 Monaten Gefängnis verurteilt zu werden, wobei seine Tätigkeit für die SRP straferschwerend berücksichtigt wurde.[550] Ein Fluchtversuch in die DDR, wo er zuvor erfolglos schriftlich Asyl beantragt hatte, war im Juni 1956 kläglich gescheitert, weil *Dorls* ohne Ausweis in die DDR hatte einreisen wollen.[551] Einen Teil der Strafe musste der an einer chronischen Magenerkrankung leidende frühere SRP-Vorsitzende schließlich absitzen, bevor der nordrhein-westfälische Justizminister die verbliebene Reststrafe im Wege eines Gnadenerlasses ab 5. Juli 1959 zur Bewährung aussetzte.[552]

Aber auch zahlreiche andere SRP-Mitglieder und -Sympathisanten, die ihrer durchgängig unterfinanzierten Partei – vielleicht in der Hoffnung auf deren unaufhaltsamen Aufstieg nach dem Vorbild der NSDAP – wie *Dorls* Kredite gegeben oder gar für deren Schulden gebürgt hatten, traf das Karlsruher Urteil hart. Ein luzider FAZ-Kommentar nahm *Dorls'* Fall zum Anlass, um gerade in dieser persönlichen Dimension den wesentlichen Kontrast des Karlsruher Verbotsurteils zu den viel beschworenen Weimarer Verhältnissen zu erblicken: Das Verbot werde „von den Betroffenen kaum als leere Formalität und als Spaß bewertet".[553] Dies alles machte einmal mehr deutlich, dass eine nicht zu unterschätzende generalpräventive Ausstrahlungswirkung eines

[548] Bonn to Director v. 08.10.1954 (secret), S. 4, National Archives (USA), 590 / 263, Id: 26253872.

[549] *H. Hansen,* Sozialistische Reichspartei, 2007, S. 281.

[550] LG Dortmund, 18 KMs 6/55, LAV-NRW, NW 377, 2540, Bl. 88 ff.; *Dorls'* Revision wurde vom 3. Strafsenat des BGH durch Beschluss v. 01.08.1958 (3 StR 4/58) als offensichtlich unbegründet verworfen (LAV-NRW, NW 377, 2540, Bl. 142), so dass das Strafurteil an diesem Tag rechtskräftig wurde; zum Ganzen auch *H. Hansen,* Sozialistische Reichspartei, 2007, S. 282 f. Fn. 39.

[551] LG Dortmund, 18 KMs 6/55, LAV-NRW, NW 377, 2540, Bl. 88 (90).

[552] Zum Gnadenerlass v. 02.07.1959 mit Bewährungsfrist bis 31.07.1962: LG Dortmund, Az. KMs 93/62, Abschrift in LAV-NRW, NW 377, 2540, Bl. 206 (212); am 02.07.1964 hob dann schließlich die 1. Große Strafkammer des LG Dortmund, Az. KMs 93/62, Abschrift in LAV-NRW, NW 377, 2540, Bl. 206 ff., das Strafurteil v. 20.07.1957 im Wiederaufnahmeverfahren auf, da der angewandte § 90a StGB (böswilliges Verächtlichmachen der Bundesrepublik) wegen Verstoßes gegen das Parteienprivileg gem. Art. 21 GG vom BVerfG teilweise für verfassungswidrig erklärt worden war, und reduzierte *Dorls* Strafe im Ergebnis auf sieben Monate Gefängnis.

[553] „Ein schwerer Schlag", in: FAZ v. 24.10.1952, S. 1.

Parteiverbotes auch gerade darin besteht, Extremisten die erheblichen persönlichen Risiken eines Engagements für eine verfassungswidrige Partei drastisch vor Augen zu führen.

IX. Fazit zur Aktivierung der Ephoralen Verfassung: SRP-Verbot, Grundrechtsverwirkungsverfahren und die Rolle der Rosenburg

1. „Bannstrahl gegen Staatsfeinde" – Zur Bedeutung des SRP-Verbotsurteils

Mit dem SRP-Verbotsurteil vom 23. Oktober 1952 war die erste große Bewährungsprobe für die Ephorale Verfassung der Bundesrepublik Deutschland erfolgreich zu Ende gegangen.[554] Die SRP, die bei verschiedenen norddeutschen Wahlen beeindruckende Ergebnisse erzielt und sich weiter im Steigflug befunden hatte,[555] war noch vor den Kommunalwahlen in Niedersachsen und – viel wichtiger – den zweiten Bundestagswahlen im September 1953 samt ihren Unterorganisationen aufgelöst worden. Damit war die wichtigste Partei der extremen Rechten, die sich mit den Niedersachsenwahlen im Mai 1951 in Norddeutschland zur zentralen Sammlungsbewegung für das beachtliche rechtsextreme Wählerpotential entwickelt hatte und daher auch gute Chancen auf einen Einzug in den Bundestag gehabt hätte, abgeräumt. Bei den Bundestagswahlen am 6. September 1953 sollten infolge der Konsolidierung des Parteiensystems während der ersten Wahlperiode und der nun strikteren Anwendung der 5-%-Hürde so nur noch die Unionsparteien (45,2 %), die SPD (28,8 %), die FDP (9,5 %) und der GB/BHE (5,9 %) in Fraktionsstärke in den Bundestag einziehen.[556] Aus dem klar rechten Spektrum errang die DP lediglich 3,3 % der Stimmen, aber zehn Direktmandate, so dass für sie die 5-%-Hürde aufgrund der Grundmandatsklausel nicht galt.[557] Wenn sich neben der DP auch in Parteien wie der FDP und dem GB/BHE starke rechte Strömungen fanden, stellte die Bundestagswahl 1953 doch unzweideutig klar, dass der

[554] *P. H. Merkl,* The German Response, in: Brady etc., The Postwar Transformation, 1999, S. 35 (41 f.).

[555] Dies betont *H. Fenske,* Deutsche Parteiengeschichte, 1994, S. 294.

[556] Das Zentrum (Deutsche Zentrums-Partei) erreichte lediglich 0,8 % der Stimmen, zog aber mit drei Abgeordneten, zwei davon aufgrund eines Wahlabkommens mit der CDU, in den Bundestag ein, *R. Morsey,* Die Bundesrepublik, 5. Aufl. 2007, S. 53; zur Zentrums-Partei nach 1945: *U. Schmidt,* Deutsche Zentrums-Partei, in: Stöss, Parteien-Hdb. I, 1983, S. 1192 (1198 ff.).

[557] Sie zog daher – wie gesehen – mit 15 Abgeordneten in den aus 487 Mandatsträgern (+ 22 Berliner Abgeordneten) bestehenden zweiten Deutschen Bundestag ein.

Traum rechtsextremer Kreise vom Wiederaufstieg nationalistischer Parteien bis auf Weiteres geplatzt war.[558]

Das SRP-Verbotsverfahren war rechtzeitig gekommen, bevor sich die weiter im Aufwind befindliche Partei von einem primär norddeutschen Phänomen zur effektiven Sammlungspartei der nationalen Rechten in der gesamten Bundesrepublik aufschwingen konnte. Den SRP-Führungskräften gelang es entgegen den Befürchtungen etwa von BMI-Staatssekretär *Ritter von Lex* auch nicht, durch das Verbotsverfahren zumindest eine Art Märtyrerstatus zu erlangen, um auf dieser Grundlage dann vielleicht weitere Popularitätsgewinne für ihre Anliegen zu erzielen.[559] So konnten sich gerade einmal zweieinhalb Jahre nach dem Verbotsurteil in einer repräsentativen Umfrage bereits nur noch 38 % der Befragten daran erinnern, aus welchem Grund die SRP eigentlich in erster Linie verboten worden war.[560] 28 % war der Name der verbotenen Partei schon gänzlich unbekannt. *Fritz René Allemann* konnte so im Jahr 1956 von einem „Zwischenspiel in Braun“ sprechen und feststellen, dass die „SRP-Episode“ seit „geraumer Zeit“ der Vergangenheit angehöre und nur wenig Spuren hinterlassen habe.[561]

Neben der effektiven Ausschaltung der SRP, als wichtigster Hoffnungsträgerin der extremen Rechten für die Bundestagswahlen 1953, war die Signalwirkung des Verbotes für das westliche Ausland, das den Aufstieg der SRP, als einer Art NSDAP-Nachfolgepartei, erschrocken beobachtet hatte, von zentraler Bedeutung. Nicht nur das Parteiverbot durch das BVerfG als solches, sondern auch die Entschlossenheit, mit der zunächst die Bundesregierung und dann das BVerfG das Verfahren vorangetrieben hatten, sendeten ein klares Signal an die westliche Staatengemeinschaft. Dies war nicht nur für die politische Vertrauensbildung im Allgemeinen von höchster Bedeutung, sondern konkret auch für die sich während des Verbotsverfahrens auf ihren Höhepunkt zubewegenden Verhandlungen über die EVG und damit letztlich über die Wiedergewinnung der deutschen Außensouveränität durch Ablösung des Besatzungsstatuts.

Doch auch die Signalwirkung des Parteiverbotes nach innen war nicht zu unterschätzen: Mit diesem „Bannstrahl gegen Staatsfeinde“ wurde, wie SZ-Innenressortchef *Hermann Proebst* unter seinem Pseudonym *Junius* anschaulich formulierte,[562] eine Art generalpräventive Demarkationslinie für bzw. ge-

---

558 *K. P. Tauber,* Beyond Eagle and Swastika I, 1967, S. 690.

559 John G. Ward (Deputy High Commissioner) to W. D. Allen, CMG, Foreign Office, London, 18.08.1951 (confidential), National Archives (UK), FO 1008/15; *H. Hansen,* Die SRP und der Rechtsextremismus, in: Becker/Bongartz, Die weltanschaulichen Grundlagen des NS-Regimes, 2011, S. 165 (173).

560 *E. Noelle/E. P. Neumann,* Jahrbuch der öffentlichen Meinung 1947–1955, 1956, S. 275.

561 *F. R. Allemann,* Bonn ist nicht Weimar, 1956 (Neudruck 2000), S. 276.

562 „Bannstrahl gegen Staatsfeinde“, in: SZ v. 24.10.1952, BA, B 141, Nr. 207.

gen parteipolitische Betätigungen im nach wie vor populären rechtsextremen Sektor gezogen.[563] Fortan war klar, dass Parteien, die sich in Programmatik, Aktivitäten und äußerer Erscheinung als Nachfolgeorganisationen der NSDAP erwiesen, nicht geduldet werden würden. Sie mussten damit rechnen, entweder als Nachfolgeorganisationen der SRP schon aufgrund des SRP-Urteils verboten zu sein oder aber selbst einem Verbotsverfahren vor dem BVerfG unterworfen zu werden, wie das der DRP kurz vor der Bundestagswahl 1953 dann auch konkret angedroht wurde.[564] Aber auch über den rechten Rand des politischen Spektrums hinaus machte die Bundesregierung Verfassungsfeinden aus allen Lagern mit ihrem erfolgreichen Verbotsantrag deutlich, dass sie nicht bereit war, Desavouierungs- und Aushöhlungsstrategien der freiheitlichen demokratischen Grundordnung nach dem Muster der Agitation gegen die Weimarer Republik zu dulden. Insgesamt demonstrierte die Regierung so unmissverständlich ihre Bereitschaft, die zur Verfügung stehenden Mittel der Ephoralen Verfassung auch zu aktivieren. Darauf, dass auch die Bevölkerung das Verbot in erster Linie auf den nationalsozialistischen Charakter der SRP und deren antidemokratische Ziele und nicht etwa auf den Druck der Besatzungsmächte zurückführte, deutet eine Befragung aus dem Februar 1955 hin, bei der nur 6 % für entscheidend hielten, dass die SRP der Besatzungsmacht nicht gefallen habe.[565]

2. *Bewahrung des Ausnahmecharakters der Ephoralen Verfassung*

Was eine weitere Aktivierung der Ephoralen Verfassung anging, blieb sich die Regierung trotz ihres Erfolgs im SRP-Verfahren des exzeptionellen Charakters insbesondere der beiden einschneidendsten ephoralen Verfahren, des Parteiverbotes gem. Art. 21 Abs. 2 GG und der Grundrechtsverwirkung gem. Art. 18 GG, als *ultima ratio* des juristischen Immunsystems zur Bewahrung der Verfassungsordnung, bewusst. In kluger Abwägung der Vor- und Nachteile der Einleitung solcher hochgezonter Verfahren, deren Abschreckungs- und Ausstrahlungswirkung nicht zuletzt von ihrer seltenen Anwendung lebt, beließ sie es in der Folge bei dem bereits anhängigen zweiten Parteiverbotsverfahren gegen die KPD. Wie das Beispiel der DRP kurz vor der Bundestagswahl 1953 zeigt, drohte sie allerdings durchaus auch schon einmal einer unliebsamen Partei und deren Wählern mit einem Parteiverbotsverfahren, wenn ihr dies politisch von Nutzen zu sein schien. Solche Drohungen hatten durch die institutionalisierend wirkende Exekution des SRP-Verbotes massiv

[563] *O. Gnad,* SRP, in: Recker/Tenfelde, Handbuch, Teilbd. III, 2005, S. 353 (363 f.); vgl. auch *G. Botsch,* Die extreme Rechte, 2012, S. 27 ff.

[564] Ähnlich: *G. Botsch,* Die extreme Rechte, 2012, S. 28 ff.

[565] *E. Noelle/E. P. Neumann,* Jahrbuch der öffentlichen Meinung 1947–1955, 1956, S. 275 (38 % führten das Verbot darauf zurück, dass die SRP nationalsozialistisch, gegen die Demokratie gewesen sei, 4 % machten andere Angaben).

an Wirkung gewonnen. Die später nicht umgesetzte Drohung gegenüber der DRP belegt exemplarisch, in welchem Maße die Aktivierung der Ephoralen Verfassung deren generalpräventive Wirkung verstärkt hat.

Auch der erstmalige Einsatz des zweitschärfsten Schwertes der Ephoralen Verfassung in Form des Grundrechtsverwirkungsverfahrens gem. Art. 18 GG gegen *Otto Ernst Remer* knüpfte an das verfassungsfeindliche Treiben der SRP an. Über die Einleitung von Grundrechtsverwirkungsverfahren gegen weitere Aktivisten der SRP hatten BMJ und BMI auf Initiative *Thomas Dehlers* seit dem Sommer 1951 intensiv beraten, bevor schließlich sogar Richter des BVerfG in der Nachbesprechung des SRP-Urteils mit Vertretern der Innenminister des Bundes und der Länder am 28. Oktober 1952 ausdrücklich auf die Möglichkeit zusätzlicher Anträge nach Art. 18 GG hinwiesen.[566] Dennoch blieb es im Zusammenhang mit der SRP schließlich bei dem auch vom BVerfG als Musterverfahren[567] angesehenen Grundrechtsverwirkungsverfahren gegen *Remer*. Auch für dessen Durchführung entfiel allerdings mit dem Verbot der SRP und *Remers* Flucht nach Ägypten sowie in den Nahen Osten und dessen anschließendem Rückzug ins Privatleben schließlich die Notwendigkeit. Die Bundesregierung verfolgte das Grundrechtsverwirkungsverfahren daher nicht mehr aktiv weiter, bis es das ungeduldig gewordene, ohnehin überlastete BVerfG schließlich formell zurückwies.[568] Dies belegt einmal mehr den insgesamt vernünftigen, zurückhaltenden Umgang der obersten Bundesorgane mit den Verfahren der Ephoralen Verfassung.

3. Zur gebotenen Neubewertung der Rolle Dehlers und seiner Rosenburg

a) Engagement für das SRP-Verbot

In der Retrospektive erscheint gerade angesichts der vom BVerfG im Verbotsurteil hervorgehobenen Parallelen der SRP zur früheren NSDAP alles, was ein Verbot der rechtsextremen Partei verzögerte, leicht als unnötig skrupulös und wurde daher eher vorsichtig agierenden Protagonisten wie namentlich Bundesjustizminister *Thomas Dehler* von zeitgenössischen Beobachtern ebenso wie von der späteren Forschungsliteratur zum Vorwurf gemacht.[569] Ein nicht zu unterschätzendes Verdienst *Dehlers* und seiner Rosenburg bestand jedoch gerade darin, kurz vor der niedersächsischen Landtagswahl An-

---

[566] Protokoll Scholtissek/Echterhölter v. 28.10.1952, BA, B 237, Nr. 215616, Bl. 84 ff. sowie in BA, B 141, Nr. 207; Abschriften auch in NLA-HStAH, Nds. 100, Acc. 2001/021, Nr. 31, Bl. 103 ff. sowie in LAV-NRW, NW 308, 261, Bl. 101 ff.; Verfügung des BVerfG-Präsidenten v. 23.10.1952 zur Einladung zu diesem Treffen in BA, B 237, Nr. 215616, Bl. 63.

[567] Vermerk v. Cramer v. 16.07.1953, BA, B 136, Nr. 1750, Bl. 259.

[568] Dazu oben S. 302 f.

[569] Pointiert zuletzt *C. Jahr,* Antisemitismus vor Gericht, 2011, S. 343, der *Dehler* eine „lange, stille Destruktionspolitik" im Rahmen des SRP-Parteiverbotsverfahrens vorwirft.

fang Mai 1951 ein übereiltes vereinsrechtliches Verbot der SRP mittels einer Anordnung des Bundesinnenministers gem. Art. 9 Abs. 2 GG verhindert zu haben. Ein solches Verbot wäre verfassungswidrig gewesen, von dem noch einzurichtenden BVerfG mit hoher Wahrscheinlichkeit kassiert worden und hätte die SRP dann leicht als Opfer einer zu verfassungswidrigen Mitteln greifenden Bundesregierung erscheinen lassen. Möglicherweise hätten sogar die Landtagswahlen wiederholt werden müssen, und wahrscheinlich hätte eine Aufhebung des vereinsrechtlichen Verbotes durch das BVerfG die Chancen eines zeitnahen Ergehens eines verfassungskonformen parteirechtlichen SRP-Verbotes durch das BVerfG gem. Art. 21 Abs. 2 GG strukturell gesenkt.

Der Justizminister behielt aber – für ihn eher ungewohnt – nicht nur einen kühlen Kopf, als Bundesinnenminister *Lehr,* der sich durch seine markigen Ankündigungen in der Öffentlichkeit selbst unter Druck gesetzt hatte, zu ungestüm auf ein vereinsrechtliches Verbot drängte. Auch was die Einleitung eines Parteiverbotsverfahrens vor dem BVerfG gem. Art. 21 Abs. 2 GG und strafrechtlicher Verfahren gegen SRP-Polemiker wie namentlich *Remer* oder *von Bothmer* anging, nahm *Dehler* zunächst meist eher eine reflektierend-zurückhaltende Haltung ein. Dahinter stand allerdings keine Toleranz oder gar Sympathie für Ideologie und Personal der SRP, sondern eine rationale Abwägung der jeweiligen Vor- und Nachteile. Angesichts des bereits recht gefestigt erscheinenden politischen Systems der jungen Bundesrepublik, über dessen Verbleib in der politischen Mitte zudem die westlichen Alliierten aufmerksam wachten, konnte eine Überreaktion der Regierung durchaus auch als Schwäche des Staates interpretiert werden. Vor allem aber bestand im Falle eines Scheiterns vor Gericht stets die Gefahr eines Aufmerksamkeits- und Propagandagewinns der eigentlich zu bekämpfenden SRP, die aus *Dehlers* Sicht unbedingt zu vermeiden waren.

Bislang wurde zu wenig beachtet, dass es dann aber ausgerechnet *Dehler* war, der den Gedanken von Grundrechtsverwirkungsverfahren gegen führende Köpfe der SRP ins Spiel brachte. So war es auch der Justizminister, der das Verwirkungsverfahren gegen SRP-Zugpferd *Remer,* als erstes von insgesamt nur vier Grundrechtsverwirkungsverfahren in der Geschichte der Bundesrepublik, ins Rollen brachte. Insgesamt zog *Dehler* im Vorgehen gegen die rechtsextreme SRP durchgängig den Einsatz des treffsicheren juristischen „Floretts“ dem des breiten „Schwertes“ vor.

Sobald im Bundeskabinett die Entscheidung gefallen war, das SRP-Verbotsverfahren einzuleiten, gab *Dehler* zwar nicht grundsätzlich seine zögerlich-abwägende Haltung auf, unterstützte aber nach Kräften den eingeschlagenen Weg. Die öffentlich-rechtliche Abteilung IV des BMJ agierte hier in erster Linie im Stile einer „Serviceeinheit für Verfassungsfragen“ für das federführende BMI, aber auch für das Bundeskanzleramt, indem es diese bei den einzelnen Verfahrensschritten umfassend und vorausschauend beriet und so entscheidend unterstützte. Allerdings blieb *Dehler* dabei nicht stehen, sondern drängte mehrfach selbst auf Beschleunigung und eine härtere Gangart, wenn er diese für geboten hielt, um die Verfahren zum gewünschten Erfolg zu führen. Insgesamt nutzte *Dehler* daher nicht nur am Kabinettstisch die ihm zur Verfügung stehenden Möglichkeiten, um die Bekämpfung der SRP auf der Makroentscheidungsebene zu beeinflussen. Er setzte vielmehr auch sein Ministerium sehr effektiv zu dem Zweck ein, die gegen die SRP eingeleiteten Verfahren zum Erfolg zu führen, selbst wenn die Rosenburg hierbei in der Außenwahrnehmung im Vergleich zum federführenden Innenministerium stets im Hintergrund blieb.

Dass *Dehler* und sein Ministerium aber auch im Moment des erfolgreichen Abschlusses des konkreten Verfahrens die für die gebotene kühle Analyse der Rechtslage erforderliche Distanz bewahrten, belegt die kritische Beurteilung des BVerfG-Ausspruchs zum Mandatsverlust im Verbotsurteil durch seine Ministerialbeamten. Das BMJ erlag nicht der Versuchung, die Ausschaltung des rechtsextremen Gedankengutes der verbotenen Partei auch im parlamentarischen Diskurs schlicht aus politischen Effektivitätserwägungen gutzuheißen. Vielmehr kam die Rosenburg auch hier zu dem richtigen Ergebnis, dass das BVerfG insoweit über das Ziel hinausgeschossen war und sich ein Verlust des grds. repräsentativen Mandates nicht unmittelbar aus dem Verfassungsrecht ableiten ließ. Einmal mehr nahmen der stets konfliktbereite *Dehler* und sein Ministerium hier bewusst oder unbewusst die vom Bundesjustizminister für sich selbst und die Rosenburg zunächst umfassend angestrebte Funktion als Hüter der Verfassung wahr, die nunmehr noch darin bestand, die Verfassungskonformität der Handlungen der anderen Ministerien und staatlichen Entscheidungsträger möglichst umfassend zu gewährleisten.

b) Warum sich Dehler in der Außendarstellung markant zurückhielt

Während sich daher sowohl *Lehr* als auch *Dehler* stark für das SRP-Verbot engagierten, bestand ein markanter Unterschied zwischen diesen beiden Hauptakteuren des SRP-Verfahrens allerdings darin, dass der Innenminister seine starke Ablehnung der SRP auch nach Kräften – mitunter zu offensiv – nach außen kommunizierte, während sich der Justizminister öffentlich kaum gegen die SRP positionierte. *Dehlers* Zurückhaltung in der Außendarstellung erscheint auf den ersten Blick rätselhaft und geradezu mysteriös, insbesondere wenn man zweierlei bedenkt: Einerseits steht dies nämlich in auffälligem Kontrast zu seinen Äußerungen im Hinblick auf die KPD, deren baldiges Verbot er schon im Jahr 1950 vollmundig gefordert hatte. Zum anderen musste dem nicht uneitlen *Dehler* klar sein, dass diese unterschiedliche Positionierung gegenüber Rechts- und Linksaußen von den Medien aufgegriffen werden und ihm dort kaum Applaus einbringen würde. Und tatsächlich prangerte ja etwa die Frankfurter Rundschau schon früh genau diese zwiespältige Haltung des Justizministers an.[570]

Wenn man allerdings die Entwicklung der FDP seit dem Heppenheimer Gründungsparteitag im Jahr 1948 berücksichtigt, liegt für *Dehlers* auffällige öffentliche Zurückhaltung folgende Erklärung nahe: Angesichts der beschriebenen starken rechtsextremen Strömungen insbesondere im nordrhein-westfälischen Landesverband seiner FDP,[571] der eine eigene nationale Sammlung betrieb, erschienen die SRP-Wähler durchaus auch als potentielle Wähler für seine Partei, die mit Blick auf die im September 1953 anstehenden Bundestagswahlen jede Stimme dringend gebrauchen konnte. Damit hatte *Dehler* zum einen durchaus ein intrinsisches Interesse an einem SRP-Verbot, würden doch nach deren Verbot allein in Niedersachsen ca. 250.000 Wähler nach einer neuen Partei suchen. Zum anderen durfte es sich *Dehler* aber gleichzeitig gerade nicht durch markige Vorwürfe, wie er sie gegen die KPD vorzubringen pflegte, mit den Sympathisanten der SRP verderben. Hätte *Dehler* die rechtsextremen Positionen der SRP öffentlich zu sehr kritisiert, hätte er nicht nur potentiell Positionen seiner rechtsextremen Parteifreunde desavouiert, sondern auch die Wähler der SRP kaum für die FDP begeistert. *Dehlers* Zurückhaltung in der Außendarstellung bzgl. des SRP-Verbotes ist daher mit entsprechenden taktischen Erwägungen zu erklären. Dieser Gedanke macht zugleich auch leicht nachvollziehbar, warum er bei der KPD solche Zurückhaltung gerade nicht übte: Deren Unterstützer kamen von Anfang an kaum als Wähler der FDP in Betracht. Gleichzeitig entsprach eine strikte Positionierung gegen die KPD nicht nur *Dehlers* innerster politischer Auffassung, sondern versprach zudem auch beachtliche Popularitätsgewinne in den rechten Kreisen, um welche die FDP zu jener Zeit warb.

---

570 Oben S. 127.

571 Oben S. 399 ff.

Achtes Kapitel

Seitenblick auf das KPD-Verbot von 1956

I. Entstehung des KPD-Verbotsantrags

1. SRP- und KPD-Verbotsanträge als Akte politischer Symmetrie

Den Verbotsantrag gegen die KPD reichte die Bundesregierung nur wenige Tage nach dem SRP-Antrag am 22. November 1951 beim BVerfG ein.[1] Damit setzte die Regierung ein Signal an das In- und Ausland, dass sie um Symmetrie bei der Verfassungsverteidigung bemüht war und die einschneidendsten Mittel der Ephoralen Verfassung gegen Extremisten beider politischen Richtungen zum Einsatz bringen wollte.[2] Die Einleitung eines Parteiverbotsverfahrens gegen die KPD unterschied sich allerdings in entscheidenden Punkten vom SRP-Verfahren: So war Art. 21 Abs. 2 GG – wie gesehen – eine Reaktion speziell auf den Aufstieg der NSDAP. Während die SRP dieser unübersehbar ähnelte, gehörte die KPD dem entgegengesetzten politischen Spektrum an. Zudem hatten deren Anhänger unter der Herrschaft der NSDAP gerade massiv gelitten.[3] Obwohl der Tatbestand des Art. 21 Abs. 2 GG politisch neutral ist, war vor diesem historischen Hintergrund bereits bei Einreichung des Verbotsantrags stärker als bei der SRP fraglich, ob ein Verbotsverfahren gegen die KPD geboten war und Erfolg haben würde.

2. Von der respektierten antifaschistischen Partei zum „Staatsfeind Nr. 1"

Anfang der 1950er Jahre besaß die traditionsreiche KPD einen ganz anderen Status als die noch sehr junge SRP: Die ursprünglich Ende 1918 gegründete KPD hatte zu den ersten Parteien gehört, die nach dem Zweiten Weltkrieg

---

[1] BMdI an Präsident des BVerfG vom 22.11.1951, BA, B 237, Nr. 215651, Bl. 2; Antrag der Bundesregierung auf Feststellung der Verfassungswidrigkeit der KPD v. 22.11.1951 (eingegangen beim BVerfG am 28.11.1951), BA, B 237, Nr. 215651, Bl. 3 ff.; zum SRP- und zum KPD-Verbotsantrag bereits oben S. 253 ff.

[2] *A. Doering-Manteuffel,* Die Bundesrepublik, 1983, S. 126 f.; *J. U. Klocksin,* Kommunisten im Parlament, 2. Aufl. 1994, S. 303.

[3] So wurde *Adenauer* von Kommunisten vorgeworfen, mit dem von ihm betriebenen KPD-Verbot geradezu an Hitlers verhängnisvolle Tradition angeknüpft zu haben, vgl. *M. Reimann/L. Landwehr/W. Mohn/O. Niebergall* (Hrsg.), KPD-Verbot, 1971, S. 7.

von den Alliierten wieder zugelassen worden waren.[4] Als erwiesenermaßen antifaschistische Partei besaß sie bei den Alliierten durchgängig hohes Prestige.[5] Mit Ausnahme von Württemberg-Hohenzollern wurden KPD-Politiker in alle von den Alliierten eingesetzten Landesregierungen berufen,[6] und auch bei der Vergabe der wichtigen ersten Zeitungslizenzen waren Kommunisten erfolgreich.[7] Obwohl die Ergebnisse der KPD bei den demokratischen Wahlen in den entstehenden Ländern dann alles in allem hinter den Erwartungen zurückgeblieben waren,[8] arbeitete die kommunistische Partei nicht nur maßgeblich an zahlreichen Landesverfassungen mit,[9] sondern war auch in verschiedenen gewählten Landesregierungen,[10] später auch im Wirtschaftsrat der Bizone und schließlich im Parlamentarischen Rat vertreten.[11] Vor dem Hintergrund des sich entwickelnden Kalten Krieges[12] schwand der Einfluss der KPD mangels genügend wirklich überzeugenden Personals sowie aufgrund zunehmender interner Querelen allerdings bereits in den Jahren 1947/48 zusehends.[13] Eine wirkliche Macht war sie zu jener Zeit nur noch in den Betriebsräten und in den Gewerkschaften,[14] aus denen sie indes seit 1947 ebenfalls zunehmend herausgedrängt wurde.[15]

Bei den ersten Bundestagswahlen im August 1949 konnte die KPD, die sich auch aus Frustration darüber, in den Ländern nur wenige ihrer politischen Ziele durchgesetzt zu haben,[16] zunehmend nationalistisch und revolutionär positionierte,[17] immerhin noch 5,7 % der Stimmen erringen und mit 15 Abgeordneten in den Bundestag einziehen. Dort betrieb sie in markanter Ab-

---

[4] Dazu bereits oben S. 71 ff.; *P. Major,* The Death of the KPD, 1997, S. 238 ff.

[5] *G. Judick/J. Schleifstein/K. Steinhaus,* Einleitung, in: KPD 1945–1968, Bd. 1, 1989, S. 13 (18 f.).

[6] *J. U. Klocksin,* Kommunisten im Parlament, 2. Aufl. 1994, S. 75 ff.

[7] *G. Fülberth,* KPD und DKP, 1990, S. 36 ff.

[8] *P. Major,* The Death of the KPD, 1997, S. 81 ff.; zu den Ergebnissen im Einzelnen: *J. U. Klocksin,* Kommunisten im Parlament, 2. Aufl. 1994, S. 121 ff.

[9] So befinden sich namentlich in der Verfassung des Landes Hessen bis heute zahlreiche Vorschriften, die auf das Sprachrohr der KPD in der Verfassungsberatenden Landesversammlung *Leo Bauer* zurückgehen. Zum Einfluss der KPD bei der Verfassungsgebung in Hessen: *M. Will,* Entstehung der Verfassung des Landes Hessen, 2009, insbesondere S. 240 ff., 264, 291 ff.; zu *Leo Bauer,* der später zur SPD überwechselte und gute Kontakte mit *Willy Brandt* und *Herbert Wehner* pflegte, a.a.O., S. 290.

[10] *J. U. Klocksin,* Kommunisten im Parlament, 2. Aufl. 1994, S. 79 ff.

[11] *J. U. Klocksin,* Kommunisten im Parlament, 2. Aufl. 1994, S. 208 ff.

[12] *P. Major,* The Death of the KPD, 1997, S. 246 ff.

[13] *D. Staritz,* Die Kommunistische Partei Deutschlands, in: Stöss, Parteien-Hdb. II, 1984, S. 1663 (1700 ff.); *P. Major,* The Death of the KPD, 1997, S. 92 ff.

[14] *P. Major,* The Death of the KPD, 1997, S. 149 ff.

[15] *P. Major,* The Death of the KPD, 1997, S. 184 ff.

[16] *P. Major,* The Death of the KPD, 1997, S. 81 ff.

[17] Zur programmatischen Entwicklung: *D. Staritz,* Die Kommunistische Partei Deutschlands, in: Stöss, Parteien-Hdb. II, 1984, S. 1663 (1673 f., 1700 ff., 1733 ff.).

grenzung auch zur linken Konkurrenz von der SPD Totalopposition gegen die *Adenauer*-Regierung, insbesondere gegen deren Deutschlandpolitik und dann auch gegen die Wiederbewaffnung,[18] was sie – wie gesehen – sogar punktuell in Kontakt mit der rechtsextremen SRP bringen sollte. Die KPD war quasi der verlängerte Arm der SED in der Bundesrepublik und setzte deren Politik mittels einer straff geführten Parteiorganisation möglichst authentisch um.[19] Ost-Berlin diktierte auch wesentliche Personalentscheidungen der nur scheinbar binnendemokratisch verfassten KPD, wie die Ernennung *Max Reimanns* (1898–1977) zum Parteivorsitzenden,[20] und ordnete im Rahmen von Parteisäuberungsaktionen die Entmachtung anderer Funktionäre an.[21] Trauriger Höhepunkt war im März 1950 die spektakuläre Entführung des stellvertretenden KPD-Vorsitzenden und Bundestagsabgeordneten *Kurt Müller* (1903–1990) mithilfe von *Reimann* zunächst nach Ost-Berlin und dann in die Sowjetunion, wo er zu 25 Jahren Haft verurteilt wurde.[22] Aufgrund der engen Beziehungen der KPD zur DDR und zur Sowjetunion, als deren Fürsprecher sie in der Bundesrepublik auftrat,[23] bestand nun aber die Gefahr, dass bereits die Einleitung eines Verbotsverfahrens die Beziehungen der Bundesrepublik zur Sowjetunion verschlechtern und damit die Chancen einer Wiedervereinigung schmälern bzw. endgültig beseitigen würde.[24] Das Verbotsverfahren gegen die KPD hatte daher nach einer auch in der Öffentlichkeit weit verbreiteten Ansicht schwer abschätzbare, potentiell gravierende Auswirkungen auf das politische Spannungsfeld zwischen Westorientierung und europäischer Einigung einerseits sowie Neutralität der Bundesrepublik und der Chance auf eine zeitnahe Wiedervereinigung andererseits.

---

[18] *G. Fülberth,* KPD und DKP, 1990, S. 44 ff.

[19] Charakteristisch ein vertraulicher Bericht der US-Besatzungsbehörden, Office of the United States High Commissioner for Germany, Office of Land Commissioner for Hesse, Political Affairs Division, June 30, 1950, „Democratic Developments in Hesse – Review and Prospects“ (restricted), S. 17 (HStAD, Q 4, Nr. 17/212–3/22) zur hessischen KPD: „With policies and tactics directed from above, and geared to the requirements of international communism, the KPD is more an agency created for the purpose of carrying out orders than a voluntary political association.“

[20] Zu *Reimann* etwa *M. Schlieben,* Politische Karrieren, 2013, S. 49 ff.

[21] *A. Schulze,* Kleinparteien in Deutschland, 2004, S. 116; *P. Major,* The Death of the KPD, 1997, S. 201 ff.; *M. Schlieben,* Politische Karrieren, 2013, S. 55 f.; zu den Säuberungen auch *G. Fülberth,* KPD und DKP, 1990, S. 63 ff.

[22] *P. Major,* The Death of the KPD, 1997, S. 204 f.; *M. Schlieben,* Politische Karrieren, 2013, S. 56 f.

[23] *A. v. Brünneck,* Politische Justiz gegen Kommunisten, 1978, S. 37.

[24] Vgl. etwa „Soll die KP verboten werden?“, in: SZ v. 19.11.1954 (auch in BA, B 237, Nr. 215713), S. 1: „Man braucht sich nach einem solchen Verbotsurteil nie mehr mit Rußland über freie Wahlen und Wiedervereinigung zu unterhalten, denn die DDR wird ihrerseits so wenig die SPD wie die Bundesrepublik die KP noch zu Wahlen zulassen.“

Bundesjustizminister *Dehler* hatte – wie erwähnt – dessen ungeachtet bereits im Mai 1950 und damit noch vor Ausbruch des Koreakrieges, der die Kriegsangst in Deutschland drastisch anfachen sollte, ein Verbot der KPD gefordert und diesen Vorstoß dann mehrfach öffentlich wiederholt,[25] während Kanzler *Adenauer* zwar auch mit einem KPD-Verbot liebäugelte, dies aber weniger nach außen trug.[26] Mit ihrer KPD-kritischen Haltung standen die beiden Politiker allerdings bei Weitem nicht allein, war die KPD doch in der jungen Bundesrepublik auf der Grundlage eines gesellschaftlich nicht nur latent verbreiteten Antikommunismus[27] schnell zum „Staatsfeind Nr. 1" avanciert.[28] Noch zügiger als gegenüber der zunächst noch nicht parlamentarisch vertretenen SRP wurden daher staatliche Maßnahmen gegen die von Anfang an viel präsentere KPD ergriffen, bis schließlich auch die hochgezonten Mittel der Ephoralen Verfassung zum Einsatz kamen.

Während sich die Justiz mit der Aufarbeitung des NS-Unrechts schwer tat, gingen sie und die Polizeibehörden gegen Kommunisten mit einer Akribie vor, die auch bei neutralen Beobachtern unangenehme Erinnerungen an die Weimarer Republik und wesentlich Schlimmeres weckte.[29] Regelmäßig aufgefrischt wurde der latente Antikommunismus in Gesellschaft und Politik unterdessen durch die Bilder und Geschichten ausgemergelter Kriegsgefangener, die aus der UdSSR zurückkehrten.[30] Selbst *Josef Reimann,* Sohn des KPD-Vorsitzenden *Max Reimann,* soll, nachdem er im Frühjahr 1949 nach Deutschland zurückgekehrt war, angesichts seiner Behandlung umgehend sowohl dem Kommunismus als auch seinem Vater abgeschworen haben.[31] Eine wesentliche Verstärkung erfuhren antikommunistische Einstellungen und Affekte dann durch den Ausbruch des Koreakrieges im Juni 1950, der die Furcht vor einer sowjetischen Aggression regelrecht explodieren ließ.[32]

Zwar ist zu beachten, dass in der Deduktion des Antikommunismus aus einem allgemeineren Antitotalitarismus im Rahmen der allmählich Fahrt auf-

---

[25] Vgl. etwa Kabinettsprotokolle 1950, S. 393 Fn. 43; „Verbot der KPD nur durch Bundesgesetz möglich", in: FR v. 06.05.1950; Dehler an Middelhauve v. 22.09.1950, ADL, N1–1023; *U. Wengst,* Thomas Dehler, 1997, S. 167.

[26] *P. Major,* The Death of the KPD, 1997, S. 283.

[27] Zu dessen Wurzeln: *P. Major,* The Death of the KPD, 1997, S. 259 ff.

[28] *F. Hanschmann,* Parteiverbotsverfahren vor dem BVerfG, in: Goldbach, Mit juristischen Waffen, 2003, 7 (15); *L. Flemming,* Das NPD-Verbotsverfahren, 2005, S. 34 f.

[29] Kritisch zu einem disproportionalen Vorgehen der deutschen Behörden etwa auch der nicht näher bezeichnete Vermerk der britischen Besatzungsbehörden (Zusatz: „Author? Mr. Priss?"), National Archives (UK), FO 1008/15; *G. Jasper,* Wiedergutmachung und Westintegration, in: L. Herbst (Hrsg.), Westdeutschland 1945–1955, 1986, S. 183 (195 ff.).

[30] *P. Major,* The Death of the KPD, 1997, S. 268 f.

[31] *P. Major,* The Death of the KPD, 1997, S. 268 f.

[32] Dazu bereits oben 138 f., 187 f., 314.

nehmenden Totalitarismusdebatte der 50er Jahre[33] in gewisser Hinsicht zugleich eine Absage an das totalitär geprägte NS-System zum Ausdruck kam.[34] Die antitotalitäre Selbstdefinition, die der Bundesrepublik ein erhöhtes Maß an Legitimität nach innen und außen verlieh, ändert indes nichts an dem Befund, dass sich alle staatlichen Instanzen über den antitotalitären Impuls hinaus von der kommunistischen Ideologie als solcher abzugrenzen suchten. So war der antitotalitäre Grundkonsens mit einer klar antikommunistischen Stoßrichtung verbunden.[35] Ein wesentlicher Grund für deren Vehemenz war, dass der Kommunismus als Bedrohung von innen und außen zugleich wahrgenommen wurde und tatsächlich intensive Verbindungen zwischen beiden Dimensionen bestanden.[36] Der ausgeprägte westdeutsche Antikommunismus stand letztlich nicht nur in einem personalen und inhaltlichen Kontinuum zur Vergangenheit, sondern war gerade in den frühen 50er Jahren ein gleichsam konstituierendes Element der vor dem Hintergrund des Kalten Krieges um Westintegration,[37] Wiederbewaffnung und Rückgewinnung der Souveränität kreisenden Politik der ersten Bundesregierung. Er war damit zugleich eines der zentralen ideologischen Mittel zur inneren Stabilisierung der Bundesrepublik, die auch aufgrund ihrer im Grundgesetz manifestierten Selbstcharakterisierung als Provisorium[38] in besonderem Maße um ihre Identität ringen musste. Dazu bediente sie sich in hohem Maße des Mittels der Abgrenzung gegen die kommunistische Ideologie im In- und Ausland.[39] Diese maßgeblich zur Selbstdefinition der Bonner Republik beitragenden Strukturen und Konstrukte sollten dann auch das spätere KPD-Verbotsurteil des BVerfG mitprägen. Dass die zunehmende Tabuisierung letztlich eine wirkliche inhaltliche Auseinandersetzung mit der unbestreitbar kritikwürdigen totalitären Ideologie des Kommunismus verhinderte, führte allerdings zu gesellschaftlichen Verdrängungsprozessen, die sich ab Ende der 1960er Jahre dann umso heftiger Bahn brechen sollten.

---

[33] Vgl. *H. A. Winkler,* Geschichte des Westens – Vom Kalten Krieg zum Mauerfall, 2014, S. 188 ff.

[34] Vgl. *G. Jasper,* Wiedergutmachung und Westintegration, in: L. Herbst (Hrsg.), Westdeutschland 1945–1955, 1986, S. 183 (195); vgl. auch *D. Geppert,* Die Ära Adenauer, 2002, S. 90 f.

[35] *D. Geppert,* Die Ära Adenauer, 2002, S. 90 f.

[36] *A. Doering-Manteuffel,* Die Bundesrepublik, 1983, S. 127 f.

[37] Zur konstitutiven Bedeutung der Westintegration etwa *E. Haas,* The Late Flowering, in: Brady etc., The Postwar Transformation, 1999, S. 286 (321 ff.).

[38] Instruktiv zu den unterschiedlichen Effekten des provisorischen Charakters der Bundesrepublik im Prozess des „Nation-Building“: *P. Krüger,* the Federal Republic, in: Brady etc., The Postwar Transformation, 1999, S. 339 (348 f.).

[39] Vgl. auch *A. Doering-Manteuffel,* Die Bundesrepublik, 1983, S. 128 f.

3. Staatliche Bekämpfung der KPD bis zum Verbotsantrag

Nachdem bereits der oben behandelte, von Innenminister *Gustav Heinemann* initiierte Unvereinbarkeitsbeschluss für den öffentlichen Dienst vom 19. September 1950 in erster Linie gegen kommunistische Organisationen gerichtet gewesen war,[40] hatte auch der Boykottbeschluss der Bundesregierung vom 27. Februar 1951 gegen Unternehmen, die mit verfassungsfeindlichen Organisationen zusammenarbeiteten, diese Zielrichtung.[41] Als vorläufigen Höhepunkt beschloss die Bundesregierung dann am 24. April 1951 nicht nur, dass die „von der SED, dem Gewalthaber der Sowjetzone, betriebene" Volksbefragungsaktion gegen die Wiederbewaffnung einen Angriff auf die verfassungsmäßige Ordnung des Bundes darstelle, sondern erklärte auch die maßgeblich von der KPD initiierten sog. Volksbefragungsausschüsse, die „Vereinigung der Verfolgten des Naziregimes" (VVN), die „Freie Deutsche Jugend" (FDJ) und zwei weitere Vereinigungen, „die diese Aktionen durchführen", gem. Art. 9 Abs. 2 GG für „kraft Gesetzes" verboten.[42]

Während das Parteiverbotsverfahren gem. Art. 21 Abs. 2 GG und das Grundrechtsverwirkungsverfahren gem. Art. 18 GG – wie gesehen – erstmals gegen die SRP eingesetzt wurden, kam damit das Vereinsverbot gem. Art. 9 Abs. 2 GG als drittes der drei schärfsten Schwerter der Ephoralen Verfassung erstmals im Umfeld der KPD zur Anwendung, bevor es dann im Folgemonat auch gegen die Reichsfront etc. der SRP eingesetzt werden sollte.[43] Auch die Anfang September 1951 durch das Erste Strafrechtsänderungsgesetz eingeführten neuen Staatsschutzstraftatbestände,[44] die Aktivitäten im Vorfeld des klassischen Hoch- und Landesverrats pönalisierten, waren – obwohl politisch neutral gefasst – letztlich primär auf Kommunisten gemünzt und kamen daher – in teilweise rechtsstaatlich bedenklicher Weise – auch in der Praxis vor

---

[40] Oben S. 140 ff.; *G. O. Kvistad,* Building Democracy, in: Brady etc., The Postwar Transformation, 1999, S. 63 (71 f.); zu den Folgen für die KPD und deren Mitglieder: *G. Fülberth,* KPD und DKP, 1990, S. 85.

[41] *P. Major,* The Death of the KPD, 1997, S. 278 f.

[42] Beschluss der Bundesregierung v. 24.04.1951 – 1333, F C – 846/41, GMBl. 2 (1951), S. 109 f.; *A. v. Brünneck,* Politische Justiz gegen Kommunisten, 1978, S. 62; *D. Staritz,* Die Kommunistische Partei Deutschlands, in: Stöss, Parteien-Hdb. II, 1984, S. 1663 (1744 f.); *G. Judick/J. Schleifstein/K. Steinhaus,* Einleitung, in: KPD 1945–1968, Bd. 1, 1989, S. 13 (37); *G. Fülberth,* KPD und DKP, 1990, S. 89; zu späteren Verboten weiterer kommunistisch orientierter Vereinigungen etwa *R. Gössner,* Die vergessenen Justizopfer des kalten Krieges, 1998, S. 108 f.

[43] Oben S. 135 ff., 140 f.

[44] Strafrechtsänderungsgesetz v. 30.08.1951, BGBl. I S. 739; zur Entstehungsgeschichte des Gesetzes, die ursprünglich mit dem Freispruch *Hedlers* (oben S. 291 f.) ihren Ausgang genommen hatte, etwa *A. Hartmann,* Majestätsbeleidigung, 2006, S. 241 ff.; *S. Ullrich,* Der Weimar-Komplex, 2009, insbesondere S. 355 ff.

allem gegen KPD-Funktionäre zum Einsatz.[45] So befanden sich etwa während des im Herbst 1951 eingeleiteten KPD-Parteiverbotsverfahrens mehrere Mitglieder des KPD-Parteivorstandes und drei ihrer Verfahrensvertreter wegen des Vorwurfs des Hochverrates in Untersuchungshaft. Der frühere KPD-Bundestagsabgeordnete *Walter Fisch* (1910–1966), gegen den am 14. Mai 1954 ein Haftbefehl erging, konnte erst aufgrund eines Beschlusses des BGH, der ihm „sicheres Geleit" einräumte, an der mündlichen Verhandlung im KPD-Verbotsverfahren vor dem BVerfG teilnehmen.[46] *Fisch* wurde schließlich im Juni 1958 wegen Vorbereitung eines hochverräterischen Unternehmens gem. § 83 StGB zu einer Freiheitsstrafe von drei Jahren verurteilt, aus der er dann 1959 vorzeitig entlassen wurde.[47]

4. Dehler und Lehr befürworten einen Verbotsantrag

Nachdem sich die Bundesregierung Anfang Mai 1951 im Zusammenhang mit den Niedersachsenwahlen im Grundsatz festgelegt hatte, sobald wie möglich ein Verbotsverfahren gegen die SRP einzuleiten,[48] empfahl Justizminister *Dehler* Mitte Juli 1951 seinem Amtskollegen im BMI, auch ein Verbot der KPD zu beantragen.[49] Er begründete dies – wie oben bereits angerissen wurde – maßgeblich damit, dass es erheblich leichter zu beweisen sei,

> „daß die KPD eine Partei gemäss Art. 21 Abs. 2 GG ist als den Nachweis zu führen, daß die SRP zu den verfassungswidrigen Parteien gehört. Im ersten Fall liegen die Zusammenhänge und das Anschauungsmaterial zutage, aus dem sich ergibt, daß die KPD nach ihren Zielen und dem Verhalten ihrer Anhänger darauf ausgeht, die freiheitliche demokratische Grundordnung zu beseitigen. Im anderen Fall fehlt im Augenblick diese Offenkundigkeit. Es würde deshalb eine weitere psychologische Erleichterung für das Bundesverfassungsgericht sein, wenn es das Verbot gegen die SRP wenigstens gleichzeitig mit dem Verbot der KPD aussprechen könnte. Darum bin ich der Meinung, daß mit der Klage gegen die SRP die gegen die KPD eingereicht werden sollte".[50]

---

[45] Sehr kritisch schon während der Entstehung des Gesetzes *Rudolf Augstein* unter seinem Pseudonym *Jens Daniel,* „Die Freiheit ist unteilbar", in: Spiegel 22/1950 v. 01.06.1950, S. 6 (http://www.spiegel.de/spiegel/print/d-44448501.html) sowie „Zweierlei Ehre", in: Spiegel 30/1951 v. 25.07.1951, S. 7 (http://www.spiegel.de/spiegel/print/d-29194404.html); vgl. auch *A. v. Brünneck,* Politische Justiz gegen Kommunisten, 1978, S. 71 ff.; *G. Jasper,* Wiedergutmachung und Westintegration, in: L. Herbst (Hrsg.), Westdeutschland 1945–1955, 1986, S. 183 (195 f.); *C. Nedelmann,* Die Gewalt des politischen Staatsschutzes, in: Schäfer/Nedelmann, Der CDU-Staat, 4. Aufl. 1976, S. 174 ff.

[46] *A. v. Brünneck,* Politische Justiz gegen Kommunisten, 1978, S. 95.

[47] Zu weiteren Verurteilungen kommunistischer Funktionäre bspw. *P. Major,* The Death of the KPD, 1997, S. 280.

[48] Oben S. 193 f.

[49] Dehler an Lehr (persönlich) v. 16.07.1951, BA, B 141, Nr. 210.

[50] Dehler an Lehr (persönlich) v. 16.07.1951, BA, B 141, Nr. 210.

Dehler hielt ein Verbot der KPD nach wie vor auch für inhaltlich geboten. Für ihn war das KPD-Verfahren aber nicht zuletzt auch ein Mittel, um die Erfolgsaussichten des aus innen- und außenpolitischen Gründen dringlicheren SRP-Verfahrens zu erhöhen.[51] Bundesinnenminister *Lehr,* der alles andere als ein Kommunistenfreund war, beschrieb ihn der britische Hochkommissar später doch als geradezu von der „kommunistischen Gefahr" besessen,[52] strebte selbst spätestens seit Anfang Mai 1951 ein Verbotsverfahren gegen die KPD an.[53] Entsprechend teilte er *Dehler* Anfang August 1951 vertraulich mit, dass er wie dieser „seit einigen Monaten der Überzeugung" sei,

> „daß die KPD verboten werden muß. Die KPD hat sich in den letzten Monaten genau so staatsfeindlich verhalten wie die SRP. Der äußerlich sich ‚legal' haltende Teil der KPD ist verschwindend klein. Es handelt sich im wesentlichen um die Leute, die als Horchposten in den Parlamenten bleiben sollen. Der weitaus größte Teil der KPD ist illegal tätig."[54]

Auch im Hinblick auf die KPD werde daher eine Klage vorbereitet, die „alsbald nach den Ferien" dem Kabinett vorgelegt werden solle. In der Kabinettssitzung am 12. Oktober 1951 konnte der Bundesinnenminister dann nicht nur über das Material berichten, aus dem das verfassungswidrige Verhalten der SRP ersichtlich sei, sondern auch über die Unterlagen, die bereits für ein KPD-Verbot zusammengestellt worden waren.[55] Während sich der Fraktionsvorsitzende der DP *Hans Mühlenfeld,* der schon nach der Niedersachsenwahl dafür plädiert hatte, gleichermaßen gegen extreme Parteien von links und rechts vorzugehen,[56] nun auch erwartungsgemäß dafür aussprach, beide Klagen gleichzeitig anzubringen, brachte Bundesarbeitsminister *Anton Storch* (CDU) noch einmal gewisse Bedenken gegen ein KPD-Verbot ins Spiel: Die „Aktivisten" würden ihre verfassungswidrigen Tätigkeiten fortsetzen und möglicherweise in anderen Parteien untertauchen, was die Lage nicht weniger gefährlich mache. Nach kurzer Diskussion fiel dann aber im Kabinett mit der Beauftragung des Bundesinnenministers, die Klagen zu ergänzen und fertigzustellen, im Grundsatz bereits die Entscheidung, beide Verbotsverfahren so schnell wie möglich einzuleiten. Formell hatte das Kabinett darüber zu beschließen, sobald ihm die Anträge in der endgültigen Fassung vorlägen.

---

[51] Oben S. 211.

[52] *P. Major,* The Death of the KPD, 1997, S. 284.

[53] Lehr an Adenauer v. 01.05.1951 (streng persönlich), BA, B 136, Nr. 1746; *U. Wengst,* Thomas Dehler, 1997, S. 167; kritisch gegenüber einem KPD-Verbot war angesichts des stetigen Rückgangs des Wahlerfolgs der KPD hingegen einmal mehr *Lehrs* Staatssekretär im BMI *Ritter von Lex,* John G. Ward (Deputy High Commissioner) to W. D. Allen, CMG, Foreign Office, London, 18.08.1951 (confidential), National Archives (UK), FO 1008/15.

[54] Lehr an Dehler v. 02.08.1951 (persönlich/vertraulich), BA, B 141, Nr. 210.

[55] Kabinettsprotokolle 1951, S. 698 (12.10.1951).

[56] DP-Fraktionsvorsitzender Mühlenfeld an Adenauer v. 11.05.1951, StBKAH, NL Adenauer, I/12.29, Bl. 133 f.

II. Der Verbotsantrag vom 22. November 1951

1. Einreichung des KPD-Verbotsantrags

Dies war in der Kabinettssitzung am 16. November 1951 der Fall: Außerhalb der Tagesordnung wurde dort über die ergänzten Verbotsanträge sowohl gegen die SRP als auch gegen die KPD beraten, obwohl der KPD-Antrag noch nicht so detailliert ausgearbeitet war wie der allseits als drängender empfundene SRP-Antrag. Dabei kamen auch erneut Befürchtungen zur Sprache, dass ein Verbotsantrag gegen die KPD die deutsche Wiedervereinigung erschweren könne.[57] Allerdings teilte die Mehrheit im Kabinett diese Bedenken ostentativ nicht, so dass schließlich auch die Entscheidung für die Einreichung des Verbotsantrags gegen die KPD fiel.[58] Dass dies beschlossen wurde, obwohl der Bundesinnenminister darauf hingewiesen hatte, dass das für ein Verbot der KPD erforderliche Beweismaterial noch in besonderen Fall- und Dokumentensammlungen zusammengestellt werden müsse, während das Beweismaterial gegen die SRP bereits in die Klage selbst eingearbeitet worden sei,[59] diente wohl nicht zuletzt im Sinne einer Art von ausgleichender Gerechtigkeit der Beruhigung des rechten Flügels im Kabinett.[60] Drei Tage nach dem SRP-Verbotsantrag unterzeichnete der Innenminister daher am 22. November 1951 auch den Verbotsantrag gegen die KPD und reichte diesen im Namen der Bundesregierung beim BVerfG ein.[61] Beantragt wurde die Feststellung des Gerichts, dass die KPD i.S.d. Art. 21 Abs. 2 GG verfassungswidrig sei.

2. Zur Begründung des Verbotsantrags

Die in der maschinenschriftlichen Urschrift lediglich bescheidene 34 Seiten nebst Anlagen umfassende Begründung des KPD-Verbotsantrags der Bundesregierung ist inhaltlich auf die Prämisse zentriert, dass die Ausübung der „marxistisch-leninistisch-stalinistischen" Theorie durch die KPD in der „re-

---

[57] Kabinettsprotokolle 1951, S. 766 (16.11.1951); vgl. dazu auch den Vermerk v. 11.10.1951 in BA, B 136, Nr. 1747.

[58] Kabinettsprotokolle 1951, S. 766 (16.11.1951).

[59] Kabinettsprotokolle 1951, S. 765 (16.11.1951).

[60] Vgl. insoweit auch *Adenauers* Äußerung in der Besprechung mit den Alliierten Hohen Kommissaren am 25.10.1951, wiedergegeben in *Hallsteins* Aufzeichnung jener Besprechung, in: Akten zur Auswärtigen Politik der Bundesrepublik Deutschland, Bd. 1, Adenauer und die Hohen Kommissare, 1949–1951, S. 558; vgl. auch *N. Frei,* Vergangenheitspolitik, 2. Aufl. 1997, S. 345.

[61] Die Akten des BVerfG zum KPD-Verbotsverfahren (1 BvB 2/51) finden sich insbesondere in BA, B 237, Nr. 215651–215787/2 sowie Nr. 262593–262596; Antrag der Bundesregierung auf Feststellung der Verfassungswidrigkeit der KPD v. 22.11.1951 (eingegangen beim BVerfG am 28.11.1951), BA, B 237, Nr. 215651, Bl. 3 ff.; BVerfGE 5, 85 (102); der Verbotsantrag der Bundesregierung ist abgedruckt in: KPD-Prozess – Dokumentarwerk-1, 1955, S. 2–21.

volutionären Praxis" auf die Beseitigung der freiheitlichen demokratischen Grundordnung hinauslaufe und den Bestand der Bundesrepublik Deutschland gefährde.[62] Vor diesem Hintergrund stellt der Antrag zunächst entsprechende innere Grundsätze und Ziele der KPD zusammen.[63] Wird die als marxistisch-leninistisch-stalinistisch charakterisierte Zielsetzung schon für sich allein als ausreichend angesehen, um die KPD i.S.d. Art. 21 Abs. 2 GG für verfassungswidrig zu erklären,[64] arbeitet der Antrag sodann konkreter heraus, dass die Kommunisten in der Bundesrepublik einen den Verhältnissen in der „Sowjetzone Deutschlands" entsprechenden Zustand herbeiführen wollten.[65] Im Anschluss macht der Antrag anhand wichtiger Eckpfeiler der freiheitlichen demokratischen Grundordnung wie freien Wahlen, der Bindung von Exekutive und Judikative an Gesetz und Recht, dem Recht auf Opposition und der Unabhängigkeit der Gerichte deutlich, dass die Verfassungswirklichkeit der „sowjetischen Besatzungszone" in „eklatantem Gegensatz" zu dem auf der freiheitlichen demokratischen Grundordnung aufgebauten Verfassungszustand der Bundesrepublik stehe.[66]

Sodann nimmt der Antrag Äußerungen von SED-Führungsfiguren wie Generalsekretär *Walter Ulbricht* (1893-1973) in den Blick und arbeitet heraus, dass die SED seit 1950 einen revolutionären Kampf um die Beseitigung der Bundesrepublik durch eine Wiedervereinigung Deutschlands nach dem Muster der sowjetischen Besatzungszone betreibe, und inwiefern das Verhalten der KPD und ihrer Anhänger Teil der umfassenden politischen Planung der „Gewalthaber in der sowjetischen Besatzungszone" sei.[67] Der Antrag listet 37 Organisationen von der „Freien Deutschen Jugend" (FDJ) bis zu den „Ausschüssen für Frieden und ein einiges Deutschland oder für deutsche Einheit" auf, mit welchen die KPD im „Rahmen des Angriffsplans" der „sogenannten

---

[62] Verbotsantrag der Bundesregierung v. 22.11.1951, in: KPD-Prozess – Dokumentarwerk-1, 1955, S. 2 (3–7).

[63] Antrag der Bundesregierung auf Feststellung der Verfassungswidrigkeit der KPD v. 22.11.1951, S. 4 ff., BA, B 237, Nr. 215651, Bl. 3 (6 ff.) = Verbotsantrag der Bundesregierung v. 22.11.1951, in: KPD-Prozess – Dokumentarwerk-1, 1955, S. 2 (3–7).

[64] Antrag der Bundesregierung auf Feststellung der Verfassungswidrigkeit der KPD v. 22.11.1951, S. 9, BA, B 237, Nr. 215651, Bl. 3 (11) = Verbotsantrag der Bundesregierung v. 22.11.1951, in: KPD-Prozess – Dokumentarwerk-1, 1955, S. 2 (7).

[65] Antrag der Bundesregierung auf Feststellung der Verfassungswidrigkeit der KPD v. 22.11.1951, S. 9 ff., BA, B 237, Nr. 215651, Bl. 3 (11 ff.) = Verbotsantrag der Bundesregierung v. 22.11.1951, in: KPD-Prozess – Dokumentarwerk-1, 1955, S. 2 (7 f.).

[66] Antrag der Bundesregierung auf Feststellung der Verfassungswidrigkeit der KPD v. 22.11.1951, S. 12 ff., BA, B 237, Nr. 215651, Bl. 3 (14 ff.) = Verbotsantrag der Bundesregierung v. 22.11.1951, in: KPD-Prozess – Dokumentarwerk-1, 1955, S. 2 (8–12).

[67] Antrag der Bundesregierung auf Feststellung der Verfassungswidrigkeit der KPD v. 22.11.1951, S. 18 ff., BA, B 237, Nr. 215651, Bl. 3 (20 ff.) = Verbotsantrag der Bundesregierung v. 22.11.1951, in: KPD-Prozess – Dokumentarwerk-1, 1955, S. 2 (12–16).

DDR" eng zusammenarbeite.[68] Als Beispiel für Aktionen der KPD und ihrer Anhänger im Rahmen des „Feldzugs der inneren Aggression gegen die Bundesrepublik Deutschland" wird im Antragstext selbst im Wesentlichen die im April 1951 begonnene „Volksbefragungsaktion gegen die Remilitarisierung" angeführt, die sich einseitig gegen Verteidigungsmaßnahmen der westeuropäischen Länder richte und dabei die Konzentration „militärischer Machtmittel" in den Ostblockstaaten geflissentlich verschweige.[69]

Die zusammenfassende rechtliche Würdigung des Verbotsantrags schließt, dass die KPD elementare Grundsätze des Grundgesetzes verletze. Sie verstoße gegen den Grundsatz des Art. 20 Abs. 2 GG, dass die Staatsgewalt vom Gesamtvolk ausgehe, indem sie die Herrschaft einer Klasse zum Endziel ihrer politischen Wirksamkeit innerhalb der gegenwärtigen Staatsform mache.[70] Sie wünsche ein System, „das alle Anschauungen, die ihm nicht in vollem Umfange entsprechen, diffamiert und ausschließt und damit entgegen dem Grundsatz der Gleichheit und dem Prinzip des Mehrparteienstaates" den Einparteienstaat repräsentiere. Das „ungesetzliche Endziel der Politik der KPD" werde, da eine entsprechende Verfassungsänderung gem. Art. 79 Abs. 3 GG nicht möglich sei, auf revolutionärem Wege verfolgt.

Zur Illustration dessen, was der Bundesrepublik aus Sicht der Antragsteller drohte, wenn nicht rechtzeitig gegen die KPD gehandelt würde, war dem Antrag als Anlage eine konzise Zeittafel über die „Bolschewisierung der Satelliten-Staaten und der sowjetischen Besatzungszone Deutschlands" beigefügt.[71] Die in der Kabinettssitzung vom 16. November 1951 angekündigte separate „Fall- und Dokumentensammlung" zu den gegen die freiheitliche demokratische Grundordnung gerichteten Einzelaktionen der KPD und ihrer Anhänger war hingegen immer noch nicht fertiggestellt und sollte daher später nachgereicht werden.[72]

---

[68] Antrag der Bundesregierung auf Feststellung der Verfassungswidrigkeit der KPD v. 22.11.1951, S. 27 ff., BA, B 237, Nr. 215651, Bl. 3 (29 ff.) = Verbotsantrag der Bundesregierung v. 22.11.1951, in: KPD-Prozess – Dokumentarwerk-1, 1955, S. 2 (16 f.).

[69] Antrag der Bundesregierung auf Feststellung der Verfassungswidrigkeit der KPD v. 22.11.1951, S. 31 ff., BA, B 237, Nr. 215651, Bl. 3 (33 ff.) = Verbotsantrag der Bundesregierung v. 22.11.1951, in: KPD-Prozess – Dokumentarwerk-1, 1955, S. 2 (17–19).

[70] Antrag der Bundesregierung auf Feststellung der Verfassungswidrigkeit der KPD v. 22.11.1951, S. 34, BA, B 237, Nr. 215651, Bl. 3 (36) = Verbotsantrag der Bundesregierung v. 22.11.1951, in: KPD-Prozess – Dokumentarwerk-1, 1955, S. 2 (19).

[71] Antrag der Bundesregierung auf Feststellung der Verfassungswidrigkeit der KPD v. 22.11.1951, Anlage 2, BA, B 237, Nr. 215651, Bl. 3 (38 ff.); vgl. Verbotsantrag der Bundesregierung v. 22.11.1951, in: KPD-Prozess – Dokumentarwerk-1, 1955, S. 2 (19).

[72] BMdI an Präsident des BVerfG v. 22.11.1951, BA, B 237, Nr. 215651, Bl. 2; die lange angekündigte „Dokumentensammlung II" ging etwa erst am 03.02.1952 beim BVerfG ein (Ritter von Lex an BVerfG v. 31.01.1952, BA, B 237, Nr. 215651, Bl. 143).

III. Gang des Verbotsverfahrens bis zur mündlichen Verhandlung

1. Der Beschluss zur Durchführung der Verhandlung

Das KPD-Verbotsverfahren entwickelte sich nach Einreichung des Antrags beim BVerfG zunächst parallel zum SRP-Verfahren und damit ähnlich zügig wie dieses. Nachdem BVerfG-Präsident *Höpker Aschoff* der kommunistischen Partei eine knappe Frist von lediglich einem Monat zur Stellungnahme gesetzt[73] und die KPD *Fritz Rische, Heinz Renner* sowie *Walter Fisch* mit ihrer Vertretung im Verbotsverfahren bevollmächtigt hatte,[74] beantragte *Renner,* der damals stellvertretender Vorsitzender der KPD-Bundestagsfraktion war, umgehend eine Fristverlängerung.[75] Eine solche lehnte der Präsident des BVerfG jedoch mit Hinweis darauf ab, dass es im aktuellen Stadium des Vorverfahrens allein darum gehe, ob der Antrag als unzulässig bzw. als nicht hinreichend begründet zurückzuweisen oder aber die Verhandlung durchzuführen sei.[76] Für eine entsprechende Stellungnahme sei die Monatsfrist aber durchaus angemessen. Nachdem *Renner* dann gemeinsam mit dem von der KPD beauftragten Düsseldorfer Rechtsanwalt *Böhmer* am 31. Dezember 1951 beim BVerfG Einsicht in die „Beweisurkunden" des BMI genommen hatte,[77] reichte die KPD am 7. Januar 1952 beim BVerfG die von ihrem Vorsitzenden, dem Bundestagsabgeordneten *Max Reimann,* unterzeichnete Antragserwiderung ein.[78]

In ihrem den konzisen Verbotsantrag der Bundesregierung im Umfang mit 67 Schreibmaschinenseiten deutlich übertreffenden Schriftsatz bemühte sich die KPD, anhand der einzelnen Punkte des Verbotsantrags die Unzulässigkeit und Unbegründetheit der Anträge der Bundesregierung zu belegen.[79] Allerdings konnten die Verfasser nicht der Versuchung widerstehen, im letzten Gliederungspunkt doch noch einen polemischen Generalangriff auf die Bundesregierung zu starten. Hauptangriffsziel war Bundeskanzler *Adenauer,* dem gar vorgeworfen wurde, *Hitler* und *Göring* nachahmen zu wollen. Diese Po-

---

[73] Präsident des BVerfG, Verfügung v. 06.12.1951, BA, B 237, Nr. 215651, Bl. 41; die Frist lief ab Zustellung des Antrags bei der KPD, die nach der Postzustellungsurkunde (BA, B 237, Nr. 215651, Bl. 42) am 08.12.1951 erfolgt war.

[74] Max Reimann, Vollmacht v. 13.12.1951, BA, B 237, Nr. 215651, Bl. 43.

[75] Heinz Renner an BVerfG v. 14.12.1951, BA, B 237, Nr. 215651, Bl. 44 f.

[76] Präsident des BVerfG als Vorsitzender des 1. Senats, Verfügung v. 20.12.1951, BA, B 237, Nr. 215651, Bl. 46 f.

[77] BVerfG, 1 BvB 2/51, Aktenvermerk v. 04.01.1952, BA, B 237, Nr. 215651, Bl. 52.

[78] KPD an Präsident des BVerfG v. 07.01.1952 (eingegangen beim BVerfG am 07.01.1952), BA, B 237, Nr. 215651, Bl. 54.

[79] Am 06.01.1952 von *Reimann* unterzeichnete Antragserwiderung der KPD, BA, B 237, Nr. 215651, Bl. 65–131 = KPD-Prozess – Dokumentarwerk-1, 1955, S. 22–55.

lemik war allerdings durchaus repräsentativ für die KPD-Rhetorik jener Tage, hatte die kommunistische Partei doch seit der zweiten Jahreshälfte 1951 den Ton ihrer Agitation deutlich verschärft: Zwecks Verhinderung der Wiederbewaffnung wurde mit markigen Worten zu Demonstrationen und Massenstreiks und nicht selten auch unverblümt gleich zum Sturz der Regierung aufgerufen.[80] Selbst der „Kommunisten-Verteidiger" und spätere SPD-Minister in NRW *Diether Posser* (1922–2010) räumte später freimütig ein, dass es „außer Zweifel" stehe, dass „die KPD die Bundesregierung in den Jahren 1951–55 mit größter Schärfe und in beleidigender Weise angegriffen hat".[81]

Im Verbotsverfahren war die KPD immerhin taktisch so klug, gleichzeitig mit der Antragserwiderung am 7. Januar 1952 noch einen vom KPD-Bundestagsabgeordneten *Walter Fisch* unterzeichneten konzisen, ergänzenden Schriftsatz einzureichen, der insgesamt weniger polemisch gefasst war und in dem sich auch konkrete verfahrensbezogene Anträge fanden.[82] Dieser Schriftsatz begründete auch näher, warum die im Einzelnen bezeichneten Anträge der Bundesregierung als unzulässig zurückzuweisen seien.[83] Nachdem der Prozessbevollmächtigte der Bundesregierung *Ritter von Lex* dann Mitte Januar 1952 knapp auf diesen Schriftsatz der KPD repliziert hatte,[84] beschloss der Erste Senat des BVerfG – wie auch im Falle der SRP – bereits am 24. Januar 1952, gem. § 45 BVerfGG die Verhandlung über den Verbotsantrag der Bundesregierung gegenüber der KPD durchzuführen.[85] Damit war auch im KPD-Verfahren zügig die erste wesentliche prozessuale Hürde genommen worden.

2. Durchsuchungen und Beschlagnahmen

Eine weitere Parallele zum SRP-Verfahren bestand darin, dass der Erste Senat am selben Tag auch beschloss, Geschäftsräume der KPD sowie Wohnungen bestimmter KPD-Funktionäre durchsuchen und einschlägiges Urkundenmaterial beschlagnahmen zu lassen.[86] Um eine Überraschung der Partei und

---

[80] *R. Gössner,* Die vergessenen Justizopfer des kalten Krieges, 1998, S. 139 f.

[81] *D. Posser,* Anwalt im Kalten Krieg, 2. Aufl. 1991, S. 192.

[82] Der am 06.01.1952 von *Walter Fisch* unterzeichnete ergänzende Schriftsatz der KPD findet sich in BA, B 237, Nr. 215651, Bl. 57–63 = KPD-Prozess – Dokumentarwerk-1, 1955, S. 56–58.

[83] Ergänzender Schriftsatz der KPD v. 06.01.1952, BA, B 237, Nr. 215651, Bl. 57 (58 ff.) = KPD-Prozess – Dokumentarwerk-1, 1955, S. 56 ff.

[84] Ritter von Lex an BVerfG v. 19.01.1952, BA, B 237, Nr. 215651, Bl. 135–138 = KPD-Prozess – Dokumentarwerk-1, 1955, S. 58–60.

[85] BVerfG, Beschluss v. 24.01.1952, BA, B 237, Nr. 215651, Bl. 139 = KPD-Prozess – Dokumentarwerk-1, 1955, S. 60; vgl. auch BVerfGE 5, 85 (106).

[86] Gem. §§ 38, 47 BVerfGG; BVerfG, 1. Senat, Beschluss v. 24.01.1952, Original in BA, B 237, Nr. 215683, Bl. 1 ff.; Ausfertigung in: BA, B 237, Nr. 215666; BVerfGE 5, 85 (107); abgedruckt auch in: KPD-Prozess – Dokumentarwerk-1, 1955, S. 61–65; Durchsuchungsberichte finden sich u.a. in BA, B 237, Nr. 215685.

ihrer Funktionäre nicht von vornherein auszuschließen, wurde die Durchsuchung zeitgleich mit den SRP-Durchsuchungen in den frühen Morgenstunden des 31. Januar 1952 durchgeführt.[87] Bundesinnenminister *Lehr,* der die Maßnahmen organisiert hatte, musste in seinem Bericht an die Ministerkollegen in der Kabinettssitzung am Folgetag dann allerdings einräumen, dass die Durchsuchungen die KPD wohl nicht unvorbereitet getroffen hätten.[88]

3. Das Verfahren kommt ins Stocken

a) Vertagung der mündlichen Verhandlung

Im Anschluss an die Durchsuchungen sollten sich die beiden Parteiverbotsverfahren dann aber deutlich unterschiedlich entwickeln: Die Prioritäten des BVerfG lagen eindeutig auf dem SRP-Verfahren. Während es dort – wie gesehen – bereits im Juli 1952 zur mündlichen Verhandlung kam, fanden in diesem Zeitraum bei der KPD zunächst lediglich weitere Durchsuchungen durch Beamte des Bundeskriminalamts statt.[89] Ferner erfolgte auf Antrag der Bundesregierung wegen Gefahr im Verzug eine erste Zeugenvernehmung insbesondere zu möglichen Verbindungen der KPD zur ostdeutschen SED.[90] Beide Maßnahmen konnten gleichzeitig auch als Indiz dafür gewertet werden, dass dem entscheidenden Senat des BVerfG das von der Bundesregierung vorgelegte und im Rahmen der Beschlagnahmeaktion erlangte Beweismaterial noch nicht zu genügen schien.

Monate nachdem die SRP im Oktober 1952 bereits verboten worden war, wurde dann am 24. Februar 1953 der Termin zur mündlichen Verhandlung im KPD-Verfahren auf den 8. Juni 1953 anberaumt.[91] Obwohl insbesondere Bundesinnenminister *Lehr* darauf drängte, diesen im Vorfeld der zweiten Bundestagswahlen liegenden Termin auch einzuhalten, gab das Gericht am 13. Mai 1953 einem Vertagungsantrag der KPD statt,[92] die um mehr Zeit für die Einsichtnahme in das beschlagnahmte Material gebeten hatte.[93]

---

[87] BVerfGE 5, 85 (107).

[88] Kabinettsprotokolle 1952, S. 88 (01.02.1952).

[89] Der zweite Durchsuchungsbeschluss v. 26.06.1952 (BA, B 237, Nr. 215683, Bl. 134 ff.) wurde am 12.07.1952 umgesetzt (vgl. Bundeskriminalamt an Präsident des BVerfG v. 31.12.1954 (geheim), BA, B 237, Nr. 215683, Bl. 164 ff.); vgl. auch BVerfGE 5, 85 (107).

[90] Aufgrund Beschlusses des BVerfG v. 26.06.1952 (BA, B 237, Nr. 215681, Bl. 3 ff.) wurde der Zeuge *Georg Wilhelm Jost* am 27./28.06.1952 vernommen (BA, B 237, Nr. 215681, Bl. 6 ff.); vgl. auch KPD-Prozess – Dokumentarwerk-1, 1955, S. 65 f.

[91] Präsident des BVerfG, Verfügung v. 24.01.1953, BA, B 237, Nr. 215653, Bl. 158 = KPD-Prozess – Dokumentarwerk-1, 1955, S. 66.

[92] BVerfG, 1. Senat, Beschluss v. 13.05.1953, BA, B 237, Nr. 215653, Bl. 166 f. = KPD-Prozess – Dokumentarwerk-1, 1955, S. 66 f.; Bundesinnenminister *Lehr* hatte mit der Begründung auf Durchführung des Termins gedrängt, dass „sich die illegale Tätigkeit der KPD in der letzten Zeit wesentlich verstärkt" habe (BMdI an BVerfG v. 07.05.1953, BA,

b) Zunehmende Zweifel am Sinn des Verfahrens

Während die Bundesregierung weiter auf baldige Durchführung des Verfahrens drängte, wurde unterdessen in Politik und Gesellschaft immer intensiver diskutiert, ob ein Verbot der KPD überhaupt noch politisch und juristisch sinnvoll sei. Dabei spielte jenseits einseitiger Interessenwahrnehmung, die es natürlich auch gab, die stetig abnehmende Bedeutung der kommunistischen Partei eine entscheidende Rolle. War die KPD bei den ersten Bundestagswahlen im Jahr 1949 noch mit immerhin 5,7 % der Stimmen in den Gründungsbundestag der jungen Republik eingezogen, erreichte sie nach der markanten politischen Konsolidierungsphase der ersten Legislaturperiode bei den zweiten Bundestagswahlen am 6. September 1953 nur noch 2,2 %, womit sie den erneuten Einzug in das Parlament deutlich verfehlte.

Dass die KPD unverbrüchlich zur Sowjetunion und zur DDR stand, war spätestens nach der Niederschlagung des Ost-Berliner Volksaufstands vom 17. Juni 1953 durch sowjetische Panzer nur noch wenigen Wählern vermittelbar.[94] Hinzu kam, dass das sich beschleunigende Wirtschaftswunder in der Bundesrepublik einen wirtschaftlichen Systemwechsel, wie ihn die KPD anstrebte, gerade angesichts der Vergleichsmöglichkeit mit der DDR, die allen Bürgern offenstand, immer unattraktiver erscheinen ließ.[95] Konnte die KPD vor diesem Hintergrund breitere Wählerkreise allenfalls noch mittels ihres starken Engagements gegen die von der Bevölkerung überwiegend abgelehnte Wiederbewaffnung der Bundesrepublik ansprechen, blieb ihr Potential bis auf Weiteres insgesamt gering.[96] Dies spiegelte sich auch in einem drastischen Rückgang der Mitgliederzahlen: Hatten der KPD zu ihren besten Zeiten, im Jahr 1947, noch 324.000 Menschen angehört, war diese Zahl bereits 1949 auf 216.000, 1951 dann auf 136.000 und im Jahr 1953 schließlich auf nur noch 94.000 gesunken.[97]

Damit stellten sich aber selbst entschiedene Gegner der kommunistischen Ideologie die Frage, ob es nicht strategisch sinnvoller wäre, die KPD selbst den Weg in die politische Bedeutungslosigkeit gehen zu lassen, als ihr durch ein Verbot auch noch potentiell einen Märtyrerstatus einzuräumen.[98] Zudem

---

B 237, Nr. 215681, Bl. 239; BMdI an Präsident des BVerfG v. 11.05.1953 (persönlich), BA, B 237, Nr. 215681, Bl. 241).

[93] Böhmer an BVerfG v. 08.05.1953, BA, B 237, Nr. 215653, Bl. 164 f.

[94] *A. v. Brünneck,* Politische Justiz gegen Kommunisten, 1978, S. 37.

[95] *A. v. Brünneck,* Politische Justiz gegen Kommunisten, 1978, S. 38.

[96] *H. Meier,* In der Nachfolge der NSDAP?, in: ders., Verbot der NPD, 2015, S. 67 (72).

[97] Diese Zahlen stammen allerdings aus Quellen der KPD bzw. SED und sind insgesamt mit Vorsicht zu genießen; *G. Judick/J. Schleifstein/K. Steinhaus,* Einleitung, in: KPD 1945–1968, Bd. 1, 1989, S. 13 (52); *G. Fülberth,* KPD und DKP, 1990, S. 28.

[98] Vgl. das Beispiel eines engen Mitarbeiters von Bundesinnenminister *Gerhard Schröder* (CDU), der im Jahr 1954 einem Mitarbeiter des US-Hochkommissars genau diese Befürchtung vertraulich mitteilte, bei *P. Major,* The Death of the KPD, 1997, S. 289.

war ein Verbot mit der Gefahr verbunden, nicht nur wie im Falle der SRP Anhänger der KPD in Ersatzorganisationen oder in den Untergrund abzudrängen, sondern auch politisches Porzellan gegenüber der Sowjetunion und anderen sozialistischen Staaten zu zerschlagen. Hinzu kam schließlich, dass im Jahr 1953 gegenüber dem westlichen Ausland im Hinblick auf die KPD nicht wie noch 1951/1952 im Hinblick auf die SRP ein Beleg für ein entschiedenes Vorgehen gegen extremistische Parteien in Form eines Verbotes erbracht werden musste, zumal in vielen westeuropäischen Staaten ja respektierte kommunistische Parteien existierten.

c) BVerfG-Präsident Wintrich versucht, Adenauer vom Verfahren abzubringen

Auch die Richter des zuständigen Ersten Senats des BVerfG – wohl nicht zuletzt auch der erste BVerfG-Präsident *Höpker Aschoff*[99] – hegten nach den zweiten Bundestagswahlen zunehmend Bedenken gegen die Durchführung des Verfahrens, stellte die KPD doch alles in allem kaum noch eine akute Gefahr für die Verfassungsordnung der Bundesrepublik dar und trug ein KPD-Verbot die Gefahr einer Verschärfung des Ost-West-Konflikts in sich.[100] Der SPD-nahe Verfassungsrichter *Konrad Zweigert* (1911–1996), der bis 1956 Mitglied des Ersten Senats des BVerfG war und sowohl am SRP- als auch am KPD-Verfahren mitwirkte, brachte diese Erwägungen in einem Rundfunkgespräch mit dem NDR später so auf den Punkt:

> „Bei dem ersten Verfahren über die SRP hatten wir nicht die geringsten, sagen wir auch politischen Bedenken, dieses Verfahren durchzuführen. Bei der KP hingegen hatten einige von uns Richtern das Gefühl, dass es doch hier um wesentlich schwerer wiegende Dinge ginge. SRP, eine dürftige Nazipartei, die ohnehin diskreditiert war. Die KPD, eine weltweit verbreitete Partei, bei deren Verbot es ja eben nicht nur um ein deutsches Internum ging, sondern eben auch um die Frage der Beziehungen zwischen Völkern verschiedener Ideologien. Und deshalb hatten einige von uns Zweifel, ob es weise war, diesen Antrag gegen die KP damals zu stellen."[101]

Die Bedenken der Richter waren jedenfalls so groß, dass der nach dem Tode *Höpker Aschoffs* am 15. Januar 1954 im März 1954 vom Bundesrat zum zweiten Präsidenten des BVerfG gewählte frühere bayerische OLG-Präsident *Josef Wintrich* (1891–1958)[102] im September 1954 die ungewöhnliche Ent-

---

[99] *D. Posser,* Anwalt im Kalten Krieg, 2. Aufl. 1991, S. 179.

[100] *U. Wesel,* Der Gang nach Karlsruhe, 2004, S. 90; *K. J. Grigoleit,* Bundesverfassungsgericht und deutsche Frage, 2004, S. 242.

[101] Radiosendung „Von der KPD zur DKP", Ein Bericht von Werner Hill, NDR Hamburg, gesendet am 07.01.1972, NDR-Schallarchiv, Archivnummer F802719.

[102] Zu den – auch taktischen – Gründen für *Wintrichs* Wahl: *H. Laufer,* Verfassungsgerichtsbarkeit, 1968, S. 236 ff.

scheidung traf, in dieser Sache bei Kanzler *Adenauer* vorzusprechen.[103] Obwohl CSU-Mitglied *Wintrich* alles andere als ein Sympathisant der kommunistischen Partei war, erkundigte er sich beim Kanzler, ob die Bundesregierung weiterhin an ihrem Antrag festhalte.[104] Kam diese Frage einem nur notdürftig diplomatisch kaschierten Vorschlag gleich, den Antrag zurückzuziehen, ließ sich der Bundeskanzler jedoch nicht beirren und hielt unverbrüchlich am Verfahren fest.[105] Dies hat *Adenauer* den Vorwurf eingebracht, das Verbot der KPD trotz ihrer zunehmenden Bedeutungslosigkeit im politischen System der Bundesrepublik quasi im Alleingang durchgesetzt zu haben, um letztlich – unter Opferung der Restchance auf eine zeitnahe Wiedervereinigung – seine Politik der Westbindung der Bundesrepublik zu forcieren.[106]

Adenauers Motive für ein Festhalten am KPD-Verbotsverfahren sind bis heute nicht geklärt. Seine antikommunistische Haltung reicht als Erklärung nicht aus. Angesichts des Bedeutungsverlusts der KPD wäre der Pragmatiker *Adenauer* vermutlich durchaus zu einer Verfahrenseinstellung bereit gewesen, hätte dies genug politischen Nutzen versprochen. Eine bislang unterschätzte Rolle könnte hier allerdings einmal mehr das Spannungsfeld von deutscher Wiederbewaffnung, Westintegration der Bundesrepublik, Entstehung der europäischen Gemeinschaften und Wiedergewinnung der deutschen Außensouveränität gespielt haben: Wenige Tage vor *Wintrichs* Besuch bei *Adenauer* war nämlich am 30. August 1954 in der französischen Nationalversammlung die Ratifikation des EVG-Vertrags endgültig gescheitert.[107] Da der EVG-Vertrag Vorbedingung für das Inkrafttreten des Deutschlandvertrags war, war die Wiedererlangung der deutschen Souveränität, die wenige Tage zuvor noch zum Greifen nahe schien, plötzlich potentiell in weite Ferne gerückt. Verdeutlicht man sich noch einmal, dass die Wiedergewinnung der Außensouveränität wahrscheinlich *Adenauers* wichtigstes politisches Ziel in der ersten Hälfte der 1950er Jahre war,[108] liegt es nahe, dass der Bundeskanzler alles Erdenkliche unternehmen würde, um dieses doch noch zu erreichen.

---

[103] Nach „KPD-Prozess – Der Zweck und die Mittel" in: Spiegel 49/1954 v. 01.12.1954, S. 5 fand die Besprechung „wenige Tage" vor dem Beschluss des BVerfG v. 22.09.1954 statt.

[104] *D. Staritz,* Die Kommunistische Partei Deutschlands, in: Stöss, Parteien-Hdb. II, 1984, S. 1663 (1747 ff.); die vom BVerfG später bestätigte Unterredung zwischen *Adenauer* und *Wintrich* über das Verbotsverfahren brachte letzterem einen Ablehnungsantrag der KPD wegen Befangenheit ein, KPD-Prozess – Dokumentarwerk-1, 1955, S. 97 f., 100.

[105] *A. v. Brünneck,* Politische Justiz gegen Kommunisten, 1978, S. 117; *U. Wesel,* Der Gang nach Karlsruhe, 2004, S. 91.

[106] Vgl. *U. Wesel,* Der Gang nach Karlsruhe, 2004, S. 90.

[107] Dazu bereits oben S. 305 f.

[108] Vgl. *K. Adenauer,* Erinnerungen 1953–1955, 1966, S. 163 ff.

Abb. 27: Josef Wintrichs (l.) Antrittsbesuch bei Bundespräsident Heuss in der Villa Hammerschmidt am 23.03.1954

Die drei westlichen Siegermächte hatten sich bereits 1952 darauf verständigt, dass im Falle des Scheiterns des EVG-Vertrags das Junktim zwischen der Wiederbewaffnung der Bundesrepublik und der Beendigung des Besatzungsregimes aufrecht erhalten bleiben sollte, sie aber gemeinsam mit der Bundesregierung nach einer Alternativlösung suchen würden.[109] Auf Initiative der britischen Regierung kam es daher umgehend zu Sondierungen, in denen sich als eine solche Alternativlösung die deutsche Wiederbewaffnung im Rahmen der NATO herauskristallisierte.[110] Da dieser – anders als der EVG – auch die USA, Kanada und das Vereinigte Königreich angehörten, bot dies zugleich den Vorteil, die von *Adenauer* gewünschte Westbindung der Bundesrepublik noch stärker zu zementieren.[111] Vor diesem Hintergrund hätte eine Einstellung des symbolisch stark aufgeladenen KPD-Verfahrens allerdings von den westlichen Alliierten leicht als Wankelmütigkeit und Rückkehr zu der gefürchteten deutschen Schaukelpolitik zwischen West und Ost missdeutet wer-

---

[109] *H. Haftendorn,* Deutsche Außenpolitik, 2001, S. 44.

[110] *H. Haftendorn,* Deutsche Außenpolitik, 2001, S. 44 ff.; *M. Kißener,* Westbindung, in: Rödder/Elz, Deutschland in der Welt, 2010, S. 13 (20 ff.).

[111] Vgl. *K. Adenauer,* Erinnerungen 1953–1955, 1966, S. 305 ff.; *H. Haftendorn,* Deutsche Außenpolitik, 2001, S. 44 ff.; zu *Adenauers* Westbindungspolitik etwa auch *A. Rödder,* Westbindung und transatlantische Allianz, in: Hertfelder/Rödder, Modell Deutschland, 2007, S. 139 ff.; *M. Kißener,* Westbindung, in: Rödder/Elz, Deutschland in der Welt, 2010, S. 13 (16 ff.).

den können. Dieses Szenario wäre aus Sicht des Bundeskanzlers umso gefährlicher gewesen, als ihm genau zu jener Zeit Informationen zugingen, dass die Sympathien der US-Öffentlichkeit für die Bundesrepublik im Schwinden waren.[112] Der Zeitpunkt für *Wintrichs* Besuch beim Bundeskanzler war daher insgesamt unglücklich gewählt. Im September 1954 konnte *Adenauer* kaum anders, als demonstrativ am KPD-Parteiverbotsverfahren festzuhalten, um damit national und international sein unverbrüchliches Einstehen für die Westintegration zu demonstrieren. Und tatsächlich wurde dann zeitnah auf der Londoner Neun-Mächte-Konferenz Ende September/Anfang Oktober 1954 die gewünschte Lösung erzielt:[113] Die Bundesrepublik sollte, unter Verzicht auf die Produktion atomarer, biologischer und chemischer Waffen, der NATO beitreten und Mitglied der Westeuropäischen Union (WEU) werden. Im Gegenzug sollte endlich das Besatzungsstatut aufgehoben werden und die Bundesrepublik so ihre Souveränität wiedererlangen. Diese in der Londoner Schlussakte vom 3. Oktober 1954 festgehaltenen Eckdaten nahmen den wesentlichen Inhalt der wenige Wochen später, am 23. Oktober 1954, auf der Pariser Konferenz abgeschlossenen Pariser Verträge vorweg.[114] Mit deren Inkrafttreten am 5. Mai 1955 wurde die Bundesrepublik dann in die NATO und in die WEU integriert und gleichzeitig das Besatzungsstatut aufgehoben, womit *Adenauer* sein großes Ziel doch noch erreicht hatte.[115]

Dem Präsidenten des Ersten Senats des BVerfG blieb unterdessen im Herbst 1954 angesichts *Adenauers* klarer Haltung keine Wahl: Er setzte wenige Tage nach dem Gespräch am 22. September 1954 den Beginn der mündlichen Verhandlung in Karlsruhe endgültig auf den 23. November 1954 fest.[116] Schon zeitgenössische Beobachter erkannten darin eine Vorentscheidung für ein Verbot, das sich angesichts der auf eine Systemumwälzung abzielenden marxistisch-leninistischen Ideologie der KPD und des vorangegangenen SRP-Verbotes kaum mehr vermeiden ließ.[117] So kommentierte *Ernst*

---

[112] *K. Adenauer,* Erinnerungen 1953–1955, 1966, S. 322 ff.

[113] Beteiligt an der Konferenz, die auf Einladung des britischen Premiers *Anthony Eden* ab dem 28.09.1954 in London stattfand, waren sieben europäische Staaten (Vereinigtes Königreich, Frankreich, Italien, die Benelux-Staaten und die Bundesrepublik Deutschland) sowie die NATO-Staaten USA und Kanada.

[114] Ratifikationsgesetz: BGBl. 1955 II S. 213.

[115] *H. A. Winkler,* Der lange Weg nach Westen, 2. Bd., 4. Aufl. 2002, S. 166; zur militärischen Integration der Bundesrepublik in die NATO etwa *C. Greiner,* Zwischen Integration und Nation, in: L. Herbst (Hrsg.), Westdeutschland 1945–1955, 1986, S. 267 (268 ff.); *H. Haftendorn,* Deutsche Außenpolitik, 2001, S. 38 ff.

[116] Präsident des BVerfG, Verfügung v. 22.09.1954, BA, B 237, Nr. 215653, Bl. 189 = KPD-Prozess – Dokumentarwerk-1, 1955, S. 68.

[117] „KPD-Prozess – Der Zweck und die Mittel“, in: Spiegel 49/1954 v. 01.12.1954, S. 5; *U. Wesel,* Der Gang nach Karlsruhe, 2004, S. 91.

Müller-Meiningen jr. wenige Tage vor Verhandlungsbeginn in der Süddeutschen Zeitung prägnant:

> „Nun besteht ja wohl kaum ein Zweifel, daß die KP verfassungsfeindlich ist, daß sie also, nachdem unklugerweise der Antrag auf ihr Verbot besteht, verboten werden müßte.“[118]

Und der Spiegel resümierte wenige Tage nach Verhandlungsbeginn:

> „In dem Augenblick, in dem dieser Termin festgesetzt wurde, war das Urteil praktisch schon gefällt. Da die SRP bereits verboten ist, kann man die KPD nicht gut ausdrücklich als verfassungstreu bezeichnen. Die einzige Möglichkeit, sich aus der Affäre zu ziehen, wäre gewesen, die Verhandlung gar nicht stattfinden zu lassen.“[119]

IV. Die mündliche Verhandlung ab 23. November 1954

Verschiedene Versuche der KPD, den Beginn der mündlichen Verhandlung erneut durch Anträge auf Einstellung, Aussetzung und schließlich zumindest auf Vertagung des Verfahrens zu verhindern, blieben im Oktober/November 1954 erfolglos.[120] So konnte der erste Sitzungstag der mündlichen Verhandlung tatsächlich am 23. November 1954 stattfinden.[121] Dass der Einfluss des BMJ im KPD-Verfahren nach *Dehlers* Ausbootung bei der Kabinettsbildung infolge der zweiten Bundestagswahl im September 1953 im Vergleich zum SRP-Verfahren deutlich geschwunden war, manifestierte sich auch darin, dass sich die Bundesregierung außer von dem verbotsverfahrensbewährten BMI-Staatssekretär *Ritter von Lex*[122] und verschiedenen Rechtsanwälten le-

---

[118] „Soll die KP verboten werden?“, in: SZ v. 19.11.1954 (auch in BA, B 237, Nr. 215713), S. 1.

[119] „KPD-Prozess – Der Zweck und die Mittel“, in: Spiegel 49/1954 v. 01.12.1954, S. 5.

[120] Der Antrag der KPD auf Einstellung des Verfahrens v. 11.10.1954 (BA, B 237, Nr. 215653, Bl. 193 ff. = KPD-Prozess – Dokumentarwerk-1, 1955, S. 68 ff.) wurde vom Ersten Senat des BVerfG durch Beschluss v. 21.10.1954 zurückgewiesen (BA, B 237, Nr. 215653, Bl. 203 ff. = KPD-Prozess – Dokumentarwerk-1, 1955, S. 73). Der daraufhin am 27.10.1954 eingereichte Antrag der KPD v. 25.10.1954 auf Aussetzung des Verfahrens (BA, B 237, Nr. 215653, Bl. 212 ff. = KPD-Prozess – Dokumentarwerk-1, 1955, S. 74 ff.) wurde vom Ersten Senat durch Beschluss v. 10.11.1954 zurückgewiesen (BA, B 237, Nr. 215653, Bl. 229 ff. = KPD-Prozess – Dokumentarwerk-1, 1955, S. 73). Der anschließend mit Blick auf eine gleichzeitig erhobene Verfassungsbeschwerde (Abschrift in BA, B 237, Nr. 215653, Bl. 259 ff.) gestellte Antrag der KPD auf Vertagung des Termins am 23.11.1954 v. 18.11.1954 (KPD-Prozess – Dokumentarwerk-1, 1955, S. 79) wurde vom Ersten Senat durch Beschluss v. 22.11.1954 zurückgewiesen (BA, B 237, Nr. 215653, nach Bl. 246 = KPD-Prozess – Dokumentarwerk-1, 1955, S. 81).

[121] Protokoll der Sitz. v. 23.11.1954 in BA, B 237, Nr. 215668, Bl. 1 ff. sowie in BA, B 237, Nr. 215686, Bl. 1a ff.

[122] Das 53 Schreibmaschinenseiten umfassende Eingangsplädoyer *Ritter von Lex'*, gehalten am 26.11.1954, findet sich in BA, B 237, Nr. 215676, Bl. 13 ff. sowie in BA, B 237,

diglich von einer größeren Zahl von Ministerialbeamten des Innenministeriums sowie einem Repräsentanten des Auswärtigen Amtes vertreten ließ.[123]

Bis zum 14. Juli 1955 fanden sage und schreibe 51 Verhandlungstage in Karlsruhe statt, in denen sich der Erste Senat abgesehen von der Bedeutung der Verbotsvorschrift Art. 21 Abs. 2 GG in erster Linie mit der Ideologie des Marxismus-Leninismus und deren praktischer Anwendung auseinandersetzte.[124] Beides wurde dann in Beziehung zum Programm und zum Verhalten der KPD und ihrer Anhänger und das Ganze dann schließlich in Beziehung zu den Tatbestandsmerkmalen des Art. 21 Abs. 2 GG gesetzt.[125] Die Fokussierung der mündlichen Verhandlung auf die Ideologie des Marxismus-Leninismus ließ es noch wahrscheinlicher werden, dass es zu einem Verbot kommen würde. Wenn die KPD tatsächlich die Umsetzung dieser Ideologie in der Bundesrepublik anstrebte, sprach viel dafür, dass dies – entgegen den Beteuerungen ihrer Repräsentanten in der mündlichen Verhandlung – auf das Ziel der Beseitigung der freiheitlichen demokratischen Grundordnung i.S.d. Art. 21 Abs. 2 GG hinauslaufen musste, wie sie das BVerfG im SRP-Verbotsurteil definiert hatte.

Nachdem die mündliche Verhandlung Mitte Juli 1955 zu Ende gegangen war, fragten sich daher viele Beobachter weniger, welchen Inhalt ein mögliches Urteil haben würde, als vielmehr, ob es überhaupt noch zu einem Urteil kommen würde. Nicht nur die Komplexität der ideologischen Implikationen des Verfahrens, sondern auch die negativen Auswirkungen auf die sich nach dem NATO-Beitritt überraschend abzeichnende Annäherung der Bundesrepublik und der Sowjetunion mögen nämlich dazu beigetragen haben, dass das

---

Nr. 215686, Bl. 111 ff., eine Kurzfassung in BA, B 237, Nr. 215676, Bl. 65 ff.; sein am 05.07.1955 gehaltenes Schlussplädoyer findet sich u.a. in BA, B 237, Nr. 215679.

[123] Verzeichnis der Prozessbevollmächtigten, BA, B 237, Nr. 215652, Bl. 345; KPD-Prozess – Dokumentarwerk-1, 1955, S. 82.

[124] Bundesinnenminister *Gerhard Schröder* (CDU) nahm im Februar 1955 den ersten Abschnitt des Prozesses, in dem es nicht zuletzt um die Rechtsgrundlagen des Verfahrens gegangen war, zum Anlass, die Darlegungen der Prozessvertreter der Bundesregierung in Buchform zu veröffentlichen: Verfahren gegen die KPD vor dem Bundesverfassungsgericht – Die Rechtsgrundlagen, 1955. Einige Monate später wurden dann als Teil II dazu – mit fortlaufender Paginierung – die „Schlußplädoyers der Bundesregierung", 1955 veröffentlicht; im Anhang (S. 129 ff.) finden sich dort auch sonstige Quellen, bspw. Zeitungsausschnitte.

[125] Protokolle der ersten 27 Verhandlungstage v. 23.11.1954–21.03.1955 (Originale der Tonbandabschriften in BA, B 237, Nr. 215686–215712 sowie z.T. auch in BA, B 237, Nr. 215668), abgedruckt in: KPD-Prozess – Dokumentarwerk-1, 1955, S. 82 ff., Protokolle des 28.–45. Verhandlungstags v. 22.03.–29.06.1955 (Originale z.T. in BA, B 237, Nr. 215668 und Nr. 215669), abgedruckt in: KPD-Prozess – Dokumentarwerk-2, 1956, S. 1 ff., Protokolle des 45.–51. Verhandlungstags v. 29.06.–14.07.1955 abgedruckt in: KPD-Prozess – Dokumentarwerk-3, 1956, S. 1 ff.

Urteil lange auf sich warten ließ:[126] Am 7. Juni 1955 hatte die sowjetische Botschaft in Paris der dortigen bundesdeutschen Botschaft eine Note der Sowjetregierung an den Bundeskanzler übergeben, welche die Aufnahme diplomatischer Beziehungen zwischen der Sowjetunion und der Bundesrepublik anregte und *Adenauer* zu einem Besuch nach Moskau einlud.[127] Die Bundesregierung nahm die Einladung am 30. Juni 1955 an, und *Adenauer,* der sich durch die Avancen der Sowjetregierung in seiner früheren Politik insbesondere bzgl. der Ratifikation der Pariser Verträge bestätigt fühlte,[128] flog bereits am 8. September 1955 mit einer großen Delegation zum ersten Staatsbesuch nach Moskau, wo ihn die Sowjetregierung mit hohen Ehren empfing.[129] *Adenauers* zentrales Anliegen war die Freilassung der zu diesem Zeitpunkt knapp 10.000 früheren deutschen Soldaten, die sich neben ca. 20.000 aus politischen Gründen inhaftierten Zivilisten noch in sowjetischer Gefangenschaft befanden.[130] Heikel war die Mission des Bundeskanzlers vor allem aus dem Grund, dass er weiterhin bei den Westmächten unbedingt den Eindruck vermeiden musste, doch noch zwecks zügiger Wiedervereinigung den in Deutschland viel diskutierten „dritten Weg" zwischen West und Ost anzustreben und dadurch das mit den Pariser Verträgen Erreichte in Frage zu stellen.[131] So war es für ihn eine große Erleichterung, dass er während seines Aufenthaltes von US-Präsident *Dwight D. Eisenhower* (1890–1969) kategorisch Rückendeckung für alle seine Anliegen erhielt.[132] Nach schwierigen Verhandlungen, die mehrfach kurz vor dem Scheitern standen, einigte sich *Adenauer* schließlich mit KPdSU-Parteichef *Nikita Chruschtschow* (1894–

---

[126] *U. Wesel,* Der Gang nach Karlsruhe, 2004, S. 90; *P. Major,* The Death of the KPD, 1997, S. 291.

[127] *K. Adenauer,* Erinnerungen 1953–1955, 1966, S. 447.

[128] *K. Adenauer,* Erinnerungen 1953–1955, 1966, S. 448: „Die Richtigkeit der bisherigen Politik der Bundesregierung fand in dieser Initiative der Sowjetunion ihre Bestätigung."

[129] *K. Adenauer,* Erinnerungen 1953–1955, 1966, S. 487 ff., insbesondere S. 496 ff.; *Adenauers* Terminkalender während des Moskauaufenthaltes ist im Faksimile abgedruckt in: Adenauer, Briefe 1955–1957, 1998, S. 47 ff.

[130] So nannte *Adenauer* auch nach seiner Rückkehr im Teegespräch mit Journalisten am 20.09.1955 (*Adenauer,* Teegespräche 1955–1958, 1986, Nr. 1 (S. 5/7 f.)) die „Rückgabe der Gefangenen" an erster Stelle des in Moskau Erreichten.

[131] Aufschlussreich dazu und zu der vor diesem Hintergrund sehr gespaltenen Reaktion der internationalen Presse auf *Adenauers* Moskau-Besuch: *Adenauer,* Teegespräche 1955–1958, 1986, Nr. 1 (S. 5 ff.).

[132] *K. Adenauer,* Erinnerungen 1953–1955, 1966, S. 547: „Vor Beginn der Verhandlungen [am vierten Verhandlungstag, dem 13.09.1955] erhielt ich durch den amerikanischen Botschafter in Moskau, Bohlen, eine persönliche Botschaft von Präsident Eisenhower. [...] ‚Herr Präsident Eisenhower versteht und würdigt ihre Gründe, die den Herrn Bundeskanzler zu seinen Entschlüssen führen. Er wird, welche Entscheidung auch fallen wird, sich hinter den Herrn Bundeskanzler stellen'".

1971) und dem sowjetischen Ministerpräsidenten *Nikolai Bulganin* (1895–1975)[133] mündlich auf die Freilassung der deutschen Soldaten und im Gegenzug auf die Aufnahme diplomatischer Beziehungen.[134] „Die Russen haben ihr Wort gehalten", konnte *Adenauer* schlussendlich in seinen Erinnerungen festhalten, nachdem er bereits am 7. Oktober 1955 – medienwirksam inszeniert – persönlich die ersten 600 Heimkehrer im Lager Friedland in Empfang genommen hatte.[135] Ein KPD-Verbotsurteil wäre vor diesem Hintergrund im Sommer/Herbst 1955 jedenfalls äußerst ungelegen gekommen.

Mit der Formulierung des Urteilsentwurfs war unterdessen als Berichterstatter im Ersten Senat mit dem hessischen CDU-Politiker und maßgeblichen Mitschöpfer der Verfassung des Landes Hessen von 1946 *Erwin Stein* (1903–1992) ein verfassungsrechtliches „Schwergewicht" betraut worden. *Stein,* der sich bei Abfassung seines Urteilsentwurfs auch noch einmal intensiv mit dem von ihm mitgetragenen früheren SRP-Urteil des Ersten Senats beschäftigte,[136] legte seinen Senatskollegen kurz nach *Adenauers* zügig zur Legende verklärtem Moskau-Besuch Mitte September 1955 den ersten Hauptteil des Urteilsentwurfs vor. Die über 300 Schreibmaschinenseiten umfassende Ausarbeitung trug den richtungsweisenden Titel „Die Kommunistische Partei Deutschlands – eine marxistisch-leninistische Kampfpartei".[137] Weitere drei Monate gingen ins Land, bevor der frühere hessische Kultus- und Justizminister eine weitere umfangreiche Ausarbeitung mit dem Titel „Die abstrakte Zielsetzung der KPD und Würdigung durch das Gericht" nachschob.[138]

[133] Mit *Bulganin* tauschte *Adenauer* während seines Aufenthalts Wein aus, Adenauer an Bulganin v. 10.09.1955, in: Adenauer, Briefe 1955–1957, 1998, Nr. 14 (S. 54).

[134] *K. Adenauer,* Erinnerungen 1953–1955, 1966, S. 547 ff.; dazu auch *Adenauer,* Teegespräche 1955–1958, 1986, Nr. 1 (S. 5/7 ff.); sowie der Brief Adenauers an Bulganin v. 13.09.1955 (Adenauer, Briefe 1955–1957, 1998, Nr. 15 (S. 54 f.)) über die Aufnahme diplomatischer Beziehungen.

[135] Vgl. *K. Adenauer,* Erinnerungen 1953–1955, 1966, S. 551: „Die Russen haben ihr Wort gehalten und das ganze Abkommen genau erfüllt"; vgl. auch das Foto *Adenauers* „Im Gespräch mit Rußlandheimkehrern im Lager Friedland", a.a.O., vor S. 509.

[136] Materialien zum SRP-Urteil in BA, B 237, Nr. 215787/2.

[137] Berichterstatter Dr. Stein an Mitglieder des Ersten Senats des BVerfG v. 15.09.1952, BA, B 237, Nr. 262596; dass es sich um den ersten Entwurf handelte, geht auch aus dem späteren Schreiben Dr. Stein an Mitglieder des Ersten Senats des BVerfG v. 12.12.1955 (vertraulich), BA, B 237, Nr. 215787/1 hervor; in einem umfangreichen Ordner (BA, B 237, Nr. 262593) waren gleichzeitig wohl insbesondere aus den in den Prozessakten vorhandenen Quellen entnommene Aussagen primär von Führungspersönlichkeiten der KPD zusammengestellt worden, die so durchnummeriert waren, dass *Stein* in seinen Ausarbeitungen einfach und klar darauf Bezug nehmen konnte.

[138] Der 155 Schreibmaschinenseiten umfassende Originaltext befindet sich in BA, B 237, Nr. 215787/1 und 215787/2; am 21.10.1955 hatte Senatsmitglied *Drath* den Senatskollegen eine 104 Schreibmaschinenseiten umfassende Ausarbeitung zur Wiedervereinigungspolitik der KPD eingereicht, welcher er als Anlagen Texte der Senatskollegen *Scholtissek* (Anlage I: „Umsturzplan der KPD – Das Programm der Nationalen Front – Das Pro-

Der weitere Verlauf des Verfahrens indiziert, dass die Bundesregierung *Chruschtschow,* dem als Parteichef der KPdSU der Fortbestand der KPD alles andere als gleichgültig war,[139] nicht irgendwelche geheimen Zusagen oder dergleichen in Bezug auf einen Fortbestand der deutschen Schwesterpartei gemacht hatte. Als nämlich für die von den Interna des BVerfG ausgeschlossene Öffentlichkeit ein halbes Jahr nach Ende der mündlichen Verhandlung, Anfang 1956, immer noch kein Urteil absehbar war, verlor Bundeskanzler *Adenauer* die Geduld: Mit seiner, auch mithilfe der Unterstützung der US-Regierung, die den Kanzler im Wahlkampf 1953 als antikommunistisches Bollwerk gepriesen hatte,[140] erlangten komfortablen Mehrheit im Bundestag ließ er die Zuständigkeitsverteilung zwischen den beiden Senaten des BVerfG im BVerfGG dahingehend abändern, dass Parteiverbotsverfahren fortan in die Zuständigkeit des Zweiten Senats fielen. Die offizielle Begründung, dass der Erste Senat im Vergleich zum Zweiten überlastet sei, war zwar inhaltlich zutreffend.[141] Allerdings konnte die Übergangsregelung, nach der die Zuständigkeit des Ersten Senats bis zum 31. August 1956 bestehen bleiben sollte, auch durchaus als eine konkrete letzte „gesetzliche Nachfrist" für diesen Senat zur Erstattung des Verbotsurteils gegen die KPD angesehen werden. Nicht zuletzt dies indiziert, dass die offizielle Begründung nur vorgeschoben war und die Gesetzesänderung vorrangig dazu diente, endlich das gewünschte Verbotsurteil zu erhalten. Auch um einer Blamage zu entgehen, die gedroht hätte, wenn 51 aufwendige Verhandlungstage ergebnislos geblieben wären, blieb dem Ersten Senat daher kaum etwas anderes übrig, als die eingeräumte Frist auch zu nutzen. Letzte Anträge der KPD, das Verbotsverfahren wegen Verstoßes gegen das grundgesetzliche Wiedervereinigungsgebot, einzustellen,[142] bzw. zumindest erneut in die mündliche Verhandlung einzutreten, wo die kommunistische Partei die Verfassungsmäßigkeit ihrer Bestrebungen dar-

---

gramm der Nationalen Wiedervereinigung") und *Wessel* (Anlage II: Ohne Titel) beigefügt hatte, Draht an Mitglieder des Ersten Senats v. 21.10.1955 (geheim), BA, B 237, Nr. 215787/2.

[139] Dies belegt insbesondere auch *Chruschtschows* später verfasster, streckenweise emotionaler Brief an Adenauer v. 28.01.1960 (Übersetzung), StBKAH, NL Adenauer, III/01, Bl. 189 (199 f.), in dem er *Adenauer* u.a. vorwirft: „Nein, Herr Bundeskanzler, Sie hassen den Sozialismus und den Kommunismus. Dafür haben Sie auch bei sich drakonische antidemokratische Gesetze durchgesetzt, die sich ihrem Wesen nach kaum von denen unterscheiden, die es unter Hitler gab. Sie haben die Kommunistische Partei für außerhalb des Gesetzes stehend erklärt; bei Ihnen werden jetzt Menschen wegen ihrer Gedanken, wegen ihrer fortschrittlichen Überzeugungen verurteilt. […] Doch, wie dem auch sei: sind denn Mitglieder der Kommunistischen Partei Ausgestoßene?".

[140] *D. Kisatsky,* The United States and the European Right, 2005, S. 18.

[141] Zur ungleichen Belastung der Senate und den daraus entstandenen Reformüberlegungen: *W. Geiger,* Zur Reform des Bundesverfassungsgesetzes, in: FS Nawiasky, 1956, S. 211 (220).

[142] Antrag der KPD v. 11.11.1955, in: KPD-Prozess – Dokumentarwerk-3, 1956, S. 550 ff.

legen wollte,[143] hatten keinen Erfolg,[144] und der Senat erstattete – etwas trotzig – mitten im Hochsommer, am 17. August 1956, und damit gerade noch rechtzeitig vor Fristablauf, das lange erwartete Verbotsurteil gegen die kommunistische Partei.[145]

V. Das KPD-Verbotsurteil vom 17. August 1956

Das Urteil vom 17. August 1956 erklärte die KPD erwartungsgemäß für verfassungswidrig und löste sie auf.[146] Gleichzeitig sprach der Erste Senat des BVerfG das Verbot aus, Ersatzorganisationen zu schaffen oder bestehende Organisationen als Ersatzorganisationen fortzuführen, und ordnete die Einziehung des Vermögens der KPD zu gemeinnützigen Zwecken an.[147] Die Verkündung des Urteils in Karlsruhe nahm BVerfG-Präsident *Wintrich* zum Anlass, zwischen der Verlesung der Leitsätze und der Verlesung der wesentlichen Entscheidungsgründe in einer bemerkenswerten Erklärung zu den Maximen des Verfahrens und dessen Wahrnehmung in der Öffentlichkeit Stellung zu nehmen:[148]

> „Die Irrtümer und Mißverständnisse, die in der Öffentlichkeit über dieses Verfahren entstanden sind, veranlassen mich, vor Bekanntgabe der wesentlichen Entscheidungsgründe einige Klarstellungen zu treffen:
>
> Das Verfassungsgericht kann ein Verfahren nicht von sich [aus] einleiten. Es bedarf dazu immer des Begehrens eines Antragstellers. Den Antrag, eine Partei zu verbieten, kann die Bundesregierung stellen. Es steht in ihrem politischen Ermessen und unter ihrer ausschließlichen politischen Verantwortung, ob sie den Antrag stellen will und soll. Ist der Antrag gestellt, dann ist das Gericht verpflichtet, darüber zu entscheiden. Das Gericht hat seine Entscheidung nach rein rechtlichen Gesichtspunkten zu treffen; daher sind ihm politische Zweckmäßigkeitserwägungen versagt. […]"

Gerade angesichts der weithin bekannten Vorgeschichte der Urteilserstattung liegt es nicht allzu fern, in diesen Worten eine Distanzierung von der politischen Zweckmäßigkeit des KPD-Verbotes und eine Kritik an der Bundesregierung, speziell am Bundeskanzler, der das Urteil unbedingt hatte haben

---

143 KPD-Schriftsatz v. 14.03.1956, in: KPD-Prozess – Dokumentarwerk-3, 1956, S. 562 ff.

144 BVerfGE 5, 85 (390 f.).

145 BVerfGE 5, 85; das Urteil (Az. 1 BvB 2/51) ist auch abgedruckt in: KPD-Prozess – Dokumentarwerk-3, 1956, S. 582 ff.

146 Original des Verbotsurteils (Az. 1 BvB 2/51) in BA, B 237, Nr. 215670–215672; BVerfGE 5, 85 (86 f.).

147 BVerfGE 5, 85 (87).

148 Die Erklärung ist abgedruckt in: KPD-Prozess – Dokumentarwerk-3, 1956, S. 583.

wollen, zu erblicken.[149] Der Bundesregierung wurde in der Öffentlichkeit neben der Neuverteilung der Zuständigkeiten der beiden Senate im Übrigen auch vorgeworfen, versucht zu haben, durch die Verzögerung der – damals noch möglichen – Wiederwahl zweier Richter des Senats, deren Amtsperioden am 31. August 1956 ausliefen, auf die Entscheidung Einfluss zu nehmen.[150] *Wintrich* schrieb allerdings gleichzeitig auch allen prokommunistischen Kritikern des Verfahrens, die das Gericht in zahllosen, überwiegend aus der DDR abgesandten Eingaben in forderndem Ton zur Einstellung des Verfahrens aufgefordert hatten,[151] ins Stammbuch, dass solche Versuche beim BVerfG von vornherein keine Aussicht auf Erfolg hätten. Der BVerfG-Präsident nutzte dies zugleich auch für einen kleinen Seitenhieb auf das ostdeutsche Regime:

> „Dem Gericht und auch den einzelnen Richtern sind außerordentlich zahlreiche Zuschriften zugegangen, in denen die Aufforderung enthalten ist, das Verfahren einzustellen oder die Mitwirkung bei einem Verbotsurteil zu verweigern. Diese Zuschriften sind vielfach mit äußerst massiven Drohungen verbunden. Solche Einwirkungen können möglicherweise anderwärts wirksam sein. Das Bundesverfassungsgericht läßt sich in seiner richterlichen Entscheidung durch keinerlei Einwirkung von außen – von wem auch immer sie kommen möge – beeinflussen. Das Bundesverfassungsgericht ist lediglich dem Gesetz unterworfen und entscheidet nur nach Gesetz und Recht.“ [152]

Dass es sich der Senat mit dem Urteil nicht leicht gemacht hat, wird im Übrigen bereits dadurch indiziert, dass die Urteilsgründe mit 425 Schreibmaschinenseiten noch wesentlich umfangreicher sind als diejenigen des SRP-Verbots: Im später veröffentlichten fünften Band der Entscheidungssammlung des BVerfG nehmen sie über 300 Seiten und damit beeindruckende drei Viertel des Volumens jenes Bandes ein.[153] Gegliedert sind die Urteilsgründe in zwei große inhaltliche Abschnitte, die durch einen eher technischen dritten Abschnitt ergänzt werden:[154] Der erste Abschnitt befasst sich mit der Geschichte der KPD und dem Verbotsverfahren (Teil A)[155], den Einwendungen der KPD gegen die Durchführung des Verfahrens (Teil B)[156] und den Rechts-

---

[149] So etwa *A. v. Brünneck,* Politische Justiz gegen Kommunisten, 1978, S. 119 und im Anschluss an *Brünneck* auch *F. Hanschmann,* Parteiverbotsverfahren vor dem BVerfG, in: Goldbach, Mit juristischen Waffen, 2003, S. 7 (18).

[150] *D. Posser,* Anwalt im Kalten Krieg, 2. Aufl. 1991, S. 180.

[151] Die verschiedenen Eingaben füllen zahlreiche Ordner in den Verfahrensakten des BVerfG in BA, B 237, Nr. 215651 ff.

[152] Erklärung abgedruckt in: KPD-Prozess – Dokumentarwerk-3, 1956, S. 583.

[153] BVerfGE 5, 85 (87–393).

[154] Der konzise dritte Abschnitt (BVerfGE 5, 85 (390–393)) befasst sich u.a. mit der Bescheidung weiterer Anträge insbesondere der KPD sowie mit Schlussfolgerungen aus dem Urteil.

[155] BVerfGE 5, 85 (87–110).

[156] BVerfGE 5, 85 (110–133).

grundlagen des Verfahrens (Teil C)[157]. Im Rahmen der Einwendungen setzt sich das BVerfG mit der viel diskutierten und von der KPD zu einem formellen Einwand gegen das Verfahren erhobenen Frage auseinander, ob ein KPD-Verbot das nach dem Grundgesetz zu verfolgende Ziel einer deutschen Wiedervereinigung verhindere.[158] Das Gericht weist dies mit dem Argument zurück, dass ein Verbot der KPD kein „rechtliches oder ein unüberwindliches tatsächliches Hindernis für die Durchführung freier gesamtdeutscher Wahlen wäre und damit diesen Weg zur Wiedervereinigung verschlösse".[159]

In Teil C über die Rechtsgrundlagen des Verfahrens ist Abschnitt II zur Auslegung des Art. 21 Abs. 2 GG von zentraler Bedeutung. Hinsichtlich der Inhalte des Begriffs der freiheitlichen demokratischen Grundordnung knüpft der Senat mit einem wörtlichen Zitat an die eigenen grundlegenden Vorarbeiten über die Mindestinhalte derselben im SRP-Verbotsurteil an.[160] Neu ist dann aber die wegweisende Feststellung, dass eine Partei nicht schon dann verfassungswidrig sei, wenn sie diese obersten Prinzipien einer freiheitlichen demokratischen Grundordnung ablehne:[161]

> „Es muß vielmehr eine aktiv kämpferische, aggressive Haltung gegenüber der bestehenden Ordnung hinzukommen; sie [die Partei] muß planvoll das Funktionieren dieser Ordnung beeinträchtigen, im weiteren Verlauf diese Ordnung selbst beseitigen wollen. Das bedeutet, daß der freiheitlich-demokratische Staat gegen Parteien mit einer ihm feindlichen Zielrichtung nicht von sich aus vorgeht; er verhält sich vielmehr defensiv, er wehrt lediglich Angriffe auf seine Grundordnung ab. Schon diese gesetzliche Konstruktion des Tatbestandes schließt einen Mißbrauch der Bestimmung im Dienste eifernder Verfolgung unbequemer Oppositionsparteien aus."[162]

Für die Feinsteuerung der Auslegung von Art. 21 Abs. 2 GG ist dabei nicht nur wichtig, dass der Senat nunmehr eine „aktiv kämpferische, aggressive Haltung gegenüber der bestehenden Ordnung" und den Willen, das Funktionieren dieser Ordnung zu beeinträchtigen sowie im weiteren Verlauf diese selbst zu beseitigen als weitere Voraussetzungen in Art. 21 Abs. 2 GG hineinliest. Von Bedeutung ist vielmehr auch, dass er diese einschränkende Interpretation für hinreichend erachtet, um einen Missbrauch der Parteiverbotsregelung zu verhindern. Eine Partei könne im Lichte des Zwecks von Art. 21 Abs. 2 GG, „das Aufkommen von Parteien mit antidemokratischer Zielsetzung zu verhindern",[163] auch dann verfassungswidrig sein, wenn nach menschlichem Ermessen keine Aussicht darauf bestehe, dass sie ihre verfas-

---

[157] BVerfGE 5, 85 (133–146).

[158] BVerfGE 5, 85 (125–133); dazu näher *K. J. Grigoleit,* Bundesverfassungsgericht und deutsche Frage, 2004, S. 242 ff.

[159] BVerfGE 5, 85 (133).

[160] BVerfGE 5, 85 (140) zitiert BVerfGE 1, 1 (13).

[161] BVerfGE 5, 85 (141).

[162] BVerfGE 5, 85 (141).

[163] BVerfGE 5, 85 (142).

sungswidrige Absicht in absehbarer Zukunft werde verwirklichen können.[164] Mit dieser einmal mehr auf dem SRP-Verbotsurteil aufbauenden Feststellung zum präventiven Telos des Art. 21 Abs. 2 GG umschiffte das BVerfG konkret den kritischen Einwand, dass die KPD angesichts ihres Bedeutungsverlusts keine aktuelle Gefahr für die Verfassungsordnung mehr darstelle. Letztlich hat der Senat die Eingriffsschwelle der Parteiverbotsregelung des Art. 21 Abs. 2 GG mit dem Verzicht auf das Erfordernis einer konkreten Gefährdung aber im Sinne einer „Verfassungs-Vorneverteidigung" weiterhin nachhaltig im Bereich der Gefahrenvorsorge verortet.[165] Dies hat erst über 60 Jahre später der Zweite Senat in seinem NPD-Urteil vom 17. Januar 2017 korrigiert, in dem er das neue Erfordernis der „Potentialität" aufgestellt hat: Wie oben bereits dargestellt wurde, interpretiert der Zweite Senat das Tatbestandsmerkmal des „darauf Ausgehens" in Art. 21 Abs. 2 GG an der entscheidenden Stelle des NPD-Urteils restriktiv dahingehend, dass „konkrete Anhaltspunkte von Gewicht, die es zumindest möglich erscheinen lassen, dass das gegen die Schutzgüter des Art. 21 Abs. 2 GG gerichtete Handeln einer Partei erfolgreich sein kann (Potentialität)" vorliegen müssen.[166]

Hat der erste Abschnitt der Urteilsgründe im KPD-Urteil von 1956 vor allem einen – im wahrsten Sinne des Wortes – grundlegenden, vorbereitenden Charakter, setzt sich der zweite Abschnitt konkret mit der Frage auseinander, ob die KPD die zuvor herausgearbeiteten Maßstäbe für die Verbotsvoraussetzungen nach Art. 21 Abs. 2 GG erfüllt. Im Einzelnen behandelt der umfangreiche zweite Abschnitt die allgemeine Zielsetzung der KPD (Teil A)[167], deren allgemeine Betätigung im Sinne des Marxismus-Leninismus (Teil B)[168], dann – besonders eingehend – die aktuelle Zielsetzung der KPD (Teil C)[169] und schließlich deren politischen Gesamtstil (Teil D)[170]. Wie das BVerfG in der Einleitung des zweiten Abschnitts, die Urteilsgründen „in der Nussschale" gleicht, deutlich macht, umreißen diese vier Teile den Gedankengang, der zum Verdikt der Verfassungswidrigkeit führt:[171] Es sei das Ziel der KPD, die sozialistisch-kommunistische Gesellschaftsordnung auf dem Wege über die sozialistische Revolution und die Diktatur des Proletariats herbeizuführen. Sowohl die proletarische Revolution als auch der Staat der Diktatur des Proletariats seien aber mit der freiheitlichen demokratischen Grundordnung unvereinbar (Teil A). Selbst wenn es sich hierbei nicht um das aktuelle Ziel der

---

[164] BVerfGE 5, 85 (143).

[165] Ähnlich *T. Rensmann,* BVerfGE 2, 1, in: Menzel/Müller-Terpitz, Verfassungsrechtsprechung, 2. Aufl. 2011, S. 59 (64).

[166] BVerfG, Urt. v. 17.01.2017, 2 BvB 1/13, Rn. 585; dazu oben S. 359 ff.

[167] BVerfGE 5, 85 (147–207).

[168] BVerfGE 5, 85 (207–237).

[169] BVerfGE 5, 85 (238–380).

[170] BVerfGE 5, 85 (380–390).

[171] BVerfGE 5, 85 (147).

KPD handele, ließen doch die Art und Weise, wie die KPD Revolution sowie Diktatur des Proletariats propagiere, und ihr gesamtes Verhalten erkennen, dass sie schon jetzt darauf ausgehe, die freiheitliche demokratische Grundordnung zu beseitigen (Teil B). Auch die Würdigung „ihrer angeblich allein auf die Wiedervereinigung Deutschlands gerichteten aktuellen Politik" ergebe, dass sie dies lediglich „als Vorspann" benutze, um die freiheitliche demokratische Grundordnung zu beeinträchtigen (Teil C). Ferner zeige der gesamte Stil des politischen Kampfes der KPD, dass sie darauf abziele, die freiheitliche demokratische Grundordnung verächtlich zu machen (Teil D).

Herzstück des Verbotsurteils ist eine Darstellung der Grundzüge des Marxismus-Leninismus, die das BVerfG für geboten hält, da sich die KPD nach ihrem Programm „in ihrer gesamten Tätigkeit von der Theorie von Marx, Engels, Lenin und Stalin leiten" lasse.[172] Das lesenswerte, mit Zitaten aus Zentralwerken des Marxismus-Leninismus gespickte Kondensat der orthodoxen kommunistischen Lehre[173] ist von *Uwe Wesel* – vielleicht etwas überschwänglich – als „wohl beste Darstellung [derselben] in deutscher Sprache, verständlich geschrieben, knapp und völlig ausreichend" charakterisiert worden.[174] Kritisch hat *Wesel* allerdings angemerkt, dass die Lehre auf dem Stand von 1953, d.h. vor Stalins Tod im März 1953,[175] wiedergegeben werde, und die KPD daher letztlich auf der Grundlage einer Ideologie verboten worden sei, die sie so gar nicht mehr vertreten habe.[176] Diese Analyse ist nicht völlig von der Hand zu weisen. So widerrief der Parteivorstand der KPD etwa im

---

[172] BVerfGE 5, 85 (148 ff.); *T. Gelberg,* Das Parteiverbotsverfahren, 2009, S. 250 ff.

[173] Verschiedene Zitate wurden auch in der mündlichen Verhandlung verlesen.

[174] *U. Wesel,* Der Gang nach Karlsruhe, 2004, S. 92; etwas weniger enthusiastisch: *T. Rensmann,* BVerfGE 2, 1, in: Menzel/Müller-Terpitz, Verfassungsrechtsprechung, 2. Aufl. 2011, S. 59 (64), der von einer „akribischen Exegese der Schriften von Marx, Engels, Lenin und Stalin" spricht, und *R. C. van Ooyen,* Die Parteiverbotsverfahren, in: Möllers/van Ooyen, Parteiverbotsverfahren, 4. Aufl. 2013, S. 51 (59), nach dem sich die Begründung in weiten Teilen „wie aus einem politikwissenschaftlichen Hauptseminar mit ausführlicher Textexegese marxistischer Schriften und kommunistischer Parteiquellen" lese; *W. Abendroth,* Das KPD-Verbotsurteil, in: Zeitschrift für Politik 1956, 305 (312 ff.) warf dem BVerfG hingegen – ganz anders – vor, dass es „trotz vielfachen Gebrauchs von Zitaten aus der marxistischen, der leninistischen und der stalinistischen Literatur deren Sinngehalt nicht verstanden hat, weil es sich von üblichen Vorurteilen der deutschen antimarxistischen Literatur nicht lösen konnte"; zu ähnlichen Vorwürfen insbesondere aus marxistischer Perspektive auch *M. Kutscha,* Das KPD-Verbot, in: Mayer/Stuby, Das lädierte Grundgesetz, 1977, S. 42 (54 ff.).

[175] Zu den Veränderungen insbesondere in der Sowjetunion und in der DDR nach Stalins Tod etwa *H. A. Winkler,* Geschichte des Westens – Vom Kalten Krieg zum Mauerfall, 2014, S. 174 ff.

[176] *U. Wesel* a.a.O.; vgl. auch *D. Staritz,* Die Kommunistische Partei Deutschlands, in: Stöss, Parteien-Hdb. II, 1984, S. 1663 (1748); *J. U. Klocksin,* Kommunisten im Parlament, 2. Aufl. 1994, S. 306; *R. Gössner,* Die vergessenen Justizopfer des kalten Krieges, 1998, S. 139 ff.; *A. v. Brünneck,* Politische Justiz gegen Kommunisten, 1978, S. 125 ff.

März 1956, kurz nach dem XX. KPdSU-Parteitag im Februar 1956, der u.a. eine Absage an den Personenkult um *Stalin* gebracht hatte, in der programmatischen Erklärung „Es muß und kann anders werden" nicht zuletzt seinen Aufruf zum revolutionären Sturz der Adenauer-Regierung.[177] Dass dies allerdings auch damit begründet wurde, dass ein solcher Sturz der Lage und den Bedingungen in Westdeutschland nicht entspräche und die Herstellung der Einheitsfront der Arbeiterklasse sowie die Sammlung der fortschrittlichen und nationalgesinnten Kräfte letztlich behindere, demonstriert exemplarisch, dass die Hintergründe und die Reichweite der programmatischen Wende ihrerseits fragwürdig und die Lage bei Ergehen des Urteils daher insgesamt äußerst komplex war. Die Programmatik der KPD blieb zwiespältig und der Charakter der Partei war daher hochumstritten.[178] So wies selbst der KPD-freundliche Leipziger Rechtswissenschaftler *Rudolf Arzinger* in seinen kritischen Anmerkungen zum Verbotsurteil darauf hin, dass die KPD ihre Zielsetzung seit 1945 nicht verändert habe.[179] *Wolfgang Abendroth* räumte kurz nach Ergehen des Urteils ein, dass die KPD „seit langem eine stalinistische Partei geworden [sei], deren Führungszentrum eindeutig den Weisungen der stalinistischen Diktatur in Moskau, vermittelt durch die stalinistische Leitung der SED, folgte".[180] Auch ist zu bedenken, dass die Veränderungen in der Partei-

---

[177] „Es muß und kann anders werden", Erklärung der 23. Parteivorstandstagung der KPD v. 18.03.1956, abgedruckt in: KPD 1945–1968, Bd. 2, 1989, S. 97 (104); zum XX. KPdSU-Parteitag und dessen Folgen für die KPD: *G. Judick/J. Schleifstein/K. Steinhaus,* Einleitung, in: KPD 1945–1968, Bd. 1, 1989, S. 13 (68 ff.).

[178] Zur programmatischen Entwicklung in der Niedergangsphase ab 1953: *D. Staritz,* KPD, in: Stöss, Parteien-Hdb. II, 1984, S. 1663 (1733 ff.).

[179] *R. Arzinger,* Gutachten zum Urteil des Bundesverfassungsgerichts, Beilage zu Neue Justiz, Heft 19/1956, S. 5: „Die Kommunistische Partei Deutschlands hat weder sich selbst noch ihre Zielsetzung seit 1945 geändert. Ihr Bekenntnis zur marxistisch-leninistischen Theorie, aus dem heute ihre Verfassungswidrigkeit hergeleitet werden soll [...] wurde von ihr auch damals in gleicher Offenheit und mit gleicher Konsequenz wie heute abgelegt. Unverändert bekennt sie sich noch heute in grundsätzlichen Erklärungen und in ihrer gesamten Praxis auch zu den gleichen aktuellen politischen Zielen, die sie 1945 proklamierte."; *Arzingers* im Auftrag der „Vereinigung Demokratischer Juristen Deutschlands" erstelltes Gutachten kritisierte das Verbotsurteil allerdings u.a. als Verstoß gegen das grundgesetzliche Wiedervereinigungsverbot und die Prinzipien des Potsdamer Abkommens (S. 3 ff., 14) sowie gegen den Grundsatz der Volkssouveränität gem. Art. 20 i.V.m. Art. 21 Abs. 1 GG (S. 14) und warf dem BVerfG konkret vor, lediglich „einen kleinen Teil der Aussage" der marxistisch-leninistischen Theorie herangezogen (S. 6 ff.) und diesen dann auch noch grundlegend fehlinterpretiert zu haben (S. 9); weitere Kritik aus orthodox-kommunistischer Sicht etwa bei *M. Reimann/L. Landwehr/W. Mohn/O. Niebergall* (Hrsg.), KPD-Verbot, 1971, S. 19 ff.

[180] *W. Abendroth,* Das KPD-Verbotsurteil, in: Zeitschrift für Politik 1956, 305 (305) wies daher auf den „widerspruchsvollen Charakter" der KPD hin, sei doch nach wie vor „ein erheblicher Prozentsatz ihrer Mitgliederkader" durch die „Tradition der Entstehung

ideologie nicht zuletzt auch gerade auf das anhängige Verbotsverfahren zurückzuführen gewesen sein mögen, zumal die Chancen der KPD auf eine praktische Umsetzung ihrer Ideologie in der Bundesrepublik damals ohnehin gegen Null tendierten.[181]

Dass die KPD nicht nur programmatisch, sondern auch aktivkämpferisch auf die Verwirklichung des so zusammengefassten Marxismus ausgerichtet sei und diese Ideologie ihrerseits auf Beseitigung der freiheitlichen demokratischen Grundordnung i.S.v. Art. 21 Abs. 2 GG abziele, waren für den Ersten Senat des BVerfG vor dem Hintergrund der eingangs formulierten Prämissen jedenfalls hinreichende Gründe für den syllogistischen Schluss, dass die kommunistische Partei die Verbotsvoraussetzungen des Art. 21 Abs. 2 GG erfülle. Dabei macht der Senat deutlich, dass nach seiner Ansicht bereits die Absicht der KPD, die freiheitliche demokratische Grundordnung langfristig zu beseitigen, ausreichen würde, um sie als „verfassungswidrig" i.S.d. Art. 21 Abs. 2 GG zu kennzeichnen, selbst „wenn ihr nicht nachzuweisen wäre, daß auch die konkreten materiellen Ziele, die sie während der Geltungsdauer des Grundgesetzes verfolgt, ihrem Inhalt nach verfassungswidrig sind".[182] Dessen ungeachtet weist er der KPD dann aber durch eine aufwendige Beweisauswertung im Einzelnen nach, inwiefern auch ihre aktuelle, auf die Wiedervereinigung Deutschlands zentrierte Politik darauf ausgehe,[183] die freiheitliche demokratische Grundordnung zu beeinträchtigen und schließlich zu beseitigen.[184]

VI. Urteilskritik, Fazit und Einfluss der Rosenburg

Mit dem KPD-Verbotsurteil ging am 17. August 1956 auch das zwischenzeitlich ins Stocken geratene zweite Parteiverbotsverfahren in der Geschichte der Bundesrepublik Deutschland letztlich im Sinne der antragstellenden Bundesregierung und seines Mitinitiators, des früheren Bundesjustizministers *Thomas Dehler,* zu Ende. War die Einleitung dieses zweiten Verfahrens gegen eine kommunistisch orientierte Partei auch der Absicht geschuldet, die Entschlossenheit der Bundesregierung zu demonstrieren, die ephoralen Mittel des Grundgesetzes symmetrisch gegen Verfassungsfeinde aus beiden politi-

---

der KPD", die aus „radikalen Teilen der deutschen Arbeiterbewegung gebildet worden" sei, bestimmt gewesen.

[181] Dazu etwa *J. U. Klocksin,* Kommunisten im Parlament, 2. Aufl. 1994, S. 304 f.; *D. Staritz,* KPD, in: Stöss, Parteien-Hdb. II, 1984, S. 1663 (1733 ff.).

[182] BVerfGE 5, 85 (237).

[183] Eine zentrale Rolle spielt insoweit das Programm zur nationalen Wiedervereinigung Deutschlands, beschlossen vom Parteivorstand der KPD am 02.11.1952, abgedruckt in: KPD 1945–1968, Bd. 1, 1989, S. 396 ff. (vgl. BVerfGE 5, 85 (259 ff.)).

[184] BVerfGE 5, 85 (238–380); *T. Rensmann,* BVerfGE 2, 1, in: Menzel/Müller-Terpitz, Verfassungsrechtsprechung, 2. Aufl. 2011, S. 59 (65).

schen Richtungen zum Einsatz zu bringen und konkret auch die Erfolgschancen des SRP-Verfahrens zu erhöhen, weist das KPD-Urteil im Lichte des historischen Normhintergrundes von Art. 21 Abs. 2 GG doch einen wesentlich anderen Charakter und Begründungsgang auf als das SRP-Verbotsurteil.

Die SRP war – wie oben herausgearbeitet wurde – quasi der Prototyp eines Verbotsobjektes nach Art. 21 Abs. 2 GG, da sie der NSDAP als derjenigen Partei glich, auf deren Aufstieg Art. 21 Abs. 2 GG letztlich gemünzt war.[185] Entsprechend war der Kern der Begründung des SRP-Urteils auf den Nachweis hinausgelaufen, dass die SRP nach ihrem Programm und ihrem Verhalten mit der NSDAP wesensverwandt war. Von dort war es dann für den Senat nur noch ein kurzer logischer Schritt zur Bejahung der Verbotsvoraussetzungen gem. Art. 21 Abs. 2 GG. Ein solcher Argumentationsgang war im Falle der KPD von vornherein ausgeschlossen, zumal die Nationalsozialisten die KPD und deren Mitglieder und Anhänger spätestens seit der Machtübernahme am 30. Januar 1933 rücksichtslos verfolgt hatten.

Da das KPD-Verbotsurteil nicht auf einem Vergleich mit einer historischen Partei gründen konnte, fand es seinen Dreh- und Angelpunkt in der marxistisch-leninistischen Ideologie. Das Gewicht, welches das BVerfG in der mündlichen Verhandlung und in der späteren Urteilsbegründung auf eine Analyse dieser Ideologie legte, demonstriert dies eindrucksvoll. Dabei wurde diese Ideologie von Anfang an erkennbar an den Maßstäben der freiheitlichen demokratischen Grundordnung gemessen, die das Gericht im SRP-Urteil i.S.v. Mindestbestandteilen herausgearbeitet hatte. Hinzu kam im KPD-Urteil dann jedoch das Erfordernis einer aktiv kämpferischen, aggressiven Haltung gegenüber der bestehenden Ordnung, das in den Gründen anhand einer Analyse des Verhaltens der KPD und ihrer Anhänger nachzuweisen war. An die Stelle eines Verbotes aufgrund einer Wesensverwandtschaft zur NSDAP, als Archetyp einer verfassungswidrigen Partei i.S.d. Art. 21 Abs. 2 GG, trat also das – notwendig abstrakter zu begründende – Verbot aufgrund der aktiv kämpferischen Umsetzung einer Ideologie, die auf die Beseitigung der freiheitlichen demokratischen Grundordnung abzielte. Dass die KPD die so herausgearbeitete Ideologie nach Stalins Tod im März 1953 im Moment des Verbotes nicht mehr so vertrat wie noch bei Einreichung des Verbotsantrags Ende 1951, ist im Lichte dieses Argumentationsgangs daher in der Tat ein naheliegender Kritikpunkt. Daneben lassen sich weitere Aspekte des Urteils kritisieren, darunter nicht zuletzt, dass das BVerfG dem Erfordernis einer konkreten Gefährdung der freiheitlichen demokratischen Grundordnung eine Absage erteilt und auch sonst keine Verhältnismäßigkeitsprüfung vorgenommen hat. Immerhin klingen im Urteil bei näherem Hinsehen – ähnlich wie im

---

[185] Oben S. 356 f.; ähnlich auch *M. Morlok,* Parteiverbot als Verfassungsschutz, in: NJW 2001, 2931 (2934); *M. Thiel*, Das Verbot verfassungswidriger Parteien, in: ders., Wehrhafte Demokratie, 2003, S. 173 (177).

SRP-Urteil – zumindest verschiedene Aspekte des Übermaßverbotes an. Am stärksten sind Verhältnismäßigkeitserwägungen auf Seiten des Senats allerdings in dem vergeblichen Versuch erkennbar, das Verfahren noch vor der mündlichen Verhandlung zu stoppen. Eine solche verfahrensbezogene, chronologische Vorverlagerung von Übermaßverbotserwägungen ist in der Geschichte der Rechtsprechung des BVerfG eine bemerkenswerte Ausnahme geblieben.

Das BMJ spielte bei der Einleitung und Durchführung des KPD-Verbotsverfahrens im Großen und Ganzen zunächst eine ähnliche Rolle wie im Falle des SRP-Verfahrens. Lag die Federführung bei Parteiverboten beim BMI, nutzten *Dehler* und seine Rosenburg dessen ungeachtet proaktiv alle sich bietenden Möglichkeiten, um sowohl auf die Entscheidung, ob ein Verbotsantrag gestellt werden sollte, als auch auf die Art und Weise der Durchführung eines solchen Verfahrens Einfluss zu nehmen. Anders als bei der SRP hatte sich *Dehler* im Falle der KPD allerdings bereits frühzeitig, im Jahr 1950, mehrfach öffentlich für ein Verbotsverfahren ausgesprochen. Insofern ist allerdings auch zu berücksichtigen, dass die in Fraktionsstärke im Bundestag vertretene KPD zu diesem Zeitpunkt bereits viel bedeutender war als die gleichsam noch in den Kinderschuhen steckende SRP. An seinen noch vor dem Ausbruch des Koreakrieges formulierten Vorschlag, die KPD verbieten zu lassen, knüpfte *Dehler* dann später mehrfach an, als sich im Frühjahr 1951 die Diskussion über ein Verbot der SRP intensivierte. Im Umfeld der Niedersachsenwahlen im Mai 1951 plädierte der Justizminister dafür, einen Verbotsantrag nicht nur gegen die SRP, sondern zeitgleich auch gegen die KPD zu stellen. Seine kritischen Einwürfe im Hinblick auf die entstehenden Anträge und seine nachhaltigen Bemühungen nicht nur um eine Verbesserung der konkreten Verbotsanträge, sondern auch um die Einleitung flankierender Maßnahmen wie etwa der Durchsuchungen und Beschlagnahmen sowie des Vorgehens gegen Unterorganisationen waren dann gleichgewichtig auf beide Verbotsverfahren verteilt.

Anders als im Falle des zügig ergangenen SRP-Verbotes konnte *Dehler* allerdings die „Ernte" seiner Bemühungen im Falle des KPD-Verbotes aufgrund seiner Ausbootung im Zuge der Kabinettsbildung im Herbst 1953 nicht mehr selbst einfahren.[186] Unter *Dehlers* Nachfolger im Justizressort *Fritz Neumayer* (FDP) ging die Beteiligung der Rosenburg am Verfahren auch generell deutlich zurück. Hier manifestierte sich einmal mehr, dass spätestens mit *Dehlers* Abgang dessen ursprüngliche Vision, das BMJ zum zentralen Verfassungsministerium zu machen oder zumindest alle bestehenden Residuen und Spielräume nach Kräften zu nutzen, die das BMJ noch als solches erscheinen lassen konnten, längst Geschichte waren.

---

[186] Die Reden anlässlich von Dehlers Verabschiedung im Ministerium am 22.10.1953 finden sich in NL W. Strauß, IfZ ED 94, Bd. 156, Bl. 12 ff.

VII. Juristisches Nachspiel vor der Europäischen Kommission für Menschenrechte

Gerade angesichts der vielfältigen Bezüge der Parteiverbotsverfahren zum europäischen Einigungsprozess sei hier zur Abrundung des Bildes erwähnt, dass das KPD-Verbot zeitnah ein juristisches Nachspiel bei der Europäischen Kommission für Menschenrechte in Straßburg hatte.[187] Bei Ergehen des SRP-Verbotsurteils war die Europäische Menschenrechtskonvention (EMRK) – wie gesehen – noch nicht in Kraft getreten, so dass das SRP-Urteil des BVerfG noch nicht an dieser gemessen werden konnte. Mit ihrer Ratifizierung durch zehn Mitgliedstaaten des 1949 gegründeten Europarates, darunter die dem Europarat 1951 beigetretene Bundesrepublik Deutschland, war dann aber am 3. September 1953 die Bedingung für das Inkrafttreten der EMRK erfüllt.[188] Als das KPD-Urteil im August 1956 erging, war die Bundesrepublik Deutschland und damit auch das BVerfG, welches das Verbot aussprach, somit an die EMRK gebunden. Zudem hatte sich die Bundesrepublik im Jahr 1955 als erster großer Staat dem Individualbeschwerdeverfahren vor der Europäischen Kommission für Menschenrechte unterworfen.[189] Die aufgelöste KPD und deren Funktionäre *Max Reimann* und *Walter Fisch* konnten daher im Februar 1957 unter Berufung auf Art. 9 (Gedankenfreiheit), Art. 10 (Freie Meinungsäußerung) und Art. 11 EMRK (Vereinigungsfreiheit) Beschwerde gegen das KPD-Verbotsurteil des BVerfG einlegen.[190]

Diese Beschwerden wurden jedoch von der damals für solche Rechtsbehelfe zuständigen Europäischen Kommission für Menschenrechte unter Vorsitz des renommierten Oxforder Völkerrechtsprofessors *Humphrey Waldock* (1904–1981) am 20. Juli 1957 bereits als unzulässig verworfen.[191] Dabei berief sich die Kommission im Wesentlichen auf Art. 17 EMRK, nach dem die EMRK nicht so auszulegen ist, als begründe sie für einen Staat, eine Gruppe oder eine Person das Recht, eine Tätigkeit auszuüben oder eine Handlung vorzunehmen, die darauf abzielt, die in der EMRK festgelegten Rechte und Freiheiten abzuschaffen oder sie stärker einzuschränken, als es in der Kon-

---

[187] Zur illegalen Fortführung der KPD nach dem Verbotsurteil etwa *G. Judick/J. Schleifstein/K. Steinhaus,* Einleitung, in: KPD 1945–1968, Bd. 1, 1989, S. 13 (82 ff.); *G. Fülberth,* KPD und DKP, 1990, S. 91 ff.

[188] BGBl. 1952 II S. 685, ber. 953.

[189] *C. Walter,* Geschichte und Entwicklung, in: Ehlers, Europäische Grundrechte und Grundfreiheiten, 4. Aufl. 2014, § 1 Rn. 12.

[190] ECHR, Decision on the Admissibility of Application No. 250/57, 20.07.1957 – KPD/Germany, S. 2 (abrufbar unter: https://hudoc.echr.coe.int/eng#{"appno":["250/57"]}); zu der Entscheidung die Anmerkung von *H. Golsong,* in: NJW 1957, 1349 f.

[191] Mit dieser Entscheidung erkannte die Kommission implizit an, dass eine aufgelöste Partei, als juristische Person, im Rahmen einer Beschwerde gegen ihre Auflösung weiterhin parteifähig war; dazu auch *H. Golsong,* in: NJW 1957, 1349 (1350).

vention vorgesehen ist.[192] Da die KPD – wie sie selbst vor dem BVerfG bestätigt habe – nach wie vor mittels einer proletarischen Revolution ein sozialistisch-kommunistisches System und eine Diktatur des Proletariats anstrebe, diese aber gerade auf die Abschaffung vieler der Rechte und Freiheiten der EMRK hinausliefen, könne sie sich nicht selbst auf Rechte der EMRK berufen, am wenigsten auf deren Art. 9, 10 und 11.[193] Dies wäre nach Auffassung der Kommission selbst dann der Fall, wenn die KPD ihre Ziele gegenwärtig auf legalem Wege verfolgte. In der Sache beruhte die Unzulässigkeit der Beschwerde also auf einer – letztlich negativen – *prima-facie*-Prüfung ihrer Begründetheit. Dies entsprach der damaligen Entscheidungspraxis der Europäischen Kommission für Menschenrechte und war im Lichte des einschlägigen EMRK-Verfahrensrechts auch durchaus folgerichtig.[194]

Die spannende weiterführende Frage, ob bereits das BVerfG Art. 21 Abs. 2 GG im Lichte der EMRK hätte auslegen und daher z.B. eine Prüfung des Übermaßverbotes hätte vornehmen müssen, war damit nicht Gegenstand der Kommissionsentscheidung. Allerdings ist insoweit zu berücksichtigen, dass damals sowohl die EMRK-Rechtsprechung zu Parteiverboten als auch die Überlegungen zu den Auswirkungen der EMRK auf das nationale Recht allenfalls in ihren Kinderschuhen steckten. Auch bei einer substantielleren Stellungnahme zur Begründetheit der Beschwerde wäre daher damals noch kaum zu erwarten gewesen, dass die Kommission entsprechende Schlussfolgerungen gezogen hätte. Bei Anlegung der heutigen Maßstäbe aus der Rechtsprechung des EGMR zu Parteiverboten an das KPD-Verbotsurteil, wären allerdings – im Lichte des Übermaßverbotes – vermutlich ganz andere Ergebnisse erzielt worden.

---

[192] ECHR, Decision on the Admissibility of Application No. 250/57, 20.07.1957 – KPD/Germany, S. 4 (https://hudoc.echr.coe.int/eng#{"appno":["250/57"]}); die Kommission wies auch auf die ähnliche Zielsetzung von Art. 17 EMRK und Art. 21 Abs. 2 GG hin.

[193] ECHR, Decision on the Admissibility of Application No. 250/57, 20.07.1957 – KPD/Germany, S. 4 f. (https://hudoc.echr.coe.int/eng#{"appno":["250/57"]}).

[194] *H. Golsong,* in: NJW 1957, 1349 (1350).

Neuntes Kapitel

Fazit, Einordnung und Weiterführung: Die Aktivierung der Ephoralen Verfassung und die Konstituierung der Bundesrepublik

I. Begrifflichkeit: Wehrhafte Demokratie, Verfassungsschutz und Ephorale Verfassung

Die Einfügung eines Systems verfassungsschützender Vorschriften in das Grundgesetz für die Bundesrepublik Deutschland war bei der Ausarbeitung der Verfassung eine der wichtigsten Strukturentscheidungen in Reaktion auf Defizite der Weimarer Reichsverfassung. Die umfangreiche wissenschaftliche Literatur zu diesem Themenkreis ordnet diese Vorschriften meist den Konzepten einer wehrhaften, streitbaren bzw. abwehrbereiten Demokratie oder aber eines – z.T. auch näher als präventiv qualifizierten – Schutzes der Verfassung, bzw. kurz Verfassungsschutzes, zu. Diese Terminologie ist aus verschiedenen Gründen unbefriedigend. So lehrt gerade die Auseinandersetzung mit dem Scheitern des Verfassungsschutzes der Weimarer Epoche, dass stärker zwischen den verfassungsschützenden Normen einerseits und dem Gesamtkonzept, das darüber hinaus die mindestens genauso wichtigen Rahmenbedingungen umfasst, die vorliegen müssen, damit das „verfassungsrechtliche Immunsystem" auch aktiviert wird, andererseits unterschieden werden sollte. Zwecks Fokussierung der wissenschaftlichen Diskussion erscheint es daher sinnvoll, einen trennscharfen Begriff zu prägen, der sich allein auf die verfassungsschützenden Regelungen der Verfassung selbst bezieht. In Anknüpfung an das Ephorat der lakedaimonischen Verfassung, als einer der ältesten bekannten gesetzes- und verfassungsschützenden Institutionen der Geschichte, wird zur Bezeichnung der einschlägigen Verfassungsnormen der Begriff der Ephoralen Verfassung vorgeschlagen. Deren wichtigste und einschneidenste Ausprägungen im Grundgesetz sind das Parteiverbot gem. Art. 21 Abs. 2 GG, die Grundrechtsverwirkung gem. Art. 18 GG und das Vereinsverbot auf der Grundlage von Art. 9 Abs. 2 GG. Alle diese Verfahren wurden gegen die Sozialistische Reichspartei (SRP) aktiviert.

II. Warum Bonn nicht Weimar wurde – Element 1: Die Parteiverbote als demonstrative Selbstbehauptungsakte

Vor allem mit dem Verbot der neonazistischen SRP im Jahr 1952, aber auch mit dem Verbot der kommunistischen KPD im Jahr 1956 haben die beteiligten Staatsorgane, namentlich das BVerfG und die antragstellende Bundesregierung, dem In- und Ausland die Verteidigungsbereitschaft der jungen Bundesrepublik gegen verfassungsfeindliche Parteien demonstriert. Wie dies auch in den Urteilsbegründungen betont wird, setzten sie die Bonner Republik damit zum frühestmöglichen Zeitpunkt in einen markanten Kontrast zur Weimarer Republik, in der nicht nur die Vorschriften zur Verfassungsverteidigung strukturelle Defizite aufgewiesen hatten, sondern vor allem auch die Potentiale der nach und nach erlassenen einfachgesetzlichen Vorschriften zum Schutze der Republik und des diese überwölbenden verfassungsimmanenten Notstandsrechts nur unzureichend genutzt worden waren, um der Aushöhlung der Verfassung durch die zunehmend aggressiver agierenden extremistischen politischen Parteien Einhalt gebieten zu können.

So haben nicht nur die Mütter und Väter des Grundgesetzes aus der Weimarer Erfahrung ihre Lehre gezogen und mit Art. 21 Abs. 2 GG, als Kernregelung der Ephoralen Verfassung, die in der Weimarer Reichsverfassung noch fehlende verfassungsrechtliche Grundlage für bundesweite Parteiverbote geschaffen. Genauso wichtig war, dass bereits in der Konstituierungsphase der Bundesrepublik trotz aller zunächst bestehenden Zweifel eine entschlossene Aktivierung der in Art. 21 Abs. 2 GG zur Verfügung gestellten rechtlichen Potentiale der Ephoralen Verfassung gelang. Diese Aktivierung des verfassungsimmanenten Schutzpotentials hat erheblich zu einer institutionellen Aushärtung des Parteiverbotsverfahrens beigetragen und damit auch dessen spezial- und generalpräventive Wirkung verstärkt. Gleichzeitig hat die Institutionalisierung des Parteiverbotsverfahrens dessen Effektivität und Operationalität erhöht. Dies wird eindrucksvoll dadurch belegt, dass die Bundesregierung wenige Tage vor der zweiten Bundestagswahl im September 1953 eine Drohung mit einem Parteiverbotsverfahren gegenüber der Deutschen Reichspartei (DRP) nutzte, um den Einzug der nach dem SRP-Verbot aussichtsreichsten rechtsextremen Sammlungspartei in den zweiten deutschen Bundestag zu verhindern. Ob diese Drohung politisch fair und verfassungspolitisch adäquat war, steht auf einem anderen Blatt.

Die ephoralen Regelungen des Grundrechtsverwirkungsverfahrens gem. Art. 18 GG und des Vereinsverbotes gem. Art. 9 Abs. 2 GG wurden ebenfalls erstmals in der Auseinandersetzung mit den später verbotenen extremistischen Parteien SRP und KPD aktiviert. Auch damit wurde zu einem frühen Zeitpunkt in der Geschichte der Bundesrepublik ein markantes Zeichen der Selbstbehauptung gegen Machtvakuum und Mangel an Selbstschutz, als den beiden strukturellen Ursachen gesetzt, die *Karl Dietrich Bracher* – nicht zufällig – fast zeitgleich in seiner grundlegenden, ausgerechnet in *Friedrich Middelhauves* Westdeutschem Verlag publizierten Habilitationsschrift für den Untergang der Weimarer Republik verantwortlich gemacht hat.[1] Bildhaft gesprochen war die SRP das „Virus“, das nötig war, um das verfassungsrechtliche „Immunsystem“ des Grundgesetzes zu aktivieren. Dabei war es ein Glücksfall, dass dieses Virus nicht stark genug war, um das noch unausgehärtete Verfassungssystem der Bundesrepublik ernstlich zu gefährden. Infolge des erfolgreichen SRP-Verbotsverfahrens und des Abrutschens der verbliebenen rechtsextremen Parteien in die Bedeutungslosigkeit nach der zweiten Bundestagswahl im September 1953 gelang es der Bundesrepublik, sich zunehmend aus dem zuvor omnipräsenten Schatten der Weimarer Republik zu lösen. Die legitimationsspendende ostentativ demonstrierte „Stärke“ der Bonner Republik im Umgang mit Verfassungsfeinden von rechts und links erleichterte maßgeblich die Selbstdefinition der Bonner Demokratie als *aliud* zur ungeliebten Weimarer Vorgängerin.[2] Der damit verbundene Legitimationszuwachs der Bundesrepublik war gerade angesichts der in den 1950er Jahren weit verbreiteten Diskreditierung der Weimarer Republik immens.

III. Ergänzung der Adenauer'schen Abnutzungs- und Integrationsstrategie

In verfassungspolitischer Hinsicht setzte die *Adenauer*-Regierung mit den beiden Parteiverbotsverfahren symbolisch stark aufgeladene Akzente, welche die eigentlich präferierte Abnutzungs- und Integrationsstrategie gegenüber extremistischen Parteien und deren Wählerschichten eher ergänzten und abrundeten als konterkarierten. Befand sich das politische System nach der ersten Bundestagswahl im August 1949 noch in seiner Orientierungsphase, musste den politischen Entscheidungsträgern in erster Linie daran gelegen sein, die vielen deprivierten und politisch orientierungssuchenden Menschen ökonomisch und sozial zu integrieren, um diese dann mittelfristig auch politisch für das noch kaum erprobte, nach den Weimarer Erfahrungen vielfach kritisch beurteilte demokratische System gewinnen zu können.

Dafür waren zunächst vor allem wirtschaftliche Erfolge nötig,[3] die den materiellen Notstand der Bevölkerung lindern konnten, Hoffnung stifteten und damit zugleich extremistischen Agitatoren, welche die Verantwortung für die ökonomische Notlage den Bonner Regierungsparteien in die Schuhe schoben,

---

[1] *K. D. Bracher,* Die Auflösung der Weimarer Republik, 1955; zur Publikation in *Middelhauves* Westdeutschem Verlag: *K. Buchna,* Nationale Sammlung, 2010, S. 211 f.

[2] Vgl. *S. Ullrich,* Der Weimar-Komplex, 2009, S. 375 f.

[3] Zur Bedeutung des *Marshall*-Plans: *G. Hardach,* Der Marshall-Plan, 1994, S. 47 ff.

den Wind aus den Segeln nehmen würden. In Ergänzung der insoweit politikprägenden ökonomischen und politischen Integrationsstrategie zogen die beiden Parteiverbote dann aber markante Grenzen zu politischen Anschauungen und Verhaltensweisen, die so in der verteidigungsbereiten freiheitlichen demokratischen Grundordnung der Bundesrepublik bei aller strukturellen Toleranz nicht geduldet werden würden.[4] Auch insoweit waren die Parteiverbote daher identitätsstiftende Akte, die aber um den Preis der nachhaltigen Ausgrenzung politisch Andersdenkender erkauft wurden.

IV. Forcierung der Einrichtung sowie Statusbildung des BVerfG

Der wichtigste limitierende Faktor für die Durchführung des spätestens seit dem Erfolg der SRP bei den Niedersachsenwahlen Anfang Mai 1951 von der Bundesregierung angestrebten Parteiverbotsverfahrens gegen die SRP, aber auch des schon länger geplanten, indes weniger drängenden Verfahrens gegen die KPD, war, dass zu diesem Zeitpunkt mit dem BVerfG das Staatsorgan noch nicht errichtet war, das nach dem Parteienprivileg des Art. 21 Abs. 2 GG a.F. allein Parteiverbote aussprechen konnte.

Ein erster konkreter Beitrag speziell des SRP-Parteiverbotsverfahrens für die innere Konstituierung der Bundesrepublik Deutschland war daher die Forcierung der Einrichtung des BVerfG. Es war maßgeblich der äußere und innere politische Druck zur Durchführung des SRP-Verfahrens, der dazu führte, dass die Anstrengungen zur Einrichtung des Verfassungsgerichts im Frühjahr/Sommer 1951 intensiviert wurden. Dass der sichtlich entnervte Bundeskanzler nach einigem Hin und Her in der entscheidenden Frage der Besetzung des Präsidentenpostens schließlich gegen die eigene Unionsfraktion den als föderalismuskritisch geltenden FDP-Politiker *Hermann Höpker Aschoff* durchsetzte, war ebenfalls maßgeblich auf den hohen Zeitdruck zurückzuführen, der nicht zuletzt aufgrund des politisch gewollten SRP-Verbotes entstanden war. Nachdem so im Spätsommer 1951 endlich die schwierige Kompromissbildung in der Richterwahlfrage gelungen war, konnte das Verfassungsgericht im September 1951 seine Arbeit aufnehmen. Bereits zwei Monate später gingen bei dem in der deutschen Verfassungsgeschichte vorbildlosen BVerfG, das zu diesem Zeitpunkt nicht nur noch mit Organisationsproblemen zu kämpfen hatte, sondern auch bereits mit geblähten Segeln in den Statusstreit mit der Bundesregierung segelte, die Verbotsanträge zunächst gegen die SRP und wenige Tage später auch gegen die KPD ein. Beide Verfahren wurden vom zuständigen Ersten Senat, dem BVerfG-Präsident *Höpker Aschoff* selbst vorsaß, dann umgehend in Angriff genommen.

---

[4] Vgl. auch *G. Botsch,* Die extreme Rechte, 2012, S. 27.

Die politisch hoch aufgeladenen Parteiverbotsverfahren bürdeten dem BVerfG bereits wenige Wochen nach dessen Einrichtung eine hohe staatspolitische Verantwortung auf. Sie boten dem Gericht aber zugleich die Chance, sich als spätgeborenes Staatsorgan im Konzert der älteren Geschwister zu profilieren und zu positionieren. Ähnlich wie die Regelungen der Ephoralen Verfassung erst durch ihre Aktivierung vom Potential zur Realität werden sollten, welche die Bonner Verfassungsordnung dann in einen deutlichen Kontrast zur Weimarer Verfassung setzte, musste sich auch das BVerfG erst durch seine Rechtsprechung zu dem verfassungsbewahrenden, aber auch -fortbildenden Aktivposten entwickeln, der es heute unbestreitbar ist. Die Bewährungschance, welche das SRP-Verfahren bot, aber auch die damit verbundene Verantwortung waren umso bedeutender, als seit Eröffnung des BVerfG der grundlegende Streit zwischen den Richtern des BVerfG und der Bundesregierung sowie speziell *Thomas Dehler* über den Status des BVerfG als selbständiges Staatsorgan schwelte. Der von dem bedeutenden Richter des Zweiten Senats *Gerhard Leibholz* verfasste Statusbericht des BVerfG, welcher dieses im Kontrast zu den Vorstellungen insbesondere des BMJ eindeutig als ebenbürtiges selbständiges Staatsorgan einordnete, ging dem Bundespräsidenten, den Präsidenten des Bundestages und des Bundesrates sowie der Bundesregierung Ende Juni 1952 ausgerechnet unmittelbar vor Beginn der mündlichen Verhandlung im SRP-Verfahren am 1. Juli 1952 zu.

Das SRP-Verfahren bot die auch im Kontext des Statusstreits und der sich ebenfalls zu jenem Zeitpunkt zuspitzenden Streitigkeiten um die Ratifikation des EVG-Vertrags bedeutsame Chance, durch ein Verbotsverdikt einen markanten verfassungspolitischen Akzent gegen Weimarer Verhältnisse zu setzen und damit gleichzeitig die Bedeutung des BVerfG im Staatsgefüge zu demonstrieren. Umso wichtiger war es allerdings für den Senat, dies auf eine auch juristisch überzeugende Weise zu tun. Nicht zuletzt der von *Gerhard Leibholz* überlieferte Ausspruch von BVerfG-Präsident *Höpker Aschoff,* die SRP verbieten zu wollen, aber noch nicht „den richtigen Dreh" für eine sachgerechte Begründung gefunden zu haben, deutet stark darauf hin, dass für das Gericht der Wille, den möglichen verfassungspolitischen Akzent gegen eine Partei zu setzen, auf welche Art. 21 Abs. 2 GG geradezu ideal passte, handlungsleitend war. Der Legitimationsgewinn, den die Bundesrepublik durch das SRP-Verbotsurteil des BVerfG im Hinblick auf den Kampf gegen Verfassungsfeinde von rechts erzielte, trug dann auch dazu bei, das BVerfG als ebenbürtiges Staatsorgan in der Verfassungsordnung der jungen Bundesrepublik zu etablieren.[5] Auch insofern kommt dem SRP-Verbot daher wesentliche Bedeutung für die innere Konstituierung der Bonner Republik zu. Dass – abgesehen vom Ausspruch des Mandatsverlusts – nur wenig substantielle

[5] Vgl. auch *A. Härtel,* Die Entwicklung des Instituts, in: Möllers/van Ooyen, Parteiverbotsverfahren, 3. Aufl. 2011, S. 53 (79 f.).

Kritik am juristisch nicht vollends überzeugenden Urteil laut wurde, mag außer an kollektiven Verdrängungsprozessen im Hinblick auf den NS-nahen Verbotsgegenstand auch daran gelegen haben, dass der vom BVerfG gesetzte markante Akzent gegen die sich offen neonazistisch gerierende, von Anfang an obskur wirkende Partei auch in der Gesellschaft ganz überwiegend begrüßt wurde.

V. Äußere Konstituierung: Doppelte Westintegration, Wiederbewaffnung und deutsche Souveränität

Eingeleitet wurden die beiden Parteiverbotsverfahren durch das heterogen zusammengesetzte erste Bundeskabinett. Obwohl nicht nur Bundesjustizminister *Dehler* schon im Jahr 1950 mehrfach auf ein Verbot der KPD gedrängt hatte, war es letztlich der kometenhafte Aufstieg der SRP seit der zweiten Jahreshälfte 1950, der im Umfeld der Niedersachsenwahlen im Mai 1951 die Verbotsanträge auslöste. Der große Erfolg der demagogisch gegen die Bundesregierung und auch zunehmend gegen die staatspolitisch bedeutsame Wiederbewaffnung agierenden SRP bei den niedersächsischen Landtagswahlen im Mai 1951 barg nicht nur aus der deutschen Binnenperspektive die Gefahr eines Rückfalls in Weimarer Verhältnisse und letztlich sogar wesentlich Schlimmeres in sich. Vielmehr löste er vor allem auch im westlichen Ausland Ängste über die Möglichkeit eines erneuten Siegeszugs nazistischen Gedankenguts in Deutschland aus. Konkreter Handlungsdruck entstand dann aber vor allem daraus, dass diese Befürchtungen und konkret die Agitation der SRP gegen die Wiederbewaffnung den sich seit dem Frühjahr 1951 dramatisch beschleunigenden Prozess der Integration der Bundesrepublik in die entstehenden europäischen Strukturen manifest bedrohten.

Die Entscheidung zur Einleitung des SRP-Verfahrens fiel so nicht zufällig in engem zeitlichen Zusammenhang mit Schlüsselereignissen der europäischen Integrationsgeschichte: Zwei Wochen vor den Niedersachsenwahlen und damit der Entscheidung zur Durchführung des SRP-Verfahrens wurde der Vertrag zur Gründung der Europäischen Gemeinschaft für Kohle und Stahl (EGKS/Montanunion), als erste der später drei Europäischen Gemeinschaften und Wurzel der heutigen EU, unter Beteiligung der Bundesrepublik geschlossen. Zudem wurde die zunächst noch außenpolitisch handlungsunfähige Bundesrepublik fast zeitgleich mit den Niedersachsenwahlen, Anfang Mai 1951, als Vollmitglied in den Europarat aufgenommen, der am 5. Mai 1949 als erste internationale europäische Organisation nach dem Zweiten Weltkrieg gegründet worden war. Vor allem aber standen zum Zeitpunkt der Entscheidung, das SRP-Verfahren einzuleiten, wichtige Verhandlungsrunden um die Bildung der – später allerdings gescheiterten – Europäischen Verteidigungsgemeinschaft (EVG) an.

Entscheidendes Faustpfand der Bundesregierung für die europäische Integration, als eines der beiden Elemente der doppelten Westintegration der Bundesrepublik, und die damit verbundene, für *Adenauer* prioritäre Wiedergewinnung der deutschen Souveränität war die Durchsetzung der in der Bundesrepublik hoch umstrittenen Wiederbewaffnung. Vor allem die US-Regierung hielt diese spätestens seit Ausbruch des Koreakrieges im Sommer 1950, der die Kriegsangst in Westeuropa dramatisch erhöht hatte und eine Verlagerung von US-Truppen nach Asien erforderlich machte, für unerlässlich, um das westliche Europa diesseits der Pyrenäen gegen eine befürchtete sowjetische Aggression verteidigen zu können. Um die Integration in die entstehenden europäischen Strukturen und damit die Wiedergewinnung der westdeutschen Souveränität nicht zu gefährden, blieb dem hier einmal mehr rational kalkulierenden Bundeskanzler – unabhängig von seiner persönlichen politischen Haltung – ab dem Frühjahr 1951 letztlich nichts anderes übrig, als ein Parteiverbotsverfahren gegen die SRP einzuleiten, sobald das BVerfG im Herbst 1951 endlich errichtet und einsatzfähig wäre. Das SRP-Parteiverbotsverfahren war daher nicht nur für die zunehmende innere Konstituierung der Bundesrepublik von großer Bedeutung, sondern diente auch deren äußerer Konstituierung, namentlich der Rückgewinnung der deutschen Außensouveränität, die vom Gelingen der europäischen Integration und damit von der Wiederbewaffnung abhing.

Die Einleitung des SRP-Parteiverbotsverfahrens war daher nicht in erster Linie, wie dies oft zu lesen ist, quasi auf direkten Druck der Alliierten zurückzuführen, ein Wiederaufleben des Nazismus in Deutschland zu verhindern. Die Zusammenhänge waren komplexer: Der Handlungsdruck entstand letztlich vor allem aus den sich zeitgleich bietenden Chancen einer europäischen Integration, die der Bundesrepublik wiederum – viel früher als noch ein Jahr zuvor zu prognostizieren gewesen wäre – die Chance bot, ihre Außensouveränität wiederzugewinnen. Alles, was diese Chance bedrohte, und dazu zählte der Vorwurf einer *laissez-faire*-Haltung gegenüber dem wiedererstarkenden Rechtsextremismus, der sich zudem auch in den Verhandlungen um die verschiedenen Verträge trefflich gegen die Bundesrepublik instrumentalisieren ließ, musste aus *Adenauers* Sicht unbedingt vermieden werden. Dabei spielte eine konkrete Rolle, dass die SRP seit Herbst 1950 – teilweise sogar gemeinsam mit der KPD – immer stärker gegen die Wiederbewaffnung der Bundesrepublik agitierte, die Voraussetzung für die Integration der Bundesrepublik in die damals verhandelte EVG und damit letztlich für die Rückgewinnung der deutschen Außensouveränität war. Schon aus diesem Grund war das Verbot der SRP, die sich mit ihrem Kampf gegen die Wiederbewaffnung auch bei breiteren Bevölkerungskreisen Gehör verschaffte, nicht nur für die innere, sondern auch für die äußere Konstituierung der Bundesrepublik von großer struktureller Bedeutung.

Das SRP-Verbot und auch das spätere KPD-Verbot waren allerdings auch bereits für sich genommen symbolische Akte der Westintegration der Bundesrepublik.[6] Für die Geschichte der Außenpolitik der jungen Bundesrepublik ist die von *Adenauer* betriebene doppelte Westintegration, einerseits wie voranstehend behandelt in die entstehenden europäischen Gemeinschaften, andererseits aber in „den Westen", als ideelle, nicht institutionalisierte, geographisch über Europa hinausgehende Wertegemeinschaft, prägend. „Der Westen" in diesem Sinne ist ein in der griechischen Antike im 5. Jh. v. Chr. – in Abgrenzung insbesondere zum aufstrebenden Perserreich – begründetes, in der Neuzeit aber erst im 20. Jh. signifikant wiederbelebtes komplexes identitätsstiftendes Konstrukt. Dessen Morphogenese hat etwa *Philippe Nemo* entscheidend auf Errungenschaften der griechischen Polis, des römischen Rechts und Humanismus, der biblischen Ethik und Eschatologie, des Wiederaufgreifens dieser Elemente durch die „päpstliche Revolution" des 11. bis 13. Jh. sowie der „atlantischen Revolutionen" des 17. bis 19. Jh. zurückgeführt.[7] Dabei ist klar, dass der umstrittene Begriff ein hoch dynamisches Konzept bezeichnet, das sich von jeher entscheidend aus der Abgrenzung nach außen geformt hat. Während „der Westen" als Wertegemeinschaft und auch Sehnsuchtsort der Menschen so im Zweiten Weltkrieg die demokratischen „Westmächte", namentlich die USA, das Vereinigte Königreich und Frankreich, gegen die ideologisch unterschiedlich fundierten Diktaturen Ost- und Mitteleuropas abgegrenzt und dadurch ideologisch zusammengeschmiedet hatte, speiste sich das Konzept mit dem schon bald nach Kriegsende aufziehenden Kalten Krieg aus dem Gegensatz des nun wachsenden Kreises demokratisch-marktwirtschaftlicher Staaten des Westens zum planwirtschaftlich-volksdiktatorischen „Osten", exemplifiziert durch die Sowjetunion.[8] In diesem Bezugsrahmen waren dann aber sowohl das SRP- als auch das KPD-Verbot symbolische Westintegrationsakte: Das SRP-Urteil von 1952 verortete die Bundesrepublik durch einen gleichsam nachgeholten symbolischen „NSDAP-Mord" nachträglich im Westen, wie dieser sich im Zweiten Weltkrieg in der Allianz gegen den NS-Staat zusammengefunden hatte. Das KPD-Urteil von 1956 war demgegenüber kein nachholender Integrationsakt, sondern verortete die Bundesrepublik mit dem Verbot einer kommunistischen Partei – gegen den heftigen Widerstand derer, welche die Option nach Osten und damit die

---

[6] Zu den Entwicklungslinien des Prozesses der Westintegration: *H. A. Winkler,* Der lange Weg nach Westen, 1. Bd., 4. Aufl. 2002, 2. Bd., 4. Aufl. 2002.

[7] *P. Nemo,* Was ist der Westen?, 2005, S. 3, 9 ff.

[8] Instruktiv dazu *A. Rödder,* 21.0, 3. Aufl. 2015, S. 138; speziell zu *Adenauers* Konzept des Westens: *A. Rödder,* Westbindung und transatlantische Allianz, in: Hertfelder/Rödder, Modell Deutschland, 2007, S. 139 ff.

Chance auf eine zeitnahe Wiedervereinigung nicht aufgeben wollten – ganz zeitgemäß unzweideutig im mittlerweile antiplanwirtschaftlich-antikommunistisch umdefinierten Westen der Nachkriegszeit. Insoweit trugen die beiden Parteiverbote in ihrem jeweiligen Bedeutungsrahmen maßgeblich zur außenpolitischen Selbstdefinition der Bundesrepublik bei.

VI. Grauzonen: Zum ambivalenten Verhalten etablierter Parteien gegenüber der SRP

Dessen ungeachtet war das Vorgehen gegen die SRP auch unter den politischen Parteien, welche die Bundesregierung bildeten, hoch umstritten. Ein näherer Blick auf Kontaktaufnahmen und Kooperationsversuche zeigt, dass sich nahezu keine Partei zu schade war, mit der anrüchigen neonazistischen SRP zusammenzuarbeiten, wenn dies nur genug Nutzen für die eigenen – selbst kurzfristigen – Ziele zu versprechen schien. Dies galt erschütternderweise nicht nur für die – insofern *prima facie* verdächtigeren, weil selbst rechtsextremem Gedankengut näherstehenden – pointiert rechten Parteien wie die Deutsche Partei (DP), den Block der Heimatvertriebenen und Entrechteten (BHE) und den nationalkonservativen Flügel der FDP, der sich spätestens nach dem Untergang der SRP als neues nationales Sammlungsbecken zu positionieren versuchte. Vielmehr zog auch die niedersächsische CDU nach den Niedersachsenwahlen im Mai/Juni 1951 ernstlich eine Zusammenarbeit mit der SRP in Erwägung, um in dem auch für die Machtverhältnisse im Bundesrat wichtigen norddeutschen Flächenstaat eine erneute SPD-geführte Landesregierung zu verhindern, und das, obwohl CDU-Bundesinnenminister *Robert Lehr* im Hintergrund bereits am SRP-Verbot arbeitete. Aber es kam noch schlimmer: Dass selbst SPD-Politiker jedenfalls vor einer Duldung der Rechtsextremen nicht zurückschreckten, wenn dies nach dem Motto „der Feind meines Feindes…“ kurzfristig mehr Nutzen als Schaden versprach, belegt insbesondere die nur auf den ersten Blick überraschend tolerante Haltung des niedersächsischen SPD-Innenministers *Richard Borowski* gegenüber der SRP im niedersächsischen Wahlkampf und später, nach deren Verbot, gegenüber der rechtsextremen Deutschen Aufbau Vereinigung (DAV) als SRP-Auffangbecken.

VII. Einordnung in die „Vergangenheitspolitik“ der Bundesrepublik

Der pragmatisch-ambivalente Umgang der demokratischen Parteien mit der neonazistischen SRP lenkt den Blick auf die vielleicht entscheidende, auch für das Rosenburg-Projekt über NS-Kontinuitäten im BMJ,[9] in dessen Rahmen dieses Buch entstanden ist, handlungsleitende Gretchenfrage zum SRP-Verbot: Wie fügt sich dieses in den Umgang der Institutionen der jungen Bundesrepublik mit der NS-Vergangenheit ein? *Otto Büsch* hat fünf Jahre nach Ergehen des SRP-Verbotsurteils in diesem noch eine „Abrechnung der deutschen Demokratie mit der nationalsozialistischen Vergangenheit" gesehen:[10] „War das In- und Ausland bis dahin über die neo-radikalen Umtriebe der SRP beunruhigt gewesen, so zeigte das Urteil die feste Entschlossenheit der maßgebenden Kräfte in der Bundesrepublik, die Fehler der jüngsten Geschichte wiedergutzumachen und der Demokratie in Deutschland einen festen Halt zu geben." *Henning Hansen* konnte dem später, mit einer Distanz von 50 Jahren, nüchtern entgegensetzen, dass der Verbotsantrag gegen die SRP weniger einer geschlossenen Abwehrfront gegen die SRP geschuldet gewesen sei als dem beharrlichen Drängen von Bundesinnenminister *Lehr* sowie dem zunehmenden Druck des Auslands. Insgesamt habe sich „die demokratische Gegenwehr bisweilen als äußerst brüchig" dargestellt.[11] *Norbert Frei* schließlich hat das Verbotsurteil in seiner grundlegenden Arbeit zum Verhältnis der jungen Bundesrepublik zur NS-Vergangenheit bereits Jahre zuvor ähnlich kühl zum „gewünschte[n] Signal nach innen – und nach außen" heruntergezont.[12]

Stellt man das SRP-Verbot einmal in den Kontext anderer rechtserheblicher Verhaltensweisen der Institutionen der jungen Bundesrepublik, aus denen auf deren Umgang mit der NS-Vergangenheit geschlossen werden kann, so erscheint es, in seiner unbestreitbaren Signalwirkung gegen Rechtsaußen, *prima facie* einmal mehr eher als Sonder- denn als Normalfall. Die nach Kriegsende auf Geheiß der Alliierten zunächst intensiv betriebene Auseinandersetzung mit der NS-Vergangenheit war seit 1948, und verstärkt nach Gründung der Bundesrepublik, durch Ziele wie den wirtschaftlichen Wiederaufbau und die Wiedergewinnung der Souveränität verdrängt worden. Die von den Alliierten mit Elan begonnene Entnazifizierung kam spätestens 1951/52 – im Einklang mit den Wünschen des Großteils der Bevölkerung[13] –

---

[9] *M. Görtemaker/C. Safferling,* Die Akte Rosenburg, 2016.

[10] *O. Büsch,* Geschichte, in: Büsch/Furth, Rechtsradikalismus, 1957, S. 1 (192).

[11] *H. Hansen,* Sozialistische Reichspartei, 2007, S. 297.

[12] *N. Frei,* Vergangenheitspolitik, 2. Aufl. 1996, S. 359.

[13] *U. Herbert,* Geschichte Deutschlands im 20. Jahrhundert, 2014, S. 658 ff.; charakteristisch im Zusammenhang des SRP-Verbotsverfahrens hier etwa die Forderung des Regierungspräsidenten von Hannover in seinem Bericht über das Auftreten der SRP in den Niedersachsenwahlen im Mai 1951 an den niedersächsischen Innenminister v. 18.06.1951 (NLA-HStAH, Nds. 120, Acc. 18/77, Nr. 57, S. 5 f.), einen Schlussstrich unter die Vergangenheit zu ziehen, d.h. „wirklicher Abschluß der Entnazifizierung, Einstellung der Diffamierung einzelner Bevölkerungsschichten und radikaler Schluß mit allen NS-Reminiszenzen".

weitgehend zum Erliegen,[14] und NS-Verbrechen wurden von der Justiz allenfalls noch halbherzig aufgearbeitet.[15] Hatten etwa 1946 noch über 70 % der Westdeutschen die Kriegsverbrecher-Prozesse befürwortet, wurden diese 1950 von einer ebenso hohen Quote abgelehnt.[16] Bereits das zweite Gesetz der Bundesrepublik Deutschland überhaupt, das am 31. Dezember 1949 verkündete Straffreiheitsgesetz,[17] hatte eine Amnestie gebracht, von der – verstärkt durch eine großzügige Anwendung durch die Gerichte – auch mehr oder weniger unauffällig Zehntausende von NS-Tätern profitierten.[18] Auch sonst war die strafrechtliche Aufarbeitung von NS-Verbrechen längst ins Stocken gekommen.[19] Als sich US-Hochkommissar *John McCloy* im Sommer 1952 zu dem Hinweis veranlasst sah, dass es keine Generalamnestie geben werde und die Ratifizierung des Deutschlandvertrages durch den Bundestag nicht gegen Zugeständnisse in der Amnestiefrage erkauft werden könne, löste dies in der deutschen Öffentlichkeit, die das Ganze längst als „Siegerjustiz" brandmarkte,[20] Empörung aus.[21] Schloss *McCloy's* Machtwort die überwiegend gewünschte Generalamnestie dann in der Tat aus, gelang es deutschen Stellen dann jedoch auf niedrigschwelligerem Wege, die Entlassung noch in alliierten Gefängnissen einsitzender NS-Verbrecher durchzusetzen, und vier Jahre später waren diese fast alle frei.

Wie zuletzt namentlich das Rosenburg-Projekt in Bezug auf das BMJ nachgewiesen hat,[22] muss es daneben geradezu frappieren, in welchem Maße in die Bundesministerien – von Anfang an und schließlich sogar mit zunehmender Tendenz – frühere NSDAP-Mitglieder und anderweitig in das NS-Regime verstrickte Beamte einrückten. Der zunächst als Ministerialdirigent in *Adenauers* Bundeskanzleramt tätige und dort nach der zweiten Bundestags-

---

[14] Zu dieser Entwicklung etwa *U. Herbert,* Rückkehr in die Bürgerlichkeit?, in: Weisbrod, Rechtsradikalismus in der politischen Kultur, 1995, S. 157 (161 ff.); *G. O. Kvistad,* Building Democracy, in: Brady etc., The Postwar Transformation, 1999, S. 63 (68 f.).

[15] *G. Jasper,* Wiedergutmachung und Westintegration, in: L. Herbst (Hrsg.), Westdeutschland 1945–1955, 1986, S. 183 ff.

[16] *U. Herbert,* Elitenkontinuität in Politik und Verwaltung?, in: Die NS-Vergangenheit früherer Mitglieder der Bremischen Bürgerschaft, 2014, S. 124 (130).

[17] Gesetz über die Gewährung von Straffreiheit v. 31.12.1949, BGBl. 1949 S. 37.

[18] *N. Frei,* Vergangenheitspolitik, 2. Aufl. 1996, S. 52; *ders.,* Das Problem der NS-Vergangenheit, in: Weisbrod, Rechtsradikalismus in der politischen Kultur, 1995, S. 19 (23 ff.); *G. Jasper,* Wiedergutmachung und Westintegration, in: L. Herbst (Hrsg.), Westdeutschland 1945–1955, 1986, S. 183 (187).

[19] Oft durch staatsanwaltliche Einstellung von Strafverfahren. Dazu etwa *G. Schwarberg,* Die Mörderwaschmaschine, in: Eisfeld/Müller, Gegen Barbarei, 1989, S. 324 ff.

[20] Zu der gleichzeitig zunehmenden Verfemung der Nürnberger Prozesse: *I. Müller,* Nürnberg und die deutschen Juristen, in: Eisfeld/Müller, Gegen Barbarei, 1989, S. 257 (266 ff.).

[21] *U. Herbert,* Geschichte Deutschlands im 20. Jahrhundert, 2014, S. 662.

[22] *M. Görtemaker/C. Safferling,* Die Akte Rosenburg, 2016.

wahl im September 1953 zum Staatssekretär aufgestiegene frühere Kommentator der Nürnberger Rassegesetze *Hans Globke* (1898–1973) markierte in der Bonner Ministerialbürokratie nur die Spitze des Eisbergs. Das Beispiel *Globkes,* der als „graue Eminenz" im Bundeskanzleramt *Adenauers* Vertrauen genoss, demonstriert die wohl prägende Haltung, im Aufbau der jungen Bundesrepublik insoweit auf NS-Verstrickte zurückzugreifen, als diese im NS-Regime nicht allzu hoch rangiert hatten, zweitens genug Nutzen für die dringend auf erfahrene Fachkräfte angewiesenen Institutionen versprachen und sich drittens nicht mehr offen als Sympathisanten des überwundenen NS-Regimes gerierten. Spätestens wenn dann viertens noch persönliches Vertrauen hinzukam, wie im Falle *Adenauers* in Bezug auf *Globke,* aber z.B. auch im Falle von Bundesjustizminister *Thomas Dehler* hinsichtlich seines einflussreichen persönlichen Referenten, des früheren NSDAP- und SA-Mitglieds *Willi Geiger,*[23] wurden NS-Verstrickungen geflissentlich geduldet.

Große strukturelle Bedeutung für die junge Bundesrepublik besaß dabei die Wiedereinstellung belasteter Beamter. Ein wesentlicher Schritt war hier das Gesetz zu Art. 131 GG aus dem Mai 1951,[24] nach dem die sog. „131er", d.h. alle öffentlich Bediensteten, die in der Entnazifizierung nicht als Hauptschuldige oder Belastete eingestuft worden waren, wieder eingestellt werden durften.[25] War ursprünglich nur geplant gewesen, den aus der DDR und den „Ostgebieten" nach Westdeutschland geflohenen Beamten die Wiedereinstellung zu ermöglichen, wurden zur Gruppe der „verdrängten" Beamten auf Druck der Beamtenverbände schließlich aber auch jene gezählt, die ihre Stellung aufgrund ihrer NS-Belastung im Entnazifizierungsverfahren verloren hatten.[26] Die dadurch beförderte Reintegration von NS-Belasteten in den Staatsdienst und hier insbesondere in Polizeibehörden und die Justiz bekräftigte die Schlussstrichmentalität und trug maßgeblich dazu bei, dass die Aufarbeitung der NS-Vergangenheit noch weiter in den Hintergrund rückte.[27]

Das SRP-Verbot erscheint auf den ersten Blick geradezu als Kontrapunkt zu der herrschenden „Schwamm drüber"-Vergessen-und-Verdrängen-Politik gegenüber kleineren Mitläufern bei gleichzeitiger Nutzbarmachung früherer Aktivisten jedenfalls niedrigerer Chargen des NS-Regimes für den staatlichen

---

[23] Oben S. 152 ff.

[24] Gesetz zur Regelung der Rechtsverhältnisse der unter Artikel 131 des Grundgesetzes fallenden Personen v. 11.05.1951, BGBl. 1951 I S. 307.

[25] Zu den Beharrungstendenzen des öffentlichen Dienstes im Nachkriegsdeutschland gegenüber NS-Säuberungen: *G. O. Kvistad,* Building Democracy, in: Brady etc., The Postwar Transformation, 1999, S. 63 (67 ff.).

[26] *U. Herbert,* Elitenkontinuität in Politik und Verwaltung?, in: Die NS-Vergangenheit früherer Mitglieder der Bremischen Bürgerschaft, 2014, S. 124 (130 f.).

[27] *G. Jasper,* Wiedergutmachung und Westintegration, in: L. Herbst (Hrsg.), Westdeutschland 1945–1955, 1986, S. 183 (198 ff.); *N. Frei,* Das Problem der NS-Vergangenheit, in: Weisbrod, Rechtsradikalismus in der politischen Kultur, 1995, S. 19 (27 f.).

Wiederaufbau. Tatsächlich liegt ein wesentlicher faktischer Unterschied zwischen beidem aber darin, dass die SRP-Aktivisten eben gerade nicht die oben benannten stillschweigenden Vorbedingungen für ihre institutionelle Reintegration, nämlich hinreichenden Nutzen für den Wiederaufbau einerseits bei gleichzeitiger, wenn schon nicht offener Distanzierung so doch wenigstens öffentlicher Zurückhaltung und schließlich tatsächlicher Nichtanknüpfung an die NS-Zeit, erfüllten. Seine zwischen niedrigeren und höheren NS-Chargen differenzierende Position brachte Bundeskanzler *Adenauer* nach der auch als Warnung an die deutschen Behörden gedachten Verhaftung *Werner Naumanns* durch die britischen Besatzungsbehörden im Januar 1953[28] in einem Gespräch mit britischen Journalisten wie folgt offen auf den Punkt:

> „Wenn ich auf dem Standpunkt stehe, daß die Schnüffelei nach früherer Zugehörigkeit zur Nationalsozialistischen Partei einmal aufhören muß, so stehe ich genauso und noch mit größerer Entschiedenheit auf dem Standpunkt, daß die früher führenden Nationalsozialisten in Deutschland keine Rolle mehr spielen sollten, im öffentlichen politischen Leben keine Rolle mehr spielen sollten."[29]

Da die SRP-Aktivisten die Duldungs- und Integrationsvoraussetzungen schon mit ihrem offenen Auftritt im Rahmen einer Quasi-NSDAP-Nachfolgepartei gerade verletzten und daneben auch kaum individuellen politischen Nutzen für das neue System versprachen, konnte *Adenauer* und seiner Regierung die Entscheidung, das Verbotsverfahren durchzuführen, leicht fallen, nachdem die SRP in Selbstüberschätzung ihrer Position ihre Agitation schlicht übertrieben hatte. Dabei spielte auch eine Rolle, dass bei allem Integrationswillen öffentliche Bekenntnisse zum Nationalsozialismus in der politischen Rhetorik der frühen Bundesrepublik tabuisiert waren.[30] Zunehmend hatte sich ein antitotalitärer Grundkonsens herausgebildet, in dem fast niemand mehr ein offenes Bekenntnis zur NS-Ideologie wagte.[31] Vor diesem Hintergrund bot das SRP-Verbot *Adenauers* Bundesregierung gewissermaßen sogar eine willkommene Gelegenheit, sich im In- und Ausland als entschlossene Kämpferin gegen den Wiederaufstieg des NS-Ungeistes profilieren zu können, einen entsprechenden Legitimationsgewinn zu erzielen und damit vielleicht auch ein wenig von der weitreichenden Integration früherer NS-Verstrickter in die Institutionen der jungen Bundesrepublik abzulenken.

War der Legitimationsgewinn potentiell gewaltig, schienen die mit dem Parteiverbot einhergehenden demokratischen Verluste angesichts des Verbotsobjekts SRP gleichzeitig gering zu sein. Damit fügte sich das SRP-Verbot aber als augenfälliger Akzent gegen Rechtsaußen letztlich doch harmonisch

---

[28] Dazu oben S. 420.

[29] *Adenauer,* Teegespräche 1950–1954, 1984, 19.01.1953, S. 398 (399).

[30] *D. Geppert,* Die Ära Adenauer, 2002, S. 77.

[31] *W. Hardtwig,* Von der „Vergangenheitsbewältigung" zur Erinnerungskultur, in: Hertfelder/Rödder, Modell Deutschland, 2007, S. 171 (178).

in die prägende Strategie *Adenauers* und seiner Bundesregierung ein. Diese Strategie bestand vor dem Hintergrund des in der Bevölkerung klar vorherrschenden Wunsches nach Entlastung zusammengefasst darin, tendenziell einen Schlussstrich unter die Vergangenheit zu ziehen und konstruktiv agierende frühere NS-Aktivisten nicht allzu hohen Ranges im größeren Stile für den neuen Staat nutzbar zu machen, gleichzeitig aber jedwede offene Bekenntnisse zur NS-Ideologie zu tabuisieren.[32]

VIII. Akteure: *Lehrs* und *Dehlers* Zusammenspiel

Nimmt man mit Bundesinnenminister *Robert Lehr* (CDU) und Bundesjustizminister *Thomas Dehler* (FDP) die exekutiven Hauptakteure des SRP-Parteiverbotsverfahrens in den Blick, bestätigt sich nicht das die Forschung bislang dominierende Bild zweier Antagonisten. Die Quellen belegen vielmehr ein konstruktives Zusammenspiel zweier allerdings sehr unterschiedlicher Charaktere bei der Bekämpfung der SRP. *Robert Lehr* drängte, spätestens seit die NSDAP-ähnliche Agitation der SRP im niedersächsischen Wahlkampf in der zweiten Aprilhälfte 1951 einen neuen Höhepunkt erreicht hatte, nicht nur im Kabinett vehement darauf, schnellstmöglich alle zur Verfügung stehenden Möglichkeiten zu nutzen, um die SRP zu stoppen, sondern machte seine Pläne auch mit markigen Ankündigungen in der Öffentlichkeit publik, was ihn dann in Zugzwang brachte. Justizminister *Thomas Dehler* agierte vor allem nach außen wesentlich zurückhaltender. Gerade diese distanzierte Haltung ermöglichte es ihm dann aber, Anfang Mai 1951 entscheidend dazu beizutragen, das unter dem Druck des scheuklappenartig vorwärts drängenden Innenministers stehende Kabinett in der wegen der Aufnahme der Bundesrepublik in den Europarat kanzlerlosen Sitzung kurz vor der Niedersachsenwahl vom fatalen Fehler eines vereinsrechtlichen SRP-Verbotes gem. Art. 9 Abs. 2 GG abzuhalten. Ein solches wegen des Vorrangs der spezialgesetzlichen Parteiverbotsregelung in Art. 21 Abs. 2 GG gegenüber Art. 9 Abs. 2 GG verfassungswidriges Verbot wäre leicht zu einem empfindlichen politischen Bumerang geworden, hätte es der geschickt agitierenden SRP doch den gewünschten Stoff geliefert, um sich im In- und Ausland zum Opfer einer verfassungswidrig agierenden Bundesregierung stilisieren zu können. Zudem hätte es sogar die Gültigkeit der Niedersachsenwahlen in Zweifel gezogen.

---

[32] *N. Frei,* Das Problem der NS-Vergangenheit, in: Weisbrod, Rechtsradikalismus in der politischen Kultur, 1995, S. 19 (29 ff.) spricht vom SRP-Verbot als einem wichtigen Stück vergangenheitspolitischer Normenbildung. Allerdings handele es sich um eine formale Normsetzung, sei doch letztlich das bewusste ideologisch-politische Bekenntnis zum Nationalsozialismus als demokratiefeindlich mit Verbot belegt worden, während man sich „am Fortwirken entsprechender Haltungen und Einstellungen“ viel weniger gestört habe.

Dass *Dehler* dem Einsatz der Ephoralen Verfassung, den er gegenüber der KPD schon im Mai 1950 öffentlich gefordert hatte, auch im Hinblick auf die SRP nicht etwa grds. ablehnend gegenüberstand, belegt unter anderem die Tatsache, dass er es war, der schon wenig später darauf drängte, gegen SRP-Agitatoren wie namentlich das Parteizugpferd *Otto Ernst Remer* erstmals Grundrechtsverwirkungsverfahren gem. Art. 18 GG, als zweitschärfstes Schwert der Ephoralen Verfassung des Grundgesetzes, zum Einsatz zu bringen. War die Bundesregierung zuvor primär mit Strafanträgen und Strafanzeigen gegen die Zersetzungsarbeit solcher Agitatoren vorgegangen, versprachen personenbezogene Grundrechtsverwirkungsverfahren einen harmonisch-kohärenten Übergang vom Individualstrafrecht zu den hochgezonten verfassungsimmanenten ephoralen Mechanismen: So waren Grundrechtsverwirkungsverfahren wie Strafverfahren personenbezogene Sanktionsverfahren. Sie konnten zugleich aber als wesentlicher Schritt zur Aktivierung der vom Grundgesetz zur Verfügung gestellten grundgesetzimmanenten Mittel zur „Verfassungs-Vorneverteidigung" angesehen werden. Konkret versprach sich *Dehler* vom Einsatz von Grundrechtsverwirkungsverfahren auch eine Erhöhung der Erfolgschancen des SRP-Parteiverbotsverfahrens, die er im Frühjahr 1951 im Lichte des bis dahin vorliegenden Beweismaterials – nicht unbegründet – noch als gering einschätzte.

Stand *Dehler* der Einleitung eines Parteiverbotsverfahrens gegen die SRP daher zunächst – aus überwiegend taktischen Erwägungen im Hinblick auf dessen Erfolgsaussichten und da er die nachteiligen Folgen eines potentiellen Scheiterns fürchtete – eher zurückhaltend gegenüber, unterstützte er, nachdem Anfang Mai 1951 im Kabinett die grundsätzliche Entscheidung für ein Verfahren gefallen war, rückhaltlos dessen Vorbereitung. So halfen *Dehler* und sein Ministerium, die Rosenburg, im Herbst 1951 dem federführenden BMI bei der Komplettierung der zunächst noch wenig fundierten Verbotsanträge gegen SRP und KPD. Zudem bemühten sie sich auch nach deren Einreichung immer wieder, die Erfolgsaussichten der Parteiverbotsverfahren sowohl gegen die SRP als auch gegen die KPD bspw. durch konkrete Anregungen – etwa zur Durchführung flankierender Maßnahmen wie der später tatsächlich vom BVerfG angeordneten Durchsuchungen und Beschlagnahmen – zu erhöhen. Insgesamt stellen sich die Einleitung und Begleitung der Verbotsverfahren daher nicht als Konfliktfall zwischen *Lehr* und *Dehler,* sondern vielmehr als – wenn auch nicht völlig harmonisches – so doch stets konstruktives und letztlich nachhaltig erfolgreiches Zusammenspiel zweier sehr unterschiedlicher Persönlichkeiten dar.

Ein auffälliger Unterschied im Verhalten der beiden Minister bestand allerdings darin, dass sich *Dehler* – in markantem Kontrast nicht nur zu *Lehr,* sondern auch zu seinen eigenen öffentlichen Forderungen nach einem KPD-Verbot – mit öffentlichen Stellungnahmen zu einem SRP-Verbot zurückhielt. Es ist zu vermuten, dass diese Zurückhaltung in der Außendarstellung, die

Dehler schon in der zeitgenössischen Presse unzutreffend den Vorwurf einbrachte, auf dem rechten Auge blind zu sein, was dann auch dazu beigetragen haben mag, dass die Wissenschaft *Dehler* in Sachen SRP-Verbot meist negativ beurteilt hat, taktisch motiviert war. Zu berücksichtigen ist nämlich, dass für die allein in Niedersachsen ca. 250.000 SRP-Wähler nach einem Parteiverbot die FDP mit ihren damals vor allem in NRW und Niedersachsen starken rechtsextremen Strömungen eine der interessantesten Optionen war. Mit Blick auf die näher rückende richtungsweisende Bundestagswahl im September 1953 dürfte es *Dehler* daher ratsam erschienen sein, rechtsextreme Wählerschichten nicht durch ein allzu offensives Auftreten gegen die SRP und deren Protagonisten zu vergraulen. Die Strategie eines SRP-Verbotes bei nicht allzu starker Desavouierung der Unterstützerkreise der nazistischen Partei versprach aus *Dehlers* Sicht maximalen Nutzen für seine eigene Partei bei den anstehenden Richtungswahlen.

IX. Die Rolle von *Thomas Dehlers* Rosenburg und NS-Kontinuitäten in der Rosenburg

Nimmt man noch einmal aus übergreifender Perspektive *Dehlers* Rolle und diejenige seines BMJ, der Rosenburg, in den Parteiverbotsverfahren in den Blick, so steht strukturell das Bemühen im Vordergrund, die Potentiale zur Entfaltung zu bringen, welche die Verfassung dem BMJ im Hinblick auf die Bewahrung und Verwirklichung der freiheitlichen demokratischen Grundordnung eröffnete. War *Dehlers* Primärziel aus der Phase der Kabinettsbildung im Herbst 1949, das BMJ anstelle des Innenministeriums zum Verfassungsministerium und sich selbst zum neuen „Hüter der Verfassung“ zu machen, längst gescheitert, ließ er dessen ungeachtet keine Gelegenheit ungenutzt, um verbleibende Residuen, sich zumindest im Sinne einer solchen Institution zu verhalten, auszufüllen. Insoweit waren es durchaus auch Akte der Verfassungsbewahrung, dass das BMJ nicht nur die Ausarbeitung des Bundesverfassungsgerichtsgesetzes federführend voranbrachte, sondern auch nicht zuletzt *Dehler* den vorwärtsdrängenden Bundesinnenminister in der Kabinettssitzung am 4. Mai 1951 daran hinderte, zum verlockenden, weil schnellen, jedoch im Ergebnis verfassungswidrigen Mittel eines vereinsrechtlichen SRP-Verbotes zu greifen.

Eine noch konkretere verfassungsbewahrende Tendenz wohnte dann *Dehlers* Idee des Einsatzes von Grundrechtsverwirkungsverfahren gegen SRP-Agitatoren und schließlich seiner umsichtigen Unterstützung der Vorbereitung und Durchführung der beiden Parteiverbotsverfahren vor dem BVerfG inne. Einmal mehr wird hierin deutlich, in welchem Maße *Dehler* sein Ministerium als Verfassungsministerium konzipiert hatte und wie sehr diese Sichtweise – politisch pragmatisch – auch ohne nominelle Federführung in konkreten Projekten wie den Parteiverbotsverfahren bewusst oder unbewusst das Leitmotiv seiner Rosenburg bildete. Dies erklärt zugleich auch ein Stück weit *Dehlers* Dünnhäutigkeit angesichts der zügigen Emanzipation des BVerfG aus der Obhut des BMJ im Rahmen von Statusstreit und EVG-Verfahren, mit der für ihn besonders wertvolle Elemente seiner Wunschrolle als „Hüter der Verfassung", gleichsam *Verfassungsephor,* verloren gehen sollten. Dass sich der Bundesjustizminister nach allem, was er aus seiner Sicht für die Einrichtung des BVerfG getan hatte, nun auch noch von seiner Rolle als *spiritus rector* des Verfassungsgerichts verabschieden musste, macht seine gelegentlich ins Unflätige eskalierenden heftigen Reaktionen auf die Abnabelung des BVerfG immerhin individualpsychologisch etwas besser nachvollziehbar.

Sowohl in den obigen Abschnitt über die Vergangenheitspolitik der Bundesregierung als auch in denjenigen über die Bedeutung der Akteure fügt sich die auch für das Rosenburg-Projekt handlungsleitende Fragestellung nach der Bedeutung personaler und inhaltlicher Kontinuitäten zur NS-Zeit ein.[33] Insofern springt ins Auge, dass im BMJ fast nur Ministerialbeamte mit Fragen des SRP-Verbotes befasst waren, die entweder Institutionen des NS-Staates wie der NSDAP angehört hatten (etwa *Reinhold Mercker* und *Wilhelm von Grolman*), an höchst fragwürdigen Todesurteilen bzw. deren Vollstreckung beteiligt gewesen waren (insbesondere der mächtige Abteilungsleiter *Walter Roemer*) oder sogar beides in ihrer Person vereinigten *(Willi Geiger).* Die Akten zeigen allerdings, dass die unterschiedlichen Betätigungen dieser Ministerialbeamten im überwundenen NS-Regime in der Behandlung des Verbotsverfahrens der quasi-NSDAP-Nachfolgepartei SRP keinen erkennbaren Niederschlag gefunden haben. Weder wird grundsätzlich für ein zurückhaltendes Vorgehen gegen die SRP plädiert noch die Schärfe des staatlichen Eingreifens in der Sache irgendwie abgemildert.

Dieser Befund könnte in gewisser Hinsicht als Bestätigung für *Adenauers* oben skizzierte Strategie, nicht allzu sehr in das NS-Regime verstrickte Personen für den neuen Staat nutzbar zu machen, wenn sie sich als hinreichend wandlungsfähig erwiesen, gewertet werden. Insofern ist aber auch zu berücksichtigen, dass die genannten Ministerialbeamten in erster Linie intern tätig wurden. Nach außen wurden die Beiträge der Rosenburg zum SRP-Verbotsverfahren in erster Linie durch den im Hinblick auf NS-Verstrickungen unverdächtigen Justizminister und dessen ebenso unbelasteten Staatssekretär *Walter Strauß* kommuniziert. Bände spricht des Weiteren die Tatsache, dass *Dehler* auf die von ihm zunächst geplante Beauftragung seines Abteilungsleiters-IV *Walter Roemer* mit der prestigeträchtigen Prozessvertretung vor dem BVerfG im SRP-Verfahren schließlich doch verzichtete. Es ist zu vermuten,

---

[33] Dazu der überwölbende Gesamtbericht: *M. Görtemaker/C. Safferling,* Die Akte Rosenburg, 2016.

dass dies mit *Roemers* fragwürdiger Tätigkeit als Vollstreckungsstaatsanwalt in der NS-Zeit in München zu tun hatte. Diese wäre von der SRP mit Sicherheit ans Licht gebracht und propagandistisch verwertet worden. NS-belastete Ministerialbeamte bei „vergangenheitspolitischen" Themen wie dem SRP-Verbotsverfahren nach Möglichkeit nicht in der Öffentlichkeit auftreten zu lassen, war sicherlich taktisch klug und zugleich eine folgerichtige Ausprägung der oben skizzierten vergangenheitspolitischen Personalstrategie des Bundeskanzlers und seiner Minister.

X. Gemeinsamkeiten und Unterschiede zwischen dem SRP- und dem KPD-Verfahren

Das wenige Tage nach dem SRP-Verbotsverfahren eingeleitete KPD-Verfahren weist Parallelen zum SRP-Verfahren auf, unterscheidet sich dann aber doch in wesentlichen Punkten von diesem. Formale Gemeinsamkeiten bestehen nicht nur in der fast zeitgleichen Einleitung und der bis zur Durchsuchungs- und Beschlagnahmeaktion Ende Januar 1952 parallelen Gestaltung durch das BVerfG. Die wesentliche strukturelle Parallele besteht darin, dass auch mit dem KPD-Verbotsantrag ein Zeichen gegen Extremismus gesetzt werden sollte, hier allerdings gegen eine Partei des linksextremen Spektrums.

Prozedural entwickelte sich das KPD-Verfahren ab dem Frühjahr 1952 dann aber ganz anders als das SRP-Verfahren. Während es im Verfahren gegen die rechtsextreme Partei, deren Popularität sich weiter im Steigflug befand und deren Verbot mit Blick auf die Rückgewinnung der Außensouveränität drängte, zügig zur mündlichen Verhandlung und zum Verbot kam, geriet das KPD-Verfahren ins Stocken und wurde dann vom Ersten Senat des BVerfG geradezu widerwillig und nur aufgrund des Insistierens des Bundeskanzlers im Sommer 1956 überhaupt zum Abschluss gebracht.

In materialer Hinsicht unterschied sich das KPD-Verfahren bereits dadurch wesentlich vom SRP-Verfahren, dass es sich nicht gegen eine Quasi-Nachfolgepartei der NSDAP richtete, auf deren Aufstieg die Parteiverbotsmöglichkeit in Art. 21 Abs. 2 GG gemünzt war. Während sich das BVerfG daher im SRP-Verbotsurteil im Anschluss an eine Herausarbeitung der Definitionsmerkmale der freiheitlichen demokratischen Grundordnung – *der* bleibenden juristischen Leistung dieses Urteils – im Wesentlichen auf einen Nachweis von Parallelen zwischen SRP und NSDAP beschränken konnte, um über deren Wesensverwandtschaft zum Verbotsverdikt zu gelangen, erforderte das KPD-Verbotsurteil eine erheblich abstraktere Begründungsleistung. Dreh- und Angelpunkt des intellektuell deutlich anspruchsvolleren zweiten Verbotsurteils war daher die marxistisch-leninistische Ideologie, deren aktive Verfolgung durch die KPD auf die Erfüllung der Voraussetzungen des Art. 21 Abs. 2 GG, wie diese im SRP-Urteil herausgearbeitet worden waren, hinauslief.

Ein konkreterer Unterschied des KPD-Verfahrens zum SRP-Verfahren bestand gleichzeitig darin, dass das SRP-Verfahren eine politisch noch im Steigen begriffene Partei betraf, die sich bei Fortsetzung ihres Erfolgskurses durchaus als Bedrohung der freiheitlichen demokratischen Grundordnung der Bundesrepublik Deutschland hätte erweisen können. Die Aktivierung von Art. 21 Abs. 2 GG war hier tatsächlich ein Mittel zur Abwehr einer zwar noch nicht aktuellen, aber sich doch zunehmend verdichtenden potentiellen Gefährdung der Verfassungsordnung. Dass die SRP der freiheitlichen demokratischen Grundordnung tatsächlich hätte gefährlich werden können, war vor allem auf das in der ersten Hälfte der 1950er Jahre noch sehr große rechtsextreme Wählerpotential zurückzuführen. Wäre es der SRP gelungen, sich in der gesamten Bundesrepublik zur zentralen Sammlungsbewegung für diese Wähler aufzuschwingen, hätte sie zu einer konkreten Bedrohung der Verfassungsordnung werden können. Allerdings wären höchstwahrscheinlich die Westalliierten, namentlich die Briten und die US-Amerikaner, gegen die SRP vorgegangen, hätten die Staatsorgane der Bundesrepublik die Herausforderung nicht selbst in den Griff bekommen. Die Einleitung des Verbotsverfahrens gegen die SRP diente daher konkret auch dazu, einem solchen mit einem Vertrauens- und Gesichtsverlust für die Bundesrepublik verbundenen Eingreifen der Westalliierten zuvorzukommen. Dass die Alliierten durchaus bereit waren, auf die ihnen besatzungsrechtlich verbliebenen Eingriffsmöglichkeiten zurückzugreifen, wenn die Deutschen die Angelegenheit nicht selbst regelten, hatte US-Hochkommissar *McCloy* bereits nach den Niedersachsenwahlen gegenüber *Adenauer* deutlich gemacht. Dabei war zugleich niedrigschwellig klar geworden, dass der Umgang der Bundesregierung mit der NS-Vergangenheit nach wie vor unter Beobachtung der Westalliierten stand, die hier einen klaren äußeren Rahmen für die deutsche Politik setzten und diesen Rahmen durch ihre latente Handlungsbereitschaft normativ bekräftigten.[34]

In der Praxis blieb es dann den für Niedersachsen zuständigen Briten vorbehalten, am 14. Januar 1953 einer überraschten deutschen Öffentlichkeit mit der Verhaftung des *Naumann*-Kreises die Handlungsbereitschaft der Alliierten wenige Monate nach dem SRP-Verbot eindrucksvoll vor Augen zu führen.[35] Die Briten schritten erst ein, nachdem alle ihre mittelbar und unmittelbar kommunizierten Versuche, die deutschen Behörden oder auch die FDP zum Handeln zu bewegen, anders als im Falle der SRP, ergebnislos geblieben waren. Die Verhaftung des *Naumann*-Kreises konnte zugleich als starkes

---

[34] Zur Bedeutung der latenten Interventionsdrohung der Alliierten prägnant: *N. Frei*, Vergangenheitspolitik, 2. Aufl. 1996, S. 400.

[35] Oben S. 420.

Signal nicht nur an die FDP, sondern an alle rechten Parteien gewertet werden, dass parteipolitische Aktivitäten früherer NS-Chargen allenfalls dann geduldet werden würden, wenn diese sich individuell in demokratische Strukturen integrierten.[36] Ein selbständiges Agieren schlagkräftiger NS-Netzwerke, welche bestehende Parteistrukturen zu übernehmen drohten, war hingegen eindeutig inakzeptabel.

Die Erfolgsaussichten der KPD befanden sich demgegenüber schon bei Einleitung des Verbotsverfahrens im Herbst 1951 in einem sich beschleunigenden Abwärtstrend. Daher war bereits die Einleitung des Verfahrens gegen die kommunistische Partei eher ein Akt ausgleichender Gerechtigkeit, der ostentativ darauf hinweisen sollte, dass Verfassungsfeinde aus beiden Richtungen bekämpft würden, ein Mittel zur Förderung des SRP-Verfahrens, eine Konzession an die rechtsgerichteten Kabinettsmitglieder und schließlich ein Akzent gegen Wiederbewaffnungsgegner und für die Westbindung der Bundesrepublik als ein dringend gebotener Verfassungsverteidigungsakt. Dies galt umso mehr ab der zweiten Jahreshälfte 1953, nachdem die bei Gründung der Bundesrepublik noch für viele Wähler attraktive kommunistische Ideologie nicht zuletzt wegen der blutigen Niederschlagung des Ost-Berliner Volksaufstandes vom 17. Juni 1953 ihren Glanz in Westdeutschland weitgehend eingebüßt hatte. Dass das KPD-Verfahren dann schließlich zum Abschluss geführt wurde, obwohl die kommunistische Partei im Herbst 1953 aus dem Bundestag ausgeschieden war und ihr Einfluss in der Bundesrepublik auch angesichts des Fahrt aufnehmenden Wirtschaftswunders immer weiter schwand, war in erster Linie auf die politischen Erwägungen des Bundeskanzlers insbesondere im Hinblick auf Westintegration und Souveränitätsrückgewinn zurückzuführen.

XI. Warum Bonn nicht Weimar wurde – Element 2: Nachhaltige Auswirkungen auf das Verfassungssystem, insbesondere Konsolidierung des Parteienspektrums

Sind vor allem das SRP-Urteil aus dem Jahr 1952, aber durchaus auch das KPD-Verdikt von 1956 wichtige Kristallisationspunkte und Bausteine im Prozess der inneren und äußeren Konstituierung der Bundesrepublik in den 1950er Jahren, hatten beide Verbotsurteile auch nachhaltige strukturelle Auswirkungen auf das Verfassungssystem der Bundesrepublik. Ähnlich wie Strafrechtsnormen und die Durchführung von Individualstrafverfahren immer auch eine generalpräventive Ausstrahlungswirkung entfalten, indem sie potentielle Straftäter von der Tatbegehung abhalten sollen, ging auch von den beiden Verbotsverfahren eine starke spezial- und generalpräventive Wirkung

---

[36] Ähnlich: *G. Botsch,* Die extreme Rechte, 2012, S. 30.

aus. So musste nach dem SRP-Urteil nicht nur den konkret betroffenen Mitgliedern und Unterstützern der SRP, sondern allen rechtsextremen Kräften klar sein, dass die Bundesrepublik keine Partei dulden würde, der nach ihren Zielen und nach dem Auftreten ihrer Mitglieder eine Wesensverwandtschaft mit der NSDAP vorgeworfen werden konnte. Diese demokratietheoretisch zweischneidige Trumpfkarte wurde von der Bundesregierung auch sehr schnell gespielt, als diese wenige Tage vor der zweiten Bundestagswahl im August 1953 den Wählern der Deutschen Reichspartei (DRP), als letzter ernstzunehmender rechtsextremer Partei, mit einem Verbotsverfahren drohte.

Abstrahiert man vom Einzelfall und blickt auf die Verfassungsstrukturen, bedeutet dies alles aber, dass das BVerfG mit seinem SRP-Parteiverbot eine schwer überwindbare allgemeine Grenze in das politische Spektrum nach rechts außen eingezogen hat.[37] Erst im November 1964 wurde infolge des endgültigen Niedergangs der DRP unter der Leitung des früheren Bremischen DP-Vorsitzenden *Friedrich „Fritz" Thielen* (1916–1993)[38] mit der NPD – ausgerechnet in der „SRP-Zentrale" Hannover – wieder eine rechtsextreme Partei gegründet,[39] die sich mehr oder weniger im politischen Territorium der früheren SRP bewegte, jedoch in Personal, Programmatik und Auftreten trotz mancher Parallelen hinter dieser zurückblieb. Dessen ungeachtet schwebte über der NPD von Anfang an das Damoklesschwert eines Parteiverbotsverfahrens, wenn das erste Verbotsverfahren gegen sie aus Gründen politischer Opportunität auch erst im Jahr 2001 eingeleitet werden sollte. Erst mit dem Urteil im zweiten NPD-Parteiverbotsverfahren vom 17. Januar 2017 hat der Zweite Senat des BVerfG der NPD dann ebenfalls eine Wesensverwandtschaft mit der NSDAP und einen verfassungsfeindlichen Charakter bescheinigt, sie aber infolge mangelnder Mächtigkeit (Potentialität) nicht verboten.[40] In gewisser Hinsicht kann es als Glücksfall der Konstituierungsgeschichte der Bundesrepublik angesehen werden, dass sich mit der SRP eine klar neonazistische Partei zur führenden rechtsextremen Partei entwickelt hatte. Als Quasi-Nachfolgepartei der NSDAP war deren Verbot aus den genannten Gründen verfassungspolitisch unausweichlich und wegen der offensichtlichen Parallelen zur NSDAP auch der Bevölkerung leicht vermittelbar. Gleichzeitig

---

[37] Ähnlich *H. Hansen,* Sozialistische Reichspartei, 2007, S. 300 f.

[38] Zu dem konservativ, demokratisch orientierten *Thielen,* der zum ersten Vorsitzenden der NPD gewählt wurde, diese aber 1967 infolge der „Thielen- von Thadden-Krise" verlassen sollte und dann die erfolglose Nationale Volkspartei (NVP) gründete, etwa die Kurzbiographie bei *L. Flemming,* Das NPD-Verbotsverfahren, 2005, S. 53.

[39] Zur Gründungsgeschichte der NPD etwa *H. W. Schmollinger,* NPD, in: Stöss, Parteien-Hdb. II, 1984, S. 1922 (1923 ff.); *L. Flemming,* Das NPD-Verbotsverfahren, 2005, S. 50 ff.; *W. Long,* The New Nazis of Germany, 1968, S. 189 ff.

[40] Dazu oben S. 1, 359 f., 468; zur Schwäche der NPD: *R. Ackermann,* Warum die NPD keinen Erfolg haben kann, 2012, insbesondere S. 147 ff.

schwächte das SRP-Verbot aber auch nachhaltig die Erfolgsaussichten anderer, geschickter operierender rechtsextremer Parteien.

Ähnlich wie das SRP-Urteil wirkte sich auch das KPD-Urteil aus: Über neuen Parteien, die offen die Verwirklichung der marxistisch-leninistischen Ideologie anstrebten, schwebte von Anfang an das Damoklesschwert eines Verbotsverfahrens. Nachdem alle Versuche auf Wiederzulassung der KPD gescheitert waren,[41] wurde erst 1968 – auch als Akt ausgleichender Gerechtigkeit angesichts der ersten größeren Erfolge der NPD – nach langen Diskussionen die Gründung der DKP, als Quasi-Nachfolgepartei der KPD, toleriert.[42] Letztlich hat das BVerfG mit seinem KPD-Verbot im Jahr 1956 eine zweite harte Grenze in das politische Spektrum, diesmal nach links außen, eingezogen.[43] Die beiden Parteiverbotsurteile haben mit ihrer markanten Grenzziehung nach rechts und nach links damit aber strukturell eine – aus Sicht des Demokratieprinzips gem. Art. 20 Abs. 2 GG problematische – Verengung des parteipolitischen Spektrums in der Bundesrepublik herbeigeführt.

In der kurz- und mittelfristigen Perspektive hatte dies allerdings den für das politische System der Bundesrepublik extrem bedeutsamen Nebeneffekt, dass den demokratischen Volksparteien die für die Konsolidierung der Bundesrepublik in den 50er Jahren so wichtige Integration auch derjenigen Menschen, die z.B. aufgrund ihrer Deprivierungserfahrung extremeren politischen Anschauungen zuneigten, erleichtert wurde. Um im Gegensatz zur Weimarer Republik nachhaltig die Bildung stabiler Regierungen zu ermöglichen und damit die Bundesrepublik insgesamt politisch handlungsfähig zu halten, musste eine Konsolidierung des zunächst noch zersplitterten Parteienspektrums herbeigeführt werden und mussten extremeren Anschauungen zuneigende Bevölkerungsschichten nach und nach als Wähler für die demokratischen Volksparteien gewonnen werden. Dies bedeutete aber, dass diese Parteien jenen Wählern auch politische Angebote machen mussten, die sie in

---

[41] Dazu etwa *S. Heimann,* DKP, in: Stöss, Parteien-Hdb. I, 1983, S. 901 (902 ff.); sowie exemplarisch aus kommunistischer Perspektive *M. Reimann/L. Landwehr/W. Mohn/O. Niebergall* (Hrsg.), KPD-Verbot, 1971, S. 48 ff.; eine Wiederzulassung der KPD wurde sogar in CDU-Kreisen diskutiert, etwa mit dem Motiv, diese als „Vergleichsobjekt" in Verhandlungen mit der UdSSR oder der DDR zu verwenden (so Bundesrats- und NRW-Ministerpräsident *Franz Meyers* an Adenauer v. 02.12.1960, StBKAH, NL Adenauer, III/24, Bl. 142 f.), oder mit der Erwägung, die KPD könne Stimmen von der SPD abziehen, ohne selbst die 5-%-Hürde zu überwinden; in diesem Sinne etwa das Schreiben des hessischen CDU-Bundestagsabgeordneten *K. Kanka* an Konrad Adenauer v. 07.01.1965, betr. Verbot der KPD, StBKAH, NL Adenauer, II/40, Bl. 34 f.

[42] Zur Gründungsgeschichte der DKP etwa *S. Heimann,* Die DKP, in: Stöss, Parteien-Hdb. I, 1983, S. 901 ff.; *W. Mensing,* Nehmen oder Annehmen, 1989, S. 18 ff.; exemplarisch für die kritische Haltung gegenüber einer Tolerierung der DKP etwa *K.-H. Seifert,* Die politischen Parteien, 1975, S. 518 f.

[43] Zu den weiter reichenden Folgen etwa auch *M. Kutscha,* Das KPD-Verbot, in: Mayer/Stuby, Das lädierte Grundgesetz, 1977, S. 42 (63 ff.).

ihrer politischen Vorstellungswelt genuin ansprachen. Konkreter ausgedrückt: Unabhängig von den politischen Zielsetzungen der einzelnen Politiker war es strukturell geboten, dass die großen Volksparteien, d.h. die Unionsparteien auf der rechten Seite auch wirklich rechte und die SPD auf der linken Seite auch wirklich linke Programmatiken verfolgten und entsprechend orientierte Politiker als Identifikationspersonen zur Wahl stellten.

Polarisierende Programmpunkte und polarisierendes Personal tragen aber gleichzeitig die Gefahr einer Überdehnung des politischen Spektrums der betroffenen Partei in sich. Eine solche Überdehnung droht dann aber wiederum, zum einen zum Verlust der – insgesamt immer größeren – gemäßigten Wählerschichten der Mitte und zum anderen zu stärkeren innerparteilichen Streitigkeiten bis hin zu Abspaltungen oder Aufspaltungen beizutragen. Eine bislang zu wenig beachtete wesentliche strukturelle Wirkung der beiden Parteiverbote des BVerfG lag vor diesem Hintergrund darin, dass die Urteile die Gesamtreichweite des rechten und linken politischen Spektrums begrenzt und es den Volksparteien dadurch erleichtert haben, sich bis nahe an diese – künstlich gezogenen – Grenzen auszudehnen, ohne gleichzeitig eine kritische Überdehnung ihrer politischen Inhalte riskieren zu müssen. Nimmt man einmal beispielhaft das linke politische Spektrum in den Blick, trug das KPD-Verbotsverfahren – so bitter dies aus Sicht der KPD und ihrer Anhänger sicher war – ganz konkret zur Überwindung der schicksalhaft erscheinenden Spaltung der Linken in die namhaften Parteien SPD und KPD bei, einer Spaltung, die einer der wesentlichen strukturellen Gründe für das Scheitern des Weimarer Parlamentarismus gewesen war. Nicht zuletzt erleichterte es das Verbot der linken Konkurrenz der SPD entscheidend, sich in der zweiten Hälfte der 1950er Jahre programmatisch neu zu orientieren und sich so von einer Klassen- zur Volkspartei zu entwickeln.[44] Dieser für die Geschichte der Bundesrepublik, speziell der Bonner Republik, immens wichtige Prozess war parteiintern lange hoch umstritten,[45] bis es der SPD nach dem Schock des schlechten Abschneidens bei den Bundestagswahlen 1957 mit dem am 15. November 1959 beschlossenen Godesberger Programm endlich gelang, den Wandel gegen alle Widerstände zu vollziehen.[46] Die SPD konnte sich nicht zuletzt aus dem Grund in die Mitte bewegen, dass die bedrohliche Konkurrenz von links effektiv ausgeschaltet war.

Im Ergebnis haben es das SRP-Verbot der CDU/CSU auf der rechten und das spätere KPD-Verbot der SPD auf der linken Seite wesentlich erleichtert,

---

[44] Vgl. auch *R. Stöss,* Einleitung, in: ders., Parteien-Hdb. I, 1983, S. 17 (220 f.).

[45] *E. Wolfrum,* Die geglückte Demokratie, 2006, S. 67; *S. Heimann,* Die Sozialdemokratische Partei Deutschlands, in: Stöss, Parteien-Hdb. II, 1984, S. 2025 (2054 ff.).

[46] *S. Heimann,* SPD, in: Stöss, Parteien-Hdb. II, 1984, S. 2025 (2033 f., 2061 ff.); *P. H. Merkl,* The German Response, in: Brady etc., The Postwar Transformation, 1999, S. 35 (43 f.).

ihre politische Integrationsleistung in Richtung auch der Extreme zu erbringen, ohne die Mitte entscheidend zu gefährden. So konnten sie sich zu den großen, integrativen Volksparteien entwickeln, welche die Bonner Republik politisch prägen und – trotz Verhältniswahlsystems – nachhaltig handlungsfähig machen sollten. Die beiden Parteiverbotsurteile der 1950er Jahre sind auch aus diesem Grund wichtige Bausteine der materialen Verfassungswirklichkeit der Bonner Republik. Ihre wohl nachhaltigste Bedeutung liegt gerade in diesem Beitrag zur Konsolidierung des Parteienspektrums, das infolgedessen bis weit in die Berliner Republik hinein imstande war, durch die Bereitstellung mehrheitsfähiger Regierungen der Entstehung des gefürchteten Machtvakuums, als einer der zentralen Ursachen des Untergangs der Weimarer Republik, vorzubeugen.[47]

Dass die Parteiverbote unmittelbar dazu beitrugen, der zweiten von *Karl Dietrich Bracher* konstatierten Hauptursache des Untergangs der Weimarer Republik, dem Mangel an Selbstschutz, zu begegnen, versteht sich – wie oben ausgeführt – von selbst. Damit haben die beiden Parteiverbote *summa summarum* strukturell viel stärker dazu beigetragen, dass Bonn eben nicht Weimar wurde, als bislang konstatiert wurde. Letztlich sind sie weithin unterschätzte Schlüsselereignisse der frühen Verfassungsgeschichte der Bonner Republik.

XII. Motive und Wirkungen

Waren diese strukturellen Effekte des SRP- sowie des KPD-Parteiverbotes für die Verfassungswirklichkeit der Bonner Republik nun von den Akteuren beabsichtigt? Handelte es sich um verfassungsrechtlich nicht unproblematische, aber verfassungspolitisch hellsichtige Akte weit blickender Regierungsmitglieder und Verfassungsrichter, die dazu beitragen sollten, ein nachhaltig überlebensfähiges politisches System herbeizuführen? Obwohl nicht

[47] Um etwas Wasser in den Wein zu schütten, sei noch einmal darauf hingewiesen, dass die Parteiverbote damit natürlich auch zu allen anderen Implikationen der Herausbildung und Konsolidierung des Dreiparteiensystems in der Bonner Republik beigetragen haben. Sieht man etwa mit dem französischen Philosophen und Theoretiker der Postmoderne *Jean-François Lyotard* (1924–1998, grundlegend: La condition postmoderne, 1979, deutsche Übersetzung: Das postmoderne Wissen, 8. Aufl. 2015) bereits in der Konsensbildung (welche die Verengung auf das Dreiparteiensystem strukturell ermöglichte, erleichterte und implizierte) strukturell ein Instrument zur Exklusion von Dissens und von politischen Alternativen (vgl. *A. Rödder,* 21.0, 3. Aufl. 2015, S. 246), haben die Parteiverbote zu eben jenen Effekten in der Bundesrepublik maßgeblich beigetragen. Hinzu kommt bei Parteiverboten allerdings, dass sie per se solche Implikationen unmittelbar haben und letztlich geradezu anstreben. Dazu etwa auch *G. O. Kvistad,* Building Democracy, in: Brady etc., The Postwar Transformation, 1999, S. 63 (72 ff.).

auszuschließen ist, dass die Akteure peripher auch solche langfristigen Effekte der Parteiverbote im Blick hatten, wäre dies wohl eine Überschätzung ihrer Motive: Bundeskanzler *Adenauer* und seinen Ministern *Lehr* und *Dehler* ging es in erster Linie um die Beseitigung einer Gefahr für die freiheitliche demokratische Grundordnung insbesondere durch die sich im Stile einer neuen NSDAP gerierende SRP. Auf einer grundlegenderen Ebene war vor allem für *Adenauer* der außenpolitische Schaden mindestens ebenso stark handlungsleitend, welchen der Aufstieg der neonazistischen SRP verursachte und der zunehmend die Westintegration der Bundesrepublik in die entstehenden politisch-militärischen Strukturen rund um Europarat, Montanunion sowie EVG und damit letztlich die Wiedergewinnung der deutschen Souveränität, als Oberziel der *Adenauer'schen* Politik, in Gefahr brachte.

Den Richtern des BVerfG schließlich war – wie gesehen – nicht nur allgemein daran gelegen, durch markante Urteile gegen Verfassungsfeinde zur Etablierung der verfassungshistorisch neuen Institution, die das BVerfG darstellte, beizutragen und die Stellung des Verfassungsgerichts im Konzert der Staatsorgane als (mindestens) ebenbürtig deutlich zu machen, sondern konkret auch daran, die von den Schöpfern des Grundgesetzes bereitgestellten Mittel der Ephoralen Verfassung effektiv zu aktivieren. Dass die Verfassungsrichter die Bundesrepublik damit bewusst in einen starken Kontrast zur Weimarer Republik setzen wollten, lässt sich vor allem dem SRP-Urteil an zahlreichen Stellen entnehmen. Eine Orientierung am Verhältnismäßigkeitsprinzip manifestierte sich in den beiden Parteiverbotsverfahren bemerkenswerter Weise weniger in der nicht vollumfänglich überzeugenden Interpretation und Anwendung der Voraussetzungen von Art. 21 Abs. 2 GG als im politischen Taktieren des BVerfG-Präsidenten im KPD-Verfahren, mit dem er sich erfolglos bemühte, das auch aus Sicht der meisten Richter nicht mehr erforderliche Verbotsurteil abzuwenden.

XIII. *„[...] und das NPD-Urteil vom 17. Januar 2017?"*

Nach Ergehen des ersten „Nicht-Parteiverbotsurteils" des BVerfG ist dies eine naheliegende Frage, die zugleich den Bogen zum Anfang des Buches schlägt. Daher sei sie zum Abschluss noch einmal kurz in den Blick genommen, selbst wenn eines der Oberziele der vorliegenden Studie gerade darin besteht, das Bewusstsein für die eigenständige Bedeutung speziell des SRP-, aber auch des KPD-Verbotsverfahrens für den Konstituierungsprozess der Bundesrepublik zu schärfen. Da oben bereits an verschiedenen Stellen Bezüge, Parallelen und auch Unterschiede zwischen dem SRP-Verfahren einerseits und den NPD-Verfahren andererseits herausgearbeitet wurden, mögen an dieser Stelle allerdings einige wenige Metagedanken genügen:

Eine auffällige Parallele aller drei Parteiverbotsverfahren, die zu einem Urteil des BVerfG geführt haben, besteht darin, dass die Ergebnisse der Urteile jeweils außergewöhnlich klar vorhersehbar waren: Während die SRP bereits aus Gründen der Staatsraison, wegen ihrer Ähnlichkeit zur NSDAP und wegen des außenpolitischen Schadens, den sie verursachte, verboten werden musste und die KPD, nachdem das Verfahren dann doch zu Ende geführt wurde, aufgrund ihrer Ideologie im Lichte von Art. 21 Abs. 2 GG einem Verbot nicht entgehen konnte, war das Nicht-Verbot der NPD – so paradox dies für Außenstehende auf den ersten Blick wirken mag – aus Gründen des europäischen Menschenrechtsschutzes abzusehen: Wäre die NPD am 17. Januar 2017 verboten worden, wäre sie wegen Verletzung des Rechts auf Vereinigungsfreiheit aus Art. 11 Abs. 1 EMRK vor den Europäischen Gerichtshof für Menschenrechte (EGMR) in Straßburg gezogen und wäre dort – im Lichte der bisherigen Parteiverbotsrechtsprechung des EGMR – angesichts ihrer derzeit geringen politischen Bedeutung höchstwahrscheinlich erfolgreich gewesen. Im Ergebnis wäre das NPD-Verbot aufgrund des Spruchs des EGMR daher aufzuheben gewesen, und die NPD hätte als Opfer einer Menschenrechtsverletzung durch die Bundesrepublik einen immensen Propagandagewinn erzielt. Ein solches vorhersehbares verfassungspolitisches Desaster musste unbedingt vermieden werden.

Auch die konkrete Kernbegründung des Nicht-Verbotes, das Abstellen auf die geringe Mächtigkeit der NPD im Rahmen einer einschränkenden Interpretation des „darauf Ausgehens“ in Art. 21 Abs. 2 GG („Potentialität“),[48] hängt eng mit der restriktiven Rechtsprechung des EGMR zu Parteiverboten zusammen: Zwar übernimmt das BVerfG vom EGMR ausdrücklich nicht die Anwendung des Verhältnismäßigkeitsgrundsatzes in die Prüfung des Art. 21 Abs. 2 GG.[49] Es ist jedoch wahrscheinlich, dass der – schwer nachvollziehbare – Kunstgriff der Aufladung eines sich dafür semantisch eigentlich nicht anbietenden Tatbestandsmerkmals in Art. 21 Abs. 2 GG mit dem Erfordernis der „Potentialität“, das letztlich auf etwas Ähnliches hinausläuft wie das Übermaßverbot, gerade auch von dem Motiv getragen war, vor dem Hintergrund des seit einiger Zeit eher schwierigen Verhältnisses zwischen BVerfG und EGMR einer Art weiterer „EMRK-isierung“ des deutschen Verfassungsrechts vorzubeugen.

Um sich am Ende dieses Buches nicht doch noch in einer juristischen Detailanalyse des NPD-Urteils zu verlieren, sei schließlich jedoch vor allem noch einmal betont, dass der wirkliche, strukturelle Grund dafür, dass die NPD im Jahr 2017 trotz ihrer vom BVerfG attestierten Verfassungsfeindlichkeit und Wesensverwandtschaft zur NSDAP anders als die SRP im Jahr 1952 nicht verboten wurde bzw. verboten werden musste, in den fundamental gewandelten Rahmenbedingungen liegt:[50] Es ist ein Glücksfall, dass wir sieben

[48] BVerfG, Urt. v. 17.01.2017, 2 BvB 1/13, Rn. 585.
[49] BVerfG, Urt. v. 17.01.2017, 2 BvB 1/13, Rn. 599 ff.
[50] Dazu bereits oben S. 3 ff.

Jahrzehnte nach Kriegsende in einer Zeit leben, in der das demokratische politische System der Bundesrepublik in einer Weise gefestigt ist, dass es anders als sieben Jahre nach Kriegsende schlicht nicht mehr nötig erscheint, eine erkennbar verfassungsfeindliche, nazistische Partei wie die NPD zu verbieten, was – trotz aller gebotenen Ephoralität – einen empfindlichen Eingriff in die Demokratie darstellen würde.

Ob sich damit in Deutschland allerdings so etwas wie ein historischer „Normalzustand“, wenn es einen solchen denn gibt, herausgebildet hat oder ob es sich eher im Sinne einer neuen europäischen, vielleicht speziell deutschen *Belle Époque* um eine glückliche historische Ausnahmeperiode handelt, werden erst zukünftige Historikergenerationen beurteilen können. Klar ist indes, dass es – wie schon *Niccolò Machiavelli* 1513 in seinem heute bekanntesten Werk warnend festgestellt hat – ein allgemeiner Fehler der Menschen ist, in Zeiten der Wind- oder Meeresstille nicht mit dem Sturm zu rechnen.[51] Selbst wenn die Geschichte am Ende stets ihrer eigenen Wege geht, bleibt uns in einer gleichsam goldenen Ära, in der indes durchaus Wolken am nationalen, europäischen und internationalen Horizont erkennbar sind,[52] an den Grundlagen dafür zu arbeiten, dass jene Historiker zum erstgenannten Urteil gelangen können oder unsere gegenwärtige politische und ökonomische *Belle Époque* jedenfalls möglichst lange anhalten – und vor allem auch nicht in ähnlicher Weise wie die letzte enden – möge. Hat dieses Buch am Beispiel der Ephoralen Verfassung auch gezeigt, in welchem Maße die Interpretation zentraler Verfassungsvorschriften von den verfassungspolitischen Rahmenbedingungen abhängt, erscheint es jedenfalls als sehr wahrscheinlich, dass die Toleranzschwelle des BVerfG gegenüber verfassungsfeindlichen Parteien bei der Anwendung der Ephoralen Verfassung in stürmischeren Zeiten durchaus auch wieder sinken wird.

---

[51] *N. Machiavelli,* Il Principe/Der Fürst, 1986/2007, Kapitel 24, S. 190: „[...] il che è comune defetto degli uomini, non fare conto, nella bonaccia, della tempesta [...]“.

[52] Aktuell seien hier etwa genannt: die anhaltende Aufsplitterung des Parteienspektrums in Deutschland, welche die Fähigkeit zur Bildung stabiler Regierungen einschränkt, ein demographischer Wandel, der u.a. die nachhaltige Finanzierung der Sozialsysteme in Frage stellt, ein – nicht nur angesichts des gerade verhandelten „Brexits“ – schwieriger werdender Konsens über die Zukunft der EU, eine chronische Instabilität der internationalen Finanzmärkte samt einer längst nicht überwundenen Staatsschuldenkrise, der Aufstieg national-populistischer Bewegungen und Parteien nicht nur in Europa, eine möglicherweise zunehmend isolationistische und ihre politische „soft power“ gefährdende USA, als einziger verbliebener globaler Ordnungsmacht, die globalen Migrationsbewegungen und die nachhaltigen Umweltveränderungen, namentlich der Klimawandel. Zukünftige Leserinnen und Leser werden beurteilen können, inwieweit sich einzelne dieser Gefahren tatsächlich realisiert haben, und werden die einzelnen Punkte dieser knappen Aufzählung höchstwahrscheinlich durch ganz andere, heute noch gar nicht absehbare Bedrohungen ersetzen.

Quellenverzeichnis

I. Archivalische Quellen

1. Bundesarchiv (Koblenz)

a) Sozialistische Reichspartei (B 104)[1]
b) Bundesministerium des Innern (B 106)
c) Bundeskanzleramt (B 136)
d) Bundesministerium der Justiz (B 141)
e) Bundesverfassungsgericht – SRP-Verbotsverfahren (B 237/215602 ff.)
f) Bundesverfassungsgericht – KPD-Verbotsverfahren (B 237/215651 ff.)
g) Bundesverfassungsgericht – Grundrechtsverwirkungsverfahren Otto Ernst Remer (B 237/97007)

2. Bundesministerium der Justiz (Berlin)

a) Personalakte Walter Roemer
b) Personalakte Reinhold Mercker
c) Personalakte Wilhelm von Grolman

3. Bundesverfassungsgericht (Karlsruhe)

Personalakte Willi Geiger

4. Politisches Archiv des Auswärtigen Amtes (Berlin)

Nachlass Wilhelm von Grolman

5. Niedersächsisches Landesarchiv – Hauptstaatsarchiv Hannover

a) Niedersächsische Staatskanzlei (Nds. 50)
b) Niedersächsisches Innenministerium (Nds. 100)
c) Niedersächsischer Landeswahlleiter (Nds. 108)
d) Bezirksregierung Hannover (Nds. 120)

---

[1] Es handelt sich um die im Rahmen der Beschlagnahmeaktion des BVerfG am 31. Januar 1952 sichergestellten Materialien.

e) Landeskriminalamt Niedersachsen (Nds. 147)
f) Niedersächsisches Justizministerium (Nds. 700)

6. Hessisches Hauptstaatsarchiv Wiesbaden

a) Hessischer Ministerpräsident/Staatskanzlei (502)
b) Hessisches Kultusministerium (504)
c) Hanau (654)
d) Nachlass Karl Geiler (1126)
e) Nachlass Paul Kremer (1199/68)

7. Hessisches Staatsarchiv Darmstadt

a) Nachlass Ludwig Bergsträsser (O 21)
b) OMGUS/OMGH (Q 4)
c) FDP-Kreisverband (N 5)
d) Landkreis Alsfeld (H 2 Alsfeld)
e) Landkreis Dieburg (H 2 Dieburg)
f) Landkreis Groß-Gerau (H 2 Groß-Gerau)

8. Landesarchiv Nordrhein-Westfalen Duisburg

a) Innenministerium (NW 308)
b) Justizministerium (NW 377)

9. Staatsarchiv Bremen

a) Senat und Inneres / Bürgerschaft. (03.05 / 3-B.1.)
b) Senat und Inneres / Vereine, Parteien, Gewerkschaften etc. (03.05 / 3-V.2.)
c) Sammlungen zu zeitgeschichtlichen Themen / Senatspressestelle (09.02.03 / 9, S 9–9)

10. Staatsarchiv Hamburg

a) Senatskanzlei – Gesamtregistratur II (131–1 II)
b) Staatliche Pressestelle VI (135–1 VI)
c) Polizeibehörde II (331–1 II)
d) Norddeutscher Rundfunk (621–1 144)

11. National Archives (UK) Kew

Foreign Office (FO): FO 1008/14, FO 1008/15

12. National Archives (USA) Washington

a) Records of the Central Intelligence Agency, 1894 – 2002 (590 / 263)
b) U.S. Army Investigative Records Repository (IRR), D279927 (Gerhard Krueger)

13. Archiv des Liberalismus (Gummersbach)

a) FDP Landesverband NRW (26898 / 27034)
b) Nachlass Thomas Dehler (N1–1023 / N1–2902 / N1–3341)

14. Archiv für Christlich-Demokratische Politik (St. Augustin)

Nachlass Josef Beyerle (I-056)

15. Archiv der sozialen Demokratie (Bonn)

Nachlass Gustav Heinemann

16. Stiftung Bundeskanzler-Adenauer-Haus (Bad Honnef-Rhöndorf)

Nachlass Konrad Adenauer

17. Institut für Zeitgeschichte (München)

a) Nachlass Walter Strauß (ED 94)
b) Nachlass Wilhelm Hoegner (ED 120)

II. Gedruckte Quellen

Adenauer: Briefe, bearbeitet von Hans Peter Mensing, 1951–1953, Berlin 1987; 1953–1955, Berlin 1995; 1955–1957, Berlin 1998.

Adenauer: „Es mußte alles neu gemacht werden." – Die Protokolle des CDU-Bundesvorstandes 1950–1953, bearb. von Günter Buchstab (Forschungen und Quellen zur Zeitgeschichte, Bd. 8), 2. Aufl., Stuttgart 1986.

Adenauer – Heuss – Unter vier Augen – Gespräche aus den Gründerjahren, 1949–1959, bearbeitet von Hans Peter Mensing, Berlin 1997.

Adenauer, Konrad: Erinnerungen 1945–1953, Stuttgart 1965; 1953–1955, Stuttgart 1966.

Adenauer: Teegespräche, bearbeitet von Hanns Jürgen Küsters, 1950–1954, Berlin 1984; 1955–1958, Berlin 1986.

Adenauer und die FDP, bearbeitet von Holger Löttel, Paderborn 2013.

Akten zur Auswärtigen Politik der Bundesrepublik Deutschland, Adenauer und die Hohen Kommissare, Bd. 1, 1949–1951, hrsgg. v. Hans-Peter/Schwarz etc., bearbeitet von Frank-Lothar Kroll/Manfred Nebelin, München 1989.

Amt des amerikanischen Hochkommissars für Deutschland (Hrsg.): 7. Bericht über Deutschland (1.4.–30.6. 1951).
Amtsblatt der Stadtverwaltung Düsseldorf, Amtliches Kreisblatt für den Stadtkreis Düsseldorf.
Auftakt zur Ära Adenauer – Koalitionsverhandlungen und Regierungsbildung 1949, bearb. von Udo Wengst (Quellen zur Geschichte des Parlamentarismus und der politischen Parteien, Vierte Reihe, Bd. 3), Düsseldorf 1985.
Bremer Nachrichten.
Bulletin des Presse- und Informationsdienstes der Bundesregierung.
Cellesche Zeitung.
Dagens Nyheter.
Daily Express.
Das Parlament.
Dehler, Thomas: Die Begründung des Strafurteils, Diss. iur. Würzburg 1920.
Der Kampf um den Wehrbeitrag, 1. Halbbd.: Die Feststellungsklage, München 1952; 2. Halbbd.: Das Gutachtenverfahren (30.7.-15.12.1952), München 1953; 2. Bd.: Ergänzungsband, München 1958.
Der Spiegel.
Der Status des Bundesverfassungsgerichts – Material – Gutachten, Denkschriften und Stellungnahmen mit eine Einleitung von *Gerhard Leibholz,* in: JöR N.F. 6 (1957), S. 109–221.
Der Parlamentarische Rat 1948–1949 – Akten und Protokolle, hrsgg. v. Deutschen Bundestag und vom Bundesarchiv, Bd. 1: Vorgeschichte, bearb. v. Johannes Volker Wagner, Boppard 1975; Bd. 2: Der Verfassungskonvent auf Herrenchiemsee, bearb. v. Peter Bucher, Boppard 1981; Bd. 7: Entwürfe zum Grundgesetz, bearb. v. Michael Hollmann, Boppard 1995; Bd. 13: Ausschuß für Organisation des Bundes / Ausschuß für Verfassungsgerichtshof und Rechtspflege, bearb. v. Edgar Büttner und Michael Wettengel, Teilbd. I und II, München 2002; Bd. 14: Hauptausschuß, bearb. v. Michael F. Feldkamp, Teilbd. I und II, München 2009.
Deutscher Bundestag, Plenarprotokolle (Stenographische Berichte).
Deutscher Reichsanzeiger und Preußischer Staatsanzeiger.
Die Deutsche Zukunft (Wochenzeitung).
Die Kabinettsprotokolle der Bundesregierung, Bd. 2: 1950, bearbeitet von Ulrich Enders und Konrad Reiser, hrsgg. für das Bundesarchiv von Hans Booms, Boppard am Rhein 1984.
Die Kabinettsprotokolle der Bundesregierung, Bd. 4: 1951, bearbeitet von Ursula Hüllbüsch, hrsgg. für das Bundesarchiv von Hans Booms, Boppard am Rhein 1988.
Die Kabinettsprotokolle der Bundesregierung, Bd. 5: 1952, bearbeitet von Kai von Jena, hrsgg. für das Bundesarchiv von Hans Booms, Boppard am Rhein 1989.
Die Kabinettsprotokolle der Bundesregierung, Bd. 6: 1953, bearbeitet von Ulrich Enders und Konrad Reiser, hrsgg. für das Bundesarchiv von Hans Booms, Boppard am Rhein 1989.
„Die Wahrheit über den 20. Juli 1944“, Sondernummer der Wochenzeitschrift „Das Parlament“ vom 20. Juli 1952, bearbeitet von Hans Royce.
Dokumente zur Deutschlandpolitik, begr. von Ernst Deuerlein, hrsgg. vom Bundesmin. für Innerdeutsche Beziehungen, Reihe 2: vom 9. Mai 1945 bis 4. Mai 1955.
Dokumente zur parteipolitischen Entwicklung in Deutschland seit 1945, bearbeitet und hrsgg. v. Ossip K. Flechtheim, 1. Bd.: A. Neubildung der deutschen Parteien nach 1945,

B. Die Stellung der Parteien in der Verfassung und im Recht, C. Satzungen der deutschen Parteien, Berlin 1962.

Entstehungsgeschichte der Artikel des Grundgesetzes, im Auftrage der Abwicklungsstelle des Parlamentarischen Rates und des Bundesministers des Innern auf Grund der Verhandlungen des Parlamentarischen Rates bearbeitet von *Klaus-Berto v. Doemming/Rudolf Werner Füsslein/Werner Matz,* in: JöR N.F. 1 (1951), S. V-941.

FDP-Bundesvorstand – Die Liberalen unter dem Vorsitz von Theodor Heuss und Franz Blücher – Sitzungsprotokolle 1949–1954, Erster Halbband: 1.-26. Sitzung 1949–1952; Zweiter Halbband: 27.-43. Sitzung 1953/54, jeweils bearb. von Udo Wengst (Quellen zur Geschichte des Parlamentarismus und der politischen Parteien, Vierte Reihe, Bd. 7/I), Düsseldorf 1990.

Frankfurter Allgemeine Zeitung.

Frankfurter Rundschau.

Freie Demokratische Korrespondenz (fdk). (FDP-Pressedienst seit 1950).

Gemeinsames Ministerialblatt des Bundesministers des Innern etc., hrsgg. vom Bundesministerium des Innern, Bonn 1950 ff.

Gesetzblatt für Baden-Württemberg.

Grundlegung der Verfassungsgerichtsbarkeit – Das Gesetz über das Bundesverfassungsgericht vom 12. März 1951, bearbeitet v. Reinhard Schiffers, Quellen zur Geschichte des Parlamentarismus und der politischen Parteien, 4. Reihe: Deutschland seit 1945, hrgg. v. Karl Dietrich Bracher, Rudolf Morsey und Hans Peter-Schwaz, Bd. 2, Düsseldorf 1984.

Grimm, Friedrich: Unrecht im Rechtsstaat – Tatsachen und Dokumente zur politischen Justiz dargestellt am Fall Naumann, Tübingen 1957.

Hannoversche Allgemeine Zeitung.

Hannoversche Presse.

Heuss – Adenauer – Unserem Vaterland zugute – Der Briefwechsel 1948–1963, bearbeitet von Hans Peter Mensing, Berlin 1989.

Höpker Aschoff, Hermann: Besitz und Eigenbesitz, Diss. iur. Bonn 1907.

Huber, Ernst Rudolf (Hrsg.): Dokumente zur Deutschen Verfassungsgeschichte, Bd. 4: Deutsche Verfassungsdokumente 1919–1933, 3. Aufl., Stuttgart etc. 1991.

John, Otto: Zweimal kam ich heim – Vom Verschwörer zum Schützer der Verfassung, Düsseldorf/Wien 1969.

Kirkpatrick, Ivone: The Inner Circle – Memoirs, London/NewYork 1959.

KPD 1945–1968 – Dokumente, hrsgg. und eingeleitet von Günter Judick, Josef Schleifstein und Kurt Steinhaus, Bd. 1: 1945–1952; Bd. 2: 1953–1968, Neuss 1989.

KPD-Prozess – Dokumentarwerk zu dem Verfahren über den Antrag der Bundesregierung auf Feststellung der Verfassungswidrigkeit der Kommunistischen Partei Deutschlands vor dem Ersten Senat des Bundesverfassungsgerichts, hrsgg. v. Gerd Pfeiffer/Hans-Georg Strickert, 1. Bd., Karlsruhe 1955, 2. und 3. Bd. Karlsruhe 1956.

Kraus, Herbert (Hrsg.): Die im Braunschweiger Remerprozeß erstatteten moraltheologischen und historischen Gutachten nebst Urteil, Hamburg 1953.

Krüger, Gerhard: Das unzerstörbare Reich, Hamburg 1952.

Lenz, Otto: Im Zentrum der Macht – Das Tagebuch von Staatssekretär Lenz 1951–1953, bearbeitet von Klaus Gotto/Hans-Otto Kleinmann/Reinhard Schneider, Melle 1989.

Machiavelli, Niccolò: Il Principe/Der Fürst – Italienisch/Deutsch, übersetzt und hrsgg. von Philipp Rippel, 1986, bibliographisch aktualisierte Ausgabe, Stuttgart 2007.

Mannheimer Morgen.

Matthias, Erich/Morsey, Rudolf: Das Ende der Parteien 1933 – Darstellungen und Dokumente, Königstein/Düsseldorf 1979.
Mercker, Reinhold: Die Küstengewässer im Völkerrecht, Diss. iur. Tübingen 1927.
Neunteufel, Raimund: Antwort auf Remer, Bonn 1951.
New York Times / New York Times Magazine.
Niedersächsischer Landtag, Landtagsdrucksachen.
Noelle, Elisabeth/Neumann, Erich Peter (Hrsg.): Jahrbuch der öffentlichen Meinung 1947–1955, Allensbach 1956.
Nordwestdeutsche Rundschau (Wilhelmshaven).
Platow-Informationsbrief.
Remer, Otto Ernst: The Fuehrer-Begleit-Brigade (The Brigade under the command of Remer) in the Ardennes Offensive (16 Dec 44 to 26 Jan 45), Allendorf 11 May 47, translated by Charles E. Weber, MS # B-592, in: Donald S. Detwiler (Hrsg.), World War II German Military Studies, Vol. 12, Part V. The Western Theater, New York/London 1979.
Remer, Otto Ernst: The Fuehrer Escort Brigade in the Ardennes Offensive (Part II), Historical Division Headquarters United States Army, Europe 1954, MS # B-838, in: Donald S. Detwiler (Hrsg.), World War II German Military Studies, Vol. 12, Part V. The Western Theater, New York/London 1979.
Remer, Otto Ernst: Verschwörung und Verrat um Hitler – Urteil des Frontsoldaten, Preußisch Oldendorf 1981.
Rheinischer Merkur.
Ruhl, Klaus-Jörg (Hrsg.): Neubeginn und Restauration – Dokumente zur Vorgeschichte der Bundesrepublik Deutschland 1945–1949, 2. Aufl., München 1984.
Sitzungsberichte (Plenarprotokolle) des Deutschen Bundesrates.
Stenographische Berichte, Sitzungen des Bundesrates.
Stenographische Berichte, Sitzungen des Niedersächsischen Landtages.
Stern.
Stuttgarter Zeitung.
Süddeutsche Zeitung.
Verfahren gegen die KPD vor dem Bundesverfassungsgericht, hrsgg. vom Presse- und Informationsamt der Bundesregierung, (Teil I): Die Rechtsgrundlagen, o.O. 1955; Teil II: Die Schlußplädoyers der Bundesregierung, o.O. 1955.
Verhandlungen des Reichstags – Stenographische Berichte / Anlagen zu den Stenographischen Berichten, Berlin.
Volksbund für Frieden und Freiheit e.V., Landesleitung Niedersachsen: Wo steht heute der alte Marschierer?, wohl 1951.
Welt.
Weser-Kurier.
Westarp, Wolf Graf von: Europa – Altes Spiel mit neuen Karten, Frankfurt a.M./Hannover 1953.
Westarp, Wolf Graf von: Nicht ohne Uns! – Europa – Weder Ost noch West, Hamburg 1950.
Westdeutsche Allgemeine Zeitung.
Westfalen-Blatt.
Xenophon: Lakedaimonion Politeia – Die Verfassung der Spartaner, hrsgg., übersetzt und erläutert von Stefan Rebenich, Darmstadt 1998, Sonderausgabe 2010.

„20. Juli 1944", geänderte und vervollständigte Bearbeitung der Sonderausgabe der Wochenzeitung „Das Parlament": „Die Wahrheit über den 20. Juli 1944", bearbeitet von Hans Royce, hrsgg. von der Bundeszentrale für Heimatdienst.

III. Rundfunkquellen

„Gerhard Leibholz im Gespräch: Recht, Philosophie, Politik", NDR (Hörfunk), gesendet am 17.03.1982, 20.00–21.30 Uhr, NDR-Schallarchiv, Archivnummer 6908342 000.

„Von der KPD zur DKP", Ein Bericht von Werner Hill, NDR Hamburg (Hörfunk), gesendet am 07.01.1972, NDR-Schallarchiv, Archivnummer F802719.

IV. Bildnachweise

1: BA, 183–15845–0002
2: BA, 183–2004–0330–500
3: BA, 183–15845–0008
4: BA, 183–15845–0003
5: BA, 146–2016–0103
6: SZ-Photo, Bild-ID 00096214
7: picture alliance/UPI, Mediennr. 86693295
8: BA, 183-R81913
9: BA, B 145 Bild-00011272
10:BA, B 145 Bild-00011115
11:BA, B 145 Bild-00005526
12:BA, B 145 Bild-P004377
13:BA, 183–10479–0001
14:SZ-Photo, Bild-ID 00125297
15:BA, Bild 183–2009–1124–500
16:BA, B 145 Bild-00083574 / G. Munker
17:picture alliance/dpa, Mediennr. 65240058
18:BA, B 145 Bild-00005527
19:BA B 145 Bild-00008373
20:BA, B 145 Bild-F027810–0022A / Engelbert Reineke
21:Deneb/E. T. O. Clées – 111–227/52
22:picture alliance / dpa Mediennr. 65240061
23:SZ-Photo, Bild-ID 00002093
24:picture alliance/dpa, Mediennr. 65240059
25:BA, 183–15845–0006
26:BA, 183–15845–0011
27:BA, B 145 Bild-00048435 / Rolf Unterberg

Literaturverzeichnis

Abendroth, Wolfgang: Das KPD-Verbotsurteil des Bundesverfassungsgerichts – Ein Beitrag zum Problem von Rechtsgrundsätzen der Verfassung im demokratischen Staat, in: Zeitschrift für Politik 1956, 305–327 (auch abgedruckt in: ders., Antagonistische Gesellschaft und politische Demokratie, 1967, S. 139–174).

Abgeordnete in Niedersachsen 1946–1994 – Biographisches Handbuch, hrsgg. vom Präsidenten des Niedersächsischen Landtages, bearbeitet von Barbara Simon, Hannover 1996.

Ackermann, Robert: Warum die NPD keinen Erfolg haben kann – Organisation, Programm und Kommunikation einer rechtsextremen Partei, Opladen etc. 2012.

Aders, Thomas: Die Utopie vom Staat über den Parteien – Biographische Annäherungen an Hermann Höpker Aschoff (1883–1954), Frankfurt a.M. etc. 1994.

Albertin, Lothar: Die FDP in Nordrhein-Westfalen – Porträt einer fleißigen Partei, in: Ulrich von Alemann (Hrsg.), Parteien und Wahlen in Nordrhein-Westfalen, Köln 1985, S. 121–145.

Allemann, Fritz René: Bonn ist nicht Weimar, Köln/Berlin 1956.

Allemann, F. R.: Das deutsche Parteiensystem – Eine politische Analyse, in: Der Monat 5 (1953), 365–388.

Amos, Heike: Die Westpolitik der SED 1948/49–1961 – „Arbeit nach Westdeutschland" durch die Nationale Front, das Ministerium für Auswärtige Angelegenheiten und das Ministerium für Staatssicherheit, Berlin 1999.

Anschütz, Gerhard: Die Verfassung des Deutschen Reichs vom 11. August 1919 – Ein Kommentar für Wissenschaft und Praxis, 14. Aufl., Berlin 1932.

Arzinger, Rudolf: Gutachten zum Urteil des Bundesverfassungsgerichts in dem Verfahren über den Antrag der Bundesregierung auf Feststellung der Verfassungswidrigkeit der Kommunistischen Partei Deutschlands (Verbotsurteil gegen die KPD), Beilage zu „Neue Justiz" Heft 19/1956.

Assheuer, Thomas/Sarkowicz, Hans: Rechtsradikale in Deutschland – Die alte und die neue Rechte, 2. Aufl., München 1992.

Backes, Uwe/Jesse, Eckhard: Politischer Extremismus in der Bundesrepublik Deutschland, Bonn 1989.

Badura, Peter: Staatsrecht – Systematische Erläuterung des Grundgesetzes für die Bundesrepublik Deutschland, 6. Aufl., München 2015.

Bahne, Siegfried: Die Kommunitische Partei Deutschlands, in: Erich Matthias/Rudolf Morsey (Hrsg.), Das Ende der Parteien 1933 – Darstellungen und Dokumente, Königstein/Düsseldorf 1979, S. 653–739.

Baldow, Beate: Episode oder Gefahr? – Die Naumann-Affäre, Diss. phil. FU Berlin 2013, im Internet unter: http://www.diss.fu-berlin.de/diss/servlets/MCRFileNodeServlet/FU-DISS_derivate_000000013881/Dissertation_Baldow.pdf.

Baltrusch, Ernst: Sparta – Geschichte, Gesellschaft, Kultur, 5. Aufl., München 2016.

Banchoff, Thomas: The Enduring Transformation of Postwar German Foreign Policy, in: John S. Brady/Beverly Crawford/Sarah Elise Wiliarty (Hrsg.), The Postwar Transformation of Germany, Ann Arbor 1999, S. 401–419.

Baring, Arnulf: Außenpolitik in Adenauers Kanzlerdemokratie – Bonns Beitrag zur Europäischen Verteidigungsgemeinschaft, München/Wien 1969.

Baum, Gerhart/Hirsch, Burkhard: Der Baum und der Hirsch – Deutschland von seiner liberalen Seite, Berlin 2016.

Bethge, Herbert: Grundrechtswahrnehmung, Grundrechtsverzicht, Grundrechtsverwirkung, in: Josef Isensee/Paul Kirchhof (Hrsg.), Handbuch des Staatsrechts, Bd. IX, 3. Aufl., Heidelberg 2011, § 203 (S. 1111–1218).

Bilfinger, Carl: Verfassungsumgehung – Betrachtungen zur Auslegung der Weimarer Verfassung, in: AöR N.F. 11 (1926), 163–191.

Billing, Werner: Das Problem der Richterwahl zum Bundesverfassungsgericht – Ein Beitrag zum Thema „Politik und Verfassungsgerichtsbarkeit", Berlin 1969.

Bösch, Frank: Von der Einwohnerwehr zur Volkspartei. Politische Sammlungen im ländlich-protestantischen Raum (1918–1970), in: Daniela Münkel (Hrsg.), Der lange Abschied vom Agrarland, Göttingen 2000, S. 227–248.

Botsch, Gideon: Die extreme Rechte in der Bundesrepublik Deutschland 1949 bis heute, Bonn 2012.

Boventer, Gregor Paul: Grenzen politischer Freiheit im demokratischen Staat – Das Konzept der streitbaren Demokratie in einem internationalen Vergleich, Berlin 1985.

Bracher, Karl Dietrich: Die Auflösung der Weimarer Republik – Eine Studie zum Problem des Machtverfalls in der Demokratie, Stuttgart/Düsseldorf 1955.

Brauers, Christof: Die FDP in Hamburg 1945 bis 1953 – Start als bürgerliche Linkspartei, München 2007.

Brecht, Arnold: Vereins- und Versammlungsrecht, in: M. v. Brauchitsch/Bill Drews/Gerhard Lassar, Verwaltungsgesetze für Preußen, 2. Bd., 1. Halbbd., 22. Aufl., Berlin 1932.

Bremische Bürgerschaft (Hrsg.), Die NS-Vergangenheit früherer Mitglieder der Bremischen Bürgerschaft, Bremen 2014.

Brenner, Michael: Die wehrhafte Demokratie: Eine Lehre aus Weimar?, in: Eberhard Eichenhofer (Hrsg.), 80 Jahre Weimarer Reichsverfassung – Was ist geblieben?, Tübingen 1999, S. 95–115.

Brünneck, Alexander von: Politische Justiz gegen Kommunisten in der Bundesrepublik Deutschland 1949–1968, Frankfurt a.M. 1978.

Bucher, Peter: Einleitung, in: Der Parlamentarische Rat 1948–1949 – Akten und Protokolle, Bd. 2: Der Verfassungskonvent auf Herrenchiemsee, bearb. v. Peter Bucher, Boppard 1981, S. VII-CXXXII.

Buchna, Kristian: Nationale Sammlung an Rhein und Ruhr – Friedrich Middelhauve und die nordrhein-westfälische FDP 1945–1953, München 2010.

Bühler, Ottmar: Die Reichsverfassung vom 11. August 1919, 3. Aufl., Leipzig/Berlin 1929.

Büsch, Otto: Geschichte und Gestalt der SRP, in: Otto Büsch/Peter Furth, Rechtsradikalismus im Nachkriegsdeutschland – Studien über die „Sozialistische Reichspartei" (SRP), 1957, S. 1–192.

Büsch, Otto: Militärsystem und Sozialleben im alten Preußen 1713–1807 – Die Anfänge der sozialen Militarisierung der preußisch-deutschen Gesellschaft, Berlin 1962.

Bulla, Eckart: Die Lehre von der streitbaren Demokratie – Versuch einer kritischen Analyse unter besonderer Berücksichtigung der Rechtsprechung des Bundesverfassungsgerichts, in: AöR 98 (1973), 340–360.

Burghardt, Boris: Vor 60 Jahren: Fritz Bauer und der Braunschweiger Remer-Prozess, in: JoJZG 6 (2012), 47–59.

Burkiczak, Christian/Dollinger, Franz-Wilhelm/Schorkopf, Frank (Hrsg.): Bundesverfassungsgerichtsgesetz, Heidelberg 2015.

Buschke, Heiko: Deutsche Presse, Rechtsextremismus und nationalsozialistische Vergangenheit in der Ära Adenauer, Frankfurt etc. 2003.

Buschke, Heiko: Die Sozialistische Reichspartei im Raum Lüneburg 1949–1952, in: Bernd Weisbrod (Hrsg.), Rechtsradikalismus in der politischen Kultur der Nachkriegszeit, 1995, S. 87–107.

Collings, Justin: Democracy's Guardians – A History of the German Federal Constitutional Court 1951–2001, Oxford 2015.

Conze, Werner: Die deutschen Parteien in der Staatsverfassung vor 1933, in: Erich Matthias/Rudolf Morsey (Hrsg.), Das Ende der Parteien 1933 – Darstellungen und Dokumente, Königstein/Düsseldorf 1979, S. 1–28.

Cremer, Wolfram: Organisationen zum Schutz von Staat und Verfassung, in: in: Josef Isensee/Paul Kirchhof (Hrsg.), Handbuch des Staatsrechts, Bd. XII, 3. Aufl., Heidelberg 2014, § 278 (S. 879–905).

Degenhart, Christoph: Staatsrecht I – Staatsorganisationsrecht , 29. Aufl., Heidelberg 2013.

Deiters, Mark: Der Schutz der freiheitlichen demokratischen Grundordnung durch das Strafrecht, in: Markus Thiel (Hrsg.), Wehrhafte Demokratie, Tübingen 2003, S. 291–328.

Denninger, Erhard: Verfassungstreue und Schutz der Verfassung, in: VVDStRL 37 (1979), S. 7–51.

Detterbeck, Steffen: Öffentliches Recht, 10. Aufl., München 2015.

Dittberner, Jürgen: Die FDP – Geschichte, Personen, Organisation, Perspektiven – Eine Einführung, 2. Aufl., Wiesbaden 2010. .

Dittberner, Jürgen: Die Freie Demokratische Partei, in: Richard Stöss (Hrsg.), Parteien-Handbuch – Die Parteien der Bundesrepublik Deutschland 1945–1980, Bd. II: FDP-WAV, Opladen 1984, S. 1311–1381.

Doering-Manteuffel, Anselm: Die Bundesrepublik Deutschland in der Ära Adenauer – Außenpolitik und innere Entwicklung 1949–1963, Darmstadt 1983.

Dohse, Rainer: Der Dritte Weg – Neutralitätsbestrebungen in Westdeutschland zwischen 1945 und 1955, Hamburg 1974.

Dreher, Martin: Athen und Sparta, 2. Aufl., München 2012.

Dreier, Horst: Das Bundesministerium der Justiz und die Verfassungsentwicklung in der frühen Bundesrepublik Deutschland, in: Manfred Görtemaker/Christoph Safferling (Hrsg.), Die Rosenburg, Göttingen 2013, S. 88–118.

Dreier, Horst (Hrsg.): Grundgesetz – Kommentar, 3. Aufl., Band I: Art. 1–19, Tübingen 2013, Band II: Art. 20–82, Tübingen 2015.

Drummer, Heike/Zwilling, Jutta: Elisabeth Selbert. Eine Biographie, in: Hessische Landesregierung (Hrsg.), „Ein Glücksfall für die Demokratie" – Elisabeth Selbert (1896–1986) – Die große Anwältin der Gleichberechtigung, 2. Aufl., Wiesbaden 2008, S. 11–162.

Dudek, Peter/Jaschke, Hans-Gerd: Entstehung und Entwicklung des Rechtsextremismus – Zur Tradition einer besonderen politischen Kultur, Bd. 1, Opladen 1984.

Eberle, Henrik: Die Martin-Luther-Universität in der Zeit des Nationalsozialismus 1933–1945, Halle 2002.

Ehlers, Dirk (Hrsg.): Europäische Grundrechte und Grundfreiheiten, 4. Aufl., Berlin etc. 2014.

Emek, Seyda/Meier, Horst: Über die Zukunft des Parteiverbots – Europäische Standards und deutsches Grundgesetz, in: Horst Meier, Verbot der NPD – ein deutsches Staatstheater in zwei Akten – Analysen und Kritik 2001–2014, Berlin 2015, S. 309–323.

Fack, Alexander: Die Gruppe der „sonstigen" Parteien in Hessen – Interessenvertretung und/oder Protestartikulation „im Schatten der Macht", in: Dirk Berg-Schlosser/Alexander Fack/Thomas Noetzel (Hrsg.), Parteien und Wahlen in Hessen 1946–1994, Marburg 1994, S. 197–221.

Fenske, Hans: Deutsche Parteiengeschichte, Paderborn etc. 1994.

Fichter, Tilman: SDS und SPD – Parteilichkeit jenseits der Partei, Opladen 1988.

Fischer, Jörg: Das NPD Verbot, Berlin 2001.

Fischer-Baling, Eugen: Einleitung, in: Otto Büsch/Peter Furth, Rechtsradikalismus im Nachkriegsdeutschland – Studien über die „Sozialistische Reichspartei" (SRP), 1957, S. VII–IX.

Flemming, Lars: Das NPD-Verbotsverfahren – Vom „Aufstand der Anständigen" zum „Aufstand der Unfähigen", Baden-Baden 2005.

Flemming, Thomas: Gustav W. Heinemann – Ein deutscher Citoyen – Biographie, Essen 2014.

Först, Walter: Robert Lehr, in: ders. (Hrsg.), Land und Bund, Köln 1981, S. 169–193.

Först, Walter: Robert Lehr als Oberbürgermeister – Ein Kapitel Deutscher Kommunalpolitik, Düsseldorf/Wien 1962.

Freeman, Dexter L.: Hesse – A new German State, Frankfurt a.M. 1948.

Frei, Norbert: Das Problem der NS-Vergangenheit in der Ära Adenauer, in: Bernd Weisbrod (Hrsg.), Rechtsradikalismus in der politischen Kultur der Nachkriegszeit – Die verzögerte Normalisierung in Niedersachsen, Hannover 1995, S. 19–31.

Frei, Norbert: Vergangenheitspolitik – Die Anfänge der Bundesrepublik und die NS-Vergangenheit, 2. Aufl., München 1997.

Freitag, Thomas: Niel, Cottbus 2014.

Fröhlich, Claudia: Der Braunschweiger Remer-Prozess 1952. Zum Umgang mit dem Widerstand gegen den NS-Staat in der frühen Bundesrepublik, in: KZ-Gedenkstätte Neuengamme (Hrsg.), Schuldig. NS-Verbrechen vor deutschen Gerichten, 2005, S. 17–28.

Fröhlich, Claudia: „Wider die Tabuisierung des Ungehorsams" – Fritz Bauers Widerstandsbegriff und die Aufarbeitung von NS-Verbrechen, Frankfurt/New York 2006.

Frotscher, Werner/Pieroth, Bodo: Verfassungsgeschichte, 15. Aufl., München 2016.

Frowein, Jochen Abr./Peukert, Wolfgang: Europäische Menschenrechtskonvention – EMRK-Kommentar, 3. Aufl., Kehl am Rhein 2009.

Fülberth, Georg: KPD und DKP 1945–1990 – Zwei kommunistische Parteien in der vierten Periode kapitalistischer Entwicklung, Heilbronn 1990.

Furth, Peter: Ideologie und Propaganda der SRP, in: Otto Büsch/Peter Furth, Rechtsradikalismus im Nachkriegsdeutschland – Studien über die „Sozialistische Reichspartei" (SRP), 1957, S. 193-309.

Gabbe, Jörg: Parteien und Nation – Zur Rolle des Nationalbewußtseins für die politischen Grundorientierungen der Parteien in der Anfangsphase der Bundesrepublik, Meisenheim am Glan 1976.

Geiger, Willi: Die Rechtsstellung des Schriftleiters nach dem Gesetz vom 4. Oktober 1933, Diss. Würzburg 1940 (Buchdruckerei und Verlag Kirchler, Darmstadt).

Geiger, Willi: Die Rechtsstellung des Schriftleiters, Darmstadt/Lepzig 1941 (Hans Buske Nachf. / Verlag).

Geiger, Willi: Gesetz über das Bundesverfassungsgericht vom 12. März 1951 – Kommentar, München 1952.

Geiger, Willi: Zur Reform des Bundesverfassungsgesetzes, in: Theodor Maunz (Hrsg.), Vom Bonner Grundgesetz zur gesamtdeutschen Verfassung – FS zum 75. Geburtstag von Hans Nawiasky, München 1956, S. 211–236.

Geiger, Willi: Zur Verfassung des Bundesverfassungsgerichts, in: DÖV 1950, 193–198.

Geile, Dirk: Der Remer-Mythos in der frühen Bundesrepublik – Ein Beitrag zum organisierten Rechtsextremismus in Niedersachsen, unveröffentlichte Magisterarbeit, Göttingen 1993.

Gelberg, Theresia Anna: Das Parteiverbotsverfahren nach Art. 21 Abs. 2 GG am Beispiel des NPD-Verbotsverfahrens, Göttingen 2009.

Geppert, Dominik: Die Ära Adenauer, Darmstadt 2002.

Giese, Friedrich: Die Verfassung des Deutschen Reiches, 8. Aufl., Berlin 1931.

Gimbel, John: Amerikanische Besatzungspolitik in Deutschland 1945–1949, Frankfurt a.M. 1971.

Glatzeder, Sebastian J.: Die Deutschlandpolitik der FDP in der Ära Adenauer – Konzeptionen in Entstehung und Praxis, Baden-Baden 1980.

Glienke, Stephan A.: Die NS-Vergangenheit späterer niedersächsischer Landtagsabgeordneter – Abschlussbericht zu einem Projekt der Historischen Kommission für Niedersachsen und Bremen im Auftrag des Niedersächsischen Landtages, hrsgg. v. Präsidenten des Niedersächsischen Landtages, Hannover 2012.

Gnad, Otto: DRP – Deutsche Reichspartei – Mitgliedschaft und Sozialstruktur, in: Marie-Luise Recker/Klaus Tenfelde, Handbuch zur Statistik der Parlamente und Parteien in den westlichen Besatzungszonen und in der Bundesrepublik Deutschland, Teilband III: FDP sowie kleinere bürgerliche und rechte Parteien – Mitgliedschaft und Sozialstruktur 1945–1990, Düsseldorf 2005, S. 475–590.

Gnad, Otto: NPD – Nationaldemokratische Partei Deutschlands – Mitgliedschaft und Sozialstruktur, in: Marie-Luise Recker/Klaus Tenfelde, Handbuch zur Statistik der Parlamente und Parteien in den westlichen Besatzungszonen und in der Bundesrepublik Deutschland, Teilband III: FDP sowie kleinere bürgerliche und rechte Parteien – Mitgliedschaft und Sozialstruktur 1945–1990, Düsseldorf 2005, S. 591–702.

Gnad, Otto: SRP – Sozialistische Reichspartei – Mitgliedschaft und Sozialstruktur, in: Marie-Luise Recker/Klaus Tenfelde, Handbuch zur Statistik der Parlamente und Parteien in den westlichen Besatzungszonen und in der Bundesrepublik Deutschland, Teilband III: FDP sowie kleinere bürgerliche und rechte Parteien – Mitgliedschaft und Sozialstruktur 1945–1990, Düsseldorf 2005, S. 353–473.

Godau-Schüttke, Klaus-Detlev: Der Bundesgerichtshof – Justiz in Deutschland, Berlin 2005.

Görtemaker, Manfred: Geschichte der Bundesrepublik Deutschland – Von der Gründung bis zur Gegenwart, München 1999.

Gössner, Rolf: Die vergessenen Justizopfer des Kalten Krieges – Verdrängung im Westen – Abrechnung mit dem Osten?, Berlin 1998.

Golsong, H.: Die Entscheidung der Europäischen Menschenrechtskommission über die Beschwerde der KPD, in: NJW 1957, 1349 f.

Gosewinkel, Dieter: Adolf Arndt – Die Wiederbegründung des Rechtsstaats aus dem Geist der Sozialdemokratie (1945–1961), Bonn 1991.

Grau, Richard: Die Diktaturgewalt des Reichspräsidenten und der Landesregierungen auf Grund des Artikels 48 der Reichsverfassung, Berlin 1922.

Grawert, Rolf: Die nationalsozialistische Herrschaft, in: Josef Isensee/Paul Kirchhof (Hrsg.), Handbuch des Staatsrechts, Bd. I, 3. Aufl., Heidelberg 2003, § 6 (S. 235–265).

Grebing, Helga: Kommentar, in: Bernd Weisbrod (Hrsg.), Rechtsradikalismus in der politischen Kultur der Nachkriegszeit, 1995, S. 109–111.

Grebing, Helga: Politischer Radikalismus und Parteiensystem. Die Flüchtlinge in der niedersächsischen Nachkriegspolitik, in: Bernd Weisbrod (Hrsg.), Rechtsradikalismus in der politischen Kultur der Nachkriegszeit, 1995, S. 259–268.

Greiner, Christian: Zwischen Integration und Nation. Die militärische Eingliederung der Bundesrepublik Deutschland in die NATO, 1954 bis 1957, in: Ludolf Herbst (Hrsg.), Westdeutschland 1945–1955 – Unterwerfung, Kontrolle, Integration, München 1986. S. 267–278.

Gress, Franz/Jaschke, Hans-Gerd: Politische Justiz gegen rechts: Der Remer-Prozeß 1952 in paradigmatischer Perspektive, in: Rainer Eisfeld/Ingo Müller, Gegen Barbarei – Essays Robert M.W. Kempner zu Ehren, Frankfurt a.M. 1989, S. 453–478.

Grigoleit, Klaus Joachim: Bundesverfassungsgericht und deutsche Frage – Eine dogmatische und historische Untersuchung zum judikativen Anteil an der Staatsleitung, Tübingen 2004.

Gröpl, Christoph: Staatsrecht I, 7. Aufl., München 2015.

Gröpl, Christoph/Windthorst, Kay/Coelln, Christian von: Grundgesetz – Studienkommentar, 2. Aufl., München 2015.

Grünthaler, Mathias: Parteiverbote in der Weimarer Republik, Frankfurt a. M. 1995.

Gusy, Christoph: Die Weimarer Reichsverfassung, Tübingen 1997.

Gusy, Christoph: Parteienstaat und Parteiverbote in der Weimarer Republik, in: Martin H. W. Möllers/Robert Chr. Van Ooyen, Parteiverbotsverfahren, 4. Aufl., Frankfurt 2013, S. 13–29.

Gusy, Christoph: Weimar – die wehrlose Republik? – Verfassungsschutzrecht und Verfassungsschutz in der Weimarer Republik, Tübingen 1991.

Gutscher, Jörg Michael: Die Entwicklung der FDP von ihren Anfängen bis 1961 – Überarbeitete und erweiterte Neuausgabe, Königstein/Taunus 1984.

Haas, Ernst: The Late Flowering and Early Fading of German Nationalism, in: John S. Brady/Beverly Crawford/Sarah Elise Wiliarty (Hrsg.), The Postwar Transformation of Germany, Ann Arbor 1999, S. 286–338.

Häberle, Peter: Die Abhörentscheidung des Bundesverfassungsgerichts vom 15.12.1970, in: JZ 1971, 145–156.

Häntzschel, Kurt: Der Konflikt Reich-Thüringen in der Frage der Polizeikostenzuschüsse, in: AöR 20 (1931), 384–411.

Härtel, Andrea: die Entwicklung des Instituts des Parteiverbots innerhalb der bundesrepublikanischen Konzeption ‚steitbarer Demokratie' vor und nach dem NPD-Verbotsverfahren, in: Martin H. W. Möllers/Robert Chr. Van Ooyen, Parteiverbotsverfahren, 3. Aufl., Frankfurt 2011, S. 53–116.

Häußler, Richard: Der Konflikt zwischen Bundesverfassungsgericht und politischer Führung – Ein Beitrag zu Geschichte und Rechtsstellung des Bundesverfassungsgerichts, Berlin 1994.

Haftendorn, Helga: Deutsche Außenpolitik zwischen Selbstbeschränkung und Selbstbehauptung 1945–2000, Stuttgart/München 2001.

Hanebeck, Alexander: Wirkungen eines Parteiverbots – Zur Debatte um Sinn und Unsinn eines Verbotsantrages gegen die NPD, in: Michael Goldbach (Hrsg.), Mit juristischen Waffen gegen Rechts, Hofgeismar 2003, S. 25–42.

Hanschmann, Felix: Parteiverbotsverfahren vor dem Bundesverfassungsgericht: SRP und KPD – Antragsgegner, historisch-politischer Kontext, Verfahren und Folgen, in: Michael Goldbach (Hrsg.), Mit juristischen Waffen gegen Rechts, Hofgeismar 2003, S. 7–24.

Hansen, Henning: Die Sozialistische Reichspartei (SRP) – Aufstieg und Scheitern einer rechtsextremen Partei, Düsseldorf 2007.

Hansen, Henning: Die Sozialistische Reichspartei (SRP) und der Rechtsextremismus in der frühen Bundesrepublik, in: Manuel Becker/Stephanie Bongartz (Hrsg.), Die weltanschaulichen Grundlagen des NS-Regimes, Berlin 2011, S. 165–175.

Hansen, Henning: „Radau"-Nationalismus in der frühen Bundesrepublik – Die Sozialistische Reichspartei im Lichte alliierter Geheimdienstberichte, in: Eckhard Jesse/Hans-Peter Niedermeier, Politischer Extremismus und Parteien, Berlin 2007, S. 127–145.

Harbou, Knud von: Als Deutschland seine Seele retten wollte – Die Süddeutsche Zeitung in dern Gründerjahren nach 1945, München 2015.

Hardach, Gerd: Der Marshall-Plan – Auslandshilfe und Wiederaufbau in Westdeutschland 1948–1952, München 1994.

Hardach, Gerd: Deutschland in der Weltwirtschaft 1870–1970, Frankfurt/New York 1977.

Hardtwig, Wolfgang: Von der „Vergangenheitsbewältigung" zur Erinnerungskultur – Vom Umgang mit der NS-Vergangenheit in Deutschland, in: Thomas Hertfelder/Andreas Rödder, Modell Deutschland – Erfolgsgeschichte oder Illusion?, Göttingen 2007, S. 171–189.

Hartmann, Andrea: Majestätsbeleidigung und Verunglimpfung des Staatsoberhauptes (§§ 94 ff. RStGB, 90 StGB), Berlin 2006.

Hausmann, Marion: BHE – Block der Heimatvertriebenen und Entrechteten – Mitgliedschaft und Sozialstruktur, in: Marie-Luise Recker/Klaus Tenfelde, Handbuch zur Statistik der Parlamente und Parteien in den westlichen Besatzungszonen und in der Bundesrepublik Deutschland, Teilband III: FDP sowie kleinere bürgerliche und rechte Parteien – Mitgliedschaft und Sozialstruktur 1945–1990, Düsseldorf 2005, S. 231–266.

Heimann, Siegfried: Die Deutsche Kommunistische Partei, in: Richard Stöss (Hrsg.), Parteien-Handbuch – Die Parteien der Bundesrepublik Deutschland 1945–1980, Bd. I: AUD-EFO, Opladen 1983, S. 901–981.

Heimann, Siegfried: Die Sozialdemokratische Partei Deutschlands, in: Richard Stöss (Hrsg.), Parteien-Handbuch – Die Parteien der Bundesrepublik Deutschland 1945–1980, Bd. II: FDP-WAV, Opladen 1984, S. 2025–2216.

Henne, Thomas/Riedlinger, Arne (Hrsg.): Das Lüth-Urteil aus (rechts-) historischer Sicht – Die Konflikte um Veit Harlan und die Grundrechtsjudikatur des Bundesverfassungsgerichts, Berlin 2005.

Hennig, Eike: Politische Gewalt und Verfassungsschutz in der Endphase der Weimarer Republik, in: Rainer Eisfeld/Ingo Müller, Gegen Barbarei – Essays Robert M.W. Kempner zu Ehren, Frankfurt a.M. 1989, S. 106–130.

Hensel, Walther: Robert Lehr, in: Konrad-Adenauer-Stiftung (Hrsg.), Christliche Demokraten der ersten Stunde, Bonn 1966, S. 211–241.

Hentges, Gudrun: Staat und politische Bildung – Von der „Zentrale für Heimatdienst" zur „Bundeszentrale für politische Bildung", Wiesbaden 2013.

Herbert, Ulrich: Best – Biographische Studien über Radikalismus, Weltanschauung und Vernunft 1903–1989, 2. Aufl., Bonn 1996.

Herbert, Ulrich: Elitenkontinuität in Politik und Verwaltung?, in: Bremische Bürgerschaft (Hrsg.), Die NS-Vergangenheit früherer Mitglieder der Bremischen Bürgerschaft, Bremen 2014, S. 124–139.

Herbert, Ulrich: Geschichte Deutschlands im 20. Jahrhundert, München 2014.

Herbert, Ulrich: Rückkehr in die Bürgerlichkeit? – NS-Eliten in der Bundesrepublik, in: Bernd Weisbrod (Hrsg.), Rechtsradikalismus in der politischen Kultur der Nachkriegszeit, 1995, S. 157–173.

Hillgruber, Christian/Goos, Christoph: Verfassungsprozessrecht, 3. Aufl., Heidelberg 2011.

Höllein, Hans-Joachim: Das Verbot rechtsextremistischer Veranstaltungen, in: NVwZ 1994, 635–642.

Höpker-Aschoff, Hermann: Das Ende des deutschen Föderalismus, in: Der deutsche Volkswirt 1933, 808 ff.

Höver, Bernd: Das Parteiverbot und seine rechtlichen Folgen, Diss. iur. Bonn 1975.

Hoffmann, Dierk: Das Bundesverfassungsgericht im politischen Kräftefeld der frühen Bundesrepublik – Die Auseinandersetzung um die Westverträge 1952–1954, in: Historisches Jahrbuch 120 (2000), S. 227–273.

Huber, Ernst Rudolf: Deutsche Verfassungsgeschichte seit 1789, Bd. VI: Die Weimarer Reichsverfassung, Stuttgart etc. 1981.

Huber, Ernst Rudolf: Zur Lehre vom Verfassungsnotstand in der Staatstheorie der Weimarer Zeit, in: ders., Bewahrung und Wandlung – Studien zur deutschen Staatstheorie und Verfassungsgeschichte, Berlin 1975, S. 193–214.

Hueck, Ingo J.: Der Staatsgerichtshof zum Schutze der Republik, Tübingen 1996.

Hüttenberger, Peter: Nordrhein-Westfalen und die Entstehung seiner parlamentarischen Demokratie, Siegburg 1973.

Ipsen, Jörn: Das Ende des NPD-Verbotsverfahrens – Prozeßentscheidung versus Sachentscheidung, in: JZ 2003, 485–490.

Ipsen, Jörn: Der Staat der Mitte – Verfassungsgeschichte der Bundesrepublik Deutschland, München 2009.

Ipsen, Jörn: Staatsrecht I – Staatsorganisationsrecht, 28. Aufl., München 2016.

Jahr, Christoph: Antisemitismus vor Gericht – Debatten über die juristische Ahndung judenfeindlicher Agitation in Deutschland (1879–1960), Frankfurt/New York 2011.

Jan, Heinrich von: Das Vereinsgesetz für das Deutsche Reich mit Nebengesetzen, München 1931.

Jarass, Hans D./Pieroth, Bodo: Grundgesetz für die Bundesrepublik Deutschland – Kommentar, 14. Aufl., München 2016.

Jaschke, Hans-Gerd: Streitbare Demokratie und Innere Sicherheit – Grundlagen, Praxis und Kritik, Opladen 1991.

Jasper, Gotthard: Der Schutz der Republik – Studien zur staatlichen Sicherung der Demokratie in der Weimarer Republik 1922 – 1930, Tübingen 1963.

Jasper, Gotthard: Wiedergutmachung und Westintegration. Die halbherzige justizielle Aufarbeitung der NS-Vergangenheit in der frühen Bundesrepublik, in: Ludolf Herbst (Hrsg.), Westdeutschland 1945–1955 – Unterwerfung, Kontrolle, Integration, München 1986. S. 183–202.

Jelinek, Yeshayahu A.: Deutschland und Israel 1945–1965 – Ein neurotisches Verhältnis, München 2004.

Jellinek, Walter: Das verfassungsändernde Reichsgesetz, in: Gerhard Anschütz/Richard Thoma (Hrsg.), Handbuch des Deutschen Staatsrechts, 2. Bd., 1932, S. 182–189.

Jenke, Manfred: Verschwörung von rechts? – Ein Bericht über Rechtsradikalismus in Deutschland nach 1945, Berlin 1961.

Jesse, Eckhard: Biographisches Porträt: Otto Ernst Remer, in: Uwe Backes/Eckhard Jesse (Hrsg.), Jahrbuch Extremismus & Demokratie 6 (1994), S. 207–221.

Jestaedt, Matthias: Phänomen Bundesverfassungsgericht. Was das Gericht zu dem macht, was es ist, in: ders./Oliver Lepsius/Christoph Möllers/Christoph Schönberger, Das entgrenzte Gericht, Berlin 2011, S. 77–157.

Judick, Günter/Schleifstein, Josef/Steinhaus, Kurt: Einleitung: Zu einigen Fragen der Nachkriegsgeschichte der KPD, in: KPD 1945–1968 – Dokumente, hrsgg. und eingeleitet von denselben, Bd. 1: 1945–1952, Neuss 1989, S. 13–134.

Juling, Peter: Programmatische Entwicklung der FDP 1946 bis 1969 – Einführung und Dokumente, Meisenheim am Glan 1977.

Kaff, B.: Lehr, Robert, in: Neue Deutsche Biographie, Bd. 14, Berlin 1985, S. 112.

Kaiser, Anna-Bettina (Hrsg.): Der Parteienstaat – Zum Staatsverständnis von Gerhard Leibholz, Baden-Baden 2013.

Karpenstein, Ulrich/Mayer, Franz C.: EMRK-Kommentar, 2. Aufl., München 2015.

Kelsen, Hans: Verteidigung der Demokratie, in: ders., Demokratie und Sozialismus – Ausgewählte Aufsätze, hrsgg. v. Norbert Leser, Darmstadt 1967, S. 60–68.

Kelsen, Hans: Vom Wesen und Wert der Demokratie, 2. Aufl., Tübingen 1929.

Kersten, Jens: Parteienverbote in der Weimarer, der Bonner und in der Berliner Republik, in: Neue Justiz 55 (2001), 1–5.

Kiesow, Wilhelm/Zweigert, Erich: Gesetz zum Schutze der Republik nebst den Ausführungsverordnungen des Reichs, Mannheim etc. 1923.

Kisatsky, Deborah: The United States and the European Right, 1945–1955, Columbus 2005.

Kißener, Michael: Westbindung 1955 – Die politische Koordinatenverschiebung, in: Andreas Rödder/Wolfgang Elz, Deutschland in der Welt, Göttingen 2010, S. 13-27.

Klarsfeld, Beate und *Serge:* Erinnerungen, München/Berlin 2015.

Klein, Hans Hugo: Verfassungstreue und Schutz der Verfassung, in: VVDStRL 37 (1979), S. 53–113.

Klocksin, Jens Ulrich: Kommunisten im Parlament – Die KPD in Regierungen und Parlamenten der westdeutschen Besatzungszonen und der Bundesrepublik Deutschland (1945–1956), 2. Aufl., Bonn 1994.

Klose, Hans Georg: Das Abgeordnetenmandat und die Feststellung der Verfassungswidrigkeit ein politischen Partei nach dem Grundgesetz, Diss. iur. Münster 1960.

Köhler, Otto: Wir Schreibmaschinentäter – Journalisten unter Hitler – und danach, Köln 1989.

Koellreutter, Otto: Parteien und Verfassung im heutigen Deutschland – Ein Beitrag zur Krise des modernen Staates und der Staatslehre, in: Hans Gmelin/Otto Koellreutter (Hrsg.), Festgabe für Richard Schmidt, Bd. 2: Gegenwartsfragen aus der Allgemeinen Staatslehre und der Verfassungstheorie, Leipzig 1932, S. 107–139.

Kramer, Helmut: Ein vielseitiger Jurist – Willi Geiger 1909–1994, in: Kritische Justiz 1994, 232–237, auch in: Thomas Blanke (Hrsg.), Die juristische Aufarbeitung des Unrechts-Staats, Baden-Baden 1998, S. 373–379.

Kranenpohl, Uwe: Mächtig oder machtlos? – Kleine Fraktionen im Deutschen Bundestag 1949 bis 1994, Opladen/Wiesbaden 1999.

Krüger, Peter: The Federal Republic as a Nation-State, in: John S. Brady/Beverly Crawford/Sarah Elise Wiliarty (Hrsg.), The Postwar Transformation of Germany, Ann Arbor 1999, S. 339–356.

Kutscha, Martin: Das KPD-Verbot, in: Udo Mayer/Gerhard Stuby (Hrsg.), Das lädierte Grundgesetz – Beiträge und Dokumente zur Verfassungsgeschichte 1949–1976, S. 42–77.

Kvistad, Gregg O.: Building Democracy and Changing Institutions: The Professional Civil Service and Political Parties in the Federal Republic of Germany, in: John S. Brady/Beverly Crawford/Sarah Elise Wiliarty (Hrsg.), The Postwar Transformation of Germany, Ann Arbor 1999, S. 63–93.

Lameyer, Johannes: Streitbare Demokratie – Eine verfassungshermeneutische Untersuchung, Berlin 1978.

Lameyer, Johannes: Streitbare Demokratie (mit einem Nachwort von Gerhard Leibholz), in: JöR N.F. 30 (1981), 147–196.

Langewiesche, Dieter: Parlamentarismus – Parteienstaat, in: Thomas Hertfelder/Andreas Rödder, Modell Deutschland – Erfolgsgeschichte oder Illusion?, Göttingen 2007, S. 61–77.

Large, David Clay: Germans to the Front – West German Rearmament in the Adenauer Era, Chapel Hill 1996.

Laufer, Heinz: Verfassungsgerichtsbarkeit und politischer Prozeß – Studien zum Bundesverfassungsgericht der Bundesrepublik Deutschland, Tübingen 1968.

Lausberg, Michael: Die extreme Rechte in Nordrhein-Westfalen 1946–1971, Marburg 2012.

Leggewie, Claus/Meier, Horst: Republikschutz – Maßstäbe für die Verteidigung der Demokratie, Reinbek 1995.

Leggewie, Claus/Meier, Horst (Hrsg.): Verbot der NPD oder Mit Rechtsradikalen leben? – Die Positionen, Frankfurt a.M. 2002.

Leibholz, Gerhard: Das Wesen der Repräsentation unter besonderer Berücksichtigung des Repräsentativsystems – Ein Beitrag zur allgemeinen Staats- und Verfassungslehre, Berlin/Leipzig 1929.

Leibholz, Gerhard: Das Wesen der Repräsentation und der Gestaltwandel der Demokratie im 20. Jahrhundert, 3. Aufl., Berlin 1966.

Leibholz, Gerhard: Der Begriff der freiheitlichen demokratischen Grundordnung und das Bonner Grundgesetz, in: DVBl. 1951, S. 554–558.

Leibholz, Gerhard: Der Parteienstaat des Grundgesetzes, in: Hermann Wandersleb (Hrsg.) / Erich Traumann (Bearb.), Recht, Staat, Wirtschaft, 3. Bd., Düsseldorf 1951, S. 99–125.

Leibholz, Gerhard: Der Strukturwandel der modernen Demokratie, in: ders., Strukturprobleme der modernen Demokratie, 3. Aufl. 1967, Neuausgabe Frankfurt a.M. 1974, S. 78–131.

Leibholz, Gerhard: Die Wahlrechtsreform und ihre Grundlagen, in: VVDStRL 7 (1932), S. 159–190.

Leibholz, Gerhard: Parteienstaat und Repräsentative Demokratie – Eine Betrachtung zu Art. 21 und 38 des Bonner Grundgesetzes, in: DVBl. 1951, S. 1–8.

Leibholz, Gerhard: Referat, in: Verhandlungen des 38. Deutschen Juristentages in Frankfurt a.M. 1950, hrsgg. von der Ständigen Deputation des Deutschen Juristentages, Teil C – Staatsrechtliche Abteilung, Sitzung vom 15. September 1950, Tübingen 1951, S. C2-C29.

Leibholz, Gerhard: Volk und Partei im neuen deutschen Verfassungsrecht, in: ders., Strukturprobleme der modernen Demokratie, 3. Aufl. 1967, Neuausgabe Frankfurt a.M. 1974, S. 71–77.

Lembcke, Oliver W.: Hüter der Verfassung – Eine institutionentheoretische Studie zur Autorität des Bundesverfassungsgerichts, Tübingen 2007.

Ley, Richard: Willi Geiger, in: NJW 1994, 1050 f.

Limbach, Jutta: Elisabeth Selbert und ihre Sternstunde im Parlamentarischen Rat am 18. Januar 1949, in: Hessische Landesregierung (Hrsg.), „Ein Glücksfall für die Demokratie" – Elisabeth Selbert (1896–1986) – Die große Anwältin der Gleichberechtigung, 2. Aufl., Wiesbaden 2008, S. 241–250.

Lingelbach, Gerhard: Weimar 1919 – Weg in eine Demokratie, in: Eberhard Eichenhofer (Hrsg.), 80 Jahre Weimarer Reichsverfassung – Was ist geblieben?, Tübingen 1999, S. 23–47.

Link, Christoph (Hrsg.): Der Gleichheitssatz im modernen Verfassungsstaat – Symposion zum 80. Geburtstag von Gerhard Leibholz, Baden-Baden 1982.

Link, Christoph: Gerhard Leibholz – Leben und Werk, in: ders. (Hrsg.), Der Gleichheitssatz im modernen Verfassungsstaat, Baden-Baden 1982, S. 23–27.

Link, Stefan: Der Kosmos Sparta, Darmstadt 1994.

Lösche, Peter/Walter, Franz: Die FDP – Richtungsstreit und Zukunftszweifel, Darmstadt 1996.

Loewenstein, Karl: Militant Democracy and Fundamental Rights I, in: The American Political Science Review 31 (1937), 417–432; Militant Democracy and Fundamental Rights II, in: The American Political Science Review 31 (1937), 638–658.

Long, Wellington: The New Nazis of Germany, Philadelphia etc. 1968.

Luther, Andreas: Könige und Ephoren – Untersuchungen zur spartanischen Verfassungsgeschichte, Frankfurt a. M. 2004.

Lyotard, Jean-Francois: Das postmoderne Wissen – Ein Bericht, 8. Aufl., Wien 2015.

Major, Patrick: The Death of the KPD – Communism and Anti-Communism in West Germany, 1945–1956, Oxford 1997.

Mangoldt, Hermann v./Klein, Friedrich/Starck, Christian: Kommentar zum Grundgesetz, 6. Aufl., Bd. 1: Art. 1–19, Bd. 2: Art. 20–82, München 2010.

Manig, Bert-Oliver: Die Politik der Ehre – Die Rehabilitierung der Berufssoldaten in der frühen Bundesrepublik, Göttingen 2004.

Mannheim, Karl: Diagnose unserer Zeit – Gedanken eines Soziologen, Zürich etc. 1951.

Mannheim, Karl: Diagnosis of Our Time – Wartime Essays of a Sociologist, London 1943.

Marten, Heinz Georg: Die unterwanderte FDP – Politischer Liberalismus in Niedersachsen, Aufbau und Entwicklung der Freien Demokratischen Partei 1945–1955, Göttingen 1978.

Matthias, Erich: Die Sozialdemokratische Partei Deutschlands, in: ders./Rudolf Morsey (Hrsg.), Das Ende der Parteien 1933 – Darstellungen und Dokumente, Königstein/Düsseldorf 1979, S. 99–278.

Matthias, Erich/Morsey, Rudolf: Die Deutsche Staatspartei, in: dieselben (Hrsg.), Das Ende der Parteien 1933 – Darstellungen und Dokumente, Königstein/Düsseldorf 1979, S. 29–97.

Matz, Werner: Die Vorschriften des Grundgesetzes über die politischen Parteien in den Verhandlungen des Parlamentarischen Rates, in: DRZ 1950, 273–275.

Maunz, Theodor/Schmidt-Bleibtreu, Bruno/Klein, Franz/Bethge, Herbert (Begr./Hrsg.): Bundesverfassungsgerichtsgesetz – Kommentar, Lsbl., München, Stand: 49. Lfg., Juli 2016.

Maurer, Hartmut: Das Verbot politischer Parteien – Zur Problematik des Art. 21 Abs. 2 GG, in: AöR 96 (1971), 203–236.

Maurer, Hartmut: Staatsrecht I, 6. Aufl., München 2010.

Maxwill, Peter: Mit Recht gegen rechts – Die Verbotsverfahren gegen die Sozialistische Reichspartei (1950–1952) und die Nationaldemokratische Partei Deutschlands (2000–2003), Stuttgart 2016.

Mayer, Udo: Remilitarisierung und die antimilitaristische Struktur des Grundgesetzes, in: Udo Mayer/Gerhard Stuby (Hrsg.), Das lädierte Grundgesetz – Beiträge und Dokumente zur Verfassungsgeschichte 1949–1976, S. 8–41.

Meier, Horst: In der Nachfolge der NSDAP? – Das SRP-Verbotsurteil und das Verfahren gegen die NPD, in: ders., Verbot der NPD – ein deutsches Staatstheater in zwei Akten – Analysen und Kritik 2001–2015, Berlin 2015, S. 67–78.

Meier, Horst: Parteiverbote und demokratische Republik – Zur Interpretation und Kritik von Art. 21 Abs. 2 des Grundgesetzes, Baden-Baden 1993.

Meier, Horst: Verbot der NPD – ein deutsches Staatstheater in zwei Akten – Analysen und Kritik 2001–2014, Berlin 2015.

Meißner, Otto: Das neue Staatsrecht des Reichs und seiner Länder, Berlin 1921.

Mensing, Wilhelm: Nehmen oder Annehmen – Die verbotene KPD auf der Suche nach politischer Teilhabe, Zürich 1989.

Menzel, Jörg: Mit Versammlungsrecht gegen „Rechts"? – Überlegungen zum verfassungs- und verwaltungsrechtlichen Umgang mit politischem Extremismus, in: Michael Goldbach (Hrsg.), Mit juristischen Waffen gegen Rechts, Hofgeismar 2003, S. 43–83.

Merkl, Peter H.: The German Response to the Challenge of Extremist Parties, 1949–1994, in: John S. Brady/Beverly Crawford/Sarah Elise Wiliarty (Hrsg.), The Postwar Transformation of Germany, Ann Arbor 1999, S. 35–62.

Merten, Detlef: Negative Grundrechte, in: in: Detlef Merten/Hans-Jürgen Papier (Hrsg.), Handbuch der Grundrechte, Bd. II, Heidelberg 2006, § 42 (S. 741–919).

Meusch, Matthias: Von der Diktatur zur Demkokratie – Fritz Bauer und die Aufarbeitung der NS-Verbrechen in Hessen (1956–1968), Wiesbaden 2001.

Michell, H.: Sparta, Cambridge 1964.

Michels, Eckard: Das Deutsche Institut in Paris 1940–1944 – Ein Beitrag zu den deutsch-französischen Kulturbeziehungen und zur auswärtigen Kulturpolitik des Dritten Reichs, Stuttgart 1993.

Milward, Alan S.: Die Westintegration der Bundesrepublik Deutschland, in: Ludolf Herbst (Hrsg.), Westdeutschland 1945–1955 – Unterwerfung, Kontrolle, Integration, München 1986. S. 231–245.

Möller, Frank: Das Buch Witsch – Das schwindelerregende Leben des Verlegers Joseph Caspar Witsch, Köln 2014.

Möllers, Christoph: Legalität, Legitimität und Legitimation des Bundesverfassungsgerichts, in: Matthias Jestaedt/Oliver Lepsius/Christoph Möllers/Christoph Schönberger, Das entgrenzte Gericht, Berlin 2011, S. 281–422.

Möllers, Martin H. W.: Voraussetzungen, Ablauf und Rechtsfolgen vom Parteiverbotsverfahren, in: ders./Robert Chr. Van Ooyen, Parteiverbotsverfahren, 4. Aufl., Frankfurt 2013, S. 31–50.

Morlok, Martin: Parteiverbot als Verfassungsschutz – ein unauflösbarer Widerspruch?, in: NJW 2001, 2931–2942.

Morlok, Martin/Michael, Lothar: Staatsorganisationsrecht, Baden-Baden 2013.

Morsey, Rudolf: Die Bundesrepublik Deutschland – Entstehung und Entwicklung bis 1969, 5. Aufl., München 2007.

Morsey, Rudolf: Die Deutsche Zentrumspartei, in: Erich Matthias/Rudolf Morsey (Hrsg.), Das Ende der Parteien 1933 – Darstellungen und Dokumente, Königstein/Düsseldorf 1979, S. 279–453.

Mühlhausen, Walter: Die amerikanische Militärregierung und der Aufbau der Demokratie im Nachkriegshessen, in: Helmut Berding/Klaus Eiler, Hessen – 60 Jahre Demokratie, Wiesbaden 2006, S. 3–34.

Müller, Ingo: Nürnberg und die deutschen Juristen, in: Rainer Eisfeld/Ingo Müller, Gegen Barbarei – Essays Robert M.W. Kempner zu Ehren, Frankfurt a.M. 1989, S. 257–277.

Münch, Ingo von/Kunig, Philip (Begr./Hrsg.): Grundgesetz – Kommentar, Bd. 1: Präambel bis Art. 69, 6. Aufl., München 2012.

Nedelmann, Carl: Die Gewalt des politischen Staatsschutzes und ihre Instanzen, in: Gert Schäfer/Carl Nedelmann (Hrsg.), Der CDU-Staat 1 – Analysen zur Verfassungswirklichkeit der Bundesrepublik, 4. Aufl., Frankfurt 1976, S. 174–210.

Nemo, Philippe: Was ist der Westen? – Die Genese der abendländischen Zivilisation, übersetzt aus dem Französischen von Karen Ilse Horn, Tübingen 2005.

Neumann, Franz: Der Block der Heimatvertriebenen und Entrechteten 1950–1960 – Ein Beitrag zur Geschichte und Struktur einer politischen Interessenpartei, Meisenheim am Glan 1968.

Neumann, Sigmund: Die Parteien der Weimarer Republik, 5. Aufl., Stuttgart etc. 1986.

Teil (vom 1. Januar 1929 bis 31. Januar 1933),in: JöR XXI (1933/1934), 1–204.

N.N.: Die Richter des Bundesverfassungsgerichts, in: NJW 1951, 791.

N.N.: Eröffnung des Bundesverfassungsgerichts, in: NJW 1951, 791.

Ooyen, Robert Chr.: Die Parteiverbotsverfahren vor dem Bundesverfassungsgericht, in: Martin H. W. Möllers/Robert Chr. Van Ooyen, Parteiverbotsverfahren, 4. Aufl., Frankfurt 2013, S. 51–73.

Papke, Gerhard: Liberale Ordnungskraft, nationale Sammlungsbewegung oder Mittelstandspartei? – Die FDP-Landtagsfraktion in Nordrhein-Westfalen 1946–1966, Düsseldorf 1998.

Parteien in der Bundesrepublik – Studien zur Entwicklung der deutschen Parteien bis zur Bundestagswahl 1953, mit Beiträgen von *Max Gustav Lange, Gerhard Schulz, Klaus Schütz* etc., Stuttgart/Düsseldorf 1955.

Pestalozza, Christian: Verfassungsprozeßrecht – Die Verfassungsgerichtsbarkeit des Bundes und der Länder mit einem Anhang zum Internationalen Rechtsschutz, 3. Aufl., München 1991.

Poetzsch, Fritz: Vom Staatsleben unter der Weimarer Verfassung (vom 1. Januar 1920 bis 31. Dezember 1924),in: JöR XIII (1925), 1–248.

Poetzsch-Heffter, Fritz: Handkommentar der Reichsverfassung, 3. Aufl., Berlin 1928.

Poetzsch-Heffter, Fritz: Vom Staatsleben unter der Weimarer Verfassung II. Teil (vom 1. Januar 1925 bis 31. Dezember 1928),in: JöR XVII (1929), 1–141.

Poetzsch-Heffter, Fritz: Vom Staatsleben unter der Weimarer Verfassung III. (letzter) Teil (vom 1. Januar 1929 bis 31. Januar 1933),in: JöR XXI (1933/34), 1–204.

Pollmann, Klaus Erich: Traditionen des Rechtsradikalismus im Raum Braunschweig, in: Bernd Weisbrod (Hrsg.), Rechtsradikalismus in der politischen Kultur der Nachkriegszeit, 1995, S. 231–255.

Posser, Diether: Anwalt im Kalten Krieg – Ein Stück deutscher Geschichte in politischen Prozessen 1951–1968, 2. Aufl., München 1991.

Proske, Rüdiger: Prozeß um den 20. Juli – Die Braunschweiger Verhandlungen gegen Otto Ernst Remer, in: Der Monat 43 (1952), 16–21.

Puhle, Hans-Jürgen: Konservatismus und Neo-Konservatismus: deutsche Entwicklungslinien seit 1945, in: Rainer Eisfeld/Ingo Müller, Gegen Barbarei – Essays Robert M.W. Kempner zu Ehren, Frankfurt a.M. 1989, S. 399–423.

Rabus, Günther: Kommunale Wählervereinigungen als Ersatzorganisationen verfassungswidriger politischer Parteien, in: AöR 1954, 203–211.

Radbruch, Gustav: Die politischen Parteien im System des deutschen Verfassungsrechts, in: Gerhard Anschütz/Richard Thoma (Hrsg.), Handbuch des Deutschen Staatsrechts, 1. Bd., 1930, S. 285–294.

Ray, Roland: Annäherung an Frankreich im Dienste Hitlers? – Otto Abetz und die deutsche Frankreichpolitik 1930–1942, München 2000.

Redelberger, Oskar: Rezension zu „Die Rechtsstellung des Schriftleiters" von Willi Geiger, in: Deutsche Verwaltung, 1941, 244.

Reibel, Carl-Wilhelm: DP – Deutsche Partei – Mitgliedschaft und Sozialstruktur, in: Marie-Luise Recker/Klaus Tenfelde, Handbuch zur Statistik der Parlamente und Parteien in den westlichen Besatzungszonen und in der Bundesrepublik Deutschland, Teilband III: FDP sowie kleinere bürgerliche und rechte Parteien – Mitgliedschaft und Sozialstruktur 1945–1990, Düsseldorf 2005, S. 175–229.

Reimann, Max/Landwehr, Ludwig/Mohn, Willi/Niebergall, Otto (Hrsg.): KPD-Verbot – Ursachen und Folgen 1956–1971, Frankfurt a.M. 1971.

Rensmann, Thilo: BVerfGE 2, 1 – SRP und BVerfGE 5, 85 – KPD – Die Demokratie zeigt sich wehrhaft – Parteiverbotsverfahren vor dem BVerfG, in: Jörg Menzel/Ralf Müller-Terpitz (Hrsg.), Verfassungsrechtsprechung – Ausgewählte Entscheidungen des Bundesverfassungsgerichts in Retrospektive, 2. Aufl., Tübingen 2011, S. 59–68.

Richer, Nicolas: Les Éphores – Études sur l'histoire et sur l'image de Sparte (VIIIe-IIIe siècle avant Jésus-Christ), Paris 1998.

Ritterspach, Theo: Hermann Höpker Aschoff – Der erste Präsident des Bundesverfassungsgerichts 1883–1954, in: JöR N.F. 32 (1983), 55–62.

Rödder, Andreas: 21.0 – Eine kurze Geschichte der Gegenwart, 3. Aufl., München 2015.

Rödder, Andreas: Westbindung und transatlantische Allianz – ein Relikt des Kalten Krieges?, in: Thomas Hertfelder/Andreas Rödder, Modell Deutschland – Erfolgsgeschichte oder Illusion?, Göttingen 2007, S. 139–154.

Roellecke, Gerd: Zum Einfluß der öffentlichen Meinung auf die Rechtsanwendung, in: Horst Baier/Hans Mathias Kepplinger/Kurt Reumann (Hrsg.), Öffentliche Meinung und sozialer Wandel, Opladen 1981, S. 71–85.

Roetteken, Torsten von: Versammlungsfreiheit und Rechtsradikalismus, in: Kritische Justiz 2001, 330–337.

Roth, Götz: Fraktion und Regierungsbildung – Eine monographische Darstellunng der Regierungsbildung in Niedersachsen im Jahre 1951, Meisenheim am Glan 1954.

Rudolf, Beate: „Verfassungsfeinde" im öffentlichen Dienst, in: Markus Thiel (Hrsg.), Wehrhafte Demokratie, Tübingen 2003, S. 209–250.

Rückert, Joachim: 50 Jahre Hessische Verfassung, in: KritV 79 (1996), 116–124.

Rütten, Theo: Der deutsche Liberalismus 1945 bis 1955 – Deutschland- und Gesellschaftspolitik der ost- und westdeutschen Liberalen in der Entstehungsphase der beiden deutschen Staaten, Baden-Baden 1984.

Sachs, Michael (Hrsg.): Grundgesetz – Kommentar, 7. Aufl., München 2014.

Scheffler, Erna: Referat, in: Verhandlungen des 38. Deutschen Juristentages in Frankfurt a.M. 1950, hrsgg. von der Ständigen Deputation des Deutschen Juristentages, Teil B – Bürgerlich-Rechtliche Abteilung, Sitzung vom 15. September 1950, Tübingen 1951, S. B3-B30.

Scheuner, Ulrich: Grundfragen des modernen Staates, in: Hermann Wandersleb (Hrsg.) / Erich Traumann (Bearb.), Recht, Staat, Wirtschaft, 3. Bd., Düsseldorf 1951, S. 126–165.

Schiffers, Reinhard: „Ein mächtiger Pfeiler im Bau der Bundesrepublik" – Das Gesetz über das Bundesverfassungsgericht vom 12. März 1951, in: VfZ 32 (1984), 66–102 (auch unter: http://www.ifz-muenchen.de/heftarchiv/1984_1_3_schiffers.pdf).

Schiller, Theo: Von der bürgerlichen Rechtspartei zur liberalen Mitte – Die Freie Demokratische Partei (FDP) in Hessen 1945–2005, in: Helmut Berding/Klaus Eiler (Hrsg.), Hessen – 60 Jahre Demokratie, Wiesbaden 2006, S. 125–150.

Schlieben, Michael: Politische Karrieren in der Bundesrepublik – Studien über Aufstieg und Scheitern, Stuttgart 2013.

Schliesky, Utz: Die wehrhafte Demokratie des Grundgesetzes, in: Josef Isensee/Paul Kirchhof (Hrsg.), Handbuch des Staatsrechts, Bd. XII, 3. Aufl., Heidelberg 2014, § 277 (S. 847–877).

Schmalenbach, Kirsten: Administrativer Verfassungsschutz: Bürger unter Beobachtung, in: Markus Thiel (Hrsg.), Wehrhafte Demokratie, Tübingen 2003, S. 415–445.

Schmidt, Thomas: Die Freiheit verfassungswidriger Parteien und Vereinigungen – Zur Schrankenlehre im Rahmen von Art. 21 Abs. 2 und 9 Abs. 2 GG, Berlin 1983.

Schmidt-Bleibtreu, Bruno/Hofmann, Hans/Henneke, Hans-Günter (Begr./Hrsg.): GG – Kommentar zum Grundgesetz, 13. Aufl., Köln 2014.

Schmitt, Carl: Die Diktatur des Reichspräsidenten nach Art. 48 der Reichsverfassung, in: VVDStRL 1 (1924), 63–104.

Schmitt Glaeser, Walter: Grundrechtsverwirkung, in: Detlef Merten/Hans-Jürgen Papier (Hrsg.), Handbuch der Grundrechte, Bd. III, Heidelberg 2009, § 74 (S. 749–779).

Schmitt Glaeser, Walter: Mißbrauch und Verwirkung von Grundrechten im politischen Meinungskampf – Eine Untersuchung über die Verfassungsschutzbestimmung des Art. 18 GG und ihr Verhältnis zum einfachen Recht, insbesondere zum politischen Strafrecht, Bad. Homburg v.d.H. etc. 1968.

Schmollinger, Horst W.: Die Deutsche Konservative Partei – Deutsche Rechtspartei, in: Richard Stöss (Hrsg.), Parteien-Handbuch – Die Parteien der Bundesrepublik Deutschland 1945–1980, Bd. I: AUD-EFP, Opladen 1983, S. 982–1024.

Schmollinger, Horst W.: Die Deutsche Partei, in: Richard Stöss (Hrsg.), Parteien-Handbuch – Die Parteien der Bundesrepublik Deutschland 1945–1980, Bd. I: AUD-EFP, Opladen 1983, S. 1025–1111.

Schmollinger, Horst W.: Die Deutsche Reichspartei, in: Richard Stöss (Hrsg.), Parteien-Handbuch – Die Parteien der Bundesrepublik Deutschland 1945–1980, Bd. I: AUD-EFP, Opladen 1983, S. 1112–1191.

Schmollinger, Horst W.: Die Nationaldemokratische Partei, in: Richard Stöss (Hrsg.), Parteien-Handbuch – Die Parteien der Bundesrepublik Deutschland 1945–1980, Bd. II: FDP-WAV, Opladen 1984, S. 1892–1921.

Schmollinger, Horst W.: Die Nationaldemokratische Partei Deutschlands, in: Richard Stöss (Hrsg.), Parteien-Handbuch – Die Parteien der Bundesrepublik Deutschland 1945–1980, Bd. II: FDP-WAV, Opladen 1984, S. 1922–1994.

Schmollinger, Horst W.: Die Sozialistische Reichspartei, in: Richard Stöss (Hrsg.), Parteien-Handbuch – Die Parteien der Bundesrepublik Deutschland 1945–1980, Bd. II: FDP-WAV, Opladen 1984, S. 2274–2336.

Schneider, Hans: Die Reichsverfassung vom 11. August 1919, in: Josef Isensee/Paul Kirchhof (Hrsg.), Handbuch des Staatsrechts, Bd. I, 3. Aufl., Heidelberg 2003, § 5 (S. 177–234).

Schön, Walter: Grundlagen der Verbote politischer Parteien als politische Gestaltungsfaktoren in der Weimarer Republik und in der Bundesrepublik, Diss. iur. Würzburg 1972.

Schönberger, Christoph: Anmerkungen zu Karlsruhe, in: Matthias Jestaedt/Oliver Lepsius/Christoph Möllers/Christoph Schönberger, Das entgrenzte Gericht, Berlin 2011, S. 1–76.

Schröder, Jan: Das Bundesministerium der Justiz und die Justizgesetzgebung 1949–1989, in: Bundesministerium der Justiz, 40 Jahre Rechtspolitik im freiheitlichen Rechtsstaat, Köln 1989, S. 9–94.

Schulz, Raimund: Athen und Sparta, 5. Aufl., Darmstadt 2015.

Schulze, Andreas: Kleinparteien in Deutschland – Aufstieg und Fall nicht-etablierter politischer Vereinigungen, Wiesbaden 2004.

Schumacher, Martin (Hrsg.): M.d.R. – Die Reichstagsabgeordneten der Weimarer Republik in der Zeit des Nationalsozialismus – Politische Verfolgung, Emigration und Ausbürgerung 1933–1945, 3. Aufl., Düsseldorf 1994.

Schwabe, Klaus: Jean Monnet – Frankreich, die Deutschen und die Einigung Europas, Baden-Baden 2016.

Schwarberg, Günther: Die Mörderwaschmaschine. Wie die bundesdeutsche Justiz die Verbrechen der Faschisten mit Hilfe von Einstellungsbeschlüssen bewältigte oder: Von den Massenerschießungen abgesehen, war die Sterblichkeit gering, in: Rainer Eisfeld/Ingo Müller, Gegen Barbarei – Essays Robert M.W. Kempner zu Ehren, Frankfurt a.M. 1989, S. 324–345.

Schwarz, Hans-Peter: Die Ära Adenauer – Gründerjahre der Republik 1949–1957, Stuttgart/Wiesbaden 1981.

Seifert, Karl-Heinz: Die politischen Parteien im Recht der Bundesrepublik Deutschland, Köln etc. 1975.

Shirvani, Foroud: Das Parteienrecht und der Strukturwandel im Parteinsystem – Staats- und europarechtliche Untersuchungen zu den strukturellen Veränderungen im bundesdeutschen und europäischen Parteiensystem, Tübingen 2010.

Shirvani, Foroud: Parteiverbot und Verhältnismäßigkeitsgrundsatz, in: JZ 2014, 1074–1083.

Sodan, Helge/Ziekow, Jan: Grundkurs Öffentliches Recht – Staats und Verwaltungsrecht, 7. Aufl., München 2016.

Sommer, Karl-Ludwig: Projektstudie, in: Bremische Bürgerschaft (Hrsg.), Die NS-Vergangenheit früherer Mitglieder der Bremischen Bürgerschaft, Bremen 2014, S. 10–117.

Sommer, Stefan: Das Ephorat: Garant des spartanischen Kosmos, St. Katharinen 2001.

Song, Seog-Yun: Politische Parteien und Verbände in der Verfassungsrechtslehre der Weimarer Republik, Berlin 1996.

Sowinski, Oliver: Die Deutsche Reichspartei 1950–1965 – Organisation und Ideologie einer rechtsradikalen Partei, Frankfurt a.M. etc. 1998.

Spieker, Frank: Hermann Höpker Aschoff – Vater der Finanzverfassung, Berlin 2004.

Staritz, Dietrich: Die Kommunistische Partei Deutschlands, in: Richard Stöss (Hrsg.), Parteien-Handbuch – Die Parteien der Bundesrepublik Deutschland 1945–1980, Bd. II: FDP-WAV, Opladen 1984, S. 1663–1809.

Stein, Ekkehart/Frank, Götz: Staatsrecht, 21. Aufl., Tübingen 2010.

Stein, Katrin: Parteiverbote in der Weimarer Republik, Berlin 1999.

Steinbach, Peter: Die Zwangsvereinigung von SPD und KPD im Jahre 1946. Eine Phase in der Auseinandersetzung zwischen Sozialdemokratie und Sowjetkommunismus im 20. Jahrhundert, in: Wilhelm Treue (Hrsg.), Geschichte als Aufgabe – Festschrift für Otto Büsch zu seinem 60. Geburtstag, Berlin 1988, S. 677–707.

Steinke, Ronen: Fritz Bauer oder Auschwitz vor Gericht, 2. Aufl., München/Zürich 2013.

Stern, Klaus: Das Staatsrecht der Bundesrepublik Deutschland, Bd. I, Grundbegriffe und Grundlagen des Staatsrechts, Strukturprinzipien der Verfassung, 2. Aufl., München 1984.

Stern, Klaus/Becker, Florian (Hrsg.): Grundrechte-Kommentar, 2. Aufl., Köln 2016.

Stöss, Richard: Der Gesamtdeutsche Block / BHE, in: Richard Stöss (Hrsg.), Parteien-Handbuch – Die Parteien der Bundesrepublik Deutschland 1945–1980, Bd. II: FDP-WAV, Opladen 1984, S. 1424–1459.

Stöss, Richard: Die Deutsche Gemeinschaft, in: Richard Stöss (Hrsg.), Parteien-Handbuch – Die Parteien der Bundesrepublik Deutschland 1945–1980, Bd. I: AUD-EFP, Opladen 1983, S. 877–900.

Stöss, Richard: Einleitung – Struktur und Entwicklung des Parteiensystems der Bundesrepubli – Eine Theorie, in: Richard Stöss (Hrsg.), Parteien-Handbuch – Die Parteien der Bundesrepublik Deutschland 1945–1980, Bd. I: AUD-EFP, Opladen 1983, S. 17–309.

Stöss, Richard: Vom Nationalismus zum Umweltschutz – Die Deutsche Gemeinschaft/Aktionsgemeinschaft Unabhängiger Deutscher im Parteiensystem der Bundesrepublik, Opladen 1980.

Stöver, Bernd: Der Fall Otto John – Neue Dokumente zu den Aussagen des deutschen Geheimdienstchefs gegenüber MfS und KGB, in: VfZ 47 (1999), 103–136.

Stollberg, Frank: Die verfassungsrechtlichen Grundlagen des Parteiverbots, Berlin 1976.

Stolleis, Michael: Geschichte des öffentlichen Rechts in Deutschland, 4. Bd.: Staats- und Verwaltungsrechtswissenschaft in West und Ost 1945–1990, München 2012.

Tauber, Kurt P.: Beyond Eagle and Swastika – German Nationalism since 1945, Vol. I and II, Middletown, Conneticut 1967.

Thadden, Adolf von: Die verfemte Rechte – Deutschland-, Europa- und Weltpolitik in Vergangenheit, Gegenwart und Zukunft aus der Sicht von rechts, Rosenheim 1984.

Thamer, Hans-Ulrich: Kommentar, in: Bernd Weisbrod (Hrsg.), Rechtsradikalismus in der politischen Kultur der Nachkriegszeit, 1995, S. 297–300.

Thiel, Markus: Das Verbot verfassungswidriger Parteien (Art. 21 Abs. 2 GG), in: ders. (Hrsg.), Wehrhafte Demokratie, Tübingen 2003, S. 173–207.

Thiel, Markus: Die Verwirkung von Grundrechten gemäß Art. 18 GG, in: ders. (Hrsg.), Wehrhafte Demokratie, Tübingen 2003, S. 129–172.

Thiel, Markus (Hrsg.): Wehrhafte Demokratie – Beiträge über die Regelungen zum Schutze der freiheitlichen demokratischen Grundordnung, Tübingen 2003.

Thoma, Richard: Das Reich als Demokratie, in: Gerhard Anschütz/Richard Thoma (Hrsg.), Handbuch des Deutschen Staatsrechts, 1. Bd., 1930, S. 186–200.

Thoma, Richard: Grundbegriffe und Grundsätze, in: Gerhard Anschütz/Richard Thoma (Hrsg.), Handbuch des Deutschen Staatsrechts, 2. Bd., 1932, S. 108–159.

Thoma, Richard: Rechtsgutachten betreffend die Stellung des Bundesverfassungsgerichts, in: in: JöR N.F. 6 (1957), S. 161–194.

Thommen, Lukas: Lakedaimonion Politeia – Die Entstehung der spartanischen Verfassung, Stuttgart 1996.

Thommen, Lukas: Sparta – Verfassungs- und Sozialgeschichte einer griechischen Polis, Stuttgart/Weimar 2003.

Towfigh, Emanuel V.: Das Parteien-Paradox – Ein Beitrag zur Bestimmung des Verhältnisses von Demokratie und Parteien, Tübingen 2015.

Treffke, Jörg: Gustav Heinemann – Wanderer zwischen den Parteien – Eine politische Biographie, Paderborn etc. 2009.

Treue, Wilhelm (Hrsg.): Geschichte als Aufgabe – Festschrift für Otto Büsch zu seinem 60. Geburtstag, Berlin 1988.

Triepel, Heinrich: Die Staatsverfassung und die politischen Parteien – Rede bei der Feier der Erinnerung an den Stifter der Berliner Universität König Friedrich Wilhelm III. in der alten Aula am 3. August 1927, Berlin 1927.

Trittel, Günter J.: Die Sozialistische Reichspartei als Niedersächsische Regionalpartei, in: Bernd Weisbrod (Hrsg.), Rechtsradikalismus in der politischen Kultur der Nachkriegszeit – Die verzögerte Normalisierung in Niedersachsen, Hannover 1995, S. 67–85.

Trittel, Günter J.: „Man kann ein Ideal nicht verraten…" – Werner Naumann – NS-Ideologie und politische Praxis in der frühen Bundesrepublik, Göttingen 2013.

Ullrich, Sebastian: Der Weimar-Komplex – Das Scheitern der ersten deutschen Demokratie und die politische Kultur der frühen Bundesrepublik 1945–1959, Göttingen 2009.

Umbach, Dieter C./Clemens, Thomas (Hrsg.): Grundgesetz – Mitarbeiterkommentar und Handbuch, Bd. I: Art. 1–37 GG, Heidelberg 2002.

Utz, Friedemann: Preuße, Protestant, Pragmatiker – Der Staatssekretär Walter Strauß und sein Staat, Tübingen 2003.

Volkmann, Uwe: Anmerkung [zu BVerfG, DVBl. 2003, 593 = Einstellung des ersten NPD-Verbotsverfahrens], in: DVBl. 2003, 605–609.

Voscherau, Carl Christian: Parteiverbote in der Bundesrepublik Deutschland und im Königreich Spanien – Ein rechtsvergleichender Beitrag zur Entstehung und Weiterentwicklung der verfassungsrechtlichen und gesetzlichen Grundlagen des Verbots von Parteien, Frankfurt a. M. 2009.

Wagner, Johannes Volker: Einleitung – Vorgeschichte des Parlamentarischen Rates, in: Der Parlamentarische Rat 1948–1949 – Akten und Protokolle, Bd. 1: Vorgeschichte, bearb. v. Johannes Volker Wagner, Boppard 1975, S. XI–LXXXI.

Waldecker, Ludwig: Vereins- und Versammlungsfreiheit, in: Gerhard Anschütz/Richard Thoma (Hrsg.), Handbuch des Deutschen Staatsrechts, 2. Bd., 1932, S. 637–651.

Walter, Christian: Geschichte und Entwicklung der Europäischen Grundrechte und Grundfreiheiten in: Dirk Ehlers (Hrsg.), Europäische Grundrechte und Grundfreiheiten, 4. Aufl., Berlin etc. 2015, S. 1–24.

Wassermann, Rudolf: Zur juristischen Bewertung des 20. Juli 1944 – Der Braunschweiger Remer-Prozeß als Meilenstein der Nachkriegsgeschichte, in: Recht und Politik 2/1984, 68–80.

Weber, Hellmuth von: Zum SRP-Urteil des Bundesverfassungsgerichtes, in: JZ 1953, 293–298.

Wehler, Wolfgang: Der Staatsgerichtshof für das Deutsche Reich – Die politische Rolle der Verfassungsgerichtsbarkeit in der Zeit der Weimarer Republik, Diss. iur. Bonn 1979.

Weißbecker, Manfred: Deutschsoziale Partei 1921–1928, in: Redaktionskollektiv unter der Leitung von Dieter Fricke (Hrsg.), Die bürgerlichen Parteien in Deutschland – Handbuch der Geschichte der bürgerlichen Parteien und anderer bürgerlicher Interessenorganisationen vom Vormärz bis zum Jahre 1945, Bd. I: Alldeutscher Verband- Fortschrittliche Volkspartei, Leipzig 1968, S. 757 f.

Weißbecker, Manfred: Deutschsozialistische Partei 1919–1922, in: Redaktionskollektiv unter der Leitung von Dieter Fricke (Hrsg.), Die bürgerlichen Parteien in Deutschland – Handbuch der Geschichte der bürgerlichen Parteien und anderer bürgerlicher Interessenorganisationen vom Vormärz bis zum Jahre 1945, Bd. I: Alldeutscher Verband-Fortschrittliche Volkspartei, Leipzig 1968, S. 763 f.

Weißbecker, Manfred: Deutschvölkische Freiheitspartei 1922–1933, in: Redaktionskollektiv unter der Leitung von Dieter Fricke (Hrsg.), Die bürgerlichen Parteien in Deutschland – Handbuch der Geschichte der bürgerlichen Parteien und anderer bürgerlicher Interessenorganisationen vom Vormärz bis zum Jahre 1945, Bd. I: Alldeutscher Verband-Fortschrittliche Volkspartei, Leipzig 1968, S. 765–770.

Welwei, Karl-Wilhelm: Sparta – Aufstieg und Niedergang einer antiken Großmacht, 3. Aufl., Stuttgart 2013.

Wende, Frank (Hrsg.): Lexikon zur Geschichte der Parteien in Europa, Stuttgart 1981.

Wengst, Udo: Einleitung, in: FDP-Bundesvorstand – Die Liberalen unter dem Vorsitz von Theodor Heuss und Franz Blücher – Sitzungsprotokolle 1949–1954, Erster Halbband: 1.-26. Sitzung 1949–1952 (Quellen zur Geschichte des Parlamentarismus und der politischen Parteien, Vierte Reihe, Bd. 7/1), Düsseldorf 1990, S. IX-CIII.

Wengst, Udo: Staatsaufbau und Regierungspraxis 1948–1953 – Zur Geschichte der Verfassungsorgane der Bundesrepublik Deutschland, Düsseldorf 1984.

Wengst, Udo: Thomas Dehler 1897–1967 – Eine politische Biographie, München 1997.

Wesel, Uwe: Der Gang nach Karlsruhe – Das Bundesverfassungsgericht in der Geschichte der Bundesrepublik Deutschland, München 2004.

Wiegandt, Manfred H.: Norm und Wirklichkeit – Gerhard Leibholz (1901–1982) – Leben, Werk und Richteramt, Baden-Baden 1995.

Wiggershaus, Norbert: Effizienz und Kontrolle. Zum Problem eine militärischen Integration Westdeutschlands bis zum Scheitern des EVG-Vertragswerkes, in: Ludolf Herbst (Hrsg.), Westdeutschland 1945–1955 – Unterwerfung, Kontrolle, Integration, München 1986. S. 253–265.

Wildt, Michael: Generation des Unbedingten – Das Führungskorps des Reichssicherheitshauptamtes, Hamburg 2002.

Will, Martin: Die Entstehung der Verfassung des Landes Hessen von 1946, Tübingen 2009.

Will, Martin: Europarecht, München 2013.

Willoweit, Dietmar: Deutsche Verfassungsgeschichte – Vom Frankenreich bis zur Wiedervereinigung Deutschlands, 6. Aufl., München 2009.

Winge, Sören: Die Wirtschaftliche Aufbau-Vereinigung (WAV) 1945–53 – Entwicklung und Politik einer „undoktrinären" politischen Partei in der Bundesrepublik in der ersten Nachkriegszeit, Uppsala 1976.

Winkler, Heinrich August: Der lange Weg nach Westen, 1. Bd.: Deutsche Geschichte vom Ende des Alten Reiches bis zum Untergang der Weimarer Republik, 2. Bd.: Deutsche Geschichte vom „Dritten Reich" bis zur Wiedervereinigung, 4. Aufl., München 2002.

Winkler, Heinrich August: Geschichte des Westens – Vom Kalten Krieg zum Mauerfall, München 2014.

Wittmayer, Leo: Die Weimarer Reichsverfassung, Tübingen 1922.

Wojak, Irmtrud: Fritz Bauer 1903–1968 – Eine Biographie, München 2009.

Wolfrum, Edgar: Die geglückte Demokratie – Geschichte der Bundesrepublik Deutschland von ihren Anfängen bis zur Gegenwart, Stuttgart 2006.

Woller, Hans: Die Loritz-Partei – Geschichte, Struktur und Politik der Wirtschaftlichen Aufbau-Vereinigung (WAV) 1945–1955, Stuttgart 1982.

Woller, Hans: Die Wirtschaftliche Aufbau-Vereinigung, in: Richard Stöss (Hrsg.), Parteien-Handbuch – Die Parteien der Bundesrepublik Deutschland 1945–1980, Bd. II: FDP-WAV, Opladen 1984, S. 2458–2481.

Wulff, Reimer: Die Deutschvölkische Freiheitspartei 1922–1928, Diss. phil. Marburg 1968.

Zirn, Armin: Das Parteienverbot nach Art. 21 Abs. 2 GG im Rahmen der streitbaren Demokratie des Grundgesetzes, Diss. iur. Tübingen 1988.

Personenregister

Sachregister